कुलदीप नैयर

जन्म : 14 अगस्त, 1924, सियालकोट, पाकिस्तान।

शिक्षा : बी.ए. (ऑनर्स); एल.एल.बी., एम.एस-सी. (जर्नलिज्म), यू.एस.ए.; पी-एच.डी. (दर्शन शास्त्र)।

कार्य : उर्दू समाचारपत्र 'अंजान' से पत्रकारिता की शुरुआत, लालबहादुर शास्त्री तथा गोविन्द बल्लभ पंत के कार्यकाल में अमेरिका में सूचना अधिकारी। अंग्रेजी समाचार पत्र 'द स्टेट्समैन' के सम्पादक। अंग्रेजी समाचार न्यूज एजेंसी के प्रबन्ध सम्पादक। 25 वर्ष तक पत्रिका 'टाइम्स' के संवाददाता। अमेरिका में भारतीय उच्चायुक्त रहे। इमरजेंसी के दौरान प्रेस की स्वतंत्रता के लिए संघर्ष, जेल भी गए। पाकिस्तान और भारत के रिश्ते मधुर बनाने में उल्लेखनीय योगदान। मानवाधिकार के लिए एक समर्पित कार्यकर्ता।

सदस्य : इंडियन डेलीगेशन टू द यूनाइटेड नेशन्स (1989); सीनेट ऑफ गुरुनानक यूनिवर्सिटी, अमृतसर (1990); सीनेट एंड सिंडीकेट ऑफ पंजाबी यूनिवर्सिटी, पटियाला, जेमिनी न्यूज सर्विस, लन्दन; फैकल्टी ऑफ सोशल साइंस, मुस्लिम यूनिवर्सिटी, अलीगढ़।

चेयरमैन, सिटीजन ऑफ डेमोक्रेसी; ट्रांसपेरेंसी इंटरनेशनल (इंडिया)। पुणे की इमेरिट्स यूनिवर्सिटी के मास कम्यूनिकेशन विभाग में प्रोफेसर।

प्रमुख प्रकाशन : बिटवीन द लाइंस; इंडिया, द क्रिटिकल इयर्स; डिस्टेंट नेबर्स (ए टेल ऑफ सबकोन्टिनेंट); सप्रेसन ऑफ जजेज़; इंडिया आफ्टर नेहरू; द जजमेंट (जेल में बन्दी के दौरान); रिपोर्ट ऑन अफ़गानिस्तान; ट्रेजिडी ऑफ पंजाब; इंडिया हाउस; द मार्टअर—भगत सिंह एक्सपेरीमेंट्स इन रिवोल्यूशन; वॉल एट वाघा (इंडो-पाक रिलेशन्स)।

प्रमुख सम्मान : हल्दी घाटी अवार्ड, फ्रीडम ऑफ इनफॉरमेशन, भाई वीर सिंह, प्राइड ऑफ इंडिया, मेवाड़ फाउंडेशन, ऑल इंडिया आर्टिस्ट्स एसोसियेशन, यू.के. सिक्ख फोरम, शिरोमणि गुरुद्वारा अमृतसर, फेडरेशन ऑफ इंडियन मुस्लिम अमेरिका/कनाडा, अब्दुल सलाम इंटरनेशनल इंडो-कनेडियन टाइम्स ट्रस्ट, नॉर्थ वेस्टर्न यूनिवर्सिटी एलूमनी एसोसियेशन, लाहौर हाईकोर्ट बार एसोसियेशन, गुरुनानक देव यूनिवर्सिटी, शहीद नियोगी मेमोरियल लाइफ-टाइम अचीवमेंट अवार्ड इन जर्नलिज्म। अमेरिका में 'उच्च आयुक्त कार्यकाल' में किए गए उल्लेखनीय कार्यों के लिए सम्मानित।

निधन : 23 अगस्त, 2018

एक जिन्दगी काफी नहीं

आजादी से आज तक के भारत की अन्दरूनी कहानी

कुलदीप नैयर

अनुवाद

युगांक धीर

राजकमल पेपरबैक्स

मूल कृति : *Beyond The Lines : An Autobiography* का अनुवाद

पहला पुस्तकालय संस्करण
राजकमल प्रकाशन प्राइवेट लिमिटेड द्वारा
2012 में प्रकाशित

राजकमल पेपरबैक्स में
पहला संस्करण : 2012
नौवाँ संस्करण : 2024

राजकमल पेपरबैक्स : उत्कृष्ट साहित्य के जनसुलभ संस्करण

राजकमल प्रकाशन प्रा.लि.
1-बी, नेताजी सुभाष मार्ग, दरियागंज
नई दिल्ली-110 002
द्वारा प्रकाशित

शाखाएँ : अशोक राजपथ, साइंस कॉलेज के सामने, पटना-800 006
पहली मंजिल, दरबारी बिल्डिंग, महात्मा गांधी मार्ग, प्रयागराज-211 001
1, अनमोल सोराबजी संतुक लेन, धोबी तलाव, मरीन लाइंस, मुम्बई-400 002

वेबसाइट : www.rajkamalprakashan.com
ई-मेल : info@rajkamalprakashan.com

विकास कंप्यूटर एंड प्रिंटर्स
ट्रॉनिका सिटी-201 102
द्वारा मुद्रित

मूल्य : ₹499

EK ZINDAGI KAFI NAHIN
by Kuldeep Naiyar
Translated by Yugank Dhir

ISBN : 978-81-267-2338-6

मेरी पत्नी भारती, दोनों बेटों सुधीर और राजीव,
बहुओं यानी दोनों कविताओं, और तीनों पोते-पोतियों
कनिका, मंदिरा (और उसके पति रतीश) और कार्तिक
(और उसकी पत्नी कणिका)
को समर्पित।

हिन्दी संस्करण के लिए दो शब्द

मैं जब अपनी आत्मकथा लिख रहा था तब एक अंग्रेज ने मुझसे पूछा था कि इसका अंग्रेजी अनुवाद भी उपलब्ध हो सकता है। मैंने उनसे कहा कि इसे अंग्रेजी में ही लिख रहा हूँ। वह शायद समझ रहे थे कि भारतीय नहीं जानते कि अंग्रेजी में आत्मकथा कैसे लिखी जाती है। मेरी इच्छा हुई कि मैं अपनी आत्मकथा हिन्दी में ही लिखता। लेकिन मेरी देवनागरी में लिखने की गति उतनी नहीं है जितनी कि फारसी में है। पाकिस्तान से जितने भी मेरे जैसे लोग आए उनको उर्दू ही पढ़ने को मिली थी। कम-से-कम सियालकोट के जिस गंडा सिंह हाई स्कूल में पढ़ने गया तो वहाँ हमारे पाठ्यक्रम में हिन्दी विषय था ही नहीं न आवश्यक विषयों में और न ही वैकल्पिक विषयों में। हिन्दी मेरी मिट्टी की और मेरी अपनी भाषा है। मैं खुश हूँ कि मेरी आत्मकथा का हिन्दी संस्करण प्रकाशित हो रहा है क्योंकि इसके माध्यम से मुझे बहुत विशाल पाठक समूह तक पहुँचने का मौका मिलेगा।

यह पुस्तक, जितना मैंने सोचा था, लिखा भी, उसकी आधी भी नहीं है। 13 सितम्बर, 1947 से जबकि मैं पकिस्तान से भारत आया और आज सन् 2012 तक। यह इतनी लम्बी अवधि है कि मैं न तो अपनी कहानी से और न ही बाकी घटनाओं से न्याय कर पाया। पहले मैं सोचता था कि पुस्तक दो खंडों में होनी चाहिए। फिर मुझे लगा कि 472 पृष्ठों की पुस्तक पाठकों के साथ ज्यादती होगी। मेरी कोशिश रही है कि उन सब घटनाओं का उल्लेख इस पुस्तक में हो जाए जिनका मैं खुद साक्षी रहा और जिनको मैंने उप महाद्वीप के नेताओं से सुना।

वास्तव में यह तीन देशों भारत, पाकिस्तान और बांग्लादेश का समकालीन इतिहास है जिनका जन्म मेरे सामने ही हुआ। आज भी मेरा मानना है कि जिस खून-खराबे के साथ इनका जन्म हुआ, उससे बचा जा सकता था। इन तीन देशों का जन्म एक दुखद कहानी है जो शायद बार-बार लिखी जाएगी। अभी भी इसमें उस दुख और पीड़ा की अभिव्यक्ति नहीं हो पाई है जो उस समय लोगों ने सही, सबकुछ खोया; यहाँ तक कि अपने सगे-सम्बन्धी भी। सम्भवतः उस पीड़ा को व्यक्त करने की कोई विधि ही नहीं है, भले ही आप शब्दों के कैसे भी माहिर हों, जैसे कि डच चित्रकार विंसेंट वॉन गॉग के लिए सूर्यास्त को चित्रित करना लगभग असम्भव रहा। फिर मैंने सबकुछ लिख दिया है। आप मुझसे असहमत हो सकते हैं लेकिन मेरी मंशा पर शक नहीं कर सकते। मैंने उम्र के नवें दशक में भी अपने जमीर को बचाकर रखा है। मैं चाहता हूँ कि हिन्दी पाठक मेरे साथ भारत, पाकिस्तान और बांग्लादेश की यादों की एक स्मरणीय यात्रा करें।

—कुलदीप नैयर

भूमिका

यह किताब, जो मेरी जिन्दगी का लेखा-जोखा है, उम्मीद से कहीं ज्यादा समय में पूरी हुई है। मैंने इसे 1990 में फुरसत के लम्हों में लिखना शुरू किया था, तब जब मैं लन्दन में भारत के हाई कमिश्नर (उच्चायुक्त) के रूप में नियुक्त था। यह नियुक्ति, राजनीतिक कारणों से, ज्यादा लम्बी नहीं चली थी, और मैं जल्दी ही अपने सिंडिकेटिड कालम की दुनिया में लौट आया था।

शायद यह ज्यादा अच्छा रहता अगर मैंने अपने बारे में ज्यादा लिखा होता और अपने आसपास की घटनाओं के बारे में कम। लेकिन कुछ मुश्किलें थीं। एक तो यह कि मुझे यह अहसास था कि मैं घूम-फिरकर भारत, पाकिस्तान और बांग्लादेश का सामयिक इतिहास लिख रहा हूँ—वे देश जिन्हें मैंने उनके जन्म के दिनों से ही देखा और अनुभव किया है। दूसरे, मैं अपने बारे में ज्यादा लिखने से बचना चाहता था, ताकि मुझ पर अपनी शेखी बघारने या अपना राग अलापने के आरोप न लगें।

मैंने राजनीतिज्ञों, ब्यूरोक्रेटों, उद्योगपतियों और मीडिया मुगलों में एक से एक महान, तानाशाह और अधकचरे लोग देखे हैं। इनमें से ज्यादातर ने मुझे मायूस ही किया है, और मेरा यह अनुभव रहा है कि वे जिन ओहदों पर थे उनके लायक नहीं थे। उनके पास अधिकार थे, वे अधिकारवादी भी थे, लेकिन उनके अन्दर कोई बात नहीं थी।

मैं यह दावा नहीं करता कि मुझे, बँटवारे से पहले या बाद में, वह सब कुछ मालूम है जो भारत, पाकिस्तान और बांग्लादेश में हुआ। लेकिन मुझे जो कुछ मालूम है मैंने ईमानदारी से और बेधड़क होकर लिखा है। मेरी परेशानी यह थी कि मैंने जो कुछ देखा था, महसूस किया था, या जो कुछ मैं जानता था, उसे एक ठीक-ठाक साइज की किताब में कैसे समेटूँ? इसलिए मुझे बहुत-सी चीजों को छोड़ना पड़ा।

मैं अपनी जिन्दगी में ज्यादा-से-ज्यादा और अलग-अलग तरह के अनुभव बटोरने की तलाश में रहा हूँ। बहुत बार मुझे असफलता का मुँह भी देखना पड़ा है। अगर मुझमें और ज्यादा ऊर्जा होती तो मैं अपने कई और सपने भी साकार कर पाता।

यह किताब उस दिन से शुरू होती है जब 1940 में 'पाकिस्तान प्रस्ताव' पास किया गया था। तब मैं स्कूल का एक छात्र मात्र था, लेकिन लाहौर के उस अधिवेशन में मौजूद था जहाँ यह ऐतिहासिक घटना घटी थी। यह किताब इस तरह की बहुत-सी घटनाओं की अन्दरूनी जानकारी दे सकती है, जो किसी और तरीके से सामने नहीं आ सकती—बँटवारे से लेकर मनमोहन सिंह की सरकार तक।

इस किताब को लिखने में मुझे लगभग दो दशक लग गए। मैं कोई एक प्रसंग चुन

लेता था, उसके बारे में लिखता था और बस वहीं छोड़ देता था। मेरे सामने कोई 'डेड लाइन' नहीं थी, इसलिए मैं ऐसा कर सकता था। लेकिन फिर कुछ महीने पहले अचानक मुझे अहसास हुआ कि मैं अमरत्व का वरदान लेकर नहीं आया हूँ। फिर भी, 'लॉन्ग हैंड' में लिखने की आदत के कारण पांडुलिपि को पूरा करने में काफी समय लग गया।

यह बड़ा मुश्किल फैसला था कि किताब की शुरुआत कहाँ से हो। क्या इसे 14 सितम्बर, 1947 से शुरू करना ठीक रहेगा, जब मैं स्यालकोट से एक शरणार्थी के रूप में दिल्ली पहुँचा था? लेकिन भारत और पाकिस्तान में जिन लोगों से भी मेरी बात हुई, वे चाहते थे कि मैं बँटवारे से शुरू करूँ। वे सब जानना चाहते थे कि बँटवारा क्यों और कैसे हुआ। मैंने वह सब कुछ लिखा है, क्योंकि मैंने उस दौर को भोगा है और बड़ी बेबसी से उन घटनाओं को घटते देखा है।

अपने संस्मरण लिखने के लिए मैं ज्यादातर अपनी स्मृतियों पर निर्भर रहा हूँ। लेकिन इस काम में मेरे वे नोट्स भी उपयोगी साबित हुए हैं जिन्हें मैं हमेशा से बहुत सँभालकर रखता रहा हूँ, और मेरे वे लेख भी जिन्हें मैं 1968 में न्यूज एजेंसी 'यूएनआई' से 'स्टेट्समैन' में जाने के बाद से बरस-दर-बरस के हिसाब से संग्रहों के रूप में सुरक्षित रखता रहा हूँ।

अगर मुझे अपनी जिन्दगी का कोई अहम मोड़ चुनना हो तो मैं इमरजेंसी के दौरान अपनी हिरासत को ऐसे ही एक मोड़ के रूप में देखना चाहूँगा, जब मेरी निर्दोषता को हमले का शिकार होना पड़ा था।

मैंने भारत में अपनी जिन्दगी 120 रुपयों से शुरू की थी, जो मेरी माँ ने स्यालकोट से चलते समय मुझे दिए थे। हालाँकि बँटवारे ने मुझे नए सिरे से जिन्दगी शुरू करने पर मजबूर कर दिया था, लेकिन जवानी के दौर में होने के कारण मैं सभी दुख-तकलीफों को हँसते-हँसते झेलता चला गया था। पर इमरजेंसी ने मानो मुझे सोते से जगा दिया था। मैं राजनीति, पूर्वाग्रहों और दंड की कठोर सच्चाइयों का सामना करने के लिए बाध्य हो गया था।

यही वह समय था जब मुझे व्यक्तिगत स्वतंत्रता और मानवाधिकारों के हनन का अहसास होना शुरू हुआ। बिना किसी दोष के जेलों में ठूँस दिए नौजवानों को जिस तरह बन्दी राजनीतिज्ञों के इशारों पर नाचना पड़ता था, उसने मेरी अन्तरात्मा को झकझोरकर रख दिया था। साथ ही व्यवस्था में मेरी आस्था को भी गहरा झटका लगा था। मैं देख चुका हूँ कि हमारे राजनीतिक स्वामी इन मानवाधिकारों का किस तरह उल्लंघन करते हैं। मैं माफिया की बात नहीं कर रहा हूँ जिससे मानव जीवन या अधिकारों का सम्मान करने की अपेक्षा नहीं की जा सकती।

पाठकों को भारत-पाक सम्बन्धों पर बहुत कुछ मिलेगा। इन सम्बन्धों में बेहतरी मेरी चाह भी रही है और कामना भी। मेरे लिए यह प्रतिबद्धता का मामला है, न कि पुरानी यादों से जुड़ी भावनाओं का। मैं उम्मीद करता हूँ कि एक न एक दिन इस क्षेत्र के सभी देश साथ मिलकर साझे हितों के लिए काम करेंगे।

मैंने बांग्लादेश को उसकी मुक्ति के दिन से ही पलते-बढ़ते देखा है। पाकिस्तान और बांग्लादेश में बहुत-से लोगों के साथ मेरे व्यक्तिगत सम्बन्ध हैं और मुझे इन सम्बन्धों पर

गर्व है। मेरा विश्वास है कि किसी दिन दक्षिण एशिया के सभी देश यूरोपीय संघ की तरह अपना एक साझा संघ बनाएँगे। इससे उनकी अलग-अलग पहचान पर कोई असर नहीं पड़ेगा, लेकिन इससे उन्हें गरीबी की समस्याओं से लड़ने में मदद मिलेगी, और साथ ही अमीर और बेहद गरीब देशों के बीच की खाई भी पाटी जा सकेगी। मुझे पूरा यकीन है कि एक दिन दक्षिण एशिया शान्ति, सद्भावना और साझे हितों के मामले में परस्पर सहयोग की दुनिया होगी। विकास, व्यापार और सामाजिक प्रगति इन साझे हितों में सबसे ऊपर हैं। महाद्वीप पर लम्बे समय से छाए नफरत और दुश्मनी के बादलों के बीच भी मैं यही उम्मीद और कामना करता रहा हूँ।

मुझे बहुत-से पुरस्कार मिले हैं। इनमें कॉमनवेल्थ देशों में सर्वश्रेष्ठ पत्रकार को दिया जाने वाला 'लॉर्ड एस्टर' पुरस्कार भी शामिल है। मेरे लिए 'मेडिल हॉल ऑफ अचीवमेंट' की सदस्यता सबसे ज्यादा मूल्यवान है। अमरीका के इस स्कूल से मैंने पत्रकारिता में एम-एससी. की डिग्री प्राप्त की थी। इसी तरह आन्ध्र प्रदेश की नागार्जुन यूनिवर्सिटी से प्राप्त 'डॉक्टरेट इन जर्नलिज्म' की डिग्री भी मेरे लिए इतनी ही मूल्यवान है। अमृतसर की गुरु नानकदेव यूनिवर्सिटी भी मुझे दर्शनशास्त्र में पी-एचडी. की डिग्री से सम्मानित कर चुकी है।

मैं पूरी ईमानदारी से कह सकता हूँ कि नाकामयाबियाँ मुझे उस रास्ते पर चलने से रोक नहीं पाई हैं जिसे मैं सही मानता रहा हूँ और लड़ने लायक मानता रहा हूँ। मुझे इसके नतीजे भी भुगतने पड़े हैं और मेरे कई जख्म काफी गहरे हैं। लेकिन मेरी यह निष्ठा मुझे आगे बढ़ने के लिए प्रेरित करती रही है कि 'हम होंगे कामयाब एक दिन।'

जिन्दगी एक लगातार बहती अन्तहीन नदी की तरह है, बाधाओं का सामना करती हुई, उन्हें परे धकेलती हुई, और कभी-कभी ऐसा न कर पाते हुए भी। क्या इसका कारण यह है कि व्यक्ति कुछ कर गुजरने पर तुला होता है? या यह उसकी नियति होती है?

मुझे नहीं मालूम कि जीने की कला क्या है। मैं सिर्फ जीया हूँ। कई बार सिर्फ सुबह उठकर रोजमर्रा के ढर्रे का पालन करते हुए और रात को वापस बिस्तर में लेटते हुए। परिस्थितियाँ मुझे एक स्थिति से दूसरी स्थिति में धकेलती रही हैं और मैं उनके साथ अपना तालमेल बिठाने की कोशिश करता रहा हूँ। मैं अकसर सोचता रहा हूँ कि जिन्दगी को मैं नियंत्रित कर रहा हूँ या जिन्दगी मुझे नियंत्रित कर रही है। समय एक निर्बाध नदी की तरह गुजरता रहा है, सिर्फ बहता रहा है।

कभी-कभी जब मैं किसी झोंपड़पट्टी से गुजरता हूँ या किसी मासूम गरीब बच्चे को भीख के लिए हाथ फैलाते देखता हूँ तो मैं अपने-आपसे पूछता हूँ, "ये कैसे जिन्दा रहते हैं? क्यों जिन्दा रहते हैं?" कई बार मैं कल्पना करता हूँ कि मैं उनका भाग्य बदलने की मुहिम पर निकल पड़ा हूँ, किसी जिन की तरह बुराइयों से लड़ते हुए। शायद यह दिन में तारे देखनेवाली बात है। इस तरह की मुहिम से जुड़ी मशक्कत और मगजपच्ची की कल्पना ही हिम्मत को तोड़ डालती है और मैं बढ़िया खानपान और वातानुकूलित कक्षों की आत्म-केन्द्रित दुनिया में लौट आता हूँ।

फिर भी मैं कल्पना करता रहता हूँ कि किसी दिन यह चमत्कार अपने-आप ही हो

जाए। किसी जादू से अब कुछ ठीक-ठाक हो जाए। जादू की कोई ऐसी छड़ी जो हर आँख के आँसू पोंछ दे और लोगों के दिलों में दया और नैतिकता भर दे। यह सब कैसे होगा? और कब? ये प्रश्न मेरी अन्तरात्मा को कचोटते रहते हैं। मैं इन्हें दूर धकेलता रहता हूँ लेकिन ये बार-बार दुगनी ताकत से लौटते रहते हैं, किसी भूले-बिसरे गीत से जुड़ी टीस की तरह। तब मैं बहुत दुखी, बहुत बेबस, बहुत उखड़ा-उखड़ा महसूस करता हूँ। काश कोई ऐसी खूँटी होती जिस पर मैं अपनी चिन्ताओं और शंकाओं को टाँग पाता। काश मेरे अन्दर धार्मिक आस्था होती। जो लोग यह मानते हैं कि उनकी वर्तमान जिन्दगी किसी अतीत का विस्तार है और वे अपने पिछले जन्मों का ही फल भोग रहे हैं, उन्हें शायद इतनी परेशानी न होती हो। कुछ दूसरे लोगों को पूजा-पाठ करके सन्तोष मिल जाता है। लेकिन मैं एक बिना पतवार की नौका की तरह हूँ। जिन्दगी का आखिर क्या उद्देश्य है?

मेरा मन उन दिनों की तरफ लौट पड़ता है जब मैंने जिन्दगी शुरू ही की थी। अगर मैं सब कुछ दोबारा से शुरू करूँ तो क्या मैं कोई दूसरा व्यक्ति होऊँगा? और मेरे आलोचकों और समर्थकों का क्या होगा? देखा जाए तो वे एक-दूसरे से कितने मिलते-जुलते हैं।

मुझे नहीं लगता कि मेरा समय गुजर चुका है। मैं यह सोचकर झूम उठता हूँ कि मेरे पास अब भी कुछ सार्थक करने का समय है। यह भावना मुझे उमंग से भर देती है। काश मुझे पता होता कि यह सार्थक क्या हो सकता है और मुझे इसे कैसे करना है!

यह बता पाना बस से बाहर है कि पिछले आठ दशकों से कौनसी चीज मुझे आगे बढ़ने के लिए प्रेरित करती रही है—नियति या संकल्प? या ये दोनों ही? आखिर तमाशा जारी रहना चाहिए। मैं इस मामले में महान उर्दू शायर गालिब से पूरी तरह सहमत हूँ—*शमा हर रंग में जलती है सहर होने तक*।

मैं श्याम भाटिया, सीमा सिरोही और मंजूर अली के अमूल्य सुझावों के लिए उनका ऋणी हूँ, और गोपाल का भी जो पांडुलिपि को बार-बार और बड़ी लगन के साथ टाइप और री-टाइप करते रहे हैं। फिर भी, आदिल साहब के चुस्त सम्पादन और पत्रकारिता में मेरी पहली शिष्या नन्दिनी की सलाह के बिना यह किताब अपना वर्तमान रूप नहीं ले सकती थी। और मैं अपनी पोती मन्दिरा नैयर के सहयोग को कैसे भूल सकता हूँ, जो मेरे बाद परिवार में इकलौती पत्रकार है।

—कुलदीप नैयर

अनुक्रम

1. बचपन और बँटवारा 15
2. ब्रिटिश राज का अन्त 53
3. आजादी 83
4. गोविन्द बल्लभ पन्त : चुनौतियों का दौर 104
5. गृहमंत्री लाल बहादुर शास्त्री और भारत-चीन युद्ध 141
6. नेहरू का उत्तराधिकार 174
7. इन्दिरा गांधी : शुरुआती दौर 210
8. बांग्लादेश का युद्ध 231
9. युद्ध के बाद : एक नए राष्ट्र का संघर्ष 245
10. शिमला समझौता और भारत-पाक सम्बन्ध 252
11. इमरजेंसी की शुरुआत 262
12. मेरी हिरासत और इमरजेंसी के गहराते साए 283
13. चुनाव 1977 : 'दूसरी आजादी' से मोह भंग तक 304
14. ऑपरेशन ब्लू स्टार 327
15. राजीव गांधी : युवा नेतृत्व की चुनौतियाँ 346
16. वी.पी. सिंह का दौर और मेरा लन्दन गमन 365
17. बाबरी मसजिद विध्वंस 395
18. संसद में मेरा अनुभव 410
19. भाजपा सरकार : कारगिल युद्ध और गुजरात के दंगे 427
20. मनमोहन सिंह सरकार 436

उपसंहार 445

परिशिष्ट-1 : भारतीय मीडिया 448

परिशिष्ट-2 : मानवाधिकार और पर्यावरण 456

परिशिष्ट-3 : भारत-पाक सम्बन्ध 466

1
बचपन और बँटवारा

जिन्दगी में हर नई शुरुआत अपने-आपमें अनोखी होती है। मेरी अपनी मिसाल भी इसी का एक नमूना है। मैं गलती से ही पत्रकारिता में चला आया। मैं वकालत के पेशे में जाना चाहता था, जिसके लिए मैंने लाहौर यूनिवर्सिटी से डिग्री भी हासिल की थी। लेकिन इससे पहले कि मैं अपने शहर स्यालकोट में अपने-आपको एक वकील के रूप में रजिस्टर करवा पाता, इतिहास बीच में आ घुसा और भारत का बँटवारा हो गया। मैं दिल्ली चला आया, जहाँ मुझे एक उर्दू अखबार 'अंजाम' में नौकरी मिल गई। मैं पत्रकारिता के पेशे में शुरुआत (आगाज) की बजाय अन्त (अन्जाम) से दाखिल हुआ। इसलिए मैं हमेशा कहता हूँ कि 'मेरे सहाफात का आगाज अन्जाम से हुआ'। सहाफात यानी पत्रकारिता।

अगर ईश्वर मुझे 15 अगस्त, 1947 के दिन में वापस ले जाए, वह दिन जब देश का बँटवारा हुआ था, और मुझसे पूछे कि मैं पत्रकार बनना चाहूँगा या वकील, तो मैं कहूँगा कि मैं पत्रकार बनना चाहूँगा। इसलिए नहीं कि मैं इस पेशे में बहुत कामयाब रहा हूँ, बल्कि इसलिए कि इसने मुझे वह सब लिखने का अवसर दिया है जिसे मैं सही समझता था, भले ही मुझ पर कितने ही दबाव क्यों न रहे हों। इसे नियति की एक विडम्बना ही कहना होगा कि मैं लाहौर में पत्रकारिता में डिप्लोमा के इम्तिहान में फेल हो गया था, और अपनी बी.ए. की डिग्री के लिए उर्दू के पेपर में भी पास नहीं हो पाया था।

बँटवारे के बाद हमारा परिवार उन थोड़े-से हिन्दू परिवारों में शामिल था जो भारत नहीं आना चाहते थे। हम गलती से यह मान बैठे थे कि जिस तरह बहुत सारे मुसलमान भारत में ही रहने वाले थे, उसी तरह हिन्दू भी पाकिस्तान में रहते रहेंगे। हमारा यह संकल्प तब और भी दृढ़ हो गया था जब बँटवारे से कुछ दिन पहले पाकिस्तान के संस्थापक मुहम्मद अली जिन्ना ने बिलकुल साफ शब्दों में घोषणा की थी कि लोग अपने-अपने धर्म का पालन करने और अपनी मसजिदों या अपने मन्दिरों में जाने के लिए स्वतंत्र थे, क्योंकि राज्य धर्म और राजनीति को हमेशा एक-दूसरे से अलग रखेगा। उन्होंने दो राष्ट्रों के अपने सिद्धान्त की पुनर्व्याख्या करते हुए इसे मुसलमानों और हिन्दुओं की बजाय पाकिस्तानियों और हिन्दुस्तानियों के रूप में परिभाषित किया।

जिन्ना का यह बयान हमारी हिम्मत बढ़ानेवाला तो था ही, साथ ही उन्होंने उर्दू के एक हिन्दू शायर जगननाथ आजाद को पाकिस्तान का राष्ट्रगीत लिखने का काम सौंपकर हमारी रही-सही आशंकाओं को भी दूर कर दिया। जिन्ना की मौत के बाद साम्प्रदायिक भावनाओं

के कारण इस राष्ट्रगीत को बदल दिया गया—भला एक हिन्दू एक मुस्लिम राष्ट्र का राष्ट्रगीत कैसे लिख सकता था?

हमारे परिवार का रहन-सहन भी इतना सुविधा-सम्पन्न था कि हम अपनी जड़ों से उखड़ना नहीं चाहते थे। हमारे पास अच्छी-खासी सम्पत्ति थी और मेरे पिता शहर के एक माने हुए डॉक्टर थे। 60 से ऊपर की उम्र में वे कैसे किसी नए परिवेश में सब कुछ नए सिरे से शुरू कर सकते थे? आजादी से कुछ ही महीने पहले उन्होंने एक नया मकान, नई डिस्पेंसरी और बहुत-सी दुकानें बनवाई थीं और अपनी ज्यादातर जमापूँजी खर्च कर डाली थी।

ट्रंक बाजार के हमारे घर की मेरे मन में बड़ी मीठी यादें हैं। घर एक दोमंजिला मकान था, जिसके पिछवाड़े में एक बगीचा भी था। इस बगीचे में एक पुरानी कब्र हुआ करती थी। मेरी माँ ने मुझे बताया था कि वह किसी पीर की कब्र थी। यह कब्र हमारे परिवार के लिए एक मन्दिर की तरह थी, जहाँ हम अपने तरीके से प्रार्थना किया करते थे और बाहर की दुनिया से महफूज (सुरक्षित) महसूस करते थे। हर गुरुवार को हम वहाँ एक दीया भी जलाते थे और प्रसाद चढ़ाते थे, जिसे हम सब बच्चे बाद में आपस में बाँट देते थे। बँटवारे से कुछ वर्ष पहले कुछ मुसलमान उस कब्र के लिए एक आम रास्ता बनाए जाने की माँग करने लगे, ताकि वे अपने एक पीर की मजार पर बेरोक-टोक जा सकें। हमें उनकी माँग के आगे झुकना पड़ा और अपनी सम्पत्ति के कुछ हिस्से को आम रास्ते में बदल देना पड़ा। लेकिन इस रास्ते का कभी-कभार ही कोई इस्तेमाल करता था।

हमारा परिवार एक संयुक्त परिवार था। मेरी दादी इस परिवार की मुखिया थीं। हालाँकि मेरे दादा जिन्दा थे, पर उन्होंने सब कुछ दादी पर छोड़ दिया था। दादी को ज्योतिष पर बहुत ज्यादा विश्वास था। उन्होंने एक जाने-माने पंडित से हर बच्चे की जन्म-पत्री बनवाई थी। एक दिन वह पंडित हमारे घर आया। उसका घर में आना हमेशा बड़ी खुशी और उत्साह का विषय होता था, क्योंकि वह हम सबके हाथ भी देखता था। उसने मेरे बारे में बताया कि मैं 'मलेच्छ विद्या' पढ़ूँगा, जिसका मलतब था अंग्रेजी। उसने यह भी भविष्यवाणी की कि मैं 'उड़न खटोले' (हवाईजहाज) में बहुत सारी यात्राएँ करूँगा। जब मेरे सबसे छोटे भाई सिन्धु ने अपना हाथ दिखाया तो पंडित ने यह कहकर उसे झट से निपटा दिया कि उसके हाथ की रेखाएँ अभी पूरी तरह विकसित नहीं हुई थीं। शायद उसके कहने का यह मतलब था कि सिन्धु ज्यादा नहीं जीएगा।

मेरी दादी मरीं तो मैं उनकी अर्थी के साथ-साथ एक घोड़े पर सवार होकर श्मशान घाट तक गया। औरतें छाती पीट रही थीं, जिनमें से कुछ किराए की औरतें भी थीं। इसके बाद एक दिन ब्राह्मणों को और एक दिन आसपास के गरीबों को खाना खिलाया गया। ऐसा लगता है कि आसपास के लोग हमारी दादी का बहुत मान करते थे, क्योंकि श्मशान घाट में काफी भीड़ थी। मुझे याद है, मैं गंगा में उनकी अस्थियाँ बहाने के लिए घरवालों के साथ हरिद्वार भी गया था। मुझे याद नहीं है कि मैं रोया था या नहीं, क्योंकि उनकी मौत से जुड़ी रस्में उत्सव की तरह प्रतीत हो रही थीं। हिन्दुओं में जब कोई वयोवृद्ध स्त्री परलोक सिधारती थी तो इसी तरह की रस्में सम्पन्न की जाती थीं।

मेरे दादा हमारे बगीचे के एक कोने में बनी कुटिया में अकेले रहा करते थे। वे हम दस पोते-पोतियों को हर हफ्ते दो पैसे दिया करते थे। हमें ये कम लगते थे और हम उनसे

इसे बढ़ाकर एक आना (चार पैसे) कर देने का अनुरोध करते रहते थे। लेकिन हम कितनी ही मनुहार, कितनी ही जिद क्यों न करें, दादाजी टस-से-मस नहीं होते थे। एक दिन मैंने अपने छोटे भाई हरदीप और चचेरे भाई बलबीर से कहा कि हम अपना जेबखर्च बढ़वाने के लिए सत्याग्रह करेंगे।

कुटिया में दो खिड़कियाँ और एक दरवाजा था। हरदीप एक खिड़की में बैठ गया और बलबीर दूसरी में। मैं दरवाजे के पास फर्श पर लेट गया, ताकि उनका रास्ता रोका जा सके। पहले तो दादाजी ने हमारी तरफ कोई खास ध्यान नहीं दिया, लेकिन जब उन्होंने देखा कि हम अपनी बात पर अड़े हुए थे तो उन्होंने हमारी पिटाई करने की धमकी दी। उन्होंने बारी-बारी से दोनों खिड़कियों से अन्दर घुसने की कोशिश की, जो जमीन से जरा ही ऊँची थीं। लेकिन उनकी असली मंशा दरवाजे से दाखिल होने की थी। उन्होंने मुझे धमकाते हुए रास्ता छोड़ने के लिए कहा। मैंने कहा कि हम सत्याग्रह कर रहे थे और अपना जेबखर्च बढ़वाए बिना पीछे नहीं हट सकते थे।

मुझे जिद करते देखकर उन्होंने अपनी जूती उतारी और मुझे पीटना शुरू कर दिया। मेरे दोनों भाई भाग खड़े हुए, लेकिन मैं भाग नहीं पाया और रोने लगा। मुझे रोते देखकर मेरे चाचा दौड़ते हुए आए और मुझे दादाजी का रास्ता छोड़ने के लिए कहने लगे। उन्होंने कहा कि सत्याग्रह का मतलब था अपने-आपको कष्ट देना, न कि दूसरों को। "तुम अपने दादाजी का रास्ता रोककर उन्हें कष्ट दे रहे हो। कोई भी सत्याग्रही ऐसा नहीं करेगा।"

मेरे निकट परिवार में मेरे पिता, माँ, और चार भाई रजिन्दर, हरदीप, सुरिन्दर और सिन्धु शामिल थे। हमारी एक बहन भी थी, जो बँटवारे के समय जमशेदपुर में रह रही थी। मेरा सबसे छोटा भाई सिन्धु कुछ ही महीने पहले हैजे से चल बसा था। मैं उसकी आखिरी घड़ियों को कभी नहीं भूल पाता। मरते समय उसका सर मेरी गोद में था। वह मुझे 'भापा' कहा करता था। जब उसका आखिरी वक्त आ गया तो उसने मुझे उसे सख्ती से पकड़े रहने के लिए कहा, मानो कोई उसे दूर ले जाने की कोशिश कर रहा हो। मैंने पूरा जोर लगाकर उसे सख्ती से पकड़े रखा, लेकिन उसका शरीर ढीला पड़ता चला गया। उसके आखिरी शब्द थे, "भापा, छोड़ दे मुझे! मुझे रोशनी दिखाई दे रही है! मैं वहीं जा रहा हूँ!" और उसने दम तोड़ दिया। उसका इस तरह जाना मुझे वर्षों तक सालता रहा।

उसके आखिरी शब्द मुझे यह सोचने पर मजबूर करते रहे हैं कि क्या सचमुच कोई परमशक्ति है जो इस सृष्टि को नियंत्रित कर रही है। सिन्धु जिस रोशनी की बात कर रहा था, क्या वह उसी शक्ति की प्रतीक थी जो ज़िन्दगी से मौत की तरफ सफर करते हुए हमें रास्ता दिखाती है? क्यों, कैसे और कब? मैं कुछ नहीं कह सकता, लेकिन अपने वामपन्थी झुकाव के बावजूद मैं यह विश्वास करने लगा हूँ कि इस दुनिया के पार कोई शक्ति जरूर है, उसे ईश्वर कह लो, या कुछ और। मैं बहुत बरसों तक आस्था और सन्देह के बीच झूलता रहा हूँ, और आखिरकार यह विश्वास करने लगा हूँ कि एक ऐसी शक्ति है जिसे मैं अपने अन्दर महसूस करता हूँ, लेकिन जिसे मैं शब्दों में अभिव्यक्त नहीं कर सकता। मैं न तो नास्तिक हूँ और न खंडनवादी; मैं एक आस्तिक व्यक्ति हूँ। लेकिन इसके बावजूद मैं अपने सन्देहों और शंकाओं को पूरी तरह मिटा नहीं पाया हूँ, और पूजा-पाठ से भी बात नहीं बनी है।

मुझे उन लोगों से ईर्ष्या होती है जो ईश्वर में अटूट आस्था रखते हैं। उन्हें कोई जवाब

नहीं खोजना पड़ता क्योंकि उन्हें इसकी जरूरत ही नहीं पड़ती। मुझे पूरा विश्वास है कि नियति नाम की कोई चीज होती है जो आपको बहुत-से रास्तों में से कोई एक खास रास्ता चुनने के लिए बाध्य करती है। मैं खुद भी अपनी जिन्दगी में एक विकल्प की बजाय दूसरे विकल्प को चुनता रहा हूँ, यह जाने बगैर कि मैं ऐसा क्यों कर रहा हूँ, और इससे मेरी जिन्दगी में बहुत जबर्दस्त फर्क पड़ा है। मैंने कानून पढ़ा, पर पत्रकार बन बैठा। मैंने प्रसाशनिक सेवा (आईएएस) में जाने की कोशिश की, पर इम्तिहान में फेल हो गया। अगर मैं सफल हो गया होता तो 25 वर्ष पहले रिटायर हो चुका होता। इसी को किस्मत कहते हैं। शायद मेरी आस्था उन पंक्तियों पर आधारित है जो मैंने कुछ वर्ष पहले दिल्ली में जामा मसजिद के एक रेस्तराँ में टँगी एक तख्ती पर पढ़ी थीं–'वक्त से पहले नहीं, मुकद्दर से ज्यादा नहीं।'

मेरी पत्नी भारती मुझसे ठीक उलट है। उसकी ईश्वर में बहुत गहरी आस्था है और वह धर्मपरायण हिन्दू स्त्रियों की तरह हर रोज मन्दिर जाती है और व्रत-उपवास रखती है। वह हमारे बच्चों और पोते-पोतियों के जन्मदिन पर हवन भी करवाती रहती है, और उत्तर में अमरनाथ से लेकर दक्षिण में रामेश्वरम तक न जाने कितने तीर्थ-स्थानों पर मुझे अपने साथ घसीटकर ले जाती रहती है।

लेकिन स्यालकोट के हमारे उस घर के बगीचे में दफन पीर में मेरी सच्ची आस्था रही है। मैं परिवार के किसी बड़े-बूढ़े या संरक्षक की तरह उनकी इज्जत करता रहा हूँ, और यह मानता रहा हूँ कि वे बुरी घटनाओं से मेरी रक्षा करेंगे। जब मैं स्यालकोट के मेरे कॉलेज से निकलकर लाहौर के फॉर्मन क्रिश्चियन कॉलेज में भर्ती हुआ था (मुझे सरकारी कॉलेज में दाखिला नहीं मिला था), तो भी मैं अपने पीर की, अपने अनदेखे मसीहा की, दुआएँ साथ लेता गया था। मुझे ऐसा लगता है कि वे किसी आध्यात्मिक शक्ति के प्रतीक हैं, भक्ति या सूफी पन्थ के सन्तों और फकीरों की तरह। क्या इससे यह साबित होता है कि मैं डरपोक था? कोई भी मुझे घुड़की दे देता था। मैं लड़ाई-झगड़े में कम ही पड़ता था और हमेशा पिट जाता था। हट्टे-कट्टे लोग मुझे हमेशा प्रभावित करते थे। शायद इसीलिए मेरी माँ ने मेरा प्यार का नाम 'भोला' रख दिया था।

आगे चलकर मुझमें शास्त्रीय संगीत का शौक पैदा होने लगा, भारतीय और पश्चिमी दोनों ही। मेरी पत्नी ने मुझे भारतीय शास्त्रीय संगीत की बारीकियों को समझना सिखाया, खासकर इसके रागों को। लेकिन मैं कला की अन्य विधाओं का क-ख-ग भी नहीं जान पाया। चित्रकारी की तो मुझे बिलकुल भी समझ नहीं है। एक बार मैंने कुछ छोटी-मोटी पेंटिंग्स खरीदने की कोशिश की तो मुझे काफी शर्मिन्दगी का सामना करना पड़ा।

कई वर्ष पहले हैदराबाद में चारमिनार के आसपास कुछ दुकानें होती थीं, जहाँ छोटी-छोटी पेंटिंग्स बिका करती थीं। अपने-आपको बड़ा तीसमारखाँ दिखाते हुए मैं एक दुकान में दाखिल हो गया और खरीदने के लिए कुछ पेंटिंग्स चुनने लगा। मैंने 12 पेंटिंग्स निकाल लीं, यह सोचकर कि इनमें से कोई तीन ले लूँगा। बूढ़ा दुकानदार कुछ देर बड़ी दिलचस्पी से मेरी तरफ देखता रहा और फिर मुझे टोकते हुए बोला, "आपको पेंटिंग का क-ख-ग भी नहीं मालूम! आपने सब बेकार पेंटिंग्स चुनी हैं!"

मैं शर्म से पानी-पानी हो गया और हक्का-बक्का-सा उसकी तरफ देखने लगा। उसने मेरे द्वारा चुनी गई पेंटिंग्स उठाकर एक तरफ रख दीं और फिर शेल्फ से एक छोटी-सी पेंटिंग

निकालकर मुझे दिखाते हुए बोला, "यह ले जाइए! इसे मेरी तरफ से एक तोहफा समझिए, लेकिन इस शर्त पर कि आप दोबारा कभी अपने-आप कोई पेंटिंग खरीदने की कोशिश नहीं करेंगे!"

मैं इस वायदे को आज तक निभा रहा हूँ और वह छोटी-सी पेंटिंग आज भी मेरे बैठक के कमरे की शोभा बढ़ा रही है। बहुत-से लोग इसकी तारीफ कर चुके हैं।

इस घटना के कई वर्ष बाद मशहूर चित्रकार एम.एफ. हुसैन दिल्ली में मेरे घर पर आए। वे साइकिल पर कुछ कैनवस रखकर साइकिल के साथ-साथ पैदल चले आ रहे थे। उन्होंने मुझसे कम-से-कम एक पेंटिंग खरीद लेने का अनुरोध किया, और उन्होंने जो कीमत बताई वह, जहाँ तक मुझे याद पड़ता है, सौ रुपए के आसपास थी। मैंने मना कर दिया, क्योंकि मैं इतनी कीमत दे पाने की स्थिति में नहीं था। साथ ही मुझे हैदराबाद के उस दुकानदार से किया गया वायदा भी याद था कि मैं अपने-आप कभी कोई पेंटिंग नहीं खरीदूँगा।

मेरी माँ पूरन देवी रीति-रिवाजों को बहुत मानती थीं। उनका विश्वास था कि इनका पुराना होना इनके सही होने का प्रतीक था। जब मेरा पहला बेटा और उनका पोता सुधीर पैदा हुआ तो उन्होंने अपने चरखे को आग के हवाले कर दिया। ऐसा माना जाता था कि दादी अपने पोते की देखभाल में इतनी व्यस्त हो जाएगी कि उसे चरखा कातने का समय ही नहीं मिलेगा।

मेरी माँ सिख थीं और नियमित रूप से गुरुद्वारे में जाती रहती थीं। उन दिनों हिन्दू-सिखों के बीच विवाह बड़ी आम बात थे। संक्रान्त के महीने में वे हमें गुरुग्रन्थ साहिब पढ़कर सुनाया करती थीं और हमें हलवे का प्रसाद खिलाती थीं। मेरे पिता गुरबख्श के नाम के साथ भी 'सिंह' शब्द जुड़ा हुआ था। लेकिन उन्होंने या दादाजी ने सिखों की तरह केश नहीं रखे हुए थे। यह कहना ज्यादा सही होगा कि हमारे परिवार में सिख और हिन्दू धर्म का मिला-जुला परिवेश था।

हम सभी भाइयों के नाम एक ग्रन्थी द्वारा गुरुग्रन्थ साहिब से चुने गए थे। लेकिन लड़कियों के मामले में ऐसा कोई रिवाज नहीं था, इसलिए मेरी बहन का नाम मेरी दादी ने रखा था। मेरा जन्म का नाम कुलदीप सिंह था, लेकिन बँटवारे के बाद मैंने अपने नाम से 'सिंह' शब्द हटा दिया। मैं नहीं चाहता था कि सिख न होते हुए भी लोग मुझे सिख समझें। अपने-आपको सहजधारी सिख बतलाने का भी कोई अर्थ या आधार नहीं था।

परिवार में इन दोनों धर्मों के मिले-जुले परिवेश को देखते हुए हम हिन्दू और सिख दोनों ही त्योहार मनाते थे। दीवाली हमारा सबसे बड़ा त्योहार होता था, जब हम सबको नए कपड़े पहनने के लिए कहा जाता था। उस दिन पूजा भी होती थी, पहले माँ द्वारा और फिर मेरी पत्नी भारती द्वारा। एक बार ऐसी ही पूजा के दौरान हमारी पहचान के एक मुस्लिम दम्पती हमारे घर आ पहुँचे। माँ ने पूजा रोक दी और उन दोनों का स्वागत करते हुए उन्हें हमारे साथ बैठने के लिए कहा। वे चुपचाप बैठ गए और हमें पूजा करते देखते रहे।

पूजा के सम्पन्न होने पर जब हर किसी ने लक्ष्मी की मूर्ति के आगे सर झुकाया तो माँ ने उन दोनों से भी ऐसा करने के लिए कहा। वे दोनों दूर बैठे चुपचाप मुस्कराते रहे। माँ को पता नहीं था कि लक्ष्मी के आगे सर झुकाना मूर्ति-पूजा थी, जो इस्लाम में वर्जित थी। हमारे उन मुस्लिम मेहमानों को भी पता था कि माँ को यह बात मालूम नहीं थी, इसलिए

उन्होंने इस बात का बुरा नहीं माना। मुस्लिम-बहुल स्यालकोट में रहनेवाले ज्यादातर हिन्दू और सिख परिवारों को मुस्लिम रीति-रिवाजों की बहुत कम जानकारी थी। उन्हें सिर्फ इतना पता था कि मुसलमान सिखों की तरह 'झटका' मांस न खाकर 'हलाल' मांस खाते थे। लेकिन सभी लोग एक-दूसरे की साम्प्रदायिक संवेदनाओं का खयाल रखते थे और जान-बूझकर किसी की धार्मिक भावनाओं को ठेस नहीं पहुँचाते थे।

इस मामले में मेरी माँ भी काफी उदार थीं। उनके मन में मुसलमानों के प्रति कोई पूर्वाग्रह नहीं था। वे अकसर कहा करती थीं कि वे लोग भी हमारे जैसे ही थे। फिर भी, अनजाने में वे भेदभाव भी बरतती रहती थीं, यह समझे बगैर कि वे ऐसा कर रही हैं। जहाँ तक अछूतों की बात थी, वे हमारे घर में सफाई करनेवाली लड़की को रसोई में नहीं घुसने देती थीं। एक दिन वह गलती से वहाँ चली गई तो माँ उस पर बरस पड़ीं। उन्होंने पानी की कई बाल्टियों से फर्श को रगड़-रगड़कर धोया, हालाँकि पानी की ये बाल्टियाँ भी वही लड़की लाकर दे रही थी।

मैं इस लड़की को बड़ी उत्सुकता से निहारता रहता था। मैं तब बारह या तेरह वर्ष का रहा होऊँगा। वह सफेद रंग की काफी महीन धोती पहनती थी, जिसमें से उसकी सुडौल टाँगें और अन्य अंग दिखाई देते रहते थे। उसे देखकर मेरे तन-मन में एक अजीब-सी इच्छा अंगड़ाइयाँ लेने लगती थी। लेकिन मैं उसके पास जाने की हिम्मत नहीं कर पाता था। इसलिए नहीं कि वह दलित थी, जैसाकि आजकल उन्हें कहा जाता है, बल्कि इस डर से कि घरवालों को पता चल गया तो क्या होगा। मुझे डर लगता था।

लेकिन इस अछूत लड़की के कारण मुझे हिन्दू धर्म में वर्ण-व्यवस्था का पता चला। मैं क्षत्रिय था, जो चार जातियों में दूसरी सबसे ऊँची जाति थी। सबसे ऊपर ब्राह्मण थे, जबकि अछूत सबसे निचले स्थान पर थे। हमारे स्कूल में भी कुछ बच्चे नंगे फर्श पर बैठा करते थे, जबकि हमारे लिए जूट की चटाइयाँ होती थीं। एक दिन मैंने हमारे अध्यापक को यह पूछकर चौंका दिया कि सभी बच्चों को चटाइयाँ क्यों नहीं दी जातीं। उसने रटा-रटाया जवाब देते हुए कहा कि वे बच्चे पूरी फीस नहीं देते। लेकिन मुझे सन्तुष्ट न देखकर उसने आगे कहा कि वे अछूत बच्चे थे। मुझे यह बात पच नहीं रही थी, लेकिन मैं चुप हो गया क्योंकि कोई भी इस बारे में कुछ नहीं कहता था। ऊँची जाति ऊँची जाति थी और निचली जाति नीची। सदियों से ऐसा ही माना जाता था और इसे पसन्द न करनेवाले लोग भी आवाज नहीं उठा पाते थे। मैं यह जरूर सोचता रहता था कि आखिर ऐसा कब तक चलेगा!

मेरी माँ ने मुझे समझाने की कोशिश की थी—अछूत वे लोग थे जिन्होंने पिछले जन्म में पाप किए थे और वे अब इस जन्म में इसका फल भोग रहे थे। मुझे यह बात तर्कसंगत नहीं लगी थी। मेरी समझ में नहीं आता था कि पिछले जन्म के बुरे कर्मों की सजा इस जन्म में कैसे दी जा सकती थी। गीता में वर्णित कर्म का यह दर्शन ही हिन्दू दर्शन का आधार माना जाता है। मैं कुछ समय के लिए थोड़ा सन्तुष्ट तो हो गया, लेकिन अन्याय और असमानता को मेरा मन कभी भी स्वीकार नहीं कर पाया।

माहौल में कुछ तनाव के बावजूद हम स्यालकोट में एक सामान्य जिन्दगी जी रहे थे कि 12 अगस्त, 1947 को बँटवारे की घोषणा ने अचानक ही सब कुछ बदल डाला। यूँ लगा जैसे

परस्पर अविश्वास के भूसे के ढेर में कोई चिंगारी छोड़ दी गई हो। पूरा उपमहाद्वीप साम्प्रदायिक आग की लपटों में घिर गया। उत्तर भारत का सबसे बुरा हाल था, और कुछ हद तक बंगाल का भी। कई वर्षों से जारी साम्प्रदायिक प्रोपेगंडे के कारण दोनों समुदायों की भावनाएँ बहुत ज्यादा भड़की हुई थीं। अब दोनों के दिलों में दबा गुस्सा उछलकर आ गया था और दूसरे समुदाय पर कहर बनकर टूट पड़ा था। प्रशासन भी धर्म के आधार पर बँटा हुआ था, इसलिए हालात और ज्यादा बिगड़ते चले गए थे। 13 अगस्त को नई सरहद के दोनों तरफ लगभग एक ही समय फसाद शुरू हो गए। रावलपिंडी में सिखों के कत्ल और सिख-बहुल पूर्वी पंजाब में मुसलमानों के कत्ल ने अमृतसर और लाहौर को साम्प्रदायिक दंगों की लपटों में झोंक दिया। जल्दी ही खून-खराबा शुरू हो गया। सड़कों पर हाथों में हथियार लहराते और मरने-मारने को उतारू दंगाइयों की टोलियाँ घूमती दिखाई देने लगीं। हत्या, आगजनी और लूटपाट का बाजार गर्म था। औरतों और बच्चों को अगवा किया जा रहा था और घरों को आग लगाई जा रही थी। काफी शान्त माने जानेवाले स्यालकोट में भी आग की लपटें आसमान को छूने लगी थीं।

हमने अर्जुनदास नामक एक जेलर के पास शरण ले रखी थी। यह वही जेलर था जिसकी निगरानी में बाद में महात्मा गांधी के हत्यारे नत्थूराम गोडसे को अम्बाला छावनी में फाँसी की सजा दी गई।

मैंने 14-15 अगस्त की मध्यरात्रि को भारत को स्वतंत्र होते नहीं देखा। मैं अपने परिवार के साथ स्यालकोट में था। एक शान्त शहर होने के बावजूद वहाँ भी गैर-मुसलमानों के घर जलाए जा रहे थे। लेकिन हमें अब भी यकीन नहीं आ रहा था कि हमें पाकिस्तान छोड़ना पड़ेगा। हम यह मानकर चल रहे थे कि जिस तरह मुसलमान भारत में रहते रहेंगे, उसी तरह हिन्दू भी पाकिस्तान में रहते रहेंगे।

पाकिस्तान रेडियो पर राष्ट्रवादी गीत सुनाए जा रहे थे, जिनमें इस्लाम धर्म का रंग था। मैंने ऑल इंडिया रेडियो लगाया, जिस पर नेहरू के भाषण का पुनर्प्रसारण किया जा रहा था। उनके वे शब्द अब भी मेरे कानों में गूँज रहे हैं–"बहुत वर्ष पहले हमने नियति से साक्षात्कार किया था। अब इस प्रतिज्ञा को फिर से दोहराने का समय आ गया है..."

हमारे परिवार ने हालात सुधरने तक भारत चले जाने का फैसला कर लिया। लेकिन अपने साथ एक-दो बैग ले जाने के लिए भी घर लौटना जरूरी था। मुझे और परिवार के अन्य सदस्यों को अपने कपड़े वगैरह लेने थे। मैंने और मेरी माँ ने स्यालकोट छावनी से एक ताँगा पकड़ा। वह शहर का एक सुरक्षित क्षेत्र था। हम सब मेरे पिता के एक दोस्त गुलाम कादिर के एक बँगले में ठहरे हुए थे। वे एक मल्टी-स्टोर के मालिक थे।

मैं और मेरी माँ उस ताँगेवाले को नहीं जानते थे, जो एक मुसलमान था। हमें लगभग दस किलोमीटर की दूरी तय करनी थी और शहर से सब जगह दंगों की खबरें आ रही थीं। लेकिन हमारे मन में एक बार भी यह बात नहीं आई कि हम पर हमला हो सकता था।

हमने 14 अगस्त को बहुत हड़बड़ी में घर छोड़ा था तो मेरी माँ अपने साथ एक कीमती शॉल लेती गई थीं। घर पहुँचकर उन्होंने उस शॉल को तह करके एक ट्रंक में रख दिया और एक मामूली-सा कुल्लू शॉल निकाल लिया। उन्होंने कहा कि वे अपना कीमती शॉल साथ ले जाकर खराब करना नहीं चाहती थीं। मैं पिछली बार घर छोड़ते समय अपने साथ रोमेन

रोलैंड की 'जीन क्रिस्टोफर' का सजिल्द संस्करण लेता गया था। मैंने भी इसे सँभालकर वापस ट्रंक में रख दिया और इसकी जगह एक मामूली-सी पेपरबैक किताब उठा ली, जिसे मैं लौटते समय भारत में छोड़ भी आता तो चलता था। मेरी माँ ने तीन सूटकेस तैयार कर लिये–एक मेरा, एक मेरे दो भाइयों का और एक अपना और पिताजी का।

हम कुछ देर घर के डाइनिंग-टेबल पर बैठे अपनी-अपनी सोचों में डूबे रहे। हम दोनों के मन में शायद एक ही बात थी–क्या हम इस घर में दोबारा लौट सकेंगे? यह एक ऐसा खयाल था जिसके बारे में हम सोचना भी नहीं चाहते थे। भारत में नए सिरे से जिन्दगी शुरू करने का खयाल तो हमारी सोचों से कोसों दूर था। हम दोनों में से किसी को भी यह एहसास नहीं था कि हम इस घर को अब दोबारा कभी नहीं देख पाएँगे।

उन क्षणों की मार्मिकता को व्यक्त करने के लिए मेरे पास शब्द नहीं हैं। मैं सब कुछ पीछे छोड़ आने की व्यथा को कैसे व्यक्त करूँ? ऐसा लगता था जैसे सब कुछ स्मृतियों की चिंगारियों में झुलस गया हो। जैसे सब कुछ राख के ढेर में बदल गया हो।

हम माँ-बेटे ने जल्दी से हमारे पीर के दर्शन किए, जो एक अरसे से हमारे परिवार की रक्षा करते रहे थे। कब्र पर सूखे पत्ते और धूल-मिट्टी जमा हो गई थी। हमने उसे वैसे ही छोड़ दिया क्योंकि हम जानते थे कि सफाई करने के बाद भी वह फिर से वैसी ही हो जाएगी। अब उसकी देखभाल करने वाला कोई नहीं था।

घर के मुख्य दरवाजे पर ताला लगाते हुए मेरी माँ ने अचानक कहा कि उनका दिल धड़क रहा था और उन्हें ऐसा लग रहा था कि वे अब यहाँ कभी नहीं लौटेंगी। मैंने उन्हें समझाया कि जब तक हम भारत से लौटेंगे, दंगे-फसाद खत्म हो चुके होंगे। पता नहीं क्यों, मुझे अब भी पूरा भरोसा था कि कुछ दिनों बाद सब शान्त हो जाएगा, जैसाकि दंगे-फसादों के बाद हमेशा होता था।

लेकिन मेरी माँ की आशंका सही साबित हुई।

12 सितम्बर को हम अपनी भारत यात्रा की योजनाएँ बना रहे थे कि सेना के एक हिन्दू मेजर मेरे पिता से मिलने आ पहुँचे। उनका भारत तबादला हो गया था और वे मेरे पिता को अलविदा कहने आए थे। मेरे पिता उनके बच्चों का इलाज करते रहे थे इसलिए वे पिताजी के प्रति कृतज्ञता की भावना रखते थे। उन्होंने पिताजी से पूछा कि क्या वे उनके किसी काम आ सकते थे। पिताजी ने कहा, मेरे तीनों बेटों को भी अपने साथ ले जाओ। मेजर दुविधा में पड़ गए। उन्होंने कहा कि काश वे ऐसा कर पाते, लेकिन जीप में बहुत कम जगह थी। ज्यादा से ज्यादा वे किसी एक व्यक्ति को एक हैंडबैग के साथ बिठा सकते थे।

पूरा परिवार जोर डालने लगा कि मुझे उनके साथ चलना चाहिए। मैं नहीं माना तो पिताजी ने पर्चियाँ डालने का फैसला किया। संयोग कहें या कोई तिकड़म, पर पर्चियों में भी मेरा ही नाम निकला। मैं फिर भी आनाकानी करता रहा, पर हर कोई इसे भाग्य का फैसला कहकर मेरे पीछे पड़ा रहा। उस रात मुझे नींद नहीं आई। मैं बहुत देर तक जागता रहा, और फिर उठकर माँ के पास चला गया। मैंने अपना सर माँ की गोद में रख दिया और उसे उसी तरह मेरे बाल सहलाने के लिए कहा जैसे वह बचपन में सहलाया करती थी। मुझे भविष्य का सामना करते हुए डर लग रहा था।

मैं उन दिनों में लौट जाना चाहता था जब मुझे कोई चिन्ता, कोई डर नहीं सताता था। मैं परिवार के हर सदस्य से लिपट जाना चाहता था। पता नहीं मैं उनसे दोबारा मिल पाऊँगा या नहीं! हमने भारत से पाकिस्तान और पाकिस्तान से भारत जानेवाले कितने ही यात्रियों के मारे जाने की खबरें सुनी थीं। पाकिस्तान में बहुत-सी रेलगाड़ियों में गैर-मुसलमान यात्रियों को चुन-चुनकर मारा जा रहा था। भारत में मुसलमानों के साथ भी यही हो रहा था। पूरी रात मुझे इसी तरह के बुरे-बुरे खयाल आते रहे।

हमने एक साथ यात्रा करने की बजाय अलग-अलग भारत पहुँचने का फैसला किया था। पूरे रास्ते सड़क के दोनों तरफ लोगों का विशाल समुद्र दिखाई दे रहा था। एक बड़ा काफिला पाकिस्तान की तरफ तो एक भारत की तरफ बढ़ रहा था। इन दोनों काफिलों में वे लोग थे जिन्हें उनके घरों और उनकी जमीन से जबर्दस्ती उखाड़ फेंका गया था—पूर्वी पंजाब से मुसलमानों को और पश्चिमी पंजाब से हिन्दुओं और सिखों को।

यह आबादियों के तबादले का ज्वालामुखी था। ऐसा लगता था जैसे सरहद के दोनों तरफ पूरी मानवता किसी अनचाहे और मुश्किल सफर पर निकल पड़ी हो। किसी ने भी इसकी उम्मीद नहीं की थी। कोई भी ऐसा नहीं चाहता था। लेकिन कोई भी इसे रोक नहीं पा रहा था। दोनों देश इस भयानक त्रासदी के लिए एक-दूसरे पर आरोप लगा रहे थे और आजादी का शुरुआती खुमार उतरने के बाद बँटवारे से जुड़ी कई दूसरी समस्याएँ सामने आने के लिए भी।

जिन्ना सिखों के प्रवास से खासतौर से नाखुश थे, जिन्हें उन्होंने पाकिस्तान और भारत की सीमा के पास एक स्वतंत्र राज्य (आजाद पंजाब) देने का वायदा किया था। उनके सचिव के.एच. खुर्शीद ने वर्षों बाद लाहौर में मुझे बताया था कि जिन्ना ने कभी कल्पना भी नहीं की थी कि बँटवारे के बाद इतने बड़े पैमाने पर नरसंहार या आबादियों का तबादला होगा। खुर्शीद का कहना था कि जिन्ना ने पाकिस्तान में संसदीय प्रजातंत्र का सपना देखा था, जहाँ मुसलमानों और गैर-मुसलमानों में कोई भेदभाव नहीं होगा। जब हम पाकिस्तान में थे, तब भी जिन्ना ने यह घोषणा की थी कि सरकार धर्म के नाम पर कोई भेदभाव नहीं करेगी। बल्कि उनकी इस घोषणा ने ही हमें पाकिस्तान में ही रहने के लिए प्रेरित किया था।

दूसरी तरफ, भारत में पटेल यह चाहते थे कि सभी हिन्दू और सिख पश्चिमी पाकिस्तान से निकल आएँ। उन्हें मुसलमानों की कोई खास चिन्ता नहीं थी। उन्हें उनकी इच्छानुसार पाकिस्तान मिल चुका था और उनका वहाँ चले जाना ही बेहतर था। लेकिन नेहरू की धर्मनिरपेक्षता में बहत गहरी निष्ठा थी। वे मुसलमानों की दुकानों को लूटपाट से बचाने के लिए दिल्ली की गलियों में जाने की हिम्मत भी दिखा सकते थे।

दोनों देशों में पहुँच रहे शरणार्थियों के काफिले न सिर्फ दूसरे समुदाय के प्रति कड़वाहट से भरे हुए थे, बल्कि बदले की भावना का भी प्रदर्शन कर रहे थे। वे उन शहरों और गाँवों में घट रही ज्यादतियों की कहानियाँ सुना रहे थे, जहाँ हिन्दू और मुसलमान सदियों से साथ-साथ रहते रहे थे। धर्म के नाम पर देश के बँटवारे के बाद दोनों तरफ हुए नरसंहार ने दिलों को और ज्यादा बाँट दिया था।

दोनों में से कोई भी कसूरवार या ज्यादा कसूरवार रहा हो, लेकिन सरहद के दोनों तरफ कुछ हफ्तों के साम्प्रदायिक जनून ने दोनों देशों के सम्बन्धों में हमेशा के लिए कड़वाहट पैदा

कर दी। अब तक तीन पीढ़ियाँ इस कड़वाहट का परिणाम भुगत चुकी हैं। आगे न जाने कितनी पीढ़ियों को परस्पर अविश्वास की इस अँधेरी गली से गुजरना होगा। दोनों देश हर विषय पर, हर कदम पर एक-दूसरे का विरोध करते रहे हैं। एक-दूसरे के प्रति भय और अविश्वास की भावना ने मामूली झगड़ों को भी गम्भीर मुद्दों में बदल दिया है।

बँटवारे के बाद दोनों देशों में इतनी दूरियाँ पैदा हो गई थीं कि जिन्ना भारत के साथ राजनयिक सम्बन्ध भी तोड़ लेना चाहते थे। सितम्बर, 1947 में उन्होंने अपने स्टाफ प्रमुख लॉर्ड इस्मे से कहा था, "लड़ाई के अलावा और कोई रास्ता नहीं है।" जिन्ना को सचमुच ही ऐसा लगता था कि भारत उनके देश के टुकड़े करना चाहता था। यह डर आज भी पाकिस्तानियों के दिलों में बसा हुआ है।

मेजर की जीप 13 सितम्बर की सुबह हमारी शरणस्थली पर आ पहुँची। उसमें उनकी पत्नी और दो बच्चों के अलावा ढेर सारा सामान था। पीछे की सीट पर एक नौकर भी बैठा हुआ था। मेरी माँ ने एक हैंडबैग में मेरी दो पेंटें और दो कमीजें रख दी थीं। उन्होंने मुझे 120 रुपए भी दिए। उनके आँसू रुक नहीं पा रहे थे। उन्होंने एक बार फिर मुझे याद दिलाया कि मैं दिल्ली पहुँचकर उनकी बहन कुन्तो मासी के पास चला जाऊँ। कुन्तो मौसी दरियागंज में रहती थीं और उनके पति केन्द्रीय सचिवालय में हेड क्लर्क थे।

मैं जीप में बैठ गया। मेरी माँ ने अपने आँसू पोंछते हुए मुस्कराने की कोशिश की। मेरे पिता गुमसुम और उदास-से खड़े थे। लेकिन उन्हें और माँ को इस बात की तसल्ली थी कि कम-से-कम परिवार का एक सदस्य तो सही-सलामत हिन्दुस्तान पहुँच जाएगा। मेरे दोनों भाई हँस रहे थे, लेकिन उनकी यह हँसी कितनी नकली और फीकी-फीकी सी प्रतीत हो रही थी! मैंने उदास मन से उन सबकी तरफ देखा और अपना हाथ हिलाया।

स्यालकोट से सम्ब्राल तक का बीस मील का सफर बिना किसी हादसे के तय हो गया। लेकिन जी.टी. रोड पर पहुँचते ही हमारी रफ्तार कम हो गई। सड़क पर शरणार्थियों का एक सैलाब बहता हुआ दिखाई दे रहा था—अपने-अपने घरों से उजड़े और दूर-दराज के गाँवों-शहरों से चले आ रहे हिन्दू-सिख शरणार्थी, जो अपने बच्चों और इक्का-दुक्का सामान के साथ भारत की तरफ बढ़े चले जा रहे थे। यह बड़ा हृदय-विदारक दृश्य था। वे सब बहुत बदहवास और बेहाल दिखाई दे रहे थे—थके-टूटे, परेशान और लाचार। उनके फटे हुए कपड़े, रिस्ते घाव और सामान के नाम पर इक्का-दुक्का गठरियाँ उनके पलायन के दर्द की कहानी सुना रहे थे। वे 'दंगों' के शिकार नहीं थे—यह शब्द उनकी यातना को अभिव्यक्त करने के लिए नाकाफी था। वे उस दानवीय नरसंहार के शिकार थे जो दोनों समुदायों पर एक जनून की तरह हावी हो चुका था।

मुझे उस खुली दाढ़ी वाले बूढ़े सिख का चेहरा अब भी याद आ रहा है जिसने मुझे अपनी गोद का बच्चा पकड़ाने की कोशिश की थी। "इसे ले जाओ...इसे अपने साथ ले जाओ," उसने विनती करते हुए कहा था, "कम-से-कम खानदान के नाम पर कोई तो जिन्दा बचेगा!" इसी तरह एक जवान औरत ने भी अपने गोद के बच्चे को जीप में बिठाने की कोशिश करते हुए कहा था, "मैं तुम्हें ढूँढ़ लूँगी और अपना बच्चा वापस ले लूँगी!"

लेकिन मैं कैसे उनके बच्चों को अपने साथ ले जा सकता था जब मुझे खुद अपने ही

भविष्य का पता नहीं था? मैं चुपचाप बैठा रहा। मैं उन्हें कैसे समझाऊँ? कैसे?

इन लाचार लोगों को पीछे छोड़ जाना बड़े कड़े दिल का काम था। लेकिन मैं कुछ भी नहीं कर सकता था। मैं उस मनोस्थिति में था जब अतीत कहीं खो चुका होता है और भविष्य का कुछ पता नहीं होता। मुझे रह-रहकर अपने माता-पिता और भाइयों की चिन्ता सता रही थी। काश, मैं उन्हें बता पाता कि अब घर लौटने की कोई सम्भावना नहीं थी। उन्हें जितनी जल्दी सम्भव हो वहाँ से हमेशा के लिए निकल आना चाहिए। हमें सब कुछ नए सिरे से शुरू करना होगा।

सरहद अभी दूर थी। मेजर दिन का समय बर्बाद करना नहीं चाहते थे, इसलिए उन्होंने जीप को आगे बढ़ा दिया। मैं पीछे मुड़कर मदद के लिए फैले हाथों को लाचार-सा देखता रहा। जीप के धुएँ में जल्दी ही वे चेहरे मेरी नजरों से ओझल होते चले गए।

हिन्दुओं की उदारता और मुसलमानों की रहमदिली न जाने कहाँ गायब हो गई थी। गाँव के गाँव जलाए जा रहे थे। मुस्लिम बस्तियों में हिन्दू-सिखों के घर फूँके जा रहे थे तो हिन्दू-सिख बस्तियों में मुसलमानों को नहीं बख्शा जा रहा था। दोनों तरफ कत्लेआम का जनून सवार था। हमें रास्ते में इनसानी बर्बरता की कई झलकियाँ दिखाई दीं।

पंजाब में तो मार्च में ही दंगे शुरू हो गए थे। रावलपिंडी और झेलम का सबसे बुरा हाल था। वहाँ कई हिन्दू और सिख औरतें अपने-आपको बलात्कार या अपहरण से बचाने के लिए कुओं में कूद पड़ी थीं। लाहौर शहर एक तरफ हिन्दू-सिखों और दूसरी तरफ मुसलमानों के बीच जंग के मैदान में बदल गया था। यह वही शहर था जहाँ सिख नेता मास्टर तारा सिंह ने स्टेट असेम्बली की बिल्डिंग के सामने तलवार लहराते हुए खालिस्तान का नारा लगाया था।

रावलपिंडी में सिखों के कत्ल ने समुदाय की सोच को बदल दिया था। तब तक उनके नेता, मास्टर तारा सिंह, यह तय नहीं कर पा रहे थे कि सिखों को पाकिस्तान में रहना चाहिए—जहाँ सिख पन्थ के संस्थापक गुरु नानकदेव पैदा हुए थे—या हिन्दुस्तान चले जाना चाहिए, जहाँ हिन्दू-सिखों के बीच गहरे धार्मिक सूत्रों के कारण वे ज्यादा सुरक्षित महसूस कर सकते थे। दोनों की एक जैसी मान्यताएँ थीं और दोनों करीब-करीब एक-से देवी-देवताओं को पूजनीय मानते थे। सिख औरंगजेब और कुछ अन्य मुगल बादशाहों द्वारा उनके समुदाय पर किए गए अत्याचारों को नहीं भूले थे। इसी तरह मुसलमान भी महाराजा रणजीत सिंह के सेनापति हरिसिंह नलवा की ज्यादतियों को नहीं भूले थे। कई बार मुझे यह सोचकर बड़ी हैरानी होती है कि पंजाबी मुसलमानों ने कभी सिखों का मन जीतने की कोशिश क्यों नहीं की। दोनों समुदाय 'अहले किताब' हैं। सिख 'गुरुग्रन्थ साहब' को मानते हैं तो मुसलमान 'कुरान' को। दोनों ही जात-पात या भेदभाव में विश्वास नहीं करते।

खाकी वर्दियों—सेना, पुलिस और दूसरी सुरक्षा संस्थाओं—पर दंगाइयों पर लगाम लगाने की जिम्मेदारी थी, लेकिन वे भी धर्म के नाम पर बँटे हुए थे। उनसे निष्पक्षता और अपने समुदाय के लोगों से सख्ती बरतने की उम्मीद करना नामुमकिन-सी बात थी। वे सही और गलत में कोई फर्क करने की स्थिति में नहीं थे। कानून के इन रक्षकों को पता था कि 'अपने देश' में तबादला होते ही उनके सब गुनाह माफ हो जाएँगे। मेरे खयाल से प्रशासनिक कर्मचारियों,

पुलिस और सेना को यह छूट देना कि अगर वे गैर-मुसलमान थे तो भारत में और अगर मुसलमान थे तो पाकिस्तान में अपना तबादला करवा सकते थे, बहुत बड़ी भूल थी। मिला-जुला प्रशासन अलग तरह से व्यवहार करता और अल्पसंख्यक इतने भयभीत न महसूस करते।

जिन्ना विश्वास ही नहीं कर पा रहे थे कि दोनों देशों से इतने बड़े पैमाने पर आबादियों का पलायन हो रहा था। कांग्रेस और मुस्लिम लीग दोनों ने ही आबादी की अदला-बदली के प्रस्ताव को ठुकरा दिया था। जिन्ना कुछ दिन हताश रहे और फिर भारत पर यह आरोप लगाने लगे कि वह पाकिस्तान को कमजोर करने की कोशिश कर रहा था। फिर भी, वे लोगों के पलायन से काफी उखड़े हुए थे, और खासकर सरहद के दोनों तरफ लाखों लोगों के मारे जाने की खबरों से।

एक दिन जब जिन्ना लाहौर में थे तो पाकिस्तान के पुनर्वास मंत्री इफ्तिखार-उद-दीन और 'पाकिस्तान टाइम्स' के सम्पादक मजहर अली खान उन्हें एक डकोटा विमान में बिठाकर विभाजित पंजाब दिखाने ले गए। इस हवाई दौरे के दौरान जिन्ना ने शरणार्थियों के अन्तहीन काफिलों को भारत की तरफ पलायन करते या वहाँ से पाकिस्तान की तरफ आते देखा तो अपना माथा पटकते हुए अफसोस से बोले, ''यह मैंने क्या कर डाला!'' इफ्तिखार और मजहर ने एक-दूसरे से वायदा किया कि वे यह बात किसी से नहीं कहेंगे। बाद में मजहर ने यह बात अपनी पत्नी ताहिरा को बताई, और ताहिरा ने अपने पति के निधन के बहुत वर्ष बाद यह बात मुझे बताई।

दोपहर के बाद लाहौर के बाहरी क्षेत्र में पहुँचते ही हमें जीप रोक देनी पड़ी। पता चला कि अमृतसर में एक मुस्लिम काफिले पर हमला किया गया था, और अब लाहौर के मुसलमान इसका बदला लेने पर उतारू थे। हम दम साधे किसी अनहोनी की प्रतीक्षा करने लगे। बीच-बीच में कहीं दूर से गोलियाँ चलने की आवाज आ रही थी और बगल के खेतों से लाशों की सड़ाँध उठ रही थी। हमें 'अल्लाह हो अकबर', 'या अली' और 'पाकिस्तान जिन्दाबाद' के नारे भी सुनाई दिए। लेकिन हम पर कोई हमला नहीं हुआ। हमारा डर निराधार साबित हुआ।

हम एक बार फिर चल पड़े। थोड़ा आगे चलकर हमें सड़क के दोनों तरफ बहुत-सी लाशें और खाली सूटकेस और बैग पड़े दिखाई दिए। यह बिलकुल साफ था कि वहाँ कुछ देर पहले ही भयानक कत्लेआम हुआ था और कत्ल से पहले या बाद में लूटपाट भी। लेकिन हमारे वहाँ पहुँचने तक तूफान गुजर चुका था और हम बच गए थे। फिर भी हम बहुत घबरा गए थे और वाघा बोर्डर पर पहुँचकर ही हमारी जान में जान आई।

वहाँ पहुँचते ही हमें 'भारत माता की जय' की आवाजें सुनाई देने लगीं। हमारा सफर पूरा हो गया था। सरहद के नाम पर कुछ ड्रमों को उलटा करके उन पर सफेद पुताई कर दी गई थी। पास ही एक ऊँचे बाँस पर भारत का तिरंगा झंडा लहरा रहा था। वहाँ पहुँचते ही थके-हारे लोगों में एक नया जोश दिखाई देने लगा था। वे आपस में गले मिलकर अपनी खुशी और राहत का इजहार कर रहे थे। यहाँ तक जिन्दा पहुँच जाना मानो एक बहुत बड़ी उपलब्धि थी। मेजर की पत्नी ने अपनी सीट के नीचे से बहुत सँभालकर रखा गया मिठाई का एक डिब्बा निकाला और हम सबको मिठाई बाँटी।

दिन अभी पूरी तरह नहीं ढला था। मुझे ट्रकों में ठुँसे या पैदल चल रहे लोगों का एक

काफिला दिखाई दिया जो हमसे उल्टी दिशा में जा रहे थे। वे सब मुसलमान थे जो भारत से पलायन कर रहे थे। हमारी जीप उन्हें रास्ता देने के लिए रुक गई तो मैं नीचे उतरकर उन्हें देखने लगा। न वे कुछ बोले और न मैं, लेकिन हम एक-दूसरे की आँखों की मूक भाषा को समझ पा रहे थे। ऐसा लगता था जैसे हमारे बीच कोई बहुत गहरा रिश्ता था। हम दोनों ही कत्लेआम और उससे भी भयंकर दृश्य देख चुके थे; हम दोनों ही शरणार्थी थे।

मैंने मन-ही-मन प्रतिज्ञा की कि नए भारत में धर्म के नाम पर कभी कोई हत्या नहीं होगी। लेकिन मेरा यह भ्रम कितनी जल्दी चकनाचूर हो गया।

मैं अमृतसर से दिल्ली जाने के लिए रेलगाड़ी के दूसरी श्रेणी के डिब्बे में बैठा तो लोगों ने मुझे मुसलमान समझ लिया। गैर-सिख पंजाबी, वे हिन्दू हों या मुसलमान, एक जैसे दिखते हैं। दोनों एक ही भाषा बोलते हैं, एक जैसा पहनते और खाते हैं, और व्यवहार भी लगभग एक जैसा करते हैं। ट्रेन में सभी लोग हालात के लिए नेताओं को जिम्मेदार ठहराते हुए उन्हें भला-बुरा कह रहे थे। मैं भी उन्हें जमकर कोसने लगा। लोग मेरी तरफ देखने लगे और उनमें से कुछ की नजरों में सन्देह के भाव थे।

मैंने आधी बाँहों वाली कमीज पहन रखी थी और मेरी दाईं बाँह पर अर्द्धचन्द्र और सितारे का निशान बिलकुल साफ दिखाई दे रहा था। मैंने स्यालकोट में अपने एक दोस्त शफकत के कहने पर यह निशान गुदवा लिया था। लेकिन अब हिन्दुस्तान में इस निशान के कारण लोग मुझे सन्देह की नजर से देखने लगे थे। क्या मैं मुसलमान था और अपनी पहचान को छिपाने के लिए ही नेताओं को बढ़-चढ़कर कोस रहा था?

लुधियाना के स्टेशन पर लोगों ने मुझे गाड़ी से नीचे उतार लिया। संयोग से स्यालकोट से आए ज्यादातर शरणार्थी इसी शहर में डेरा डाले हुए थे। मेरे आसपास भीड़ जमा हो गई। कुछ हट्टे-कट्टे सिख अपने बरछे और तलवारें लहराते हुए मुझे अपनी पहचान साबित करने के लिए कहने लगे। वे सब बहुत भड़के हुए थे और उनकी आँखों को देखकर लगता था कि उन पर खून सवार था। इससे पहले कि मैं अपनी पेंट उतार पाता, स्यालकोट में हमारे मुहल्ले का एक हलवाई वहाँ आ पहुँचा और उसने मुझे पहचान लिया। उसने चिल्लाकर कहा कि मैं डॉक्टर साहब का बेटा हूँ। इसके बाद एक और व्यक्ति ने भी मुझे पहचान लिया तो लोगों का सन्देह दूर हुआ और भीड़ धीरे-धीरे छँटने लगी। मेरी जान में जान आई। लेकिन जिन्दगी और मौत के बीच झूलते वे दहशत भरे पल आज भी मेरी यादों में ताजा हैं।

मेरे माता-पिता और दोनों भाई अलग-अलग और एक-दूसरे रास्ते से भारत पहुँचे। इस रास्ते में नरोवाल रेलवे पुल पड़ता था, जिसे पैदल पार करके भारत की सरहद में पहुँचा जा सकता था। मेरे पिता के हाथ में एक छोटा सूटकेस था, जिसमें परिवार के सभी गहने और नकदी रखी हुई थी। वे पुल पार कर रहे थे तो किसी ने उन्हें धक्का दिया और उनके हाथ से वह सूटकेस छीनकर भीड़ में गायब हो गया। तब माँ और पिताजी साठ से ऊपर थे। उन्हें जलन्धर पहुँचकर नए सिरे से संघर्ष करना पड़ा। उन्होंने कुछ रुपए उधार लेकर मिट्टी के बर्तनों से अपनी घर-गृहस्थी शुरू की।

पिताजी ने मुझे बताया कि स्यालकोट में किस तरह कुछ मुस्लिम लड़कों ने उनकी जान बचाई थी। वे नरोवाल जानेवाली गाड़ी में बैठे तो रेलवे स्टेशन पर खड़े कुछ मुस्लिम लड़कों

ने उन्हें पहचान लिया और उन्हें गाड़ी से नीचे उतार लिया। उन्होंने कहा कि स्टेशन से दस किलोमीटर दूर जाते ही उस गाड़ी पर हमला होनेवाला था। सचमुच ऐसा ही हुआ और गाड़ी में सवार हिन्दू यात्रियों को बेरहमी से कत्ल कर दिया गया। वे मुस्लिम लड़के माँ और पिताजी को घर तक छोड़कर गए और अगले दिन उन्होंने ही उन्हें दूसरी गाड़ी में बिठाया। उन लड़कों के कारण ही माँ और पिताजी की जान बच पाई।

इस तरह के कई उदाहरण थे जहाँ हिन्दुओं ने मुसलमानों की और मुसलमानों ने हिन्दुओं की रक्षा की थी। जाने-माने समाजशास्त्री आशिष नन्दी के अनुसार, भारत में हिन्दुओं द्वारा बचाए जानेवाले मुसलमानों और पाकिस्तान में मुसलमानों द्वारा बचाए जानेवाले हिन्दुओं की संख्या लगभग एक समान थी और 50 प्रतिशत के आसपास थी।

बँटवारे से जुड़ी हत्याओं और पलायन के अलग-अलग आँकड़े देखने में आते हैं। लेकिन आमतौर से ऐसा माना जाता है कि बँटवारे में लगभग दस लाख लोग मारे गए और लगभग दो करोड़ लोग उजड़ गए। लॉर्ड माउंटबेटन का मानना था कि बीस से तीस लाख लोग मारे गए थे। जो कुछ हुआ, उसकी भयानकता और विकरालता की कल्पना कर पाना मुश्किल है। दोनों पंजाबों में दूसरे समुदाय का मानो नामोनिशाँ ही खत्म हो गया। पूर्वी पंजाब से मुसलमान साफ हो गए और पश्चिमी पंजाब से हिन्दू और सिख। लगभग पूरी की पूरी आबादियों के ऐसे भयंकर तबादले की किसी ने भी कल्पना नहीं की थी। लाहौर शहर, जो कभी रणजीत सिंह के राज्य की राजधानी था और सिख संस्कृति का एक प्रमुख केन्द्र रह चुका था, कुछ ही दिनों में पूरी तरह एक मुस्लिम शहर बन गया था। इसी तरह, एक के बाद एक मुस्लिम साम्राज्यों की राजधानी रह चुकी दिल्ली से अधिकांश मुस्लिम परिवार पाकिस्तान कूच कर रहे थे। यह भाग्य की विडम्बना ही थी कि शाहजहाँ द्वारा निर्मित मुगल साम्राज्य की शान रह चुके लाल किले का मैदान अब दिल्ली के मुसलमानों के लिए एक शरणार्थी शिविर में बदल गया था। फिर भी, कई मुस्लिम थे जो अब भी यह दलील दे रहे थे कि अंग्रेजों ने हिन्दुस्तान को उनके हाथ से छीना था, इसलिए इसे उन्हें ही लौटाया जाना चाहिए था।

पंजाब के दोनों हिस्सों में जिस भयंकर पैमाने पर मारकाट और लूटपाट हुई थी, और जिस स्तर पर वहाँ से आबादियों का पलायन हुआ था, वह अपने-आपमें एक अनूठी और अपवाद घटना थी। बंगाल में ऐसा नहीं हुआ, न ही मुसलमानों की अल्पसंख्या वाले संयुक्त प्रान्त (अब उत्तर प्रदेश) और मध्य प्रान्त (अब मध्यप्रदेश) में। फिर भी इन क्षेत्रों से मुस्लिम मध्यवर्ग का बड़े पैमाने पर पलायन हुआ। इनमें से ज्यादातर ने सिन्ध का रुख किया, जहाँ उन्हें आज भी 'मोहाजिरों' के नाम से जाना जाता है।

पूरे भारत में मुसलमानों पर यह दबाव जरूर बना हुआ था कि उन्हें पाकिस्तान चले जाना चाहिए। फिर भी, पूर्वी पंजाब को छोड़कर ज्यादातर मुसलमानों ने भारत में ही रहने का फैसला किया। बहुत सीमित संख्या में पलायन हुआ, और वह भी अधिकांश मामलों में अपनी खुद की इच्छा और सहूलियत से। भारत में ही बच गए मुसलमानों की संख्या आबादी का लगभग 12 प्रतिशत थी। इसकी तुलना में पाकिस्तान में सिर्फ 2 या 3 प्रतिशत हिन्दू और सिख रह गए थे।

सच्चाई यह थी कि दो स्वतंत्र देशों के रूप में अपने अस्तित्व के पहले दिन से ही दोनों देश

आरोप-प्रत्यारोप में उलझ गए थे। पाकिस्तान खासतौर से भारत पर यह आरोप लगा रहा था कि वह पाकिस्तान को स्थापित नहीं होने दे रहा था। फसादों के कारण रेल सेवाओं में पड़ी बाधा से सरकारी दस्तावेजों को दिल्ली से कराची भेजने में देर हो रही थी। पाकिस्तान को इसमें भारत की चाल नजर आ रही थी। उसका खयाल था कि भारत नए देश के प्रशासन को अस्थिर करना चाहता था। लेकिन इस देरी से पाकिस्तान को फायदा ही हुआ और वह जरूरत से ज्यादा लालफीताशाही से बच गया।

संयुक्त सुरक्षा परिषद को निर्धारित समय से चार महीने पहले ही 30 नवम्बर, 1947 को भंग कर दिया गया। पाकिस्तान सरकार को इसमें भी उसे सैन्य भंडारों से वंचित करने की चाल दिखाई दी। मैं दोनों देशों के बीच बढ़ती कड़वाहट से बहुत ज्यादा विचलित था। मैं चाहता था कि दोनों देशों में सामान्य हालात हो जाएँ और वे टकराव की बजाय एक-दूसरे के साथ सहयोग की बात करें। नई दिल्ली ने अब भी पाकिस्तान को कई उपकरण और भंडार नहीं भेजे थे, जैसाकि दोनों देशों के बीच परिसम्पत्तियों के बँटवारे के बाद तय हुआ था।

और तो और, पाकिस्तान के पहले सेना प्रमुख कलाद ऑचिनलेक ने भी भारत पर आरोप लगाते हुए कहा था कि वह "पाकिस्तान को उसका जायज हिस्सा बल्कि हिन्दुस्तान के तोपखानों और डिप्पुओं में से कुछ भी देने" से बचने की कोशिश कर रहा था।

पटेल सबसे बड़ी रुकावट बने हुए थे। उनका कहना था कि कश्मीर में जारी लड़ाई के बीचोबीच पाकिस्तान को हथियार नहीं भेजे जा सकते थे। खुद महात्मा गांधी ने भी पटेल से पाकिस्तान को उसके हिस्से की परिसम्पत्तियाँ देने का आग्रह किया, लेकिन पटेल टस-से-मस नहीं हुए। इसके बाद गांधीजी भूख हड़ताल पर बैठ गए और सरकार को झुकना पड़ा। लेकिन इसके बाद भी भारत ने पाकिस्तान की परिसम्पत्तियों के हिस्से के रूप में सिर्फ 60 करोड़ रुपए लौटाए।

15 सितम्बर को मैं दिल्ली पहुँचा तो शहर दंगों की चपेट में था। इसी कारण हमारी ट्रेन का रास्ता बदल दिया गया था और वह 24 घंटों तक मेरठ में रुकी रही थी। मुसलमान शहर से भाग रहे थे, उसी तरह जैसे हिन्दू और सिख पश्चिम पंजाब से भाग रहे थे। कहानी वही थी सिर्फ भूमिकाएँ बदल गई थीं। मैंने पाकिस्तान में कत्लेआम नहीं देखा था, क्योंकि मैं बँटवारे के एक महीने बाद ही वहाँ से चला आया था। लेकिन मैंने यह सब हिन्दुस्तान की राजधानी दिल्ली में देखा।

मुसलमान दिल्ली की गलियों में सुरक्षित नहीं थे, इसलिए उनमें से ज्यादा ने पुराने किले में शरण ले रखी थी। दंगाई राजनयिकों के घरों में जाकर मुसलमान खानसामाओं और नौकरों को ढूँढ़-ढूँढ़कर निकाल रहे थे। इसे पाकिस्तान में खेली जा रही खून की होली के बदले के रूप में देखा जा रहा था। दिल्ली में तैनात सेनाओं के अधिकांश जवान हिन्दू और सिख थे। सरकार को अन्देशा था कि वे निष्पक्षता से काम नहीं ले पाएँगे और उसका ऐसा सोचना सही भी था। सम्प्रदायिकता का वायरस हर जगह फैला हुआ था। मैंने दक्षिण भारत के जवानों को कानून-व्यवस्था सँभालते देखा, जो किसी तरह का भेदभाव नहीं कर रहे थे।

पटेल और संविधान परिषद के अध्यक्ष राजेन्द्र प्रसाद दोनों ने ही नेहरू के इस प्रस्ताव

का विरोध किया था कि दिल्ली के कुछ रिहायशी इलाके मुसलमानों के लिए आरक्षित कर देने चाहिए। नेहरू मुस्लिम शरणार्थियों की रक्षा के लिए मुस्लिम कर्मचारी भी नियुक्त करना चाहते थे। कुछ वर्ष बाद, जब मैं गृह मंत्रालय के सूचना अधिकारी के रूप में राजेन्द्र प्रसाद को उनके रिटायर होने के बाद पटना छोड़ने गया था तो उन्होंने इस बात की पुष्टि की थी कि उन्होंने नेहरू को एक पत्र लिखकर चेतावनी दी थी कि उनके इस प्रस्ताव के 'अवांछनीय और अनपेक्षित परिणाम' होंगे।

मैं उनके एतराज को समझ नहीं पा रहा था, क्योंकि यह मुसलमानों में सुरक्षा की भावना पैदा करने के लिए सिर्फ एक अस्थायी व्यवस्था थी। इससे मुसलमानों के खिलाफ पूर्वाग्रह की भावना का पता चलता था, जिसकी मैं राजेन्द्र प्रसाद के स्तर के व्यक्ति से उम्मीद नहीं कर रहा था। उन्होंने मुझसे कहा था कि सीमा के उस पार कत्लेआम की खबरों को सुनने के बाद उन्हें नेहरू का अपने देशवासियों से शान्ति बरतने के लिए कहना ठीक नहीं लग रहा था। उनका कहना था कि नेहरू के इन भाषणों से देश का सर नीचा हुआ था। मेरी समझ में नहीं आ रहा था कि भारतीय समाज के बहुधर्मी स्वरूप को देखते हुए हिंसा के इस तांडव को चुपचाप कैसे देखा जा सकता था।

नेहरू सरकार में अपने-आपको अकेला महसूस कर रहे थे। पहले तो, उन्होंने पाकिस्तान बनने की कल्पना ही नहीं की थी। दूसरे, उन्हें यह भी भरोसा था कि अंग्रेजों के जाने के बाद साम्प्रदायिक झगड़े नहीं होंगे। "क्या मेरा ऐसा सोचना गलत था?" उन्होंने बाद में किसी विदेशी अतिथि से कहा था। लेकिन नेहरू ने अपने-आपको सँभाला और केबिनेट के दो अल्पसंख्यक मंत्रियों अबुल कलाम आजाद और राजकुमारी अमृत कौर पर ज्यादा भरोसा करने लगे। पटेल और श्यामा प्रसाद मुखर्जी निरन्तर उनका विरोध करते रहे।

गांधीजी मुसलमानों की रक्षा करने के नेहरू के प्रयासों का समर्थन करते थे, लेकिन वे प्रशासनिक मामलों में उनकी मदद नहीं कर सकते थे। नेहरू ने केबिनेट की एक आपातकालीन समिति बनाई और माउंटबेटन को इसकी अध्यक्षता करने के लिए कहा। उनका खयाल था कि 'एक साथ इतनी सारी समस्याओं' का सामना करना उनके वश से बाहर था।

माउंटबेटन का कहना था कि नेहरू और पटेल को संयुक्त रूप से उन्हें स्थिति को सँभालने के लिए कहना चाहिए, और अगर वे मान जाते हैं तो फिलहाल इस व्यवस्था को गुप्त रखा जाना चाहिए। उन्होंने यह भी कहा कि वे मंत्रियों से सलाह-मशविरा करेंगे, लेकिन अन्तिम फैसला उन्हीं का होगा। उनकी सभी शर्तों को मान लिया गया।

पटेल केबिनेट मंत्रियों की शक्तियों को लेकर भी नेहरू से उलझते रहते थे। उनका कहना था कि प्रधानमंत्री किसी मंत्रालय के कामकाज में दखल नहीं दे सकता। वह सिर्फ बराबर के दर्जे के मंत्रियों का नेता था। अगर प्रधानमंत्री को किसी मंत्री के फैसले को खारिज करना था तो इसके लिए केबिनेट की सामूहिक सहमति लेनी जरूरी थी।

मैं अतीत में नहीं जी सकता था। मेरा दुख कितना ही गहरा क्यों न हो, मुझे अपनी जिन्दगी फिर से शुरू करनी थी। अपना सामान अपनी मौसी के पास दरियागंज में रखने के बाद मैं सीधा बिड़ला हाउस गया, जहाँ महात्मा गांधी रहा करते थे। मैं उन्हें देखना चाहता था,

इसलिए नहीं कि उन्होंने हमें आजादी दिलाई थी, बल्कि इसलिए कि उन्होंने हममें आत्म-गौरव की भावना पैदा की थी। जब मैं किशोर उम्र में था तो ऊँची टोपी पहने एक अंग्रेज पुलिसवाले ने मुझ पर लाठी बरसाई थी, सिर्फ इसलिए कि मैं आजादी की माँग करनेवाले एक जलूस में शामिल था। मैं महात्मा के पास नहीं गया, सिर्फ उन्हें दूर से देखता रहा। वे दो युवतियों के कन्धों पर हाथ रखे बरामदे में टहल रहे थे। मेरे मन में अचानक यह खयाल आया कि मैं एक दिन अपने बच्चों और पोते-पोतियों को बताऊँगा कि मैंने गांधीजी को खुद अपनी आँखों से देखा था।

वे दिल्ली में होते थे तो बिड़ला हाउस के बगीचे में प्रतिदिन एक प्रार्थना सभा को सम्बोधित किया करते थे। एक-दो गीतों के बाद, जिनमें भारत के सांस्कृतिक जनजीवन की झलक होती थी, बाइबल, कुरान और गीता से—और हमेशा इसी क्रम में—कुछ पंक्तियाँ पढ़ी जाती थीं। इन प्रार्थना सभाओं में पाकिस्तान से आए पंजाबी ज्यादा होते थे। एक दिन एक व्यक्ति ने कुरान के पाठ को लेकर एतराज जताया। हम सब उससे बैठ जाने का अनुरोध करते रहे, लेकिन वह खड़ा रहा। गांधीजी ने कहा कि इस एतराज को देखते हुए आज प्रार्थना नहीं होगी।

अगले दिन उस व्यक्ति ने खड़े होकर अपना एतराज वापस ले लिया। गांधीजी ने सभा को सम्बोधित करते हुए कहा कि वे जानते थे कि सभा में बहुत-से ऐसे लोग थे जो अपना सब कुछ खो चुके थे, और तो और अपने परिवार वालों को भी। लेकिन हम जो देश बनाना चाह रहे हैं वह एक विविधतापूर्ण और प्रजातांत्रिक देश होगा, और आजादी की लड़ाई के दौरान हमने ऐसे ही देश का सपना देखा था। उन्होंने अपना चश्मा उतारकर कहा, "यह बात याद रखो कि हिन्दू और मुसलमान मेरी दो आँखों की तरह हैं।" मैं आज भी उनके इन शब्दों पर अमल कर रहा हूँ।

दरियागंज के नजदीक जामा मसजिद एक ऐसा इलाका था जहाँ मैं अकसर जाता रहता था। वहाँ काफी सस्ता और अच्छा मांसाहारी खाना मिल जाता था। मसजिद के ठीक सामने एक बिल्डिंग पर लाल झंडा लहराता रहता था। वह कम्युनिस्ट पार्टी का दिल्ली हेडक्वार्टर था। एक दिन मैं बिल्डिंग की आड़ी-तिरछी सीढ़ियाँ चढ़कर ऊपर चला गया, ताकि लाहौर में स्टूडेंट फेडरेशन के दिनों के अपने रेडिकल दोस्तों के बारे में कुछ पता लगा सकूँ। लेकिन वहाँ मौजूद चश्माधारी मुहम्मद फारूकी से मुझे मेरे काम की कोई जानकारी मिल पाई। वे तब पार्टी की दिल्ली इकाई के सचिव थे। हाँ, उन्होंने अंग्रेजों के गुप्त इरादों को लेकर मुझे एक भाषण जरूर पिला दिया, जो कश्मीर के महाराजा और हैदराबाद के निजाम के माध्यम से भारत पर अपना कब्जा जमाए रखना चाहते थे। बाद में मुझे यह भी पता चला कि मास्को ने भारतीय कम्युनिस्टों को सत्ता पर हावी भारतीय बुर्जुआ वर्ग के खिलाफ युद्ध छेड़ने की सलाह दी थी। कम्युनिस्ट भूमिगत हो गए और अप्रैल, 1952 में पहले आम चुनावों में हिस्सा लेने के दौरान ही फिर से प्रकट हुए।

फारूकी ने मुझे 'पीपुल्ज़ एज' नामक एक कम्युनिस्ट साप्ताहिक की प्रतियाँ बेचने के लिए कहा। मैं अखबारों का गट्ठर लेकर सदर बाजार के एक चौराहे पर खड़ा हो गया। कुछ देर बाद एक प्रौढ़ उम्र की स्त्री मेरे पास आकर सिसकने लगी। उसने मुझे दस रुपए का नोट दिया और रोते-रोते बोली कि उसने सपने में भी नहीं सोचा था कि डॉक्टर साहिब

के परिवार को ये दिन देखने पड़ेंगे। मैं समझ गया कि वह मेरे पिताजी को जानती थी। मैंने उसे बताने की कोशिश की कि ऐसी कोई बात नहीं थी, लेकिन वह फिर भी रोती रही। मैं पार्टी के दफ्तर में लौट आया और फारूकी से बोला कि मुझे कोई काम चाहिए। उसने पूछा कि क्या मुझे उर्दू आती थी। मैंने कहा कि मैं फारसी में ग्रेज्युएट था।

मुझे पत्रकारिता में धकेलने वाला व्यक्ति दरअसल फारूकी ही था, भले ही अनजाने में। उस समय मैं कोई भी काम करने के लिए तैयार था, और कोई जरूरी नहीं था कि वह कानून के क्षेत्र से जुड़ा हुआ हो। मुहम्मद यासिन एक अच्छे रुतबे और पैसेवाले व्यक्ति थे और 'अंजाम' नामक एक उर्दू दैनिक अखबार के मालिक थे। उनका अखबार मुस्लिम लीग और पाकिस्तान का खुलकर समर्थन करता रहा था और हिन्दुओं के खिलाफ जहर उगलता रहा था। लेकिन अब बँटवारे के बाद अखबार के तेवर ढीले पड़ गए थे।

जिन्ना कराची रवाना होते समय भारत के मुसलमानों से कह गए थे कि उन्हें अपने देश के प्रति निष्ठावान रहना चाहिए। उर्दू प्रेस ने नई सच्चाइयों के साथ समझौता करते हुए रातोरात अपना रुख बदल लिया था और कांग्रेस पार्टी का राग अलापना शुरू कर दिया था—हालाँकि पिछले कई वर्षों से उर्दू प्रेस कांग्रेस को एक मुस्लिम विरोधी हिन्दू संस्था कहकर उसकी कड़ी भर्त्सना करती रही थी।

फारूकी के पत्र के कारण मुझे नौकरी मिल गई। मुझे यासिन के दो बेटों को अंग्रेजी और गणित भी पढ़ाना था। वे मेरी शैक्षणिक योग्यता (बी.ए. ऑनर्स, एलएलबी) से ज्यादा मेरी धार्मिक योग्यता से प्रभावित थे। वे मुझे एक ऐसे सम्पर्क सूत्र के रूप में देख रहे थे जो पाकिस्तान चले गए उनके भाई की सीलबद्ध सम्पत्ति छुड़वाने में उनकी मदद कर सकता था।

मेरा परिचय-पत्र छपकर आया तो मैं उस पर संयुक्त सम्पादक का ओहदा देखकर दंग रह गया। मेरे मालिक का खयाल था कि किसी छोटे-मोटे रिपोर्टर की बजाय संयुक्त सम्पादक का ओहदा सरकारी दरवाजे खुलवाने में ज्यादा असरदार साबित होगा। अखबार का दफ्तर बल्लीमारान नामक मुस्लिम इलाके में था, जो उजड़ा-उजड़ा सा दिखाई देता था। माहौल में एक भारीपन-सा था, जिसमें जाती हादसों की टीस बिलकुल साफ महसूस की जा सकती थी—एक ऐसे समुदाय का दर्द जिसकी हर उम्मीद मिट्टी में मिल चुकी थी।

मुसलमान ठगे हुए महसूस कर रहे थे। उन्होंने कल्पना भी नहीं की थी कि उन्हें बँटवारे की यह कीमत चुकानी पड़ेगी—उनके खिलाफ पूर्वाग्रहों भरा माहौल और हिन्दुओं की माँग कि उन्हें पाकिस्तान चले जाना चाहिए। आज भी कुछ मुसलमानों के कानों में यही आवाजें गूँजती रहती हैं। मुसलमान डरे हुए और दुविधा में थे। वे अपने-आपको बदलना चाहते थे। लेकिन हिन्दू इतनी कटुता और कठोरता दिखा रहे थे कि मुसलमानों के सामने बहुत कम सम्भावनाएँ थीं।

'अंजाम' में मेरे प्रति मेरे मुस्लिम सहकर्मियों के व्यवहार से पता चलता था कि उनके मन में क्या चल रहा था। वे इस तरह व्यवहार कर रहे थे जैसे मैं प्रथम श्रेणी का नागरिक हूँ और वे सब दूसरी श्रेणी के। बहुसंख्यक समुदाय की उदारता पर उनकी निर्भरता सचमुच बहुत मर्मस्पर्शी थी। उन्हें शायद ही इस बात का अहसास था कि पाकिस्तान एक ऐसी सलीब थी जो आनेवाली कई पीढ़ियों तक उनके गले में झूलती रहेगी।

मुझे उन पर दया आती थी। उनसे बात करना और भी ज्यादा मार्मिक अनुभव था। इस बहस का कोई मतलब नहीं था कि बँटवारे के लिए कौन जिम्मेदार था। इसके पीछे पिछले कई दशकों की घटनाएँ थीं, जिनका हिसाब-किताब सिर्फ एक अकादमिक बुद्धि-विलास का विषय था। लेकिन यह बिलकुल साफ था कि 1940 के दशक के मध्य तक हिन्दुओं और मुसलमानों के बीच इतनी बड़ी खाई पैदा हो चुकी थी कि बँटवारे जैसी कोई चीज लगभग एक अनिर्वायता बन गई थी।

मेरी जिन्दगी पर जितना असर बँटवारे का पड़ा है उतना किसी और चीज का नहीं। बँटवारे ने मुझे अपनी जड़ों से उखाड़ दिया। मुझे एक नए माहौल में नए सिरे से जिन्दगी शुरू करनी पड़ी। इसे इतिहास की एक विडम्बना ही कहना होगा कि पाकिस्तान के संस्थापक मुहम्मद अली जिन्ना ने भी इस तरह का बँटवारा नहीं चाहा था। वे पाकिस्तान की स्थापना के लिए लड़े जरूर थे, लेकिन वे आबादी के तबादले के खिलाफ थे। पिछले कई वर्षों में ऐसी बहुत-सी बातें मेरी जानकारी में आई हैं जिनसे पता चलता है कि बँटवारे को रोका जा सकता था। जो भी हो, जिस तरह भारत का बँटवारा हुआ, जिन्ना इससे खुश नहीं थे। जो कुछ मैंने सुना है, उससे पता चलता है कि उन्हें बँटवारे पर अफसोस महसूस हो रहा था, क्योंकि अपने अन्तिम निष्कर्षों में वे पाकिस्तान के भविष्य के स्वरूप को लेकर आश्वस्त नहीं थे।

जिन्ना के निजी सचिव खुर्शीद, जो कश्मीरी थे और धड़ल्ले से पंजाबी बोलते थे, ने मुझे बँटवारे के कुछ दिन बाद की एक घटना के बारे में बताया था। तब जिन्ना पाकिस्तान के गवर्नर-जनरल के रूप में सत्ता के केन्द्र में थे। एक दिन वे कराची के अपने भव्य निवास-स्थान पर अपनी बहन फातिमा, खुर्शीद और हाल ही में उनके साथ नियुक्त किए नौसेना के एक नौजवान अफसर के साथ बैठे लंच कर रहे थे। वह अफसर बहुत परेशान दिखाई दे रहा था क्योंकि उसे पता चला था कि उसके माता-पिता पाकिस्तान पहुँचने से पहले ही रास्ते में मारे गए थे।

उसने जिन्ना से दो-टूक शब्दों में पूछा, ''सर, क्या हमने पाकिस्तान बनाकर सचमुच अच्छा किया?''

कुछ देर के लिए एक बोझिल-सी खामोशी छाई रही। फिर जिन्ना ने इस खामोशी को तोड़ते हुए कहा, ''मुझे नहीं मालूम, यंग मैन! इसका फैसला सिर्फ वक्त करेगा।''

ऐसा लगता है कि जिन्ना दोनों देशों के बीच स्वतंत्र आवागमन जैसी कोई व्यवस्था चाहते थे। कराची में भारत के हाई कमिश्नर सीताराम के नाम उनके एक पत्र में ऐसा संकेत मिलता है। बम्बई में मालाबार हिल पर जिन्ना का एक बहुत बड़ा और शानदार मकान था। नेहरू ने सीताराम को एक पत्र लिखकर पूछा था कि जिन्ना इस मकान का क्या करना चाहते थे। जिन्ना का जवाब था कि वे इस मकान को अपने पास रखना चाहेंगे, क्योंकि वे साल में कुछ हफ्ते बम्बई में गुजारना पसन्द करेंगे।

वह मकान लम्बे समय तक उन्हीं के नाम रहा। बाद में भारत सरकार ने उसे अपने कब्जे में ले लिया। पाकिस्तान ने इस मकान को अपने दूतावास में बदलने के लिए काफी जोर लगाया, लेकिन भारत सरकार नहीं मानी। एक बार भारत सरकार तैयार जरूर हुई थी और उसने पाकिस्तान को अपनी रजामन्दी की सूचना भी दे दी थी, लेकिन बाद में उसने

अपना इरादा बदल दिया। जिन्ना की पोती ने इस मकान पर अपना दावा करते हुए अदालत का दरवाजा खटखटाया है और यह मामला अब बम्बई हाई कोर्ट में विचाराधीन है।

लन्दन के 'द टाइम्स' के दक्षिण एशियाई संवाददाता स्वर्गीय लुइस हेरन 1947-48 में दिल्ली में मौजूद थे। उन्होंने मुझे बताया था कि जिन्ना बँटवारे के लिए खुद को जिम्मेदार मानने के लिए तैयार नहीं थे। मैं हेरन से 1971 में लन्दन के उनके दफ्तर में मिला था। तब मैं भारत-पाक सम्बन्धों पर आधारित अपनी पुस्तक 'डिस्टेंट नेबर्स' (1972) के लिए सामग्री इकट्ठी कर रहा था। मैंने उनसे पूछा था कि क्या वे बँटवारे के बाद भी जिन्ना से मिले थे। उन्होंने कहा था, 'हाँ', और फिर वे पुरानी यादों में खो गए थे। उन्होंने मुझे पाकिस्तान के फ्रंटियर इलाके में कोहाट नामक एक छावनी में गवर्नर-जनरल जिन्ना के साथ गुजारी एक शाम के बारे में बताया था। हेरन ने जब फौज के बँटवारे को लेकर अपना दुख प्रकट किया था तो जिन्ना ने तुनककर कहा था, "इसके लिए तुम्हें मुझे नहीं, नेहरू को कसूरवार ठहराना होगा।"

हेरन ने मेरे नाम 3 अक्टूबर, 1971 के अपने एक पत्र में लिखा था, "एक शाम हम (जिन्ना और हेरन) इकट्ठे बैठे पी रहे थे तो मैंने पाकिस्तान बनाने से जुड़ी राजनीतिक जरूरतों को स्वीकार करने के बावजूद उपमहाद्वीप के बँटवारे पर अफसोस जाहिर किया। मुझे याद है कि मैंने पुरानी हिन्दुस्तानी फौज और आईसीएस के बँटवारे का भी जिक्र किया था। अजीब बात है कि उन्होंने यह सब स्वीकार करते हुए भी बँटवारे के लिए नेहरू को जिम्मेदार ठहराया, जैसाकि मैंने लन्दन में अपनी मुलाकात के दौरान भी तुमसे कहा था।"

हेरन ने जिन्ना के शब्दों को याद करते हुए लिखा था, "अगर वे (नेहरू) 1937 में यू. पी. की कांग्रेस सरकार में मुस्लिम लीग को शामिल करने के लिए राजी हो जाते, तो आज कोई पाकिस्तान नहीं होता।" हेरन ने आगे लिखा था कि "कांग्रेस के पुराने और सम्मानित नेता मौलाना अबुल कलाम आजाद को इस बात का अफसोस था कि नेहरू के इस इनकार से मुस्लिम लीग को नई जान मिल गई थी।" हेरन के अनुसार, जिन्ना के इस आरोप से ऐसा लगता है कि "नेहरू के फैसले के पीछे हिन्दू राष्ट्रवादी पुरुषोत्तम दास टंडन का हाथ था, जो यू.पी. में कांग्रेस के एक वरिष्ठ नेता थे।" आजाद ने 1988 में प्रकाशित अपनी पुस्तक 'इंडिया विंज़ फ्रीडम' में भी लगभग यही बात कही है। उन्हें अफसोस था कि महात्मा गांधी ने भी इस मामले में दखल नहीं दिया था, "जैसाकि उन्हें करना चाहिए था।"

व्यक्तिगत तौर पर मैं ऐसा नहीं कह सकता कि संयुक्त प्रान्त (यू.पी.) की कांग्रेस सरकार में मुस्लिम लीग को दो सीटें न दिए जाने से मुसलमान इतने ज्यादा नाराज हो गए कि वे एक अलग देश की माँग करने लगे। इस विवादास्पद मामले पर नेहरू ने अपना पक्ष कई वर्ष बाद 1959 में प्रकट किया था। तब मैं प्रेस गैलरी में गृह मंत्रालय के सूचना अधिकारी के रूप में मौजूद था। उन्होंने 'भारी मन से' मौलाना आजाद की पुस्तक के उन पृष्ठों का हवाला दिया था जिनमें उन्होंने यू.पी. के कांग्रेस केबिनेट में मुस्लिम लीग को दो सीटें न देने के लिए नेहरू को फटकार लगाई थी। नेहरू ने कहा कि मौलाना आजाद द्वारा एक 'दम्भी व्यक्ति' के रूप में चित्रित किए जाने से उनके दिल को ठेस पहुँची थी। ये शब्द पुस्तक के उन 30 पृष्ठों का हिस्सा थे जिन्हें मौलाना आजाद की वसीयत के अनुसार उनकी मृत्यु के 30 वर्ष बाद ही प्रकाशित किया जा सकता था। ये पृष्ठ 1988 में, नेहरू की मृत्यु

के 24 वर्ष प्रकाशित हुए।

आजाद की अचानक मृत्यु के सात महीने बाद उनके सचिव हुमायूँ कबीर ने पुस्तक की पांडुलिपि अभिलेखागार को सौंप दी थी। कबीर ने मुझे बताया था कि आजाद अपने विचारों को उस समय सार्वजनिक करना नहीं चाहते थे, क्योंकि उन्हें आशंका थी कि इससे नेहरू की स्थिति कमजोर हो सकती थी। तीस वर्ष बाद ये पृष्ठ छपे तो कोई हंगामा नहीं हुआ। पटेल के हिन्दू-समर्थक होने के बारे में आजाद के विचारों का सबको पता था। इन अप्रकाशित पृष्ठों में उन्होंने लिखा था कि पटेल की भूमिका हमेशा कांग्रेस के आदर्शों के अनुरूप नहीं होती थी। उलटे, रक्षा मंत्री बने कृष्णा मेनन के बारे में आजाद के विचार कहीं ज्यादा मुखर थे। आजाद मेनन को 'गैर-भरोसेमन्द' मानते थे और चाहते थे कि मंत्री बनाए जाने से पहले भारत के हाई कमिश्नर के रूप में उनकी गतिविधियों की जाँच होनी चाहिए। इस मुद्दे पर वे इतने गम्भीर थे कि जब 1954 में पहली बार नेहरू ने कृष्णा मेनन को केबिनेट में लाए जाने की बात उठाई तो उन्होंने अपना त्याग-पत्र भेज दिया था।

अगर मुस्लिम लीग को यू.पी. के केबिनेट में दो सीटें दे दी जातीं तो एक प्रमुख मुस्लिम नेता खलीक-उल-जमान केबिनेट का हिस्सा बन गए होते। वे वही व्यक्ति थे जिन्होंने कराची में आयोजित पाकिस्तान संविधान परिषद की एक बैठक में पाकिस्तान की स्थापना और इसके संविधान की रचना के प्रस्ताव का अनुमोदन किया। फिर भी, कई वर्ष बाद जब मैं उनकी लम्बी बीमारी के दौरान कराची में उनसे मिला तो उन्होंने भारत के बँटवारे पर अफसोस जाहिर किया। वे यू.पी. के उन मुसलमानों के साथ विश्वासघात के अपराधबोध से भरे हुए थे जिन्हें वे अपने पीछे छोड़ आए थे। पाकिस्तान के निर्माण को लेकर पश्चाताप की भावना महसूस करनेवाले वे अकेले मुस्लिम लीगी नेता नहीं थे। पार्टी के खजांची महमूदाबाद के नवाब एम.एम.ए. नवाब का भी यही मानना था कि बँटवारा एक गलती थी। आजादी के बाद वे लन्दन में जा बसे थे, जहाँ से उन्होंने लखनऊ में रहनेवाले अपने एक दोस्त और उस जमाने के मशहूर चिकित्सक ए. फरीदी को एक पत्र में लिखा था, "हमने जो तजुर्बा किया था वह गलत था।"

बाद में दिमाग में आई इन सोचों को नजरअन्दाज भी कर दें तो भी हजारों भारतीय मुसलमान ऐसे थे जिन्हें बँटवारे का पछतावा था। फिर भी भारत में रहनेवाले 90 प्रतिशत मुसलमानों ने पाकिस्तान की माँग का समर्थन किया था, जैसाकि 1946 के चुनावों से पता चलता था, भले ही तब मतदान का अधिकार सीमित था।

23 मार्च, 1940 को जब लाहौर में धर्म के आधार पर मुसलमानों के लिए एक अलग देश की स्थापना की माँग का प्रस्ताव पास किया गया था तो मैं भी वहाँ मौजूद था। (संयोग से इस्राइल एकमात्र दूसरा ऐसा देश है जिसकी स्थापना धर्म के आधार पर हुई है।) इस प्रस्ताव में पाकिस्तान के नाम का उल्लेख नहीं था, लेकिन बाद में इसे पाकिस्तान प्रस्ताव के रूप में जाना जाने लगा। मैं तब 16 वर्ष का था। 'द ट्रिब्यून' के चीफ रिपोर्टर ए.एन. बाली एक पारिवारिक मित्र होने के नाते इस ऐतिहासिक अवसर पर मुझे अपने साथ लेते गए थे।

मुझे वह पंडाल आज भी याद है जहाँ ऑल इंडिया मुस्लिम लीग का यह अधिवेशन

हुआ था। आमतौर से वहाँ कुश्तियों के दंगल आयोजित किए जाते थे। लेकिन उस दिन हजारों लोग एक दूसरे इरादे से वहाँ आए थे और उनका जोश देखते ही बनता था। एक नए और स्वतंत्र इस्लामी देश के विचार ने लोगों के दिलों में एक तूफान पैदा कर दिया था। वह कोई आम भीड़ नहीं थी। वह ऐसे लोगों की भीड़ थी जिनकी नजरें आसमान के सितारों पर टिकी हुई थीं। लोग उत्साहित लेकिन अनुशासित थे, उत्तेजित लेकिन मर्यादित थे, भावुक लेकिन संकल्पबद्ध थे। उन दिनों मुस्लिम लीग पंजाब में कोई खास लोकप्रिय नहीं थी, हालाँकि दूसरी दो संस्थाओं, कट्टरवादी 'खाकसार' और थोड़ी उदार समझी जानेवाली 'अहरार' की तुलना में लोग उसे ज्यादा गम्भीरता से लेते थे।

बहुत दुबले-पतले और ऊँचे कद के मुहम्मद अली जिन्ना वहाँ पहुँचे तो आसमान जिन्दाबाद के नारों से गूँज उठा। वे मुस्लिम लीग के अध्यक्ष थे। खाकसार की निशानी समझी जानेवाली हरी कमीजें पहने स्वयंसेवकों ने उनका स्वागत किया और बेलचे और नंगी तलवारें लहराते हुए उन्हें मंच की तरफ ले गए। जिन्ना ने काले रंग की खूब चुस्त शेरवानी पहन रखी थी। बंगाल के प्रधान और काफी भारी-भरकम शरीर के फजल-उल-हक का भी इसी तरह नंगी तलवारों से स्वागत किया गया।

लाहौर देश का शिक्षा केन्द्र होने के साथ-साथ पंजाब की राजधानी भी था। फिर भी इसके प्रधान सर सिकन्दर हयात खान, जिन्हें जिन्ना का समर्थक माना जाता था, इस अवसर पर मौजूद नहीं थे। हयात जमींदारों की केन्द्रवादी पार्टी के प्रमुख थे, जिसका मानना था कि मुसलमानों की बहुसंख्या वाले प्रान्तों को मिलाकर एक अलग राज्य बना देना चाहिए, जबकि पूरे भारत का शासन 'एक तरह की' केन्द्र सरकार के हाथ में होना चाहिए, या कम-से-कम एक साझी सुरक्षा नीति होनी चाहिए। अंग्रेजों को सेना से कुछ ज्यादा ही मोह था और उनके करीबी माने जानेवाले हयात उन्हीं की सोच का प्रतिनिधित्व कर रहे थे। वे ब्रिटिश कॉमनवेल्थ के अधीन बहुत-से स्वायत्त भारतीय राज्यों की परिकल्पना कर रहे थे। दरअसल जाने-माने संविधान विशेषज्ञ प्रोफेसर रेजिनॉल्ड कूपलैंड की यही योजना थी जो छह वर्ष बाद केबिनेट मिशन के सलाहकार के रूप में भारत आए थे। हयात ने लाहौर अधिवेशन से पहले घोषणा की थी कि अगर पाकिस्तान का मतलब कुछ राज्यों में मुस्लिम राज और शेष भारत में हिन्दू राज था तो पाकिस्तान से उनका कुछ लेना-देना नहीं था।

मैं यह स्वीकार करूँगा कि उस समय मैंने पाकिस्तान की माँग को गम्भीरता से नहीं लिया था। सिर्फ एक प्रस्ताव हिन्दुओं और मुसलमानों को कैसे अलग कर सकता था, जो एक हजार वर्षों से साथ-साथ रहते रहे थे? उन्होंने मिल-जुलकर एक ऐसी जिन्दगी जी थी जो वक्त के साथ-साथ इस पूरे उपमहाद्वीप की संस्कृति बन गई थी। वे अपनी-अपनी पहचान कायम रखते हुए भी सह-अस्तित्व की संस्कृति के रंग में रँग चुके थे। भला एक कागज का टुकड़ा उन्हें एक-दूसरे के लिए अजनबी कैसे बना सकता था? मेरा जिगरी दोस्त शफ्कत मेरे लिए अनजान कैसे हो सकता था? हम साथ-साथ एक ही स्कूल में पढ़े थे, एक ही शहर में पले-बढ़े थे, और एक ही परिवार के दो सदस्यों की तरह थे। फिर भी, लोगों के जनून को देखकर मुझे डर लगता था। 'या अली' जैसे धार्मिक नारे अकसर कानों में पड़ते रहते थे और माहौल में इस्लामियत का ऐसा रंग भर देते थे कि मुझे लगता था कि पाकिस्तान एक मजहबी मुल्क बनेगा।

जिन्ना ने अपने अध्यक्षीय भाषण में कहा था–

> हिन्दू और मुसलमान दो अलग-अलग धर्मों, दर्शनों, सामाजिक प्रथाओं और साहित्यों से सम्बन्ध रखते हैं। वे न तो आपस में विवाह करते हैं और न एक-दूसरे का खाते हैं। दरअसल वे दो अलग सभ्यताओं से सम्बन्ध रखते हैं, जो मुख्य रूप से परस्पर विरोधी विचारों और धारणाओं पर आधारित हैं। इन दोनों कौमों को साथ-साथ एक राज्य में जोत देना, एक को संख्या के हिसाब से अल्पसंख्यक और दूसरी को बहुसंख्यक के रूप में, निश्चित तौर पर घोर असन्तोष का कारण बनेगा और एक-न-एक दिन ऐसे राज्य का ताना-बाना छिन्न-भिन्न हो जाएगा।

फजल-उल-हक ने पाकिस्तान प्रस्ताव पेश किया। काश उन्हें पता होता कि वे धर्म के नाम पर जिस पाकिस्तान की स्थापना का प्रस्ताव पेश कर रहे थे, वह 31 वर्ष बाद भाषा के नाम पर दो टुकड़ों में बँट जाएगा। उनके प्रस्ताव को हाथ खड़े करके पास कर दिया गया। इस प्रस्ताव में कहा गया था कि कोई भी ऐसी संवैधानिक योजना न तो कारगर साबित होगी और न मुसलमानों को मंजूर होगी जिसमें कुछ मूल सिद्धान्तों का ध्यान नहीं रखा जाएगा। ये मूल सिद्धान्त थे–भौगोलिक रूप से एक-दूसरे से जुड़े हुए क्षेत्रों को इस तरह चिह्नित और पुनर्गठित किया जाना चाहिए कि देश के उत्तर-पश्चिम और पूर्व में मुसलमानों की बहुसंख्या वाले क्षेत्र स्थापित किए जा सकें, और इन्हें 'ऐसे स्वतंत्र राज्यों का दर्जा दिया जा सके जिनकी घटक इकाइयाँ अपने-आपमें स्वतंत्र और प्रभुसत्ता सम्पन्न होंगी।'

मेरा खयाल है कि पाकिस्तान प्रस्ताव पेश करने के लिए जिन्ना ने जान-बूझकर फजल-उल-हक का चुनाव किया था। उन्हें यह डर रहा होगा कि आगे चलकर पूर्वी-पाकिस्तान पाकिस्तान से अलग होने की कोशिश कर सकता है। फजल-उल-हक से पाकिस्तान का प्रस्ताव पेश करवा के वे इस सम्भावना को खत्म कर देना चाहते थे। इसी तरह, पाकिस्तान की माँग के लिए पंजाब की भूमि का चुनाव भी सोच-समझकर किया गया लगता है। इस प्रान्त में मुसलमान मामूली अन्तर से बहुसंख्या में थे और जिन्ना का खयाल था कि पाकिस्तान बनने के बाद पंजाब की भूमिका सबसे महत्त्वपूर्ण होगी।

प्रस्ताव में स्वतंत्र 'राज्य' की बजाय 'राज्यों' शब्द का इस्तेमाल किया गया था। लेकिन इस गलती पर अगले दिन ही लोगों का ध्यान गया, जब जिन्ना ने स्पष्टीकरण देते हुए कहा कि यह गलती टाइपिंग की गलती थी और 'राज्यों' की जगह 'राज्य' शब्द होना चाहिए था। इस पर खलीक-उल-जमान ने टिप्पणी करते हुए कहा कि अध्यक्ष अपने-आप प्रस्ताव में कोई बदलाव नहीं कर सकते थे। कई वर्ष बाद, 1971 में बांग्लादेश के जन्म के बाद, पाकिस्तान के तत्कालीन राष्ट्रपति जुल्फीकार अली भुट्टो ने रावलपिंडी में एक इन्टरव्यू के दौरान इस 'गलती' पर चुटकी लेते हुए मुझसे कहा था, "टाइपिंग की वह गलती बहुत महँगी साबित हुई है! मुझे अपने स्टेनोग्राफर के साथ बहुत होशियार रहना होगा।"

'राज्यों' शब्द का इस्तेमाल इरादतन भी हो सकता था, क्योंकि मुस्लिम लीग के जिन दो शीर्ष नेताओं (जिन्ना नहीं) ने प्रस्ताव का ड्राफ्ट तैयार किया था, उनके दिमाग में हिन्दू भारत के दोनों तरफ एक-एक मुस्लिम राज्य की स्थापना का विचार हो सकता था। कई वर्ष बाद लन्दन के अभिलेखागार में मुझे एक ऐसा दस्तावेज मिला जिससे दो मुस्लिम देशों की धारणा का पता चलता था–एक उत्तर-पश्चिम में (सिन्ध, ब्लूचिस्तान, नॉर्थ वेस्ट फ्रंटियर

प्रोविंस, पंजाब और दिल्ली) और दूसरा उत्तर-पूर्व में (असम, बंगाल और बिहार के कुछ जिले)। यह दस्तावेज पाकिस्तान प्रस्ताव पास करने के बाद मुस्लिम लीग द्वारा गठित एक समिति द्वारा तैयार किया गया था। आश्चर्य की बात है कि इस समिति ने कश्मीर का जिक्र तक नहीं किया था, जिसे लेकर बाद में भारत और पाकिस्तान के बीच दो लड़ाइयाँ हुईं। ऐसा लगता है कि इस समिति के मन में उपमहाद्वीप में एक संघीय व्यवस्था की धारणा थी, क्योंकि इस दस्तावेज में एक केन्द्रीय सरकार द्वारा विदेशी मामले, रक्षा, संचार और सीमा-शुल्क के साथ-साथ अल्पसंख्यकों के हितों की रक्षा के मामले सँभाले जाने का सुझाव है।

इस अधिवेशन में सभी वक्ताओं ने मुसलमानों की एकता पर जोर दिया। वे सब जिन्ना के दो राष्ट्रों के सिद्धान्त से सहमत थे। लगभग सभी वक्ताओं ने मौलाना आजाद की निन्दा की, जो तब कांग्रेस पार्टी के अध्यक्ष थे। उनका कहना था कि मौलाना मुसलमान होने के बावजूद मुस्लिम होमलैंड का विरोध कर रहे थे। वक्ताओं ने उन्हें हिन्दुओं के नुमाइशी मुखौटे के रूप में चित्रित किया। मैं इन टिप्पणियों से दंग रह गया, क्योंकि इनसे दोनों समुदायों के बीच बढ़ती खाई का पता चलता था।

कुछ समय पहले कांग्रेस पार्टी का भी एक अधिवेशन हुआ था। इस अधिवेशन में अपने अध्यक्षीय भाषण में मौलाना आजाद ने दो राष्ट्रों के सिद्धान्त का जोरदार शब्दों में खंडन किया था। उनका कहना था कि यह धार्मिक अलगाववाद का प्रतीक था। उन्होंने मुसलमानों से हिन्दुस्तान की एकता को बनाए रखने की अपील की थी, क्योंकि हिन्दू और मुसलमान दोनों ही हिन्दुस्तानी थे और उनके बीच भाईचारे और सहराष्ट्रीयता का एक गहरा और अटूट रिश्ता था। उन्होंने कहा था–

> हिन्दुस्तान की जमीन पर अब इस्लाम का भी उतना ही हक है जितना कि हिन्दू धर्म का। अगर हिन्दुत्व हजारों सालों से यहाँ के लोगों का धर्म रहा है, तो इस्लाम भी एक हजार साल से यहाँ के लोगों का धर्म है। जिस तरह कोई हिन्दू बड़े फख्र के साथ कह सकता है कि वह हिन्दुस्तानी है और हिन्दू धर्म में यकीन रखता है, उसी तरह हम भी उतने ही फख्र के साथ कह सकते हैं कि हम हिन्दुस्तानी हैं और इस्लाम में यकीन रखते हैं।

पाकिस्तान का विचार नया नहीं था। मैंने इसके बारे में पहले भी सुन रखा था। स्यालकोट के मशहूर उर्दू शायर और खूब मोटे-ताजे और भारी-भरकम मुहम्मद इकबाल ने पंजाब, नॉर्थ वेस्ट फ्रंटियर प्रोविंस और ब्लूचिस्तान को मिलाकर एक आजाद मुस्लिम मुल्क बनाने का प्रस्ताव दिया था। दूसरी तरफ उन्होंने पंजाब के गवर्नर को यह लिखने की चतुराई भी दिखाई कि पाकिस्तान का विचार उनकी देन नहीं था, बल्कि वह लन्दन में बैठे रहमत अली के दिमाग की उपज था। मेरी समझ में नहीं आता कि 'सारे जहाँ से अच्छा हिन्दोस्ताँ हमारा' लिखने वाला व्यक्ति किस तरह उसी हिन्दोस्ताँ को तोड़ने की सोच सकता है और बाद में लिख सकता है 'मुस्लिम हैं हम वतन है सारा जहाँ हमारा'! क्या इकबाल एक साथ दो घोड़ों पर सवार थे या बाद में उनमें कोई भारी बदलाव आ गया था? यह बात ध्यान देने योग्य है कि कांग्रेस के लोकप्रिय नेता जवाहरलाल नेहरू के साथ लाहौर में एक मुलाकात के दौरान इकबाल ने उनसे कहा था, "आपका और जिन्ना का भला क्या मुकाबला? आप

एक देशभक्त हैं और वे एक राजनीतिज्ञ हैं!'' उन्होंने नेहरू को गले लगाते हुए पंजाबी में कहा था, ''मेरे शेर पुत्तर! मेरे दिलेर पुत्तर!'' इकबाल को इस बात का फख्र था कि नेहरू की तरह उनके पूर्वज भी कश्मीर के थे।

मेरा दोस्त शफ्कत इकबाल के घर के पास ही रहता था। एक दिन वह मुझे उनसे मिलवाने के लिए उनके घर ले गया। वे हाथ से बुनी एक चारपाई पर बैठे हुए थे। उनके भारी-भरकम शरीर के बोझ के कारण चारपाई का बीच का हिस्सा जमीन को छू रहा था। वे गूढ़ पंजाबी में इतनी मोटी-मोटी गालियाँ दे रहे थे कि हम दोनों डर के मारे वहाँ से भाग खड़े हुए।

पाकिस्तान प्रस्ताव ने मुसलमानों में जोश की लहर पैदा कर दी थी, जिन्ना की उम्मीदों से कहीं ज्यादा। इस विचार ने किसी ज्वालामुखी या तूफान की तरह दूसरे सभी विचारों का सफाया कर दिया था। देखते ही देखते मुस्लिम लीग मुसलमानों की सबसे लोकप्रिय पार्टी बन गई थी। सिर्फ सरहदी इलाके के पठान इससे प्रभावित नहीं थे, जिनके नेता अब्दुल गफ्फार खान, जिन्हें सरहदी गांधी भी कहा जाता था, सामुदायिक सद्भावना के प्रतीक थे। ब्लूचिस्तान भी मुस्लिम लीग से अपनी दूरी बनाए हुए था। पंजाब प्रभावित तो था, लेकिन लोगों में कोई ऐसा उफान दिखाई नहीं दे रहा था।

पाकिस्तान की माँग को लेकर सबसे ज्यादा उत्साहित यू.पी., बिहार और दिल्ली के उर्दूभाषी क्षेत्र थे–हालाँकि लोगों को अच्छी तरह मालूम था कि अगर पाकिस्तान बन भी गया तो भी ये क्षेत्र उसमें शामिल नहीं हो सकेंगे। लेकिन उनकी मानसिकता को समझना इतना मुश्किल नहीं था। वे अपने-आपको एक ऐसी कौम के रूप में देखते थे जो हजारों वर्षों तक हिन्दुस्तान पर राज कर चुकी थी। अंग्रेजों के जाने के बाद वे किसी ऐसी व्यवस्था को स्वीकार करने के लिए तैयार नहीं थे जिसमें गिनती, ताकत या रुतबे के हिसाब से वे दबदबे की स्थिति में न हों। हिन्दुस्तान पर राज कर चुकने की भावना ने उनकी आँखों पर पर्दा डाल दिया था। वे यह नहीं देख पा रहे थे कि एक प्रजातांत्रिक व्यवस्था में सत्ता की बागडोर बहुसंख्यकों के हाथ में रहना स्वाभाविक था।

जिन्ना दो राष्ट्रों के अपने सिद्धान्त पर निरन्तर जोर देते रहे। अंग्रेजों के जाने के बाद मुसलमानों और हिन्दुओं के अपने-अपने अलग देश होने चाहिए। उनकी दलील थी कि मुसलमान ऐसे देश में नहीं रहना चाहेंगे जहाँ हिन्दुओं की बहुसंख्या हो और सरकार भी उन्हीं की हो। नेहरू ने कई बार उन्हें यह याद दिलाने की कोशिश की कि छोटे-छोटे गाँवों में भी हिन्दू और मुसलमान साथ-साथ रहते थे। उन्हें किस तरह अलग किया जा सकता था? मैंने देखा था कि पाकिस्तान की हवा गाँवों की बजाय शहरों में ज्यादा थी।

जब जिन्ना के विरोधी उनसे पूछते कि प्रस्तावित देश की आर्थिक मजबूती का आधार क्या होगा तो उनका जवाब होता, ''हमें हमारी किस्मत पर छोड़ दो!'' जब कोई हिन्दुओं और मुसलमानों की मिली-जुली संस्कृति की भावुकतापूर्ण याद दिलाता तो वे कहते, ''हमारी तहजीब, हमारे मकसद और हमारी सियासत एक-दूसरे से बिलकुल अलग है।'' जब हिन्दू पाकिस्तान की माँग को 'अपनी मातृभूमि की चीरफाड़' कहते तो जिन्ना जवाब देते कि मुसलमानों के लिए यह 'अस्तित्व का संघर्ष' था। मैं बड़े दुख के साथ देख रहा था कि दूरियाँ बढ़ती जा रही थीं। आपसी बहस में तंगदिली की झलक दिखाई देने लगी थी।

पाकिस्तान एक 'सपनों की नगरी' थी और जिन्ना इस सपने को साकार करनेवाले मसीहा।

दिन-ब-दिन उनके समर्थकों की संख्या बढ़ती जा रही थी, जिनमें हर वर्ग और उम्र के मुसलमान थे उन्हें 'पाकिस्तान' के रूप में अपने सपने साकार होते नजर आ रहे थे। शिक्षा और आर्थिक दृष्टि से हिन्दू उनसे कहीं आगे थे। मुसलमान मूलतः खेतीबाड़ी और कारीगरी से जुड़े हुए थे। उद्योग और व्यवसाय हिन्दुओं के हाथ में थे। मुझे याद है, लाहौर के सबसे पॉश बाजार माने जानेवाले 'मॉल' में सिर्फ एक मुस्लिम दुकान थी।

अपने आर्थिक पिछड़ेपन के अलावा मुसलमानों को यह डर भी सता रहा था कि हिन्दुओं की भारी बहुसंख्या को देखते हुए हिन्दुस्तान में इस्लाम खतरे में पड़ जाएगा। एक तरफ बंगाल और दूसरी तरफ यू.पी., बिहार और दिल्ली में इस तरह के विचार खुलकर व्यक्त किए जा रहे थे। उन मुसलमानों की शायद ही किसी को चिन्ता थी जो पाकिस्तान बन जाने के बाद 'हिन्दू हिन्दुस्तान' में रह जाएँगे। मौलाना आजाद मुसलमानों को यह समझाते-समझाते थक गए कि मुसलमान 'एक दिन उठकर देखेंगे कि वे रातोरात अपने ही देश में पराए और परदेसी हो गए हैं। वे शिक्षा, उद्योग और आर्थिक क्षेत्र में पहले ही पिछड़े हुए हैं, फिर वे एक विशुद्ध हिन्दू राज के रहमोकरम पर निर्भर हो जाएँगे।' उनकी इस चेतावनी ने बहुतों के दिलों को छुआ।

कई वर्ष बाद, जिन्ना के एक बम्बईवासी वकील मित्र एम.सी. चागला, जो तब केन्द्र सरकार में मंत्री थे, ने मुझे बताया था कि जब उन्होंने जिन्ना से पूछा था कि हिन्दुस्तान में रह जानेवाले मुसलमानों का क्या होगा तो उन्होंने जवाब दिया था कि मुसलमानों को डरने की जरूरत नहीं थी, क्योंकि 'जिस तरह मुसलमान हिन्दुस्तान में रह रहे होंगे, उसी तरह हिन्दू भी पाकिस्तान में रह रहे होंगे।' 1940 के वर्षों में प्रतिपादित उनका यह बन्धक सिद्धान्त काफी भयभीत करने वाला था। मुझे नेहरू की यह दलील बहुत ठोस प्रतीत होती थी कि भारत के टुकड़े कर देने से दो राष्ट्रों की समस्या का समाधान नहीं हो पाएगा, क्योंकि दोनों समुदाय देशभर में बँटे हुए थे। फिर भी, मुझे दोनों खेमों में दिनोदिन बढ़ती दूरियाँ साफ दिखाई दे रही थीं।

कुछ ब्रिटिश विशेषज्ञों ने चेतावनी दी थी कि अगर भारत को अलग-अलग और स्वतंत्र इकाइयों में बाँट दिया गया तो भारत अलग-अलग शक्तियों के बीच आपसी होड़ में फँस जाएगा। इससे न सिर्फ स्वतंत्र संस्थाओं का अस्तित्व खतरे में पड़ जाएगा बल्कि कोई भी इकाई अपने-आपको किसी बाहरी हमले से बचाने की स्थिति में नहीं होगी। उनका विचार था कि एक फेडरेशन की स्थापना कहीं बेहतर समाधान था।

मुझे पता चला कि कांग्रेस के नेता फेडरेशन के विचार के खिलाफ नहीं थे। उनकी शर्त सिर्फ यह थी कि ब्रिटिश इस व्यवस्था से बाहर रहने चाहिए। कांग्रेस की एक सहयोगी संस्था 'इंडियन स्टेट्ज पीपल्ज कॉन्फ्रेंस', जो जनता के राज के लिए लड़ रही थी, ने भी फेडरेशन के प्रस्ताव का सीधे-सीधे विरोध नहीं किया था। लेकिन जिन्ना ने तत्कालीन वायसराय लॉर्ड लिनलिथगो से साफ शब्दों में कह दिया था कि मुस्लिम लीग किसी ऐसी संघीय योजना का समर्थन नहीं करेगी जिसमें हिन्दुओं का बहुमत हो। मेरा विचार है कि भारत और पाकिस्तान की एक फेडरेशन या कानफेडरेशन बनाने की योजना उस समय की मुस्लिम माँग के साथ मेल नहीं खाती थी। इस तरह के किसी विचार को अमल में लाने के लिए पहले पाकिस्तान का बनना जरूरी था। कई वर्ष बाद पाकिस्तान में इस तरह के प्रस्ताव पेश भी किए गए।

मुझे नहीं लगता कि लीग या कांग्रेस के विरोध से कोई फर्क पड़ता था, क्योंकि ब्रिटिश देशी रियासतों की सहमति को बहुत तूल दे रहे थे। जब इन रियासतों ने फेडरेशन के प्रस्ताव को ठुकरा दिया तो ब्रिटिशों ने भी इसे ताक पर रख दिया।

ब्रिटिश भारत के आखिरी वायसराय और स्वतंत्र भारत के पहले गवर्नर जनरल लॉर्ड माउंटबेटन ने मुझसे कहा था कि अगर देशी राजाओं ने फेडरेशन के विचार को ठुकराने की 'मूर्खता' न की होती तो भारत का बँटवारा भी न हुआ होता। मैं उनके रिटायर होने के बाद लन्दन के पास ब्रॉडलैंड के उनके विशाल घर में उनसे मिला था। उनकी यह बात मुझे बड़ी अजीब लगी थी क्योंकि देशी राजाओं की अपने-आप में कोई हैसियत नहीं थी। वे अंग्रेजों के हाथों की कठपुतलियों की तरह थे। मेरा अनुभव मुझे बताता है कि कांग्रेस जब भी देशी रियासतों में अपना आन्दोलन तेज करती थी तो अंग्रेज इस तरह व्यवहार करते थे मानो 'राज' खतरे में हो और राजाओं की खुलकर पीठ थपथपाने लगते थे। मेरा खयाल है कि जिन्ना के दबाव के कारण ही लन्दन ने फेडरेशन की योजना को ताक पर रख दिया।

मैं यह देखकर परेशान और दुखी हो रहा था कि हिन्दुओं और मुसलमानों के रिश्तों में बदलाव आने लगा था। यह असलियत में उतना नहीं था जितना कि मनोविज्ञान के स्तर पर। दोनों अब अपने समुदाय के लोगों के साथ ज्यादा सहज महसूस करने लगे थे। सामाजिक सम्पर्क कमजोर पड़ने लगे थे। यूँ अब भी बहुत-से हिन्दू दीवाली पर अपने मुस्लिम मित्रों को मिठाई भेजते थे, जैसेकि मेरी माँ भी भेजती थीं, और मुस्लिम भी बकर-ईद जैसे त्यौहारों पर हमें मांस भेजते थे, लेकिन बहुत-से लोग अब इस तरह के रिवाजों को फिजूल मानने लगे थे।

उत्तर भारत और दक्षिण भारत के मुसलमानों में भी एक बड़ा फर्क दिखाई देता था। दक्षिण के मुसलमान हिन्दुओं के साथ घुल-मिल गए थे और एक मिली-जुली क्षेत्रीय संस्कृति विकसित कर चुके थे। लेकिन उत्तर भारत के मुसलमान इस उच्च भावना के शिकार थे कि वे कभी भारत पर राज कर चुके थे। फिर भी, इस्लाम के कारण उत्तर और दक्षिण के मुसलमानों में आपसी एकता भी दिखाई देती थी। जिन्ना ने धर्म की इस ताकत को पहचान लिया था और समुदाय को एकजुट करने और उसे एक अलग पहचान देने के लिए इस्लाम का इस्तेमाल किया था।

यह भी बड़ी हैरानी की बात थी कि पाकिस्तान को लेकर आम लोगों में बहुत कम चर्चा हो रही थी। सारी बहस कांग्रेस और मुस्लिम लीग के नेताओं तक सीमित थी। हमारे जैसे कॉलेज के छात्र इस विषय पर बात करने से बचते थे। फिर भी सब लोग यह मानकर चलते थे कि अगर कोई मुसलमान है तो वह पाकिस्तान के पक्ष में है और अगर हिन्दू है तो इसका विरोधी है। यूँ कुछ मुसलमान भी पाकिस्तान का विरोध कर रहे थे, खासकर उसके नाम का, क्योंकि 'पाक' का मतलब था 'पवित्र।' लाहौर में फॉरमन क्रिश्चियन कॉलेज के हमारे फारसी के प्रोफेसर सिर्फ इसी आधार पर पाकिस्तान का विरोध कर रहे थे। आजादी के बाद आजाद ने मुझसे कहा था कि 'पाकिस्तान' शब्द ही उनकी फितरत से मेल नहीं खाता था। इस शब्द से ऐसा लगता था मानो दुनिया के कुछ हिस्से पवित्र हों और कुछ अपवित्र।

फिर भी हिन्दुओं के दिलों में एक भय पनपने लगा था, किसी अनहोनी का भय। हमारा शान्तिप्रिय परिवार भी अपनी सुरक्षा को लेकर चिन्तित हो उठा। मेरे पिता ट्रेन पकड़कर

मुल्तान गए, जहाँ स्यालकोट से बदली हुए डिप्टी कमिश्नर नकुल सेन ने उनके लिए एक दोनाली बन्दूक की व्यवस्था कर दी। यह काम बड़े गुपचुप तरीके से किया गया था। खुद मैंने भी उस बन्दूक को तभी देखा जब एक दिन मेरे छोटे भाई हरदीप ने उत्सुकतावश उसका घोड़ा दबा दिया। धमाका इतना जोरदार था कि हमारे मकान के नीचे लोगों की भीड़ इकट्ठी हो गई। लेकिन सभी लोगों को पता था कि मेरे पिता एक शान्तिप्रिय और गांधीवादी व्यक्ति थे, इसलिए किसी को भी बन्दूक के बारे में शक नहीं हुआ। फिर भी लोग तरह-तरह के अनुमान लगाने लगे थे और ये खबरें हम तक भी पहुँचीं। हम इतना घबरा गए कि उस बन्दूक से पीछा छुड़ाने के लिए हमने उसे घर के कुएँ में फेंक दिया।

कुछ मुसलमान यह सवाल उठा रहे थे कि जब ज्यादा मुसलमान हिन्दुस्तान में ही रह जाएँगे तो पाकिस्तान बनाने से क्या हासिल होगा। जिन्ना ने पाकिस्तान की धारणा को परिभाषित नहीं किया था। वे चाहते थे कि लन्दन और कांग्रेस दोनों समुदायों को बराबरी की नजर से देखें।

मैं देख रहा था कि पाकिस्तान की माँग मुसलमानों को एकजुट करने का काम कर रही थी। उन्हें पाकिस्तान में अपने आर्थिक, सामाजिक और राजनीतिक पिछड़ेपन का समाधान दिखाई दे रहा था—या यूँ कहें कि हर उस समस्या का हल जिससे वे पिछली कई सदियों से जूझ रहे थे। हिन्दुओं और मुसलमानों के बीच पैदा होनेवाली खाई के लिए सिर्फ जिन्ना को जिम्मेदार ठहराना ठीक नहीं होगा। उन्होंने दोनों समुदायों में मौजूद विलगाव की भावना को सिर्फ एक आकार दे दिया था।

दोनों समुदायों के बीच बढ़ती दूरियाँ पिछले कई वर्षों के घटनाक्रम का परिणाम थीं। कम-से-कम शहरों में ये दूरियाँ काफी समय से पैदा होनी शुरू को चुकी थीं। वे अलग-अलग बस्तियों में रहते थे, अलग-अलग होटलों में खाते थे और अलग-अलग अड्डों पर महफिलें-बैठकें जमाते थे। रेलवे स्टेशनों पर पानी के अलग-अलग मटके होते थे, जिन पर बड़े-बड़े शब्दों में 'हिन्दू' या 'मुस्लिम' लिखा रहता था। सरकारी दफ्तरों में भी ऐसी ही दूरियाँ देखी जा सकती थीं। कोई भी इस पर एतराज नहीं जताता था, न ही विरोध प्रकट करता था। होस्टलों में भी अलग-अलग रसोइयाँ होती थीं। जब भी मुझे बढ़िया मटन-करी खानी होती थी तो मैं मुस्लिम किचन का रुख करता था। इसी तरह कई मुस्लिम लड़के भी हिन्दू किचन से सब्जियाँ मँगवाते रहते थे।

पाकिस्तान की माँग ने मुसलमानों में अपनी जड़ें तलाशने की टीस भरी इच्छा पैदा कर दी थी। वे अपने-आपको अफगानी और मुगल साम्राज्य से जोड़कर देखने लगे थे। वे अपने उस अतीत की तरफ देखने लगे थे जब वे 600 वर्षों तक हिन्दुस्तान पर राज कर चुके थे। वे यह महसूस करने लगे थे कि वे 'बहुभाषी और जाति-ग्रस्त' हिन्दुओं से कितने अलग थे। दिल्ली के आसपास जनमी उर्दू पर उन्हें मान था, जो उन्हें अपनी श्रेष्ठता की प्रतीक लगती थी। हिन्दुओं और मुसलमानों के बीच इन भिन्नताओं का ब्रिटिश हमेशा लाभ उठाते रहे थे। इसलिए उन्हें तब गहरा झटका लगा था जब 1857 में हिन्दू और मुसलमान साथ मिलकर उनके खिलाफ उठ खड़े हुए थे। ब्रिटिशों ने बड़ी निर्ममता से इस विद्रोह को कुचल दिया था, लेकिन वे हिन्दू-मुसलमानों की एकता से स्तब्ध रह गए थे।

1909 में ब्रिटिशों ने हिन्दुओं और मुसलमानों के लिए अलग-अलग मतदान की व्यवस्था

लागू कर दी–हिन्दू 'हिन्दू' उम्मीदवारों के लिए मतदान करेंगे और मुसलमान 'मुसलमान' उम्मीदवारों के लिए। इसी तरह नौकरियों में भी धर्म के आधार पर आरक्षण की प्रणाली लागू कर दी गई। इससे दोनों समुदायों के बीच की दूरियों ने संस्थागत स्वरूप ले लिया। इसके बाद दोनों के बीच की खाई और ज्यादा बढ़ती चली गई। आजाद चाहते थे कि मुसलमान आजादी की लड़ाई में बढ़-चढ़कर हिस्सा लें। उन्होंने कहा था कि 1920 के दशक में उनके सम्पर्क में आनेवाले अरब और तुर्क क्रान्तिकारी उनसे पूछा करते थे कि हिन्दुस्तानी मुसलमान ब्रितानियों का दामन क्यों पकड़े बैठे थे। शायद पाकिस्तान की माँग इस अपराध-बोध से छुटकारा पाने का भी एक तरीका थी।

मैं इतना आदर्शवादी था कि सोचा करता था कि अंग्रेजों के जाने के बाद हिन्दू- मुसलमानों के झगड़े खत्म हो जाएँगे। लेकिन लाहौर में पाँच वर्ष बिताने के बाद–दो वर्ष फॉर्मन क्रिश्चियन कॉलेज में और तीन वर्ष लॉ कॉलेज में–मेरी यह खुशफहमी दूर हो गई। एक-दूसरे को लेकर हिन्दुओं और मुसलमानों का भरोसा इस हद तक खत्म हो चुका था कि मुझे यकीन हो गया कि या तो किसी दिन उन्हें आमने-सामने बैठकर इन शंकाओं का समाधान करना होगा या वे हमेशा इसी तरह लड़ते-झगड़ते रहेंगे।

कांग्रेस पूरी तरह आजादी की लड़ाई में उलझी हुई थी, इसलिए इन सच्चाइयों को सबसे पहले जिन्ना ने पहचाना। जिन्ना ने सबसे पहले यह अपील की कि हिन्दुओं को अलग-अलग मतदाता-सूचियों की माँग को स्वीकार कर लेना चाहिए, ताकि मुस्लिम समुदाय का विश्वास और भरोसा जीता जा सके। तब तक कांग्रेस ने विधान सभाओं और केन्द्रीय परिषद के लिए इस प्रस्ताव को स्वीकार नहीं किया था। जिन्ना ने कहा कि अलग मतदाता-सूचियाँ नीति का विषय न होकर परिस्थितियों की जरूरत थी, ताकि मुसलमानों को उनकी निढालता से उबारा जा सके। कांग्रेस ने धीरे-धीरे इस प्रस्ताव को स्वीकार कर लिया। इसके बाद दो राष्ट्रों के सिद्धान्त को एक आधार मिल गया और हिन्दुओं और मुसलमानों की दूरियाँ दिनोदिन बढ़ने लगीं। जब भी हम हिन्दू अलग मतदाता-सूचियों की बात छेड़ते थे तो मुसलमान उखड़ने लगते थे।

1920 में खिलाफत आन्दोलन के दौरान महात्मा गांधी हिन्दुओं और मुसलमानों को एकजुट करने में सफल रहे, लेकिन सिर्फ कुछ समय के लिए। इस आन्दोलन के साथ मुसलमानों के खलीफा को लेकर एक धार्मिक माँग जुड़ी हुई थी। लेकिन जब तुर्की के कमाल पाशा ने इससे किनारा कर लिया तो यह माँग भी खत्म हो गई। फिर भी, कुछ समय के लिए ही सही, हिन्दू-मुसलमानों में एक अनूठी एकता देखने को मिली थी।

मुसलमान कई कारणों से कांग्रेस से दूर होते जा रहे थे। उन्हें लगता था कि एक हिन्दू-बहुसंख्यक पार्टी में उनकी ऐतिहासिक और धार्मिक संस्कृति लुप्त हो जाएगी। अतीत में हिन्दू धर्म या तो दूसरे धर्मों को अपने में लीन करता रहा था या उन्हें देश से बाहर धकेलता रहा था। मुसलमानों को डर था कि इस्लाम के साथ भी ऐसा ही कुछ होगा।

हिन्दुओं और मुसलमानों के बीच विभाजन इसलिए भी पैदा हो रहा था क्योंकि हिन्दुओं ने अंग्रेजी शिक्षा और पश्चिमी विचारों का लाभ उठाकर अपने क्षितिज का विस्तार कर लिया था और अपनी आर्थिक स्थितियों में भी काफी सुधार किया था। मुसलमान ऐसा नहीं कर पाए थे। इसके लिए ब्रिटिश सरकार की सोची-समझी नीतियाँ भी जिम्मेदार थीं, जो 1857

में मुसलमानों के विद्रोही तेवरों को देखते हुए उन्हें दबाए रखना चाहती थी। गो-पूजा पर गांधीजी का जोर, जिसे मुसलमान अपने दैनिक भोजन का हिस्सा मानते थे, इन दूरियों को और बढ़ाने का काम कर रहा था। मुसलमानों का एक बड़ा वर्ग इस्लाम को एक धर्म के साथ-साथ एक सिद्धान्त के रूप में भी देखता था, जो अपने-आपमें मुकम्मल था।

हिन्दू धर्म में धर्म और संस्कृति एक-दूसरे में इतने गुँथे हुए थे कि उन्हें अलग-अलग करना मुश्किल था। बल्कि दोनों में शायद ही कोई फर्क था। इसलिए भारतीय राष्ट्रवाद कुछ-कुछ हिन्दू रंग ले चुका था और मुसलमान इसे पचा नहीं पा रहे थे। 1938 में जब मुस्लिम लीग ने पीरपुर के राजा सैयद मुहम्मद मेहदी को कांग्रेस सरकार के कामकाज का निरीक्षण करने के लिए नियुक्त किया तो यह 'साबित' हो गया कि मुसलमानों के साथ 'दुर्व्यवहार' किया गया था। यह एक अतिश्योक्ति थी, फिर भी इस आरोप में कुछ सच्चाई जरूर थी कि प्रान्तों में कांग्रेस के राज से हिन्दू श्रेष्ठता की भावना महसूस करने लगे थे। यह सरकार के कामकाज में भी झलकता थी कि कुछ मुख्यमंत्री सचमुच ही भेदभाव भरा व्यवहार कर रहे थे।

मुसलमानों को पाकिस्तान के रूप में कांग्रेस राज का विकल्प दिखाई दे रहा था। बाद में ब्रिटिश भी उनका समर्थन करने लगे, क्योंकि उनका खयाल था कांग्रेस गलत रास्ते पर जा रही थी। उन्होंने मुस्लिम जमींदारों और समुदाय के अन्य धनवान लोगों द्वारा 30 दिसम्बर, 1906 को ऑल इंडिया मुस्लिम लीग की स्थापना में मदद की, उसी तरह जैसे 28 दिसम्बर, 1885 को उन्होंने एक अंग्रेज, ए.ओ. ह्यूम के नेतृत्व में इंडियन नेशनल कांग्रेस की स्थापना की थी। ब्रिटिश शासकों ने उन्हें एक ऐसा मंच तैयार करने के लिए कहा था जिसके माध्यम से देसी प्रजा की भावनाएँ और शिकायतें अभिव्यक्त होती रहें। उनका खयाल था कि इस कदम से राष्ट्रवादियों की नई पौद पर एक अंकुश लगा रहेगा, जिन्हें 1857 के विद्रोह में आजादी की एक चिंगारी दिखाई दी थी।

जिन्ना द्वारा पार्टी की बागडोर सँभालने से पहले मुस्लिम लीग का शायद ही कोई प्रभाव या सम्मान था। कांग्रेस के अधिकांश नेताओं के साथ उनकी पटती नहीं थी, इसलिए वे खीजकर लन्दन चले गए थे। उन्हें राजनीति में धर्म के घालमेल पर गुस्सा आता था। उन्हें सबसे ज्यादा शिकायत गांधीजी से थी, जो एक ही साँस में राम-राज्य और राजनीतिक आजादी की बात करते थे।

लन्दन से अपनी वापसी पर जिन्ना ने कहा कि कांग्रेस पार्टी के साथ अपने अनुभव से उन्हें यह सबक मिला था कि मुसलमानों को अपना रास्ता खुद तलाशना होगा। उनकी राजनीति की तरह उनकी शब्दावली भी इस्लाम से प्रभावित थी। जल्दी ही उन्हें मुसलमानों का 'कायदे आजम' कहा जाने लगा, वही उपाधि जो पहले गांधीजी के लिए इस्तेमाल की जाती थी। मैंने एक मीटिंग में नेहरू को कहते सुना कि जिन्ना ने "हिन्दू-मुस्लिम सवाल पर मतभेदों को लेकर कांग्रेस नहीं छोड़ी थी, बल्कि इसलिए कि वे नए और आधुनिक सिद्धान्तों को नहीं अपना पा रहे थे। उन्हें उलटे-सीधे पहनावे और हिन्दुस्तानी बोलने वालों की भीड़ पसन्द नहीं थी और कांग्रेस में ऐसे ही लोगों की भरमार थी।" कांग्रेस नेता सरोजनी नायडू ने कभी जिन्ना को हिन्दू-मुस्लिम एकता का सबसे अच्छा दूत बताया था, लेकिन अब उन्हें एक कट्टर अलगाववादी के रूप में देखा जा रहा था। लेकिन जिन्ना को इस बात का सन्तोष

था कि वे भारत के मुसलमानों को एक कौम के रूप में एकजुट कर रहे थे और उन्हें एक मंच और आवाज दे रहे थे।

जिन्ना हिन्दू-मुसलमानों के बीच फासलों को उजागर करने के लिए पीरपुर रिपोर्ट का इस्तेमाल कर रहे थे और यह दिखाने की कोशिश कर रहे थे कि कांग्रेस सरकार 'असहाय मुस्लिम अल्पसंख्यकों' के खिलाफ बदले की भावना से काम करती रही थी। दूसरी तरफ, वे गांधी और नेहरू से भी बात-बात पर उलझ रहे थे और अपनी क्षेत्रीय संकीर्णता को उजागर कर रहे थे। जब गांधीजी ने जिन्ना को एक पत्र में लिखा कि "क्या आप अब भी वही जिन्ना हैं जो पक्के राष्ट्रवादी और हिन्दुओं और मुसलमानों दोनों की आशा हुआ करते थे?" तो जिन्ना ने टका-सा जवाब दिया, "राष्ट्रवाद किसी एक व्यक्ति का एकाधिकार नहीं है और इन दिनों इसे परिभाषित करना भी बहुत मुश्किल है।"

मेरा खयाल है कि जिन्ना और नेहरू के बीच व्यक्तिगत प्रतिस्पर्द्धा सिर्फ मुद्‌दों तक सीमित नहीं थी और इससे मामला और भी उलझ गया था। वे दोनों दो बिलकुल अलग शख्सियतें थीं। दोनों ही अपने-अपने तरीके से योग्य और प्रतिभाशाली थे और जनता में खूब लोकप्रिय थे। लेकिन सैद्धान्तिक रूप से दोनों दो विपरीत ध्रुवों की तरह थे। मेरा खयाल है कि जिन्ना के कांग्रेस छोड़ने का एक कारण यह भी रहा होगा कि पार्टी में जिन्ना और नेहरू दोनों के लिए एक साथ पर्याप्त जगह नहीं थी। गांधीजी का झुकाव नेहरू की तरफ था और जिन्ना जानते थे कि नेहरू ही उनके उत्तराधिकारी होंगे।

नेहरू और जिन्ना के बीच हुए दो पत्रों के आदान-प्रदान से उनके मतभेद खुलकर जाहिर हो जाते थे। नेहरू ने 16 अप्रैल 1938 के अपने पत्र में उन्हें लिखा था कि "मुस्लिम लीग एक अहम साम्प्रदायिक संस्था है, लेकिन दूसरी संस्थाओं, भले ही वे कम उम्र और छोटी हों, को नजरअन्दाज नहीं किया जा सकता।" इसके जवाब में जिन्ना ने लिखा था, "आपके लहजे और जुबान में एक बार फिर उसी दम्भ और धौंस की झलक दिखाई दे रही है, जैसेकि कांग्रेस कोई प्रभुसत्तासम्पन्न शक्ति हो।" जिन्ना का कहना था कि जब तक कांग्रेस मुस्लिम लीग को बराबरी के नजरिए से नहीं देखती और किसी तरह के हिन्दू-मुस्लिम समझौते के लिए तैयार नहीं होती, वे 'अपनी अन्दरूनी ताकत' पर भरोसा करते रहेंगे।

जिन्ना को राष्ट्रगीत के रूप में 'वन्दे मातरम्' के उपयोग पर भी एतराज था। यह बड़ी अजीब बात थी, क्योंकि आजादी की लड़ाई की हर मीटिंग में यह गीत गाया जाता था। नेहरू का कहना था कि उनकी पार्टी लोगों को इसका उपयोग करने से नहीं रोक सकती, क्योंकि बहुत सारे लोग इसे आजादी की लड़ाई के साथ जोड़कर देखने लगे थे। यह गीत बंगाली उपन्यास 'आनन्दमठ' से लिया गया था, जिसमें मातृभूमि को देवी दुर्गा के रूप में दर्शाया गया था। मुसलमानों को यह गवारा नहीं था, क्योंकि वे मूर्ति-पूजा के खिलाफ थे। कांग्रेस इस गीत के सिर्फ पहले दो अन्तरों का इस्तेमाल करती थी, जिनमें देवी का कोई उल्लेख नहीं था। लेकिन यह दलील भी जिन्ना को हजम नहीं हो रही थी। मुझे यह देखकर बड़ा अफसोस होता था कि जिन्ना जो भी कहते थे वह मुसलमानों की शब्दावली का हिस्सा बन जाता था।

आजादी के बाद भारत ने इस गीत को एक वैकल्पिक राष्ट्रगीत के रूप में अपना लिया। जब संविधान परिषद में यह प्रस्ताव लाया गया था तो नेहरू ने इसका विरोध किया था।

वे इस गीत को लेकर मुसलमानों के विरोध से चिन्तित थे। बाद में शिक्षामंत्री के रूप में नेहरू के केबिनेट में शामिल किए गए हुमायूँ कबीर ने मुझसे कहा था, "एक सेक्यूलर भारत के लिए 'वन्दे मातरम्' को एक राष्ट्रीय गीत के रूप में चुनना न्यायसंगत नहीं था, क्योंकि इस गीत में धार्मिक भावनाएँ झलकती हैं।" लेकिन मेरी समझ में नहीं आता था कि मुसलमानों को पहले दो अन्तरों के इस्तेमाल पर क्यों एतराज था, जिनमें सिर्फ राष्ट्रीय भावनाएँ थीं।

जहाँ गांधीजी देशभर की यात्रा करते हुए सविनय अवज्ञा की एक सभा से दूसरी सभा में जा रहे थे, वहीं जिन्ना अपने द्वि-राष्ट्रीय सिद्धान्त के साथ मुस्लिम लीग के एक मंच से दूसरे मंच पर जा रहे थे। वे बार-बार एक ही लाइन दोहरा रहे थे—गांधीजी हिन्दुओं के वर्चस्व के लिए लड़ रहे थे और चाहते थे कि मुसलमान अपने-आपको कांग्रेस पार्टी में विलीन कर लें। गांधीजी ने उनसे एक सवाल पूछा—अगर वे इस्लाम धर्म कबूल कर लें तो क्या रातोरात एक अलग राष्ट्र बन जाएँगे? जिन्ना ने कोई जवाब नहीं दिया।

अंग्रेजों की बाँछें खिली हुई थीं। उन्हें भारत न छोड़ने का एक अच्छा बहाना मिल गया था। वे दोनों समुदायों में बढ़ती दूरियों का हवाला देते हुए विदेशों में यह प्रचार कर रहे थे कि ब्रिटिश राज का बरकरार रहना क्यों जरूरी था। हिन्दू और मुसलमान एक-दूसरे पर छुरा ताने खड़े थे और शान्ति बनाए रखने के लिए अंग्रेजों का भारत में रहना जरूरी था।

कांग्रेस का समर्थन करनेवाले मुसलमानों को राष्ट्रवादी मुसलमान कहा जाता था। लेकिन समुदाय पर जिन्ना के बढ़ते प्रभाव को देखते हुए पार्टी में उनका रुख दिनोदिन अस्पष्ट होता जा रहा था। चुनाव के दौरान कांग्रेस और राष्ट्रवादी मुसलमानों के बीच की यह दूरी और ज्यादा उजागर हो गई। राष्ट्रवादी मुसलमानों ने एक यूनिटी बोर्ड की स्थापना की। उनका खयाल था कि इससे मुस्लिम मतदाता ज्यादा आकर्षित होंगे। लेकिन उनके इस कदम से हिन्दू भड़क उठे, पार्टी के लिए अटपटी स्थिति पैदा हो गई, और मुस्लिम मतदाता भी कोई खास प्रभावित नहीं हुए। मुझे यह देखकर बड़ी उलझन होती थी कि ज्यादातर हिन्दुओं के स्वामित्ववाली भारतीय प्रेस राष्ट्रवादी मुसलमानों के प्रति बड़ा कड़ा रुख अपनाती थी, खासकर तब जब वे कांग्रेस से अलग जाने की कोशिश करते थे। पाकिस्तान की माँग को लेकर उनके विरोध को भी सन्देह की दृष्टि से देखा जाता था। वे कांग्रेस की विचारधारा के साथ अपनी प्रतिबद्धता और पाकिस्तान की माँग को लेकर अपने विरोध के लिए दोनों तरफ से पिस रहे थे।

यह भी बड़ी अजीब बात थी कि जिन्ना मौलाना आजाद के साथ कभी हाथ नहीं मिलाते थे, हालाँकि वे नेहरू और पटेल के साथ हमेशा ऐसा करते थे। लेकिन आजाद एक अलग तरह के इनसान थे। कई वर्ष बाद, जब एक विदेशी दौरे से भारत लौटते हुए उनके विमान को कराची रुकना पड़ा, तो उन्होंने जिन्ना के मकबरे में जाकर फातिहा अदा किया।

मेरी निराशा की तब कोई सीमा न रही जब मुझे पता चला कि वामपन्थी समझी जानेवाली ऑल इंडिया स्टूडेंट फेडरेशन भी पाकिस्तान की माँग का समर्थन कर रही थी। कई जाने-माने मुस्लिम कम्युनिस्ट भी लीग में शामिल हो चुके थे। बाद में मुझे पता चला कि ऐसा सोवियत संघ के कहने पर किया गया था, जो जर्मनी के खिलाफ लड़ाई में मित्र सेनाओं के साथ शामिल हो गया था। कुछ ही दिन पहले फेडरेशन ने पाकिस्तान की माँग

को 'साम्राज्यवादी हथकंडा' कहा था। लेकिन अब वह इसे 'मुस्लिम पहचान की सच्ची अभिव्यक्ति' के रूप में देख रही थी। जिन लोगों ने रातोरात यूँ पैंतरा बदलने की निन्दा की उन्हें निहित स्वार्थों के पिट्ठू घोषित कर दिया गया। दूसरी तरफ, पाकिस्तान की माँग का समर्थन करनेवाले नवाबों और जमींदारों को 'प्रगतिशील' कहा जा रहा था। यह किस तरह का द्वन्द्वात्मक भौतिकवाद था?

चूँकि अब्दुल गफ्फार खान भी पाकिस्तान की माँग का विरोध कर रहे थे, इसलिए उन्हें भी पूँजीपतियों का दलाल कहा जाने लगा। मेरी समझ में नहीं आता था कि फेडरेशन के हमारे कॉमरेड मुस्लिम लीग में शामिल जमींदारों—ममदोत के नवाब या फिर पंजाब के सर फीरोज खान नून—को किस तरह 'प्रगतिशील' ठहरा सकते थे। मैं पूछता तो उनका जवाब होता कि चूँकि सोवियत संघ मित्र सेनाओं के साथ मिल गया था, इसलिए यह लड़ाई लोगों की लड़ाई बन गई थी। चलो मान लिया, लेकिन इसका यह मतलब तो नहीं था कि धनवान लोग अब 'सर्वहारा' (प्रोलिटेरिएट) बन गए थे? मुस्लिम लीग ने ब्रिटिश सरकार द्वारा भारत को बिना उसकी सहमति के लड़ाई में शामिल किए जाने का विरोध भी नहीं किया था, जैसाकि कांग्रेस ने किया था।

स्यालकोट में स्टूडेंट फेडरेशन के हम सब सदस्य बड़ी उलझन में थे। हमारे लिए सोवियत नीति में बदलाव का कोई अर्थ नहीं था, क्योंकि हम उसका अनुसरण करने के लिए बाध्य नहीं थे। हमारा जोश आजादी की लड़ाई से जुड़ा हुआ था। हम लड़ाई का समर्थन कर सकते थे, जब तक कि अंग्रेज हमसे यह वायदा न करें कि जीतने के बाद वे हमें हमारी आजादी दे देंगे? हम फासिज्म के खिलाफ लड़ना चाहते थे, बशर्ते कि हम खुद अपने मालिक हों।

मैं और फेडरेशन का एक अन्य सदस्य महिन्दर स्यालकोट से लाहौर गए, जहाँ कम्युनिस्ट पार्टी के हेडक्वार्टर में हमने नई नीति को लेकर अपना विरोध प्रकट किया। लेकिन हमें निराश होकर लौटना पड़ा, क्योंकि पार्टी का कहना था कि सोवियत संघ के लड़ाई में शामिल होने के बाद लेफ्ट के हर सदस्य के लिए लड़ाई का समर्थन करना जरूरी था। सोवियत संघ को विश्व की प्रगति का प्रतीक मानने की बात हमारे गले नहीं उतर रही थी। हमने अपने ग्रुप को सारी बात बताई।

हमें तब और भी झटका लगा जब हमें पता चला कि कम्युनिस्टों ने हमारे ग्रुप के बारे में पुलिस को सूचित कर दिया था। मध्यवर्गीय छात्र होने के नाते हमें बहुत सँभलकर काम करना पड़ता था और हमारी अपनी सीमाएँ थीं। हमें अपना और अपने घरवालों का खयाल रखना पड़ता था। एक दिन हमने डर के मारे अपनी साइक्लोस्टाइलिंग मशीन नजदीक के एक कुएँ में फेंक दी, जिसकी मदद से हम कांग्रेस की गतिविधियों से जुड़ी खबरों का प्रचार किया करते थे। फिर भी, 9 अगस्त को बम्बई में गांधीजी के 'करो या मरो' के आह्वान के अगले दिन 10 अगस्त को, हमने स्यालकोट के मुरे कॉलेज के बाहर 'भारत छोड़ो आन्दोलन' के समर्थन में एक प्रदर्शन का आयोजन किया।

सौभाग्यवश, मेरे पिता मेरी गतिविधियों से नाराज नहीं होते थे। वे खुद भी कांग्रेस के समर्थक थे और गांधीजी की प्रेरणावश हाथ से बुनी खादी पहना करते थे। लेकिन वे यह नहीं चाहते थे कि सरकार उनके बेटे को किसी तरह का क्रान्तिकारी समझे। उन दिनों सरकार-विरोधी लोगों के लिए 'इन्कलाबी' या 'क्रान्तिकारी' शब्द इस्तेमाल किया जाता था।

उन्होंने मुझे आगे की पढ़ाई के लिए लाहौर भेज दिया। फिर भी, स्टूडेंट फेडरेशन के साथ मेरा सम्पर्क बना रहा, भले ही दूर-दूर से। मैं न तो उसका समर्थक था और न विरोधी।

मैं बड़े गर्व के साथ जयप्रकाश नारायण, अरुणा आसफ अली और अच्युत पटवर्द्धन का खुलेआम जिक्र करता रहता था। इन तीन वामपन्थी नेताओं ने अपने भूमिगत आन्दोलन के माध्यम से ब्रिटिश हुकूमत के खिलाफ विद्रोह की मशाल जलाए रखी थी। लेकिन मुझे बड़ी निराशा हुई जब कई वर्ष बाद पटवर्द्धन ने मुझसे कहा कि 'भारत छोड़ो आन्दोलन' समय और ऊर्जा की बर्बादी थी। उनका कहना था कि विश्वयुद्ध के बाद भारत को यूँ भी आजादी मिलनेवाली थी, क्योंकि ब्रिटिश एक साम्राज्य का बोझ उठाने की स्थिति में नहीं रहा था। भारत को दबाए रखने के लिए न तो उसके पास धन था और न मानव-शक्ति। पटवर्द्धन के शब्द थे, "हमने बेकार ही इतने लोगों की जान गँवाई और कितनों को जेल जाना पड़ा।"

अरुणा आसफ अली भूमिगत रहते हुए भी जिस तरह 'भारत छोड़ो आन्दोलन' की कमान सँभाले हुए थीं, वह काबिलेतारीफ था। उन्होंने कड़ी सुरक्षा व्यवस्था को चकमा देकर जिस तरह 9 अगस्त, 1942 को बम्बई के ग्वालियर टैंक मैदान में कांग्रेस का झंडा फहराया था, वह सचमुच बड़े साहस का काम था। उनके इस कृत्य ने लाखों का मन मोह लिया था, खासकर ऐसे समय में जब गांधीजी और कांग्रेस के अन्य सभी बड़े नेताओं को एक दिन पहले ही जेलों में ठूँस दिया गया था।

कई वर्ष बाद जब मैं दैनिक अखबार 'पैट्रियट' और साप्ताहिक पत्रिका 'लिंक' की मालकिन के रूप में उनसे मिला, तब भी उनके विद्रोही तेवर ढीले नहीं पड़े थे। वे उन थोड़े से लोगों में शामिल थीं जो नेहरू के प्रधानमंत्रीत्व में मिश्रित अर्थव्यवस्था अपना चुके भारत में वामपन्थी दृष्टिकोण का प्रसार करने में जुटे हुए थे। उनका कहना था कि उन्हें इस बात का गर्व था कि वे 'भारत छोड़ो आन्दोलन' से जुड़ी रही थीं। उन्होंने मुझे यह भी बताया कि भगत सिंह को फाँसी लगने से कुछ ही दिन पहले वे किस तरह अपने पति आसफ अली के साथ उनसे जेल में मिली थीं। एक बार जब स्टाफ के कुछ लोगों ने उनके अखबार और पत्रिका पर कब्जा करने की कोशिश की तो अरुणा आसफ अली ने मुझे मदद के लिए बुलाया। मैं कुछ खास तो नहीं कर सका, लेकिन वे अपनी मिल्कियत बरकरार रखने में सफल रहीं।

ब्रिटेन ने 'भारत छोड़ो आन्दोलन' के बाद जनता की भड़की हुई भावनाओं को ध्यान में रखते हुए एक वरिष्ठ केबिनेट मंत्री सर स्टेफोर्ड क्रिप्स को कांग्रेस और मुस्लिम लीग के नेताओं से बातचीत करने के लिए भेजा। उनके इस अभियान का उद्देश्य लड़ाई के बाद भारत को सत्ता सौंपने का प्रस्ताव देना था। इस प्रस्ताव में केन्द्र में एक 'दि ज्यूरे' (विधिवत) केबिनेट की स्थापना की व्यवस्था थी। 'एक्जीक्यूटिव काउंसिल' (कार्यकारी परिषद) के नाम से जाने जानेवाले इस केबिनेट को वायसराय के अधीन काम करना था, जो एक तरह से इसके प्रमुख होते। इस प्रस्ताव में पाकिस्तान के जन्म के बीज भी मौजूद थे, क्योंकि इसमें कहा गया था कि अगर कोई प्रान्त केन्द्र के साथ न मिलना चाहे तो वह एक अलग इकाई के रूप में इस व्यवस्था से बाहर रह सकता था।

कांग्रेस का मार्गदर्शन करनेवाले गांधीजी ने इस प्रस्ताव को सीधे-सीधे ठुकरा दिया।

उनका कहना था कि यह एक ऐसे बैंक का चेक था जो फेल हो चुका था। लेकिन इसके पीछे कुछ और कारण भी थे। सच्चाई यह थी कि गांधीजी लड़ाई में शामिल होना नहीं चाहते थे। इसके पीछे अहिंसा का सिद्धान्त नहीं था, बल्कि उन्हें सचमुच ऐसा लगता था कि मित्र सेनाएँ हार जाएँगी। उनका नजरिया यह था कि क्रिप्स के प्रस्ताव को स्वीकार करने का मतलब एक ऐसी लड़ाई में शामिल होना था जिसमें हार निश्चित थी। दूसरी तरफ, नेहरू इस प्रस्ताव के पक्ष में थे। वे फासिज्म के खिलाफ एक विश्वव्यापी प्रजातांत्रिक गठबन्धन का हिस्सा बनने को आतुर थे। मित्र सेनाओं का साथ देने के मामले में कांग्रेस की शर्तों को देखते हुए पश्चिम में नेहरू की उदारवादी छवि को गहरा झटका लगा था। वे एक उदारवादी 'डेमोक्रेट' के रूप में अपनी छवि को फिर से स्थापित करना चाहते थे।

जिन्ना, जिन्हें ब्रिटेन के तत्कालीन प्रधानमंत्री विंस्टन चर्चिल का अन्तरंग मित्र माना जाता था, इस प्रस्ताव पर खुलकर कुछ भी कहने से बच रहे थे। वे अपने पत्ते खोलने से पहले यह जानना चाहते थे कि कांग्रेस के मन में क्या था, जैसाकि वे अकसर किया करते थे। उन्हें पता था कि कांग्रेस के समर्थन के बिना यह प्रस्ताव चारों खाने चित्त हो जाएगा। इसलिए जब कांग्रेस ने 'न' कहा तो उन्होंने भी झट से इनकार कर दिया। जैसाकि तत्कालीन कांग्रेस अध्यक्ष मौलाना आजाद ने बाद में बताया था, प्रस्ताव में आखिरी क्षणों में एक बदलाव के कारण ही कांग्रेस ने इसे स्वीकार करने से इनकार कर दिया था। लड़ाई खत्म होने के बाद आजादी देने के वायदे से पीछे हटकर ब्रिटिश 'आजादी की माँग पर सकारात्मक ढंग से विचार करने' की बात करने लगे थे और यह प्रस्ताव धरा का धरा रह गया था।

मेरा अपना खयाल है कि अगर कांग्रेस ने क्रिप्स के प्रस्ताव को स्वीकार कर लिया होता तो भारत बँटवारे से बच जाता। यह सच है कि इस प्रस्ताव में बँटवारे के बीज मौजूद थे, लेकिन संघीय ढाँचे के प्रावधान के कारण कांग्रेस और मुस्लिम लीग दोनों को एक देश के दायरे के भीतर ही किसी समाधान पर पहुँचना पड़ता। इसके लिए ब्रिटिश सद्भावना पर निर्भर रहना पड़ता, लेकिन यह सिर्फ एक अस्थायी स्थिति होती। हर कोई देख सकता था कि लड़ाई के बाद लन्दन भारत पर कब्जा जमाए रखने की स्थिति में नहीं रह गया था।

क्रिप्स के मिशन की असफलता के बाद अचानक एक हिन्दू चरमपन्थी ग्रुप उभरकर सामने आ गया। यह ग्रुप खुलेआम धमकी देने लगा कि 'भारत माता की चीरफाड़' के बाद भारत में रह जानेवाले मुसलमानों को इसकी कीमत चुकानी पड़ेगी। दूसरे शब्दों में कहें तो, भारत में रह जानेवाले मुसलमानों को बँटवारे के 'दुष्परिणाम' भुगतने होंगे। मौलाना आजाद ने इस बन्धक-सिद्धान्त को सिरे से खारिज कर दिया। फिर भी, वे एक तरह से गलत साबित हुए, क्योंकि बँटवारे के बाद भारत में रह जानेवाले मुसलमानों को पूर्वाग्रहों, अवहेलना और अविश्वास के रूप में हिन्दुओं की आहत भावनाओं के परिणाम भुगतने पड़े।

उपमहाद्वीप का माहौल दिनोदिन खराब होता जा रहा था। विन्ध्याचल के उत्तर में रहनेवाले हिन्दू और मुसलमान दोनों ही महसूस कर रहे थे कि बँटवारे के अलावा दूसरा कोई रास्ता नहीं था। ऐसा नहीं कि देश हिन्दुओं और मुसलमानों के रूप में दो भागों में बँटा हुआ था। आबादी का एक बड़ा हिस्सा अब भी इसे स्वीकार नहीं कर पा रहा था। लेकिन यह भी सच था कि ऐसे लोगों की तादाद दिनोदिन घटती जा रही थी। अधिकांश मुसलमानों पर बँटवारे का जनून सवार था। वे आँख मूँदकर मुस्लिम लीग के पीछे चल पड़े थे, जो समुदाय

की इकलौती आवाज बनती जा रही थी।

पाकिस्तान के जन्म से लगभग एक वर्ष पहले मौलाना आजाद ने लाहौर की एक उर्दू पत्रिका 'चेतन' में एक इन्टरव्यू में कहा था–

> आज मुसलमान चल नहीं रहे हैं, वे बह रहे हैं। मुश्किल यह है कि मुस्लिमों ने सँभलकर चलना नहीं सीखा है। वे या तो दौड़ते हैं या बहाव के साथ बहने लगते हैं। जब कोई जन-समूह अपना आत्म-विश्वास और आत्म-सम्मान खो बैठता है तो उसे काल्पनिक शंकाएँ और खतरे घेरने लगते हैं, और वह सही और गलत में फर्क नहीं कर पाता। जिन्दगी का सच्चा अर्थ संख्या के आधार पर नहीं, बल्कि मजबूत आस्था और सही कर्म से हासिल होता है।

उन्होंने मुसलमानों को आगाह किया कि पाकिस्तान की स्थापना से भारत में इस्लाम का प्रसार रुक जाएगा।

कांग्रेस और मुस्लिम लीग के बीच गहरे मतभेदों के बावजूद आपसी एकता की एक हल्की-सी झलक उस समय देखने को मिली जब 1945 में आजाद हिन्द फौज के सदस्यों पर दिल्ली में मुकदमा चलाया गया। आज़ाद हिन्द फौज (इंडियन नेशनल आर्मी) में लगभग 20,000 सैनिक थे। इनमें से ज्यादातर वे सैनिक थे जिन्हें मलाया और बर्मा में हार के बाद जापानियों ने गिरफ्तार कर लिया था। कांग्रेस के भूतपूर्व अध्यक्ष और विद्रोही और जोशीले तेवरों वाले सुभाष चन्द्र बोस के नेतृत्व में आजाद हिन्द फौज ने उपनिवेशवाद के खिलाफ एक तरह के आन्दोलन का रूप ले लिया था। बोस गांधीजी की तरह साधनों की पवित्रता की परवाह न करके सिर्फ लक्ष्य पर ध्यान देने के पक्ष में थे। उनका कहना था कि वे बिना खून बहाए आजादी हासिल करने की कोशिश करेंगे, लेकिन जरूरत पड़ने पर हथियारों के इस्तेमाल से नहीं झिझकेंगे। अपने इस दृष्टिकोण के कारण वे गांधीजी से दूर होते चले गए थे। वे अंग्रेजों को चकमा देकर जर्मनी भागने में सफल रहे। गुलाम भारत ने उनके इस साहसिक कदम का खुलकर समर्थन किया। बाद में वे इसी तरह कलकत्ता के अपने घर से अंग्रेजों की कैद से निकलकर जापान पहुँचने में भी सफल रहे। मैंने काबुल में वह जगह देखी है जहाँ वे यूरोप भागने से पहले ठहरे थे। वह एक मकान की छत पर बना एक अकेला कमरा था। लगभग 40 वर्ष पहले मैं वहाँ गया था तो वह काफी खस्ता हालत में था। कुछ लोगों के दिलों में तब भी उनकी याद ताजा थी।

मैं आजाद हिन्द फौज के साथ भावनात्मक रूप से जुड़ा रहा था। जिन तीन अफसरों पर मुकदमा चलाया जा रहा था, उनमें मेरे दोस्त सुरेश सहगल के बड़े भाई प्रेम सहगल भी शामिल थे। प्रेम मेरे पिता के दोस्त अचरूराम सहगल के सबसे बड़े बेटे थे। अचरूराम एक जाने-माने वकील थे। बाद में वे जज भी बने। उन्होंने ही महात्मा गांधी के हत्यारे नत्थूराम गोडसे को फाँसी की सजा सुनाई थी। आजाद हिन्द फौज को लेकर मेरे मन में कुछ शंकाएँ थीं। वह कितनी ही राष्ट्रवादी क्यों न हो, लेकिन वह जापान पर आश्रित थी, जो प्रजातांत्रिक विश्व से लड़ रही एक फासिस्ट शक्ति थी। मुझे खुशी थी कि आजाद हिन्द फौज ने भारत की आजादी की माँग की थी। लेकिन मैं सोचता था, अगर जापान जीत गया तो क्या वह सचमुच हमें आजाद कर देगा? मेरी ये शंकाएँ तब काफी हद तक दूर हो गई थीं जब खुद

गांधीजी ने सुभाष चन्द्र बोस की तारीफ की थी। उन्होंने न सिर्फ उनकी बहादुरी और देशभक्ति की प्रशंसा की थी, बल्कि आजादी की लड़ाई में उनके योगदान को भी याद किया था। गांधीजी ने आजाद हिन्द फौज के गठन की भी आलोचना नहीं की थी। सुभाषचन्द्र बोस 'एक विमान दुर्घटना' में मारे गए और कभी भारत नहीं लौटे। भारत सरकार द्वारा तीन जाँच समितियों की नियुक्ति के बावजूद इस घटना की सत्यता पर अब भी सन्देह किया जाता है।

आजाद हिन्द फौज के तीन अधिकारियों–शाहनवाज, जो मुसलमान थे, प्रेम सहगल, जो हिन्दू थे, और गुरबख्श सिंह ढिल्लों, जो सिख थे–पर मुकदमे ने देश में एक तरह की एकता की भावना पैदा कर दी थी। पूरे देश में उनकी रिहाई की माँग को लेकर प्रदर्शन हो रहे थे। जनता के इस दबाव का असर भी हुआ और सरकार को झुकना पड़ा। उन तीनों को रिहा कर दिया गया। यह एक दुर्लभ अवसर था जब लन्दन में वकालत पढ़कर आए जवाहरलाल नेहरू ने किसी अदालत में वकील का काला कोट पहना था। उस समय हिन्दुओं, मुसलमानों और सिखों में जिस तरह की एकता दिखाई देने लगी थी, वह इस बात का सबूत थी कि कांग्रेस और मुस्लिम आपसी मतभेदों को भुलाकर अपने साझे हितों से जुड़े मुद्‌दों पर मिल-जुलकर काम कर सकती थीं।

फिर भी, आजाद हिन्द फौज के किसी एक सदस्य को भी फौज में वापस नहीं लिया गया। ब्रिटिश उच्च अधिकारियों ने 'मनोबल और अनुशासन' के आधार पर इस माँग को ठुकरा दिया। नेहरू अगर चाहते तो इस मुद्‌दे पर अड़ सकते थे और देश भी उनका पूरा-पूरा साथ देता। लेकिन वे ऐसा नहीं कर पाए और ब्रिटिश तर्कों के आगे झुक गए। राष्ट्रवादी हार गए और आजादी की लड़ाई के 20,000 सैनानी देश की सेना में शामिल होने से वंचित हो गए।

इसी तरह, फरवरी 1946 में नौसेना के विद्रोह में भी ऐसा ही उग्र, राष्ट्रवादी और धर्मनिरपेक्ष रंग दिखाई दिया था। एक बार फिर हिन्दू और मुसलमान ब्रिटिशों के खिलाफ एकजुट हो गए थे। दोनों समुदायों के लगभग 3,000 नौसैनिक बम्बई की सड़कों पर उतर आए थे। ब्रिटिश सिपाहियों और 'विद्रोहियों' के बीच गोलीबारी की घटनाएँ भी हुई थीं। कांग्रेस के लौहपुरुष सरदार पटेल इस विद्रोह के खिलाफ थे। नेहरू ने भी उनका साथ देते हुए विद्रोहियों की निन्दा की। विद्रोह तो खत्म हो गया, लेकिन साथ ही कांग्रेस नेताओं का बुर्जुआ चरित्र भी उजागर हो गया। मैं यह सोचने पर मजबूर हो गया कि क्या आजादी के बाद की कांग्रेस सरकार जनता के विरोध प्रदर्शनों और सैद्धान्तिक चुनौतियों का सम्मान करेगी।

आजाद हिन्द फौज के मुकदमे के फैसले और फिर नौसेना की बगावत से हम सब खुशी से झूम उठे थे। देश में लन्दन से किसी अच्छी खबर को लेकर उम्मीदों भरा और बड़ा खुशनुमा माहौल था। 1945 के ब्रिटिश चुनावों में लेबर पार्टी की जीत के बाद ब्रिटिश नीति में बदलाव के आसार नजर आने लगे थे। और यही हुआ भी। लन्दन ने भारत में नए चुनावों की घोषणा की। साथ ही ब्रिटिश सरकार ने भारतीयों को 'जल्दी ही पूरा शासन सौंपे जाने' का वायदा भी किया। लेकिन कांग्रेस और मुस्लिम लीग ने इस घोषणा की शब्दावली पर अपनी निराशा व्यक्त की। कांग्रेस ने इसलिए कि इसमें 'स्वाधीनता' का जिक्र नहीं था, और मुस्लिम लीग ने इसलिए कि इसमें 'पाकिस्तान' का जिक्र नहीं था।

फिर भी, दोनों पार्टियों ने चुनावों में हिस्सा लिया, ताकि वे अपने-अपने मतदाताओं में

अपनी लोकप्रियता साबित कर सकें। लीग ने इन चुनावों को पाकिस्तान पर रिफरेंडम (जनमत-संग्रह) का रंग दे दिया, जबकि कांग्रेस ने इन्हें स्वराज की तरफ यात्रा के रूप में देखा। साम्प्रदायिकता का हमेशा विरोध करनेवाली कम्युनिस्ट पार्टी ने इस बार भी अपना पुराना फार्मूला अपनाते हुए सोवियत संघ की इच्छानुसार चलने का फैसला किया, जो पाकिस्तान की माँग का समर्थन कर रहा था। दूसरी तरफ हिन्दू महासभा 'अखंड भारत' के नारे पर लड़ रही थी। मुझे याद है, जवाहरलाल नेहरू शेख अब्दुल्ला के साथ–जिन्हें तब कश्मीरी गांधी भी कहा जाता था–हमारे शहर में एक चुनाव सभा को सम्बोधित करने आए थे। दोनों ने खद्दर की अचकनें पहन रखी थीं। श्रोता पूरे पाँच घंटे तक बड़े धीरज और उत्सुकता के साथ उन्हें देखने और सुनने की प्रतीक्षा करते रहे थे। दोनों नेताओं ने लोगों से कांग्रेस को वोट देने की अपील की। इन दोनों ने साथ-साथ भारत के कई हिस्सों का दौरा किया और बहुत-सी चुनावी सभाओं को सम्बोधित किया।

बँटवारे से एक वर्ष पहले 1946 में हुए इन चुनावों के नतीजों से पता चला कि 90 प्रतिशत हिन्दू कांग्रेस के साथ थे, जबकि 90 प्रतिशत मुसलमान मुस्लिम लीग के साथ थे। सेंट्रल असेम्बली की 102 सीटों में से कांग्रेस ने 57 और मुस्लिम लीग ने 30 सीटें जीतीं। असेम्बली की हर मुस्लिम सीट मुस्लिम लीग के ही खाते में गई। उसने प्रान्तीय विधानसभाओं की 509 मुस्लिम सीटों में से 442 सीटों पर भी अपनी जीत दर्ज की। एक बार फिर सरहदी सूबे में मुस्लिम लीग को हार का मुँह देखना पड़ा, जहाँ राष्ट्रवादी मुसलमानों की जीत हुई। ब्लूचिस्तान ने भी मुस्लिम लीग को ठुकरा दिया। पंजाब में किसान-समर्थक यूनीयनिस्ट पार्टी मुस्लिम लीग से सात सीटें झटकने में सफल रही। यह बिलकुल साफ था कि हिन्दुओं और मुसलमानों के बीच विभाजन-रेखा खींची जा चुकी थी।

इसी बीच, लन्दन ने केबिनेट पिशन के भारतीय दौरे की घोषणा कर दी।

2

ब्रिटिश राज का अन्त

मैं केबिनेट मिशन का विस्तार से जिक्र कर रहा हूँ, क्योंकि मेरा विश्वास है कि यह आखिरी योजना और आखिरी अवसर था जब भारत को बँटवारे से बचाया जा सकता था। मिशन के तीन मंत्री–फ्रेडरिक पेथिक-लॉरेंस, जो भारतीय मामलों के तत्कालीन राज्य सचिव थे, सर स्टेफॉर्ड क्रिप्स और ए.वी. एलेक्जेंडर–24 मार्च, 1946 को भारत पहुँचे थे। क्रिप्स पुराने खिलाड़ी थे और भारत के दोस्त थे। लेकिन उनसे भी ज्यादा पेथिक-लॉरेंस भारत की स्वाधीनता के पक्ष में थे। एलेक्जेंडर चर्चिलवादी थे और ब्रिटिश साम्राज्य के मुकट की शोभा को यूँ हाथ से निकलते नहीं देख पा रहे थे। मिशन की पहली प्रेस कॉन्फ्रेंस के दौरान ही उसकी सोच स्पष्ट हो गई थी–ब्रिटेन चाहता था कि भारत पूर्ण स्वाधीनता की दिशा में कदम बढ़ाना शुरू करे और कोई अन्तरिम व्यवस्था जल्दी से लागू हो जाए। मिशन से यह बात छिपी हुई नहीं थी कि जिन्ना बँटवारे के पक्ष में थे। लेकिन मिशन को यह नहीं मालूम था कि कांग्रेस कहाँ तक जिन्ना के साथ समझौता करने के लिए तैयार थी। इसलिए मिशन ने कांग्रेस का मन टटोलने के लिए सबसे पहले उसी से बातचीत शुरू की।

मिशन को यह देखकर हैरानी हुई कि नेहरू सरहद के आसपास के जिलों में जनमत-संग्रह की बात कर रहे थे, मानो उनकी पार्टी बँटवारे के विचार को पहले ही स्वीकार कर चुकी हो। जिन्ना ने पंजाब के एक हिन्दू डेलीगेशन को बताया था कि उनकी योज़ना के अनुसार अम्बाला पाकिस्तान का हिस्सा नहीं बनने जा रहा था। कांग्रेस के तत्कालीन अध्यक्ष मौलाना आजाद की सोच बिलकुल अलग थी। उन्होंने बँटवारे और केन्द्रीय ढाँचे दोनों को ही रद्द कर दिया था। उनकी अवधारणा यह थी, और इससे गांधीजी भी सहमत थे, कि एक संघीय संविधान के अन्तर्गत सभी प्रान्तों को पूर्ण स्वायत्तता दी जाएगी और सिर्फ रक्षा, विदेशी मामले और संचार विभाग केन्द्र के पास रहेंगे। अगर प्रान्त चाहें तो केन्द्र को कुछ और विभाग सौंप सकते थे। पेथिक-लॉरेंस के शब्दों का इस्तेमाल करें तो यह 'साम्प्रदायिक समस्या का एक नया समाधान' था। उन्हें आजाद का प्रस्ताव अच्छा लगा था। प्रान्तों को जहाँ पूर्ण स्वायत्ता मिल रही थी, वहीं केन्द्र के साथ कुछ सूत्र जुड़े रहने के कारण देश एक इकाई के रूप में कायम रह सकता था।

आजाद मुस्लिम बहुसंख्या वाले प्रान्तों की शंकाओं को दूर करना चाहते थे। वे एक स्वतंत्र भारत में समुदाय की स्थिति को सुरक्षित करना चाहते थे। लेकिन साथ ही वे यह भी चाहते थे कि एक बहुधर्मी समाज के निर्माण में समुदाय एक अहम भूमिका निभाए।

उनका कहना था कि "पाकिस्तान का आधार मुसलमानों का यह डर है कि केन्द्र मुसलमानों की बहुसंख्या वाले क्षेत्रों में दखलंदाजी करेगा, क्योंकि केन्द्र में हिन्दुओं का बहुमत होगा।" उन्होंने इस डर को दूर करने के लिए प्रान्तीय इकाइयों को न सिर्फ पूर्ण स्वायत्तता देने का प्रस्ताव दिया, बल्कि उन्हें अवशिष्ट शक्तियाँ भी सौंप दीं। केन्द्रीय विषयों में दो तरह के विषय रखे गए, एक अनिवार्य और दूसरे वैकल्पिक। प्रान्तों को सभी मामलों में अपना शासन खुद चलाना था, सिर्फ तीन केन्द्रीय विषयों को छोड़कर–विदेशी मामले, रक्षा और संचार।

मुझे आजाद की योजना अच्छी लगी थी, क्योंकि इससे भारत एक रह सकता था और प्रान्तों को भी स्वायत्तता मिल सकती थी। मैं ऐसा सोचा करता था कि भारतीय सभ्यता नामक एक 5,000 वर्ष पुरानी चीज थी, जिसमें पिछले एक हजार वर्षों से मुसलमानों का भी योगदान रहा था। जब भी फैसले की घड़ी आएगी तो ये सदियों पुराने सूत्र भारत को एक रखने में जरूर सफल होंगे। लेकिन मेरी यह सोच गलत साबित हुई। देश का माहौल ऐसा था कि संस्कृतियों के मेल-मिलाप की चाह करना दिन में सपने देखने की तरह था। हिन्दू और मुसलमान एक-दूसरे से बहुत दूर जा चुके थे। सिर्फ एक व्यक्ति इस हालात को बदल सकता था, और वे जिन्ना थे। लेकिन वे केन्द्र सरकार के सख्त खिलाफ थे, वह कितनी ही फेडरल क्यों न हो।

आजाद का फार्मूला एक बीच का रास्ता था। इसमें प्रान्तों और केन्द्र सरकार दोनों का ध्यान रखा गया था। आजाद पाकिस्तान की योजना को टालना चाहते थे, जिसके अन्तर्गत भारत में लगभग 12 प्रतिशत मुसलमान और 80 प्रतिशत हिन्दू रह जाते।

मौलाना आजाद और खान अब्दुल गफ्फार खान दो ऊँचे कद के और सम्मानित मुस्लिम नेता थे, जो सचमुच यह मानते थे कि साम्प्रदायिक कड़वाहट भारत की जिन्दगी का एक अस्थायी दौर थी, जो इसे बढ़ावा देनेवाले अंग्रेजों के जाते ही खत्म हो जाएगी। मुझे याद है, अपनी साहित्यिक रुचि के लिए मशहूर आजाद अकसर ग्लैडस्टोन की पंक्तियाँ दोहराते हुए कहा करते थे कि अगर किसी व्यक्ति का पानी का डर दूर करना हो तो उसे पानी में फेंक देना चाहिए और उसे तैरने के लिए मजबूर करना चाहिए। इसी तरह, आजाद का मानना था कि मुसलमानों के दिल में बसे डरों और शंकाओं को दूर करने के लिए भारत को शासन की जिम्मेदारी खुद अपने हाथ में लेनी होगी।

आजाद ने वरिष्ठ कांग्रेस नेताओं की एक मीटिंग बुलाकर इस बात पर जोर दिया कि आजादी के बाद भारत साम्प्रदायिक अविश्वास और टकराव के दिनों को भूल जाएगा, और उसे एक आधुनिक दृष्टिकोण से आधुनिक जीवन की समस्याओं का सामना करना होगा। राजनीतिक पार्टियों के बीच विरोध जारी रहेगा, लेकिन यह धर्म की बजाय आर्थिक और राजनीतिक मद्दों पर आधारित होगा। भविष्य राजनीतिक समीकरणों का आधार आर्थिक वर्ग होंगे, न कि समुदाय और इन्हीं के अनुसार नीतियाँ बनानी होंगी। मैं उम्मीद कर रहा था कि इस तरह की सोच यथार्थ का रूप ले सकेगी। मौलाना आजाद और खान अब्दुल गफ्फार खान दोनों ही अति आशावादी थे। वे यह नहीं देख पा रहे थे कि साम्प्रदायिकता का जहर भारतीय राजनीति में बहुत गहराई तक घुल चुका था।

क्रिप्स ने आजाद से पूछा कि क्या मुसलमानों की बहुसंख्या वाले प्रान्त केन्द्र के विषयों को छोड़कर अन्य विषयों पर आपस में मिल-जुलकर काम करना चाहेंगे। आजाद ने कहा

कि यह सवाल 'विचार करने योग्य' था। वे इस विचार के खिलाफ नहीं थे, लेकिन वे उस समय कोई स्पष्ट जवाब नहीं देना चाहते थे। पटेल ने मिशन के सदस्यों के साथ आजाद की मीटिंग से पहले यह बात साफ कर दी थी कि योजना के हर कोमे और पूर्णविराम को लेकर कांग्रेस नेताओं से बात करना और उनकी सहमति लेना जरूरी था। इसके बाद ही कोई पार्टी की तरफ से कुछ कह सकता था। यह बिलकुल साफ था कि उनका इशारा आजाद की तरफ था।

मेरा खयाल है कि पटेल को यह आशंका थी कि नेहरू और आजाद आपस में मिले हुए थे और उन्हें नजरअन्दाज कर सकते थे। 1942 में क्रिप्स मिशन के दौरान भी उन्हें यही चिन्ता घेरे रही थी। मुझे दक्षिण भारत के जाने-माने विद्वान सी.पी. रामास्वामी के साथ एक समिति में कुछ समय के लिए साथ-साथ काम करने का अवसर मिला था। यह समिति हिन्दू मन्दिरों के सही संचालन को लेकर बनाई गई थी। रामास्वामी ने मुझे बताया था कि पटेल का मानना था कि "क्रिप्स मिशन नेहरू द्वारा रचा गया एक स्टंट था, ताकि वे अपने-आपको केन्द्र में ला सकें और भारत के प्रधानमंत्री बन सकें।"

12 अप्रैल, 1946 को हुई कांग्रेस कार्यकारिणी समिति की एक बैठक में केबिनेट मिशन के साथ आजाद की मीटिंग के हर पहलू पर विस्तार से और बेबाक चर्चा की गई। सदस्यों ने फेडरल ढाँचे को लेकर अपनी शंकाएँ व्यक्त कीं। गांधीजी ने आजाद का बचाव करते हुए आलोचकों को यह कहकर चुरा करा दिया कि भारत जैसे बड़े और विविधतापूर्ण देश में सिर्फ फेडरल (संघीय) व्यवस्था ही एकमात्र समाधान हो सकती थी। जब पटेल ने कहा कि करेंसी और वित्तीय मामले केन्द्र के हाथ में रहने चाहिए तो गांधीजी ने हस्तक्षेप करते हुएं कहा कि ऐसे मामलों में एक सामूहिक नीति प्रान्तों के हित में होगी, लेकिन इसे केन्द्रीय सूची के अनिवार्य विषयों में शामिल करना जरूरी नहीं था।

मिशन अपने उद्देश्य को लेकर स्पष्ट था। वह एक संगठित भारत चाहता था, जिसमें एक संघीय ढाँचे और स्वायत्त प्रान्तों के बीच की व्यवस्था हो। जब मिशन ने जिन्ना को बातचीत के लिए बुलाया तो उसने उनके सामने दो विकल्प रखे। पहला विकल्प था सिन्ध, नॉर्थ वेस्ट फ्रंटियर प्रोविंस, ब्लूचिस्तान, पंजाब, असम, और कलकत्ता को छोड़कर बंगाल के अन्य सभी मुस्लिम-बहुल जिलों को मिलाकर एक अलग देश की स्थापना करना, जिसका भारत के साथ सिर्फ एक साझी रक्षा व्यवस्था का रिश्ता रहेगा।

दूसरा विकल्प था लगभग इन्हीं क्षेत्रों को मिलाकर एक अलग समूह बनाना जो एक शक्तिशाली केन्द्र के अधीन होगा। इस व्यवस्था में यह प्रावधान था कि केन्द्र सरकार में हिन्दुओं और मुसलमानों के बराबर-बराबर मंत्री होंगे, जो रक्षा, विदेशी मामलों और संचार का काम देखेंगे। 15 वर्ष बाद दोनों में से कोई भी समूह चाहे तो केन्द्र से अलग हो सकता था। देशी रियासतें भारत या पाकिस्तान किसी में भी शामिल हो सकती थी और चाहें तो स्वतंत्र भी रह सकती थीं।

कई वर्ष बाद मुझे अभिलेखागार में मौजूद एलेक्लेंडर की डायरी पढ़ने का अवसर मिला। 2 अप्रैल, 1946 की अपनी भर्ती में उन्होंने लिखा था कि जिन्ना ने यह परिभाषित नहीं किया था कि पाकिस्तान से उनका क्या अर्थ था। मिशन से बातचीत करनेवाले मुस्लिम लीग के दो अन्य बड़े नेताओं एम.ए. इस्पहानी और महमूदाबाद के नवाब ने भी पाकिस्तान को

परिभाषित नहीं किया था। जिन्ना ने पहले दूसरे विकल्प में दिलचस्पी दिखाई थी, जिसमें हिन्दुओं और मुसलमानों के बराबर-बराबर मंत्रियों वाली केन्द्र सरकार का प्रावधान था। लेकिन बाद में वे साफ-साफ कुछ कहने से कन्नी काट गए। हमेशा की तरह, अपने पत्ते खोलने से पहले वे यह जानना चाहते थे कि कांग्रेस का क्या रुख था।

मिशन के अपने रिकार्डों के अनुसार, सिखों के प्रतिनिधि यह तय नहीं कर पा रहे थे कि 'वे क्या चाहते हैं, लेकिन वे चिन्तित और घबराए हुए हैं।' एक नेता, ज्ञानी करतार सिंह का मानना था कि सिख पाकिस्तान में रहें या संगठित भारत में, वे सुरक्षित महसूस नहीं करेंगे। मास्टर तारा सिंह एक सिख राज्य के पक्ष में थे, या एक स्वायत्त प्रान्त, जिसे परिभाषित करते हुए बाद में भारत के रक्षा मंत्री का पद सँभालने वाले सरदार बलदेव सिंह ने पंजाब की अम्बाला, जलन्धर और लुधियाना डिवीजनों को मिलाने का सुझाव दिया था।

मिशन एक ऑल इंडिया कमीशन बनाना चाहता था, जिसके सदस्यों में केन्द्र और प्रान्तीय विधायिकाओं दोनों के प्रतिनिधि शामिल हों। इस कमीशन को सबसे पहले अल्पसंख्यकों के लिए संवैधानिक गारंटियों पर काम करना था, और फिर यह विचार करना था कि भारत एक देश होना चाहिए या दो। नेहरू और जिन्ना दोनों से सलाह ली गई। जब दोनों ने ही इस स्कीम को ठुकरा दिया तो इसे सार्वजनिक करने की जरूरत नहीं समझी गई।

मिशन के सदस्यों ने गांधीजी से भी बात की, जो एक अविभाजित भारत चाहते थे, और मौलाना आजाद से भी, जिन्हें इन प्रयासों में भारत को एक रखने की आखिरी उम्मीद दिखाई दे रही थी। आजाद को सचमुच यह विश्वास था कि बँटवारे से हिन्दुओं से कहीं ज्यादा मुसलमानों को नुकसान होगा। दक्षिण भारत के एक शीर्ष कांग्रेस नेता सी.आर. राजागोपालाचारी चाहते थे कि पाकिस्तान का मामला एक अन्तर्राष्ट्रीय मध्यस्थ समिति को सौंप देना चाहिए, जिसके सदस्यों में सोवियत संघ भी शामिल हो।

यहाँ तक मिशन का प्रस्ताव एक तरह से स्थितियों की थाह लेने तक सीमित था। लोगों को सिर्फ इतना पता था कि अंग्रेजों ने जाने का मन बना लिया था। लेकिन उनकी रवानगी का फार्मूला 16 मई, 1946 को ही सार्वजनिक हुआ। मिशन भारत को एक रखने की गांधीजी और मौलाना आजाद की इच्छा का सम्मान करना चाहता था, लेकिन वह जिन्ना को कुछ 'मुस्लिम इलाके' देकर उन्हें भी खुश रखना चाहता था।

यह एक तीन तलीय यानी थ्री-टियर ढाँचा था। सबसे ऊपर भारतीय संघ (यूनियन ऑफ इंडिया) था, जिसमें देशी रियासतों समेत पूरे देश का क्षेत्र शामिल था। इसे विदेशी मामले, रक्षा और संचार विभाग सँभालने थे। दूसरे तल पर प्रान्त थे, जिन्हें तीन समूहों में बाँट दिया गया था—(1) मद्रास (अब तमिलनाडु), बम्बई (बाद में महाराष्ट्र और गुजरात में विभाजित), बिहार, मध्य प्रान्त (अब मध्य प्रदेश) और उड़ीसा—यह हिन्दू-बहुल समूह था; (2) पंजाब, उत्तर-पश्चिम सीमांत प्रान्त और सिन्ध—यह पश्चिमी मुस्लिम-बहुल समूह था; (3) बंगाल और असम, जो पूर्वी मुस्लिम-बहुल समूह था। ये सभी समूह स्वायत्त थे और विदेशी मामलों, रक्षा और संचार को छोड़कर अन्य सभी विषयों पर इन्हें अपना खुद का संविधान तैयार करना था। नए संविधान के अन्तर्गत चुनावों के बाद अगर कोई विधायिका चाहती तो अपने समूह से अलग होने का फैसला भी कर सकती थी। ढाँचे के सबसे निचले तल पर देशी रियासतें थीं। उन्हें ऐसे प्रान्तों के रूप में देखा जा रहा था जो भारत या पाकिस्तान किसी में भी शामिल

हो सकते थे या फिर स्वतंत्र भी रह सकते थे। पारसियों ने एक वक्तव्य जारी करके घोषणा कर दी थी कि मतभेदों के बावजूद वे भारत की आजादी के मामले में कांग्रेस के साथ थे।

मिशन ने पंजाब और बंगाल के बँटवारे के सुझाव को यह कहकर ठुकरा दिया कि यह इन प्रान्तों के निवासियों के बहुत बड़े अनुपात की इच्छाओं के खिलाफ होगा, और 'इससे सिख दो हिस्सों में बँट जाएँगे।' बड़ी अजीब बात है कि कुछ महीने बाद ही भारत के आखिरी वायसराय लॉर्ड माउंटबेटन ने इस धारणा को खारिज करते हुए बिलकुल यही काम किया, हालाँकि इस दौर में नेहरू का रुख भी हमेशा साफ नहीं रहा था।

मुस्लिम लीग ने 6 जून, 1946 को मिशन के प्रस्ताव को स्वीकार कर लिया। वह 'छह मुस्लिम प्रान्तों के समूह' की योजना को 'पाकिस्तान के आधार और नींव' के रूप में देख रही थी। जिन्ना के सचिव खुर्शीद ने मुझे बताया था कि जिन्ना ने केबिनेट मिशन के प्रस्ताव को 'ईमानदारी से' स्वीकार कर लिया था और लीग में इसके आलोचकों को फटकार लगाई थी, जो अब भी पाकिस्तान का राग अलाप रहे थे। कांग्रेस ने भी 26 जून को इस प्रस्ताव को स्वीकार कर लिया, लेकिन प्रान्तों के समूहीकरण की यह व्यवस्था की कि 'निर्धारित समूहों में शामिल होने या न होने का फैसला' प्रान्तों की अपनी इच्छा पर निर्भर करेगा।

कांग्रेस की इस व्याख्या से प्रस्ताव का खटाई में पड़ना निश्चित था। 6 जुलाई, 1946 को अखिल भारतीय कांग्रेस समिति द्वारा इसके अनुमोदन के बाद नेहरू, जो इस बीच आजाद की जगह पार्टी के अध्यक्ष का पद सँभाल चुके थे, ने कहा कि उनकी पार्टी संविधान सभा में प्रस्ताव में कुछ संशोधनों का सुझाव दे सकती थी। उन्होंने संकेत दिया कि वे प्रान्तों के समूहीकरण और केन्द्र की शक्तियों में बदलाव की कोशिश कर सकते थे। उन्हें असम के मुख्यमंत्री गोपीनाथ बरदलोई द्वारा व्यक्त की गई चिन्ताएँ सता रही थीं, जो मुस्लिम-बहुल तीसरे समूह में नहीं रहना चाहते थे।

आजाद नेहरू की व्याख्या से सहमत नहीं थे। उन्हें अब कांग्रेस के अध्यक्ष पद से इस्तीफा देने का पछतावा हो रहा था, जिसे गांधीजी ने 'पहाड़ जैसी भूल' ('हिमालयन ब्लंडर') कहा था। आजाद को लगता था कि अगर उन्होंने पार्टी की कमान सरदार पटेल के हाथ में सौंप दी होती तो इस तरह की अड़चनें न आतीं और केबिनेट मिशन का प्रस्ताव लागू हो जाता। आजाद ने कहा कि ऐसा सोचना गलत था कि कांग्रेस प्रस्ताव में अपनी इच्छानुसार संशोधन कर सकती थी। उनका मानना था कि दूसरी पार्टियों की सहमति के बिना कांग्रेस न तो समूहों के स्वरूप में और न केन्द्र की शक्तियों में कोई बदलाव कर सकती थी।

यह मामला मिशन के सामने रखा गया तो पेथिक-लॉरेंस ने कहा कि संविधान सभा में पार्टियाँ प्रस्ताव की शर्तों से बाहर नहीं जा सकती थीं। उन्होंने कहा कि अपने नए संविधान के अन्तर्गत चुनावों के बाद प्रान्त अपना समूह बदलने के लिए यूँ भी स्वतंत्र थे। ब्रिटिश सरकार का सुझाव था कि यह मामला भारत के फेडरल कोर्ट को सौंपा जा सकता था, ताकि वह कांग्रेस की इस व्याख्या पर अपनी सलाह दे सके कि कोई प्रान्त शुरू से ही किसी खास समूह में शामिल होने के लिए बाध्य न हो। कांग्रेस ने लन्दन के इस प्रस्ताव को ठुकरा दिया।

जिन्ना की प्रतिक्रिया काफी कड़ी थी। उन्होंने नेहरू पर प्रस्ताव को ध्वस्त करने का आरोप लगाया। उनका कहना था कि प्रान्तों का समूहीकरण और एक सीमित केन्द्र इस प्रस्ताव की आधारभूत शर्तें थीं, जिन्हें नेहरू बदलने की बात कर रहे थे। उन्होंने मुस्लिम

लीग की ऑल इंडिया काउंसिल को अपना फैसला बदलने और इस प्रस्ताव को ठुकराने के लिए कहा। साथ ही उन्होंने मिशन पर 'निष्ठा पर खरे न उतरने' और कांग्रेस पर 'बाल की खाल निकालने' और 'तोल-मोल करने' का आरोप लगाया। कई वर्ष बाद जब मैं आजाद से मिला तो उन्होंने जिन्ना के पैंतरा बदलने के लिए नेहरू को जिम्मेदार ठहराया। उन्होंने खालिस उर्दू में कहा, ''वो ताला जो कभी खुल नहीं सकता था, नेहरू ने उसकी चाबी जिन्ना के हाथ में दे दी।''

जो भी हो, जिन्ना संविधान सभा के चुनाव के नतीजों से सकपकाए हुए थे। कांग्रेस की 292 सीटों की तुलना में मुस्लिम लीग को सिर्फ 76 सीटें मिली थीं। वे कुछ भी नहीं कर सकते थे, क्योंकि दस लाख की आबादी के पीछे एक सदस्य चुना जाना था। हिन्दुओं की ज्यादा जनसंख्या के कारण उन्हें प्रबल बहुमत मिलना स्वाभाविक था। जिन्ना एक और कारण से भी उखड़े हुए थे। मिशन ने केन्द्र में अन्तरिम सरकार की स्थापना की योजना रद्द कर दी थी। यूँ इसका कारण खुद जिन्ना ही थे। वे सभी मुस्लिम सदस्यों को मुस्लिम लीग से लिए जाने की जिद कर रहे थे। सभी समुदायों का प्रतिनिधित्व करने का दावा करनेवाली कांग्रेस इस माँग को स्वीकार करने के लिए तैयार नहीं थी। कांग्रेस ने यह बात जरूर मान ली थी कि केबिनेट में बराबर-बराबर हिन्दू और मुसलमान मंत्री होंगे। काश, केबिनेट मिशन की योजना लागू हो गई होती। भारत को एक रखने का यही एक रास्ता था। रक्षा, विदेशी मामले और संचार केन्द्र सरकार के पास होते और प्रान्तों को पूरी स्वायत्तता प्राप्त होती। मुझे डर था कि हिन्दुओं और मुसलमानों के बिगड़ते रिश्तों को देखते हुए बँटवारे के बाद दोनों देश एक-दूसरे के कट्टर शत्रु बन जाएँगे। ये आशंकाएँ निराधार भी नहीं थीं।

कांग्रेस ने मुस्लिम लीग को भरोसा दिलाया कि किसी भी अहम फैसले के लिए केन्द्रीय विधायिका में मुसलमानों का समर्थन प्राप्त करना जरूरी होगा। कांग्रेस मुसलमानों को यह यकीन दिलाना चाहती थी कि संगठित भारत में उनकी आवाज को हमेशा अहमियत दी जाएगी। लेकिन जिन्ना पर इसका भी कोई असर नहीं हुआ। वे साथ-साथ रहने की योजना से पीछे हटने का कोई बहाना ढूँढ़ रहे थे। नेहरू ने मिशन के प्रस्ताव में संशोधन करने की बात उठाई तो जिन्ना को मानो मनचाहा अवसर मिल गया और उन्होंने पूरे जोर-शोर से पाकिस्तान की माँग दोहरानी शुरू कर दी। शायद यह बात उनके गले नहीं उतर रही थी कि संविधान सभा में हिन्दुओं का प्रबल बहुमत हो।

जिन्ना ने 'सीधी कार्रवाई' का आह्वान किया। यह कार्रवाई ब्रिटिशों के खिलाफ न होकर मुसलमानों द्वारा अपनी शक्ति के प्रदर्शन के लिए थी, क्योंकि जिन्ना को ऐसा लगता था कि कांग्रेस ने पाकिस्तान की माँग को 'ढिठाई और तिरस्कार' के साथ लिया था। उनका आरोप था कि कांग्रेस एक 'सीमित पाकिस्तान' के प्रस्ताव को भी स्वीकार करने को तैयार नहीं थी। यह मिथ्या प्रचार के अलावा और कुछ भी नहीं था, क्योंकि आशंकाएँ प्रकट करने के बावजूद कांग्रेस ने केबिनेट मिशन के प्रस्ताव को स्वीकार कर लिया था। जिन्ना कांग्रेस से इतने ज्यादा उखड़े हुए थे कि एक वर्ष बाद जब माउंटबेटन ने उनके सामने पाकिस्तान का प्रस्ताव रखा और उनसे पूछा कि क्या वे भारत के साथ कुछ सूत्र जोड़े रखना चाहेंगे तो उन्होंने कहा, ''मुझे अब उन पर भरोसा नहीं रहा।''

यह पूछे जाने पर कि 'सीधी कार्रवाई' हिंसक होगी या अहिंसक, जिन्ना ने कहा था, "मैं मर्यादाओं की बात नहीं करूँगा।" सीधी कार्रवाई के लिए सिर्फ कलकत्ता को चुना गया था और वह भी सिर्फ एक दिन (16 अगस्त, 1946) के लिए। उस दिन बंगाल में मुस्लिम लीग की सरकार ने सार्वजनिक छुट्टी की घोषणा कर दी थी। विपक्ष की चेतावनियों और विरोध का कोई असर नहीं हुआ था। लीग ने एक विशाल रैली का आयोजन किया, जिसकी अध्यक्षता खुद मुख्यमंत्री शाहीद सुहरावरदी ने की। मुस्लिम लीग नेशनल गार्ड के जत्थे के जत्थे हिन्दू क्षेत्रों में घुस गए और चन्दे की माँग करने लगे, कुछ जगह तो हजार रुपए तक। रैली से लौटते समय ये जत्थे उन हिन्दू दुकानों को लूटने लगे जिन्होंने चन्दा नहीं दिया था या हड़ताल की घोषणा के बावजूद अपनी दुकानें बन्द नहीं की थीं। हिन्दुओं और सिखों पर हमले किए गए। जिस तरीके से ये घटनाएँ घटीं, उससे ऐसा लगता था कि सब कुछ पूर्वनियोजित था।

जल्दी ही कलकत्ता साम्प्रदायिक दंगों की लपटों में घिर गया। हिन्दुओं और सिखों ने जवाबी कार्रवाई करते हुए मुसलमानों पर अपना गुस्सा उतारा। शहर के कुछ हिस्से जलकर राख हो गए। सिर्फ दो-तीन दिनों में ही 5,000 से भी अधिक लोगों को अपनी जान गँवानी पड़ी। ब्रिटिश स्वामित्व वाले 'स्टेट्समैन' ने इसे 'ग्रेट कैलकटा किलिंग' का नाम दिया। जिन्ना ने सारा दोष केबिनेट मिशन, कांग्रेस और गांधी पर मढ़ दिया। हैरानी की बात यह थी कि उन्हें मुस्लिम लीग के नेशनल गार्डों का कोई दोष दिखाई नहीं दे रहा था, जिन्होंने दंगों से पहले 'पाकिस्तान हासिल करने और मुस्लिम मुल्क की आन के लिए मर मिटने' की कसम खाई थी। 'स्टेट्समैन' ने ब्रिटिश गवर्नर और मुख्यमंत्री सुहरावरदी को दोषी ठहराते हुए लिखा, "हर जगह आगजनी, लूटपाट, कत्ल, औरतों के अपहरण, जबरन धर्म-परिवर्तन और जबरन विवाहों की घटनाएँ शहर में किसी तरह की कानून व्यवस्था के पूर्ण अभाव का प्रमाण हैं।"

इतने बड़े पैमाने पर हत्याओं और लूटपाट के तांडव के बाद जिन्ना को सचेत हो जाना चाहिए था। उन्हें यह इल्म हो जाना चाहिए था कि दोनों समुदायों का तनाव किन खतरनाक हदों तक पहुँच चुका था। नफरत के भूसे को आग की लपटों में बदलने के लिए एक हल्की-सी चिंगारी की जरूरत थी। जिन्ना 1945 में लाहौर में हमारे लॉ कॉलेज में आए थे। तब मैं दूसरे वर्ष का छात्र था। मैंने उनसे कहा कि अंग्रेजों के जाते ही हम एक-दूसरे का गला काटने लगेंगे। उन्होंने कहा कि ऐसा कुछ नहीं होगा। दुनिया में ऐसे कई देश थे जिन्होंने एक-दूसरे के लाखों नागरिकों का खून बहाया था, फिर भी आज के दुश्मन को कल का दोस्त बनते देर नहीं लगती। "इतिहास यही कहता है," उन्होंने कहा और फ्रांस और जर्मनी के बीच सैकड़ों वर्षों की लड़ाई का हवाला देते हुए कहा, "आज वे बहुत अच्छे दोस्त हैं। हम भी दोस्तों की तरह रहेंगे।"

मैं उनसे सहमत नहीं हो पाया। मुझे दिखाई दे रहा था कि अंग्रेजों के जाने के बाद क्या होगा। पता नहीं क्यों, जिन्ना यह सब नहीं देख पा रहे थे। मैंने उनसे एक और सवाल किया। अगर कोई तीसरा देश भारत पर हमला कर दे तो पाकिस्तान का क्या रुख होगा। उन्होंने कहा कि पाकिस्तान की फौज भारत के साथ कन्धे से कन्धा मिलाकर लड़ेगी और हमलावर को पीछे खदेड़ देगी। "यंगमैन," उन्होंने मुझे आश्वस्त करते हुए कहा, "याद रखो,

खून खून होता है और पानी पानी!"

उनकी यह बात भी गलत साबित हुई।

कलकत्ता के दंगों से पहले वायसराय ने केन्द्र में एक अन्तरिम सरकार की स्थापना पर फिर से विचार करना शुरू कर दिया था। कांग्रेस ने इस प्रस्ताव को स्वीकार कर लिया था और वह वायसराय की काउंसिल में शामिल हो गई थी। मुस्लिम लीग ने पहले तो इसे ठुकरा दिया, लेकिन फिर काउंसिल में शामिल होने की इच्छा जाहिर करने लगी। लीग को शामिल करने के लिए 15 अक्टूबर, 1946 को काउंसिल को फिर से गठित किया गया।

अखबारों की खबरों से मुझे पता चला था कि केन्द्र सरकार में कांग्रेस और मुस्लिम लीग दोनों के नेताओं की उपस्थिति के बावजूद हिन्दुओं और मुसलमानों के सम्बन्धों में कोई सुधार नहीं हुआ था। उलटे, कलकत्ता के बाद बिहार, यू.पी., पंजाब और देश के कई अन्य हिस्सों में साम्प्रदायिक दंगों की लहर-सी आ गई थी। साम्प्रदायिकता का जहर प्रशासन के निचले तबकों में इस कदर फैल चुका था कि दंगों पर काबू पाना और भी मुश्किल हो गया था। पुलिस भी इससे अछूती नहीं थी। पिछले कई वर्षों से, बल्कि 1939 में दूसरे विश्वयुद्ध की शुरुआत के बाद से, नागरिक सेवाओं में 'तटस्थ' समझे जानेवाले ब्रिटिश अधिकारियों की बहुत कम भर्तियाँ हुई थीं। बचे-खुचे अधिकारी भी अब इन नौकरियों में अपनी दिलचस्पी खोते जा रहे थे, क्योंकि उन्हें भारत में ब्रिटिश राज का अन्त दिखाई देने लगा था।

इन दंगों में हजारों जानें गईं। ब्रिटिश सरकार इतनी घबरा गई कि उसने वायसराय से भारत से अंग्रेजों की विदाई की एक गुप्त योजना बनाने के लिए कहा। इस योजना का नाम 'मैड हाउस' रखा गया, जो स्थितियों को देखते हुए बिलकुल उपयुक्त था। इस योजना के अनुसार ब्रिटिश फौजों और नागरिकों को मार्च, 1948 तक भारत को छोड़ देना था। इस प्रक्रिया की शुरुआत दक्षिण भारत से की जानी थी।

लन्दन इस बात को लेकर भी चिन्तित था कि जिन्ना ने मुस्लिम लीग के सदस्यों को संविधान सभा की मीटिंग में हिस्सा न लेने के लिए कहा था। यह मीटिंग 9 दिसम्बर, 1946 को दिल्ली में होने जा रही थी। कांग्रेस और लीग दोनों को इस मीटिंग में शामिल करने के लिए पूरा जोर लगाया गया। इसी उद्देश्य से नेहरू, जिन्ना और केन्द्र में एक सिख मंत्री बलदेव सिंह को 3 दिसम्बर को लन्दन आमंत्रित किया गया। यह मीटिंग बुरी तरह असफल रही। तीन दिन बाद नेहरू निराश होकर वापस लौट आए। यह साफ हो चुका था कि नए संविधान की रचना में मुस्लिम लीग की भागीदारी के बिना ब्रिटिश भारत छोड़ने के लिए तैयार नहीं थे।

इसका अर्थ यह था कि अगर संविधान सभा भारत को एक प्रभुसत्तासम्पन्न गणतंत्र घोषित कर देती, तो भी मुस्लिम लीग की सहमति के बिना ब्रिटिश सरकार इसे मानने के लिए तैयार नहीं थी। इससे कांग्रेस को करारा झटका लगा, क्योंकि वह संविधान सभा को एक प्रभुसत्तासम्पन्न संस्था घोषित कर चुकी थी। वह लन्दन या मुस्लिम लीग को वीटो-पॉवर कैसे दे सकती थी? कांग्रेस ने इन अड़चनों की परवाह न करते हुए संविधान सभा का चयन कर लिया। 15 दिसम्बर, 1946 को बनारस में नेहरू ने एक आम सभा में कहा, "हम संविधान सभा में इसलिए नहीं आए हैं कि अपने फैसले चाँदी की थाली में सजाकर ब्रिटिश सरकार

को परोसते रहें और जी-हजूरी करते हुए उसकी मंजूरी की बाट जोहते रहें।" उन्होंने संविधान सभा में एक वस्तुनिष्ठ प्रस्ताव पेश किया, जिसमें कहा गया था, "संविधान सभा भारत को एक स्वाधीन प्रभुसत्तासम्पन्न गणतंत्र करार देने और उसके भविष्य के शासन के लिए एक संविधान तैयार करने के अपने दृढ़ और गम्भीर संकल्प की घोषणा करती है।"

मुस्लिम लीग संविधान सभा का बहिष्कार करने के बावजूद अन्तरिम सरकार में शामिल रही। प्रशासन का हिस्सा बने रहने के लिए यह जरूरी भी था। नेहरू ने भारत के दूसरे आखिरी वायसराय आर्किबाल्ड वेवल से शिकायत की कि लीग उसी सरकार का हिस्सा नहीं हो सकती जिसका वह विरोध कर रही थी। पटेल ने तो खुलेआम ऐलान कर दिया कि अगर मुस्लिम लीग के सदस्य सरकार में शामिल रहेंगे तो कांग्रेस के सदस्य इस्तीफा दे देंगे।

यूँ भी अन्तरिम सरकार का तजुर्बा कांग्रेस और मुस्लिम लीग की दूरियों को कम करने में असफल रहा था। नेहरू बड़ी कोफ्त महसूस कर रहे थे, क्योंकि एक स्वतंत्र विदेश नीति के लिए सरकार में एकता जरूरी थी। मजबूत रक्षा व्यवस्था और आर्थिक विकास से जुड़ी योजनाएँ बनाने के लिए भी सरकार में परस्पर तालमेल जरूरी था। अगर किसी चीज ने नेहरू और पटेल को बँटवारे को स्वीकार कर लेने के लिए विवश किया तो वह जिन्ना की जिद न होकर मिल-जुलकर सरकार चलाने का असफल प्रयोग था। इन दोनों कांग्रेस नेताओं को यह अहसास हो गया था कि अगर मुस्लिम लीग का 'अड़ियल' घोड़ा इसी तरह कांग्रेस के साथ जुता रहेगा तो देश के रथ को आगे ले जाना असम्भव हो जाएगा। 13 फरवरी, 1947 को नेहरू ने वायसराय को एक औपचारिक पत्र लिखकर मुस्लिम लीग के सदस्यों को फौरन बर्खास्त किए जाने की माँग की। वायसराय ने इस पत्र का कोई जवाब नहीं दिया।

वेवल को भारत का बँटवारा साफ दिखाई दे रहा था। उन्होंने बँटवारे की एक योजना तैयार की और इसे ब्रिटिश सरकार के पास लन्दन भेज दिया। कुछ समय बाद जब सचमुच बँटवारा हुआ तो पहले से तैयार यह योजना काफी काम आई। ब्रिटेन के प्रधनमंत्री एटली चिन्तित हो उठे। उन्होंने वेवल की जगह एक नए वायसराय लॉर्ड माउंटबेटन की नियुक्ति की घोषणा की।

एटली ने एक और काम किया। उन्होंने 20 फरवरी, 1947 को घोषणा की कि ब्रिटिश '6 जून, 1948 से पहले-पहले किसी भी दिन' भारतीय हाथों में सत्ता सौंपकर भारत को छोड़ देंगे। यह सत्ता या तो पूरी तरह किसी केन्द्र सरकार के हाथ में, या कुछ क्षेत्रों में मौजूदा प्रान्तीय सरकारों के हाथों में, या भारत के लोगों के सर्वोपरि हितों को देखते हुए किसी दूसरे उपयुक्त और सर्वथा न्यायसंगत तरीके से सौंपी जा सकती थी।

क्रिप्स ने ब्रिटिश संसद में घोषणा की थी–"हम अनिच्छुक प्रान्तों को जबदस्ती संयुक्त भारत में शामिल नहीं कर सकते।" मतलब साफ था कि किसी-न-किसी शक्ल में पाकिस्तान का बनना तय था। कांग्रेस को यह स्वीकार नहीं था, लेकिन उसे यह भी दिखाई दे रहा था कि जिन्ना के सपनों का पाकिस्तान सम्भव नहीं था, क्योंकि उनकी पार्टी पंजाब और बंगाल के बँटवारे पर जोर देगी। एटली की घोषणा के बाद नेहरू ने लन्दन में स्वतंत्रता आन्दोलन का नेतृत्व कर रहे कृष्णा मेनन से कहा था कि एक कटा-बँटा पाकिस्तान जिन्ना के किसी काम का नहीं होगा, इसलिए वे 'विशेष शर्तों पर' भारतीय संघ में शामिल होने

के लिए तैयार हो सकते थे।

नेहरू खुद पहल करके जिन्ना के सहयोगी और मुस्लिम लीग के दूसरे सबसे महत्त्वपूर्ण नेता लियाकत अली खान से मिले। उन्होंने उनसे कहा कि अंग्रेज जा रहे थे, इसलिए उन्हें आपसी दूरियों को कम करना चाहिए। लेकिन लियाकत ने कोई दिलचस्पी नहीं दिखाई। इस बीच माउंटबेटन वेवल की जगह ले चुके थे, जिनकी काफी फीकी विदाई हुई थी। आजाद ने एक पत्र में उनके काम की सराहना की, जो बहुत-से कांग्रेसियों को रास नहीं आई।

माउंटबेटन को मिशन के नेताओं और एटली से मिलने के बाद लन्दन में ही यह अहसास हो चुका था कि 'पाकिस्तान को टालने का कोई तरीका नहीं था।' 1971 में मेरी किताब 'द डिस्टेंट नेबर्स' (1972) के लिए दिए गए एक इन्टरव्यू में उन्होंने मुझे यह बात बताई थी। उन्होंने कहा था कि वायसराय बनाए जाने का प्रस्ताव मिलने से पहले उन्होंने पाकिस्तान का नाम तक नहीं सुना था। 23 मार्च, 1947 को माउंटबेटन नई दिल्ली पहुँचे तो अन्तरिम सरकार में शामिल कांग्रेस और मुस्लिम लीग के मंत्री एक-दूसरे से बुरी तरह खीज चुके थे। लीग कदम-कदम पर कांग्रेस के लिए अड़चनें पैदा कर रही थी। वह सरकार में होकर भी सरकार का विरोध कर रही थी।

एक तरह से खुद कांग्रेस ही इस स्थिति के लिए जिम्मेदार थी। लीग द्वारा अन्तरिम सरकार का पुनर्गठन किया गया तो वेवल ने सुझाव दिया था कि गृह या वित्त विभाग लीग के पास रहना चाहिए, बेहतर यह होगा कि उसके पास गृह विभाग रहे। लेकिन पटेल, जो उस समय गृहमंत्री थे, पुलिस और खुफिया विभाग को मुस्लिम लीग के हाथ में नहीं जाने देना चाहते थे। उन्होंने कहा कि वे गृह मंत्रालय की बजाय सरकार को छोड़ना ज्यादा पसन्द करेंगे। दूसरी तरफ आजाद गृह मंत्रालय को मुस्लिम लीग के पास जाने देने के पक्ष में थे।

एक अन्य वरिष्ठ राष्ट्रवादी मुस्लिम नेता रफी अहमद किदवई, जो बाद में भारत के सबसे सफल खाद्य मंत्री रहे, का कहना था कि वित्त इतना तकनीकी विषय था कि मुस्लिम लीग खुद भी इसे लेने से कतरा रही थी। कांग्रेस नेताओं को शायद यह अहसास नहीं था कि वित्त मंत्रालय से जुड़े एक अत्यन्त योग्य मुस्लिम अधिकारी चुपके-से मुस्लिम लीग के कान में यह बात डाल चुके थे कि कांग्रेस उस दिन को कोसेगी जब उसने वित्त मंत्रालय से पीछा छुड़ाया था।

यही हुआ भी। सरकार के हर विभाग के हर प्रस्ताव को पैसों के लिए वित्त मंत्रालय का मुँह देखना पड़ता था। यहाँ तक कि वित्त मंत्रालय की मंजूरी के बिना कांग्रेस के मंत्री किसी छोटे-मोटे क्लर्क की नियुक्ति भी नहीं कर सकते थे। पटेल ने वित्त की बजाय गृह मंत्रालय को अपने पास रखना पसन्द किया था। लेकिन अब वे बेहद बौखलाए हुए थे। वे खुलेआम कहने लगे थे कि ऐसी स्थिति में जहाँ कांग्रेस लकवे जैसी स्थिति में हो, बँटवारा कहीं बेहतर था। लीग ने अवसर का लाभ उठाते हुए 28 फरवरी 1947 को केन्द्रीय बजट प्रस्तुत किया। नेहरू की प्रगतिशील सोच की झलक देने के बावजूद यह बजट हिन्दुओं के लिए कहीं ज्यादा सख्त था, क्योंकि धनवानों में उन्हीं की गिनती ज्यादा थी। कांग्रेस ने आबादी के एक वर्ग को 'जान बूझकर' निशाना बनाए जाने का आरोप लगाया तो मुस्लिम लीग ने पलटवार करते हुए कहा कि कांग्रेस को बिड़ला और टाटा जैसे औद्योगिक घरानों की फिक्र थी, क्योंकि वे उनकी पार्टी को चन्दा देते रहते थे।

माउंटबेटन की पारी की शुरुआत के लिए इसे शुभ संकेत नहीं कहा जा सकता था। फिर भी उन्हें इस बात की तसल्ली थी कि कांग्रेस इतनी त्रस्त हो चुकी थी कि मुस्लिम लीग से पीछा छुड़ाने के लिए वह 'कुछ भी' स्वीकार करने को तैयार थी। सबसे ज्यादा पटेल झुँझलाए हुए थे। माउंटबेटन को अपनी सम्भावनाएँ दिखाई दीं। उन्होंने रिफोर्म्स कमिश्नर वी.पी. मेनन को अपने स्टाफ में ले लिया, जो पटेल के विश्वासपात्रों में माने जाते थे। मेनन का काम पटेल के सम्पर्क में रहना और यह पता लगाना था कि उनके दिमाग में क्या चल रहा था।

कई वर्ष बाद माउंटबेटन के प्रेस सचिव केम्पबेल जॉनसन ने लन्दन में मुझे बताया था, "वेवल ने पटेल को नजरअन्दाज करने की गलती की थी। लेकिन हमने उन्हीं पर भरोसा किया, और हमारी सफलता का यही रहस्य था। पटेल ने मेमन के जरिए माउंटबेटन तक यह बात पहुँचा दी थी कि वे नेहरू से जो भी मनवाना चाहते थे, उनके (पटेल के) जरिए मनवा सकते थे।" बल्कि मेमन के जरिए पटेल ने ही बँटवारे की योजना बनाने में माउंटबेटन की मदद की थी। वायसराय के लिए बँटवारा कोई पका हुआ सेब नहीं था, जिसे झट से तोड़ा जा सकता था। वे फूँक-फूँककर कदम रखरा चाहते थे।

माउंटबेटन ने गांधीजी से शुरुआत की। 'बँटवारा' शब्द सुनते ही गांधीजी ने आगे कुछ भी सुनने से इनकार कर दिया। कमरे से बाहर निकलने से पहले उन्होंने माउंटबेटन से कहा कि अंग्रेज जिन्ना के हाथ में सत्ता सौंपकर जा सकते थे। नेहरू और पटेल ने इसे 'अव्यावहारिक' ठहराते हुए इसका विरोध किया। अब सत्ता पर कब्जे को लेकर दोनों एक-दूसरे के साथ थे, भले ही इसका मतलब भारत का बँटवारा ही क्यों न हो।

माउंटबेटन ने मुझे बताया था कि गांधीजी जब भी कमरे में आते थे तो उन्हें किसी ईश्वरीय शक्ति की उपस्थिति का अहसास होता था। आजाद को शिकायत थी कि गांधीजी बँटवारे के खिलाफ उस समय कुछ नहीं बोले थे जब उन्हें बोलना चाहिए था। वे पटेल को दोष देते हुए कह रहे थे कि वे हिन्दुओं को एक मुल्क में इकट्ठा रखना चाहते थे।

माउंटबेटन का दृष्टिकोण बिलकुल साफ था—अगर सम्भव हो तो एक संयुक्त भारत, और अगर जरूरी हो तो बँटवारा। जैसाकि उन्होंने मुझे बताया था, वे एक केन्द्रीय सत्ता की व्यवस्था ज्यादा पसन्द करते, जिसके पास रक्षा, विदेश, संचार और सम्भवतः खाद्य विभाग रहते। वे जल्दी ही समझ गए थे कि कांग्रेस पार्टी किसी ऐसे समाधान के लिए राजी नहीं हो सकती जिसमें बँटवारे का जरा भी संकेत हो। दूसरी तरफ, जिन्ना किसी तरह के सूत्र स्वीकार करने के लिए तैयार नहीं थे, वे कितने ही ढीले क्यों न हों, और जिनमें किसी तरह की केन्द्रीय व्यवस्था का संकेत हो। कुल मिलाकर मामला काफी जटिल था।

माउंटबेटन ने नेहरू को मनाने पर ज्यादा जोर दिया, जिन्हें महात्मा गांधी अपना उत्तराधिकारी घोषित कर चुके थे और पटेल इसे स्वीकार कर चुके थे। माउंटबेटन ने इन दोनों से पंजाब और बंगाल के बँटवार का वायदा किया। इन दोनों ने कांग्रेस कार्यकारिणी समिति की एक बैठक में, 6 मार्च 1947 को, यह प्रस्ताव पास करवा लिया था कि अगर भारत का बँटवारा हुआ तो पंजाब और बंगाल का भी बँटवारा होगा। मुस्लिम-बहुल इलाके पाकिस्तान में चले जाएँगे और हिन्दू और सिख-बहुल इलाके भारत में रह जाएँगे। पटेल ने इन्हीं दिनों अपने एक मित्र को लिखे एक पत्र में भी कहा था कि अगर 'मुस्लिम लीग पाकिस्तान को लेकर अड़ी रही' तो भारत के पास 'पंजाब और बंगाल के बँटवारे' के

अलावा और कोई रास्ता नहीं होगा।

इस तथ्य के बावजूद कि कांग्रेस पश्चिम पंजाब और पूर्व बंगाल को मुस्लिम-बहुल क्षेत्रों में शामिल करने और पूर्व पंजाब और पश्चिम बंगाल को हिन्दू-बहुल क्षेत्रों में शामिल किए जाने के पक्ष में थी, वह दो राष्ट्रों के सिद्धान्त का अब भी विरोध कर रही थी। उसका कहना था कि उसने आजादी की लड़ाई इस आधार पर लड़ी थी कि हिन्दू और मुसलमान एक राष्ट्र थे। हिन्दू-मुसलमान एक ही देश के नागरिकों के रूप में अंग्रेजों के खिलाफ लड़े थे।

नेहरू की नजर में यह प्रस्ताव पाकिस्तान की स्वीकृति न होकर एक दाँव मात्र था। मेरी समझ में नहीं आता कि प्रान्तों के बँटवारे को स्वीकार करने के बावजूद वे एक संयुक्त भारत का सपना कैसे देख रहे थे। मैं ज्यादा से ज्यादा यह कह सकता हूँ कि शायद नेहरू ऐसा सोचते थे कि एक दीर्घकालीन एकता के लिए भारत के कुछ हिस्सों का बँटवारा जरूरी था।

यह बात उनके एक पत्र से भी जाहिर होती है। नेहरू ने ब्रिगेडियर (बाद में जनरल) के.एम. करिअप्पा को लिखा था कि उन्हें पूरा भरोसा था कि अन्ततोगत्वा एक मजबूत और संयुक्त भारत का सपना साकार होगा। "चोटियों पर खिली धूप में पहुँचने से पहले हमें अकसर अँधेरी घाटियों से गुजरना पड़ता है।" नेहरू एक स्वप्नदर्शी थे और बँटवारे के बादलों को उमड़ते देखकर भी उनके छँटने की कल्पना कर रहे थे।

शायद इसीलिए पाकिस्तान पलायन करनेवाले मुसलमानों की सम्पत्ति को 'इवैक्यूई प्रॉपर्टी' कहा जाता रहा था। नेहरू की मृत्यु के बाद ही, 1965 में इस सम्पत्ति को 'एनिमी प्रॉपर्टी' घोषित किया गया। उस वर्ष भारत और पाकिस्तान में लड़ाई भी हुई थी।

नेहरू का खयाल था कि बंगाल और पंजाब के बँटवारे से जिन्ना की समझ में आ जाएगा कि पाकिस्तान की उनकी माँग का स्वाभाविक परिणाम क्या हो सकता था। गांधीजी की सोच अलग थी। वे बँटवारे का प्रस्ताव पास करनेवाली कांग्रेस कार्यकारिणी समिति की बैठक में जान-बूझकर शामिल नहीं हुए थे। उनका मानना था कि माउंटबेटन का पंजाब और बंगाल के बँटवारे का सुझाव 'साम्प्रदायिकता और दो राष्ट्रों के सिद्धान्त' पर आधारित था। इसलिए जब एक स्वतंत्र, अविभाजित बंगाल की माँग उठी तो गांधीजी ने इसका खुलकर समर्थन किया। उन्हें इसमें भारत की अखंडता बनाए रखने का प्रयास दिखाई दे रहा था, भले ही सिर्फ एक प्रान्त की। 'वृहत बंगाल' या एक 'प्रभुसत्तासम्पन्न संयुक्त बंगाल' की पुकार के पीछे सुहरावरदी का सुझाव था, जिनकी छवि को कलकत्ता के कत्लेआम के बाद गहरा धक्का लगा था। उनका कहना था, "दो राष्ट्रों के सिद्धान्त को स्थानीय स्थितियों के अनुरूप नई परिभाषा देने की जरूरत है।"

शरत चन्द्र बोस जैसे कुछ हिन्दू नेताओं को भी बंगाल के बँटवारे में प्रान्त की बर्बादी दिखाई दे रही थी। उन दिनों कुछ बंगालियों ने गांधीजी को लिखा था, "बँटवारे के बाद साधन-सम्पन्न हिन्दुओं के एक वर्ग को पूर्व बंगाल से पश्चिम बंगाल में पलायन करने से नहीं रोका जा सकेगा। परिणामस्वरूप, गरीब और अछूत जातियों के हिन्दू अकेले पड़ जाएँगे और अपने जान-माल की रक्षा के लिए इस्लाम धर्म अपनाने के लिए मजबूर हो जाएँगे।" पूर्वी पाकिस्तान बनने के बाद कुछ हद तक यही हुआ भी।

जिन्ना ने भी संयुक्त बंगाल के प्रस्ताव का स्वागत किया। उनका कहना था कि "एक

संयुक्त और स्वाधीन बंगाल बंगालियों के लिए कहीं बेहतर रहेगा।'' उन्होंने बंगाल की स्वाधीनता के लिए जनमत-संग्रह करवाए जाने का भी सुझाव दिया। उन्हें भरोसा था कि दलित, जिन्हें तब अछूत कहा जाता था, मुसलमानों को ही वोट देंगे। जब इस मामले में माउंटबेटन की राय पूछी गई तो उन्होंने कहा कि वे इसका फैसला लोगों पर छोड़ना पसन्द करेंगे। बंगाल के तत्कालीन ब्रिटिश गवर्नर ने भी यही सुझाव दिया कि प्रान्त को स्वाधीनता का विकल्प दिया जाना चाहिए।

सुहरावरदी ने गांधीजी से हस्तक्षेप की माँग की। गांधीजी ने जवाब दिया कि बंगाल का भविष्य वहाँ के हिन्दुओं और मुसलमानों को मिल-जुलकर तय करना था। बंगाल में हिन्दू महासभा के नेता श्यामाप्रसाद मुखर्जी, जो आजादी के बाद केन्द्रीय केबिनेट में भी शामिल हुए, ने गांधीजी से मिलकर एक प्रभुसत्तासम्पन्न बंगाल राज्य के विचार का विरोध किया। फिर भी, कांग्रेस और मुस्लिम लीग की बंगाल शाखाएँ आपस में इस समझौते पर पहुँच गई थीं कि वृहत बंगाल के अस्तित्व में आने के बाद 'सरकार के हर फैसले के लिए कार्यपालिका और विधायिका में दो-तिहाई हिन्दू सदस्यों का समर्थन प्राप्त करना जरूरी होगा।' यह अनौपचारिक समझौता हिन्दुओं की आशंकाओं को निरस्त करने के लिए किया गया था, जो एक संयुक्त बंगाल में अल्पसंख्यक समुदाय होते।

बंगाली मुसलमानों के एक नेता अब्दुल हाशमी का कहना था, ''हिन्दू हों या मुस्लिम, बंगाली बंगाली हैं। दोनों ही हजार मील दूर से पाकिस्तान की हुकूमत नहीं चाहते।'' उनके आलोचकों ने पलटकर उनसे पूछा कि अगर 'संयुक्त बंगाल' एक अच्छा विचार था तो 'संयुक्त भारत' क्यों नहीं? हिन्दू हों या मुस्लिम, भारतीय भारतीय थे!

असम कांग्रेस पार्टी ने बंगाल को स्वाधीनता दिए जाने का कड़ा विरोध किया। उसका कहना था कि इससे असम भारत से कट जाएगा और वह समुद्र का लाभ भी खो बैठेगा। अधिकांश बंगाली हिन्दू भी वृहत बंगाल के पक्ष में नहीं थे; क्योंकि संयुक्त बंगाल में वे अल्पसंख्यक होते, जबकि एक विभाजित बंगाल में उन्हें बहुसंख्यक होने का अवसर मिल सकता था। नेहरू और पटेल के विरोध का पता चलते ही वृहत बंगाल के प्रस्ताव को ताक पर रख दिया गया। शरत चन्द्र बोस ने अपनी निराशा व्यक्त करते हुए गांधीजी को लिखा, ''बंगाल की आवाज को इस समय भले ही दबा दिया गया हो, लेकिन मुझे पूरी उम्मीद है कि यह एक बार फिर जोर-शोर से उभरेगी।'' कई वर्ष बाद जब बांग्लादेश का जन्म हुआ तो पश्चिम बंगाल को एक 'संयुक्त बंगाल' का खयाल तक नहीं आया। पश्चिम बंगाल के बहुसंख्यक हिन्दू अपने-आपको अल्पसंख्यकों में बदलने को तैयार नहीं थे।

इसमें कोई सन्देह नहीं कि 'एक बंगाल' का आन्दोलन विफल हो गया था। लेकिन 24 वर्ष बाद, 'बांग्लादेश मुक्ति संग्राम' के एक नेता ताजुद्दीन अहमद के नेतृत्व में एक छोटे-से ग्रुप ने कलकत्ता में एक अप्रवासी (एमिग्रे) बांग्लादेश सरकार की स्थापना की, ताकि बांग्लादेश और पश्चिम बंगाल आपसी तालमेल के साथ और प्रगतिशील आर्थिक और सामाजिक कार्यक्रमों के आधार पर अपनी नीतियाँ बना सकें। यह एक तरह से 'एक बंगाल का सपना' साकार करने की ही छोटी-सी कोशिश थी।

पंजाब का भी बँटवारा हुआ, लेकिन वहाँ 'संयुक्त पंजाब' को लेकर कोई आन्दोलन दिखाई

नहीं दिया। इसका एक कारण यह था कि वहाँ न तो कोई रवीन्द्रनाथ टैगोर था और न नजरुल हसन, जो काव्य, संस्कृति या भाषा के आधार पर लोगों को एक-दूसरे से जोड़ पाते। वहाँ पंजाबी राष्ट्रवाद जैसी कोई चीज नहीं थी जो हिन्दुओं, मुसलमानों और सिखों को एक सूत्र में पिरो पाती। उलटे, पंजाब के एक महान कवि मुहम्मद इकबाल ने खुद ही सबसे पहले बँटवारे की बात उठाई थी। एक ही भाषा होने के बावजूद तीनों समुदाय पंजाबी को अलग-अलग लिपियों में लिखते थे—मुसलमान अरबी (उर्दू) लिपि में, हिन्दू देवनागरी (हिन्दी) लिपि में और सिख गुरमुखी (पंजाबी) लिपि में। कहा जाता था कि पंजाब के पास 'कल्चर' (संस्कृति) के नाम पर सिर्फ 'एग्रीकल्चर' था। पंजाबियों पर छींटाकशी करने के लिए यह बात कभी-कभी अब भी कही जाती है।

माउंटबेटन के सामने संयुक्त बंगाल या संयुक्त पंजाब जैसा कोई प्रश्न नहीं था। यह बात बिलकुल साफ थी कि अगर देश का बँटवारा होता था तो इन दोनों प्रान्तों के बँटवारे को टाला नहीं जा सकता था। लेकिन उन्हें अब भी उम्मीद थी कि वे जिन्ना को एक न्यूनतम भूमिका वाले केन्द्र के लिए राजी कर सकेंगे, क्योंकि पंजाब और बंगाल के बँटवारे का मतलब था एक 'दीमक खाया पाकिस्तान।' लेकिन वे जिन्ना के दिल से पाकिस्तान का विचार निकालने में असफल रहे। जिन्ना के साथ एक मीटिंग के बाद माउंटबेटन ने लिखा था, "मुझे डर है कि मेरी बातों ने इस बूढ़े सज्जन को बहुत ज्यादा बौखला दिया है।" उन्हें अपनी उम्मीदों पर पानी फिरता दिखाई दे रहा था। वे एक पिरामिड जैसी व्यवस्था की कल्पना कर रहे थे, जिसमें उन्हें एक साझे गवर्नर-जनरल के रूप में बरकरार रहने के लिए कहा जा सकता था। लेकिन जब जिन्ना ने खुद पाकिस्तान का गवर्नर-जनरल बनने की बात की तो माउंटबेटन को एक झटका-सा लगा।

जिन्ना पंजाब और बंगाल के बँटवारे की सम्भावना से सकते में थे। उन्होंने इस सुझाव का विरोध किया। उन्होंने कहा कि वे लोग पंजाबी या बंगाली पहले थे और बाद में कुछ और। लेकिन एक संयुक्त भारत का विचार उन्हें और भी असहनीय लग रहा था। वे मुसलमानों के लिए एक अलग पहचान और क्षेत्र चाहते थे। इस मकसद को देखते हुए पंजाब और बंगाल के टुकड़ों को भी बर्दाश्त किया जा सकता था। दूसरी तरफ नेहरू और पटेल को पंजाब और बंगाल का बँटवारा पूरी तरह तर्कपूर्ण और न्यायसंगत लग रहा था।

दो सिख नेता मास्टर तारा सिंह और ज्ञानी करतार सिंह भी माउंटबेटन से मिले। माउंटबेटन ने अपने दस्तावेजों में इन्हें 'दो बेतरतीब हुलिए वाले जंगलियों जैसे बूढ़ों' के रूप में वर्णित किया है। इन दोनों ने माउंटबेटन से यह बात मनवा ली कि पंजाब का बँटवारा होने की स्थिति में आबादियों की अदला-बदली की जाएगी। उन्होंने वायसराय को इसके लिए भी राजी कर लिया कि बँटवारे की स्थिति में सिखों को भारत या पाकिस्तान में से किसी एक को चुनने का विकल्प दिया जाएगा, ताकि वे अपने लिए बेहतर शर्तें मनवा सकें।

जिन्ना ने भारत के साथ कोई सूत्र बनाए रखने से मना कर दिया तो माउंटबेटन ने लियाकत अली से बात की और उन्हें दोनों देशों के एक सर्वोच्च रक्षा मुख्यालय के लिए मना लिया, जो दोनों देशों के अलग-अलग मुख्यालयों से ऊपर होगा। दोनों देशों को अपनी आबादी के अनुपात में इस साझे हेडक्वार्टर का खर्च उठाना था। माउंटबेटन ने 19 अप्रैल, 1947 की अपनी टिप्पणी में लिखा था, "मेरा खयाल है कि लियाकत अली पाकिस्तान के

इस पागलपन भरे खयाल की बजाय कोई बेहतर हल ढूँढ़ने में मेरी मदद करना चाहते हैं।''

लेकिन यह योजना भी टाँय-टाँय-फिस्स होकर रह गई। इस तरह की योजना कैसे साकार हो सकती थी जब जिन्ना सशस्त्र सेनाओं के धर्म के आधार पर बँटवारे की बात कर रहे थे। जिन्ना के अन्तरंग मित्र लॉर्ड इस्मे ने भी उनसे संख्या के आधार पर बँटवारे को स्वीकार कर लेने का अनुरोध किया, ताकि रेजिमेंटों को तोड़ने की जरूरत न पड़े। केबिनेट मिशन के आने से पहले भी इसी तरह की माथापच्ची हो चुकी थी। उसी को फिर से दोहराने की कोशिश की गई तो जिन्ना अड़ गए। लियाकत अली की अपने-आपमें पार्टी में कोई हैसियत नहीं थी। परिणामस्वरूप योजना ठप्प हो गई। हालाँकि एक बार 23 अप्रैल, 1947 को वायसराय के साथ एक मीटिग में, जिन्ना ने खुद ही पाकिस्तान और भारत के बीच किसी तरह की सैनिक सन्धि की सम्भावना का जिक्र किया था।

जब यह साफ हो गया कि पाकिस्तान के अलावा दूसरा कोई विकल्प नहीं था, माउंटबेटन ने राजनीतिक पार्टियों के नेताओं के सामने बँटवारे की अपनी योजना रखी। दोनों देशों की सीमाएँ एक कमीशन द्वारा रेखांकित की जानी थीं। देशी रियासतें किसी भी देश में शामिल होने के लिए स्वतंत्र थीं। सत्ता 'डोमीनियन स्टेट्स' (स्वतंत्र उपनिवेश के दर्जे) के आधार पर सौंपी जानी थी, और दोनों में से कोई भी सरकार चाहे तो कॉमनवेल्थ से बाहर हो सकती थी। ब्रिटिश राज की समाप्ति का दिन 15 अगस्त, 1947 तय किया गया था–प्रधानमंत्री एटली द्वारा घोषित अवधि से लगभग दस महीने पहले।

माउंटबेटन के प्रस्ताव के अनुसार–जिसका नाम 'प्लान बैल्कन' (विखंडन योजना) बिलकुल सही जान पड़ता था–ब्रिटिश सरकार प्रान्तीय सरकारों के हाथ में सत्ता सौंपने जा रही थी। इसके बाद मिल-जुलकर एक केन्द्र सरकार बनाना उनके ऊपर निर्भर था, अगर और जब वे ऐसा चाहें तो। इतना ही नहीं, ये स्वतंत्र प्रान्त अपनी इच्छानुसार यह व्यवस्था किसी भी रूप में कर सकते थे। जैसाकि स्वाभाविक था, नेहरू इस प्रस्ताव को देखकर भड़क उठे। उन्हें इसमें एक नहीं बल्कि कई पाकिस्तान दिखाई दे रहे थे।

प्रस्ताव को लागू करने के लिए नेहरू की सहमति जरूरी थी। माउंटबेटन की समझ में नहीं आ रहा था कि वे क्या करें। उन्हें लन्दन बुलाया गया था। वे प्रधानमंत्री एटली से क्या कहेंगे? वी.पी. मेनन ने अपनी योजना को आजमाने के लिए माउंटबेटन की अनुमति चाही, जिसे उनके अनुसार पटेल का समर्थन प्राप्त था। माउंटबेटन योजना को देख चुके थे, इसलिए उन्होंने हरी झंडी दे दी। लेकिन माउंटबेटन की लन्दन रवानगी से पहले मेनन का नेहरू से मिलना मुश्किल लग रहा था। आखिर एडविना माउंटबेटन ने उनकी मदद की और नेहरू के साथ उनकी मीटिंग की व्यवस्था कर दी। नेहरू बँटवारे की योजना के खिलाफ नहीं थे, बशर्ते कि सत्ता प्रान्तों की बजाय दोनों देशों की सरकारों को सौंपी जाए। केबिनेट मिशन के प्लान की विफलता के बाद मेनन ने पटेल की सहमति से एक वैकल्पिक प्लान तैयार किया था। अपनी इस योजना की एक प्रतिलिपि उन्होंने लन्दन स्थित इंडिया हाउस को भी भेज दी थी। इस योजना में बँटवारे को स्वीकार करते हुए पहले पंजाब, बंगाल और असम का बँटवारा करने और फिर भारत और पाकिस्तान में दो केन्द्र सरकारों की स्थापना का प्रस्ताव था। योजना के अनुसार, ब्रिटिश सरकार को इन्हीं दो केन्द्र सरकारों को सत्ता सौंपनी थी।

लन्दन ऑफिस में भले ही मेनन की वैकल्पिक योजना की प्रति मौजूद थी, लेकिन माउंटबेटन के लन्दन पहुँचने के बाद ही इसका विस्तार से अध्ययन किया गया। भारत से रवाना होने के पहले माउंटबेटन कांग्रेस और सिखों की लिखित में और जिन्ना की मौखिक स्वीकृति लेते आए थे। अगर ब्रिटिश केबिनेट ने मेनन की योजना को अस्वीकार कर दिया होता तो माउंटबेटन इस्तीफा दे देते। भारत से चलने से पहले उन्होंने अपने कुछ करीबी दोस्तों से यही कहा था।

ब्रिटिश केबिनेट के साथ अपनी मीटिंग के बारे में बताते हुए माउंटबेटन ने मुझसे कहा था कि उन्होंने अपनी योजना को लेकर कोई सफाई देने की जरूरत नहीं समझी थी। उन्हें मालूम था कि वे सब उन पर निर्भर थे और उनकी बात मानने के अलावा उनके पास कोई रास्ता नहीं था। वे सब परेशान हो चुके थे और उनके पास कोई दूसरी योजना नहीं थी। एटली जल्दी से जल्दी भारत को छोड़ देना चाहते थे। वे बिना किसी भावुकता या पछतावे के देश के बँटवारे के लिए तैयार हो गए थे। नेहरू बँटवारे को 'बुरा' कहने के बावजूद अपने मन को समझा चुके थे। किसी भी दस्तावेज या पत्र से यह पता नहीं चलता कि उनका मन क्यों बदल गया था। आजाद ने अपनी किताब 'इंडिया विंज फ्रीडम' में लिखा है कि नेहरू पर 'लेडी माउंटबेटन का प्रभाव' था। इसमें कुछ सच्चाई हो सकती है। लेकिन इस तथ्य को भी झुठलाया नहीं जा सकता कि कांग्रेस के अन्य बड़े नेताओं की तरह नेहरू और पटेल भी थक चुके थे। उनमें अब एक और आन्दोलन चलाने और जेल जाने का दमखम नहीं रहा था। वे उस सपने को साकार करना चाहते थे जो पिछले कई दशकों से कांग्रेस की आँखों में टँगा था–एक समृद्ध भारत का सपना। नेहरू इनमें से कुछ सपनों को अपने जीवनकाल में साकार करना चाहते थे।

लेडी माउंटबेटन का नेहरू पर कुछ प्रभाव रहा हो या न रहा हो, पर आम धारणा यह थी कि ऐसा था। मुझे आजादी के बाद गोविन्द बल्लभ पन्त के घर पर मुख्यमंत्रियों की एक बैठक की याद है। तब पन्त गृहमंत्री थे और मैं उनका सूचना अधिकारी था। बातचीत के विषयों में एक पत्र भी शामिल था, जो लेडी माउंटबेटन ने नेहरू को लिखा था। इस पत्र में उन्होंने बम्बई में आयोजित रेड क्रॉस की एक मीटिंग में देर से पहुँचने का कारण बताया था। इस मीटिंग की अध्यक्षता नेहरू ने की थी। माउंटबेटन तब तक रिटायर हो चुके थे, लेकिन रेड क्रॉस के काम के सिलसिले में लेडी माउंटबेटन को भारत आना पड़ा था। उन्होंने मीटिंग में देर से पहुँचने का कारण यह बताया था कि सड़क पर नेहरू के काफिले के गुजरने के कारण उनकी कार को एक चौराहे पर रुके रहना पड़ा था। नेहरू ने उनकी शिकायत को पन्त के पास भेज दिया था।

जैसे ही पन्त ने लेडी माउंटबेटन का नाम लिया, बैठक में एक ठहाका गूँज उठा। इसके बाद कई व्यंग्यात्मक टिप्पणियाँ भी सुनाई दीं। किसी के मन में भी इस बात को लेकर कोई सन्देह नहीं था कि नेहरू का लेडी माउंटबेटन के साथ कोई चक्कर चल रहा था। नेहरू ने गृहमंत्री को सुझाव दिया था कि प्रधानमंत्री के लिए रास्तों को बन्द करने की बजाय ट्रैफिक को नियंत्रित किया जाना चाहिए। पश्चिम बंगाल के तत्कालीन मुख्यमंत्री और कांग्रेस के एक प्रमुख नेता बी.सी. रॉय ने कहा कि उन्हें जवाहरलाल की बात पर ध्यान देने की जरूरत

नहीं थी। प्रधानमंत्री की सुरक्षा की जिम्मेदारी उन पर थी और उन्हें इस सम्बन्ध में जरूरी कदम उठाने का पूरा अधिकार था। मुझे उसी दिन पता चला कि राष्ट्रपति और प्रधानमंत्री की सुरक्षा की व्यवस्था के लिए एक 'ब्लू बुक' होती है। बैठक में सभी का कहना था कि ब्लू बुक के निर्देशों का कड़ाई से पालन किया जाना चाहिए।

नेहरू पर एडविना माउंटबेटन के प्रभाव की जाँच-पड़ताल में मेरी दिलचस्पी आगे चलकर भी बनी रही। 1990 में लन्दन में भारत के हाई कमिश्नर के रूप में अपनी नियुक्ति के दौरान मैंने बिखरे हुए सूत्रों को समेटने की कोशिश की। मुझे पता चला कि एयर इंडिया की उड़ानें हर दिन नेहरू का एक पत्र लेकर लन्दन जाती थीं, जिसे वहाँ का हाई कमीशन बड़ी तत्परता से लेडी मांउटबेटन तक पहुँचा देता था। कमीशन हर दिन एडविना से उनका जवाब भी ले आता था, जिसे नेहरू को भेज दिया जाता था। जब कभी एडविना का पत्र पहुँचने में देर हो जाती तो नेहरू अधिकारियों पर जमकर बरसते।

मैं इन पत्रों को देखना चाहता था। क्या यह एक पत्रकार की उत्सुकता भर थी? नहीं, शायद इससे ज्यादा कुछ था। जैसाकि आजाद ने कहा था सम्भवतः एडविना माउंटबेटन के प्रभाव के कारण ही नेहरू ने बँटवारे का फार्मूला स्वीकार कर लिया था। वे एक गैर-मामूली स्त्री थीं, जिनके लेखन में एक दिव्य-शक्ति झलकती थी; वे एक लाजवाब शख्सियत, एक अक्लमंद इनसान, और एक ईमानदार सलाहकार थीं।

मैं एडविना की बेटी के पुत्र लॉर्ड रोमसी से मिला, जो नेहरू ट्रस्ट के प्रमुख थे। इस ट्रस्ट की स्थापना माउंटबेटन ने की थी, जो हर वर्ष नेहरू की स्मृति में एक व्याख्यान का आयोजन करता है। हाई कमिश्नर होने के नाते मैं ट्रस्ट का एक्स-ऑफिशियो (पदेन) सदस्य था। इस सिलसिले में लॉर्ड रोमसी के साथ मेरी कई मुलाकातें हुईं। कुछ मुलाकातों के बाद मुझे ऐसा लगा कि मैं उनसे इतना घुल-मिल चुका हूँ कि उनसे उनकी नानी के बारे में पूछ सकूँ। उन्होंने बुरा भी नहीं माना।

मैंने नेहरू के पत्रों का जिक्र करते हुए कहा, "नेहरू बड़े खूबसूरत पत्र लिखते थे।" लॉर्ड रोमसी ने जवाब में कहा कि उनकी नानी भी बड़े खूबसूरत पत्र लिखती थीं। मैंने उनसे अनुरोध किया कि मैं उनकी नानी का कम-से-कम एक पत्र जरूर देखना चाहूँगा। मैं नेहरू के लेखनों को देख चुका था, लेकिन एडविना के लेखनों को नहीं। लॉर्ड रोमसी ने कहा कि उन्होंने और राजीव गांधी ने आपस में लेडी माउंटबेटन और नेहरू के पत्रों की प्रतिलिपियों का आदान-प्रदान कर लिया था। अब इन पत्रों के दो पुलिन्दे थे, एक उनके पास और एक गांधी परिवार के पास। मैं समझ गया कि इन पत्रों तक पहुँच पाना बहुत मुश्किल काम था।

एक दिन मैंने उनसे सीधे-सीधे पूछ लिया कि क्या उनकी नानी और नेहरू एक-दूसरे से प्रेम करते थे। वे पहले तो हँस दिए और फिर कुछ सोचते हुए बोले कि उन दोनों के सम्बन्धों को कैसे परिभाषित किया जाए। शायद यह एक तरह का 'आध्यात्मिक प्रेम' था। उन्होंने जल्दी ही विषय को बदल दिया। मैंने भी दोबारा यह बात नहीं छेड़ी, लेकिन मैं यह जरूर सोचता रहा कि क्या इसमें किसी भी तरह का शारीरिक सम्पर्क शामिल नहीं था?

पामेला माउंटबेटन ने बाद में कहा था, "उनमें प्रेम हो गया था, लेकिन यह एक तरह का उदात्त, मर्यादाशील प्रेम था, जिसे सिर्फ पुराने जमाने में समझा जा सकता था। आजकल जब आप प्रेम की बात करते हैं तो यौन-सम्बन्धों के बारे में सोचते हैं। उनका सम्बन्ध एक

तरह से दो आत्माओं का सम्बन्ध था। नेहरू एक सम्मानजनक व्यक्ति थे और अपने मित्र की पत्नी को उसी के घर में अपने मोहपाश में फँसाने की बात सोच भी नहीं सकते थे।''

दिल्ली लौटने के बाद मैंने उन पत्रों तक पहुँचने की कोशिश की। मैंने नेहरू लाइब्रेरी में जाकर जवाहरलाल नेहरू और लेडी माउंटबेटन के बीच हुआ पत्र-व्यवहार देखना चाहा। लाइब्रेरियन ने हैरानी से मेरी तरफ देखा और कहा, ''आपको सोनिया गांधी से अनुमति लेनी पड़ेगी।'' मैंने सोनिया गांधी को एक पत्र लिखकर कहा कि मैं माउंटबेटन दम्पती पर एक किताब पर काम कर रहा हूँ और इस सिलसिले में नेहरू के कागजात देखना चाहूँगा। उन्होंने कोई जवाब नहीं दिया, लेकिन तत्कालीन विदेशी मंत्री नटवर सिंह ने मुझसे कहा कि मैं लाइब्रेरी में जाकर पत्रों को देख सकता हूँ। मुझे अपने कानों पर विश्वास नहीं हुआ। जब लाइब्रेरियन ने सचमुच ही एक एकान्त कमरे में मेरे सामने कागजात का एक बंडल रख दिया तो मैं खुशी से झूम उठा। आखिरकार मेरी मेहनत रंग ले आई थी। मैं कई घंटों तक उन कागजात के साथ मगजपच्ची करता रहा। लेकिन वे सब वे पत्र थे जो नेहरू ने कृष्णा मेनन को लिखे थे। इन पत्रों और टिप्पणियों से पता चलता था कि कृष्णा मेनन के कहने पर नेहरू ने अपनी विदेश नीति में बहुत-से बदलाव किए थे। लेकिन मेरा मकसद कुछ और था। मैं लाइब्रेरियन के पास गया तो मुझे पता चला कि मुझे सिर्फ सी-ग्रेड के कागजात देखने की अनुमति दी गई थी। पहले दो ग्रेडों के लिए मुझे सोनिया गांधी के लिखित निर्देश प्राप्त करने की जरूरत थी।

मैंने उन्हें एक और पत्र लिखा। इस बार भी नटवर सिंह के माध्यम से जवाब आया। उन्होंने कहा कि मुझे वे कागजात नहीं दिखाए जा सकते थे। उन्होंने कोई कारण भी नहीं बताया। उन्होंने सिर्फ इतना कहा कि वे कागजात सोनिया गांधी की सम्पत्ति थे और उनके बारे में सिर्फ वही फैसला कर सकती थीं। मेरा अपना खयाल है कि नेहरू के पत्र देश की सम्पत्ति हैं। वे जनता तक पहुँचने चाहिए, क्योंकि वे हमारे इतिहास के लिए बहुत मायने रखनेवाले मामलों पर रोशनी डाल सकते हैं। लेकिन आमतौर से यही नीति रही है। भारत सरकार ने ब्रिटिशों द्वारा भारत को सत्ता हस्तांतरण से जुड़े कागजातों को अभी तक सार्वजनिक नहीं किया है। लन्दन ने स्वाधीनता के कुछ ही वर्ष बाद सत्ता-हस्तांतरण पर पुस्तकों की एक शृंखला प्रकाशित कर दी थी।

बँटवारे से पहले के कुछ दिनों की घटनाओं को याद करते हुए आजाद ने मुझसे कहा था कि अगर गांधीजी कांग्रेस कार्यकारिणी समिति की बैठक में खुलकर इसके खिलाफ खड़े हो जाते, तो उन्हें पूरा यकीन था कि भारत के बँटवारे को टाला जा सकता था। उन्होंने इस आरोप को फिर से दोहराया था कि हिन्दुओं को एक देश में इकट्ठा रखने के तर्क ने समर्पित सेक्यूलरिस्टों को चुप करा दिया था। आजाद ने कहा कि गांधीजी ने घूम-फिरकर 'बँटवारे' को स्वीकार कर लिया था। लेकिन 5 फरवरी 1971 को जब मैं अब्दुल गफ्फार खान से उनकी सादगी भरी कुटिया में मिला तो उन्होंने आजाद के आरोप का खंडन किया। उन्होंने कहा कि ''गांधीजी इकलौते ऐसे शख्स थे जिन्होंने बँटवारे को कभी मंजूर नहीं किया था।'' उनका कहना था कि जब गांधीजी ने देखा कि नेहरू और पटेल दोनों एकमत थे और जल्दी से सत्ता पाने के इच्छुक थे, तो गांधीजी सिर्फ खामोश रहे थे।

माउंटबेटन ने भी आजाद के इस कथन का खंडन किया था कि बँटवारे को लेकर गांधीजी का मन बदल गया था। उन्होंने मुझे बताया था कि गांधीजी बँटवारे के लिए कभी भी राजी नहीं हुए थे। मैं लन्दन में इतिहासकार एच.वी. हडसन और माउंटबेटन के प्रेस सचिव एलन कैम्पबेल-जॉनसन से भी मिला था। उन दोनों ने भी इस बात की पुष्टि की कि गांधीजी बँटवारे के लिए कभी भी राजी नहीं थे। फिर भी, अपने चेहरे पर झलकती पीड़ा के बावजूद उन्होंने अपने दो निकटतम सहयोगियों नेहरू और पटेल के फैसले को मान लिया था, जो पहले ही बँटवारे के फार्मूले को अपनी स्वीकृति दे चुके थे। जो भी हो, यह भी एक तथ्य है कि अपनी लाश पर पाकिस्तान बनने देने की बात कहने के बावजूद गांधीजी ने बँटवारे को लेकर किसी तरह के अनशन की धमकी नहीं दी। यह सच है कि जब माउंटबेटन बँटवारे का फार्मूला लेकर उनके पास गए तो गांधीजी ने 'बँटवारा' शब्द सुनने से ही इनकार कर दिया था और कमरे से बाहर चले गए थे लेकिन गांधीजी ने बँटवारे का सार्वजनिक विरोध नहीं किया। ऐसा लगता है कि वे अपने मन को समझा चुके थे।

गांधीजी के सचिव प्यारेलाल ने उनका बचाव करते हुए 1 जून, 1947 को अपनी डायरी में लिखा था, ''यह नहीं कहा जाना चाहिए कि भारत की चीरफाड़ में गांधीजी का कोई हाथ था। कांग्रेस व्यावहारिक तौर पर बँटवारे को स्वीकार करने का फैसला कर चुकी है और जैसाकि गांधीजी ने कहा था, उनके हाथ में काठ का पाव पकड़ा दिया गया है। अगर वे इसे खाते हैं तो उदरशूल से मरते हैं, नहीं खाते हैं तो भूखे रहते हैं।'' आजाद ने अपनी किताब 'इंडियन विंज़ फ्रीडम' में इस बात का श्रेय लेने की कोशिश की है कि वे व्यक्तिगत रूप से बँटवारे के खिलाफ थे। उन्होंने नेहरू को चेतावनी देते हुए कहा था, ''अगर हम बँटवारे के लिए राजी हो गए तो इतिहास हमें कभी माफ नहीं करेगा। इतिहास का फैसला यह होगा कि भारत का बँटवारा मुस्लिम लीग ने नहीं बल्कि कांग्रेस ने किया था।''

कांग्रेस के एक शीर्ष नेता आचार्य कृपलानी ने आजाद के इस कथन को चुनौती देते हुए कहा था, ''मुझे नहीं मालूम कि गांधीजी के साथ उनकी क्या निजी मंत्रणा हुई थी। मुझे सिर्फ इतना मालूम है कि कांग्रेस कार्यकारिणी की समिति या अखिल भारतीय कांग्रेस समिति में आजाद ने कभी भी बँटवारे के प्रस्ताव का विरोध नहीं किया था।'' कृपलानी ने खुलकर ये बातें कही थीं और आजाद के जीवनकाल में ही मुझसे भी यही कहा था। उलटे, कृपलानी ने यह भी कहा था कि अगर आजाद और अन्य राष्ट्रवादी मुसलमानों नें बँटवारे का विरोध किया होता तो शायद बँटवारा होता ही नहीं। ''लेकिन वे हमेशा मुसलमानों के लिए आत्मनिर्णय के अधिकार की बात करते थे'', कृपलानी ने आरोप लगाते हुए कहा था।

कांग्रेस कार्यकारिणी समिति की बैठक में खान अब्दुल गफ्फार खान रो पड़े थे। ''हम तो तबाह हो गए,'' उन्होंने कहा था, ''जल्दी ही हम हिन्दुस्तान के लिए पराए हो जाएँगे। हमारी लम्बी लड़ाई पाकिस्तान की शक्ल में खत्म होगी।'' गफ्फार खान ने उन दिनों एक तीसरे विकल्प की भी कोशिश की थी–एक आजाद पख्तूनिस्तान। लेकिन माउंटबेटन की योजना में इसके लिए कोई जगह नहीं थी। उन्होंने उत्तर-पश्चिम सरहदी इलाके को सिर्फ दो विकल्प दिए थे–भारत या पाकिस्तान में से किसी एक में शामिल होने के विकल्प। इस सम्बन्ध में जनमत-संग्रह का झुकाव इस्लामी पाकिस्तान की तरफ होना निश्चित था। गांधीजी ने गफ्फार खान की तरफ से दखलन्दाजी की कोशिश की थी, लेकिन कोई नतीजा नहीं निकला।

बाद में जब सीमान्त प्रान्त में जनमत-संगह हुआ तो गफ्फार खान और उनके भाई खान साहिब ने अपने समर्थकों से इसका बहिष्कार करने के लिए कहा, क्योंकि वहाँ यह प्रचार किया जा रहा था कि मुसलमानों को कुरान या गीता में से किसी एक को चुनना था। जनमत-संग्रह को इस्लाम बनाम हिन्दुत्व का रंग दे दिया गया था। जैसाकि स्वाभाविक था, इस एकतरफा चुनाव का झुकाव पाकिस्तान के पक्ष में रहा।

पाकिस्तान में शामिल होने जा रहे एक अन्य क्षेत्र ब्लूचिस्तान ने भी कभी जिन्ना के दर्शन का समर्थन नहीं किया था। बल्कि पिछली कई सदियों से ब्लूच अपने-आपको भारतीय उपमहाद्वीप का हिस्सा मानने से इनकार करते रहे थे और ब्रिटिश भारत में ब्लूचिस्तान को एक विशेष दर्जा दिए जाने की माँग करते रहे थे। कलात के तत्कालीन खान मीर अहमद यार खान की दलील थी कि हिन्दुतानियों के साथ उनका कछ भी मेल नहीं था। केबिनेट मिशन के भारतीय दौरे के दौरान खान ने एक ज्ञापन देते हुए कहा था, "कलात एक स्वाधीन और प्रभुसत्तासम्पन्न राज्य है। कलात एक भारतीय राज्य नहीं है। ब्रिटिशों के नियंत्रण वाले ये क्षेत्र ब्रिटिश राज की समाप्ति के बाद कलात राज्य को सौंपे जाने चाहिए; और ब्रिटिश तख्त के वर्तमान सभी अधिकार कलात सरकार को हस्तांतरित किए जाने चाहिए।"

11 अगस्त, 1947 को, पाकिस्तान की संविधान सभा के उद्घाटन सत्र से तीन दिन पहले, तख्त के प्रतिनिधि लॉर्ड एज्युमा , जिन्ना, लियाकत अली, कलात के खान और कानूनी सलाहकार सर सुलतान अहमद की अध्यक्षता में एक मीटिंग का आयोजन किया गया। पाकिस्तान सरकार ने कलात को एक स्वाधीन और प्रभुसत्तासम्पन्न राज्य के रूप में मान्यता प्रदान कर दी। साथ ही यह घोषणा भी की गई कि रक्षा, विदेशी मामलों और संचार को लेकर जल्दी ही कराची में बातचीत की जाएगी।

कलात सरकार ने अपनी स्वाधीनता की औपचारिक घोषणा करते हुए 12 अगस्त, 1947 को अपना राष्ट्रीय झंडा फहरा दिया। जिन्ना ने कलात राज्य को पाकिस्तान में मिलाने का प्रस्ताव रखा, लेकिन खान ने इसे मानने से इनकार कर दिया। जिन्ना ने 15 अप्रैल, 1948 को एक आदेश जारी करके खान की सत्ता को खत्म कर दिया। खान के भाई शहजादा अब्दुल करीम खान ने कलात को पाकिस्तान में मिलाने के खिलाफ विद्रोह कर दिया। आखिर एक समझौता करके 'ब्लूचिस्तान स्टेट्स यूनियन' की स्थापना की गई, जिसका अर्थ था पश्चिमी पाकिस्तान की इकाई से अलग ब्लूचिस्तान के भूतपूर्व राज्यों के एक संघ की स्थापना। पाकिस्तान सरकार की सहमति के बाद 9 अप्रैल, 1952 को 'ब्लूचिस्तान राज्य संघ' की घोषणा कर दी गई। लेकिन ऑटोनोमी (स्वायत्तता) के लिए ब्लूचियों का संघर्ष आज भी जारी है। एक शीर्ष ब्लूच नेता ने 2009 में मुझसे कहा था, "अगर आपकी और हमारी सरहदें मिलती होतीं तो हम कब के हिन्दुस्तान में शामिल हो गए होते।"

14 जून, 1947 को अखिल भारतीय कांग्रेस समिति की बैठक हुई। इसमें बँटवारे की योजना को स्वीकृति दे दी गई, लेकिन काफी बहसबाजी के बाद। प्रस्ताव को पेश करने और इसका अनुमोदन करनेवाले पटेल और पन्त ने बचाव की मुद्रा में कहा कि मौजूदा परिस्थितियों में यह एकमात्र सम्भव समाधान था। गांधीजी ने प्रस्ताव के गुण-दोषों की बजाय राजनीतिक यथार्थवाद पर जोर दिया। उन्होंने कहा, "कांग्रेस ने आप सबकी तरफ से हस्ताक्षर किए

हैं। आप इसे मानने से इनकार कर सकते हैं, लेकिन उसी स्थिति में जब आप एक बड़ा आन्दोलन शुरू कर सकें। मुझे नहीं लगता कि आप ऐसा कर सकते हैं।'' जिन दिनों मैं पन्त का सूचना अधिकारी था, उन्होंने मुझसे कहा था कि अगर वे बँटवारे को स्वीकार न करते तो अच्छा था, क्योंकि इससे हिन्दू-मुस्लिम समस्या और बिगड़ गई थी।

मैं उस बन्धक-सिद्धान्त को लेकर बहुत ज्यादा परेशान था, जिसे अब खुलकर व्यक्त किया जाने लगा था। अ.भा.कां.स. की मीटिंग में कई सेक्युलर सोच के कांग्रेसियों ने भी इसका कई बार जिक्र किया—''पाकिस्तान के हिन्दुओं को डरने की जरूरत नहीं थी क्योंकि हिन्दुस्तान में भी साढ़े चार करोड़ मुसलमान होंगे। अगर पाकिस्तान के हिन्दुओं को दबाया गया तो इसका नतीजा हिन्दुस्तान के मुसलमानों को भुगतना होगा।'' भारत ने एक धर्मनिरपेक्ष राष्ट्र के लिए आजादी की लड़ाई लड़ी थी और कांग्रेस हमेशा एक बहुधर्मी समाज की बात करती रही थी। उसने कभी भी एक हिन्दू राष्ट्र का जिक्र नहीं किया था। तो फिर कांग्रेस के नेता बन्धक-सिद्धान्त की बात क्यों कर रहे थे? इसका एक ही उत्तर हो सकता है कि मीटिंग में मौजूद ज्यादातर कांग्रेसियों की धर्मनिरपेक्षता में सच्ची आस्था नहीं थी। यह आस्था का प्रश्न न होकर सिर्फ नीति का प्रश्न था। आजादी के बाद भी इसी आस्था का अभाव हमारी समस्याओं का कारण बना हुआ है।

बँटवारे के प्रस्ताव को 15 जून, 1947 को पास किया गया। 218 उपस्थित सदस्यों में से 157 ने इसके पक्ष में और 29 ने इसके विरोध में वोट दिया। विरोध का सबसे ऊँचा स्वर अरुणा आसफ अली का रहा, जिन्होंने कहा कि यह प्रस्ताव 'जिन्ना और चर्चिल की जीत' थी। मुस्लिम लीग की ऑल इंडिया काउंसिल ने 9 जून, 1947 को अपनी मीटिंग में पहले ही इस योजना को सैद्धांतिक रूप से स्वीकार कर लिया था। जिन्ना को बँटवारे के 'ब्यौरे' पर काम करने का अधिकार दे दिया गया था, क्योंकि पंजाब और बंगाल का बँटवारा लीग की इच्छानुसार नहीं था।

भारत में रह जानेवाले यू.पी., बिहार और अन्य प्रान्तों के मुस्लिम लीग के प्रतिनिधि बँटवारे के परिणामों को लेकर चिन्तित थे। उन्हें डर था कि मुसलमानों के लिए एक अलग देश की माँग करने के लिए उन्हें बहुसंख्यक हिन्दुओं की कटुता का सामना करना पड़ेगा। मुसलमानों को यह चिन्ता भी सता रही थी कि पाकिस्तान के पश्चिमी और पूर्वी खंडों के बीच कोई जमीनी जुड़ाव नहीं होगा। जिन्ना ने पश्चिमी और पूर्वी पाकिस्तान के बीच 800 मील लम्बा कॉरिडोर बनाए जाने की माँग उठाई थी। लेकिन न तो ब्रिटिश सरकार ने और न कांग्रेस ने उनकी इस माँग को गम्भीरता से लिया था। जिन्ना ने भी इस पर जोर नहीं दिया था।

कांग्रेस और मुस्लिम लीग के बीच बँटवारे को लेकर समझौते की घोषणा किए जाने से पहले आजाद माउंटबेटन से मिले थे। उन्होंने उनसे अनुरोध किया था कि इस योजना को लागू करने की तारीख को 15 अगस्त, 1947 से बढ़ाकर 15 अगस्त, 1948 कर दिया जाए। माउंटबेटन ने उनकी बात नहीं मानी थी। अगर बँटवारे को एक वर्ष आगे खिसका दिया जाता तो शायद घटनाओं ने कोई और मोड़ ले लिया होता। देश की राजनीति को प्रभावित करनेवाली दो बड़ी हस्तियाँ, गांधी और जिन्ना लगभग एक वर्ष के भीतर ही मंच से ओझल हो गई थीं। गांधीजी की 30 जनवरी, 1948 को एक हिन्दू चरमपन्थी ने हत्या कर दी थी,

और जिन्ना की 11 सितम्बर, 1948 को कैंसर से मृत्यु हो गई थी। उनकी बीमारी की खबर छह महीने पहले ही फैल गई थी। (कहा जाता है कि यह बात ब्रिटेन को बँटवारे से पहले से पता थी। लेकिन उसने इसे छिपाए रखा, क्योंकि चर्चिलवादी तत्त्व भारत के बँटवारे को अपनी विदाई के तोहफे के रूप में देखना चाहते थे।)

हुमायूँ कबीर ने मुझे बताया था कि आजाद का खयाल था कि कांग्रेस के नेताओं ने बँटवारे को इसलिए स्वीकार कर लिया था कि क्योंकि उनमें से कई बेदम और बूढ़े हो चुके थे। (नेहरू तब 58 वर्ष के थे और पटेल 72 के) उनमें एक और आन्दोलन छेड़ने की हिम्मत नहीं बची थी। बल्कि कांग्रेस और मुस्लिम लीग के सभी नेता सत्ता में आने की जल्दीबाजी में थे। नेहरू और पटेल को एक कटा हुआ भारत मंजूर था और जिन्ना को एक कटा हुआ पाकिस्तान।

बँटवारे की प्रक्रिया ने बेढंगेपन और जल्दीबाजी का रूप ले लिया, खासकर जब माउंटबेटन ने 6 जून, 1948 की तारीख को पीछे खिसकाकर 15 अगस्त, 1947 कर दिया। उन्होंने ऐसा क्यों किया? उनके कागजों से इस बारे में कुछ भी पता नहीं चलता। उन्हें पता था कि यह कितना भारी-भरकम काम था और इसके साथ कितनी मुश्किलें जुड़ी हुई थीं। फिर भी उन्होंने जल्दी करने का फैसला किया। मैंने भारत और इंग्लैंड में बहुत-से इतिहासकारों से बात की और तारीख को पीछे खिसकाने का रहस्य जानना चाहा।

कैम्पबेल-जॉनसन ने मुझे बताया कि माउंटबेटन ने 15 अगस्त का दिन इसलिए चुना था, क्योंकि इसी दिन जापान ने मित्र सेनाओं के सामने आत्म-समर्पण किया था और दूसरा विश्वयुद्ध खत्म हुआ था। माउंटबेटन ने चर्चिल के कमरे में पहली बार जापानियों के आत्म-समर्पण के बारे में सुना था और वे चाहते थे कि भारतीयों के सामने ब्रिटेन का 'आत्म-समर्पण' भी इसी शुभ दिन के स्मरण-दिवस पर हो।

लेकिन ब्रिटिश विदेश विभाग के कुछ लोग इस तर्क से सहमत नहीं थे। उनका कहना था कि माउंटबेटन रॉयल नेवी में एक ऊँचा पद पाने की कोशिशों में लगे हुए थे और वे भारत के अपने अभियान को जल्दी से जल्दी पूरा कर लेना चाहते थे। बाद में उन्हें यह मनचाहा पद मिल भी गया और वे दक्षिण-पूर्व एशिया के नेवल कमांडर नियुक्त किए गए।

जब मैंने खुद माउंटबेटन से इसका कारण जानना चाहा तो उन्होंने कहा कि वे देश को नियंत्रण में नहीं रख पा रहे थे। "चीजें मेरे हाथ से निकल रही थीं," उन्होंने बार-बार इसी बात पर जोर देते हुए कहा—"पंजाब में सिख विद्रोह पर उतारू थे, कलकत्ता में भयंकर कत्लेआम हो चुका था, और पूरे देश में साम्प्रदायिकता की आग भड़क रही थी। सबसे बढ़कर ब्रिटिशों की यह घोषणा अपना असर दिखा रही थी कि वे जा रहे थे। इसलिए मुझे लगा कि हम जितनी जल्दी चले जाएँगे उतना ही अच्छा होगा। लॉर्ड एटली इससे खुश नहीं थे, लेकिन वे सभी अधिकार मेरे हाथ में दे चुके थे।"

"लेकिन तारीख पीछे खिसकाने के आपके फैसले के कारण सरहद के दोनों तरफ दस लाख से भी ज्यादा लोगों को कत्लेआम का शिकार होना पड़ा", मैंने सीधे-सीधे उन पर आरोप लगाते हुए कहा था।

ऐसा लगता था कि मैंने माउंटबेटन की किसी दुखती रग को छू दिया था। वे अचानक

बहुत उदास और गम्भीर हो गए और किसी गहरी सोच में डूब गए। कुछ देर बाद उन्होंने कहा कि बँटवारे के दंगों में लगभग 25 लाख जानें गंई थीं, लेकिन बंगाल के अकाल के दौरान उन्होंने 30 से 40 लाख लोगों की जानें बचाई थीं। चर्चिल के विरोध के बावजूद उन्होंने अपने जहाजों में 10 प्रतिशत जगह खाली रखकर अनाज की बोरियाँ कलकत्ता पहुँचाई थीं। "मैं भगवान से कह सकता हूँ कि मैंने जितनी जानें गँवाई, उससे कहीं ज्यादा जानें बचाई।" माउंटबेटन ने मानो अपने आपको आश्वस्त करते हुए कहा था–"जहाँ-जहाँ भी उपनिवेशीय राज खत्म हुआ, वहाँ खून-खराबे को टाला नहीं जा सका। यह एक ऐसी कीमत है जिसे चुकाना ही पड़ता है।" (बाद में कुछ किताबों में उद्घाटित हुआ था कि चर्चिल ने जान-बूझकर भारत को अनाज भेजने में अड़ंगे लगाने की कोशिश की थी।)

माउंटबेटन ने मुझे यह भी बताया कि राजागोपालाचारी ने 1948 में भेजे एक सन्देश में उनसे कहा था, "अगर आपने उस समय हमें सत्ता न सौंपी होती तो आपके पास सौंपने के लिए कुछ भी न बचता।" मेरे खयाल से माउंटबेटन की सफाई में कोई दम नहीं था, और वह एक तरह से अपने अपराध की स्वीकृति ही थी। उनकी जल्दीबाजी से लोग डर गए और घबराहट और शक का माहौल बनने लगा। वह बेहद खतरनाक समय था, लेकिन उन्होंने एक से दूसरे देश में पलायन करनेवालों की तकलीफें कम करने के लिए कुछ भी नहीं किया, उनकी रक्षा करना तो बहुत दूर की बात थी। उन्होंने घटनाओं को बड़े हल्के नजरिए से देखा।

शुरू में दोनों देशों का संविधान बनाने के लिए दो अलग-अलग संविधान सभाओं का गठन किया गया था। कांग्रेस और मुस्लिम लीग ने इन सभाओं के लिए सदस्य मनोनीत किए थे। ऐसा माना जा रहा था कि दोनों देशों में अल्पसंख्यक अपने-अपने क्षेत्रों में रहते रहेंगे और उन्हें समान अधिकार प्राप्त होंगे। भारत की संविधान सभा में खलीक-उल-जमान और पाकिस्तान की संविधान सभा में भीमसेन सच्चर को मनोनीत किया गया। वास्तविकता यह थी कि भारत की संविधान सभा पहले से ही काम कर रही थी।

आपाधापी के उस माहौल में यह सब कुछ ज्यादा ही व्यवस्थित प्रतीत हो रहा था। दोनों तरफ के नेता समझ नहीं पा रहे थे कि यह सच था या सपना। 1940 में पाकिस्तान प्रस्ताव के पास होने के बाद से दोनों समुदायों के बीच तनाव का माहौल बना हुआ था। दोनों के बीच सन्देह और अलगाव की एक अदृश्य दीवार खिंची हुई थी। लोग समझ नहीं पा रहे थे कि क्या वे सचमुच अपने घरों में सुरक्षित थे, खासकर यह देखते हुए कि दोनों तरफ से उनके अलग धर्मों और संस्कृतियों का राग अलापा जा रहा था। लोग सुरक्षित महसूस करने के लिए अपने समुदाय के लोगों के बीच रहने की कोशिश कर रहे थे। प्रशासनिक सेवाओं, पुलिस और सेना में उनके अपने धर्म के लोगों द्वारा लिए जा रहे तबादले उनकी असुरक्षा की भावना को और ज्यादा बढ़ा रहे थे।

भारत के हाई कमिश्नर के रूप में लन्दन में मेरे प्रवास के दौरान प्रधानमंत्री मारग्रेट थैचर ने मुझे 10, डाउनिंग स्ट्रीट में वह लम्बी मेज दिखाई थी, जिस पर भारत के हाथों में सत्ता सौंपकर आजादी की लड़ाई का अन्तिम दृश्य रचा गया था। उन्होंने कहा था, यहाँ आपके देश के भविष्य का फैसला किया गया था। मैंने भारत के लम्बे संघर्ष और फिर विजय की उन घड़ियों को याद करते हुए उस मेज को बड़ी हसरत से निहारा था। क्या वह

मेज उन घटनाओं की खामोश गवाह थी? कितना अच्छा होता अगर उस पर कोई तख्ती टाँग दी जाती!

आज मैं पीछे मुड़कर देखता हूँ तो बँटवारे के बाद के भयंकर घटनाक्रम के लिए माउंटबेटन को दोष दिए बिना नहीं रह पाता। उन्होंने दोनों देशों में अल्पसंख्यकों को बचाने के लिए कुछ भी नहीं किया। उन्होंने आजाद से कहा था, "मैं सिर्फ हथियारबन्द पुलिस का ही नहीं, बल्कि फौज और एयरफोर्स का, टैंकों और हवाई जहाजों का इस्तेमाल करूँगा, ताकि गड़बड़ी मचानेवालों से सख्ती से निपटा जा सके।" लेकिन वे अपने वायदे पर खरे नहीं उतरे।

जब पंजाब और अन्य जगहों पर खून की नदियाँ बह रही थीं और घरों और बस्तियों को फूँका जा रहा था तो प्रशासन की तरफ से कठोर और निर्मम कार्रवाई की जरूरत थी। लेकिन प्रशासन को जैसे लकवा मार गया था। 23 जून, 1947 को जिन्ना ने माउंटबेटन से गुजारिश की थी कि "अगर जरूरत पड़े तो मुसलमानों को शूट करो।" नेहरू शहरों को फौज के हवाले करने की बात कह रहे थे। लेकिन माउंटबेटन हाथ पर हाथ धरे बैठे रहे। वे दोनों देशों का संयुक्त गवर्नर-जनरल बनने का सपना देख रहे थे और दोनों में से किसी के भी बहुसंख्यकों को नाराज करना नहीं चाहते थे। माउंटबेटन का खयाल था कि एक साझे गवर्नर-जनरल का पद ब्रिटिश नेवी में सर्वोच्च पद पाने में उनकी मदद करेगा। लेकिन जिन्ना ने साझे गवर्नर-जनरल के प्रस्ताव को अस्वीकार कर दिया। पाकिस्तान को इसका परिणाम भी भुगतना पड़ा। उसे परिसम्पत्तियों के बँटवारे में अपना न्यायोचित हिस्सा नहीं मिल पाया, जो साझा गवर्नर-जनरल होने की स्थिति में उसे निश्चित रूप से मिल जाता। जिन्ना की दुविधा यह थी कि साझे गवर्नर-जनरल के रूप में भारत के साथ एक सूत्र जुड़ा रह जाता, और वे ऐसा बिलकुल नहीं चाहते थे। वे एक स्पष्ट और अन्तिम बँटवारा चाहते थे।

ऐसा भी नहीं था कि 1 अगस्त, 1947 को दंगों को नियंत्रित करने के लिए गठित की गई बाउंडरी फोर्स के पास आदमियों की कमी थी। इस फोर्स में 25,000 जवान थे, जिनमें ब्रिगेडियर मुहम्मद अयूब खान जैसे योग्य अफसर भी शामिल थे। आगे चलकर वे पाकिस्तान के राष्ट्रपति बने। लेकिन इस फोर्स में ऐसे ब्रिटिश अफसरों की भरमार थी जिनकी पाकिस्तान या भारत में हो रही मारकाट में कोई दिलचस्पी नहीं थी। वे जल्दी से जल्दी ब्रिटेन लौटना चाहते थे और किसी ऐसी कार्रवाई में उलझना नहीं चाहते थे जो उनकी स्वदेश वापसी में रुकावटें पैदा कर दे। फोर्स के ब्रिटिश कमांडर ने बिलकुल स्पष्ट निर्देश दिए थे—"खुद को बीच में डालने से बचना है और सिर्फ ब्रिटिश जानें बचानी हैं।" ऐसे लापरवाही भरे रवैये और दिलचस्पी की कमी के कारण फोर्स बिलकुल बेदम हो गई थी।

आजादी के बाद बाउंडरी फोर्स द्वारा पेश की गई रिपोर्ट दो टुक और बेबाक थी—"सब जगह पूर्व-मध्ययुगीन बर्बरता के साथ कत्लेआम हो रहे थे। उम्र या मर्द-औरत कुछ भी नहीं देखा जा रहा था। गोद में बच्चों वाली माँओं को भी चीरा, छुरों से घोंपा या गोलियों से भूना जा रहा था। दोनों तरफ से एक जैसी बेहरमी दिखाई जा रही थी।" लेकिन इसकी कोई सफाई नहीं दी गई थी कि बाउंडरी फोर्स ने अपनी जिम्मेदारी और ड्यूटी निभाने में ऐसी आपराधिक लापरवाही क्यों दिखाई थी।

पंजाब और बंगाल की सीमा-रेखा तय करना कांग्रेस और मुस्लिम लीग के लिए एक बड़ी समस्या बनी हुई थी। संयुक्त राष्ट्र द्वारा बाउंडरी कमीशन के सदस्य मनोनीत किए जाने के सुझाव के विफल होने के बाद जिन्ना ने माउंटबेटन को सिरिल रैडक्लिफ का नाम सुझाया। वे एक लाजवाब वकील थे और जिन्ना कई उलझे हुए मामलों में उन्हें लन्दन की अदालतों में जिरह करते सुन चुके थे। नेहरू ने भी, रैडक्लिफ के शब्दों में कहें तो, 'उस कनफुसिए कृष्णा मेनन से मंत्रणा करने के बाद' अपनी सहमति दे दी। 5 अक्तूबर, 1971 को लन्दन में मुझसे बातचीत करते हुए रैडक्लिफ ने ऐसे ही शब्दों का प्रयोग किया था।

हिन्दू यह मानकर चल रहे थे कि लाहौर हिन्दुस्तान में रहेगा, जबकि मुसलमानों का खयाल था कि कलकत्ता को पाकिस्तान में शामिल किया जाएगा। रैडक्लिफ ने मुझे बताया कि वे शुरू से ही सोच चुके थे कि कलकत्ता को भारत में रहना चाहिए। (जिन्ना का कहना था कि कलकत्ता के बिना पूर्वी बंगाल किसी काम का नहीं था।) मुझे बेहद हैरानी हुई जब रैडक्लिफ ने आगे कहा, "मैंने पहले लाहौर हिन्दुस्तान को दे दिया था, लेकिन फिर मुझे लगा कि मुझे मुसलमानों को पंजाब में कोई बड़ा शहर देना पड़ेगा, क्योंकि उनके पास कोई राजधानी नहीं थी।" जब मैंने उनसे कहा कि पाकिस्तान के मुसलमान सीमा-रेखा से खुश नहीं थे तो उन्होंने कहा कि उन्हें उनका शुक्रगुजार होना चाहिए, क्योंकि शुरू में वे लाहौर हिन्दुस्तान को देने का इरादा कर चुके थे।

जब मैंने उनसे कहा कि उपमहाद्वीप के बँटवारे का यह बड़ा अजीब तरीका था तो उनका जवाब था कि उन्हें जल्दी से सब कुछ करना था और उनके पास ब्यौरों में जाने का समय नहीं था। जिलों के नक्शे तक उपलब्ध नहीं थे, और जो उपलब्ध थे वे भी सही नहीं थे। "सिर्फ डेढ़ महीने में मैं क्या कर सकता था?" उन्होंने सफाई देते हुए कहा था।

मैं रैडक्लिफ की परेशानी को समझता था। फिर भी जिस तरीके से उपमहाद्वीप का बँटवारा हुआ था, और इसके साथ जिस तरीके से लोगों के भविष्य का फैसला किया गया था, वह मुझे बहुत भयंकर प्रतीत होता था। मैंने रैडक्लिफ से जानना चाहा कि क्या उन्हें किसी तरह का पछतावा महसूस होता था। उन्होंने कहा कि उन्हें कोई पछतावा नहीं था, हालाँकि यह सच था कि पंजाब में गैर-मुसलमानों और बंगाल में मुसलमानों के साथ अन्याय हुआ था। दोनों को ज्यादा क्षेत्र मिलने चाहिए थे।

'पंज आबों' अर्थात पाँच नदियों का प्रदेश 'पंजाब' पिछली कई सदियों से अपनी बेहतरीन सिंचाई व्यवस्था और अपने तीनों समुदायों–हिन्दू, मुसलमान और सिख–के बीच भाईचारे के लिए जाना जाता रहा था। लेकिन अब समुदायों के साथ-साथ नदियाँ भी बँट गई थीं। जमीन पर सीमा-रेखा खींच देना एक बात थी, लेकिन सदियों पुराने सम्बन्धों और आपसी व्यापार और संचार के सूत्रों के टूटने के साथ कई तरह की समस्याएँ जुड़ी हुई थीं। रैडक्लिफ का खयाल था कि नदियों के पानी को लेकर किसी तरह के संयुक्त नियंत्रण की व्यवस्था लागू की जा सकेगी।

मैंने रैडक्लिफ को कश्मीर के झगड़े के बारे में बताया। उन्होंने लन्दन लौटने के बाद अखबारों में इसके बारे में पढ़ा था। उन्होंने कल्पना भी नहीं की कि कश्मीर या फिर गुरदासपुर और फीरोजपुर किसी तरह की समस्या पैदा कर सकते थे। उन्होंने माउंटबेटन के साथ इस सम्बन्ध में किसी तरह की बातचीत से इनकार किया। ऐसा माना जाता है कि माउंटबेटन

ने उनसे उत्तरी पंजाब की विभाजन रेखा में 'बदलाव' करने के लिए कहा था, ताकि भारत और कश्मीर के बीच रास्ता बना रहे।

फिर भी, माउंटबेटन के निजी सचिव जॉर्ज एबेल द्वारा 8 अगस्त, 1947 को पंजाब के गवर्नर इवान जैन्किंस के निजी सचिव स्टुअर्ट एबट को लिखा गया एक पत्र कुछ रहस्यमय-सा प्रतीत होता है। इस पत्र में जॉर्ज एबेल ने सम्भावित सीमा-रेखा के बारे में पूर्ण जानकारी चाही थी, ताकि खून-खराबे को रोकने के लिए जरूरी इन्तजाम किया जा सके। पत्र में कहा गया था–"मैं एक नक्शा भेज रहा हूँ जिसमें मोटे तौर पर सर साइरिल रैडक्लिफ द्वारा प्रस्तावित सीमा-रेखा दर्शाई गई है, और साथ ही इसके वर्णन को लेकर एक नोट भी। इस सीमा में कोई बड़ा बदलाव नहीं होगा, लेकिन लाहौर जिले के गाँवों और जिले की सीमा-रेखा की वास्तविक स्थिति को देखते हुए इसका सही-सही वर्णन करना होगा।" (ऐसा कहा जाता है कि रैडक्लिफ की रिपोर्ट उसी दिन, 8 अगस्त को तैयार हुई थी, हालाँकि उसे पाँच दिन बाद प्रकाशित किया गया था।)

पत्र में आगे कहा गया था–"फैसले की रिपोर्ट अगले 48 घंटों में अपेक्षित है। मैं इसकी घोषणा का सही समय आपको बाद में बताऊँगा। अगर गवर्नर एच.ई. को इस मामले में कुछ कहना हो, तो आप मुझे फोन कर सकते हैं।" इस नक्शे में फीरोजपुर की भारतीय तहसीलें और जीरा पाकिस्तान में दिखाए गए थे। 11 अगस्त को जेन्किन को माउंटबेटन की तरफ से एक सिफर तार प्राप्त हुआ, जिसमें कहा गया था–'एलिमिनेट सैलिएंट।' इसका मतलब था कि इन दोनों क्षेत्रों को भारत में शामिल कर दिया गया था। इससे पाकिस्तान के इस आरोप में कुछ दम नजर आने लगा कि माउंटबेटन ने रैडक्लिफ पर जोर डालकर भारत के पक्ष में कुछ बदलाव करवा लिये थे।

कुछ वर्ष बाद एक पार्टी में पाकिस्तान के एक राजनयिक ने रैडक्लिफ को एबेल के पत्र की याद दिलाई और शिकायत की कि उन्होंने पक्षपात किया था। इस घटना का जिक्र करते हुए रैडक्लिफ ने मुझसे कहा था, "मैंने पाकिस्तानी डिप्लोमेट से कहा कि पाकिस्तान को जितना मिलना चाहिए था, उससे ज्यादा मिला था।" रैडक्लिफ का कहना था कि पंजाब का बँटवारा एक 'ट्रैजेडी' था। उन्होंने यह भी कहा कि "पटेल चिटगाँव के पहाड़ी इलाके पाकिस्तान को दिए जाने से नाराज थे, हालाँकि मेरी समझ में नहीं आता कि क्यों।" उन्होंने कहा कि चिटगाँव के पहाड़ी इलाकों की ज्यादातर आबादी गैर-हिन्दू थी और क्षेत्र की पूरी अर्थव्यवस्था पूर्वी बंगाल पर आधारित थी।

पटेल इन इलाकों को लेकर इतने चिन्तित थे कि उन्होंने 13 अगस्त को माउंटबेटन को लिखा था कि आबादी की इच्छा जाने बिना कोई फैसला लेना पक्षपातपूर्ण होगा और कांग्रेस इसका विरोध करेगी।

निस्सन्देह, रैडक्लिफ को दोनों तरफ से आलोचनाओं का शिकार होना पड़ा था, लेकिन उनका कहना था कि उस सीमित समय में वे इससे बेहतर कुछ भी नहीं कर सकते थे। सारा दोष माउंटबेटन का था, जिन्होंने बाउंडरी कमीशन नियुक्त करने में इतनी देर लगा दी थी। कमीशन के हिन्दू और मुसलमान सदस्यों ने रैडक्लिफ से साफ कह दिया था कि निष्पक्ष फैसला होने पर भी वे सीमा-रेखा को लेकर अपनी सहमति व्यक्त नहीं कर सकते थे। उन्होंने अपनी 'मजबूरी' स्वीकार करते हुए कहा था कि उनके फैसले से सहमत होने

का मतलब दोनों देशों की नई सरकारों को नाराज करना होगा।

रैडक्लिफ ने बाउंडरी कमीशन में कांग्रेस के प्रतिनिधि मेहरचन्द महाजन और भारत का पक्ष प्रस्तुत करनेवाले एम.सी. सेतलवाड़ की तारीफ की थी। लेकिन मुस्लिम लीग के सदस्यों के बारे में उन्होंने कुछ भी नहीं कहा था। उन्होंने मुझे एक दिलचस्प प्रसंग सुनाते हुए कहा था कि एक मुस्लिम सदस्य ने उनसे अकेले में मिलकर दार्जिलिंग को पूर्वी पाकिस्तान में शामिल करने का अनुरोध किया था। जब रैडक्लिफ ने इसका कारण पूछा तो उसने कहा था, "मुझे और मेरे परिवार को दार्जिलिंग बहुत पसन्द है। पिछले कई वर्षों से हम हर वर्ष वहाँ छुट्टियाँ मनाने जाते हैं।" (दार्जिलिंग को भारत में शामिल किया गया था।)

कांग्रेस और मुस्लिम लीग दोनों ने ही आबादियों के तबादले को लेकर असहमति जताई थी। लेकिन हिंसा की शुरुआत के बाद दोनों तरफ के लोगों के पास पलायन के अलावा कोई रास्ता न रहा। किसी ने भी कल्पना नहीं की थी कि हालात इतनी खरनाक शक्ल अख्तियार कर लेंगे कि पाकिस्तान की लगभग पूरी गैर-मुस्लिम आबादी और भारत के लाखों मुसलमान पलायन करने के लिए मजबूर हो जाएँगे।

दिल्ली और कराची ने अपने-अपने तरीके से स्वाधीनता दिवस मनाया। लेकिन शरणार्थियों को 150 वर्ष लम्बे ब्रिटिश राज से मुक्ति की कोई खुशी महसूस नहीं हो रही थी। उनके सामने एक अनिश्चित भविष्य था। गांधीजी को उनकी पीड़ा का अहसास था। 15 अगस्त को वे कलकत्ता में थे और देश के दो टुकड़े होने के दुख में उपवास कर रहे थे।

वे पिछले नवम्बर में (7 नवम्बर, 1946) पूर्वी बंगाल के नोआखाली गाँव में गए थे, जहाँ उन्होंने हिंसा के शिकार हिन्दू परिवारों का दुख बाँटा था और उनका डर दूर करने की कोशिश की थी। यह मुस्लिम उन्मादियों का काम था और वे देख रहे थे कि एक तरफ के चरमपन्थियों की हरकतों से दूसरी तरफ के चरमपन्थियों को बढ़ावा मिल रहा था और देश एक कुचक्र में फँसता चला जा रहा था।

नोआखाली ही वह जगह थी, जहाँ गांधीजी ने अपने ब्रह्मचर्य की परीक्षा का प्रयोग किया था। उनकी पौत्री-भतीजी नोआखाली आई हुई थी। गांधीजी ने मनु के साथ अपने ब्रह्मचर्य का प्रयोग करने का फैसला किया था। गांधीजी के पोते के अनुसार, "यह एक प्रयोग न होकर एक यज्ञ था, जिसमें ईश्वर के सम्मुख अपनी यौनशक्ति की बलि दी जाती है।"

गांधीजी का कहना था कि अगर एक ही बिस्तर में सोने के बावजूद उनमें या मनु में यौन-भावनाएँ पैदा न हुईं तो इस यज्ञ से उनका (गांधीजी का) शुद्धीकरण हो जाएगा। जैसे ही उनके इस 'प्रयोग' की खबर फैली हिन्दू और मुसलमान दोनों ही समुदायों में हैरत और शर्मिन्दगी की लहर दौड़ गई। नेहरू से कुछ कहते न बन पा रहा था। गांधीजी के एक जीवनी-लेखक ने लिखा है, "भारत के लोगों की ब्रह्मचर्य या अहिंसा की बजाय यह जानने में ज्यादा दिलचस्पी थी कि वे जिन्दा रहेंगे या मरेंगे।" क्या गांधीजी एक ऐसी स्थिति से पलायन करने की कोशिश कर रहे थे जिसमें वे न बँटवारे को रोक पा रहे थे न दंगों को? प्यारेलाल का कहना है कि गांधीजी अपने-आपसे बुड़बुड़ाया करते थे, "मेरे अपने अन्दर कुछ गम्भीर दोष रहे होंगे।"

जून, 1947 से देश के एक हिस्से से दूसरे हिस्से में शरणार्थियों की जो धारा बहनी

शुरू हुई थी, वह देखते-ही-देखते अगस्त में एक भयंकर बाढ़ में बदल गई। भारत में पंजाब और दिल्ली में शरणार्थी पुरुषों, स्त्रियों और बच्चों का सैलाब उमड़ पड़ा। पाकिस्तान के पंजाब और सिन्ध क्षेत्रों में भी यही दृश्य देखने को मिल रहा था।

पंजाब की तुलना में बंगाल में बहुत कम पैमाने पर पलायन हुआ। हत्याएँ वहाँ भी हुईं, लेकिन पंजाब के मुकाबले वे कुछ भी नहीं थीं। वहाँ गांधीजी के रूप में एक आदमी दीवार बनकर खड़ा हुआ था। वे कलकत्ता को जल्दी ही शान्त करने में सफल रहे। उन्हीं दिनों के एक प्रसंग से गांधीजी के दर्शन का पता चलता है। उन्होंने लोगों से अपने हथियारों का समर्पण करने की अपील की और हत्यारे कतार में लगकर अपने-अपने हथियार जमा करवाने लगे। सबसे आखिर में एक पंजाबी आया। उसने एक बड़ा-सा छुरा गांधीजी के चरणों में फेंकते हुए कहा, "मुसलमानों ने मेरे 12 साल के इकलौते बेटे को मार डाला है। मैं क्या करूँ?" गांधीजी ने उससे कहा कि वह अनाथ आश्रम से उसी उम्र के एक मुस्लिम बच्चे को गोद ले ले और उसकी परवरिश इस्लाम धर्म के अनुसार करे, ताकि उसके बेटे के हत्यारों को अपने किए पर शर्मिन्दगी महसूस हो।

बँटवारा मानव-इतिहास की अब तक की सबसे बड़ी त्रासदी थी। ऐसा लगता था कि वह संस्कृति जिसने सदियों से हिन्दू, मुसलमानों और सिखों को एक-दूसरे से जोड़ रखा था, तार-तार हो गई थी। मानवता गर्त में जा धँसी थी। क्या यही वह सुबह थी, आजादी की वह सुबह, जिसका बरसों से इन्तजार किया जा रहा था? मशहूर शायर फैज अहमद फैज ने लिखा था—

ये दाग़-दाग़ उजाला, ये शब-ए-गुजिदा सहर
वो इन्तज़ार था जिसका ये वो सहर तो नहीं।

सच ही, आजादी की वह सुबह लाखों बेगुनाह इनसानों के खून से रँगी हुई थी।

जिन्ना ने पाकिस्तान के रूप में एक धार्मिक सहनशीलता वाले और आधुनिक राष्ट्र का सपना देखा था। यह अलग बात है कि वह एक विशुद्ध इस्लामी राष्ट्र बनकर रह गया। जिन्ना का मानना था कि मुसलमानों के हितों की रक्षा करने का सबसे अच्छा तरीका पाकिस्तान की स्थापना थी। दूसरी तरफ, नेहरू की धर्मनिरपेक्षता में गहरी निष्ठा थी और वे मानते थे कि एक अनेकधर्मी समाज प्रजातंत्र का अनिवार्य अंग था। पटेल प्रजातंत्र में विश्वास रखने के बावजूद ऐसी किसी प्रतिबद्धता से बँधे हुए नहीं थे। पूर्वी पाकिस्तान के शरणार्थियों को लेकर दोनों में खुले मतभेद दिखाई दे रहे थे। पश्चिम बंगाल के मुख्यमंत्री बी.सी. राय ने पटेल का साथ देते हुए नेहरू को पाकिस्तान को यह बताने के लिए कहा कि जितने हिन्दू पूर्वी पाकिस्तान से आएँगे, भारत उतने ही मुसलमानों को वहाँ जाने के लिए कहेगा। नेहरू ने धर्मनिरपेक्षता के सिद्धान्त पर अडिग रहते हुए ऐसा कुछ भी करने से इनकार कर दिया।

दरअसल नेहरू और पटेल के बीच सैद्धान्तिक मतभेद थे। नेहरू एक सोशल डेमाक्रेट थे और देश की अर्थव्यवस्था को सार्वजनिक क्षेत्र के भरोसे विकास की राह पर ले जाना चाहते थे। दूसरी तरफ पटेल न सिर्फ आर्थिक बल्कि राजनीतिक मामलों में भी पक्के दक्षिणपन्थी थे और हिन्दू राष्ट्रवाद के समर्थक थे। कांग्रेस पार्टी की बागडोर पटेल के हाथ में थी, लेकिन ऐसा कोई अवसर नहीं आया जब दोनों में खुलकर टकराव हुआ हो और शक्ति परीक्षण

की जरूरत पड़ी हो। मेरा खयाल है कि नेहरू इतने ज्यादा लोकप्रिय थे कि ऐसी कोई स्थिति आने पर उनका ही पलड़ा भारी रहता।

गांधीजी अपने देश की नस-नस से वाकिफ थे। उनका कहना था कि अगर हिन्दुस्तानियों ने अंग्रेजों को मारने के लिए बन्दूक उठाई तो, देश में धर्मों और जातियों की अनेकता को देखते हुए, कल वे उसी बन्दूक से एक-दूसरे को मारने लगेंगे। उनका कहना था कि उन्हें ऐसी आजादी नहीं चाहिए जो देशवासियों को एक-दूसरे के कत्लेआम की आजादी दे दे।

जब भारत और पाकिस्तान के बीच परिसम्पत्तियों के बँटवारे की बारी आई तो दोनों पक्ष एक-एक पाई का हिसाब करने लगे। सबसे ज्यादा भार सशस्त्र सेनाओं को झेलना पड़ा। डॉ. राजेन्द्र प्रसाद जैसे शान्त और समझौतावादी व्यक्ति भी आखिरी जवान तक सेना के बँटवारे की बात करने लगे। लगभग सभी हिन्दू अफसरों ने भारत और मुस्लिम अफसरों ने पाकिस्तान का चुनाव किया।

अपने समुदाय के अधिकारियों से वंचित हो जाने के कारण भारत में मुसलमानों को और पाकिस्तान में हिन्दुओं और सिखों को प्रशासन के घोर पक्षपातपूर्ण रवैये का शिकार होना पड़ा। नई दिल्ली को अपनी भूल का अहसास हुआ और नेहरू ने राज्यों को कुछ मुस्लिमों को नियुक्त करने के लिए कहा, खासकर पुलिस में। लेकिन यह देर से उठाया गया एक छोटा-सा कदम साबित हुआ और इसके दुष्परिणाम भारत आज तक भुगत रहा है। भारत के मुसलमान मोहभंग की स्थिति में थे, लेकिन मौलाना आजाद पहले ही उन्हें चेतावनी दे चुके थे।

आजाद 1945 में लाहौर आए थे। मैं तब लॉ कॉलेज में था। मैंने उन्हें पहले कभी नहीं देखा था, लेकिन मैं उनकी सूझबूझ और हिम्मत की कद्र करता था। जब साम्प्रदायिकता की आँधी बड़े-बड़े नेताओं को अपने साथ बहा ले जा रही थी तो वे अपनी जगह पर अडिग खड़े रहे थे। लम्बे-ऊँचे और तराशी हुई दाढ़ीवाले आजाद ने चुस्त अचकन और पाजामा पहन रखा था। वे किसी विद्वान की तरह दिखाई देते थे। श्रोताओं में ऐसे मुसलमानों की भीड़ थी जो जानना चाहते थे कि मुसलमान होकर भी वे पाकिस्तान का विरोध क्यों कर रहे थे। उनकी खालिस उर्दू सुनकर मैं गद्गद हो उठा। उनका भाषण कितना प्रभावशाली था, इसका अन्दाजा इसी बात से लगाया जा सकता है कि जब वह खत्म हुआ तो लोगों की आँखों में आँसू थे। उन्होंने कहा था—

> मैं दूसरे सभी पहलुओं को नजरअन्दाज करके इस मुद्दे को सिर्फ मुसलमानों की भलाई के नजरिए से देखने को तैयार हूँ। मुझे ऐसा लगता है कि पाकिस्तान की स्कीम 'डिफीटिज्म' की, हार मान लेने की निशानी है और यहूदियों की एक कौमी जमीन की माँग की तरह है। यह माँग यह कबूल कर लेने की निशानी है कि मुसलमानों में एक इकट्ठे हिन्दुस्तान में टिके रह पाने की ताकत नहीं है और उन्हें अपनी हिफाजत के लिए किसी कोने में जगह चाहिए।

आजाद के ये शब्द सही साबित हुए। सबसे ज्यादा घाटा मुसलमानों को ही हुआ। आजाद ने पूर्वी पाकिस्तान के पश्चिमी पाकिस्तान से अलग हो जाने की भविष्यवाणी कर दी थी। आज मुसलमान तीन अलग-अलग देशों—भारत, पाकिस्तान और बांग्लादेश—में फैले हुए हैं। अगर वे इकट्ठे रहते तो उनके वोटों में कितनी ताकत हो सकती थी। वे कुल आबादी का

एक-तिहाई होते। कोई भी प्रजातांत्रिक देश इतनी बड़ी आबादी को नजरअन्दाज नहीं कर सकता।

कत्लेआम की घटनाओं के बावजूद मेरे पिताजी स्यालकोट लौटने को बेचैन थे। पाकिस्तानी पंजाब के मुख्य सचिव फिदा हुसैन दोनों देशों के बीच कुछ समस्याओं पर बातचीत करने के लिए दिल्ली आए हुए थे। वे कभी स्यालकोट के डिप्टी कमिश्नर रह चुके थे और मेरे पिताजी उनके फैमिली डॉक्टर थे। मैं पिताजी को उनसे मिलवाने ले गया। फिदा हुसैन ने साफगोई से काम लेते हुए कहा कि पाकिस्तान की नीति गैर-मुसलमानों को वापस लेने की नहीं थी। मामला यहीं खत्म हो गया। पिताजी के सपने चकनाचूर हो गए। उनकी समझ में आ गया कि यह एक इकतरफा सफर था—जहाँ कोई वापसी नहीं थी।

इसके बाद माँ और पिताजी दोनों ही कुछ टूट से गए। मानो उनका कोई हिस्सा पाकिस्तान में ही रह गया हो। मानो बँटवारे के साथ ही उनकी जिन्दगी खत्म हो गई हो।

3

आजादी

देश का बँटवारा धर्म के आधार पर हुआ था, इसलिए इसके दुष्परिणामों को टाला नहीं जा सकता था। भारत के मुसलमानों को मुसलमान होने के कारण बहुत-सी मुसीबतों का सामना करना पड़ा। मैं पाकिस्तानियों से अकसर कहता रहा हूँ कि पाकिस्तान की कीमत भारतीय मुसलमानों को चुकानी पड़ी है। पाकिस्तानी इससे इनकार भी नहीं करते, लेकिन उनकी दलील हमेशा यही रहती है कि भारतीय मुसलमानों को पहले से पता था कि भारत को काटकर एक मुस्लिम देश बनाने के लिए उन्हें तकलीफें उठानी पड़ेंगी।

भारत के मुसलमान असहाय और उपेक्षित महसूस कर रहे थे। उन्हें बार-बार मौलाना आजाद की यह चेतावनी याद आ रही थी कि बँटवारे के बाद उनकी कुछ भी अहमियत नहीं रह जाएगी। वे आजाद का दामन पकड़े खड़े थे, लेकिन अब बहुत देर हो चुकी थी। आम मुसलमानों के प्रति अपने गुस्से के बावजूद हिन्दू मौलाना आजाद का आदर करते थे। यह बात उनकी मृत्यु के बाद भी दिखाई दी, जब उनके अन्तिम दर्शनों के लिए रात भर उनके घर के बाहर गैर-मुसलमानों की लम्बी और अन्तहीन कतार लगी रही। उन्हें अपनी अन्तिम श्रद्धांजलि देनेवालों में मैं भी शामिल था। आजाद को दफनाने के लिए नेहरू ने जामा मस्जिद के पास खुद एक जगह का चुनाव किया था।

आजाद अपने पीछे किताबों और कागजातों के गट्ठर के गट्ठर छोड़ गए थे। मैंने इन्हें पाने की कोशिश की, पर कोई सफलता नहीं मिली। आखिरी बार 40 वर्ष या उससे भी कुछ पहले, मुझे पता चला था कि वे कागजात आजाद के निजी सचिव अजमल खान के परिवार के पास एक ट्रंक में मौजूद थे। मैं चाहता हूँ कि कोई इन कागजात तक पहुँच सके और इन्हें राष्ट्रीय धरोहर के रूप में सँभालकर रखा जा सके, क्योंकि ये हमारे राष्ट्रीय संघर्ष के एक महत्त्वपूर्ण दौर से जुड़े हुए हैं।

आजाद के बैंक में कुछ भी पैसे नहीं थे, न ही उनके घर पर। इसी तरह एक दूसरे मुस्लिम केबिनेट मंत्री रफी अहमद किदवई भी खाली हाथ मरे थे। यह तथ्य कि मुस्लिम मंत्री अपने पीछे कोई जमीन-जायदाद छोड़कर नहीं गए, राष्ट्रवादी मुसलमानों की ईमानदारी को दर्शाता था।

मुझे याद है, बँटवारे से पहले एक यात्रा के दौरान जब आजाद की ट्रेन अलीगढ़ रेलवे स्टेशन पर रुकी थी तो अलीगढ़ मुस्लिम यूनिवर्सिटी के कुछ छात्रों ने उनके मुँह पर थूक दिया था। क्या यह उसी नफरत की पूर्वसूचना थी जो आजाद को पाकिस्तान के रूप में जन्म

लेती दिखाई दे रही थी? बँटवारे से कुछ हफ्ते पहले उन्होंने लाहौर के एक नेता शोरिश कश्मीरी से एक इन्टरव्यू में कहा था–

> नफरत से पैदा हुई कोई चीज तभी तक कायम रहती है जब तक वह नफरत कायम रहती है। यह नफरत भारत और पाकिस्तान के रिश्तों पर हमेशा हावी रहेगी। ऐसे हालात में यह कभी मुमकिन नहीं होगा कि भारत और पाकिस्तान में दोस्ती हो जाए और वे शान्ति से साथ-साथ रह सकें, बशर्ते कि कोई कयामत न आ जाए। पाकिस्तान के लिए यह मुमकिन नहीं होगा कि वह भारत के सभी मुसलमानों को अपना सके। हिन्दुओं के लिए खासकर पश्चिमी पाकिस्तान में रहना नामुमकिन हो जाएगा।

लोग अब भी एक देश से दूसरे देश में पलायन कर रहे थे। तभी मैंने कबाइलियों के कश्मीर में घुसने की खबर सुनी। मुझे पहलगाँव में अपने परिवार के साथ गुजारे सुहाने दिनों की याद आ गई, जहाँ हम हर वर्ष जाया करते थे। हम लुभावने दृश्यों से घिरे एक हरे-भरे विशाल मैदान में तम्बू गाड़कर बड़े मस्ती भरे दिन गुजारा करते थे। पास ही एक छोटी-सी नदी बहती थी। पंजाबी हिन्दू और सिख परिवारों के लिए पहलगाँव में गर्मी की छुट्टियाँ बिताना बड़ी आम बात थी। हम सब यही मानकर चल रहे थे कि कश्मीर भारत का ही हिस्सा होगा।

जम्मू और कश्मीर के महाराजा हरीसिंह ने स्वाधीनता की घोषणा कर दी। नई दिल्ली चाहती थी कि महाराजा शेख अब्दुल्ला के साथ कोई समझौता करें, जो कश्मीर के सबसे लोकप्रिय नेता थे और राजतंत्र की जगह प्रजातंत्र लाने के लिए 'कश्मीर छोड़ो आन्दोलन' का नेतृत्व कर रहे थे।

मुझे ऐसा लगता है कि अगर पाकिस्तान ने थोड़ा धैर्य दिखाया होता तो उसे अपने-आप ही कश्मीर मिल जाता। भारत इसे जीतने की कोशिश न करता और एक हिन्दू महाराजा आबादी के स्वरूप को नजरअन्दाज न कर पाता, जिसमें मुसलमानों का प्रबल बहुमत था। लेकिन पाकिस्तान ने अधीरता और जल्दबाजी से काम लेते हुए आजादी के कुछ ही दिन बाद कबाइलियों को अपनी नियमित सेना के साथ कश्मीर में दाखिल करवा दिया।

यह सच है कि नेहरू कश्मीर को भारत में मिलाना चाहते थे, लेकिन पटेल इसके खिलाफ थे। शेख अब्दुल्ला ने कई वर्ष बाद एक इन्टरव्यू (21 फरवरी, 1971) में मुझे बताया था कि पटेल ने उनके साथ बहस करते हुए कहा था कि चूँकि कश्मीर मुसलमानों की बहुसंख्या वाला क्षेत्र था, इसलिए उसे पाकिस्तान में मिलाना चाहिए। जब महाराजा ने इसे भारत के साथ मिलाने की इच्छा प्रकट करते हुए नई दिल्ली को निमंत्रण दिया, तब भी पटेल ने कहा था, "हमें कश्मीर में टाँग नहीं अड़ानी चाहिए। हमारे पास पहले ही बहुत-सी समस्याएँ हैं।"

कश्मीर के भारत में मिलने से सिर्फ तीन दिन पहले पटेल के नाम लिखे गए नेहरू के एक पत्र में उनकी चिन्ता बिलकुल साफ झलकती है। 27 सितम्बर, 1947 को लिखे गए इस पत्र में नेहरू ने कहा था, "इस तरीके से काम किया जाना चाहिए ताकि शेख अब्दुल्ला के सहयोग से कश्मीर का जल्दी से जल्दी भारत में विलय हो सके।" नेहरू पाकिस्तान के कबाइलियों और दूसरे सैनिकों से लड़ने के लिए भारतीय सेना को फौरन कश्मीर भेजना चाहते थे। लेकिन माउंटबेटन ने उन्हें ऐसा करने से मना किया और पहले विलय के दस्तावेजों पर हस्ताक्षर करवा लेने के लिए कहा। माउंटबेटन ने साफ कह दिया था कि कश्मीर के भारत

में कानूनी विलय के बिना वे ब्रिटिश अफसरों को भारतीय सेना के साथ नहीं जाने देंगे।

महाराजा शुरू से ही स्वाधीनता के पक्ष में थे। ऐसा न हो पाने की स्थिति में वे भारत में मिलने के इच्छुक थे। उन्हें सिर्फ यह डर था कि केन्द्र में नेहरू के वर्चस्व को देखते हुए उनकी स्थिति सिर्फ एक कागजी राज्यप्रमुख की रह जाएगी, जबकि असली सत्ता शेख अब्दुल्ला के पास होगी। जब महाराजा के निकट समझे जानेवाले पटेल ने भी उन्हें यह सुझाव दिया कि उन्हें 'शेख अब्दुल्ला का सहयोग प्राप्त करने के लिए पर्याप्त प्रयास करने चाहिए', तो महाराजा समझ गए कि उनकी तकदीर का फैसला हो चुका था।

दूसरी तरफ, पाकिस्तान के नाम से ही उन्हें डर लगता था। एक तो वे हिन्दू होने के कारण किसी इस्लामी देश से नहीं मिलना चाहते थे, दूसरे उन्हें यह भी डर था कि उनके हिन्दू और सिख समर्थक उन्हें छोड़कर भारत भाग खड़े होंगे। पाकिस्तान ने उन्हें सिक्किम जैसा दर्जा देने का प्रस्ताव दिया था, जिसमें सिर्फ रक्षा और विदेशी मामले पाकिस्तान के पास रहते। लेकिन महाराजा को पाकिस्तानी नेताओं पर इतना कम भरोसा था कि उन्होंने इस प्रस्ताव पर विचार तक नहीं किया।

हरीसिंह ने कश्मीर को स्वतंत्र रखने के इरादे से पाकिस्तान और भारत दोनों के साथ 'स्टैंडस्टिल एग्रीमेंट' करने की कोशिश की। पाकिस्तान तो तैयार हो गया, लेकिन भारत ने मना कर दिया। महाराजा को फिर भी यही लग रहा था कि वे कराची की बजाय नई दिल्ली पर ज्यादा भरोसा कर सकते थे।

जहाँ तक मुझे मालूम है, रिकार्डों में ऐसा कुछ भी नहीं है जिससे यह साबित होता हो कि महाराजा और भारत के बीच कोई गुप्त समझौता था, जैसाकि पाकिस्तान आरोप लगाता रहा है। अगर ऐसा कुछ होता तो पाकिस्तान द्वारा कश्मीर में घुसपैठ करने की योजना की सूचना मिलने के बाद, और महाराजा द्वारा भारत में विलय के समझौते पर हस्ताक्षर किए जाने से पहले, नेहरू पटेल को यह न लिखते कि–

> राज्य के भारत में मिल जाने के बाद पाकिस्तान के लिए, अधिकृत या अनधिकृत रूप से, राज्य पर चढ़ाई करना बहुत मुश्किल हो जाएगा, क्योंकि उसे सीधे-सीधे भारत से टक्कर लेनी होगी। लेकिन अगर विलय में देरी होती है तो नतीजों की परवाह किए बिना पाकिस्तान ऐसा कर गुजरेगा, खासकर यह देखते हुए कि सर्दियों में कश्मीर (शेष भारत से) अलग-थलग पड़ जाता है।

पाकिस्तान ने भारत के साथ किसी गुप्त समझौते का जो आरोप लगाया था, उसका आधार हरीसिंह के एक चचेरे भाई ठाकुर हरनाम सिंह के पास मौजूद कुछ दस्तावेज थे। इंजिन में कुछ गड़बड़ी के कारण उनके विमान को लाहौर उतरना पड़ा था। ऐसा कहा जाता था कि उनके पास मौजूद कागजात में भारत सरकार ने कश्मीर के विलय के बदले में पठानकोट से जम्मू तक संचार व्यवस्था स्थापित करने और उत्तरी कश्मीर के गिलगित इलाके में सेनाएँ तैनात करने का वायदा किया था। हो सकता है कि महाराजा के सामने ऐसा कोई प्रलोभन रहा हो, लेकिन इसे किसी गुप्त समझौते का प्रमाण नहीं कहा जा सकता। कश्मीर के भारत के साथ मिल जाने के बाद यह बहुत स्वाभाविक था कि भारत न सिर्फ वहाँ संचार लाइनें बिछाता, बल्कि अपनी सेनाएँ भी तैनात करता।

माउंटबेटन ने मुझे बताया था कि पटेल इस बात के लिए राजी थे कि अगर कश्मीर

चाहे तो पाकिस्तान में मिल सकता था। माउंटबेटन ने कहा था, "वहाँ अपनी अनियमित सेनाएँ भेजकर पाकिस्तान ने सारा मामला बिगाड़ दिया।" लेकिन वे इस बात को लेकर चिन्तित थे कि नेहरू की कश्मीरी विरासत उन्हें नासमझी भरे फैसले लेने के लिए विवश कर सकती थी। (कहा जाता है कि नेहरू ने एक ब्रिटिश अधिकारी को अपने दिल की बात बताते हुए कहा था, "जिस तरह मैरी के दिल पर केलइस लिखा हुआ था, उसी तरह मेरे दिल पर कश्मीर लिखा हुआ है।")

पाकिस्तान इन्तजार करने के लिए तैयार नहीं था। पाकिस्तान की अवधारणा में कश्मीर हमेशा शामिल रहा था और इसके नाम में मौजूद 'क' कश्मीर का ही प्रतीक था। जैसाकि पाकिस्तान के कश्मीरी मामलों के मंत्री ने 1951 में कहा था, और जिसे कई दूसरे मंत्रियों द्वारा बार-बार दोहराया जाता रहा है, "पाकिस्तान के लिए कश्मीर आस्था का प्रश्न है, यह सिर्फ एक जमीन का टुकड़ा या नदियों का स्रोत नहीं है।" जिन्ना ने शेख अब्दुल्ला को मनाने की भरसक कोशिश की। वे दोनों बँटवारे से पहले लाहौर में मिले थे। शेख ने जिन्ना के साथ अपनी इस मीटिंग के बारे में मुझे बताया था–"मैंने उनसे कहा था कि मैं पाकिस्तान के आइडिए के खिलाफ नहीं था, लेकिन मेरा मानना था कि इससे कोई फायदा नहीं होगा। मुसलमान पूरे देश में फैले हुए थे, और देश के कुछ हिस्सों को काटकर एक आजाद मुल्क बना देने से उनकी परेशानियाँ बढ़ सकती थीं। अगर वे इतने बड़े हिन्दुस्तान में सलामत नहीं थे तो एक छोटे से हिस्से में कैसे सलामत रह सकते थे?"

आजाद ने भी पाकिस्तान की अवधारणा को लेकर लगभग यही बात कही थी। यह भी कहा जाता है कि जब शेख अब्दुल्ला से पाकिस्तान के साथ न मिलने की वजह पूछी गई थी तो उन्होंने कहा था, "वहाँ बहुत ज्यादा मुसलमान हैं।"

जब पाकिस्तान को बातचीत के माध्यम से या जरूरी चीजों की सप्लाई की रफ्तार कम करके और महाराजा पर दबाव डालकर भी बात बनती नजर नहीं आई तो उसने सितम्बर में दूसरी स्कीम पर अमल करने का फैसला किया। यह स्कीम उस समय तैयार की गई थी जब पाकिस्तान के कमांडर-इन-चीफ डगलस डेविड ग्रेसी छुट्टी पर लन्दन गए हुए थे। स्कीम यह थी कि पहले कबाइली और फिर उनके पीछे-पीछे पाकिस्तान की सेना कश्मीर में घुस जाए।

पाकिस्तान के उत्तर पश्चिम सीमान्त प्रान्त में डेरा इस्माइल खान नामक क्षेत्र के तत्कालीन डिप्टी कमिश्नर शिव सरन लाल ने नई दिल्ली को सूचना भेजी कि पाकिस्तान ने 'हथियारबन्द कबाइलियों (पाँच लाख) को पाकिस्तान-कश्मीर की सरहद पर भेजा था और पाकिस्तान सरकार ने उनके लिए नागरिक और सैनिक ट्रकों का इन्तजाम किया था।'

कश्मीर के भारत में शामिल हो जाने के बाद महाराजा ने भारत सरकार को कई और सबूत पेश किए–बाकायदा मुहरबन्द दस्तावेजों और नामों के साथ–जिनसे यह साबित होता था कि मुस्लिम लीग ने 1945 में ही जम्मू और कश्मीर में एक नए मुस्लिम राज्य की स्थापना की साजिश रच ली थी।

इधर दिल्ली और श्रीनगर में विलय को लेकर बातचीत चल रही थी और उधर पाकिस्तान के कबाइली और अनियमित सेनाएँ कश्मीर में घुसपैठ कर चुकी थीं। इस घुसपैठ को जिन्ना का समर्थन प्राप्त था। एलेन कैम्पबेल ने मुझे बताया था कि जब जिन्ना के नियंत्रण पर

लॉर्ड माउंटबेटन लाहौर में उनसे मिले थे तो पाकिस्तान ने उन पर जोर डाला था कि वे पाकिस्तान के कबाइलियों और अनियमित सेना के खिलाफ भारत को अपनी सेनाओं का इस्तेमाल करने से रोकें। बल्कि जिन्ना ने नेहरू को निमंत्रित किया था, लेकिन वे बीमारी का बहाना करके नहीं गए थे। जब माउंटबेटन ने यह गारंटी चाही कि कबाइली हमलावर मान जाएँगे तो जिन्ना ने कहा कि अगर भारतीय सेना पीछे हट जाएगी तो वे भी कबाइलियों को 'वापस बुला लेगें।' इससे साफ था कि इस घुसपैठ को उनका पूरा समर्थन प्राप्त था।

24 अक्तूबर, 1947 को पहली बार भारत को यह पक्की सूचना मिली कि पाकिस्तान के कबाइली कश्मीर में घुस चुके थे। उस समय नेहरू थाइलैंड के विदेश मंत्री के सम्मान में नई दिल्ली में एक रात्रि-भोज के आयोजन में व्यस्त थे। तब तक भारत ने कोई सैनिक कार्रवाई नहीं की थी। मेहर चन्द महाजन ने 23 अक्तूबर को पटेल को लिखा था कि हमलावर राज्य में काफी भीतर तक घुस चुके थे। उन्होंने आगे लिखा था–"आपने जिस मदद का वायदा किया था वह अभी तक नहीं पहुँची है और हम चारों तरफ से घिरे हुए हैं।" नई दिल्ली तब तक किसी सैनिक कार्रवाई के कानूनी पहलुओं में फँसी हुई थी, हालाँकि महाजन ने यह भी लिखा था कि "आप इस बात से जरूर सहमत होंगे कि यह समय संवैधानिक मुद्दों के बारे में सोचने का नहीं है।"

रक्षा समिति की 25 अक्तूबर, 1947 की मीटिंग के रिकार्डों से पता चलता है कि इसकी अध्यक्षता कर रहे माउंटबेटन कश्मीर के भारत में अस्थायी विलय के पक्ष में थे, ताकि शान्ति स्थापित होने पर आबादी की इच्छा को जाना जा सके। नेहरू और पटेल को विलय न होने की स्थिति में भी कश्मीर को मदद भेजने में कोई आपत्ति दिखाई नहीं दे रही थी। उनकी दलील थी कि भारत सरकार उसी तरह ब्रिटिशों की उत्तराधिकारी थी जैसे ब्रिटिश मुगलों के उत्तराधिकारी थे, इसलिए वह कश्मीर की मदद करने के कर्तव्य से बँधी हुई थी। पाकिस्तान में शामिल हो चुके क्षेत्रों को छोड़कर अन्य सभी क्षेत्रों पर भारत को अपना आधिपत्य जमाने का पूरा अधिकार था।

इस बीच, जेल से रिहा कर दिए गए शेख अब्दुल्ला लोगों को हमलावरों के खिलाफ एकजुट करने में लगे हुए थे। महाराजा ने भारत की मदद माँगी, लेकिन भारत सरकार विलय के दस्तावेजों पर हस्ताक्षर हुए बिना मदद भेजने में आनाकानी करती रही। जैसे ही श्रीनगर ने यह कानूनी कार्रवाई पूरी कर दी, नई दिल्ली ने माउंटबेटन की हिचकिचाहट की परवाह न करते हुए भारतीय सैनिकों से भरे विमान श्रीनगर भेजने शुरू कर दिए। तब तक हमलावर श्रीनगर से कुछ ही दूर रह गए थे। अब दोनों देश लड़ाई में कूद पड़े थे और भारतीय सैनिक हमलावरों को पीछे खदेड़ने लगे थे।

जब भारतीय जवानों का पहला जत्था श्रीनगर हवाई अड्डे पर उतरा तो हमलावर हवाई हड्डे की सरहद तक आ पहुँचे थे। सेना के एक मेजर हवाई पट्टी पर ही शहीद हो गए। अगर कबाइलियों ने बारामुल्ला में लूटपाट और औरतों के साथ बलात्कार में वक्त बर्बाद न किया होता तो वे हवाई हड्डे पर कब्जा कर चुके होते, और भारतीय विमानों का वहाँ उतरना मुश्किल हो जाता। के.एस. थिमैय्या नामक एक कुशल अफसर, जो बाद में भारतीय थल सेना के प्रमुख भी बने, अद्भुत साहस का परिचय देते हुए टैंकों को 11,575 फीट की ऊँचाई पर स्थित जोजिला पास तक ले गए, वह भी बर्फीली सर्दियों में, और लड़ाई को जल्दी

ही उसके अन्जाम तक पहुँचाने में सफल रहे।

गांधीजी ने भी सेना की कार्रवाई का समर्थन किया और कहा कि अगर किसी समुदाय की रक्षा करने में कायरता आड़े आ रही हो, तो उसे बचाने के लिए लड़ाई का सहारा लेना कहीं बेहतर था। यह उन सभी लोगों को गांधीजी का जवाब था जो सोच रहे थे कि वे एक सशस्त्र युद्ध का समर्थन कैसे कर सकते थे!

मैंने कश्मीर अभियान का नेतृत्व करनेवाले लेफ्टिनेंट जनरल कुलवन्त सिंह से पूछा था, ''आप पूरा कश्मीर लेने की बजाय बीच में ही क्यों रुक गए?'' यह लड़ाई खत्म होने के कई वर्ष बाद की बात है। उन्होंने कहा कि प्रधानमंत्री ने उन्हें सिर्फ उस इलाके तक जाने के लिए कहा था जहाँ कश्मीरी बोली जाती है। नेहरू पंजाबी-भाषी इलाके (अब आजाद कश्मीर) में जाने के इच्छुक नहीं थे। एक तरह से नेहरू की दिलचस्पी सिर्फ कश्मीरी घाटी में थी। अक्तूबर, 1947 में लन्दन में हुई कॉमनवेल्थ कॉन्फ्रेंस में उनका दृष्टिकोण खुलकर सामने आ गया था। उन्होंने पाकिस्तान के प्रधानमंत्री लियाकत अली से कहा था कि एक तरह से कश्मीर का बँटवारा हो गया था। पश्चिमी पुंछ और उत्तर-पश्चिम के कुछ हिस्से पाकिस्तान में चले गए थे।

उनके इस प्रस्ताव से यह भी संकेत मिलता था कि वे अभी पाकिस्तान को शत्रु मानने के लिए तैयार नहीं थे। उनकी नीति यह थी कि पाकिस्तान एक नाराज देश था और दोनों तरफ से शरणार्थियों का सिलसिला थमने के बाद आपसी कटुता आपसी सद्भावना में बदल जाएगी।

कश्मीर को लेकर दोनों देश लड़ाई में कूद पड़े थे। यह लड़ाई तब भी जारी थी जब लियाकत अली संयुक्त सुरक्षा समिति की बैठक में भाग लेने के लिए 26 नवम्बर, 1947 को दिल्ली आए थे। वे और नेहरू इस बात पर सहमत हो गए थे कि पाकिस्तान कबाइलियों को लड़ाई बन्द करके जल्दी से जल्दी वापस लौटने के लिए कहेगा और भारत भी अपनी ज्यादतर सेनाएँ हटा लेगा, और संयुक्त राष्ट्र को जनमत-संग्रह के लिए एक कमीशन भेजने के लिए कहा जाएगा।

माउंटबेटन की सलाह पर भारत ही इस मामले को संयुक्त राष्ट्र में ले गया था। यह एक भूल साबित हुई। बहुत-से भारतीय नेता इस मामले को संयुक्त राष्ट्र में ले जाने के पक्ष में नहीं थे, क्योंकि उन्हें आशंका थी कि ब्रिटेन पाकिस्तान का साथ देगा। और यही हुआ भी।

सुरक्षा परिषद में भारत को गहरा झटका लगा। इसके पीछे पाकिस्तान के विदेश मंत्री जफरुल्ला खान की जोरदार पैरवी का बहुत बड़ा हाथ था। वे अहमदी मुसलमान थे। (बाद में उनके पूरे समुदाय को गैर-मुसलमान घोषित कर दिया गया।) पाकिस्तान अपने ऊपर लगाए गए सभी आरोपों का खंडन करने और भारत को हमलावर दिखाने में सफल रहा।

नेहरू का मानना था कि यह फिलिप नोएल-बेकर की मिलीभगत के बिना सम्भव नहीं था, जो ब्रिटिश सरकार में एक 'पुराने लेबर' मंत्री थे। इसमें कोई शक नहीं था कि ब्रिटेन ने पाकिस्तान-समर्थक नीति अपनाने का फैसला किया था। इसके पीछे मामले के गुण-दोष न होकर ब्रिटेन की मिडल ईस्ट नीति में पाकिस्तान का सम्भावित महत्त्व था। बेकर के मन

में भारत को लेकर कुछ पूर्वाग्रह भी थे और वे बदले की भावना में अपने दायरे से काफी आगे बढ़ गए थे। उन्होंने नेहरू को इस बात के लिए कभी माफ नहीं किया था कि उन्होंने निशस्त्रीकरण के मामले में उनके साथ बातचीत करना तो दूर उनकी सलाह तक लेने की जरूरत नहीं समझी थी। बाद में बेकर को 1959 में इसी विषय पर नोबेल पुरस्कार मिला था।

ब्रिटेन ने कश्मीर को 'विवादित क्षेत्र' ठहराए जाने की दलील दी तो अमरीका ने उससे असहमति जताते हुए कहा कि उसे "कश्मीर के भारत में विलय की कानूनी वैधता पर कोई प्रश्न-चिन्ह लगाना मुश्किल प्रतीत होता है।" अमरीका ने नोएल-बेकर के इस प्रस्ताव का भी विरोध किया कि संयुक्त राष्ट्र को पाकिस्तान को कश्मीर में अपनी सेनाएँ तैनात करने की अनुमति देनी चाहिए। लेकिन फिर ब्रिटेन के दबाव में आकर अमरीका इस प्रस्ताव के लिए राजी हो गया कि 'भारत की सहमति से' पाकिस्तान सेना कश्मीर में दाखिल हो सकती थी।

बाद में ब्रिटेन और अमरीका एक साथ हो गए। वे नहीं चाहते थे कि कश्मीर की समस्या का कोई समाधान निकलने तक पाकिस्तान घुसपैठियों को रोकने के लिए कोई कार्रवाई करे। उन्होंने अब्दुल्ला सरकार को हटाए जाने और जनमत-संग्रह होने तक कश्मीर को संयुक्त राष्ट्र के नियंत्रण में लाए जाने की माँग की।

नेहरू ब्रिटेन के इस कपटपूर्ण रवैये से दंग रह गए थे। उन्होंने 16 फरवरी, 1948 को वियजलक्ष्मी पंडित को लिखा था–

> मैं कल्पना भी नहीं कर सकता कि सुरक्षा परिषद इतने ढीले और पक्षपातपूर्ण ढंग से व्यवहार कर सकती है। कोई आश्चर्य नहीं कि विश्व आज बिखराव की राह पर है।... यू.एस. और ब्रिटेन ने बहुत गंदा खेल खेला है, जिसमें ब्रिटेन की पर्दे के पीछे मुख्य भूमिका रही है।

नेहरू का पहले यह खयाल था कि पाकिस्तान में रियायतों की चाह ने ही अमरीका और अन्य पश्चिमी देशों को यह रवैया अपनाने पर मजबूर किया था। लेकिन संयुक्त राष्ट्र संघ से लौटे अधिकारियों के साथ बातचीत के बाद उनकी समझ में आया कि सारी शरारत नोएल-बेकर की थी। नेहरू ने एटली से शिकायत की कि नोएल-बेकर ने शेख अब्दुल्ला के इस आरोप को 'झूठा' कहकर खारिज कर दिया था कि हमलावरों की कश्मीरी घुसपैठ में पाकिस्तान का हाथ था। छह दशक बाद ब्रिटेन के प्रधानमंत्री जार्ज ब्राउन ने सार्वजनिक तौर पर स्वीकार किया कि लन्दन को संयुक्त राष्ट्र में उसके दूत नोएल-बेकर ने गुमराह किया था।

नेहरू ब्रिटेन के व्यवहार पर इतने ज्यादा भड़के हुए थे कि कॉमनवेल्थ में भारत के शामिल होने पर प्रश्न-चिह्न लग गया था। फिर भी, माउंटबेटन दम्पती उन पर जोर डालते रहे जो भारत को कॉमनवेल्थ में देखने के इच्छुक थे। नेहरू को यह प्रश्न भी दुविधा में डाले हुए था कि कोई गणतंत्र ब्रिटेन की महारानी को अपनी प्रमुख कैसे स्वीकार कर सकता था। स्वाधीनता से पहले कामनवेल्थ में भारत की मौजूदगी अपने-आपमें एक अनोखी घटना थी। तकनीकी तौर पर उसका दर्जा डोमीनियन का न होकर साम्राज्य के अधीन आनेवाले क्षेत्र का था। स्वाधीनता के बाद 1947 में कॉमनवेल्थ की सदस्यता को स्वीकार करना और 1949

में इसकी पुष्टि करना स्वतंत्र भारत का पहला बड़ा विदेश नीति सम्बन्धी निर्णय था। यह कॉमनवेल्थ के इतिहास में एक महत्त्वपूर्ण मोड़ साबित हुआ और अश्वेत देशों के लिए इसकी सदस्यता का रास्ता खुला। मुझे पता चला था कि माउंटबेटन दम्पती इससे बेहद खुश थे।

मैं भारत के कॉमनवेल्थ में शामिल होने के खिलाफ था, क्योंकि मेरा खयाल था कि यह हमारी गुलामी की याद दिलाता था। ब्रिटिशों ने हम पर इतने ज्यादा अत्याचार किए थे कि उनके साथ इस तरह का जुड़ाव हमारी कायरता दिखाई दे सकता था। उन्होंने अपने कृत्यों के लिए क्षमा-याचना भी नहीं की थी। कई कांग्रेस नेता भी ब्रिटिशों के साथ कोई सूत्र जुड़ा रखने के पक्ष में नहीं थे। लेकिन नेहरू का कहना था कि भविष्य को देखते हुए यह एक शुभ संकेत था और भारत और इंग्लैंड के बीच पुराना संघर्ष दोस्ताना और सम्मानजनक तरीके से खत्म हुआ था।

कश्मीर को लेकर लन्दन और वाशिंगटन के रवैये से नेहरू को काफी ठेस लगी थी। बाद में, दिसम्बर 1950 में, भारत ने संयुक्त राष्ट्र के कश्मीर में मध्यस्थता करने के प्रस्ताव को ठुकरा दिया। नेहरू ने एक प्रेस कॉन्फ्रेंस में, जिसमें मैं भी मौजूद था, कहा था–

> भारत सरकार को चला रहे लोगों का पिछला रिकार्ड यह दिखाता है कि वे परिणामों की चिन्ता किए बिना पिछले तीस वर्षों से उस रुख पर अडिग रहे हैं जिसे वे सही मानते हैं, और कश्मीर या दूसरे किसी मामले में भी यही बात लागू होती है।

नेहरू जनमत-संग्रह के खिलाफ थे, लेकिन बिलकुल दूसरे कारणों से। उन्होंने माउंटबेटन से कहा था कि कश्मीर में भारतीय सेनाओं की मौजूदगी और शेख अब्दुल्ला की नेशनल कॉन्फ्रेंस के शासन को देखते हुए एक औसत मुसलमान इतना दबाव महसूस करेगा कि वह पाकिस्तान के लिए वोट देने का साहस नहीं कर पाएगा।

माउंटबेटन ने भारत सरकार की स्वीकृति के बिना जिन्ना को संयुक्त राष्ट्र के अधीन जनमत-संग्रह का सुझाव दिया था, जिससे पहले पर्यवेक्षकों और आयोजकों द्वारा 'अनुकूल माहौल' तैयार किया जा सकता था। जिन्ना ने इसके जवाब में कहा कि सिर्फ वे खुद और माउंटबेटन ही 'दो ऐसे व्यक्ति थे' जो जनमत-संग्रह करवा सकते थे। इस पर माउंटबेटन ने टिप्पणी की कि उन्हें ऐसा करने का कोई अधिकार प्राप्त नहीं था। लॉर्ड इस्मे ने अपना मत प्रकट करते हुए कहा कि ब्रिटेन के प्रधानमंत्री एटली भी इसकी अनुमति नहीं देंगे।

अमरीका के तत्कालीन राजदूत चेस्टर बॉल्स ने मुझसे कहा था कि अगर 1953 से पहले जनमत-संग्रह हुआ होता तो भारत जीत गया होता। तब नई दिल्ली को कश्मीर में भारी समर्थन प्राप्त था। लेकिन बाद में हालात बदल गए। शायद वे शेख अब्दुल्ला की गिरफ्तारी की बात कर रहे थे।

इस बातचीत का रिकार्ड माउंटबेटन ने एक रिपोर्ट के रूप में नेहरू को पेश किया था। मुझे यह रिपोर्ट देखने का अवसर मिला था। इसमें कहा गया था कि मीटिंग के आखिर में जिन्ना बहुत निराश दिखाई दे रहे थे। उन्होंने कहा था, "पाकिस्तान के जन्म लेते ही हिन्दुस्तान उसका गला घोंटने पर तुला हुआ है।" क्लाद ऑचिनलेक ने भी लन्दन में इसी तरह की रिपोर्ट भेजी थी–"मुझे यह कहने में कोई हिचकिचाहट महसूस नहीं हो रही कि हिन्दुस्तान का मौजूदा केबिनेट पाकिस्तान को एक मजबूत नींव पर खड़े न होने देने की

हरसम्भव कोशिश कर रहा है।''

कश्मीर में लड़ाई अभी चल ही रही थी कि हैदराबाद की मुसीबत खड़ी हो गई। चारों तरफ से जमीन से घिरा होने के कारण वह भारत के अलावा किसी दूसरे देश में शामिल नहीं हो सकता था, हालाँकि निजाम का झुकाव पाकिस्तान की तरफ था। ब्रिटिशों ने उनकी सेवाओं के लिए उन्हें 'हिज एक्जेल्टिड हाइनेस' का खिताब दिया था। निजाम अपने-आपको महान मुगल वंश का सच्चा उत्तराधिकारी घोषित करते हुए एक स्वतंत्र रियासत के ख्वाब देख रहे थे। उनका खयाल था कि कश्मीर में उलझे होने के कारण भारत हैदराबाद पर ध्यान नहीं दे पाएगा।

कश्मीर की लड़ाई के कारण भारत ने पाकिस्तान के हिस्से की बकाया रकम का भी भुगतान रोक दिया था। 'आर्बिट्रेशन ट्रिब्यूनल' ने पाकिस्तान के हिस्से के रूप में 75 करोड़ रुपए की रकम निर्धारित की थी और भारत ने अब तक सिर्फ 20 करोड़ रुपए का भुगतान किया था। पटेल का तर्क था कि दोनों देशों के बीच सशस्त्र संघर्ष को देखते हुए भारत यह भुगतान नहीं कर सकता था। दूसरी तरफ पाकिस्तान का कहना था कि रकम के बँटवारे को लेकर हुए समझौते में कश्मीर का कोई जिक्र नहीं किया गया था, और इस समझौते का कश्मीर की लड़ाई से कुछ भी लेना-देना नहीं था। इन दोनों को एक-दूसरे से जोड़ना एक 'गैर-दोस्ताना कार्रवाई' थी।

इस झगड़े में हम शरणार्थियों को उम्मीद की एक किरण दिखाई दे रही थी। सरकार का एक बड़ा हिस्सा पाकिस्तान के हिस्से की रकम को हिन्दुओं और सिखों द्वारा पाकिस्तान में छोड़ी गई सम्पत्ति के खिलाफ व्यवस्थित किए जाने की बात कर रहा था। मोटे तौर पर ऐसा अनुमान था कि पाकिस्तान में हिन्दुओं और सिखों की लगभग 500 करोड़ रुपए की सम्पत्ति छूट गई थी, जबकि भारत से पलायन कर चुके मुसलमानों की सम्पत्ति 100 करोड़ रुपए के आसपास थी। यह पाँच और एक का अनुपात था।

लेकिन गांधीजी इस मामले को लेकर आमरण अनशन पर बैठ गए और नई दिल्ली को झुकना पड़ा और पाकिस्तान को उसका हिस्सा देना पड़ा। गांधीजी भुगतान न किए जाने को लेकर बहुत ज्यादा दुखी थे। लेकिन पटेल को उनकी यह जोर-जबर्दस्ती पसन्द नहीं आई। चरमपन्थी हिन्दुओं ने भी गांधीजी को कभी माफ नहीं किया। उन्हें एक हिन्दू राष्ट्र की स्थापना में गांधीजी एक रुकावट प्रतीत होते थे। उन्होंने जल्दी ही एक षड्यंत्र रचा और उनमें से एक ने गांधीजी की हत्या कर दी।

पटेल ने केबिनेट से इस्तीफा दे दिया, क्योंकि वे इस हत्या के लिए अपने-आपको जिम्मेदार मान रहे थे। उनके इस्तीफे से लोगों को उन पर उँगली उठाने का अवसर भी नहीं मिल पाया। सभी जानते थे कि वे गांधीजी से नाराज थे, जिन्होंने अनशन करके सरकार को पाकिस्तान के हिस्से की रकम का भुगतान करने के लिए विवश कर दिया था। इस चूक को भी क्षमा करना मुश्किल था कि कुछ दिन पहले ही मदन लाल द्वारा गांधीजी की सभा में बम फेंके जाने के बावजूद उनकी सुरक्षा की कोई व्यवस्था नहीं की गई थी। उस प्रार्थना सभा में मैं भी मौजूद था। गांधीजी ने इस तरह व्यवहार किया था मानो कुछ भी न हुआ था। सभी लोगों की तरह मैं भी यही समझा था कि शायद कोई पटाखा फटा था। अगले दिन अखबारों में पढ़कर ही मुझे पता चला था कि वह बम था।

राष्ट्रीय स्वयंसेवक संघ के प्रति पटेल के नरम रुख के बारे में सभी जानते थे। गांधीजी की हत्या में संघ के शामिल होने का सन्देह था। पटेल ने संघ पर प्रतिबन्ध लगा दिया, लेकिन कुछ दिन बाद ही इसे हटा लिया। ऐसा लगता था कि उन्हें यह पच नहीं रहा था।

नेहरू ने पटेल से इस्तीफा न देने का आग्रह किया। उन्होंने कहा, ''बापू के निधन के बाद जो संकट पैदा हो गया है, उसे देखते हुए यह मेरा कर्तव्य है, और मैं तो कहूँगा कि तुम्हारा भी, कि हम मित्रों और सहकर्मियों की तरह इसका मिलकर मुकाबला करें।'' स्नेह में डूबे इन शब्दों ने पटेल के दिल को छू लिया। उन्होंने न सिर्फ अपना इस्तीफा वापस ले लिया, बल्कि यह जिद भी छोड़ दी थी कि हर मंत्रालय को अपने ढंग से काम करने की आजादी होनी चाहिए।

मैं तब 'अंज़ाम' में काम कर रहा था। 30 जनवरी, 1948 का दिन सर्दियों के किसी भी दूसरे दिन की तरह था–सुहानी धूप और ठंडक भरा। दफ्तर के एक कोने में पीटीआई का टेलीप्रिंटर लगातार शब्द उगल रहा था। डेस्क-इंचार्ज सबरी साहब ने लन्दन की डेटलाइन वाली एक लम्बी खबर मुझे अनुवाद करने के लिए दी। चपरासी ने मेरे सामने तेज शक्कर वाली गरमागरम चाय का प्याला रख दिया था। मैं धीरे-धीरे चाय के घूँट भर रहा था कि टेलीप्रिंटर की घंटी बजी। मैं लपककर टेलीप्रिंटर के पास पहुँचा और मैंने उस पर अभी-अभी उभरा फ्लैश पढ़ा–'गांधी शॉट'!

मेरा एक सहकर्मी मुझे मोटरबाइक पर बिड़ला हाउस ले गया। वहाँ शोक का माहौल था। मेरे कानों में 'गांधी अमर रहे' की आवाजें पड़ीं। आनेवालों की जाँच के लिए गेट पर कोई भी मौजूद नहीं था। खादी के सफेद कपड़ों में लिपटे बहुत से स्त्री-पुरुष गांधीजी के शरीर के आसपास खड़े थे। वे हमेशा उनके साथ रहनेवाले लोग थे। दोपहर की प्रार्थना के लिए जल्दी चले आनेवाले कुछ लोग भी मौजूद थे। वहाँ कोई खास भीड़ नहीं थी। मुझे नेहरू, पटेल और रक्षा मंत्री बलदेव सिंह दिखाई दिए। वे सब शोक में डूबे गुमसुम से खड़े थे। मैंने देखा कि आजाद एक पेड़ के नीचे अकेले खोए-खोए से बैठे हुए थे। बँटवारे से पहले उनका जितना महत्त्व हुआ करता था, वह अब नहीं रहा था। नेहरू अब भी उनकी सलाह लेते रहते थे और उनकी राय की कद्र करते थे। लेकिन पटेल को अकसर यह कहते सुना जाता था कि आजाद अब जीरो हो गए थे। गांधीजी अब भी हर अवसर पर आजाद की राय लेते रहते थे।

मैंने गवर्नर जनरल लॉर्ड माउंटबेटन को वहाँ पहुँचते और महात्मा के पार्थिव शरीर को सलामी देते देखा, जिसे अहाते के बीचोबीच एक मंच पर रख दिया गया था। ''भगवान का शुक्र है वह पंजाबी नहीं था'' बलदेव सिंह ने माउंटबेटन से कहा– ''वह मुसलमान भी नहीं था, और हम इस बात का खासतौर से ऐलान कर रहे हैं।'' यह ऐलान रेडियो पर किया जा रहा था। मैंने सोचा कि इससे ऐसी अफवाहों पर रोक लगेगी कि हत्यारा कोई मुसलमान था। शोक की इस घड़ी में गुस्से और बदले की भावना देश को हिंसा की लपटों में झोंक सकती थी। गांधीजी देश की एकता और अनेकता के प्रतीक थे।

तब तक बिड़ला हाउस में काफी पुलिस जमा हो चुकी थी। गांधीजी सुरक्षा के तामझाम को कभी पसन्द नहीं करते थे। उनका मानना था कि नेताओं को भीड़ से कतराना नहीं चाहिए।

हालाँकि पुलिस ने पूरे क्षेत्र को अपने नियंत्रण में ले लिया था, फिर भी किसी ने भी मुझे या किसी दूसरे व्यक्ति को गांधीजी के पार्थिव शरीर से दूर धकेलने की कोशिश नहीं की। हर तरफ श्रद्धालुओं की भारी भीड़ के बावजूद बिड़ला हाउस में सन्नाटा-सा छाया हुआ था। कुछ लोग धीमे स्वर में गांधीजी का प्रिय भजन 'ईश्वर अल्ला तेरो नाम' गा रहे थे।

तभी मैंने नेहरू जी को अहाते की दीवार पर चढ़ते देखा। धूप में चमक रहे अपने आँसुओं को पोंछते हुए उन्होंने भर्राए स्वर में कहना शुरू किया–"हमारी जिन्दगी से रोशनी गायब हो गई है। बापू नहीं रहे। एक आभा लुप्त हो गई है। हमारी जिन्दगियों को गरमाहट और रोशनी पहुँचनेवाला सूरज अस्त हो गया है और हम ठंड और अँधेरे में काँपते रह गए हैं।" नेहरू बिलख उठे, और उनके साथ ही पूरी भीड़ थी। शायद ही कोई आँख थी जो गीली नहीं थी; शायद ही कोई गाल था जिस पर आँसू नहीं थे। पिछले कई दशकों से भारत के भाग्य की डोर सँभालने वाला जा चुका था। अब देश किसका मुँह ताकेगा? नेहरू और पटेल के बीच बढ़ती दूरियों को कौन पाटेगा?

मैंने नत्थूराम गोडसे को नहीं देखा, जिसने बहुत नजदीक से गांधीजी पर तीन गोलियाँ चलाई थीं। शायद वह बिड़ला हाउस के किसी कमरे में बन्द था या शायद पुलिस उसे थाने ले गई थी। मैं खुद भी इतना दुखी और शोक में डूबा हुआ था कि मुझे यह पता लगाने का होश ही नहीं था। कहाँ था अहिंसा के मसीहा का हत्यारा? मुझे उस रास्ते में खून के कुछ छींटे और फूल बिखरे दिखाई दिए जहाँ से गुजरकर गांधीजी अपनी प्रार्थना सभा में जाते थे। आसपास इतने सारे लोगों के बावजूद वह रास्ता निर्जन दिखाई दे रहा था। एक आदमी के जाने से कितना फर्क पड़ गया था!

अपने मन में उमड़ते भावनाओं के ज्वार से संघर्ष करते हुए मैंने इस क्षति का अर्थ समझने की कोशिश की। इतिहास के कई दृश्य मेरी आँखों के सामने गुजरते चले गए। शायद मैं कुछ ज्यादा ही नरम था, कुछ ज्यादा ही भावुक। पत्रकारिता में बिलकुल नया-नया, बिलकुल नौसिखिया। बँटवारे की भयंकर लपटें भी मेरे दिल को सख्त नहीं बना पाई थीं। मैं फूट-फूटकर रोया।

इन आँसुओं ने मेरे अन्दर दबे गुस्से की उस परत को धो डाला था, जो बँटवारे के कत्लेआम और आगजनी से जमती चली गई थी। मैं बहुत हल्का और भावशून्य महसूस कर रहा था। मुझे वह दिन याद आ गया जब पाकिस्तान से दिल्ली पहुँचने के बाद मैंने पहली बार महात्मा को देखा था। वे मेरे लिए भारत के दुखों और सपनों के प्रतीक बन गए थे। अभी एक हफ्ते पहले ही गांधीजी ने कांग्रेस के एक बड़े नेता बी.सी. राय से कहा था, "मेरे जीने का फायदा क्या है? न तो लोगों को और न सरकार को अब मेरी जरूरत है। ऐसी परिस्थितियों में 'करो या मरो' की सार्थकता और भी बढ़ जाती है। मैं काम करते हुए मरना चाहता हूँ, अपनी आखिरी साँस तक ईश्वर का नाम लेते हुए।" ऐसा माना जाता है कि जब गोलियाँ खाकर वे जमीन पर गिरे तो उनके मुँह से निकलनेवाले आखिरी शब्द थे–'हे राम।'

मैं प्रार्थना सभा वाली जगह पर गया और बहुत देर तक वहाँ खड़ा रहा। वहाँ मुझे तपस्विता और आध्यात्मिकता की उपस्थिति का अहसास हो रहा था–एक ऐसा अहसास जिसने मेरे अस्तित्व की गहराइयों को छू लिया। मुझे ऐसा लगा जैसे मैं एक विशाल श्रोता-समूह का

हिस्सा हूँ, वह श्रोता-समूह जिसमें हम सभी भारतीय शामिल हैं, और वे हम सबको हिंसा के त्याग का पाठ पढ़ा रहे हैं। क्या भारत इस आवाज पर ध्यान देगा, जिसे एक उन्मादी हत्यारे ने खामोश कर दिया था? क्या उनके इस बलिदान के बाद धर्मनिरपेक्षता का मिशन पूरा हो सकेगा? कम-से-कम कुछ समय के लिए हिन्दू, मुसलमान, सिख, ईसाई सब एक हो गए थे। सब-के-सब बहुत गहरे दुख में डूबे हुए थे और एक राष्ट्र के रूप में मिल-जुलकर शोक मना रहे थे। मुझे पूरा विश्वास था कि गांधीजी का चमत्कार हमेशा अपना रंग दिखाता रहेगा।

हम पाकिस्तान से आए पंजाबियों को गांधीजी से यह शिकायत थी कि उन्होंने अपना वायदा नहीं निभाया था–कि पाकिस्तान मेरी लाश पर बनेगा। लेकिन हममें से किसी ने भी दूर-दूर तक यह कल्पना नहीं की थी कि कोई उनकी जान ले लेगा, या इस तरह की बात भी सोचेगा। उनकी हत्या के बाद हम सब अनाथ महसूस कर रहे थे क्योंकि वे न सिर्फ हमारे दुखड़ों की अदालत थे, बल्कि परिवार के ऐसे बुजुर्ग की तरह थे जिनका कहा न मानने पर भी हमें माफ कर दिए जाने का भरोसा रहता था। हम सब बहुत रोए। उनकी कमी हमें बुरी तरह कचोट रही थी। हममें से किसी के भी घर में दो दिनों तक खाना नहीं पका।

भारत की इस शोक की घड़ी में पाकिस्तान दूर-दूर ही रहा। खुद जिन्ना की प्रतिक्रिया भी रूखी-रूखी सी थी–''वे हिन्दू समुदाय में जनमे महानतम व्यक्तियों में से थे।'' मुझे पाकिस्तान में गांधीजी की महानता की कोई स्वीकृति दिखाई नहीं दी है, मानो इससे जिन्ना का कद छोटा हो जाने का डर हो।

नेहरू के कहने पर पटेल ने अपना इस्तीफा वापस ले लिया। नेहरू को भारतीय प्रशासनिक सेवा (आईएएस) के मुद्दे पर उनसे समझौता करना पड़ा। आईसीएस (इंडियन सिविल सर्विस) को लेकर नेहरू और पटेल का अलग-अलग मत था। नेहरू आईसीएस को जारी रखना नहीं चाहते थे, क्योंकि उनका खयाल था कि यह ब्रिटिश साम्राज्य का अवशेष थी। आजादी की लड़ाई के दौरान उन्हें आईसीएस अधिकारियों के व्यवहार से गहरी ठेस पहुँची थी। उनका मानना था कि उनमें देशभक्ति की कमी थी। पटेल इस सेवा को भंग करने के लिए राजी नहीं हुए, लेकिन उन्होंने इसका नाम बदलकर 'इंडियन एडमिनिस्ट्रेटिव सर्विस' (आईएएस) कर दिया। उन्हें लगता था कि यह सेवा एक मजबूत लोह-ढाँचा थी, जो देश को चलाने के लिए बहुत जरूरी थी। कई वर्ष बाद जब मैं गृह मंत्रालय में सूचना अधिकारी था तो गृह सचिव भोलानाथ झा ने मुझसे कहा था कि आईसीएस को खत्म कर देना ही बेहतर रहता। उनका कहना था कि राज्यों के मुख्यमंत्री एक दिन इतने शक्तिशाली हो जाएँगे कि वे आईएएस अफसरों को अपने निजी हितों के लिए इस्तेमाल करने लगेंगे, जिससे इस सेवा का अपमान होगा। वे अपने आज्ञाकारी प्रान्तीय अधिकारियों को भारतीय प्रशासनिक अधिकारियों से अधिक महत्त्व देने लगेंगे।

लेकिन नेहरू अपने साथ विदेश मंत्रालय में काम करनेवाले आईसीएस अधिकारियों से काफी खुश थे। उन्होंने एक वरिष्ठ आईसीएस अधिकारी के.पी.एस. मेनन को लिखा था, ''उनकी दक्षता से मैं बहुत प्रभावित हूँ।'' उन्होंने हर किसी को आश्चर्य में डालते हुए आईएएस के एक सेक्रेटरी जनरल गिरजाशंकर बाजपेयी को विदेश मंत्रालय में ले लिया था। वे उनकी

राय और सुझावों पर बहुत ज्यादा निर्भर करने लगे थे।

फिर भी नेहरू और पटेल के बीच की खाई कभी पट नहीं पाई थी। चीन द्वारा भारतीय जमीन पर अतिक्रमण से पहले ही पटेल ने यह चेतावनी दे दी थी कि चीन एक दिन भारत की पीठ में छुरा घोंपेगा। यह बात उन्होंने तब कही थी जब वे पाकिस्तान से आए शरणार्थियों के पुनर्वास जैसी कई दूसरी समस्याओं से घिरे हुए थे।

संविधान सभा मेरी रिपोर्टिंग का हिस्सा नहीं थी, फिर भी मैं बड़े ध्यान से उसकी कार्रवाइयों पर नजर रखता था। यह सभा पहली बार 9 दिसम्बर, 1946 को मिली थी। मेरा मानना है कि नेहरू और पटेल मुख्य मुद्दों को लेकर पहले आपस में सलाह-मशविरा कर लेते थे और फिर लगभग हर शाम होनेवाली सभा की बैठक में उन्हें पास करवा लेते थे। हालाँकि उन्होंने बहुत-से संविधानों का अध्ययन किया था, और कानूनी सलाहकार बी.एन. राव इस सिलसिले में कई देशों में घूम आए थे, फिर भी उन्होंने ब्रिटेन की संसदीय प्रणाली को अपनाने का फैसला किया। हमारा राष्ट्रीय आन्दोलन भी ब्रिटिश संसद से बहुत नजदीक से जुड़ा रहा था। एक फर्क जिस पर हमने ध्यान नहीं दिया वह यह था कि हम अमरीकियों की तरह एक लिखित संविधान तैयार कर रहे थे। ब्रिटेन का संविधान एक अलिखित संविधान था और पिछले उदाहरणों और परम्पराओं पर आधारित था। इसलिए हमने एक अजीब और बेमेल-सा संविधान तैयार कर लिया, जो लोगों की आकांक्षाओं के अनुरूप नहीं था। गांधीजी ने हरेक के लिए रोटी, कपड़े और मकान का वायदा किया था, लेकिन संविधान में इन्हें आधारभूत अधिकारों के रूप में शामिल नहीं किया गया।

यह सच है कि निर्धनों का प्रतिनिधित्व करनेवाले बी.आर. अम्बेडकर संविधान के मुख्य रचनाकार थे। लेकिन उनके और नेहरू-पटेल के विचारों में बहुत कम फर्क था। अम्बेडकर ने सबसे ज्यादा एतराज अनुसूचित जातियों और जनजातियों के लिए आरक्षण को लेकर किया था, जिसे वे 'बैसाखियाँ' मानते थे। वे बड़ी मुश्किल से इसे सिर्फ दस वर्ष के लिए लागू करने के लिए राजी हुए थे।

पटेल के नेतृत्व में काम कर रही एक समिति ने मुसलमानों के लिए भी आरक्षण का सुझाव दिया था। लेकिन मुसलमानों के तत्कालीन नेताओं ने इसे अस्वीकार कर दिया। उनका कहना था कि वे अपने-आपको दूसरों से अलग या विशिष्ट दिखाना नहीं चाहते। वे पहले ही अलग देश की माँग को लेकर बहुत-सी तकलीफें झेल चुके थे।

मुझे यह देखकर बड़ी निराशा हुई थी कि हिन्दुस्तानी को भारत की राष्ट्र-भाषा का दर्जा दिए जाने के गांधीजी के सुझाव को संविधान में शामिल नहीं किया गया था। उनका प्रस्ताव पास नहीं हो पाया था। मैंने सुना था कि कांग्रेस पार्टी की मीटिंग में सिर्फ एक वोट के बहुमत से हिन्दी को राष्ट्र-भाषा के रूप में चुन लिया गया था।

संविधान सभा की बैठक की पूर्वसन्ध्या पर नेहरू ने कांग्रेस पार्टी की मीटिंग में हिन्दुस्तानी को राष्ट्र-भाषा के रूप में अपनाए जाने का प्रस्ताव रखा था। उनका खयाल था कि हिन्दी साम्प्रदायिक भावनाओं को बढ़ावा दे सकती थी, क्योंकि इसे हिन्दुओं की भाषा के रूप में देखा जाने लगा था। उन्होंने यह भी कहा था कि महात्मा गांधी भी हिन्दुस्तानी के पक्ष में थे। गांधीजी अपनी बात कहने के लिए मौजूद नहीं थे।

नेहरू के प्रस्ताव को सिर्फ एक वोट के फर्क से ठुकरा दिया गया। यह वोट पंजाब के गुरमुख सिंह मुसाफिर का था। लेकिन पन्त ने मुझे इस घटना का बिलकुल दूसरा रूप सुनाया था। उनका कहना था कि मतदान इस बात को लेकर हुआ था कि संख्याएँ रोमन में लिखी जानी चाहिए या हिन्दी में। मुसाफिर ने रोमन के पक्ष में वोट दिया था और संविधान में इसी को शामिल कर लिया गया था। जहाँ तक हिन्दी का प्रश्न था, पन्त का कहना था कि वह प्रस्ताव प्रचंड बहुमत से पास हुआ था; बल्कि संविधान सभा में उसका बहुत कम विरोध हुआ था, क्योंकि कांग्रेस अपनी मीटिंग में पहले ही हिन्दी के पक्ष में फैसला कर चुकी थी और संविधान सभा में कांग्रेस का बहुमत था।

नेहरू लोगों के आधारभूत अधिकारों का संविधान में स्पष्ट उल्लेख करना चाहते थे, और साथ ही यह प्रावधान भी रखना चाहते थे कि कोई भी नागरिक अपनी सुरक्षा के लिए देश की सर्वोच्च अदालत में जा सकता था। वे उस वायदे को पूरा करना चाहते थे जो वर्षों पहले, 1927 में उनके पिता मोतीलाल नेहरू ने देश की जनता से किया था। यह उस समय की घटना थी जब कांग्रेस के मद्रास अधिवेशन में मोतीलाल नेहरू से 'डिक्लेरेशन ऑफ राइट्स' के आधार पर देश का संविधान तैयार करने के लिए कहा गया था।

संविधान सभा की आखिरी बैठकों के दौर में मैं भी एक बैठक में मौजूद था। सभा की अध्यक्षता कर रहे डॉ. राजेन्द्र प्रसाद ने कहा था कि उनका संविधान दुनिया का सर्वश्रेष्ठ संविधान था, जिसकी व्याख्या दुनिया के सर्वश्रेष्ठ मस्तिष्क (उनका मतलब था न्यायाधीश) करेंगे। इसके बाद उन्होंने कहा कि सर्वश्रेष्ठ व्यक्ति (अर्थात् वकील) इसके विभिन्न प्रावधानों पर बहस करेंगे। लेकिन कितने अफसोस की बात थी, उन्होंने आगे कहा, कि जो लोग इन कानूनों को बनाएँगे (अर्थात सांसद और विधायक), उन्हें किसी तरह की शैक्षणिक योग्यताओं की जरूरत नहीं होगी।

प्रधानमंत्री नेहरू ने अपने जवाब में कहा कि वे राजन बाबू से इस मामले में सहमत थे कि यह एक उत्कृष्ट संविधान था और सर्वश्रेष्ठ मस्तिष्क इसका विश्लेषण और व्याख्या करेंगे। लेकिन, नेहरू ने आगे कहा, उनकी मुश्किल यह थी कि जब भारत आजादी की लड़ाई लड़ रहा था तो सर्वश्रेष्ठ मस्तिष्क ब्रिटिशों के टोडी थे। अनपढ़, गरीब और दबे-कुचले हमारी तरफ थे और देश के लिए अपना सब कुछ दाँव पर लगा रहे थे। ''क्या अब आजादी के बाद मैं टोडियों को उनसे ज्यादा महत्त्व देने लगूँ?''

उसी दौरान मैं पहली बार मौलाना आजाद के सचिव हुमायूँ कबीर से मिला था। अखबारों में यह घोषणा की गई थी कि आजाद के नेतृत्व में एक सद्भावना दल पाकिस्तान जा रहा था। मैं इसी सिलसिले में कबीर से मिला था। वे एक जाने-माने मुस्लिम बुद्धिजीवी थे। वे मुझसे अकसर कहते रहते थे कि उनकी योग्यताओं को देखते हुए यह पद उनके लायक नहीं था। शायद यह सही भी था। बाद में वे नेहरू के केबिनेट मंत्री बने और उन्होंने शिक्षा मंत्रालय सँभाला। वही विभाग जो आजाद के पास था।

कबीर और मैं धर्म के आधार पर देश के बँटवारे के लिए जिन्ना को दोषी ठहराते थे। कभी-कभी नेहरू पर भी चर्चा होने लगती। कबीर का कहना था कि नेहरू और जिन्ना की एक-दूसरे के लिए व्यक्तिगत नापसन्दगी भी काफी हद तक बँटवारे के लिए जिम्मेदार थी। हम कई बार नेहरू को 'अव्यावहारिक' ठहराते हुए उनकी आलोचना करते थे, जो अपने

पश्चिमी विचारों को भारत की बिलकुल अलग स्थितियों पर थोपना चाहते थे। यह बेमेलपन देश को भारी पड़ रहा था।

कबीर का कहना था कि नेहरू के काम की शैली को देखकर आजाद यह सोचने पर मजबूर हो गए थे कि पटेल को देश का प्रधानमंत्री होना चाहिए था और नेहरू को राष्ट्रपति। पटेल के घोर विरोधी के मुँह से इस तरह की बात निकलना अपने-आप में बहुत मायने रखता था। नेहरू के घोर प्रशंसक होने के बावजूद आजाद उनके साथ काम करने के बाद इस नतीजे पर पहुँचे थे कि अपने दकियानूसी नजरिए के बावजूद पटेल परिणामवादी और जमीन से जुड़े हुए थे। नेहरू बहुत ज्यादा आदर्शवादी थे। एक वर्ष बाद, दक्षिण के एक प्रमुख कांग्रेस नेता सी.आर. राजागोपालाचारी ने भी बिलकुल यही बात कही थी—नेहरू को गवर्नर-जनरल बना दिया जाना चाहिए और पटेल को प्रधानमंत्री का पद सँभालना चाहिए।

गांधीजी के निधन के बाद पटेल पहले वाले पटेल नहीं रहे थे। उनकी सेहत तेजी से गिरती चली गई थी। फिर भी, जब नेहरू ने देशी रियासतों से निपटने के लिए राज्य मंत्रालय की स्थापना की तो पटेल ने इसकी बागडोर सँभालने की इच्छा प्रकट की। शायद वे कुछ ऐसा कर जाना चाहते थे जिसे इतिहास याद रखे। और सचमुच, इन रियासतों को भारत में मिलाने के लिए देश उन्हें हमेशा याद रखेगा। ब्रिटिश जब भारत से गए थे तो पूरे देश में 564 देशी रियासतें थीं, जो ब्रिटिश अधिकारियों की देखरेख में अपना प्रशासन खुद सँभालती थीं।

इन रियासतों में राजाओं, महाराजाओं या नवाबों का राज था। ब्रिटिश उन्हें पालते-पोसते रहे थे और उनसे ज्यादा से ज्यादा धन बटोरते रहे थे। भारत छोड़ने से पहले ब्रिटिशों ने उनके सामने तीन विकल्प रखे—भारत में शामिल होने, पाकिस्तान में शामिल होने या फिर स्वतंत्र रहने का विकल्प। कोई भी फैसला करते समय लन्दन ने उन्हें आबादी के स्वरूप और भौगोलिक स्थिति को ध्यान में रखने के लिए कहा। उन्हें स्वतंत्र रहने का विकल्प देकर ब्रिटिशों ने एक तरह से अपनी विदाई के बाद भारत को खंड-खंड करने का रास्ता खोल दिया था, जिसे वे सम्भवतः अपनी विदाई के 'तोहफे' के रूप में देख रहे थे।

इन शासकों ने समूह या संघ बनाकर एकजुट होने की असफल कोशिश की। गांधीजी इस विचार से खुश नहीं थे, जबकि नेहरू कोई स्पष्ट रुख नहीं अपना पा रहे थे। ब्रिटिशों के जाने से पहले ही भोपाल के नवाब ने 'चैम्बर ऑफ प्रिंसिज' का प्रतिनधित्त्व करते हुए 2 अप्रैल, 1946 को साफ शब्दों में कह दिया था कि भारतीय रियासतें अधिकतम प्रभुसत्ता के साथ अपने अस्तित्व को जारी रखना चाहती थीं। बहुत सारी रियासतें अपना शासन खुद चलाना चाहती थीं। इसके पीछे सुरक्षा-भावना और उलझन दोनों का हाथ था।

पटेल और उनके योग्य सचिव वी.पी. मेनन ने उन्हें 'लीक पर लाना' शुरू किया। कुछ जोर-जबर्दस्ती से तो कुछ समझा-बुझाकर या प्रलोभन देकर ये दोनों लगभग सभी देशी रियासतों को भारत में शामिल करने में सफल रहे। सही मायने में देखा जाए तो यह ताकत का इस्तेमाल था। या यूँ कहें कि मेनन के एक हाथ में पिस्तौल थी और दूसरे में भारत के साथ विलय के कागजात। शासकों को रक्षा, विदेशी मामले और संचार को छोड़कर अन्य सभी विषय अपने नियंत्रण में रखने की अनुमति दी जा रही थी। लेकिन यह प्रलोभन भी सिर्फ कागजों तक सीमित रहा, जैसाकि बाद में देखा गया। भारत के साथ मिलने के एवज में उन्हें एक

'प्रिविपर्स' और राजप्रमुख की उपाधि दी गई। लेकिन एक प्रजातांत्रिक देश में यह सब भी कितने दिनों तक टिक सकता था? मैं देख रहा था कि जहाँ एक अखंड भारत को देखकर सब जगह खुशी की लहर दौड़ गई थी, वहीं प्रिविपर्स और उपाधि को लेकर कुछ लोग एतराज भी जता रहे थे। कुछ वर्ष बाद इन दोनों को भी खत्म कर दिया गया। तब केन्द्रीय मंत्री रह चुके जस्टिस एम.सी. चागला ने इसे 'अनुबन्ध के दायित्व से मुकरना' ठहराते हुए सरकार की निन्दा की थी।

इसमें कोई शक नहीं कि रियासतों का भारत में विलय एक भारी-भरकम और मुश्किल काम था। लेकिन पटेल ने मेनन के सक्रिय सहयोग से इसे कर दिखाया। इसके लिए होशियारी तो बरती ही गई, लेकिन जरूरत पड़ने पर ताकत का भी इस्तेमाल किया गया। जैसाकि मेनन का कहना था, ये रियासतें 'अलग-अलग किस्मों के पंछियों' का झुंड थीं, जिन्हें एक-एक करके 'पकड़ा गया' और 'अहिंसा के सिद्धान्त का पालन करने' का पूरा ध्यान रखा गया। मेनन जो भी कहते रहे हों, लेकिन इसे बन्दूक की नोक पर विलय ठहराना कोई अतिश्योक्ति नहीं होगी।

मेनन ने मुझे जूनागढ़ की रियासत का किस्सा सुनाया था। नवाब मोहाब खान, रसूल खान जी और दीवान अब्दुल कादिर मुहम्मद हाशिम ने 15 अगस्त, 1947 को ही रियासत के पाकिस्तान में शामिल होने की घोषणा कर दी थी। भारत की परेशानी स्वाभाविक थी क्योंकि जूनागढ़ काठियावाड़ के बीचोबीच स्थित था, जहाँ हिन्दुओं का प्रबल बहुमत था। खुद जूनागढ़ भी हिन्दुओं की बहुसंख्या वाली रियासत थी। मेनन का कहना था कि उनके पास ऐसे पत्र थे जिनसे साबित होता था कि जिन्ना ने 1947 के शुरू के महीनों में नवाब से 'डटे रहने' और भारत में शामिल न होने के लिए कहा था। पटेल सैनिक कार्रवाई करना चाहते थे, लेकिन नेहरू ने उन्हें रोक दिया। माउंटबेटन मामले को संयुक्त राष्ट्र में ले जाना चाहते थे। 'डटे रहने' के इरादे से नवाब ने 1947 के शुरू में जुल्फिकार अली भुट्टो के पिता शाह नवाज भुट्टो को अपना दीवान नियुक्त कर दिया था। लेकिन काठियावाड़ के दूसरे राजाओं और भारत सरकार के दबाव के सामने नवाब के लिए 'डटे रहना' मुश्किल हो गया और वे खजाना खाली करके पाकिस्तान भाग खड़े हुए। पर जल्दी ही उनका जोश ठंडा हो गया और वे मायूस होकर जूनागढ़ लौटने की सोचने लगे। उन्होंने भारत के हाई कमिश्नर श्री प्रकाश के माध्यम नई दिल्ली को सन्देश भेजा कि वे रियासत के भारत में विलय के लिए तैयार थे। भारत सरकार ने उन्हें जवाब देने की जरूरत नहीं समझी। रियासत में विदेशी पत्रकारों की उपस्थिति में जनमत-संग्रह करवाया गया। दो लाख से भी ज्यादा लोगों ने भारत के साथ विलय का समर्थन किया, जबकि पाकिस्तान के पक्ष में सिर्फ 91 वोट पड़े।

हैदराबाद के साथ अलग से निपटा गया। सत्ता हस्तांतरण की घोषणा होते ही निजाम ने जिन्ना को एक सन्देश भेजकर पता लगाया कि क्या वे भारत के खिलाफ हैदराबाद का साथ देंगे। जिन्ना का जवाब था कि वे 'मुट्ठी भर और अधमरी बादशाहत' के लिए पाकिस्तान को खतरे में नहीं डालेंगे। कुछ हफ्ते बाद जिन्ना ने यही बात माउंटबेटन से भी कही थी—"हैदराबाद का मामला निजाम और उनकी अपनी सरकार को तय करना है।" लेकिन पाकिस्तान ने हैदराबाद के कट्टरपन्थी मुसलमानों की संस्था 'इत्तेहाद-उल-मुस्लीमीन' के

प्रतिनिधिमंडल की जिस शानोशौकत से खातिरदारी की थी, उससे मुस्लिम लीग के इरादों को लेकर सन्देह पैदा होने लगा था। बल्कि जिन्ना के साथ एक मीटिंग के बाद प्रतिनिधिमंडल ने कहा था कि वे 'पूरी तरह सन्तुष्ट होकर' हैदराबाद लौट रहे थे।

कहा जाता है कि पटेल ने हैदराबाद के बदले में पाकिस्तान को कश्मीर देने की बात की थी। लियाकत अली इसके लिए तैयार भी थे, क्योंकि कश्मीर पाकिस्तान की मुट्ठी में आते-आते फिसल गया था। पटेल और लियाकत अली की एक जैसी सोच थी। पटेल की कश्मीर में कोई दिलचस्पी नहीं थी और लियाकत अली की हैदराबाद में।

जिन्ना ने पटेल के सुझाव को नामंजूर कर दिया। उनका खयाल था कि कश्मीर तो एक न एक दिन पाकिस्तान के हाथ में आ ही जाएगा, लेकिन हैदराबाद भारत के गले का काँटा बना रहेगा। इस अन्देशे से कि प्रधानमंत्री लियाकत अली या कोई और कश्मीर को लेकर कोई समझौता न कर बैठे, जिन्ना ने 30 नवम्बर, 1947 को अपनी नोटबुक में लिखा था–"कश्मीर–मेरी रजामन्दी के बिना कोई समझौता नहीं होना चाहिए। लियाकत मियाँ ने इससे रजामन्दी जताते हुए इस पर अमल करने का वायदा किया है।" यह नोट कराची से प्रकाशित एक किताब में मौजूद है।

हैदराबाद को भारत में मिलाने के नई दिल्ली के दृढ़ संकल्प को देखते हुए निजाम ने रक्षा, विदेशी मामले (विदेश व्यापार को छोड़कर) और संचार भारत को सौंपकर रियासत को स्वायत्त दर्जा दिलाने की कोशिश की। लेकिन वे समझौते की मेज से आगे नहीं बढ़ पाए, क्योंकि रजाकारों के सरदार कासिम रजवी की धमकियों से उनके पाँव उखड़ गए थे। रजवी उन चरमपन्थियों का नेतृत्व कर रहे थे जो दक्कन में 'मुस्लिम सत्ता के वर्चस्व' को बरकरार रखने का दावा कर रहे थे। रजवी अपने समर्थकों को उकसाते हुए कह रहे थे–"जब तक इस्लाम की फतह का मकसद पूरा नहीं हो जाता, हैदरारबाद के मुसलमान अपनी तलवारें म्यान में नहीं डालेंगे।...हिन्दुस्तान में रहनेवाले हमारे मुसलमान भाई हमारा पाँचवाँ दस्ता होंगे।"

लोग यह महसूस करने लगे थे कि हैदरारबाद एक तरह का 'मिनी पाकिस्तान' बनता जा रहा था। वे लाचारी से पटेल की तरफ देख रहे थे, जिन्हें नेहरू की तुलना में कहीं ज्यादा व्यावहारिक और परिणामवादी समझा जाता था। नेहरू राजनयिक शिष्टताओं के चक्कर में पड़ जाते थे।

हालात इतने खराब हो चले थे कि खुद नेहरू को कांग्रेस पार्टी की 24 अप्रैल, 1948 की मीटिंग में कहना पड़ा था–"अब हैदराबाद के सामने दो ही रास्ते हैं–युद्ध या विलय।" बाद में उन्हें इस कथन का खंडन करना पड़ा क्योंकि हैदराबाद की स्थिति पूरी दुनिया का ध्यान खींचने लगी थी। माउंटबेटन ने नई दिल्ली को भरोसा दिलाया कि वे निजाम से जनमत-संग्रह के लिए एक फरमान जारी करने के लिए कहेंगे और अगले वर्ष के शुरू तक वहाँ एक जिम्मेदार सरकार स्थापित हो जाएगी। लेकिन निजाम टालमटोल करते रहे और उन्होंने फरमान पर भी दस्तख्त नहीं किए।

मैंने अमरीका के स्टेट डिपार्टमेंट द्वारा प्रकाशित बँटवारे के दस्तावेज पढ़े हैं। इनसे पता चलता है कि हैदराबाद ने 'ब्रिटिश तख्त के साथ सीधे सम्बन्ध बनाने' की कोशिश की थी, 'सम्भवतः इस इरादे से कि उसे शेष भारत से अलग दर्जा मिल सके।' इसमें कुछ-न-कुछ सच्चाई हो सकती है, क्योंकि लन्दन की कुछ फर्मों ने हैदराबाद के व्यवसायियों के साथ कुछ

औद्योगिक समझौते किए थे।

निजाम पुलिस के एक अनियमित अंग जिन्हें रजाकारों के नाम से जाना जाता था– की गतिविधियाँ दिल्ली सरकार के लिए चिन्ता का विषय बनती जा रही थीं। 22 मई, 1948 को उन्होंने हैदराबाद के गंगापुर स्टेशन पर एक रेलगाड़ी में सवार हिन्दू यात्रियों पर हमला किया तो पूरे देश की भावनाएँ भड़क उठीं। लोग निजाम के प्रति भारत सरकार के नरम रवैये से पहले ही नाराज थे। नई दिल्ली ने निजाम से भारतीय सेनाओं के हैदराबाद के जुड़वाँ शहर सिकन्दराबाद में प्रवेश करने की अनुमति माँगी, ताकि वहाँ कानून और व्यवस्था स्थापित की जा सके। लेकिन निजाम ने यह अनुमति देने की बजाय भारत के खिलाफ सुरक्षा परिषद में अपील कर दी।

उस समय इस तरह की खबरें सुनने में आ रही थीं कि नेहरू तब भी हैदराबाद में सेना भेजने के पक्ष में नहीं थे। उन्हें डर था कि कहीं यह मामला संयुक्त राष्ट्र में न उठ जाए। एक कहानी यह भी सुनने में आ रही थी कि नेहरू को 'पुलिस एक्शन' के बारे में तब पता चला जब सेना हैदराबाद में अन्दर तक घुस चुकी थी। उन्होंने पटेल से सम्पर्क करने की कोशिश की तो पता चला कि वे 'उपलब्ध' नहीं थे। उन्हें बताया गया कि तबीयत खराब होने के कारण वे उनसे बात नहीं कर सकते थे। पटेल की चहेती बेटी मणिबेन ने अपनी डायरी में लिखा है कि नेहरू ने सैनिक अभियान में विलम्ब करने की हर सम्भव कोशिश की थी।

यह सच है कि पटेल भारत सरकार के हाथ पर हाथ धरे बैठे रहने के रवैये से खीज चुके थे, लेकिन यह कल्पना करना भी मुश्किल है कि सेना भेजने के फैसले को प्रधानमंत्री से छिपाकर रखा गया होगा। नेहरू चाहते थे कि दुनिया निजाम के अड़ियल और कठोर रवैये को अपनी आँखों से देख सके। मुझे नहीं मालूम कि यह सच है या नहीं, लेकिन मुझे वरिष्ठ अधिकारियों ने यही बताया था कि सेनाओं के हैदराबाद में दाखिल होने के बाद ही नेहरू को सैनिक कार्रवाई के बारे में बताया गया था।

तरह-तरह की अफवाहें सुनने में आ रही थीं। एक अफवाह यह भी थी कि भारत ने 'पुलिस कार्रवाई' की योजना जिन्ना की मृत्यु के एक दिन बाद 13 सितम्बर को बनाई थी, ताकि पाकिस्तान की तरफ से किसी दखलन्दाजी का अन्देशा न रहे। ('डेली टेलीग्राफ' के एक संवाददाता ने कराची में भारत के हाई कमिश्नर को बताया था कि जिन्ना की मौत न हुई होती तो पाकिस्तान जरूर दखन्दाजी करता।) हैदराबाद में केन्द्र सरकार के तत्कालीन प्रतिनिधि के.एम. मुंशी ने अपनी किताब में लिखा है कि यह तारीख 9 सितम्बर, 1948 को तय की गई थी, क्योंकि सेना को हैदराबाद के पास अपने अन्तिम ठिकाने तक पहुँचने के लिए तीन दिन का समय चाहिए था।

'ऑपरेशन पोलो' के नाम से जाना जानेवाला यह अभियान सिर्फ पाँच दिनों में पूरा हो गया। अपनी 'गवर्नर-जनरल की रिपोर्ट' में माउंटबेटन ने लिखा था कि इस अभियान की योजना बर्मा के उनके दौरे के दौरान (8 से 16 मार्च, 1948) बनाई गई थी। भारत के तत्कालीन कमांडर-इन-चीफ इस ऑपरेशन के खिलाफ थे। उन्होंने पटेल से इसे स्थगित करने के लिए कहा था, क्योंकि पाकिस्तान द्वारा हैदराबाद और बम्बई पर हवाई हमले का खतरा था।

अभियान के झट से पूरा हो जाने से सुरक्षा परिषद या किसी दूसरे देश द्वारा दखलन्दाजी की सम्भावना नहीं रही थी। जैसाकि नेहरू ने (27 अक्तूबर, 1948) पैरिस से पटेल को एक पत्र में लिखा था–"यह बड़े सौभाग्य की बात है कि हमने इसे झट से निपटा दिया। वरना हमारे खिलाफ बहुत बुरी प्रतिक्रियाएँ होतीं क्योंकि सब कुछ समझ पाना बहुत मुश्किल होता है, और एक बड़े देश द्वारा छोटे देश पर हमले का लोगों पर अलग ही असर होता है।"

पाकिस्तान ने तीन बार हैदराबाद के मामले को सुरक्षा परिषद में उठाने की कोशिश की–6 अक्तूबर, 21 नवम्बर और 6 दिसम्बर, 1948 को। लेकिन सदस्यों ने कोई खास दिलचस्पी नहीं दिखाई, खासकर यह देखते हुए कि निजाम ने अपनी शिकायत वापस ले ली थी।

इसके कई महीने बाद पाकिस्तान में आयोजित एक पार्टी में लाइक अली भी मौजूद थे। वे कभी निजाम के प्रधानमंत्री रह चुके थे और पाकिस्तान भाग खड़े हुए थे। पाकिस्तान के तत्कालीन गवर्नर-जनरल गुलाम मुहम्मद ने उन्हें भारत के हाई कमिश्नर से मिलवाते हुए कहा–"कभी ये आपके कैदी हुआ करते थे।"

"और अब आपके कैदी हैं!" हाई कमिश्नर ने तपाक से कहा।

गोवा अब भी पुर्तगाल के अधीन था और उसे मुक्त करवाने में 13 वर्ष लग गए। मुझे लगता है कि उपनिवेशवाद के सभी धब्बों को आजादी के फौरन बाद ही धो डालना चाहिए था। फ्रांसीसियों का रवैया सबसे अच्छा रहा था। उन्होंने पहले पांडिचेरी और अन्य क्षेत्रों का 'डी फैक्टो' (असली) शासन नई दिल्ली को सौंप दिया, और फिर 'दि ज्यू रे' (कानूनी) सत्ता भी उसके हाथ में दे दी। सिर्फ चन्देर नगर में जनमत-संग्रह हुआ था और लोगों ने भारत का चुनाव किया था।

मैं विलय के कई वर्ष बाद पांडिचेरी गया था। माँ (मदर) तब भी आश्रम की बागडोर सँभाले हुए थीं। मैं उनसे एक फूल लेने के लिए कतार में खड़ा रहा था। वह आमतौर पर बाँटे जानेवाले फूलों से अलग रंग का फूल था। क्या इसका मतलब था कि मदर मुझसे प्रसन्न थीं? लेकिन क्यों? मैं इससे पहले कभी भी उनसे नहीं मिला था। उन्हें देखकर गहरी शन्ति का अहसास होता था, हालाँकि पार्किन्सन की बीमारी के कारण उनकी गरदन हमेशा हिलती रहती थी। पांडिचेरी में तब भी फ्रांसीसी संस्कृति के कुछ चिह्न मौजूद थे। इमारतों के अलावा आश्रम के माहौल में भी फ्रांसीसी संस्कृति की झलक थी। मेरा मन हुआ कि वहीं बैठ जाऊँ। मानो सभागृह की आध्यात्मिकता मेरे भीतर के किसी हिस्से को जगा दिया हो। मुझे बहुत शान्ति महसूस हुई। मेरे साथ ऐसा बहुत बार हुआ है, जब मेरे भीतर किसी चीज ने मुझे किसी एकान्त जगह पर बैठने और प्रार्थना करने के लिए प्रेरित किया है।

फ्रांसीसी जाते-जाते भी अपने पीछे सद्भावना का एक मधुर अहसास छोड़ गए। उनकी तुलना में पुर्तगालियों का रवैया बिलकुल अलग था। एन्तोनियो सलाजार नामक तानाशाह के शासनवाले पुर्तगाल ने गोवा छोड़ने से इनकार कर दिया। नेहरू को उम्मीद थी कि वे लोग देर-सवेर चले जाएँगे। लेकिन जब ऐसा कुछ नहीं हुआ तो लोग यह कहने लगे कि नेहरू पश्चिम को नाराज करने से डरते थे, क्योंकि गोवा के मामले को लेकर वे सब एक हो गए थे।

एक तरह से यह सच भी था। मैं देख रहा था कि अमरीका भारत पर दबाव डाल रहा था। नेहरू खुद भी ताकत के इस्तेमाल के खिलाफ थे, क्योंकि वे अन्तर्राष्ट्रीय विवादों में सुलह करवाने की अपनी छवि को धूमिल करना नहीं चाहते थे। भारत की जनता के गुस्से को शान्त करने के लिए वे यह दलील देते थे कि किसी को लठ मारकर समस्या का समाधान करना सही तरीका नहीं था। जब उनके विरोधी जमकर उन पर प्रहार करने लगे तो उन्होंने कहा कि वे हथियारों का इस्तेमाल नहीं करना चाहते थे।

अमरीका का सुझाव था कि भारत उसी तरह गोवा को पुर्तगाल से खरीद ले जैसे अमरीका ने फ्रांस से लुइसियान को खरीदा था। नेहरू इस प्रस्ताव पर सकारात्मक ढंग से विचार कर रहे थे कि तभी पुर्तगाल ने यह साफ कर दिया कि वह किसी भी कीमत पर गोवा को नहीं छोड़ेगा। मामला लटका रहा। नेहरू के रवैये से संसद और जनता दोनों ही खीजे हुए थे। फिर भी उन्होंने गांधीवादी सिद्धान्तों पर अमल करते हुए ताकत का इस्तेमाल करने से इनकार कर दिया।

यह देश की आजादी के ग्यारह वर्ष बाद अक्तूबर, 1958 की बात है। जैसाकि मुझे पता चला, नेहरू की इस नीति के पीछे अमरीका की इच्छा का हाथ था। अमरीका के राजदूत जॉन केनेथ गॉलब्रेथ का नेहरू से सीधा सम्पर्क था और उन्होंने नेहरू से अपना रिकार्ड खराब न करने के लिए कहा था। उनका कहना था कि अगर भारतीय सेना गोवा में दाखिल हो गई तो भारत अपनी नैतिक शक्ति की आवाज खो बैठेगा। राजदूत की इस सलाह के बाद खुद राष्ट्रपति जॉन एफ. कैनेडी ने भी नेहरू को एक सन्देश भेजकर ताकत के इस्तेमाल को लेकर, खासकर गोवा के मामले में, अपनी चिन्ता प्रकट की थी। वाशिंग्टन ने यह सुझाव भी दिया था कि भारत को इस मामले को संयुक्त राष्ट्र में ले जाना चाहिए और उसके माध्यम से इस 'विवाद' को निपटाने की कोशिश करनी चाहिए।

नेहरू कश्मीर के मामले को संयुक्त राष्ट्र में ले जाकर पहले ही एक सबक सीख चुके थे। वे इस गलती को दोहराना नहीं चाहते थे। फिर भी, वे फिलहाल कोई कार्रवाई न करने के लिए तैयार हो गए। यह भी बड़ी अजीब बात है कि इस बार रक्षा मंत्री कृष्णा मेनन ने नेहरू को यह सूचना दी कि भारतीय सेना का अग्रिम दस्ता पहले ही गोवा में दाखिल हो चुका था (17 दिसम्बर, 1961) और गोवा के गवर्नर-जनरल ने बिना लड़े आत्म-समर्पण कर दिया था। महाराष्ट्र से चुनाव लड़ने के अपने फैसले को देखते हुए मेनन ने गोवा के मामले में बिलकुल वही किया था जो पटेल ने हैदराबाद के मामले में किया था—दोनों बार नेहरू को सैनिक कार्रवाई शुरू होने के बाद सूचित किया गया था।

गोवा में सेना के दाखिल होने की खबर सुनकर कैनेडी भड़क उठे थे। उन्होंने नेहरू पर टिप्पणी करते हुए कहा था, "एक पादरी वेश्यालय में पकड़ा गया है।" कैनेडी बहुत जोरदार और कठोर शब्दों का प्रयोग कर रहे थे, क्योंकि उन्हें डर था कि दूसरे देश भी, खासकर अफ्रीका में, उपनिवेशवाद के खिलाफ उठ खड़े होंगे।

कैनेडी एक साम्राज्यवादी की तरह बात कर रहे थे। मेरा अपना विचार है कि अगर अफ्रीकी देश ऐसा करते तो उन्हें इसका स्वागत करना चाहिए था। मैं पश्चिमी देशों के तर्क को समझ नहीं पा रहा था। वे अपने-आप और शान्तिपूर्वक उपनिवेशों को मुक्त करना नहीं चाहते थे, लेकिन साथ ही यह उम्मीद भी कर रहे थे कि ये उपनिवेश विद्रोह पर उतारू न

हों क्योंकि हिंसा के इस्तेमाल का तरीका 'आउट ऑफ डेट' हो चुका था। नेहरू को विदेशों से भी ज्यादा भारत में हो रही आलोचनाओं से ठेस पहुँची थी। विपक्ष के नेता कह रहे थे कि लोकसभा के चुनावों को देखते हुए ही गोवा को मुक्त करवाया गया था।

एक सोशलिस्ट सांसद नाथ पई तुगलक रोड पर मेरे घर के सामने ही रहते थे। उनका कहना था कि भारत कभी भी गोवा में कार्रवाई न करता अगर स्वयंसेवकों ने गोलियाँ खाकर भी गोवा में घुसने की हिम्मत न दिखाई होती। सोशलिस्टों के शीर्ष नेता मधु लिमये कँटीली तारों को पार करके रेंगते हुए गोवा में दाखिल हो गए थे। इससे पहले कि पुर्तगाली सैनिक उन्हें अपनी गोलियों का निशाना बना पाते, उनके साथियों ने उन्हें पीछे खींच लिया था। मुझे भी यही लगता है कि अगर सोशलिस्टों ने पहल न की होती तो मेमन सैनिक कार्रवाई की हिम्मत न दिखा पाते, क्योंकि कांग्रेस पार्टी फूँक-फूँककर कदम रखने के पक्ष में थी।

भारत में विलय के बाद भी गोवा कई वर्ष तक अपनी पुर्तगाली संस्कृति को बचाए रखने में सफल रहा। अब वह सिर्फ एक पर्यटन-स्थल बनकर रह गया है। कुछ इमारतें अब भी आपको पुर्तगाल की याद दिलाती हैं, लेकिन दिल्ली और मुम्बई के बिल्डरों ने शहर के पुराने स्वरूप को लगभग खत्म कर डाला है। गोवा अपनी आत्मा खो चुका है। लेकिन वह इसी बात में खुश है कि वह महाराष्ट्र का हिस्सा नहीं बना है। यह माँग बीच-बीच में अपना सर उठाती रही है।

4

गोविन्द बल्लभ पन्त : चुनौतियों का दौर

'अन्जाम' के मालिक ने मुझे निकाल दिया था, क्योंकि मैं पाकिस्तान चले गए उनके भाई की सम्पत्ति को छुड़ा नहीं पाया था। 'अन्जाम' के मेरे एक सहकर्मी साबरी ने मुझे उसी तरह की दूसरी नौकरी दिलवा दी। 'वहादत' नाम का वह उर्दू अखबार भी बल्लीमारान से निकलता था। वहाँ से कुछ ही दूरी पर वह घर था जहाँ कभी हिन्दुस्तान के महानतम उर्दू शायर मिर्जा गालिब रहा करते थे।

'वहादत' के दफ्तर में मेरी मुलाकात मौलाना हसरत मोहानी से हुई, जो एक जाने-माने उर्दू शायर थे और आजादी की लड़ाई में हिस्सा ले चुके थे। हम दोनों में अच्छी पटने लगी। वे एक सीधे-सादे, संयमी और वामपन्थी झुकाव वाले व्यक्ति थे। वे वर्षों कांग्रेस में रह चुके थे और गांधीजी के आह्वान पर कई बार जेल जा चुके थे। लेकिन बँटवारे से कुछ पहले वे मुस्लिम लीग में शामिल हो गए थे। उनके साथ अपनी दूसरी मुलाकात में ही मैंने उनसे पूछ लिया था, ''आपने ऐसा क्यों किया? क्यों पाकिस्तान की माँग का समर्थन किया?'' उन्होंने स्वीकार किया कि यह उनकी भारी भूल थी। उन्होंने कहा कि पाकिस्तान की जिस अवधारणा का उन्होंने समर्थन किया था, सच्चाई उससे बिलकुल अलग साबित हुई थी। उनका खयाल था कि भारत की तरह पाकिस्तान भी एक उदारवादी और अनेकधर्मी देश होगा।

कुछ ही हफ्तों में हम काफी घुल-मिल गए तो उन्होंने मुझे उर्दू पत्रकारिता छोड़ देने की सलाह दी, क्योंकि भारत में इसका कोई भविष्य नहीं था। उन्होंने मुझे एक और भी सलाह दी–उर्दू शे'रो-शायरी से तौबा कर लेने की सलाह। मैंने उन्हें अपने लिखे हुए कुछ शेर दिखाए थे। उन्होंने उन्हें महज 'तुकबाजी' बताया। उनमें से एक शेर मुझे आज भी याद है–

उन्हें देखकर हम इबादत को भूले
जो देखा उन्हें तो इबादत भी कर ली
खुदाई अब तो बुला लो क़बर में
गुनाहों से हमने तो तौबा भी कर ली

मैंने उनकी दोनों सलाहें मान लीं। मैंने शे'रो-शायरी छोड़ दी और 'वहादत' से इस्तीफा देकर 'युनाइटिड स्टेट्स इन्फॉर्मेशन सर्विस' (यूएसआईएस) में भर्ती हो गया।

मैंने सोचा कि अमरीका से पत्रकारिता की डिग्री प्राप्त कर लेना अच्छा रहेगा। मैंने न्यूयॉर्क के 'संडे रिव्यू ऑफ लिटरेचर' के सम्पादक नॉर्मन कजिंस से बात की। बँटवारे के फौरन बाद वे शरणार्थियों की तकलीफों पर लिखने के लिए दिल्ली आए थे तो उन्होंने मुझे अपना

दुभाषिया नियुक्त किया था। वे किंग्जवे कैम्प के शरणार्थियों से बात कर रहे थे तो एक आदमी भीड़ को अमरीकियों से बात करने से मना करने लगा, क्योंकि अमरीका ने भारत के बँटवारे में ब्रिटेन की मदद की थी।

कजिंस बहुत संवेदनशील व्यक्ति थे और शरणार्थियों की हालात देखकर उनका मन भर आया था। लेकिन शिविर में हंगामा होने लगा तो उन्हें वहाँ से निकलना पड़ा। इसका एक अच्छा परिणाम यह हुआ कि हम दोनों में दोस्ती हो गई। चार वर्ष बाद जब मैं पढ़ाई के लिए अमरीका गया तो मैं न्यूयॉर्क में कुछ दिन उन्हीं के पास ठहरा। जब पत्रकारिता की डिग्री पा लेने के बाद नॉर्थ वेस्टर्न यूनिवर्सिटी में बिल चुकाने की बारी आई तो मेरे पास 100 डॉलर कम पड़ गए। इस बार भी उन्होंने मेरी मदद की।

मुझे लगा कि अमरीका में पत्रकारिता का कोर्स बिलकुल बेकार था। उसका भारतीय जरूरतों से कुछ भी सम्बन्ध नहीं था। मैं कुछ खास नहीं सीख पाया था। मुझे सिर्फ एक प्रेस कॉन्फ्रेंस की याद है, जिसमें मैं पत्रकारिता के छात्र के रूप में गया था। शिकागो में हुई इस प्रेस कॉन्फ्रेंस को एक उद्योगपति सम्बोधित कर रहे थे। मुझे याद है, मैंने उनसे पूछा था कि अगर हथियारों की माँग खत्म हो गई तो अमरीकी अर्थव्यवस्था का क्या होगा। उनका जवाब था, "हम अपनी इंडस्ट्री को जिन्दा रखने के लिए लड़ाइयाँ तलाशते रहेंगे।" उनकी यह बात सही साबित हुई है।

अमरीका की जो यादें मेरे दिल में आज भी बसी हुई हैं वे हमारे एक शिक्षक सी.डी. मैकडगल से जुड़ी हुई हैं। लम्बे-ऊँचे और काफी सख्त दिखाई देनेवाले मैकडगल हमें व्याख्यात्मक रिपोर्टिंग सिखाते थे। वे एक उदारवादी व्यक्ति थे और अपने ऊपर लगाए जा रहे तमाम आरोपों का बड़ी निडरता से सामना कर रहे थे। यह वह दौर था जब किसी भी तरह के विरोध को 'लाल सलाम' के साथ जोड़कर देखा जा रहा था। अमरीका में कम्युनिज्म-विरोध का जनून अपने चरम पर था। इसका नेतृत्व जॉसेफ मैकार्थी नामक एक सिनेटर कर रहे थे।

अमरीकियों में एक अच्छी बात यह है कि वे किसी भी तरह के राजनीतिक या भावनात्मक गुबार से जल्दी ही उबर जाते हैं। मैकार्थीवाद भी ज्यादा देर नहीं टिक पाया। लेकिन जब तक यह रहा, बड़ा खौफनाक माहौल बना रहा।

अमरीकी बड़े खुले दिल के लोग भी हैं। नॉर्थ वेस्टर्न यूनिवर्सिटी में दस महीनों के अपने प्रवास के दौरान मुझे इसका काफी अनुभव हुआ। एक अमरीकी दम्पती ने मेरी जिम्मेदारी लगभग अपने ऊपर ले ली थी। हर शनिवार को पति या पत्नी अपनी कार में मुझे कैम्पस से लेने आ जाते, मुझे खाना खिलाते और फिर वापस छोड़ जाते। रात के शानदार भोजन के बारे में सोचकर मैं कई बार दिन में खाना ही न खाता। इससे मेरे पैसे बच जाते। मैं बड़ी मुश्किल से अपनी पढ़ाई का खर्च उठा पा रहा था। मैं कई तरह के पार्ट-टाइम काम कर रहा था—जैसेकि घरों के बगीचों की घास काटना, होटलों में वेटरगिरी करना, सर्दियों में शिकागो की ऊँची बिल्डिंगों की खिड़कियों के शीशे साफ करना, वगैरह।

मैं घर से पैसे नहीं मँगवा सकता था, क्योंकि मेरे और मेरी पत्नी के बैंक खाते में सिर्फ 1200 रुपए जमा थे और मेरे बूढ़े माता-पिता बड़ी मुश्किल से गुजारा कर रहे थे। यह कहना बिलकुल सही होगा कि यूनिवर्सिटी की पढ़ाई जारी रखने के लिए मुझे बहुत-से पापड़ बेलने

पड़े। कभी-कभी मुझे सिर्फ एक पाव और पानी पर गुजारा करना पड़ता था। फिर भी, इसमें एक अलग तरह का मजा था। पूरे कैम्पस में कोई भी मुझसे ज्यादा तेजी से बर्तन नहीं धो सकता था!

तीन टर्मों में मैंने पत्रकारिता में एम-एससी. की पढ़ाई पूरी कर ली।

पढ़ाई पूरी करके भारत लौटते हुए मैं बीच में लन्दन में रुक गया। मैं विदेश मंत्रालय के सूचना अधिकारी की नौकरी के लिए 'यूपीएससी' की परीक्षा देना चाहता था। लेकिन मुझे नहीं चुना गया। भाग्य की विडम्बना देखिए, पैंतीस वर्ष बाद मैं भारत के हाई कमिश्नर के रूप में लन्दन गया।

उन दिनों पत्रकारिता में डिग्री को लेकर भारतीय अखबारों में एक पूर्वाग्रह-सा था। मेरी एम-एससी. की पढ़ाई किसी काम न आई और ज्यादातर दफ्तरों ने मुझे टका-सा जवाब दे दिया। तब बम्बई का 'टाइम्स ऑफ इंडिया' अपनी खुद की न्यूज सर्विस शुरू करने की प्रक्रिया में था। डी. थॉमस ने मेरा इन्टरव्यू लिया। वे एक धर्मपरायण क्रिश्चियन थे और बाद में मेरे बड़े अच्छे दोस्त बन गए। इन्टरव्यू में उन्होंने मुझसे सिर्फ यह पूछा कि क्या मैं कॉपी री-राइटिंग कर सकता था। भारतीय मीडिया में यह खूबी आज भी बहुत कम दिखाई देती है। पता नहीं मैंने क्या जवाब दिया था, लेकिन वे सन्तुष्ट हो गए थे और मुझे एपाइंटमेंट लैटर मिल गया था। जैसाकि दूसरी हर लाइन में होता है और अखबार की लाइन में कुछ ज्यादा ही होता है—इससे पहले कि मैं नौकरी शुरू कर पाता, बुराई करनेवालों ने अपना काम कर दिया और मेरा नियुक्ति-पत्र वापस ले लिया गया। किसी ने जनरल मैनेजर जे.सी. जैन तक यह बात पहुँचा दी थी कि मुझे लिखना नहीं आता। यह एक ऐसा कलंक रहा है जो एक पत्रकार के रूप में मेरे पूरे कैरियर में हमेशा मेरा पीछा करता रहा है।

मद्रास के 'हिन्दू' में भी कोई जगह पाने की मेरी कोशिशें बेकार साबित हुईं। मैं बड़े जतन करके भी सम्पादक के सचिव तक ही पहुँच पाया। वे मुझे उम्मीद बँधाते रहे, जब तक कि उन्हें यह पता नहीं चल गया कि मैं केरल का नायर नहीं बल्कि पंजाब का नैयर हूँ। उस समय 'हिन्दू' एक बन्द-बन्द, अपने-आपमें सिमटी-सी संस्था थी। यह अब भी है, क्योंकि अखबार का सम्पादक हमेशा मालिकों के खानदान से होता है।

अमरीका जाने से पहले मैं 'यूएसआईएस' में काम करता था। वहाँ अब कोई जगह तो खाली नहीं थी, लेकिन उसके जरिए मुझे उसके 'टेक्निकल कॉऑपरेशन मिशन' के लिए काम करने का अवसर मिल गया।

मैं यूएस मिशन में ज्यादा नहीं टिक पाया। अमरीकी एम्बेसी ने लाहौर की स्टूडेंट फेडरेशन के साथ मेरे सम्पर्क ढूँढ़ निकाले, जिसे एक कम्युनिस्ट संस्था माना जाता था। मुझे बर्खास्त कर दिया गया और मैं करीब एक साल तक बेरोजगार रहा। मैं अखबार में बिलकुल निचले सिरे से शुरू करना नहीं चाहता था, जबकि ऊँचे ओहदे के लिए मेरे पास अनुभव की कमी थी। मैंने अखबारों को जो थोड़े-बहुत लेख भेजे, वे भी 'खेद सहित' की स्लिप के साथ वापस आ गए। मैं उर्दू पत्रकारिता में लौटना नहीं चाहता था और अंग्रेजी अखबारों में नौकरी मिल नहीं रही थी। मैंने हुमायूँ कबीर से बात की। उन्होंने मुझे अपनी फीचर सर्विस के लिए लिखने के लिए कहा। मेरा पहला लेख 'टू एवरीथिंग रिफ्यूजी' तीन अखबारों में छपा। यह अंग्रेजी पत्रकारिता में मेरी शुरुआत थी।

तभी पंचवर्षीय योजना के प्रचार विभाग के लिए कुछ एड-हॉक भर्तियाँ की गईं और मुझे प्रेस इन्फॉर्मेशन ब्यूरो में नौकरी मिल गई, जो केन्द्र सरकार की संस्था थी।

फीचर लेखक के रूप में अपने काम के सिलसिले में मुझे देश के विभिन्न भागों में जाने का अवसर मिला। मैंने पहली बार भारत को सही मायने में देखा–इसके हरे-हरे खेत, इसके तीर्थ-स्थल, इसकी आंचलिक संस्कृतियों की विविधता, और इसके मेहनतकश किसानों की सीधी-सादी झोंपड़ियाँ। मैंने डैम देखे, फैक्टरियाँ देखीं लैबोरेटरियाँ देखीं– जिन्हें नेहरू आधुनिक भारत के मन्दिर कहते थे। शायद वे थे भी। कई वर्ष बाद मुझे बड़े बाँधों की व्यर्थता का अहसास हुआ। मानव अधिकारों से जुड़ीं कार्यकर्ता मेधा पाटकर के सम्पर्क में आने के बाद मैंने जाना कि छोटे बाँधों से भी बिलकुल वही फायदे उठाए जा सकते थे, और उनसे हजारों-लाखों लोगों के उजड़ने का डर भी नहीं रहता था।

भारत के विभिन्न हिस्सों में अपनी यात्राओं के दौरान मैंने इतनी गरीबी, अशिक्षा और बीमारियाँ देखीं कि उनकी अमिट छाप आज भी मेरी स्मृतियों में अंकित हैं। देश में इतने व्यापक स्तर पर भुखमरी थी कि उस पर पार पाना लगभग असम्भव प्रतीत होता था। फिर भी मेरा अटल विश्वास था कि एक न एक दिन हम न सिर्फ गरीबी बल्कि वर्ग, समुदाय और जाति पर आधारित संकुचित सोच से भी मुक्त हो जाएँगे। मेरा हमेशा यह मानना रहा है कि आशा करना हमारा नैतिक कर्तव्य है।

मुझे पी.आई.बी के क्षेत्रीय अधिकारी के रूप में जलन्धर भेजा गया तो सरकारी नौकरी मुझे थोड़ी ज्यादा रास आने लगी। जलन्धर तब पंजाब की गतिविधियों का केन्द्र था। तब पंजाब भी बहुत बड़ा था क्योंकि उसमें हरियाणा और हिमाचल प्रदेश दोनों ही शामिल थे। जलन्धर जाना एक तरह से घर वापसी की तरह था क्योंकि स्यालकोट छोड़ने के बाद मेरे माता-पिता वहीं बस गए थे। मेरे पिता एक बार फिर शहर के जाने-माने डॉक्टर बन गए थे। तब जलन्धर पंजाब की फ्लीट स्ट्रीट भी था, जहाँ से उर्दू, हिन्दी और पंजाबी में पूरे 23 अखबार निकलते थे, बिलकुल बँटवारे से पहले के लाहौर की तरह।

1950 के दशक में पंजाब में उर्दू प्रेस का दबदबा था। हालाँकि यह भाषा अब स्कूलों में नहीं पढ़ाई जाती थी (बँटवारे की राजनीति के कारण), लेकिन अदालतों और सरकारी दफ्तरों की भाषा अब भी उर्दू ही थी। हिन्दू और सिख अपने आपसी मतभेद भी उर्दू में ही व्यक्त करते थे। उस समय पंजाब में हिन्दू बहुसंख्यक थे। लेकिन जगगणना के दौरान उन्होंने अपनी मातृभाषा हिन्दी बताई, हालाँकि वे पंजाबी बोलते थे। उनका तर्क था कि पंजाबी हिन्दी की ही एक बोली मात्र थी। सिखों को यह अच्छा नहीं लगा। दूसरी तरफ, हिन्दुओं को यह डर था कि अगर भाषा के नाम पर पंजाब का कभी बँटवारा हुआ तो कहीं उन्हें सिखों की बहुसंख्या वाले पंजाबी क्षेत्रों को छोड़कर न जाना पड़े।

बँटवारे की पीड़ा झेल रहे हिन्दुओं ने पंजाबी को यह सोचकर त्याग दिया ताकि इसे अपनी भाषा कहनेवाले सिख उनका फायदा न उठा सकें। लेकिन इससे खुद उन्हें ही घाटा हुआ। कई वर्ष बाद जब भाषा के आधार पर पंजाब का बँटवारा हुआ तो हिन्दू पंजाबीभाषी क्षेत्र (जो आज का पंजाब है) में अल्पसंख्यक बनकर रह गए। उन्हें अहसास हुआ कि अगर उन्होंने अपने घरों में बोली जानेवाली भाषा पंजाबी को अपनी मातृभाषा बताया होता तो

आज वे एक बड़े द्विभाषी प्रान्त का हिस्सा होते, क्योंकि पंजाबी दिल्ली से जुड़े सोनीपत तक बोली जाती है और विभाजन-रेखा तय करना मुश्किल हो जाता।

हिन्दुओं द्वारा पंजाबी का परित्याग सिखों को बहुत चुभ गया। वे कहने लगे कि अगर हिन्दू कुछ पूर्वाग्रहों या आशंकाओं के शिकार होकर अपनी मातृभाषा का त्याग कर सकते हैं तो फिर हिन्दुओं और सिखों के बीच बाँटने को क्या बचता है? फिर भी, जैसाकि बाद की घटनाओं से उजागर हुआ, दोनों समुदायों में एक साझी पंजाबी संस्कृति का रिश्ता है जो समय के साथ अटूट साबित हुआ है। फिर भी, मैं यह मानता रहा हूँ कि कश्मीरी पंडितों की तरह पंजाबी हिन्दुओं का भी भारत में कोई भविष्य नहीं है।

ज्यादातर सिख इसलिए भी नाराज थे क्योंकि राज्यों का पुनर्गठन करनेवाले आयोग ने पंजाबी भाषा के आधार पर भाषायी राज्य की स्थापना की उनकी माँग को अस्वीकार कर दिया था। आयोग का कहना था कि "इस क्षेत्र के भविष्य का फैसला इस आधार पर करना कि हिन्दू और सिख एक-दूसरे से अलग हैं, परिस्थितियों को देखते हुए ठीक नहीं है।" आयोग का मानना था कि "सतलुज से लेकर सिन्धु तक कुदरत ने पूरे पंजाब को एक साथ रखने के लिए बनाया था।" आश्चर्य की बात थी कि ये विचार 1955 में व्यक्त किए गए थे, जबकि आठ वर्ष पहले ही, अगस्त 1947 में, पाकिस्तान के जन्म के साथ पंजाब दो टुकड़ों में बँट चुका था।

पंजाबी सूबे की माँग के कारण हिन्दुओं और सिखों में दरार पैदा होने लगी थी। हिन्दुओं को लगता था कि इससे खालिस्तान की नींव पड़ेगी। दूसरी तरफ, सिख सिर्फ बातों से सन्तुष्ट होना नहीं चाहते थे। नेहरू ने उन्हें एक ऐसा क्षेत्र देने का वायदा किया था जहाँ उन्हें स्वाधीनता का अहसास होगा। वे ऑटोनोमी (स्वायत्तता) चाहते थे। कुछ सिख नेता मुझसे कहते थे कि अगर हिन्दुओं को हिन्दुस्तान और मुसलमानों को पाकिस्तान मिल सकता था तो सिखों को खालिस्तान क्यों नहीं?

'अजीत' के सम्पादक सन्धु सिंह दमदर्द मेरे बहुत अच्छे दोस्त थे। हम दोनों ने पूर्वी पंजाब के बँटवारे को रोकने की कोशिश की। उनके कहने पर मैं कांग्रेस अध्यक्ष के. कामराज, हरियाणा के नेता भगवत दयाल और अकाली नेता सन्त फतेह सिंह से मिला। मेरा और हमदर्द का यह प्रस्ताव था कि हिसार को अलग करके बाकी पूरे पंजाब को सिर्फ एक प्रान्त बना दिया जाए और गुरुमुखी लिपि में लिखी जानेवाली पंजाबी को उसकी आधिकारित भाषा घोषित कर दिया जाए। के. कामराज भी एक संयुक्त पंजाब के पक्ष में थे, इसलिए उन्हें हमारा प्रस्ताव अच्छा लगा। भगवत दयाल ने कहा कि वे हरियाणा को लेकर कुछ दिन शोर-शराबा करते रहेंगे और फिर चुप हो जाएँगे।

लेकिन मामले की सबसे महत्त्वपूर्ण कड़ी अकाली दल के अध्यक्ष फतेह सिंह थे। मैंने उनके सामने यह प्रस्ताव रखा तो उन्होंने इसे ठुकरा दिया और पंजाबी सूबे की माँग पर अड़े रहे। उन्होंने कहा कि उन्हें छोटा प्रान्त ही चाहिए था जिसमें सिर्फ वे लोग हों जो पंजाबी सूबे के दर्शन में विश्वास रखते हों। "आपका मतलब है कि सिख?" मैंने उनसे पूछा। उन्होंने इससे इनकार किया। मैंने उन्हें आगाह किया कि वे पंजाब को एक सिख-बहुल प्रान्त नहीं रख पाएँगे, क्योंकि संविधान लोगों को यह अधिकार देता है कि वे नौकरियों, व्यापार, मजदूरी या रहने-बसने के लिए देश में कहीं भी बेरोक-टोक जा सकते हैं। सिर्फ सिख ही नहीं, सभी

पंजाबीभाषी एक दिन पंजाब में अल्पसंख्यक बन जाएँगे। लेकिन इन तमाम तर्कों के बावजूद मैं फतेह सिंह को मनाने में असफल रहा। उन्हें विश्वास था कि वे पंजाबीभाषी प्रान्त को एक स्वायत्त राज्य बना पाएँगे और गैर-सिखों को बाहर रख पाएँगे।

इससे पहले कि मैं पंजाबी सूबे को लेकर हिन्दुओं और सिखों के बीच चल रही बहस को किसी मोड़ पर पहुँचते देख पाता, मेरा दिल्ली तबादला हो गया। मुझे गृहमंत्री गोविन्द बल्लभ पन्त के सूचना अधिकारी के रूप में काम करना था।

इस बीच मेरा विवाह भी हो चुका था। मेरी पत्नी भारती कांग्रेस के एक शीर्ष नेता भीमसेन सच्चर की बेटी और लाहौर में मेरे कॉलेज के दिनों के दोस्त राजेन्द्र सच्चर की बहन थी। कई वर्ष बाद राजेन्द्र ने भी मेरी बहन राज से विवाह कर लिया। उन्होंने सरकार के निर्देश पर भारत में मुसलमानों की स्थिति के बारे में एक रिपोर्ट तैयार की थी, जिसे 'सच्चर रिपोर्ट' के नाम से जाना जाता है। उन्होंने लिखा था कि मुस्लिमों की हालत दलितों से भी बदतर थी। भारत में मुस्लिम बड़ी दयनीय स्थितियों में जी रहे थे। उन्होंने सबसे ज्यादा आलोचना कम्यूनिस्टों के नेतृत्व वाली पश्चिम बंगाल सरकार की की थी, जहाँ गुजरात के 5.4 प्रतिशत की तुलना में मुसलिम नियुक्तियाँ सिर्फ 2.1 प्रतिशत थीं। उन्होंने मुस्लिम और ईसाई दलितों के लिए आरक्षण की वकालत नहीं की थी, लेकिन उन्होंने साफ-साफ कहा था कि उनकी स्थिति हिन्दू दलितों से बेहतर नहीं थी। मुसलमानों को धर्म के आधार पर तो नहीं—संविधान में जिसकी अनुमति नहीं है—पर पिछड़ेपन के आधार पर आरक्षण का लाभ मिलने लगा है।

मैं नए सूचना अधिकारी के रूप में गृहमंत्री गोविन्द बल्लभ पन्त के सामने पेश हुआ तो मैं कुछ घबराया हुआ था। देश के एक बड़े नेता के रूप में उनका रुतबा मेरे दिलो-दिमाग पर हावी था। पाँच घंटे के लम्बे इन्तजार ने मेरे रहे-सहे हौसलों को भी पस्त कर दिया था, क्योंकि उनसे मिलने आनेवालों की लम्बी लाइन लगी हुई थी। इस भीड़ में नौकरी चाहनेवाले, मुसीबत में फँसे ब्यूरोक्रेट और छोटे-मोटे राजनीतिज्ञ शामिल थे, जो उनकी कृपादृष्टि की उम्मीद में वहाँ आए थे।

पन्त जनमत को लेकर अत्यधिक संवेदनशील थे और सूचना अधिकारी को बहुत महत्त्वपूर्ण मानते थे। किसी अखबार में अपनी आलोचना छपी देखकर वे परेशान हो उठते थे। प्रेस इन्फॉर्मेशन ब्यूरो द्वारा उन्हें उनकी दिलचस्पी की सभी खबरों की कतरनें भेजी जाती थीं। वे बड़े ध्यान से एक-एक खबर पढ़ते थे और जरूरत पड़ने पर कार्रवाई भी करते थे।

कभी-कभार वे खिंचाई के मूड में भी होते। एक बार 'करंट' टैबलॉयड की एक कतरन पर इन्होंने लिखा था, "कृपया बात करें।" इस खबर में बड़ी-बड़ी सुर्खियों में छपा था—'सरदारजी ड्यूप्ड' (सरदारजी के साथ धोखा)। खबर के अनुसार, राज्यमंत्री तारकेश्वरी सिन्हा ने एक सिख को उसका कोई काम करवाने के बहाने धोखा देनेवाले' अपने मित्र को अपने नाम का 'इस्तेमाल करने दिया था।' लेकिन पन्त की दिलचस्पी इस बात में थी कि रिपोर्टर ने तारकेश्वरी सिन्हा का वर्णन करते हुए उन्हें 'आधे कपड़े पहने हुए' (सेमी-क्लैड) क्यों बताया था। पन्त ने शरारत से मेरी तरफ देखते हुए पूछा कि 'सेमी-क्लैड' शब्द का क्या अर्थ था। मैं चकरा गया, क्योंकि उन्होंने इस तरह का हँसी-मजाक पहले कभी नहीं किया था। मुझे झेंपते देखकर उन्होंने कहा कि भला कोई स्त्री आधे कपड़ों में लोगों के बीच कैसे जा सकती

है? कहीं अखबार का यह मतलब तो नहीं था कि वे आमतौर से जिस तरह के कपड़े पहनती हैं उनमें वे 'आधे कपड़ों में' दिखाई देती हैं? यह कहते ही पन्त ठहाका लगाकर हँसने लगे।

फिर भी, वे प्रेस को बड़ी गम्भीरता से लेते थे। एक बार दिल्ली से छपनेवाले शाम के अखबार 'ईवनिंग-न्यूज' में शहर के मेहतरों की हड़ताल की एक तसवीर छपी। पन्त ने मुझे सम्पादक से मिलने के लिए भेजा, जिसका व्यवहार सचमुच ही काफी सख्त था। जब मैंने उसे बताया कि पन्त जी का कहना था कि ऐसी तसवीरों से मामला और बिगड़ सकता था तो उसने कहा, ''आप अपने काम से काम रखिए!'' पन्त यह नहीं समझते थे कि मुझे इस तरह सम्पादकों के पास भेजने को दखलंदाजी के रूप में देखा जा सकता था, क्योंकि प्रेस की आजादी को हमारा समाज गर्व की बात मानता था। मैं मुँह लटकाए लौट आया, लेकिन मैंने देखा कि वह सम्पादक ज्यादा दिन नहीं टिका।

फिर भी, पन्त मालिक और पत्रकारों के बीच में नहीं आते थे और उनके रिश्तों की नजाकत का ध्यान रखते थे। जब फैंक मोरेस को 'टाइम्स ऑफ इंडिया' से निकाल दिया गया तो उन्होंने पन्त से बीच-बचाव करने के लिए कहा। लेकिन पन्त टस से मस नहीं हुए। उल्टे उन्होंने एक पार्टी में फ्रैंक मोरेस को बुलाने के लिए मुझे डाँट लगाई, और कहा कि इससे ऐसा लग सकता था कि सरकार भेदभाव कर रही है। वह इकलौती डिनर-पार्टी थी जो पन्त ने अपने पूरे कार्यकाल में दी थी।

दुर्गादास को 'हिन्दुस्तान टाइम्स' से निकाले जाने पर भी उनका यही रुख रहा था। पन्त और दुर्गादास एक-दूसरे को तब से जानते थे जब पन्त यू.पी. के मुख्यमंत्री थे और दुर्गादास लखनऊ में अखबार के विशेष संवाददाता थे। दुर्गादास के जोर देने के बावजूद पन्त ने दखल देने से मना कर दिया। मुझे लगता था कि इसके पीछे पन्त के इकलौते बेटे कृष्ण चन्द, जिन्हें प्यार से 'राजा' कहा जाता था, और मुलगांवकर की दोस्ती का हाथ था, जिन्हें बिड़ला ने अखबार का नया सम्पादक नियुक्त किया था। वरना कोई भी दूसरा पत्रकार पन्त के इतना नजदीक नहीं था जितने कि दुर्गादास। जब मैंने पन्त से इस मामले में पूछा तो उन्होंने सिर्फ इतना कहा कि मुलगांवकर एक बेहतर सम्पादक थे।

जहाँ तक पन्त की अपनी पब्लिसिटी का प्रश्न था, वे गलती से यह मान बैठे थे कि वह उनके सूचना अधिकारी के सम्पर्कों और प्रभाव पर निर्भर करती थी। एक बार जब अमृतसर में उनके एक भाषण के लिए मैंने उन्हें बधाई दी तो उन्होंने कहा, ''मैंने अपना काम कर दिया, अब तुम अपना काम करो।'' मैं 'प्रेस ट्रस्ट ऑफ इंडिया' (पीटीआइ) के पीछे पड़ा रहता था, ताकि इस न्यूज एजेंसी द्वारा पन्त के भाषणों का अधिक-से-अधिक हिस्सा अखबारों को भेजा जा सके। पन्त दक्षिण भारत की कवरेज से हमेशा ज्यादा खुश होते थे, क्योंकि वहाँ के रिपोर्टर शॉर्ट-हैंड में माहिर थे और उनके द्वारा कही गई बातों को ज्यों-का-त्यों छाप देते थे।

पन्त की एक कमजोरी यह थी कि वे शायद ही कभी कहीं समय पर पहुँच पाते थे। हालाँकि वे अपनी घड़ी हमेशा आधा घंटा आगे रखते थे। एक बार उन्हें एक केबिनेट मीटिंग में जाना था और उनका ड्राइवर मौजूद नहीं था। उन्होंने मुझे उन्हें पार्लियामेंट हाउस छोड़ देने के लिए कहा, जहाँ यह मीटिंग चल रही थी। मेरी छोटी कार उतनी तेज नहीं दौड़ पा रही थी जितना वे चाहते थे। वे खीजते हुए बोले, ''तुम्हारी कार में इंजिन नहीं है क्या?

और तुम इतने घबराए हुए क्यों हो?" मैं उनसे क्या कहता?

मेरे खयाल से देश के पहले राष्ट्रपति डॉ. राजेन्द्र प्रसाद ने पन्त के देर से पहुँचने के कारण एक बार अपनी नाराजगी भी दिखाई थी। उन्होंने उनसे अगले दिन उसी समय आने के लिए कहा था। लेकिन इस कमजोरी का जिक्र करते समय हमें पन्त के एक शारीरिक दोष को भी ध्यान में रखना होगा। एक पुरानी चोट के कारण वे पिछले कई वर्षों से अपनी पीठ ज्यादा देर तक सीधी नहीं रख पाते थे। यह चोट उन्हें उस समय लगी थी जब साइमन कमीशन के खिलाफ विरोध-प्रदर्शन के दौरान पुलिस ने बेरहमी से उनकी पिटाई की थी। तभी से वे ठीक से नहीं चल पाते थे और उनके हाथ हर समय काँपते रहते थे। उन्हें संसद को सम्बोधित करते समय भी बैठे रहने की विशेष अनुमति प्राप्त थी।

पन्त पीआईबी में मेरा काम खत्म होने के बाद मुझे अपने घर बुला लेते थे। मुझे देर रात तक काम करते रहना पड़ता था। मेरे पास अपने परिवार और दोनों बेटों के लिए समय ही नहीं बचता था। एक दिन मेरे एक बेटे ने शिकायत करते हुए कहा था, "आप पन्त जी से ही शादी क्यों नहीं कर लेते?"

जब पन्त मुख्यमंत्री के रूप में लखनऊ में थे तो उन्हें कश्मीर के मामले में भारत सरकार का रुख रास नहीं आ रहा था। उन्हें लगता था कि इस मामले से ठीक से नहीं निपटा जा रहा था और शेख अब्दुल्ला श्रीनगर में केन्द्र के लिए कुछ ज्यादा ही तीखी भाषा का इस्तेमाल कर रहे थे। उन्हें क्या पता था कि बहुत जल्दी उन्हें खुद दिल्ली जाकर केन्द्रीय गृहमंत्री का पद सँभालना पड़ेगा।

जुलाई, 1952 में हुए 'दिल्ली समझौते' के बाद नेहरू और शेख अल्दुल्ला के बीच दूरियाँ पैदा होने लगी थीं। इस समझौते में कई शर्तें थीं। पहली यह कि वंशागत राज को खत्म कर दिया जाएगा; दूसरी यह कि राज्य के संवैधानिक प्रमुख को सदर-ए-रियासत कहा जाएगा, जिसे राज्य की विधानसभा राज्य के नागरिकों में से चुनेगी; तीसरी यह कि राज्य से बाहर के लोगों को राज्य की नागरिकता नहीं दी जाएगी; और चौथी यह कि राज्य का अपना एक अलग झंडा होगा जिसे राष्ट्रीय झंडे के साथ फहराया जाएगा।

इसके बदले में केन्द्र को जो आश्वासन दिया गया था वह वही था जो 1951 में चुनी गई जम्मू और कश्मीर संविधान सभा ने कहा था—'जम्मू और कश्मीर राज्य भारतीय संघ का एक अभिन्न अंग है और रहेगा।' इस धारा में संविधान के अनुसार कोई संशोधन नहीं किया जा सकता था।

फिर भी, दिल्ली और श्रीनगर के बीच की दूरियाँ बढ़ने लगी थीं। शेख अब्दुल्ला ने केन्द्र को रक्षा, विदेशी मामलों और संचार के दायरे से आगे न बढ़ने की चेतावनी देकर टकराव की घोषणा कर दी थी। नेहरू इन घोषणाओं से बहुत ज्यादा विचलित थे। उन्होंने केन्द्रीय मंत्री रफी अहमद किदवई से श्रीनगर जाकर यह पता लगाने के लिए कहा कि आखिर शेख अब्दुल्ला क्या चाहते थे। किदवई बहुत मायूस होकर श्रीनगर से लौटे, सिर्फ इसलिए ही नहीं कि शेख ने उनके साथ रूखा व्यवहार किया था बल्कि इसलिए भी कि उन्हें शेख की बातों में बगावत के तेवर दिखाई दे रहे थे। शेख ने उनसे कहा था कि भारत चाहे तो उन्हें गिरफ्तार कर सकता था, पर उनकी जुबान बन्द नहीं कर सकता था।

कुछ दिन बाद नेहरू ने मौलाना आजाद को शेख से बातचीत करने के लिए भेजा। शेख

ने उनसे भी सीधे मुँह बात नहीं की, हालाँकि वे जानते थे कि नेहरू उन्हें कितना महत्त्व देते थे। शेख ने आजाद से कहा कि उन्हें भारत के साथ विलय के अपने फैसले पर पछतावा हो रहा था।

नेहरू बहुत उलझन में थे। उनकी समझ में नहीं आ रहा था कि क्या करें। उन्हें शेख के साथ अपनी पुरानी दोस्ती का खयाल था। उन्होंने यह मामला केबिनेट के सुपुर्द कर दिया। केबिनेट में कोई भी शेख के पक्ष में नहीं था। केबिनेट का खयाल था कि शेख को हटा देना ही ठीक था, क्योंकि उनके सत्ता में बने रहने से कश्मीर विद्रोह पर उतारू हो सकता था। पन्त की भूमिका बहुत महत्त्वपूर्ण थी। उनका आरोप था कि उनके मंत्रालय की सूचना के अनुसार शेख पाकिस्तान के सम्पर्क में थे।

शेख अब्दुल्ला ने उन दिनों को याद करते हुए बाद में मुझे बताया था कि यह सच नहीं था। उनका कहना था कि भारत सरकार समझौते की शर्तों से बाहर जाने की कोशिश कर रही थी और कश्मीर के घरेलू मामलों में दखल देना चाहती थी। शेख अब्दुल्ला ने नेहरू की बजाय उनके 'कान भरने वालों' को दोष दिया। उन्होंने कहा कि उन्होंने दोनों केन्द्रीय मंत्रियों से यह कहा था कि कश्मीर 'हिन्दुस्तान का गुलाम' बनकर नहीं रहना चाहता।

नेहरू ने आजाद की इस सलाह पर अमल करने का फैसला किया कि हालात बेकाबू हो जाने से पहले ही शेख को हटा देना ठीक रहेगा। 9 अगस्त, 1953 को शेख अब्दुल्ला को गिरफ्तार कर लिया गया। 1942 में इसी दिन गांधीजी ने अंग्रेजों के खिलाफ 'भारत छोड़ो आन्दोलन' की शुरुआत की थी। शेख को हवाई जहाज से कोयम्बतूर ले जाया गया, जहाँ से उन्हें दक्षिण के ठंडे इलाके कोडाइकनाल में स्थानान्तरित कर दिया गया।

शेख से निपटने के बाद पन्त ने भाषाई आधार पर राज्यों का नक्शा बनाने का काम हाथ में लिया। नेहरू उन्हें इसीलिए दिल्ली लाए थे ताकि वे 'राज्य पुनर्गठन आयोग' के सुझावों से जुड़े एक विधेयक पर काम करके उसे संसद के सामने रख सकें। आजादी से काफी पहले कांग्रेस ने देश को यह वचन दिया था कि भाषा के आधार पर राज्यों का पुनर्गठन किया जाएगा। नेहरू और पन्त का वश चलता तो वे इस वचन से पल्ला झाड़ लेते, क्योंकि यह मामला मधुमक्खियों के छत्ते को छेड़ने से कम न था। देश पहले ही इतनी सारी समस्याओं का सामना कर रहा था।

नेहरू, पन्त और कांग्रेस के तत्कालीन अध्यक्ष पट्टाभी सीतारमैया ने भाषाई आधार पर राज्यों के पुनर्गठन का प्रश्न दस वर्ष के लिए आगे बढ़ाने का फैसला भी किया, ताकि बँटवारे के बाद माहौल में पैदा हुआ तनाव छँट जाए। लेकिन तब तक बहुत देर हो चुकी थी।

नेहरू बार-बार भारत के नक्शे को बदलने की बात करके भाषायी दावों को खुद भी हवा देते रहे। मुझे याद आता है कि पोट्टी श्रीरामुलु नामक एक राजनीतिक कार्यकर्ता के आमरण अनशन ने सरकार को परेशानी में डाल दिया था। वे तत्कालीन मद्रास के तेलुगुभाषी हिस्सों को मिलाकर एक अलग राज्य की स्थापना की माँग कर रहे थे। केन्द्र सरकार टाल-मटोल करती रही, लेकिन उनकी मौत से सरकार के हाथ-पाँव फूल गए। सरकार ने जल्दी से 'राज्य पुनर्गठन आयोग' के गठन की घोषणा कर दी, जिसमें चेयरमैन फजल अली समेत के. एम.

पणिकर और एच. एन. कुंजरू शामिल थे। हालाँकि तब आँध्र का गठन हुए कुछ ही समय हुआ था।

आयोग के गठन ने देश के विभिन्न हिस्सों में हो रहे आन्दोलनों को कुछ समय के लिए शान्त कर दिया। लेकिन, 1955 में आयोग की रिपोर्ट आते ही ये आन्दोलन फिर से शुरू हो गए। जिन्हें कुछ नहीं मिला था, उन्होंने विद्रोह का झंडा उठा लिया। ऐसा माना जा रहा था कि जो जितना ज्यादा शोर करेगा, उसकी माँग माने जाने की उतनी ही ज्यादा सम्भावना थी। स्थिति तब और भी बिगड़ गई जब नेहरू ने यह बयान दिया कि आयोग की सिफारिशों को माना जाना जरूरी नहीं था। पन्त उनके इस बयान से खुश नहीं थे, इसलिए नहीं कि वे खुद इन सिफारिशों के हिमायती थे, बल्कि इसलिए कि इस तरह के बयानों से भ्रांतियाँ पैदा होती थीं।

पन्त भी पटेल की तरह इतिहास में अपनी छाप छोड़ जाना चाहते थे, जिन्होंने लगभग 560 देशी रियासतों को भारत में मिलाने का करिश्मा कर दिखाया था। पन्त के घर पर हर रोज गृह मंत्रालय के अधिकारियों की बैठक होती थी, जिसमें आयोग की रिपोर्ट पर चर्चा की जाती थी। इन चर्चाओं में गृह मंत्रालय के संयुक्त सचिव हरि शर्मा की भूमिका काफी महत्त्वपूर्ण थी, क्योंकि वे आयोग के सचिव के रूप में काम कर चुके थे। इन बैठकों में मैं भी मौजूद रहता था। किसी भी रिपोर्ट को लेकर इतनी ज्यादा मगजपच्ची नहीं की गई जितनी कि आयोग की इस रिपोर्ट पर। केबिनेट ने इस पर 14 बार चर्चा की। इसके अलावा संसदीय विशिष्ट समिति और संसद के दोनों सदनों में भी इस पर लम्बी चर्चाएँ हुईं।

फिर भी, आयोग की रिपोर्ट एक अनचाहे बच्चे की तरह सरकार को परेशानी में डाले हुए थी। पन्त पणिकर की भूमिका से खासतौर से नाखुश थे, जो उनके गृह प्रान्त यू.पी. के तिहरे बँटवारे की वकालत कर रहे थे। पणिकर का कहना था कि किसी भी राज्य को इतना बड़ा नहीं होना चाहिए कि उसे दूसरों से ज्यादा और अनुचित प्रभाव प्राप्त हो। यह बात पन्त को बहुत ज्यादा चुभ रही थी।

दरअसल इन दोनों के रिश्तों में शुरू से ही खटास रही थी। पणिकर के साम्यवादी झुकाव के कारण पन्त उन पर भरोसा नहीं करते थे। वे भारत के राजदूत के रूप में चीन में उनकी नियुक्ति से भी खुश नहीं थे। उनका मानना था कि जब चीन ने सिंकियांग को तिब्बत से जोड़नेवाली सड़क बनाने के लिए भारतीय जमीन का इस्तेमाल किया था तो पणिकर ने जान-बूझकर नेहरू को अँधेरे में रखा था।

पन्त ने पणिकर के प्रस्ताव को 'शरारतपूर्ण' बताते हुए उसे सिरे से खारिज कर दिया और उस पर चर्चा करवाने की जरूरत भी नहीं समझी। हरि शर्मा ने उन दिनों को याद करते हुए बताया था कि फजल अली और कुंजरू दोनों ने ही पणिकर से अपने प्रस्ताव पर जोर न देने के लिए कहा था। लेकिन पणिकर का कहना था कि देश के संघीय संविधान को देखते हुए यू. पी. का इतना बड़ा आकार ठीक नहीं था। एक बार उन्होंने यह भी कहा था कि "मैं नहीं चाहता कि देश पर हमेशा यू.पी. का राज रहे।"

25 वर्ष बाद, तत्कालीन गृहमंत्री चौधरी चरण सिंह ने पणिकर के प्रस्ताव का समर्थन करते हुए उत्तर प्रदेश के तिहरे बँटवारे का सुझाव दिया, हालाँकि वे खुद भी यू. पी. (पहले युनाइटिड प्रॉविंस और फिर उत्तर प्रदेश) के थे। लेकिन प्रधानमंत्री मोरारजी देसाई सहमत

अधिकांश केबिनेट मंत्रियों के साथ उनकी बिलकुल नहीं पटती थी। 25 वर्ष और बीत जाने के बाद तत्कालीन गृहमंत्री लाल कृष्ण आडवाणी उत्तर प्रदेश को दो हिस्सों में बाँटने में सफल रहे, जब राज्य के पहाड़ी इलाकों को मिलाकर उत्तराखंड के नाम से एक अलग राज्य बना दिया गया।

पन्त पंजाबी सूबे की माँग को लेकर अकालियों द्वारा फिर से आन्दोलन शुरू करने की धमकी से बहुत ज्यादा परेशान थे। आयोग ने इस माँग को यह कहकर ठुकरा दिया था कि इससे हिन्दुओं और सिखों में साम्प्रदायिक कटुता पैदा होगी।

आयोग की रिपोर्ट ने देश को भाषाई झगड़ों में झोंक दिया था। पन्त नेहरू को दोषी ठहरा रहे थे, जो पोट्टी श्रीरामुलु की मौत से डगमगा गए थे। नेहरू भी इस बात को स्वीकार कर रहे थे कि आयोग को नियुक्त करते समय उनके दिमाग पर यही घटना हावी थी। फिर भी, पन्त सार्वजनिक तौर पर कभी भी नेहरू–जिन्हें वे स्नेहपूर्वक 'पंडितजी' कहते थे–की आलोचना नहीं करते थे।

कांग्रेस को यह उम्मीद नहीं थी कि यह समस्या इतना विकराल रूप धारण कर लेगी। ऐसा लगता था जैसे पूरा देश टूटने के कगार पर हो। बँटवारे के बाद भारत ने कभी-भी इतने बड़े संकट का सामना नहीं किया था। ऐसी परिस्थितियों में प्रसिद्ध वायलिन-वादक मेनुहिन द्वारा लिखा गया एक पत्र नेहरू को हवा के एक ताजे झोंके की तरह महसूस हुआ होगा। इस पत्र की कुछ पंक्तियाँ थीं–

> मैं भारत के बारे में सोचता हूँ तो मैं एक ऐसी खूबी की कल्पना करता हूँ जो पूरी तरह से एक भारतीय है। इसमें लोकथाओं और गार्डन ऑफ ईडन जैसी मासूमियत है। मेरे लिए भारत का मतलब है उसके गाँव, वहाँ के लोगों का भोलापन और एक लुभावनी सादगी भरा उनका जीवन। मैं गांधी, बुद्ध और मन्दिरों के बारे में सोचता हूँ, जहाँ विनम्रता और धैर्य-शक्ति के साथ संकल्प और कर्मठता भी दिखाई देते हैं। भोलेपन के साथ-साथ विद्वता भी। और मैं बैलों और बन्दरों से लेकर चन्दन और आमों तक जीवन की प्रचुर समृद्धता के बारे में सोचता हूँ। मैं हिन्दुओं और उनकी परम्परा में अन्तर्निहित गरिमा और सहिष्णुता के बारे में सोचता हूँ। सादगी के बावजूद जीवन के सभी सुखों और दुखों का जी भरकर और भरपूर रस लेने की क्षमता, और सीधेपन के बावजूद सृष्टि के परम रहस्यों की गहरी जानकारी इन गाँवों की अपनी अनोखी विशिष्टता है।

नेहरू और पन्त ने भाषाई राज्यों की बढ़ती माँग को देखते हुए इसके विरोध में एक आन्दोलन शुरू करने का फैसला किया। पन्त ने पश्चिम बंगाल के मुख्यमंत्री बी. सी. राय और बिहार के मुख्यमंत्री ए. एन. सिन्हा (अनुग्रह बाबू) से फोन पर बात की और उन्हें बिहार और पश्चिम बंगाल को मिलाकर एक बड़ा और द्विभाषी 'पूर्व प्रदेश' नामक राज्य बनाने का प्रस्ताव सामने लाने के लिए कहा। सिन्हा ने इस सम्बन्ध में राय को एक औपचारिक पत्र लिखा, जिस पर राय ने अपनी सहमति व्यक्त की। इसके बाद इस प्रस्ताव को प्रेस को जारी कर दिया गया। मुझे इस तरह का प्रचार करने के लिए कहा गया कि दोनों राज्यों के लोग एक भाषा की बजाय दो भाषाओं वाले राज्य की सम्भावना से बहुत उत्साहित थे।

जैसाकि तय था, नेहरू ने इस प्रस्ताव को 'एक महान पहल' बताते हुए इसकी सराहना की। "पिछले कुछ हफ्तों से हम देश में काफी नादानियाँ देख चुके हैं। अब इन्हें छोड़कर

दूसरी तरफ देखने का समय आ गया है,'' उन्होंने कहा। बंगालियों और बिहारियों के एक 'संयुक्त परिवार' के विचार ने बहुतों का मन मोह लिया था। लोग राय का समर्थन करते हुए कह रहे थे कि रोटी-कपड़ा भाषा से अधिक महत्त्वपूर्ण है। लेकिन जब पश्चिम बंगाल की विधानसभा में पूरे विपक्ष ने इस मुद्दे पर सदन का बहिष्कार कर दिया, तो यह प्रस्ताव औंधे मुँह गिर पड़ा।

सच्चाई यह थी कि अब बहुत देर हो चुकी थी। राज्यों के पुनर्गठन का तूफान इतना जोर पकड़ चुका था कि उसे अब रोकना मुश्किल था। घोड़े के छूट निकलने के बाद नेताओं को अस्तबल का फाटक बन्द करने की सूझी थी। भाषाई राज्यों के रूप में लोगों को अपनी एक विशिष्ट पहचान दिखाई दे रही थी। पन्त छोटे राज्यों की स्थापना के खिलाफ थे, जिनका विचार सीधे प्रजातंत्र के हिमायती जयप्रकाश नारायण ने व्यक्त किया था। फिर भी, पन्त ने केन्द्र-शासित हिमाचल प्रदेश को एक पूरे राज्य का दर्जा देने के फजल अली के सुझाव को स्वीकार कर लिया था। उनका खयाल था कि पंजाब के साथ उसके विलय को स्थानीय समर्थन नहीं मिल जाएगा।

महाराष्ट्र के पुनर्गठन को लेकर बहुत ज्यादा बहस हुई और इस सिलसिले में लम्बे आन्दोलन भी चले। पन्त विदर्भ के पक्ष में नहीं थे, लेकिन उन्होंने आयोग का यह सुझाव स्वीकार कर लिया कि बम्बई राज्य के मराठी-भाषी और गुजराती-भाषी क्षेत्रों को साथ-साथ रहने देना चाहिए, ताकि एक उत्साही और एक व्यापारिक समुदाय साथ-साथ रहें—एक फुर्तीला तो दूसरा चतुर।

लेकिन नेहरू एक दूसरी सम्भावना पर सोच-विचार कर रहे थे—कि क्यों न मराठी-भाषी और गुजराती-भाषी क्षेत्रों को अलग-अलग करके बम्बई सिटी को सीधे केन्द्र के अधीन ले आया जाए, जैसाकि दिल्ली के साथ था? बम्बई भारत का सबसे बड़ा वित्तीय-केन्द्र था। नेहरू पर धन-कुबेरों के प्रभाव में आने का आरोप लगाया गया तो नेहरू ने पलटकर कहा, "हम क्रान्ति की सन्तानें हैं, न कि धन-कुबेरों की।"

शायद यह अच्छा ही रहता कि बम्बई शहर को एक केन्द्र शासित प्रदेश का दर्जा दे दिया जाता। तो फिर इस शहर को बाल ठाकरे और उनके परिवार, और उनकी शिवसेना का क्षेत्रवाद न झेलना पड़ता, जो गैर-मराठियों को महाराष्ट्र से बाहर निकालने की बात करते रहते हैं। शिवसेना ने न सिर्फ हमारे धर्म-निरपेक्ष मूल्यों को क्षति पहुँचाई है, बल्कि वह एक बहुमुखी समाज में भाषा और संस्कृति के नाम पर हिंसा भड़काने के लिए भी जिम्मेदार रही है।

नेहरू से बात करने के बाद पन्त ने केबिनेट के सामने यह प्रस्ताव रखा कि बम्बई राज्य को महाराष्ट्र, गुजरात और बम्बई सिटी के नाम से तीन राज्यों में बाँट दिया जाए। महाराष्ट्र से जुड़े तत्कालीन वित्त मंत्री सी. डी. देशमुख इस प्रस्ताव से सहमत थे। लेकिन जब नेहरू ने बम्बई सिटी को केन्द्रीय प्रशासन के अधीन रखे जाने की घोषणा की तो देशमुख ने सरकार से इस्तीफा दे दिया।

अपने इस्तीफे का कारण बताते हुए देशमुख ने संसद में कहा कि केबिनेट में ऐसे मंत्री थे जिनके बेटे कॉर्पोरेट सेक्टर से हुड़े हुए थे। जब उन्हें कोई नाम बताने के लिए कहा गया तो देशमुख ने नेहरू के नाम एक पत्र लिखकर गोविन्द बल्लभ पन्त के इकलौते बेटे के.

सी. पन्त का नाम लिया। यह बात पता चलते ही मैं सीधा पन्त के घर जा पहुँचा। वे मंत्रालय के कुछ उच्च अधिकारियों के साथ कमरे में बन्द थे। मुझे दरवाजे पर देखकर उन्होंने उन सबको बाहर भेज दिया। उन्होंने बहुत दुख भरे स्वर में मुझसे कहा कि देशमुख के मुँह से अपने बेटे राजा (के.सी. पन्त) का नाम सुनने से पहले वे मर क्यों नहीं गए। "जिन्दगी की इस ढलती शाम में यह दिन न आता तो अच्छा था," उन्होंने एक आह भरते हुए कहा।

अखबारों ने देशमुख के आरोप की खबर नहीं छापी। मुझे नहीं मालूम कि क्यों। क्या इसका कारण यह था कि राजा गृहमंत्री के घर में रहते थे, जहाँ जर्मनी से लौटने के बाद से वे कंसल्टेंसी का काम कर रहे थे? नेहरू ने कानून मंत्री अशोक सेन के ससुर और सर्वोच्च न्यायालय के चीफ जस्टिस एस. आर. दास से इस मामले की जाँच करने के लिए कहा। राजा को निर्दोष पाया गया और पन्त ने राहत की साँस ली। बहुत बरस बाद, जब मैं 1990 में भारत के हाई कमिश्नर के रूप में लन्दन में था तो मैं अशोक सेन के परिवार से मिलने उनके घर गया था। मैं अशोक सेन की पत्नी के मुँह से यह सुनकर दंग रह गया कि राजा को निर्दोष सिद्ध करवाने के लिए उन्हें अपने पिता की बहुत मिन्नतें करनी पड़ी थीं।

बम्बई सिटी को केन्द्र के अधीन लाए जाने के फैसले के खिलाफ संयुक्त महाराष्ट्र समिति ने वृहत महाराष्ट्र का आन्दोलन छेड़ दिया। यह समिति संयुक्त महाराष्ट्र परिषद का ही नया रूप थी। इसने सभी मराठी-भाषी क्षेत्रों को महाराष्ट्र राज्य में शामिल करने के लिए संघर्ष करने की घोषणा की।

पश्चिम महाराष्ट्र के लोग स्थानीय कांग्रेस नेताओं के ढुलमुल रवैये से खीजकर दो गैर-कांग्रेसी नेताओं एस. एम. जोशी और एस. ए. डांगे की तरफ मुड़ने लगे थे। ये दोनों सत्याग्रह कर रहे थे। कभी-कभी जन-आक्रोश काफी हिंसक रूप ले लेता। पन्त ने दो सर्वोदय नेताओं विनोबा भावे और जयप्रकाश नारायण से विभिन्न नेताओं से बात करके मामले को सुलझाने का अनुरोध किया। संयुक्त महाराष्ट्र समिति अपना लक्ष्य प्राप्त करने में सफल रही। मई 1960 को बम्बई के द्विभाषी राज्य को मराठी-भाषी महाराष्ट्र और गुजराती-भाषी गुजरात के रूप में दो अलग-अलग राज्यों में बाँट दिया गया।

राज्य पुनर्गठन आयोग को विशाल आँध्र की बजाय तेलंगाना बनाने का प्रस्ताव ज्यादा तर्कपूर्ण लग रहा था। इसमें कोई शक नहीं था कि विशाल आन्ध्र में तेलंगाना के बहुत सारे हिस्से पड़ रहे थे। इसलिए आयोग का खयाल था कि तेलंगाना बनाना प्रशासनिक दृष्टि से बेहतर रहेगा। उस समय इसका नाम 'हैदराबाद स्टेट' सोचा गया था।

आयोग का खयाल था कि 'वर्तमान स्थितियों में' हैदराबाद स्टेट बनाते समय यह प्रावधान रखना ठीक रहेगा कि 1961 के आम चुनावों के बाद इसे आन्ध्र में शामिल किया जा सकता है। इसके साथ यह शर्त जुड़ी हुई थी कि यह प्रस्ताव हैदराबाद स्टेट की विधान सभा में दो-तिहाई बहुमत से पास किया जाना जरूरी है।

लेकिन पन्त हैदराबाद स्टेट के पक्ष में नहीं थे। नेहरू भी इसके खिलाफ थे। वे मद्रास के बँटवारे के बाद पैदा हुई समस्याओं को और बढ़ाना नहीं चाहते थे, जब आन्ध्र को मद्रास से अलग करके नया राज्य बनाया गया था। गृह मंत्रालय में तेलंगाना के गठन को लेकर विचार-विमर्श शुरू हुआ। बहुमत तेलंगाना को एक अलग राज्य बनाए जाने के पक्ष में था,

जैसाकि आयोग का भी सुझाव था। फिर भी, पन्त के दिलो-दिमाग पर पोट्टी श्रीरामुलु द्वारा खुद को आग लगाकर आत्मदाह करने की घटना हावी थी। नेहरू भी पन्त से सहमत थे कि यह एक ऐसी चिन्गारी थी जिसे हवा देने से आन्ध्र प्रदेश के दूसरे हिस्सों में आग भड़क सकती थी।

राज्य पुनर्गठन आयोग का एक दुष्परिणाम असम के विभिन्न क्षेत्रों में व्याप्त निराशा की भावना थी। वहाँ पूरे छह क्षेत्र ऐसे थे जो केन्द्र-शासित प्रदेशों के रूप में अपना अलग अस्तित्व चाहते थे। अगर ऐतिहासिक दृष्टि से देखा जाए तो असम और उत्तर-पूर्वी पहाड़ी जिलों को प्रकृति ने विभिन्न जनजातियों और नस्लों का मिलन-स्थल बना रखा था, जहाँ भिन्न-भिन्न क्षेत्रों के लोग आकर बसते रहे थे। भाषाई आँकड़ों के अनुसार भी 1931 तक असमी वहाँ के बहुसंख्यक लोगों की भाषा नहीं थी।

असम के एक भूतपूर्व ब्रिटिश गवर्नर ने ब्रह्मपुत्र घाटी की तुलना एक बहुत चौड़े गलियारे या हॉल कमरे से की थी, जिसके दोनों तरफ छोटे-छोटे कमरों की शृंखलाएँ थीं। इन कमरों में दोनों तरफ खुलने वाले दरवाजे थे और दूसरा दरवाजा किसी पहाड़ी जिले की तरफ खुलता था। कमरों के बीच आपस में कोई रास्ता या दरवाजा नहीं था—यानी कि एक पहाड़ी जिले से दूसरे पहाड़ी जिले में जाने के लिए गलियारे से गुजरना जरूरी था। आज भी इन छह पहाड़ी प्रदेशों में जाने के लिए गुवाहाटी होकर जाना पड़ता है। इन सभी प्रदेशों के नेताओं की महत्त्वाकांक्षाएँ केन्द्र के लिए एक चुनौती थीं।

पन्त की उलझन यह थी कि असम को एक रखते हुए भी पहाड़ी जिलों को स्वराज की भावना का अहसास कैसे कराया जाए। वे शिलांग के राजभवन में लगभग एक हफ्ते तक पड़ाव डाले रहे थे। नेहरू ने उनसे पहाड़ी राज्यों के दावों को नजरअन्दाज करने के लिए कहा था, क्योंकि इससे असम और उसकी जनजातियों के बीच दूरियाँ पैदा हो सकती थीं। इस पूरे मामले की सबसे महत्त्वपूर्ण कड़ी रेवरेंड माइकल निकोलस थे। मुख्यमंत्री बी. पी. चेलिया उन्हें नाराज कर बैठे थे, लेकिन पन्त के लिए माइकल निकोलस के मन में आदर की भावना थी। मेरा काम पन्त की दैनिक बैठकों के बारे में प्रेस रिलीज जारी करना था।

इसमें कोई शक नहीं था कि चेलिया और पहाड़ी नेताओं की बातचीत ठप्प पड़ चुकी थी। लेकिन पन्त में सबसे बड़ा गुण यह था कि वे कभी हाथ खड़े नहीं करते थे। उनमें अद्भुत धैर्य था। कई बार मुझे लगता था कि वे इसीलिए जीत जाते थे क्योंकि दूसरे थककर हार मान लेते थे। उन्होंने असम राज्य के भीतर ही इन प्रदेशों को स्वायत्तता देने का तरीका सोच लिया। वे इसे 'स्कॉटिश नमूना' कहते थे। पहाड़ी जिलों को विधानसभा की तरह एक परिषद और स्वास्थ्य और सड़कों जैसे विषयों पर खुद के नियंत्रण का प्रस्ताव दिया गया।

यह व्यवस्था ज्यादा देर नहीं चल पाई, क्योंकि इसमें सत्ता में भागदारी की भावना का अभाव था। पन्त द्वारा पहाड़ी जिलों को दिए गए आश्वासन कागजों पर ही धरे रह गए। उन्हें सबसे ज्यादा शिकायत असमी भाषा थोपे जाने को लेकर थी। हालाँकि यह भाषा किसी-न-किसी रूप में पूरे क्षेत्र में बोली जाती थी, फिर भी यह असमी क्षेत्रवाद की प्रतीक बन गई थी। यह बिलकुल साफ था कि अगर असम सरकार ने अपने तौर-तरीके नहीं बदले तो राज्य का बँटवारा निश्चित था। दूसरी तरफ, चेलिया लोकप्रियतावादी रवैया अपनाते हुए ये घोषणाएँ कर रहे थे कि जमीन की कीमत भाषा से नहीं चुकाई जा सकती। राज्य को

इसका फल भी भुगतना पड़ा। असम का न सिर्फ बँटवारा हो गया, बल्कि पूर्वी पाकिस्तान से एक बड़ी आबादी के वहाँ आ बसने के कारण खुद असम में भी असमी-भाषी अल्पसंख्यक होकर रह गए।

इस गैर-कानूनी घुसपैठ को चेलिया से भी ज्यादा कांग्रेस में उनके वरिष्ठ नेता फखरुददीन अली अहमद ने शह दी थी, जो बाद में भारत के राष्ट्रपति भी बने। बल्कि पूरी पार्टी ही दोषी थी। सीमा पार से आ रहे ये गैर-कानूनी प्रवासी कांग्रेस को असम में चुनाव जीतने का एक आसान तरीका प्रतीत हो रहे थे।

पन्त को भी सरहद पार से लोगों के आने की जानकारी थी। आखिर उनकी पार्टी आजादी के बाद से ही इसे बढ़ावा देती रही थी। लेकिन पन्त सही आँकड़े जानना चाहते थे। उन्होंने जनगणना आयुक्त अशोक मित्र को यह जिम्मेदारी सौंपी। मित्र ने असम और पश्चिम बंगाल में लघु जनगणना करके पता लगाया कि लगभग असम में 2,50,000 और पश्चिम बंगाल में 1,16,00 लोग गैर-कानूनी तरीके से घुसपैठ कर चुके थे।

पन्त ने उन्हें उसी गुपचुप तरीके से निकाल देने का फैसला किया जिस तरह वे आए थे। कुछ को निकाला भी गया। लेकिन पाकिस्तान में असम और पश्चिम बंगाल से मुसलमानों को निकाले जाने का विरोध होने लगा तो बात खुल गई। असम के कई मुस्लिम नेताओं ने इसका कड़ा विरोध किया। कुछ भारतीय मुसलमानों को निकाले जाने से मामला और भी बिगड़ गया था इसलिए इस प्रक्रिया को रोक देना पड़ा। नेहरू को भी कहना पड़ा कि ''इस तरह की जल्दबाजी भरी कार्रवाई से बात बनने की बजाय बिगड़ सकती है।''

ये वे दिन थे जब नागालैंड का पहाड़ी इलाका अभी असम का ही हिस्सा था। भूमिगत नागा एक समस्या बने हुए थे। जयप्रकाश नारायण और एक ब्रिटिश मिशनरी देव माइकल स्कॉट कोई समाधान तलाशने में चेलिया की मदद कर रहे थे। लेकिन नागा स्वाधीनता की माँग पर अड़े हुए थे और किसी समझौते पर पहुँचना मुश्किल हो रहा था।

भारत सरकार नागाओं की भावनाओं को लेकर बहुत संवेदनशील थी। नेहरू ने उन्हें भारत के साथ जोड़ने के लिए एक नीति तैयार की थी। अंग्रेजों ने नागा पहाड़ियों को बर्मा के ऊपरी इलाके से जोड़कर एक 'सरताज कॉलोनी' बनाने की कोशिश की थी, लेकिन वे इसमें सफल नहीं हो पाए थे। इसमें कोई शक नहीं था कि वहाँ अंग्रेजों का हुक्म नहीं चलता था, और उनके राज के दौरान यह क्षेत्र शेष भारत के साथ एकीकार नहीं हो पाया था। भारत सरकार की नीति यह थी कि इस क्षेत्र को देश के भीतर एक राज्य में बदल दिया जाए, लेकिन साथ ही नेहरू यह भी चाहते थे कि नागाओं की अपनी संस्कृति जीवित रहे। इसलिए उनके प्रदेश में प्रवेश करने के लिए परमिट-व्यवस्था लागू कर दी गई।

1950 के दशक के मध्य वर्षों तक नागा प्रदेश का प्रशासन नेहरू के अधीन विदेश मंत्रालय के हाथ में था। पन्त के गृहमंत्री बनने के बाद इसका प्रशासन गृह मंत्रालय को सौंप दिया गया। पन्त का कहना था कि नागालैंड की समस्या मिशनरियों द्वारा पैदा की गई थी। उन्होंने गृह मंत्रालय को विदेशी मिशनरियों के वीजे की अवधि न बढ़ाने का निर्देश दिया। विदेशी चर्चों द्वारा खूब हंगामा मचाने के बावजूद उनमें से कइयों को वापसी का रास्ता दिखा दिया गया।

लेकिन पन्त ने नेहरू की इस नीति में कोई बदलाव नहीं किया कि नागाओं की संस्कृति, उनकी जीवन-शैली और उनकी पहचान के साथ कोई छेड़छाड़ नहीं की जानी चाहिए, हालाँकि वे उन्हें भारतीय संस्कृति से अलग-थलग रखने के खिलाफ थे।

नई दिल्ली नागाओं द्वारा स्वाधीनता की माँग को बार-बार ठुकराती रही तो उनके नेता ए. जेड. फिजो ने सशस्त्र संघर्ष छेड़ दिया। भारतीय सेना ने इस चुनौती का सामना किया, जब तक कि दोनों तरफ से युद्ध-विराम की घोषणा नहीं हो गई। इसके बाद कई वर्ष तक कोहिमा में एक सफेद झंडा लहराता रहा। वहाँ अपने एक दौरे के दौरान मैंने यह महसूस किया कि यह झंडा नागाओं को बराबरी की भावना का अहसास कराता था, मानो नई दिल्ली ने उनकी स्वाधीनता की माँग को मान लिया हो। जब भारत सरकार ने नागाओं से गम्भीरतापूर्वक बातचीत करके किसी समझौते पर पहुँचने की कोशिश की तो सम्भवतः उनकी यही भावना आड़े आ गई।

नागा नेता उस मीटिंग से उठकर चले गए जिसे नेहरू और बर्मा के प्रधानमंत्री यू नू संयुक्त रूप से सम्बोधित कर रहे थे। केन्द्र सरकार इस धृष्टता को कभी क्षमा नहीं कर सकी। नेहरू की बौखलाहट का लाभ उठाकर पन्त ने नागाओं को आदि मानवों या 'मानव-वैज्ञानिक नमूनों' के रूप में देखे जाने की नीति छोड़ दी। इस नीति के पीछे एक ब्रिटिश मिशनरी और मानव-शास्त्री वेरियर एल्विन का हाथ था, जो जनजातियों से जुड़े मामलों में नेहरू के सलाहाकार थे। पन्त ने एल्विन द्वारा व्यक्त विचारों को ताक पर रखकर नागा प्रदेश पर गृह मंत्रालय का शिकंजा कसना शुरू कर दिया।

एक तरह से नागा और कश्मीरियों का मामला एक जैसा है। दोनों भारत से अलग होना चाहते हैं। लेकिन दोनों में एक फर्क भी है। कश्मीरियों ने भारत के साथ विलय के बाद आजादी की माँग करनी शुरू की, जबकि नागा अपने-आपको भारत का हिस्सा मानने के लिए कभी भी तैयार नहीं हुए।

कश्मीरियों ने हिंसा की व्यर्थता को समझ लिया है और अपने मकसद के लिए अहिंसक तरीकों का इस्तेमाल करने लगे हैं। नागाओं को अभी यह अहसास नहीं हुआ है, हालाँकि वे इस भ्रम में युद्ध-विराम को जारी रखे हुए हैं कि उनका और भारत सरकार का बराबरी का दर्जा है, और दोनों के बीच दो स्वतंत्र देशों की तरह संयुक्त सुरक्षा जैसे मुद्दों पर बातचीत होती है। लेकिन सच्चाई यह है कि अन्य राज्यों की तरंह नागालैंड भी भारत सरकार के अधीन है। नागालैंड राज्य का गठन करने के बाद नई दिल्ली चैन से बैठ गई है, क्योंकि विद्रोह के बढ़ते-घटते स्तर के बावजूद नागा खुशी-खुशी राज्य और संसद के चुनावों में हिस्सा लेते हैं और मतदान का प्रतिशत लगभग 70 प्रतिशत है।

मैं जब भी कोहिमा गया हूँ, मैंने बुद्धिजीवियों को यह राग अलापते पाया है कि नागा भारतीय नहीं हैं। शायद यह सही भी हो, लेकिन भारत सरकार उनके साथ अन्य भारतीयों जैसा ही व्यवहार कर रही है और राज्य में अपनी सैनिक उपस्थिति को मजबूत कर रही है। इसमें कोई सन्देह नहीं कि सुरक्षा बल कई बार ज्यादातियाँ करते रहते हैं, लेकिन मानवीय अधिकारों से जुड़े कुछ कार्यकर्ताओं को छोड़कर शेष भारत में इसका कम ही विरोध होता है। जनमानस इन खबरों से उतना उत्तेजित नहीं होता जितना कश्मीर को छोड़कर अन्य राज्यों में होनेवाली इस तरह की घटनाओं को लेकर, क्योंकि लोगों को लगता है कि नागा

देश को तोड़ने की कोशिश कर रहे हैं।

फिजो लन्दन भाग गए, जहाँ से उन्होंने स्वाधीनता की लड़ाई को जारी रखा। उन्हें कुछ मिशनरियों का समर्थन प्राप्त था। लेकिन दुनिया के किसी भी देश ने, खासकर ब्रिटेन ने, नागा मामले में दखल देने की कोशिश नहीं की—खासकर जब तक नेहरू जीवित रहे।

कई बार मैं सोचता हूँ कि क्या नागालैंड को लेकर भारत सरकार की नीति सही और यथार्थवादी है। नेहरू ने इस क्षेत्र को अलग-थलग रखा, ताकि वहाँ के लोगों की संस्कृति और जीवन-शैली को जीवित रखा जा सके। लेकिन इसका परिणाम यह हुआ है कि वे मुख्यधारा से कटे रहे हैं और भावनात्मक रूप से भारत के साथ नहीं जुड़ पाए हैं। इससे क्षेत्र का आर्थिक विकास भी प्रभावित हुआ है। खासकर वहाँ की नौजवान पीढ़ी बहुत ज्यादा उपेक्षित महसूस कर रही है, और कोई विकल्प न होने के कारण हथियारों की तरफ खिंच रही है।

फिजो की 1990 में लन्दन में ही मृत्यु हो गई। मैं तब भारत के हाई कमिश्नर के रूप में वहीं नियुक्त था। हाई कमीशन ने उनके पार्थिव शरीर को कोहिमा भिजवाने की व्यवस्था कर दी और उनके परिवार के सदस्यों की नागालैंड यात्रा का खर्च भी उठाया। फिजो की मृत्यु के कुछ हफ्ते बाद सशस्त्र संघर्ष से जुड़े उनके एक पुराने सहयोगी खोदाय-यान्थान मुझसे मिले। वे लम्बे समय से ब्रिटेन में ही रह रहे थे। उन्होंने मुझसे कहा कि वे अपने पुराने साथियों को हिंसा का रास्ता छोड़ने और भारतीय संविधान के भीतर ही कोई हल ढूँढ़ने के लिए मनाना चाहते थे। उन्होंने कहा कि फिजो ने भी अपना नजरिया बदल दिया था और भारतीय संविधान के भीतर किसी समाधान के लिए उत्सुक थे।

उनकी शिकायत थी कि उनके वीजे की अर्जी नामंजूर कर दी गई थी। मैंने ऑफिस इन्चार्ज को अपने दफ्तर में बुलाकर मामले की जाँच करने के लिए कहा। मुझे पता चला कि खोदाय-यान्थान ने राष्ट्रीयता वाले कॉलम में 'नागा' लिख दिया था। मैंने उस अधिकारी से कहा कि नागा भी भारतीय थे, इसलिए वीजा जारी कर दिया जाना चाहिए। मुझे इस बात का भरोसा था कि यान्थान चरमपंथियों को रास्ते पर लाने की कोशिश करेंगे। मैंने उनके भारतीय दौरे के बारे में नई दिल्ली को भी सूचित कर दिया। बड़े दुर्भाग्य की बात है कि जब वे भारत आए तो वी. पी. सिंह सरकार अविश्वास प्रस्ताव का सामना कर रही थी।

मैं सोचता था कि काश मैं फिजो से भी मिल पाता। मुझे पता चला कि मृत्यु की सार्वजनिक घोषणा किए जाने से बहुत पहले ही उनकी मृत्यु हो चुकी थी। मेरे एक पत्रकार मित्र हरीश चंडोला, जो फिजो की भतीजी से विवाहित हैं, उन दिनों लन्दन में थे। उन्होंने फिजो की मृत्यु का प्रमाण-पत्र प्राप्त करने की कोशिश की, ताकि सही तारीख पता चल सके। लेकिन उन्हें सफलता नहीं मिली। मैंने हाई कमीशन के अधिकारियों को भी सही तारीख पता लगाने के लिए कहा, लेकिन उन्हें भी कोई सफलता नहीं मिली।

नागालैंड में युद्ध-विराम के आठ वर्ष बाद मुझे एक शीर्ष नागा नेता टी. मुइवाह से मिलने का अवसर मिला था। वे तब नई दिल्ली में लोधी एस्टेट में रह रहे थे। उनके साथी आइसाक चेसी-वू कुछ महीने पहले वापस लौट गए थे। इन दोनों और भारत सरकार के प्रतिनिधियों के बीच बातचीत के कई दौर हो चुके थे। उन्हीं दिनों टी. मुइवाह से मेरी मुलाकात हुई थी।

मुझे यह सोचकर बड़ी हैरानी हो रही थी कि केन्द्र सरकार ने, बल्कि नई दिल्ली में सत्तारूढ़ सभी सरकारों ने, इस पूरे मामले को कितने सतही ढंग से लिया था, और समस्या की जड़

यानी स्वाधीनता की माँग का कोई समाधान ढूँढ़ने की कोशिश नहीं की थी।

मुइवाह का कहना था कि नागाओं की सबसे प्रमुख माँग नागालैंड से बाहर बसने वाले 'उनके लोगों' को नागालैंड से जोड़ने की थी। उनका मतलब था कि असम, मणिपुर और अरुणाचल प्रदेश के नागा आबादी वाले क्षेत्रों को नागालैंड में मिला देना चाहिए। "हम अपने लोगों को असमियों या माणिपुरियों के अधीन रहने देना नहीं चाहते," उन्होंने कहा, "हमारे इलाकों पर जबर्दस्ती कब्जा कर लिया गया। हम उन्हें वापस चाहते हैं, ताकि हम अपनी संस्कृति, जीवन-शैली और परम्पराओं को सुरक्षित रख सकें। नागाओं पर दूसरे लोग कैसे राज कर सकते हैं?" शायद उनकी बात में कुछ दम था, लेकिन दूसरी तरफ यह भी सही था कि मणिपुर या असम जैसे राज्यों को अपने महत्त्वपूर्ण क्षेत्र नागालैंड को देने को कैसे कहा जा सकता था।

मैं मुइवाह को यह बात समझाने में असफल रहा कि भारतीय संविधान अपनी सहमति के बिना राज्यों की सीमाएँ बदली जाने की अनुमति नहीं देता। संविधान में इस तरह के संशोधन के लिए संसद के दोनों सदनों में दो-तिहाई सदस्यों के समर्थन की जरूरत होती है। कोई भी राजनीतिक पार्टी या नेता यह मामला उठाने की हिम्मत नहीं करेगा, किसी राज्य को अपना कोई क्षेत्र छोड़ने के लिए राजी करना तो बहुत दूर की बात थी। मुइवाह ने मुझे बताया कि नई दिल्ली की सलाह पर उन्होंने असम, मणिपुर और अरुणाचल प्रदेश से बात की थी, लेकिन वे सब इस विचार के सख्त खिलाफ थे।

यह कोई आश्चर्य की बात नहीं थी। राज्यों की सीमाओं को लेकर पुनर्गठन आयोग के दिनों से, यानी 1955 से, चले आ रहे कुछ विवाद आज तक सुलझ नहीं पाए हैं, क्योंकि कोई भी राज्य वह क्षेत्र छोड़ने के लिए तैयार नहीं है जो आयोग उसे दे चुका है।

नागाओं को एक साथ रखने की इस भावना से एक बड़ा प्रश्न सामने आता है। भारत के विभिन्न भाषाई समूह उन जगहों पर कितने सुरक्षित हैं जहाँ वे अल्प संख्या में हैं? पूरे भारत में हर प्रदेश के लोग फैले हुए हैं, फिर भी हम कर्नाटक में पानी के विवाद को लेकर तमिलों को भेदभाव का शिकार होते देखते हैं। तमिलनाडु में कन्नड़ और असम में बंगाली कभी-कभी इसी तरह की क्षेत्रीय भावनाओं के शिकार होते रहते हैं। संविधान ने सभी भारतीयों को एक साझी नागरिकता दी है और सभी नागरिकों को देश के सभी भागों में समान अधिकार और अवसर प्राप्त हैं। तो फिर इस तरह का क्षेत्रवाद क्यों?

मैंने मुइवाह को अपने खुद के राज्य पंजाब का उदाहरण दिया। इसका दो बार बँटवारा हुआ। दूसरे बँटवारे के बाद कुछ हिस्से हिमाचल प्रदेश में चले गए तो कुछ हरियाणा में। इन हिस्सों में रहनेवाले पंजाबी यह माँग नहीं कर सकते थे कि इन्हें पंजाब में ही शामिल किया जाए। लोग जहाँ रहते थे, वहीं के हो जाते थे।

मुइवाह ने फिर से यह बात दोहराई कि नागा भारतीय नहीं थे और ब्रिटिश काल में भी वे भारत का अंग नहीं थे। हो सकता है कि यह सही हो। लेकिन 27 जून, 1947 को हुए हिदरी समझौते के अनुसार, जिसे नागाओं ने भी स्वीकार किया था, वे भारतीय संविधान के भीतर अपना प्रशासन अपने ढंग से चला सकते थे। जब नागाओं के हितों की रक्षा के लिए संविधान सभा ने समझौते की शर्तों को छठी सूची में शामिल करने की कोशिश की तो नागा इस समझौते से मुकर गए। हाँ, वे यह जरूर कह सकते हैं कि उन्होंने छठी सूची

को स्वीकार नहीं किया था।

मैंने मुइवाह को यह बात बताई तो उन्होंने इसका खंडन नहीं किया। उन्होंने कहा कि नागा भारतीय मुद्रा, सेना में कोई भूमिका और दोहरी नागरिकता स्वीकार करने के लिए तैयार थे। यह एक अच्छा संकेत था, लेकिन नागाओं को यह बात ध्यान में रखनी होगी कि असम, मणिपुर या अरुणाचल प्रदेश की कीमत पर नागालैंड का विस्तार नहीं किया जा सकता।

पंजाब को छोड़कर अन्य सभी जगह राज्यों के पुनर्गठन से जुड़े आन्दोलन शान्त पड़ गए तो पन्त ने चैन की साँस ली। पर सिख बहुत ज्यादा भड़के हुए थे। नेहरू इतने परेशान हो चुके थे कि उन्होंने सभी मुख्यमंत्रियों के नाम एक पत्र लिखकर कहा कि अगर लोग फैसलों को स्वीकार करने के लिए तैयार नहीं थे तो यह प्रजातंत्र को अस्वीकार करने के समान होगा। इस पत्र की एक प्रति उन्होंने पन्त को भी भेजी।

पन्त कभी-कभी भाषाई राज्यों के दुष्परिणामों को लेकर चिन्ता में पड़ जाते थे। राज्य पुनर्गठन आयोग ने भाषाई अल्पसंख्यकों के भयों को दूर करने के लिए कुछ सुरक्षा उपायों का प्रावधान किया था—जैसेकि उनकी मातृभाषा में निर्देश दिए जाने या भाषाई अल्पसंख्यकों की आबादी 30 प्रतिशत होने की स्थिति में उनकी भाषा को अधिकारिक भाषा का दर्जा दिए जाने का प्रावधान। यह विचार अपने-आपमें भले ही अच्छा था कि राज्यों के गवर्नर अल्पसंख्यकों के हितों का ध्यान रखेंगे, लेकिन समय के साथ यह कपोल-कल्पना ही साबित हुआ है। आयोग की कई बैठकों में पन्त की यह चेतावनी कि राज्यों के पुनर्गठन से कई नई समस्याएँ उठ खड़ी होंगी, सही साबित हुई है।

अल्पसंख्यकों के हितों का ध्यान रखने के लिए एक भाषाई अल्पसंख्यक आयोग की भी स्थापना की गई थी। लेकिन यह कागजों पर ही धरा रह गया, क्योंकि सभी राज्यों के नेता अपने स्थानीय हितों और वोट-बैंकों पर ध्यान देना चाहते थे। भाषाई आयोग सीधे संसद के प्रति उत्तरदायी था और अपनी वार्षिक रिपोर्ट में हर बार भाषाई बहुसंख्यकों की तानाशाही के खिलाफ अपनी असमर्थता प्रकट करता था। छोटे-मोटे अधिकारी भी इससे अकड़कर बात करते थे और इसके चेयरमैन से मिलने से इनकार कर देते थे। आयोग के कई चेयरमैनों ने मुझे बताया था कि उनके सुझावों पर केन्द्र सरकार कुछ भी ध्यान नहीं देती थी और उन्हें गृह मंत्रालय की फाइलों के हवाले करके अपने कर्तव्य की इतिश्री समझ लेती थी।

कोई भी वक्त के रुख को देखकर समझ सकता था कि समय के साथ ये राज्य क्षेत्रवाद के गढ़ बन जाएँगे और भूमि-पुत्रों की अवधारणा भाषाई अल्पसंख्यकों में असुरक्षा की भावना पैदा कर देगी। इस आशंका को ध्यान में रखते हुए कि 'बाहर से अपने वालों' को स्थानीय भाषा न जानने के कारण मुश्किलों का सामना करना पड़ सकता है, गृह मंत्रालय ने यह नियम भी बनाया था कि सरकारी नौकरी पाने के बाद स्थानीय भाषा सीखी जा सकती है। लेकिन इसे भी लागू नहीं किया जा सका, क्योंकि राज्यों के प्रशासन स्थानीय भाषा में दक्षता को नौकरी के लिए एक अनिवार्य योग्यता मानते रहे।

राज्य पुनर्गठन आयोग को यह डर भी था कि क्षेत्रीय पुनर्गठन के बाद सभी भारतीयों के लिए एक साझी नागरिकता और हर नागरिक के लिए देश भर में समान अधिकारों और अवसरों का प्रावधान कमजोर पड़ सकता था। यह आशंका भी सही साबित हुई है। आयोग

ने इसके समाधान के रूप में भारतीय वन सेवा, भारतीय चिकित्सा और स्वास्थ्य सेवा इत्यादि शुरू करने का सुझाव दिया था। लेकिन राज्य इनकी स्थापना के लिए राजी नहीं हुए। सिर्फ भारतीय वन सेवा ही शुरू की जा सकी।

पन्त राज्यों के योग्य अधिकारियों का एक 'केन्द्रीय पूल' (सेन्ट्रल पूल) बनाने में भी असफल रहे, जिन्हें दिल्ली में महत्त्वपूर्ण पदों पर नियुक्त किया जा सके और केन्द्रीय प्रशासन में एक तरह की निरन्तरता लाई जा सके। राज्यों का मानना था कि इससे उनके सबसे प्रतिभाशाली अधिकारी दिल्ली के होकर रह जाएँगे। इस 'सेन्ट्रल पूल' को 'सेस-पूल' कहा जाने लगा और जल्दी ही इस विचार को त्याग दिया गया।

केन्द्र में काम करनेवाले कई वरिष्ठ अधिकारियों को निराशा का सामना करना पड़ा, क्योंकि उनमें से ज्यादातर इस 'पूल' में घुसने में सफल रहे थे। बहुत दिनों तक इस विचार से चिपके रहने के बावजूद पन्त को इसे छोड़ना पड़ा, क्योंकि नेहरू इसे लेकर कोई खास उत्साहित नहीं थे।

पन्त नौकरशाही पर बहुत ज्यादा भरोसा करते थे, लेकिन नेहरू इसे कोई खास महत्त्व नहीं देते थे। प्रशासन को लेकर दोनों के विचारों में काफी भिन्नता थी। जैसाकि नेहरू कहा भी करते थे, उनमें 'कायदे-कानूनों के जंजाल' में उलझने का धीरज नहीं था। वे लालफीताशाही की खुलेआम खिंचाई करते थे। पन्त का मानना था कि कायदे-कानून सरकार को अपने फैसलों पर अच्छी तरह सोच-विचार कर लेने में मदद करते थे। यह एक कठोर, लेकिन अनिवार्य प्रक्रिया थी, जो सरकार को अनुशासन में रखती थी।

इतना ही नहीं, पन्त ने एक लम्बा नोट लिखकर नियमों और कायदों को सही ठहराया था। यह नोट उन्होंने नेहरू के एक पत्र के जवाब में लिखा था, जो सार्वजनिक प्रशासन में विशेषज्ञ माने जानेवाले पॉल एच. ऐपलसी से बहुत ज्यादा प्रभावित थे। नेहरू की सलाह पर भारतीय नौकरशाही का आकलन करने पर ऐपलसी ने अपनी रिपोर्ट में कहा था कि प्रशासन तंत्र में भिन्न-भिन्न रूपों में वर्ग, पद और विशेषाधिकारों से जुड़ी मानसिकता, दिखाई देती थी और सरकारी प्रक्रियाएँ 'बहुत ज्यादा उलझी हुई और समय बर्बाद करनेवाली' थीं। इस रिपोर्ट को पढ़ने के बाद नेहरू ने पन्त को लिखा था–"हम एक ढर्रे में बँध गए हैं और उन पुरानी परम्पराओं को निभाए जा रहे हैं जिनका आज कोई मतलब नहीं है। अगर हमें एक कल्याणकारी राज्य के रूप में काम करना है तो हमारी पूरी प्रशासनिक सेवा को बिलकुल अलग तरह से काम करना होगा, बल्कि अलग तरह से सोचना भी होगा..."

नेहरू का पत्र काफी तीखी भाषा में था, इसलिए पन्त को बुरा लगना स्वाभाविक था। नेहरू ने लिखा था कि वे 'जल्दी' ही प्रशासनिक ढाँचे में बदलाव देखना चाहते थे। पन्त ने यह नोट गृह सचिव बी. एन. झा को थमा दिया, जिन्होंने 'जल्दी' शब्द के बावजूद इसे फाइल के हवाले कर दिया। उनका कहना था कि पंडितजी सपनों की दुनिया में थे और हवाई बातें कर रहे थे।

राजनीतिज्ञों के बारे में झा की अच्छी राय नहीं थी। उनका कहना था कि उन्हें प्रशासन का क-ख-ग नौकरशाही से सीखना पड़ता था, और इसके बाद वे इस तरह व्यवहार करते थे मानो वे सब कुछ जानते हों। झा ने मुझे लाल बहादुर शास्त्री का उदाहरण दिया, जिन्हें उन्होंने ही ट्रेनिंग दी थी।

पन्त ने प्रशासन में भ्रष्टाचार का रोग फैलते देखा तो उन्होंने सरकार के सभी सचिवों के साथ एक गुप्त बैठक की। सभी बड़े अफसर मामले की नजाकत को समझते हुए पूरी तैयारी करके आए। पन्त ने उनके अच्छे काम की तारीफ करते हुए कहा कि बड़े अफसोस की बात थी कि लोग उनकी ईमानदारी पर सवाल करने लगे थे। ''हम यह सब चुपचाप बैठकर नहीं देख सकते।'' उन्होंने कहा।

उनके कठोर शब्दों से कमरे में एक सन्नाटा-सा छा गया। कुछ देर की खामोशी के बाद एक वरिष्ठ आई.सी.एस. अधिकारी एच.के. पटेल, जो बाद में केन्द्रीय मंत्री भी बने, ने अपनी सीट से उठकर कहा कि अगर ऊपर से दबाव न हो तो कोई भी अधिकारी कोई गलत काम नहीं करेगा। हो सकता था कि कुछ अधिकारियों में ईमानदारी की कमी हो, लेकिन वे मंत्रियों के बारे में क्या कहेंगे? बुराई ऊपर से शुरू होती थी।

मैं देख रहा था कि पन्त गुस्से से लाल-पीले हो रहे थे, लेकिन जब तीन और अधिकारियों ने भी उठकर यही बात कही तो वे अपने गुस्से को पी गए। उन्होंने मंत्रियों और अधिकारियों के बीच सहयोग की बात कहकर मीटिंग खत्म कर दी। उन्होंने कहा कि ये दोनों एक ही गाड़ी के दो पहिए थे और दोनों को मिल-जुलकर बोझ उठाना था। इन शब्दों के साथ उन्होंने मीटिंग को रफा-दफा कर दिया। बाद में किसी ने भी इस मीटिंग या भ्रष्टाचार का जिक्र तक नहीं किया। प्रेस को इस मीटिंग की भनक तक नहीं लगी।

बी.एन. झा और मैंने काफी समय साथ-साथ गुजारा था। हम लगभग रोज ही दोपहर में मिलते थे। वे बहुत अकेले महसूस करते थे (उनका इकलौता बेटा गुजर चुका था) और मेरे सामने अपना दिल खोलकर रख देते थे। वे मुझसे कहते थे कि आजादी के बाद जब ये नेता नए-नए मंत्री बने थे तो इनका व्यवहार काफी अच्छा था। लेकिन थोड़ा अनुभव पाते ही ये रौब झाड़ने लगे थे और अपने सचिव की सलाह की अनसुनी करने लगे थे। झा सरकार से जुड़े अधिकारियों की पृष्ठभूमि से भी खुश नहीं थे। उनकी सबसे अहम शिकायत यह थी कि वे सब संभ्रान्त वर्ग के थे। एक बार मुझे दिल्ली के मेटकाफ हाउस में स्थित आई.ए.एस. के ट्रेनिंग स्कूल में जाने का अवसर मिला था। तभी मेरी समझ में आया था कि उनकी बात में कितनी सच्चाई थी। गृह मंत्रालय के संयुक्त सचिव सेनापति बापट इस स्कूल के संचालक थे। उन्होंने मुझे बताया कि प्रशासनिक सेवा को जान-बूझकर संभ्रान्तवादी रखा गया था। ये प्रशिक्षार्थी देश के सबसे योग्य नवयुवक थे और वे नहीं चाहते थे कि वे आम लोगों से ज्यादा घुलें-मिलें या उनके विचारों से प्रभावित हों।

मसूरी और हैदराबाद की प्रशिक्षण अकादमियों का मुझे काफी कड़वा अनुभव है। मसूरी में आई.ए.एस. और हैदराबाद में आई.पी.एस. के प्रशिक्षार्थियों को प्रशिक्षण दिया जाता है। मसूरी अकादमी ने मुझे एक चर्चा के लिए आमंत्रित किया था। तब मेरे मित्र और लाल बहादुर शास्त्री के पूर्व सचिव राजेश्वर प्रसाद इस अकादमी के निदेशक थे। अपने भाषण में मैंने इस बात का जिक्र किया था कि बँटवारे के बाद मुसलमानों के साथ किस तरह दूसरे दर्जे के नागरिकों जैसा व्यवहार किया जाता रहा था। कुछ श्रोताओं ने मेरी इस टिप्पणी पर एतराज किया, जो काफी स्वाभाविक भी था। लेकिन इसके बाद दोबारा कभी भी मुझे अकादमी में आमंत्रित नहीं किया गया।

हैदराबाद का अनुभव इससे भी बुरा था। जब मैंने श्रोताओं में बैठे वरिष्ठ पुलिस अधिकारियों से कहा कि उनमें से किसी ने भी इमरजेंसी में हुई ज्यादतियों या गैरकानूनी गिरफ्तारियों का विरोध नहीं किया था तो उन सबके चेहरे लटक गए। जलपान के दौरान भी उनमें से किसी ने मुझसे बात नहीं की। इसके बाद अकादमी ने दोबारा कभी भी मुझे आमंत्रित नहीं किया।

दिल्ली के स्टाफ कॉलेज में भी मुझे इसी तरह का अनुभव हुआ था। चर्चा का विषय था भारत-पाक सम्बन्ध। लगभग पूरा पैनल पाकिस्तान के खिलाफ था। मैंने कुछ उदाहरण पेश करते हुए कहा कि भारत के व्यवहार ने पाकिस्तान को बौखला दिया था। इस कॉलेज ने भी मुझे दोबारा आमंत्रित नहीं किया।

इतने वर्षों के अपने अनुभव से मैं इस निष्कर्ष पर पहुँचा हूँ कि हमारे आई.ए.एस. और आई.पी.एस. अधिकारी काफी हद तक सामन्ती सोच के शिकार हैं, जो जनता की भावनाओं और जरूरतों से मेल नहीं खाती। उनका शुरू-शुरू का जोश और आदर्शवाद कुछ ही वर्षों में ठंडा पड़ जाता है और वे धीरे-धीरे प्रशासनिक फर्नीचर का हिस्सा बनकर रह जाते हैं।

एक बार कुछ परियोजनाओं से जुड़े एक दौरे के दौरान रायपुर में मेरे साथ एक नौजवान आई.ए.एस. अधिकारी को नियुक्त किया गया था। मैंने उससे पूछा था कि प्रशिक्षण के दौरान उनमें जो ऊँचे सिद्धान्त पैदा किए जाते हैं, वे कुछ ही वर्षों में लुप्त क्यों हो जाते हैं। उन्होंने कहा कि जिस दिन कमिश्नर आपको फोन करके 'ऊपर' भेजने के लिए पैसे इकट्ठे करने को कहता है, उसी दिन से आपका मोहभंग होना शुरू हो जाता है। उन्होंने मुझे बताया कि उन्हें सबसे पहले उचित दर की राशन की दुकानों से पैसे इकट्ठे करने के लिए कहा गया था। बाद में वे अधिकारी मध्य प्रदेश के कमिश्नर के रूप में दिल्ली में अपनी नियुक्ति करवाने में सफल रहे। इस नियुक्ति के लिए उन्होंने जिस तरह अपने कुछ वरिष्ठ अधिकारियों को पछाड़ा था, उससे मेरी समझ में आ गया कि वे तेजी से तरक्की की सीढ़ियाँ चढ़ने की कला में माहिर हो चुके थे।

पन्त को एक और टेढ़े प्रश्न को हल करना था—भाषा आयोग की रिपोर्ट। राज्य पुनर्गठन आयोग के झमेले से वे कितने सफल होकर निकले थे, इसका कोई ठीक-ठीक पैमाना नहीं था। लेकिन नेहरू ने उन्हें 'चमत्कार' कर दिखाने के लिए बधाई दी थी। जहाँ तक भाषा के जटिल प्रश्न की बात थी, तो इस पर एक सर्वसम्मत रिपोर्ट पेश कर देना निश्चित ही अपने-आपमें एक चमत्कार था।

जैसाकि संविधान में निर्देश दिया गया था, 1955 में एक भाषा आयोग गठित किया गया था। इस आयोग का काम यह पता लगाना था कि क्या हिन्दी इतनी विकसित हो चुकी थी, और क्या इसका इतना प्रसार हो चुका था, कि इसे केन्द्रीय भाषा के रूप में अंग्रेजी की जगह लागू किया जा सके। संविधान के निर्देश के अनुसार, यह बदलाव संविधान बनने के 15 वर्ष बाद, 26 जनवरी, 1965 को लागू किया जाना था। आयोग ने अंग्रेजी की जगह हिन्दी के प्रयोग के संवैधानिक दायित्व की बात दोहराई। लेकिन साथ ही उसने 26 जनवरी, 1965 के बदलाव का फैसला सरकार की तैयारियों पर छोड़ दिया। आयोग ने 14 वर्ष की उम्र तक हर छात्र को हिन्दी पढ़ाए जाने और पूरे देश में माध्यमिक स्तर तक हिन्दी की शिक्षा

को 'आवश्यक' बनाए जाने की सिफारिश की।

आयोग ने इस सुझाव को अस्वीकार कर दिया कि हिन्दीभाषी क्षेत्रों के छात्रों के लिए कम-से-कम एक दक्षिण भारतीय भाषा को सीखना अनिवार्य होना चाहिए। आयोग ने अदालतों के फैसले राष्ट्र की भाषा में दिए जाने अनिवार्य कर दिए, लेकिन साथ ही यह प्रावधान भी रख दिया कि उच्चतम न्यायालय और उच्च न्यायालय की सभी कार्रवाइयों, रिकार्डों, फैसलों और आदेशों का क्षेत्रीय भाषा में अनुवाद भी साथ में जुड़ा होना चाहिए।

विरोध के स्वरों में मद्रास के डॉ. पी. सुब्रायन और बंगाल के डॉ. सुनीति कुमार चटर्जी प्रमुख थे। इन दोनों ने अपनी टिप्पणियों में कहा कि कई जगह एक जैसे शब्दों का प्रयोग होता था, और हिन्दी के प्रयोग से जुड़े प्रस्ताव को संविधान सभा ने पास किया था न कि संसद ने, जो लोगों का सीधा प्रतिनिधित्व करती थी।

आयोग की सिफारिशों की जाँच-पड़ताल के लिए, संविधान का पालन करते हुए, एक संसदीय समिति नियुक्त की गई। इस समिति की पहली बैठक 1957 में हुई और पन्त इसके सभापति चुने गए।

पहली ही मीटिंग से यह साफ हो गया कि यह समिति की आखिरी माटिंग होगी। हिन्दी भाषी और गैर-हिन्दी भाषी आपस में उलझ पड़े और टकराव इस हद तक बढ़ गया कि समझौते की सभी उम्मीदों पर पानी फिर गया। गृह मंत्रालय के सूचना अधिकारी के रूप में मुझे प्रेस को जानकारी देने का काम सौंपा गया था। लेकिन कोई भी मेरी बात सुनने को तैयार नहीं था, क्योंकि हिन्दी-समर्थक और हिन्दी-विरोधी अपनी-अपनी प्रेस-कॉन्फ्रेंसें कर रहे थे।

पन्त मीटिंग की प्रेस रिपोर्टें पढ़कर सन्न रह गए। उन्हें यह डर लग रहा था कि कहीं भाषा के प्रश्न का मामला फिर से न उठ खड़ा हो, खासकर अंग्रेजी की जगह हिन्दी को अपनाए जाने के संवैधानिक निर्देश को लेकर। उन्हें याद था कि कितनी गर्मागर्मी के बाद कांग्रेस यह प्रस्ताव पास कर पाई थी और संविधान सभा ने भी कितनी बहस के बाद इस पर अपनी मोहर लगाई थी।

भारत के पहले गवर्नर-जनरल सी. राज. गोपालाचारी दक्षिण भारतीय थे। कभी हिन्दी का समर्थन करने के बावजूद उन्होंने अब इसके खिलाफ जोरदार अभियान छेड़ दिया। पन्त ने मुझे हिंदी की एक प्राथमिक पुस्तक में राजाजी द्वार लिखी गई प्रस्तावना दिखाई, जिसमें उन्होंने दक्षिण राज्यों से हिन्दी सीखने का आग्रह किया था। यह प्रस्तावना वर्षों पहले उस समय लिखी गई थी जब गांधीजी ने दक्षिण भारत में हिन्दी को लोकप्रिय बनाने का आन्दोलन शुरू किया था।

'हिन्दुस्तान टाइम्स' ने इस प्रस्तावना को फिर से छापा। दिलचस्प बात यह थी कि इस अखबार के सम्पादक राजाजी के दामाद और गांधीजी के बेटे देवदास गांधी थे। राजाजी ने इस पुनर्प्रकाशन पर आपत्ति उठाई, जिसके पीछे निस्सन्देह हमारा हाथ था, और सरकार पर अनुचित तरीके इस्तेमाल करने का आरोप लगाया। लेकिन इस प्रस्तावना का समिति के सदस्यों पर कोई असर नहीं हुआ। पन्त की सबसे बड़ी चिन्ता यह थी कि अखबारों में समिति के आपसी टकराव की खबरें मोटी-मोटी सुर्खियों में छप रही थीं। मैंने पन्त के कहने पर सम्पादकों से सम्पर्क किया और उन्हें समिति की बैठकों में होनेवाली चर्चा का प्रकाशन न करने के लिए कहा। लेकिन किसी ने भी मेरी बात पर ध्यान नहीं दिया। अखबार भाषा

जैसे महत्त्वपूर्ण विषय पर चुप्पी साधने के लिए तैयार नहीं थे। पन्त के बार-बार अनुरोध करने के बावजूद समिति के सदस्य भी अखबारों को बयान न देने के लिए राजी नहीं हुए।

आखिर मुझे एक उपाय सूझा और यह कारगर भी साबित हुआ। मैंने अखबारों के संवाददाताओं से कहा कि समिति की बातचीत विशेषाधिकारों के दायरे में आती थी। किसी ने भी मेरे कथन की सत्यता की जाँच करने की कोशिश नहीं की। यह समिति संसद सदस्यों की समिति थी और एक रिपोर्ट पर चर्चा कर रही थी। यह सदन द्वारा गठित समिति नहीं थी जिसे इस तरह के विशेषाधिकार प्राप्त होते हैं। लेकिन पत्रकारों की लापरवाही के कारण मेरे झूठ की पोल नहीं खुल पाई। उन्होंने समिति की बैठकों के बारे में लिखना बन्द कर दिया, हालाँकि कुछ सदस्यों ने उनसे कहा भी कि मैं विशेषाधिकारों के हनन की बात करके उन्हें बेवकूफ बना रहा था। मेरी तरकीब काम कर गई और रिपोर्ट के जारी होने तक कुछ भी नहीं छापा।

संवाददाताओं को रिपोर्ट की प्रतियाँ बाँटते हुए मैंने उनसे क्षमा-याचना की और उन्हें संसदीय समिति और सदन द्वारा गठित समिति के फर्क के बारे में बताया। संवाददाताओं ने मुझे खूब कोसा, लेकिन तब तक मामला ठंडा पड़ चुका था। क्या मेरी हरकत गलत और अनैतिक थी? शायद ऐसा ही था, लेकिन मैंने देश को एक टकराव भरी बहस में उलझने से बचा लिया था, जिससे भाषा का सुलझा हुआ प्रश्न फिर से उलझ सकता था।

समिति की शुरू की कुछ बैठकें औपचारिकता मात्र थीं। लेकिन जल्दी ही अंग्रेजी से झट से पीछा छुड़ाने की वकालत करनेवालों और इसे अनिश्चित काल के लिए हिन्दी के साथ बरकरार रखना चाहनेवालों के मतभेद खुलकर सामने आ गए। कुछ लोगों ने हिन्दी को केन्द्रीय भाषा बनाए जाने के औचित्य पर भी सवाल उठाए। पन्त ने इन सदस्यों को टोकते हुए साफ किया कि वे नए सिरे से संविधान नहीं लिख रहे थे, जिसमें पहले ही हिन्दी को भारतीय संघ की भाषा के रूप में अपनाया जा चुका था।

कभी यू.पी. विधान सभा के अध्यक्ष रह चुके पुरुषोत्तमदास टंडन हिन्दी-समर्थकों का नेतृत्व कर रहे थे। वे 26 जनवरी, 1965 की बजाय 26 जनवरी, 1955 से ही अंग्रेजी की जगह हिन्दी को लागू किए जाने पर जोर दे रहे थे। या वे ज्यादा-से-ज्यादा एक-दो वर्ष तक इन्तजार करने के लिए तैयार थे।

विरोधी दृष्टिकोण का नेतृत्व मद्रास के लक्ष्मणस्वामी मुदूलियार कर रहे थे। लगभग सभी गैर-हिन्दीभाषी राज्यों के प्रतिनिधि उनके साथ थे। मुदूलियार आधिकारिक भाषा के रूप में हिन्दी के प्रयोग के संवैधानिक दायित्व को स्वीकार कर रहे थे, लेकिन वे इसे लागू करने की तारीख को अनिश्चित काल के लिए आगे बढ़ाना चाहते थे। उनका कहना था कि लम्बे समय तक दो भाषाओं के प्रयोग से गैर-हिन्दी भाषियों के मन में बैठा डर दूर हो जाएगा। अभी उन्हें ऐसा लगता था कि हिन्दी उन पर थोपी जा रही थी, क्योंकि उन्हें इसे सीखने का समय नहीं दिया गया था। समिति में कुल 26 सदस्य थे। इनमें से सिर्फ दो सदस्य ऐसे थे जो अंग्रेजी की जगह हिन्दी के प्रयोग के पूरी तरफ खिलाफ थे। एक थे समिति के एंग्लो-इंडियन सदस्य फ्रैंक एंथनी, और दूसरे थे बंगाल के कम्युनिस्ट नेता पी.एन. बनर्जी।

यह अहसास हो जाने पर कि हिन्दी को लागू करने का प्रश्न बहुत विकट प्रश्न था, पन्त ने रिपोर्ट पर चर्चा के सबसे आखिर में इस प्रश्न को उठाने का फैसला किया। यह

गलत सिरे से शुरू करने की तरह था, लेकिन इससे उन्हें हिन्दी को लागू करने से जुड़ी अन्तहीन बहस से राहत मिल गई थी। वे चाहते थे कि समिति अंग्रेजी की जगह हिन्दी लागू किए जाने का समर्थन करे। इसके लिए वे समिति के सभी सुझावों का सम्मान करने के लिए तैयार थे, ताकि रास्ते में आनेवाली बाधाओं को दूर करके हिन्दी के लिए समिति की स्वीकृति प्राप्त की जा सके। पन्त बार-बार कहते थे कि हिन्दी को संविधान में दी गई तारीख तक लागू करना जरूरी नहीं था। उन्हें इस बात का सन्तोष था कि मुदलियार हिन्दी के खिलाफ नहीं थे, वे सिर्फ तैयारियों के लिए अनिश्चित अवधि चाहते थे। यह हिन्दी-समर्थकों को रास नहीं आ रहा था, जो एक निश्चित तारीख चाहते थे।

टकराव की स्थिति तब आई जब समिति ने सरकारी कर्मचारियों द्वारा हिन्दी सीखे जाने की आयोग की सिफारिश पर बहस शुरू की। सरकारी कर्मचारियों को एक निश्चित अवधि के भीतर हिन्दी की परीक्षा पास करनी थी। मुदूलियार ने आशंका व्यक्त की कि गैर-हिन्दीभाषी आबादी को नौकरियाँ पाने में मुश्किल होगी। हिन्दी-समर्थक हिन्दी को लागू करने के लिए इतने ज्यादा अधीर थे कि वे गैर-हिन्दी भाषियों के लिए नौकरियों में कोटे की व्यवस्था के लिए राजी हो गए। पन्त इस प्रस्ताव से सन्न रह गए। उन्होंने कहा कि इस तरह का कदम आगे चलकर हिन्दीभाषियों और गैर-हिन्दीभाषियों के लिए अलग-अलग मतदाता सूचियों की माँग में बदल सकता था, जैसेकि बँटवारे से पहले हिन्दुओं और मुसलमानों के बीच हुआ था।

केरल के एक सीधे-सादे और नर्म-मिजाज नेता पी.टी. थानू पिल्लई स्थिति को सँभालने में सफल रहे। उन्होंने बहुत भावभीने शब्दों में कोटा व्यवस्था का विरोध किया। उन्होंने कहा कि अगर एक बार यह व्यवस्था लागू कर दी गई तो यह सिर्फ नौकरियों तक ही सीमित नहीं रहेगी, बल्कि सभी क्षेत्रों मैं फैल जाएगी। उन्होंने कहा कि देश की एकता के लिए यह बहुत खतरनाक होगा और आनेवाली पीढ़ियाँ हमें माफ नहीं करेंगी। उनके इस भावभीने भाषण पर जोरदार तालियाँ पड़ी। समिति की बैठकों में यह एक दुर्लभ क्षण था। हिन्दीभाषी सदस्यों को अपनी भूल का अहसास हो गया और उन्होंने कोटा व्यवस्था के प्रस्ताव को वापस ले लिया।

पन्त का सबसे बड़ा गुण उनका धैर्य था। वे कभी भी आपे से बाहर नहीं होते थे। समिति की आखिरी बैठक में टंडन ने उन पर हिन्दी से 'गद्दारी' करने का आरोप लगाया तो भी पन्त नहीं भड़के। उन्होंने सिर्फ इतना कहा—"मैं देश की एकता को हिन्दी से बड़ी चीज मानता हूँ। मुझे अफसोस है अगर मैं टंडन जी के पैमाने पर खरा नहीं उतरा।"

पन्त ने हिन्दी को लागू करने को लेकर समिति में सर्वसम्मति बनाने का चमत्कार कर दिखाया था। वे अखिरी चरणों में जल्दबाजी दिखाकर इस उपलब्धि को खोना नहीं चाहते थे। उन्होंने सदस्यों को अपने विचार व्यक्त करने का पूरा समय दिया। उन्होंने कहा कि वे किसी पर दबाव बनाना नहीं चाहते थे। यह रणनीति सफल रही और समिति की रिपोर्ट लिखने का काम उनके जिम्मे सौंप दिया गया।

समिति की सिफारिश को लेकर, एंथनी के एकमात्र अपवाद को छोड़कर, समिति में पूरी सर्वसम्मति थी। इसमें कहा गया था कि 26 जनवरी 1965 से हिन्दी मुख्य भाषा होगी और अंग्रेजी को सहायक (सब्सिडियरी) भाषा के तौर पर इस्तेमाल किया जाएगा, जिसे पूरी

तरह हटाए जाने के लिए कोई निश्चित अवधि निर्धारित नहीं की जाएगी।

समिति का यह फैसला पन्त के लिए एक बड़ी और शानदार उपलब्धि थी। लेकिन रिपोर्ट को अन्तिम रूप देने से पहले नेहरू की राय जानने के लिए भेजा गया। नेहरू अंग्रेजी के लिए 'सब्सिडिअरी' शब्द देखते ही भड़क उठे। क्या अंग्रेजी नौकरों की भाषा थी? पन्त ने उनसे इसी शब्द को रखने का आग्रह करते हुए 'सब्सिडिअरी' शब्द के कई अर्थों की सूची बनाकर भेज दी। मुझे इस शब्द के अर्थ ढूँढ़ने के लिए दिल्ली की हर लाइब्रेरी में जाकर न जाने कितने शब्दकोशों को खँगालना पड़ा। उनमें से कुछ में 'सब्सिडिअरी' का अर्थ 'अतिरिक्त' या 'एडीशनल' भी दिया हुआ था।

पन्त ने नेहरू को समझाने की कोशिश की कि दोनों शब्दों का लगभग एक ही अर्थ था। उन्होंने उन्हें यह भी बताया कि खुद मद्रास सरकार की रिपोर्ट में भी अंग्रेजी के लिए सब्सिडिअरी' शब्द का इस्तेमाल किया गया था। इसमें कहा गया था कि अगर अंग्रेजी को एक 'सब्सिडिअरी' आधिकारिक भाषा के रूप में जारी रखा जाता है तो 1965 तक हिन्दी को प्रमुख अधिकारिक भाषा का दर्जा दिया जा सकता है। लेकिन नेहरू सन्तुष्ट नहीं थे। इतना ही नहीं, वे काफी गुस्से में थे और कहा जाता है कि उन्होंने पन्त के लिए कुछ कठोर शब्दों का भी इस्तेमाल किया। 'सब्सिडिअरी' शब्द की जगह 'एडीशनल' शब्द रख दिया गया। पन्त ने दुखी मन से मुझसे कहा था, "मेरी बात याद रखना, हिन्दुस्तान में हिन्दी कभी नहीं आएगी।" उनका दिल टूट गया था। उसी शाम उन्हें दिल का पहला दौरा पड़ा।

रिपोर्ट का काम पूरा हो जाने के बाद पन्त ने आधिकारिक भाषा के लिए कोई और आयोग या समिति न बनाने का फैसला किया।

संविधान की धारा 344(1) के अनुसार, "संविधान लागू होने के पाँच वर्ष पूरे हो जाने के बाद, और फिर दस वर्ष पूरे हो जाने के बाद राष्ट्रपति आयोग गठित करने का निर्देश दे सकता है।" गृहमंत्री और कानून मंत्री दोनों का यह मानना था कि संविधान में प्रयुक्त 'शैल' शब्द को 'मे' (कर सकता है) के रूप में भी व्याख्यायित किया जा सकता था। इसलिए राष्ट्रपति दस वर्ष बाद आयोग का गठन करने के लिए बाध्य नहीं था। परिणामस्वरूप 1960 में गठित किए जानेवाले आयोग का गठन नहीं किया गया, और तब से लेकर आज तक इस सम्बन्ध में किसी भी आयोग का गठन नहीं किया गया।

6 अगस्त, 1959 को नेहरू ने लोकसभा में यह आश्वासन दिया कि कोई समय-सीमा निर्धारित नहीं की जाएगी, और गैर-हिन्दीभाषी क्षेत्र खुद ही अंग्रेजी की जगह हिन्दी लागू करने की तारीख का फैसला करेंगे। गैर-हिन्दीभाषियों के लिए यह आश्वासन हिन्दीवादियों के खिलाफ एक सुरक्षा-कवच की तरह था। उन्हें सचमुच यह डर सता रहा था कि सरकारी नौकरियों में उनके लिए कोई गुंजाइश नहीं रहेगी।

मैंने कभी नहीं सोचा था कि भाषा का प्रश्न इतनी बड़ी मुसीबत बन जाएगा। हिन्दी तो लागू नहीं हो पाई, लेकिन जल्दी ही सभी राज्य अंग्रेजी की बजाय अपनी-अपनी भाषाओं का प्रयोग करने लगे। अंग्रेजी की तुलना में अपनी भाषाएँ उनके लिए ज्यादा आसान थीं। इससे विभिन्न भाषाई क्षेत्रों का आपसी सम्पर्क कमजोर पड़ने लगा। अब अंग्रेजी उत्तर को दक्षिण से और पूर्व को पश्चिम से जोड़नेवाली एकमात्र भाषा बन गई।

फिर भी यह भावना जोर पकड़ती जा रही थी कि एक प्रजातांत्रिक देश अनिश्चित काल

तक एक ऐसी भाषा से काम नहीं चला सकता जो आबादी के छोटे-से अनुपात द्वारा समझी जाती है। हिन्दी राज्यों ने यह साफ कर दिया कि वे अनिश्चित काल तक केन्द्र के साथ एक विदेशी भाषा में संवाद नहीं कर सकते।

क्षेत्रीय भाषाओं ने वह जगह लेनी शुरू कर दी, जिस पर वास्तव में हिन्दी का अधिकार था। कोई भी इस बात का अहसास नहीं कर रहा था कि जब हिन्दी केन्द्र सरकार की आधिकारिक भाषा बनेगी तो वह क्षेत्रीय भाषाओं को उस जगह से हटा नहीं पाएगी जिस पर केन्द्रीय भाषा का अधिकार होना चाहिए। हिन्दी-समर्थक क्षेत्रीय भाषाओं के प्रयोग को हिन्दी के लिए परोक्ष समर्थन के रूप में देख रहे थे, न कि हिन्दी के लिए एक चुनौती के रूप में।

1965 में हिन्दी को भारतीय संघ की प्रमुख भाषा घोषित किया गया तो यू.पी.एस.सी. की परीक्षा देनेवाले एक छात्र ने सभी प्रश्नों के उत्तर हिन्दी में दिए और हर उत्तर की शुरुआत 'हिन्दी माता की जय' के नारे से की। लेकिन निरीक्षक उसकी भावनाओं के प्रवाह से प्रभावित नहीं हुए और उसे 'शून्य' अंक दे दिए गए।

कानून मंत्रालय ने यू.पी.एस.सी. का समर्थन किया और कहा कि वह अपने नियम खुद बनाती थी। लेकिन गृह मंत्रालय को डर था कि वह छात्र उच्चतम न्यायालय में जा सकता था। इसलिए केबिनेट ने सैद्धान्तिक रूप से आठवीं सूची में शामिल सभी पन्द्रह भाषाओं में उत्तर देने की छूट देने का फैसला किया। हालाँकि इस सूची में अंग्रेजी शामिल नहीं थी, लेकिन उसे एक वैकल्पिक माध्यम के रूप में जारी रखने का फैसला किया गया।

पन्त अभी हिन्दी के प्रयोग की माँग से उबरे ही थे कि उनके सामने एक और समस्या आन खड़ी हुई। यू.पी.एस.सी. की परीक्षा में एक छात्र को इसलिए फेल कर दिया गया था क्योंकि वह पर्सनेलिटी टेस्ट में पास नहीं हो पाया था। अन्य सभी विषयों में उस छात्र को 90 प्रतिशत अंक प्राप्त हुए थे। पन्त को लगा कि यह न्यायपूर्ण नहीं था। उन्होंने आदेश दिया कि मौखिक परीक्षा को एक सामान्य विषय के रूप में देखा जाए और इसे अनिवार्य नहीं माना जाए। पर्सनेलिटी टेस्ट के अंक कुल अंकों में जोड़े जाने चाहिए, लेकिन इसमें फेल होनेवाले छात्र को अयोग्य नहीं ठहराया जाना चाहिए।

नेहरू ने प्रतियोगियों के लिए जरूरी पुलिस प्रमाण-पत्र की औपचारिकता को काफी नरम बना दिया था। इसका उद्देश्य यह पता लगाना था कि कहीं प्रत्याशियों की कम्युनिस्ट पृष्ठभूमि तो नहीं थी। जब तीन ऐसे प्रत्याशियों के मामले नेहरू के पास पहुँचे जिनकी रिपोर्ट से उनके कम्युनिस्ट रुझान का पता चलता था, तो नेहरू ने इस रिपोर्ट को खारिज करते हुए उन्हें अपना प्रशिक्षण पूरा करने की अनुमति दे दी। उन्हें आई.ए.एस. में ले लिया गया। लेकिन इंटेलीजेंस ब्यूरो आज भी प्रशिक्षार्थियों की पृष्ठभूमि की जाँच करके यह पता लगाता है कि कहीं उनका कम्युनिस्ट रुझान तो नहीं है।

पुरस्कारों का विचार नेहरू की देन था, लेकिन इसे गृह मंत्रालय ने लागू किया था। ये पुरस्कार थे–पद्मश्री, पद्म भूषण, पद्म विभूषण और भारत रत्न। हालाँकि संविधान में व्यक्तियों को कोई उपाधि देने की मनाही थी, लेकिन सरकार ने दोनों में फर्क करते हुए यह तर्क दिया कि ये पुरस्कार थे न कि 'राय बहादुर' या 'खान साहिब' जैसी उपाधियाँ, जो ब्रिटिश सरकार

अपने कट्टर समर्थकों को उनकी सेवाओं के लिए प्रदान करती थी। गृह मंत्रालय में सूचना अधिकारी के रूप में छह वर्षों के अपने कार्यकाल के दौरान, 1964 तक, मैंने इस उपक्रम को बहुत नजदीक से देखा। मंत्रालय के पास ऐसे लोगों और संस्थाओं के नामों की सूची आती थी जो कांग्रेस पार्टी के नजदीक होते थे। केन्द्र और राज्यों के मंत्री भी अपनी पसन्द के नाम भेजते रहते थे।

गृह मंत्रालय के एक उप-सचिव और मैं इन नामों की वर्णक्रम से सूची तैयार करते थे और उनके परिचय का सार-संक्षेप बनाते थे। यह बिलकुल क्लर्की जैसा काम था, जिसे मनमाने तरीके से किया जा सकता था। न तो कोई नियम थे और न आचार संहिताएँ, जिनका पालन करना जरूरी हो। अगर हमें कोई नाम अटपटा लगता तो हम दोनों उसे हटा देते। यह सूची गृह सचिव को भेज दी जाती, जो इसमें कुछ और नाम जोड़कर इसे गृहमंत्री के पास भेज देता।

प्रशस्ति-पत्र तैयार करना मेरा काम था। मैं अपने सामने एक शब्दकोश और रॉजेट की थीसोरस रखकर बैठे जाता ताकि एक ही विशेषण को बार-बार इस्तेमाल न करूँ। मुश्किल की घड़ी तब आई जब खुद गृहमंत्री गोविंद बल्लभ पन्त को 'भारत रत्न' दिया गया। मैंने बड़ी मेहनत से उनका प्रशस्ति-पत्र तैयार किया, लेकिन वह उन्हें पसन्द नहीं आया। इसके बाद गृह सचिव ने खुद इसे लिखा, लेकिन पन्त को वह भी पसन्द नहीं आया। फिर गृह मंत्रालय का पूरा स्टाफ उनका प्रशस्ति-पत्र लिखने बैठे गया, लेकिन पन्त के दिल को वह भी नहीं जँचा। हम सब बहुत मायूस महसूस कर रहे थे। आखिर मैंने उनसे कहा कि 'भारत रत्न' शब्दों से ऊपर था। उनकी तारीफ में जितने ी शब्द कहे जाएँ, कम पड़ेंगे। इसलिए 'भारत रत्न' पानेवाले के लिए प्रशस्ति-पत्र की जरूरत ही नहीं थी। उस वर्ष की सम्मान-पुस्तिका में भारत रत्न पानेवाले पन्त का प्रशस्ति-पृष्ठ खाली ही रहा।

प्रधानमंत्री और गृहमंत्री अन्तिम सूची का फैसला करते थे। राष्ट्रपति इस पर अपनी मोहर लगा देता था और कभी-कभार ही कोई संशोधन करता था।

लेकिन एक बार राष्ट्रपति डॉ. राजेन्द्र प्रसाद ने एक नाम जोड़ दिया। उन्होंने खुद अपने हाथ से लिखा–'दक्षिण की मिस लेजरस।' गृह मंत्रालय में हम लोगों को उसका पता लगाने के लिए काफी मेहनत करनी पड़ी। पता चला कि चेन्नई में इस नाम की एक शिक्षाविद थी। हमने उसे पद्मश्री पुरस्कार दिए जाने की सूचना भेज दी। लेकिन जब सूची राजेन्द्र बाबू के पास वापस गई तो उन्होंने यह लिखकर कि 'वह एक नर्स है' सूची वापस गृह मंत्रालय को भेज दी। उनके एडीसी ने हमें बताया कि जब वे हैदराबाद से विजयवाड़ा जाने के लिए मोटर में यात्रा करते समय बीमार हो गए थे तो इसी नर्स ने उनका इलाज किया था। हमने उसे ढूँढ़ तो निकाला, लेकिन उस वर्ष 'मिस लेजरस' नाम की दो महिलाओं को यह पुरस्कार पाने का गौरव प्राप्त हुआ।

'स्क्रीनिंग कमेटी' काफी बाद में बनाई गई। किसी ने इन पुरस्कारों को इस आधार पर अदालत में चुनौती दी थी कि ये संविधान द्वारा वर्जित थे। उच्चतम न्यायालय ने इन पुरस्कारों को उपाधियों की श्रेणी में तो नहीं माना, लेकिन उसने एक जाँच समिति गठित करने का सुझाव दिया। सत्तारूढ़ पार्टी ने इस समिति को भी मनचाहे खिलवाड़ का माध्यम बना लिया। प्रधानमंत्री का सचिव इस समिति का अध्यक्ष होता है और इसके सदस्य सरकार

द्वारा मनोनीत किए जाते हैं। यही कारण है कि पुरस्कृत लोगों की सूची में कई अनजाने और उपलब्धि-विहीन नाम दिखाई दे जाते हैं, क्योंकि किसी भी चरण में कोई चुपके से सूची में उनका नाम डाल देता है।

जनता पार्टी की सरकार ने इन पुरस्कारों को इस आधार पर भंग कर दिया था कि ये ब्रिटिश राज के दिनों की उपाधियों की तरह थे। जब तक जनता पार्टी सत्ता में रही, ये पुरस्कार नहीं दिए गए।

जनता पार्टी के पतन के बाद ये पुरस्कार फिर जोर-शोर से उभर आए, और इनके साथ ही चमचों और खुशामदियों की नस्ल भी। एक बार फिर ये पुरस्कार प्राप्तकर्ताओं के लेटर-हेडों और विजिटिंग कार्डों पर दिखाई देने लगे।

लेकिन कई ऐसे लोग भी थे जिन्होंने इन पुरस्कारों को स्वीकार करने से इनकार कर दिया। आजादी के बाद भारत के पहले शिक्षा मंत्री का पद संभालने वाले मौलाना अबुल कलाम आजाद ने देश का सर्वोच्च सम्मान 'भारत रत्न' स्वीकार करने से इनकार कर दिया। कहा जाता है कि जब उनसे इस सम्मान के बारे में पूछा गया तो उन्होंने नेहरू से कहा कि जो लोग इन पुरस्कारों का फैसला करते हैं, उनका अपने-आपको पुरस्कार देना हर तरह से अनुचित था।

लेकिन उनकी इस आपत्ति के बावजूद सरकार ने अपने रवैये में कोई बदलाव नहीं किया और दूसरे कांग्रेस नेताओं को पुरस्कार देने जारी रखे। कई वर्ष बाद, आजाद को मरणोपरांत 'भारत रत्न' से सम्मानित किया गया, जिसका मूल नियमों में कोई प्रावधान नहीं था।

पिछले कई वर्षों से विभिन्न कांग्रेस सरकारों द्वारा पुरस्कृत व्यक्तियों की सूचियों के विश्लेषण से यह साफ हो जाता है कि पार्टी के लिए अनुकूल व्यक्तियों को वरीयता दी जाती रही है। आलोचक या विरोधी इन सूचियों में कहीं दिखाई नहीं देते। उदाहरण के लिए सोशलिस्ट नेता राममनोहर लोहिया या मार्क्सिस्ट नेता ई.एम. एस. नम्बूदरिपाद के नामों पर कभी विचार तक नहीं किया गया। भाजपा के नेतृत्व वाली सरकार ने भी कुछ बेहतर नहीं किया। उसने पुरस्कृतों की सूची का भगवाकरण कर दिया और आरएसएस प्रचारकों को भी पुरस्कार थमा दिए। वाजपेयी सरकार ने गांधीवादी सिद्धराज ढड्डा को पद्म विभूषण देना चाहा तो उन्होंने इसे ठुकरा दिया। कुछ पत्रकारों ने भी इन पुरस्कारों को स्वीकार करने से इनकार किया है, जिनमें स्वर्गीय निखिल चक्रवर्ती प्रमुख हैं। न्यायमूर्ति राजेन्द्र सच्चर ने पद्म भूषण स्वीकार करने से इनकार कर दिया।

इतनी उम्र बीत जाने पर भी मैं यह नहीं समझ पाया हूँ कि रविन्द्रनाथ टैगोर ने ब्रिटिशों द्वारा दी गई 'सर' की उपाधि क्यों स्वीकार कर ली थी। यह सच है कि जलियांवाला बाग हत्याकांड के बाद उन्होंने इसे लौटा दिया था। लेकिन उन्होंने इसे स्वीकार ही क्यों किया था? स्वतंत्रता सेनानियों को यह रास नहीं आया था और कम-से-कम उनकी नजरों में टैगोर का कद काफी घट गया था।

मैं गृह मंत्रालय में ही था जब मैंने चीनियों के भारतीय इलाके में घुसपैठ की खबर सुनी। मैं विदेशियों के मामलों के इन्चार्ज उप-सचिव फतेह सिंह के साथ बैठा हुआ था। तभी उनके सहायक चीनियों से सम्बन्धित कुछ कागजात लेकर आए और उनसे पूछने लगे कि इस मामले

में क्या करना चाहिए। ये कागजात लद्दाख में एक सड़क के गैर-कानूनी निर्माण के बारे में थे। फतेह सिंह ने उन कागजों की तरफ देखे बिना ही कहा–'इन्हें बोर्डर-फाइल में लगा दो।'

इस तरह की रिपोर्टों के लिए यह बड़ी अजीब व्याख्या थी। फतेह सिंह ने मुझे बताया कि चीनी घुसपैठ से जुड़े सभी तारों, सन्देशों और रिपोर्टों को फाइलों में डाल दिया जाता था, बिना किसी कार्रवाई के। प्रधानमंत्री नेहरू इन्हें देखते थे और इन पर अपने नाम के प्रथमाक्षर लिखकर गृह मंत्रालय को भेज देते थे। आखिर में ये कागजात घूम-फिरकर एक बार फिर से मामलों से जुड़े विभाग में पहुँच जाते थे। गृह मंत्रालय में एक चुटकुला मशहूर था कि अगर किसी अधिकारी को किसी शिकायत पर कोई कार्रवाई न करनी हो तो वह कहता था, "इसे बोर्डर फाइल में डाल दो।" मैं संयुक्त सचिव के स्तर पर भी इस तरह की निष्क्रियता के बारे में सुनता रहता था।

फतेह सिंह ने मुझे बताया कि चीन किस तरह लद्दाख में हमारे इलाकों को चुपके-चुपके हड़पता जा रहा था और देश को इसकी सूचना न देकर वे कितना अपराध-बोध महसूस कर रहे थे। चीन ने भारत के अक्साई चिन इलाके में एक सड़क बना ली थी। इस सड़क के बारे में सबसे पहले 1954 में लक्ष्मण सिंह नामक एक पुलिस अधिकारी ने नई दिल्ली को सूचित किया था। देश के व्यापार प्रतिनिधि के नाते लक्ष्मण सिंह हर वर्ष तिब्बत जाते रहते थे। उनके काफी अच्छे सम्पर्क थे और उन्हें कुछ मजदूरों के माध्यम से इस सड़क के बारे में पता चला था। (भारतीय वायुसेना का एक विमान भूल से उस इलाके में चला गया था और उसने एक चित्र के माध्यम से इस सड़क की पुष्टि की थी।)

नई दिल्ली लक्ष्मण सिंह की सूचना पर अविश्वास करती रही। पन्त और नेहरू की अलग-अलग राय थी। पन्त चाहते थे कि कम-से-कम एक हवाई दौरा करके इस खबर की सच्चाई का पता लगा लिया जाए। नेहरू का कहना था कि इसका कोई फायदा नहीं होगा। वे सड़क के अस्तित्व की पक्की जानकारी के बिना किसी तरह का विरोध भी व्यक्त नहीं करना चाहते थे। आखिर कई चर्चाओं के बाद वे इस बात के लिए राजी हो गए कि चीन को भारत के वे नक्शे भेज दिए जाएँ जिनमें अक्साई चिन को भारत का हिस्सा दिखाया गया था। उन्होंने यह काम भी विदेश सचिव को अनौपचारिक तरीके से करने के लिए कहा। वे चीन को नाराज करना नहीं चाहते थे।

लेकिन चीन ने कोई प्रतिक्रिया व्यक्त नहीं की तो पन्त ने नेहरू को एक गश्त टुकड़ी भेजकर सच्चाई का पता लगाने के लिए राजी कर लिया। गश्त टुकड़ी ने देखा कि चीन ने सचमुच ही अक्साई चिन में सड़क बना ली थी, जिस पर चीनी सैनिकों का पहरा था। भारतीय गश्त टुकड़ी के सदस्यों को देखते ही चीनियों ने उन्हें पकड़ लिया और उन्हें घोड़ों की पूछों से बाँधकर दूर तक घसीटते ले गए। नई दिल्ली के विरोध-प्रदर्शन को चीन ने जरा भी भाव नहीं दिया।

यह बिलकुल साफ था कि नेहरू चीन को नाराज करना नहीं चाहते थे, खासकर यह देखते हुए कि खुद उन्होंने ही इंडोनेशिया में आयोजित गुटनिरपेक्ष देशों के सम्मेलन में प्रधानमंत्री चाउ एन-लाई का आन्दोलन के अन्य नेताओं से परिचय करवाया था। लेकिन नेहरू यह भी देख रहे थे कि चाउ एन-लाई अब उनका उतना सम्मान नहीं करते थे जितना पहले किया

करते थे। तिब्बत के सम्बन्ध में नेहरू के निमंत्रण का उन्होंने जवाब तक नहीं दिया था। दलाई लामा ने नेहरू को तिब्बत आमंत्रित किया था और वे इस दौरे में अपने साथ चाउ एन-लाई को भी ले जाना चाहते थे। नेहरू ने यह भी देखा था कि युगोस्लाविया के बारे में चीन ने कितनी तीखी भाषा का इस्तेमाल किया था। अगर वह एक कम्युनिस्ट देश के बारे में ऐसा कर सकता था तो फिर आश्चर्य ही क्या अगर वह भारत के विरोध को भी ठेंगा दिखा दे।

फिर भी नेहरू अपने-आपको यह कहकर समझाने की कोशिश करते थे कि चीन के तेवर एक नए और नौजवान कम्युनिस्ट देश की तरह थे, जिसने अपने अतीत को त्याग दिया था और जो भविष्य की तरफ बढ़ने के लिए बेचैन था। उन्होंने संसद के गुस्से को शान्त करते हुए कहा—जिसे तब तक अकसई चिन में चीन द्वारा सड़क-निर्माण का पता चल चुका था—कि इसमें कोई विवाद नहीं था कि यह भारतीय क्षेत्र था। नेहरू ने अपने आलोचकों को आश्वस्त करते हुए कहा कि चीन कभी भी भारत के साथ लड़ाई नहीं करेगा, और अगर ऐसा हुआ तो यह एक विश्वयुद्ध होगा। वे कितना गलत सोच रहे थे। उनकी खुशफहमी देश के लिए कितनी महँगी साबित हुई।

मैं पिछले कई वर्षों से संसद की गतिविधियों को बहुत नजदीक से देख रहा था। लेकिन मैंने कभी भी नेहरू के खिलाफ गुस्से का इतना उबाल नहीं देखा था। चीन पर बात करते हुए नेहरू ऐसे व्यक्ति की तरह बोलते थे जिसके विश्वास को गहरी ठेस लगी हो। लेकिन इससे अक्सई चिन भारत को वापस नहीं मिल सकता था। आजादी के बाद देश को नेतृत्व प्रदान करने के लिए राष्ट्र उनका ऋणी था—देश को संसद, न्यायपालिका और कार्यपालिका जैसी संस्थाएँ देने के लिए। लोग अपने देश और अपने प्रधानमंत्री पर गर्व महसूस करते थे। लेकिन वे चीन के प्रति उनके नरम रुख को कभी क्षमा नहीं कर पाए। वे एक ऐसे नायक थे जो उनकी आशाओं पर खरे उतरने में असफल रहे।

मैं जब अपनी पहली किताब 'बिटवीन द लाइन्स' पर काम कर रहा था तो मैंने एक ऐसा पत्र ढूँढ़ निकाला जो पटेल ने अपनी मृत्यु से कुछ समय पहले नेहरू को लिखा था। यह पत्र मैंने किताब के परिशिष्ट के रूप में शामिल किया। पटेल ने नेहरू को आँखें खुली रखने की चेतावनी दी थी क्योंकि "चीन सरकार शान्तिपूर्ण इरादों की बातें करके हमें झाँसे में रखने की कोशिश करती रही है।" पटेल ने भारतीय कम्युनिस्टों, जिन्हें वे हमेशा नापसन्द करते रहे थे, को एक सुरक्षा खतरा बताते हुए आगे यह भी लिखा था कि वे "चीन के कम्युनिस्ट शस्त्रागारों पर पूरा भरोसा" कर सकते थे।

चीन ने पुराने नक्शों को मानने और उनके अनुसार परम्परागत सीमा-रेखाओं का पालन करने से इनकार करके अपने आक्रामक रवैये का इजहार कर दिया। भारत की एक और मुसीबत यह थी कि हमारे नक्शों में हमारे कुछ इलाकों को चीन में दिखाया गया था। गृह मंत्रालय ने राज्यों को इन नक्शों को जला देने या कम-से-कम चीन और असम की सीमा को धुँधला कर देने के लिए कहा, क्योंकि इनमें भारतीय सीमा का सही चित्रण नहीं था।

चीन ने हमारी दुविधा का लाभ उठाते हुए हमारे ही नक्शों से हमारे दावे पर प्रश्न-चिहन लगाना शुरू कर दिया। नेहरू तब भी अक्सई चिन सड़क को लेकर चीन के साथ समझौता करने के पक्ष में थे। पन्त ने एक दीर्घकालीन लीज का प्रस्ताव रखा तो चीन ने इसका जवाब

लद्दाख के खुर्नाक किले पर कब्जा करके दिया। बीजिंग के एक सरकारी प्रकाशन 'चाइना पिक्टोरिया' ने एक बार फिर एक नक्शा छापकर उत्तर-पूर्वी लद्दाख के एक बड़े हिस्से को चीन में दिखाया। नेहरू ने चीन के रवैये पर आश्चर्य प्रकट करते हुए चाउ एन-लाई को लिखा कि यह 1949 से उन्हें दिलाए जा रहे विश्वास के उलट था।

नेहरू के लिए यह एक कठोर और व्यक्तिगत झटका था। कांग्रेस नेताओं की इन चेतावनियों के बावजूद कि चीन एक धोखेबाज देश था, नेहरू को पूरा भरोसा था कि वह उनके विश्वास को ठोस नहीं पहुँचाएगा और परम्परागत सीमाओं में हल्के फेरबदल के साथ मामला सुलझ जाएगा। उन्होंने चीन पर इस हद तक भरोसा किया था कि सुरक्षा परिषद ने वह सीट चीन को दिए जाने की सिफारिश की थी जो पश्चिमी देश भारत को देना चाहते थे। उनका खयाल था कि एक कम्युनिस्ट तीसरी दुनिया के किसी देश के साथ शत्रुता नहीं करेगा, खासकर एक ऐसे देश के साथ जो समाजवादी आदर्शों में विश्वास रखता हो।

दरअसल चीन भी यही चाहता था कि दोनों देशों का झगड़ा लड़ाई की हद तक न पहुँचे। चाउ एन-लाई इसी इरादे से दिल्ली भी आए, ताकि बातचीत से मामला सुलझ सके और दोनों देशों के सम्बन्ध सुधर सकें। नेहरू ने उन्हें बताया कि भारतीय भावनाएँ बहुत ज्यादा भड़की हुई थीं और सरकार में उनके सहकर्मियों का कहना था कि उनकी नीतियों के कारण चीन ने भारत के इलाकों पर कब्जा कर लिया था।

इस बीच, नेहरू ने लद्दाख में भारतीय उपस्थिति दर्शाने के लिए पुलिस चौकियाँ स्थापित करने का आदेश दिया था। इस तरह की 64 चौकियाँ स्थापित की गई थीं। लेकिन वे टिकाऊ नहीं थीं। गृह सचिव बी.एन. झा ने मुझे बताया था कि यह 'शानदार आइडिया' गुप्तचर विभाग के निदेशक बी.एन. मलिक के दिमाग की उपज था कि "हम जहाँ-जहाँ मुमकिन हो अपनी पुलिस चौकियाँ स्थापित कर लें, भले ही चीनी पंक्तियों के पीछे, ताकि हम इन इलाकों पर अपने दावे को मजबूत कर सकें।" यह नेहरू की 'फॉरवर्ड' नीति थी। "लेकिन", झा ने आगे कहा, "मलिक को यह बात नहीं सूझी कि पीछे से कोई मदद न मिलने के कारण ये पुलिस चौकियाँ चीन का दबाव पड़ते ही तिनकों की तरह बिखर जाएँगी। हमने बेकार ही अपने पुलिस कर्मियों की जानें खतरे में डाल दीं। सच कहा जाए तो यह सेना का काम था। लेकिन सेना पीछे से युद्धस्तरीय मदद के बिना अपने आदमियों को खतरे में डालने के लिए तैयार नहीं थी। इसलिए यह काम पुलिस को सौंपा गया।"

और सचमुच, जब 21 अक्टूबर, 1962 को चीन ने हमला किया तो ये चौकियाँ तिनकों की तरह ढह गईं। चीन के साथ किसी भी तरह से कोई बात न बनती देख नेहरू ने सेना को चीनियों को भारतीय जमीन से खदेड़ने का आदेश दे दिया।

मुझे याद है कि लड़ाई छिड़ने से पहले वी.के. कृष्ण मेनन ने सीमा-विवाद को सुलझाने के लिए एक 'समाधान' पेश किया था। लेकिन पन्त ने इसे ठुकरा दिया था। मेनन जेनेवा में चीन के विदेश मंत्री चेन यी से मिले थे। उन्होंने चेन यी से कहा था कि भारत अक्साई चिन पर पीकिंग के अधिकार को स्वीकार कर सकता था और साथ ही सड़क से दस मील तक के इलाके को मध्यवर्ती (बफर) क्षेत्र मान सकता था, बशर्ते कि चीन आधिकारिक रूप से पूर्व में मैकमोहन रेखा को और शेष लद्दाख पर भारत के अधिकार को स्वीकार कर ले।

कहा जाता है कि चीन इस समाधान के लिए तैयार था, लेकिन पन्त नहीं माने। उन्होंने केबिनेट में एक प्रस्ताव लाकर मेनन के प्रस्ताव को औपचारिक रूप से वापस ले लिया। वे अब अक्साई चिन को लीज पर देने के लिए भी तैयार नहीं थे। दरअसल नेहरू की बहन विजयलक्ष्मी पंडित की तरह पन्त भी मेनन पर विश्वास नहीं करते थे और उन्हें कट्टर कम्युनिस्ट समझते थे।

लड़ाई से कुछ महीने पहले चीन के प्रधानमंत्री चाउ एन-लाई भारत आए तो भारत ने बड़े प्रभावशाली ढंग से अपना पक्ष रखा। मुझे याद है, पन्त ने अपना लम्बा कोट पहन रखा था और कमरे में बैठने की व्यवस्था में भी फेरदबल करवाया था। मैंने सुना था कि मीटिंग के बाद कृष्ण मेनन ने कहा था कि पन्त ने चाउ एन-लाई से रुखाई से बात की थी। लेकिन यह सच नहीं था। पन्त ने चाउ एन-लाई की इस दलील को ठुकरा दिया था कि सिक्यांग को तिब्बत से जोड़ने के लिए अक्साई चिन चीन के लिए बहुत महत्त्वपूर्ण था। उन्होंने कहा कि भारत सड़क पर नागरिक यातायात की अनुमति दे देगा, लेकिन अपना इलाका नहीं छोड़ेगा। चाउ एन-लाई खामोश हो गए, लेकिन उन्होंने इतना संकेत जरूर दिया कि इसके खतरनाक परिणाम होंगे। यह बिलकुल साफ था कि दोनों पक्ष झुकने के लिए तैयार नहीं थे।

लद्दाख पर बात करते हुए पन्त ने नदियों की धारा के सिद्धान्त का सहारा लेते हुए यह स्थापित करने की कोशिश की कि जिस बिन्दु से दोनों तरफ धाराएँ बहती थीं, वही विभाजन-रेखा थी। उन्होंने कहा कि यह विभाजन-रेखा सीधी नहीं हो सकती थी, क्योंकि यह नदी के बहाव पर निर्भर करती थी। चाउ एन-लाई अपने साथ आए दुभाषिए की मदद से बहुत कम बोले। तब तक मैं यही समझ रहा था कि सारा विवाद अक्साई चिन को लेकर था। लेकिन चाउ एन-लाई ने दो-तीन बार मैकमोहन रेखा की वैधता पर भी सवाल उठाया। पन्त यह मानकर चल रहे थे कि मैकमोहन रेखा एक स्थापित तथ्य था, लेकिन चाउ एन-लाई ने कहा कि ऐसा नहीं था। उन्होंने साफ शब्दों में कहा कि मैकमोहन रेखा की फिर से व्याख्या की जरूरत थी। बाद में अरुणाचल प्रदेश पर चीन के दावे से यह और भी साफ हो गया।

इसी मीटिंग में यह भी तय किया गया कि दोनों पक्षों के दावों को लेकर जाँच-पड़ताल की जरूरत थी। इसके लिए एक टीम नियुक्त की गई, जिसमें भारत की तरफ से एस. गोयल और जगत मेहता शामिल थे। गोपाल ने लन्दन जाकर भारत के पक्ष में प्रमाण जुटाने की कोशिश की। उन्हें कुछ सामग्री मिली थी, लेकिन बहुत सारी सामग्री ऐसी थी जिसकी फोटोस्टेट प्रतिलिपियाँ ही ब्रिटिश सरकार देने के लिए तैयार थी। चीन ने यहाँ भी अड़ँगे लगाने की कोशिश की, लेकिन माउंटबेटन दम्पती ने भारत की बहुत मदद की। उन्हीं दिनों यह किस्सा भी सुनने में आया था कि चीनियों ने हवाई यात्रा के दौरान गोपाल से कुछ सामग्री छीनने की कोशिश की थी। लेकिन बाद में खुद गोपाल ने मुझे बताया था कि यह सच नहीं था।

गोपाल और मेहता ढेरों सामग्री के साथ पीकिंग पहुँचे। सारी सामग्री की फोटोस्टेट कापियाँ तैयार कर ली गईं थीं, ताकि 'चोरी' या किसी दूसरी 'दुर्घटना' के कारण बहुमूल्य सामग्री हाथ से न निकल जाए। इन दोनों ने बड़ी मेहनत से बड़ा मजबूत 'केस' तैयार कर लिया था। लेकिन चीन ने इन सबूतों को भी ठुकरा दिया।

उनके पीकिंग रवाना होने से पहले ही मुझे इस दौरे की विफलता का संकेत मिल गया था। यह संकेत मुझे पोलिश राजदूत के माध्यम से मिला था, जिनसे राजनयिक पार्टियों के

दौरान मेरी मुलाकात हुई थी। यूँ गृह मंत्रालय के सूचना अधिकारी के रूप में मेरी कोई खास अहमियत नहीं थी, लेकिन पोलिश राजदूत मुझे एक माध्यम के रूप में इस्तेमाल करना चाहते थे। वे चाहते थे कि वे जो कुछ मुझसे कहें वह मैं पन्त तक पहुँचा दूँ। उन्होंने मुझे अपनी चांसरी में बुलाया और कहा कि उनके प्रस्ताव को सभी कम्युनिस्ट देशों का समर्थन प्राप्त था। उन्होंने सोवियत संघ का खासतौर से जिक्र किया।

उनका प्रस्ताव यह था कि भारत को एक 'पैकेज डील' को स्वीकार कर लेना चाहिए–चीन मैकमोहन रेखा को मान्यता दे देगा बशर्ते कि भारत उसे लद्दाख के कुछ इलाके दे दे। उनका कहना था कि इन इलाकों का कभी लेखा-जोखा नहीं किया गया था और कोई भी यह नहीं कह सकता था कि उन पर किसका अधिकार था। भारत जिन इलाकों पर अपना दावा कर रहा था वे ग्रेट ब्रिटेन ने जबर्दस्ती हथियाए थे। कोई भी देश साम्राज्यवादी सीमाओं का मान नहीं कर सकता था, और भारत को भी इस पर अड़े नहीं रहना चाहिए। चाहे कुछ भी हो जाए, चीन उस सड़क पर अपना नियंत्रण नहीं छोड़ सकता था जो उसने बनाई थी। वह सिंकियांग और शेष चीन को जोड़ने वाली 'लाइफलाइन' थी।

मैंने यह प्रस्ताव पन्त तक पहुँचा दिया। लेकिन उन्होंने कभी भी मुझे अपनी या सरकार की प्रतिक्रिया नहीं बताई।

'हिन्दी-चीनी भाई-भाई' सम्बन्धों ने एक नया और खतरनाक मोड़ ले लिया था, इसलिए भारत को दोस्ती के लिए इधर-उधर देखना पड़ा। इस बीच पाकिस्तान में सत्ता पर कब्जा कर चुके जनरल मुहम्मद अयूब खान को भी 'उत्तर से उमड़ते खतरे' का डर सता रहा था। उन्होंने 29 अप्रैल, 1960 को भारत के साथ एक सुरक्षा-सन्धि का प्रस्ताव रखा, ताकि कोई खतरा होने पर दोनों मिल-जुलकर उपमहाद्वीप की रक्षा कर सकें।

इस पर नेहरू का जवाब था–"किसके खिलाफ सुरक्षा?" अयूब को गुस्सा तो जरूर आया होगा, लेकिन नेहरू के दिमाग पर पाकिस्तान की 'सेंटो' और 'एटो' सुरक्षा-सन्धियाँ हावी थीं, जो भारत के दोस्त सोवियत संघ के खिलाफ थीं। और फिर गुटनिरपेक्ष नीति का अनुसरण करते हुए भारत कैसे किसी सैनिक सन्धि में शामिल हो सकता था?

अयूब ने बाद में इस्लामाबाद में मुझे बताया था कि उनका मतलब यह था कि दोनों देश एक-दूसरे की पीठ में छुरा घोंपने की सम्भावना को टाल सकें, एक-दूसरे की बजाय बाहरी खतरों की तरफ देख सकें। "मैंने किसी औपचारिक सुरक्षा सन्धि का सुझाव नहीं दिया था," उन्होंने कहा–"मैं ऐसा कैसे कर सकता था जब हमारे बीच कश्मीर और पानी के बँटवारे जैसी बड़ी समस्याएँ खड़ी हुई थीं?"

फिर भी, मेरा अपना खयाल यह था कि अयूब यह सब इसलिए कर रहे थे क्योंकि उन्हें अपनी सेना को नए सिरे से गठित और हथियारों से लैस करने के लिए समय चाहिए था। उनके विदेश मंत्री मंजूर कादिर पश्चिमी पाकिस्तान के चीफ जस्टिस रह चुके थे और नेहरू के प्रशंसकों में शामिल थे। भारत में उनके बहुत सारे दोस्त थे। उन्होंने ही अयूब को नेहरू से मिलने की सलाह दी थी और अयूब राजी हो गए थे। उन दिनों पाकिस्तान में भारत के हाई कमिश्नर राजेश्वर दयाल थे। वे भी उत्तर प्रदेश की मिली-जुली संस्कृति में पले-बढ़े थे और भारत-पाक सम्बन्धों को सुधरते देखना चाहते थे। वे अयूब को एक दोस्त के रूप

में देखते थे। बँटवारे से पहले दोनों यू.पी. में साथ-साथ काम कर चुके थे। दयाल और कादिर ने ढाका जाते समय अयूब के दिल्ली एयरपोर्ट पर रुकने की व्यवस्था कर दी। नेहरू भी उनसे वहाँ मिलने के लिए तैयार हो गए। तब तक नेहरू को यह अहसास हो चुका था कि अयूब सत्ता में अच्छी तरह जम चुके थे। वे उनका मन टटोल लेना चाहते थे।

वे दोनों 1 सितम्बर, 1960 को मिले। बाद में, लाहौर में एक इन्टरव्यू के दौरान, कादिर ने मुझे बताया था कि यह मुलाकात एक 'डिसास्टर' (हादसा) साबित हुई थी, हालाँकि अखबारों में इसे सफल बताया गया था। कादिर का कहना था कि दोनों पक्षों ने सार्वजनिक तौर पर अच्छे बयान देने का फैसला किया था, लेकिन सच्चाई कुछ और ही थी। कादिर के अनुसार, नेहरू ने चार प्रमुख समस्याओं की सूची इस प्रकार बनाई थी–(i) विस्थापित सम्पत्ति, (ii) सीमा-विवाद, (iii) नदियों के पानी का बँटवारा, और (iv) कश्मीर। अयूब को कश्मीर को सबसे आखिर में रखना अच्छा नहीं लगा था।

कादिर ने बताया कि पहले तीन मुद्‍दों को लेकर नेहरू ने काफी विस्तार से और निष्पक्ष ढंग से अपने विचार रखे, लेकिन कश्मीर का सिर्फ जिक्र भर किया। अयूब ने यह मुद्‍दा उठाते हुए कहा कि कश्मीर समस्या का कोई 'सन्तोषजनक' हल ढूँढ़ा जाना बहुत जरूरी था। नेहरू ने कोई जवाब नहीं दिया तो अयूब का चेहरा गुस्से से तन गया और वे "फौजियों की तरह हुँकारने लगे।" बाद में अयूब ने कादिर को बताया था कि नेहरू ने कश्मीर को लेकर "मेरे खयालात से गैर-इत्तेफाकी का इजहार" नहीं किया। नेहरू सिर्फ यह चाहते थे कि आपसी सद्‌भावना और समझ का माहौल पैदा किया जाए, ताकि सीमा पर झड़पों की घटनाएँ न हों।

भले ही यह मीटिंग ज्यादा सफल न रही हो, लेकिन अयूब ने सीमाओं को निश्चित करने के नेहरू के प्रस्ताव को स्वीकार कर लिया। भारत और पाकिस्तान ने मंत्रियों की एक समिति बनाकर उसे सीमाओं के रेखांकन और अन्य जरूरी कदम उठाने का काम सौंप दिया, ताकि सीमा-विवाद खत्म हो और सीमाओं पर अप्रिय घटनाएँ न हों।

दोनों देशों के मतभेदों पर चर्चा के लिए अयूब ने के. एम. शेख को और नेहरू ने स्वर्ण सिंह को नियुक्त किया। नेहरू यह काम पन्त को सौंपना चाहते थे, लेकिन पन्त ने मना कर दिया। उन्हें आशंका थी कि इससे कुछ भी हासिल नहीं होगा। उन्हें इस बात का अहसास नहीं था कि अयूब ने शेख को समझौते के लिए पूरा जोर लगाने के लिए कहा था। जब तक दयाल पन्त को इस बातचीत के महत्त्व के बारे में बताते, नेहरू स्वर्ण सिंह को नियुक्त कर चुके थे।

नेहरू-अयूब की बातचीत के फौरन बाद स्वर्ण सिंह और शेख की ये मीटिंगें काफी हद तक सफल रहीं। बातचीत होना ही अपने-आप में एक उपलब्धि थी। भारत और पाकिस्तान इस बात के लिए सहमत हो गए कि 'दोनों देशों के बीच सभी सीमा-विवाद अगर बातचीत से हल नहीं हो पाते तो उन्हें एक निष्पक्ष ट्रिब्युनल को सौंप दिया जाएगा।' स्वर्ण सिंह और शेख के समझौते में एक बार फिर इस बात पर जोर दिया गया कि सीमाओं पर सुरक्षा बलों के मार्गदर्शन के लिए कुछ नियम बनाने की जरूरत थी।

इसमें कोई शक नहीं कि यह भारत-पाक सम्बन्धों का एक अच्छा दौर था। माहौल इतना खुशगवार था कि जब लन्दन में आयोजित कॉमनवेल्थ प्रधानमंत्रियों की कॉन्फ्रेंस में अयूब

कश्मीर पर बोले तो उन्होंने चुटकीले अन्दाज में कहा कि ऐसा सुनने में आता है कि "कश्मीर को लेकर नेहरू का नजरिया उनके कुछ खास जजबातों से जुड़ा हुआ है।" इस पर नेहरू ने हँसते हुए कहा कि अगर ऐसी बात थी तो "कश्मीर घाटी को दूसरा स्विट्ज़रलैंड बनाया जा सकता है, ताकि वे जब चाहें वहाँ आ सकें।"

इस दोस्ताना जज्बे का असर कई दूसरे रूपों में भी दिखाई देने लगा। रेडियो पाकिस्तान और ऑल इंडिया रेडियो ने अपनी गाली-गलौज भरी भाषा छोड़ दी। राजनीतिक नेता भी सँभलकर बोलने लगे और मतभेदों की बजाय सद्भवना पर जोर देने लगे। दोनों देशों के अखबारों के सम्पादकों ने आपस में मिलकर 'नफरत' की मुहिमों को बन्द कर देने का फैसला किया।

19 सितम्बर, 1960 को कराची में सिन्धु जल सन्धि पर नेहरू और अयूब के हस्ताक्षरों के बाद इस दोस्ताना जज्बे में और बढ़ोत्तरी हो गई। इस समझौते से छह नदियों—सतलुज, बियास, रावी, चिनाव, झेलम और सिन्ध—को भारत और पाकिस्तान में बाँट दिया गया। पहली तीन नदियों का पानी भारत को और बाकी तीन का पाकिस्तान को मिल गया। यह भी तय हुआ कि पाकिस्तान लगभग दस वर्षों तक भारत की नदियों का पानी भी इस्तेमाल करता रहेगा, ताकि इस बीच वह नई नहरों का निर्माण कर सके। इस समझौते में 90 करोड़ डॉलर की 'सिन्धु घाटी विकास निधि' की व्यवस्था भी की गई, ताकि पाकिस्तान ये कार्यक्रम पूरे कर सके। अमरीका, ब्रिटेन और कुछ अन्य पश्चिमी देश लगभग 72.5 करोड़ डॉलर का योगदान देनेवाले थे, जबकि भारत दस समान किश्तों में 17.5 करोड़ डॉलर की मदद कर रहा था।

पानी का झगड़ा बँटवारे के समय से ही चला आ रहा था। जब रैडक्लिफ बाउंडरी कमीशन ने पंजाब की मिली-जुली सिंचाई व्यवस्था को दो भागों में बाँटा था तो नहरें पाकिस्तान के हिस्से में और उनमें पानी पहुँचाने वाली नदियाँ भारत के हिस्से में चली गई थीं; जबकि नियंत्रण-व्यवस्था को दोनों में बराबर-बराबर बाँट दिया गया था। बाउंडरी कमीशन के चेयरमैन रैडक्लिफ द्वारा दिए गए 'किसी तरह के संयुक्त नियंत्रण' के सुझाव को नेहरू ने 'राजनीतिक सुझाव' कहकर ठुकरा दिया था।

कोई 'संयुक्त नियंत्रण' न होने के कारण दोनों देश अपने-अपने अधिकारों को लेकर लगातार झगड़ते रहे थे। पाकिस्तान का कहना था कि नदियाँ पूरे उपमहाद्वीप की साझी सम्पत्ति थीं, इसलिए भारत अपनी मनमानी नहीं कर सकता था। भारत का मानना था कि वह अपने जल स्त्रोतों और नियन्त्रकों का अकेला मालिक था। पाकिस्तान ने इस मामले को अन्तर्राष्ट्रीय न्यायालय में ले जाने का सुझाव दिया था। नेहरू ने इसे यह कहकर ठुकरा दिया था कि यह "हमारे दूसरों पर निर्भर करने की एक और स्वीकृति" होगी।

1951 में पाकिस्तान इस मामले को सुरक्षा परिषद में ले जाना चाहता था। तभी एक अमरीकी पत्रिका में 'यू.एस. टेनेसी वैली अथोर्टी' के भूतपूर्व चेयरमैन डेविड ई. लिलिंथल का एक लेख छपा था। इस लेख में उन्होंने सिन्धु घाटी के विकास के लिए एक विस्तृत योजना प्रस्तुत की थी, जिसे भारत और पाकिस्तान मिल-जुलकर साकार कर सकते थे, 'शायद विश्व बैंक की मदद से।' यह लेख लिखने से पहले लिलिंथल ने विश्व बैंक के तत्कालीन प्रमुख यूजीन आर. ब्लैक से बात की थी और उनकी योजना को अमरीका का समर्थन भी

प्राप्त था। यह प्रस्ताव न सिर्फ समस्या का हल प्रस्तुत कर रहा था बल्कि पैसों की व्यवस्था भी कर रहा था, इसलिए भारत और पाकिस्तान दोनों ने ही इसे लपक लिया।

विश्व बैंक के प्रमुख की तरफ से औपचारिक प्रस्ताव (नवम्बर 1951) के बाद समस्या पर विस्तार से चर्चा करने के लिए इन्जीनियरों की एक टीम नियुक्त की गई। भारत ने बातचीत के दौर खत्म होने तक सप्लाई में कोई अड़चन न डालने की गारंटी दी और इसे निभाया भी, हालाँकि पाकिस्तान उल्टे-सीधे आरोप लगाता रहा। नौ वर्षों की लम्बी और यातनाभरी अवधि में इस बातचीत ने कई उतार-चढ़ाव देखे, और अन्तिम चरणों में भी इसे पटरी पर वापस लाने के लिए खुद नेहरू और अयूब को दखल देना पड़ा।

पाकिस्तान में नहरों का काम पूरा होने तक पानी की सप्लाई जारी रखने के लिए नेहरू को भारत में कड़ी आलोचनाओं का सामना करना पड़ा। भारतीय इन्जीनियरों ने बड़ी मजबूत दलीलें पेश करते हुए कहा कि अगर यह सप्लाई दस वर्ष तक इसी तरह जारी रही तो पंजाब और राजस्थान दोनों बर्बाद हो जाएँगे। राजनीतिक विरोध का नेतृत्व मोरारजी देसाई कर रहे थे, जो नेहरू के केबिनेट में शामिल थे। नेहरू में गहरी निष्ठा रखनेवाले पन्त ने भी सिन्धु घाटी विकास निधि में भारत के 'भारी योगदान' पर क्षोभ व्यक्त किया। उन्होंने कहा कि यह योगदान हिन्दू शरणार्थियों द्वारा पाकिस्तान में छोड़ी गई सम्पत्ति के मूल्य के हिसाब में गिन लिया जाना चाहिए।

नेहरू ने ऐसी सभी आपत्तियों को दरकिनार कर दिया। वे पाकिस्तान के साथ अच्छे सम्बन्ध बनाने के लिए आतुर थे और पानी के झगड़े का हल इस दिशा में एक अच्छी शुरुआत हो सकती थी–एक ऐसा आधार जिस पर दोनों देशों के बीच टिकाऊ और मजबूत रिश्तों का निर्माण किया जा सके।

दूसरी तरफ, अयूब की समस्या राजनीतिज्ञ न होकर नौकरशाह थे, जिन पर वे बहुत ज्यादा निर्भर कर रहे थे। 30-40 इन्जीनियरों और अधिकारियों ने लाहौर में उन्हें घेर लिया। उन्हें लगता था कि यह समझौता पाकिस्तान के लिए घाटे का सौदा था। अयूब ने उन्हें समझाया कि अगर यह समझौता न होता तो भारत कभी भी पानी की सप्लाई बन्द करके पाकिस्तान को प्यासा मार सकता था। ''अगर एक ऐसा हल निकल रहा है जिससे हमारा काम चल सकता है तो इसे मंजूर न करना बेवकूफी होगी।'' उन्होंने कहा–''हिन्दुस्तान की फौज हमसे तीन गुना है और उसका पलड़ा हमसे बहुत ज्यादा भारी है। माना कि यह बहुत अच्छा सौदा नहीं है, लेकिन मौजूदा हालात में इसे मंजूर करने के अलावा और कोई रास्ता नहीं था।''

समझौते पर दस्तखत होने से पहले एक अड़चन पैदा हो गई थी। अयूब को यह बात रास नहीं आ रही थी कि भारत कश्मीर में चिनाव का 'कुछ पानी' इस्तेमाल करे, जो कि पाकिस्तान के हिस्से की नदी थी। ''मुझे ऐसा लगा कि समझौता खटाई में पड़ जाएगा,'' दयाल ने मुझे बताया था। भारत सरकार ने उन्हें अयूब से बात करने के लिए कहा और वे बड़ी मुश्किल से अयूब को मनाने में सफल रहे।

नेहरू के पास इस समझौते के बाद चैन की साँस लेने या खुश होने का समय नहीं था। चीन के आक्रामक तेवर दिनोदिन खतरनाक होते जा रहे थे।

5

गृहमंत्री लाल बहादुर शास्त्री और भारत-चीन युद्ध

गोविंद बल्लभ पन्त की मृत्यु के बाद लाल बहादुर शास्त्री गृहमंत्री बने। उन्होंने करीब-करीब अपना पूरा व्यक्तिगत स्टाफ बदल दिया। पुराने लोगों में सिर्फ दो लोग बचे। एक तो ड्राइवर, जो बहुत तेज गाड़ी चलाता था, और दूसरा मैं, जिसका जिक्र शास्त्री 'वह लम्बा प्रेसवाला जिसने पन्त जी की खूब पब्लिसिटी की थी' कहकर किया करते थे।

धीरे-धीरे मैं शास्त्री से इतना घुल-मिल गया कि वे मुझे राजनीति की बहुत-सी भेद की बातें बताने लगे। मैं उनकी डाक भी देखने लगा। उनके सचिव राजेश्वर प्रसाद से भी मेरी दोस्ती हो गई, जो मेरे साथ बहुत-सी सूचनाएँ बाँटते रहते थे। यूँ मैं पन्त के समय में भी पत्र और टिप्पणियाँ पढ़ता रहता था, लेकिन आमतौर से चोरी-चोरी। शास्त्री के साथ मैं यह सब खुलकर करता रहता था।

मैं शास्त्री के साथ ज्यादा सहज भी महसूस करता था, क्योंकि पन्त की तरह मैं उनके सामने दबा-दबा नहीं रहता था। शास्त्री की सादगी और विनम्रता उतनी ही लुभावनी थी जितनी कि पन्त की सूझबूझ और परिपक्वता। दोनों स्वतंत्रता आन्दोलन और इसके ऊँचे मूल्यों के श्रेष्ठतम प्रतिनिधि थे। देश को आगे ले जाने के लिए वे हर सम्भव प्रयास करना चाहते थे। निजी स्वार्थ जैसी कोई भावना उन्हें छू तक नहीं गई थी। इन दोनों की तुलना में वे नेता कितने बौने थे जिन्हें, 45 वर्ष बाद राज्यसभा में अपने कार्यकाल के दौरान, मुझे नजदीक से देखने का मौका मिला।

आजादी के बाद देश के पहले प्रधानमंत्री के रूप में नेहरू ने देश की विदेश नीति की मीनार खड़ी करनी शुरू की। उनके दिमाग में यह बात बिलकुल साफ थी कि शीत युद्ध की स्थितियों को देखते हुए भारत को दोनों गुटों से समान दूरी बनाकर चलना होगा। एक तरफ अमरीका के नेतृत्व वाला पश्चिमी गुट या और दूसरी तरफ सोवियत संघ के नेतृत्व वाला पूर्वी गुट। नेहरू ने छोटे और आर्थिक दृष्टि से पिछड़े देशों को एक मंच पर लाकर गुटनिरपेक्षता के विचार का विकास किया। इस गुटनिरपेक्ष आन्दोलन (नॉन-एलाइंड मूवमेंट या 'नाम') का नेतृत्व भारत, मिस्र, इंडोनेशिया और युगोस्लाविया जैसे देश कर रहे थे।

1946 में, जब वे अन्तरिम सरकार के प्रधानमंत्री थे तो नेहरू ने पहली एशिया कॉन्फ्रेंस का आयोजन किया था। इस अवसर पर उन्होंने घोषणा की थी कि एशिया एक इकाई के रूप में उपनिवेशीय शक्तियों के खिलाफ अपने अधिकारों की रक्षा करेगा। उन्हें उम्मीद थी कि एशिया के देश मिल-जुलकर आगे बढ़ेंगे और आपसी टकराव से दूर रहने की कोशिश

करेंगे। पाकिस्तान के मामले में उन्होंने कड़ा रुख तब अपनाया जब पाकिस्तानी सेना ने कबाइलियों के साथ मिलकर कश्मीर पर हमला बोल दिया। तब तक पाकिस्तान के बेसुरे आलाप के बावजूद नेहरू का रवैया दोस्ताना रहा था। लेकिन फिर उन्हें अहसास हुआ कि पाकिस्तान में पंजाबियों, सिन्धियों, पठानों और बलूचों को एकजुट रखने के लिए भारत-विरोधी भावनाएँ एक जरूरत बन गई थीं। उन्हें यह भी दिखाई दे रहा था कि बड़ी शक्तियाँ पाकिस्तान को अपने मोहरे के तौर पर इस्तेमाल करना चाहती थीं। यही कारण था कि कश्मीर के मामले में ब्रिटेन और अमरीका ने खुलकर पाकिस्तान का समर्थन किया था। लेकिन नेहरू झुकने के लिए तैयार नहीं थे। उन्हें इन महाशक्तियों के कथनों और कृत्यों में 'सिद्धान्तों और शालीनता का अभाव' दिखाई दे रहा था।

सोवियत संघ में स्टालिन और अमरीका में जॉन फॉस्टर डलेस भले ही एक-दूसरे से उलटे चरित्र के थे, लेकिन दोनों शक्ति और मित्र-देशों की एक ही भाषा बोल रहे थे। नेहरू को इन दो शक्तिशाली गुटों के बीच शीत युद्ध में छोटे या कमजोर देशों के लिए बहुत कम जगह दिखाई दे रही थी। उनका मानना था कि गुटनिरपेक्षता एक गांधीवादी सिद्धान्त था और देश के लिए यही सबसे अच्छा रास्ता था।

चीन के प्रति नेहरू ने एक 'सतर्कता भरी दोस्ती' की नीति अपनाई, ताकि उसे सोवियत प्रभाव से बाहर लाया जा सके। लेकिन साथ ही वे बीजिंग के शत्रुओं को भी उँगली उठाने का मौका नहीं देना चाहते थे। उन्हें उम्मीद थी कि वे चीन को अपने पक्ष में मोड़ पाएँगे। वे 'हिन्दी-चीनी भाई-भाई' की धारणा से काफी सन्तुष्ट थे।

नेहरू नवम्बर 1961 में अमरीका गए तो उन्होंने चीन के साथ भारत के बिगड़ते रिश्तों के बारे में राष्ट्रपति जॉन कैनेडी से खुलकर बात नहीं की। कैनेडी चाहते थे कि नेहरू उन्हें यह सब बताएँ क्योंकि वे जानते थे कि चीन भारत के प्रति कितना आक्रामक रवैया अपनाए हुए था। कैनेडी वियतनाम को चीन की परोक्ष मदद से भी नाखुश थे। वे नेहरू को अपने आदर्श के रूप में देखते थे। इसलिए उन्होंने उनसे जानना चाहा कि अमरीका को वियतनाम में क्या करना चाहिए। नेहरू कुछ कहने की बजाय छत की तरफ देखने लगे, जैसाकि कोई टिप्पणी न करना चाहने की स्थिति में वे अकसर करते थे। लेकिन उन्होंने अपने साथ गए विदेश सचिव एम.जे. देसाई से कहा कि वे कैनेडी तक यह बात पहुँचा दें कि अगर अमरीका ने जल्दी ही वियतनाम न छोड़ा तो वह वहाँ बुरी तरह फँस जाएगा। कैनेडी ने अमरीका के चोटी के अर्थशास्त्रियों और विदेश नीति विशेषज्ञों के साथ नेहरू की एक ब्रेकफास्ट मीटिंग रखी। एक तो नेहरू इस मीटिंग में देर से पहुँचे, और फिर सिर्फ 20 मिनट में मीटिंग खत्म हो गई। यह बात कैनेडी तक पहुँची तो उन्होंने 'अपने कुछ सहायकों के सामने कहा कि नेहरू 'बहुत ज्यादा उम्र भोग चके थे।' राष्ट्रपति लिंकन भाग्यशाली थे कि किसी ने उनकी हत्या कर दी थी, कैनेडी ने आगे कहा था।

नेहरू शास्त्री पर बहुत ज्यादा भरोसा करते थे, जो लगभग उन्हें पूजते थे। शास्त्री नेहरू परिवार के साथ बहुत सँभलकर व्यवहार करते थे—नेहरू की दोनों बहनों विजयलक्ष्मी पंडित और कृष्णा हाथीसिंह, और उनकी बेटी इन्दिरा गांधी के साथ। जब शास्त्री वाणिज्य मंत्री थे तो उन्होंने पश्चिमी जर्मनी में कृष्णा हाथीसिंह को भेंट की गई एक कार को सीमा-शुल्क के

बगैर ही भारत में आने की अनुमति दे दी थी।

गृहमंत्री के रूप में वे नेहरू के नाम विजयलक्ष्मी पंडित के एक पत्र की प्रतिलिपि पाकर स्तब्ध रह गए। वे तब महाराष्ट्र की गवर्नर थीं और उन्होंने नेहरू को लिखा था कि केन्द्रीय मंत्री राजभवनों को डाक बंगलों की तरह इस्तेमाल करते थे। शास्त्री बम्बई गए थे तो राजभवन में ही ठहरे थे। लेकिन उस दिन के बाद से शास्त्री और उनका पूरा स्टाफ रातों में भी हवाई अड्डों पर ही रुकने लगा, भले ही कितनी ही मुश्किलें क्यों न हों। उन्होंने दोबारा कभी किसी राजभवन में जाने का नाम तक नहीं लिया।

नेहरू की तरह शास्त्री भी इलाहाबाद के थे। उन्हें इस बात का बहुत गहरा अहसास था कि नेहरू परिवार की तुलना में उनका सामाजिक दर्जा कुछ भी नहीं था। आखिर जवाहरलाल नेहरू के पिता मोतीलाल नेहरू एक बड़ी और जानी-मानी हस्ती थे और उनकी गिनती शहर के रईसों में होती थी। जबकि शास्त्री रोजी-रोटी के संघर्ष में फँसे निम्न-मध्यम वर्ग से सम्बन्धित थे। मुझे याद है, जब शास्त्री के निधन के बाद इन्दिरा गांधी को उनका निवास-स्थान दिए जाने की बात उठी और वे उसे देखने गईं तो उन्होंने कहा था–"बिलकुल किसी मिडल क्लास घर की तरह।"

शास्त्री अंग्रेजी बोलनेवाले बुद्धिजीवियों से काफी प्रभावित थे। उन्हें लगता था कि वे सब उच्च शिक्षित परिवारों से थे। भारत के गृहमंत्री बनने के बाद भी वे अपनी मामूली पृष्ठभूमि को नहीं भूले थे। एक बार उन्होंने पंजाब के हालात पर एक नोट लिखा और मुझे इसे पढ़ने के लिए कहा। मुझे लगा कि शायद वे यह जानना चाहते थे कि क्या मेरी राय उनकी राय से मेल खाती थी, क्योंकि मैं खुद भी पंजाब का था। लेकिन मुझे यह जानकर बड़ी हैरानी हुई कि वे यह जानना चाहते थे कि क्या उन्होंने अच्छी भाषा लिखी थी। मैं नोट पढ़ने लगा तो उन्होंने मुझे बताया कि संयुक्त सचिव एल.पी. सिंह ने भी उनकी भाषा और शैली की तारीफ की थी।

पंजाब की स्थिति पर नेहरू के नाम उनके नोट से कोई हंगामा नहीं हुआ, लेकिन 'लोलिता' पुस्तक के बारे में उनके पत्र ने जरूर हंगामा कर दिया। कांग्रेस के किसी नेता ने उन्हें लिखा था कि पुस्तक भंडारों में अभी-अभी पहुँची 'लोलिता' इतनी अश्लील थी कि इसे बैन कर दिया जाना चाहिए। शास्त्री ने इसी सम्बन्ध में नेहरू को लिखा था। (इस पत्र का ड्राफ्ट एल. पी. सिंह ने तैयार किया था।)

अगली सुबह ही नेहरू का जवाब आ पहुँचा। (वे सभी पत्रों का 24 घंटे के अन्दर जवाब दे देते थे।) उन्होंने इस विषय पर विस्तार से बहस करते हुए लिखा था कि 'लोलिता' को क्यों बैन नहीं किया जाना चाहिए और 'लेडी चटर्लीज लवर' पर आगे भी बैन क्यों जारी रहना चाहिए।

'लोलिता' को बैन नहीं किया गया।

शास्त्री नैतिकतावादी तो नहीं, पर परम्परावादी जरूर थे। लेनिनग्राद में बॉलशोई बैले ग्रुप द्वारा मंचित 'स्वैन लेक' देखते हुए वे बहुत असहज महसूस करते रहे। मध्यांतर में मैंने उनसे पूछा कि उन्हें नृत्य कैसा लग रहा था। उन्होंने कहा कि उन्हें बड़ी शर्म आ रही थी क्योंकि नर्तकियों की टाँगें नग्न थीं और अम्मा (अपनी पत्नी को वे इसी नाम से सम्बोधित करते थे) उनके साथ बैठी हुई थीं। इसी तरह बम्बई में निर्माता-निर्देशक कमाल अमरोही

द्वारा 'पाकीजा' के सेट पर दी गई एक पार्टी में भी वे असहज महसूस करते रहे। तब कमाल अमरोही की पत्नी और फिल्म की नायिका मीना कुमारी अपनी प्रसिद्धि के शिखर पर थीं। उन्होंने शास्त्री को फूलों का हार पहनाकर उनका स्वागत किया और उनकी प्रशंसा में कुछ शब्द कहे। शास्त्री मुझे एक तरफ ले जाकर बोले कि वह स्त्री कौन थी। मैं हक्का-बक्का रह गया। मैंने उन्हें बताया कि वे मीना कुमारी थीं, देश की सबसे मशहूर फिल्म अभिनेत्री। शास्त्री ने अपने भाषण की शुरुआत करते हुए कहा, "मीना कुमारी जी, मुझे माफ करें" उन्होंने मीना कुमारी समेत हर किसी को हैरान करते हुए यह स्वीकार किया कि उन्होंने उनका नाम पहली बार सुना था।

नेपाल के साथ मेरे गहरे लगाव की शुरुआत तब हुई जब नेहरू के कहने पर शास्त्री काठमांडू गए और मुझे अपने साथ लेते गए। दोनों देशों के सम्बन्धों में कुछ खटास आ चली थी और नेहरू इन्हें सुधारना चाहते थे। तब हरीश्वर दयाल वहाँ हमारे राजदूत थे। पिछले राजदूतों की तरह वे भी नेपाल को भारत के किसी पिछड़े इलाके की तरह नीची नजर से देखते थे। शास्त्री ने उन्हें नजरअंदाज कर दिया और अपने सचिव राजेश्वर प्रसाद को संयुक्त वक्तव्य का ड्राफ्ट तैयार करने के लिए कहा। दयाल झेंपते हुए हमारे साथ बैठे रहे। शास्त्री इस वक्तव्य से नेपाल का यह भ्रम दूर करने में सफल रहे कि भारत विदेश नीति के मामलों में उस पर हुक्म चलाना चाहता था।

मुझे बी. पी. कोइराला के साथ दिल्ली में हुई एक भेंट भी याद है। उन दिनों वे बीमार थे और कुछ हफ्तों से 'एम्स' में भर्ती थे। उन्होंने मुझे मिलने के लिए बुलाया था। मुझे यह देखकर बड़ी हैरानी हुई कि उनके मन में नेपाल नरेश के लिए जरा भी कड़वाहट नहीं थी, जिन्हें वे 'महाराज' कहकर सम्बोधित कर रहे थे। कोइराला अपने देश की राजनीति में अहम भूमिका निभाना चाहते थे। उनकी यह अभिलाषा पूरी भी हुई और वे नेपाल के प्रधानमंत्री बने।

मैंने सुना था कि जब नरेश त्रिभुवन बीर बिक्रम ने दिल्ली में शरण ली थी तो नेपाल भारत में विलय का इच्छुक था। मैंने कोइराला से इसकी सच्चाई जाननी चाही। उन्होंने कहा कि नेहरू के मन में यह बात बिलकुल साफ थी कि नेपाल को एक प्रभुसत्तासम्पन्न देश रहना चाहिए, एक प्रजातंत्र, जहाँ एक स्वतंत्र रूप से चुनी गई संसद हो। लेकिन नेहरू यह जरूर चाहते थे कि दोनों देशों की नरम सीमाएँ हों, और सुरक्षा और आर्थिक विकास से जुड़े मामलों में दोनों मिल-जुलकर काम करें। अब लगभग यही नीति अपनाई जा रही है।

आजकल मैं जब भी नेपाल जाता हूँ तो बहुत-सी शिकायतें सुनने को मिलती हैं, जो अकसर भारत-विरोधी भावनाओं का रंग ले लेती हैं। इसके लिए नई दिल्ली का विदेश विभाग काफी हद तक जिम्मेदार है। काठमांडू में हमारे ज्यादातर राजदूत ब्रिटिश राज के वायसरायों की तरह व्यवहार करते रहे हैं और नेपाल के घरेलू मामलों में टाँग अड़ाते रहे हैं। इसका दुष्परिणाम यह हुआ है कि नेपाल चीन समर्थक माओवादियों के प्रभाव में आता जा रहा है। बीजिंग नेपाल के बहुत नजदीक आ चुका है और भारी ऋण देकर वहाँ सड़कों और रेल-लाइनों का निर्माण कर रहा है, ताकि चीन से काठमांडू की भौगोलिक दूरी और कम हो सके।

नेपाल और भारत के सम्बन्धों में बढ़ती दरार का सबसे बड़ा कारण 1953 का समझौता है। यह समझौता भारत के बहुत ज्यादा पक्ष में है और दोनों देशों के सुरक्षा सम्बन्धों को इस तरह परिभाषित करता है मानो नेपाल भारत का पिछलग्गू हो। हालाँकि दोनों देश अतीत को पीछे छोड़कर एक नई राह पर आगे बढ़ने के इच्छुक हैं, लेकिन यह समझौता सलीब की तरह भारत के गले में टँगा हुआ है। नेपाल में राजपाठ खत्म हो चुका है और वह एक धर्मनिरपेक्ष गणतंत्र बन चुका है। अब हिन्दू धर्म वहाँ का राजकीय धर्म नहीं रहा। यह कहना बहुत मुश्किल है कि चीन के साथ नेपाल के सम्बन्धों का वहाँ के लोगों पर क्या असर पड़ेगा। लेकिन भारत के साथ नेपाल के बहुत पुराने और गहरे सांस्कृतिक और धार्मिक सम्बन्ध हैं, खासकर भारत-नेपाल सीमा से जुड़े उत्तर प्रदेश और बिहार के सीमान्त अँचलों के साथ। अगर भारत सही तरीके से चले तो नेपाल के साथ किसी तरह की गलतफहमी की गुंजाइश नहीं हो सकती।

इस दौरान शास्त्री की नजरें पूरी तरह चीन पर टिकी रही थीं। उन्हें सरदार पटेल की यह चेतावनी याद थी कि ''शान्तिपूर्ण इरादे जाहिर करके चीन हमें धोखे में रखने'' की कोशिश कर रहा था। शास्त्री ने मुझसे भी यही कहा था—चीन एक न एक दिन भारत को जरूर धोखा देगा। बड़े अफसोस की बात है कि पंडित जी हवा का रुख नहीं देख पा रहे हैं।

नेहरू मेरे हीरो थे, इसलिए मुझे लगता था कि उनकी खामोशी का जरूर कोई कारण होगा। शायद वे देश के विकास से अपना ध्यान हटाना नहीं चाहते थे। चीन के साथ 2400 मील लम्बी सीमा पर सेना तैनात करना बड़ा खर्चीला काम था। चीन के साथ लड़ाई को वे 'दो महारथियों की टक्कर' के रूप में देख रहे थे, जैसाकि वे अपनी जनसभाओं में कहा करते थे। उन्हें लगता था कि इस लड़ाई की थरथराहट पूरी दुनिया में महसूस की जाएगी। इसलिए वे इसे टालना चाहते थे।

कारण जो भी रहे हों, पर नेहरू कूटनीतिक माध्यमों से मामले को सुलझाने की कोशिश करते रहे। भारतीय अधिकारियों ने विनम्रतापूर्वक चीन को लिखा कि वह भारत के साथ परम्परागत सीमाओं की अनदेखी कर रहा था। इसके बाद, 21 अगस्त 1958 के एक औपचारिक 'नोट में कहा गया कि चीनी नक्शों में दिखाई गई सीमाओं में कई गलतियाँ थीं। भारत को यह बात भी अखर रही थी कि इन नक्शों में भूटान के कुछ हिस्सों को तिब्बत में दिखाया गया था।

चीनियों ने अपने जवाब में लिखा कि ये नक्शे पुराने नक्शों पर आधारित थे, जिन्हें विचार-विमर्श और सर्वेक्षण के बाद ठीक किया जाएगा। लेकिन यह एक बहाना भर था, क्योंकि चीन हमले के लिए पूरी तैयारी कर लेना चाहता था। भारत के प्रश्नों के जवाब में चीन ने कोई प्रतिक्रिया व्यक्त नही की तो नेहरू को इसके इरादों पर सन्देह होने लगा।

1961 के मध्य तक चीन के सीमा सुरक्षा बल 1958 की अपनी स्थिति से 70 मील आगे बढ़ चुके थे, सिंकियांग-तिब्बत सड़क के पश्चिम में। इसका मतलब था कि वे भारत की 12,000 वर्ग मील जमीन पर कब्जा कर चुके थे। कई वर्ष बाद कृष्ण मेनन ने मुझे बताया था कि भारत में किसी ने उन्हें इस बात के लिए बधाई नहीं दी थी कि मैं चीन की 4,000 वर्ग मील जमीन पर कब्जा करने में सफल रहा था।

लड़ाई से पहले का घटनाक्रम भी कम महत्त्वपूर्ण नहीं था। मैं तत्कालीन सेना प्रमुख जनरल पी. एन. थापर और तत्कालीन रक्षा मंत्री कृष्ण मेनन के साथ अपनी बातचीत के आधार पर यह कहानी सुना रहा हूँ।

देश भर में हो रही आलोचनाओं से तंग आकर नेहरू ने थापर को चीनी सैनिकों को भारतीय इलाके से बाहर खदेड़ने का आदेश दिया। सेना प्रमुख ने हिचकिचाहट का प्रदर्शन किया। क्योंकि उन्हें लगता था कि ऐसा करना मधुमक्खियों के छत्ते में हाथ डालना होगा।

कृष्ण मेनन की अध्यक्षता में एक मीटिंग रखी गई। वे कोई कार्रवाई करने पर आमादा थे। थापर ने उन्हें समझाया कि भारतीय सेना के पास इतनी ताकत नहीं थी। एक भारतीय जवान की तुलना में छह चीनी सैनिक थे। मेनन ने बड़े विश्वास से कहा कि वे जेनेवा में चीनी उपप्रधानमंत्री चेन यी से मिले थे और उन्होंने भरोसा दिखाया था कि चीन सीमा के मामले को लेकर भारत पर कभी हमला नहीं करेगा। जब मैंने मेनन से खासतौर से पूछा कि क्या जनरल थापर द्वारा मुझे दी गई जानकारी सही थी तो उन्होंने कहा, ''वह पोपली बुढ़िया! उन्हें पता ही नहीं था कि लड़ाई कैसे लड़ी जाती है।''

थापर ने मुझे बताया था कि 1960 में जब वे सेना-प्रमुख बने थे तो उन्होंने सरकार को एक नोट भेजा था। इस नोट में उन्होंने लिखा था कि सेना का साजोसामान इतनी खस्ता हालत में था और इतनी कम तादाद में था कि चीन या पाकिस्तान भारत को आसानी से हरा सकता था। उनका यह बयान नेहरू के उस बयान से बिलकुल भी मेल नहीं खाता था जो उन्होंने लोकसभा में दिया था और जिसे मैंने प्रेस गैलरी से सुना था। नेहरू ने कहा था, ''मैं सदन को बताना चाहूँगा कि आजादी के बाद कभी भी हमारी सुरक्षा इससे बेहतर हालत में और इतनी बेहतरीन तैयारी में नहीं रही है।''

ऐसा लगता है कि सरकार सेना को पुनर्गठित और सशस्त्रीकृत किए बिना ही चीन से लड़ने पर तुली हुई थी। मेनन की मीटिंग में सिर्फ एक व्यक्ति ने जनरल थापर का समर्थन किया था। वे व्यक्ति गृह मंत्रालय के अतिरिक्त सचिव वी. विश्वनाथन थे और उन्होंने कहा था कि अगर जनरल थापर का खयाल था कि सेना तैयार नहीं थी तो चीन को ललकारना नादानी होगी। लेकिन मेनन चीन से भिड़ने पर तुले हुए थे।

जब थापर को लगा कि सैनिक कार्रवाई के अलावा उनके पास कोई रास्ता नहीं था तो उन्होंने प्रधानमंत्री से मिलना चाहा। वे नेहरू के घर की तरफ रवाना हो रहे थे कि तभी केबिनेट सचिव एस.एस. खेर उनसे मिलने आ पहुँचे। ''जनरल,'' उन्होंने थापर से कहा, ''अगर मैं तुम्हारी जगह होता तो पंडित जी के सामने अपने डर का इजहार न करता। वे सोचेंगे कि तुम लड़ने से डर रहे हो।'' थापर ने जवाब दिया कि वे प्रधानमंत्री को सच्चाई बताए बिना नहीं रह सकते थे। उसके बाद वे जो भी फैसला करेंगे उन्हें मंजूर होगा।

थापर के कार में बैठने से पहले खेरा ने एक बार फिर उन्हें आगाह करते हुए कहा कि अगर भारत ने लड़ाई नहीं की तो सरकार गिर जाएगी। थापर ने कोई जवाब नहीं दिया। लेकिन अब उन्हें और भी विश्वास हो गया था कि चीन से टक्कर लेने का फैसला राजनीतिक हितों से जुड़ा हुआ था।

थापर ने नेहरू से मिलकर यह बात दोहराई कि इस तरह की कार्रवाई के लिए भारतीय सेना के पास न तो तैयारी थी, न प्रशिक्षण और न हथियार। (मेनन ने मुझे बताया था कि

उनके रक्षा मंत्री बनने से पहले भारत के पास न तो सही मायने में कोई सेना थी और न साजो-सामान।)

नेहरू ने कहा कि मेनन ने उन्हें बताया था कि भारत खुद भी कई सैनिक उपकरणों का उत्पादन कर रहा था। थापर ने जवाब दिया कि भारत लड़ाई के लिए जरूरी हथियारों के पुरजे जोड़ने की स्थिति में भी नहीं था, उनका उत्पादन करना तो दूर की बात थी। उन्होंने नेहरू को उस नोट की याद दिलाई जो उन्होंने सेना-प्रमुख बनने के फौरन बाद सरकार को लिखा था, और जिसमें उन्होंने सेना और उसके साजो-सामान की खस्ता हालत की शिकायत की थी। नेहरू ने कहा कि उन्होंने वह नोट देखा तक नहीं था।

नेहरू ने थापर की हिम्मत बढ़ाते हुए कहा कि उन्हें विश्वसनीय सूत्रों से पता चला था कि अगर भारत अपनी चौकियाँ खाली करवाने के लिए कार्रवाई करेगा तो चीन जवाबी हमला नहीं करेगा। थापर जानते थे कि वे किस विश्वसनीय सूत्र की बात कर रहे थे। यह बिलकुल साफ था कि सरकार ने चीन की इन चेतावनियों को अनसुना कर दिया था कि "भारतीय हमलावरों को अपने अपराधों के परिणामों की पूरी जिम्मेदारी स्वीकार करने के लिए तैयार रहना चाहिए।"

जनरल थापर अब भी यह खतरा उठाना नहीं चाहते थे। उन्होंने नेहरू से सेना के कुछ कमांडरों से बात करने का अनुरोध किया। पूर्वी कमान के कमांडन-इन-चीफ लेफ्टिनेंट जनरल प्रदीप सेन उस समय रक्षा मंत्रालय में ही मौजूद थे, इसलिए उन्हें बुला लिया गया। प्रदीप सेन ने थापर का समर्थन करते हुए कहा कि सेना बिलकुल भी तैयार नहीं थी। नेहरू ने उन्हें भी आश्वस्त करते हुए कहा कि चीन जवाबी हमला नहीं करेगा।

थापर की कुछ हिम्मत बँधी। अगर यह सच था तो भारतीय सेना बिना तैयारी के भी जीत का सेहरा बाँध सकती थी। कोई भी जनरल एक विजयी सेना के नेतृत्व के मोह से नहीं बच सकता। जनरल थापर भी इसके अपवाद नहीं थे। लेकिन 29 जुलाई, 1970 को इन घटनाओं को याद करते हुए उन्होंने मुझसे कहा था, "कितना अच्छा होता अगर मैंने इस्तीफा दे दिया होता! तो शायद देश एक शर्मनाक हार से बच जाता!"

नेहरू के कहने पर शास्त्री उत्तर-पूर्व का दौरा करने गए तो मुझे अपने साथ लेते गए। हम तेजपुर पहुँचे तो लेफ्टिनेंट जनरल हरबख्श सिंह कमान सँभाले हुए थे। विवादों में घिरे कमांडर बी. एन. कौल छुट्टी पर दिल्ली गए हुए थे। अभी लड़ाई शुरू नहीं हुई थी। हरबख्श सिंह ने हमें बताया कि बहुत-सी अड़चनों के बावजूद भारतीय सेना कमर कसकर लड़ेगी। उन्होंने शास्त्री को यकीन दिलाया कि चीन को कड़ी टक्कर का सामना करना पड़ेगा। शास्त्री बहुत खुश हुए। दिल्ली लौटते हुए उन्होंने रास्ते में मुझसे कहा कि वे नेहरू से अनुरोध करेंगे कि कौल की बजाय हरबख्श सिंह को ही कमान सौंप दी जाए। लेकिन उसी शाम हमने रेडियो पर सुना कि कौल ने फिर से कमान सँभाल ली थी।

मेनन ने सेना को खासतौर से निर्देश दिए थे कि भारत-पाक सीमा से एक भी जवान हटाया न जाए। आजादी के बाद से भारत के मन में यह बात बैठी हुई थी कि एक न एक दिन उसे पाकिस्तान से लड़ना पड़ेगा। इस सम्बन्ध में 'सम्भावित कार्रवाई' की एक विस्तृत योजना भी तैयार कर ली गई थी, जो रक्षा मंत्रालय में पड़ी हुई थी। लेकिन चीन को लेकर

ऐसी कोई योजना नहीं बनाई गई थी। उस तरफ से किसी हमले की कोई सम्भावना दिखाई नहीं देती थी, इसलिए चीन के साथ भारत की सीमाओं को अनरक्षित ही छोड़ दिया गया था।

चीनी हमले से कुछ ही हफ्ते पहले, अगस्त 1962 में भी मेनन भारत के खिलाफ पाकिस्तान की तैयारी का राग अलाप रहे थे। उन दिनों पाकिस्तान में भारत के हाई कमिश्नर राजेश्वर दयाल दिल्ली में ही थे। जैसाकि बाद में उन्होंने मुझे बताया था, एक सुबह उन्हें रक्षा मंत्रालय से एक फोन आया। वे मंत्रालय में पहुँचे तो उन्हें उस कमरे में ले जाया गया जहाँ रक्षा मंत्री सेना के कमांडरों के साथ बैठे हुए थे। वहाँ जनरल थापर भी मौजूद थे।

दयाल अभी अपनी सीट पर बैठे ही थे कि मेनन ने उनसे कहा कि वे कमांडरों को भारत-पाक सीमा पर पाकिस्तान की तैयारियों के बारे में बताएँ। इससे पहले कि दयाल कोई जवाब दे पाते, थापर ने उनसे पंजाबी में कहा कि उन्हें किसी झाँसे में नहीं आना चाहिए, क्योंकि पाकिस्तान की तरफ से खतरे की बात एक-दूसरे बड़े अभियान का हिस्सा थी। मेनन समझ ही नहीं पाए कि थापर ने दयाल को इशारों ही इशारों में सावधान कर दिया था।

दयाल ने कहा कि उन्हें पाकिस्तान की तैयारियों की कुछ भी जानकारी नहीं थी। न ही उन्होंने दिल्ली आते समय सीमा पर इस तरह की कोई गतिविधियाँ देखी थीं। मेनन भड़क उठे और दयाल से बोले कि उन्हें इस खबर की पुष्टि करनेवाली रिपोर्ट चाहिए कि पाकिस्तान भारत पर हमले की तैयारी नहीं कर रहा था।

पाकिस्तान की तैयारियों की दलील के कारण जनरल थापर भारत-पाक सीमा से सेनाओं को हटाते हुए हिचकिचा रहे थे। लेकिन अब यह दलील खोखली साबित हो चुकी थी, इसलिए उन्होंने वहाँ से एक डिवीजन हटाए जाने की माँग की। नेहरू ने झट से इस माँग को स्वीकार कर लिया।

थापर ने मुझे बताया था कि "हमले की तैयारी के लिए सेना को आमतौर से पन्द्रह दिन का समय दिया जाता है और हमले के लिए भोर फूटने का समय चुना जाता है।" यही हुआ भी। पूर्वी सेक्टर में चीनी हमला 20 अक्टूबर, 1962 को सुबह 5.00 बजे शुरू हुआ, जबकि लद्दाख में यह सुबह 7.00 बजे शुरू हुआ जहाँ सूरज देर से निकलता है।

लड़ाई शुरू हो गई तो ईरान के शाह ने पाकिस्तान के राष्ट्रपति अयूब खान को एक पत्र लिखा, जिसकी एक प्रति उन्होंने नेहरू को भी भेजी। इस पत्र में शाह ने अयूब को लिखा था कि पाकिस्तानी सेना को भारतीय सेना के साथ मिलकर लड़ना चाहिए और 'लाल खतरे' को उपमहाद्वीप से बाहर खदेड़ देना चाहिए।

मुझे वह दिन याद आ गया जब बँटवारे से पहले जिन्ना लाहौर में हमारे लॉ कालेज में आए थे और मैंने उनसे पूछा था कि अगर किसी तीसरे देश ने भारत पर हमला किया तो पाकिस्तान का क्या रुख होगा। जिन्ना का जवाब था कि पाकिस्तानी सैनिक हिन्दुस्तानी सैनिकों के साथ मिलकर लड़ेंगे। लेकिन अयूब ने भारत की मदद के नाम पर सिर्फ इतना कहा कि पाकिस्तान इस मौके का फायदा नहीं उठा रहा था, इसलिए इसी को उसकी मदद और दोस्ताना रवैया समझना चाहिए।

लड़ाई खत्म होने के बाद शास्त्री ने ईरान के शाह के पत्र का जिक्र करते हुए कहा था कि अगर पाकिस्तानी सैनिक हिन्दुस्तानी सैनिकों के साथ मिलकर लड़े होते और अपने

हिन्दुस्तानी भाइयों के साथ उन्होंने भी अपना खून बहाया होता, तो "अगर वे कश्मीर भी माँगते तो हमारे लिए न करना मुश्किल हो जाता।" शायद यह सच भी था, क्योंकि हमारे फैसलों में जज्बात बड़ी अहम भूमिका निभाते हैं।

चीनी हमले के खिलाफ जनमत तैयार करने के लिए नेहरू ने एक नागरिक सभा गठित की थी। इसके सदस्यों में शास्त्री भी शामिल थे। सूचना अधिकारी के रूप में मैं भी इसकी मीटिंगों में मौजूद रहता था। सभा की प्रमुख इन्दिरा गांधी थीं। अपनी बेटी को आगे बढ़ाने का यह नेहरू का अपना तरीका था। मैं इन्दिरा गांधी से पहली बार इसी सभा में मिला था। हमारी जान-पहचान बढ़ने लगी तो वे मुझे 'कुलदीप' कहकर बुलाने लगीं।

जैसाकि सभा चाहती थी, शास्त्री ने बहुत-सी जनसभाओं को सम्बोधित किया। वे चीन की निन्दा करने के साथ-साथ नेहरू का बचाव भी करते थे, जिन्हें चीन पर इतना भरोसा करने के लिए तीखी आलोचनाओं का सामना करना पड़ रहा था। दिल्ली की एक जनसभा में शास्त्री ने लोगों से अपने जेवर-गहने दान करने की अपील की, ताकि देश की रक्षा का खर्च उठाया जा सके। मैं इतना भाव-विभोर हो उठा कि मैंने अपने विवाह की अँगूठी दान कर दी। शास्त्री ने उसी जनसभा में इसकी घोषणा भी की। मैंने यह बात अपनी पत्नी को बताई तो वह कुछ नहीं बोली। मुझे लगा कि उसे मेरा फैसला अच्छा लगा था। लेकिन कई वर्ष बाद उसने कहा कि मुझे रुपए-पैसे दान कर देने चाहिए थे। शादी की अँगूठी आखिर शादी की अँगूठी होती है।

अक्टूबर 1962 के अन्तिम दिनों में जनरल थापर मेमन से मिलने गए तो चीनी सेनाएँ ढोला की चौकियों पर कब्जा कर चुकी थीं और बड़ी तेजी से नेफा की तरफ बढ़ रही थीं। मेनन को भी यह जानकारी थी, क्योंकि सेना प्रमुख को भेजे जानेवाले हर सन्देश की एक प्रति रक्षा मंत्री को भी भेजी जाती थी। थापर ने "मैंने पहले ही आपसे कहा था" जैसी बातें करने की बजाय सिर्फ यह बताया कि क्या हुआ था। "अब हमें यह सोचना है कि आगे क्या करें?" उन्होंने कहा। रक्षा मंत्री मेनन ने ब्लैक टी के घूँट भरते हुए सिर्फ इतना कहा, "मुझे क्या पता था कि वे आँधी की तरह हम पर टूट पड़ेंगे?"

थापर ने कहा कि अब भारतीय सेनाओं को चालीस मील पीछे से-ला पास में चीनियों का मुकाबला करना चाहिए। मेनन ने व्यंग्य से कहा, "वहाँ क्यों? बंगलौर और भी अच्छा रहेगा, जनरल!" इसके बाद उनके बीच बहुत कम बातचीत हुई।

इस मीटिंग से पहले गुप्तचर विभाग के प्रमुख बी. एन. मलिक गलत सूचनाएँ देने के लिए थापर से क्षमा-याचना कर चुके थे। गुप्तचर विभाग ने कहा था कि चीन तिब्बत में इतना ज्यादा उलझा हुआ था कि वह अपनी सेनाओं को वहाँ से हटाकर भारतीय मोर्चों पर नहीं ला पाएगा। जनरल थापर ने उनसे कहा था कि अब पिछली गलतियों को भूलकर आगे देखने की जरूरत थी।

भारत ने इससे पहले कभी भी विदेशों से हथियारों की मदद नहीं माँगी थी, लेकिन अब उसे ऐसा करना पड़ रहा था। नेहरू ने वाशिंग्टन में भारत के राजदूत बी.के. नेहरू के माध्यम से राष्ट्रपति जे.एफ. कैनेडी को एक आपात सन्देश भेजा। बी.के. नेहरू ने मुझे बताया था कि कैनेडी ने उनसे मिलने में जरा भी देर नहीं लगाई थी, हालाँकि वे क्यूबा के मिसाइल

संकट में उलझे हुए थे। बी.के. नेहरू यह देखकर हैरान रह गए थे कि कैनेडी भारत के एक बड़े आकार के नक्शे का बारीकी से अध्ययन कर रहे थे और उनके साथ उनके कई वरिष्ठ प्रशासनिक और सैनिक अधिकारी मौजूद थे।

सेक्रेटरी ऑफ स्टेट डीन रस्क का सुझाव था कि चीनी बढ़त को रोकने के लिए टैंकों का इस्तेमाल किया जाए। बी.के. नेहरू ने कहा कि टैंकों को मोर्चों तक पहुँचने में काफी समय लग जाएगा, क्योंकि उन्हें काफी घूम-फिरकर जाना होगा। रस्क ने पूछा कि वे सीधे क्यों नहीं जा सकते तो बी.के. नेहरू ने उन्हें बताया कि बीच में पूर्वी पाकिस्तान पड़ता था। इस पर रस्क ने कहा, ''आप कोई पिकनिक मनाने नहीं जा रहे, आप अपने देश की रक्षा करने जा रहे हैं। टैंकों को सीधे घुसेड़ दो।''

कैनेडी ने जानना चाहा कि क्या कृष्ण मेनन अब भी रक्षा मंत्री थे। बी.के. नेहरू ने 'हाँ' कहा तो कैनेडी बोले कि इससे अमरीका में कुछ मुश्किलें आ सकती थीं। उन्होंने बी. के. नेहरू से यह भी कहा कि वे ख्रुश्चेव से 'या तो कुछ करने या फिर चुप रहने' के लिए कहें। (ख्रुश्चेव ने लड़ाई के लिए पश्चिमी देशों को जिम्मेदार ठहराते हुए कहा था कि वे भारत और चीन में लड़ाई छिड़वाकर अपनी जेबें भरना चाहते थे।)

भारत ने जो हथियार माँगे थे, उनकी सूची देखकर अमरीका के एक ऊँचे अधिकारी ने टिप्पणी की थी, ''चर्चिल ने न के बराबर हथियारों से लड़ाई जीतकर दिखा दी थी, और आप पीछे हटते हुए भी हर तरह के हथियार चाहते हैं!'' वे चीन से टक्कर लेने के लिए भारत में शौर्य-भावना की कमी की तरफ इशारा कर रहे थे।

जब 19 नवम्बर, 1962 को बोम्डी-ला की चौकियाँ भी हाथ से निकल गईं तो जनरल थापर तेजपुर में थे। वे दिल्ली गए और सीधे नेहरू से मिले। भारतीय सेना की श्रेष्ठतम मर्यादाओं का पालन करते हुए उन्होंने एक हारे हुए जनरल की तरह अपना इस्तीफा सौंपना चाहा। उन्हें बहुत दिनों बाद नेहरू के चेहरे पर मुस्कराहट दिखाई दी। नेहरू ने सख्ती से उनका हाथ थामते हुए कहा, ''थैंक्यू, लेकिन इसमें तुम्हारी कोई गलती नहीं है।''

अगली सुबह वे नेहरू से फिर मिले तो नेहरू ने कहा, ''जनरल, याद है न कल रात तुमने मुझसे क्या कहा था? मुझे तुम्हारा इस्तीफा राइटिंग में चाहिए।'' थापर ने घर लौटकर अपनी बेटी से अपना इस्तीफा टाइप करवाया और दो घंटों के अन्दर ही इसे नेहरू के पास भेज दिया। मैंने नेहरू को लोकसभा में यह इस्तीफा लहराते देखा। इससे सदस्यों का गुस्सा शान्त करने में थोड़ी मदद मिली, जो नेहरू पर बहुत ज्यादा भड़के हुए थे। उनका खयाल था कि थापर के जाने से कृष्ण मेनन संसद का निशाना बनने से बच जाएँगे। कुछ हद तक यही हुआ भी, और जब नेहरू ने उन्हें रक्षा मंत्रालय से रक्षा उत्पादन मंत्रालय में स्थानांतरित कर दिया तो मामला काफी हद तक ठंडा पड़ गया।

थापर अपने बचाव में एक बयान जारी करना चाहते थे। नेहरू ने उन्हें ऐसा करने से मना किया और उन्हें भरोसा दिलाया कि एक दिन उन्हें अपनी बात कहने का मौका जरूर मिलेगा।

थापर काफी समय से अपना हस्तलिखित बयान अपने पास रखे हुए थे, जिसमें उन्होंने बताया था कि उन्हें किस तरह गलत आश्वासन देकर और बिना तैयारी के उनकी मर्जी के

खिलाफ इस लड़ाई में धकेला गया था।

कई वर्ष बाद सितम्बर 1970 में वे तत्कालीन प्रधानमंत्री इन्दिरा गांधी से मिले। उन्होंने भारत की हार के कारणों को लेकर वह रिपोर्ट देखनी चाही जो ऑस्ट्रेलिया में जनमे भारतीय अधिकारी लेफ्टिनेंट जनरल हैंडरसन-ब्रूक्स ने ब्रिगेडियर प्रेम भगत के साथ मिलकर तैयार की थी। लेकिन इन्दिरा गांधी ने उनके अनुरोध को ठुकरा दिया। (जब 1996 में मैं राज्यसभा का सदस्य बना तो मैंने इस रिपोर्ट को सार्वजनिक किए जाने की माँग की। लेकिन सरकार ने जनहित में ऐसा करने से इनकार कर दिया। मुझे आशंका थी कि इस रिपोर्ट में नेहरू की इतनी ज्यादा आलोचना की गई थी कि केन्द्र में भारतीय जनता पार्टी के नेतृत्व वाली सरकार होते हुए भी कोई नया बवाल खड़ा करने से बचने का फैसला किया गया था।

लेफ्टिनेंट जनरल एम. चौधरी को कार्यवाहक सेना प्रमुख नियुक्त कर दिया गया और थापर को अनिवार्य सेवा-निवृत्ति दिए जाने से पहले 'बीमारी' की छुट्टी पर भेज दिया गया। नेहरू ने थापर से बार-बार पूछा था कि क्या चौधरी एक अच्छा चुनाव थे। थापर ने उनसे कहा था कि एक फौजी के रूप में चौधरी एक योग्य व्यक्ति थे, लेकिन 1950 में हैदराबाद में पुलिस कार्रवाई के बाद जब उन्हें हैदराबाद का सैनिक गवर्नर बनाया गया था तो 'उनके आचरण' को लेकर कुछ अफवाहें उड़ती रही थीं।

कोई नहीं जानता था कि चीनी सेनाएँ कब और कहाँ रुकेंगी। उन्हें शायद ही किसी विरोध का सामना करना पड़ रहा था। पीछे हटती भारतीय सेनाएँ असम में डेरा डालने की तैयारी कर रही थीं। तब नेहरू ने कहा था, "मेरा दिल असम के लोगों के साथ है।" असमवासियों ने इन शब्दों को 'अलविदा' के रूप में देखा था—मानो भारत ने उन्हें उनके भाग्य पर छोड़ दिया हो। उन्होंने नेहरू को इन शब्दों के लिए कभी माफ नहीं किया।

वह 20 नवम्बर, 1962 की सुबह थी। नेहरू के कहने पर शास्त्री हालात का जायजा लेने के लिए तेजपुर जाने की तैयारी कर रहे थे। मैं उनसे पहले ही पालम एयरपोर्ट पर पहुँच गया। अखबार के स्टाल पर भारी भीड़ देखकर मुझे बड़ी हैरानी हुई। धक्का-मुक्की के बीच मैं भी 'स्टेट्समैन' की एक कापी खरीदने में सफल रहा। मैंने देखा कि उसके मुखपृष्ठ पर चीन द्वारा इकतरफा युद्ध-विराम की घोषणा की खबर छपी हुई थी।

चीन ने एक वक्तव्य जारी करके कहा था—"21 नवम्बर की मध्यरात्रि से चीनी फ्रंटियर गार्ड उस नियंत्रण-रेखा से 20 कि.मी. (121/2 मील) पीछे लौट जाएँगे जो 7 नवम्बर 1959 से चीन और भारत के बीच वास्तविक नियंत्रण-रेखा रही है।" चीनियों ने इस घोषणा के लिए बड़ा उपयुक्त समय चुना था। दिल्ली के अखबारों के दफ्तरों में अकसर यह बात कही जाती थी कि चीनियों को सभी बड़े भारतीय अखबारों की 'डेडलाइन' की जानकारी थी। वे इस 'इकतरफा युद्ध विराम' की तरह अपने सभी महत्त्वपूर्ण वक्तव्य भारतीय अखबारों की डेडलाइन से एक घंटा पहले जारी किया करते थे। इसके पीछे चीनियों का यह उद्देश्य रहता था कि ये वक्तव्य सभी बड़े भारतीय अखबारों के सुबह के संस्करणों में छप सकें, लेकिन भारत सरकार को इतना समय न मिले कि वह अखबारों की डेडलाइन से पहले अपनी प्रतिक्रिया भी जारी कर सके।

भारत के सरकारी विभाग अखबारों की डेडलाइन के महत्त्व से पूरी तरह बेखबर प्रतीत

होते थे। 'स्टेट्समैन' से जुड़े मेरे एक मित्र ने मुझे बताया था कि उन्हें उसी सुबह लगभग 4.00 बजे विदेश मंत्रालय से फोन आया था कि वे चीनी बढ़त के दावों के खिलाफ एक वक्तव्य जारी करना चाहते थे। वे अधिकारी यह सुनकर दंग रह गए कि चीनी पहले ही इकतरफा युद्ध-विराम की घोषणा कर चुके थे।

गृह मंत्रालय के संयुक्त सचिव एल.पी. सिंह गुप्तचर विभाग के संयुक्त निदेशक एम. एम. हूजा के साथ एयरपोर्ट पर पहुँचे तो मैंने उन्हें वह अखबार दिखाया। हैरानी की बात थी कि उन दोनों में से किसी को भी यह जानकारी नहीं थी। हूजा ने खबर की पुष्टि के लिए आई. बी. को फोन किया। कुछ देर बाद गृहमंत्री एयरपोर्ट पर पहुँचे तो उन्हें भी युद्ध-विराम की कोई जानकारी नहीं थी। शास्त्री ने अखबार में छपी खबर पढ़ने के बाद कहा, ''इससे बहुत फर्क पड़ गया है। शायद मुझे यह दौरा रद्द करना पड़े। मुझे पंडितजी से पूछना होगा।''

कारों का एक काफिला प्रधानमंत्री के घर की तरफ चल पड़ा। नेहरू अभी-अभी सोकर उठे थे और वे चीनियों के प्रस्ताव से पूरी तरह अनजान थे। यह हमारी इंटेलीजेंस एजेंसियों और हमारी सरकार के कामकाज के तरीके का एक और नमूना था। हालाँकि युद्ध-विराम वाला वक्तव्य आधी रात से पहले ही अखबारों के दफ्तरों में पहुँच चुका था, फिर भी हमारी सरकार को सुबह तक भी इसकी कोई जानकारी नहीं थी। और तो और, जब आधिकारिक प्रवक्ता को अखबारवालों ने जगाया तो उसे भी कोई जानकारी नहीं थी।

एक युद्ध लड़ने का यह कैसा तरीका था। मैं बहुत देर तक मन-ही-मन सोचता रहा था।

खबर सुनते ही नेहरू ने हिन्दी में कहा था, ''क्या यह हो गया? मुझे उम्मीद थी कि ऐसा ही होगा।'' फिर भी उन्होंने अखबार देखना चाहा। शास्त्री ने उनसे पूछा कि क्या वे असम दौरे को रद्द कर दें। ''नहीं,'' नेहरू ने जवाब दिया, ''हम अपने प्लान नहीं छोड़ सकते। लेकिन आप जल्दी ही लौट आइएगा।''

शास्त्री चाहते थे कि हम चीन के प्रस्ताव को ठुकरा दें। उन्होंने मुझसे कहा था कि अगर हम झुकेंगे नहीं तो हम एक मजबूत राष्ट्र के रूप में उभरेंगे। उनका मानना था कि हमें विपरीत स्थितियों के बावजूद लड़ाई को जारी रखना चाहिए।

हम गुवाहाटी पहुँचे तो असम के मुख्यमंत्री बिमला प्रसाद चेलिया एयरपोर्ट पर मौजूद थे। राज्यपाल भगवान सहाय का कहना था कि उन्होंने बहुत दिनों बाद चेलिया के चेहरे पर ऐसी खुशी देखी थी। यह युद्ध-विराम की खबर का असर था। गुवाहाटी में इन्दिरा गांधी भी मौजूद थीं। उन्हें प्रस्ताव का आखिरी पैरा आपत्तिजनक प्रतीत हो रहा था। उनका कहना था कि चीनी नियंत्रण बरकरार रहने से उन्हें वहाँ के लोगों की मानसिकता को प्रभावित करने का मौका मिलेगा।

हम एक विमान से तेजपुर पहुँचे। वहाँ का हवाई अड्डा बाल-बाल बचा था। एक दिन की देर और हो जाती तो भारतीय सेना ने उसे उड़ा दिया होता। वहाँ के डिप्टी कमिश्नर सभी महत्त्वपूर्ण फाइलों को आग के हवाले करके भाग खड़े हुए थे। हमें खजाने के फर्श पर जले हुए करेंसी नोट इधर-उधर बिखरे दिखाई दिए। सरकारी अधिकारियों को इलाके से निकालने के लिए निजी कारों की सेवाएँ ली गई थीं। सेना के कई वाहनों को भी इस काम में लगाया गया था। इन वाहनों में आम लोगों के लिए भले ही जगह न थी, लेकिन

'बड़े साहबों' की मुर्गियों को भी नहीं छोड़ गया था। जेल के सभी कैदियों को आजाद कर दिया गया था, पागलखाने के मरीजों को भी। खाने-पीने की चीजें भी गायब हो गई थीं। बच्चों को भी पेट भर खाना नहीं मिल रहा था।

सेना अधिकारियों की एक टीम ने हमारा स्वागत किया। मैंने लेफ्टिनेंट जनरल कौल को पहली बार देखा। कई विवादों में घिरे कौल मुझे एक नाजुक-से व्यक्ति प्रतीत हुए। मैंने एक हट्टे-तगड़े और कमउम्र लेफ्टि. जनरल की कल्पना की थी। गोल-मटोल चेहरे वाले कौल बोलते भी बहुत कम थे। उनके साथ मेरा संक्षिप्त-सा परिचय रहा था। फिर भी उन्होंने दोस्ताना अन्दाज में मेरा कन्धा थपथपाया। उन्होंने शास्त्री से कहा कि हमें किसी भी कीमत पर शान्ति की कोशिश करनी चाहिए। शास्त्री शुरू से ही मोर्चे पर कौल की नियुक्ति के खिलाफ रहे थे, इसलिए उन्होंने उनकी बातों पर कोई ध्यान नहीं दिया।

कौल ने हमारे पायलट से कहा कि वे एक हेलिकॉप्टर में खाने-पीने का सामान, कपड़े और दवाइयाँ लेकर अपने उन आदमियों से सम्पर्क करने जा रहे थे जो बोम्डी-ला के अचानक पतन के बाद कहीं फँस गए थे। मैं समझ गया कि वे चाहते थे कि मैं यह सूचना गृहमंत्री तक पहुँचा दूँ।

यात्रियों की लाउंज में अब भी 'यहाँ बीयर मिलती है' की तख्ती टँगी हुई थी। उसे नक्शे के कमरे में बदल दिया गया था। हमें बताया गया कि हमें कहाँ-कहाँ हार का मुँह देखना पड़ा था और चीनी सेना अब कहाँ थी। हमने जितना सोचा था, उससे कहीं ज्यादा बुरा हाल था।

मैं एक कोने में बैठे नौजवान अधिकारियों से मिला। वे सब बुरी तरफ उखड़े हुए थे और खुलकर कह रहे थे कि उनकी हर जरूरत को किस तरह आखिरी घड़ियों में पूरा किया गया था, कई बार गोलीबारी शुरू हो जाने के भी बाद। जवानों को कमोड ढोने जैसे काम करने पड़े थे। एक कप्तान ने अपनी कमजोरियों को स्वीकार करते हुए कहा, "हम अब लड़ने के काबिल नहीं रहे। अपनी खंदकों में बैठे हुए भी हम क्लबों और रेस्तराओं के बारे में सोचते रहते हैं। हम बहुत ढीले पड़ चुके हैं, निकम्मे हो चुके हैं।"

लेकिन एक मेजर खून के आखिरी कतरे तक लड़ने की बात भी कर रहे थे। वे मेरे पुश्तैनी शहर स्यालकोट के थे। मैं उन्हें जानता था। उन्होंने मुझे अपना एक ट्रंक दिल्ली ले जाने के लिए कहा, ताकि वे सामान की फिक्र किए बिना दुश्मन से लोहा ले सकें। जब उनकी पत्नी ने मेरे सामने वह ट्रंक खोला तो मैं उसमें स्मगल किया हुआ विदेशी सामान देखकर हक्का-बक्का रह गया। मैं अनजाने में गृहमंत्री के विमान में स्मगलिंग का सामान ले आया था।

भूतपूर्व सेना-प्रमुख जनरल थिमय्या, जिन्होंने एक बार मेनन की धौंस और दुर्व्यवहार से तंग आकर अपना इस्तीफा सौंप दिया था, की सलाह थी कि सेना को फिर से खड़ा करने के लिए कम-से-कम एक साल का वक्त चाहिए था। हार का बदला लेने की चाह रखनेवाले भी युद्ध-विराम के पक्ष में थे। सरकार के सामने कोई रास्ता नहीं था। उसने श्रीलंका के नेतृत्व में कुछ गुट-निरपेक्ष देशों को बीच-बचाव करके उस समय भारत और चीन द्वारा नियंत्रित सीमा-रेखा के अनुसार युद्ध-विराम लागू करवाने के लिए कहा। युद्ध-विराम के प्रस्ताव के अन्तर्गत भारत ने तो अपनी सेनाएँ 20 किलोमीटर पीछे हटा लीं, लेकिन चीन

ने ऐसा नहीं किया।

रक्षा मंत्री कृष्ण मेनन ने सरकार से इस्तीफा दे दिया। उनके गर्दिश के दिनों में मुझे उन्हें नजदीक से जानने का मौका मिला। एक बार मैंने उनसे पूछा कि वे देश के सामने अपना पक्ष क्यों नहीं रखते। उन्होंने जवाब दिया, "मेरी कहानी मेरे सीने में दफन रहनी चाहिए और मेरे साथ ही खत्म हो जानी चाहिए। मुझे नेहरू को कसूरवार ठहराना पड़ेगा, लेकिन उनके प्रति अपनी वफादारी के कारण मैं ऐसा नहीं करना चाहता।"

जैसाकि भारत ने अनुरोध किया था, नेहरू अमरीका द्वारा भारत को हवाई सुरक्षा-छत्र प्रदान किए जाने की प्रतीक्षा कर रहे थे। अमरीका और ब्रिटेन से इस तरह की मदद माँगने का परिणाम यह होता था कि वे भारत से कश्मीर मसले पर पाकिस्तान से बातचीत करने का आग्रह करने लगते थे। मैंने देखा है कि वाशिंग्टन या लन्दन ने जब भी नई दिल्ली पर कोई कृपा की है तो हमेशा ऐसा ही हुआ है। कारण कुछ भी रहा हो, पश्चिम, खासकर अमरीका हमेशा पाकिस्तान का समर्थन करता रहा था, भले ही वहाँ चुनी हुई सरकार का तख्ता पलट देने वाला कोई फौजी तानाशाह बैठा हुआ हो।

कैनेडी के निजी दूत एवरेल हैरिमन और कॉमनवेल्थ सम्बन्धों के लिए सेक्रेटरी ऑफ स्टेट डंकन सैंडिस भारत की सैनिक जरूरतों का आकलन करने के लिए दिल्ली आए हुए थे। उन्होंने भारतीय नेताओं से कश्मीर पर बातचीत करने का आग्रह किया। इतना ही नहीं, उन्होंने शास्त्री को नेहरू के खिलाफ भड़काने की कोशिश भी की। उन्होंने शास्त्री की साफगोई की तारीफ करते हुए उन्हें नेहरू से कहीं ज्यादा भरोसेमंद बताया। लेकिन सैंडिस ने भारत को यह भी आश्वासन दिया कि कश्मीर घाटी पाकिस्तान को दिए जाने का सवाल ही नहीं उठता था। उनके दिमाग में कश्मीर पर बातचीत का मतलब सीमाओं में हल्के-फुल्के फेरबदल करना था।

उस समय पाकिस्तान में भारत के हाई कमिश्नर जी. पार्थसारथी थे। उनकी उम्र काफी हो चुकी थी। उन्होंने कराची से भारत सरकार को लिखा (जिसकी एक प्रति शास्त्री के पास भी पहुँची) कि वे पाकिस्तान के जितने भी अधिकारियों से मिले थे, उन सबका यही कहना था कि कश्मीर मसले को हल किए बिना भारत और पाकिस्तान में दोस्ती नहीं हो सकती। उन्होंने चेतावनी दी थी कि भारत को कश्मीर घाटी का कुछ हिस्सा छोड़ना पड़ सकता है।

29 नवम्बर, 1962 को नेहरू और अयूब ने एक वक्तव्य जारी करके कहा कि सभी अनसुलझे आपसी मतभेदों को सुलझाने के लिए दोनों देशों के मंत्री मिलकर एक नई कोशिश करेंगे। इस वक्तव्य से ख्रुश्चेव भड़क उठे और उन्होंने नेहरू को एक निजी सन्देश भेजकर कहा कि वे कश्मीर मसले को बार-बार हवा क्यों दे रहे थे।

लेकिन मुलाकात की तारीख तय होने से पहले ही दोनों देश बातचीत के मुद्दों को लेकर झगड़ पड़े। पाकिस्तान का कहना था कि कश्मीर और सिर्फ कश्मीर पर बातचीत होगी, जबकि भारत अन्य मुद्दों को भी शामिल करना चाहता था। आखिर इस बात पर समझौता हुआ कि कश्मीर और अन्य सम्बन्धित विषयों पर बातचीत होगी।

शास्त्री भारत की टीम का नेतृत्व करना चाहते थे। पाकिस्तान भी ऐसा ही चाहता था। लेकिन नेहरू ने इस काम के लिए स्वर्ण सिंह को चुना। वे जानते थे कि स्वर्ण सिंह सिर्फ

बातचीत की खातिर बातचीत करने में माहिर थे। तब जुल्फीकार अली भुट्टो पाकिस्तान के विदेश मंत्री थे। पाकिस्तान की तरफ से बातचीत की कमान वही सँभाल रहे थे। 20, दिसम्बर 1962 को कराची में दोनों मंत्रियों की बातचीत शुरू हुई। ठीक उसी दिन यह घोषणा भी की गई कि चीन और पाकिस्तान सिंकियांग और आजाद कश्मीर के बीच सीमा-रेखा में फेरबदल के लिए 'सैद्धान्तिक रूप से' राजी हो गए थे। (पाकिस्तान ने कश्मीर का गिलगित-बलिस्तान का 2200 वर्ग मील का इलाका चीन को दे दिया था) स्वर्ण सिंह के साथ गए कुछ अधिकारियों का सुझाव था कि उन्हें बातचीत को बीच में ही छोड़कर वापस लौट जाना चाहिए। लेकिन वहाँ मौजूद अमरीकी और ब्रिटिश दूतों ने स्वर्ण सिंह से बातचीत जारी रखने का आग्रह किया। स्वर्ण सिंह को भी यही ठीक लगा। आखिर उनका काम आधारभूत मुद्दों को छुए बिना सिर्फ बातचीत को जारी रखना था।

अयूब ने मुझे बाद में बताया था कि यह एक संयोग मात्र था कि चीन के साथ सीमा सम्बन्धी समझौते की घोषणा उसी दिन हुई जिस दिन भारत के साथ बातचीत की शुरुआत हुई थी। उन्होंने कहा कि इस घोषणा का समय भी चीन ने ही चुना था और इसमें पाकिस्तान का कुछ भी हाथ नहीं था। लेकिन भुट्टो के कुछ सहयोगियों के साथ अपनी बातचीत से मुझे ऐसा लगा कि इस घोषणा के लिए जान-बूझकर वही दिन चुना गया था, ताकि भारत पर यह दबाव पड़े कि अगर बातचीत सफल नहीं हुई तो पाकिस्तान और चीन मिलकर भारत को कश्मीर मसला हल करने के लिए मजबूर कर सकते हैं। अयूब ने मुझसे यह भी कहा था, "आप जानते हैं, नेहरू ने मुझसे चीन के साथ हमारी सीमाओं के नक्शे की कापी माँगी थी और मैंने उन्हें वह भिजवा भी दी थी, हालाँकि हमारे अफसर इसके सख्त खिलाफ थे? उनका कहना था कि सुरक्षा कारणों से दुश्मन के हाथ में इस तरह की जानकारी नहीं देनी चाहिए।"

बातचीत का पहला दौर शुरू होने से पहले ही अयूब ने लन्दन और वाशिंगटन को लिखा था कि नेहरू सिर्फ दबाव के कारण बातचीत के लिए राजी हुए थे, इसलिए इसका कोई परिणाम निकलने की उम्मीद नहीं थी। इसके बाद मैकमिलन ने नेहरू को लिखा था कि बातचीत के टूटने से अमरीका और ब्रिटेन में भारत के समर्थकों को झटका लगेगा। उन्होंने जनता की अधीरता को देखते हुए बातचीत जल्दी शुरू करने पर जोर दिया।

नेहरू ने अपने जवाब में मैकमिलन से वही बात कही जो वे कैनेडी से कह चुके थे– "अगर भारत खुशी-खुशी कश्मीर को पाकिस्तान को सौंप दे तो भी पाकिस्तान भारत से झगड़ने का कोई और बहाना ढूँढ़ लेगा, क्योंकि कश्मीर सिर्फ एक लक्षण है, जबकि असली बीमारी भारत के खिलाफ पाकिस्तान की नफरत है।"

भारत में अमरीका के राजदूत जॉन केनेथ गालब्रेथ ने कैनेडी को आगाह करते हुए कहा कि उनके विचार में "कश्मीर को भौगोलिक दृष्टि से नहीं सुलझाया जा सकता, लेकिन इस पर फ्रांस और जर्मनी का उदाहरण लागू किया जा सकता है और साझे बाजार और साझे प्रशासन का सिद्धान्त आजमाया जा सकता है।"

गालब्रेथ नई दिल्ली में राजदूत बनने से पहले हार्वर्ड यूनिवर्सिटी में पढ़ाते रहे थे, इसलिए उन्होंने अपने प्रस्ताव का नाम 'हार्वर्ड एक्सरसाइज' रखा था। इस प्रस्ताव के अनुसार दोनों देशों के बीच बारामूला, उरी और मरी के रास्ते रावलपिंडी से श्रीनगर जानेवाली सड़क को

फिर से खोला जा सकता था, और व्यापार और सैलानियों की आवाजाही को शुरू किया जा सकता था, जबकि कश्मीर घाटी पर भारतीय सेना का नियंत्रण पहले की तरह ही बरकरार रह सकता था। बड़ी अजीब बात है कि उस समय तो नहीं लेकिन 40 वर्ष बाद लगभग ऐसा ही हुआ—सड़क भी खोल दी गई और व्यापार भी शुरू हो गया।

शेख अब्दुल्ला का प्रस्ताव और भी निर्भीक था। उन्होंने 1969 में मुझसे कहा था कि दोनों कश्मीरों के बीच 'नरम' सरहदें होनी चाहिए, ताकि पाकिस्तानी आसानी से घाटी में आ-जा सकें। बांग्लादेश युद्ध के बाद मार्च 1972 में जुल्फिकार अली भुट्टो ने मेरे साथ अपने इन्टरव्यू में भी यही बात कही थी। "हम सीजफायर लाइन को अमन की लाइन बना सकते हैं," उन्होंने कहा था, "दोनों कश्मीरों के लोगों को इधर-से-उधर आना-जाना चाहिए। आखिर वे क्यों सजा भुगतें? दोनों तरफ से आवाजाही जारी रहनी चाहिए। फिर एक चीज कई दूसरी चीजों को जन्म देती है। हम उम्मीद करते हैं कि दोनों तरफ से लोगों का आना-जाना जारी रहे, सरकारी और गैर-सरकारी दोनों स्तरों पर।"

छह महीनों तक (16 मई, 1963 तक) चले बातचीत के छह दौरों के बाद भी कोई नतीजा नहीं निकला। दोनों पक्षों ने जिन विशिष्ट मुद्दों पर बातचीत की थी, वे थे (1) स्वर्ण सिंह का प्रस्ताव कि पुंछ और कुछ अन्य इलाके (लगभग 3000 वर्ग मील) पाकिस्तान को दिए जा सकते थे; (2) भुटटो का सुझाव कि भारत जम्मू के साथ कश्मीर का एक छोटा हिस्सा अपने पास रख सकता था।

क्या शेख अब्दुल्ला की मौजूदगी से बातचीत ज्यादा कारगर रहती? यह सच था कि इससे बातचीत का दायरा बहुत बढ़ जाता, लेकिन कश्मीरियों को शामिल करने से किसी समझौते पर पहुँचने की सम्भावना बढ़ जाती। बाद में यह माँग बड़े जोर-शोर से उठाई भी जाने लगी। बातचीत के समय शेख अब्दुल्ला हिरासत में थे।

इस बीच पाकिस्तान संयुक्त राष्ट्र की निगरानी में जनमत-संग्रह करवाए जाने पर एक बार फिर जोर देने लगा। भारत का कहना था कि आंशिक जनमत-संग्रह से भी हिन्दू-मुसलमान सम्बन्ध प्रभावित हो सकते थे। अगर जनमत पाकिस्तान के पक्ष में रहता तो हिन्दुओं को मुसलमानों पर गुस्सा आ सकता था और एक धर्म-निरपेक्ष भारत की अवधारणा को गहरा धक्का लग सकता था। 1957 में सुरक्षा परिषद में कश्मीर पर हुई आखिरी बहस के दौरान नेहरू ने इसी खतरे की तरफ दुनिया का ध्यान खींचा था। भारत एक 'राजनीतिक समझौते' की बात कर रहा था और युद्ध-विराम रेखा में कुछ फेर-बदल का सुझाव दे रहा था। इस प्रस्ताव में यह भी कहा गया था कि इसे एक शुरुआत के रूप में देखा जाना चाहिए, न कि भारत की अन्तिम स्थिति मानना चाहिए।

बातचीत टूटने से एक हफ्ते पहले (9 मई, 1963) भुट्टो ने ढाका में कहा था कि पाकिस्तान कश्मीर घाटी के बँटवारे या भारत और पाकिस्तान द्वारा इसके साझे नियंत्रण के सख्त खिलाफ था। प्रधानमंत्री बनने के बाद लाल बहादुर शास्त्री ने भी बिलकुल यही विचार व्यक्त किए थे।

मुझे पता चला कि कश्मीर के बँटवारे का प्रस्ताव (1963) अमरीका से आया था। इस प्रस्ताव में कश्मीर घाटी को इस तरह बाँटे जाने का सुझाव दिया गया था कि श्रीनगर भारत

में ही रहे और इसके माध्यम से भारत और लद्दाख का सम्पर्क बना रहे। इससे पहले (2 दिसम्बर, 1962) दिल्ली में यूएसआईएस ने एक वक्तव्य जारी करके कहा था–

> भारत को लद्दाख से जोड़ने वाला इकलौता सप्लाई रास्ता श्रीनगर घाटी से होकर गुजरता है और लद्दाख में भारत का बहुत कुछ दाँव पर लगा हुआ है। श्रीनगर का पुराने किले वाला शहर सप्लाई का एक अहम अड्डा है। भारत के लिए यह घाटी उसे लद्दाख से जोड़नेवाली जीवन-रेखा की तरह है, जहाँ कम्युनिस्ट खतरा मँडरा रहा है।... कश्मीर मसले के किसी भी समाधान में भारत के लिए घाटी के इस महत्त्व को ध्यान में रखना जरूरी है।

यूएसआईएस एक सांस्कृतिक संस्था थी। इसके द्वारा इस तरह के वक्तव्य पर सन्देह पैदा होना स्वाभाविक था।

अमरीका की एक दूसरी योजना कश्मीर को एक सहराज्य (कॉन्डमिनियम) बनाने से जुड़ी हुई थी। अमरीकी राष्ट्रपति के सलाहकार वॉल्ट रोस्तोव ने अप्रैल, 1953 में नेहरू के सामने यह प्रस्ताव रखा था, जिसे नेहरू ने ठुकरा दिया था। पाकिस्तान ने ब्रिटेन के इस सुझाव की बड़े जोर-जोर से वकालत की थी कि कश्मीर घाटी का अन्तर्राष्ट्रीयकरण कर देना चाहिए, लेकिन नेहरू ने इसे भी ठुकरा दिया था। भारत ने यह बात फिर से दोहराई थी कि वह किसी तीसरी पार्टी के दखल को स्वीकार नहीं कर सकता। आखिर 1972 में पाकिस्तान इस बात के लिए राजी हो गया कि कश्मीर मसले को द्विपक्षीय बातचीत से ही सुलझाया जाना चाहिए।

जिस मुद्दे को लेकर यह बातचीत सचमुच असफल रही, वह सीधे-सीधे कश्मीर से जुड़ा हुआ नहीं था। 12 मार्च, 1963 को कलकत्ता में बातचीत के चौथे चरण के दौरान यह बातचीत पाकिस्तान और चीन के बीच हुए सीमा समझौते को लेकर टूट गई। जैसाकि नेहरू ने उस समय कहा था, भारत चीन और पाकिस्तान के सीमा समझौते को स्वीकार नहीं कर सकता था, क्योंकि इसमें पाकिस्तान के 'गैर-कानूनी कब्जे वाले कश्मीरी इलाके' शामिल थे।

दरअसल भारत और पाकिस्तान के बीच बातचीत के लिए यह समय भी ठीक नहीं था। चीन से एक युद्ध हार जाने के बाद भारत किसी भी तरह की छूट देने की स्थिति में नहीं था। दूसरी तरफ, चीन से अपनी दोस्ती के कारण पाकिस्तान के हौसले बुलंद थे। वहाँ लोग खुलेआम यह माँग कर रहे थे कि राजनीतिक हल का मतलब यह होना चाहिए कि कश्मीर के हर घर पर पाकिस्तान का झंडा फहराता दिखाई दे।

बातचीत विफल होने के बाद कश्मीर में युद्ध-विराम के उल्लंघन की घटनाओं में एकाएक तेजी आ गई। खुद पाकिस्तान में भी लोग किसी बड़ी कार्रवाई की माँग कर रहे थे। लोगों की इन भावनाओं को भड़काने में भुट्टो सबसे आगे थे। वे खुलेआम कह रहे थे कि "कश्मीर को आजाद करवाए बगैर पाकिस्तान का मतलब पूरा नहीं होता।" अयूब ने भारत को चेतावनी दी कि वह चीन के साथ सैनिक सन्धि करने की सोच रहा था। अपनी इस कथनी पर अमल करते हुए उसने अगस्त 1963 में चीन के साथ सचमुच ही एक समझौता कर लिया, भले ही यह पाकिस्तान इन्टरनेशनल एयरलाइंस द्वारा केंटन और शंघाई की उड़ानों तक सीमित था।

मुझे यह देखकर बड़ी हैरानी हुई कि अमरीका ने इस समझौते को 'स्वतंत्र विश्व की एकता का दुर्भाग्यपूर्ण उल्लंघन' बताया था। मैं समझता था कि वशिंगटन से हरी झंडी मिले

बिना पाकिस्तान ने इस तरह का समझौता नहीं किया होगा। दोनों देश सोवियत संघ के खिलाफ सैन्य-सन्धियों के सदस्य थे और एक-दूसरे के निरन्तर सम्पर्क में रहते थे।

नई दिल्ली ने इस सबका जवाब बड़ी खामोशी से देते हुए कश्मीर को और ज्यादा मजबूती से भारत के साथ जोड़ दिया। कश्मीर को विशेष दर्जा देनेवाली धारा 370 को कुछ और ढीला कर दिया गया। इससे पहले संसद में राज्य के प्रतिनिधियों को जम्मू और कश्मीर की विधानसभा द्वारा मनोनीत किया जाता था। अब उन्हें संसदीय चुनावों में सीधे लोगों द्वारा चुना जाने लगा। यह बहुत अच्छी बात थी, लेकिन इसकी पहल नई दिल्ली की बजाय श्रीनगर की तरफ से होती तो बेहतर होता।

कामराज योजना से आर्थिक योजनाओं तक

चीन पर अपनी नीति को लेकर नेहरू कई प्रमुख केबिनेट मंत्रियों की कटु आलोचना से आहत महसूस कर रहे थे। तभी कांग्रेस अध्यक्ष कामराज ने सुझाव दिया कि केबिनेट के सदस्यों को संस्थागत काम करके पार्टी को मजबूत करना चाहिए। मेरी अपनी सूचना यह थी कि यह नेहरू का विचार था और कामराज इसे अभिव्यक्त भर कर रहे थे। दो प्रमुख आलोचकों मोरारजी देसाई और जगजीवन राम के साथ-साथ शास्त्री को भी केबिनेट से हटाकर पार्टी के काम में लगा दिया गया।

मैंने शास्त्री से पूछा कि नेहरू के प्रति इतने वफादार होने के बावजूद उन्हें क्यों निशाना बनाया गया था। उन्होंने जवाब दिया कि पंडितजी को मजबूरी में ऐसा करना पड़ा था, ताकि यह न लगे कि अपने आलोचकों से पीछा छुड़ाने के लिए ही उन्होंने कामराज प्लान रचा था। शास्त्री का कहना था कि पंजाब के मुख्यमंत्री प्रताप सिंह कैरों का नाम भी उन मुख्यमंत्रियों में शामिल था जिन्हें इस्तीफा देना था, लेकिन आखिरी घड़ियों में नेहरू ने उनका नाम सूची से हटा दिया था। शास्त्री को यह अच्छा नहीं लगा था।

शास्त्री के सरकार से हटने के बाद मैं हमेशा की तरह शाम को उनके बँगले में गया। हालाँकि अब उनके साथ मेरे आधिकारिक सम्बन्ध नहीं रहे थे, फिर भी हमारे बीच आपसी लगाव पैदा हो गया था और मैं उनसे मिलते रहना चाहता था। शास्त्री के बँगले में अँधेरा छाया हुआ था। सिर्फ ड्राइंग-रूम की लाइट जल रही थी। मुझे लगा कि शायद वे घर पर नहीं थे, क्योंकि उनका इकलौता गार्ड भी दिखाई नहीं दे रहा था।

लेकिन शास्त्री घर पर ही थे और ड्राइंग-रूम में अकेले बैठे अखबार पढ़ रहे थे। मैंने पूछा कि बाहर रोशनी क्यों नहीं थी। उन्होंने कहा था कि अब बिजली का बिल उन्हें खुद देना पड़ेगा और वे ज्यादा खर्च नहीं उठा सकते थे।

शास्त्री के घर में किसी भी मिलने-जुलने वाले को न देखकर साफ पता चलता था कि अब वे सत्ता में नहीं थे। मेरा यही अनुभव रहा है कि कुर्सी छूटते ही लोग उस पर बैठने वाले को भूल जाते हैं, क्योंकि वह उन्हें कोई लाभ पहुँचाने की स्थिति में नहीं रहता। यह हमारे उपनिवेशीय चरित्र का प्रतीक है और हमारे गुलामी के दिनों की याद दिलाता है। हम सिर्फ सत्ता के आगे सर झुकाते हैं, कुछ डर के कारण और कुछ लोभवश। जिसके पास कुर्सी न हो, उसकी हमारे देश में बहुत कम कद्र होती है, भले ही उसने देश की कितनी ही सेवा

क्यों न की हो। शिक्षाविदों, अर्थशास्त्रियों और वैज्ञानिकों का रिटायर होने के बाद और भी बुरा हाल होता है। राजनीति ने हर चीज, हर मूल्य का पतन कर दिया है।

नए गृहमंत्री गुलजारी लाल नन्दा ने अपना पद भार सँभाला तो मैं गृह मंत्रालय में ही था। जैसाकि उनके ज्योतिषियों ने उन्हें सलाह दी थी, नन्दा ने अपनी नियुक्ति के कागजों पर दस्तखत करने के लिए 11.55 का समय चुना था। पूरा उपक्रम काफी हास्यास्पद-सा प्रतीत हो रहा था। गृह सचिव समेत हर कोई अपनी घड़ी की सुइयों पर नजरें टिकाए हुए थे, कि कब 11.55 बजें और नए गृहमंत्री कागजों पर दस्तखत करें। नन्दा मंत्रालय के अधिकारियों के साथ बड़ी गम्भीर बातचीत में मगन होने का उपक्रम कर रहे थे, लेकिन उनकी नजरें बार-बार अपनी घड़ी की सुइयों की तरफ मुड़ जाती थीं। मैंने देखा कि कमरे में एक आधिकारिक फोटोग्राफर भी मौजूद था। जैसे ही 11.55 की शुभ घड़ी आई, नन्दा ने अपने सामने पड़े कागजों पर दस्तखत कर दिए और हर किसी ने राहत की साँस ली।

गृह मंत्रालय छोड़ने के बाद मैं कुछ दिन सूचना अधिकारी के रूप में योजना आयोग के साथ जुड़ा रहा। योजना आयोग दफ्तरों और आँकड़ों का एक मायाजाल-सा था। इसके सदस्यों को भारत के आर्थिक पथ-प्रदर्शकों के रूप में देखा जाता था, जो देश को आर्थिक भूल-भुलैया की स्थिति से निकालकर एक नई और स्पष्ट राह पर ले जा सकें। लेकिन ये सदस्य हर समय आपस में ही लड़ते रहते थे। आयोग के दो सबसे वरिष्ठ सदस्यों त्रिलोक सिंह और वी.के. आर.वी. राव में हमेशा बहस छिड़ी रहती थी। उनके मतभेद बहुत मामूली बातों को लेकर होते थे, लेकिन इनसे आयोग का बहुत-सा समय खराब हो जाता था।

केबिनेट के सचिव कोलम्बो के दौरे पर जा रहे थे। श्रीलंका के साथ घनिष्ठ सम्बन्ध विकसित करने और संयुक्त योजनाएँ बनाने की दिशा में यह एक महत्त्वपूर्ण कदम था, इसलिए मुझे लगा कि इस दौरे का अखबारों में जिक्र होना चाहिए। मैंने उन्हें फोन करके इस दौरे की जानकारी माँगी तो वे खुश होने की बजाय बुरा मान गए कि एक मामूली ओहदे का अधिकारी उन्हें सीधे फोन करने की हिम्मत कैसे कर सकता था। उन्होंने योजना सचिव से मेरी शिकायत कर दी, जिन्होंने मुझे जमकर फटकार लगाई। मेरे खयाल से केबिनेट सचिव को यह बात अखर गई थी कि मैंने उन्हें 'सर' कहकर सम्बोधित नहीं किया था। मैं सरकारी नौकर बनने के बाद भी पत्रकारिता से जुड़े खुलेपन को नहीं छोड़ पाया था। मुझे किसी वरिष्ठ अधिकारी को 'सर' कहकर बुलाना ब्रिटिश राज की याद दिलाता था।

मेरे अन्दर के पत्रकार ने मुझे खाली नहीं बैठने दिया। मेरे हाथ फोर्ड फाउंडेशन से जुड़े वोल्फ लेदजिंस्की की रिपोर्ट लग गई। उन्हें यह पता लगाने का काम सौंपा गया था कि भारत में भूमि सुधारों का काम किस हद तक हो पाया था। इस रिपोर्ट में सरकार की आलोचना करते हुए कहा गया था कि सब कुछ कागजों तक ही सीमित रहा था और व्यावहारिक स्तर पर सरकार ने शायद ही कुछ किया था। नेहरू ने भूमिहीनों को जमींदारों की जोर-जबर्दस्ती से बचाने के लिए कुछ कदम उठाए थे, लेकिन रिपोर्ट के अनुसार ये अपर्याप्त साबित हुए थे। हैरानी की बात थी कि नेहरू ने ही इस रिपोर्ट को सार्वजनिक किए जाने से रोका था। योजना आयोग से जुड़े पत्रकारों के लिए एक सूचना सत्र के दौरान इसे सार्वजनिक कर दिया गया तो आयोग के सदस्यों के होश उड़ गए। मुझे डिप्टी चेयरमैन चंदुलाल त्रिवेदी के सामने पेश होना पड़ा, जिन्हें बताया गया था कि रिपोर्ट को लीक करने के पीछे मेरा हाथ था। मैंने

इस आरोप से इनकार भी नहीं किया, लेकिन साथ ही यह भी कहा कि अखबारों के मुखपृष्ठों पर छपी इस रिपोर्ट से सरकार पर दबाव पड़ेगा और वह भूमि-सुधारों के लिए कारगर कदम उठाएगी। जो भी हो, मैं अगले ही दिन एक न्यूज एजेंसी 'युनाइटिड न्यूज ऑफ इंडिया' (यूएनआई) में भर्ती हो गया।

राज्यों की हिचकिचाहट को देखते हुए नेहरू ने क्रान्तिकारी भूमि सुधारों के प्रस्ताव को ताक पर रख दिया था। इससे देश को एक गलत सन्देश पहुँचा और इन आरोपों को बल मिला कि वे निहित स्वार्थों का डटकर मुकाबला करने से कतराते थे।

मुझे नहीं लगता कि नेहरू एक सच्चे सोशलिस्ट थे, भले ही वे ऐसा होने का दावा करते थे। उनकी नीतियों को ज्यादा-से-ज्यादा फेबियन कहा जा सकता था। लेकिन उनकी इच्छा थी कि जयप्रकाश नारायण के नेतृत्व वाली सोशलिस्ट पार्टी कांग्रेस में मिल जाए। सच्चाई यह थी कि जेपी की पार्टी को पहले से ही नेहरू की 'दूसरी इलेवन' कहा जाता था। जयप्रकाश नारायण ने नेहरू के सामने शर्त रखी थी कि अगर वे बैंकों के बीमे और खदानों का राष्ट्रीयकरण कर दें तो उनकी पार्टी कांग्रेस में मिलने पर विचार कर सकती थी। नेहरू इस सम्बन्ध में ज्यादा व्यावहारिक दृष्टिकोण अपनाना चाहते थे। उन्हें क्या पता था कि कुछ वर्ष बाद उनकी बेटी इन्दिरा गांधी सचमुच बैंकों और बीमा कम्पनियों का राष्ट्रीयकरण कर देगी, भले ही राजनीतिक कारणों से।

नेहरू एक-एक करके कदम उठाना चाहते थे। किसी वामपन्थी कार्यक्रम को सफलतापूर्वक लागू करने के लिए उन्हें देश में मौजूद मानव-शक्ति पर पूरा भरोसा नहीं था। सोशलिस्टों को ऐसा लगता था कि उन्हें खत्म करने के लिए ही नेहरू उन्हें अपनी पार्टी में मिलाना चाहते थे। वे नेहरू के उत्तराधिकारी माने जा रहे जयप्रकाश नारायण पर व्यक्तिगत प्रहार करने लगे तो नेहरू ने उनसे किनारा कर लिया। नेहरू को यह भी लगता था कि पार्टी को मजबूत करना ज्यादा जरूरी था, क्योंकि कई राज्यों के मुख्यमंत्री समाजवाद के खिलाफ थे। यही कारण था कि पार्टी 'समाज के सोशलिस्ट ढाँचे' जैसी गोल-मोल शब्दावली का इस्तेमाल कर रही थी। देश में गरीबों के भारी-भरकम बहुमत को देखते हुए वामपन्थी झुकाव का दिखावा करते रहना भी जरूरी था।

नेहरू और सोशलिस्टों के सम्बन्ध दिन-ब-दिन खराब होते चले गए। नेहरू को लगता था कि सोशलिस्ट पार्टी अपने रास्ते से भटक चुकी थी। कांग्रेस ने तंगुतुरि प्रकाशम को अपने पाले में खींचने में जरा भी संकोच नहीं किया। उन्हें मद्रास से अलग हुए तेलुगुभाषी राज्य का मुख्यमंत्री बना दिया गया। मैं उन्हें राज्य की राजधानी कुरनूल में मिला था। वे बहुत सीधे-सादे व्यक्ति थे और 'सादा जीवन उच्च विचार' में विश्वास करते थे। मैं एक पत्रकार के रूप में उनसे मिलने पहुँचा तो वे एक साधारण-सी चारपाई पर बैठे हुए थे। उन्होंने कहा कि एक सोशलिस्ट होने और कांग्रेस विधायक दल का नेतृत्व करने में कोई विरोधाभास नहीं था। उनका कहना था कि कांग्रेस दिल से एक समाजवादी पार्टी थी और नेहरू ने देश में समाजवाद की नींव मजबूत करने के लिए बहुत कुछ किया था।

लेकिन सोशलिस्ट पार्टी इस घटनाक्रम से खुश नहीं थी। प्रकाशम को अपनी तरफ खींचकर कांग्रेस ने सोशलिस्टों से खुलकर बैर मोल ले लिया था। वे कांग्रेस और नेहरू को

गरीबों के दुश्मन करार देने लगे थे। नेहरू सोशलिस्ट पार्टी से सहयोग की उम्मीद कर रहे थे, लेकिन सोशलिस्ट पार्टी हर सभा में उन पर खुलकर प्रहार कर रही थी। आखिर नेहरू के सब्र का बाँध टूट गया और वे जयप्रकाश नारायण का नाम लिए बगैर सोशलिस्ट पार्टी की आलोचना करने लगे। लगभग 20 वर्ष बाद जेपी को इसी तरह नेहरू की बेटी इन्दिरा गांधी के साथ भी टकराना पड़ा।

हैरानी की बात यह है कि अपने जीवन के अन्तिम वर्षों में नेहरू और जेपी दोनों ही सोशलिज्म को लेकर एक जैसे निष्कर्षों पर पहुँचे। नेहरू ने कहा था कि समाजवाद अपने-आपमें एक लक्ष्य न होकर सिर्फ लक्ष्य तक पहुँचने का रास्ता था। इसी तरह, अपनी मृत्यु से एक महीना पहले जयप्रकाश नारायण ने पटना से मुझे फोन करके मिलने के लिए बुलाया था और अपने साथ अर्थशास्त्रियों और विचारकों की एक टीम लाने के लिए कहा था। वे समाज के उद्धार के लिए एक भारतीय विचारधारा विकसित करना चाहते थे, क्योंकि उनका मानना था कि सोशलिज्म और कम्युनिज्म जैसी विदेशी विचारधाराएँ मनुष्य का कल्याण करने में असफल रही थीं।

कुछ घटनाओं की यादें बहुत अर्थपूर्ण होती हैं। ऐसी ही एक घटना 1950 के शुरुआती दशक में राष्ट्रीय विकास परिषद की दूसरी मीटिंग से जुड़ी हुई है। परिषद के सदस्यों के रूप में सभी राज्यों के मुख्यमंत्री इस मीटिंग में मौजूद थे। नेहरू उनके सामने निजी क्षेत्र के साथ-साथ अपनी तरह के समाजवाद का चित्र प्रस्तुत करने की कोशिश कर रहे थे। किसी की समझ में कुछ भी नहीं आ रहा था। मुख्यमंत्रियों और योजना आयोग के सदस्यों ने नेहरू से अनुरोध किया कि वे दूसरी पंचवर्षीय योजना की भूमिका लिखें और भविष्य को लेकर अपनी दृष्टि के बारे में बताएँ।

नेहरू ने इस भूमिका में अर्थव्यवस्था के सर्वोच्च शिखर सार्वजनिक क्षेत्र के हाथ में होने की परिकल्पना की। उनका कहना था कि भारत जैसे गरीब देश के लिए वाम रुझान वाली नीतियों के अलावा कोई विकल्प नहीं था। द्वितीय पंचवर्षीय योजना के दो वर्ष बाद उन्होंने देश को आश्वस्त करते हुए कहा, ''मैं तब तक चैन से नहीं बैठूँगा जब तक इस देश के हर नर, नारी और बच्चे को न्याय नहीं मिल जाता और उसका जीवन-स्तर एक न्यूनतम मापदंड तक नहीं पहुँच जाता।'' उन्होंने आगे कहा था, ''आप दस साल और इन्तजार कर लें, उसके बाद आप देखेंगे कि हमारी योजनाएँ देश की तसवीर बदलकर रख देंगी।'' इस भाषण के बाद नेहरू नौ वर्ष तक जीवित रहे, लेकिन आम आदमी की हालत में कोई सुधार नहीं हुआ।

मैंने कांग्रेस में सोशलिस्ट गुट का नेतृत्व कर रहे जयप्रकाश नारायण से एक बार पूछा था कि क्या नेहरू सचमुच सोशलिस्ट थे। उन्होंने कांग्रेस में सोशलिस्टों की वापसी की चाह कर रहे नेहरू के शब्दों को याद करते हुए कहा था कि ''वामवाद की कोई भी अपरिपक्व कोशिश अनचाही प्रतिक्रियाओं और अव्यवस्था को जन्म दे सकती है।'' जेपी ने नेहरू की आलोचना करते हुए कहा था कि वे पूँजीवाद की मदद से समाजवाद लाने के सपने देख रहे थे।

पहली और दूसरी पंचवर्षीय योजना के दौरान (1951-161) राष्ट्रीय आय में 42 प्रतिशत की बढ़ोत्तरी हुई थी। लेकिन क्या इससे लोगों को कुछ लाभ हुआ था? यह पता लगाने के

लिए नेहरू ने एक समिति गठित की, जिसका नेतृत्व 'प्रगतिशील' समझे जानेवाले पी. सी. महालानोबिर्स कर रहे थे। समिति ने अपनी रिपोर्ट में कहा कि "निजी क्षेत्र में आर्थिक शक्ति का जमाव न्यायसंगत मात्रा से कहीं ज्यादा है।" लेकिन इसके साथ ही समिति ने अपनी दुविधा व्यक्त करते हुए आगे यह भी कहा कि–"....यह किस हद तक आर्थिक विकास का अनिवार्य अंग है; मात्रा और साथ ही प्रबन्धन और उद्यम स्रोतों के पूरे-पूरे उपयोग के अर्थशास्त्र को देखते हुए इसे किस हद तक न्यायसंगत ठहराया जा सकता है;... और जो विकास हुआ है, वह अपने परिणामों को लेकर किस हद तक अस्वस्थ और असामाजिक है?"

वर्तमान आर्थिक विकास के स्वरूप से जुड़ी एक रिपोर्ट में भी लगभग यही बातें कही गई हैं।

हालाँकि मूलवादियों (रेडिकल्स) को इस रिपोर्ट के रूप में अपने प्रोपेगंडे के लिए भरपूर खुराक मिल गई थी, फिर भी वे निजी क्षेत्र के खिलाफ बहुत ठोस दलीलें नहीं दे पाए। खुद रिपोर्ट भी इस मामले में बहुत स्पष्ट नहीं थी। नेहरू 'सोशलिज्म' या 'सोशलिस्टिक' शब्दों का इस्तेमाल नहीं करते थे। इनकी बजाय वे 'सोशलिस्ट पैटर्न ऑफ सोसायटी' शब्दावली का इस्तेमाल करते थे। यह शब्दावली कांग्रेस द्वारा गढ़ी गई थी और नेहरू को यह रास आ गई थी। वे मिश्रित अर्थव्यवस्था की बात करते थे, जो उनके विचार में देश की स्थितियों को देखते हुए जरूरी थी।

नेहरू देश को एक आधुनिक और मजबूत आधार देनेवाली मशीनों के उत्पादन को सार्वजनिक क्षेत्र के हाथों में रखना चाहते थे, जबकि उपभोक्ताा सामग्री के उत्पादन के लिए ग्रामीण उद्योगों का विकास करना चाहते थे, ताकि बड़े स्तर पर रोजगार के अवसर पैदा हों। बहुत वर्ष बाद, देश का नेतृत्व करते हुए प्रधानमंत्री मनमोहन सिंह ने भी लगभग यही नीति अपनाई, हालाँकि ग्रामीण उद्योगों पर पहले जितना जोर नहीं दिया गया।

वोट-बैंक की राजनीति नेहरू के समय भें ही शुरू हो गई थी। आजाद ने जब जानना चाहा था कि वे कौन से चुनाव-क्षेत्र से चुनाव लड़ें तो नेहरू ने उन्हें सलाह दी थी कि वे ऐसी जगह चुनें जहाँ मुसलमानों की अच्छी-खासी आबादी हो। आजाद ने गुड़गाँव चुनाव-क्षेत्र का चुनाव किया था, जिसमें मेवात भी पड़ता था और वहाँ मुसलमानों की काफी आबादी थी। जब जाकिर हुसैन को यह बात पता चली तो उन्होंने कहा कि आजाद को एक विशुद्ध हिन्दू सीट चुननी चाहिए थी, ताकि अगर आजादी के आन्दोलन से जुड़ा उनके जैसा देशभक्त मुसलमान भी हार जाता है तो यह साबित हो जाएगा कि इस देश में धर्म-निरपेक्षता सिर्फ एक ढकोसला है।

नेहरू इतने व्यस्त रहते थे कि उनके पास पार्टी की गतिविधियों की तरफ ध्यान देने की फुर्सत नहीं थी, गांधीवादियों की सुध लेना तो बहुत दूर की बात थी। इसलिए गांधीवादी उनसे नाराज रहने लगे थे कि देश के किसी भी मामले में उनसे सलाह-मशविरा नहीं किया जाता। आखिर, 1959 में, महात्मा गांधी के सबसे परम शिष्य विनोबा भावे ने नेहरू और पन्त को वर्धा के पास स्थित अपने पवनार आश्रम में आमंत्रित किया। उन्होंने उन दोनों से कहा कि वे गांधी के रास्ते से भटक गए थे।

नेहरू विनोबा भावे के भूदान आन्दोलन के प्रशंसक थे, जिसके अन्तर्गत जमींदार अपनी

भूमि का कुछ हिस्सा भूमिहीनों में बाँटने के लिए दान करते थे। जब शेख अब्दुल्ला ने कश्मीर में खेतिहर मजदूरों को जमींदारों की जमीन दान की थी तो भी नेहरू ने उनकी सराहना की थी, हालाँकि शेख ने जमींदारों को कोई मुआवजा नहीं दिया था। उच्चतम न्यायालय के इस निर्देश के बाद कि सार्वजनिक उद्देश्यों के लिए जमीन के अधिग्रहण के लिए 'न्यायपूर्ण मुआवजा' दिया जाना चाहिए, नेहरू ने संविधान में पहला संशोधन किया था। इस संशोधन के अनुसार, किसी जमीन के अधिग्रहण के लिए सरकार द्वारा निर्धारित उचित मुआवजा दिया जाना जरूरी था।

नेहरू मुआवजा देने के खिलाफ नहीं थे, लेकिन वे सार्वजनिक उद्देश्यों के लिए सरकार के अधिग्रहण के अधिकार को मजबूती से स्थापित करना चाहते थे। पिछले छह दशकों में राज्यों और केन्द्र ने इस अधिकार का खुलकर दुरुपयोग किया है।

आश्रम की बातचीत धीरे-धीरे तीखी बहस में बदल गई थी। नेहरू को लगा मानो उन्हें कटघरे में खड़ा किया जा रहा हो। हालाँकि विनोबा ने व्यापक दायरे में बात करते हुए सिर्फ इतना कहा था कि किसी भी सरकार या व्यक्ति के लिए गांधी के मापदंडों पर खरा उतरना बहुत मुश्किल था, लेकिन आश्रम की एक वृद्ध महिला खुलकर नेहरू और उनकी सरकार को कोसने लगी थी। उसने सरकार पर महात्मा गांधी के सिद्धान्तों को छोड़ने का आरोप लगाया तो नेहरू का चेहरा गुस्से से लाल हो गया। उन्होंने पलटकर वार करते हुए कहा कि उन्हें भूदान आन्दोलन और आश्रम के कामकाज में हो रही गड़बड़ियों की पूरी जानकारी थी। उन्होंने कहा कि वे जान-बूझकर खामोश रहे थे, "लेकिन अगर आप आर्थिक विकास पर बहस करना चाहती हैं तो मुझे भी गांधीजी के नाम पर हो रही धांधलियों पर उँगली उठाने की अनुमति दीजिए।" पन्त ने स्थिति को सँभालते हुए उस महिला को ऊलजलूल आरोप लगाने के लिए फटकार लगाई और बातचीत 'कटु भावनाओं' के साथ खत्म हो गई।

इसी अवसर पर मैंने पहली बार यह बात सुनी थी कि कांग्रेस अध्यक्ष वी. एन. ढेबर इस्तीफा दे रहे थे और इन्दिरा गांधी पार्टी की बागडोर सँभालने जा रही थीं। आश्रम में पन्त ने भले ही नेहरू का समर्थन किया था, लेकिन जब कार्यकारिणी समिति में इन्दिरा गांधी को मनोनीत किया गया तो उन्होंने दबे शब्दों में इसका विरोध किया था। नेहरू की बेटी पर सीधे प्रहार करने की बजाय उन्होंने इन्दिरा गांधी की नाजुक सेहत का हवाला देते हुए कहा था कि कांग्रेस अध्यक्ष को देश भर में लम्बी-लम्बी यात्राएँ करनी पड़ती थीं और उनकी सेहत इस काम में उनके आड़े आ सकती थी। नेहरू ने अपनी आवाज तेज करते हुए पन्त से कहा था कि "वे हम दोनों से ज्यादा सेहमतमंद हैं" और देर तक काम करने में सक्षम हैं। इसके बाद उनके कार्यभार सँभालने की तारीख तय करना ही बाकी रह गया था। यही वह क्षण था जब देश में वंशागत राजनीति का सूत्रपात हुआ था। इसके बाद से कांग्रेस इस परम्परा को बहुत निष्ठापूर्वक निभाती रही है और देश या पार्टी की बागडोर हमेशा नेहरू खानदान के हाथ में रहती रही है।

नेहरू का वश चलता तो वे अपने बाद इन्दिरा गांधी को ही प्रधानमंत्री के रूप में देखना पसन्द करते। लेकिन अभी बहुत सारे ऐसे नेता जीवित थे जिन्होंने आजादी की लड़ाई में बढ़-चढ़कर भाग लिया था, और जिनके पीछे संघर्ष और बलिदानों का लम्बा इतिहास था। नेहरू में किसी तानाशाह की प्रवृत्तियों का अभाव था, इसलिए वे इन सबको नजरअन्दाज

नहीं कर सकते थे।

अन्य नेताओं की तुलना में शास्त्री कितने सीधे-सादे व्यक्ति थे, इसका अन्दाजा मेरी आँखें के सामने घटी एक छोटी-सी घटना से लगाया जा सकता है। वे तब गृहमंत्री थे और हम कुतुब में एक कार्यक्रम के बाद कार से वापस लौट रहे थे। हमेशा की तरह एक सुरक्षा गार्ड एम्बेसेडर कार की अगली सीट पर बैठा हुआ था। उन दिनों प्रधानमंत्री नेहरू समेत सभी मंत्री एम्बेसेडर कार में ही यात्रा करते थे।

हम जब उस जगह पहुँचे जहाँ आज ऑल इंडिया इंस्टीट्यूट ऑफ मेडिकल साइंसिस (एम्स) स्थित है, तो रेलवे का फाटक बन्द होने के कारण हमारी कार को रुकना पड़ गया। शास्त्री ने देखा कि कुछ ही दूर गन्ने के रस की एक दुकान थी। उन्होंने कहा, ''क्यों न फाटक खुलने तक गन्ने के रस का एक-एक गिलास पी लिया जाए?'' इससे पहले कि कोई कुछ कह पाता, वे कार से नीचे उतर गए और उनके पीछे-पीछे मैं भी उतर पड़ा। हम दोनों ने एक-एक गिलास गन्ने का रस पीया। शास्त्री ने पैसे चुका दिए। हैरानी की बात थी कि किसी ने भी हमें पहचाना नहीं, दुकान वाले ने भी नहीं। उसे क्या पता था कि देश का गृहमंत्री (और भविष्य का प्रधानमंत्री) खुद कार से उतरकर उसका गन्ने का रस पीने आया था और पैसे भी खुद उसी ने दिए थे।

संसद सदस्य की बहुत मामूली तनख्वाह होने के कारण शास्त्री का बड़ी मुश्किल से गुजारा हो रहा था। मैंने उन्हें अखबारों के लिए लिखने की सलाह दी। उनका पहला लेख नेहरू पर था। जैसाकि स्वाभाविक था, उन्होंने इसमें नेहरू की दिल खोलकर तारीफ की थी। मैंने उनके लिए सिंडिकेट सेल की व्यवस्था कर दी, जैसाकि 35 वर्ष बाद मैंने अपने लिए भी किया। उनका लेख दक्षिण में 'हिन्दू' में, पूर्व में 'अमृत बाजार पत्रिका' में, उत्तर में 'हिन्दुस्तान टाइम्स' में और पश्चिम में 'टाइम्स ऑफ इंडिया' में छपा। हर अखबार ने उन्हें 500 रुपए दिए। 2000 रुपए की अतिरिक्त आमदनी से उन्हें काफी फर्क पड़ा। उनका दूसरा लेख उनके हीरो लाला लाजपत राय पर था। इससे पहले कि वे तीसरा लेख लिख पाते, नेहरू को भुवनेश्वर में दिल का दौरा पड़ा और शास्त्री को केबिनेट में वापस बुला लिया गया। मैं भी उनके सूचना अधिकारी के रूप में लौट आया।

शास्त्री नेहरू को भेजी जानेवाली फाइलों को देखने लगे। इन्दिरा को यह अच्छा नहीं लगता था और वे महत्त्वपूर्ण फाइलों को वापस भेजने से पहले खुद देखने लगीं। शास्त्री को यह बात पता तो चल गई लेकिन उन्होंने कुछ कहा नहीं। नेहरू उनसे बहुत स्नेह करते थे और वे ऐसी स्थिति नहीं लाना चाहते थे कि नेहरू को उनमें और इन्दिरा गांधी में से किसी एक को चुनना पड़े।

नेहरू की सेहत सँभलने में काफी समय लग गया। पूरी दुनिया में ऐसी अफ़वाहें फैलने लगीं कि वे बहुत ज्यादा बीमार थे। नेहरू से जुड़ा व्यक्ति छुट्टी पर गया तो मुझे एक हफ्ते के लिए उनके सूचना अधिकारी का भी काम करना पड़ा। मैंने नेहरू के चेहरे के उस तरफ से कुछ चित्र खिंचवाए जिधर से वे ज्यादा स्वस्थ दिखते थे और इन्हें अखबारों को जारी कर दिया। इससे अफवाहों को खत्म करने में मदद मिली। लेकिन मैं समझ गया था कि उस दौरे से उन्हें बहुत गहरा झटका लगा था और शायद वे ज्यादा दिनों तक हमारे बीच नहीं रहेंगे।

नेहरू से मेरा रू-ब-रू सामना उस समय हुआ जब मैंने उन्हें अमरीका के राजदूत चेस्टर बॉल्स की प्रेस कॉन्फ्रेंस के बारे में बताया। मैं बहुत घबराया हुआ था और अंग्रेजी में जल्दी-जल्दी बोल रहा था। उन्होंने मुझे धीरे-धीरे और हिन्दुस्तानी में बोलने के लिए कहा। बॉल्स की टिप्पणियों का निचोड़ यह था कि अमरीका चाहता था कि भारत पाकिस्तान के साथ अपने सम्बन्ध सुधारने के लिए कदम उठाए। नेहरू ने कोई प्रतिक्रिया व्यक्त नहीं की।

कुछ दिन बाद प्रधानमंत्री जयपुर गए तो मैं उनके घर से एयरपोर्ट तक उनकी कार में उनके साथ गया। उस दिन के अखबारों में आई.ए.एस. प्रशिक्षार्थियों को दी गई उनकी सलाह की खबर छपी थी। विजयलक्ष्मी पंडित भी हमारे साथ थीं और उन्हें एयरपोर्ट तक छोड़ने जा रही थीं। उन्होंने नेहरू से इसके बारे में पूछा तो नेहरू ने पिछली सीट से मेरी तरफ इशारा करते हुए कहा, "यह सब इनका काम है।" मैंने अखबारवालों को जानकारी देते समय प्रशिक्षर्थियों को नेहरू की इस सलाह पर खास जोर दिया था कि वे आम लोगों की जरूरतों का खास तौर से ध्यान रखें।

वे सर्दियों के दिन थे। 'भारत सेवक समाज' ने नेहरू से अनुरोध किया कि वे रात को फुटपाथ पर सोने वालों को कम्बल बाँटते में उनका हाथ बँटाएँ। नेहरू इस नेक काम के लिए झट से तैयार हो गए और उस रात फुटपाथ पर ठिठुर रहे कुछ लोगों को उन्होंने अपने हाथ से कम्बल ओढ़ाए। मुझे याद है कि इन लोगों की हालत देखकर नेहरू ने कहा था, "ये लोग बगावत क्यों नहीं करते?"

आज के नेताओं को इस तरह की बातों से सबक सीखना चाहिए। मुझे याद है कि पंजाब के तत्कालीन मुख्यमंत्री भीमसेन सच्चर एक दिन नेहरू के पास बड़ी अजीब और शर्मनाक शिकायत लेकर पहुँचे थे। नेहरू की बहन विजयलक्ष्मी पंडित कुछ समय पहले शिमला सर्किट हाउस में ठहरी थीं और उन्होंने 2500 रुपयों का बिल नहीं चुकाया था। उन दिनों शिमला पंजाब का हिसाब था। पंजाब के गवर्नर सी. त्रिवेदी ने सच्चर को यह बिल राज्य सरकार के किसी खाते में डालने की सलाह दी थी। लेकिन सच्चर की अन्तर्रात्मा इसे स्वीकार नहीं कर रही थी और उन्होंने यह बात नेहरू तक पहुँचा दी थी। नेहरू ने बुरा मानने की बजाय उनसे कहा कि वे यह बिल खुद चुकता कर देंगे, लेकिन पूरा बिल एक साथ चुकता करने की बजाय पाँच किश्तों में भुगतान करेंगे। इसके बाद वे अपने निजी खाते से पाँच-पाँच सौ रुपए के चेक तब तक भेजते रहे जब तक कि पूरा बिल चुकता नहीं हो गया।

1963 में जब मैं नेहरू के सूचना अधिकारी के रूप में काम कर रहा था तो एक दिन मैंने शास्त्री (जो तब सरकार में नहीं थे) को नेहरू से मिलने के लिए अपनी बारी का इन्तजार करते देखा। मैंने नेहरू के निजी सचिव एन.के. अय्यर शेषन से शिकायत की कि शास्त्री पिछले एक घंटे से बैठे हुए थे। शेषन मुझे एक तरफ ले जाकर बोले कि वे दो बार ऊपर चिट भेज चुके थे, जहाँ नेहरू अपने शयनकक्ष में मौजूद थे। "अगर वे उन्हें नहीं बुला रहे हैं तो आप ही बताएँ कि मैं क्या कर सकता हूँ?" शेषन ने अपनी विवशता प्रकट करते हुए मुझे 'उनकी राजनीति' में न उलझने की सलाह दी।

केबिनेट में शास्त्री की वापसी पर मोरारजी देसाई ने कोई प्रतिक्रिया व्यक्त नहीं की थी, जबकि जगजीवन राम ने खुलकर जाहिर कर दिया था कि वे इसके खिलाफ थे। उन्होंने कामराज योजना को याद करके गुस्से से बिफरते हुए कहा था कि नेहरू ने अपने नापसन्द

लोगों को केबिनेट से निकालने के लिए शास्त्री को कैरम के 'स्ट्राइकर' की तरह इस्तेमाल किया था।

लेकिन जब नेहरू ने शास्त्री को सदन का नेता बनाने की कोशिश की तो उन्हें पार्टी के विरोध का सामना करना पड़ा, खासकर मोरारजी देसाई की तरफ से। परिणामस्वरूप नेहरू को इस प्रस्ताव को वापस ले लेना पड़ा। वे मुकाबला करवाने के पक्ष में नहीं थे, क्योंकि उन्हें डर था कि कहीं उनके जीवन-काल में ही पार्टी दो टुकड़ों में न बँट जाए। उन्होंने सदन के नेता के पद के लिए एक अपेक्षाकृत अनजाने से व्यक्ति को चुनकर टकराव की सम्भावना को खत्म कर दिया।

शास्त्री को एक झटका-सा लगा था। लेकिन उस दिन उनकी समझ में यह बात आ गई थी कि अगर उन्हें प्रधानमंत्री बनना था तो उन्हें मोरारजी देसाई से कड़ी टक्कर लेनी होगी। शास्त्री अपनी भावनाओं को अपने तक रखने की कला जानते थे, इसलिए उन्होंने कभी भी मोरारजी के प्रति असम्मान प्रकट नहीं किया, न ही उन्होंने अपने-आपको प्रधानमंत्री के पद के दावेदार के रूप में प्रकट किया। फिर भी, वे कांग्रेस के पुराने गुट (जिसे 'ओल्ड गार्ड' या 'सिंडिकेट' के नाम से जाना जाता था) की तरफ कुछ और ज्यादा झुक गए, हालाँकि वे अपने-आपको एक निर्गुट और निर्विवाद व्यक्ति के रूप में प्रदर्शित करते रहे।

अगर शास्त्री यह समझते रहे थे कि केबिनेट में उनकी वापसी प्रधानमंत्री के पद की तरफ एक निश्चित कदम था, तो यह उनकी भूल मात्र थी। जैसे ही नेहरू की तबीयत थोड़ी-सी सँभली, सभी महत्त्वपूर्ण फाइलें और कागज सीधे उनके पास जाने लगे। शास्त्री को कई दिनों बाद किसी मुँहलगे उप-सचिव या संयुक्त-सचिव के माध्यम से उनके बारे में पता चलता। वे कई बार कहा करते थे, "मैं सिर्फ एक क्लर्क बनकर रह गया हूँ।"

एक दिन अन्तर्राष्ट्रीय श्रम सम्मेलन के लिए कोई डेलीगेट नामांकित करने के अनुरोध के साथ उनके पास केन्या से एक पत्र आया। उन्होंने श्रमिक मामलों के एक जाने-माने कांग्रेस नेता आबिद अली का नाम सुझा दिया। विदेश सचिव राजेश्वर दयाल को यह नाम पसन्द नहीं आया और वे सीधे नेहरू के पास जा पहुँचे। शास्त्री को उनके सुझाए नाम में बदलाव के बारे में औपचारिक कागजों के माध्यम से पता चला और उन्हें बहुत बुरा लगा।

दिन-ब-दिन इस तरह के खट्टे अनुभवों की संख्या बढ़ती जा रही थी। कई बार नेहरू से मिलने का समय लेने के लिए भी उन्हें प्रतीक्षा करनी पड़ती थी। एक बार उन्होंने मुझसे कहा था कि वे इलाहाबाद लौटने की सोच रहे थे। "यहाँ अब मेरे लिए कुछ भी नहीं बचा है।" उन्होंने उखड़े-से अन्दाज में कहा था—"अगर मैं दिल्ली में रहा तो एक न एक दिन पंडित जी से मेरा टकराव होना तय है। मैं उनसे झगड़ा करने की बजाय राजनीति से रिटायर होना पसन्द करूँगा।" कभी-कभी उनके मन में मंत्री पद से इस्तीफा देने की बात भी आती थी। लेकिन दो कारणों से वे ऐसा नहीं कर पा रहे थे। एक तो यह कि सिंडिकेट केबिनेट में इतनी महत्त्वपूर्ण स्थिति से उनके इस्तीफे के खिलाफ था, भले ही वे चौथे स्थान पर थे। दूसरे वे खुद भी इस प्रभाव को कम नहीं करना चाहते थे कि उन्हें नेहरू का उत्तराधिकारी मानते हुए ही केबिनेट में वापस लाया गया था।

उस समय बहुत से लोग आपस में और खुद शास्त्री से भी यह कहते थे कि नेहरू के

बदले हुए व्यवहार के पीछे उनके प्रति इन्दिरा गांधी की 'कटुता' का हाथ था। शुरू में शास्त्री इस तरह की बातों को प्रोत्साहन नहीं देते थे, लेकिन बाद में वे खुद भी यह पता लगाने की ताक में रहने लगे कि इस आरोप में कितनी सच्चाई थी। धीरे-धीरे उनके मन में यह बात साफ हो गई कि नेहरू उन्हें अपने सबसे चहेते उत्तराधिकारी के रूप में नहीं देख रहे थे। इन्दिरा गांधी खुलकर शास्त्री की उपेक्षा करने लगी थीं और महत्त्वपूर्ण फाइलें खुद नेहरू के पास लेकर जाती थीं।

एक दिन मैंने शास्त्री से सीधे-सीधे पूछ लिया, "आपके खयाल से अपने वारिस को लेकर नेहरू के दिल में क्या है?" शास्त्री ने जवाब दिया, "उनके दिल में उनकी सपुत्री है, लेकिन यह इतना आसान नहीं होगा।" मैंने कहा, "लोग समझते हैं कि आप नेहरू के इतने परम भक्त हैं कि उनकी मौत के बाद खुद ही इन्दिरा गांधी का नाम प्रस्तावित कर देंगे।" उन्होंने कहा, "मैं उतना साधु-सन्त नहीं हूँ जितना तुम समझते हो। भला कौन व्यक्ति देश का प्रधानमंत्री नहीं बनना चाहेगा?" मैं उनके जवाब से हैरान रह गया था। लेकिन जैसाकि बाद की घटनाओं से पता चला, उन्होंने इन्दिरा गांधी के पक्ष में सर्वसम्मति बनाने की कोशिश की थी। दूसरी तरफ, कृष्ण मेनन का कहना था कि नेहरू ने अपनी बेटी को अपने वारिस के रूप में तैयार करने की कभी कोशिश नहीं की। "वे जब कांग्रेस अध्यक्ष बनीं तो लोगों को ऐसा लगा जरूर था, लेकिन नेहरू प्रजातांत्रिक तौर-तरीकों के खिलाफ नहीं जाना चाहते थे।"

नेहरू की सेहत निरन्तर गिर रही थी। कांग्रेस पार्टी में भी उनके वारिस को लेकर फुसफुसाहटें सुनाई देने लगी थीं। कांग्रेस के कई दिग्गज नेता—तमिलनाडु के के. कामराज, कर्नाटक के एन. निजलिंगप्पा, आन्ध्र प्रदेश के संजीव रेड्डी और पश्चिम बंगाल के अतुल्य घोष—हठधर्मी समझे जानेवाले मोरारजी देसाई के खिलाफ थे और तिरुपति में नेहरू के वारिस के रूप में शास्त्री को चुनने का संकल्प कर चुके थे। वे एक ऐसी चाबी थे जो हर ताले में फिट हो जाती थी।

फिर भी, अनिश्चितता का माहौल बना हुआ था। अपनी मृत्यु से सिर्फ एक हफ्ते पहले नेहरू ने नई दिल्ली में एक प्रेस कॉन्फ्रेंस में हँसते हुए कहा था कि वे 'इतनी जल्दी' मरने वाले नहीं थे। जब उनसे यह पूछा गया कि वे अपना वारिस नियुक्त क्यों नहीं कर देते तो उनका जवाब था, "अगर मैं किसी को मनोनीत कर दूँगा तो यह बिलकुल निश्चित है कि वह मेरा वारिस नहीं बन पाएगा। विंस्टन चर्चिल ने एंथनी ईडन को अपना वारिस मनोनीत किया था, लेकिन वे ज्यादा दिन नहीं टिक पाए।"

फिर भी, नेहरू मुश्किल परिस्थितियों से निपटने की शास्त्री की क्षमता से काफी प्रभावित थे। उनका तरीका जितना नरम होता था उतना ही असरदार भी। दिसम्बर 1963 में जब श्रीनगर के पास हजरतबल से मुहम्मद हजरत का बाल चोरी हो जाने की खबर से कश्मीर में तूफानी हालात पैदा हो गए तो नेहरू ने शास्त्री को वहाँ भेजने का फैसला किया। पूरे कश्मीर में उग्र प्रदर्शन हो रहे थे। कलकत्ता में हिन्दू-मुस्लिम दंगे भड़क उठे थे। इंटेलीजेंस ब्यूरो के प्रमुख बी.एन. मलिक को हालात का जायजा लेने के लिए श्रीनगर भेजा गया तो उन्होंने इसे हिरासत में बन्द शेख अब्दुल्ला की शरारत बताकर सनसनी पैदा कर दी। दूसरी

तरफ, कश्मीर के तत्कालीन प्रधानमंत्री बख्शी गुलाम मुहम्मद का आरोप था कि इसके पीछे उनके राजनीतिक विरोधियों जी. एम. सादिक और डी. पी. धर का हाथ था।

मलिक की रिपोर्ट के बाद केन्द्र सरकार ने राज्य में सदर-ए-रियासत का शासन लागू करने की सम्भावना पर गम्भीरतापूर्वक विचार किया था। लेकिन इस पर अमल नहीं किया गया, क्योंकि बख्शी गुलाम मुहम्मद इसके खिलाफ थे। सरकार को यह भी डर था कि राज्य के संविधान के प्रावधान के अनुसार विधानसभा द्वारा छह महीनों के भीतर इस फैसले का अनुमोदन करवाना टेढ़ी खीर साबित होगा।

सौभाग्यवश, पवित्र बाल को पाकिस्तान स्मगल किए जाते समय ढूँढ़ निकाला गया। इसके बाद यह मुसीबत उठ खड़ी हुई कि बाल को खोजने के लिए 'एक्शन कमेटी' गठित करनेवाले मौलवी मुहम्मद फारुक ने इसे 'असली' मानने से इनकार कर दिया। माहौल में एक बार फिर तनाव पैदा हो गया। शास्त्री की परेशानी यह थी कि पवित्र अवशेष की असलियत परखने के लिए 'दीदार' की व्यवस्था कैसे की जाए।

हम जब श्रीनगर पहुँचे थे तो माहौल में सचमुच बहुत ज्यादा तनाव था। शास्त्री बर्फीली ठंड से बचने के लिए नेहरू का ओवरकोट पहने हुए थे। वे अपनी सोचों में डूबे हजरतबल में चहलकदमी करते रहे थे, जहाँ धूप के बावजूद बर्फ की कुछ परतें पिघलने का नाम नहीं ले रही थीं। जाँचकर्ताओं को आने में कुछ देर हो गई थी। आखिर वे लोग पहुँचे तो शास्त्री के चेहरे पर राहत भरी मुस्कराहट उभर आई, जिनकी भावनाओं का अन्दाजा लगाना आमतौर से बहुत मुश्किल होता था। जैसे ही पवित्र बाल को 'हक' (असली) घोषित किया गया, शास्त्री ने नेहरू को खबर कर दी, जो किसी संकट की स्थिति में राज्य में मार्शल लॉ लगाने की तैयारी किए बैठे थे।

पवित्र अवशेष की बरामदगी के बाद पाकिस्तान ने पाया कि वह मरे हुए घोड़े को पीट रहा है। हालात इतने सुधर गए कि नेहरू ने शेख अब्दुल्ला की रिहाई (8 अप्रैल, 1964) का हुक्म दिया। उनकी हिरासत नेहरू के दिल पर हमेशा एक बोझ बनी रही थी, क्योंकि कभी दोनों बहुत गहरे दोस्त रह चुके थे। इन ग्यारह वर्षों में दोनों के बीच सम्पर्क के नाम पर नेहरू के द्वारा भेजे गए दो-तीन सन्देश थे, जिन्हें शेख ने बड़ी हिकारत से नजरअंदाज कर दिया था। लेकिन जब अक्तूबर, 1962 में चीन ने भारत पर हमला किया था तो शेख ने नेहरू को एक पत्र लिखकर उन्हें चीनियों की 'गैर-भरोसेमंदी' के बारे में अपनी नसीहत की याद दिलाई थी।

लम्बी हिरासत ने शेख के दिल में कड़वाहट पैदा कर दी थी। वे दिल्ली आए तो मैंने उन्हें उनके निकट सहयोगी मिर्जा अफजल बेग के साथ लंच पर आमंत्रित किया। उन्होंने साफ-साफ कहा कि कश्मीर के समाधान के लिए पाकिस्तान से बात करना जरूरी था। उन्होंने यह भी कहा कि संविधान सभा द्वारा कश्मीर के भारत में विलय के अनुमोदन को वैद्य नहीं ठहराया जा सकता क्योंकि वे उस अवसर पर मौजूद नहीं थे। उन्होंने कश्मीर की तुलना एक खूबसूरत औरत से की जिसे भारत और पाकिस्तान दोनों ही 'अपनी हवस का निशाना बनाना' चाहते थे।

नेहरू ने शास्त्री को शेख अब्दुल्ला से कश्मीर पर बातचीत करने के लिए कहा, लेकिन कई दिनों तक कई बैठकों के दौर के बाद भी कोई नतीजा नहीं निकला। निकलता भी कैसे

जब शेख के दिल में आजाद कश्मीर का खयाल घर कर चुका था? जब शास्त्री उन्हें किसी बात के लिए भी राजी नहीं कर सके तो उन्होंने शेख से सीधे-सीधे पूछ लिया, ''शेख साहब, कहीं आपके दिमाग में आजादी का खयाल तो नहीं?'' शेख ने 'हाँ' में जवाब दिया तो शास्त्री इतने भड़क उठे कि उन्होंने बाद में सार्वजनिक रूप से घोषणा की कि भारत शेख अब्दुल्ला को कश्मीर में आजादी के विचार को हवा देने की इजाजत नहीं देगा।

शेख अब्दुल्ला नेहरू को लुभाने की कोशिशों में जुट गए। वे एक बार फिर प्रधानमंत्री निवास के सम्मानित अतिथि बन चुके थे, जैसाकि वर्षों पहले अकसर होता रहा था। शेख ने मुझे बताया था कि नेहरू को ''सचमुच ही इस बात का अफसोस था कि उन्होंने मेरे साथ अच्छा नहीं किया था।" दोनों के पुनर्मिलन का परिणाम यह हुआ कि नेहरू एक बार फिर कश्मीर मामले पर पाकिस्तान से बातचीत करने के लिए राजी हो गए। यह पूरी तरह से शेख का विचार था, जिसे नेहरू ने स्वीकार कर लिया था। शेख ने कहा कि वे पाकिस्तान जाकर अयूब से बात करना चाहेंगे, ताकि कोई हल निकाला जा सके। नेहरू ने उन्हें हरी झंडी दे दी। शेख ने बाद में मुझे बताया था कि नेहरू को यह अहसास हो गया था कि ''उन्हें अपने पीछे कश्मीर मसले को अनसुलझा छोड़कर नहीं जाना चाहिए।''

शेख और अयूब की रावलपिंडी में 24 मई, 1964 को मुलाकात हुई। जैसाकि अयूब ने बाद में मुझे बताया था, शेख कोई प्रस्ताव लेकर नहीं आए थे। वे सिर्फ इतना चाहते थे कि ''मैं नेहरू से मिलूँ।'' अयूब के शब्दों में–

> मैंने शेख से पूछा था कि उन्हें ऐसा क्यों लगता था कि नेहरू के साथ मेरी मुलाकात से कश्मीर मसले का हल निकल आएगा। उनका जवाब था कि नेहरू बदल गए थे। मुझे मालूम था कि शेख गलतफहमी में थे, लेकिन मैं उन्हें मायूस करना नहीं चाहता था। मेरा अपना खयाल यह था कि नेहरू उन्हें इतना थका देना चाहते थे कि वे परेशान होकर हार मान लें।

लेकिन अपनी पुस्तक 'फ्रेंड्स नॉट मास्टर्स' (1967) में अयूब ने कुछ और ही लिखा है–''अब्दुल्ला भारत, पाकिस्तान और कश्मीर की कॉन्फेडरेशन का एक अजीबोगरीब प्रस्ताव लेकर मेरे पास आए थे।'' शेख का कहना था कि यह सच नहीं था। किताब पढ़ने के बाद उन्होंने अयूब को एक पत्र भी लिखा था, जिसमें उन्होंने इस तरह का कोई प्रस्ताव रखने का खंडन किया था। अयूब ने इस पत्र का कोई जवाब नहीं दिया। मैंने शेख के साथ नेहरू की बातचीत के सरकारी रिकार्डों की भी जाँच की। इनमें भी इस तरह के किसी प्रस्ताव का जिक्र नहीं था।

आजाद कश्मीर के सदर-ए-रियासत और जिन्ना के भूतपूर्व निजी सचिव खुर्शीद से लाहौर में मेरी मुलाकात हुई थी तो उन्होंने कहा था कि उस दौरे के दौरान उन्होंने चार घंटे शेख के साथ बिताए थे, लेकिन शेख ने इस तरह की किसी कॉन्फेडरेशन का कोई जिक्र नहीं किया था। खुर्शीद ने मुझे बताया था, ''शेख सिर्फ इतना चाहते थे कि कश्मीर के दोनों हिस्सों के बीच नरम सरहद हो, ताकि दोनों तरफ से लोग बेरोकटोक आ-जा सकें, आपस में मिल सकें और व्यापार कर सकें। इसके बाद दूसरी सम्भावनाएँ भी पैदा हो सकती थीं।'' मेरा खयाल था कि खुर्शीद सही कह रहे थे।

अगर कोई अजीबोगरीब प्रस्ताव होता भी तो उसका पाकिस्तान में ही दफन हो जाना तय था। शेख अब्दुल्ला अभी पाकिस्तान में ही थे कि नेहरू का निधन हो गया। नेहरू के उत्तराधिकारी शास्त्री को शेख अब्दुल्ला पर भरोसा नहीं था। वे जानते थे कि शेख के दिल में आजादी का खयाल अँगड़ाइयाँ ले रहा था।

ये वे दिन थे जब भारत सरकार निजी क्षेत्र के विशेषज्ञों को मंत्रालयों की बागडोर सौंपने का प्रयोग कर रही थी। मंतोष सोंधी को इस्पात मंत्रालय का सचिव नियुक्त कर दिया गया। मैंने भी अपने मंत्रालय को सुझाव दिया कि अगर सरकार बाहर के लोगों को मंत्रालय की कमान सौंप सकती थी, तो सरकारी अधिकारियों को भी निजी क्षेत्र में काम करने का अवसर दिया जा सकता था। इसके पीछे निजी क्षेत्र का कुछ अनुभव बटोरने की मेरी आकांक्षा थी। तत्कालीन सूचना मंत्री सत्य नारायण सिन्हा मुझे पन्त और शास्त्री के साथ काम करते देख चुके थे। उन्होंने मेरा सुझाव मान लिया और मुझे दो वर्ष के लिए निजी क्षेत्र में काम करने की छूट दे दी। इससे यू.एन.आई. में मेरी नियुक्ति का रास्ता साफ हो गया। बल्कि इसके बाद मैं कभी सरकारी नौकरी में लौटा ही नहीं। मैं हमेशा के लिए पत्रकारिता का होकर रह गया।

यू.एन.आई. की सबसे बड़ी अड़चन यह थी कि उसके पास अच्छा पता नहीं था। उसने अपना काम खान मार्केट के एक फ्लैट से शुरू किया था, जो तब एक छोटी-सी सुनसान मार्केट थी। (आज यह दुनिया के सबसे महँगे इलाकों में शामिल हैं।) इस नई न्यूज एजेंसी के प्रायोजक थे–'हिन्दू', 'हिन्दुस्तान टाइम्स', 'अमृत बाजार पत्रिका', 'हिन्दुस्तान स्टैंडर्ड', 'आनन्द बाजार पत्रिका' और 'नेशन'। बाद में 'डेकन हेराल्ड' भी इसके प्रायोजकों में शामिल हो गया। मैं शास्त्री की मदद से यू.एन.आई. को अखबारों के मालिकों की संस्था 'ईस्टर्न न्यूजपेपर सोसायटी' के दफ्तर के पास एक सरकारी बंगला दिलवाने में सफल हो गया।

'यू.एन.आई' इतने घाटे में चल रही थी कि इसके मालिक इसे बन्द करने की सोच रहे थे। 'यू.एन.आई.' बोर्ड के चेयरमैन और 'हिन्दुस्तान टाइम्स' के सम्पादक एस. मूलगांवकर एजेंसी को अपने पैरों पर खड़ा होने और प्रमुख न्यूज एजेंसी 'पीटीआई' (प्रेस ट्रस्ट ऑफ इंडिया) से टक्कर लेने के लिए कुछ और समय दिए जाने के पक्ष में थे। उन्होंने एक बार मुझे 'सर्चलाइट' का सम्पादक बनने का भी प्रस्ताव दिया था। यह पत्रिका 'हिन्दुस्तान टाइम्स' के मालिकों द्वारा पटना से शुरू की गई थी। मूलगांवकर ने मुझे 'यू.एन.आई' की कमान सँभालने का प्रस्ताव दिया। उन्हें भरोसा था कि वे मालिकों को इसे छह महीने तक और जारी रखने के लिए मना सकते थे, और सुधार दिखाई देने पर इस अवधि को और बढ़ाया जा सकता था। मैंने उनके प्रस्ताव को स्वीकार कर लिया, हालाँकि मेरी पत्नी मेरे 'पीआईबी' छोड़ने के पक्ष में नहीं थी।

'यू.एन.आई.' में बहुत सीमित स्टाफ था, जिसे किसी भी समय एजेंसी के बन्द होने का डर लगा रहता था। एजेंसी के बाहरी स्टेशनों पर आमतौर से सिर्फ एक-एक आदमी तैनात था, जो पत्रकार होने के साथ-साथ टेलीप्रिंटर ऑपरेटर की भूमिका भी निभाता था। मेरा पहला काम उनका मनोबल बढ़ाना और उन्हें एजेंसी के उज्ज्वल भविष्य का भरोसा दिलाना था।

मेरे दिमाग में हमेशा यह बात घूमती रहती थी कि खबरों की दुनिया में किस तरह एक विशिष्ट छाप छोड़ी जाए। इसके लिए खबरों तक सबसे पहले पहुँचना और उन्हें सरल और संक्षिप्त ढंग से प्रस्तुत करना जरूरी था, ताकि अखबारों के सम्पादक-विभाग का बोझ कम हो। गृह मंत्रालय के साथ अपने अच्छे सम्बन्धों के कारण मैं 'एक्सक्लूसिव स्टोरीज' कर सकता था। मेरे दोस्त और शास्त्री के सचिव राजेश्वर प्रसाद चाहे-अनचाहे इस काम में मेरी मदद करते रहते थे। पन्त और शास्त्री के साथ जुड़ा रहने के कारण मैं राजनीतिज्ञों के लिए एक जाना-पहचाना चेहरा था। इससे मुझे सरकार और कांग्रेस पार्टी की भीतरी हलचलों का पता चलता रहता था।

जैसाकि मैंने अपने स्टाफ से कहा था, हमें आर्थिक क्षेत्र पर विशेष ध्यान देने की जरूरत थी। आर्थिक गतिविधियाँ चर्चा में रहने लगी थीं और लोगों का ध्यान खींचने लगी थीं। ऐसी खबरों के लिए योजना आयोग एक अच्छा स्रोत था। हमारा एक रिपोर्टर मेरी तरफ से हरी झंडी पाकर एक ऑपरेटर की मुट्ठी गर्म करता रहता था, जो साइक्लोस्टाइल किए गए हर दस्तावेज की एक कापी हम तक पहुँचाता रहता था। हम आर्थिक विषयों पर हर रोज कोई-न-कोई नई स्टोरी देते थे। योजना आयोग के एक वरिष्ठ सदस्य मुझे अच्छी तरह से जानते थे। उन्होंने वाणिज्य मंत्रालय द्वारा आयोग को भेजी गई एक गोपनीय टिप्पणी पर आधारित यू.एन.आई. की स्टोरी के बारे में मुझे फोन किया। वे जानना चाहते थे कि मुझे यह जानकारी कहाँ से मिली। हालाँकि वे बहुत नरमी से बात कर रहे थे, लेकिन वे हर तरह के हथकंडे के इस्तेमाल से भी नहीं चूके थे। मैंने उनसे साफ-साफ कहा कि पत्रकार अपने स्रोतों की जानकारी नहीं देते।

'यू.एन.आई.' के सम्पादक और जनरल मैनेजर के रूप में मेरे लिए सबसे ज्यादा कुंठा भरी वे घड़ियाँ होती थीं, जब मुझे औने-पौने दामों में एजेंसी की सेवाएँ बेचने के लिए अखबारों के दफ्तरों में मालिकों और सम्पादकों से मिलने का इन्तजार करना पड़ता था। एक्सप्रेस ग्रुप के रामनाथ गोयनका सबसे मुश्किल ग्राहक साबित हुए थे। उन्होंने 'टाइम्स ऑफ इंडिया' के मालिक शान्ति प्रसाद जैन के साथ मिलकर एक न्यूज एजेंसी शुरू की थी, जो कुछ ही हफ्तों में बन्द हो गई थी। वे गुस्से और खीज से भरे हुए थे, हालाँकि 'टाइम्स ऑफ इंडिया' हमारे प्रायोजकों में शामिल हो चुका था। फिर भी, कई महीनों के धीरज भरे इन्तजार के बाद मैं उन्हें एजेंसी की सेवाएँ बेचने में सफल हो गया।

दरअसल एक्सप्रेस ग्रुप को हमारी सेवाएँ खरीदने के लिए बाध्य होना पड़ा था, क्योंकि वे हमारी धारदार और अंदरूनी खबरों की कमी महसूस करने लगे थे। गोयनका ने मुझसे कहा था कि हम अंदरूनी जानकारियों भरी ऐसी राजनीतिक खबरें देते थे जो दूसरी न्यूज एजेंसियों के पास नहीं होती थीं। राजनीतिज्ञ हमारे द्वारा संचारित खबरें पढ़ने की ताक में रहते थे।

हम केबिनेट मीटिंगों की खुलकर जानकारी देते थे। एक बार इन्दिरा गांधी ने केबिनेट की दो दिन की बैठक रखी, जिसकी गोपनीयता बनाए रखने के लिए अधिकारियों को बाहर ही रखा गया। हमने इस मीटिंग में हुई चर्चा की विस्तार से जानकारी दी तो इन्दिरा गांधी ने किसी केबिनेट मंत्री पर उँगली उठाने की बजाय सिर्फ इतना कहा कि ऐसे लगता था जैसे इस मीटिंग में कुलदीप नैयर भी मौजूद थे। मेरे खयाल से, छह महीने के भीतर ही हमारी

अद्‌भुत सफलता का सबसे बड़ा प्रमाण खुद 'पी.टी.आई.' का एक प्रस्ताव था। 'पी.टी.आई.' के तत्कालीन जनरल मैनेजर राम चन्द्रन मेरे पास यह प्रस्ताव लेकर आए कि हमें आपस में प्रतिस्पर्द्धा करने की बजाय एक-दूसरे के साथ सहयोग करना चाहिए और अपनी गतिविधियों के दायरों को बाँट लेना चाहिए। वे चाहते थे कि 'यू.एन.आई.' सिर्फ विश्व खबरों पर ध्यान दे और विदेशी न्यूज एजेंसियों के साथ एक विशिष्ट अनुबंध के अन्तर्गत उन्हें ये खबरें संचारित करें, जबकि पी.टी.आई. सिर्फ घरेलू दायरे यानी भारतीय हलचलों तक सीमित रहे। मैंने इस प्रस्ताव को अस्वीकार कर दिया क्योंकि अपने ही देश की खबरें न देने की बात मेरे गले नहीं उतरी।

एक तरह से न्यूज एजेंसियाँ व्यवस्था की ऋणी थीं, क्योंकि उन्हें 'सबस्क्रिप्शन' के रूप में एक बड़ी रकम सरकार से प्राप्त होती थी। इनमें ऑल इंडिया रेडियो सबसे बड़ा खरीददार था। उन दिनों टीवी का कोई अस्तित्व नहीं था।

'यू.एन.आई.' ने सरकार की नाराजगी मोल ले ली थी। दिल्ली में भारत सरकार के साथ नागाओं की बातचीत चल रही थी और 'यू.एन.आई.' ने इस विषय पर एक ऐसी खबर संचारित की थी जिसने सरकार को मुश्किल में डाल दिया था। इससे पहले अखबारों में सिर्फ ये खबरें छपती रही थीं कि बातचीत बड़े सद्‌भावपूर्ण वातावरण में चल रही थीं। इसके अलावा कुछ भी नहीं छप रहा था। मैं नागाओं की नेशनल काउंसिल के नेताओं से मिला तो मुझे पता चला कि बातचीत खटाई में पड़ चुकी थी। नागा आजादी की अपनी मूल माँग पर अड़े हुए थे और सरकार ने इसे ठुकरा दिया था। मुझे लगा कि जनता को इस स्थिति की जानकारी होनी चाहिए। मैंने 'पी.आई.बी. से कहा कि 'यू.एन.आई.' नागाओं का पक्ष प्रस्तुत करने जा रही थी ओर हम चाहते थे कि सरकार भी अपना पक्ष रखे, ताकि दोनों पक्षों को साथ-साथ प्रस्तुत किया जा सके। 'पी.आई.बी.' ने मुझे यह स्टोरी जारी करने से मना किया क्योंकि यह 'राष्ट्रीय हित' में नहीं थी।

लेकिन इसके बावजूद हमने यह स्टोरी जारी कर दी कि नागाओं ने आजादी की माँग को छोड़ा नहीं था। खबर में आगे यह भी कहा गया कि भारत सरकार ने इस माँग को सिरे से ठुकरा दिया था। प्रधानमंत्री इन्दिरा गांधी के दफ्तर ने टिकर पर इस खबर को देखा तो अधिकारियों का पारा चढ़ गया। इन्दिरा गांधी के सहायक यशपाल कपूर ने मुझे फोन करके इस खबर को वापस लेने के लिए कहा। हम एक-दूसरे को अच्छी तरह से जानते थे। मैंने कुछ वर्ष पहले उन्हें उन दिनों गठित किए जा रहे 'फॉरेन सर्विस बी' में शामिल होने का प्रस्ताव दिया था तो उन्होंने जवाब दिया था कि जब उन्हें मालूम था कि एक न एक दिन इन्दिरा गांधी प्रधानमंत्री बनने जा रही थीं तो वे क्लर्की क्यों करें। उन्होंने ठीक ही कहा था। इन्दिरा गांधी की लम्बे समय तक सेवा करने का उन्हें भरपूर लाभ मिला और उनका राजनीतिक वजन बहुत बढ़ गया।

मैंने कपूर से कहा कि हम सरकार का पक्ष प्रस्तुत करने के लिए भी तैयार थे और हमने यह बात पहले भी कही थी। सरकार ने पलटकर कोई जवाब तो नहीं दिया, लेकिन इन्दिरा गांधी की अध्यक्षता में हुई केबिनट की एक बैठक में 'यू.एन.आई.' के सबस्क्रिप्शन में बढ़ोतरी की माँग को सख्ती से ठुकरा दिया गया। सूचना और प्रसारण मंत्री राज बहादुर ने मुझे फोन करके कहा कि इन्दिरा गांधी नागा स्टोरी से बहुत ज्यादा नाराज थीं। उन्होंने

केबिनेट के सामने दो लाख रुपए के सबस्क्रिप्शन का सुझाव रखा था, जिसे इन्दिरा गांधी ने घटाकर एक लाख कर दिया था। नागाओं पर अपनी स्टोरी के कारण 'यू.एन.आई. को हर महीने एक लाख रुपए का नुकसान उठाना पड़ा।

मैं जिन दिनों गृहमंत्रालय में था तो मैंने देखा था कि मंत्रालय कई राजनीतिक पार्टियों पर निरन्तर नजर रखता था। उनके बारे में गुप्तचर विभाग से प्राप्त जानकारी का रिकार्ड रखा जाता था, जिसमें समय के साथ संशोधन और नवीनीकरण होता रहता था। कांग्रेस को छोड़कर हर पार्टी की गतिविधियों पर एक फाइल तैयार की जाती थी, जिसमें साम्यवादी या साम्प्रदाायिक विचारों के साथ उसकी नजदीकी का आकलन किया जाता था।

कम्युनिस्टों की गतिविधियों पर खासतौर से और बहुत बारीकी से नजर रखी जाती थी। सोवियत संघ की तुलना में चीन के साथ उनके सम्बन्धों की खासतौर से जाँच-पड़ताल की जाती थी। चीन द्वारा भारत पर हमले से पहले ''सरहदी इलाकों में कम्युनिस्टों द्वारा राष्ट्र-विरोधी प्रोपेगंडा'' के शीर्षक से तैयार की गई एक टिप्पणी के कुछ अंश इस प्रकार थे–

> कम्युनिस्ट पार्टी ने सीमान्त जिलों की आबादी को गुमराह करने के लिए एक योजनाबद्ध प्रचार अभियान छेड़ दिया है। इस प्रचार अभियान के माध्यमों में जनसभाओं का आयोजन, नाटकों का मंचन और मुद्रित सामग्री का वितरण इत्यादि शामिल है। पार्टी के प्रभाव का प्रसार करने के लिए किसान सभाओं, छात्र संगठनों और मजदूर संघों का गठन किया जा रहा है। जन समर्थन जुटाने के लिए स्थानीय मुद्दों को भुनाया जा रहा है।

नई दिल्ली में अपनी वार्षिक मीटिंगों में राज्यों के इंस्पेक्टर जनरल ऑफ पुलिस अब भी वाम आन्दोलन पर चर्चा करते रहते हैं। हाँ, अब माओवदियों पर ज्यादा जोर दिया जाता है और स्थिति को कानून और व्यवस्था के नजरिए से देखा जाता है।

6

नेहरू का उत्तराधिकार

जवाहरलाल नेहरू 27 मई, 1964 की रात को अपने स्नान-गृह में चल बसे थे। उनके डॉक्टर के. एल. विग ने खास निर्देश दे रखे थे कि उन्हें अकेला न छोड़ा जाए। फिर भी जब वे स्नान-गृह में गए तो उनके पास कोई भी नहीं था। डॉ. विग ने मुझे बताया था कि स्नान-गृह में गिरने के बाद वे एक घंटे से भी ज्यादा देर तक उसी अवस्था में पड़े रहे थे। यह सरासर लापरवाही थी, डॉ. विग ने कहा था। लोगों को पता था कि वे बीमार थे, लेकिन किसी को भी उनके इतनी जल्दी निधन की उम्मीद नहीं थी।

नेहरू के निधन की खबर जंगल की आग की तरह फैल गई। पूरा देश स्तब्ध रह गया और असुरक्षा और अनिश्चय की भावना से घिर गया। उनकी अन्त्येष्टि के बाद मैंने यू.एन.आई. की रिपोर्ट की भूमिका में लिखा था–'वह आदमी जो कभी जवाहरलाल नेहरू था अब मुट्ठी भर राख में बदल चुका था।' मेरे लिए वे आजादी के बाद के समूचे भारत के प्रतीक थे। इन 17 वर्षों में उन्होंने ऐसी संस्थाओं, सार्वजनिक ईकाइयों और नीतियों का निर्माण किया था जो पारदर्शी, प्रजातांत्रिक और धर्म-निरपेक्ष थीं। सबसे बढ़कर, उन्होंने राष्ट्र को एक ऐसा संविधान देने में महत्त्वपूर्ण भूमिका निभाई थी जिसमें हर व्यक्ति के मूलभूत अधिकारों का विशेष ध्यान रखा गया था। भले ही, ग्यारह वर्ष बाद, खुद उनकी बेटी ने ही इन उपलब्धियों को ध्वस्त करने की कोशिश की।

अन्तिम संस्कार के लिए काशी के पंडितों को विमान द्वारा दिल्ली लाया गया। पार्थिव शरीर पर छिड़कने के लिए गंगाजल मँगवाया गया और चिता को चन्दन की लकड़ी से सजाया गया। हिन्दू रीति-रिवाज के अनुरूप सबसे कम उम्र के निकटतम सम्बन्धी और नेहरू के नाती (दोहते) संजय गांधी ने चिता को अग्नि दी।

यह सब नेहरू की सोच से मेल नहीं खाता था। उन्होंने 21 जून, 1954 को बनाई गई अपनी वसीहत में घोषणा की थी–

> मैं पूरी सँजीदगी के साथ घोषणा कर रहा हूँ कि मैं अपनी मृत्यु के बाद किसी तरह की धार्मिक रस्में नहीं चाहता। मैं मृत्यु की रस्मों में विश्वास नहीं करता और सिर्फ एक तौर-तरीके के रूप में भी उनको स्वीकार करना पाखंड मात्र होगा और अपने-आपको और दूसरों को धोखा देना होगा।

नेहरू के निजी सचिव और उनकी वसीहत के दो गवाहों में से एक एम.ओ. मथई ने मुझे बताया था कि नेहरू धार्मिक ढकोसलों के खिलाफ थे। मथई 1960 तक लगभग

15 वर्षों तक नेहरू से बहुत करीब से जुड़े रहे थे। उनके अनुसार, ''यह सब इन्दिरा गांधी और गुलजारी लाल नन्दा का किया-धरा था। इससे पहले उन्होंने ही तीन मूर्ति (नेहरू का निवास-स्थान) में नेहरू की लम्बी उम्र के लिए जाप भी करवाया था।'' जाप करनेवाले दिल्ली के ज्योतिषी के अनुसार इन्दिरा गांधी इस अवसर पर नेहरू की उपस्थिति दर्शाने के लिए उनसे फोन पर बात करती रहती थीं।

मथई का कहना था कि नेहरू की बहन विजयलक्ष्मी पंडित भी धार्मिक अनुष्ठानों के खिलाफ थीं, लेकिन 'वे बेबस थीं'। जब मैंने केन्द्रीय मंत्री गुलजारी लाल नन्दा से इस सम्बन्ध में जानना चाहा तो उन्होंने कहा कि नेहरू की रजामंदी से ही मृत्युंजय मंत्र का 4,25,000 बार जाप किया गया था, और कई बार वे खुद भी जाप के दौरान उपस्थित रहते थे।

नन्दा के अनुसार, इस जाप से नेहरू की उम्र चार-पाँच वर्ष बढ़ गई थी। ''नेहरू और लम्बी उम्र तक जीवित रहते, बशर्ते कि भुवनेश्वर में (दिल के दौरे से) तबीयत बिगड़ने के बाद उन्होंने एक खास व्यक्ति को केबिनेट में न लिया होता।'' नन्दा के अनुसार, ज्योतिषी की सलाह पर नेहरू ने वह नाम वापस लेने की कोशिश की थी, लेकिन तब तक उनकी सूची राष्ट्रपति तक पहुँच चुकी थी। जाहिर था कि नन्दा शास्त्री की बात कर रहे थे। मेरा अपना खयाल था कि नन्दा की बात सही नहीं थी। अगर प्रधानमंत्री चाहते तो शपथ-ग्रहण समारोह से पहले भी सूची में फेर-बदल कर सकते थे।

तिरुवलुर थतई कृष्णामचारी (टी.टी.के.) लगभग दस वर्ष तक केबिनेट मंत्री रहे थे और नेहरू के बहुत करीब माने जाते थे। उन्होंने मुझसे कहा था कि अपने अन्तिम दिनों में नेहरू काफी धार्मिक हो गए थे। ''जब 1954 में दक्षिण के एक मन्दिर में प्रवेश करने के लिए उन्हें अपनी कमीज उतारने के लिए कहा गया तो उन्होंने मना कर दिया था, लेकिन उनकी मृत्यु के समय उनके बिस्तर के पास गीता और उपनिषदों की प्रतियाँ रखी हुई थीं,'' टी.टी.के. ने मुझे बताया था।

गीता और उपनिषद धार्मिक ग्रन्थ हैं या दर्शन शास्त्र, इसके बारे में अलग-अलग मत हो सकते हैं। नेहरू की नजर में, जैसाकि एक बार उन्होंने लिखा भी था, ''उनमें एक सम्मोहक यथार्थ था।'' नेहरू का मानना था कि ये ग्रन्थ किन्हीं दिव्य शक्तियों का सृजन न होकर मनुष्यों द्वारा रचे गए थे। ''वे अत्यन्त बुद्धिमान और दूरदर्शी थे, लेकिन वे सामान्य मनुष्य थे।'' वे अपने ब्रीफकेस में हमेशा गीता की एक प्रति और यू.एन. चार्टर का संक्षिप्त संस्करण रखते थे।

क्या उनका धर्म बुद्ध की तरह ईश्वरविहीन था, क्योंकि वे किसी देवता या अलौकिक शक्ति की कल्पना करने में अपने-आपको असमर्थ पाते थे? मथई का कहना था कि अगर नेहरू किसी धर्म को मानते थे तो वह बुद्ध धर्म था। या फिर नेहरू का धर्म इंग्लैंड के डेइस्ट आन्दोलन की तरह था, जिसके अनुसार ईश्वर और प्रकृति में कोई अन्तर नहीं है? या फिर उनका धर्म मानवतावाद था? उनके स्टडी-रूम में कुल्लू की पहाड़ियों की पेंटिंगें टँगी हुई थीं। फ्रांसीसी बुद्धिजीवी आन्द्रे मॉलरो ने दिल्ली में मुझे बताया था कि एक बार नेहरू ने उनसे कहा था, ''शायद मेरा सर्वोच्च मूल्य सत्य है। मुझे नहीं मालूम, पर मैं इसके बिना नहीं जी सकता।''

एक बार किसी ने उनसे पूछा था, ''आप ईश्वर के बारे में और ईश्वर के साथ मनुष्य

के सम्बन्धों के बारे में क्या सोचते हैं?''

नेहरू कुछ क्षणों के लिए सोच में डूब गए। फिर बड़े दार्शनिक अन्दाज में उन्होंने कहा—

> इस प्रश्न का ठीक-ठीक जवाब देना बड़ा मुश्किल है। ईश्वर को लेकर मनुष्य की धारणा स्थायी नहीं है और समय के साथ बदलती रहती है। उदाहरण के लिए 'ओल्ड टेस्टामेंट' में ईश्वर को एक निष्ठुर, क्रोधी और भयानक पिता के रूप में दिखाया गया है जो मनुष्य को हर पाप और कुकर्म की सजा देने का काम करता है। लेकिन 'न्यू टेस्टामेंट' में ईश्वर की धारणा बदल गई और उसे एक प्यार करनेवाले दयालु पिता के रूप में चित्रित किया गया, जो हमारी भूलों को भी क्षमा करने के लिए तैयार रहता है। ईश्वर की धारणा में यह बदलाव मनुष्य के विकास का एक महत्त्वपूर्ण चरण था। इसने मानवीय सभ्यता के विकासक्रम के दौरान मनुष्य की सोच को एक नया स्वरूप दे दिया।

नेहरू अज्ञेयवादी रहे हों या धर्मपरायण, लेकिन देश की जनता उनसे प्यार करती थी। उनकी शवयात्रा में मैं भी शामिल था। मानवता के उस विशाल समुद्र में एक छोटी-सी बूँद की तरह जो यमुना के तट की तरफ उमड़ता चला जा रहा था। नेहरू के अन्तिम संस्कार के लिए जो जगह चुनी गई थी, वह राजघाट से सिर्फ 300 मीटर दूर थी, जहाँ 16 वर्ष पहले उनके राजनीतिक गुरु महात्मा गांधी का अन्तिम संस्कार सम्पन्न हुआ था। चिता को अग्नि दी गई तो शवयात्रा में शामिल हजारों-लाखों लोगों की रुलाई छूट गई। वे हिन्दू भी थे और मुसलमान भी, सिख भी थे और ईसाई भी। सब फूट-फूटकर रो रहे थे।

मुझे लगता था कि नेहरू ने आसान विकल्पों का रास्ता चुना था। ऐसे समझौते किए थे जो उन्हें नहीं करने चाहिए थे। देश का आर्थिक नक्शा बदलने में उन्होंने इतनी धीमी रफ्तार दिखाई थी कि गरीबी ने बड़ी सख्ती से देश में अपने पाँव जमा लिए थे। फिर भी वे मेरे हीरो थे और मैं उनकी कमियों के लिए यह तर्क देता था कि देश को एक रखने के लिए उन्हें सभी तरह के हितों, प्रदेशों और धर्मों का ध्यान रखना पड़ता था। इसके बावजूद, मुझे यह भी लगता था कि पटेल की मृत्यु और चीन के साथ लड़ाई के बीच उन्हें 12 वर्ष का समय मिला था। इस अवधि में वे देश के विकास को ज्यादा तेज रफ्तार दे सकते थे और एक कल्याणकारी राज्य की कहीं ज्यादा गहरी आधारशिला रख सकते थे।

उन पर गांधीजी का इतना ज्यादा प्रभाव था कि वे सोचते थे कि भिन्न-भिन्न हितों को साथ लेकर चलने से ही देश का तेजी से विकास हो सकता था। उनकी मिश्रित अर्थव्यवस्था इसी सोच का परिणाम थी। अगर मैं अपने मित्र राजकृष्ण के शब्दों में कहूँ तो इस अर्थव्यवस्था की बढ़त-दर हिन्दू बढ़त-दर के आँकड़ों यानी 3.5 प्रतिशत के आसपास थी।

उनके निधन के बाद उनकी न जाने कितनी छवियाँ मेरे खयालों में कौंध गई थीं—एक विश्वनायक, एक जननायक, एक अद्‌भुत वक्ता और एक प्रभावशाली लेखक की छवियाँ। उनके विचारों में आधुनिकता और परम्परा का अनूठा संगम दिखाई देता था। मैंने उनकी मशहूर कृति 'डिस्कवरी ऑफ इंडिया' को एक बार फिर पढ़ा। ''जीवन एक निरन्तर संघर्ष है,'' उन्होंने लिखा था, ''मनुष्य का मनुष्य के खिलाफ संघर्ष, मनुष्य का अपने परिवेश के खिलाफ संघर्ष; भौतिक, बौद्धिक और नैतिक स्तर पर एक ऐसा संघर्ष जिसमें से नई चीजें पैदा होती हैं, नए विचार जन्म लेते हैं।''

देश के सामने सबसे बड़ी उलझन यह थी कि नेहरू गरीबी की समस्या से कैसे निपटेंगे। मैं सोचता था और चाहता था कि वे गांधीजी की आत्म-निर्भरता की धारणा का अनुसरण करें, जिसका आधार भारत के गाँव हों। लेकिन साथ ही मैं यह भी चाहता था कि भारत अमरीका और ब्रिटेन की तरह एक आधुनिक और विकसित राष्ट्र बने। एक ऐसा राष्ट्र जिसमें एक बड़ा मध्य वर्ग हो, लेकिन जिसकी नीतियाँ समाजवाद का स्पर्श लिये हुए हों। क्या गांधीजी का स्वावलम्बी गाँवों का सपना साकार हो सकता था? क्या प्रजातांत्रिक और अहिंसावादी तरीकों से समाज को बदला जा सकता था?

नेहरू का पार्थिव शरीर अभी उनके घर पर ही रखा हुआ था कि उनके उत्तराधिकार का प्रश्न उठ खड़ा हुआ। बड़ी उम्र के कांग्रेस नेता, जिन्हें 'सिंडिकेट' कहा जाता था, इस मामले में एकजुट थे। विरासत की लड़ाई को लेकर गृह सचिव वी. विश्वनाथन कुछ ज्यादा ही आशंकित थे। उन्होंने सभी राज्यों को यह सन्देश भेज दिया कि दिल्ली में बहुत ज्यादा तनाव था। इसके बाद जल्दी ही उन्होंने यह निर्देश जारी कर दिया कि सुरक्षा सेनाओं को किसी भी तरह की गड़गड़ी से निपटने के लिए सभी जरूरी सावधानियाँ बरतनी चाहिए। सेना के अधिकारियों और जवानों को छुट्टी से वापस बुला लिया गया। लेकिन इतना कुछ करके भी सच्चाई यह थी कि देश के किसी भी कोने से बगावत की हल्की-सी बू तक नहीं आई।

बल्कि नेहरू की अन्त्येष्टि के दिन सेना प्रमुख जनरल चौधरी दिल के दौरे से बीमार पड़े हुए थे। यह सच था कि उन्होंने पश्चिमी कमान के 6,000 जवानों को दिल्ली बुलाया था, लेकिन इसके पीछे शवयात्रा और अन्तिम संस्कार के दौरान भारी भीड़ को नियंत्रित करने का उद्देश्य था। जनरल चौधरी अपनी इस कार्रवाई की जानकारी राष्ट्रपति को भी दे चुके थे। विश्वनाथन का कहना था कि अफवाहों को खत्म करने के लिए उन्होंने सेना को मार्च-फास्ट का आदेश दिया था।

नेहरू ने भले ही अपना कोई वारिस नियुक्त नहीं किया था, लेकिन वे अपने पीछे एक मजबूत राजनीतिक ढाँचा छोड़ गए थे। इसलिए उनका उत्तराधिकारी चुनने में कोई कठिनाई नहीं आई और पूरी प्रक्रिया बहुत सहज ढंग से सम्पन्न हो गई।

नेहरू की अन्त्येष्टि के दिन त्यागराज मार्ग पर स्थित मोरारजी देसाई के घर पर काफी हलचल थी। घर के बगीचे और बरामदे में उनके समर्थकों की भीड़ जमा थी। उनके कम-से-कम दो समर्थकों–वित्त राज्यमंत्री तारकेश्वरी सिन्हा और मोरारजी के इकलौते पुत्र कान्ति देसाई–के हाथ में कांग्रेस सांसदों की सूची दिखाई दे रही थी। उन्हें मोरारजी या शास्त्री का समर्थक दर्शाने के लिए उनके नाम के आगे सही या सवाल का निशान बनाया जा रहा था।

एक पत्रकार होने के नाते मैंने मोरारजी देसाई के घर का रुख किया। मैं इस बात की पुष्टि करना चाहता था कि क्या वे प्रधानमंत्री के पद के दावेदार थे। मैं उनसे नहीं मिल पाया, लेकिन उनके समर्थकों ने मुझसे कहा, "चाहे कुछ भी हो जाए, मोरारजी मुकाबले में उतरेंगे और आसानी से जीतेंगे।" एक व्यक्ति ने बड़े उत्साह से मुझे बताया कि पंजाब के प्रताप सिंह कैरों, उड़ीसा के बीजू पटनायक, गुजरात के बलवंत राय मेहता, उत्तर प्रदेश के. सी. बी. गुप्ता और पश्चिम बंगाल के पी.सी. सेन समेत कई दिग्गज कांग्रेस नेता मोरारजी भाई के दावे का समर्थन कर रहे थे। "अपने शास्त्री से कह दो कि मुकाबला न करें," कांति

देसाई ने कहा। वे जानते थे कि मैं शास्त्री का सूचना अधिकारी रह चुका था।

मैं देर शाम को शास्त्री के घर पहुँचा। उन्होंने कहा, ''मैं सर्वसम्मति के पक्ष में हूँ।'' कुछ देर खामोश रहने के बाद उन्होंने आगे जोड़ा, ''फिर भी अगर चुनाव होता है तो मैं मोरारजी से मुकाबला कर सकता हूँ और जीत भी सकता हूँ, लेकिन इन्दिराजी से नहीं।'' फिर मानो एक आदर्श व्यवस्था का सुझाव देते हुए उन्होंने कहा, ''इन हालात में हमें सरकार की बागडोर सँभालने के लिए जयप्रकाश नारायण जैसे व्यक्ति की जरूरत है।'' उन्होंने मुझे मोरारजी तक यह सन्देश पहुँचाने के लिए कहा कि आपसी सहमति से नेता का चुनाव करना ठीक रहेगा। उन्होंने दो नाम सुझाए—जयप्रकाश नारायण और इन्दिरा गांधी। ठीक इसी क्रम में।

मैं सीधा मोरारजी देसाई के घर गया और उन तक शास्त्री का सन्देश पहुँचा दिया। जयप्रकाश नारायण के बारे में मोरारजी का कहना था कि वे 'एक भ्रमित व्यक्ति' थे, जबकि इन्दिरा गांधी एक 'छोटी-सी छोकरी' मात्र थी। उन्होंने कहा कि मुकाबले को रोकने का एक ही तरीका था कि उन्हें पार्टी के नेता के रूप में स्वीकार कर लिया जाए।

कांग्रेस अध्यक्ष के. कामराज ने बीच-बचाव करते हुए पार्टी को एक सर्वसम्मत नेता चुनने के लिए कहा तो पार्टी ने ऐसे नेता का पता लगाने की जिम्मेदारी उन्हीं के हाथ में सौंप दी।

दोनों खेमों के माहौल को देखते हुए मैंने 'यू.एन.आई' के टिकर पर यह खबर जारी की—

> प्रधानमंत्री के पद के लिए सबसे पहले भूतपूर्व वित्तमंत्री श्री मोरारजी देसाई ने अपनी दावेदारी का ऐलान कर दिया है। माना जाता है कि उन्होंने अपने सहयोगियों से कहा है कि वे इस पद के उम्मीदवार हैं। ऐसा समझा जाता है कि उन्होंने कहा है कि चुनाव जरूरी है और वे मुकाबले से पीछे नहीं हटेंगे।
>
> बिना विभाग वाले मंत्री श्री लाल बहादुर शास्त्री को एक और उम्मीदवार माना जा रहा है, हालाँकि वे खुद कुछ नहीं कह रहे हैं। उनके निकट सूत्रों का कहना है कि वे मुकाबले को टालने की हर सम्भव कोशिश करेंगे।

मैंने सोचा भी नहीं था कि यह छोटी-सी खबर मोरारजी को इतना नुकसान पहुँचा देगी जितना कि इसने पहुँचाया। सरकारी संस्था 'प्रेस इन्फॉर्मेशन ब्यूरो' (पी.आई.बी.) से जुड़ा रहने के कारण मुझे छपे हुए शब्द की ताकत का अन्दाजा नहीं था। उनके समर्थकों का कहना था कि इससे उन्हें कम-से-कम 100 वोटों का घाटा हो गया। लोग सोचने लगे कि मोरारजी देसाई इतने महत्त्वाकांक्षी थे कि अपना दावा पेश करने के लिए उन्होंने नेहरू की चिता की आग ठंडी होने की भी प्रतीक्षा नहीं की थी।

बाद में मुझे इस खबर के चमत्कार का अहसास जरूर हो गया था। के. कामराज संसद भवन की सीढ़ियों से उतरते हुए मेरे कान में फुसफुसाए थे, ''थैंक्यू!'' शास्त्री ने मुझे घर बुलाकर कहा था, ''अब किसी और स्टोरी की जरूरत नहीं है। मुकाबला खत्म ही समझो!'' उनके कहने का मतलब था कि पलड़ा उनके पक्ष में झुक चुका था और उनके चुने जाने में कोई सन्देह नहीं रह गया था।

मैंने उन्हें यह समझाने की कोशिश की कि इस खबर के पीछे किसी को फायदा या

नुकसान पहुँचाने की मंशा नहीं थी। उन्होंने होंठों पर उँगली रखकर मुझे चुप रहने का संकेत किया। बाद में, पार्टी का नेता चुने जाने के बाद उन्होंने संसद भवन की बाहरी सीढ़ियों पर सबके सामने मुझे गले से लगा लिया।

शास्त्री ने मुझे 'पी.आई.बी.' में लौट आने और उनका सूचना अधिकारी बनने के लिए कहा। मैंने उनसे कहा कि मैं लौटने के लिए तैयार था बशर्ते कि मुझे अमरीकी राष्ट्रपति के प्रेस सचिव जैसा दर्जा प्राप्त हो। उन्होंने कहा कि ऐसा करना मुश्किल था, क्योंकि "तो फिर मोरारजी देसाई कहेंगे कि मैं तुम्हारी मदद का बदला चुका रहा हूँ।"

मैं उनके स्टाफ में भर्ती नहीं हुआ। जहाँ तक मोरारजी देसाई का सवाल था, वे जिन्दगी भर यही समझते रहे कि मैंने शास्त्री की तरफदारी करते हुए ही वह खबर जारी की थी। मैं जब भी इस मामले का जिक्र करता तो वे कहते, "लोगों को इस्तेमाल करने का शास्त्री का अपना तरीका था, और लोगों को इसका पता तक नहीं चलता था।" मेरे खयाल से मोरारजी को अपने समर्थकों को दोष देना चाहिए था, जो नेहरू की अन्त्येष्टि के दिन ही सीना ठोंककर उनकी दावेदारी की बात करने लगे थे। इससे बहुत-से सांसद उनसे उखड़ गए थे।

कामराज ने घोषणा की कि सर्वसम्मति शास्त्री के पक्ष में थी। उन्हें औपचारिक रूप से नेता चुनने की रस्म सम्पन्न की गई और उन्होंने देश के नए प्रधानमंत्री के रूप में सरकार की बागडोर सँभाल ली। मोरारजी देसाई ने इस फैसले को कभी स्वीकार नहीं किया। उनका कहना था कि कामराज ने सर्वसम्मति के मामले में हेराफेरी से काम लिया था।

नेहरू अपने मंत्रियों की सूची अपने हाथ से बनाया करते थे। शास्त्री ने इसे टाइप करना पसन्द किया और इसे राष्ट्रपति के पास भेजने से पहले कामराज की भी सलाह लेने की जरूरत नहीं समझी। इन्दिरा गांधी केबिनेट में शामिल होने से हिचकिचा रही थीं। शास्त्री भी उन्हें कोई महत्त्वपूर्ण विभाग नहीं देना चाहते थे। वे उन्हें हमेशा एक चुनौती के रूप में देखते थे।

आखिर एक निर्बल को बलवान की भूमिका सौंप दी गई थी। एक निरीह से व्यक्ति को पृथ्वी के सिंहासन पर बिठा दिया गया था। वह व्यक्ति जिनके 1942 के भारत छोड़ो आन्दोलन के दौरान टाइफाइड से ग्रस्त अपनी बेटी के इलाज के लिए पैसे न होने के कारण उसे मौत के मुँह में जाते देखा था, अब देश का प्रधानमंत्री था। जब कामराज योजना के अन्तर्गत शास्त्री को सरकार से बाहर बैठना पड़ा था तो उन्होंने अपने भोजन को एक सब्जी तक सीमित कर दिया था, और अपनी सबसे मनपसन्द सब्जी आलू खाना छोड़ दिया था क्योंकि उन दिनों आलू काफी महँगे बिक रहे थे। गरीबी ने उन्हें विनयशील बना दिया था और लोगों को यह बड़ी प्यारी खूबी प्रतीत होती थी। अहंकार, दम्भ और घमंड से भरे राजनीतिज्ञों की भीड़ में उनकी विनम्रता हर किसी का मन मोह लेती थी। उनके अनुभवों ने उन्हें सिखाया था कि टकराव से सहयोग कहीं बेहतर था। प्रधानमंत्री की कुर्सी पर बैठते समय उन्होंने गांधीजी के शब्दों को याद करते हुए मुझसे कहा था, "हल्के-फुल्के बैठो, न कि तनकर।"

प्रधानमंत्री बनने के कुछ ही दिन बाद शास्त्री को दिल का हल्का दौरा पड़ा था। यह

उनका दूसरा दौरा था। अनधिकृत रूप से मैं अब भी उनकी पब्लिसिटी देख रहा था। मैंने खबर जारी की कि बहुत ज्यादा मानसिक दबाव के कारण डॉक्टरों ने प्रधानमंत्री को आराम करने की सलाह दी थी। मैं उन थोड़े-से लोगों में शामिल था जो तबीयत बिगड़ने के कुछ ही दिनों बाद उनसे मिले थे। वे थोड़े कुम्हलाए-से लग रहे थे, लेकिन कुल मिलाकर वे ठीक-ठाक थे।

मैंने शास्त्री से कहा कि अमरीकी पत्रकार वेलेस हेंजन ने 1963 में एक किताब लिखी थी–'आफ्टर नेहरू हू?'। भगवान उन्हें लम्बी उम्र दे, लेकिन अगर उन्हें कुछ हो गया तो आफ्टर शास्त्री हू? शास्त्री सोच में डूब गए और कुछ देर बाद बोले, "अगर मैं एक-दो साल में चला गया तो इन्दिरा गांधी तुम्हारी प्रधानमंत्री होंगी, लेकिन अगर मैं तीन-चार साल तक जिन्दा रहा तो मेरे बाद वाई. बी. चव्हाण प्रधानमंत्री बनेंगे।" (कई वर्ष बाद मैंने यह बात वाई. बी. चव्हाण को बताई तो उन्होंने खुश होकर कहा, "कुलदीप, यह बात तुम अपने किसी कालम में लिखो न!")

शास्त्री ने जानना चाहा कि मेरी नजर में सबसे अच्छा विदेश मंत्री कौन हो सकता था। यह विभाग उन्हीं के पास था, लेकिन डॉक्टरों ने उन्हें इसे छोड़ने की सलाह दी थी। मैंने इन्दिरा गांधी का नाम सुझाया। शास्त्री बोले, "नैयर साहब, आप राजनीति नहीं समझते। वे प्रधानमंत्री बनना चाहती हैं। विदेश मंत्रालय की कमान मिलने से उनका महत्त्व बहुत ज्यादा बढ़ जाएगा।" मैंने उनके केबिनेट में शामिल शिक्षा मंत्री एम. सी. चागला का नाम सुझाया। शास्त्री ने कहा कि वे पाकिस्तान के साथ अच्छे रिश्ते बनाना चाहते थे। चागला मुसलमान थे और अपनी निष्पक्षता दिखाने के लिए जरूरत से ज्यादा पाकिस्तान-विरोधी रुख अपना सकते थे।

शास्त्री ने यह विभाग अनुभवी स्वर्ण सिंह को सौंप दिया। इन्दिरा गांधी केबिनेट में शामिल हो गई थीं लेकिन कोई हल्का विभाग चाहती थीं। उन्हें सूचना और प्रसारण मंत्री बना दिया गया। (जब उनके मंत्रालय ने नेहरू और शास्त्री के चित्र वाला एक कैलेंडर जारी किया, जिसमें नेहरू शास्त्री के कन्धे पर हाथ रखे खड़े थे, तो उन्हें यह बहुत ज्यादा अखरा था। इस चित्र से ऐसा लगता था मानो यह गुरु-शिष्य का चित्र हो। ऐसे देश में जहाँ नेहरू को देवता की तरह देखा जाता हो, इस चित्र से शास्त्री की छवि को बहुत ज्यादा लाभ पहुँच सकता था।)

शास्त्री अपने बारे में बहुत कम बात करते थे। बड़ी मुश्किल से मैं उनसे जान सका कि एक छिटपुट-सी रेल-दुर्घटना के बाद उन्होंने रेल मंत्री के पद से इस्तीफा क्यों दे दिया था। उन्होंने कहा कि क्योंकि रेल विभाग उनके अधीन था, इसलिए किसी भी गलती के लिए वे अपने आपको व्यक्तिगत रूप से जिम्मेदार मानते थे। विभाग में कोई गम्भीर गड़बड़ी होने पर मंत्रियों को अपनी नैतिक जिम्मेदारी महसूस करनी चाहिए।

एक बार जब मैंने उनसे कहा कि उनके बड़े बेटे हरि के किसी व्यापारिक सम्पर्क के बारे में शिकायतें सुनने में आ रही थीं तो उन्होंने दो-टूक जवाब दिया कि हरि को घर छोड़कर जाना होगा। इस बात को लेकर शास्त्री की पत्नी बहुत बिगड़ गई थीं और उन्होंने मुझ तक यह सन्देशा भी पहुँचाया था कि मुझे उनके घरेलू मामलों में टाँग नहीं अड़ानी चाहिए। मुझे पता था कि हरि को घर छोड़ने के लिए कहा गया था, हालाँकि वे कुछ हफ्तों बाद वापस

आ गए थे। शायद वे शास्त्री को यह विश्वास दिलाने में सफल रहे थे कि उनके खिलाफ सभी शिकायतें निराधार थीं।

अयूब खान ने शास्त्री की ताजपोशी को 'भारत-पाक सम्बन्धों के लिए शुभ लक्षण' बताया था। उन्होंने मुझसे कहा था कि शास्त्री 'पाकिस्तान के साथ दोस्ताना सम्बन्धों के इच्छुक थे', लेकिन वे ज्यादा समय तक जीवित नहीं रहे। अयूब का कहना था कि नेहरू पाकिस्तान के साथ बेहतर सम्बन्धों को लेकर गम्भीर नहीं थे। फिर कुछ उदास लहजे में उन्होंने कहा था, ''यह बड़ा अजीब संयोग है कि जब नेहरू को पाकिस्तान के साथ रिश्ते सुधारने का खयाल आया तो वे जिन्दा नहीं रहे, और जब ताशकन्द समझौते के बाद माहौल सुधरने की उम्मीद बँधी तो शास्त्री जिन्दा नहीं रहे।''

1962 की हार के बाद शास्त्री ने मुझसे कई बार यह बात कही थी कि भारत पाकिस्तान के साथ अपने सम्बन्ध सुधार सकता था, लेकिन चीन के साथ नहीं। केयरों में आयोजित गुटनिरपेक्ष सम्मेलन से लौटते समय उन्हें पाकिस्तान के साथ बातचीत का अवसर दिखाई दिया था। वे खुद ही पहल करके कराची में अयूब से मिले थे। यह भारतीय सद्‌भावना की एक अच्छी अभिव्यक्ति थी, लेकिन पाकिस्तानी अधिकारी इस अवसर पर भी कश्मीर मसले पर अड़े रहे।

राजेश्वर दयाल, जो कभी पाकिस्तान में भारत के राजदूत रह चुके थे और अब विदेश सचिव थे, को पाकिस्तान के विदेश मंत्री जुल्फीकार अली भुट्टो और विदेश सचिव अजीज अहमद के साथ मिलकर एक संयुक्त वक्तव्य तैयार करने का जिम्मा सौंपा गया। दयाल ने शास्त्री को बताया कि पाकिस्तानी टीम इस बात पर अड़ी हुई थी कि कश्मीर के जिक्र के बिना बयान का कोई मतलब नहीं था। शास्त्री ने अयूब से बात की, जिन्होंने अपनी टीम को कश्मीर के जिक्र की जिद छोड़ने के लिए कहा।

हालाँकि अयूब ने शास्त्री के सुझाव को स्वीकार कर लिया था, फिर भी वे उन्हें एक महत्त्वहीन नेता के रूप में देख रहे थे। कहा जाता है कि उन्होंने शास्त्री के बारे में कहा था, ''मैं ऐसे आदमी से कैसे बात कर सकता हूँ जिसके पास जिस्मानी कद तक नहीं है?'' नेहरू की मौत के बाद अयूब अपने-आपको एशिया के नेता के रूप में देख रहे थे। उस समय पाकिस्तान भी तरक्की की राह पर दिखाई दे रहा था। अपनी आर्थिक और सैनिक मजबूती के कारण वह दुनिया की नजरों में आ रहा था। पाकिस्तान शास्त्री के इस आश्वासन से सन्तुष्ट हो गया था कि उन्हें दोनों देशों का तनाव खत्म करने के लिए कुछ और समय चाहिए। कहा जाता है कि अयूब ने कहा था कि वे इन्तजार करने के लिए तैयार थे, बशर्ते कि 'कश्मीर को और ज्यादा भारत में मिलाने की कोशिश न की जाए।' लेकिन दयाल के अनुसार, न तो इस तरह का आश्वासन माँगा गया था और न दिया गया था।

भ्रष्टाचार ने तब सर उठाना शुरू ही किया था। शास्त्री इसे लेकर बहुत ज्यादा चिन्तित थे। उन्होंने वरिष्ठ कांग्रेस नेता के. संथनम के नेतृत्व में एक समिति का गठन किया। इसका काम ऊँचे ओहदों पर भ्रष्टाचार को रोकने के उपाय सुझाना था। सरकारी कर्मचारियों पर लगाम लगाने के लिए उन्होंने गृह मंत्रालय के 'स्पेशल पुलिस एस्टेब्लिशमेंट' (एस.पी.ई.)

विभाग को 'सेंट्रल ब्यूरो ऑफ इन्वेस्टिगेशन' (सी.बी.आई.) में बदल दिया। पुराने विभाग का काम केन्द्र सरकार के कर्मचारियों के खिलाफ शिकायतों पर कार्रवाई करके उनके आचरण की जाँच-पड़ताल करना था। अब इसके दायरे को बढ़ाकर इसे केन्द्र सरकार द्वारा दिए जानेवाले ठेकों में भ्रष्टाचार की छानबीन का काम भी सौंप दिया गया। 'एस.पी.ई.' का छोटा-सा दफ्तर गृह मंत्रालय की ऊपरी मंजिल पर नार्थ ब्लॉक में स्थित था। शास्त्री एक लोकपाल नियुक्त करने के संथनम के सुझाव पर भी गम्भीरतापूर्वक विचार कर रहे थे।

उनके बाद इन्दिरा गांधी के कार्यकाल में 'सी.बी.आई.' का महत्त्व बहुत ज्यादा बढ़ गया। उनके लिए यह संस्था अपने आलोचकों और विरोधियों को सबक सिखाने का माध्यम बन गई। इसके बाद 'सी.बी.आई.' अत्याचार का उपकरण बन गई और हर कोई इसका दुरुपयोग करने लगा। आज भी कमोबेश यही स्थिति है और शास्त्री के बाद कोई भी सरकार इसे राजनीति से अलग नहीं रख पाई है। ऊँचे नैतिक मूल्यों का दावा करने के बावजूद भारतीय जनता पार्टी भी इनके दुरुपयोग से अछूती नहीं रह पाई।

'सी.बी.आई. के कई निदेशकों ने मेरे साथ बातचीत के दौरान या अपने द्वारा लिखी गई किताबों में कई ऐसे उदाहरण दिए हैं जब राजनीतिक प्रभाव वाले अपराधियों को बचाने के लिए प्रधानमंत्री ने सी.बी.आई. के मामलों में सीधे हस्तक्षेप किया है। और तो और, प्रधानमंत्री के रूप में अपने संक्षिप्त कार्यकाल के दौरान 'युवा तुर्क' चन्द्रशेखर ने भी सी.बी.आई. को चन्द्रास्वामी के खिलाफ जाँच न करने के आदेश दिए थे।

'सी.बी.आई.' का राज्यों में कोई दखल नहीं है। राज्य सरकार की अनुमति लेकर या उसके अनुरोध पर ही यह किसी राज्य में छानबीन कर सकती है। इसकी शक्तियाँ अब भी 'एस.पी.ई.' के दायरे तक सीमित हैं। केन्द्र ने 'सी.बी.आई.' का दायरा बढ़ाने की कई बार कोशिश की है, लेकिन राज्य सरकारें इससे कतराती रही हैं। कुछ ही राज्य सरकारें इसका अधिकार-क्षेत्र बढ़ाने के लिए सहमत हुई हैं।

कोई कितनी ही बड़ी हस्ती क्यों न हों, शास्त्री किसी भी कीमत पर भ्रष्टाचार से समझौता करने के लिए तैयार नहीं थे। अपनी इसी नीति के तहत उन्होंने पंजाब के मुख्यमंत्री प्रताप सिंह कैरों के खिलाफ एस. आर. दास आयोग की रिपोर्ट मिलते ही बहुत कड़ा रुख अपनाया। आयोग ने उन्हें दोषी ठहराया था और शास्त्री उनके इस्तीफे पर अड़े हुए थे। शास्त्री ने अपने केबिनेट सचिव को चंडीगढ़ भेजकर कैरों पर इस्तीफे के लिए जोर डाला और कैरों को झुकना पड़ा। हालाँकि वे यही कहते रहे कि शास्त्री ने उन्हें मोरारजी देसाई के साथ उनकी दोस्ती की सजा दी थी।

प्रसिद्ध कार्टूनिस्ट राजेन्द्र पुरी ने एक कार्टून में कैरों के इस्तीफे पर टिप्पणी करते हुए चुटकी ली थी, 'यह दास कमीशन की रिपोर्ट का नहीं, बल्कि यू.एन.आई. की रिपोर्ट का चमत्कार है!''

शास्त्री को पता था कि दे आधुनिक अर्थ-व्यवस्था के मामले में अनाड़ी थे, इसलिए उन्होंने एक अर्थ विशेषज्ञ एल.के. झा को अपना प्रमुख सचिव नियुक्त कर दिया। झा का पहला कदम योजना आयोग का पुनर्गठन था, जिसके साथ बहुत चाहकर भी वे जुड़ नहीं पाए थे। उन्होंने इसके सदस्यों का कार्यकाल पाँच वर्ष तक सीमित कर दिया। सबसे वरिष्ठ

सदस्य त्रलोक सिंह को जाना पड़ा।

शास्त्री योजनाबद्ध अर्थव्यवस्था के पक्ष में नहीं थे, लेकिन नेहरू के प्रति सम्मान प्रकट करते हुए उन्होंने पिछली नीतियों में कोई बदलाव न करने की घोषणा की। फिर भी उन्होंने आर्थिक योजनाओं को एक वर्ष की 'छुट्टी' दे दी। इसका मतलब था कि नई परियोजनाएँ या कार्यक्रम बनाने की बजाय पुरानी योजनाओं और कार्यक्रमों को ही पूरा करके उन्हें ज्यादा-से-ज्यादा असरदार बनाया जाए।

प्रधानमंत्री के रूप में उनकी पहली प्रेस कॉन्फ्रेंस की तैयारी करते हुए मुझे उनके दृष्टिकोण को समझने का अवसर मिला था। उन्होंने अपनी पूरी जिन्दगी में दिल्ली में एक ही प्रेस कॉन्फ्रेंस को सम्बोधित किया, जबकि नेहरू ने हर महीने का पहला बुधवार प्रेस कॉन्फ्रेंस के लिए निर्धारित कर रखा था। शास्त्री ने मुझे अपनी प्राथमिकताएँ बताते हुए कहा था कि उनकी सरकार खाद्य सामग्री के मूल्यों को कम करने पर जोर देगी। इससे आम आदमी की मुश्किलें कम होंगी। उनकी दूसरी प्राथमिकता परियोजनाओं को रोजगार के अवसरों में बदलने से जुड़ी हुई थी। वे अपने सभी मंत्रियों से पूछते थे कि अपने कार्यक्रमों को पूरा करने के लिए वे कितने लोगों को रोजगार दे पाएँगे। वे 'सोशलिज्म' की बात नहीं करते थे, लेकिन ग्रामीण क्षेत्रों में गांधीजी के स्वावलम्बन को लागू करना चाहते थे।

विदेशी मामलों में शास्त्री का पहला अनुभव केयरो के गुटनिरपेक्ष सम्मेलन से जुड़ा हुआ था। इसमें भाग लेते हुए वे कुछ दबे-दबे से और संकोचग्रस्त दिखाई दे रहे थे। उनके पास नेहरू जैसा रुतबा नहीं था। फिर भी, वे अपनी एक अलग छाप छोड़ने के इच्छुक थे, भले ही वह कुछ धुँधली ही क्यों न हो।

शास्त्री की सादगी उनकी सबसे बड़ी खूबी थी। मैंने सोचा कि मैं उनके इस गुण को यू.एन.आई. के अपने डिस्पैचों में उभारने की कोशिश करूँगा, जिसकी तरफ से मैं इस दौरे पर गया था। मैंने शास्त्री को होटल के कमरे में खुद ही अपना खाना पकाते देखा था। मैंने एक डिस्पैच में इसका जिक्र किया तो हिल्टन होटलवालों ने हंगामा खड़ा कर दिया और कमरे की दीवारें और और छत काली करने के लिए शास्त्री पर मुकदमा ठोकने की धमकी दे डाली।

राष्ट्रपति गमाल अब्देल नासेर शास्त्री को एयरपोर्ट पर विदाई देने आए। उस वक्त चाऊ एन लाई भी एयरपोर्ट पर मौजूद थे। वे किसी अन्तर्राष्ट्रीय कॉन्फ्रेंस से लौट रहे थे। नासेर ने शास्त्री से पूछा कि क्या वे चाऊ एन-लाई से मिलना पसन्द करेंगे। शास्त्री ने मना कर दिया। बाद में उन्होंने मुझे बताया कि उन्हें भारत में इसकी प्रतिक्रिया से डर लग रहा था।

शास्त्री अपने आपको विश्व मंच पर स्थापित करने के इच्छुक थे। केयरो जाने से पहले वे अमरीकी राजदूत चेस्टर बाउल्स से मिले थे, जिन्होंने राष्ट्रपति सी. जॉनसन की तरफ से उन्हें अमरीका आने का न्यौता दिया था। बाउल्स ने यह भी कहा था कि जॉनसन की पत्नी श्रीमती सी.ए. टेलर श्रीमती ललिता शास्त्री से मिलने की इच्छुक थी। लेकिन इससे पहले कि शास्त्री अपना मन बना पाते, जॉनसन ने न्यौता वापस ले लिया। माना जाता है कि इसके पीछे पाकिस्तान का दबाव था। राष्ट्रपति अयूब नेहरू के निधन के बाद भारत के साथ नए समीकरण बनाना चाहते थे, और उन्हें लगता था कि इस समय अमरीका का बीच में आना ठीक नहीं था। पर शास्त्री इस अपमान को नहीं भूल पाए। बाद में कनाडा जाते समय उन्होंने वाशिंग्टन में रुकने के प्रस्ताव को सख्ती से ठुकरा दिया। बाउल्स ने मुझे बताया था कि

जॉनसन को अपना न्यौता वापस ले लेने का बहुत ज्यादा अफसोस था, क्योंकि वे शास्त्री को 'ईश्वर के आदमी' के रूप में देखते थे।

शास्त्री अमरीका की बजाय सोवियत संघ चले गए। सोवियत नेता 'सोशलिस्ट' नेहरू से खूब घुले-मिले हुए थे और अब शास्त्री को गहराई से जानने के इच्छुक थे। वे भारत के साथ अपने सम्बन्धों को बहुत ज्यादा महत्त्व देते थे। फिर भी, रूस अब भारत की तरफ बहुत ज्यादा झुकने से बचना चाहता था, क्योंकि वह पाकिस्तान के साथ भी अपने सम्बन्ध सुधारना चाहता था।

सोवियत नेताओं ने शास्त्री से कहा कि वे कश्मीर के मामले में भारत का समर्थन करते रहेंगे। लेकिन कुछ वर्ष बाद ही मास्को ने अपना रुख बदलते हुए ऐसा कुछ भी कहना या छापना बन्द कर दिया जिससे पाकिस्तान के नाराज हो जाने का खतरा हो।

गृहमंत्री गुलजारी लाल नंदा ने अति उत्साह का प्रदर्शन करते हुए संविधान की धारा 356-7 को कश्मीर में भी लागू करने का प्रस्ताव रखा तो पाकिस्तान में इसका जमकर विरोध हुआ और शास्त्री पर अयूब को दिए गए 'वचन' से मुकरने का आरोप लगाया जाने लगा। ये दोनों धाराएँ राष्ट्रपति को किसी प्रान्त में अपना शासन लागू करने और राष्ट्रपति शासन के कार्यकाल के दौरान संसद को सम्बन्धित प्रान्त के लिए कानून बनाने का अधिकार प्रदान करती थीं। भारत का विदेश मंत्रालय इसके पक्ष में नहीं था, क्योंकि उसे डर था कि इससे अन्तर्राष्ट्रीय समुदाय का ध्यान एक बार फिर कश्मीर पर केन्द्रित हो सकता था, जहाँ यथास्थिति को कुल मिलाकर स्वीकार कर लिया गया था। पर शास्त्री को नंदा की जिद के आगे हार माननी पड़ी, हालाँकि उन्होंने सम्बन्धित दस्तावेजों पर हस्ताक्षर करने से पहले मामलों को कई हफ्तों तक लटकाए रखा।

पाकिस्तान ने इसे कश्मीर को हथियाने की कार्रवाई ठहराते हुए इसकी कड़ी आलोचना की। विदेश मंत्री जुल्फीकार अली भुट्टो पहले से ही भारत-विरोधी छवि विकसित करने में जुटे हुए थे। अब उन्होंने एक दस्तावेज तैयार करके यह कहना शुरू किया कि भारत को 'सबक सिखाने' का यही समय था। उनके इस दस्तावेज को 'भुट्टो प्लान' के नाम से जाना जाने लगा। उनका तर्क यह था कि भारत द्वारा स्थापित शस्त्र फैक्टरियों में उत्पादन ने अभी पूरी रफ्तार नहीं पकड़ी थी, और भारत का शस्त्र भंडार मजबूत होने से पहले ही पाकिस्तान को उस पर हमला कर देना चाहिए था। पाकिस्तानी सेना उनकी इस योजना से काफी प्रभावित थी और इस पर अमल करने की राह देख रही थी।

संविधान की दो धाराओं के विस्तार से कश्मीरियों का भड़कना स्वाभाविक था। इससे कश्मीर पर नई दिल्ली का नियंत्रण काफी बढ़ गया था, जो उन्हें सख्त नापसन्द था। मेरा खयाल था कि कश्मीर की स्वायत्तता को कम करना विलय के दस्तावेजों की भावना के अनुकूल नहीं था। भारतीय संघ में शामिल होते समय कश्मीर ने सिर्फ तीन विषय केन्द्र सरकार को सौंपे थे–रक्षा, विदेशी मामले और संचार। इनमें कोई बढ़ोतरी खुद कश्मीरियों की तरफ से होनी चाहिए थी, न कि केन्द्र सरकार की तरफ से। इससे आनेवाले वर्षों में भारत के लिए नई तरह की समस्याएँ पैदा होती चली गईं।

शास्त्री को कश्मीर मसले को एक तरफ कर देना पड़ा क्योंकि राष्ट्रभाषा हिन्दी को लेकर एक नया विवाद उठ खड़ा हुआ था।

गृह मंत्रालय के एक अति-उत्साही अधिकारी ने यह सर्क्युलर जारी कर दिया था कि 26 जनवरी, 1965 से हिन्दी केन्द्र सरकार की मुख्य आधिकारिक भाषा बन जाएगी, जबकि अंग्रेजी एक अतिरिक्त आधिकारिक भाषा के रूप में जारी रहेगी। यह फार्मूला भारत के मामलों से जुड़ी संसदीय समिति की देन था। उस दिन के 'गैजेट ऑफ इंडिया' पर पहली बार हिन्दी में 'भारत का राजपत्र' लिखा हुआ दिखाई दिया।

केन्द्र सरकार के दफ्तरों में हिन्दी के अधिकाधिक प्रयोग से सम्बन्धित एक निर्देश में कहा गया था कि कुछ विशेष फाइलों पर हिन्दी में टिप्पणियाँ लिखी जाने लगेंगी, लेकिन हिन्दी की अच्छी जानकारी न रखनेवालों के लिए इनका अंग्रेजी अनुवाद भी साथ में जोड़ा जाएगा। हिन्दी में प्राप्त पत्रों का जवाब हिन्दी में ही दिया जाएगा। आधिकारिक सर्क्युलर और सूचनाएँ हिन्दी और अंग्रेजी दोनों में जारी किए जाएँगे।

यह एक तरह से राष्ट्रभाषा के रूप में हिन्दी के वर्चस्व को स्थापित करने का प्रयास था।

मुझे लगता था कि यह सूचना-पत्र नेहरू द्वारा गैर-हिन्दीवासियों को दिए गए आश्वासन के खिलाफ था और एक नया हंगामा खड़ा हो सकता था। मेरा अन्देशा गलत भी नहीं था। दक्षिणी प्रान्तों ने इस सर्क्युलर को केन्द्र सरकार के इस आश्वासन का उल्लंघन ठहराया कि गैर-हिन्दीभाषी राज्यों की सहमति के बिना अंग्रेजी की जगह हिन्दी को लागू नहीं किया जाएगा। नेहरू ने हिन्दीभाषियों को खुश करने के लिए एक बार कहा था, "अंग्रेजी को भारत में दूसरी भाषा का ही दर्जा मिल सकता है, क्योंकि भविष्य में आम शिक्षा का माध्यम हमारी अपनी भाषा होगी।"

विडम्बना यह थी कि यह सर्क्युलर 26 जनवरी को गणतंत्र दिवस पर जारी किया गया, जब नई दिल्ली में एक भव्य परेड के दौरान दक्षिण भारत के सर्वपल्ली राधाकृष्णन को देश के राष्ट्रपति के रूप में 31 तोपों की सलामी दी गई। दूसरी तरफ उनके गृह राज्य तमिलनाडु में हिन्दी को लेकर हंगामा मचा हुआ था और पुलिस को हिन्दी-विरोधी प्रदर्शकारियों पर आँसू गैस और लाठी-चार्ज का इस्तेमाल करना पड़ रहा था। मद्रास में एक नवयुवक ने हिन्दी का विरोध करते हुए अपने आपको आग भी लगा ली। तब तक इस तरह का विरोध सिर्फ दक्षिण वियतनाम में देखने में आता था।

केन्द्र सरकार को न सिर्फ अपना सर्क्युलर वापस लेना पड़ा, बल्कि इससे पूरी तरह अपना पल्ला झाड़ लेना पड़ा। शास्त्री व्यक्तिगत तौर पर हिन्दी के पक्ष में थे, क्योंकि वे इसी भाषा में सहज महसूस करते थे। जबकि नेहरू के बारे में मौलाना अबुल कलाम आजाद कहा करते थे कि वे सपने में भी अंग्रेजी में बड़बड़ाते थे। लेकिन दक्षिण के उग्र विरोध को देखते हुए शास्त्री को उन्हें यह 'आधिकारिक आश्वासन' देना पड़ा कि केन्द्र सरकार द्वारा हिन्दी में कामकाज के उद्देश्य को इस तरह क्रियान्वित किया जाएगा कि गैर-हिन्दीभाषी व्यक्तियों को किसी भी तरह की कठिनाई न हो। फिर भी, एस. सुब्रह्मण्यम ने इस सर्क्युलर के विरोध

में केन्द्रीय केबिनेट से इस्तीफा दे दिया। उन्होंने मुझसे कहा था कि देश पर हिन्दी थोपने के पीछे गुलजारी लाल नंदा का नहीं, बल्कि खुद लालबहादुर शास्त्री का हाथ था।

जब दक्षिण के एक अन्य केबिनेट मंत्री ओ.वी. अलगेसन ने भी अपना इस्तीफा सौंप दिया तो शास्त्री को एक रेडियो प्रसारण के जरिए दक्षिणी राज्यों को भरोसा दिलाना पड़ा कि "नेहरू के आश्वासन के शब्दों और भावनाओं का बिना किसी शर्त या संकोच के पालन किया जाएगा।" शास्त्री ने मुझसे कहा था कि वे इस इस्तीफे को मंजूर कर लेते, लेकिन राष्ट्रपति राधाकृष्णन और पार्टी अध्यक्ष कामराज दोनों ही इसके खिलाफ थे।

मोरारजी देसाई शास्त्री पर हमला करने के लिए पहले से ही किसी अवसर की ताक में थे। उन्होंने आरोप लगाया कि नेहरू के आश्वासन को कानूनी रूप देकर शास्त्री ने 'हिंसा के आगे समर्थन' कर दिया था। शास्त्री हमेशा से ही सर्वसम्मति के पक्ष में रहे थे। उन्होंने मुख्यमंत्रियों की एक बैठक बुलाकर इस मुद्दे को सुलझाना चाहा। लेकिन हिन्दीभाषी और गैर-हिन्दीभाषी राज्यों के मुख्यमंत्री आपस में भिड़ गए और सर्वसम्मति नहीं बन पाई। शास्त्री ने गैर-हिन्दीभाषियों को रियायत देते हुए केन्द्रीय सेवाओं में सभी राज्यों के लिए एक निश्चित कोटा निर्धारित करने का प्रस्ताव रखा, ताकि हिन्दीभाषी प्रदेशों को हिन्दी का कोई अनुचित लाभ न मिल सके। लेकिन गृह मंत्रालय को यह प्रस्ताव देश की एकता और अखंडता को नुकसान पहुँचाने वाला प्रतीत हुआ, इसलिए इसे खारिज कर दिया गया।

इसी बीच एक नई चुनौती ने सभी का ध्यान अपनी तरफ खींच लिया–देश पर मँडराते युद्ध के बादलों ने।

कच्छ के रण में युद्ध की आहटें

फरवरी 1965 में शास्त्री और देश के सामने एक नई समस्या आन खड़ी हुई–गुजरात के कच्छ के रण में पाकिस्तान की घुसपैठ के रूप में। वर्ष में सात महीने जलमग्न रहने के कारण इस सीमा-क्षेत्र को रेखांकित नहीं किया गया था।

नई दिल्ली को इस अतिक्रमण के बारे में 25 जनवरी को ही पता चल गया था, जब गुजरात पुलिस के एक गश्ती दस्ते ने भारतीय क्षेत्र के 2.4 कि.मी. भीतर तक 32 कि.मी. लम्बी एक ताजा पगडंडी बिछी देखी थी। यह पगडंडी भारी वाहनों के लिए तैयार की गई थी और पाकिस्तान को इसे बिछाने में काफी समय लगा होगा। लद्दाख के उत्तर में चीन द्वारा निर्मित अक्साई चिन सड़क का भी इसी तरह अचानक पता चला था, जब वह करीब-करीब तैयार हो चुकी थी। फिर भी दोनों घटनाओं में एक फर्क था। अक्साई चिन सड़क के मामले में सरकार ने अपनी जानकारी को पाँच वर्ष तक देश की जनता से छिपाए रखा था। लेकिन पाकिस्तान के साथ अच्छे सम्बन्धों की इच्छा के बावजूद शास्त्री देश को अँधेरे में नहीं रखना चाहते थे, जैसाकि नेहरू ने चीन के मामले में किया था।

सामरिक क्षमता की दृष्टि से पाकिस्तान का पलड़ा भारी प्रतीत होता था, क्योंकि उसका एयरपोर्ट सीमा के पास ही था। पाकिस्तान ने सीमा पर एक पूरी इन्फेंट्री डिवीजन के साथ मध्यम और हल्के टैंकों की एक-एक रेजिमेंट तैनात कर रखी थी। इन टैंकों में अमरीका के कुछ पैटन टैंक भी शामिल थे। इनके अलावा वहाँ कुछ अर्ध-सैनिक बल भी तैनात थे।

कुछ दूर स्थित एयरपोर्ट पर पाकिस्तान ने अमरीका के एफ-86 लड़ाकू विमानों की दो स्क्वेड्रोनों की भी व्यवस्था कर रखी थी।

भारत ने इन लड़ाकू विमानों को सीमा पर लाए जाने का विरोध किया, क्योंकि वे अमरीका द्वारा पाकिस्तान को दी जानेवाली उस सैनिक मदद का हिस्सा थे, जो उसे 1954 में 'कम्युनिज्म के प्रसार को रोकने' के इरादे से दी गई थी। तब राष्ट्रपति आइजनहावर ने नेहरू को लिखे एक व्यक्तिगत नोट में कहा था–

> हम जो कुछ कर रहे हैं और जिससे पाकिस्तान भी सहमत है वह किसी भी तरह से भारत के खिलाफ नहीं है। मैं सार्वजनिक तौर पर इस बात की पुष्टि कर रहा हूँ कि अगर पाकिस्तान समेत कोई भी देश हमारी मदद का दुरुपयोग करेगा और उसे आक्रमण के लिए इस्तेमाल करेगा तो मैं अपने संवैधानिक अधिकारों के तहत तत्काल कार्रवाई करूँगा और संयुक्त राष्ट्र के भीतर और बाहर उपयुक्त कदम उठाकर ऐसे किसी भी आक्रमण को विफल करने का प्रयास करूँगा।

अमरीका के असिस्टेंट सेक्रेटरी ऑफ स्टेट फिलिप टेलबट ने वाशिंग्टन में भारत के राजदूत बी.के. नेहरू को भरोसा दिलाया कि पाकिस्तान को इन हथियारों को सिर्फ कम्युनिस्ट हमलों के खिलाफ इस्तेमाल करने का अधिकार था। भारत ने कहा कि वह कच्छ की सीमा पर तैनात पैटन टैंकों के चित्र दिखा सकता था। इसके बाद अमरीका ने पाकिस्तान से कहा कि वह सीमा पर अपने पर्यवेक्षक भेजना चाहता था। अयूब ने जवाब दिया कि पाकिस्तान को अपनी रक्षा के लिए अपने सभी हथियारों को इस्तेमाल करने का अधिकार था। लेकिन कुछ ही दिन बाद कराची में आयोजित एक पार्टी में उन्होंने अमरीका के राजदूत वॉल्टर मैकनॉट से कहा, "आप जब चाहें अपना मिलिट्री ऑब्जर्वर भेज सकते हैं। हम ऐसा कुछ भी नहीं कर रहे हैं जिसे छिपाने की जरूरत हो।"

शास्त्री के जोर देने पर वाशिंग्टन ने सचमुच ही अपने पर्यवेक्षकों की टीम भेज दी। उन्होंने देखा कि कच्छ के रण पर तैनात पाकिस्तान ब्रिगेड के पास कुछ ऐसे हथियार भी थे जो अमरीका द्वारा दूसरे उद्देश्यों के लिए दिए गए थे। अगर इन हथियारों को भारत के खिलाफ इस्तेमाल न करने को लेकर अमरीका ने उस समय सख्ती बरती होती तो शायद भारत-पाक युद्ध टल जाता। ख्रुश्चेव के बाद पाकिस्तान से दोस्ती करने की रूसी नीति से भी पाकिस्तान को बढ़ावा मिला था। रूस ने अभी उसे हथियार नहीं दिए थे, लेकिन मास्को में पाकिस्तानी नेताओं की आवभगत से पाकिस्तान को यह विश्वास हो गया था कि अगर भारत-पाक युद्ध हुआ तो रूस दखल नहीं देगा। दिल्ली में भी ऐसी ही आशंकाएँ व्यक्त की जा रही थीं। मैं देख रहा था कि शास्त्री इन सम्भावनाओं को लेकर बहुत ज्यादा चिन्तित थे।

भारत का कहना था कि कच्छ के कंजरकोट, छड़बेड़ और बीरबेट के इलाके हमेशा से भारत का हिस्सा रहे थे। लेकिन पाकिस्तान इन्हें विवादित क्षेत्र मानता था। अन्तर्राष्ट्रीय परम्परा के अनुसार भी सीमारेखा को जलमग्न क्षेत्र (रण) के बीचोबीच माना जाना चाहिए था।

भारत सरकार अपने इलाके छुड़वाने के लिए कुछ भी करने के लिए तैयार थी, लेकिन सेना प्रमुख जनरल जे.एन. चौधरी इसके खिलाफ थे। वे अभी पाकिस्तान के साथ लड़ाई

के लिए तैयार नहीं थे। एक दिन एक बेबाक सांसद डॉ. राम सुभाग सिंह ने जनरल चौधरी को उन्हीं के कमरे में ललकारते हुए कहा था, ''तुम बंगाली लोग लड़ाई के नाम से काँपने लगते हो! लेकिन हम बिहारी किसी से नहीं डरते।'' चौधरी ने कमरे में पड़ी एक मशीन-गन उनकी तरफ बढ़ा दी तो डॉ. सिंह के लिए इसे उठाना तक मुश्किल हो गया।

मैं जानता था कि शास्त्री भारत और पाकिस्तान के बीच दुश्मनी के खिलाफ थे। वे मुझसे कई बार यह बात कह चुके थे। केबिनेट में कच्छ के रण पर चर्चा के दौरान उन्होंने कहा था कि उनका दिल पाकिस्तान से लड़ने को तैयार नहीं था। इसलिए जब ब्रिटेन ने रण में युद्ध-विराम का सुझाव दिया तो भारत ने झट से इसे स्वीकार कर लिया, हालाँकि भारत के दावे वाला कुछ क्षेत्र अब भी पाकिस्तान के नियंत्रण में था। शास्त्री तब कामनवेल्थ देशों के प्रधानमंत्रियों के सम्मेलन में भाग लेने के लिए लन्दन गए हुए थे। ब्रिटिश प्रधानमंत्री ने उन्हें किसी तीसरी पार्टी की मध्यस्थता स्वीकार करने के लिए राजी कर लिया, कुछ समझा-बुझाकर और कुछ दबाव डालकर। कच्छ के रण को विवादित क्षेत्र मानने के लिए राजी होना और किसी तीसरी पार्टी की मध्यस्थता स्वीकार करना भारत द्वारा एक बहुत बड़ी रियायत देना था। लेकिन शास्त्री ने ऐसा ही किया। कई वर्ष बाद 18 फरवरी, 1968 को घोषित फैसले के अनुसार, कच्छ के रण के समूचे इलाके पर भारत के दावे को अस्वीकार करते हुए इसके कुल 3,500 वर्ग मील क्षेत्र में से 300 वर्ग मील का क्षेत्र पाकिस्तान को दे दिया गया।

शास्त्री को लगता था कि भारत और पाकिस्तान के बीच लड़ाई उपमहाद्वीप को बर्बादी की राह पर ले जाएगी। उल्टे उन्होंने, नेहरू की तरह, पाकिस्तान के साथ 'नो-वॉर पैक्ट' की बात दोहराई। पाकिस्तान ने इसे ठुकरा दिया। ऐसा लगता था कि पाकिस्तान के प्रति शास्त्री की सद्भावना का भंडार धीरे-धीरे खाली होता जा रहा था। उन्होंने बाद में अपनी स्थिति को स्पष्ट करते हुए मुझसे कहा था–

> ''लड़ाई न करने की मेरी इच्छा को पाकिस्तान ने मेरी कमजोरी समझने की भूल की थी। उसने सोचा कि मैं लड़ने की बात सोचूँगा भी नहीं और इसका नाजायज फायदा उठाते हुए उसने कश्मीर में गड़बड़ी करने की कोशिश की। उसकी इस कार्रवाई से मुझे पूरा यकीन हो गया कि पाकिस्तान भारत के साथ अच्छे रिश्तों और शान्ति को लेकर गम्भीर नहीं था। लिहाजा मैंने कदम उठाने का फैसला कर लिया।

कच्छ में युद्ध-विराम के समझौते की अभी स्याही भी नहीं सूखी थी कि कश्मीर सीमा पर गोलीबारी की घटनाएँ (महीने में लगभग 300 बार) शुरू हो गईं। गुप्तचर विभाग की सूचनाओं के अनुसार पाकिस्तान कश्मीर में घुसपैठ के इरादे से घुसपैठियों को ट्रेनिंग देने में जुटा हुआ था। लेकिन ये सूचनाएँ स्पष्ट नहीं थीं और एक-दूसरे से मेल नहीं खाती थीं। इसलिए पाकिस्तान की तैयारियों का अन्दाजा नहीं लगाया जा सकता था। फिर भी यह निश्चित था कि सीमा के उस पार कुछ-न-कुछ खिचड़ी जरूर पक रही थी।

हालात का जायजा लेने के लिए 2 अगस्त, 1965 को श्रीनगर में सेना के अधिकारियों की एक उच्चस्तरीय बैठक हुई। इसमें खुद सेना-प्रमुख भी मौजूद थे। हैरानी की बात यह थी कि यह मीटिंग इस नतीजे पर पहुँची कि पाकिस्तान से फिलहाल कोई खतरा नहीं था।

इसके दो दिन बाद ही सेना अधिकारियों को पाकिस्तान की तरफ से घुसपैठ के स्पष्ट संकेत मिलने शुरू हो गए।

पुलिस ने उन्हें बताया था कि मुहम्मद दीन नामक एक लड़के ने श्रीनगर से 40 मील दूर गुलमर्ग में दो हथियारबन्द अजनबियों से मुलाकात की जानकारी दी थी। वह अपने मवेशी चरा रहा था तो हरी सलवार-कमीजें पहने इन अजनबियों ने उसे 400 रुपए का लालच देते हुए भारतीय चौकियों के बारे में जानकारी देने के लिए कहा था। इसी तरह, जम्मू के मेंढर इलाके में वजीर मुहम्मद नामक एक स्थानीय नागरिक ने कुछ संदिग्ध हथियारबन्द व्यक्तियों से मुलाकात की जानकारी दी थी। दोनों मामलों में, पाकिस्तानी घुसपैठियों का साथ देने की बजाय स्थानीय नागरिकों ने पुलिस को सूचित कर दिया था।

सेना ने फौरन ही अपने गश्ती दलों को घुसपैठियों की खोज में लगा दिया। कुछ जगह घुसपैठियों के साथ उनका आमना-सामना भी हुआ, और दोनों तरफ से गोलीबारी के बाद घुसपैठिए युद्ध-विराम रेखा के उस तरफ भाग खड़े हुए। तीन दिन बाद, 8 अगस्त, 1965 को, दो पाकिस्तानी अधिकारी कैप्टन गुलाम हुसैन और कैप्टन मुहम्मद सज्जाद पकड़े गए। पूछताछ के दौरान उन्होंने स्वीकार किया कि भारी पैमाने पर घुसपैठ की योजना थी। उन्होंने बताया कि वे उस टीम का हिस्सा थे जिसे जम्मू-कश्मीर पर जबर्दस्ती कब्जा करने की जिम्मेदारी सौंपी गई थी। उनके पास कुछ ऐसे दस्तावेज भी मिले जिनसे उनके बयानों की पुष्टि होती थी।

इन दस्तावेजों से पता चलता था कि कश्मीर में भारी पैमाने पर घुसपैठ की यह योजना जनवरी 1965 में ही बना ली गई थी। उसी समय राष्ट्रपति का एक अध्यादेश जारी करके 'मुजाहिद लश्कर' का गठन किया गया था, और मई 1965 में मेजर-जनरल अख्तर मलिक की देखरेख में इसकी ट्रेनिंग शुरू हो गई थी। हमलावरों को 1 से 5 अगस्त 1965 के बीच छोटी-छोटी टोलियों में कश्मीर में दाखिल होना था, और फिर कुछ चुनी हुई जगहों पर इकट्ठे होकर कश्मीर पर कई तरफ से हमला कर देना था। 8 अगस्त को पीर दस्तगीर साहिब का उर्स होने के कारण लोग हजारों की संख्या में श्रीनगर में इकट्ठे होते थे। घुसपैठियों को उम्मीद थी कि श्रद्धालुओं की भीड़भाड़ में वे अपने-आपको आसानी से छिपा लेंगे।

अगले दिन, जो शेख अब्दुल्ला की गिरफ्तारी का दिन भी था, हमलावरों ने श्रीनगर में आयोजित विरोध-प्रदर्शन में शामिल होने की योजना बना रखी थी। इसके बाद उन्हें खुलकर सामने आ जाना था और रेडियो स्टेशन, हवाई अड्डे और अन्य महत्त्वपूर्ण केन्द्रों पर कब्जा कर लेना था। घुसपैठियों की कुछ टोलियों को श्रीनगर को भारत से जोड़नेवाली सड़क को नष्ट करने की जिम्मेदारी सौंपी गई थी। इसके बाद हमलावरों को एक 'इन्कलाबी काउंसिल' गठित करके अपने-आपको कश्मीर की कानूनी सरकार घोषित कर देना था और रेडियो पर अन्य देशों, खासकर पाकिस्तान से अपनी सरकार को मान्यता देने की अपील करनी थी। 9 अगस्त, 1965 को रेडियो पर यह 'प्रसारण' होते ही पाकिस्तान को पूरे जोर-शोर से कश्मीर पर चढ़ाई करने का संकेत मिल जाता।

घुसपैठियों की जल्दी धर-पकड़ से सरगर्मियों में अचानक तेजी आ गई। कश्मीर की सीमा-रेखा पर जगह-जगह से घुसपैठ की कोशिशें शुरू हो गईं। घाटी पर कब्जा करने के इरादे से अलग-अलग टोलियों को अलग-अलग काम सौंपे जा रहे थे—पुलों को उड़ाना, संचार लाइनों को ध्वस्त करना, सैनिक अड्डों पर हमले करना, और पाकिस्तान से हमदर्दी रखनेवाले स्थानीय लोगों में हथियार और गोला-बारूद बाँटना, वगैरह।

हमलावर मिशनरी भावना से अपने मकसद में जुटे हुए थे। उन्हें उम्मीद थी कि स्थानीय जनता से भी उन्हें भरपूर सहयोग मिलेगा, जिसे वे 'आजाद' करवाने आए थे। लेकिन ऐसा कुछ भी नहीं हुआ। कश्मीरी इन घुसपैठियों की बातों में नहीं आए और इनसे दूर ही रहे।

8 अगस्त को घुसपैठिए श्रीनगर के बाहरी इलाकों तक पहुँच गए तो राज्य सरकार के हाथ-पाँव फूल गए। उसने भारत सरकार को राज्य में मार्शल लॉ लगाने का सुझाव दिया। केन्द्र ने इस सुझाव पर अमल करते हुए सेना को पूरे कश्मीर को अपने नियंत्रण में ले लेने के लिए कहा। लेकिन सेना के कमांडरों ने केन्द्र सरकार को ऐसा कोई कदम न उठाने की सलाह दी और उसे भरोसा दिलाया कि हालात इतने खराब नहीं थे जितने राज्य सरकार दिखाने की कोशिश कर रही थी।

8 अगस्त, 1965 की रात को पहली बार कश्मीर की पूरी युद्ध-विराम रेखा भारी और लगातार गोलाबारी से थरथरा उठी। पुच्छ इलाके में पाकिस्तान ने 25 पाउंड की तोपों से गोले दागे। उसी रात लगभग 3000 घुसपैठियों ने ब्रिगेड हेडक्वार्टर पर अचानक हमला बोल दिया, हालाँकि कोई जानी नुकसान नहीं हुआ। पाकिस्तान अपने रेडियो पर और अखबारों में यही राग अलापता रहा कि जम्मू-कश्मीर में जो कुछ हो रहा था वह 'स्थानीय विद्रोह' था और पाकिस्तान का इसमें कोई हाथ नहीं था।

अगली रात, यानी 9-10 अगस्त की रात, पिछली रात के मुकाबले काफी शान्त रही। उस रात पाकिस्तान लौट रहे कुछ घुसपैठियों को गोलियों का निशाना बनाया गया। ऐसा पहली बार हुआ था कि घुसपैठिए पीछे लौटने के लिए मजबूर हो गए थे। भारतीय सेना के कड़े जवाब के सामने उन्हें मुँह की खानी पड़ी थी और अपने कदम पीछे खींचने पड़े थे।

पश्चिमी कमान का नेतृत्व करनेवाले लेफ्टि. जनरल हरबख्श सिंह ने सरकार को भेजी गई अपनी रिपोर्ट में कहा था—

> पाकिस्तानियों ने माओ-त्से-तुंग से सीख लेते हुए 'मुक्ति-आन्दोलन' के नाम पर जम्मू और कश्मीर में बगावत भड़काने की योजना बनाई थी। लेकिन इस चीनी सिद्धान्त को लागू करने के मामले में पाकिस्तानी नेता भारी गलती कर बैठे और मात खा गए। इस तरह के विद्रोह को सफल बनाने के लिए एक मजबूत संगठन, विस्तृत योजना, उच्चस्तरीय प्रशिक्षण, आक्रामक नेतृत्व और स्थानीय जनता के भरपूर सहयोग की जरूरत होती है। इन मूलभूत तत्त्वों के बिना किसी भी मुक्ति आन्दोलन का विफल होना निश्चित है, जैसाकि जम्मू और कश्मीर में हुआ।

इस बीच नई दिल्ली ने पाकिस्तानी घुसपैठ के खिलाफ अपने कूटनीतिक प्रयास तेज कर दिए थे। अमरीका में भारत के राजदूत बी.के. नेहरू ने सेक्रेटरी ऑफ स्टेट डीन रस्क से मिलकर उन्हें पाकिस्तान की शरारत की जानकारी दी। अन्य देशों में भी भारत के राजदूतों ने विदेशी नेताओं का ध्यान इस तरफ खींचा और उन्हें बताया कि युद्ध-विराम रेखा का घोर उल्लंघन करते हुए पाकिस्तान भारी पैमाने पर घुसपैठियों को बढ़ावा दे रहा था और पाकिस्तानी सेना अधिकारी उनका नेतृत्व कर रहे थे। दूसरी तरफ, पाकिस्तान का कहना था कि उसका कोई भी सैनिक इस कार्रवाई में शामिल नहीं था। पाकिस्तान में भारत के हाई कमिश्नर केवल सिंह विदेश मंत्री भुट्टो से मिले तो उन्होंने साफ-साफ कहा कि यह

जम्मू-कश्मीर के अपने लोगों की 'बगावत' थी।

भारत की शिकायत पर संयुक्त राष्ट्र के महासचिव ने स्थिति को 'शान्ति के लिए खतरनाक' ठहराते हुए सिर्फ इतना किया कि कश्मीर में संयुक्त राष्ट्र के सैन्य पर्यवेक्षकों के प्रमुख लेफ्टि. जनरल आर. एच. निमो को विचार-विमर्श के लिए बुला लिया। उनका कहना था कि युद्ध-विराम का समझौता दोनों देशों की सेनाओं तक सीमित था और यह नागरिकों पर लागू नहीं होता था, भले ही वे हथियारबन्द हों। हालाँकि बाद में अपनी रिपोर्ट में उन्होंने स्वीकार किया कि हथियारबन्द पाकिस्तानी घुसपैठियों ने युद्ध-विराम रेखा को पार किया था और उनका इरादा महत्त्वपूर्ण संचार केन्द्रों को ध्वस्त करना था।

शास्त्री सोवियत प्रधानमंत्री एलेक्सी कोसिगिन का एक पत्र पाकर दंग रह गए। 4 सितम्बर, 1965 को लिखे गए इस पत्र में कोसिगिन ने भारत का पक्ष लेने की बजाय लिखा था कि 'यह समय सही या गलत का फैसला करने का नहीं है। यह समय सैनिक कार्रवाइयों को फौरन खत्म करने, टैंकों को रोकने और तोपों को खामोश करने का है।'' उन्होंने नई दिल्ली और रावलपिंडी को एक समान दोषी ठहराते हुए उन पर 'अमरीकी साम्राज्यवाद' का खिलौना बनने का आरोप लगाया। भारत की तरफ सोवियत सुझाव के दिन सचमुच ही लद गए थे।

सेना प्रमुख जनरल जे.एन. चौधरी ने मुझे बताया था–

> 5 मई, 1965 के बाद से ही मैं पाकिस्तान द्वारा कश्मीर पर हमला किए जाने की स्थिति में जवाबी कार्रवाई की योजना बनाने में जुटा हुआ था। जिस दिन पाकिस्तान ने अपनी नियमित सेनाओं, पैदल सैनिकों और शस्त्रों को जम्मू सेक्टर में तैनात किया, मैं कश्मीर में था। मैं दिल्ली लौट रहा था तो मिलिट्री ऑपरेशंस के निदेशक विमान में मेरे साथ थे और विभिन्न टुकड़ियों को भेजे जानेवाले 'सिग्नल' लिखने में व्यस्त थे। विमान से उतरते ही उन्होंने ये सिग्नल भेज दिए और मैं रक्षा मंत्री से मिलने चल पड़ा। उन्होंने मेरी कार्रवाई का समर्थन किया। इसके बाद मैंने प्रधानमंत्री को भी इसकी सूचना दे दी।

पाकिस्तान के रवैये से निराश होकर शास्त्री अब उस खेमे में शामिल हो चुके थे जो पाकिस्तान को सबक सिखाने की बात कर रहा था। पाकिस्तान ने 1 सितम्बर, 1965 को अखनूर-जम्मू सेक्टर में युद्ध-विराम रेखा का उल्लंघन करते हुए भारी पैमाने पर हमले की शुरुआत कर दी थी।

दो दिन बाद, 3 सितम्बर, 1965 को शास्त्री ने भारतीय सेनाओं को पंजाब में अन्तर्राष्ट्रीय सीमा को लाँघकर पाकिस्तान में कूच करने का आदेश दिया। असली हमला 6 सितम्बर को हुआ। यह एक दिन पहले ही हो जाता, लेकिन भारतीय वायुसेना पहले दुश्मन के ठिकानों को ध्वस्त कर देना चाहती थी। पर उसने मुश्किल से ही कुछ किया। उल्टे 6 सितम्बर की दोपहर को पाकिस्तानी वायुसेना ने पठानकोट हवाई अड्डे पर हमला करके भारत के 13 विमानों को ध्वस्त कर दिया।

लड़ाई के बाद मैंने शास्त्री से पूछा था कि अन्तर्राष्ट्रीय सीमा को लाँघने के आदेश असल में किसने दिए थे। उनका दो टूक जवाब था, ''मैंने दिए थे।'' उन्होंने कहा कि जब उन्होंने सेना को पाकिस्तान में कूच करने का आदेश दिया तो जनरल चौधरी और उनके साथी दंग रह गए थे। लेफ्टि. जनरल हरबख्श सिंह ने मुझसे कहा था, ''सबसे छोटे कद के आदमी

के इस सबसे बड़े आदेश को भारतीय सेना कभी नहीं भुला सकती।''

1966 में, नेहरू के जन्म-दिवस (14 नवम्बर) की वर्षगाँठ से कुछ दिन पहले, मैं इन्दिरा गांधी से मिला था तो मैंने उनसे पूछा था कि सेना को पाकिस्तान में घुसने का आदेश किसने दिया था। उनका जवाब था, ''यह हमारा फैसला था, सुरक्षा मामलों पर गठित केबिनेट समिति का। जब सेना के कमांडरों ने हमसे कहा कि कश्मीर पर दबाव कम करने के लिए पाकिस्तान को दूसरे मोर्चों पर उलझाना जरूरी था तो शास्त्री ने सेना की सलाह को स्वीकार कर लिया।'' मैंने उनसे पूछा कि इस स्थिति में उनके पिता क्या करते। ''वे भी सेना के कमांडरों की सलाह पर अमल करते,'' उन्होंने जवाब दिया। लेकिन मेरा अपना खयाल था कि नेहरू सही और गलत के प्रश्न में उलझे रहते और अन्तर्राष्ट्रीय सीमा को लाँघने का आदेश न दे पाते।

कुछ आलोचकों का कहना था कि शास्त्री अपने 'ठिगने कद और हस्ती' के कारण कुछ बड़ा और अनूठा करने के इच्छुक थे, ताकि उनकी एक मजबूत छवि निर्मित हो सके। इसीलिए उन्होंने पाकिस्तान से लड़ाई की। यह सच है कि पाकिस्तान से लड़ाई के बाद वे पूरे देश के हीरो बन गए। इससे पहले जब सिनेमाघरों में उनकी डॉक्यूमेंट्रियाँ दिखाई जाती थीं तो लोग उनकी हँसी उड़ाते थे। लड़ाई के बाद उनका कद बहुत ज्यादा ऊँचा हो गया।

लेकिन यह भी सच है कि शास्त्री के सामने बहुत कम विकल्प थे। उनके लिए दूसरा मोर्चा खोलना जरूरी था, क्योंकि कश्मीर के छम्ब सेक्टर और पुंच्छ-रजोरी और जम्मू-श्रीनगर में पाकिस्तानी सेना गिनती में कहीं ज्यादा थी और उसकी मोर्चाबन्दी भी मजबूत थी। घाटी से भारत को जोड़नेवाली एकलौती सड़क खतरे में थी। अगर यह रास्ता काट दिया जाता तो जम्मू और कश्मीर में मौजूद भारतीय सेना अलग-थलग पड़ जाती। भारतीय सेना को वहाँ बहुत मुश्किल इलाकों में काम करना पड़ रहा था और वह सिर्फ हल्के टैंक इस्तेमाल कर पा रही थी, जबकि पाकिस्तान भारी टैंकों को भी इस्तेमाल करने की स्थिति में था।

''इससे पहले कि वे कश्मीर पहुँचें, मैं लाहौर पहुँच जाना चाहता हूँ,'' शास्त्री ने जनरल जे. एन. चौधरी से कहा था। पाकिस्तान पर हमले की योजनाएँ पहले से ही तैयार थीं, क्योंकि कच्छ के रण पर झड़पों के दौरान दोनों देश युद्ध के कगार पर पहुँच चुके थे। जैसाकि लेफ्टिनेन्ट जनरल हरबख्श सिंह ने मुझे बाद में बताया था, जनरल चौधरी ने उनसे कहा था कि कश्मीर पर दबाव को कम करने के लिए भारत को 48 घंटों के भीतर अन्तर्राष्ट्रीय सीमा के पार पाकिस्तान पर हमले के लिए तैयार रहना चाहिए। और यही हुआ भी।

हरबख्श सिंह के मन में यह बात बिलकुल साफ थी कि जैसे ही पाकिस्तान कश्मीर की तरफ कूच करेगा, भारत को पाकिस्तान में घुस जाना चाहिए। इसलिए छम्ब पर हमला होते ही, जहाँ पाकिस्तानी सेनाएँ युद्ध-विराम रेखा से एक चौथाई मील तक अन्दर घुस आई थीं, उन्होंने नेहरू की यह चेतावनी दोहराई कि कश्मीर पर हमला भारत पर हमला था। हरबख्श सिंह की यह चेतावनी काफी दमदार थी, खासकर तब जब छम्ब सेक्टर में पाकिस्तानी सेनाओं की बढ़त को देखते हुए कश्मीर पर खतरे के बादल मँडरा रहे थे।

पाकिस्तान पर हमले का कोड नाम 'ऑपरेशन रिडल' रखा गया था। इस ऑपरेशन के

तहत अमृतसर, फिरोजपुर और गुरदासपुर से तीन तरफा हमला किया गया, और दो दिन बाद 8 सितम्बर को स्यालकोट का मोर्चा भी खोल दिया गया। स्यालकोट ही वह 'बेस' था जहाँ से पाकिस्तान ने छम्ब सेटर पर हमले की योजना बनाई थी। लेकिन उनके पास कोई सशस्त्र डिवीजन नहीं थी। पाकिस्तान के सेना कमांडर टिक्का खान ने बाद में मुझे बताया था कि वे फोन पर झूठी बातचीत से भारतीयों को चकमा देने में सफल रहे थे। इस बातचीत से भारत ने यह नतीजा निकाल लिया था कि स्यालकोट में हथियारबन्द डिवीजन तैनात थी। ''लेकिन यह सच नहीं था,'' टिक्का खान ने कहा था, ''भारतीय सेना बड़े आराम से वहाँ घुस सकती थी।"

हरबख्श सिंह ने मुझे बताया था कि जनरल जे. एन. चौधरी चाहते थे कि बेहतर सुरक्षा की दृष्टि से सेनाओं को बियास नदी के पीछे हटा लिया जाए, लेकिन उन्होंने ऐसा करने से इनकार कर दिया था। जब मैंने जनरल चौधरी से इस बारे में पूछा तो उन्होंने कहा कि वे आदेश के उल्लंघन को बर्दाश्त करनेवाले जनरल नहीं थे। उनके कहने का शायद यह मतलब था कि वे 'चाहते' थे कि हरबख्श सिंह पीछे हट जाएँ, लेकिन उन्होंने ऐसा 'आदेश' नहीं दिया था।

कुल मिलाकर यह एक बोर्डर-युद्ध था। दोनों सेनाएँ एक-दूसरे के इलाके में 15 मील से आगे नहीं जा पाई थीं। भारत पाकिस्तान के 470 वर्ग मील और पाक-अधिकृत कश्मीर के 270 वर्ग मील इलाके पर कब्जा करने में सफल रहा था, जबकि पाकिस्तान के हाथ में भारत का 210 वर्ग मील इलाका ही आया था। भारतीय सेना ने पूर्वी पाकिस्तान को छेड़ने की कोशिश नहीं की थी, क्योंकि पश्चिमी सीमा पर ही उसे अपना लक्ष्य पहुँच से दूर प्रतीत हो रहा था।

मैं यह बात स्वीकार करना चाहूँगा कि मेरी ज्यादातर जानकारी हरबख्श सिंह की उस रिपोर्ट पर आधारित थी जो उन्होंने 'स्टेट्समेन' में छपने के लिए भेजी थी। मैं तब इस अखबार का स्थानीय सम्पादक था। जब मैंने इसमें से कुछ जानकारी को भारत-पाक सम्बन्धों पर अपनी किताब 'द डिस्टेंट नेबर्स' में इस्तेमाल किया तो उन्होंने मुझ पर मुकदमा चलाने के लिए जाने-माने वकील नानी पालखीवाला से सम्पर्क किया। पालखीवाला ने उनसे कहा कि वे यह मुकदमा नहीं लड़ सकते क्योंकि दोनों ही उनके 'दोस्त' थे। उन्होंने हरबख्श सिंह को मेरे साथ सुलह करने की सलाह दी। इसके बाद हरबख्श सिंह ने पाँच वर्ष तक मुझसे बात नहीं कीं।

भारत और पाकिस्तान के बीच लड़ाई बन्द हुई तो दोनों का ही ज्यादातर गोला-बारूद खत्म हो चुका था। पाकिस्तान के लिए यह लड़ाई काफिर हिन्दुओं के खिलाफ जेहाद से कम नहीं थी। पाकिस्तान के एक नौजवान सेना अधिकारी का रवैया इसी सोच का उदाहरण था। वह फिरोजपुर सेक्टर में जख्मी हालत में पकड़ा गया था। जब इलाज के लिए उसे खून देने की जरूरत पड़ी तो उसने इनकार करते हुए कहा कि वह किसी काफिर का खून लेने की बजाय मरना पसन्द करेगा। वह सचमुच ही मर गया। लेकिन ऐसे भी उदाहरण देखने को मिले जब दोनों तरफ के जवानों ने एक-दूसरे की देखभाल की, क्योंकि बँटवारे से पहले उनका बचपन एक ही गाँव में गुजरा था।

एक बार रक्षा मंत्रालय के एक सेमिनार में मैंने जनरल चौधरी से पूछा था कि पाकिस्तान

में भारतीय सेना की बढ़त की रफ्तार इतनी धीमी क्यों थी। उनका जवाब था कि भारत पाकिस्तान के हथियारों के भंडार को नष्ट करना चाहता था, न कि उसके किसी इलाके पर कब्जा करना। बाद में एयर मार्शल अर्जन सिंह ने भी यही बात दोहराते हुए कहा था कि यह लड़ाई एक तरह से हथियारों की लड़ाई थी। महत्त्व इस बात का था कि हम पाकिस्तान के कितने हथियार नष्ट कर पाते हैं। हरबख्श सिंह ने भी मुझसे कहा था कि हमले से पहले ही यह तय कर लिया गया था कि लाहौर पर कब्जा नहीं करना है। हमारा ऐसा कोई सैनिक लक्ष्य नहीं था।

चौधरी ने भी इस बात की पुष्टि की कि भारतीय सेना लाहौर पर कब्जा करना नहीं चाहती थी। वे यह बात बखूबी जानते थे कि लाहौर की सुरक्षा काफी मजबूत थी और शहर पर कब्जा करने की स्थिति में भारत की अच्छी-खासी सेना को वहाँ रखना पड़ता। इसका कुछ भी फायदा नहीं था। बाद में पत्रकारों से बात करते हुए उन्होंने यह भी कहा था कि लाहौर पर कब्जे का मतलब होता शहर की दस लाख की आबादी के भरण-पोषण की जिम्मेदारी लेना।

लाहौर में न घुसने का एक कारण वहाँ की जनता से टकराव का डर भी हो सकता था। पाकिस्तान सरकार ने लोगों को गली-गली लड़ने-भिड़ने के लिए तैयार कर दिया था। लोगों से कहा गया था, ''दरवाजे, खिड़कियाँ, लाठियाँ, छुरे-चाकू जो भी हाथ में आए उससे लड़ो!''

भारत द्वारा लाहौर पर कब्जा न कर पाने के कारण विदेशों में इस लड़ाई को 'ड्रा' घोषित कर दिया गया था।

उन दिनों शास्त्री ने दिल्ली के ट्रैफिक-नियंत्रण के लिए आरएसएस के स्वयंसेवकों की मदद ली थी। संगठन ने उनके सामने यह प्रस्ताव रखा था और उन्हें इसे स्वीकार करने में कोई आपत्ति दिखाई नहीं दी थी। लेकिन इससे मुसलमानों को गलत सन्देश पहुँचा, जो पहले से ही काफी असुरक्षित महसूस कर रहे थे। कच्छ के रण में भारत और पाकिस्तान के बीच तनाव पैदा होते ही मुसलमानों को सन्देह की नजर से देखा जाने लगा था। लड़ाई के बाद इसमें और बढ़ोत्तरी हो गई थी।

मैं अकसर पाकिस्तान जाता रहता था, क्योंकि वहाँ स्कूल और कॉलेज के दिनों के मेरे कई दोस्त थे। वहाँ के लोग मुझसे बड़े प्यार से मिलते थे और बड़े खुले दिल से मेरी खातिरदारी करते थे। मेरा असली मकसद पाकिस्तानियों को इस बात का अहसास करवाना था कि बँटवारे के दंगे एक भटकाव मात्र थे, और दोनों देशों को उन्हें भुलाकर दोस्ती का एक नया अध्याय शुरू करना चाहिए। पंजाबी होने के कारण मुझे वहाँ घर जैसा लगता था। वे सब मेरी ही मातृभाषा बोलते थे, वैसा ही खाते थे और करीब-करीब वैसा ही पहनते थे। यूँ कभी-कभी किसी ऐसे आदमी से भी मेरा सामना हो जाता था जो इन समानताओं को नकारते हुए दो राष्ट्रों के सिद्धान्त की बात करने लगता था। मेरे लिए मुश्किल तब खड़ी हो जाती थी जब वहाँ के दुकानदार मेरे द्वारा खरीदी गई चीजों की कीमत लेने से मना कर देते थे। मुझे लगता था कि यह कुछ ज्यादा हो गया। पर यह सिर्फ मेरा अनुभव नहीं था। वहाँ जानेवाले सभी भारतीय वहाँ के लोगों का प्यार और दरियादिली देखकर दंग रह जाते हैं।

23 सितम्बर, 1965 को भारत और पाकिस्तान ने युद्ध-विराम की घोषणा कर दी। इसके चार दिन बाद शास्त्री ने फिरोजपुर सेक्टर के नाराज जवानों को मनाते हुए कहा कि विदेशी दबाव को देखते हुए उन्हें युद्ध-विराम के लिए राजी होना पड़ा था, खासकर अमरीका के दबाव के कारण, जिस पर भारत खाद्य सामग्री और आर्थिक मदद के लिए निर्भर था। उन्होंने सोवियत संघ का नाम नहीं लिया, हालाँकि वह भी लड़ाई बन्द करने के लिए जोर डालता रहा था।

इन्हीं दिनों अमरीका ने अपनी कश्मीर नीति में बदलाव करना शुरू किया। वह सोचने लगा कि क्या कश्मीर में जनमत-संग्रह करवाना सचमुच ही सही समाधान होगा। इसके बाद वह किसी तीसरी पार्टी की दखलंदाजी की बजाय भारत और पाकिस्तान द्वारा आपसी बातचीत से समस्या का हल निकाले जाने की बात करने लगा। 45 वर्ष बाद, नवम्बर 1910 में राष्ट्रपति ओबामा ने भी लगभग यही बात कही।

पाकिस्तान के साथ भारत की लड़ाई ने एक बात साफ कर दी। भारत कश्मीर को विवादित क्षेत्र न मानकर भारत का अभिन्न अंग मानता था। नेहरू का 1952 का नववर्ष का यह सन्देश साकार हो गया था कि "अगर पाकिस्तान ने कश्मीर में घुसने की गलती की तो भारत उससे सिर्फ कश्मीर में न भिड़कर इसे भारत और पाकिस्तान के बीच एक पूरे पैमाने का युद्ध मानेगा।"

इसके बाद जयप्रकाश नारायण जैसे नेताओं ने भी अपना नजरिया बदल लिया। वे कश्मीर के बारे में कहा करते थे कि कश्मीर का भविष्य नई दिल्ली, श्रीनगर और इस्लामाबाद के बीच बातचीत से तय किया जाना चाहिए। अब उन्होंने एक बयान जारी करके कहा कि पाकिस्तान कश्मीर में अपना 'लोक्स स्टैंडी' (अधिकारिता) खो चुका था, और अब यह विवाद सिर्फ नई दिल्ली और कश्मीर के लोगों के बीच था।

ताशकंद समझौता

सोवियत संघ हमेशा से द्विपक्षीय वार्ता के पक्ष में रहा था। संयुक्त राष्ट्र की सुरक्षा परिषद दोनों देशों को एक-दूसरे के इलाकों से अपनी सेनाएँ हटाने के लिए राजी करने में असफल रही तो रूस ने दोनों देशों के नेताओं को ताशकंद में बातचीत के लिए आमंत्रित किया। अमरीका भी यह मीटिंग करवाने का इच्छुक था, लेकिन शास्त्री ने कोई खास उत्साह नहीं दिखाया था।

कोसिगन ने जहाँ अयूब को ताशकंद का मशहूर पुलाव चखने का निमंत्रण दिया था, वहीं शाकाहारी शास्त्री को शहर के ऐतिहासिक स्थलों के दर्शन का प्रलोभन दिया था।

भारत ने शुरू में कोई खास दिलचस्पी नहीं दिखाई थी। रूस में भारत के राजदूत टी. एन. कौल को भेजे गए एक तार में भारत सरकार ने उन्हें इस निमंत्रण को अस्वीकार करने के लिए कहा था। कौल ने इस अस्वीकृति को रूस सरकार तक पहुँचाने की बजाए प्रधानमंत्री को एक लम्बा पत्र लिखकर अपने फैसले पर पुनर्विचार करने के लिए कहा था। उन्होंने कश्मीर मसले पर रूस के समर्थन की याद दिलाते हुए लिखा था कि इस तरह की वार्ता का आयोजन करके रूस अपनी प्रतिष्ठा को भी दाँव पर लगा रहा था। इसके बाद भारतीय केबिनेट ने

अपने फैसले पर पुनर्विचार किया और कौल को इस निमंत्रण को स्वीकार कर लेने के लिए कहा।

पाकिस्तान का खयाल था कि भारत इस बातचीत से इनकार कर देगा, लेकिन जब भारत ने अपनी स्वीकृति भेज दी तो पाकिस्तान के सामने भी कोई चारा नहीं रहा। दिल्ली में कुछ अखबारों के सम्पादकों से बात करते हुए शास्त्री ने प्रस्तावित बातचीत को सही ठहराया था और उन्हें भरोसा दिलाया था कि वे हाजी पीर और टिथवाल को भारत के कब्जे में रखने की पूरी-पूरी कोशिश करेंगे। कश्मीर की सुरक्षा की दृष्टि से ये दोनों क्षेत्र भारत के लिए बहुत महत्त्वपूर्ण थे, जिन्हें भारत लड़ाई में जीत चुका था। उन्होंने कहा कि सबसे अच्छी सम्भावना यह थी कि भारत अपने कब्जेवाले क्षेत्रों को खाली करने के बदले में पाकिस्तान से कुछ शर्तें मनवा सकता था। मेरा अपना खयाल था कि वे देश को हाजीपीर और टिथवाल की चौकियाँ छोड़ने के लिए तैयार कर रहे थे, जिन्हें भारत अपने कब्जे में रखने का इच्छुक था।

ताशकन्द जाने से पहले शास्त्री ने वित्त मंत्री टी.टी. कृष्णामचारी को इस्तीफा देने के लिए कहा। उन्हें सन्देह था कि टी.टी.के. उनकी पीठ पीछे उनकी हँसी उड़ाते थे। इससे भी ज्यादा चिन्ताजनक बात यह थी कि टी.टी.के. ने इन्दिरा गांधी के साथ मिलकर उनके खिलाफ मोर्चा खोल लिया था।

यह पहली बार नहीं था कि टी.टी. कृष्णामचारी को केबिनेट छोड़ना पड़ा हो। सात वर्ष पहले भी उन्हें इन आरोपों को लेकर इस्तीफा देना पड़ा था कि सार्वजनिक क्षेत्र के एक उपक्रम 'जीवन बीमा निगम' के कुछ सौदों में उनकी संदिग्ध भूमिका रही थी। उस समय नेहरू ने टी.टी.के. के बारे में अपने सहयोगियों से कहा था कि उन्हें जाना होगा क्योंकि ''मंत्री को अपने सचिव के किसी भी फैसले या कार्रवाई के लिए जिम्मेदार माना जाना चाहिए।'' इसके बाद नेहरू ने राज्यों के मुख्यमंत्रियों को पत्र लिखकर टी.टी.के. की 'असीम क्षमता और कर्मठता' की तारीफ की थी और यह भी लिखा था कि ''उनका जाना मेरे और मेरी सरकार के लिए एक बड़ा झटका है।''

ऐसा माना जाता था कि टी.टी.के. को शास्त्री के केबिनेट से हटाए जाने के पीछे अमरीका का दबाव था। उन दिनों यह किस्सा काफी सुनने में आ रहा था कि राष्ट्रपति लिंडन बी. जॉनसन को उपमहाद्वीप के दो नेता रास नहीं आ रहे थे–भारत के टी.टी.के. और पाकिस्तान के जुल्फीकार अली भुट्टो। ये दोनों अमरीका-विरोधी माने जाते थे। मैंने भुट्टो से पूछा भी था कि क्या उन्हें अयूब की सरकार से हटाए जाने के पीछे जॉनसन का हाथ था। उनका जवाब था–

> मैं उन थोड़े से राजनीतिज्ञों में से हूँ जो दोनों बड़ी ताकतों (अमरीका और सोवियत संघ) का कहर झेलने के बावजूद राजनीति में वापसी करने में सफल रहे हैं। बेचारे कृष्ण मेनन ने इनमें से एक को नाराज कर दिया था और वे कभी वापस नहीं लौट सके।

टी.टी.के. के इस्तीफे के बाद इन्दिरा गांधी को लगने लगा कि अब उनके दिन भी पूरे हो गए थे और किसी भी दिन उनका पता भी कट सकता था। उनके काफी नजदीक माने जानेवाले दिनेश सिंह के अनुसार वे इंग्लैंड में बसने की सोचने लगी थीं। उन्होंने वहाँ के रहन-सहन के खर्चे और नेहरू की किताबों की रायल्टी के बारे में भी पता करवाया था। इन्दिरा गांधी को अहसास हो चुका था कि लड़ाई के बाद शास्त्री की ताकत बहुत बढ़ गई

थी और हर जगह उन्हें देश के नए हीरो के रूप में देखा जाने लगा था। उन्होंने एक नया नारा भी दिया था–'जय जवान, जय किसान'–जो खूब लोकप्रिय हो चला था।

शास्त्री ताशकन्द गए तो अपने साथ पत्रकारों के दो हवाईजहाज भरकर ले गए। उन्होंने मुझसे कहा कि जहाँ अंग्रेजी अखबार उनकी आलोचना करने से बाज नहीं आएँगे वहीं भाषाई अखबार उनके पक्ष में सन्तुलन बनाए रखेंगे।

शास्त्री जानते थे कि उन्हें हाजी पीर और टिथवाल से हटना पड़ेगा। सुरक्षा परिषद ने 20 सितम्बर, 1965 के अपने सर्वसम्मत प्रस्ताव में भारत और पाकिस्तान को अपनी सभी सशस्त्र सेनाओं को 5 अगस्त, 1965 की स्थिति के अनुसार पीछे हटा लेने के लिए कहा था। अमरीका और रूस दोनों ही इसे लागू करवाने पर तुले हुए थे। शास्त्री कब तक इस दबाव को झेल सकते थे, खासकर यह देखते हुए कि भारत इन दोनों पर बहुत ज्यादा निर्भर था?

ताशंकद कॉन्फ्रेंस की शुरुआत में ही यह बात साफ हो गई थी कि पाकिस्तान कश्मीर मसले को फिर से जिन्दा करना चाहता था, जबकि भारत इससे बचना चाहता था। ताशकन्द में अयूब के पहले भाषण के दौरान मैं भी मौजूद था। उन्होंने कहा था कि 'मूल समस्या' यानी कश्मीर के समाधान के बाद वे भारत के साथ 'नो वॉर पैक्ट' करने के लिए तैयार थे। शास्त्री भी इस शान्ति-सन्धि के खिलाफ नहीं थे। उन्हें लगता था कि इससे 'भारत और पाकिस्तान के सम्बन्धों का समूचा स्वरूप' बदलने में मदद मिलेगी।

भुट्टो शुरू से ही बहुत उखड़े हुए थे। शास्त्री के पहले भाषण का सभी पाकिस्तानी डेलीगेटों ने जोरदार तालियों से स्वागत किया था। एक भुट्टो ही थे जो हाथ बाँधे बैठे रहे थे। बाद में जब शास्त्री के कहने पर अयूब उनके साथ बातचीत के लिए अलग कमरे में गए तो भुट्टो ने भी उनके साथ जाना चाहा, लेकिन अयूब ने इशारे से उन्हें मना कर दिया। इससे भुट्टो और ज्यादा चिढ़ गए।

यह एक संक्षिप्त मीटिंग थी। अयूब ने बातचीत के लिए एक औपचारिक एजेंडे का सुझाव दिया। शास्त्री इसे जरूरी नहीं मानते थे। उन्हें यह भी डर था कि इसमें कश्मीर मसले पर जोर रहेगा, जिसे वे टालना चाहते थे। लेकिन कोसिगिन ने उन्हें यह दलील देकर मना लिया कि राष्ट्रपति अयूब के लिए जनता की भावनाओं का खयाल रखना जरूरी था।

शास्त्री राजी हो गए और बदले में अयूब भी 'नो वॉर पैक्ट' पर बातचीत के लिए तैयार हो गए। इसमें कोई शक नहीं था कि इस व्यवस्था के लिए कोसिगिन को दोनों नेताओं पर दबाव डालना पड़ा था। मैंने 'यू.एन.आई. के माध्यम से ये सभी जानकारियाँ जारी कर दीं तो शास्त्री मुझ पर बिगड़ गए, क्योंकि मैं अनौपचारिक रूप से अब भी उनके प्रचार का काम देख रहा था।

न्यूज एजेंसियों की डेडलाइन लगातार चलती रहती है–किसी खबर के उद्घाटन के लिए या फिर उसमें नई जानकारियाँ या संशोधन जोड़ने के लिए–और वे हमेशा दूसरी न्यूज एजेंसियों से आगे रहने की फिराक में रहती हैं। यही सब सोचकर मैंने दिन में तीन बार ताशंकद रेडियो पर समय खरीद लिया था, ताकि मैं अपने स्टाफ को अपनी रिपोर्टें पढ़कर सुना सकूँ। उन्हें मेरे डिस्पैच दिल्ली के डाक और तार विभाग के पावती केन्द्र में मिल जाते

थे, और वे इन्हें आगे प्रसारित कर देते थे। लड़ाई के बाद भारत और पाकिस्तान के बीच कूटनीतिक सम्पर्क टूट जाने के कारण सभी सन्देशों को लन्दन होकर जाना पड़ता था। इसमें बहुत ज्यादा समय बर्बाद हो जाता था, जो न्यूज एजेंसियों को रास नहीं आ सकता था। मेरी प्रतिस्पर्धी 'पी.टी.टाई.' अपनी खबरें लन्दन के रॉयटर के माध्यम से भेजती थी। मैं उसके मुकाबले फायदे की स्थिति में था, क्योंकि मेरा चैनल तत्काल चैनल था और हमारी खबरें उससे कहीं पहले अखबारों के दफ्तरों में पहुँच जाती थीं। परेशानी सिर्फ यह थी कि मेरा आखिरी प्रसारण शाम 4.00 बजे होता था। इसके बाद मैं कोई भी सामग्री नहीं भेज सकता था।

पहले ही दिन जब शास्त्री और अयूब अकेले में मिले तो बातचीत के टूटने के संकेत दिखाई देने लगे। भारतीय पत्रकारों ने शास्त्री को घेर लिया, लेकिन वे कुछ भी कहने से इनकार करते रहे। मैंने उनके पास जाकर पूछा कि क्या बातचीत विफल हो गई थी। इतने वर्षों से उनके साथ जुड़ा रहने के कारण मैं उनके चेहरे के भावों को समझने लगा था। उन्होंने मुझे इन्तजार करने के लिए कहा। मास्को में भारत के राजदूत टी.एन. कॉल लपककर हमारी तरफ आए और बोले कि बातचीत सफल रही थी और दोनों देशों में कभी भी इतनी नजदीकियाँ नहीं देखी गई थीं। शास्त्री ने लाचारी से मेरी तरफ देखा, लेकिन कुछ कहा नहीं।

कौल की सूचना पर मैंने यह रिपोर्ट फाइल कर दी कि बातचीत सफल रही थी। लेकिन यह गलत सूचना थी। पहले दिन बातचीत जरा भी आगे नहीं बढ़ी थी। जब विदेश सचिव सी.एस. झा पत्रकारों को जानकारी दे रहे थे तो मैंने अपनी नाराजगी जाहिर की। मैंने कहा कि अगर सरकार सच बोल पाने में असमर्थ थी तो उसे झूठ भी नहीं बोलना चाहिए था। वहाँ कौल भी मौजूद थे। मैंने उनका नाम लेते हुए कहा कि उन्होंने मुझे गलत जानकारी दी थी। सच्चाई यह थी कि पाकिस्तानी पत्रकारों को बोरिया-बिस्तर बाँधने के लिए कह दिया गया था, क्योंकि बातचीत विफल हो गई थी।

मेरे मन में यह बात हमेशा रहती थी कि मेरे डिस्पैचों पर शास्त्री की क्या प्रतिक्रिया होगी। इसके बावजूद मैं ऑल इंडिया रेडियो की ग्राहकी या सरकार की प्रतिक्रिया की चिन्ता किए बिना ताशकन्द से रिपोर्टिंग करता रहा। मुझे पता था कि मेरी सरकारी नौकरी का दो वर्ष का 'लियन' (ग्रहणाधिकार) 1966 में खत्म होने जा रहा था। लेकिन यह सिर्फ एक तकनीकी मुद्दा था, क्योंकि मैं प्रेस इन्फॉर्मेशन ब्यूरो (पी.आई.बी.) में न लौटने का फैसला कर चुका था।

शास्त्री मुझसे उखड़े हुए थे, क्योंकि उन्हें 'यू.एन.आई.' की कवरेज रास नहीं आ रही थी। उन्हें लगता था कि उनके नजदीक होने के कारण मुझे उनकी सरकार के अनुकूल लिखना चाहिए। मेरी परेशानी यह थी कि मुझे यह रिपोर्ट करना था कि वहाँ क्या हो रहा था, न कि यह कि विदेश सचिव या राजदूत कॉल मुझे क्या बता रहे थे। मेरी जानकारी के स्रोतों में पाकिस्तानी पत्रकार भी शामिल थे, जिन्हें पाकिस्तानी सरकार अपने विश्वास में लिए हुए थी। मुझे यह कहना पड़ेगा कि पाकिस्तान सूचना सचिव अल्ताफ गौहर की 'ब्रीफिंग' कहीं ज्यादा जानकारियों भरी और साफ होती थी। भारतीय अधिकारी सिर्फ वह बताते थे जो उनकी सरकार के अनुकूल होता था, इसलिए उनमें विश्वसनीयता का अभाव था।

शास्त्री ने अयूब से कहा कि भारत हाजी पीर और टिथवाल के पाकिस्तानी इलाकों

से पीछे हट सकता था बशर्ते कि पाकिस्तान छम्ब का भारतीय इलाका खाली कर दे। अयूब ने जवाब दिया कि अगर भारत पाकिस्तान के सभी इलाके खाली कर दे तो पाकिस्तान भी छम्ब से पीछे हट जाएगा। शास्त्री ने कहा कि छम्ब जम्मू और कश्मीर में था और हाजी पीर और टिथवाल भी कश्मीर में थे, इसलिए इन्हें अलग से और एक साथ देखा जाना चाहिए।

अयूब इस बात पर अड़े रहे कि दोनों देशों को सभी जीते हुए इलाके खाली कर देने चाहिए। दोनों नेताओं में हिन्दुस्तानी में बातचीत हो रही थी, जो हिन्दी और उर्दू की मिली-जुली भाषा थी। लेकिन पाकिस्तान सरकार का कहना था कि दोनों नेता उर्दू में बात कर रहे थे।

बातचीत एक तरह से ठप्प पड़ गई थी। शास्त्री ने अयूब से और फिर कोसिगिन से भी कहा था कि भारत सभी जीते हुए इलाके खाली करने के लिए तैयार था बशर्ते कि पाकिस्तान 'नो वॉर पैक्ट' के लिए तैयार हो जाए। अयूब ने इस पर सोच-विचार करने का वायदा किया।

इस बीच दोनों विदेश मंत्रियों, स्वर्ण सिंह और भुट्टो के बीच मंत्री स्तर की बातचीत का एजेंडा तैयार करने के लिए बैठक हुई तो दोनों आपस में उलझ पड़े। भुट्टो का कहना था कि कश्मीर मसले को सुलझाए बिना भारत और पाकिस्तान के बीच कभी भी शान्ति स्थापित नहीं हो सकती। स्वर्ण सिंह का जवाब था कि जम्मू और कश्मीर राज्य पर भारत की प्रभुसत्ता हस्तक्षेप, मध्यस्थता या सौदेबाजी का विषय नहीं थी।

स्वर्ण सिंह भुट्टो के साथ उन मुद्दों पर बातचीत के लिए तैयार थे जिन्हें भुट्टो गौण या अगल-बगल के बता रहे थे। भारत का मानना था कि अन्य मुद्दों को सुलझा लेने से ऐसा माहौल तैयार हो सकता था कि कश्मीर मसले को भी सुलझाना आसान हो जाता।

'दूसरे मसलों' में भुट्टो ने असम और पश्चिम बंगाल से मुसलमानों को निकाले जाने का जिक्र किया। जैसाकि हम पिछले अध्यायों में पढ़ चुके हैं, 1950 के दशक में पूर्वी पाकिस्तान के मुस्लिम रोजी-रोटी की तलाश में असम और पश्चिम बंगाल में गैर-कानूनी तरीके से घुसपैठ करने लगे थे। उन्हें बाहर निकालने की कार्रवाई के दौरान कुछ भारतीय मुसलमानों को भी प्रशासन की सख्ती का शिकार होना पड़ा था। परिणामस्वरूप सरकार को निष्कासन आदेश के खिलाफ शिकायतों की जाँच के लिए एक विशेष अदालत का गठन करना पड़ा था। स्वर्ण सिंह इस तरह के विषयों पर बातचीत के लिए झट से तैयार हो गए। साथ ही उन्होंने सुझाव दिया कि यह मुद्दा दोनों देशों के गृह मंत्रियों के बीच बातचीत के जरिए सुलझाया जाना चाहिए।

एक तरफ दोनों देशों के विदेश मंत्रियों और दूसरी तरह अयूब और शास्त्री के बीच बातचीत का कोई सिरा न जुड़ पाने के कारण कोसिगिन को एक खेमे से दूसरे खेमे में दौड़-भाग करनी पड़ रही थी। अयूब पाकिस्तान द्वारा तैयार किए गए समझौते के ड्राफ्ट के आधार पर शास्त्री से बातचीत के लिए तैयार थे। शास्त्री ने कुछ सोच-विचार के बाद हाँ कर दी और दोनों एक बार फिर मिले।

अयूब दो पृष्ठों का एक ड्राफ्ट लेकर आए, जो मुख्य रूप से दोनों देशों की सेनाओं के पीछे हटने के तौर-तरीकों और उसके बाद की कार्रवाइयों के बारे में था। इसमें शान्ति-सन्धि (नो-वॉर पैक्ट) का कोई जिक्र नहीं था, लेकिन ताकत का इस्तेमाल न करने की बात कही गई थी। शास्त्री ने स्वर्ण सिंह से विचार-विमर्श किया। दो घंटों के भीतर ही

रक्षा मंत्री वाई.बी. चव्हाण ने भी घोषणा-पत्र को लेकर अपनी स्वीकृति की सूचना भेज दी। लेकिन अयूब एक बार फिर मुकर गए और कहने लगे कि उन्हें समझौते का ड्राफ्ट मंजूर नहीं था।

अयूब के खेमे में वाणिज्य मंत्री गुलाम फारुख इस समझौते से सहमत थे, सूचना मंत्री शहाबुद्दीन आधे सहमत थे, जबकि भुट्टो खुलकर इसका विरोध कर रहे थे और अकेले पाकिस्तान लौट जाने और 'राष्ट्र को विश्वास में लेने' की धमकी दे रहे थे।

शास्त्री के खेमे में अयूब के पीछे हटने की खबर पहुँची तो आंद्रे ग्रोमिको वहीं मौजूद थे। खुद भुट्टो ने ही फोन पर उन्हें यह सूचना दी थी। ग्रोमिको ने सबके सामने ही फोन पर भुट्टो को फटकारना शुरू कर दिया। भुट्टो का कहना था कि जब अयूब ताकत का इस्तेमाल न करने की घोषणा के लिए राजी हुए थे तो भारत ने भी कश्मीर के मामले में कुछ ढील देने का वायदा किया था। ग्रोमिको ने भड़कते हुए कहा कि यह 'सरासर झूठ' था।

बातचीत लगभग ठप्प हो चुकी थी, इसलिए यह कोशिश होने लगी कि क्या किसी तरह का संयुक्त वक्तव्य सम्भव था। भारतीय प्रवक्ता अब भी उम्मीद लगाए बैठे थे और कह रहे थे कि बातचीत बहुत 'नाजुक दौर' में पहुँच चुकी थी। दूसरी तरफ, पाकिस्तान के नुमाइंदे खुलकर कह रहे थे कि बातचीत खटाई में पड़ चुकी थी और वे अपना बोरिया-बिस्तर बाँध रहे थे।

कोसिगिन ने स्थिति को सँभालने की कोशिश की। उन्होंने शास्त्री से कहा कि यू.एन. चार्टर में साफ लिखा हुआ था कि सभी सदस्यों को शान्तिपूर्ण तरीके इस्तेमाल करने चाहिए, इसलिए पाकिस्तान को अलग से बल-प्रयोग के परित्याग की घोषणा करने की जरूरत नहीं थी। शास्त्री ने उखड़ते हुए कहा, ''तो फिर आपको हिन्दुस्तान के किसी दूसरे प्रधानमंत्री से बात करनी होगी।'' कोसिगन ने झट से मामले को सँभालते हुए कहा, ''ऐसा अयूब का कहना है।''

इसके बाद कोसिगिन ने उनसे कश्मीर मसले पर कुछ 'रियायत' देने के लिए कहा। शास्त्री इसके लिए भी राजी नहीं हुए, और तो और, यह वक्तव्य देने के लिए भी नहीं कि वे और अयूब बाद में मिलकर कश्मीर मसले पर बातचीत करेंगे। शास्त्री को अडिग देखकर कोसिगिन ने पाकिस्तान पर दबाव डालना शुरू किया। आखिर अयूब मान गए और वे और शास्त्री 'आखिरी' दौर के लिए मिले। अयूब के टाइप किए हुए ड्राफ्ट में लिखा था–''दोनों देशों के बीच सभी विवाद यू.एन. चार्टर के सिद्धान्तों के अनुसार शान्तिपूर्ण तरीकों से सुलझाए जाने चाहिए।'' शास्त्री ने उन्हें इसमें अपने हाथ से 'हथियारों का इस्तेमाल न करके' जोड़ने के लिए कहा तो अयूब ने यह भी लिख दिया। यह दस्तावेज विदेश विभाग के अभिलेखागार में मौजूद है। (चित्र 6.1)

भुट्टो जब भी अपने भाषणों में ताशकन्द घोषणा की गुप्त शर्त का जिक्र करते थे तो शायद उनके दिमाग में अयूब का यही हस्तलिखित आश्वासन होता था। इस घोषणा-पत्र पर हस्ताक्षरों के पीछे अयूब पर यह दबाव भी था कि कोई समझौता न होने की स्थिति में पाकिस्तान को उन हजारों शरणार्थियों के पुनर्वास की समस्या से जूझना होगा जो भारत के कब्जे के बाद हाजी पीर, टिथवाल और अन्य इलाकों से भाग खड़े हुए थे।

शास्त्री 'शान्ति सन्धि' को लेकर अलग से और विशेष उल्लेख के इच्छुक थे। लेकिन

जब कोसिगिन ने उनसे साफ-साफ कहा कि सोवियत संघ सुरक्षा परिषद के प्रस्ताव को लागू करवाने में हर तरह से मदद करेगा—जिसमें दोनों देशों को अपनी सेनाएँ बिना शर्त पीछे हटाने के लिए कहा गया था—तो शास्त्री के पास समझौते के अलावा कोई चारा न रहा। (बाद में, शास्त्री ने भारतीय पत्रकारों से अनौपचारिक बातचीत में कहा था कि सेनाएँ पीछे न हटाने की स्थिति में सुरक्षा परिषद भारत के खिलाफ प्रतिबन्धों की घोषणा कर सकती थी, इसलिए उनके पास 'कोई और रास्ता नहीं था।')

इस तरह, कोसिगिन 10 जनवरी, 1966 को दोनों देशों से 'ताशकन्द घोषणा' पर हस्ताक्षर करवाने में सफल हो गए। पाकिस्तान ने इसे 'समझौता' मानने से इनकार कर दिया था। शास्त्री और अयूब ने 'ताकत का इस्तेमाल न करने और शान्तिपूर्ण तरीकों से आपसी झगड़े सुलझाने' के अपने दायित्व की पुष्टि की। घोषणा में कहा गया था—

> भारत के प्रधानमंत्री और पाकिस्तान के राष्ट्रपति के बीच यह सहमति हुई है कि दोनों देशों के सभी आदमियों को 25 फरवरी, 1966 से पहले-पहले 5 अगस्त, 1965 से पहले की पोजीशनों पर हटा लिया जाएगा, और दोनों देश युद्ध-विराम रेखा पर युद्ध-विराम की शर्तों का पालन करेंगे।

भारत के विदेश सचिव सी.एस. झा ने मुझे बताया था कि समझौता उस ड्राफ्ट के काफी आसपास था जो वे दिल्ली से लेकर चले थे।

भारत ने 'सभी आदमियों' (पर्सोनल) शब्दावली के प्रयोग पर इसलिए जोर दिया था ताकि समझौते में सशस्त्र घुसपैठियों को भी शामिल किया जा सके। लेकिन ताशकन्द में पाकिस्तान के प्रवक्ता ने इस व्याख्या का खंडन करते हुए कहा कि ये घुसपैठिए पाकिस्तान द्वारा नहीं भेजे गए थे, इसलिए उन्हें पीछे हटाने की जिम्मेदारी पाकिस्तान की नहीं थी।

भुट्टो खुलकर अपनी नाराजगी व्यक्त कर रहे थे और पाकिस्तानी पत्रकारों को घोषणा के पक्ष में लिखने से मना कर रहे थे। उनका कहना था कि पाकिस्तान का मकसद सिर्फ अपने इलाके खाली करवाना था, इसके बाद उसे ताशंकद घोषणा की परवाह करने की जरूरत नहीं थी। कुछ लोगों का मानना था कि उन्हें अयूब का समर्थन प्राप्त था। लेकिन यह सच नहीं था। जब केवल सिंह भारत के हाई कमिश्नर के रूप में पाकिस्तान वापस लौटे थे तो अयूब ने उनसे साफ-साफ कहा था कि ताशकन्द घोषणा का पालन होना चाहिए। लेकिन यह भी सच था कि अयूब पाकिस्तान में तीखी आलोचनाओं का सामना कर रहे थे। लोग उनसे साफ-साफ पूछ रहे थे कि 'लड़ाई में हजारों जानें गँवाने के बाद' पाकिस्तान को क्या मिला था।

पाकिस्तान बड़ी विकट स्थिति में था। 9-10 फरवरी, 1966 को दोनों देशों के मंत्री रावलपिंडी में फिर से मिले तो यह बात और भी साफ हो गई। आपसी रिश्तों में सुधार को लेकर जरा भी सहमति नहीं बन पाई। और तो और, दोनों देशों के बीच सीधी उड़ानें भी शुरू नहीं हो पाईं। पाकिस्तान कश्मीर पर 'सार्थक बातचीत' को लेकर अड़ा हुआ था, और कुछ 'ठोस' रियायतें चाहता था। पाकिस्तानी मंत्री और अधिकारी अकेले में स्वीकार करते थे कि अगर वे कश्मीर पर 'कुछ' हासिल किए बगैर भारत के साथ सामान्य सम्बन्ध बना लेंगे तो उनके लिए पाकिस्तानी जनता का सामना करना मुश्किल हो जाएगा।

इस्लामाबाद कॉन्फ्रेंस के दौरान मैं भी एक पत्रकार के रूप में मौजूद था। हवाई अड्डे

पर इन्तजार करते हुए मैंने यह पता लगाना चाहा कि क्या वाकई लड़ाई के दौरान वहाँ के हवाई अड्डे को कुछ नुकसान पहुँचा था, जैसाकि हम लोग दावा करते रहे थे। मुझे कहीं भी किसी नुकसान का नामोनिशान तक दिखाई नहीं दिया। यह सोचकर कि मुझमें और पाकिस्तानियों में कुछ भी फर्क दिखाई नहीं देता था, मैंने अपने पास खड़े एक व्यक्ति से पूछा कि क्या लड़ाई के दौरान हवाई अड्डे को कोई नुकसान पहुँचा था। उसने झेंपते हुए मुझे बताया कि वह सी.आई.डी. का आदमी था और उसका काम मुझ पर नजर रखना था।

भारतीय मंत्री नई दिल्ली लौटने से पहले राष्ट्रपति अयूब से भी मिले। स्वर्ण सिंह ने अपने मधुर और व्यवहार-कुशल अंदाज में उन्हें बताया कि बातचीत आगे नहीं बढ़ पा रही थी, क्योंकि पाकिस्तानी प्रतिनिधि कश्मीर के मामले में कुछ 'रियायतों' पर अड़े हुए थे। "हम क्या करें?" अयूब ने जवाब दिया, "आप लोग कश्मीर मसले को सुलझाना ही नहीं चाहते। वह मूल मुद्दा है।" स्वर्ण सिंह ने वापसी की उड़ान में इस पर चुटकी लेते हुए कहा था, "जिस चीज (कश्मीर) को आप लड़ाई के मैदान में नहीं जीत सके, उसे बातचीत की मेज पर पा लेने की उम्मीद कैसे कर सकते हैं?"

अयूब चाहते थे कि भारत पाकिस्तान के विमानों को अपने ऊपर से उड़ने की इजाजत दे दे, ताकि पूर्वी और पश्चिमी पाकिस्तान के बीच सम्पर्क बना रहे। विदेश मंत्रालय के इनकार के बाद राजदूत केवल सिंह को इन्दिरा गांधी से बात करनी पड़ी। इसके बाद ही यह इजाजत मिली। यह हो जाने के बाद ताशकन्द घोषणा के पालन में अयूब की कुछ भी दिलचस्पी नहीं रही। भारत हाज़ी पीर और टिथवाल समेत उसके सभी इलाके खाली कर चुका था, इसलिए अब पाकिस्तान को इस समझौते से कुछ भी मिलने की उम्मीद नहीं थी।

एक बार तो ऐसा लगा था कि ताशकन्द में ही कश्मीर के मसले को भी सुलझा लिया जाएगा। कोसिगिन ने शास्त्री को सुझाव दिया था कि क्यों न लगे हाथ इस समस्या को भी हल कर लिया जाए और शास्त्री मान गए थे। शास्त्री ने इस सम्बन्ध में भारत के नए सेना-प्रमुख बनने जा रहे लेफ्टिनेंट जनरल कुमारमंगलम से भी बात की थी। इसके बाद उन्होंने कोसिगिन से कहा था कि भारत युद्ध-विराम रेखा में कुछ फेर-बदल के लिए तैयार था और पाकिस्तान को कुछ इलाका भी देने के लिए तैयार था। (शास्त्री के ताशकन्द रवाना होने से पहले जम्मू और कश्मीर के मुख्यमंत्री जी.एम. सादिक ने भी अनुरोध किया था कि अगर सम्भव हो तो वे कश्मीर मसले को भी सुलझाने की कोशिश करें।)

कोसिगन ने युद्ध-विराम रेखा में फेर-बदल के शास्त्री के प्रस्ताव को अयूब तक पहुँचा दिया था। अयूब ने कहा कि वे इस पर सोच-विचार करके जवाब देंगे। लेकिन यह जवाब कभी नहीं आया। कश्मीर को लेकर दोनों देशों में कितने ही मतभेद क्यों न रहे हों, शास्त्री ताशकन्द घोषणा की भावना को बरकरार रखने के इच्छुक थे। ताशकन्द में अपनी विदाई की पार्टी में उन्होंने मुझसे कहा था कि कहीं वापसी में काबुल में अब्दुल गफ्फार खान से मिलने की उनकी योजना इस समझौते के खिलाफ तो नहीं होगी! पाकिस्तान गफ्फार खान को 'गद्दार' के रूप में देखता था।

मैं शास्त्री से आखिरी बार राजदूत कौल द्वारा प्रधानमंत्री के सम्मान में दी गई पार्टी में मिला था। उन्होंने मुझसे कहा था कि वापसी का सफर आसान रहेगा, क्योंकि राष्ट्रपति अयूब ने उन्हें इस्लामाबाद में चाय का न्यौता दिया था।

और वह आकस्मिक अन्त

शास्त्री ने मुझे ताशकन्द घोषणा के बारे में अखबारवालों की प्रतिक्रिया जानने के लिए कहा। वे कुछ चिन्तित दिखाई दे रहे थे। यह स्वाभाविक भी था, क्योंकि दिन में हुई प्रेस कॉन्फ्रेंस में दो-तीन भारतीय पत्रकारों का रुख बहुत 'रूखा' रहा था। वे जानना चाहते थे कि शास्त्री पाकिस्तान को हाजी पीर और टिथवाल की बेहद महत्त्वपूर्ण चौकियाँ वापस करने के लिए राजी क्यों हो गए थे। शास्त्री ने कहा कि वे 'हमले में लूटे इलाकों' को अपने पास नहीं रख सकते थे, जैसाकि भारत के सबसे अच्छे दोस्त रूस का भी कहना था। एक पत्रकार ने तो शास्त्री को 'राष्ट्र-विरोधी' तक कह दिया था। मुझे बीच में दखल देते हुए पत्रकारों को याद दिलाना पड़ा था कि वे भारत के प्रधानमंत्री से बात कर थे। शास्त्री ने कहा कि उनकी इज्जत पत्रकारों के हाथों में थी। वे जो कुछ भी लिखेंगे उससे भारत का जनमानस तैयार होगा। क्या यह प्रेस कॉन्फ्रेंस उनके दिल पर बोझ बन गई थी?

मैं अपने होटल लौटा तो घोषणा-पत्र पर दोनों नेताओं के हस्ताक्षरों की खुशी में सोवियत सरकार द्वारा आयोजित पार्टी पूरे खुमार पर थी। यह वार्ता उनके लिए प्रतिष्ठा का प्रश्न बन चुकी थी। पूरी दुनिया की नजरें ताशकन्द पर टिकी हुई थीं और वे इसके विफल होने का खतरा नहीं उठा सकते थे। शराब पानी की तरह बह रही थी और खूबसूरत लड़कियाँ दुभाषियों की भूमिका निभा रही थीं। लेकिन मैं वहाँ ज्यादा नहीं रुक पाया, क्योंकि मुझे सुबह जल्दी उठना था। शास्त्री का विमान सुबह 7.00 बजे रवाना होनेवाला था।

उस रात न जाने क्यों मुझे शास्त्री की मौत का पूर्वाभास हो गया था। किसी ने मेरे दरवाजे पर दस्तक दी तो मैं शास्त्री की मौत का ही सपना देख रहा था। मैं हड़बड़ाकर उठा और दरवाजे की तरफ लपका। बाहर कॉरिडोर में खड़ी एक महिला ने मुझे बताया, "आपके प्रधानमंत्री मर रहे हैं।" मैंने झट से कपड़े पहने और एक भारतीय अधिकारी के साथ कार में शास्त्री के आवास की तरफ चल पड़ा, जो थोड़ी दूरी पर था।

मुझे बरामदे में कोसिगिन खड़े दिखाई दिए। उन्होंने अपने हाथ खड़े करके शास्त्री के न रहने का संकेत किया। बरामदे से आगे डाइनिंग-रूम था, जहाँ एक लम्बे टेबल पर डॉक्टरों की टीम डॉ. आर. एन. चुग से पूछताछ कर रही थी। डॉ. चुग भारत से शास्त्री के साथ गए थे।

इससे आगे शास्त्री का कमरा था। एक विशाल कमरा। उतने ही विशाल पलंग पर शास्त्री की निर्जीव देह और भी नन्ही प्रतीत हो रही थी। पास ही कालीन पर बड़ी तरतीब से उनके स्लीपर पड़े हुए थे। उन्होंने इन्हें नहीं पहना था। कमरे के एक कोने में पड़ी ड्रेसिंग-टेबल पर एक थरमस लुढ़का पड़ा था। ऐसा लगता था कि शास्त्री ने इसे खोलने की कोशिश की थी। कमरे में कोई घंटी नहीं थी। इस चूक को लेकर जब संसद में सरकार पर हमला किया गया था तो सरकार साफ झूठ बोल गई थी।

सरकारी फोटोग्राफर चोपड़ा के साथ मिलकर मैंने ड्रेसिंग-टेबल के पास तह करके रखे तिरंगे झंडे को शास्त्री की पार्थिव देह पर फैला दिया। अपनी श्रद्धांजलि के रूप में मैंने उस पर कुछ फूल भी रख दिए। कुछ देर बाद मैं उनके सहयोगियों के कमरे में गया। वह उनके कमरे से थोड़ा दूर था, जहाँ एक खुले बरामदे से होकर जाना पड़ता था। शास्त्री के निजी

सचिव जगन्नाथ सहाय ने मुझे बताया कि शास्त्री ने आधी रात के आसपास उनके दरवाजे पर दस्तक दी थी और पानी माँगा था। इसके बाद दो स्टेनोग्राफरों के साथ मिलकर जगन्नाथ उन्हें उनके कमरे तक छोड़ आए थे। चुग के अनुसार, यही कसरत जानलेवा साबित हुई थी।

मुझे बगल के कमरे से लेफ्टि. जनरल कुमारमंगलम की आवाज सुनाई दे रही थी, जो फोन (ताशंकद और नई दिल्ली के बीच सीधी हॉट-लाइन) पर शास्त्री के पार्थिव शरीर के भारत पहुँचने पर व्यवस्था के निर्देश दे रहे थे। उन्होंने जैसे ही अपनी बात पूरी की, मैंने उनसे रिसीवर लेते हुए ऑपरेटर से 'यू. एन. आई.' का नम्बर माँगा।

दूसरी तरफ देर रात की ड्यूटी पर सुन्दर ढींगरा मौजूद थे। मैंने उनसे एक फ्लैश जारी करने के लिए कहा–'शास्त्री डेड।' वे खी-खी करके हँसने लगे और बोले कि मैं जरूर मजाक कर रहा था, क्योंकि उन्होंने अभी-अभी शास्त्री के शाम के भाषण की रिपोर्ट जारी की थी। मैंने उनसे कहा कि वे वक्त बर्बाद न करें और जल्दी से यह फ्लैश जारी करें। उन्हें अब भी यकीन नहीं आया तो मुझे पंजाबी में कुछ सख्त शब्दों का इस्तेमाल करना पड़ा। इसके बाद उन्होंने फुर्ती दिखाई और दिल्ली में अखबारों के दफ्तरों में फोन करके उन्हें शास्त्री की मौत की खबर दे दी। कई अखबारों ने छपाई रोककर सुबह के संस्करणों में यह खबर शामिल कर ली। यह 'यू.एन.आई.' का स्कूप था।

एक दूसरे कमरे में वाई.बी. चव्हाण और स्वर्ण सिंह कुछ वरिष्ठ अधिकारियों के साथ बैठे हुए थे और शास्त्री के उत्तराधिकारी के बारे में सोच-विचार कर रहे थे। स्वर्ण सिंह ने मुझे भी बातचीत में शामिल करते हुए पूछा कि मेरे विचार में अगला प्रधानमंत्री कौन होना चाहिए। मैंने उन्हें बताया कि शास्त्री ने मुझसे कहा था कि अगर वे तीन-चार वर्ष तक जीवित रहे तो अगले प्रधानमंत्री वाई.बी. चव्हाण होंगे, लेकिन अगर वे एक-दो वर्षों में ही चल बसे तो इन्दिरा गांधी प्रधानमंत्री होंगी।

शास्त्री के निधन का फ्लैश भेजने के बाद मैं उनके सहयोगियों के पास लौट आया और रात की घटनाओं के बारे में विस्तार से जानने की कोशिश करने लगा। मुझे पता चला कि विदाई पार्टी में शामिल होने के बाद शास्त्री रात को लगभग 10.00 बजे अपने आवास पर लौटे थे। उसी समय जगन्नाथ और शास्त्री के निजी सेवक रामनाथ समेत कुछ सहयोगी उनके कमरे में चले आए थे। वे सब इस्लामाबाद में अयूब के चाय के न्यौते के बारे में सुन चुके थे और शास्त्री की सुरक्षा को लेकर चिन्तित थे। उन्हें डर था कि पाकिस्तानी क्षेत्र में उनके विमान की उड़ान के दौरान पाकिस्तान कोई भी शरारत कर सकता था।

जगन्नाथ ने उन्हें लड़ाई के दौरान गुजरात के मुख्यमंत्री बलवंतराय मेहता के साथ हुई घटना की याद दिलाई, जिनके डकोटा विमान को एक पाकिस्तानी लड़ाकू विमान ने मार गिराया था। (छयालीस वर्ष बाद इस विमान के पायलट कैस हुसैन ने भारतीय विमान के पायलट की बेटी को एक पत्र लिखकर अपने किए की माफी माँगी और कहा कि उसने गलती से उस विमान को बीचक्राफ्ट समझ लिया था।)

शास्त्री ने कहा कि अब भारत और पाकिस्तान के बीच समझौता हो चुका था और अयूब एक अच्छे आदमी थे, इसलिए डरने की कोई बात नहीं थी। उन्होंने रामनाथ को टी.एन. कौल के घर से अपना खाना लाने के लिए कहा, जो उनका बावर्ची जां मुहम्मदी

पकाया करता था। विदाई पार्टी में भी थोड़ा-बहुत खा लेने के कारण उन्हें ज्यादा भूख नहीं थी। उन्होंने पालक के साग और आलू की सब्जी के साथ हल्का भोजन किया। खाने के बीच ही उन्हें दिल्ली से फोन आया, जिसे जगन्नाथ ने सुना। यह शास्त्री के एक अन्य निजी सचिव वेंकटरमन का फोन था। उन्होंने बताया कि दिल्ली में ताशकन्द समझौते की अनुकूल प्रतिक्रिया हो रही थी, लेकिन शास्त्री के घर के लोग खुश नहीं थे। उन्होंने यह भी बताया कि प्रजा सोशलिस्ट पार्टी के सुरेन्द्रनाथ द्विवेदी और जनसंघ के अटल बिहारी वापजेयी ने हाजी पीर और टिथवाल से भारतीय सेनाओं को पीछे हटाने की आलोचना की थी। जब शास्त्री को यह बात बताई गई तो उन्होंने कहा कि विपक्ष तो समझौते की आलोचना करेगा ही। फिर भी शास्त्री समझौते की प्रतिक्रिया को लेकर सचमुच ही काफी चिन्तित थे।

जगन्नाथ ने शास्त्री से पूछा कि क्या वे अपने घर पर बात करना चाहेंगे, क्योंकि पिछले दो दिनों से उनकी अपने परिवार से बात नहीं हो पाई थी। शास्त्री ने पहले तो 'न' कहा, लेकिन फिर अपना विचार बदलकर उन्हें नम्बर मिलाने के लिए कहा। यह भी हॉट-लाइन थी, इसलिए झट से नम्बर मिल गया।

तब रात के लगभग ग्यारह बज रहे थे (ताशकन्द का समय नई दिल्ली से आधा घंटा आगे था)। सबसे पहले शास्त्री की अपने दामाद वी.एन.सिंह से बात हुई। उन्होंने कुछ खास नहीं कहा। इसके बाद शास्त्री की सबसे बड़ी और चहेती बेटी कुसुम फोन पर आईं। शास्त्री ने उनसे पूछा, ''तुमको कैसा लगा?'' कुसुम ने जवाब दिया, ''बाबूजी, हमें अच्छा नहीं लगा।'' शास्त्री ने 'अम्मा' के बारे में पूछा। घर के सभी लोग उनकी पत्नी ललिता शास्त्री को 'अम्मा' कहकर बुलाते थे। कुसुम ने कहा, ''उन्हें भी अच्छा नहीं लगा।'' इस पर शास्त्री ने उदास होकर अपने सहयोगियों से कहा, ''अगर घरवालों को अच्छा नहीं लगा तो बाहरवाले क्या कहेंगे!''

शास्त्री ने कुसुम को फोन अम्मा को देने के लिए कहा। कुसुम ने कहा कि अम्मा बात करना नहीं चाहतीं। शास्त्री के बार-बार कहने पर भी ललिता शास्त्री फोन पर नहीं आईं। इसके बाद शास्त्री ने भारतीय अखबारों को काबुल भेजने के निर्देश दिए, जहाँ भारतीय वायु सेना का एक विमान उन्हें लिवाने के लिए अगले दिन पहुँचनेवाला था।

जगन्नाथ का कहना था कि टेलीफोन पर हुई बातचीत से शास्त्री बहुत ज्यादा विचलित हो गए थे। इससे पहले भारतीय पत्रकारों का रवैया भी बहुत खुश्क रहा था। वे अपने कमरे में चहलकदमी करने लगे थे। यह कोई अनोखी बात नहीं थी, वे दिल्ली में भी अपने घर पर मिलने आने वालों से बात करते हुए अकसर चहलकदमी करने लगते थे। लेकिन उस रात वे कुछ ज्यादा ही देर तक चहलकदमी करते रहे और सोचते रहे। दो बार दिल का दौरा झेल चुके व्यक्ति के लिए फोन पर हुई बातचीत, पत्रकारों का व्यवहार और यह लम्बी चहलकदमी शायद खतरनाक साबित हुई होगी।

रामनाथ ने उन्हें दूध दिया, जो वे सोने से पहले हमेशा लेते थे। इसके बाद शास्त्री फिर से चहलकदमी करने लगे। कुछ देर बाद उन्होंने पानी माँगा तो रामनाथ ने ड्रेसिंग-टेबल पर रखे थर्मस में से उन्हें थोड़ा पानी निकालकर दे दिया। रामनाथ ने बताया कि इसके बाद उसने थर्मस को बन्द कर दिया था। आधी रात से कुछ पहले शास्त्री ने रामनाथ को अपने कमरे में जाकर सो जाने के लिए कहा, क्योंकि सुबह जल्दी उठकर काबुल का विमान पकड़ना था।

रामनाथ ने उन्हीं के कमरे में फर्श पर सो जाने की इच्छा जताई, लेकिन शास्त्री ने उन्हें ऊपर अपने कमरे में जाने के लिए कहा।

जगन्नाथ ने बताया कि रात को एक बजकर बीस मिनट के आसपास वे सब अपना सामान बाँध रहे थे तो अचानक उन्हें दरवाजे पर शास्त्री दिखाई दिए। उन्होंने बड़ी मुश्किल से कहा, "डॉक्टर साहब कहाँ हैं?" अपनी बैठक में लौटते ही शास्त्री बुरी तरह खाँसने लगे। जगन्नाथ और अन्य सहयोगियों ने मिलकर उन्हें उनके बिस्तर तक पहुँचाया। जगन्नाथ ने उन्हें पानी पिलाया और कहा, "बाबूजी, आप ठीक हो जाएँगे।" शास्त्री ने अपनी छाती को छुआ और फिर देखते-ही-देखते बेहोश हो गए। (दिल्ली लौटने के बाद जगन्नाथ ने ललिता शास्त्री को यह बात बताई तो उन्होंने कहा, "तुम भाग्यशाली हो कि मरने से पहले उन्होंने तुम्हारे हाथ से पानी पीया था।")

तब तक डॉक्टर चुग भी पहुँच चुके थे। उन्होंने शास्त्री की नब्ज देखी तो उनकी रुलाई छूट गई, "बाबूजी, आपने मुझे जरा भी वक्त नहीं दिया!" उन्होंने जल्दी से शास्त्री की बाँह में एक इंजेक्शन लगाया और फिर सीधे उनके दिल में भी एक इंजेक्शन उतार दिया। कोई प्रतिक्रिया न देखकर डॉक्टर ने मुँह से मुँह की श्वांस-प्रक्रिया द्वारा उन्हें कृत्रिम साँस देने की कोशिश की। उन्होंने जगन्नाथ को जल्दी से दूसरे डॉक्टरों को बुलाने के लिए कहा। बाहर तैनात रूसी सन्तरी ने जैसे ही 'डॉक्टर' शब्द सुना वह डॉक्टरों को बुलाने के लिए दौड़ पड़ा। दस मिनट बाद ही एक लेडी डॉक्टर आ पहुँची। जल्दी ही कुछ दूसरे डॉक्टर भी आ गए। लेकिन शास्त्री पहले ही दम तोड़ चुके थे। उनकी मौत 1 बजकर 32 मिनट (ताशकन्द समय) पर हुई थी। तब भारत में रात के लगभग 2.00 बजे का समय था।

अयूब को शास्त्री की मौत से सचमुच ही दुख पहुँचा था। वे 4.00 बजे वहाँ पहुँच गए थे और मेरी तरफ देखकर बोले थे, "वे अमन के आदमी थे, उन्होंने भारत और पाकिस्तान में अमन कायम करने के लिए जान दे दी।" अयूब ने बाद में पाकिस्तानी पत्रकारों से बात करते हुए कहा था कि शास्त्री के साथ उनकी बहुत अच्छी पट रही थी; अगर वे जिन्दा रहते तो शायद भारत और पाकिस्तान अपने सभी मसले सुलझा लेते।

पाकिस्तान के विदेश सचिव अजीज अहमद ने भुट्टो को फोन करके उन्हें यह खबर सुनाई तो नींद में होने के कारण भुट्टो सिर्फ 'गुजर गए' शब्द सुन पाए। उन्होंने नींद की खुमारी में कहा, "दोनों में से कौन कम्बख्त गुजर गया?"

ताशकन्द से लौटने के बाद ललिता शास्त्री ने मुझसे पूछा कि शास्त्री का शरीर नीला क्यों पड़ गया था। मैंने कहा, "मुझे बताया गया था कि अगर शरीर पर लेप किया जाता है तो वह नीला पड़ जाता है। इसके बाद उन्होंने शास्त्री के शरीर पर 'कुछ चीरों' के निशानों के बारे में पूछा। मैंने कहा कि इस बारे में मुझे कुछ भी पता नहीं था, क्योंकि मैंने उनका शरीर नहीं देखा था। फिर भी, उनकी इस टिप्पणी ने मुझे चौंका दिया था कि ताशकन्द या दिल्ली में उनका पोस्टमार्टम नहीं किया गया था।

जाहिर था कि उनको और परिवार के अन्य सदस्यों को दाल में कुछ काला लग रहा था। कुछ दिनों बाद मैंने सुना कि ललिता शास्त्री प्रधानमंत्री के साथ जानेवाले उनके दोनों निजी सहयोगियों पर भड़की हुई थीं। इन दोनों ने इस वक्तव्य पर हस्ताक्षर करने से इनकार कर दिया था कि शास्त्री की मौत कुदरती नहीं थी।

कामराज ने मुझे फोन करके पूछा कि शास्त्री के परिवार के पास अपनी गुजर-बसर के क्या साधन थे। मैंने कहा कि जहाँ तक मुझे मालूम था, उनके पास कोई साधन नहीं था। कामराज ने एक कानून पास करवाके दिवंगत प्रधानमंत्री की पत्नी के लिए निशुल्क आवास और खर्चे की व्यवस्था कर दी।

समय के साथ शास्त्री के परिवार का यह सन्देह और गहरा होता गया कि उन्हें जहर दिया गया था। 2 अक्टूबर, 1970 को, शास्त्री के जन्मदिन के अवसर पर, ललिता शास्त्री ने खुलेआम अपने पति की मौत की जाँच करवाने की माँग की। उनके परिवार को शायद यह बात नहीं जम रही थी कि शास्त्री का खाना उनके निजी सेवक रामनाथ की बजाय टी. एन. कौल के बावर्जी जां मुहम्मदी ने क्यों बनाया था। मुझे यह बड़ी अजीब बात लग रही थी, क्योंकि शास्त्री जब 1965 में मास्को गए थे तब भी यही जाँ मुहम्मदी उनका खाना बनाता रहा था।

अखबारों में इस तरह की खबरों को देखकर विभाजित कांग्रेस के मोरारजी देसाई वाले धड़े ने शास्त्री की मृत्यु की जाँच का समर्थन किया। अक्टूबर 1970 के आखिरी दिनों में मैंने मोरारजी भाई से पूछा था कि क्या वे सचमुच ऐसा समझते थे कि शास्त्री की मौत कुदरती नहीं थी। वे उनका जवाब था, "यह सब राजनीति है। मुझे पूरा यकीन है कि कोई गड़बड़ नहीं हुई थी वे दिल के दौरे से ही मरे थे। मैंने डॉक्टर से पता किया है और उनके सेक्रेटरी सी.पी. श्रीवास्तव से भी, जो उनके साथ ताशकन्द गए थे।"

शास्त्री के आकस्मिक निधन की खबर पूरे ताशकंद में फैल गई थी। यह वैसा ही कुहासे भरा सूर्यविहीन उदास दिन था जिसे बालजाक ने 'एक खूबसूरत अन्धी स्त्री' के रूप में वर्णित किया था। हवाई अड्डे की तरफ जानेवाली सड़क के दोनों तरफ लोग कतार बाँधे खड़े थे। कुछ ही दिन पहले उन्होंने बड़े हर्षोल्लास से उनका स्वागत किया था और आज वे उनके लिए आँसू बहा रहे थे। इतने लोगों के बावजूद पूरे रास्ते में एक निस्तब्धता-सी छाई रही, जिसे सिर्फ शवयात्रा के ड्रम भंग कर रहे थे। अर्थी को कन्धा देने वालों में पाकिस्तानी राष्ट्रपति अयूब भी शामिल थे। रास्ते में कितने ही लोगों ने हम भारतीयों के हाथ थामकर अपना दुख व्यक्त करने की कोशिश की और भीगी आँखों से दिवंगत नेता को भावभीनी श्रद्धांजलि अर्पित की। मुझे बार-बार दिल्ली के हवाई-अड्डे पर उनके पार्थिव शरीर का इन्तजार करते हजारों लोगों का खयाल आ रहा था—अपने चहेते नेता के अन्तिम दर्शनों का इन्तजार करते लोग—वह नेता जिसने सिर्फ 19 महीनों की अल्पावधि में उनके दिलों में बहुत गहरी छाप छोड़ दी थी। एक ऐसी छाप जो जितनी गहरी थी, उतनी ही जमीनी भी।

कुछ लोगों को शायद वे अहमियत की नजर से भी उतने ही छोटे दिखाई देते रहे हों जितने कि वे कद से छोटे थे। बिना दर्शन या दूरदृष्टि वाला एक नेता। वामपंथियों की नजर में वे एक 'प्रतिबद्धता-विहीन' व्यक्ति थे, जबकि कुछ अन्य लोग उनके कार्यकाल को 'भारतीय इतिहास के एक लघु कोष्ठक' के रूप में देख रहे थे, जैसाकि टी.टी.के. ने अपनी टिप्पणी में कहा था। फिर भी, जैसाकि खुद शास्त्री का कहना था, "कोई भी नेहरू की जगह नहीं ले सकता। हम सिर्फ बड़ी विनयशीलता से उनके काम को आगे बढ़ाने की कोशिश कर सकते हैं।" और शास्त्री ने बड़ी लगन और कर्मठता से देश की सेवा की।

उनके कार्यकाल में ही भारतीय सेना का आत्मविश्वास फिर से लौट सका, जो 1962 में चीन से हारने के बाद बुरी तरह लड़खड़ा गया था। देश में राष्ट्रीय गर्व की भावना पैदा हुई। उन्हीं के कार्यकाल में विचारधारा की जगह व्यावहारिकता को प्रमुखता दी गई और ऊँचे पदों पर बैठे व्यक्तियों के खिलाफ भ्रष्टाचार के आरोपों की सख्ती से जाँच की गई। उच्चतम न्यायालय द्वारा दोषी ठहराए जाने के बाद पंजाब के मुख्यमंत्री प्रताप सिंह कैरों को इस्तीफा देना पड़ा। इसी तरह, उच्चतम न्यायालय के एक अन्य जज एच.आर. खन्ना की रिपोर्ट के आधार पर उड़ीसा के तत्कालीन मुख्यमंत्री बिरेन मिश्रा और भूतपूर्व मुख्यमंत्री बीजू पटनायक के खिलाफ भी मुकदमा चलाया गया। वित्त मंत्री टी.टी.के. को भी इस्तीफा देना पड़ा, क्योंकि वे भारत के मुख्य न्यायाधीश द्वारा अपने खिलाफ आरोप-पत्र की जाँच करवाने से इनकार कर रहे थे।

टी.टी.के. अभी केबिनेट में ही थे कि शास्त्री ने मुझे यह पता लगाने का काम सौंपा कि क्या शान्ति प्रसाद जैन 'बेनेट कोलमैन' को बेचना चाहते थे। यह संस्था 'टाइम्स ऑफ इंडिया' और 'नवभारत टाइम्स' समेत कई अखबारों और पत्रिकाओं का प्रकाशन करती थी। टी.टी.के. ने नेहरू से शिकायत की थी कि कम्पनी के मालिक धांधलियाँ कर रहे थे, जिसके बाद सरकार ने इन प्रकाशकों के संचालन के लिए एक बोर्ड नियुक्त कर दिया था।

शान्ति प्रसाद और उनकी प्रतिभासम्पन्न पत्नी रमा जैन मुझे अच्छी तरह से जानते थे और हम साथ-साथ ब्रिज खेला करते थे। शान्ति प्रसाद चाहते थे कि मैं हिन्दी में भी 'यू.एन.आई' की सेवाएँ शुरू करूँ, जिसके लिए वे अपनी तरफ से पूरा सहयोग देने को तैयार थे। उनके पास शास्त्री का सन्देश ले जाते हुए मुझे बड़ी झेंप महसूस हो रही थी। मेरी बात सुनकर वे बहुत परेशान हो गए और बोले कि अगर उन्हें अपने घर समेत अपनी सभी कम्पनियाँ बेच देनी पड़ीं तो भी वे 'टाइम्स ऑफ इंडिया' को नहीं बेचेंगे। मैंने उनकी ये भावनाएँ शास्त्री तक पहुँचा दीं। शास्त्री ने उन्हें उनका 'बेनेट कोलमैन' वापस लौटा दिया।

19 में से 16 महीनों के अपने कार्यकाल में शास्त्री हर तरफ से दबावों और कांग्रेस की भीतरी खींचतान से घिरे रहे थे। यह बड़े दुर्भाग्य की बात थी कि जब उनके पास इन दबावों को सहने की ताकत आई तो वे इस दुनिया से चले गए। देश का आम आदमी यह महसूस करने लगा था कि देश का प्रधानमंत्री भी उसी की तरह एक आम आदमी था।

शास्त्री की मौत को लेकर मुझे कभी भी किसी गड़बड़ी का सन्देह नहीं हुआ था। लेकिन कई वर्ष बाद, इन्दिरा गांधी के कार्यकाल के दौरान, लोकसभा के एक स्वतंत्र सदस्य धर्मयश देव ने संसद में यह आरोप लगाया कि शास्त्री को जहर दिया गया था। इस आरोप से देश सन्न रह गया और सरकार के लिए मुश्किल खड़ी हो गई। टी. एन. कौल तब विदेश सचिव थे और शास्त्री की 'हत्या के षड्यंत्र' में उन्हें भी भागीदार ठहराया जा रहा था। यह बड़ा वाहियात आरोप था कि वे रूस-समर्थक इन्दिरा गांधी को सत्ता में लाना चाहते थे, इसलिए शास्त्री के लिए उनके घर से भेजे गए खाने में जहर मिला दिया गया था।

चूँकि शास्त्री का पोस्टमॉर्टम नहीं हुआ था, इसलिए इस तरह के आरोपों को हवा मिल रही थी। किसी प्रामाणिक खंडन के अभाव में टी. एन. कौल ने 'स्टेट्समैन' में मुझसे सम्पर्क स्थापित करके यह वक्तव्य जारी करने के लिए कहा कि शास्त्री की मौत दिल के दौरे से हुई थी। जब मैंने उनसे कहा कि मैं संसदीय बहस में नहीं उलझना चाहता तो वे बहुत ज्यादा

जोर डालने लगे।

उस दिन से, खासकर कौल के बार-बार अनुरोधों के बाद, मैं सोचने लगा कि क्या शास्त्री की मौत सचमुच दिल के दौरे से हुई थी। जब मैं लन्दन में भारत के हाई कमिश्नर के रूप में नियुक्त था तो मैंने इस मामले की छानबीन करने की कोशिश की। सोवियत संघ के टूटने के बाद बहुत-सी चीजें हुई थीं, जिनमें अभिलेखागारों का खोला जाना भी शामिल था। मास्को के एक चलते पुर्जे ने मुझे दिल्ली आने-जाने के उसके वार्षिक हवाई टिकट की व्यवस्था करने के लिए कहा तो मैंने मौके का फायदा उठाते हुए उसे यह पता लगाने के लिए कहा कि क्या ताशकन्द से सम्बन्धित दस्तावेज जारी कर दिए गए थे। उसने कहा कि वह पहले ही ताशकन्द वार्ता से जुड़े दस्तावेजों की जाँच-पड़ताल कर चुका था, लेकिन उनमें शास्त्री की मौत के बारे में कुछ भी नहीं था। क्या कुछ महत्त्वपूर्ण कागजात नष्ट कर दिए गए थे या जारी नहीं किए गए थे? उसे इस बारे में कुछ नहीं मालूम था। यह गुत्थी अब और भी उलझ गई है क्योंकि विदेश मंत्रालय ने शास्त्री की मौत से सम्बन्धित कागजों को दिखाने से इनकार कर दिया है। 2009 में उसने सूचना के अधिकार के अन्तर्गत माँगी गई जानकारी उपलब्ध करवाने से साफ इनकार कर दिया।

7

इन्दिरा गांधी : शुरुआती दौर

लाल बहादुर शास्त्री की अचानक मृत्यु ने सभी राजनीतिक अभिनेताओं को चौंका दिया था। देश सकते की स्थिति में था और केन्द्र में एक और उत्तराधिकारी के चुनाव से जुड़ी चुनौतियों का पूरा अहसास नहीं कर पा रहा था। मुझे शास्त्री के ये शब्द याद आ रहे थे कि अगर वे एक-दो वर्षों में ही चल बसे तो इन्दिरा गांधी प्रधानमंत्री होंगी।

एक बार फिर प्रधानमंत्री के चयन की जिम्मेदारी कांग्रेस अध्यक्ष कामराज के कन्धों पर आ पड़ी। वे इसी उद्‌देश्य को ध्यान में रखकर एक चार्टेड विमान से दिल्ली पहुँचे। उनके साथ उनके दुभाषिए आर. वेंकटरमन भी थे, जो मद्रास राज्य के मुख्यमंत्री के रूप में उनके कार्यकाल के दिनों से ही उनके साथ जुड़े हुए थे। वेंकटरमन ने मुझे बताया कि विमान के उड़ान भरते ही कामराज सो गए थे। दिल्ली हवाई अड्डे पर उतरने से पन्द्रह मिनट पहले उनकी आँख खुली थी तो वे बोले थे, ''इन्दिरा गांधी प्रधानमंत्री होंगी।'' मानो उन्होंने नींद में ही इस प्रश्न को सुलझा लिया हो।

जब मैंने कामराज से जानना चाहा कि वे इस फैसले पर कैसे पहुँचे थे तो उन्होंने कहा, ''सिर्फ इन्दिरा गांधी और गुलजारी लाल नन्दा में से किसी एक को चुनने की बात थी। मेरे सहकर्मी, खासकर एन. निजलिंगप्पा (जो तब मैसूर के मुख्यमंत्री थे) और एस.के. पाटील (जो बम्बई राज्य का प्रतिनिधित्व करते थे) नन्दा के पक्ष में थे। लेकिन मुझे लगा कि वे इतने भ्रमित व्यक्ति थे कि वे देश को बर्बाद कर डालेंगे, इसलिए मैंने इन्दिरा गांधी को चुनने का फैसला किया।'' कुछ क्षणों की खामोशी के बाद उन्होंने आगे जोड़ा, ''सभी लोग मुझे इस फैसले के खिलाफ नसीहत दे रहे थे। कृष्ण मेनन ने भी कहा कि मुझे उन पर इतना भरोसा नहीं करना चाहिए। फिर भी मुझे लगा कि वे नन्दा से बेहतर थीं।''

कामराज सामूहिक नेतृत्व की उम्मीद कर रहे थे। ''मेरा खयाल था कि इसके लिए वे एक सही चुनाव थीं," उन्होंने बाद में अपनी गलती स्वीकार करते हुए कहा था। वे सारी ताकत अपने पास रखना चाहती थीं। बल्कि सामूहिक नेतृत्व एक ऐसी चीज थी जो उन्हें कतई पसन्द नहीं थी। उन्होंने प्रधानमंत्री के पद को सर्वशक्तिशाली बनाने पर पूरा जोर लगा दिया। जैसाकि स्वाभाविक था, उन्हें इसके लिए पुराने नेताओं से कड़ी टक्कर लेनी पड़ी।

उनके विरोधियों की संख्या बढ़ती चली गई, खासकर पार्टी के वरिष्ठ नेताओं के गुट में। कुछ लोग उनकी योग्यता पर भी उँगली उठाने लगे। सूचना और प्रसारण मंत्री के रूप में उनके प्रदर्शन को ज्यादा-से-ज्यादा 'साधारण' ठहराया जा रहा था। नेहरू के कार्यकाल

के दौरान भी वे कई वरिष्ठ नेताओं का तिरस्कार कर चुकी थीं। शास्त्री के केबिनेट मंत्री रह चुके संजीव रेड्डी के अनुसार, वे जब कांग्रेस अध्यक्ष थीं तो उन्हें 'पायदान' से ज्यादा महत्त्व नहीं देती थीं।

पार्टी के दिग्गज नेताओं, जिन्हें 'ओल्ड गार्ड' या 'सिंडिकेट' कहा जाता था, का खयाल था कि प्रधानमंत्री उनमें से ही कोई होना चाहिए। लेकिन कौन? क्या कामराज? पर कामराज को अपनी सीमाओं का पता था। उन्होंने टूटी-फूटी अंग्रेजी में मुझसे कहा था, "भारत के प्रधानमंत्री को हिन्दी और अंग्रेजी दोनों आनी चाहिए। मुझे दोनों ही नहीं आतीं।" लेकिन उनके वर्षों पुराने सहयोगी और मद्रास के मुख्यमंत्री के रूप में उनके उत्तराधिकारी एम. भक्तावत्सलम ने मुझे इसका दूसरा ही कारण बताया था, "कामराज को डर था कि अगर मुकाबले की नौबत आई तो वे मोरारजी देसाई को नहीं हरा पाएँगे, जो उत्तर-पश्चिम के थे, लेकिन उत्तर प्रदेश की होने के कारण इन्दिरा गांधी उन्हें आसानी से मात दे सकती थीं।"

कांग्रेस संसदीय पार्टी के इतिहास में पहली बार नेतृत्व की लड़ाई के लिए चुनाव हुआ। इन्दिरा गांधी को 355 मत मिले, जबकि मोरारजी देसाई को इससे आधे से भी कम 165 मत मिले। इसमें कोई शक नहीं था कि जन-समर्थन इन्दिरा गांधी के साथ था। लोग उनके नेतृत्व को नेहरू की परम्परा की ही एक कड़ी के रूप में देख रहे थे, जिसमें शास्त्री एक छोटा-सा अन्तराल थे। लोगों को नेहरू की कमी खल रही थी, लेकिन उन्हें इस बात का सन्तोष था कि 'नेहरू की बिटिया' देश के नेतृत्व की बागडोर सँभाले हुए थी।

दूसरी राजनीतिक पार्टियों की प्रतिक्रिया उम्मीद के अनुसार ही थी। दक्षिणपन्थी उनके वामपन्थी रुझान को लेकर आशंकित थे। जनसंघ और राजगोपालाचारी द्वारा गठित दक्षिणपन्थी 'स्वतंत्र पार्टी' खुलेआम उनके रूस-समर्थक होने की बात कर रहे थे। वामपंथियों को वे मोरारजी देसाई की तुलना में कहीं ज्यादा रास आ रही थीं, हालाँकि वे उनके पुराने और कटुतापूर्ण रवैये को नहीं भूले थे। कांग्रेस अध्यक्ष के रूप में वे कम्युनिष्टों के प्रति बहुत ज्यादा कठोर रही थीं। उन्होंने ही नेहरू को केरल की कम्युनिस्ट सरकार को बर्खास्त करने के लिए बाध्य किया था, हालाँकि विधानसभा में उनका बहुमत था। मुख्यमंत्री ई.एम.एस. नम्बूदरिपाद नेहरू से मिलने के लिए शिमला तक गए थे। वहाँ से निराश वापस लौटने के बाद उन्होंने कहा था कि नेहरू 'नाखुश और बेबस' थे।

शास्त्री की तरह इन्दिरा गांधी का पहला नीति-सम्बन्धी वक्तव्य भी गोलमोल भाषा में था। उन्होंने धर्म-निरपेक्षता, प्रजातंत्र और समाजवाद में अपनी अटूट आस्था व्यक्त की। उन्होंने कृष्ण मेनन जैसे लोगों की इस माँग को खारिज कर दिया कि 'या तो हम समाजवादी समाज बन जाएँ, या फिर पूँजीवादी समाज, बीच का कोई रास्ता नहीं है।' उन्होंने कहा कि वे महात्मा गांधी, नेहरू और शास्त्री द्वारा दिखाए गए रास्ते का अनुसरण करेंगी। 1965 की लड़ाई के बाद शास्त्री की भरपूर लोकप्रियता को देखते हुए ही उन्होंने उनका नाम लिया था। सच्चाई यह थी कि उनके पूरे कार्यकाल के दौरान वे उनकी आलोचना करती रही थीं।

प्रधानमंत्री के रूप में इन्दिरा गांधी का पहला फैसला ललिता शास्त्री के इस आग्रह को लेकर था कि शास्त्री की समाधि पर 'जय जवान जय किसान' लिखा जाए। यह नारा शास्त्री ने 1965 की लड़ाई के दौरान दिया था, जो देश के दो सबसे मजबूत आधारों 'जवान' और 'किसान' को समर्पित था। अगर इन्दिरा गांधी का बस चलता तो वे शास्त्री की अंत्येष्टि

उनके घरेलू शहर इलाहाबाद में करना पसन्द करतीं। उन्होंने कामराज को यही सुझाव दिया था, जिसे उन्होंने ठुकरा दिया था। शास्त्री का अन्तिम संस्कार दिल्ली में किए जाने की माँग पर इन्दिरा गांधी के नकारात्मक रवैये के बाद ललिता शास्त्री ने आमरण अनशन की धमकी दे दी। इन्दिरा गांधी को झुकना पड़ा। राजघाट के क्षेत्र में शास्त्री के अन्तिम संस्कार के बाद उनकी समाधि बनाई गई और ललिता शास्त्री की इच्छानुसार उस पर 'जय जवान जय किसान' लिखा गया।

अपने इस आश्वासन के बावजूद कि वे एक समाजवादी समाज के निर्माण के लिए काम करेंगी, इन्दिरा गांधी ने अपनी पहली विदेश यात्रा के रूप में अमरीका का चुनाव किया, जो एक पूँजीवादी देश था। आलोचकों का मुँह बन्द करने के लिए उन्होंने आखिरी घड़ियों में इसमें हल्का-सा फेरबदल करते हुए वाशिंग्टन पहुँचने से पहले कुछ देर पेरिस में रुककर जनरल दी गाल से मिलने का कार्यक्रम भी बना लिया। अपनी वापसी यात्रा में उन्होंने लन्दन और मास्को को भी शामिल कर लिया। (इसके बावजूद लन्दन यह कहने से नहीं चूका कि वे पहली भारतीय प्रधानमंत्री थीं जिन्होंने अपनी पहली विदेश यात्रा लन्दन की धरती से नहीं शुरू की थी।)

इन्दिरा गांधी के पास नेहरू जैसा रुतबा नहीं था। और फिर वे आर्थिक परेशानियों से इतनी ज्यादा घिरी हुई थीं कि कुछ और सोच पाना मुश्किल था। उन्होंने रुपए का अवमूल्यन करने के लिए जैसे ही अपनी रजामंदी जाहिर की, अमरीका के सभी दरवाजे झट से खुल गए। राष्ट्रपति जॉनसन ने अपने-आपको उनका संरक्षक घोषित कर दिया। इतना ही नहीं, इन्दिरा गांधी के साथ बातचीत के बाद उन्होंने भारतीय दूतावास में रुककर उनके साथ खाना भी खाया, जो बहुत दुर्लभ बात थी।

रूस ने इस दौरे के बारे में कुछ भी सोचा हो, पर भारतीय कम्युनिस्ट इससे खुश नहीं थे। उन्होंने अब तक इन्दिरा गांधी का विरोध नहीं किया था, लेकिन अब वे उन पर खुलकर छींटाकशी करने लगे और कहने लगे कि जॉनसन ने उन्हें अमरीका आने का 'हुक्म दिया था।' खुद कांग्रेस पार्टी में भी तब तक उनका दबदबा स्थापित नहीं हुआ था, इसलिए पार्टी भी 'अमरीकी धौंस' की दुहाई देने लगी। कामराज ने मुझसे कहा था कि अगर भारत डटकर खड़ा रहता और रुपए का अवमूल्यन करने के अमरीकी दबाव के आगे न झुकता तो "इसमें आत्म-निर्भरता की भावना का विकास हो सकता था।"

इन्दिरा गांधी को कांग्रेस को एक तरह का भरोसा दिलाना पड़ा। उन्होंने बड़े अजीब शब्दों का इस्तेमाल करते हुए कहा था, "हम इसके (अमरीकी मदद के) बिना रह सकते हैं और रहेंगे, और हम किसी भी हालत में इसके लिए अपने आपको नीचे नहीं गिराएँगे।"

इन्दिरा गांधी ने अवमूल्यन का बचाव करते हुए कहा कि शास्त्री सैद्धान्तिक तौर पर इसके लिए राजी हो चुके थे और विश्व बैंक से मदद और ऋण का पैकेज स्वीकार कर चुके थे। उनके केबिनेट में शामिल सोशलिस्ट नेता अशोक मेहता ने भी मुझसे कहा था कि शास्त्री ने रुपए के अवमूल्यन के लिए अपनी रजामंदी जाहिर कर दी थी। मैं इन्दिरा गांधी या अशोक मेहता के कथन की पुष्टि में कोई और प्रमाण नहीं जुटा सका। मेरे खयाल से अवमूल्यन से बात न बनने के बाद वे कोई बलि का बकरा ढूँढ़ रहे थे।

अवमूल्यन के बाद अमरीकी व्यवसायियों के बयानों की बाढ़-सी आ गई, लेकिन सिर्फ

बयान भर, कि वे भारत में बड़े पैमाने पर निवेश करेंगे। भारतीय उद्योग के लिए जरूरी कच्चा माल और कल-पुर्जे भी आने लगे। तत्कालीन वाणिज्य मंत्री मनुभाई शाह ने मुझसे कहा, "हम ही बिदक गए थे, वरना अमरीका अपने वायदे के मुताबिक अवमूल्यन के बदले में हमें 450 करोड़ अमरीकी डॉलर देने को तैयार था। हमारी मुश्किल यह थी कि हमारा उद्योग शैशव-काल में था और हम इतनी सारी पूँजी उसमें खपा पाने में असमर्थ थे।" कर्ज देनेवाले देश यह देखकर हैरान थे कि भारत अब भी वे कर्जे चुकाता जा रहा था जिन्हें वे भूलने के लिए तैयार थे।

आम धारणा यह थी कि अमरीका के साथ जुड़ने के लिए भारत को अपनी समाजवादी नीतियाँ छोड़नी पड़ेंगी। इस तरह की टिप्पणियों से आहत इन्दिरा गांधी ने सफाई दी कि विदेशी मदद से समाजवाद लाने से उसकी अहमियत कम नहीं हो जाती। उनका कहना था कि विदेशी मदद को ठुकराने से आम आदमी को तकलीफ उठानी पड़ सकती थी।

अवमूल्यन के कारण कामराज को मोरारजी देसाई को केबिनेट में लाना पड़ा। रुपए के अवमूल्यन वाले दिन कामराज ने मुझसे कहा था, "मैंने सोचा कि उन्हें (इन्दिरा गांधी को) सन्तुलित करने के लिए केबिनेट में कोई आदमी होना चाहिए।" अवमूल्यन से जुड़े कड़े प्रहारों को सफलतापूर्वक झेलने के बाद इन्दिरा गांधी ने राष्ट्रपति भवन के क्षेत्र में स्थित प्रेजीडेंट एस्टेट में प्रधानमंत्री के लिए एक नया निवास-स्थान बनाने का विचार किया। लेकिन बाद में वे इस विचार को त्यागकर तीन मूर्ति भवन में चली गईं। तब तक प्रधानमंत्री के लिए नए निवास-स्थान का प्रस्ताव केबिनेट के पास पहुँच चुका था। वे खुद केबिनेट मीटिंग में शामिल नहीं हुईं। इस बीच उप-प्रधानमंत्री बन चुके मोरारजी देसाई ने मुझे बताया था कि इन्दिरा जी के कहने पर ही उन्होंने इस प्रस्ताव को रद्द कर दिया था। किसी समय नेहरू के मन में भी इसी तरह का विचार आया था। वे अब राजपथ कही जानेवाली सड़क के दोनों तरफ मंत्रियों के लिए फ्लैट निर्मित करना चाहते थे। लेकिन अपने केबिनेट साथियों की सलाह के बाद उन्होंने यह विचार छोड़ दिया था।

अमरीका के प्रति अपने नए झुकाव के कारण नई दिल्ली को अमरीकी उद्योगपतियों का यह प्रस्ताव स्वीकार करने में कोई परेशानी नहीं हुई कि उन्हें उर्वरक संयंत्रों में 51 प्रतिशत हिस्सेदारी प्राप्त होनी चाहिए, जैसाकि कोचीन के तेल संशोधक संयंत्र के साथ था। कई अन्य मामलों में भी इसी तरह का पक्षपात दिखाई दिया। किसी जमाने में सरकार ने अमरीकी फिल्म 'फ्रॉम रशिया विद लव' का नाम बदलकर 'फ्रॉम 007 विद लव' कर दिया था, ताकि रूसी संवेदनाओं को चोट न पहुँचे। लेकिन अब 'डॉ. जिवागो' नामक फिल्म को लेकर रूस के विरोध को सिर्फ एक-दो दृश्यों में हल्की-सी काट-छाँट के बाद नजरअन्दाज कर दिया गया। रूसी क्रान्ति पर आधारित इस फिल्म को मास्को ने घटनाओं की 'अमैत्रीपूर्ण और गलत' प्रस्तुति ठहराया था।

अशोक मेहता इन्दिरा गांधी के वफादार सहयोगियों में शामिल थे। लेकिन अशोक मित्र के बारे में यह बात नहीं कही जा सकती थी, जो सूचना और प्रसारण मंत्रालय के प्रभार के दिनों में इन्दिरा गांधी के सचिव रह चुके थे। उन्होंने ही मुझ तक यह अन्दर की खबर पहुँचाई कि 'वॉयस ऑफ अमरीका' भारत में एक ट्रांसमीटर स्थापित करने जा रहा था। ऐसा लगता था कि अमरीकी मदद के बोझ से दबा भारत वाशिंग्टन के इस आदेश को ठुकरा

नहीं पा रहा था। इन्दिरा गांधी के अपने साथियों की प्रतिक्रिया भी अच्छी नहीं थी। कामराज ने फोन करके मुझसे जानना चाहा कि क्या यह खबर सही थी। वे बहुत गुस्से में थे। ऐसा कहा जा रहा था कि 'वॉयस ऑफ अमरीका' के साथ हुए सौदे को नेहरू का समर्थन प्राप्त था। यह सच नहीं हो सकता था, क्योंकि नेहरू ने रुपयों में भुगतान करके रूस से हाई पावर मीडियम वेव ट्रांसमीटर लेना बेहतर समझा था।

अमरीकी मदद प्राप्त करने के बाद इन्दिरा गांधी का आत्म-विश्वास बहुत बढ़ गया था। वाशिंग्टन से भारत लौटते हुए वे लन्दन और मास्को में भी रुकीं। दोनों ही जगह उनसे कहा गया कि अवमूल्यन भारत के हित में नहीं था। रूसी नेता इस सम्भावना से विचलित थे कि कहीं भारत अमरीका के खेमे में शामिल न हो जाए। उन्होंने अपने गुस्से का इजहार करते हुए भारत को ताशकन्द घोषणा के अनुसार पाकिस्तान के साथ कश्मीर पर बातचीत करने के लिए कहा। इन्दिरा गांधी यह सुनकर दंग रह गईं। उन्होंने कहा कि वे बातचीत के खिलाफ नहीं थीं, बशर्ते कि कश्मीर को भारत के एक अभिन्न अंग के रूप में देखा जाए। सोवियत संघ अपने पुराने रुख से कितना फिसल चुका था। कभी वह कश्मीर को भारत का हिस्सा घोषित करता रहा था और यह कहता रहा था कि हमारे 'फुसफुसाने' भर की देर थी कि वह मदद के लिए आ पहुँचेगा।

इन्दिरा गांधी ने अवसर का लाभ उठाते हुए रूस द्वारा पाकिस्तान को हथियार दिए जाने की सम्भावना का मुद्दा उठाया। रूसी नेताओं ने उन्हें आश्वस्त करते हुए कहा कि ये खबरें सही नहीं थीं। लेकिन रूस ने सही स्थिति नहीं बताई थी, क्योंकि तब तक इस्लामाबाद के लिए हथियारों का जखीरा जारी किया जा चुका था। रूस ने शास्त्री को दिया गया तर्क फिर से दोहराते हुए कहा कि अगर रूस पाकिस्तान को चीनी प्रभाव से बचाए रखेगा तो यह भारत के लिए अच्छा ही होगा।

भारत ने कोसिगिन के सुझाव पर अमल करते हुए शेख अब्दुल्ला से बातचीत करने का फैसला किया। पाकिस्तान के राष्ट्रपति अयूब खान ने सोवियत नेताओं से कहा था कि अगर भारत शेख अब्दुल्ला के साथ किसी समझौते पर पहुँच जाता था तो पाकिस्तान इसे स्वीकार कर सकता था। शेख अब्दुल्ला और इन्दिरा गांधी के बीच बातचीत हुई, लेकिन दोनों ही बहुत ज्यादा सतर्कता बरत रहे थे। अगर उन्हीं दिनों जम्मू में मोरारजी देसाई द्वारा दिए गए भाषण को ध्यान में रखा जाए तो भारत कश्मीर के भारतीय संघ में विलय को किसी भी तरह हल्का करने के पक्ष में नहीं था।

फिर भी, नई दिल्ली को यह अहसास हो गया था कि वह कश्मीर में ऐसे तत्त्वों के खिलाफ कुछ भी नहीं कर सकती थी जो 'जनमत-संग्रह' के नाम पर देश की अखंडता के खिलाफ काम कर रहे थे, लेकिन अलगाव की बात न करके कानून के दायरे में आने से बचे हुए थे। परिणामस्वरूप गृह मंत्रालय ने गैर-कानूनी गतिविधियों सम्बन्धी कानून पर पुनर्विचार करने का फैसला किया। सरकार ने अपनी गलती का अहसास करते हुए पाया कि उसे यह कानून पास करते समय मूल विधेयक पर कायम रहना चाहिए था, जो सरकार को देश की अखंडता के खिलाफ काम करनेवाली किसी भी पार्टी या संस्था पर प्रतिबन्ध लगाने का अधिकार देता था। उस समय विरोधी पार्टियों को सन्तुष्ट करने के लिए केन्द्र सरकार ने 'अखंडता' के आगे 'क्षेत्रीय' शब्द जोड़ दिया था। विपक्षी पार्टियों को यह डर था कि नए कानून के

अन्तर्गत क्षेत्रीय स्वायत्तता से जुड़ी किसी भी माँग को भारत की अखंडता के खिलाफ चुनौती के रूप में देखा जाने लगेगा।

इस कानून में 'क्षेत्रीय अखंडता' शब्दों के स्पष्ट समावेश के बावजूद नागा और मीजो विद्रोहियों को नहीं दबाया जा सका। नेहरू का कहना था कि नागाओं से होशियारी से नहीं निबटा गया था। कुछ हद तक यह सच भी था। नागाओं के दिल से 'कूपलैंड प्लान' का विचार नहीं निकल पा रहा था, जिसके अन्तर्गत भारत-बर्मा सीमा के पहाड़ी कबीलों को एक साथ जोड़कर एक अलग ब्रिटिश उपनिवेश बनाए जाने का प्रस्ताव था। लेकिन अंग्रेज नागाओं के लिए कोई विशेष व्यवस्था किए बिना ही चले गए और इसके बाद पूरी तसवीर ही बदल गई।

'स्टेट्समैन' से मेरे जुड़ाव के दिन

मैं 'यू. एन. आई.' में ही था कि 'स्टेट्समैन' के स्थानीय सम्पादक के. रंगाचारी ने मुझसे सम्पर्क स्थापित किया। वे जानना चाहते थे कि क्या मैं उनके अखबार में काम करना चाहूँगा। मैंने सोचा कि शायद वे राजनीतिक संवाददाता के ओहदे की बात कर रहे थे। लेकिन जब उन्होंने स्थानीय सम्पादक के पद का प्रस्ताव रखा तो मैं सचमुच ही चौंक गया। इसका मतलब था सम्पादक प्राण चोपड़ा के बाद दूसरे नम्बर की जगह, जिन्हें अखबार के पहले भारतीय सम्पादक के रूप में चुना गया था और जिन्हें अखबार के हेडक्वार्टर कलकत्ता में रहना था।

मुझे दी जा रही तनख्वाह 'यू. एन. आई.' में मेरी तनख्वाह से दुगनी से भी ज्यादा थी। लेकिन तनख्वाह के आकर्षण से कहीं ज्यादा उन दिनों के एक नामी अखबार का सम्पादक बनने के अवसर ने मेरे मन में हलचल मचा दी थी।

फिर भी, 'यू. एन. आई.' को छोड़ने में मुझे कुछ समय लग गया। इस संस्था को मैंने अपने हाथों से बनाया था और बहुत कम तनख्वाहों पर काम करनेवाले अपने सहयोगियों की मदद से, और दिन-रात एक करके, इसे खड़ा किया था। अपने इन सहयोगियों के कारण और उनके साथ अपने बहुत गहरे रिश्तों को देखते हुए मैं जल्दी से कोई फैसला नहीं कर पा रहा था। एजेंसी आर्थिक दृष्टि से कमजोर थी। हालत इतनी खराब थी कि अगर किसी महीने पहली तारीख को ऑल इंडिया रेडियो की सबस्क्रिप्शन का एक लाख रुपए का चेक न आता तो स्टाफ को तनख्वाहें देने में देर हो जाती। मैं खुद अपनी तनख्वाह तो दो महीने देर से लेता था।

उन्हीं दिनों सोशलिस्ट नेता डॉ. राममनोहर लोहिया से मेरी मुलाकात हुई। मेरे 'स्टेट्समैन' में जाने की खबर उन तक भी पहुँच चुकी थी। उन्होंने मुझे फटकार लगाते हुए कहा कि अंग्रेजों के जाने के बाद भी उनके प्रति मेरा मोह कम नहीं हुआ था। 'यू. एन. आई.' एक भारतीय संस्था थी, और लोहिया यह कहना चाहते थे कि इससे मुँह फेरने का अर्थ था अपनी खुद की चीज या भारतीयता से मुँह फेरना। मैंने उन्हें बताया था कि प्रायोजक और पैसा लगाने के लिए तैयार नहीं थे, जिसके बिना कर्मचारियों की मामूली तनख्वाहों में इजाफा करना मुश्किल हो रहा था।

इसके बाद जब मैं कई महीने बाद लोहिया से मिला तो वे एक सरकारी अस्पताल के

बिस्तर में लेटे अपनी आखिरी साँसें ले रहे थे। उन्होंने 'यू. एन. आई.' या 'स्टेट्समैन' की कोई बात करने की बजाय सिर्फ यह कहा, ''कुलदीप, मेरी मौत डॉक्टरों की वजह से हो रही है।'' यह सच ही था, क्योंकि वे उनकी बीमारी का सही पता नहीं लगा पाए थे।

मैंने 'यू.एन.आई.' के कर्मचारियों को अपनी विदाई के लिए मना तो लिया, लेकिन वे मन-ही-मन अब भी घबराए हुए थे। उन्हें डर था कि मेरे जाने के बाद न्यूज एजेंसी ज्यादा दिनों तक नहीं टिकेगी। मैं जानता था कि यह उनकी गलतफहमी थी, लेकिन मैं उन्हें यकीन नहीं दिला पा रहा था। विदाई से पहले मैं प्रधानमंत्री इन्दिरा गांधी से मिलने गया। वे भी इस बारे में सुन चुकी थीं। उन्होंने बड़े भावभीने शब्दों में कहा, ''कुलदीप, क्या कोई माँ अपने बच्चे को भी छोड़ती है?'' उनका मतलब था कि मैंने 'यू.एन.आई.' को अपने बच्चे की तरह पाल-पोसकर बड़ा किया था और अब मैं उसे छोड़कर जा रहा था। मैंने उन्हें यकीन दिलाया कि 'यू. एन. आई.' अपने लिए एक जगह बना चुकी थी और मेरे बाद भी जिन्दा रह सकती थी।

'यू.एन.आई.' की तुलना में 'स्टेट्समैन' एक जमी-जमाई संस्था थी और कर्मचारियों को अच्छी तनख्वाएँ मिलती थीं। पहले ही दिन मुझे इस बात का अहसास हो गया कि यह एक अलग दर्जे की संस्था थी। मैंने चपरासी से पानी माँगा तो वह मुझे पानी देने की बजाय काफी दूर स्थित किचन में यह बोलने गया कि मेरे लिए पानी भिजवाया जाए। उसने मुझे बाद में बताया कि इस तरह के काम एक विशेष जाति के लोग करते थे। ये दीवारें धीरे-धीरे ढहती चली गईं, लेकिन ऐसा करने में मुझे काफी समय लग गया।

मेरे लिए सबसे खुशी की बात मेरा साप्ताहिक कालम 'बिटवीन द लाइन्स' था, जिसे मैं पिछले 50 वर्षों से लगातार लिखता रहा हूँ। इसमें बीच में एक वर्ष का अन्तराल जरूर आया था, जब मैं लन्दन में भारत के हाई कमिश्नर के रूप में नियुक्त था। मेरी पहली किताब का भी यही नाम था–'बिटवीन द लाइन्स।' यह नाम विद्वान सम्पादक चेलापति राव द्वारा सुझाया गया था।

'स्टेटस्मैन' में मुझे खबरों के लिए मंत्रियों के पीछे नहीं दौड़ना पड़ता था। मंत्री खुद मेरे पास आते थे। वे हमारे अखबार में अपनी तसवीर छपवाने के लिए मचलते रहते थे। अखबार की प्रसार-संख्या इतनी ज्यादा नहीं थी, लेकिन इसकी प्रतिष्ठा बहुत ऊँची थी। मुझे एक केन्द्रीय मंत्री का उदाहरण याद आ रहा है, जो अपनी पत्नी की तसवीर छपवाना चाहते थे। यह तसवीर उस समय की थी जब वे एक खेल समारोह में पुरस्कार बाँट रही थीं। मैंने यह तसवीर हिन्दी के एक अखबार में छपी देखी थी, जिसका सर्क्युलेशन हमसे तीन गुना ज्यादा था। लेकिन मंत्री जी का कहना था कि 'स्टेट्समैन' एक ऐसा अखबार था जिसे देश का 'बौद्धिक वर्ग' पढ़ता था।

'स्टेट्समैन' में अपने कार्यकाल के दौरान ही मैंने 'ऑल इंडिया उर्दू एडिटर्स कॉन्फ्रेंस' की स्थापना की। इसमें अपने पहले अध्यक्षीय भाषण में मैंने कहा कि कोई भी भाषा जो लोगों की आजीविका का साधन न हो, अपने अस्तित्व को लेकर संकट का सामना करेगी। मैं उर्दू को उत्तर प्रदेश, बिहार, आन्ध्र प्रदेश, पंजाब, हरियाणा और दिल्ली की दूसरी भाषा के रूप में मान्यता दिलवाना चाहता था।

उर्दू मेरा पहला प्यार थी और यह लगातार पिछड़ती जा रही थी। मेरा खयाल है कि एक बार इससे प्यार हो जाने के बाद इसका नशा उतरना बहुत मुश्किल होता है। मैंने एक पत्रकार के रूप में उर्दू से ही अपनी शुरुआत की थी। मैं चाहता था कि इस भाषा को भारत में भी मान्यता मिले। लेकिन इसे पाकिस्तान की भाषा मानकर ठुकराया जा रहा था। यह सच था कि वहाँ इसे आधिकारिक भाषा का दर्जा दे दिया गया था। लेकिन यह भी सच था कि इसका जन्म दिल्ली के आसपास हुआ था। यह इस लिहाज से हिन्दी से अलग थी कि इसे अरबी लिपि में लिखा जाता था और इसमें फारसी और अरबी के बहुत-से शब्द थे। फिर भी दोनों भाषाएँ करीब-करीब एक जैसी थीं।

केन्द्र सरकार ने उर्दू के विकास को बढ़ावा देने के तरीकों का पता लगाने के लिए बहुत-सी समितियाँ गठित कीं। बहुत-सी उर्दू अकादमियाँ शुरू की गईं। लेकिन, जैसाकि उपमहाद्वीप के एक अहम शायर और मेरे दोस्त अहमद फराज ने इन अकादमियों का दौरा करने के बाद कहा था, ये सब महज 'अनुवाद ब्यूरो' की भूमिका निभा रही थीं। यह बात आज भी उतनी ही सच है, क्योंकि इन अकादमियों में बहुत कम मौलिक काम होता है। पाकिस्तान उर्दू के विकास के नाम पर भारत से भी कम खर्च करता है, इसलिए यह भाषा निरन्तर मार खाती जा रही है।

मौलाना आजाद ने एक बार कहा था कि बँटवारे के बाद उर्दू ने अपना अधिकार खो दिया था। ऐसा इसलिए हुआ क्योंकि उर्दू को मुसलमानों से जोड़कर देखा जाने लगा। उर्दू के विकास और प्रसार के लिए जब 'इन्दर गुजराल समिति' गठित की गई तो मैंने कहा था कि सरकार उर्दू के भविष्य को लेकर सिर्फ बातें करने तक सीमित रहती थी और इस समिति से भी कुछ भी हाथ नहीं लगेगा, क्योंकि इस तरह की कितनी ही समितियाँ बन चुकी थीं। समिति ने मुझे भरोसा दिलाया कि उसके सुझावों पर सचमुच ही अमल किया जाएगा। लेकिन ऐसा कुछ भी नहीं हुआ। इस समिति की सिफारिशें भी कागजों पर ही धरी रह गईं। सच्चाई यह है कि हमारे यहाँ उर्दू के खिलाफ बहुत गहरे पूर्वाग्रह हैं। हिन्दुत्व शक्तियाँ समझती हैं कि उर्दू को बढ़ावा देने के लिए कुछ भी करना मुसलमानों का तुष्टिकरण करना है।

स्टेट्समैन में मेरी नियुक्ति के एक महीने के भीतर ही प्राण चोपड़ा ने अखबार के पहले भारतीय सम्पादक के रूप में अपना कार्यभार सँभाल लिया था। वे तब तक सह-सम्पादक (डिप्टी एडिटर) पद पर थे।

अखबार का स्वामित्व उद्योगपतियों के एक समूह के हाथ में था, जिनमें टाटा भी शामिल थे। इन मालिकों ने बोर्ड ऑफ डायरेक्टर्स के ऊपर एक ट्रस्ट की स्थापना कर दी, ताकि अखबार और खासकर सम्पादक की स्वतंत्रता को सुनिश्चित किया जा सके। भारत के भूतपूर्व एटोर्नी जनरल मोतीलाल सी. सेतलवाड़ को इस ट्रस्ट का चेयरमैन नियुक्त कर दिया गया।

बोर्ड ने सी.आर. ईरानी के रूप में एक मैनेजिंग डायरेक्टर भी नियुक्त कर दिया, जो बोर्ड के चेयरमैन थे। वे टाटाओं के खानदान से जुड़े नानी पालखीवाला के भानजा थे। ट्रस्ट को अखबार की नीति का ध्यान रखने का अधिकार था, जो बोर्ड द्वारा निर्धारित की गई थी। इसके अनुसार, अखबार को 'भारत के संविधान के अनुसार प्रजातांत्रिक शासन के सिद्धान्तों और खासकर संविधान द्वारा प्रदत्त मूलभूत अधिकारों की रक्षा' करनी थी। ट्रस्ट

को बोर्ड द्वारा सम्पादक को दी गई 'न्यायसंगत, परम्परागत और आवश्यक सम्पादकीय स्वतंत्रता' की भी रक्षा करनी थी।

ए. चार्ल्टन नामक एक अंग्रेज तब अखबार के डिप्टी एडिटर थे। उन्हें एडिटर नियुक्त कर दिया गया। कुछ ही महीने बाद जहाँगीर गांधी की अध्यक्षता में काम कर रहे बोर्ड ने ट्रस्ट से शिकायत की कि अखबार की सम्पादकीय नीति 'कुछ खास मंत्रियों के बारे में खराब प्रभाव' पैदा कर रही थी। चार्ल्टन ने ट्रस्ट को भेजे अपने नोट में कहा कि सम्पादकीय टिप्पणियाँ अखबार की निर्धारित नीति के खिलाफ नहीं थीं।

जब ट्रस्ट के एक सदस्य एस.एम. बोस ने स्वास्थ्य कारणों से त्याग-पत्र दे दिया तो जहाँगीर गांधी ने सेतलवाड़ को सुझाव दिया कि पालखीवाला को ट्रस्ट में ले लिया जाए। लेकिन सेतलवाड़ को टाटा घराने से किसी को ट्रस्टी के रूप में रखना बड़ा अटपटा लगा, इसलिए उन्होंने भूतपूर्व चीफ जस्टिस एस. आर. दास को ट्रस्ट में ले लिया। दास एक कमजोर व्यक्ति साबित हुए।

बोर्ड प्राण की सम्पादकीय नीति से खुश नहीं था। 1967 में पश्चिम बंगाल में सत्ता में आई संयुक्त वाम मोर्चे (युनाइटिड लेफ्ट फ्रंट) की सरकार से जुड़ी खबरों से वह खासतौर से नाराज़ था। टाटा और पालखीवाला ने सेतलवाड़ से मुलाकात करके आरोप लगाया कि प्राण के सम्पादन में छप रही खबरों और सम्पादकीय टिप्पणियों में साम्यवादी रुझान दिखाई देता था। वे प्राण की छुट्टी करना चाहते थे। ट्रस्ट ने खबरों और टिप्पणियों को लेकर प्राण से बातचीत की और इस निष्कर्ष पर पहुँचा कि वे 'किसी भी तरह' अखबार की नीति से भटके नहीं थे।

इसके बाद अचानक ही ट्रस्ट को भंग कर दिया गया। पालखीवाला एक वकील होने के नाते जानते थे कि वे जिस बोर्ड के चेयरमैन थे, वह यह कदम उठाने के लिए स्वतंत्र था। सेतलवाड़ ने ट्रस्ट की बर्खास्तगी पर अफसोस जाहिर किया।

ट्रस्ट की बर्खास्तगी और जिस तरह से यह सब हुआ था, वह 'स्टेट्समैन' का नाम डुबोने वाली बात थी। उन्हीं दिनों मेरी मुलाकात एस. सबावाला से हुई। वे एक पत्रकार थे और अब टाटासंस के डायरेक्टर थे। उन्हें भी इस बात की चिन्ता थी कि ट्रस्ट को बिना कारण बताए भंग किए जाने से 'स्टेट्समैन' का नाम खराब होगा। उन्होंने दिल्ली के ड्राइंग-रूमों में इस तरह की बातें सुनी थीं। मैंने उनसे कहा कि अगर प्राण चोपड़ा 'स्टेट्समैन' के सम्पादक बने रहे तो खोई हुई प्रतिष्ठा फिर से लौट सकती थी। ट्रस्ट की बर्खास्तगी के बाद उन्होंने इस्तीफा दे दिया था। उन्हें इसे वापस लेने के लिए राजी करना जरूरी था। उनका कहना था कि ट्रस्ट को भंग करके बोर्ड ने उनकी नौकरी की शर्तों का उल्लंघन किया था।

अगले दिन मुझे बम्बई से जे. आर. डी. टाटा का फोन आया। वे मुझसे मिलना चाहते थे। यह बिलकुल साफ था कि सबावाला ने उनसे बात की थी। मैंने प्राण को फोन करके बता दिया कि जे. आर. डी. ने मुझे बम्बई बुलाया था।

मैं जे.आर.डी. के दफ्तर में पहुँचा तो वे पालखीवाला के साथ बैठे हुए थे। मुझे जरा भी सन्देह नहीं था कि वे 'स्टेट्समैन' के बारे में ही बात कर रहे थे। हमारे बीच कोई भी इधर-उधर की बात नहीं हुई। जे.आर.डी. ने सीधे मुद्दे पर आते हुए पूछा कि प्राण अखबार क्यों छोड़ रहे थे। मैंने उन्हें बताया कि उनकी मैनेजिंग डायरेक्टर ईरानी के साथ नहीं बन

रही थी। प्राण को यह डर था कि ट्रस्ट के अभाव में ईरानी सम्पादकीय मामलों में बहुत ज्यादा टाँग अड़ाएँगे। ईरानी के साथ उनका सुखद अनुभव नहीं रहा था और बाद में निकाले जाने की बजाय वे पहले ही चले जाना चाहते थे।

जे.आर.डी. ने पालखीवाला की तरफ इशारा करते हुए कहा, "मैंने इनसे कहा था कि मुझे यह आदमी (ईरानी) पसन्द नहीं है।" पालखीवाला पहले तो खामोश बैठे रहे, लेकिन जब जे.आर.डी. ने फिर से ईरानी की बुराई की तो वे बोले, "ईरानी भला क्यों दखल देंगे? मैं इस बात का ध्यान रखूँगा कि वे ऐसा न करें।" जे.आर.डी. सन्तुष्ट नहीं थे। उन्होंने मुझसे पूछा कि प्राण चोपड़ा किन शर्तों पर अपना इस्तीफा वापस लेने के लिए राजी थे। मैंने कहा कि मुझे कुछ भी नहीं मालूम था।

जे.आर.डी. ने कहा कि उनका एक प्रस्ताव था, जिसे मैं प्राण चोपड़ा तक पहुँचा दूँ। जे.आर.डी. प्राण के अनुबंध की बची हुई अवधि (शायद दो-ढाई वर्ष) की पूरी तनख्वाह और अन्य भत्ते उनके व्यक्तिगत खाते में जमा करवाने के लिए तैयार थे। इसके बाद यह प्राण पर निर्भर था कि अपनी सम्पादकीय स्वतंत्रता का उल्लंघन होते ही वे कभी भी छोड़कर चले जाएँ। ऐसी स्थिति में बैंक में जमा सारी रकम उनकी होगी और उन्हें अपने जाने का कारण भी नहीं बताना पड़ेगा।

मेरा खयाल था कि यह बड़ा अच्छा प्रस्ताव था। प्राण चोपड़ा खुद ही यह फैसला कर सकेंगे कि उनकी सम्पादकीय स्वतंत्रता में टाँग अड़ाई जा रही है या नहीं। मैंने फोन करके प्राण को जे.आर.डी. का प्रस्ताव बताया। उनकी प्रतिक्रिया नकारात्मक थी। मैंने उन्हें काफी समझाया कि उन्हें यह प्रस्ताव स्वीकार क़र लेना चाहिए, क्योंकि यह एक न्यायपूर्ण प्रस्ताव था और यह खुद उन्हें तय करना था कि उनकी सम्पादकीय स्वतंत्रता का उल्लंघन हो रहा था या नहीं। मैंने उनसे यह भी कहा कि इस समय अखबार को उनकी बहुत ज्यादा जरूरत थी। मुझे नहीं मालूम कि वे क्यों इनकार करते रहे। यह सही था कि ईरानी बहुत कट्टर विचारों वाले दक्षिणपन्थी व्यक्ति थे, जबकि उदारवादी प्राण का रुझान वाम की तरफ था और जिसे पश्चिम बंगाल में पसन्द भी किया जाता था।

मामला अदालत में चला गया। प्राण आखिर तक लड़ना चाहते थे, लेकिन जब जज ने उन्हें बताया कि यह मामला वर्षों तक खिंचता रहेगा तो उन्होंने मुकदमा वापस ले लिया। प्राण अपने सीमित साधनों से वकीलों का खर्च उठा रहे थे जबकि ईरानी 'स्टेट्समैन' की तरफ से लड़ रहे थे।

जे.आर.डी. को बड़ी निराशा हुई थी कि प्राण ने उनके प्रस्ताव को ठुकरा दिया था। इसके बाद उन्होंने अखबार में कोई दिलचस्पी नहीं ली। प्राण को बर्खास्त कर दिया गया और उन्होंने दिल्ली से 'सिटिजन' नामक अखबार निकाला। इसके उद्घाटन पर मैं भी मौजूद था और मैंने आमंत्रित मेहमानों के रजिस्टर में हस्ताक्षर भी किए थे। मुझे इसकी परवाह नहीं थी कि ईरानी क्या सोचेंगे। 'सिटिजन' चल नहीं पाया और जल्दी ही बन्द हो गया।

कुछ वर्ष बाद ईरानी ने मुझे भी दरवाजा दिखा दिया। मैं सोचता रहा कि क्या इसके पीछे 'सिटिजन' के उद्घाटन पर मेरी उपस्थिति थी। लेकिन एक कारण और भी था। मैंने जे. नानपोरिया को निकाले जाने की स्कीम में शामिल होने से इनकार कर दिया था, जिन्हें खुद ईरानी 'सिंगापुर टाइम्स' से सम्पादक के रूप में लाए थे। नानपोरिया एक पेशेवर पत्रकार

थे और किसी विचारधारा से जुड़े हुए नहीं थे। लेकिन ईरानी सम्पादन और प्रबन्धन दोनों पर अपना नियंत्रण रखना चाहते थे। यही कारण था कि उन्होंने पहले नानपोरिया, फिर अमलेन्दु दासगुप्ता और फिर निहाल सिंह को निकाला।

ईरानी अपने उद्‌देश्य में सफल रहे, लेकिन इस प्रक्रिया में उन्होंने अखबार का सत्यानाश कर दिया, जो शायद भारत का सर्वश्रेष्ठ अखबार था। वे अखबार में अधकचरे लोगों को भरते रहे, जो उनके 'अपने आदमी' हों। आखिर में वे अखबार के मालिक भी बन गए, क्योंकि इमरजेंसी के दौरान पुराने मालिक इतना डर गए थे कि उन्होंने ओने-पौने दामों पर इसके शेयर बेच दिए। ईरानी के पास सभी मालिकों को देने के लिए पूरे पैसे नहीं थे, इसलिए कुछ शेयर खरीदने के लिए मैं भी उनसे मिला। उन्होंने मुझे शेयर बेचने से तो इनकार कर दिया, लेकिन इमरजेंसी के दौरान मेरी 'भूमिका' के लिए मुझे एक जोड़ी कफलिंक भेंट किए।

मैं अखबार के दिल्ली संस्करण का सम्पादक था तो जे.आर.डी. ने दो बार मुझसे फोन पर बातचीत की थी। एक बार उन्होंने ईरान के शाह के खिलाफ कुछ भी प्रकाशित न करने का अनुरोध किया था। शाह ने उन्हें फोन करके एक रिपोर्ट में अपनी खराब छवि प्रस्तुत किए जाने का विरोध किया था। मुझे याद है, एक बार जे.आर.डी. ने मुझसे कहा था कि उन्हें किसी भी उद्यम में इतनी मुश्किलों का सामना नहीं करना पड़ा जितना कि 'स्टेट्समैन' के मामले में। उन्हें हैरानी थी कि उनके पास 10 प्रतिशत से भी कम शेयर होने के बावजूद लोग उन्हें अखबार का मालिक क्यों समझते थे।

दूसरी बार जे.आर.डी. ने मुझे तब फोन किया था जब हमने अपने दिल्ली संस्करण में राजेंद्र पुरी का एक कार्टून छापा था। इस कार्टून में इन्दिरा गांधी को एक पिल्ले (प्रेस) की तरफ देखते हुए दिखाया गया था, जो उन पर भौंक रहा था। नानपोरियो ने कलकत्ता के संस्करण में उनके कार्टूनों को इस्तेमाल करना बन्द कर दिया था। जे.आर.डी. ने मुझसे कहा कि इन्दिरा गांधी ने उन्हें फोन करके इस कार्टून पर एतराज जताया था। राजेंद्र पुरी सहायक सम्पादक के पद पर थे और अखबार के नियमित स्टाफ का हिस्सा थे। मैंने उनसे कुछ नहीं कहा। कुछ दिनों बाद उन्होंने एक और कार्टून बनाया। इसमें इन्दिरा गांधी को अकड़ भरे तेवरों के साथ दिखाया गया था और पृष्ठभूमि में एक कुत्ता भौंक रहा था। मैंने यह कार्टून नहीं छापा। राजेंद्र पुरी इतने उखड़ गए कि उन्होंने अपनी किताब में मुझ पर प्रेस की आजादी को कुचलने का आरोप लगाया। मैंने उन्हें जे.आर.डी. के फोन के बारे में कभी कुछ नहीं बताया था।

'स्टेट्समैन' के दिल्ली संस्करण की प्रसार-संख्या सिर्फ 30,000 थी। हमने एक सर्वे करके पता लगाया कि हमारा सर्क्यूलेशन इतना कम क्यों था। हमें यह जानकर बड़ी हैरानी हुई कि आम पाठकों को हमारी अंग्रेजी बड़ी मुश्किल लगती थी और उन्हें शब्दकोश की जरूरत पड़ती थी। आम धारणा यह थी कि इस अखबार का सम्पादन अंग्रेजों के हाथ में था। यह सच नहीं था। अखबार के दिल्ली संस्करण में किसी भी अंग्रेज की कोई भूमिका नहीं थी। कलकत्ता में जरूर एक अंग्रेज सज्जन सम्पादकीय विभाग का हिस्सा थे, लेकिन वे भी 30 वर्षों से भारत में रहने के कारण भारतीय नागरिक बन चुके थे।

अखबार का प्रसार बढ़ाने के लिए मैंने स्थानीय पृष्ठ पर 'हमें शिकायत है' के नाम से एक स्तंभ शुरू किया, ताकि पाठकों की भागीदारी बढ़ सके। यह एक पूरा पन्ना था और

सप्ताह में दो बार छपता था। लेकिन हमें अच्छा रिस्पांस नहीं मिला। मैंने पाठकों की शिकायतों के समाधान के रूप में एक 'रीड्रेस' कालम भी शुरू किया, ताकि नगर निगम या बीमा कम्पनी इत्यादि के खिलाफ पाठकों की शिकायतों को दूर किया जा सके। इसके बाद पाठकों की भागीदारी बढ़ने लगी।

इसी तरह, मैंने सामाजिक स्वयंसेवकों की गतिविधियों पर 'ब्रिक बाय ब्रिक' के नाम से एक साप्ताहिक कॉलम शुरू किया, ताकि सिर्फ अपने बलबूते पर समाज सेवा में लगे व्यक्तियों की उपलब्धियों को उजागर किया जा सके। लेकिन 25 रुपए का ईनाम रखने के बावजूद बहुत कम लोग आगे आए। हम सिर्फ तीन महीने तक यह कॉलम चला पाए, क्योंकि पत्र ही नहीं आते थे। यह एक तरह की सकारात्मक पत्रकारिता थी।

यूँ 'स्टेट्समैन' के सामने उन दिनों कई और उभरते हुए मुद्दे भी थे।

इन्दिरा राज की शुरुआती हलचलें

पंजाब एक बार फिर सुर्खियों में था। पंजाबी सूबे का आन्दोलन थमने का नाम नहीं ले रहा था। इन्दिरा गांधी को प्रान्त को दो हिस्सों में बाँटने के सिवा कोई रास्ता दिखाई नहीं दिया—पंजाबीभाषी पंजाब और हिन्दीभाषी हरियाणा। यह सिक्खों की बहुत पुरानी माँग थी, जो 1955 में राज्यों के भाषाई पुनर्गठन से पहले से ही एक पंजाबी भाषी राज्य की माँग कर रहे थे।

नेहरू पंजाब के बँटवारे के खिलाफ सख्ती से खड़े रहे थे। उनका कहना था कि क्षेत्र के सभी लोग पंजाब के वर्तमान समाज का ताना-बाना थे, जिसमें फेरबदल करना ठीक नहीं था। पंजाब के बँटवारे से सिख बहुत खुश थे, क्योंकि नए पंजाबीभाषी पंजाब में सिखों की 65 प्रतिशत आबादी के कारण वे बहुमत में हो गए थे। लेकिन दूसरे प्रान्तों से मजदूरों के आगमन के कारण कुछ ही वर्षों में उनका प्रतिशत धीरे-धीरे कम होता चला गया, खासकर बिहार और केरल से बड़ी संख्या में मजदूरों के आगमन के कारण।

इन्दिरा गांधी की निर्णय-क्षमता उनकी बहुत बड़ी खूबी थी, लेकिन धीरे-धीरे उनके कामकाज के तौर-तरीकों में अधिकारवाद की झलक दिखाई देने लगी। उनकी पार्टी के चुनावी घोषणा-पत्र में संविधान में कुछ संशोधनों का वायदा किया गया था। लेकिन उन्होंने सबसे पहले नजरबन्दी कानून का मामला उठाया, शायद अपने आलोचकों का मुँह बन्द करने के लिए। इस मामले में उन्हें गैर-कांग्रेसी मुख्यमंत्रियों का भी समर्थन प्राप्त था। लगभग सभी मुख्यमंत्री निजी और सामूहिक तौर पर उनसे कह चुके थे कि नजरबन्दी (प्रिवेंटिव डिटेंशन) के कानून के बिना उन्हें प्रशासन में भारी दिक्कतें आ रही थीं। इससे पहले इन्दिरा गांधी ने इसी तरीके के एक कानून की अवधि को कम्युनिस्टों के विरोध के कारण आगे नहीं बढ़ाया था। अब उन्होंने एक अध्यादेश जारी करके इसे फिर से लागू कर दिया।

इसके पाँच हफ्ते बाद ही संसद के एक सत्र में उन्होंने आन्तरिक सुरक्षा विधेयक पास करवाकर विरोधियों के खेमे में हलचल मचा दी, जो इसे 'काला कानून' घोषित करते हुए इसका जोरदार विरोध कर रहे थे। यह सचमुच ही 'काला कानून' साबित भी हुआ, क्योंकि इन्दिरा गांधी ने अपने विरोधियों के खिलाफ इसका खुलकर इस्तेमाल किया। नेहरू इस तरह

का कोई कानून बनाने से हमेशा हिचकिचाते रहे थे। उन्होंने स्वतंत्रता दिवस की दूसरी वर्षगाँठ पर ही मुख्यमंत्रियों को चेतावनी देते हुए कहा था, "हमारे लिए, जो नागरिक स्वतंत्रता की बात करते नहीं थकते, किसी भी तरह का दमन बहुत पीड़ाजनक है। अगर कभी राज्य को इस तरह के दमनकारी कानून बनाने की सख्त जरूरत पड़ जाए, तो इन्हें बनाना पड़ता है, लेकिन इनके हालात की माँग से कहीं ज्यादा इस्तेमाल का खतरा हमेशा बना रहता है।"

इन्दिरा गांधी ने वायदे के अनुसार संविधान में संशोधन करने शुरू किए तो कम्युनिस्टों ने उनका खुलकर स्वागत किया। उच्चतम न्यायलय द्वारा जमींदारी उन्मूलन कानून को अवैध कर दिए जाने के बाद नेहरू को भी संविधान में संशोधन करना पड़ा था। उनके लिए संविधान कोई परमपावन चीज नहीं थी, जिसे छेड़ा न जा सकता हो। उन्होंने इस सम्बन्ध में मुख्यमंत्रियों को लिखा था–

> संविधान का सम्मान करना जरूरी है, लेकिन अगर यह अपने युग की भावनाओं या लोगों की गहरी आकांक्षाओं का प्रतिनिधित्व न करता हो, या उनमें रुकावट बन रहा हो, तो कठिनाइयाँ और टकराव पैदा होने लगते हैं। इसलिए उद्देश्य की स्थिरता और निश्चितता के साथ-साथ संविधान में कुछ लचीलापन और बदलाव की क्षमता होना भी जरूरी है।

उनकी यह टिप्पणी केन्द्र के इस रुख से बिलकुल उलट थी कि कोई भी माँग संविधान के प्रावधानों के अन्तर्गत होनी चाहिए।

इस मामले में इन्दिरा गांधी के दृष्टिकोण को उनके द्वारा किए गए पहले संवैधानिक संशोधन से आसानी से समझा जा सकता है। यह संशोधन अनुच्छेद 24 में यह बात साफ-साफ जोड़ने को लेकर था कि संसद को संविधान के सभी हिस्सों में संशोधन का अधिकार था, और इनमें आधारभूत अधिकार भी शामिल थे। हैरानी की बात थी कि किसी ने भी इस पर कोई एतराज नहीं जताया था। लेकिन 25वें संशोधन को जोरदार विरोध का सामना करना पड़ा। यह संशोधन एक नई धारा 31(सी) के रूप में था, जिसके अनुसार पूँजी के न्यायसंगत वितरण को सुनिश्चित करने या आर्थिक शक्ति के केन्द्रीकरण को रोकने के लिए संसद द्वारा पारित किसी विधेयक को अनुच्छेद 14 (कानून की नजरों में समानता), अनुच्छेद 19 (सम्पत्ति का अधिकार, संगठित होने या बोलने का अधिकार इत्यादि) या अनुच्छेद 31 (कानून के अलावा किसी अन्य शक्ति द्वारा कानून से वंचित न किए जाने का अधिकार) के अन्तर्गत चुनौती नहीं दी जा सकती थी। बाद में, उच्चतम न्यायालय ने केशवानन्द भारती के मामले में यह फैसला दिया कि संविधान के आधारभूत ढाँचे को नहीं बदला जा सकता था, संसद द्वारा भी नहीं, और यह बात आज भी लागू है।

इन्दिरा गांधी की सरकार में जो चीज मुझे सबसे ज्यादा खटकती थी, वह थी न्यायपालिका, नौकरशाही, संसद और विधानसभाओं में ऊँचे पदों पर बैठे व्यक्तियों से व्यक्तिगत निष्ठा की अपेक्षा। इसका सीधा-सीधा मतलब था इन्दिरा गांधी के प्रति व्यक्तिगत निष्ठा। दूसरे कई लोगों की तरह मैं भी इस बात पर जोर देना चाहूँगा कि राष्ट्र और संविधान के प्रति सम्पूर्ण प्रतिबद्धता होनी चाहिए, लेकिन किसी व्यक्ति के प्रति नहीं, वह कितना ही ऊँचा क्यों न हो। उनके सभी मंत्री, खासकर अपने वामपन्थी विचारों के लिए जाने जानेवाले मोहन कुमारमंगलम, उन्हीं के सुर में बोलते थे। वे मुझसे कहा करते थे कि उनकी प्रतिबद्धता एक

नजरिए की प्रतीक थी। उनके अनुसार, प्रशासनिक अधिकारियों को अपने फैसलों में सत्ताधारी पार्टी के दर्शन और विचारधारा का ध्यान रखना चाहिए था। कानून मंत्री एच.आर. गोखले के माध्यम से और पश्चिम बंगाल के भूतपूर्व मुख्यमंत्री सिद्धार्थ शंकर रे की सलाह पर—जिन्हें वे उनके 'प्रगतिशील विचारों' के लिए केबिनेट में ले आई थीं—इन्दिरा गांधी ने यह दिखाने की कोशिश की कि प्रतिबद्धता से उनका क्या अर्थ था।

उच्चतम न्यायालय के तीन वरिष्ठतम न्यायाधीशों न्यायमूर्ति आई.एम. शेलत, न्यायमूर्ति के. एस. हेगड़े और न्यायमूर्ति ए.एन. ग्रोवर को 'उनके नजरिए' के कारण 'सुपरसीड' कर दिया गया। उन्होंने अपने हटाए जाने की खबर शाम पाँच बजे रेडियो पर सुनी। आधा घंटा पहले ही वे तीनों एक ही कार में न्यायालय से लौटे थे। उनकी जगह उनके जूनियर (कनिष्ठ) न्यायमूर्ति अजित नाथ रे को मुख्य न्यायाधीश बना दिया गया। ये तीनों उस पीठ में शामिल थे जिसने यह फैसला सुनाया था कि संसद भी संविधान के आधारभूत ढाँचे में बदलाव नहीं कर सकती थी।

इन तीनों ने अलग-अलग भेंटवार्ताओं में मुझे बताया था कि इसके पीछे 'उनका हाथ था', मतलब इन्दिरा गांधी का। वरिष्ठतम न्यायाधीशों के 'सुपरसेशन' की खबर से देश में खलबली मच गई। कइयों ने इसे 'प्रजातंत्र का बलात्कार' बताया। इस्पात मंत्री मोहन कुमारमंगलम ने सरकार का बचाव करते हुए कहा कि "सिर्फ कानूनी जानकारी और कुशलता ही काफी नहीं होती, बल्कि न्यायाधीश की सोच और नजरिए को भी ध्यान में रखना पड़ता है।" इससे पहले कभी भी न्यायपालिका की सोच या नजरिए को लेकर इस तरह का प्रश्न नहीं उठाया गया था।

इन्दिरा गांधी अपने खिलाफ इस दुष्प्रचार के लिए पुराने कांग्रेसियों के गुट को जिम्मेदार मान रही थीं। वे उनसे सीधी टक्कर लेने की ठान चुकी थीं और किसी सही अवसर की तलाश में थीं। कांग्रेस अध्यक्ष निजलिंगप्पा, जो मैसूर के बहुचर्चित मुख्यमंत्री रह चुके थे और मुझे अकसर नाश्ते पर आमंत्रित करते रहते थे, इन्दिरा गांधी को अनुशासित करने की बात करते थे। वे और पुराने गुट के कुछ अन्य लोग उनकी 'तानाशाही' से तंग आ चुके थे। निजलिंगप्पा ने एक दिन मुझे अपनी डायरी दिखाई थी। इसमें 12 मार्च, 1969 की भर्ती में उन्होंने लिखा था, "मुझे अब पूरा यकीन नहीं है कि वे प्रधानमंत्री बने रहने के योग्य हैं। हो सकता है किसी दिन हमारा टकराव हो जाए।" 3 मई, 1969 को राष्ट्रपति डॉ. जाकिर हुसैन के निधन के बाद जब नए राष्ट्रपति को चुनने का समय आया तो इस टकराव के हालात खुद-ब-खुद पैदा हो गए।

इन्दिरा गांधी पुराने कांग्रेसियों की सलाह से नहीं चलना चाहती थीं। वे उनके साथ सलाह करने का दिखावा करने के लिए भी तैयार नहीं थीं। अपने वरिष्ठ साथियों की मदद से इन्दिरा गांधी को प्रधानमंत्री की कुर्सी पर बिठानेवाले कामराज बहुत छोटे महसूस करने लगे थे। वे दूसरों को और शायद अपने मन को भी समझाते हुए कहते थे कि उनके सामने कोई और विकल्प नहीं था। एक बात जो वे नहीं कह पाते थे वह यह थी कि वे उनके 'आदर्श' नेहरू की बेटी थीं। निजलिंगप्पा का कहना था कि उन्हें पक्का पता था कि नेहरू अपनी बेटी को अपनी उत्तराधिकारी के रूप में देख रहे थे। 15 जुलाई, 1969 को उन्होंने अपनी

डायरी में लिखा था कि नेहरू "जाहिर और पक्के तौर पर उन्हें (इन्दिरा गांधी को) प्रधानमंत्री के पद के लिए तैयार कर रहे थे।" छह वर्ष पहले शास्त्री ने भी मुझे करीब-करीब यही बात बताई थी।

बम्बई में कांग्रेस के शीर्ष नेता एस.के. पाटील ने बिलकुल साफ शब्दों में मुझे कहा था, "नेहरू अपने बाद इन्दिरा गांधी को ही प्रधानमंत्री बनाना पसन्द करते, लेकिन वे जानते थे कि उनमें अनुभव की कमी थी। उन्हें उम्मीद थी कि समय आने पर वे अवश्य ही यह पद सँभाल लेंगी।"

इस सम्बन्ध में मुझसे बातचीत करते हुए इन्दिरा गांधी ने अपने बचाव में कहा था, "अगर मेरे पिता के मन में इस तरह का कोई विचार होता तो वे मुझे संसद में लाने की कोशिश करते। लेकिन मैं जब भी इस तरह का सुझाव देती थी तो वे कहते थे कि मुझे संसद में नहीं आना चाहिए।"

कांग्रेस का विभाजन

जैसाकि मैं पीछे कह चुका हूँ, कांग्रेस के पुराने नेताओं के गुट को 'सिंडिकेट' के नाम से जाना जाता था। इस गुट ने इन्दिरा गांधी द्वारा मनोनीत जगजीवन राम को राष्ट्रपति के पद के उम्मीदवार के रूप में स्वीकार करने से इनकार कर दिया तो पार्टी के विभाजन की जमीन तैयार हो गई। सिंडिकेट को चिन्ता थी कि इस विभाजन को कैसे रोका जाए। सिंडिकेट द्वारा मनोनीत और कांग्रेस के अधिकृत उम्मीदवार नीलम संजीव रेड्डी चुनाव हार गए। सब जानते थे कि इसके पीछे इन्दिरा गांधी का हाथ था। इन्दिरा गांधी ने जगजीवन राम की जगह वी.वी. गिरि को एक स्वतंत्र उम्मीदवार के रूप में चुनाव में उतार दिया था, और वे नीलम संजीव रेड्डी को हराकर यह चुनाव जीत गए थे।

उत्तर प्रदेश के मुख्यमंत्री कमलापति त्रिपाठी ने पहले ही इन्दिरा गांधी को चेतावनी दे दी थी कि पार्टी के अधिकृत उम्मीदवार को हराकर वे पुराने नेताओं से सीधी टक्कर ले रही थीं, जो किसी 'महाभारत' से कम न होगी।

सिंडिकेट पार्टी के अधिकृत उम्मीदवार को हराने के लिए इन्दिरा गांधी के खिलाफ अनुशासनात्मक कार्रवाई करना चाहता था। इन्दिरा गांधी का कहना था कि यह लड़ाई राष्ट्रपति की बजाय प्रधानमंत्री के पद को लेकर थी। उन्होंने एक बयान जारी करके कहा था, "ये मुट्ठी भर अहंकार में डूबे लोग जनता द्वारा प्रजातांत्रिक तरीके से चुने गए नेता के खिलाफ अनुशासनात्मक कार्रवाई करने की धृष्ठता दिखा रहे हैं। क्या हमें इनके आगे आत्म-समर्पण कर देना चाहिए या पार्टी को ऐसे अप्रजातांत्रिक और फासिस्ट तत्त्वों से मुक्त करना चाहिए?"

अखबारवालों के लिए यह बड़ा दिलचस्प समय था। दोनों पक्ष अखबारों की हेडलाइन से फौरन पहले अपना वक्तव्य जारी करते थे, ताकि सुबह के अखबारों में उन्हीं का वक्तव्य छाया रहे। भगवान का शुक्र था कि तब टीवी चैनल नहीं थे, वरना उन्हें हर घंटे ऐसे वक्तव्य जारी करने पड़ते।

कांग्रेस को टूटने से बचाना मुश्किल था। ओल्ड गार्ड इन्दिरा गांधी को सबक सिखाने पर तुला हुआ था। दूसरी तरफ इन्दिरा गांधी भी टकराव के मूड में थीं। दोनों पक्ष लोकसभा

अपने अध्ययन कक्ष में कुलदीप नैयर

पिता डॉ. गुरुबख्श सिंह और माँ पूरन देवी के साथ

विवाहोपरान्त (1949) शिमला में पत्नी भारती (मध्य में बैठी),
ससुर भीम सेन, सास ललिता सच्चर तथा अन्य परिवारजन के साथ

लंदन के इंडिया हाऊस में पत्नी भारती के साथ

ताजमहल की पृष्ठभूमि में सपरिवार

प्रथम प्रधानमंत्री जवाहरलाल नेहरू के साथ

प्रधानमंत्री लालबहादुर शास्त्री के साथ

पत्रकार वार्ता में प्रधानमंत्री इंदिरा गाँधी के साथ

प्रधानमंत्री चन्द्रशेखर के साथ

उप प्रधानमंत्री लालकृष्ण आडवाणी के साथ

राष्ट्रपति ए.पी.जे. अब्दुल कलाम के साथ

राष्ट्रपति आर. वेंकटरमन के साथ

तिरुपति में राष्ट्रपति ज्ञानी जैल सिंह से पुरस्कार ग्रहण करते हुए

उपराष्ट्रपति भैरव सिंह शेखावत के साथ

रक्षामंत्री कृष्ण मेनन के साथ

अमृतसर के गुरुनानक देव विश्वविद्यालय में पंजाब के मुख्यमंत्री प्रकाश सिंह बादल से शोध उपाधि ग्रहण करते हुए

सरोद वादक अमजद अली खाँ के परिवार के साथ उनकी लंदन यात्रा के दौरान

दिलीप कुमार और मोंटेक सिंह अहलूवालिया के साथ

लंदन में क्रिकेट खिलाड़ी बिशनसिंह बेदी और दिलीप वेंगसरकर के साथ

इस्लामाबाद में प्रथम इंडो पाक बैठक में खुशवंत सिंह एवं अन्य सम्पादकों के साथ

मित्र रोमेश थापर (मध्य) तथा निखिल चक्रवर्ती (दाएँ) के साथ

पाकिस्तान के राष्ट्रपति जिया-उल हक़ का साक्षात्कार लेते हुए

पाकिस्तान में मित्रों के साथ

लाहौर में मानवाधिकार कार्यकर्ताओं के साथ

लंदन में नेहरू गैलरी के उद्घाटन के अवसर पर महारानी ऐलिज़ाबेथ के साथ

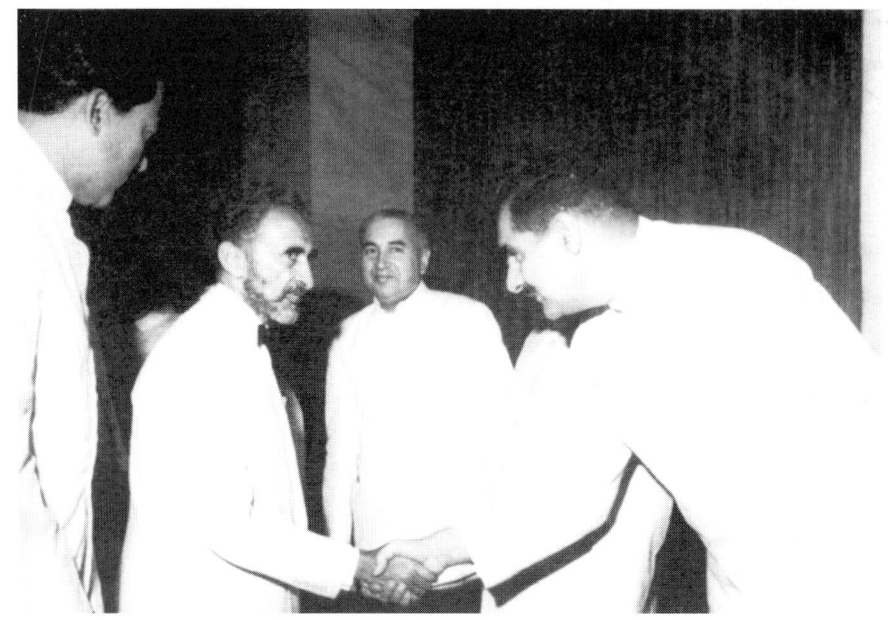

यूथोपिया के महाराजा हैले सेलेस्सी प्रथम से हाथ मिलाते हुए

इंग्लैंड की प्रधानमंत्री मारग्रेट थैचर से हाथ मिलाते हुए कुलदीप नैयर की पत्नी श्रीमती भारती

शिकागो की नॉर्थ वेस्टर्न यूनिवर्सिटी में पत्रकारिता के अध्ययन के अवसर पर एक कार्यक्रम में

शिकागो की नार्थ वेस्टर्न यूनिवर्सिटी में सम्मान ग्रहण करते हुए

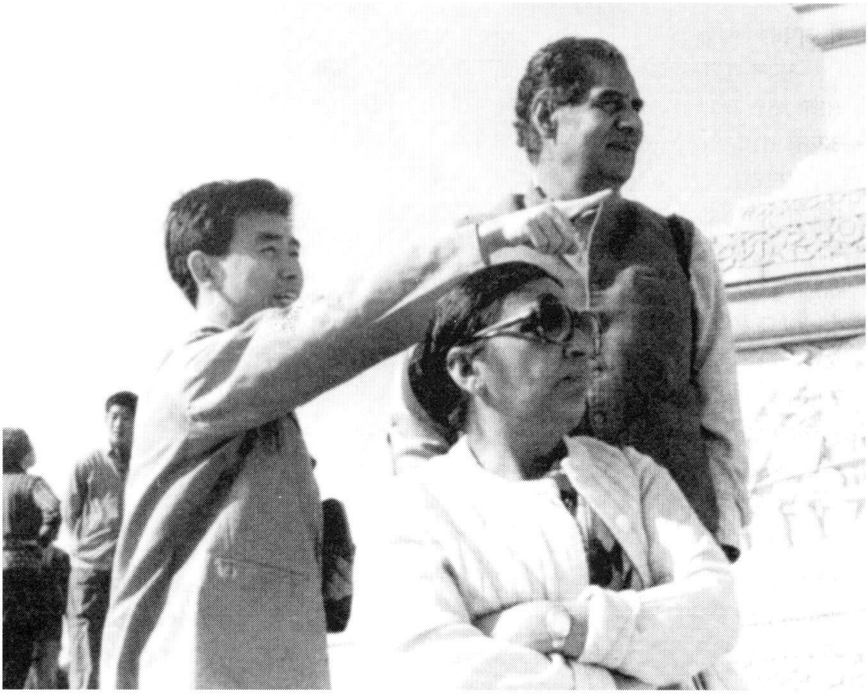

चीन यात्रा में पत्नी भारती के साथ

पत्नी भारती के साथ नदी किनारे अवकाश के क्षणों में

में अपनी-अपनी शक्ति का आकलन कर रहे थे।

सदन में कुल 523 सदस्य थे। इन्दिरा गांधी की तरफ से कहा जा रहा था कि उनके साथ 330 सदस्य थे। इससे विरोधियों का मनोबल तोड़ने के साथ-साथ ऐसे सदस्यों को अपनी तरफ खींचने में भी मदद मिल रही थी जो न इधर थे न उधर।

'स्टेट्समैन' में मुखपृष्ठ की सुर्खी थी–'मीटिंग में 330 सदस्यों की उपस्थिति का दावा।' मुझे बताया गया कि इन्दिरा गांधी को यह सुर्खी अच्छी नहीं लगी थी। एक जनसभा में अखबार का नाम लिए बगैर उन्होंने कहा कि अखबारों की सुर्खियाँ उनके मालिक तय कर रहे थे। आज यह भले ही एक सच्चाई हो, लेकिन उन दिनों ऐसा कुछ भी नहीं था।

लोकसभा में इन्दिरा गांधी की वास्तविक शक्ति 220 साबित हुई, जो स्पष्ट बहुमत से कम थी। लेकिन उन्हें 46 कम्युनिस्ट सदस्यों के समर्थन का भरोसा था, जो उन्हें 'निहित स्वार्थों' के खिलाफ लड़ने के लिए उकसाते रहे थे। उनका कहना था कि वाम और दक्षिण के बीच ध्रुवीकरण का समय आ गया था, इसलिए उन्हें इन्दिरा गांधी का समर्थन करने में कोई आपत्ति नहीं थी।

तमिलनाडु की एक क्षेत्रीय पार्टी द्रविड मुनेत्र कषगम (डी.एम.के.) ने इसे केन्द्र में भी एक भूमिका निभाने के अवसर के रूप में देखा। बाद की घटनाओं से साबित हुआ कि इन्दिरा गांधी का समर्थन करके पार्टी ने ठीक ही किया था। तमिलनाडु में सूखे के कारण फसलों को हुए नुकसान से निपटने के लिए केन्द्र ने 17 करोड़ रुपए दिए। कई लोगों का मानना था कि सूखे से हुए नुकसान के ये दावे काफी बढ़ा-चढ़ाकर पेश किए गए थे।

दूसरी राजनीतिक पार्टियों को भी इस विभाजन में तरफदारी करने का अवसर दिखाई दिया। मुख्यतः उत्तर भारत में सिमटी जनसंघ ने पुराने गुट को अपना समर्थन दिया। ऐसा नहीं कि उसे ये बूढ़े नेता बहुत पसन्द थे, बल्कि इसलिए कि वह किसी वैकल्पिक सरकार में अपनी भागीदारी का अवसर देख रही थी। इसी तरह की उम्मीद स्वतंत्र पार्टी में भी जगी।

यूँ कांग्रेस के पुराने नेताओं में भी कुछ ऐसे लोग थे जो इन्दिरा गांधी के 'डायनिज्म' और 'साहस' से प्रभावित थे। लेकिन अनुशासनात्मक कार्रवाई के डर से वे सब चुप बैठे रहे।

प्रजा सोशलिस्ट पार्टी की अलग दुविधा थी। वह समाजवाद के रथ पर सवार होना चाहती थी, जिसके सारथी की भूमिका अब इन्दिरा गांधी निभा रही थीं। लेकिन वह आश्वस्त नहीं थी कि इस रथ की सवारी के लिए यह सही समय था। एक और मुश्किल यह थी कि कम्युनिस्ट इन्दिरा गांधी की तरफ थे, जबकि प्रजा सोशलिस्ट पार्टी अपने कम्युनिस्ट-विरोधी रुख के लिए जानी जाती थी। इसलिए पार्टी ने इन्दिरा गांधी से दूर ही रहने का फैसला किया।

कुल मिलाकर तसवीर काफी अस्पष्ट थी। फिर भी मोटे तौर पर कहा जा सकता था कि वामपन्थी रुझान वाली पार्टियाँ इन्दिरा गांधी के साथ जुड़ गई थीं और दक्षिणपन्थी पार्टियाँ सिंडिकेट के साथ। एक आम आशंका यह थी कि देश को आजादी दिलानेवाली कांग्रेस के विभाजन के बाद कहीं ऐसी शक्तियाँ न उभर आएँ जो व्यक्तिगत स्वतंत्रता के साथ-साथ खुद देश की स्वतंत्रता को भी दाँव पर न लगा दें।

इन्दिरा गांधी ने टकराव की घोषणा करते हुए मोरारजी देसाई से उनका वित्त मंत्रालय वापस माँग लिया। उन्होंने एक पत्र में इसका कारण बताते हुए कहा कि उन्हें 'कुछ मूल

नजरियों और रवैयों' से जोड़कर देखा जाने लगा था। इन्दिरा गांधी के प्रमुख राजनीतिक रणनीतिज्ञ डी.पी. मिश्रा ने मुझे बताया था कि इन्दिरा गांधी को असली धोखा वाई.बी. चव्हाण ने दिया था, जिन्होंने सिंडिकेट के साथ मिलकर संसदीय बोर्ड की बैठक में जगजीवन राम के नाम के प्रस्ताव को पास नहीं होने दिया था। "लेकिन चव्हाण की छवि एक रेडिकल नेता की छवि थी", और क्योंकि इन्दिरा-समर्थक विभाजन को प्रगतिशीलों और दक्षिणपंथियों के बीच विभाजन के रूप में दिखाना चाहते थे, इसलिए सारा दोष मोरारजी देसाई पर मढ़ दिया गया।

इस विभाजन में विचारधारा की शायद ही कोई भूमिका रही थी। लेकिन इन्दिरा गांधी इसी पहलू पर ज्यादा जोर देती रहीं। वे मोरारजी देसाई को निशाना बनाते हुए कहती थीं–जैसाकि एक बार उन्होंने मुझसे एक इन्टरव्यू में भी कहा था कि –"उनकी सार्वजनिक छवि एक दक्षिणपन्थी की है, जिसे उनके खंडन मिटा नहीं पाए हैं।"

मोरारजी ने इस आरोप के जवाब में मुझसे कहा था, "मैं इन्दिरा जी से ज्यादा सोशलिस्ट हूँ।" उन्होंने कहा कि जनवरी 1968 में कोसिगिन दिल्ली आए थे तो उनके साथ बातचीत के दौरान कोसिगिन ने टिप्पणी की थी कि उनके बारे में आम धारणा यह थी कि वे सार्वजनिक क्षेत्र के खिलाफ थे। इसके जवाब में मोरारजी ने उनसे कहा था, "यह भारत के कम्युनिस्टों का प्रोपेगंडा भर है, वरना मुझे एक भी ऐसा उदाहरण बताइए जब मैंने सार्वजनिक क्षेत्र का विरोध किया हो।" कई वर्ष बाद जब वे भारत के प्रधानमंत्री के रूप में सोवियत संघ गए तो उन्होंने कोसिगिन से पूछा कि वे भारत के कम्युनिस्टों को पैसा क्यों देते थे। मैं विमान में उनके पीछे की सीट पर बैठा हुआ था। कोसिगिन ने इस आरोप का खंडन किया। लेकिन जब मोरारजी ने कहा कि उनके पास इसके सबूत थे तो कोसिगिन खामोश हो गए।

इन्दिरा गांधी के साथ नेहरू की बेटी होने का प्रभा-मंडल जुड़ा हुआ था, इसलिए ज्यादातर लोग उन्हें एक नेता के रूप में सहर्ष स्वीकार कर लेते थे। उनकी राष्ट्रव्यापी छवि थी और उन्हें व्यक्तिगत तौर पर एक ईमानदार व्यक्ति के रूप में देखा जाता था। भले ही राममनोहर लोहिया उन पर रूस से एक मिंट कोट का तोहफा स्वीकार करने का आरोप लगाते रहे हों।

इन्दिरा गांधी ने बैंकों और बीमा कम्पनियों का राष्ट्रीयकरण करके अपनी प्रगतिशील छवि को और मजबूत कर लिया। साथ ही उन्होंने ऐसे क्षेत्रों में विदेशी पूँजी के प्रवेश पर प्रतिबंध लगा दिया जहाँ स्थानीय स्तर पर तकनीकी जानकारी उपलब्ध थी।

इन्दिरा गांधी कांग्रेस के पुराने और दिग्गज नेताओं को कितना पसन्द करती थीं, यह उनके तीखे तेवरों से स्पष्ट था, खासकर उन्हें गद्दी पर बिठाने वाले कामराज के प्रति उनके रवैये से। उन्हें लगता था कि वे सब पिछली सीट से सरकार चलाने की कोशिश कर रहे थे। उन्होंने एक इन्टरव्यू में मुझसे कहा था कि आखिर में यह लोगों पर निर्भर करता था कि वे किसे अपना नेता देखना चाहते थे, इन लोगों को या उन्हें। कामराज ने मुझे फोन करके जानना चाहा कि क्या सचमुच इन्दिराजी ने इन्हीं शब्दों का प्रयोग किया था। मैंने उन्हें टेप सुना दिया।

इन्दिरा गांधी ने हर सम्पादक को व्यक्तिगत तौर पर समझाया कि मोरारजी के पुराने विचार वित्त मंत्रालय के साथ मेल नहीं खाते थे। मुझे नहीं बुलाया गया था, क्योंकि मुझे उनका आलोचक माना जाता था। उनके सूचना मंत्री और उनके 'किचन केबिनेट' के सदस्य

इन्दर गुजराल ने उन्हें समझा-बुझाकर मुझे भी आमंत्रित करने के लिए राजी कर लिया। इन्दिरा गांधी ने मुझसे कहा कि मोरारजी देसाई सरकार के प्रगतिशील कदमों के साथ तालमेल नहीं बिठा पा रहे थे। मैंने उनके बचाव में तर्क देते हुए कहा कि वे एक ईमानदार व्यक्ति थे और राजनीति में ऊँचे मूल्यों के प्रतीक थे। इन्दिरा ने मुझसे पूछा कि मैं उन्हें कितने समय से जानता था। इससे पहले कि मैं कोई जवाब दे पाता, वे सिर्फ एक शब्द में उन्हें परिभाषित करते हुए बड़बड़ाईं, 'हमबग।''

मोरारजी ने अपने विभाग में बदलाव को स्वीकार न करते हुए इस्तीफा दे दिया। सिंडिकेट सकते की स्थिति में था और बेबस महसूस कर रहा था। (मोरारजी ने निजलिंगप्पा से कहा था कि उन्हें केबिनेट में वापस लेकर फिर से वित्त मंत्रालय दिया जाना चाहिए।) किसी तरह के विरोध से इन नेताओं की छवि खराब होती। आखिर, बैंकों का राष्ट्रीयकरण पिछले दो दशकों से कांग्रेस के घोषणा-पत्र का हिस्सा रहा था। अब वे कैसे यह कह सकते थे, भले ही दबे शब्दों में, कि वे इस कदम के खिलाफ थे।

एक ऐसे देश में जहाँ पैसे का इन्तजाम करना बहुत मुश्किल था, बैंकों के राष्ट्रीयकरण को एक वरदान के रूप में देखा जा रहा था। किसी बड़े व्यवसायी से लेकर टैक्सी ड्राइवर तक हर कोई इसे बैंकों से पैसा निकालने, उसे अपने काम-धंधे में लगाने या महज खर्च करने के अवसर के रूप में देखने लगा। क्या यही वह सुबह थी जिसका देश बरसों से इन्तजार कर रहा था? इन्दिरा गांधी रातोरात हर किसी से बड़ी और ऊँची दिखाई देने लगीं। उन्हें आम लोगों की मसीहा के रूप में देखा जा रहा था। सरकारी नियंत्रण वाले ऑल इंडिया रेडियो ने उनकी यह छवि प्रचारित करने में अहम भूमिका निभाई।

भले ही बहुत देर हो चुकी थी, पर सिंडिकेट ने कोई कदम उठाने का फैसला किया। वे 'अहम राजनीतिक मुद्दों' पर पार्टी के सदस्यों के लिए 'स्वतंत्र मतदान' के अधिकार को स्वीकार करने के लिए तैयार नहीं थे। इन्दिरा गांधी, जगजीवन राम और फखरुद्दीन अली अहमद ने पार्टी के अधिकृत उम्मीदवार नीलम संजीव रेड्डी के खिलाफ मतदान किया था, इसलिए उन्हें इसकी सफाई देने के लिए कहा गया।

एस.के. पाटिल ने खुलेआम कहा कि इन्दिरा गांधी और उनके समर्थकों ने 'कम्युनिस्टों और हिटलर की प्रचार तकनीक' का इस्तेमाल किया था, और वी.वी. गिरि 'मूलतः एक कम्युनिस्ट उम्मीदवार थे और शायद इसी कारण प्रधानमंत्री को इतने पसन्द थे।' बाद में मैंने वी.वी. गिरि का इन्टरव्यू लिया तो उन्होंने कहा कि वे महज 'रबर स्टैम्प' नहीं थे, हालाँकि उन्होंने इन्दिरा गांधी के समर्थन की तारीफ की और अपने पूरे कार्यकाल के दौरान कभी भी उनकी राय से इधर-उधर नहीं हुए।

इन्दिरा गांधी ने पार्टी-सांसदों के समूहों को बड़े भावुक अंदाज में और कई बार अपने आँसुओं को रोक न पाते हुए समझाना शुरू किया कि वे देश के प्रधानमंत्री की गरिमा और मर्यादा बचाने के लिए ही लड़ी थीं। वे उनसे कहती थीं कि उन्हें पता था कि अपने कार्यकाल के अन्तिम दिनों में उनके पिता को कितनी मानसिक यंत्रणा से गुजरना पड़ा था, क्योंकि वे पार्टी को समाजवाद के रास्ते से भटकने से नहीं रोक पा रहे थे। नेताओं की गुटबाजी के कारण ही इस तरह की परिस्थितियाँ पैदा हो गई थीं।

सिंडिकेट अब खुलकर इन्दिरा गांधी पर 'कम्युनिस्ट' होने का आरोप लगाने लगा था

और कम्युनिस्टों द्वारा उनके समर्थन को इसके प्रमाण के रूप में प्रस्तुत करने लगा था। इससे इन्दिरा गांधी और भी भड़क गईं और भारत में कम्युनिस्टों के बढ़ते प्रभाव के लिए इन नेताओं को ही जिम्मेदार ठहराने लगीं। कुछ हद तक यह सच भी था। केरल और पश्चिम बंगाल के राज्य इसीलिए कांग्रेस के हाथ से निकल गए थे क्योंकि पार्टी के वरिष्ठ नेता आपस में लड़ते रहे थे और चुनाव में गलत उम्मीदवार उतारते रहे थे।

पार्टी में इन्दिरा गांधी के समर्थक पार्टी की एकता का मुद्दा उछाल रहे थे। वाई.बी. चव्हाण सिंडिकेट के साथ मतदान करके इन्दिरा गांधी को नाराज कर चुके थे। उनका खयाल था कि पार्टी का विभाजन होने की स्थिति में उन्हें प्रधानमंत्री पद के उम्मीदवार के रूप में स्वीकार किया जा सकता था। निजलिंगप्पा इन्दिरा गांधी के खिलाफ 'कारण बताओ' नोटिस को खारिज करने के लिए तैयार थे, बशर्ते कि इन्दिरा यह आरोप वापस ले लें कि वे जनसंघ और स्वतंत्र पार्टी से हाथ मिला रहे थे। इन्दिरा गांधी ने ऐसा करने से इनकार कर दिया क्योंकि वे इसे अपने तुरुप के पत्ते के रूप में देख रही थीं।

काफी बहसबाजी के बाद वे पार्टी के 'एकता प्रस्ताव' में ये शब्द शामिल करने के लिए राजी हो गईं कि यह बहुत पीड़ाजनक और दुर्भाग्यपूर्ण है कि कांग्रेस मतदाताओं का एक बड़ा हिस्सा रेड्डी की उम्मीदवारी का समर्थन करने में असफल रहा।

इस 'एकता प्रस्ताव' के एक हफ्ते बाद डी.पी. मिश्र ने उनसे कहा कि वे भले ही संजीव रेड्डी को हराने में सफल रही हों, लेकिन अगर उन्हें सत्ता में रहना है तो उन्हें पार्टी का नियंत्रण अपने हाथ में लेना होगा। उनका सुझाव था कि निजलिंगप्पा के खिलाफ अविश्वास प्रस्ताव लाने के लिए अखिल भारतीय कांग्रेस समिति की मीटिंग बुलाई जाए।

शुरू में इन्दिरा गांधी ने इस सुझाव पर कोई खास ध्यान नहीं दिया। मिश्र के दिल्ली से जाते ही इस प्रस्तावित मीटिंग के लिए हस्ताक्षर अभियान भी रुक गया। लेकिन कुछ समय बाद इन्दिरा गांधी को भी यह अहसास हुआ कि अपने अस्तित्व को बचाए रखने के लिए पार्टी को अपने हाथ में लेना जरूरी था।

लोग उनके अन्दर 'नई पीढ़ी की नेता' और 'गरीबों की मसीहा' देख रहे थे। उनके आलोचक भी यह बात स्वीकार करते थे कि वे 'मर्दों में मर्द' थीं और पार्टी में उनकी टक्कर का कोई भी नेता नहीं था। उनके समर्थकों ने इस बात को भी खूब उछाला कि पार्टी के दिग्गज नेता इसलिए उनके खिलाफ थे क्योंकि वे 'जनता के अहम हितों' के साथ कोई समझौता करने के लिए तैयार नहीं थीं।

शंकरदयाल शर्मा, जिन्हें बाद में राष्ट्रपति का पद देकर पुरस्कृत किया गया, सिंडिकेट की अंदरूनी खबरें इन्दिरा गांधी तक पहुँचाते रहते थे। वे पार्टी के महासचिव थे और सिंडीकेट के साथ होने का ढोंग कर रहे थे। इन्दिरा गांधी ने सिंडिकेट के समर्थक माने जानेवाले चार जूनियर मंत्रियों परिमल घोष, एम.एस. गुरुपदस्वामी, जगन्नाथ पहाड़िया और जे.बी. मुथ्यल राव को इस्तीफा देने के लिए कहा। छह महीने बाद उन्होंने इनमें से दो को मंत्री बना दिया।

अब कथानक क्लाइमेक्स की तरफ बढ़ रहा था। बैंकों के राष्ट्रीयकरण से पैदा हुई उत्साह की लहर कुछ थम चली थी। लेकिन इन्दिरा गांधी अब भी राष्ट्रव्यापी छवि वाली एकमात्र कांग्रेस नेता थीं। मोरारजी देसाई गुजरात तक, निजलिंगप्पा कर्नाटक तक और कामराज तमिलनाडु तक सिमटे हुए थे।

पार्टी के ये दिग्गज नेता इन्दिरा गांधी के इरादों को लेकर किसी गलतफहमी के शिकार नहीं थे। वे फूँक-फूँककर कदम रख रहे थे। उन्होंने चव्हाण को अपनी तरफ खींचने की कोशिश की, लेकिन चव्हाण बड़ी मजबूती से इन्दिरा गांधी के साथ खड़े रहे। वे एक बार अपना नाम खराब कर चुके थे और इस गलती को फिर से दोहराने के लिए तैयार नहीं थे। उन्होंने मुझसे कहा था कि इन्दिरा गांधी को छोड़ना उनकी सबसे बड़ी गलती थी। उनके इस फैसले के पीछे एक कारण यह भी था कि इन्दिरा गांधी के विरोधी दक्षिणपन्थी छवि वाले लोग थे, जबकि चव्हाण केन्द्र के बाईं तरफ खड़े रहना चाहते थे।

सिंडिकेट ने इन्दिरा गांधी को कांग्रेस से निष्कासित कर दिया। इसके जवाब में इन्दिरा गांधी ने अपने समर्थक सांसदों की सभा की। पार्टी के कुल 705 चुने हुए सांसदों में से 441 उनके साथ थे। इन सांसदों ने 22 नवम्बर, 1969 को दिल्ली में एक मीटिंग करके निजलिंगप्पा के खिलाफ अविश्वास प्रस्ताव पास कर दिया। इसके बाद बम्बई में आयोजित एक विशाल सत्र में इस प्रस्ताव की पुष्टि की गई। अहमदाबाद के नजदीक आयोजित एक मीटिंग में भी सांसदों ने इन्दिरा गांधी का जोरदार समर्थन किया।

अब दो कांग्रेस पार्टियाँ थीं और दोनों ही असली कांग्रेस होने का दावा कर रही थीं। अखबारों के लिए इन दोनों में फर्क करना काफी मुश्किल काम हो गया। हमारी 'स्टेट्समैन' की टीम ने फैसला किया कि हम सिंडिकेट की कांग्रेस को 'पुरानी कांग्रेस' और इन्दिरा गांधी की कांग्रेस को 'नई कांग्रेस' कहेंगे। लेकिन फिर यह सोचकर हमने इस विचार को त्याग दिया कि 'पुरानी' से किसी गई-बीती चीज का बोध होता था, जो पार्टी के वरिष्ठ नेताओं के साथ न्यायपूर्ण नहीं होगा। हम सिंडिकेट कांग्रेस के लिए 'कांग्रेस (ओ)' शब्द का इस्तेमाल करने लगे, जिसमें 'ओ' वर्ण 'ऑर्गेनाइजेशन' यानी संस्था का प्रतीक था। एक बार जब इन्दिरा गांधी के साथ एक इन्टरव्यू के दौरान मैंने 'कांग्रेस (ऑर्गेनाइजेशन)' शब्दावली का प्रयोग किया तो उन्होंने एतराज करते हुए कहा, "ऑर्गेनाइजेशन से आपका क्या मतलब है? हमीं ऑर्गेनाइजेशन हैं।" इन्दिरा गांधी की कांग्रेस के लिए हम 'कांग्रेस (आर)' शब्द का इस्तेमाल करने लगे। 'आर' वर्ण 'रेक्यूजिस्निस्टों' का प्रतीक था, लेकिन बाद में इसे 'रूलिंग पार्टी' से जोड़कर देखा जाने लगा।

इन्दिरा गांधी का दावा था कि वे 'प्रगतिशीलता और जनता से जुड़ी नीतियों' की प्रतीक थीं, जबकि सिंडिकेट 'जमींदारी और पूँजीवाद' का प्रतीक था; कि उन्होंने देश के विकास के लिए ही पार्टी के आकाओं से नाता तोड़ा था।

कौन सही था? शायद दोनों ही। वे अपने नेतृत्व को सर्वोच्च शिखर पर देखना चाहती थीं, जबकि पार्टी के आका गई-गुजरी नीतियों में फँसे मामूली लोग प्रतीत होते थे। लेकिन इस प्रक्रिया में दोनों पक्षों ने उस पार्टी की हत्या कर दी जो एक केन्द्र-बिन्दु की प्रतीक थी। अब चरम दक्षिणपंथियों, खासकर जनसंघ और चरम वामपंथियों, खासकर मार्क्सवादियों के लिए मैदान तैयार हो गया था। बाद की घटनाओं ने देश में इस ध्रुवीकरण को खुलकर रेखांकित किया, हालाँकि मार्क्सवाद की तुलना में हिन्दुत्व ने ज्यादा पाँव फैलाए।

अपनी छवि को और दमदार बनाने के लिए इन्दिरा गांधी ने धारा 26 में संशोधन करके भूतपूर्व राजा-महाराजाओं को दिए जानेवाले प्रिवीपर्स और अन्य विशेषाधिकार खत्म कर दिए। एम.सी. चागला ने मुझसे कहा था कि सरकार ने ऐसा करके रियासतों के विलय के समय

किए गए वायदे से मुकरने का काम किया था। लेकिन इन्दिरा गांधी का वास्तविक उद्‌देश्य अपनी लोकप्रियता बढ़ाना था और वे अपने इस इरादे में सफल भी रहीं।

इससे पहले कि इन्दिरा गांधी इन संशोधनों का लाभ उठाकर सामाजिक असमानताओं को कम कर पातीं, उनकी सरकार के सामने बांग्लादेश के रूप में एक नई समस्या आन खड़ी हुई। पाकिस्तान के साथ भारत के सम्बन्ध पहले से ही खराब चल रहे थे। भारत के एक विमान का अपहरण कर लिया गया था और इसे जम्मू से लाहौर ले जाया गया था। वहाँ पाकिस्तानी अधिकारियों की आँखों के सामने इसे जला दिया गया था। भारत बार-बार पाकिस्तान से कहता रहा था कि दोनों देशों को संयुक्त राष्ट्र की संस्थाओं के लिए होनेवाले चुनावों में एक-दूसरे के साथ सहयोग करना चाहिए। लेकिन पाकिस्तान इसे इतर प्रश्न मानता था और कश्मीर मसले पर अड़ा हुआ था।

भारत पाकिस्तान के प्रति बार-बार उदार रुख अपनाता रहा था। सिन्धु जल सन्धि की अवधि खत्म हो जाने के बाद भी भारत ने 31 मार्च, 1970 को यह फैसला किया था कि बियास और रावी नदियों का पानी पाकिस्तान को मिलता रहेगा। (यह पानी आज भी पाकिस्तान को मिल रहा है।) यह फैसला नेहरू के विचारों के अनुरूप था। जल सन्धि से पहले ही उन्होंने एक टिप्पणी में कहा था कि ''इस मामले में हमने असीम धैर्य और मेरी निजी क्षमता से कहीं ज्यादा सावधानी से काम लिया है। पाकिस्तान को नुकसान पहुँचाने की हमारी कभी इच्छा नहीं रही, वहाँ के लोगों को कोई तकलीफ पहुँचाना तो बहुत दूर की बात है।''

पेशावर में बड़े पैमाने पर हुए दंगों के बाद पाकिस्तान के राष्ट्रपति अयूब खान ने इस्तीफा दे दिया था। उनके उत्तराधिकारी याहिया खान भारत के साथ कोई बातचीत करने से कतरा रहे थे। चुनाव सर पर थे और याहिया खान भारत के प्रति नरम रुख अपनाकर अपनी छवि खराब करना नहीं चाहते थे।

8

बांग्लादेश का युद्ध

भारत पूर्वी पाकिस्तान के शरणार्थियों के रूप में एक नई समस्या का सामना कर रहा था, जो लाखों की संख्या में पश्चिम बंगाल में पहुँच रहे थे। देखते-ही-देखते इनकी संख्या दस लाख के आसपास पहुँच गई और इनके भरण-पोषण और पुनर्वास का इन्तजाम करना एक बड़ी समस्या बन गई। शरणार्थियों में ज्यादातर पूर्वी पाकिस्तान के हिन्दू थे, लेकिन बहुत-से मुसलमान भी थे।

इन्दिरा गांधी ने वरिष्ठ और सम्मानित सोशलिस्ट नेता जयप्रकाश नारायण को विश्व दौरे पर भेजा, ताकि वे विदेशी मुल्कों को यह बता सकें कि शरणार्थियों की बाढ़ से भारत पर कितना आर्थिक बोझ पड़ रहा था। उन्हें विश्व नेताओं को यह भी समझाना था कि पूर्वी पाकिस्तान के हालात को देखते हुए इन शरणार्थियों के लिए वहाँ रहना मुश्किल हो गया था।

कुछ समय पहले (19 दिसम्बर, 1970) हुए आम चुनावों में पूर्वी पाकिस्तान के लिए स्वायत्तता की माँग कर रही 'अवामी लीग' को पूर्वी पाकिस्तान की 169 सीटों में से 167 सीटें प्राप्त हुई थीं। दूसरी तरफ पश्चिम पाकिस्तान में 'पाकिस्तान पीपल्ज पार्टी' (पीपीपी) को 144 में से 88 सीटें प्राप्त हुई थीं। दोनों पाकिस्तानों की कुल 313 सीटों को देखते हुए शेख मुजीबुर्रहमान के नेतृत्व वाली अवामी लीग (167 सीटें) के पास स्पष्ट बहुमत था। फिर भी राष्ट्रपति याहिया खान और 'पीपीपी' के नेता जुल्फिकार अली भुट्टो उन्हें प्रधानमंत्री बनाने के लिए राजी नहीं हुए तो शेख मुजीबुर्रमान ने पूर्वी पाकिस्तान के लिए स्वायत्तता की माँग कर डाली।

दोनों विजयी नेताओं में किसी तरह के समझौते के आसार दिखाई नहीं दे रहे थे, बल्कि पाकिस्तान के दोनों हिस्सों के आपसी सूत्र ही खतरे में पड़ गए थे।

राष्ट्रपति याहिया खान और भुट्टो ने मुजीब की चुनौती का मिल-जुलकर सामना करने का फैसला किया, जिसे वे पाकिस्तान को तोड़ने की कोशिश के रूप में देख रहे थे। मुजीब को गिरफ्तार कर लिया गया और उनकी पार्टी को बैन करके पूर्वी पाकिस्तान में बड़े पैमाने पर दमन-चक्र शुरू कर दिया गया। इस बीच (26 मार्च 1971) पूर्वी पाकिस्तान ने 'बांग्लादेश' के रूप में अपने-आपको एक स्वतंत्र देश घोषित कर दिया था।

इस्लामाबाद के आदेश पर पाकिस्तानी सेना ने पूर्वी पाकिस्तान में ऐसे-ऐसे जुल्म ढाए और हत्या, बलात्कार और लूटपाट का ऐसा नंगा नाच खेला कि लोग डर के मारे अपना

घरबार छोड़कर शरणार्थियों के रूप में भारत की तरफ कूच करने लगे। देखते-ही-देखते इन भयभीत शरणार्थियों की संख्या लाखों में पहुँच गई तो भारत ने सीमा को बन्द करने का विचार किया। (स्वर्ण सिंह बार-बार इस पर जोर देते रहे।) लेकिन जल्दी ही इस विचार को त्याग दिया गया, क्योंकि यह भारतीय नीतियों और मर्यादाओं के खिलाफ था। और फिर ये लोग उसी मिट्टी से बने हुए थे और पश्चिम बंगाल के साथ उनके बहुत पुराने और गहरे सूत्र जुड़े हुए थे। इनके लिए देश के दरवाजे बन्द करना एक अमानवीय कृत्य होता। इस सम्बन्ध में नेहरू ने भी एक बार कहा था, "अगर हमारे पास किसी को सुरक्षा देने की माँग आती है, खासकर स्त्रियों और बच्चों को जिनकी जिन्दगी खतरे में हो या इससे भी बुरा होने की सम्भावना हो, तो उनके लिए कुछ न करना मुश्किल ही नहीं बल्कि नामुमकिन हो जाता है।"

बांग्लादेश में भारत के पहले हाई कमिश्नर (उच्चायुक्त) सुबिमल दत्त ने मुक्ति-युद्ध के बाद ढाका में मुझे बताया था कि भारत ने उस समय एक नीतिगत निर्णय लिया था। यह निर्णय पाकिस्तान के खिलाफ जारी विद्रोह को अपना समर्थन देने और बांग्लादेश की स्थापना के आन्दोलन में मदद करने से जुड़ा हुआ था। इससे यह सुनिश्चित हो जाता कि उस तरफ से भारत पर कभी भी हमला नहीं होगा। जहाँ तक बांग्लादेश में रहनेवाले एक करोड़ हिन्दुओं का प्रश्न था, तो उन्हें उनके भाग्य पर छोड़ देने का फैसला किया गया था। नई दिल्ली का अनुमान था कि इनमें से कई भारत चले आएँगे, कुछ इस्लाम धर्म अपना लेंगे, तो कुछ वहाँ के हालात से समझौता कर लेंगे।

इस नीति के तहत भारत ने बांग्लादेश के गुरिल्लाओं को हथियार और प्रशिक्षण देना शुरू किया, जैसाकि पाकिस्तान ने भारत के नागा और मीजो विद्रोहियों के मामले में किया था। इन गुरिल्लाओं को सेना के अधिकारियों के नेतृत्व में सीमा सुरक्षा बल का भी भरपूर सहयोग मिलने लगा। जलंधर में एक सिख मेजर ने मुझे बताया था कि वह 'मुक्ति वाहिनी' का अंग रह चुका था। 'मुक्ति वाहिनी' मुजीब के आन्दोलन की सशस्त्र शाखा थी और बांग्लादेश की मुक्ति के लिए लड़ रही थी।

पाकिस्तान के दोनों हिस्सों के बीच की दूरियाँ खुलकर सामने आ गई थीं। ये दूरियाँ सिर्फ भौगोलिक दूरियों तक सीमित नहीं थीं। भाषा, पहनावा और जीवन-शैली समेत लगभग हर मामले में पश्चिमी और पूर्वी पाकिस्तान एक-दूसरे से बिलकुल अलग थे। उन दोनों के बीच सिर्फ इस्लाम का सूत्र था। पाकिस्तान की स्थापना से जुड़ा धार्मिक उफान कमजोर पड़ते ही उसके दोनों हिस्सों को जोड़नेवाला यह सूत्र भी कमजोर पड़ने लगा था। दोनों के बीच के विरोधाभास दिनोदिन और ज्यादा उजागर होते चले गए थे। सबसे बढ़कर पूर्वी पाकिस्तान को जिन्ना की यह घोषणा खटकती रही थी कि उन्हें उर्दू सीखनी पड़ेगी, जिसे पाकिस्तान की आधिकारिक भाषा घोषित किया जा चुका था।

अपनी सभी मुसीबतों के लिए पूर्वी पाकिस्तानी पश्चिमी पाकिस्तान को जिम्मेदार ठहरा रहे थे। दूसरी तरफ पश्चिमी पाकिस्तान का मानना था कि पूर्वी पाकिस्तान के लिए कितना कुछ भी क्यों न करो, वह कृतज्ञ महसूस नहीं करता था। 1972 में मेरे साथ एक भेंटवार्ता के दौरान अयूब ने कहा था—

> अगर मेरा बस चलता तो 1962 में नया संविधान लागू होते ही मैंने पूर्वी बंगाल से कह

दिया होता कि अगर वे चाहें तो हमसे अलग हो सकते थे, क्योंकि उन्हें उनकी इच्छा के खिलाफ अपने साथ रखने का कोई मतलब नहीं था। मेरी योजना उनसे सीधे-सीधे यह पूछने की थी कि क्या वे अलग होना चाहते थे। अगर वे 'हाँ' कह देते तो यह मामला वहीं खत्म हो जाता। लेकिन कुछ ऐसी चीजें बीच में आ गईं कि मैं इस योजना को आगे नहीं बढ़ा पाया।

हालाँकि भारत में होनेवाले साम्प्रदायिक दंगों में पूर्वी बंगाल के मुसलमानों को हिन्दुओं के खिलाफ भड़काया जा सकता था, लेकिन इसमें कोई शक नहीं था कि वे पश्चिमी पाकिस्तानियों से बहुत ज्यादा खार खाए बैठे थे। बंगाली मुसलमान बंगाली हिन्दुओं की तुलना में पश्चिमी पाकिस्तानियों को कहीं ज्यादा नापसन्द करते थे। इसी तरह पश्चिमी पाकिस्तान के पंजाबी मुसलमान भी बंगाली मुसलमानों की तुलना में पंजाबी हिन्दुओं के ज्यादा नजदीक महसूस करते थे।

दोनों पाकिस्तानों के बीच इन दूरियों का जिन्ना को भी पूरा अहसास था। कई वर्ष बाद उनके नेवल एडीसी कर्नल मजहर अहमद ने उन दिनों के बारे में लिखा था—

पश्चिमी पाकिस्तान का उर्दू को पहली भाषा बनाने का आदेश पूर्वी पाकिस्तानियों को जरा भी रास नहीं आया था, हालाँकि उर्दू अरबी और इस्लाम के ज्यादा नजदीक थी। बंगाली को संस्कृत और हिन्दुत्व के ज्यादा नजदीक माने जाने के बावजूद बंगाली मुसलमान इसी को अपनी भाषा मानते थे। लिहाजा पूर्वी बंगाल के मुसलमान और हिन्दू पश्चिमी पाकिस्तान के खिलाफ एक हो गए थे। (पूर्वी पाकिस्तान बंगालियों के लिए समान अधिकार लेकर ही माना।)

पिता की छवि वाले शेख मुजीबुर्रहमान के उदय से पूर्वी पाकिस्तान में धर्म-निरपेक्षता की भावना को बढ़ावा मिला था। हालाँकि वे 1946 के कलकत्ता कत्लेआम से जुड़े एच. एस. सुहरावरदी के सहयोगी रह चुके थे, फिर भी वे पूरी तरह धर्म-निरपेक्ष और प्रगतिशील ताकतों के साथ थे। लोगों के लिए एक बेहतर जिन्दगी के अपने संघर्ष के दौरान वे लगभग अपनी आधी जिन्दगी जेलों में बिता चुके थे। पश्चिमी पाकिस्तान ने अपनी पूर्वी शाखा को सन्तुष्ट रखने के इरादे से एक बार संघीय ढाँचे के संविधान (1954) पर भी विचार किया था। लेकिन बाद में इस योजना को खारिज कर दिया गया था। संविधान सभा में बंगालियों के दबदबे को कम करने के लिए पंजाब, सिन्ध, ब्लूचिस्तान और उत्तर पश्चिमी सीमा प्रान्त को 'एक इकाई' घोषित कर दिया गया था। इससे पाकिस्तान के दोनों हिस्सों में एक तरह का सन्तुलन स्थापित हो गया था।

मुजीब की धर्म-निरपेक्ष विचारधारा के खिलाफ पाकिस्तान सरकार ने कश्मीर की 'मुक्ति' और 'हिन्दुओं की अधीनता' जैसे मुद्‌दे उठाने की कोशिश की थी। लेकिन पूर्वी पाकिस्तान की बंगाली जनता पर इनका बहुत कम प्रभाव पड़ा था। दूर-दराज के कश्मीर का मसला बंगालियों की भावनाओं को झकझोरने में असफल रहा था। बल्कि वहाँ यह विचार जोर पकड़ रहा था कि सेना के दबदबे को बरकरार रखने के लिए ही कश्मीर का हौवा खड़ा किया जाता रहा था, और सेना में पश्चिमी पाकिस्तान का दबदबा था।

मुजीब ने पाकिस्तान के सामने एक छह-सूत्रीय माँग रखी थी। बाद में यही माँग बांग्लादेश की स्थापना का आधार बनी। पश्चिमी पाकिस्तान को इस माँग में 'भारत का हाथ' दिखाई

दिया और उसने पूर्वी पाकिस्तानियों को भारत के खिलाफ भड़काने की कोशिश की। लेकिन दाल नहीं गली, क्योंकि बंगाली मुसलमान पश्चिमी पाकिस्तान के अपने मुस्लिम भाइयों के हाथों भेद-भाव और शोषण के शिकार हो रहे थे, न कि भारत के हाथों।

मुजीब नजरबन्दी कानून के तहत पहले (20 जनवरी, 1968) भी जेल जा चुके थे। उनके खिलाफ अगरतला साजिश मामले को फिर से तूल दी जाने लगी थी। इस मामले में उन्हें एक अलगाववादी योजना का सूत्रधार ठहराया गया था। उन पर त्रिपुरा की राजधानी अगरतला के रास्ते भारत से हथियार हासिल करने का आरोप लगाया गया था। इस आरोप को विश्वसनीयता प्रदान करने के लिए भारतीय उच्चायोग के प्रथम सचिव पी. एन. ओझा को 'पर्सोना नॉन-ग्राटा' घोषित कर दिया गया था। उन पर 'षड्यंत्रकारियों' की मीटिंग में शामिल होने का आरोप लगाया गया था। यह सच था कि पूर्वी पाकिस्तान में प्रशासन के दबाव से तंग आकर मुजीब 1965 में सीमा लाँघकर भारत चले आए थे। लेकिन यह सब उन्होंने अपनी इच्छा से किया था। जैसे ही भारत सरकार को इसका पता चला था, मुजीब को वापस भेज दिया गया था।

पाकिस्तान सरकार इन आरोपों को साबित नहीं कर सकी थी और मुजीब को बिना शर्त रिहा करना पड़ा था। अपनी रिहाई के बाद मुजीब ने कहा था कि अगर सचमुच कोई साजिश थी तो वह खुद उनके खिलाफ रची गई थी ताकि "पूर्वी पाकिस्तान की जायज माँगों को गलत ठहराया जा सके।" अगरतला मुकदमे के बाद मुजीब की साख और बढ़ गई। वे पश्चिमी पाकिस्तान के खिलाफ बंगाली आक्रोश के प्रतीक बन गए। इसके बाद मुजीब का यह नारा हो गया–'हम पश्चिमी पाकिस्तान के भाई बनकर रहना चाहते हैं, उसके गुलाम बनकर नहीं।'

मुजीब के दाहिने हाथ समझे जानेवाले ताजुद्दीन अहमद ने मुझे बताया था कि स्वायत्तता का आन्दोलन दरअसल अगरतला साजिश मुकदमे के बाद ही शुरू हो गया था। "हमें उसी समय यह अहसास हो गया था कि हम पाकिस्तान के साथ नहीं रह सकते," उन्होंने मुझसे कहा था। "जब हमने देखा कि भारत के साथ मिलीभगत के आरोपों से भी जनता की नजरों में हमारी इज्जत कम नहीं हुई तो हमारी हिम्मत और बढ़ गई।"

बंगालियों को लुभाने के लिए याहिया खान ने (28 नवम्बर, 1969) एक इकाई वाले पश्चिमी पाकिस्तान को भंग करके पुराने प्रान्तों के संघीय स्वरूप को फिर से लागू करने और पूर्वी और पश्चिमी पाकिस्तान के बीच बराबरी के सन्तुलन को खत्म करने का प्रस्ताव रखा। उन्होंने नया संविधान बनाने के लिए 120 दिनों की समय सीमा निर्धारित कर दी, हालाँकि इसे स्वीकार या अस्वीकार करने का अन्तिम अधिकार उन्होंने अपने हाथ में ही रखा। याहिया ने अपने विचार लन्दन के 'द टाइम्स' के नई दिल्ली स्थित दक्षिण एशियाई संवाददाता पीटर हेजलहर्स्ट से व्यक्त किए थे। बाद में उन्हीं से मुझे यह जानकारी मिली थी। यह न सिर्फ एक अस्पष्ट समाधान था, बल्कि तब तक बहुत देर भी हो चुकी थी।

दो चीजों ने पूर्वी पाकिस्तानियों की भावनाओं को और भी झकझोर दिया। इनमें से एक पाकिस्तान के प्लानिंग कमीशन के विशेषज्ञों की रिपोर्ट थी, जिसके अनुसार 1959-60 में पश्चिमी पाकिस्तान की प्रति व्यक्ति आय पूर्वी पाकिस्तान की तुलना में 32 प्रतिशत ज्यादा थी, और पिछले दस वर्षों में अर्थात् 1969-70 तक इस अन्तर में 30 प्रतिशत की और बढ़ोत्तरी

हो चुकी थी। दूसरी चीज थी 12 नवम्बर, 1970 को पूर्वी पाकिस्तान में आए भयंकर तूफान को लेकर पश्चिमी पाकिस्तान का लापरवाही भरा रवैया। इस तूफान में लगभग दस लाख लोग मारे गए थे और पूर्वी पाकिस्तान की कमजोर आर्थिक स्थिति और भी बदतर हो गई थी। तूफान पीड़ितों की मदद के नाम पर पश्चिमी पाकिस्तान ने शायद ही कुछ किया था। भारत ने हेलिकॉप्टरों के जरिए वहाँ खाद्य सामग्री और दवाएँ पहुँचाने का प्रस्ताव रखा तो पाकिस्तान ने झट से इसे ठुकरा दिया। इतना ही नहीं, बाद में वह यह आरोप लगाने से भी नहीं चूका कि तूफान से हुई बर्बादी के कारण भारत ने पूर्वी पाकिस्तान में चोरी-छिपे जो मदद और धनराशि भेजी थी, उसी के कारण पूर्वी पाकिस्तान के लोग भारत की तरफ हो गए थे।

तब तक पूर्वी बंगाल पाकिस्तान के भीतर रहकर ही स्वायत्तता की माँग कर रहा था। मुजीब की अवामी लीग पार्टी के चुनावी घोषणा-पत्र में भी कश्मीर को लेकर पाकिस्तान समर्थक रुख अपनाया गया था। घोषणा-पत्र में कहा गया था–"हम संयुक्त राष्ट्र के प्रस्ताव के आधार पर कश्मीर विवाद के समाधान को सर्वोच्च महत्त्व देते हैं। हम जम्मू और कश्मीर के लोगों द्वारा आत्म-निर्णय के अन्तर्राष्ट्रीय अधिकार के लिए किए जा रहे संघर्ष को अपना समर्थन प्रदान करते रहेंगे।"

लेकिन बांग्लादेश के उदय के बाद अप्रैल, 1972 में मैं मुजीबुर्रहमान से मिला तो उन्होंने कहा कि कश्मीर पूरी तरह से भारत का था, और विवाद सिर्फ उस हिस्से को लेकर था जो पाकिस्तान के पास था। लेकिन उन्होंने कहा कि वे यह बात खुलेआम नहीं कहना चाहेंगे, क्योंकि वे भारत सरकार और शेख अब्दुल्ला के बीच एक पुल की भूमिका निभाने की उम्मीद कर रहे थे।

भुट्टो ने चुनावों के बाद पहला तीर चलाते हुए घोषणा की थी कि उनकी पार्टी 3 मार्च, 1971 को निर्धारित नेशनल असेम्बली के सत्र में भाग नहीं लेगी। बाद में उन्होंने मुझे बताया था कि यह न तो बहिष्कार था और न धमकी, वे सिर्फ मुजीब के साथ किसी तरह के समझौते पर पहुँचने के लिए समय चाहते थे।

भुट्टो के साथ अपनी मिलीभगत का संकेत देते हुए याहिया खान ने असेम्बली सेशन को स्थगित कर दिया। (पाकिस्तान की हार के कारणों की जाँच के लिए गठित हमूद उर-रहमान आयोग को याहिया खान ने बताया था कि उन्हें इसके लिए भुट्टो ने मजबूर किया था।) इसके बाद घटनाएँ बड़ी तेजी से घटीं। पूर्वी पाकिस्तान में दंगे शुरू हो गए, खासकर ढाका में। मुजीब ने 7 मार्च, 1971 को एक जनसभा में एक बार फिर घोषणा की कि "अगर हम अपने मसले शान्तिपूर्वक और दोस्ताना ढंग से सुलझा ले तो हम भाइयों की तरह रह सकते हैं।" लेकिन उन्होंने माँग की कि 26 मार्च को निर्धारित किए गए असेम्बली सत्र से पहले सेना को उनकी बैरकों में वापस भेजा जाए, मार्शल लॉ उठा लिया जाए, और सत्ता लोगों के चुने हुए प्रतिनिधियों को सौंप दी जाए।

मुजीब ने यह भी कहा कि 1965 के भारत-पाक युद्ध के दौरान पूर्वी पाकिस्तान अपने दूसरे हिस्से से पूरी तरह कट गया था। और तो और, दोनों के बीच किसी तरह का हवाई सम्पर्क भी नहीं रहा था। पाकिस्तान के दोनों हिस्सों के बीच इस दूरी को भुलाते हुए और साथ ही लड़ाई के दायरे को सीमित रखते हुए भी भारत ने पूर्वी पाकिस्तान पर हमला नहीं

किया था। (लेकिन भुट्टो का दावा था कि चीन की धमकी के कारण ही पूर्वी पाकिस्तान भारत के हमले से बचा रहा था।)

भारत ने 6 दिसम्बर, 1971 को 'बांग्लादेश' को एक स्वतंत्र देश के रूप में मान्यता दे दी तो मुक्तिवाहिनी और भारतीय सेना की एक संयुक्त कमान गठित की गई।

वैसे अक्तूबर में ही यह साफ हो गया था कि भारत किसी-न-किसी रूप में मुक्ति संघर्ष में शामिल था। रक्षा, विदेश और गृह मंत्रालयों के सचिवों ने कुछ अखबारों के सम्पादकों के साथ एक मीटिंग में उन्हें भरोसे में लेते हुए बताया था कि अब भारत द्वारा कार्रवाई का समय आ चुका था। उन्होंने हमें इस बात के लिए भी धन्यवाद दिया था कि हमने मुजीब नगर का भेद नहीं खोला था। हमें पता था कि यह जगह कलकत्ता के पास थी, लेकिन हम खबरों में यह जताते थे मानो यह जगह पूर्वी पाकिस्तान में हो। एक सम्पादक का सुझाव था कि भारत को पाकिस्तान और बांग्लादेश की एक कॉमनवेल्थ के भीतर बांग्लादेश को स्वायत्तता दिलाने की कोशिश करनी चाहिए थी, क्योंकि बांग्लादेश एक कभी न भरने वाला तालाब था। उन्हें डर था कि स्वतंत्र बांग्लादेश भारत के लिए एक आर्थिक बोझ बन जाएगा। एक सचिव उनसे सहमत भी थे, लेकिन उन्होंने कहा कि अब फैसला लिया जा चुका था।

बांग्लादेश की शुरू की घटनाओं की खबरें प्रेस की गरिमा और मर्यादा की दृष्टि से ठीक नहीं थीं। अखबारों को जो कुछ भी मिलता था वे उसे झट से छाप देते थे, भले ही वह अफवाह मात्र हो। यह सच था कि मुक्ति सैनानी डटकर मुकाबला कर रहे थे और उम्मीद से कहीं ज्यादा दमखम दिखा रहे थे। फिर भी, बहुत से रिपोर्टर अति-भावुकता के शिकार हो रहे थे।

भारत की दोनों बड़ी न्यूज एजेंसियों ('पी.टी.आई.' और 'यू.एन.आई.') में बढ़ा-चढ़ाकर खबरें देने की होड़ लगी हुई थी। बहुत-से संवाददाताओं को सैनिक शब्दावली की जानकारी नहीं थी, इसलिए कई हास्यास्पद गलतियाँ सामने आ रही थीं। इससे पहले कि प्रेस को अपनी घटती विश्वसनीयता का अहसास हो पाता, लड़ाई खत्म हो गई।

उन्हीं दिनों 'न्यूयार्क टाइम्स' के एक संवाददाता ने मुझसे मुलाकात की थी। वे जानना चाहते थे कि क्या बांग्लादेश से जुड़ी खबरों को लेकर किसी तरह की अनौपचारिक सैंसरशिप लागू थी। मैंने उन्हें बताया कि हम पर किसी भी तरह की सेंसरशिप नहीं थी। यह सच भी था। सरकार में किसी ने भी हमसे यह नहीं कहा था कि हमें क्या छापना है और क्या नहीं। मैंने उनसे कहा कि ऐसी परिस्थितियों में प्रेस खुद ही 'राष्ट्रीय हित' में काम करने लगती है। कई वर्ष बाद जब ईराक युद्ध हुआ तो मैंने देखा कि 'न्यूयार्क टाइम्स' समेत पश्चिम की पूरी प्रेस हमसे भी ज्यादा पक्षपातपूर्ण थी और 'राष्ट्रीय हितों' को सबसे आगे रख रही थी। संवाददाता वही रिपोर्ट कर रहे थे जो अमरीका और ब्रिटेन के कमांडर उन्हें बता रहे थे।

पाकिस्तान ने 3 दिसम्बर, 1971 को पठानकोट हवाई अड्डे पर बमबारी करके लड़ाई की शुरुआत कर दी तो भारत ने राहत की साँस ली। पाकिस्तानी सेना आपसी मतभेदों की शिकार थी। ऐसी अफवाहें थीं कि जब जनरल याहिया खान लड़ाई खत्म करना चाहते थे तो अपने

सहयोगियों के आगे उनकी एक नहीं चली। यूँ भारतीय सेना भी इतनी एकजुट नहीं थी, फिर भी लड़ाई से पहले तीनों सेना प्रमुखों—थलसेना प्रमुख जनरल एस.एच.एफ. जे. मानेकशा, वायुसेना प्रमुख एयरचीफ मार्शल पी.सी. लाल और नौसेना प्रमुख एडमिरल एस.एम. नन्दा ने मिलकर जनरल मानेकशा को तीनों सेनाओं का सर्वोच्च कमांडर चुन लिया था। कहा जाता है कि इस मीटिंग में एडमिरल नन्दा ने कहा था कि उनके आपसी मतभेद कमरे की चारदीवारी के भीतर सीमित रहने चाहिए।

पाकिस्तान की तरफ से हमले की शुरुआत होते ही भारतीय सेनाएँ हरकत में आ गईं। योजना के अनुसार सबसे पहले चिटगाँव बन्दरगाह और ढाका हवाई अडडे पर बमबारी करके पाकिस्तानी वायुसेना को निष्क्रिय बना दिया गया। इसके साथ ही समुद्र का रास्ता भी बन्द कर दिया गया। इस तरह पाकिस्तानी सेना को पहुँचने वाली मदद के सभी रास्ते बन्द कर दिए गए।

जहाँ तक नौसेना का सम्बन्ध था, उसने न सिर्फ भारत के आसपास के समुद्री रास्ते बन्द कर दिए, बल्कि कराची बन्दरगाह की भी घेराबन्दी कर ली। पाकिस्तान इतना भ्रमित हो गया कि उसने अपने ही एक जहाज को भारतीय जहाज समझकर डुबो डाला। मेरे एक प्रश्न के जवाब में पाकिस्तान के एक अधिकारी ने मुझे बताया था कि इस गलती के पीछे पाकिस्तानी नौसेना के एक बंगाली अधिकारी का हाथ था, जिसने 'बांग्लादेश के प्रति अपनी निष्ठा की खातिर' सही सन्देश को आगे नहीं पहुँचाया था। भारत ने कराची के तेल के संयंत्रों पर भी बमबारी की थी। तीन महीने बाद मैंने कराची बन्दरगाह का दौरा किया था तो मुझे वहाँ काफी तबाही दिखाई दी थी।

लड़ाई के बाद भारत की पूर्वी कमान के मेजर-जनरल जे.एफ.आर. जेकब ने मुझे बताया था कि भारत की शुरू से ही यह योजना थी कि सीमा के पास तैनात पाकिस्तानी सेनाओं की घेराबन्दी कर दी जाए—और फिर मेघना और पद्मा नदियों को पार करके ढाका की तरफ बढ़ा जाए। लेकिन सेवानिवृत्त लेफ्टि. जनरल हरबख्श सिंह का कहना था कि भारतीय सेना की शुरू की कार्रवाइयों से ऐसा संकेत नहीं मिलता था कि ढाका उसका मुख्य लक्ष्य था। उन्हें शिकायत थी कि उत्तरी इलाकों पर कब्जा करने में बहुत-सा समय बर्बाद कर दिया गया था, जिनका कुछ भी सैन्य महत्त्व नहीं था।

शुरू में पाकिस्तान का खयाल था कि भारत सीमा के पास की पट्टी पर कब्जा करना चाहता था, ताकि वहाँ शरणार्थियों को बसाया जा सके। नई दिल्ली का सचमुच ही पहले यही इरादा था। स्वर्ण सिंह विदेश दौरे पर गए थे तो उन्होंने शरणार्थियों को अस्थायी रूप से बसाने के लिए सीमा के पास 50 मील लम्बी पट्टी का जिक्र किया था। कोई स्थायी समाधान होने तक वे संयुक्त राष्ट्र की निगरानी में इस तरह की कोई व्यवस्था चाहते थे। लेकिन अमरीका और ब्रिटेन ने उनके प्रस्ताव को अस्वीकार कर दिया था।

पाकिस्तान यही भ्रम पाले रहा कि भारत सिर्फ सीमित कार्रवाई की योजना बना रहा था। पूर्वी पाकिस्तान में पाकिस्तानी सेना के कमांडर लेफ्टि. जनरल ए.ए.के. नियाजी ने बाद में पूछताछ के दौरान बताया था कि वे भारत की तरफ से किसी बड़े हमले की उम्मीद नहीं कर रहे थे। उनका खयाल था कि बांग्लादेश सरकार की स्थापना के लिए भारत सिर्फ थोड़े-से इलाके पर कब्जा करना चाहेगा। उन्होंने कहा कि यही कारण था कि शुरू में उन्होंने अपनी

सेनाओं को सीमा के करीब रखा था और उसी के आसपास लड़ाई की तैयारी की थी। लेकिन जब भारतीय सेनाएँ किलेबन्द जेस्सोर शहर को छोड़कर तेजी से ढाका की तरफ बढ़ने लगीं तो पाकिस्तान को यह अहसास हुआ कि भारत सिर्फ थोड़े-से इलाके को 'मुक्त' करवाना नहीं चाहता था। अगर ऐसी कोई योजना थी भी तो उसे रद्द किया जा चुका था। लेकिन अब बहुत देर हो चुकी थी और पाकिस्तान के लिए अपनी रणनीति में बदलाव करना सम्भव नहीं था।

भारतीय सेनाएँ बड़ी तेजी से ढाका की तरफ बढ़ रही थीं। भारत सरकार प्रतिदिन लड़ाई की स्थिति की ताजा जानकारी दे रही थी। मैं नोट्स लेने के बाद लपककर लेफ्टिनेन्ट जनरल हरबख्श सिंह के पास पहुँच जाता था और उनसे सेना की चालों और कार्रवाइयों का महत्त्व समझने की कोशिश करता था। मैंने 'ए मिलिट्री एक्सपर्ट' के नाम से एक दैनिक कालम शुरू कर दिया। एक दिन अशोक मेहता ने मुझे फोन करके इस 'विशेषज्ञ' का नाम जानने की कोशिश की। जब मैंने उन्हें बताया कि यह कालम मैं ही लिख रहा था तो उनका जोश थोड़ा ठंडा पड़ गया।

नई दिल्ली को मास्को के माध्यम से पता चला कि अमरीका पाकिस्तानी सेनाओं को बड़िसाल और नारायण गंज से निकालने की योजना बना रहा था, जहाँ पीछे हटती सेनाएँ इकट्ठी हो रही थीं। जनरल मानेकशा ने एक रेडियो प्रसारण में पाकिस्तानी सेनाओं को चेतावनी देते हुए कहा कि वे बचकर नहीं भाग सकते क्योंकि उनके बाहर निकलने के सभी रास्ते बन्द कर दिए गए थे। उनके लिए आत्म-समर्पण कर देना ही सबसे बेहतर रास्ता था। जनरल मानेकशा ने उनसे वायदा किया कि उनके साथ अच्छा व्यवहार किया जाएगा। उस समय भारतीय सेना द्वारा पकड़े गए एक सन्देश से पता चला था कि जनरल नियाजी डिप्टी मार्शल लॉ प्रशासक राव फरमान/अली को कमान सौंपकर भाग खड़े हुए थे। लेकिन इसमें कुछ भी सच्चाई नहीं थी। यह सन्देश भारतीय सेना की आँखों में धूल झोंकने के लिए भेजा गया था, ताकि जनरल नियाजी सचमुच भाग सकें। लेकिन यह तरकीब सफल नहीं हो पाई और वे भाग नहीं सके।

हालाँकि भारत ने ढाका पर फंदा कसना शुरू कर दिया था, फिर भी ऐसा प्रतीत हो रहा था कि इसमें काफी समय लग रहा था। पाकिस्तानी सेनाएँ आत्म-समर्पण के लिए आगे नहीं आ रही थीं। ऐसा लग रहा था कि वे आखिरी घमासान की योजना बनाकर ढाका के आसपास इकट्ठी हो रही थीं। मास्को भारतीय सेनाओं की धीमी रफ्तार को लेकर चिन्तित था। वह बांग्लादेश को भारत का वियतनाम नहीं बनने देना चाहता था। रूस की इसी चिन्ता के तहत विदेश उपमंत्री वेसिली कुज्नेत्सोव झट से दिल्ली पहुँचे। लेकिन जल्दी ही उन्हें यह यकीन हो गया कि पाकिस्तानी सेनाओं का मनोबल टूट चुका था। वे बांग्लादेश की स्थानीय जनता से पूरी तरह कट चुकी थीं और उनका आत्म-समर्पण अब कुछ ही दिनों की बात थी।

पाकिस्तान ने हथियारों और गोला-बारूद के लिए अमरीका से गुहार लगाई। अमरीका ने न सिर्फ इस पर गम्भीरता से विचार किया, बल्कि भारत द्वारा पाकिस्तानी बन्दरगाहों की नाकेबन्दी के बावजूद हथियारों की सप्लाई के तरीके भी सोचने लगा। संवाददाताओं ने अमरीका की प्रतिक्रिया जाननी चाही तो राष्ट्रपति निक्सन के प्रेस सचिव का जवाब था, "कोई खबर

नहीं है।" यह गोलमोल-सा जवाब अमरीका के पिछले बयानों से बिलकुल अलग था कि भारत और पाकिस्तान के बीच लड़ाई की स्थिति में अमरीका तटस्थ रहेगा।

वाशिंग्टन ने पाकिस्तान की मदद के इरादे से अमरीका और पाकिस्तान के बीच 1964 की सुरक्षा-सन्धि का इस्तेमाल करने का विचार किया। यह पता चलते ही इन्दिरा गांधी ने एक सार्वजनिक सभा में अमरीका को चेतावनी देते हुए कहा—

> मैंने सुना है कि कुछ देश हमें धमकाने की कोशिश कर रहे हैं और पाकिस्तान के साथ किन्हीं सन्धियों और समझौतों की बात कर रहे हैं। मुझे इस बारे में पहले कुछ भी मालूम नहीं था, क्योंकि मैंने सिर्फ यह सुना था कि यह सन्धि कम्युनिज्म के खिलाफ थी। यह किसी प्रजातंत्र के खिलाफ लड़ने की सन्धि नहीं थी। यह न्याय की आवाज के खिलाफ नहीं थी। यह गरीबों को कुचलने के खिलाफ नहीं थी। लेकिन अगर ऐसा था तो फिर उन्होंने दुनिया से बहुत बड़ा झूठ बोला था।

निकसन ने पहले तो भारत को एक 'चेतावनी' भिजवाई और फिर अपने सातवें बेड़े को बंगाल की खाड़ी की तरफ रवाना कर दिया। इस बेड़े का नेतृत्व 'एन्टरप्राइज' नामक एक परमाणु-शक्तिधारी एयरक्राफ्ट कैरियर कर रहा था। इसकी जानकारी भी सबसे पहले मास्को से मिली, जिसने उत्तरी वियतनाम के पास टॉनकिन खाड़ी में सातवें बेड़े को भेजा गया एक सन्देश पकड़ा था। जल्दी ही वाशिंग्टन में भारतीय दूतावास ने भी इसकी पुष्टि कर दी। अमरीकी नौसेना के एक वरिष्ठ अधिकारी ने दूतावास के साथ बातचीत के दौरान अनजाने में यह जानकारी उगल दी थी। उन्हीं दिनों नई दिल्ली में एक अरब राजनयिक से मेरी मुलाकात हुई थी। उन्होंने सातवें बेड़े के हिन्द महासागर की तरफ बढ़ने का खुलकर जिक्र करते हुए अमरीका की 'ताजीरी कार्रवाई' का समर्थन किया था।

स्वर्ण सिंह ने संयुक्त राष्ट्र से नई दिल्ली फोन करके 'ऑपरेशन' को जल्दी से पूरा करने के लिए कहा। सोवियत संघ ने उनसे कहा था कि वह संयुक्त राष्ट्र के युद्ध विराम के प्रस्ताव को ज्यादा देर नहीं लटका सकता। फिर भी, मास्को ने संयुक्त राष्ट्र से 'राजनीतिक समाधान' की अपील की थी। अगर पाकिस्तान इसे स्वीकार कर लेता तो उसी समय युद्ध-विराम हो जाता। भारत ने झट से (8 दिसम्बर, 1971) बांग्लादेश की अन्तरिम सरकार को मान्यता दे दी। ऑपरेशन की बागडोर सँभाल रहे मेजर-जनरल जेकब को आत्म-समर्पण से एक दिन पहले अमरीका के एक राजनयिक ने फोन किया। उसने उन्हें बताया कि नियाजी और फरमान अली दोनों ही अमरीका के सामने युद्ध-विराम का प्रस्ताव रख चुके थे। लेकिन किंसिअर इस प्रस्ताव को अपने पास ही रखे रहे, इस उम्मीद में कि शायद पाकिस्तान पश्चिमी पाकिस्तान में भारत के कब्जे में आ चुके कुछ इलाके वापस छुड़ाने में सफल हो जाए।

भारत के योगदान की तुलना में बांग्लादेश की जनता और मुक्तिवाहिनी की भूमिका कहीं ज्यादा महत्त्वपूर्ण थी। मुझे जरा भी सन्देह नहीं है कि वे अपनी आजादी अपने बल पर भी हासिल कर लेते। शेख मुजीबुर्रहमान ने मार्च, 1971 में ही यह घोषणा कर दी थी कि पूर्वी पाकिस्तान एक स्वतंत्र देश था और पश्चिमी पाकिस्तान से अपने सभी रिश्ते खत्म कर चुका था। यह घोषणा बंगालियों, खासकर हिन्दुओं पर बर्बर हमलों के बाद की गई थी। इसमें कोई शक नहीं कि भारत की मदद के बिना खुद को आजाद करवाना बांग्लादेश के लिए मुश्किल भी होता और इसमें समय भी ज्यादा लगता। लेकिन बांग्लादेशी आजादी के

लिए कमर कस चुके थे और इसे हासिल करने के लिए बड़ी-से-बड़ी कुर्बानी देने के लिए तैयार थे।

मुक्ति संघर्ष में लगभग तीस लाख लोगों को अपनी जान गँवानी पड़ी थी और एक करोड़ से भी ज्यादा लोग बेघरबार हो गए थे। पाकिस्तानियों को उनकी सेना द्वारा बांगलादेशियों पर ढाए गए जुल्मों की आज भी पूरी जानकारी नहीं है। आत्म-समर्पण से पहले बांग्लादेश के हजारों डॉक्टरों, वकीलों, शिक्षकों और पत्रकारों को कतार में खड़ा करके बड़ी बेरहमी से गोलियों से भून डाला गया था। बाद में पाकिस्तान द्वारा गठित हमूद-उर-रहमान कमीशन ने भी इसकी पुष्टि की थी।

मेरी समझ में नहीं आता कि पाकिस्तान ने अपनी सेना द्वारा बांग्लादेश में की गई ज्यादतियों पर आज तक माफी क्यों नहीं माँगी है। अगर अमरीका जापान के हिरोशिमा और नागासाकी शहरों पर परमाणु-बम गिराने के लिए माफी माँग सकता है, तो पाकिस्तान बांग्लादेश के मामले में ऐसा क्यों नहीं कर सकता?

हमूद-उर-रहमान कमीशन ने अपनी जाँच के बाद कहा था कि पाकिस्तानी सेना की हार का प्रमुख कारण "शराब, शबाब और घर-जमीन हासिल करने की हवस थी, जिसके कारण वरिष्ठ अधिकारी अपना पेशेवर दमखम और लड़ने की इच्छा खो बैठे थे।" कमीशन ने अपनी पूछतछ के दौरान जनरल नियाजी से पूछा था–

> जनरल नियाजी, जब आपके पास सिर्फ ढाका में ही 26,400 की फौज थी, हिन्दुस्तानी कम-से-कम दो हफ्ते से लड़ रहे थे, यू.एन. का सेश न चल रहा था, तो अगर आप एक दिन और मुकाबला करते तो हिन्दुस्तानियों को पीछे हटना पड़ सकता था। तो फिर आपने ऐसा शर्मनाक, बिलाशर्त और सरेआम आत्म-समर्पण का रास्ता क्यों चुना? और आपने अपने एडीसी को गार्ड ऑफ ऑनर का नेतृत्व क्यों करने दिया?

नियाजी का जवाब था, "मुझे जनरल जेकब ने मजबूर कर दिया था। उन्होंने मुझे ब्लैकमेल करके आत्म-समर्पण करवा लिया।" नियाजी ने यही बात अपनी किताब 'बिटरेयल ऑफ ईस्ट पाकिस्तान' (1998) में भी लिखी है।

नियाजी भारत की पूर्वी कमान के कमांडर मेजर-जनरल जेकब को जिम्मेदार ठहरा रहे थे, क्योंकि उन्होंने नियाजी को डरा-धमकाकर उनकी 93,000 की फौज को संयुक्त राष्ट्र की बजाय भारत के सामने आत्म-समर्पण करने पर मजबूर कर दिया था। जेकब ने मुझे बताया था कि जनरल मानेकशा ने उन्हें आत्म-समर्पण का पत्र हासिल कर लेने के लिए कहा था। संयुक्त राष्ट्र सुरक्षा परिषद का सत्र चल रहा था। "मैंने कुछ दिन पहले जनरल मानेकशा को आत्म-समर्पण पत्र का ड्राफ्ट भेजा था, जिसका उन्होंने कोई जवाब नहीं दिया था। मैं यही ड्राफ्ट अपने साथ ढाका लेता गया था," जनरल जेकब ने मुझे बताया था।

ढाका में जेकब की मुलाकात संयुक्त राष्ट्र के प्रतिनिधियों मार्क हेनरी और केली से हुई, जिन्होंने उन्हें सरकार की बागडोर अपने हाथ में लेने के लिए अपने साथ चलने के लिए कहा। ढाका में अब भी मुक्तिवहिनी और पाकिस्तानी सेना के बीच लड़ाई जारी थी। जेकब ने उनका धन्यवाद करते हुए उनके प्रस्ताव को अस्वीकार कर दिया। कुछ देर बाद वे पाकिस्तानी सेना की स्टाफ कार में एक पाकिस्तानी ब्रिगेडियर के साथ उनके हेडक्वार्टर की तरफ जा रहे थे तो मुक्तिवाहिनी ने कार पर गोलियाँ चलानी शुरू कर दीं। जेकब बाल-बाल बचे और

उन्होंने बड़ी मुश्किल से मुक्तिवाहिनी के जवानों को ब्रिगेडियर की हत्या करने से रोका।

पाकिस्तानी सेना के हेडक्वार्टर में ही नियाजी और जेकब के बीच आत्म-समर्पण को लेकर बातचीत हुई। जेकब ने जो ड्राफ्ट दिल्ली भेजा था उसकी अब तक पुष्टि नहीं हुई थी। अपनी बातचीत के दौरान वे आत्म-समर्पण के पत्र को 93,000 पाकिस्तानी सैनिकों के सरेआम और बिना शर्त आत्म-समर्पण में बदलने में सफल रहे।

आत्म-समर्पण की घोषणा 15 दिसम्बर, 1971 को हुई। पाकिस्तान ने बहुत कोशिश की थी कि यह समर्पण संयुक्त राष्ट्र की उपस्थिति में हो। उसे आत्म-समर्पण शब्द को लेकर भी हिचकिचाहट थी। लेकिन जेकब अड़े रहे और उन्होंने यह समर्पण ढाका की जनता के सामने खुलेआम करवाया। आत्म-समर्पण लेफ्टि. जनरल जे.एस. अरोड़ा की निगरानी में हुआ, जो इस कार्रवाई के लिए खासतौर से कलकत्ता से गए थे। मैंने जेकब से पूछा कि जब पहले ही आत्म-समर्पण हो चुका था तो उसे दोबारा जनता के सामने करवाने की क्या जरूरत थी। जेकब ने बिना किसी हिचकिचाहट के कहा कि भारत सरकार एक यहूदी के सामने एक मुस्लिम देश से हथियार डलवाकर पाकिस्तान को शर्मिंदा करना चाहती थी। (जेकब यहूदी हैं।)

दुर्भाग्यवश कुछ भारतीय जवान और अधिकारी ढाका के कुछ धनवान घरों में लूटपाट करने के मोह से नहीं बच पाए। इन्दिरा गांधी ने यह सुना तो क्रोध से बिफर पड़ीं। लेकिन उस समय एक दूसरी चिन्ता भी उनके दिलोदिमाग पर हावी थी। ऐसी अफवाहें थीं कि 'बांग्लादेश विजय' के बाद अपनी लोकप्रियता को देखते हुए जनरल मानेकशा सरकार का तख्ता पलटने की सोच रहे थे।

मानेकशा ने खुद मुझे बताया था कि इन्दिरा गांधी ने उन्हें फोन करके इन अफवाहों की सच्चाई जननी चाही थी। "मैं उनसे मिलने गया और मैंने उन्हें बताया कि ऐसी कोई बात नहीं थी। उन्हें अपना काम करना चाहिए और मुझे अपना।"

पश्चिमी सीमा पर युद्ध-विराम हुआ तो आजाद कश्मीर का 479.96 वर्ग मील इलाका भारत के कब्जे में आ चुका था। पंजाब में 373.93 वर्ग मील और कच्छ और सिन्ध में 476.17 वर्ग मील के पाकिस्तानी इलाके पर भारत का कब्जा हो चुका था।

बांग्लादेश युद्ध के बाद शेख मुजीब-उर-रहमान की रिहाई के बारे में भुट्टो ने मुझसे कहा था, "मैंने एक नाइटिंगेल को बेवजह ही मुफ्त में छोड़ दिया।" उन्हें अन्तर्राष्ट्रीय दबाव को देखते हुए और पाकिस्तान की गिरती छवि को थोड़ा-बहुत सुधारने के लिए ऐसा करना पड़ा था। भुट्टो याहिया खान की भाषा बोल रहे थे। राष्ट्रपति के रूप में अपने पहले भाषण में 20 दिसम्बर, 1971 को उन्होंने कहा था, "हम पाकिस्तान के सम्मान और अखंडता के लिए लड़ते रहेंगे।...पूर्वी पाकिस्तान पाकिस्तान का अभिन्न हिस्सा है।"

रेडियो पाकिस्तान भी इस मिथिक को जिन्दा रखने का काम कर रहा था। वह अपनी हर बुलेटिन की शुरुआत पहले की तरह पश्चिमी और पूर्वी पाकिस्तान का समय बताकर करता था। पाकिस्तान के दोनों हिस्सों से छपनेवाले अखबार भी अपने 'ढाका संस्करण' का जिक्र करना जारी रखे हुए थे। इसी तरह, पाकिस्तान की नेशनल असेम्बली की मीटिंग की सूचना देते हुए भी 'पूर्वी पाकिस्तान के प्रतिनिधियों' का उल्लेख जरूर किया जाता था। भारत के साथ 'शिमला वार्ता' के बाद ही पाकिस्तान ने अपना यह रवैया बदला।

20 दिसम्बर, 1971 को पाकिस्तान के राष्ट्रपति का पद सँभालते ही भुट्टो ने मुजीब-उर-रहमान से सम्पर्क स्थापित किया। इससे पहले जब याहिया खान ने मुजीब को मौत के घाट उतारने का हुक्म सुना दिया था तो भुट्टो ने ही उनकी जान बचाई थी। उन दोनों के बीच उस समय क्या बातचीत हुई थी, इसका पता लगाने के लिए मैंने भुट्टो और मुजीब दोनों से ही बात की। दोनों ने अलग-अलग कहानी सुनाई। मैं पहले भुट्टो से मिला था और उन्होंने टेप पर रिकार्डबद्ध बातचीत में कहा था–

''23 दिसम्बर को जब हम (भुट्टो और मुजीब) पहली बार मिले तो मुजीब ने कुरान उठाकर कहा, ''मैं एक नेक मुसलमान हूँ। मैं अब भी यही चाहता हूँ कि रक्षा, विदेशी मामले और मुद्‌दा दोनों हिस्सों के बीच साझे विषय रहें।' लेकिन 27 दिसम्बर को जब हम दोबारा मिले तो वे साफ-साफ कुछ भी कहने से बचते रहे। उन्होंने कहा, 'मैं नहीं कह सकता कि कितने और किस तरह के विषय केन्द्र के पास रहने चाहिए, लेकिन मैं कोई रिश्ता जोड़े रखना चाहता हूँ।' मुझे उनकी बातों पर भरोसा नहीं था। मैंने उनसे कहा, 'आप यहाँ यह सब कह रहे हैं और मैं आपके शब्दों पर यकीन भी कर लेता हूँ। लेकिन जब आप वहाँ जाएँगे, वहाँ के हालात देखेंगे, मौत के मुँह से लौटे नौजवानों को राइफिलें उठाए देखेंगे तो आप इन शब्दों पर कायम नहीं रह पाएँगे। लेकिन अगर आप कोई नाम का रिश्ता भी रख पाए तो मुझे खुशी होगी।' लेकिन उन्हें मुझसे ज्यादा उम्मीद थी। 'नहीं, नहीं, मैं वहाँ का प्रमुख नेता हूँ, मैं सब ठीक कर लूँगा,' उन्होंने मुझे भरोसा दिलाया। मैं उन्हें सचमुच पसन्द करता हूँ, लेकिन मुश्किल यह है कि वहाँ इतनी सारी समस्याएँ हैं कि उन्होंने इनमें से आधी की भी उम्मीद नहीं की होगी।''

भुट्टो के बाद जब मेरी मुजीब से मुलाकात हुई तो उन्होंने एक अलग कहानी बयान की। उन्होंने इस रिकॉर्डबद्ध बातचीत में कहा, ''मुझे अपने जेलर से, जो एक धर्मपरायण व्यक्ति था, पता चला था कि बांग्लादेश आजाद हो गया था। इसलिए जब मुझे जेल से निकाला गया तो मैं समझ गया कि मुझे बातचीत के लिए ले जाया जा रहा था। मैंने फैसला किया कि मैं बांग्लादेश की आजादी की जानकारी का अपनी तरफ से कोई संकेत नहीं दूँगा। मुझे एक डाक बंगले में ले जाए जाने के दो दिन बाद ही दोपहर के आसपास भुट्टो मुझसे मिलने आ पहुँचे। मैंने उनसे पूछा, 'भुट्टो, आप यहाँ कैसे?' उन्होंने जबाब दिया, 'मैं पाकिस्तान का राष्ट्रपति हूँ।' मैंने हँसते हुए कहा, 'आप और पाकिस्तान के राष्ट्रपति? उस जगह पर तो मुझे होना चाहिए। आप अच्छी तरह जानते हैं कि पाकिस्तान की नेशनल असेम्बली में सबसे ज्यादा सीटें मुझे मिली हैं।' उन्होंने मानो मुझे डराने के लिए कहा कि वे पाकिस्तान के चीफ मार्शल लॉ प्रशासक भी थे। 'मैं आपसे बात करने आया हूँ,' उन्होंने कहा। मैंने उनसे कहा कि जब तक वे यह नहीं कहेंगे कि मैं आजाद हूँ, मैं बातचीत नहीं करूँगा। उन्होंने 'हाँ' कहा और इसके बाद हमारी बातचीत हुई। उन्होंने कहा कि जो कुछ भी हुआ था, याहिया खान के कारण हुआ था, हालाँकि मैं जानता था कि भुट्टो उनके हर फैसले में शामिल थे। भुट्टो सचमुच यही चाहते थे कि पूर्वी हिस्सा अपने रास्ते चला जाए, ताकि वे बचे-खुचे पाकिस्तान के राष्ट्रपति बन सकें। वे चाहते थे कि मैं यह स्वीकार कर लूँ कि रक्षा, विदेशी मामले और संचार पाकिस्तान और बांग्लादेश के बीच साझे विषय रहेंगे। मैंने कहा कि यह सम्भव नहीं था। लेकिन जब वे बहुत ज्यादा जोर देने लगे तो मैंने कहा कि अपने लोगों

से बात किए बिना मैं कोई फैसला नहीं कर सकता था। इसके बाद एक और मीटिंग हुई थी, जो हमारी आखिरी मीटिंग थी। इस बार भी वे इन्हीं बातों पर जोर देते रहे और मुझे अपनी तरफ से पूरी कोशिश करने के लिए कहते रहे। मैंने कहा कि ठीक है, मैं देखूँगा कि क्या हो सकता था।"

जब मैंने मुजीब को भुट्टो के साथ हुई बातचीत के बारे में बताया, खासकर यह कि उन्होंने कुरान उठाकर दोनों देशों में कुछ साझे विषयों की इच्छा व्यक्त की थी, तो मुजीब ने कहा, "भुट्टो झूठ बोल रहे हैं। मैं अपनी जान बचाने के लिए उनका शुक्रगुजार हूँ, लेकिन इसका यह मतलब नहीं है कि वे कुछ भी कहते रहें।"

दोनों की बातें उतनी ही अलग थीं जितनी कि उनकी शख्सियतें। भुट्टो जोशीले, मनचले और टेढ़ी बात करने में माहिर थे, मुजीब शान्त, सादगी-पसन्द और सीधी बात करनेवाले थे। भुट्टो एक ही साँस में नरम और गर्म हो सकते थे, मुजीब ज्यादा भरोसेमंद और साफ बोलनेवाले लगते थे।

इस बातचीत का एक नतीजा जरूर निकला। मुजीब-उर-रहमान को 8 जनवरी 1972 को बिना शर्त रिहा कर दिया गया। उनसे किसी भी अरब देश में जाकर ढाका या नई दिल्ली का विमान पकड़ने के लिए कहा गया था। लेकिन उन्होंने नई दिल्ली के रास्ते ढाका लौटने से पहले लन्दन जाना पसन्द किया।

मुजीब और भुट्टो के बीच हुई बातचीत का सिलसिला भुट्टो और बांग्लादेश के विदेश मंत्री कमाल हसन के बीच बातचीत के रूप में जारी रहा था। मजीब के बाद उन्हें भी पाकिस्तान की जेल से रिहा कर दिया गया था। ऐसा माना जाता है कि कमाल मुजीब के नाम भुट्टो का सन्देश लेकर लौटे थे, जिसमें उन्होंने दोनों देशों के बीच कुछ सूत्र जोड़े रखने की इच्छा व्यक्त की थी। इस्लामाबाद में इस खबर को खूब उछाला गया, लेकिन जब मैं ढाका में मुजीब से मिला तो उन्होंने इसका खंडन किया।

बांग्लादेश की स्थापना के बाद पाकिस्तान में यह टिप्पणी अकसर सुनने में आती थी कि "वे असली मुसलमान नहीं हैं, वे सिर्फ 'कन्वर्ट' हैं। आप पंजाबी होने के नाते पाकिस्तान के ज्यादा करीब हैं, भले ही आप हिन्दू हों। आपकी बोली, खानपान और आदतें सब हमारे जैसी हैं, बनिस्पत बंगालियों के।"

भुट्टो ने मुझसे कहा था कि पाकिस्तान इसलिए हार गया क्योंकि वह लड़ाई के लिए तैयार नहीं था। लड़ाई से पहले उन्होंने एक रेडियो प्रसारण में कहा था, "हम लड़ाई नहीं चाहते और मुझे यकीन है कि भारत भी ऐसा नहीं चाहता।" उन्होंने कहा कि वे इसी बात पर जोर देते रहे थे। "जब मैं याहिया खान से मिला तो उन्होंने कहा, 'यह तुम क्या कर रहे हो? तुम मेरी पोजीशन खराब कर रहे हो। तुम्हारी बातों से ऐसा लगता है मानो मैं झूठ बोल रहा हूँ।' मैंने उनसे कहा कि मैं यह सब इसलिए कह रहा हूँ क्योंकि मैं जानता हूँ कि वे हार जाएँगे। 'हम क्यों हारेंगे?' उन्होंने पूछा। मैंने कहा कि पिछले नौ महीनों से हमारी फौज बांग्लादेश में जूझ रही थी, वह थक चुकी थी, हम अपनी संचार व्यवस्था को कायम नहीं रख पाएँगे। और फिर पिछले तीन सालों से फौज पॉलिटिक्स में लगी हुई थी। अयूब खान ने फौज को पॉलिटिक्स से दूर ही रखा था, उसकी थोड़ी-बहुत हिस्सेदारी जरूर थी, लेकिन कुछ खास नहीं। लेकिन याहिया खान फौज को पूरी क तरह पॉलिटिक्स में ले आए थे।

उन्हें लगता था कि इससे उनकी पोजीशन मजबूत हो रही थी। इसलिए तीन साल से फौज पॉलिटिक्स में बहुत ज्यादा घुसी हुई थी।''

पाकिस्तान की हार के कारणों का पता लगाने के लिए हमूद-उर-रहमान कमीशन की स्थापना की गई थी। याहिया खान ने इस कमीशन के सामने अपनी सफाई देते हुए कहा था कि उनकी रणनीति में कोई खोट नहीं थी। उन्हें पता था कि पूर्वी पाकिस्तान में कितनी ही फौज क्यों न भेज दी जाए, बड़ी ताकतों की मदद के बिना उसे बचाया नहीं जा सकता था।

9

युद्ध के बाद : एक नए राष्ट्र का संघर्ष

मैं पिछली बार अप्रैल 1972 के आखिर में ढाका गया था। इससे पहले वहाँ जाने की कभी जरूरत ही नहीं पड़ी थी। एयरपोर्ट पर मुझे अपने कागजात और सामान की जाँच करवा रहे यात्रियों की लम्बी कतार दिखाई दी। सब कुछ कछुए की रफ्तार से आगे बढ़ रहा था। गर्मी भी बहुत थी। इसके बावजूद यात्री बड़े उत्साह के साथ 'जय बांग्ला' के नारे लगा रहे थे। ऐसा लगता था मानो वे न जाने कहाँ से अपने सपनों के देश में लौट रहे हों। उनके चेहरों पर थकान के भाव थे और उनके कपड़े-लत्तों से गरीबी झलक रही थी। इसके बावजूद उनकी आँखों में एक अनोखे गर्व और खुशी की चमक थी। मानो वे सब कह रहे हों, "हमने अपना सपना साकार कर लिया है, अपनी आजादी पा ली है।" उन सबको उम्मीद थी कि 'बंगबंधु'–शेख मुजीबुर्रहमान को वहाँ इसी नाम से पुकारा जाता था–उनकी सभी मुसीबतें दूर कर देंगे।

पिछले वर्ष की घटनाओं को याद करते हुए मुजीब ने मुझे बताया था कि पाकिस्तान की सरकार ने उनके पास कोई विकल्प नहीं छोड़ा था। वे स्वतंत्र बांग्लादेश की माँग करने के लिए मजबूर हो गए थे। 10 अप्रैल, 1971 को कलकत्ता के एक उपनगर में बांग्लादेश की प्रवासी सरकार स्थापित करनेवाले ताजुद्दीन अहमद और बांग्लादेश के तत्कालीन विदेश मंत्री कमाल हुसैन ने भी मुझसे कहा था कि पश्चिमी पाकिस्तान उन्हें सत्ता सौंपने को लेकर ईमानदार नहीं था। ये दोनों याहिया खान के मुख्य अधिकारी पीरजादा के साथ किसी समझौते पर पहुँचने के लिए हुई बातचीत में शामिल थे।

ताजुद्दीन ने मुझसे कहा था–

> याहिया की टीम के साथ हुई बातचीत में किसी भी मुद्दे पर कोई मतभेद नहीं था। 24 दिसम्बर, 1970 को, पाकिस्तानी सेना की कार्रवाई से दो दिन पहले, नए संविधान को लेकर हमारे बीच रजामंदी हो चुकी थी। सिर्फ एक-दो नुक्ते सुलझाने बाकी थे। हमने इन्हें भी सुलझा लेने पर जोर दिया तो पाकिस्तानी अधिकारी टालमटोल करने लगे और हमें अगले दिन आखिरी मीटिंग के लिए बुलाने की बात करने लगे।

दरअसल याहिया खान के पास पूर्वी पाकिस्तान को सत्ता सौंपने की कोई योजना ही नहीं थी। मुजीब ने यह भी कहा कि याहिया खान पाकिस्तान का कॉमनवेल्थ बनाने तक के लिए तैयार थे, जिसमें पाकिस्तान के पूर्वी और पश्चिमी दोनों हिस्से दो ईकाइयों के रूप में शामिल हों। (यह सुझाव दरअसल अमरीका की तरफ से आया था और पाकिस्तान को

उम्मीद थी कि भारत भी इसे सहर्ष स्वीकार कर लेगा।)

दूसरी तरफ, भुट्टो का कहना था–

> याहिया और मुजीब के प्रतिनिधियों ने जिस ड्राफ्ट पर बातचीत की थी उसमें मार्शल लॉ को हटाकर प्रदेश सरकारों को सत्ता सौंपने की योजना थी, जबकि केन्द्र सरकार को सत्ता के हस्तान्तरण की कोई योजना नहीं थी। नेशनल एसेम्बली को भी दो समितियों में बाँटने की योजना थी, एक पश्चिमी पाकिस्तान के लिए और दूसरी पूर्वी पाकिस्तान के लिए। इन समितियों को एक निश्चित अवधि के भीतर अलग-अलग रिपोर्ट तैयार करके नेशनल असेम्बली को सौंपनी थी।

'दो समितियों' वाले इस प्रस्ताव में 'दो पाकिस्तानों' के बीज छिपे हुए थे। पाकिस्तान पीपल्ज पार्टी (पीपीपी) ने इस प्रस्ताव को ठुकरा दिया और किसी तरह के समझौते पर पहुँचने की सम्भावना खत्म हो गई।

पाकिस्तानी सेना के नौ महीने के दमन ने बांग्लादेश के प्रशासनिक ढाँचे को तहस-नहस कर दिया था। कोई क्या कर सकता था, जब मुजीब के शब्दों में "पाकिस्तान हर बंगाली को खत्म करने और बांग्लादेश को बर्बाद करने पर तुला हुआ था।"

इतने बड़े पैमाने पर बर्बादी के बाद सामान्य जनजीवन को फिर से स्थापित करना नामुमकिन हो गया था। सरकार की तरफ से कितनी ही सफाई क्यों न दी जा रही हो, लोग इन्तजार करने के लिए तैयार नहीं थे। वे कोई चमत्कार घटते देखना चाहते थे, बांग्लादेश के जन्म की तरह। कोई ऐसा चमत्कार जो उनकी जिंदगियाँ बदल दे और उनकी गरीबी को दूर कर दे। लोगों की बढ़ती निराशा का एक कारण यह भी था कि मुजीबनगर से आजादी की लड़ाई लड़ने वालों और ढाका में सत्तारूढ़ शासक वर्ग के बीच की दूरियाँ बढ़ती जा रही थीं। कुछ ऐसे 'रेडिकल' लोग भी थे जिन्हें हालात में सुधार की कोई उम्मीद दिखाई नहीं देती थी। उन्हें कुछ नेताओं की योग्यता और विश्वसनीयता पर भी सन्देह था। वे सोच रहे थे कि क्या उन्हें फिर से बन्दूक उठानी पड़ेगी।

बन्दूकें बड़ी आसानी से उपलब्ध भी थीं। सिर्फ रेडिकल ही उनसे चिपके हुए नहीं थे, कई दूसरे नौजवान भी उन्हें छोड़ने के लिए तैयार नहीं थे। हथियार जमा करवाने के लिए मुजीब की अपीलों के बावजूद एक से दो लाख बन्दूकें अब भी लोगों के पास थीं। यह कानून और व्यवस्था के लिए एक बड़ा खतरा था। बांग्लादेश के नेताओं की सबसे बड़ी चिन्ता भारत-विरोधी भावनाओं की दबी-छिपी अभिव्यक्ति को लेकर थी। ताजुद्दीन ने मुझसे कहा था, "काश, मुझे आज ही मौत आ जाए, क्योंकि मैं भारत और बांग्लादेश के बीच बेहद अच्छे सम्बन्धों को बिगड़ते देखना नहीं चाहता।"

लेकिन मुजीब इससे कोई खास परेशान नहीं थे। उन्होंने मुझसे कहा था–

> मैं जानता हूँ कि विदेशी ताकतों द्वारा उकसाए जा रहे कुछ तत्त्व दबे स्वर में भारत विरोधी प्रचार कर रहे हैं। लेकिन ये लोग आपके महान देश और बांग्लादेश के बीच अच्छे सम्बन्धों को खराब नहीं कर सकते। बंगाली एक गिलास पानी पिलानेवाले को भी याद रखता है, जबकि आपके जवानों ने अपनी जान पर खेलकर हमें आजादी दिलाई है। हम भला उन्हें कैसे भूल सकते हैं?

फिर भी, बांग्लादेश सरकार ने लगभग 40 वर्ष बाद इन्दिरा गांधी को देश के सर्वोच्च

सम्मान 'बांग्लादेश स्वाधीनता सम्मान' से सम्मानित किया। इन्दिरा गांधी को यह सम्मान बांग्लादेश के मुक्ति संग्राम में मदद करने के लिए उनकी मृत्यु के 27 वर्ष बाद दिया गया। इसे प्रधानमंत्री शेख हसीना के हाथों सोनिया गांधी ने स्वीकार किया।

प्रशासन काफी कमजोर था। भुट्टो मुझसे पहले ही कह चुके थे कि मुजीब एक अच्छे नेता लेकिन कमजोर प्रशासक थे। चीजें इतनी धीरे-धीरे सुधर रही थीं कि मुजीब आन्तरिक राजनीतिक हलचलों में ही उलझे रहे और देश के आर्थिक विकास पर ध्यान नहीं दे पाए। उन्होंने अन्य राजनीतिक पार्टियों को बर्खास्त करके देश में एक पार्टी व्यवस्था लागू कर दी। इसी तरह, रूस के 'प्रावदा' और 'इज्वेस्तिया' की तरह उन्होंने देश के चार अखबारों को छोड़कर अन्य सभी अखबारों को बन्द करवा दिया। इससे उन्हें अपने साथियों को उलझन में डालते हुए अपने विरोधियों की कड़ी आलोचना झेलनी पड़ी। उनका कहना था कि देश को एक मजबूत सरकार की जरूरत थी, न कि हर समय सरकार का ध्यान बँटाते रहने वाली राजनीतिक चुनौतियों की।

उनकी लोकप्रियता का पैमाना तेजी से नीचे गिरने लगा। सेना के एक गुट ने स्थिति का गलत आकलन करते हुए मुजीब विरोधी भावनाओं का फायदा उठाने की कोशिश की। यह गुट यूँ भी पाकिस्तान-समर्थक तत्त्वों का प्रतिनिधित्व करता था और कराची से सभी सम्बन्ध तोड़ने से खुश नहीं था।

15 अगस्त, 1975 को (अट्ठाईस वर्ष पहले इसी दिन भारत और पाकिस्तान स्वतंत्र हुए थे) इसी गुट ने सरकार का तख्ता पलट दिया। मुजीब और उनके पूरे परिवार को मौत के घाट उतार दिया गया। इस तख्तापलट के लिए उन छह टैंकों का इस्तेमाल किया गया था जो मिस्र ने बांग्लादेश को उपहार में दिए थे। (डी.पी. धर ने तब इस तथ्य पर ध्यान दिलाया था कि बांग्लादेश की मुक्ति के बाद भारतीय सेना वहाँ एक भी टैंक छोड़कर नहीं आई थी, ताकि वहाँ की सेना सत्ता पर कब्जा करने की कोशिश न करे।) इस तख्तापलट को सेना-प्रमुख जनरल जिया-उर-रहमान का समर्थन प्राप्त था। उन्होंने षड्यंत्रकारियों से कहा था कि वे तख्तापलट का नेतृत्व नहीं करेंगे, लेकिन इसके सफल होने की स्थिति में उनका साथ देंगे। उन्होंने ऐसा ही किया और सत्ता की कमान अपने हाथ में लेकर षड्यंत्रकारियों का बचाव किया।

मैंने मुजीब की हत्या की खबर जेल में सुनी थी। तब भारत में इमरजेंसी लागू थी। बाद में मैंने सुना कि भारत ने मुजीब को चेतावनी दे दी थी कि उसके गुप्तचर सूत्रों के अनुसार मुजीब पर कातिलाना हमला होने की सम्भावना थी। मुजीब ने यह सुनकर कहा था, "भला बांग्लादेश में कौन मेरी जान लेना चाहेगा?"

जिया-उर-रहमान के सत्ता में आते ही बांग्लादेश के साथ भारत के सम्बन्धों में खटास आनी शुरू हो गई। जिया की सहानुभूति उन लोगों के साथ थी जिन्होंने मुक्ति संघर्ष के दौरान पाकिस्तान का साथ दिया था। भारत ने बांग्लादेश के साथ घनिष्ठ सम्बन्धों की कल्पना की थी, ताकि बांग्लादेश के विकास को भारत की आर्थिक प्रगति के साथ जोड़ा जा सके। स्वाधीनता के बाद ढाका को नई दिल्ली के सहयोग की जरूरत भी थी। लेकिन दोनों देशों में कटुता की दीवार खड़ी होने लगी और नागालैंड और मणिपुर के भारत-विरोधी तत्त्व बांग्लादेश

में शरण लेने लगे।

जिया के कार्यकाल को उनके सिर्फ एक प्रस्ताव के लिए याद किया जा सकता है—'सार्क' के तहत दक्षिण पूर्व एशिया के देशों को एकजुट करने के प्रस्ताव को। इस समूह में बांग्लादेश, भारत, श्रीलंका, पाकिस्तान, मालद्वीप, भूटान और नेपाल शामिल थे। बाद में म्याँमार और अफगानिस्तान भी इसके सदस्य बन गए। लेकिन भारत और पाकिस्तान के बीच खराब सम्बन्धों को देखते हुए यह मंच कोई खास असर नहीं दिखा पाया।

जिया-उर-रहमान का भी वही अन्जाम हुआ जो मुजीब-उर-रहमान का हुआ था, और लगभग उसी तरीके से। 30 मई, 1981 को महत्त्वाकांक्षी मेजर जनरल अबुल मंजूर ने उनका तख्ता पलट दिया और उन्हें मौत के घाट उतार दिया। इस तख्तापलट को सेना प्रमुख एच.एम. इरशाद का समर्थन प्राप्त था, जिन्होंने सत्ता की बागडोर सँभाल ली। वे भले ही एक तानाशाह थे, लेकिन मुझे उनमें इनसानी गुण दिखाई दिए। वे एक बार मुझे अपने विमान में बिठाकर बाढ़ पीढ़ितों को राहत पहुँचाने गए थे। मुझे उनकी चिन्ता देखकर सुखद आश्चर्य हुआ था। पीड़ितों के साथ उनके व्यवहार में भी सहानुभूति और आत्मीयता की झलक थी।

मैं शेख हसीना से पहली बार तब मिला जब उनकी 'अवामी लीग' सत्ता में आने की कोशिश कर रही थी। मुझे उनमें उनके पिता मुजीब-उर-रहमान के गुण दिखाई दिए—साहस, लगन और निश्चिंतता। उनकी टक्कर बांग्लादेश नेशनल पार्टी के साथ थी, जिसकी प्रमुख जिया-उर-रहमान की पत्नी खालिदा जिया थीं। मैं खालिदा जिया से कई बार मिला। एक मीटिंग के दौरान मैंने उनसे यह भी कहा कि उन्हें शेख हसीना के हाथ मिला लेना चाहिए और इरशाद और उनके सैनिक शासन को हटाकर देश में प्रजातंत्र लाने की कोशिश करनी चाहिए।

मैं खालिदा जिया से पहली बार छावनी में स्थित उनके निवास स्थान पर मिला था। वे अपने सलाहकारों से घिरी हुई थीं और उनके निशाने पर सिर्फ शेख हसीना थीं। वे सब भारत के खिलाफ कुछ भी कहने से बच रहे थे, हालाँकि उनका पाकिस्तान-समर्थक नजरिया बिलकुल साफ था। मैं जब भी ढाका जाता था तो खालिदा जिया और शेख हसीना दोनों से ही मिलता था।

दोनों बेगमों में हमेशा तलवारें खिंची रहती थीं। जैसाकि मैंने खालिदा जिया से भी कहा था, मैंने शेख हसीना को समझाना चाहा कि उनके सबसे बड़े दुश्मन सेना प्रमुख जनरल इरशाद थे। कुछ महीने बाद मुझे यह देखकर बेहद खुशी हुई कि खालिदा जिया और शेख हसीना ने आपसी दुश्मनी को भुलाकर हाथ मिला लिया था और जनरल इरशाद के खिलाफ विद्रोह का बिगुल बजा दिया था।

इरशाद के खिलाफ जन आंदोलन ने इतना जोर पकड़ लिया कि उन्हें इस्तीफा देकर चुनावों की घोषणा करनी पड़ी। यह घोषणा होते ही खालिदा और हसीना एक बार फिर दो प्रतिद्वंद्वियों के रूप में मैदान में उतर आईं और एक-दूसरे को नीचा दिखाने के अभियान में जुट गईं। मेरा अपना मानना यह है कि इन दोनों बेगमों के आपसी टकराव के कारण ही बांग्लादेश आजादी के बाद दिखाई देनेवाले उत्साह और आदर्शवाद को धीरे-धीरे खोता चला गया है।

मैं इन दोनों के शासन-काल के दौरान भी इनसे मिलता रहा हूँ। मुझे हसीना भारत की

तो खालिदा पाकिस्तान की समर्थक प्रतीत होती रही हैं। खालिदा अपने सभी आन्दोलनों को धर्म से भी जोड़ती रही हैं और जमात-ए-इस्लामी के बहुत नजदीक दिखाई देती हैं। जमात ने बांग्लादेश के धर्म-निरपेक्ष परिदृश्य को विकृत कर दिया है। वह पाकिस्तान को हराकर बांग्लादेश की स्थापना करने के लिए खुलकर मुजीब-उर-रहमान की निन्दा करती है। बांग्लादेश में बारी-बारी से खालिदा जिया और शेख हसीना की सरकार बनती रही है।

पिछली बार जब 6 नवम्बर, 2008 को शेख हसीना सत्ता में लौटीं (उन्हें संसद में तीन चौथाई बहुमत प्राप्त हुआ था) तो उन्होंने कई साहसिक कदम उठाए। इनमें भारत को ट्रांजिस्ट सुविधाएँ प्रदान करना भी शामिल था। खालिदा जिया शेख हसीना द्वारा भारत के साथ किए जानेवाले सभी समझौतों को रद्द करने की माँग करती रही हैं। मुझे बांग्लादेश में सर्वसम्मति बनती दिखाई नहीं देती, क्योंकि खालिदा जिया को लगता है कि उनका भारत-विरोधी रुख ही उनकी लोकप्रियता का रहस्य है और कट्टरपन्थी विचारधारा उन्हें शक्ति प्रदान करती है।

अपने देश की मुक्ति के लिए अपना जीवन बलिदान करनेवाले बांग्लादेशियों की याद में त्रिपुरा सरकार ने एक स्मारक बनाया है। यह काम बहुत पहले हो जाना चाहिए था। इसी तरह, शेख हसीना ने भी बांग्लादेश में शहीद हुए भारतीय सैनिकों के प्रति सम्मान व्यक्त करने में बहुत देर लगा दी। इस अवसर पर उन्होंने भारत से जनरल जे.एस. अरोड़ा को विशेष रूप से आमंत्रित किया था। मुझे पूरा भरोसा है कि वह दिन दूर नहीं जब भारत और बांग्लादेश के बीच बहुत घनिष्ठ और मैत्रीपूर्ण सम्बन्ध होंगे।

जहाँ तक बांग्लादेश की बात है, मुझे नहीं लगता कि वहाँ सेना सत्ता पर कब्जा करने की कोशिश करेगी। मेरे खयाल से जब सेना ने कार्यवाहक सरकार का कार्यकाल बढ़ाने का फैसला किया था तो उसका अनुभव बहुत अच्छा नहीं था। सेना ने प्रशासन को स्वच्छ करने और दोनों राष्ट्रीय पार्टियों 'अवामी लीग' और 'बांग्लादेश नेशनल पार्टी' के भ्रष्ट नेताओं के खिलाफ सख्त कार्रवाई करने का बीड़ा उठाया था।

सेना से गलती यह हुई कि वह दोनों बेगमों, हसीना और खालिदा, को हिरासत में लेकर उन्हें देश और राजनीति से बाहर खदेड़ने की कोशिशों में लग गई। इन दोनों की देश में बहुत गहरी जड़ें हैं और इन्हें जनता का व्यापक समर्थन प्राप्त है।

कार्यवाहक सरकार के कार्यकाल में ग्रामीण बैंक (सामुदायिक विकास बैंक) के संस्थापक और नोबल पुरस्कार विजेता मुहम्मद युनुस ने एक तीसरी पार्टी शुरू करने का विचार किया था। सेना भी इसके पक्ष में थी, क्योंकि उसे डर था कि उसके सत्ता से हटते ही फिर से वही पुरानी भ्रष्ट और अराजक राजनीति शुरू हो जाएगी।

मैं उन दिनों ढाका में कार्यवाहक सरकार की कमान सँभाल रहे मुख्य सलाहकार फखरुद्दीन अहमद से मिला था। उन्होंने अवामी लीग या बांग्लादेश नेशनल पार्टी के बारे में कुछ भी कहने से इनकार कर दिया। लेकिन उन्होंने कहा कि 'प्रजातांत्रिक व्यवस्था' के लौटते ही प्रशासन को साफ करने की सेना की मुहिम, जिसके तहत लगभग सभी बड़े नेताओं के खिलाफ भ्रष्टाचार के मामले दर्ज किए गए थे—पर पानी फिर जाएगा। यही हुआ भी।

युनुस आखिर में इस नतीजे पर पहुँचे कि उनकी फितरत बांग्लादेश की राजनीति से मेल नहीं खाती थी। फिर भी, उनके राजनीति में आने की सम्भावना से ही शेख हसीना जिस

तरह बौखला गई थीं, उससे वे बहुत ज्यादा हैरान थे। शेख हसीना उन्हें माफ करने के लिए तैयार नहीं थीं। सत्ता में लौटते ही उन्होंने उन्हें रिटायर कर दिया। सेक्रेटरी ऑफ स्टेट हिलेरी क्लिंटन शेख हसीना को समझाने-बुझाने के लिए ढाका आने के लिए भी तैयार थीं। लेकिन शेख हसीना ने किसी की नहीं सुनी।

शेख हसीना ने कमाल हुसैन को भी कभी माफ नहीं किया। वे उनके पिता के साथी थे और बांग्लादेश के पहले विदेश मंत्री रह चुके थे। लेकिन शेख हसीना की आलोचना करके उन्होंने मानो घोर पाप कर दिया था। वे बड़ी ईमानदारी से शेख हसीना को धर्म-निरपेक्षता और प्रजातंत्र के मूल्यों की कसौटी पर कसते रहे थे और स्वतंत्रता सेनानियों के प्रति उनके नजरिए से भी नाखुश थे। वे शेख हसीना के प्रति निष्ठावान थे, लेकिन उनसे भी ज्यादा वे उन सिद्धान्तों के प्रति निष्ठावान थे जिनके लिए बांग्लादेश का मुक्ति संग्राम लड़ा गया था।

शेख हसीना इतनी भड़क उठीं कि उन्होंने कमाल हुसैन को हाशिए में धकेल दिया। वे अब न तो उनके नजदीकी रह गए थे और न पार्टी के ही महत्त्वपूर्ण सदस्य रहे थे। कमाल हुसैन ने यह सब बड़ी हिम्मत से झेला। मैंने शेख हसीना से पूछा कि उन्होंने ऐसा क्यों किया था। ''लोग उन्हें मेरे चाचा समझते थे, लेकिन उन्होंने मेरी पीठ में छुरा भोंकने का काम किया,'' शेख हसीना ने अपनी सफाई देते हुए कहा। कमाल हुसैन ज्यादा देर चुप नहीं बैठे। कुछ उदारपंथियों के साथ मिलकर उन्होंने एक नई पार्टी बनाई। लेकिन इस पार्टी को चुनावों में भारी हार का सामना करना पड़ा। बांग्लादेश अभी शेख हसीना या खालिदा जिया से पल्ला झाड़ने के लिए तैयार नहीं था।

2008 में अपनी शानदार जीत के बाद शेख हसीना ने सबसे पहला बयान अपने खिलाफ 'झूठे मुकदमों' को लेकर दिया। भ्रष्टाचार के मामलों में फँसे अवामी लीग के कई अन्य नेताओं ने भी इसी तरह के बयान दिए। यूँ बांग्लादेश नेशनल पार्टी 'झूठे' मुकदमों के खिलाफ शोर मचाने में सबसे आगे रही है। बांग्लादेश के संजय गांधी समझे जानेवाले खालिदा के सुपुत्र तारिक खुद भी भ्रष्टाचार के मामलों में फँसे रहे हैं। दोनों पार्टियाँ सिर्फ इस मुद्दे पर सहमत होती रही थीं कि भ्रष्टाचार के मुकदमे 'बदले की भावना' से दाखिल किए गए।

नई दिल्ली और ढाका के सम्बन्धों में उतार-चढ़ाव दिखाई देता रहा है। शेख हसीना सत्ता में होती हैं तो सम्बन्ध अच्छे होने लगते हैं, लेकिन खालिदा जिया के लौटते ही इनमें कटुता पैदा होने लगती है। शेख हसीना भारत पर बहुत ज्यादा निर्भर करती हैं और देश के सीमित साधनों और बढ़ती आबादी को देखते हुए भारत से सहयोग की उम्मीद करती हैं।

दोनों देशों की ब्यूरोक्रेसी में आपसी सम्बन्धों में मधुरता और घनिष्ठता को लेकर ऊँचे आदर्शों का अभाव दिखाई देता है। बांग्लादेश नेशनल पार्टी द्वारा निरन्तर भारत-विरोधी प्रचार और जमात-ए-इस्लामी का कट्टरवाद शेख हसीना के रास्ते में काँटे बिछा सकता है।

शेख हसीना की जीत के बाद मैं बांग्लादेश गया तो कार्यवाहक सरकार द्वारा किए गए अच्छे कामों का शायद ही कोई निशान बचा था। मुझे शेख हसीना के व्यक्तित्व में अधिकारवाद की झलक देखकर निराशा हुई। यह चीज उनके पिता 'बंग बंधु' मुजीब-उर-रहमान में भी थी। लेकिन लोग उन्हें अपना मसीहा मानकर इस कमी को नजर अंदाज कर देते थे। शायद शेख हसीना के मामले में वे ऐसा न कर सकें।

मुझे यह डर भी है कि यह रवैया बांग्लादेश के विकास में बाधा बन सकता है, जिसके

लिए सर्वसम्मति और परस्पर विश्वास की जरूरत है। खालिदा जिया और उनकी पार्टी हर समय शेख हसीना पर हमला करने की ताक में रहते हैं। फिर भी, अपनी सीमाओं के बावजूद, शेख हसीना बांग्लादेश के लिए सबसे अच्छा विकल्प हैं। लेकिन मुक्ति-विरोधी नेताओं के खिलाफ उनकी मुहिम नैतिक तौर पर सही होने के बावजूद देश को उलझन में डाले हुए है। जैसाकि स्वाभाविक है, बांग्लादेश नेशनल पार्टी इन मुकदमों के सख्त खिलाफ है। कई दूसरे लोग भी इसे देश में फूट डालने वाली प्रक्रिया के रूप में देख रहे हैं।

खालिदा ज़िया के कार्यकाल में भारत के उत्तर-पूर्वी अंचलों के कई विद्रोही समूह बांग्लादेश में शरण लेने लगे थे। उन्हें पाकिस्तान की आई.एस.आई. के साथ-साथ बांग्लादेश की गुप्तचर एजेंसियों का भी समर्थन प्राप्त हो रहा था। तब भारत-विरोधी प्रचार और अल्पसंख्यकों के खिलाफ हिंसा ने खतरनाक आयाम ले लिया था। बहुत-से हिन्दू मारे गए थे और हजारों अपनी जान बचाने के लिए सीमा पार करने पर विवश हो गए थे। वे वापस नहीं लौटे हैं।

मेरा अपना खयाल यह है कि भारत और बांग्लादेश के बीच सद्भावना का वातावरण बांग्लादेश से ज्यादा भारत पर निर्भर करता है। अगर दोनों देशों के सम्बन्ध बिगड़े तो इसके लिए दोनों देशों की ब्यूरोक्रेसी की मानसिकता भी जिम्मेदार होगी।

ढाका की धर्म-निरपेक्षता के सिद्धान्तों की तरफ वापसी दोनों देशों के सम्बन्धों में नए युग का सूत्रपात कर सकती है। जनरल इरशाद ने बांग्लादेश को 'इस्लामी राष्ट्र' घोषित कर दिया था। शेख हसीना को संविधान में किए गए इस संशोधन को हटाने का अवसर भी मिला था, लेकिन वे ऐसा नहीं कर पाईं, हालाँकि उन्होंने संविधान में कई दूसरे बदलाव किए। बांग्लादेश की स्थापना के समय शेख मुजीब-उर-रहमान ने उसे एक इस्लामी राष्ट्र घोषित करने से इनकार कर दिया था, हालाँकि उन पर देश के भीतर और मुस्लिम देशों का बहुत ज्यादा दबाव था।

बांग्लादेश में चीन की बढ़ती दिलचस्पी एक नया खतरा है। यह आनेवाले दिनों में भारत-बांग्लादेश सम्बन्धों पर गहरा असर डाल सकता है। चीन भारत के आसपास एक घेरा बनाना चाहता है और बांग्लादेश इस घेरे की एक महत्त्वपूर्ण कड़ी है। बहुत कुछ इस बात पर निर्भर है कि बांग्लादेश भारत की संवेदनशीलता का कितना खयाल रखता है। दूसरी तरफ, भारत को बांग्लादेश के विकास के लिए अपनी तरफ से पूरा-पूरा सहयोग देना होगा। बांग्लादेश की विकास-दर पहले से ही 6.5 प्रतिशत है। उसे कभी भी ऐसा नहीं लगना चाहिए कि मदद के नाम पर भारत उसका शोषण करने की कोशिश कर रहा है।

सितम्बर 2011 में प्रधानमंत्री मनमोहन सिंह के ढाका दौरे को सीमित सफलता ही मिल पाई थी। हालाँकि दोनों देशों के बीच आपसी सहयोग को लेकर कई समझौते हुए थे, खासकर असम के कुछ लघु हिस्सों को बांग्लादेश को सौंपने को लेकर (भाजपा ने इसे पहले ही इसे एक मुद्दा बना लिया है), फिर भी तीस्ता जल विवाद पर कोई समझौता न होने के कारण बांग्लादेश का उत्साह ठंडा पड़ गया। पश्चिम बंगाल की मुख्यमंत्री ममता बनर्जी ने आखिरी क्षेत्रों में प्रधानमंत्री के साथ जाने से इनकार करके स्थितियों को और उलझा दिया था। अपने कम्युनिस्ट प्रतिद्वंद्वियों के तीखे तेवरों को देखते हुए ही ममता बनर्जी ने अपने कदम पीछे खींच लिए थे। जब तक पश्चिम बंगाल सरकार इस मामले में नरम रुख नहीं अपना पाती, यह मुद्दा दोनों देशों के सम्बन्धों में खटास पैदा करता रहेगा।

10

शिमला समझौता और भारत-पाक सम्बन्ध

बांग्लादेश का युद्ध खत्म होते ही मैंने स्विस दूतावास के जरिए पाकिस्तान के तत्कालीन राष्ट्रपति जुल्फीकार अली भुट्टो से अनुरोध किया कि मैं उनका इन्टरव्यू लेना चाहता था। तब दोनों देशों के बीच किसी तरह के कूटनीतिक सम्बन्ध नहीं थे।

मैं लाहौर के हवाई अड्डे पर उतरा तो मुझे वापस काबुल जानेवाले विमान में बिठा दिया गया, क्योंकि जाँच अधिकारियों को मेरे आने की कोई जानकारी नहीं थी। मैं काबुल में भारत के राजदूत सलमान हैदर से मिला, जो कई वर्ष बाद लन्दन में मेरे सहायक के रूप में भी रहे।

काबुल में मैं 'सरहदी गांधी' खान अब्दुल गफ्फार खान से भी मिला, जो वहाँ एक कमरे के मामूली-से घर में रहते थे। वे एक चारपाई पर बैठे हुए थे। मैंने झुककर उन्हें सलाम किया। कमरा लगभग खाली था। एक कोने में एक चूल्हा और कुछ बर्तन पड़े थे और एक रस्सी पर एक कुरता और सलवार टँगे हुए थे। मैं मन-ही-मन सोच रहा था कि यह आदमी भारत में कोई भी बड़ा पद पा सकता था, लेकिन उसने अफगानिस्तान में रहना पसन्द किया था क्योंकि पख्तूनिस्तान में उसका संघर्ष खत्म नहीं हुआ था। (लगभग 30 वर्ष बाद उनके पोते और अवामी नेशनल पार्टी के प्रमुख वली खान के बड़े बेटे अस्फंदयार वली खान 'नॉथ वेस्ट फ्रंटियर प्रोविंस' का नाम बदलकर 'खैबर पख्तूनख्वा' रखवाने में सफल रहे।)

गफ्फार खान के मन में जवाहरलाल नेहरू को लेकर खटास की भावना थी, जिन्होंने उनसे पख्तूनिस्तान के लिए लड़ने का वायदा किया था। ''क्या तुम लोग बनियों की तरह हर बात में नफा-नुकसान देखते रहते हो?'' उन्होंने ताना मारते हुए कहा। मैं खामोश रहा। कुछ देर बाद उन्होंने पूछा कि क्या यह सच था कि गुजरात में बहुत सारे मुसलमान मारे गए थे। वे 1970 में हुए गुजरात दंगों की बात कर रहे थे। मैंने कहा कि हाँ, यह सच था। उन्होंने बड़े दुखी मन से कहा कि उनका खयाल था कि आजादी मिल जाने और अंग्रेजों के चले जाने के बाद दंगे अतीत की चीज बनकर रह जाएँगे। ''लेकिन गुजरात तो गांधी की धरती है,'' उन्होंने बड़ी मायूसी और बेबसी भरे अंदाज में कहा।

कुछ दिनों बाद मैं पेशावर के रास्ते पाकिस्तान में दाखिल होने में सफल हो गया।

पाकिस्तान की केन्द्रीय सरकार कराची से इस्लामाबाद में स्थानान्तरित हो चुकी थी। इस शहर की स्थापना जनरल अयूब खान ने की थी। शहर को हरा-भरा रखने के लिए उन्होंने हेलीकॉप्टरों से बीजों का छिड़काव करवाया था और शहर की हरियाली देखते ही बनती थी।

मैंने रावलपिंडी क्लब में एक सुबह स्थानीय पत्रकारों के साथ गुजारी। वे सब बांग्लादेश की स्थापना में भारत की भूमिका की आलोचना कर रहे थे, लेकिन उन्हें पूर्वी पाकिस्तान को खो देने का कोई खास अफसोस नहीं था। इन पत्रकारों में ज्यादातर पंजाबी थे। एक ने मजाक में चुटकी लेते हुए पंजाबी में मुझसे कहा कि वे बंगालियों के साथ जीने का जायका ले चुके थे और अब भारत की बारी थी।

मैं जानता था कि बांग्लादेश की स्थापना पाकिस्तान के लिए अपमान के कड़वे घूँट की तरह थी। मैंने पूछा कि अगर दोनों पंजाब एक साथ मिल जाएँ तो क्या होगा। उन सबका जवाब था कि फिर पंजाबियों को पूरे उपमहाद्वीप पर छाने में देर नहीं लगेगी।

भुट्टो से मिलने से पहले मैंने जनरल अयूब खान से मुलाकात का समय ले लिया था। हट्टे-कट्टे और कसरती बदन के अयूब बुशर्ट और पैंट में भरपूर सेहतमंद लग रहे थे। लेकिन वे अन्दर-ही-अन्दर टूट चुके थे। उन्हें पाकिस्तान के राष्ट्रपति का पद छोड़ना पड़ा था, जिसके पीछे उन्हें अब 'भुट्टो की चाल' दिखाई दे रही थी। उन्होंने कहा कि पेशावर में उनके खिलाफ भड़के छात्र आन्दोलन के पीछे भुट्टो का हाथ था, जिसे पुलिस और स्थानीय अधिकारियों का खुला समर्थन प्राप्त था।

अयूब 1965 की लड़ाई के बारे में बात करने से हिचकिचा रहे थे, जिसे वे अब 'भुट्टो की लड़ाई' बता रहे थे। उन्होंने कहा, "आप उनसे मिलेंगे तो उन्हीं से इसके बारे में पूछिएगा।" उन्होंने इतना जरूर कहा कि उन्हें मालूम था कि कश्मीरी कभी भी बगावत पर उतारू नहीं होंगे। वे सही साबित हुए थे, क्योंकि 1964 में पाकिस्तान से आए घुसपैठिए स्थानीय कश्मीरियों का समर्थन जुटाने में असफल रहे थे।

मैंने उनसे पूछा कि उन्होंने सत्ता की बागडोर जनरल याहिया खान को क्यों थमा दी थी। "मेरे पास कोई चारा नहीं था," उन्होंने मायूसी से कहा। वे अपने उत्तराधिकारी के फैसलों से खुश नहीं थे। अपनी सैनिक पृष्ठभूमि के बावजूद अयूब खान में एक राष्ट्रीय नेता के गुण थे। मैं सोच रहा था कि अगर वे सत्ता में होते तो क्या तब भी बांग्लादेशियों का इतने बड़े पैमाने पर और बर्बर कत्लेआम होता। कभी-कभी मुझे लगता था कि यहिया खान सत्ता के नशे के शिकार थे।

पाकिस्तान में आज भी किसी बंगाली को 'अरे वो बंगाली' कहकर सम्बोधित किया जाता है। अयूब का कहना था–

> पाकिस्तान ने बंगालियों का विकास करने और उनके लिए रोजगार के अवसर तलाश करने का भरसक प्रयास किया था। लेकिन पूर्वी पाकिस्तान में जब भी किसी उद्योग की स्थापना की गई तो स्थानीय प्रबन्धन क्षमता, कौशल और मेहनती लोगों का अभाव पाया गया। बंगालियों में अगर प्रतिभा थी तो सिर्फ हिन्दू बंगालियों में।

अयूब ने यह भी कहा कि वे ढाका में बसे हिन्दुओं से कहा करते थे कि अगर वे मुसलमान होते तो कितना कुछ किया जा सकता था। कहीं वे धर्म-परिवर्तन की बात तो नहीं कर रहे थे?

पाकिस्तान की सरकार भी सच्चाई से बेखबर नहीं थी। इसलिए भारत-पाकिस्तान का बँटवारा होते ही पूर्वी पाकिस्तान के हिन्दुओं के प्रति भेदभाव की नीति बरती जाने लगी थी। पाकिस्तान की प्रशासनिक सेना में कई ऊँचे पदों पर रह चुके और बाद में बांग्लादेश के

विदेश सचिव बने एस.ए. करीम ने अप्रैल 1972 में ढाका में मुझे बताया था कि सरकार ने हिन्दुओं को किनारे करने के स्पष्ट निर्देश दे रखे थे। परिणामस्वरूप हिन्दुओं के लिए नौकरी पाना, कोई काम-धंधा शुरू करना या कोई पेशा अपनाना असम्भव-सा हो गया। आयात-निर्यात का लाइसेंस पाने के लिए भी उन्हें किसी मुसलमान को अपना हिस्सेदार बनाना पड़ता था। ढाका में भारत के डिप्टी हाई कमिश्नर ने 30 अप्रैल, 1948 को नई दिल्ली भेजी गई अपनी एक रिपोर्ट में कहा था कि "सरकार हिन्दुओं के घरों को अपने कब्जे में ले रही है, हालाँकि इन घरों में रहनेवाले लोग खुद ही इन घरों के मालिक हैं।"

इसके बाद बहुत-से हिन्दू वहाँ से पलायन करके भारत आने लगे। कुछ ने अपना रहन-सहन बदल लिया, मुस्लिम पहनावा अपना लिया और उन्हीं के तौर-तरीके और बोल-चाल अपनाकर पुलिस और प्रशासन की ज्यादतियों से बचने की कोशिश करने लगे। ये सभी बचे-खुचे हिन्दू मदद के लिए भारत की तरफ देखते रहे हैं।

अयूब अपनी गद्दी छिन जाने से तो नाखुश थे ही, वे ढाका में भारतीय सेना के सम्मुख पाकिस्तानी सेना के आत्म-समर्पण को भी नहीं भुला पा रहे थे। शायद यही कारण था कि उन्होंने जोर देते हुए कहा कि "किसी दिन आप इस हिस्से (पश्चिमी पाकिस्तान) को भी जीतने आ पहुँचेंगे। लेकिन हम काँटे की तरह आपके गले में फँसे रहेंगे। आपको याद रखना चाहिए कि आजादी से पहले हमने किस तरह अंतरिम सरकार को चलने नहीं दिया था।"

भुट्टो से मेरी मुलाकात हुई तो मैंने उनसे सीधे-सीधे पूछ लिया कि क्या 1965 की लड़ाई के लिए वे जिम्मेदार थे, जैसाकि अयूब आरोप लगा रहे थे। भुट्टो ने इससे इनकार करने की बजाय 1965 की लड़ाई की जिम्मेदारी स्वीकार कर ली। मुझे पता था कि उन्होंने कुछ कागजात तैयार करके यह दलील दी थी कि भारत को मात देने का यही वक्त था, इससे पहले कि भारत की हथियार फैक्टरियाँ पूरी रफ्तार से उत्पादन शुरू कर दें। उन्होंने इस दलील का खुलासा करते हुए मुझे कुछ और बातें बताईं, जिन्हें मैंने टेप पर रिकार्ड कर लिया। (कई वर्ष बाद मैंने बेनजीर भुट्टो से कहा था कि मैं यह टेप किसी दिन पाकिस्तान के अभिलेगार को भेंट करूँगा।) भुट्टो ने इन्टरव्यू में कहा था–

> ...एक वक्त था जब सेना के मामले में, आक्रमण क्षमता और हथियारों के मामले में हम भारत से आगे थे, क्योंकि हमें (दूसरे देशों से) सैनिक मदद मिल रही थी। 1965 तक यही स्थिति थी। अब, क्योंकि कश्मीर मसला हल नहीं हो रहा था, और इसे हल करना हमारे आपसी झगड़े सुलझाने के लिए जरूरी था। क्योंकि यह शान्तिपूर्ण तरीकों से नहीं हो रहा था, और हम सैनिक क्षमता के मामले में बेहतर स्थिति में थे, इसलिए हमें ही दोषी ठहराया जा रहा था। इसलिए, देशभक्ति के नजरिए से यह सोचना ठीक ही था कि चलो इस मसले को खत्म कर देते हैं और किसी समझौते पर पहुँचते हैं। यह बड़ी दुर्भाग्यपूर्ण स्थिति रही है, और 1965 तक हमारा यह सोचना नैतिक तौर पर ठीक ही था कि हम इसे हल करने की बेहतर स्थिति में हैं। और फिर, भारत ने आत्म-निर्णय का वचन दे रखा था, लेकिन इसे सुलझाने की कोशिश नहीं हो रही थी, इसलिए यह स्थिति बनी हुई थी। लेकिन अब हम इस पोजीशन में नहीं हैं। मैं जानता हूँ कि अब ऐसा नहीं है। मैं किसी भी दूसरे से बेहतर जानता हूँ कि अब इसका कोई वजूद नहीं है और भविष्य में भी नहीं होगा।

भुट्टो 1965 की लड़ाई से पहले भारत की अंदरूनी घटनाओं से भी धोखा खा गए थे। उन्होंने मद्रास में डी.एम.के. की स्वायत्तता की माँग, पंजाब में पंजाबी सूबे के आन्दोलन और महाराष्ट्र-मैसूर के सीमा विवाद को भारत के टूटने की शुरुआत के रूप में देखा था। इसलिए उनकी धारणा थी कि भारत के साथ जितनी जल्दी 'हिसाब साफ कर लिया जाए' उतना ही अच्छा।

लड़ाई के बाद हुई 'ताशकन्द घोषणा' के बारे में भुट्टो का कहना था–

> मैं आपको बताना चाहता हूँ कि मैंने अयूब और कोसिगिन दोनों से ही कहा था कि एक हजार साल के इतिहास को कैप्सूल की तरह नहीं निगला जा सकता। आप इतिहास के अनुभवों को एक झटके में नहीं मिटा सकते। उपमहाद्वीप के मसलों को एक झटके में नहीं सुलझाया जा सकता। यह बात मैं भी जानता हूँ, आप भी जानते हैं, तो फिर अयूब क्यों नहीं जानते थे?

भुट्टो ने जनरल टिक्का खान का भी बचाव किया, जिन्हें 1971 में पूर्वी पाकिस्तान में सेना की ज्यादतियों के लिए जिम्मेदार ठहराया जा रहा था। ''वे एक अच्छे फौजी हैं,'' भुट्टो ने कहा, ''लेकिन भारत उन्हें 'दूसरे हलाकू' के रूप में दिखाने की कोशिश कर रहा है।''

ताशकन्द घोषणा के बाद भुट्टो ने भारत-पाक सम्बन्धों को सामान्य नहीं होने दिया, सिवा दोनों देशों में हाई कमिश्नर की फिर से नियुक्ति के। उन्होंने इस घोषणा को संयुक्त राष्ट्र में दर्ज भी नहीं होने दिया और 9-10 फरवरी 1966 को रावलपिंडी में होनेवाली भारत-पाक मंत्रियों की बैठक को भी ठप्प करवा दिया।

पाकिस्तान कश्मीर मसले पर 'मानीखेज' (सार्थक) बातचीत चाहता था, जिसका मतलब था कि भारत इस मामले में पाकिस्तान को कुछ 'ठोस रियायतें' दे। दूसरी तरफ, भारत पहले दूसरे मुद्दे सुलझाना चाहता था। पाँच वर्ष बाद ठीक उल्टी स्थिति हो गई। भारत पहले कश्मीर मसला सुलझाना चाहता था, जबकि पाकिस्तान दूसरे मसलों पर बात करना चाहता था।

भुट्टो के भारत-विरोधी रुख को पाकिस्तानियों का भरपूर समर्थन मिल रहा था। वे भारत की जितनी बुराई करते थे, उनकी लोकप्रियता में उतनी ही बढ़ोत्तरी हो जाती थी। एक के बाद एक सरकारों के 'हिन्दू भारत' विरोधी प्रचार ने पाकिस्तान की आम जनता की मानसिकता को इतना विकृत कर दिया था कि वह भारत को हर बुराई के प्रतीक के रूप में देखने लगी थी। सूचना माध्यमों पर कड़े नियंत्रण के कारण सच्चाई कभी सामने नहीं आती थी और झूठ और दुष्प्रचार का बाजार गर्म था।

स्कूलों में पढ़ाई जानेवाली इतिहास की किताबों में हिन्दू-मुसलमान लड़ाइयों को बढ़ा-चढ़ाकर दिखाया जाता था और मुसलमानों को हमेशा विजयी दिखाया जाता था। भारत पर चढ़ाई करनेवाले पहले दो हमलावरों मुहम्मद बिन कासिम और मुहम्मद गजनवी को 'काफिरों को सबक सिखाने' के लिए गौरवान्वित किया जाता था। बल्कि पाकिस्तान का इतिहास भारत में इस्लाम के आगमन से ही शुरू होता था। पाकिस्तान में स्थित तक्षशिला और मोहनजोदड़ो को–जो हजारों वर्ष पुरानी आर्य और हिन्दू सभ्यता के प्रतीक थे–इतिहास की किताबों में शायद ही कोई जगह दी जाती थी। हिन्दू राजाओं के शासन काल को सिर्फ एक वाक्य में यह कहकर खारिज कर दिया जाता था कि ''हिन्दुओं की इतिहास में कोई

खास दिलचस्पी नहीं थी और उस युग के बहुत कम लिखित दस्तावेज मौजूद हैं।'' बाबर को भारत का वास्तु-शिल्प बदलने का श्रेय दिया जाता था, क्योंकि उसे हिन्दू वास्तुकला पसन्द नहीं थी। हिन्दुओं के घरों के कमरे ''इतने छोटे होते थे कि वहाँ दिन में भी अँधेरा रहता था,'' जबकि ''मुस्लिम इमारतें कहीं बड़ी और हवादार होती थीं।'' एक किताब में तो यह भी लिखा था कि भारत कभी पाकिस्तान का हिस्सा हुआ करता था।

> भुट्टो से मुलाकात के बाद मैं उनके प्रेस अताशे खालिद हुसैन से भी मिला। उन्होंने मेरी शामों को सुहाना बनाए रखा। कुछ अवसरों पर उन्होंने फैज अहमद फैज को भी बुलाया, जिन्होंने अपनी लाजवाब शायरी से हम सबका मन मोह लिया। उन्होंने कई दिलचस्प किस्से भी सुनाए।

दिल्ली लौटते समय मैं लाहौर में भी रुका। मैंने सूचना विभाग से सम्पर्क स्थापित किया तो उन्होंने मुझसे पूछा कि क्या वे मेरी कोई मदद कर सकते थे। मैंने पूछा कि क्या मैं फिल्म अभिनेत्री और गायिका नूरजहाँ से मिल सकता था। मुझे उनके गाने बहुत पसन्द थे, लेकिन मैंने बरसों पहले उन्हें बेबी नूरजहाँ के रूप में एक फिल्म में देखने के अलावा कभी नहीं देखा था। सूचना विभाग ने मुझे मॉडेल टाउन का उनका पता बता दिया, जिसे पाकिस्तान के बॉलीवुड के रूप में जाना जाता है।

मुझे जिस कमरे में ले जाया गया वहाँ दो मोटी औरतें बैठी हुई थीं, जो बिलकुल एक जैसी दिखती थीं। मेरे गाइड ने इशारे से मुझे समझाया कि उनमें से नूरजहाँ कौन थी। मैं उनके पास जा बैठा। मेरी समझ में नहीं आ रहा था कि बातचीत कहाँ से शुरू करूँ। आखिर मैंने उनसे पूछा कि वे अब तक कितने गाने रिकॉर्ड कर चुकी थी। वे कुछ सोचते हुए बोलीं, ''न तो रिकार्डों का शमार है और न ही गुनाहों का—ये आप लोग माफ कर देंगे और वे अल्लाह मियाँ।'' उन्होंने मुझे एक पंजाबी गीत गाकर सुनाया, जो उन्होंने लड़ाई के दौरान पाकिस्तानियों को प्रेरित करने के लिए तैयार किया था। वे मुझे नाराज करना नहीं चाहती थीं, सिर्फ अपने देश के मूड को अभिव्यक्त करना चाहती थीं।

मेरी दिल्ली वापसी के बाद इन्दिरा गांधी ने मुझे बुलाकर मेरी यात्रा के बारे में जानना चाहा। वे जानती थीं कि भुट्टो उनसे मिलने के इच्छुक थे। उन्होंने इस बातचीत की जमीन तैयार करने के लिए डी. पी. धर को इस्लामाबाद भेजने का फैसला भी कर लिया था। अब वे मुझसे यह जानना चाहती थीं कि भारत को पहले जीती हुई जमीन वापस करनी चाहिए या 93,000 युद्धबन्दी।

''दोनों,'' मेरा छोटा-सा जवाब था। मैंने उन्हें याद दिलाया कि 1962 में हमें हराने के बाद चीनियों ने भी हमारे लोग और जमीन वापस कर दिए थे। (उस जमीन को छोड़कर जिस पर वह अपना दावा करता रहा था)। उन्होंने ऐसे हालात पैदा कर दिए थे कि खाकी वर्दी वालों का घर से बाहर निकलना मुश्किल हो गया था। लोग उनका मजाक उड़ाते थे, उन पर ताने कसते थे, और चीन के खिलाफ बहादुरी से न लड़ने के लिए उन्हें खरी-खोटी सुनाते थे। मैंने इन्दिरा गांधी से कहा कि अगर हम पाकिस्तानी युद्धबंदियों को छोड़ देंगे तो उनके देश में भी उनका मजाक उड़ाया जाएगा। ये लोग जितने दिनों तक भारत की कैद में रहेंगे, उनके प्रति लोगों का गुस्सा उतना ही शान्त होता जाएगा। (भुट्टो ने मुझे सुनाते हुए कहा था कि उनके फौजी कितने दिन ही हिन्दुस्तानी जेलों में क्यों न रहें, वे

मुसलमान ही रहेंगे।)

हमने उस समय युद्धबन्दी और जमीन दोनों ही नहीं लौटाए थे, लेकिन कुछ समय बाद ये दोनों ही वापस कर दिए गए। मेरा खयाल था कि युद्ध-विराम के फौरन बाद इन्हें लौटा देना बेहतर होता, क्योंकि पाकिस्तानी हमेशा हम पर तंगदिली और बनियागिरी का आरोप लगाते रहते हैं।

बांग्लादेश और पाकिस्तान के मामले देख रहे डी. पी. धर के साथ मेरी तीन घंटे तक बातचीत हुई। उनके साथ उनके एक होनहार अधिकारी अशोक चिब भी बैठे हुए थे, जो विदेश मंत्रालय में पाकिस्तन विभाग के प्रमुख थे। वे दोनों मुझसे हर छोटी-छोटी बात जानना चाहते थे। मैंने उनसे कहा कि भुट्टो ने यह सुझाव दिया था कि नियंत्रण-रेखा को 'शान्ति रेखा' में बदल दिया जाए। शिमला वार्ता के दौरान भुट्टो को उनके इस सुझाव का हवाला दिया गया तो उन्होंने इसे कोई खास महत्त्व नहीं दिया। उन्होंने कहा कि यह 'बहुत से सुझावों में से एक' था।

शिमला में इन्दिरा गांधी और जुल्फीकार अली भुट्टो के बीच 28 जून को बातचीत शुरू हुई और 2 जुलाई को खत्म हुई। इन्दिरा गांधी ने पूछा कि पाकिस्तान बातचीत में संयुक्त राष्ट्र घोषणा या अन्तर्राष्ट्रीय कानून के सिद्धान्तों को लाने की कोशिश क्यों कर रहा था। उनका कहना था कि भारत और पाकिस्तान के बीच सभी मसले किसी तीसरी पार्टी के सीधे या अप्रत्यक्ष दखल के बिना सुलझाए जाने चाहिए। वे चाहती थीं कि उपमहाद्वीप बड़ी शक्तियों के खेल का मोहरा न बन जाए। भुट्टो ने कहा कि वे भी दुनिया भर को इकट्ठा करने के इच्छुक नहीं थे, क्योंकि पिछले 25 वर्षों के इस अनुभव से कुछ भी हाथ नहीं लगा था। उन्होंने भरोसा दिलाया कि संयुक्त राष्ट्र का उल्लेख उसे या किसी तीसरी पार्टी को बीच में लाने के लिए नहीं किया गया था।

भुट्टो की टीम में कई बुद्धिजीवी शामिल थे। इनमें मेरे मित्र और लाहौर से छपनेवाले साप्ताहिक 'व्यू-पॉइन्ट' के सम्पादक मजहर अली खान भी शामिल थे। शिमला वार्ता के दौरान हर किसी का ध्यान खींचनेवाली एक अन्य शख्सियत थी भुट्टो की बेटी बेनजीर भुट्टो। वे तब सिर्फ सत्रह वर्ष की थीं। भुट्टो उन्हें राजनीति का अनुभव दिलाने के लिए अपने साथ भारत ले आए थे। बाद के वर्षों से साबित हुआ कि वे बिलकुल सही समय पर बेनजीर को राजनीति में ले आए थे।

भुट्टो ने इन्दिरा गांधी से कहा कि उनके लिए युद्धबंदियों को छुड़ाना जरूरी था। उन्होंने भरोसा दिलाया कि वे उन्हें फौज से हटा देंगे। बांग्लादेश के बारे में उन्होंने कहा कि महीने (जुलाई 1972) के आखिर में शेख मुजीब-उर-रहमान से उनकी मुलाकात के बाद पाकिस्तान बांग्लादेश को मान्यता दे देगा। इन्दिरा गांधी ने कहा कि उन्हें युद्धबंदियों को छोड़ने में कोई एतराज नहीं था, लेकिन बांग्लादेश की सहमति भी जरूरी थी क्योंकि इन फौजियों ने दोनों देशों की संयुक्त कमान के सम्मुख आत्म-समर्पण किया था।

भुट्टो ने इस शिखर वार्ता से पहले मुझसे कहा था, "हम युद्ध-विराम रेखा को शान्ति रेखा बना सकते हैं और दोनों हिस्सों के कश्मीरियों को इधर-से-उधर आने-जाने की इजाजत दे सकते हैं। आखिर उन्हें क्यों तकलीफ होनी चाहिए? दोनों हिस्सों में बेरोकटोक आवाजाही

होनी चाहिए। इसके बाद एक चीज दूसरी चीज को जन्म देती है। हम उम्मीद करते हैं कि दोनों देशों में सरकारी और गैर-सरकारी दोनों स्तरों पर आना-जाना लगा रहेगा।

इन्दिरा गांधी को लगा कि बातचीत में उनकी मदद करनेवाले डी.पी. धर चीजों को उलझा रहे थे। वे सीधी बात न करके अकसर दूसरे मुद्दों में फँस जाते थे। इसलिए इन्दिरा गांधी उनकी जगह पी. एन. हक्सर को ले आईं, जो उनके प्रमुख सचिव थे और कश्मीरी पंडितों के घराने से जुड़े हुए थे। धर के 'बीमार होने' का बहाना बनाया गया। हक्सर की सीधी बातचीत के कारण ही भुट्टो को यह लगने लगा कि धर की जगह हक्सर को लाया जाना भारत के रुख के सख्त होने का संकेत था।

भुट्टो के अधिकारी यह रट लगाए थे कि अगर वे खाली हाथ लौटे तो पाकिस्तान में भुट्टो की स्थिति कमजोर हो जाएगी। टीम के कुछ गैर-सरकारी सदस्य तो यहाँ तक कह रहे थे कि ऐसी स्थिति में सेना एक बार फिर सत्ता पर कब्जा करने की कोशिश करेगी। भारत के लिए यह चिन्ता का विषय जरूर था, लेकिन दोनों पक्ष अपनी बात पर इतना ज्यादा अड़े हुए थे कि 'बातचीत की विफलता' को अच्छे-से-अच्छे शब्दों से ढंककर एक संयुक्त वक्तव्य जारी करने की तैयारी होने लगी। इस संयुक्त वक्तव्य में कहा गया था–

> ...श्रीमती गांधी और श्री भुट्टो में दोनों देशों के सम्बन्धों को प्रभावित करनेवाले सभी महत्त्वपूर्ण विषयों पर बातचीत हुई। उन्होंने जम्मू और कश्मीर पर भी खासतौर पर बातचीत की। उन्होंने आशा व्यक्त की कि सभी अनसुलझे मुद्दों को आपसी सहमति से सुलझाया जा सकेगा और दोनों सरकारों के प्रमुखों की इस पहली बैठक में शुरू की गई समझौते की प्रक्रिया को जारी रखा जाएगा।

आखिरी क्षणों में हक्सर ने इन्दिरा गांधी से बात करके उन्हें भुट्टो पर 'भरोसा करने' के लिए मना लिया। भारत ने लड़ाई में जीते इलाकों की वापसी के बारे में पाकिस्तान के रुख को स्वीकार कर लिया। इससे भुट्टो को यह भरोसा भी दिलाया जा सकता था कि भारत पाकिस्तान के साथ 'टिकाऊ शान्ति' के पक्ष में था, जिसके बारे में डी. पी. धर पाकिस्तान के विदेश सचिव अजीज अहमद के साथ मुरी में बातचीत कर चुके थे।

जीती हुई जमीन लौटाने का एक कारण यह भी था कि इसके लिए भारत को बांग्लादेश की रजामंदी की जरूरत नहीं थी। भारतीय सेना के लिए यूँ भी इस रेगिस्तानी इलाके में रहना मुश्किल हो रहा था, जिसे एक न एक दिन छोड़ना ही था। अन्तर्राष्ट्रीय मंचों पर भारत का यह रुख रहा था कि विजयी देश को लड़ाई में जीते गए इलाके अपने पास नहीं रखने चाहिए।

पाकिस्तान का मन भाँपने की कोशिश की गई तो पता चला कि उसे भी इलाके लौटाए जाने की ज्यादा चिन्ता थी। जैसाकि अजीज अहमद ने कहा था, पाकिस्तान के ज्यादातर फौजी पंजाब के पाँच जिलों से थे। टिक्का खान ने वहाँ के लोगों में खुद बात करके पता लगाया था कि उन्हें इलाकों की वापसी में ज्यादा दिलचस्पी थी। वे यह भी जानते थे कि युद्धबंदियों के साथ अच्छा व्यवहार किया जा रहा था। यूँ भी ये फौजी साल में एक बार ही अपने घर जाते थे।

इलाकों की अदला-बदली के बदले में भारत यह जानना चाहता था कि क्या पाकिस्तान को दो बातों के लिए राजी किया जा सकता था–(1) संयुक्त निरीक्षण दलों का गठन करके दोनों देशों में युद्ध-सामग्री की न्यायसंगत सीमा निर्धारित करना, (2) आपसी बातचीत के

बाद अन्तर्राष्ट्रीय सीमा में फेरबदल करना।

पाकिस्तान चाहता था कि जिन मुद्दों पर आपसी सहमति न बन पाए, उन्हें सुलझाने के लिए एक स्वयंभू मशीनरी का गठन किया जाए (आपसी बातचीत के बाद मध्यस्थता और निर्णय-प्रक्रिया के माध्यम से)। भारत ने इस प्रस्ताव को सख्ती से ठुकरा दिया। अजीज अहमद ने एक बार फिर बातचीत के फेल हो जाने की चेतावनी दी। भारतीय टीम ने कहा कि वह बातचीत को सार्थक बनाने की हर सम्भव कोशिश करने के लिए तैयार थी। भुट्टो दोनों देशों की संयुक्त निरीक्षण टीमों और युद्ध-विराम रेखा को अन्तर्राष्ट्रीय सीमा में बदलने के खिलाफ थे। 3 जुलाई, 1972 को उन्होंने इन्दिरा गांधी से विदा लेने के लिए उनसे आखिरी बार बात की तो उन्होंने कहा कि अगर इन दो प्रस्तावों को हटा दिया जाए तो वे समझौते पर हस्ताक्षर करने के लिए तैयार थे।

भारत ने ये दो प्रस्ताव सिर्फ सौदेबाजी के लिहाज से शामिल किए थे, इसलिए उसे इन्हें हटाने में कोई एतराज नहीं था। फिर भी भारत नई युद्ध-विराम रेखा को स्थायी अन्तर्राष्ट्रीय सीमा में बदलना चाहता था। पाकिस्तान इसके लिए तैयार नहीं था।

भारत काफी समय से यह चाहता रहा था कि युद्ध-विराम रेखा पर तैनात संयुक्त राष्ट्र पर्यवेक्षकों को वापस भेज दिया जाए, क्योंकि यह तीसरी पार्टी के दखल की तरह था। भारत और पाकिस्तान द्वारा एक नई युद्ध-विराम रेखा के निर्धारण से उनकी उपस्थिति का कोई मतलब नहीं रह गया था। पाकिस्तान के साथ समझौते पर हस्ताक्षरों के बाद भारत ने एक घोषणा करके यह बात साफ भी कर दी।

भुट्टो 17 दिसम्बर, 1971 के युद्ध-विराम के बाद की नियंत्रण-रेखा का सम्मान करने के लिए राजी हो गए, लेकिन साथ ही उन्होंने अपने हाथ से समझौते में ये शब्द भी जोड़ दिए कि इससे 'दोनों देशों की मान्य स्थिति पर कोई प्रभाव नहीं पड़ता था।' भारत को इस पर कोई एतराज नहीं था।

समझौते पर 3 जुलाई, 1972 को रात के 12 बजकर 40 मिनट पर हस्ताक्षर किए गए। तब तक हर कोई यह मान चुका था कि बातचीत फेल हो गई थी। सब कुछ इतना अचानक हुआ कि समझौते की संशोधित कॉपी तैयार करने के लिए एक टाइपराइटर तक उपलब्ध नहीं था। पाकिस्तान सरकार की मोहर भी उपलब्ध नहीं थी, क्योंकि उसे टीम के बाकी सामान के साथ शिमला से चंडीगढ़ भेजा जा चुका था। क्योंकि पाकिस्तान के पास अपनी सरकारी मोहर नहीं थी, इसलिए भारत ने भी समझौते पर अपनी मोहर नहीं लगाई।

हक्सर ने मुझे बताया था कि एक मौखिक समझौते के अनुसार भुट्टो युद्ध-विराम रेखा को अन्तर्राष्ट्रीय सीमा स्वीकार करने के लिए राजी हो गए थे। इसका मतलब था कि 'आजाद कश्मीर' कहा जानेवाला क्षेत्र पाकिस्तान के पास और शेष जम्मू और कश्मीर भारत के पास रहेगा। हक्सर ने कहा कि भुट्टो इसे लिखित समझौते में शामिल नहीं करना चाहते थे, क्योंकि वे पाकिस्तानियों को यह बात अपने तरीके से समझाना चाहते थे। भुट्टो का कहना था कि बांग्लादेश की हार के बाद अगर वे कश्मीर में भी यथास्थिति को स्वीकार कर लेंगे तो सेना उनका तख्ता पलट देगी।

पाकिस्तान के नेता, विदेश विभाग और अन्य लोग इस मौखिक समझौते का खंडन करते रहे हैं। मैंने जब भी वहाँ के बड़े अधिकारियों और नेताओं से इसके बारे में पूछा है तो उन्होंने

इसकी जानकारी से इनकार किया है। दूसरी तरफ नई दिल्ली भुट्टो के शब्दों का हवाला देती रही है और हक्सर भी इसकी पुष्टि करते रहे हैं।

हो सकता है कि भुट्टो इन्दिरा गांधी के सामने इसके लिए राजी हो गए हों, लेकिन फिर अपने साथियों का रुख देखकर पीछे हट गए हों। कुछ समय बाद मैं पाकिस्तान गया तो मुझे ऐसा ही आभास हुआ। कुछ लोगों का कहना था कि भुट्टो ने इसलिए इससे पल्ला झाड़ लिया क्योंकि वे पाकिस्तानियों को मना नहीं पाए। मेरा अपना खयाल है कि अगर इस तरह का कोई समझौता होता भी तो यह वर्सेलेस सन्धि की तरह होता, जिसे प्रथम विश्वयुद्ध के बाद जर्मनी को अपमान के घूँट की तरह स्वीकार करना पड़ा था और जिसने दूसरे विश्वयुद्ध को जन्म दिया था। बांग्लादेश के हाथ से निकलने के बाद भुट्टो कश्मीर मसले को भी छोड़ने की बात नहीं कर सकते थे, जो एक तरह से पाकिस्तान की एकता का आधार बना हुआ था।

वार्ता के बाद इन्दिरा गांधी ने पी.एन. हक्सर को एक पत्र लिखकर 'पाकिस्तानी शिष्ट मंडल के साथ नाजुक मामलों पर बातचीत' के उनके तरीके की सराहना की। इस पत्र में डी.पी. धर का कोई जिक्र न होने के कारण उन्हें काफी शर्मिंदगी महसूस हुई होगी।

मेरा खयाल था कि शिमला वार्त्ता से भारत को बहुत कुछ हासिल हुआ था। पहली बार दोनों देश इस बात के लिए राजी हुए थे कि वे अपने सभी मसले आपसी बातचीत से सुलझाएँगे। इसका मतलब था कि भविष्य की बातचीत में संयुक्त राष्ट्र की कोई भूमिका नहीं होगी। युद्ध-विराम रेखा को नियंत्रण रेखा स्वीकार करके भुट्टो ने एक महत्त्वपूर्ण रियायत दी थी।

शिमला वार्त्ता के काफी बाद डी.पी. धर मुझसे मिलने आए और अजीज अहमद के साथ अपनी बातचीत की फाइलें मेरे पास छोड़ते गए। मैं तब अपनी किताब 'डिस्टेंट नेबर्स' पर काम कर रहा था। यह किताब छपने के बाद धर परेशानी में पड़ गए, क्योंकि मैंने शिमला वार्त्ता के दौरान दोनों पक्षों द्वारा पेश किए जानेवाले विभिन्न ड्राफ्टों को किताब में शामिल कर लिया था।

धर ने कहा कि उन्हें संसद के गुस्से का सामना करना पड़ेगा। मैंने उन्हें भरोसा दिलाया कि ऐसा कुछ भी नहीं होगा। मैंने उनसे कहा कि मैं इन सांसदों को जितना जानता हूँ, उसके आधार पर कह सकता हूँ कि कोई भी सांसद इस किताब को नहीं पढ़ेगा, और पढ़ेगा भी तो आखिर में छपे ड्राफ्टों को नहीं पढ़ेगा। कई महीने बाद धर ने मुझसे कहा कि मेरी बात सही साबित हुई थी। विदेश मंत्रालय के एक योग्य अधिकारी अशोक चिब ने मुझे बताया था कि अमरीका के एक प्रतिष्ठित विद्वान इन ड्राफ्टों की प्रामाणिकता के बारे में जानना चाहते थे। मुझे नहीं पता कि सरकार ने उन्हें क्या जवाब दिया, या कोई जवाब दिया भी या नहीं।

धर द्वारा मुझे दिखाई गई फाइलों से पता चलता था कि बांग्लादेश के मुक्ति-युद्ध के बाद जब भारतीय और पाकिस्तानी अधिकारी पहली बारी मरी में मिले थे तो क्या हुआ था। यह बातचीत अंग्रेजी में हुई थी, हालाँकि धर थोड़ी अनौपचारिकता लाने के लिए उर्दू का इस्तेमाल करना चाहते थे। अजीज अहमद ने अपनी परेशानी बताते हुए कहा था कि भले ही उर्दू पाकिस्तान की आधिकारिक भाषा थी, फिर भी उन्हें इसके इस्तेमाल में मुश्किलें आती थीं, खासकर यह देखते हुए कि धर अन्य कश्मीरी पंडितों की तरह खालिस उर्दू बोलते थे।

धर नई दिल्ली से एक टिकाऊ समझौते का एजेंडा लेकर आए थे। उन्हें बातचीत में कश्मीर को शामिल करने की भी अनुमति थी। दूसरी तरफ, अजीज अहमद को युद्धबंदियों और इलाकों की वापसी को प्राथमिकता देने का निर्देश था, न कि कश्मीर को।

अपने शुरुआती सम्बोधन में अजीज अहमद ने चरण-दर-चरण आगे बढ़ने की जरूरत पर जोर दिया। उन्होंने दिल्ली के कुछ अखबारों में छपी इन खबरों की तरफ भी ध्यान दिलाया कि धर कश्मीर में युद्ध-विराम रेखा को अन्तर्राष्ट्रीय सीमा बनाए जाने की माँग करेंगे। धर ने अपने जवाब में कहा कि भारत-पाक सम्बन्धों के इतिहास से पता चलता था कि चरण-दर-चरण बातचीत से बात नहीं बनी थी और दोनों देशों के बीच टिकाऊ शान्ति की बात करके एक नए युग का सूत्रपात किया जा सकता था। उन्होंने अखबारी खबरों का खंडन करते हुए कहा कि वे 'अभी और इसी वक्त' का हुक्म सुनाने नहीं आए थे। दोनों पक्षों ने कोई संयुक्त ड्राफ्ट नहीं बनाया। भुट्टो भी भारतीय अधिकारियों से मिले, लेकिन उन्होंने अजीज अहमद का ही पक्ष लिया। उन्होंने इतना जरूर कहा कि वे युद्ध-विराम रेखा को अमन की लाइन (शान्ति-रेखा) बनाने के इच्छुक थे। इसका मतलब था कि वे दोनों तरफ से गोलीबारी या घुसपैठ नहीं चाहते थे।

भारत और पाकिस्तान के बीच पिछले सभी समझौतों की तरह शिमला समझौता भी कागजों पर ही धरा रह गया। पाकिस्तान की परेशानी यह थी कि अगर उसने भारत के साथ अपने सभी मसले हल कर लिए, तो फिर वह अपने आर्थिक पिछड़ेपन और दूसरी घरेलू समस्याओं के लिए किस पर उँगली उठाएगा।

11

इमरजेंसी की शुरुआत

विपक्ष के नेता अटल बिहारी वाजपेयी ने लोकसभा में इन्दिरा गांधी को 'दुर्गा' कहते हुए उनकी तारीफ की थी तो मैं प्रेस गैलरी में मौजूद थे। जनसंघ कभी भी पाकिस्तान का भला नहीं चाहती थी। बल्कि बांग्लादेश के जन्म के साथ पाकिस्तान के दो टुकड़े होने पर वह फूली नहीं समा रही थी। इन्दिरा गांधी ने मुस्कराते हुए उनकी तारीफ को स्वीकार किया था। उनके चेहरे पर मैदान मारकर आनेवाले किसी विजयी रोमन सम्राट जैसे भाव थे।

बांग्लादेश युद्ध के बाद इन्दिरा गांधी की प्रतिष्ठा और लोकप्रियता आसमान पर पहुँच गई थी। लेकिन साथ ही दूसरी सभी राजनीतिक पार्टियों की हवा भी निकल गई थी। इसके बाद काफी समय तक किसी ने भी सरकार के खिलाफ 'उफ' तक करने की हिम्मत नहीं की। विपक्षी पार्टियों में यूँ भी इतने ज्यादा मतभेद थे कि वे सरकार के लिए कोई गम्भीर खतरा नहीं बन सकती थीं। राजनीति इतने बेतुके स्तर पर पहुँच चुकी थी कि लोगों का ध्यान खींचने के लिए सांसद पीलू मोदी 'आय एम ए सीआईए एजेन्ट' का बैज लगाए घूमते थे।

ऐसी परिस्थितियों में सिर्फ एक आवाज सुनने लायक प्रतीत हो रही थी। जयप्रकाश नारायण की आवाज। वे न तो संसद में थे और न दिल्ली में रहते थे। फिर भी, वे जब भी कुछ कहते थे तो लोगों का ध्यान सहज ही उनकी तरफ खिंच जाता था। उनकी गांधीवादी पृष्ठभूमि थी और उन्होंने कोई भी सरकारी पद स्वीकार करने से इनकार कर दिया था, नेहरू के अनुरोध करने पर भी नहीं। इसलिए उनकी छवि किसी साधू-संन्यासी जैसी बन चुकी थी और सभी देशवासी उनका बहुत मान करते थे। उन्हें प्यार से 'जेपी' के नाम से जाना जाता था।

जेपी ज्यादातर पटना में रहते थे और कांग्रेस-राज में भ्रष्टाचार के खिलाफ अपना आक्रोश व्यक्त करने लगे थे। वे जनता की उदासीनता से भी उतने ही व्यथित थे। उन्हें लगता था कि लोगों को उन मूल्यों और सिद्धान्तों के प्रति जागरुक करने का समय आ चुका था जिन्हें कांग्रेस नष्ट करने पर तुली हुई थी और इन्दिरा गांधी के नेतृत्व में अधिकारवादी और निरंकुश शासन की तरफ बढ़ रही थी।

दरअसल 'जेपी आन्दोलन' के नाम से जाने जानेवाली जागरुकता की यह लहर सरकारी अधिकारियों और मंत्रियों की बेईमानी और अकड़ के खिलाफ जन-आक्रोश की प्रतीक थी। विरोध के एक हल्के-से झोंके की तरह शुरू हुए इस आन्दोलन ने देखते-ही-देखते एक बड़े

तूफान का रूप ले लिया। इन्दिरा गांधी भ्रष्टाचार की प्रतीक बनती जा रही थीं, न सिर्फ आर्थिक मामलों में बल्कि सत्ता के दुरुपयोग के मामलों में भी। पार्टी के अन्दर 'ओल्ड गार्ड' (दिग्गज नेताओं) को धूल चटाने के बाद वे खुद को अजेय समझने लगी थीं और अपने सामने आनेवाली हर रुकावट को किसी भी तरीके से ध्वस्त करने पर तुली हुई थीं।

जेपी ने 70 की उम्र पार कर लेने के बाद इन्दिरा गांधी से टक्कर लेने की ठानी थी। उनकी गांधीवादी सोच को इन्दिरा गांधी के तौर-तरीके रास नहीं आ रहे थे। मैं उनसे कई बार मिल चुका था और उनकी सादगी और ऊँचे मूल्यों से बहुत ज्यादा प्रभावित था। उन्हें पता था कि इन्दिरा गांधी के अधिकारवादी रवैये से खुद मैं भी कितना त्रस्त था। 1973 में पटना में आयोजित एक विरोध सभा में उन्होंने मुझे भी आमंत्रित किया, जहाँ इन्दिरा सरकार के अत्याचारों के खिलाफ मैंने भी आवाज उठाई। अपने लेखों में भी मैं उनके कुशासन की कड़ी आलोचना करता रहता था।

यह सभा शहर के बीचोबीच स्थित सीनेट हॉल में हुई थी। पटना विश्वविद्यालय छात्र संघ के अध्यक्ष लालू प्रसाद यादव सभा की अध्यक्षता कर रहे थे। तब मैंने कल्पना भी नहीं की थी कि यह आन्दोलन आगे चलकर एक तूफान का रूप ले लेगा और शक्तिशाली इन्दिरा गांधी को सत्ता से उखाड़ फेंकेगा।

पूरा हॉल खचाखच भरा हुआ था। भीड़ का यह हाल था कि बहुत-से लोग हॉल के बाहर सड़क पर ही बैठने के लिए मजबूर हो गए थे। लोगों का उत्साह देखकर जेपी भाव-विह्वल हो रहे थे। मैंने एक छोटे-से शुरुआती भाषण में सार्वजनिक जीवन के गिरते स्तर पर खेद प्रकट किया। इसके बाद जेपी ने अपने लम्बे भाषण में लोगों को आजादी की लड़ाई के दिनों के ऊँचे मूल्यों और आदर्शों की याद दिलाई, जो नेहरू और शास्त्री के जमाने में भी बरकरार रहे थे। जेपी इसी मूल्य-आधारित राजनीति की तरफ लौटने की बात कर रहे थे। उन्होंने कहा कि वे अगले दिन पटना के गांधी मैदान में एक विशाल सभा को सम्बोधित करेंगे और देश के सामने अपना कार्यक्रम रखेंगे।

मैं इस जनसभा में शामिल नहीं हो सका, लेकिन मुझे पता चला कि यह बेहद सफल रही थी और जनता ने बढ़-चढ़कर इसमें हिस्सा लिया था। पटना से रवाना होने से पहले मैं जेपी का एक रिकार्डबद्ध इन्टरव्यू लेता गया था। इसमें उन्होंने अपने भविष्य के कार्यक्रम के बारे में बताया था। लेकिन मैं यह देखकर बुरी तरह चकरा गया कि मैंने भूल से टेपरिकार्डर का साइलेंट-मोड दबा दिया था, इसलिए मैं कुछ भी रिकार्ड नहीं कर पाया था। मुझे जो कुछ भी याद था, मैंने एक रिपोर्ट के रूप में 'स्टेट्समैन' के मुख्यपृष्ठ की लीड-स्टोरी के रूप में छाप दिया। जेपी ने अपने कार्यक्रम में देश में 'परिवर्तन' की जरूरत पर जोर दिया था। उन्होंने कहा था कि वे लोगों के पास जाएँगे और कांग्रेस के विकल्प के रूप में नए लोगों की एक नई पार्टी को सत्ता में लाने की कोशिश करेंगे, जिसका नाम 'जनता' होगा। फिर भी, गांधी मैदान में हुई जनसभा में उन्होंने नए चुनाव करवाने की माँग नहीं की थी। उन्होंने सिर्फ 'परिवर्तन' का नारा दिया था।

इसी संकल्प को ध्यान में रखते हुए उन्होंने गुजरात जाकर वहाँ के छात्रों के 'नवनिर्माण आन्दोलन' को अपना समर्थन दिया। इस आन्दोलन के परिणामस्वरूप भ्रष्टाचार के आरोपों में घिरी चिमनभाई सरकार को इस्तीफा देना पड़ा। तब यह नारा खूब लोकप्रिय हुआ था–

'गली गली में शोर है, चिमनभाई चोर है।'

अहमदाबाद में मिली इस सफलता से जेपी का उत्साह बहुत बढ़ गया। पूरे देश में उनके समर्थन में एक लहर-सी उठती दिखाई दे रही थी। जल्दी ही इन्दिरा गांधी के भ्रष्ट और निरंकुश शासन के खिलाफ लोगों का गुस्सा खुलकर प्रकट होने लगा और उनके इस्तीफे की माँग जोर पकड़ने लगी। आजादी के बाद देश की राजनीति में सामूहिक नेतृत्व और सर्वसम्मति की जो छाप दिखाई देती रही थी, वह इन्दिरा गांधी के राज में व्यक्तिवाद में बदलती जा रही थी। इतना ही नहीं, वे किसी भी तरह के विरोध को कुचलने पर तुली हुई थीं।

जेपी ने 'युवा छात्र संघ' की स्थापना करके देश की युवा पीढ़ी को अपने आन्दोलन के साथ जोड़ लिया। पटना में बेरोजगारी, भ्रष्टाचार और मँहगाई के खिलाफ प्रदर्शन आयोजित किए जाने लगे। (आज, 2011-12 में, देश में एक बार फिर वैसी ही परिस्थितियाँ और वैसा ही विरोध दिखाई दे रहा है।) जल्दी ही पुराने गांधीवादी और सोशलिस्ट भी जेपी के साथ जुड़ गए और उनके आन्दोलन को एक जन-आन्दोलन का रूप देने में जुट गए।

इधर, 'स्टेट्समैन' में मेरी स्थिति अच्छी नहीं थी। ईरानी ने मुझे स्थानीय सम्पादक से सलाहकार सम्पादक बनाकर रख दिया था। उन्होंने मुझे अपना कमरा खाली करने और कहीं और बैठने के लिए भी कहा। इसके बाद उन्होंने मेरा चपरासी और टेलीफोन भी हटा दिया। सबसे ज्यादा तकलीफ पहुँचाने वाली बात यह थी कि एक सहकर्मी और मित्र निहाल सिंह इसमें उनका हाथ बँटा रहे थे। बल्कि ईरानी के सभी फैसले उनके जरिए ही मुझ तक पहुँच रहे थे। निहाल इतना रौब झाड़ने लगे थे कि कई बार मैं बहुत अपमानित महसूस करता था। मैं ईरानी के रवैये को समझ सकता था, लेकिन निहाल के रवैये को नहीं, जिन्हें बाद में खुद भी ईरानी के हाथों इसी तरह अपमानित होना पड़ा और 'स्टेट्समैन' छोड़ना पड़ा। सिर्फ मेरी सचिव जी. बैरेट बड़ी दृढ़ता से मेरे साथ खड़ी रहीं। उन्होंने निहाल के साथ काम करने से मना कर दिया और मेरे साथ ही जुड़ी रहीं। मेरी भूमिका अब अपना साप्ताहिक कालम 'बिटवीन द लाइन्स' लिखने तक ही सीमित रह गई थी। ईरानी ने इसे भी बन्द करवाने की कोशिश की, लेकिन सम्पादक एन.जे. नानपोरिया नहीं माने और ईरानी को झुकना पड़ा।

सच्चाई यह थी कि ईरानी इसीलिए मुझसे उखड़े हुए थे क्योंकि मैंने नानपोरिया की छुट्टी करने में उनकी मदद करने से इनकार कर दिया था। एक समय वह भी था जब मेरे कलकत्ता प्रवास के दौरान, जहाँ 'स्टेट्समैन' का हेड-क्वार्टर था, ईरानी मुझे अपने घर पर ठहराते थे, "ताकि स्टाफ को एक सन्देश दिया जा सके।" उन्हें पत्रकारों से चिढ़ थी, शायद इसलिए भी कि अपने-अपको अखबार का 'एडिटर-इन-चीफ' नियुक्त कर लेने के बाद भी पत्रकार उन्हें अपनी बिरादरी में शामिल करने के लिए तैयार नहीं थे। उन्होंने एक बार सूचना और प्रसारण मंत्री इन्दर कुमार गुजराल से कहा था कि वे जैसा चाहें 'स्टेट्समैन' वैसा रुख अख्तियार करने के लिए तैयार था। आश्चर्य की बात यह थी कि ईरानी का दैनिक कालम 'केवीट' बंगाली बुद्धिजीवियों को खूब रास आ रहा था। वे इस कालम में नई दिल्ली की सरकार की जमकर खिल्ली उड़ाते थे, जो केन्द्र-विरोधी बंगालियों को खूब रास आ रहा था।

'इंडियन एक्सप्रेस' के मालिक रामनाथ गोयनका को ईरानी की मार्फत 'स्टेट्समैन' की पूरी अदरूनी जानकरी रहती थी। ईरानी अपने-आपको उनका 'छोटा बेटा' कहते थे, आर.

एन.जी. के खुद के बेटे बी.डी. गोयनका के बाद। एक दिन आर.एन.जी. ने मुझे नाश्ते पर बुलाया (उनका इडली-डोसा खूब मशहूर है) और मुझे एक्सप्रेस न्यूज सर्विस के सम्पादक का पद पेश किया। इससे पहले कि मैं कुछ कह पाता, उन्होंने कहा कि उन्हें पता था कि 'स्टेट्समैन' में मेरी औकात 'जीरो' होकर रह गई थी।

मैं मार्च 1975 में 'इंडियन एक्सप्रेस' में भर्ती हो गया, हालाँकि मुझे पता था कि गोयनका जनसंघ के नजदीक थे और एक बार उसकी टिकट पर लोकसभा का चुनाव भी जीत चुके थे। फिर भी उन्हें यह श्रेय देना होगा कि उन्होंने कभी भी अपने जनसंघ-समर्थक विचार अखबार पर थोपने की कोशिश नहीं की। उन्होंने सब कुछ हम पत्रकारों पर छोड़ दिया था। वे मुझे प्यार से 'मुसलमान' भी कहा करते थे।

इस बीच इन्दिरा गांधी के खिलाफ विरोध की हवा ने जोर पकड़ लिया था। मुझे यह सोचकर खुशी महसूस होती थी कि मैं 'इंडियन एक्सप्रेस' में था, जिसने जेपी का समर्थन करने की नीति अपना रखी थी। मैं तब खुद भी विद्रोह के माहौल में जी रहा था। मुझे ऐसा लगता था जैसे आजादी की लड़ाई का दौर फिर से आ पहुँचा हो। इस बार की लड़ाई आर्थिक आजादी से भी जुड़ी हुई थी, जो राजनीतिक आजादी के बाद एक मृगतृष्णा बनकर रह गई थी।

'इंडियन एक्सप्रेस' में अपनी नियुक्ति के कुछ ही दिनों बाद मैं गोयनका के मुँह से यह सुनकर हैरान रह गया कि मैं प्रधानमंत्री इन्दिरा गांधी के खिलाफ यह रिपोर्ट तैयार करूँ कि वे संविधान को भंग करके जयप्रकाश नारायण समेत सभी विपक्षी नेताओं को जेल में ठूँसने का विचार कर रही थीं। मैं इस खबर की पुष्टि नहीं कर पाया, इसलिए मैंने यह खबर नहीं लिखी। लेकिन कुछ ही दिन बाद मैंने यही खबर जनसंघ के मुखपत्र 'मदरलैंड' के मुखपृष्ठ पर छपी देखी।

मैं कल्पना भी नहीं कर सकता था कि नेहरू की बेटी इस तरह का कदम भी उठा सकती थीं, हालाँकि जेपी से उनका टकराव दिनोदिन बढ़ता जा रहा था। 'परिवर्तन' की माँग धीरे-धीरे प्रधानमंत्री के इस्तीफे की माँग में बदलती जा रही थी, खासकर यह देखते हुए कि 'गरीबी हटाओ' के नारे से सत्ता में आने के बाद वे गरीबों के लिए शायद ही कुछ कर पाई थीं।

मैं तब अपनी किताब 'इंडिया आफ्टर नेहरू' के लिए सामग्री जुटाने में लगा हुआ था। मैं इस सम्बन्ध में नेहरू के निजी सचिव रह चुके एम.ओ. मथई से मिला तो उन्होंने कहा कि वे मुझे उन दिनों के बारे में बताने के लिए तैयार थे, बशर्ते कि मैं सब कुछ सही-सही लिखूँ। मुझे उनके मुँह से यह सुनकर बड़ी हैरानी हुई, क्योंकि मैंने कभी भी किसी की बात को तोड़-मरोड़कर पेश नहीं किया था। मुझे उलझन में देखकर उन्होंने कहा कि वे 'कुछ ऐसी बातें' बताना चाहते थे जिनके बारे में लिखने में मुझे संकोच हो सकता था। उन्होंने बातचीत के बाद इन्टरव्यू की प्रति पर अपने हस्ताक्षर करने का भी वायदा किया। मेरा पहला प्रश्न था–"नेहरू के दाह-संस्कार के लिए काशी से पंडितों को बुलाने और चन्दन की लकड़ी का इस्तेमाल करने के पीछे क्या रहस्य था?" मथई का जवाब था, "यह सब इन्दिरा का किया धरा था। आप चाहें तो विजयलक्ष्मी पंडित से भी पूछ सकते हैं, जिन्होंने मुझे फोन करके अपना दुख और आश्चर्य व्यक्त किया था।" उन्होंने कहा कि नेहरू जिन्दगी भर इस तरह

के रीति-रिवाजों के खिलाफ रहे थे और इनकी निन्दा करते रहे थे।

"आप इन्दिरा गांधी को किस तरह आँकेंगे?" मैंने पूछा।

उन्होंने एक बार फिर मुझे याद दिलाया कि मैंने अपनी किताब में सब कुछ सही-सही लिखने का वायदा किया था। वे मेरे द्वारा लिए गए 'नोट्स' पर अपने हस्ताक्षर करने के लिए भी तैयार थे। मैंने उन्हें याद दिलाया कि एक पत्रकार होने के नाते यह मेरा कर्तव्य था कि मैं सभी तथ्यों की अन्य स्रोतों से भी पुष्टि करने के बाद ही कुछ लिखूँ। मथई ने कहा कि वे इसी शर्त पर इन्टरव्यू देंगे कि मैं उनके द्वारा बताई गई सभी बातें अपनी किताब में लिखूँगा। अगले दिन मैंने उन्हें फोन किया तो उन्होंने रिसीवर वापस रख दिया। इसके बाद वे मुझसे फोन पर बात करने से भी इनकार करते रहे।

रामनाथ गोयनका बम्बई में रहते थे। कुछ दिन बाद वे दिल्ली आए तो हमने 'एक्सप्रेस' पर बातचीत की। उन्होंने मुझे यह भी बताया कि उन्होंने इन्दिरा गांधी के पति और लोकसभा सदस्य फीरोज गांधी को जवाहरलाल नेहरू के कहने पर 'इंडियन एक्सप्रेस' में ले लिया था। फीरोज गांधी अपनी निर्भीकता के लिए जाने जाते थे। लेकिन इन्दिरा गांधी 'एक्सप्रेस' में उनकी नियुक्ति से खुश नहीं थीं, इसलिए गोयनका को उन्हें जाने के लिए कहना पड़ा था। वे मुझे इन्दिरा गांधी और उनके पति के बीच मनमुटाव के बारे में बताने की कोशिश कर रहे थे। मैं इस पर कोई टिप्पणी नहीं कर सकता। लेकिन मुझे पेरिस के पास उस जगह के दर्शनों की याद है जहाँ फीरोज ने उनके सामने विवाह का प्रस्ताव रखा था। वह खूब हरा-भरा प्रदेश है, जहाँ लुभावनी-हरियाली के बीचोबीच छोटे-छोटे घर छितरे हुए दिखाई देते हैं। मैंने कल्पना भी नहीं की थी कि पेरिस इतना हरा-भरा हो सकता था। जिन सीढ़ियों से मैं यह खूबसूरत मंजर देख रहा था, वहीं कभी फीरोज ने इन्दिरा गांधी को एक अँगूठी भेंट की थी, जिसे अपनी उँगली में पहनकर इन्दिरा गांधी ने अपनी स्वीकृति व्यक्त की थी। हालाँकि वे दिल्ली में अपने पिता के पास ही रहती थीं, लेकिन ऐसा माना जाता था कि वे उनकी देखभाल के लिए ही उनके साथ रह रही थीं।

मैं सोचता रहा कि क्या मुझे मथई के साथ हुई बातचीत का सिरा फिर से पकड़ने की कोशिश करनी चाहिए। लेकिन इससे पहले कि मैं ऐसा कर पाता, मेरी किताब 'द जजमेंट : एन इन्साइड स्टोरी ऑफ द इमरजेंसी' (1975-77) मार्केट में आ गई। मेरी किताब के प्रकशकों ने मुझे खुद मथई द्वारा लिखी गई एक किताब 'ईयर्स विद नेहरू' की पांडुलिपि भेजते हुए पूछा कि क्या इसे प्रकाशित किया जाना चाहिए। इस किताब के तीन पृष्ठों में मेरा भी जिक्र था, जिनमें उन्होंने मुझे जी-भरकर कोसा था, सिर्फ इसलिए कि मैंने अपनी किताब 'इंडिया आफ्टर नेहरू' में उनका जिक्र 'नेहरू'ज एडी' (नेहरू के सहायक) के रूप में कर दिया था। यह सच था कि उनका ओहदा इससे ऊँचा था, वह जो भी रहा हो। मैंने एक बार उन्हें पन्त के सामने पड़ी कुर्सी पर अपना पाँव रखकर उनसे बात करते देखा था। मैंने सिर्फ आम भाषा में उन्हें 'नेहरू'ज एडी' लिख दिया था, क्योंकि वे एक विशिष्ट सहायक से कहीं ज्यादा अहमियत रखते थे।

मैंने प्रकाशकों को सलाह दी कि वे सिर्फ 'शी' नामक अध्याय को हटाकर मथई की किताब को प्रकाशित कर सकते थे। इस अध्याय में मथई ने उक्त महिला के साथ अपने प्रणय-सम्बन्धों का वर्णन किया था। मुझे यह वर्णन बहुत घटिया रुचि का लगा। प्रकाशकों

ने भी नैतिकता को ध्यान में रखते हुए मेरी सलाह पर पूरी तरह अमल किया। किताब छपने के कुछ ही दिनों बाद मुझे 'शी' नामक अध्याय की एक साइक्लोस्टाइल प्रति दफ्तर में अपनी मेज पर पड़ी दिखाई दी। मेरा चपरासी छुट्टी पर था। बरामदे में बैठने वाले चपरासी को भी मालूम नहीं था कि इसे कब और कौन रख गया था। मैंने दूसरे लोगों से भी पता लगाने की कोशिश की, लेकिन कुछ पता नहीं चला। मैंने प्रकाशकों को फोन करके उन्हें खूब खरी-खोटी सुनाई। उन्होंने कसमें खाते हुए कहा कि यह उनका काम नहीं था और उनके द्वारा हटाया गया अध्याय एक ताला बन्द अलमारी में सुरक्षित पड़ा हुआ था। बाद में मुझे पता चला कि 'शी' नामक इस अध्याय की साइक्लोस्टाइल प्रतियाँ बहुत-से हाथों में पहुँची थीं और सार्वजनिक मनोरंजन का माध्यम बनी थीं।

1980 में इन्दिरा गांधी के सत्ता में लौटने के बाद इंटेलीजेंस ब्यूरो के दो अधिकारी मेरे केबिन में आकर मुझसे मिले। वे जानना चाहते थे कि इन प्रतियों के वितरण के पीछे किसका हाथ था। उन्होंने पूछा कि क्या मुझे किसी पर सन्देह था। मैंने उनसे कहा कि यह प्रकाशकों का काम नहीं था। तो फिर यह किसने किया था? मैंने कहा कि मुझे जरा भी इल्म नहीं था। कुछ ही दिनों में उन्होंने उस व्यक्ति का पता लगा लिया।

जब कांग्रेस ने केरल से राज्यसभा की सीट के लिए मथई के नाम पर मोहर लगाने से इनकार कर दिया तो मुझे जरा भी हैरानी नहीं हुई। मथई केरल में बस गए थे और प्रदेश कांग्रेस समिति द्वारा भेजे गए नामों की सूची में उनक नाम सबसे ऊपर था। कांग्रेस के एक नेता ने मुझे बताया था कि इन्दिरा गांधी ने खुद अपने हाथ से उनका नाम काट दिया था। मैंने इसका कारण जानना चाहा तो उन्होंने कहा, "इन्दिरा गांधी कम्युनिस्टों की तरह हैं, जो अपने आलोचकों को माफ कर देते हैं लेकिन गद्दारों को नहीं।"

जयप्रकाश नारायण का आन्दोलन जंगल की आग की तरह फैल रहा था। यह इन्दिरा गांधी की विफलताओं और कुशासन के खिलाफ जन-भावनाओं की अभिव्यक्ति थी। विभिन्न राजनीतिक पार्टियाँ भी बहती गंगा में हाथ धोने के लिए जेपी से जुड़ने की होड़ में लगी हुई थीं। सिर्फ कम्युनिस्ट उनके साथ नहीं थे। सीपीएम और सीपीआई दोनों ही इंदिरा सरकार को अपना समर्थन देना जारी रखे हुए थीं।

राष्ट्रीय स्वयंसेवक संघ (आरएसएस) और इसका पूरा परिवार, जिसमें जनसंघ भी शामिल थी, जेपी के रथ की सवारी का इच्छुक था। अपनी हिन्दुत्व छवि के कारण जनसंघ का विकास नहीं हो पा रहा था। उसे अपनी छवि सुधारने के लिए एक मंच की जरूरत थी। वह बड़े जोर-शोर से जेपी के आन्दोलन में कूद पड़ी। लेकिन जेपी सावधानी बरतना चाहते थे। उनके आन्दोलन में साम्प्रदायिक पार्टियों के लिए जगह नहीं हो सकती थी।

आरएसएस के नेताओं ने जेपी को भरोसा दिलाया कि जनसंघ उसके साथ कोई सम्बन्ध नहीं रखेगी और वह जेपी द्वारा स्थापित की जानेवाली किसी भी नई पार्टी में शामिल होने के लिए तैयार थी। जेपी ने दोहरी सदस्यता की सम्भावना का मुद्दा उठाते हुए जनसंघ के सदस्यों से आरएसएस के साथ अपने सभी रिश्ते तोड़ने का आग्रह किया। आरएसएस और जनसंघ दोनों ने ही उन्हें वचन देते हुए कहा कि नई पार्टी गठित होते ही जनसंघ उसमें विलीन हो जाएगी और नई पार्टी की पहचान ही उसकी पहचान होगी। जेपी उनकी बात पर भरोसा

करते हुए राजी हो गए।

बाद में, यह जेपी की एक बड़ी भूल साबित हुई। वे भावनाओं में बह गए थे, क्योंकि वे बड़े नरम दिल के और भावुक व्यक्ति थे। जनसंघ एक जन-आन्दोलन का हिस्सा बनकर अपनी साम्प्रदायिकता की छाप को धो डालना चाहती थी। इसके बाद सचमुच ही पार्टी का विकास हुआ। कभी दस-बीस सीटों पर अटकी रहनेवाली जनसंघ को जेपी से जुड़ने के बाद 1977 में लोकसभा में 80 सीटें प्राप्त हुई थीं।

इन्दिरा गांधी जेपी अन्दोलन से चिन्तित थीं और उनसे बातचीत करने की इच्छुक थीं। लेकिन जेपी किसी तरह के संवाद से कन्नी काटते रहे क्योंकि उन्हें मालूम था कि इससे कुछ भी हाथ नहीं आएगा। केबिनेट मंत्री डी.पी. धर ने जेपी को मीटिंग के लिए राजी करने के लिए 'इंडियन एक्सप्रेस' के सम्पादक एस. मूलगांवकर की भी मदद ली। लेकिन यह मीटिंग पूरी तरह विफल रही। इन्दिरा गांधी इस बात पर अड़ी रहीं कि कांग्रेस के खजाने में कुछ भी नहीं था। इससे पहले पिछली मुलाकात में भी उन्होंने जेपी की इस शिकायत को खारिज कर दिया था कि उड़ीसा में एक उपचुनाव में नंदिनी सत्पथी को जिताने के लिए लगभग 10 करोड़ रुपए फूँक दिए गए थे।

देश-भर से सुरक्षा बलों की ज्यादतियों की खबरें आ रही थीं। किसी छोटे-से विरोध को भी बड़ी सख्ती से कुचला जा रहा था। यह सब देखकर जेपी ने पुलिस और सेना के जवानों से अपील की कि वे गैरक़ानूनी आदेशों का पालन करने से इनकार कर दें, जिनके तहत निर्दोष लोगों को अन्धाधुन्ध हिरासत में लिया जा रहा था और सरकार के विरोधियों को चुन-चुनकर निशाना बनाया जा रहा था।

जेपी इस आन्दोलन को एक नैतिक आधार देने की कोशिश कर रहे थे। पर इंदिरा गांधी पर इसका उल्टा असर हो रहा था। उन्होंने जेपी पर पुलिस और सेना को विद्रोह के लिए भड़काने का आरोप लगाया। बहुत-से बुद्धिजीवी भी उनके साथ सहमति प्रकट करने लगे। दूसरी तरफ, जेपी का कहना था कि वे कानून और व्यवस्था से जुड़े लोगों से सिर्फ गैर-कानूनी और असंवैधानिक आदेशों का पालन न करने के लिए कह रहे थे। जेपी यह नहीं देख पाए कि पुलिस और सुरक्षा बल पहले ही कानून और नैतिकता की लक्ष्मण-रेखा को पार कर चुके थे। केन्द्र और राज्यों की सरकारों ने उन्हें अपने अत्याचारों का माध्यम बना लिया था।

अब जेपी और इन्दिरा गांधी की लड़ाई खुलकर सामने आ चुकी थी। जेपी की 'परिवर्तन' की माँग दिनोदिन जोर पकड़ती जा रही थी। वे 'इंडियन एक्सप्रेस' की मदद से एक साप्ताहिक पर्चा 'फ्रीमैन' भी प्रकाशित करने लगे थे। इससे इन्दिरा गांधी और भी घबरा गई थीं। वे इलाहाबाद उच्च न्यायालय में अपने खिलाफ चल रहे मुकदमे को लेकर भी आशंकित थीं। उनकी ये आशंकाएँ निराधार भी नहीं थीं।

इलाहाबाद हाई कोर्ट का सनसनीखेज फैसला

न्यायमूर्ति जगमोहन लाल सिन्हा ने 12 जून, 1975 को एक फैसला सुनाते हुए इन्दिरा गांधी के लोकसभा के चुनाव को रद्द कर दिया और उन्हें छह वर्ष के लिए किसी भी संवैधानिक

पद के लिए अयोग्य घोषित कर दिया। वे 1971 के चुनावों में पराजित उम्मीदवार और सोशलिस्ट नेता राजनारायण द्वारा दायर की गई एक याचिका पर अपना फैसला सुना रहे थे।

उनकी याचिका दो आधारों पर स्वीकार कर ली गई थी। पहला यह कि इन्दिरा गांधी ने प्रधानमंत्री सचिवालय से जुड़े एक 'ऑफिसर ऑन स्पेशल ड्यूटी' यशपाल कपूर की सेवाओं को 'अपनी चुनावी सम्भावनाएँ बढ़ाने' के लिए इस्तेमाल किया था। जस्टिस सिन्हा ने कहा कि यशपाल कपूर ने 7 जनवरी, 1971 से ही इन्दिरा गांधी के लिए चुनाव-प्रचार करना शुरू कर दिया था, जबकि उन्होंने अपना इस्तीफा 13 जनवरी, 1971 को सौंपा था। इसके बाद भी 25 जनवरी, 1971 तक वे सरकारी सेवा में बने रहे थे। फैसले के अनुसार, इन्दिरा गांधी ने 29 दिसम्बर, 1970 को ही अपने-आपको एक उम्मीदवार घोषित कर दिया था, जब नई दिल्ली में हुई एक प्रेस कॉन्फ्रेंस में उन्होंने चुनाव में खड़े होने के अपने फैसले के बारे में बताया था।

दूसरी चूक उनसे यह हुई थी कि उन्होंने अपनी चुनावी रैलियों के लिए पंडाल इत्यादि बनाने के लिए उत्तर प्रदेश के सरकारी अधिकारियों की मदद ली थी।

चुनाव से जुड़ा कानून कितना ही सख्त क्यों न हो, मेरा अपना खयाल था कि यह फैसला एक चींटी को मारने के लिए हथौड़े का इस्तेमाल करने की तरह था। जस्टिस सिन्हा ने इन्दिरा गांधी को उच्चतम न्यायालय में अपील करने के लिए पन्द्रह दिन का समय दिया। इन्दिरा गांधी ने इस तरह के फैसले की कल्पना भी नहीं की थी, इसलिए उन्होंने अपील की सम्भावना को देखते हुए कोई वकील भी नियुक्त नहीं किया था। एक स्थानीय वफादार वकील वी. एन. खेर ने खुद ही अपनी तरफ से अपील की अर्जी दाखिल कर दी। बाद में वे भारत के मुख्य न्यायाधीश के पद तक पहुँचे।

उच्चतम न्यायालय छुट्टी पर होने के कारण यह मामला अवकाशकालीन न्यायाधीश जस्टिस कृष्णा अय्यर के पास पहुँचा। उन्होंने अपने फैसले में कहा कि अपील का फैसला होने तक वे प्रधानमंत्री बनी रह सकती थीं, लेकिन सदन में मतदान नहीं कर सकती थीं। इस फैसले के कुछ ही दिन बाद मैंने जस्टिस अय्यर से मिलकर पता लगाना चाहा कि क्या फैसले से पहले कोई व्यक्ति उनसे मिलने आया था। उन्होंने महाराष्ट्र के कम्युनिस्ट नेता एस.ए. डांगे और उच्चतम न्यायालय के एक तत्कालीन न्यायाधीश पी.एन. भगवती के नाम लिए। माना जाता है कि भगवती ने अय्यर से कहा था, ''भाई, कोई भी फैसला करने से पहले तुम्हें सभी पहलुओं को ध्यान में रखना चाहिए।''

अभी हाल ही में, नवम्बर 2009 में, जस्टिस अय्यर ने मुझसे कहा था कि लोग इमरजेंसी के लिए उन्हें ही जिम्मेदार मानते रहे हैं। उनके इस कथन में कुछ सच्चाई भी थी और मैंने उनसे यही कहा भी। मेरा खयाल है कि अपने वामपन्थी रुझान के कारण उनके मन में इन्दिरा गांधी के लिए कुछ हमदर्दी थी, क्योंकि उन्हें 'लेफ्ट ऑफ सेन्टर' माना जाता था। बैंकों और बीमा कम्पनियों के राष्ट्रीयकरण के कारण वामपन्थी पार्टियाँ आमतौर पर इन्दिरा गांधी का समर्थन कर रही थीं। इमरजेंसी के दौरान जो कुछ भी हुआ, उसकी कुछ जिम्मेदारी जस्टिस अय्यर पर भी आती है। उन्होंने इलाहाबाद उच्च न्यायालय के फैसले पर रोक लगाकर इन्दिरा गांधी को इमरजेंसी लागू करने का अवसर प्रदान कर दिया।

इलाहाबाद उच्च न्यायालय के फैसले के कई महीने बाद मैं जस्टिस सिन्हा से भी इलाहाबाद में उनके घर पर मिला था। उन्होंने मुझे बताया था कि एक कांग्रेस सांसद ने इन्दिरा गांधी के पक्ष में फैसला सुनाने के लिए उन्हें रिश्वत देने की कोशिश की थी। इसी तरह न्यायालय में उनके एक सहकर्मी ने भी उन्हें उच्चतम न्यायालय का न्यायाधीश बनाए जाने का प्रलोभन दिया था। (1977 में इन्दिरा गांधी की हार के बाद जनता पार्टी की सरकार सत्ता में आई तो उक्त न्यायाधीश को इस्तीफा देना पड़ा था।) सिन्हा की मुश्किल यह थी कि वे अपने फैसले को दूसरों की नजरों में आने से कैसे रोकें। उन्होंने अपने स्टेनोग्राफर को छुट्टी पर भेज दिया और फैसले का अहम हिस्सा अपने हाथ से लिखा। फिर भी, सरकार की गुप्तचर एजेंसियाँ फैसले की गंध पाने की कोशिशों में जुटी रहीं। सिन्हा की धार्मिक प्रवृत्ति को देखते हुए साधू-संन्यासियों तक का इस्तेमाल किया गया।

इलाहाबाद हाई कोर्ट के फैसले के बाद इन्दिरा गांधी इस्तीफा देने की सोचने लगी थीं। मेरा अपना अनुमान यह है कि अगर वे ऐसा करतीं तो आसानी से उपचुनाव जीतकर सत्ता में लौट आतीं। लेकिन दो व्यक्तियों ने उन्हें ऐसा करने से रोक दिया। एक थे उनके अपने बेटे और प्रमुख सलाहकार संजय गांधी, जिन्होंने इस्तीफे के प्रस्ताव को खारिज कर दिया। दूसरे थे पश्चिम बंगाल के तत्कालीन मुख्यमंत्री सिद्धार्थ शंकर रे, जिन्होंने उन्हें इमरजेंसी लगाने की सलाह दी। कहा जाता है कि इन्दिरा गांधी ने उनसे कहा था कि बांग्लादेश के युद्ध के समय से भारत में पहले से ही इमरजेंसी लागू थी। इस पर सिद्धार्थ शंकर रे ने उनसे कहा था कि वे अंदरूनी इमरजेंसी, 'आन्तरिक आपातकाल' की बात कर रहे थे, जिसके तहत आधारभूत अधिकारों को स्थगित करके वे अपनी इच्छानुसार शासन कर सकती थीं।

दून स्कूल से अधूरी पढ़ाई छोड़कर निकले और इंग्लैंड में रॉल्स रॉयस कम्पनी में एक मोटर मैकेनिक के रूप में शार्गिदगी कर चुके संजय गांधी के पास कोई शैक्षणिक योग्यता नहीं थी। लेकिन वे राजनीति में आने के लिए लालायित थे। इलाहाबाद हाई कोर्ट के इस फैसले के बाद उन्हें खुलकर सामने आने का अवसर मिल गया। अपनी माँ के माध्यम से वे सत्ता और पैसे की ताकत का अनुभव करना चाहते थे। इमरजेंसी से बहुत पहले से ही इन्दिरा गांधी उनके साथ राजनीति पर बातचीत करने लगी थीं। कई बार संजय के साथ खाने के दौरान वे अपने बड़े बेटे राजीव गांधी का जिक्र करते हुए कहती थीं कि उसे तो राजनीति का क-ख-ग भी नहीं आता। राजीव गांधी तब एक एयरलाइन में पायलट थे और किसी ने कल्पना भी नहीं की थी कि इन्दिरा गांधी के बाद वही प्रधानमंत्री बनेंगे।

इन्दिरा गांधी संजय से अपने दिल की सभी बातें बाँटने लगी थीं। उन्हें पूरा भरोसा था कि मुसीबत की घड़ी में संजय ही उनके काम आएगा। 1971 के लोकसभा चुनावों में संजय ने ही उन्हें वह जिताऊ नारा दिया था—"वे कहते हैं इन्दिरा हटाओ, हम कहते हैं गरीबी हटाओ।" लेकिन अब उन्हें एक नारा गढ़ने से कहीं ज्यादा मुश्किल चुनौती का सामना करना पड़ रहा था। उन्हें अपनी माँ को समझाना पड़ रहा था कि वे किस तरह इस कानूनी गुत्थी से निकल सकती थीं। संजय जानते थे कि उनकी माँ आसानी से हार नहीं मानती थीं। लेकिन इस बार बिलकुल अलग स्थिति थी। इन्दिरा गांधी सचमुच ही इस्तीफा देने की सोच रही थीं। वे इस सम्बन्ध में कमलापति त्रिपाठी से बात भी कर चुकी थीं, जो उच्चतम न्यायालय का फैसला आने तक प्रधानमंत्री का पदभार सँभाल सकते थे।

संजय जानते थे कि उन्हें अपनी माँ को समझाना पड़ेगा कि देश को उनकी जरूरत थी और उन्हें अदालत के फैसले से ऊपर उठकर सोचना होगा। इस मामले में 35 वर्षीय आर.के. धवन पूरी तरह उनके साथ थे, जो प्रधानमंत्री के सचिवालय में अतिरिक्त निजी सचिव के पद पर थे। संजय ने उनके माध्यम से सरकारी मशीनरी का खुलकर इस्तेमाल किया। उनके दूसरे सहयोगी हरियाणा के मुख्यमंत्री बंसीलाल थे, जो अपनी सख्ती और तिकड़मबाजी के लिए जाने जाते थे। संजय का साथ देने वालों में कांग्रेस अध्यक्ष देवकांत बरुआ भी शामिल थे, जिन्होंने कहा था, 'इंडिया इज इन्दिरा, एंड इन्दिरा इज इंडिया।' (जर्मनी में हिटलर के शासन के दौरान नाजी पार्टी के सदस्यों को ऐसी ही शपथ दिलाई जाती थी।)

विपक्षी पार्टियों ने जयप्रकाश नारायण से अनुरोध किया कि वे दिल्ली आकर उसके द्वारा आयोजित विरोध प्रदर्शन का नेतृत्व करें। लेकिन जेपी ने इस माँग को यह कहकर ठुकरा दिया कि वे उच्चतम न्यायालय के फैसले की प्रतीक्षा करना पसन्द करेंगे। उन्हें क्या पता था कि इन्दिरा गांधी के कुछ और ही इरादे थे।

जस्टिस कृष्णा अय्यर के फैसले के 24 घंटे के भीतर ही इन्दिरा गांधी ने 25 जून, 1975 की रात को इमरजेंसी लागू कर दी। उन्होंने केबिनेट की सलाह भी नहीं ली। राष्ट्रपति फखरुद्दीन अली अहमद के नाम अपने पत्र में उन्होंने लिखा कि वे केबिनेट से बात करने की इच्छुक थीं, लेकिन दुर्भाग्यवश उस रात यह सम्भव नहीं हो पाया था। उन्होंने यह भी लिखा कि आन्तरिक अशान्ति के कारण भारत की सुरक्षा खतरे में थी।

अगर सिर्फ 90 मिनट के नोटिस पर केबिनेट की बैठक आयोजित की जा सकती थी, जैसाकि 26 जून की सुबह को हुआ, तो कोई कारण नहीं था कि 25 जून की शाम को पाँच बजे इन्दिरा गांधी की राष्ट्रपति से पहली मुलाकात और रात के लगभग 11.00-11.30 बजे आपातकाल की वास्तविक घोषणा के बीच यह मीटिंग सम्भव न हो पाई हो। इस बात के पर्याप्त प्रमाण हैं कि इन्दिरा गांधी 22 जून, 1975 को ही इमरजेंसी लागू करने की योजना बना चुकी थीं। 25 जून की सुबह को भी उन्होंने अपने कुछ विश्वस्त साथियों से इस बारे में बातचीत की थी।

26 जून, 1975 को मैं वाई.बी. चव्हाण और जगजीवन राम से मिलने उनके घर गया तो मैंने देखा कि गुप्तचर एजेंसियों के अधिकारी उनसे मिलने आनेवालों के नाम और गाड़ियों के नम्बर नोट कर रहे थे। चव्हाण मुझसे मिलने से ही डर रहे थे, जबकि जगजीवन राम एक मिनट की मुलाकात के दौरान बहुत घबराए हुए दिखाई दिए। जगजीवन राम ने यह भी कहा कि उन्हें अपनी गिरफ्तारी का अंदेशा था। यह बात कहने से पहले उन्होंने अपने फोन का रिसीवर उठाकर एक तरफ रख दिया था, क्योंकि उन्हें पता था कि उनका फोन टेप किया जा रहा था। इससे पहले उन्होंने मुझसे कहा था कि वे उच्चतम न्यायालय द्वारा सशर्त रोक की उम्मीद कर रहे थे, क्योंकि ऐसे मामलों में न्यायालय ने कभी भी पूरी रोक नहीं लगाई थी। वे यह मानकर चल रहे थे कि उच्चतम न्यायालय के फैसले के बाद विद्रोह करने का समय आ सकता था। "तब तक हमें इन्तजार करना होगा," उन्होंने कहा था। लेकिन मुझे उनमें विदोह का नेतृत्व करने का साहस दिखाई नहीं देता था।

इन्दिरा गांधी ने यह स्पष्ट नहीं किया कि यह कदम इलाहाबाद फैसले के बाद ही क्यों

उठाया गया था। फैक्टरियों और कैम्पसों में अनुशासनहीनता पर अंकुश लगाने के लिए सामान्य कानून क्यों काफी नहीं थे? देश की सुरक्षा से जुड़े अन्य खतरों के लिए भी सामान्य कानून क्यों काफी नहीं थे?

शायद यह सब समझाना बहुत मुश्किल होता, इसलिए उन्होंने ऐसा कोई प्रयास भी नहीं किया। वे जानती थीं कि उनकी विश्वसनीयता खत्म होती जा रही थी। ललित नारायण मिश्र की मृत्यु के बाद एक शोकसभा में उन्होंने कहा था, ''अगर मेरी हत्या भी हो जाए तो ये लोग कहेंगे कि यह मैंने ही करवाई है।'' मैं मिश्र को अच्छी तरह से जानता था। समस्तीपुर जाने से पहले उन्होंने आधी रात को मुझे फोन करके बताया था कि उन्होंने खुद जाकर इन्दिरा गांधी को अपना इस्तीफा सौंप दिया था। उन्होंने दुखी मन से कहा था कि समस्तीपुर में उन्हें मार डाला जाएगा। उनकी यह बात सच सातिब हुई। अगले दिन समस्तीपुर में उनकी हत्या कर दी गई। इस हत्या के रहस्य से आज तक पर्दा नहीं उठा है।

श्रीमती गांधी का एक व्यक्ति का शासन उन्हें दिनोदिन ज्यादा असहिष्णु बनाता चला गया। उन्हें 'जॉन ऑफ आर्क' की कहानी बहुत पसन्द थी। बचपन में उनके पिता ने उन्हें बनार्ड शॉ के मशहूर नाटक 'सेंट जॉन' की एक प्रति भेंट की थी। इन्दिरा एक हाथ से किसी खम्भे को पकड़कर और दूसरे हाथ को हवा में उठाकर कहा करती थीं कि वे एक दिन अपने लोगों को आजादी दिलाकर रहेंगी, अपने पिता और रोल-मॉडेल नेहरू की तरह। लेकिन इसकी बजाय वे देश को गर्त की तरफ ले गईं। पार्टी या केबिनेट में कोई भी उन्हें यह बताने वाला नहीं था कि वे गलत राह पर चल पड़ी थीं।

बरुआ 'दक्षिणपन्थी' कम्युनिस्टों से घिरे हुए थे और एक विचारधारा का अनुसरण करने का ढोंग कर रहे थे। एक अर्द्धविकसित देश में उनकी यह बाजीगरी अच्छी चल भी रही थी। लेकिन संजय गांधी को यह सब रास नहीं आ रहा था। वे उन्हें 'कोमी' (कम्युनिस्ट) कहकर चिढ़ाते भी रहते थे। फिर भी, वे दोनों साझे विरोधियों का सामना कर रहे थे, इसलिए हाथ मिलाने के लिए मजबूर थे।

उन्होंने मिल-जुलकर पहला काम यह किया कि इन्दिरा गांधी की लोकप्रियता का दिखावा करने के लिए भीड़ इकट्ठी करनी शुरू कर दी। यह काम वे पहले भी कई बार सफलतापूर्वक कर चुके थे। ट्रकों को किराए पर लेकर गाँवों में भेजा जाता था, जहाँ से पैसे और मुफ्त खाने-पीने का प्रलोभन देकर लोगों को दिल्ली लाया जाता था। आर.के. धवन पंजाब, हरियाणा, यूपी और राजस्थान में फोन घुमाकर इन्दिरा गांधी के समर्थन में रैलियाँ आयोजित करने के लिए कहते थे।

इन्दिरा गांधी की लोकप्रियता दिखाने के लिए आए दिन किया जाने वाला यह तमाशा कई बार इतना भद्दा होता था कि कई कांग्रेस सांसद भी शर्मिंदगी महसूस करते थे। लेकिन इन्दिरा गांधी का जवाब होता था, ''लोग अपने-आप आते हैं।'' बल्कि वे अखबारवालों पर बरसते हुए कहती थीं कि उनके समर्थकों की रैलियों को पर्याप्त महत्त्व नहीं दिया जाता। देश-भर में कहीं भी कानून और व्यवस्था भंग होने की एक भी घटना नहीं हुई थी। न ही सार्वजनिक क्षेत्र की ईकाइयों की आर्थिक स्थिति ही बदतर होती दिखाई दी थी। उस समय के सभी आधिकारिक दस्तावेज, सूचनाएँ, आँकड़े इस बात के गवाह हैं कि इमरजेंसी लगाने

के हालात दूर-दूर तक मौजूद नहीं थे। और फिर इलाहाबाद हाई कोर्ट के फैसले के बाद अचानक ही इसकी क्यों जरूरत पड़ गई?

आम लोगों को यह भी पता नहीं था कि इमरजेंसी का मतलब क्या था। वे सकते और दुविधा की हालत में थे। उनकी समझ में धीरे-धीरे यह बात आई कि जिस प्रजातांत्रिक प्रणाली को उन्होंने 25 वर्षों से बड़ी निष्ठा और लगन से सहेज कर रखा हुआ था, उसे अचानक पटरी से उतार दिया गया था। उनके मौलिक अधिकार भंग कर दिए गए थे और न्यायपालिका की शक्तियाँ कम कर दी गई थीं। कहा जाता है कि उन दिनों दिल्ली में एक व्यक्ति ने किताबों की दुकान में जाकर संविधान की एक कापी माँगी तो दुकानदार ने कहा, "सॉरी, हम इस नाम की कोई मैग्जीन नहीं मँगवाते।"

लगभग एक लाख लोगों को जेलों में ठूँस दिया गया। जयप्रकाश नारायण और अन्य वरिष्ठ विपक्षी नेताओं को भी नहीं बख्शा गया। इसके बाद गैर-कानूनी और अवांछनीय गतिविधियों का ऐसा सिलसिला शुरू हुआ कि हजारों निर्दोष लोगों को अमानवीय यातनाओं का शिकार होना पड़ा। इन्दिरा गांधी ने बिना कोई सफाई दिए और सिर्फ अपने-आपको एक अदालती फैसले के परिणामों से बचाने के लिए एक बड़ा और खतरनाक राजनीतिक कदम उठा लिया था।

स्वर्ण सिंह ने केबिनेट में यह बात उठाई थी कि जब देश में पहले से ही इमरजेंसी लगी हुई थी तो फिर दूसरी इमरजेंसी की क्या जरूरत थी। दो अन्य मंत्रियों के.सी. पन्त और करण सिंह ने भी केबिनेट की मीटिंग के बाद आपस में यह चिन्ता व्यक्त की थी कि इमरजेंसी से देश का नाम बदनाम होगा। लेकिन ये दोनों भी डर के मारे संजय गांधी का हुक्म बजाने के लिए मजबूर थे, जो अब अपने-आपको पूरी सृष्टि का नियंता समझने लगे थे।

प्रेस के मुँह पर ताला लगा दिया गया था। किसी तरह के सकारात्मक विरोध या न्यूनतम प्रजातांत्रिक मर्यादाओं के पालन के लिए भी कोई गुंजाइश नहीं छोड़ी गई। सब कुछ मनमाने और तानाशाही तरीके से किया जाने लगा। प्रशासन में हर स्तर पर अत्याचारियों की एक नई पौद उभर आई। इनमें ज्यादातर ऐसे लोग थे जो सिर्फ सत्ता में अपनी पहुँच के बल पर मनमाने तरीके से राज कर रहे थे। इन्दिरा गांधी के अपने परिवार में भी संजय के अलावा कोई भी इमरजेंसी का समर्थन नहीं कर रहा था। ऐसा माना जाता है कि राजीव और सोनिया गांधी दोनों ही इससे नाखुश थे और डायनिंग टेबल पर होनेवाली राजनीतिक बातचीत से दूर ही रहते थे। वे ज्यादातर अपने कमरे में ही रहते थे।

नेहरू की बहन विजयलक्ष्मी पंडित खुलकर इमरजेंसी की आलोचना कर रही थीं। कहा जाता है कि जब उन्होंने इन्दिरा गांधी से मिलकर अपनी नाराजगी व्यक्त की थी तो उन दोनों के बीच काफी कहा-सुनी हुई थी। फिर भी, विजयलक्ष्मी पंडित बाद में जनता पार्टी के लिए चुनाव प्रचार करने के लिए राजी नहीं हुईं, हालाँकि उनसे बार-बार अनुरोध किया जाता रहा।

उनकी बेटी नयनतारा सहगल इमरजेंसी के सबसे कटु आलोचकों में शामिल थीं और खुलकर इसके खिलाफ बोलती थीं। यूँ भी इन्दिरा गांधी के साथ उनके सम्बन्ध कभी अच्छे नहीं रहे थे। नयनतारा को यह बात खासतौर से अखरती थी कि इन्दिरा गांधी के घर में उनका आना-जाना पसन्द नहीं किया जाता था। एक बार उन्होंने मेरे सामने ही यह बात

कही थी कि 'मामू' (जवाहरलाल नेहरू) जब जीवित थे तो उनके घर में हमसे ज्यादा हमारे कुत्ते की इज्जत की जाती थी।

इमरजेंसी के दौरान सिर्फ कुछ ही प्रशासनिक अधिकारी अपने सिद्धान्तों पर टिके रह पाए। शेष सभी डर के मारे भीगी बिल्ली बन गए। कुछ इसे गैर-कानूनी आदेशों का पालन करने के बदले में ऊँचे ओहदों पर पहुँचने के अवसर के रूप में भी देखने लगे। संजय गांधी ने प्रशासनिक सेवा को चापलूसों की जमात में बदल दिया और इसे अत्याचार के हथियार के रूप में इस्तेमाल करने लगे। प्रशासनिक सेवा पर लगा कलंक का यह धब्बा आज तक नहीं मिट पाया है। वह अपनी और जनता की नजरों में अपनी खोई हुई अस्मिता पूरी तरह वापस नहीं पा सकी है। राजनीतिक नेता जानते हैं कि प्रशासनिक अधिकारी उनकी मुट्ठी में हैं क्योंकि देश की लूट में वे उनके बराबर के हिस्सेदार हैं।

प्रधानमंत्री के घर में जश्न का माहौल था। 26 जून की रात का पूरा ऑपरेशन बिना किसी अड़चन के पूरा हो गया था। मजदूरों के नेता जॉर्ज फर्नांडीस और जनसंघ के नानाजी देशमुख और सुब्रह्मण्यम स्वामी जैसे कुछ नेता 'अंडरग्राउंड' हो गए थे, लेकिन अन्य सभी महत्त्वपूर्ण नेताओं को हिरासत में ले लिया गया था।

"मैंने आपसे कहा था कि कुछ भी नहीं होगा," संजय गांधी ने अपनी माँ से कहा था। बंसीलाल ने भी कहा कि उन्हें पूरा भरोसा था कि कोई भी उनके खिलाफ उठने की हिम्मत नहीं करेगा। इलाहाबाद में जस्टिस सिन्हा को 'ठीक करने' का सन्देशा भेजा जा चुका था। उनके कैरियर से जुड़े सभी कागजातों की बारीकी से जाँच की गई। उनके सम्बन्धियों को परेशान किया जाने लगा और पुलिस चौबीस घंटे उनकी जासूसी करने लगी।

कभी इन्दिरा गांधी के किचन केबिनेट का हिस्सा रह चुके इन्दर कुमार गुजराल को संजय गांधी ने फोन करके प्रेस को 'दुरुस्त करने' का हुक्म दिया तो गुजराल अपना संयम खो बैठे। उन्होने कहा कि वे उनकी माँ के सहकर्मी थे, न कि उनके (संजय गांधी के) घरेलू नौकर। 28 जून को ही गुजराल का योजना आयोग में तबादला कर दिया गया और उनका सूचना और प्रसारण मंत्रालय विद्याचरण शुक्ल को सौंप दिया गया। इन्दिरा गांधी के प्रमुख सचिव रह चुके पी. एन. हक्सर पहले ही अपना मुँह खोलने की सजा भुगतते हुए हाशिए में जा चुके थे।

प्रेस पर सैंसरशिप को लेकर खुद शुक्ल भी उतने ही उत्साहित थे जितने कि संजय गांधी। तब तक बिजली की सप्लाई रोककर स्थानीय अखबारों का प्रकाशन बन्द किया जा चुका था। गृह मंत्रालय के मैन्युल से जल्दी से सेंसरशिप के नियम नकल किए गए। ये नियम 1962 में भारत-चीन युद्ध के दौरान बनाए गए थे। मैं तब गृह मंत्रालय में सूचना अधिकारी था और इन नियमों को अन्तिम रूप देनेवाली बैठकों में शामिल रहा था। तब मैंने कल्पना भी नहीं की थी कि किसी दिन यही नियम इस तरह के उद्‌देश्य के लिए लागू किए जाएँगे।

इन्दिरा गांधी शुरू में थोड़ी घबराई हुई थीं। उन्हें लगता था कि अभी यह नहीं कहा जा सकता था कि सब कुछ ठीक ठाक हो गया था। फिर भी, ज्यादातर मुख्यमंत्रियों की रिपोर्ट थी कि 'स्थिति नियंत्रण में है।' दिल्ली की सड़कों पर भय का माहौल था। फिर भी, ऊपर से सब कुछ सामान्य दिखाई दे रहा था। 'स्टेट्समैन' ने जाने-माने छायाकार रघु राय

का एक चित्र छापा था। इसमें एक आदमी दो बच्चों के साथ साइकिल पर जाते दिखाई दे रहा था, पीछे-पीछे एक औरत चल रही थी, और हर तरफ पुलिस ही पुलिस दिखाई दे रही थी। यह चित्र बड़ी खामोशी से बहुत कुछ कह रहा था। नीचे कैप्शन के रूप में लिखा था कि चाँदनी चौक में जनजीवन बिलकुल सामान्य था। (इस चित्र के सन्देश को न पहचान पानेवाले सेंसर अधिकारी का अगले ही दिन तबादला कर दिया गया।)

'मीसा' (आन्तरिक सुरक्षा अधिनियम, रखरखाव) की साइक्लोस्टाइल प्रतियाँ जिला अधिकारियों में बाँटी जा रही थीं और वे आँख मूँदकर गिरफ्तारी वारंटों पर हस्ताक्षर कर रहे थे। गिरफ्तार किए जानेवाले लोगों की सूचियाँ गुप्तचर विभाग के रिकार्डों के आधार पर पहले ही तैयार कर ली गई थीं। ऐसी ही एक सूची में दर्ज एक आदमी को गिरफ्तार करने के लिए पुलिस ने आगरा में उसके घर पर छापा मारा तो पता चला कि 1968 में ही उसकी मृत्यु हो चुकी थी।

हरियाणा में किसी को भी 'मीसा' या 'डीआईआर' (डिफेंट ऑफ इंडिया रूल्स) के तहत गिरफ्तार करने का चलन-सा चल पड़ा। इन कानूनों की मदद से किसी को भी बिना सुनवाई के हिरासत में रखा जा सकता था। गिरफ्तारी के लिए कोई कारण बताना भी जरूरी नहीं था, कोई छोटा हो या बड़ा, दोस्त हो या दुश्मन। हिरासत के दौरान राजनीतिक बंदियों से आम अपराधियों जैसा व्यवहार किया जाने लगा।

देश के अन्य सभी हिस्सों में अखबार कुल मिलाकर सरकारी निर्देशों का पालन करने लगे। केरल में सीपीएम की सरकार होने के कारण अखबार सेंसरशिप में थोड़ी ढील महसूस करते रहे। संजय गांधी वहाँ राष्ट्रपति शासन लगाना चाहते थे, लेकिन इन्दिरा गांधी ने उन्हें किसी तरह समझा-बुझाकर रोक दिया।

महाराष्ट्र के उच्च न्यायालय की बार एसोसिएशन देश में ऐसी पहली संस्था थी जिसने इन्दिरा गांधी के अधिकारवादी शासन की निन्दा करने की हिम्मत दिखाई। ऑल इंडिया बार एसोसिएशन के अध्यक्ष राम जेठमलानी ने इन्दिरा गांधी की तुलना मुसोलिनी और हिटलर से की। फिर भी, वे यह भी मानते थे कि इलाहाबाद फैसले पर उच्चतम न्यायालय द्वारा लगाई गई रोक का सम्मान किया जाना चाहिए।

देश के अन्य भागों की बार एसोसिएशनों ने भी इसका अनुसरण किया। पर, न जाने क्यों, पश्चिम बंगाल की बार एसोसिएशन इस मामले में चुप्पी साधे रही।

गुजरात में संयुक्त मोर्चे की सरकार होने के कारण इमरजेंसी की ज्यादतियाँ दिखाई नहीं दीं। मुख्यमंत्री बाबूभाई पटेल रेडियो प्रसारण के माध्यम से कुछ कहना चाहते थे, लेकिन उन्हें इसकी अनुमति नहीं दी गई। इमरजेंसी के दौरान यह उनका पहला कटु अनुभव था। सभी राज्यों को जनसंघ और अन्य राजनीतिक पार्टियों के नेताओं को गिरफ्तार करने का निर्देश दिया गया था। बाबूभाई ने इसमें भी ढील दिखाई। जब बाद में उन्होंने उन्हें गिरफ्तार भी किया तो 'मीसा' की बजाय 'डीआईआर' के तहत, जिसमें जमानत की गुंजाइश थी। उन्होंने विद्रोही तेवर दिखाते हुए कहा था कि वे नागरिक स्वतंत्रता से जुड़े कार्यकर्ताओं को काले बैज लगाने, घरों पर काले झंडे फहराने और घरों के दरवाजों पर भारतीय संविधान का प्रिमिएबल चिपकाने के लिए कहेंगे, जिसमें मानव अधिकारों की सुरक्षा पर जोर दिया गया है। उन्होंने मौन जलूसों, छात्र प्रदर्शनों, अनशनों और धरनों इत्यादि के माध्यम से

जन-भावनाओं की अभिव्यक्ति को प्रोत्साहन देने की भी बात कही।

धीरे-धीरे गुजरात पूरे देश के इन्दिरा आलोचकों की शरण-स्थली बन गया। अगर वहाँ बाबूभाई पटेल की सरकार न होती तो नवनिर्माण छात्र आन्दोलन के नेताओं को बहुत मुसीबतें झेलनी पड़तीं। 1974 में यही छात्र नेता बाबूभाई की सरकार को गिराने पर तुले हुए थे।

तमिलनाडु ने भी सेंसरशिप का डटकर मुकाबला किया। फिर भी, करुणानिधि के नेतृत्व वाली द्रविड़ मुनेत्र कषगम (डी.एम.के.) सरकार ने इन्दिरा गांधी से खुली टक्कर लेना ठीक नहीं समझा। उसने कहा कि वह नई दिल्ली के उन निर्देशों का पालन करने के लिए तैयार थी जो 'हमें मंजूर हों।' अनौपचारिक रूप से डी.एम.के. इमरजेंसी के खिलाफ थी। जब मैंने करुणानिधि से मिलकर इमरजेंसी-विरोधी गतिविधियों के लिए उनकी मदद चाही तो वे खुलकर कुछ भी करने से डरते रहे। उन्होंने कहा कि वे ज्यादा-से-ज्यादा यह कर सकते थे कि एक अंडरग्राउंड अखबार शुरू करने में मेरी मदद करें, लेकिन शर्त यह थी कि यह अखबार तमिलनाडु के बाहर वितरित होना चाहिए।

पश्चिम बंगाल में मुख्यमंत्री सिद्धार्थ शंकर रे से लेकर छोटे-मोटे दरोगा तक इमरजेंसी को 'पुराने हिसाब चुकाने' के अवसर के रूप में देख रहा था, राजनीतिक और व्यक्तिगत दोनों स्तरों पर। मुख्यमंत्री के आलोचकों के रूप में देखे जानेवाले और 'आनन्द बाजार' पत्रिका से जुड़े दो पत्रकारों गुरकिशोर घोष और बरुण सेनगुप्ता को गिरफ्तार कर लिया गया। घोष ने एक बंगाली पुस्तिका 'कालिकत्ता' में राजनीतिक आधार पर मुख्यमंत्री की आलोचना की थी, जबकि सेनगुप्ता का प्रहार व्यक्तिगत था। घोष को गिरफ्तार करना बहुत आसान था, लेकिन सेनगुप्ता कलकत्ता से गायब हो गए और लम्बे समय तक बड़े मजे से दिल्ली में रहते रहे, वह भी संजय गांधी के संरक्षण में। उन्हें पता था कि संजय गांधी और सिद्धार्थ शंकर रे में 36 का आँकड़ा था। लेकिन आखिरकार उन्हें गिरफ्तार कर लिया गया और जेल में उनके साथ बड़ा बुरा व्यवहार किया गया। उन्हें एक मुख्यमंत्री से टक्कर लेने की सजा भुगतनी पड़ रही थी।

इमरजेंसी की घोषणा से दो दिन पहले ही लन्दन के 'न्यू स्टेट्समैन' के संवाददाता ने मुझे सतर्क करते हुए कहा था कि उनकी जानकारी के अनुसार संविधान को स्थगित करके सभी बड़े नेताओं को हिरासत में लेने और प्रेस के मुँह पर ताला लगाने की योजना थी। मैंने उन्हें प्यार से फटकार लगाते हुए कहा था कि भारत में 'डेमोक्रेसी' थी और यहाँ कभी भी ऐसा नहीं हो सकता था। इमरजेंसी लगने के बाद इसी संवाददाता ने मुझसे जानना चाहा कि अब आगे क्या होगा। मैंने कहा कि मुझे कुछ भी मालूम नहीं था, क्योंकि देश को पहले कभी भी ऐसी स्थिति का सामना नहीं करना पड़ा था। उन्होंने अपनी हमदर्दी जताई तो मैंने कहा कि तीसरी दुनिया के देश तभी तक डेमोक्रेसी का सुख भोगते रहे हैं जब तक उनके शासक उन्हें इसकी अनुमति देते रहे हैं। लेकिन भारत इन देशों से अलग था, मैंने मन-ही-मन सोचा। आजादी के लिए हमने इतना लम्बा संघर्ष किया था कि हम कुछ भी करके इसे बचाए रखेंगे।

इमरजेंसी खत्म होने के बाद जब जस्टिस जे.सी. शाह कमीशन ने इसकी ज्यादतियों का अध्ययन किया था तो उन्होंने अपनी रिपोर्ट में कहा था, "एड-हॉक अधिकारवादी मौखिक आदेशों के साथ-साथ प्रेस की आजादी के अभाव और सख्त सेंसरशिप ने उपमहाद्वीप के

संचार माध्यमों को अवरुद्ध और भ्रष्ट कर दिया था।'' कमीशन ने चेतावनी देते हुए कहा था, ''राष्ट्र की वर्तमान और आनेवाली पीढ़ियों के प्रति यह जिम्मेदारी है कि भविष्य में कभी भी प्रशासन-तंत्र को इस तरह ध्वस्त न किया जा सके कि वह किसी एक व्यक्ति या व्यक्ति-समूह, वह सरकार में हो या सरकार के नजदीक, के निजी हितों को साधने का साधन मात्र बनकर रह जाए।''

यह देखकर बड़ी दहशत होती थी कि इन्दिरा गांधी और संजय कितनी आसानी से पूरे देश के प्रशासन-तंत्र पर कब्जा जमाने में सफल हो गए थे, और अधिकारियों और दूसरे सरकारी कर्मचारियों ने कितनी सरलता से इसे स्वीकार कर लिया था। जिला मैजिस्ट्रेट और पुलिस कमिश्नर आँख मूँदकर इन्दिरा गांधी और उनके बेटे के आदेशों का पालन करने लगे थे। वह लोह-ढाँचा, वह स्टील-फ्रेम कहाँ था? सिर्फ एक 'ऑटोक्रैट' की इच्छा पर वह ताश के पत्तों की तरह क्यों ढह गया था? अगर सरकारी नौकर इन गैरकानूनी और मनमाने आदेशों का पालन न करते तो क्या हो जाता? ज्यादा से ज्यादा उनका तबादला कर दिया जाता। इससे पता चलता था कि इन्दिरा गांधी सत्ता से चिपके रहने के लिए किस हद तक जा सकती थीं। वे हमेशा से ही किसी रानी-महारानी की तरह महसूस करती रही थीं, लेकिन अब वे मनमानी पर उतर आई थीं।

पत्रकारों की भूमिका बेहद निराशाजनक रही। लगभग सभी ने घुटने टेक दिए, मानो उन्हें किसी सामूहिक भय ने जकड़ लिया हो। कुछ थोड़े से अपवाद थे। इमरजेंसी के नियम-कायदों की आलोचना करनेवाले दो अंग्रेजी पर्चों को अपना प्रकाशन बन्द करना पड़ा। पहला था साप्ताहिक 'ओपीनियन', जिसे सेंसरशिप नियमों के 'उल्लंघन' के अपराध में महाराष्ट्र सरकार का कोप झेलना पड़ा। दूसरा पत्र 'सेमिनार' नामक मासिक था, जिसने हर अंक की प्रति सेंसर अधिकारियों को दिखाने के सरकारी आदेश को ठुकराते हुए खुद ही प्रकाशन बन्द करने का फैसला कर लिया। रोमेश थापर और उनकी पत्नी राज ने बड़ी हिम्मत दिखाते हुए 'सेमिनार' के आखिरी अंक में लिखा कि वे ''इस तरीके से अपनी ईमानदारी और अभिव्यक्ति की स्वतंत्रता का समर्पण करने'' के लिए तैयार नहीं थे। पर किसी भी दूसरे अखबार ने 'सेमिनार' और 'ओपीनियन' के बन्द होने की खबर छापने की हिम्मत नहीं दिखाई।

मैं रोमेश थापर को तभी से जानता था जब वे इन्दिरा गांधी के किचन केबिनेट के सदस्य थे। तब मैं इसी कारण से उनसे दूरी बनाए रहा था। बाद में जब मैं जेल में था तो उनकी पत्नी राज थापर ने मेरी पत्नी से सम्पर्क स्थापित किया था। हम जल्दी ही अच्छे पारिवारिक मित्र बन गए; जिसमें उनकी बातूनी बेटी माला भी शामिल थी। हम दोनों ही इमरजेंसी की यातना भुगत चुके थे। मैं राज और रोमेश की वैचारिक पृष्ठभूमि से कहीं ज्यादा स्वतंत्रता के प्रति उनकी प्रतिबद्धता से प्रभावित था, जिसका उन्होंने कभी दामन नहीं छोड़ा।

इमरजेंसी के बाद एल.के. आडवाणी ने पत्रकारों को बिलकुल सही फटकार लगाई थी। उन्होंने कहा था, ''आपसे झुकने के लिए कहा गया था, लेकिन आप तो रेंगने लगे!'' मेरा अपना खयाल यह है कि पत्रकारों की पूरी जमात को व्यवस्था और कार्पोरेट सेक्टर द्वारा दिए जानेवाले 'भाव' ने बिगाड़ रखा था। सब जानते थे कि कुछ प्रेस कान्फ्रेंसों में उन्हें तोहफों के रूप में सूट का कपड़ा। और 'शेयर' भेंट किए जाते थे। इससे उनकी स्वाधीनता की भावना पर असर पड़ना स्वाभाविक था। उनमें से कुछ तो अपने पेशे के प्रति कुछ भी प्रतिबद्धता

महसूस नहीं करते थे। सच्चाई यह थी कि प्रेस पहले से ही बड़ी मीठी, शालीन और 'लिहाज' करनेवाली थी। इसलिए सैंसरशिप के लिए जमीन पहले से ही तैयार थी। हमारी तुलना में पाकिस्तान के पत्रकार कहीं ज्यादा हिम्मत दिखाते रहे हैं, मार्शल लॉ के बावजूद। वे सैनिक शासन की आलोचना करने से भी नहीं डरे। करीब 120 पत्रकारों को जेलों में सजाएँ भुगतनी पड़ीं, जबकि 13 को पुलिस के हंटर खाने पड़े।

मुझे इमरजेंसी के दौरान मनमानी गिरफ्तारियों और ज्यादतियों से इतना डर नहीं लग रहा था जितना कि संस्थाओं के ध्वस्त होने और राजनीति से नैतिकता के लुप्त होने से। अधिकांश लोगों के लिए सही और गलत, नैतिक और अनैतिक की विभाजन रेखा खत्म हो चुकी थी।

इन्दिरा गांधी और मैं कभी अच्छे दोस्त रह चुके थे। जैसाकि मैं पीछे कह चुका हूँ, 1962 में चीनी हमले के दौरान नेहरू ने जनता का समर्थन और सहयोग जुटाने के लिए 'नागरिक समिति' की स्थापना की थी। इन्दिरा इस समिति की सभापति थीं। चूँकि समिति की गतिविधियों की सभी जानकारियाँ मेरे माध्यम से ही प्रेस तक पहुँचती थीं, इसलिए हम दोनों एक-दूसरे को अच्छी तरह जानने लगे थे। मैं बता चुका हूँ कि मैं तब गृह मंत्रालय में सूचना अधिकारी था। हम अकसर देश की राजनीतिक स्थिति के बारे में बात करते रहते थे। मैंने एक बार उनके साथ बातचीत में राजनीति में आने की इच्छा प्रकट की थी। उन्होंने यह बात मेरे मित्र इन्दर कुमार गुजराल को बताई तो उन्हें बड़ी हैरानी हुई थी।

इन्दिरा के साथ मेरा झगड़ा उस समय शुरू हुआ जब वे कांग्रेस के पुराने नेताओं ('ओल्ड गार्ड') के खिलाफ अपनी लड़ाई में सरकारी मशीनरी का इस्तेमाल करने लगीं, और मैं अपने-आपको उनकी आलोचना करने से नहीं रोक पाया। उनके लिए नतीजा ही सब कुछ था, तरीका चाहे कुछ भी हो।

इमरजेंसी लागू होने के बाद मैंने इन्दिरा गांधी को एक पत्र लिखकर उनके तानाशाही रवैये और प्रेस सैंसरशिप की आलोचना की। मेरा यह पत्र इस प्रकार था—

> मैडम, किसी अखबारवाले के लिए यह तय करना बहुत मुश्किल होता है कि उसे कब मुँह खोलना चाहिए। वह जानता है कि ऐसा करके वह कहीं-न-कहीं किसी-न-किसी को नाराज करने का खतरा उठा रहा है। एक आम व्यक्ति की तुलना में सरकार में सच्चाई को छिपाने और इसके प्रकट होने पर भयभीत महसूस करने की प्रवृत्ति कहीं ज्यादा होती है। प्रशासन में ऊँचे पदों पर बैठे व्यक्ति यह मानकर चलते हैं कि वे और सिर्फ वे यह बात जानते हैं कि राष्ट्र को कब, कैसे और कितना बताना चाहिए।...इसलिए अगर कोई ऐसी खबर छपती है जिसे वे नहीं बताना चाहते तो उन्हें बहुत ज्यादा गुस्सा आता है। एक स्वतंत्र समाज में और इमरजेंसी के बाद आप कई बार कह चुकी हैं कि आप इस धारणा में निष्ठा रखती हैं प्रेस को जनता को सूचित करने के अपने कर्तव्य का पालन करना पड़ता है। कभी-कभी यह एक अप्रिय कार्य होता है, लेकिन इसे निभाना पड़ता है क्योंकि एक स्वतंत्र समाज स्वतंत्र सूचना पर टिका होता है। अगर प्रेस सिर्फ सरकारी वक्तव्यों और सूचनाओं का प्रकाशन करती रहेगी तो चूकों कमियों और गलतियों पर कौन उँगली उठाएगा?

इस पत्र का जवाब इन्दिरा गांधी ने खुद नहीं दिया। लेकिन उनकी तरफ से उनके सूचना सलाहकार शारदा प्रसाद ने मुझे लिखा–

> अगर पिछले कुछ हफ्तों से सेंसरशिप लागू की गई है तो इसका कारण कोई व्यक्तिगत या सरकारी अति-संवेदनशीलता नहीं है; इसका कारण यह है कि कुछ खास अखबार विपक्षी मोर्चे का अभिन्न अंग बन गए थे। जब इन पार्टियों को राष्ट्रीय जीवन को अस्त-व्यस्त करने की उनकी योजना को कार्यान्वित करने से रोकना जरूरी हो गया, तो स्वाभाविक था कि उनके प्रचार के प्रमुख माध्यमों को भी गड़बड़ी फैलाने से रोका जाए। प्रेस पर लगाए गए प्रतिबधों के बाद पिछले कुछ दिनों में स्थिति में सचमुच ही सुधार हुआ है। प्रेस की आजादी व्यक्तिगत आजादी का ही हिस्सा है, जिसे किसी भी देश को राष्ट्रीय आपातकाल के समय में अस्थायी रूप से सीमित करना पड़ता है।

मुझे सबसे ज्यादा ठेस यह सुनकर पहुँची थी कि जब कुछ सम्पादक इमरजेंसी लगाने के लिए इन्दिरा गांधी को 'बधाई' देने पहुँचे थे तो उन्होंने पूछा था कि हमारे 'नामी' पत्रकारों को क्या हो गया था, क्योंकि एक भी कुत्ता नहीं 'भौंका' था। मैंने कुछ अखबारों और न्यूज एजेंसियों का चक्कर लगाकर पत्रकारों को अगले दिन (28 जून, 1975) सुबह 10 बजे प्रेस क्लब में जमा होने के लिए कहा। अगली सुबह मैं वहाँ 103 पत्रकारों का जमघट देखकर हैरान रह गया, जिनमें कुछ सम्पादक भी शामिल थे। मैंने घर पर ही एक प्रस्ताव तैयार कर लिया था जिसे उन सबने पास कर दिया। इस प्रस्ताव में कहा गया था–"यहाँ एकत्रित हुए हम पत्रकार सेंसरशिप लागू किए जाने की भर्त्सना करते हैं और सरकार से इसे फौरन हटाने का आग्रह करते हैं। हम पहले से ही हिरासत में लिए जा चुके पत्रकारों की रिहाई की भी माँग करते हैं।" मैंने यह प्रस्ताव अपने हस्ताक्षरों के साथ राष्ट्रपति, प्रधानमंत्री और सूचना और प्रसारण मंत्री को भेज दिया।

मीटिंग के बाद मैं यह प्रस्ताव प्रेस क्लब की मेज पर छोड़ आया था। मैं यहाँ पहली बार उन 27 पत्रकारों के नाम बता रहा हूँ जिन्होंने इस प्रस्ताव पर हस्ताक्षर करने की हिम्मत दिखाई थी। मैंने राजनीतिक सावधानी बरतते हुए यह सूची वहाँ से हटाकर अपने पास रख ली थी। इस सूची में हस्ताक्षरों के क्रम से ये नाम शामिल थे–एन. मुखर्जी, आर. बाजपेई, बी.एच. सिन्हा, राजू नागराजन, ए. मणि, सुमि श्रीधरण, अशीम चौधरी, वी. राघवन, आनन्द वर्द्धन, वीरेन्द्र कपूर, एस.सी. राजे, सुभाष किप्रेकर, ए. रहमान, अरविंद घोष, बलवीर पुंज, वी.पी. भाटिया, विजय क्रान्ति, वेदप्रताप वैदिक, ओम प्रकाश, प्रभाष जोशी, यू.ए. सुभ्य प्रकाश, गोपाल शर्मा, चाँद जोशी, इरफान खान, जयंत मेहता, एस. भटनागर, और आर.डी. गुप्ता।

वी.सी. शुक्ला ने मुझे फोन करके मिलने के लिए बुलाया। उनका पहला प्रश्न था, "वह लव-लेटर कहाँ हैं?" मैंने हँसते हुए जवाब दिया, "मेरी तिजोरी में।" उनका सुर बदल गया और वे मुझे धमकाते हुए बोले, "मुझसे बहुत से लोग कह चुके हैं कि आपको गिरफ्तार कर लेना चाहिए।" कुछ देर बाद उन्होंने फिर वही बात दोहराई, "आपको गिरफ्तार किया जा सकता है।" मैंने कहा कि मैं इन्दिरा गांधी के एम्बेसेडर-एट-लार्ज यूनुस खान की हिट-लिस्ट में जरूर होऊँगा। वे खामोश रहे, पर उनके इस धौंस और धमकी भरे अंदाज से मैं हैरान रह गया था। कुछ देर बाद उन्होंने कहा कि मैं विदेशी पत्रकारों को बहुत ज्यादा मुँह लगा रहा हूँ। उन्होंने खासतौर से लन्दन के 'द टाइम्स' के प्रमुख प्रतिनिधि पीटर हेजलहर्स्ट का

नाम लिया। 'द टाइम्स' का संवाददाता होने के नाते मैं उन्हें अच्छी तरह से जानता था। वे भारत के सबसे अच्छे मित्रों में शामिल थे और बांग्लादेश युद्ध के दौरान बड़ी दृढ़ता से भारत के साथ खड़े रहे थे। 26 जून, 1975 को दिल्ली पहुँचने के कुछ ही देर बाद वे मुझसे मिलने मेरे घर आए थे। हम दोनों ने भारतीय प्रेस की आजादी की मौत पर आँसू बहाए थे। शुक्ला ने कहा कि पीटर से मेरा मिलना-जुलना ठीक नहीं था। मैंने कहा कि उनकी इस इच्छा का पालन करना मेरे लिए बहुत मुश्किल था।

शुक्ला ने अपनी आवाज ऊँची करते हुए कहा, "हम इन विदेशी पत्रकारों को सीधा कर देंगे! इन्हें बहुत ज्यादा सर चढ़ाया जाता रहा है!"

मैं समझ गया कि अमरीका, इंग्लैंड और दूसरे यूरोपीय देशों में इमरजेंसी की कड़ी निन्दा से सरकार बहुत ज्यादा बौखलाई हुई थी। विदेशी प्रेस भारत के तानाशाही की तरफ बढ़ने की आशंकाएँ व्यक्त कर रही थी, जो सही भी थीं। उसके अनुसार, इन्दिरा गांधी वैयक्तिक स्वतंत्रताओं को अध्यादेशों और संवैधानिक संशोधनों के कूड़ेदान में फेंकने पर तुली हुई थीं।

पीटर हेजलहर्स्ट को भारत से निष्कासित कर दिया गया।

मैं शुक्ला से 3 जुलाई को मिला था। उसी दिन 'इंडियन एक्सप्रेस' में मेरा साप्ताहिक कॉलम छपा था। इसका शीर्षक था–'नॉट इनफ्फ मिस्टर भुट्टो।' यह जुल्फीकार अली भुट्टो और पाकिस्तान के बारे में था, जिसमें मैंने उनके और फील्ड मार्शल अयूब खान के कार्यकाल की तुलना की थी। मैंने लिखा था, "सबसे बुरा कदम उन्होंने लोगों का मुँह बन्द करके उठाया है। प्रेस के मुँह पर ताला लगा है और विपक्ष के बयानों को सामने नहीं आने दिया जा रहा है। मामूली-सी आलोचना भी बर्दाश्त नहीं की जा रही है।"

शुक्ला ने कहा कि सरकार में बैठे लोग बेवकूफ नहीं थे। कोई भी समझ सकता था कि मैं इन्दिरा गांधी और इमरजेंसी की बात कर रहा था। यह सच भी था। सेंसर को चकमा देने का दूसरा कोई रास्ता नहीं था।

आनेवाले हफ्तों में मैंने दो और लेख लिखे। 10 जुलाई को मैंने अमरीका की स्थापना की दोहरी सदी पूरी होने के अवसर पर अमरीका के इतिहास की समीक्षा करते हुए लिखा–

> प्रजातंत्र का उपदेश देनेवालों के हाथ खून से रँगे पाए गए। राष्ट्रपति निकसन किसी भी दूसरे अमरीकी राष्ट्रपति की तुलना में ज्यादा मतों से जीते थे, फिर भी प्रेस और जनमानस के आगे उन्हें झुकना पड़ा और सत्ता से बाहर जाना पड़ा।

17 जुलाई को प्रकाशित एक अन्य लेख 'द टास्क बिफोर स्टूडेंट्स' में मैंने यही प्रतीकात्मक तरीका इस्तेमाल करते हुए वॉल्टेयर को उद्धरित किया। उन्होंने कहा था–

> कुछ समय पहले एक खास महफिल में यह फितूर भरी बहस छिड़ गई कि दुनिया में सबसे महान व्यक्ति कौन पैदा हुआ है सीजर, सिकंदर, तैमूरलंग या फिर क्रॉमवेल? किसी ने कहा कि इसमें कोई शक नहीं है कि दुनिया का महानतम व्यक्ति आइजेक न्यूटन था। उसने सच ही कहा था, क्योंकि न्यूटन ने ही सच्चाई की ताकत से हमारे दिमागों पर अपनी छाप छोड़ी। वही हमारी श्रद्धा का पात्र है, न कि वे लोग जिन्होंने हिंसा की ताकत से हमारे दिमागों पर कब्जा करने की कोशिश की।...छात्रों को डॉक्टर, इंजीनियर और प्रोफेसर बनना चाहिए, न कि पत्रकार।

इसके बाद मुझे लिखना छोड़ना पड़ा क्योंकि सेंसर अधिकारियों ने 'इंडियन एक्सप्रेस' को निर्देश दिया कि "श्री कुलदीप नैयर द्वारा उनके अपने नाम से या किसी छद्म नाम से लिखा गया कोई भी लेख सेंसर को दिखाए बिना आपके अखबार में नहीं छपना चाहिए।"

इन्दिरा गांधी दावा कर रही थीं कि वे सब कुछ संविधान के दायरे में रहकर और प्रजातंत्र की रक्षा करने के लिए कर रही थीं। वे इस बात पर इसलिए भी जोर दे रही थीं क्योंकि उन्हें अपने नाम से चिपका 'अधिकारवादी' (अथोरिटेरियन) शब्द सख्त नापसन्द था। सरकार कितनी ही तानाशाह क्यों न हो, प्रजातंत्र का दिखावा करते रहना जरूरी था। जैसाकि जॉर्ज ऑर्वेल ने कहा था, "लगभग पूरी दुनिया में यह समझा जाता है कि जब हम किसी देश के प्रजातांत्रिक होने की बात करते हैं तो उसकी तारीफ कर रहे होते हैं, इसलिए हर तरह के तानाशाह प्रजातांत्रिक होने का दावा करते हैं।"

मुझे बड़ी हैरानी हुई थी जब ब्रिटिश प्रधाानमंत्री मारग्रेट थैचर ने अपनी भारत यात्रा के दौरान दिल्ली में हुई एक प्रेस कॉन्फ्रेंस में इन्दिरा गांधी का बचाव किया था। बाद में जब मैं लन्दन में भारत का हाई कमिश्नर था तो मैंने उनसे पूछा था कि उन्होंने ऐसा क्यों किया था। उनका जवाब था, "मुझे वे बहुत अकेली पड़ गई दिखाई दे रही थीं।"

'सोशलिस्ट इंटरनेशनल' ने 15 जुलाई को अपने एक शिष्टमंडल को जेपी से हिरासत में मिलने के लिए भेजने का फैसला किया। इस शिष्टमंडल में पश्चिम जर्मनी के भूतपूर्व चांसलर बिली ब्रांट और आयरलैंड के डाक-तार मंत्री कॉनर क्रूज ओ'ब्रायन भी शामिल थे। लेकिन भारत सरकार ने यह कहकर अपनी अनुमति देने से इनकार कर दिया कि यह 'भारत के अंदरूनी मामलों में घोर हस्तक्षेप' था। इसके बाद सोशलिस्ट इंटरनेशनल ने एक वक्तव्य में कहा, "भारत में जो कुछ हो रहा है, उससे सभी सोशलिस्ट व्यक्तिगत त्रासदी की भावना महसूस कर रहे हैं।"

पश्चिमी देशों में आधिकारिक स्तर पर यह धारणा बनने लगी थी कि भारत हमेशा के लिए प्रजातंत्र से हाथ धो चुका था, और यह कितना ही पीड़ाजनक क्यों न हो, उन्हें इन्दिरा गांधी को नाराज करने की बजाय इस सच्चाई को स्वीकार कर लेना चाहिए। अमरीका के सेक्रेटरी ऑफ स्टेट हेनरी किसिंजर गृह मंत्रालय के साथ विचार-विमर्श के बाद इस निष्कर्ष पर पहुँचे कि अब भारत से निपटना ज्यादा आसान होगा, क्योंकि इन्दिरा गांधी 'व्यावहारिक' नीतियों पर चलेंगी। इस पर उनके एक सहायक ने टिप्पणी की थी, "आपका मतलब है 'बिकाऊ'?"

प्रेस सैंसरशिप को व्यक्तिगत और पार्टी के हितों के लिए इस्तेमाल किया जाने लगा। सेंसर ऐसी खबरों या महज बयानों पर भी रोक लगाने लगा जो कांग्रेस या युवा कांग्रेस के नेताओं द्वारा जारी की जाती थीं, सिर्फ इसलिए कि वे इमरजेंसी की 'माँग' से मेल नहीं खाती थीं। वी. सी. शुक्ला हमेशा आर.के. धवन के सम्पर्क में रहते थे, और उनके माध्यम से संजय गांधी के। शुक्ला जिस भी राज्य में जाते थे, वहाँ के सेंसर और अखबारवालों से कांग्रेस के अंदरूनी मतभेदों का जिक्र न करने के लिए कहते थे। मुख्यमंत्री अपनी और अपने गुट की आलोचना न होने देने के लिए सेंसर का इस्तेमाल कर रहे थे। पंजाब कांग्रेस के अध्यक्ष मोहिंदर सिंह गिल अखबारों में अपना कोई बयान तक न छपवा पा रहे थे, क्योंकि मुख्यमंत्री

जैल सिंह ने गिल का कोई भी कथन छापने से सख्त मना कर रखा था। इसी तरह पश्चिम बंगाल के सूचना मंत्री सुब्राता मुखर्जी ने सेंसर से कह रखा था कि उनके गुट के खिलाफ कुछ भी न छापा जाए।

मुझे शबाना आजमी और कुछ अन्य कलाकारों को दूरदर्शन पर इमरजेंसी का गुणगान करते देखकर बहुत दुख हुआ था। यह लोगों तक यह सन्देश पहुँचाने का एक तरीका था कि सब कुछ ठीक-ठाक था। इमरजेंसी में मनोरंजन के नाम पर शायद यही सब रह गया था।

12

मेरी हिरासत और इमरजेंसी के गहराते साए

मैं यूपीएससी के दफ्तर में अधिकारियों का चयन करनेवाले पैनल के एक सदस्य के रूप में बैठा था। तभी अचानक जाने-माने वामपन्थी पत्रकार और प्रेस की आजादी के प्रबल समर्थक निखिल चक्रवर्ती ने मुझे सतर्क करते हुए कहा कि मेरे घर की तलाशी ली जा सकती थी। मेरी तरह वे भी इस पैनल के सदस्य थे।

मैंने रात को डिनर के दौरान अपने घरवालों को यह बात बताई। मेरे छोटे बेटे राजीव ने मेरे कागज समेटे और उनका एक बंडल बनाकर अपने एक दोस्त के घर छोड़ आया।

दो दिन बाद एक पुलिस के अधिकारी ने मेरे घर का दरवाजा खटखटाया तो मैंने उससे कहा कि वह घर की तलाशी से सकता था, लेकिन वहाँ कुछ भी आपत्तिजनक नहीं था। उसने कहा कि वह मुझे गिरफ्तार करने आया था। उसने मुझे वारंट भी दिखाया। मैंने पहला काम यह किया कि यूपीएससी के सचिव को पैनल पर अपनी अनुपलब्धता के बारे में सूचित कर दिया, क्योंकि मैं सरकार का मेहमान बनने जा रहा था।

इसके बाद मैंने रामनाथ गोयनका और एस. मालगांवकर को फोन करके उन्हें अपनी गिरफ्तारी की जानकारी दे दी। उन्हें कोई हैरानी नहीं हुई। मेरी पत्नी ने परिवार के अन्य सदस्यों को फोन कर दिया। मेरे नाश्ता करते-करते मेरी बहन की जानी-पहचानी नीली फिएट कार फ्लैट के बाहर आ पहुँची। मेरी माँ पार्किंसन की बीमारी के कारण (जिसमें अंगों में कंपन होती रहती है) कार में ही बैठी रहीं। लेकिन मेरी बहन, पिता और ससुर नीचे उतरते ही मुझसे लिपट गए। मेरे पिता रो रहे थे। लेकिन मेरे ससुर ब्रिटिश राज के दौरान कई वर्ष जेलों में बिता चुके थे, इसलिए वे शान्त थे। बल्कि उन्होंने हँसते हुए कहा, "अगली बारी मेरी है, क्योंकि मैंने भी उन्हें (इन्दिरा गांधी को) एक खत लिखा है।" उनकी बात सच निकली, क्योंकि जल्दी ही उन्हें भी गिरफ्तार कर लिया गया।

मेरी माँ की आँखों में आँसू नहीं आए थे। वह क्यों रोए? उसने पूछा। उसे इस बात का गर्व था कि उसका बेटा किसी नेक उद्देश्य के लिए जेल जा रहा था। मेरी भावनाओं का ज्वार छलकने के कगार पर था, लेकिन माँ ने मुझे शान्त किया। "हमारी चिन्ता न करना," उन्होंने कहा, "हम सब ठीक-ठाक रहेंगे और तुम्हारी वापसी की राह देखेंगे।" मेरी बहन राज ने कहा, "अब तुम लीडर बन गए हो।" उसकी आँखें भीगी हुई थीं। भारती ने अपना चेहरा छिपाए रखा, जबकि मुझे जीप में बैठते देखकर राजू फूट-फूटकर रोने लगा। लेकिन इसके बाद एक 'एंटी-क्लाइमेक्स' हुआ। कमजोर बैटरी के कारण जीप ने स्टार्ट होने का

नाम ही नहीं लिया। इसे धक्का देकर चलाने वालों में खुद मुझे भी शामिल होना पड़ा।

"शेर पिंजरे में आ गया है।" थानेदार ने वायरलेस सेट पर अपने सुपरिटेंडेंट को मेरी गिरफ्तारी की खबर देते हुए इन्हीं शब्दों का इस्तेमाल किया था। उनके इस वाक्य पर सिर्फ हँसा जा सकता था। लेकिन मुझे अपने घरवालों की याद आ रही थी। अपनी बाँहें फैलाकर मुझे विदा देते उनके चेहरों की याद। उनकी नजरें बहुत दूर तक जीप का पीछा करती रही थीं।

पुलिस स्टेशन में असिस्टेंट पुलिस कमिश्नर बरार ने मुझे बताया था, "अभी पिछले हफ्ते ही मैंने आपकी किताब 'डिस्टेंट नेबर्स' पढ़कर पूरी की है। मैं आपसे मिलना चाहता था, लेकिन मैंने सोचा भी नहीं था कि यह मीटिंग इस तरह होगी।" मैंने उन्हें कुछ और कहने से रोकते हुए कहा, "आपको तो अपनी ड्यूटी निभानी है, वह कितनी भी बुरी क्यों न हो!" उन्होंने जवाब दिया, "फिर भी, यह गिरफ्तारी मेरी आत्मा पर बोझ बनी रहेगी। मैं एक निर्दोष व्यक्ति को गिरफ्तार कर रहा हूँ।" वे इससे ज्यादा कुछ नहीं कह पाए और अपने आँसुओं को रोकने की कोशिश में कमरे से बाहर चले गए।

मुझे उनसे हमदर्दी हो रही थी। शायद वे कुछ ज्यादा ही संवेदनशील, कुछ ज्यादा ही मानवीय पुलिस अधिकारी थे। मेरा यह खयाल कि पुलिसवाले सिर्फ लाठी की भाषा जानते थे गलत साबित हुआ था। मैं हवालात में बहुत देर तक खिड़की की सलाखों के उस पार देखता रहा। एक स्त्री एक लड़की के लम्बे बालों में कंघी कर रही थी। शायद माँ और बेटी थीं। वे दोनों कितनी खुश थीं! मैं अभी से एक कैदी जिन्दगी की घुटन को महसूस करने लगा था। कहीं पास ही रेडियो बज रहा था। मैं सोचने लगा कि न जाने कितने महीनों या बरसों बाद मैं फिर से संगीत सुन पाऊँगा। मुझे हिन्दुस्तानी शास्त्रीय संगीत बहुत पसन्द है और मैं दिल्ली में होनेवाले किसी संगीत संध्या को शायद ही कभी 'मिस' करता हूँ। मुझे उस्ताद बड़े गुलाम अली खान, बेगम अख्तर और सुबालक्ष्मी को सुनने का सौभाग्य प्राप्त हो चुका है।

जेल की जिन्दगी एक अजीब अनुभव था। एक वातानुकूलित कमरे से मैं सीधे 24 बिस्तरों वाले वार्ड में पहुँच गया था, जहाँ सिर्फ एक पंखा था। सबसे मुश्किल काम सूखे शौचालय की आदत डालना था। बाद में मेरे ही नाम के एक पुराने कैदी को मुझ पर तरस आ गया, जो मेहतर का काम करता था। वह शौचालय की सफाई करते ही मुझे जगा देता था। लेकिन यह तरकीब भी ज्यादा दिन काम नहीं आई, क्योंकि कुलदीप को मेरे बिस्तर की तरफ बढ़ते देखते ही दूसरे कैदी शौचालय की तरफ दौड़ पड़ते थे।

मैं जेल में अपने पहले भोजन को अकसर याद करता हूँ। मैं कुछ साथी कैदियों से बात कर रहा था कि एक थाली पर जोर-जोर से चम्मच बजाने की आवाज आई। यह लंच के लिए बुलावा था। मैं चाहता था कि मक्खियों का हमला होने से पहले ही गर्म-गर्म खाना ले लूँ। लेकिन किसी ने मुझे टोकते हुए कहा, "रुको, पहले मंत्रों का जाप तो होने दो!" ये वही मंत्र थे जो राष्ट्रीय स्वयंसेवक संघ की शाखाओं में पढ़े जाते हैं। इसके बाद कुछ हाथ भोजन के लिए आगे बढ़े तो मैंने उन्हें रोक दिया। कैदियों के बीच मुझे अपनी पहचान के तीन मुसलमान दिखाई दे रहे थे। ये वही लोग थे जिनके साथ पिछले साल किशनगंज में हुए दंगों के बाद मैंने पूरा एक हफ्ता बिताया था, ताकि मैं उनके अनुभवों के बारे में

जान सकूँ। उन्हें बहुत भयावह अनुभव हुए थे, जिसके बारे में मैंने 'स्टेट्समैन' में लिखा था।

मैंने उनसे पूछा, "आप लोग खाने से पहले बिस्मिल्लाह नहीं कहते?"

"कहते हैं, लेकिन सिर्फ आपस में," उन्होंने जवाब दिया।

"जोर से कहो," मैंने उन्हें प्रोत्साहित करते हुए कहा।

उस दिन के बाद से मंत्रों के बाद बिस्मिल्लाह भी कहा जाने लगा।

दाल पानी जैसी थी और रोटियाँ अधसिंकी। जब दूसरी बार दाल दी गई तो मुझे बर्तन में कुछ मक्खियाँ तैरती हुई दिखाई दीं। मुझे दहशत-सी हो आई। मेरे साथ बैठे कैदी ने कहा, "फिक्र न करो, आदत पड़ जाएगी!" वह ठीक ही कह रहा था। कुछ ही दिनों में मुझे मक्खियों की इतनी आदत पड़ गई कि मैं उन्हें उँगली से बाहर निकालकर बेझिझक खाना खाता रहता था।

अगले दिन मुझे अपने ससुर भीमसेन सच्चर अन्दर आते दिखाई दिए। मुझे लगा कि वे मुझे बिस्तर देने आए थे जिसे मैं साथ लाना भूल गया था। उन्होंने भी मेरा भ्रम दूर करने की कोशिश नहीं की। मैंने उन्हें यह सामान लाने के लिए धन्यवाद दिया तो उन्होंने मुस्कराते हुए कहा, "तुम बहुत-सी चीजें भूल गए थे। मुझे लगा कि तुमसे मिलकर तुम्हें यह सब दे दूँ।" तब मेरे दिमाग में यह बात आई ही नहीं कि मुलाकात सिर्फ फाटक पर हो सकती थी और किसी भी बाहरी व्यक्ति को अन्दर आने की अनुमति नहीं थी।

लेकिन मेरे साथी कैदियों को सच्चाई मालूम थी और वे आपस में बात करते हुए कह रहे थे कि अब गांधीवादियों की गिरफ्तारी की भी बारी आ गई थी। मेरे ससुर 1919 से ही गांधीजी के शिष्य रहे थे, जब वे अपनी पढ़ाई छोड़कर ब्रिटिशों के खिलाफ असहयोग आन्दोलन में शामिल हो गए थे। एक कैदी ने टिप्पणी करते हुए कहा कि अगर इन्दिरा गांधी एक ऐसे व्यक्ति को गिरफ्तार करने की हद तक जा सकती थीं जो पंजाब का मुख्यमंत्री और उड़ीसा और आन्ध्र प्रदेश का राज्यपाल रह चुका था, तो उनके लिए कोई भी हद पार करनी मुश्किल नहीं थी।

मेरे ससुर ने मुझे बताया कि उन्होंने और लाजपत भवन के उनके सात सहकर्मियों ने किस तरह गिरफ्तारियों और प्रेस प्रतिबन्धों के खिलाफ अपना रोष प्रकट करते हुए प्रधानमंत्री के नाम एक पत्र लिखा था। मेरी तरह उन्होंने भी प्रेस की आजादी की बात करते हुए नेहरू को उद्धरित किया था। बाद में मुझे पता चला था कि इन्दिरा गांधी को शक था कि यह उद्धरण मैंने ही उन्हें दिया था।

मुझे मनगढ़ंत आधारों पर गिरफ्तार किया गया था, जैसाकि एडिशनल डिप्टी कमिश्नर ने मुझे बाद में बताया था। तब वे सरकार के सचिव के पद पर थे। उन्होंने कहा था कि उन्हें आर.के. धवन से मेरी गिरफ्तारी का आदेश प्राप्त हुआ था। जब उन्हें मेरे खिलाफ कुछ भी नहीं मिला तो उन्होंने फोन करके कहा कि उन्होंने पुलिस सुपरिटेंडेंट से बात की थी और उन्हें गिरफ्तारी का कोई आधार नहीं मिल रहा था। धवन ने कहा कि मुझे गिरफ्तार करना ही होगा क्योंकि यह संजय गांधी का आदेश था। इसके बाद पुलिस ने यह कहानी गढ़ी कि मैंने जामा मसजिद जाकर मुसलमानों को सरकार के खिलाफ भड़काने की कोशिश की थी। इंटेलीजेंस ब्यूरो की डायरी की एक भर्ती के अनुसार मैंने एक बार मसजिद के

शाही इमाम के साथ खाना खाया था।

वाशिंगटन में भारत के राजदूत त्रिलोकी नाथ कौल ने कहा था कि उन्हें मेरे अपराध की पूरी जानकारी नहीं थी। ''मैं नैयर को जानता हूँ,'' उन्होंने कहा था, ''वे मेरे दोस्त हैं। ऐसा माना जाता है कि उन्होंने विदेशों में कुछ लेख भेजे थे जो कानून का उल्लंघन है।''

लन्दन के 'द टाइम्स' के सम्पादक ने इन्दिरा गांधी को तार भेजकर लिखा था, ''नैयर ने 'द टाइम्स' को ऐसे कोई डिस्पैच नहीं भेजे जो भारतीय सेंसरशिप नियमों का पालन न करते हों। हमने भी उनसे ऐसा करने के लिए नहीं कहा है।''

शाह कमीशन की सुनवाई के दौरान जिला न्यायाधीश सुजित कुमार ने कहा था कि नैयर की गिरफ्तारी का आदेश प्रधानमंत्री के घर से आया था। उनके अनुसार यह आदेश लेफ्टिनेंट गवर्नर के सचिव नवीन चावला के माध्यम से आया था। बाद में, मनमोहन सिंह सरकार ने इन्हीं नवीन चावला को मुख्य चुनाव आयुक्त नियुक्त किया। मुझे गिरफ्तार करनेवाले सुपरिंटेंडेंट ने कमीशन को बताया था कि मेरी गिरफ्तारी के आधार गिरफ्तारी के दो-तीन दिन बाद तैयार किए गए थे। यह सुपरिंटेंडेंट (सीआईडी) के.एस. बाजवा द्वारा दी गई जानकारी के आधार पर किया गया था। लेकिन बाजवा ने अपनी सुनवाई में ऐसी कोई जानकारी देने से इनकार किया। पी.एस. भिंदर ने कमीशन को बताया कि उन्हें मेरी गिरफ्तारी के बारे में पुलिस सुपरिंटेंडेंट के.डी. नैयर से पता चला था और इसमें उनका कोई हाथ नहीं था। उन्होंने सिर्फ इतना किया था कि अपने अधिकारियों से मेरे साथ शिष्टतापूर्ण व्यवहार करने के लिए कहा था, क्योंकि मैं एक वरिष्ठ पत्रकार था।

इस मामले में भी लेफ्टिनेंट गवर्नर कृष्णचन्द ने 'सुपर प्राइम मिनिस्टर' संजय गांधी' का हुक्म भर बजाया था। उन्होंने कहा कि वे मुझे जानते थे और मेरी गिरफ्तारी से उन्हें बहुत दुख हो रहा था। लेकिन ओम मेहता ने उनसे कहा था कि इन्दिरा गांधी मुझे सलाखों के पीछे देखना चाहती थीं।

आर.के. धवन ने बाद में अपनी सफाई देते हुए मुझसे कहा था कि एक पत्रकार के रूप में मेरा लम्बा कैरियर ही मेरी गिरफ्तारी का कारण था। संजय गांधी चाहते थे कि प्रेस सेंसरशिप लागू करने के बाद सभी बड़े पत्रकारों का भी मुँह बन्द कर दिया जाए। धवन ने कहा था कि बैठक में सबसे पहले मेरा ही नाम लिया गया था, क्योंकि मुझे सबसे बड़ा माना जाता था।

जेल की बोझिल जिन्दगी बहुत यंत्रणा भरी थी। दिन जितने लम्बे होते थे, रातें उससे भी ज्यादा लम्बी। एक रात कहीं नजदीक से बच्चों का शोर सुनकर मेरी नींद खुल गई। मैं यह देखकर सिहर उठा कि एक तालाबन्द कमरे की सलाखों के पीछे बहुत-से लड़के जोर-जोर से रो रहे थे। मैंने कुछ दूसरे कैदियों से इसके बारे में जानना चाहा तो मेरी समझ में कुछ भी नहीं आया। अगली सुबह वे लड़के न जाने कहाँ गायब हो गए थे।

मैंने वार्डन से लड़कों के बारे में पूछा। वह मेरे प्रश्न पर हँसने लगा। उसने कहा कि ये लड़के बिना किसी सुनवाई के बरसों से बन्द थे। उन्हें अन्दर लाते समय रजिस्टर में कोई भर्ती नहीं की गई थी। उन्हें सड़कों से उठाकर लाया जाता था और तरह-तरह के काम करवाए जाते थे। जब ज्यादा कैदी होते थे तो इन लड़कों की संख्या भी बढ़ जाती थी। इनमें से बहुत कम को रिहाई नसीब होती थी, क्योंकि किसी-न-किसी जेल में उनकी जरूरत पड़ती

रहती थी और उनका तबादला होता रहता था। वार्डन ने मुझे बताया कि इनमें से कुछ लड़के छह-सात वर्ष से बन्द थे। ये सब गरीब परिवारों से थे, इसलिए इनकी रिहाई आसानी से नहीं होती थी।

हमारी मदद करनेवाले ऐसे ही एक लड़के से मैंने बात की तो उसने बताया कि वह तीन दिन पहले ही जेल में आया था। दिल्ली की डिफेंस कालोनी में उसके मालिक ने उसे रात को 9 बजे 'पान लाने के लिए' भेजा था। लेकिन गश्ती पुलिस ने उसे पकड़ लिया था और जेल में बन्द कर दिया था। मेरी किताब 'इन जेल' (1978) पढ़ने के बाद जस्टिस कृष्णा अय्यर ने अपने एक फैसले में इन लड़कों की व्यथा का उल्लेख किया था। जेल सुधारों के बड़े-बड़े दावों के बावजूद मुझे पूरा यकीन है कि यह बुराई किसी-न-किसी रूप में आज भी हमारी जेलों में जारी है।

जेल में मुझे एक चमत्कार का भी अनुभव हुआ। एक रात मैंने सपने में स्यालकोट के हमारे पीर को देखा। वे स्यालकोट के हमारे घर के बगीचे में कब्र के पास लकड़ी की एक कुर्सी पर बैठे हुए थे। मैंने कब्र और कुर्सी दोनों को ही पहचान लिया था। वह घर छोड़ने से पहले हमने इस पीर के आख़िरी दर्शन किए थे। मैं आज भी उनकी उपस्थिति को महसूस कर सकता हूँ—एक ऐसे बुजुर्ग जिनके हाथ में तस्बीह है और सीना और कन्धे हरे कपड़े से ढके हुए हैं। लम्बी सफेद दाढ़ी वाले उनके चेहरे से नूर टपक रहा है। उन्होंने मुझसे सिर्फ इतना कहा कि आते जुमेरात (गुरुवार) को मैं रिहा कर दिया जाऊँगा। इसके बाद वे अदृश्य हो गए और अचानक ही मेरी नींद खुल गई। मैंने देखा कि भोर फूट रही थी और मेरे कुछ साथी कैदी अपनी पूजा और इबादत में व्यस्त थे।

मैं सोचने लगा कि यह सपना मेरी रिहाई की चाह का प्रतीक था। शायद फारसी और उर्दू की कुछ किताबें पढ़ने के बाद ही मैं पीर के इस तरह के मुखमंडल की कल्पना करने लगा था। मैं यह जानने के लिए उत्सुक था कि पीर की बात सच साबित होती है या नहीं।

अगले दिन 'मुलाकात' का दिन था, जो पखवाड़े में एक बार होती थी। मेरी पत्नी और बहनोई राजेंद्र सच्चर मुझसे मिलने आए थे। मैंने उन्हें अपने सपने के बारे में नहीं बताया, लेकिन यह जरूर पूछा कि दिल्ली हाई कोर्ट में दाखिल की गई मेरी पत्नी की हेबस कोर्पस याचिका का क्या हुआ। राजेंद्र तब सिक्किम हाई कोर्ट के मुख्य न्यायाधीश थे। उन्होंने कहा कि यह याचिका सफल नहीं हो पाएगी क्योंकि न्यायपालिका बहुत डरी हुई थी। उन्होंने कहा कि काफी पूछताछ के बाद यही पता चला था कि मुझे दूसरे नेताओं के साथ ही रिहा किया जाएगा।

यह सोचकर कि मेरी कैद काफी लम्बी चलनेवाली है, मैंने अपनी पत्नी से एक कम्बल, एक टेबल-लैम्प और कुछ किताबें भिजवाने के लिए कहा।

पिछली 'मुलाकात' में मेरी पत्नी और छोटा बेटा राजीव मुझसे मिलने आए थे। वे मेरे लिए चाइनीज खाना लाए थे जो मुझे बहुत पसन्द था। सुपरिंटेंडेंट हम पर नजर रखे हुए था। ऐसे में जब दिल बहुत भरा हुआ हो तो कोई क्या बात करे? हम कुछ न कुछ कहने की कोशिश करते रहे। मैंने अपने बड़े बेटे सुधीर के बारे में पूछा। भारती ने कहा कि वह बाहर खड़ा था, क्योंकि सिर्फ दो लोगों को मिलने की अनुमति थी। मैंने खिड़की की सलाखों

से उसे दूर सड़क पर खड़े देखा। मैंने चिल्लाकर उसका नाम पुकारा तो उसने अपना हाथ हिलाया। वह सिर्फ मुझसे मिलने के लिए कानपुर से ट्रेन पकड़कर आया था, जहाँ वह काम करता था। मेरी पत्नी और राजीव के साथ अन्दर न आ पाने के कारण वह बहुत हताश दिखाई दे रहा था।

राजेंद्र से मिलने के बाद मैं उखड़ा-उखड़ा-सा महसूस कर रहा था। तीन दिन बाद गुरुवार आया तो मैं बड़ी उम्मीदें बांधकर बैठ गया। मैं बार-बार दरवाजे की तरफ देख रहा था कि कब कोई मेरी रिहाई का आदेश लेकर प्रकट हो। लेकिन ऐसा कुछ भी नहीं हुआ। डिनर के बाद जेलर ने मेरे पास आकर कहा कि कोई मुझसे मिलना चाहता था। मैं उसके पीछे चल पड़ा। वार्ड के बाहर एक नौजवान ने मेरा स्वागत किया। उसने कहा कि वह दिल्ली का डिप्टी कमिश्नर था और वह जेल की तरफ आ रहा था तो धवन ने उसे फोन करके कहा था कि इंदिरा गांधी मेरा हालचाल पूछना चाहती थीं। मैंने कहा कि मेरा हाल ठीक ही था, सिवा इस बात के कि जेल में बहुत ज्यादा भीड़ और गंदगी थी। उसने कहा कि यह जेल 200 कैदियों के लिए बनी थी, लेकिन अब वहाँ चार-पाँच गुना कैदी थे। मुझे पता चला कि वह पी.आई.बी. में मेरे एक सहकर्मी का बेटा था। वह वापस गया तो रात के लगभग 11.00 बज रहे थे। जुम्मेरात खत्म होने को थी, लेकिन मेरी रिहाई के कोई आसार दिखाई नहीं दे रहे थे। मैं पीर की भविष्यवाणी के बारे में सोचते हुए मायूस-सा महसूस करने लगा।

अगली सुबह जेलर ने मुझे जगाकर कहा कि सरकार ने मेरी बिना शर्त रिहाई का आदेश दे दिया था। उन्होंने मुझे अपना सामान इकट्ठा करने के लिए कहा। मुझे घर तक पहुंचाने के लिए उन्होंने एक टैक्सी का इंतजाम भी कर दिया था। मैं यह जानने का इच्छुक था कि यह आदेश कब जारी हुआ था। उन्होंने कहा कि डिप्टी कमिश्नर ने पिछली रात (जुमेरात) ही इस पर हस्ताक्षर कर दिए थे, लेकिन बहुत रात हो जाने के कारण उन्होंने मुझे सुबह छोड़ने का फैसला किया था। मैं हैरान रह गया। मेरा मन श्रद्धा की भावना से भर आया। पीर ने जो कहा था वह सच साबित हुआ था। इसके बार वे दोबारा कभी मेरे सपने में नहीं आए। कई बार बहुत मुश्किलों के दौर में मैं उन्हें याद करता रहा हूँ, लेकिन उन्होंने मुझे दोबारा दर्शन नहीं दिए।

अपने जेल के साथियों से विदा लेते हुए मैं उदास महसूस कर रहा था, भले ही हमारा साथ सिर्फ तीन महीने का रहा था। मुझे ऐसा लग रहा था मानो मैं अपने दिल का एक हिस्सा वहीं छोड़े जा रहा हूँ। उन्होंने मुझे शेख अब्दुल्ला से मिलकर उनसे इमरजेंसी के खिलाफ आवाज उठाने का आग्रह करने के लिए कहा। उन्हें उम्मीद थी कि मैं अपना साप्ताहिक कालम शुरू कर पाऊँगा। कुछ ने यह भी कहा कि रिहाई के बाद वे मेरे साथ सम्पर्क बनाए रहेंगे। लेकिन किसी ने भी ऐसा नहीं किया, सिवा कुलदीप के, जो अपनी सजा पूरी होने के बाद मुझसे मिलने आया था।

मेरी पत्नी और बच्चों को मेरी रिहाई से हैरान नहीं हुई। 'टाइम्स ऑफ इंडिया' के सम्पादक गिरिलाल जैन उन्हें बता चुके थे कि सरकार ने मेरी रिहाई की खबर न छापने का आदेश दिया था। मेरे परिवार के लिए यह बहुत मुश्किल वक्त रहा था, क्योंकि कोई भी सम्बन्धी, पत्रकार या मेरा मित्र डर के मारे उनसे मिलने नहीं आया था। गिरी कम-से-कम साफ तो

बोल रहे थे। उन्होंने कहा था कि उन्हें डर लगता था। लेकिन उनकी पत्नी मेरी पत्नी से मिलती रही थीं। मेरे एक-दो दोस्त भी हर रोज आते रहते थे।

मेरे अखबार 'इंडियन एक्सप्रेस' ने मेरी हिरासत को चुनौती देने का फैसला किया था और बम्बई हाई कोर्ट के भूतपूर्व न्यायाधीश और मानव अधिकारों के रक्षक डॉ. वी.एम. तारकुंडे को मेरी पैरवी के लिए चुना था। डॉ. तारकुंडे खुद ही मेरा मुकदमा लड़ने के इच्छुक थे। सोली सोराबजी भी बम्बई से आने के लिए तैयार हो गए थे। दोनों ने ही अपनी फीस लेने से मना कर दिया था। यह मेरी पत्नी की तरफ से एक हेबस कोर्पस याचिका थी।

मैंने जेल में यह खबर सुनी तो मुझे अपनी रिहाई की उम्मीद बँधी थी। राज नारायण इंदिरा गांधी के खिलाफ अपने मुकदमों के सिलसिले में अकसर अदालत जाते रहते थे। उन्होंने मुझे बताया था कि मेरी याचिका के सफल होने की काफी उम्मीद थी। मेरा खयाल था कि न्यायपालिका भी भय की भावना से ग्रस्त थी, फिर भी मेरा मुकदमा सुनने वाले जज बहुत साहसी और निडर थे। इस खंडपीठ में न्यायमूर्ति एस. रंगराजन और न्यायमूर्ति आर.एन. अग्रवाल शामिल थे। उन्होंने अपने फैसले में कहा था कि यहाँ एक ऐसा आदमी था जो किसी भी राजनीतिक पार्टी से जुड़ा नहीं रहा था। फिर भी उसे एक पत्रकार के रूप में सिर्फ अपने कर्तव्य का पालन करने के लिए गिरफ्तार कर लिया गया था। संविधान प्रेस की आजादी की अनुमति देता है, इसलिए इस आदमी को सरकार की आलोचना करने का पूरा अधिकार था।

जस्टिस रंगराजन ने कहा कि "कुलदीप नैयर एक समर्पित पत्रकार रहे हैं और किसी भी राजनीतिक पार्टी के साथ उनका कोई सम्बन्ध नहीं रहा है। वे प्रेस काउंसिल ऑफ इंडिया के सदस्य रह चुके हैं।" उन्होंने कहा कि मैं सिर्फ एक साप्ताहिक कालम लिखता था, तो फिर मैं किस तरह एक खतरनाक व्यक्ति माना जा सकता था? अदालत ने शिकायत की कि उसे वह सामग्री उपलब्ध नहीं कराई गई थी जिसके आधार पर मेरी गिरफ्तारी हुई थी; न ही अदालत को उस कानून की जानकारी दी गई थी जिसके तहत यह गिरफ्तारी हुई थी। खंडपीठ ने आदेश दिया कि मेरी गिरफ्तारी के आधारों को रद्द किया जाए और मुझे आजाद किया जाए।

मैं उस समय अदालत में मौजूद था जब सरकारी पक्ष ने कहा कि चूंकि मुझे रिहा किया जा चुका था, इसलिए फैसला सुनाने की कोई जरूरत नहीं थी। जस्टिस रंगराजन ने कहा कि वे सरकार से कई बार कह चुके थे कि अगर कुलदीप नैयर को रिहा कर दिया जाए तो वे फैसला नहीं लिखेंगे। लेकिन अब चूंकि वे इसे लिख चुके थे, इसलिए इसे सुना देना ही ठीक होगा। मैंने अपनी सीट से उठकर खंडपीठ से अपना फैसला सुनाने का अनुरोध किया।

सरकार ने बदले की भावना का प्रदर्शन किया। उसने मुझे दोबारा हाथ लगाने की तो हिम्मत नहीं की, लेकिन दोनों न्यायाधीशों को उनकी ईमानदारी का 'दंड' दिया। रंगराजन का सुदूर गुवाहटी में तबादला कर दिया गया, हालांकि वे वहाँ के न्यायालय के इतिहास के श्रेष्ठतम न्यायाधीश साबित हुए। अग्रवाल तब दिल्ली हाई कोर्ट में सिर्फ कार्यकारी न्यायाधीश थे। उन्हें वापस सेशन जज बना दिया गया। उन्हें अपनी स्वाधीनता का बहुत बड़ा मूल्य चुकाना पड़ा।

इमरजेंसी की वैधता का मुकदमा अब भी उच्चतम न्यायालय में चल रहा था। यह फैसला इतना महत्त्वपूर्ण माना जा रहा था कि बार एसोसिएशन के अध्यक्ष और भूतपूर्व एटोर्नी जनरल सी.के. दफ्तरी ने भारत के मुख्य न्यायाधीश ए.एन. रे से मिलकर हेबस कोर्पस याचिकाओं की सुनवाई के लिए पाँच वरिष्ठतम न्यायाधीशों की एक पीठ गाठित करने के लिए कहा। रे ने ऐसा ही किया, हालाँकि इस अनुरोध पर उन्हें काफी आश्चर्य हुआ था। इस पीठ में खुद मुख्य न्यायाधीश को छोड़कर अन्य चार वरिष्ठतम न्यायाधीश थे—एच.आर. खन्ना, एम. एच. बेग, वाई.वी. चंद्रचूड़ और पी.एन. भगवती।

सरकार ने एक मूल आपत्ति उठाई। राष्ट्रपति ने आपातकाल लागू करते समय संविधान की धारा 21 को स्थगित कर दिया था, इसलिए इससे जुड़ा कोई भी मामला अदालत में नहीं लाया जा सकता। दफतरी ने कहा कि स्वतंत्रता का अधिकार संविधान की किसी खास धारा तक सीमित नहीं था, बल्कि यह कानून के राज़ के सिद्धान्त का जरूरी अंग था। कार्यपालिका को इस सिद्धान्त का सम्मान करना होगा, क्योंकि स्वतंत्रता का अधिकार संविधान का एक मूल अंग था और पूरी व्यवस्था का केन्द्र था।

दफ्तरी ने कहा कि धारा 21 के इस्तेमाल के अधिकार को स्थगित कर देने से कानून का शासन खत्म नहीं हो जाता। इमरजेंसी के दौरान भी—"कानून के शासन को न तो स्थगित किया जाता है, न किया जा सकता है।" दफ्तरी का मानना था कि धारा 21 जीवन के अधिकारी, व्यक्तिगत स्वतंत्रता के अधिकारी, और-तो-और किसी भी अदालत में कोई मुकदमा दायर करने के लिए भी जरूरी थी। अगर इस अधिकार को स्थगित कर दिया जाए तो कैदियों के लिए सुनवाई का कोई आधार ही नहीं बचता।

बम्बई के जाने-माने वकील नानी पालखीवाला का कहना था कि अगर कार्यपालिका संविधान में प्रदत्त मौलिक संस्थाओं को ही कुचलने पर तुली हुई थी तो भारत को प्रजातंत्र को अलविदा कह देना चाहिए। उनके अनुसार मूलभूत अधिकार सरकार की दया पर निर्भर नहीं करते थे, बल्कि जनता के स्वाधीनता संघर्ष का परिणाम थे।

जस्टिस खन्ना इस बात से बहुत खिन्न दिखाई दे रहे थे कि सरकार इमरजेंसी के दौरान मूलभूत अधिकारों के स्थगन को सही ठहराने की कोशिश कर रही थी। वे दफ्तरी के तर्कों से सहमत थे। भगवती और चंद्रचूड़ भी विचलित थे और खन्ना के साथ खड़े दिखाई दे रहे थे। लेकिन यह दृश्य अचानक ही बदल गया। पहले भगवती का रुख बदला और वे रे और बेग के साथ हो गए। इसका मतलब था कि फैसले का पलड़ा सरकार की तरफ झुक गया था। कुछ दिन बाद चंद्रचूड़ ने भी पाला बदल लिया और जस्टिस खन्ना अकेले पड़ गए।

भगवती और चंद्रचूड़ ने अपना रुख क्यों बदला था? क्या यह इमरजेंसी के दौरान सत्ता के दुरुपयोग से उपजा भय था या सिर्फ निजी हित अपना काम कर रहे थे? भगवती और चंद्रचूड़ की बाध्यताएँ कुछ भी रही हों, लेकिन कानूनमंत्री एच.आर. गोखले अचानक बहुत खुश दिखाई देने लगे थे। हेबर्स कोर्पस याचिकाओं को 4-1 के मत से ठुकरा दिया गया। (जब पालखीवाला और सोली सोराबजी तक फैसले का संक्षिप्त संदेश पहुँचा तो उन्हें लगा कि वे 4-1 से जीत गए थे, लेकिन हुआ इसका उलटा था।)

कई वर्ष बाद मैंने श्रीमती गांधी के नजदीक रहे एच.आर. भारद्वाज से पूछा था कि भगवती और चंद्रचूड़ ने क्यों और कैसे पाला बदल लिया था। उन्होंने कहा कि भगवती कोई बड़ी

समस्या नहीं थे, क्योंकि उनका रुख स्पष्ट नहीं था, वे सरकार और न्यायिक बाध्यताओं के बीच में झूल रहे थे। जहाँ तक चंद्रचूड़ की बात थी, तो उनके मामले में ब्राह्मण गुट ने अपना असर दिखाया था जो गोखले की मुट्ठी में था। उन्हें मनाने में कुछ समय जरूर लगा, लेकिन आखिर में वे काबू में आ गए।

मुख्य न्यायाधीश रे ने अपने फैसले में कहा कि कोई सार्वजनिक खतरा पैदा होने पर हर व्यक्ति को मिलनेवाली कानूनी सुरक्षा को राज्य के हित में झुकना होगा। बेग ने कहा कि अगर कैदियों की लोकस स्टैंडी ही स्थगन की स्थिति में हो, तो कोई भी उनकी तरफ से उनके अधिकारों की माँग नहीं कर सकता। चंद्रचूड़ मुकदमे के गुण-दोषों पर कोई टिप्पणी करने से दूर ही रहे। उन्होंने कहा कि राष्ट्रपति द्वारा आपातकाल की घोषणा अंतिम, निर्णायक और न्याय की कसौटी पर परखे जाने से परे थी। मानव अधिकारों की दुहाई देनेवाले भगवती की दलील सबसे कमजोर थी। उन्होंने कहा कि अंमित विश्लेषण में, वैयक्तिक स्वतंत्रता की सुरक्षा और कानून का वर्चस्व संविधान द्वारा ही संचालित होना चाहिए, और चूँकि इन व्यक्तियों को कानून के अनुसार ही गिरफ्तार किया गया था, इसलिए उनके सामने कोई निदान नहीं था।

खन्ना का विरोधात्मक रुख झकझोर देनेवाला था। उन्होंने कहा कि प्रश्न यह नहीं था कि क्या वैयक्तिक स्वतंत्रता पर अंकुश लगाया जा सकता था, बल्कि यह था कि क्या इस तरह के सार्वजनिक खतरे को देखते हुए कानून को पूरी तरह खामोश कर दिया जाना चाहिए, जो अदालतों के माध्यम से अभिव्यक्त होता था। उन्होंने कहा कि इमरजेंसी के दौरान भी राज्य को कानून की अनुमति के बिल किसी व्यक्ति को उसके जीवन या वैयक्तिक स्वतंत्रता से वंचित करने का अधिकार नहीं था। हर सभ्य समाज में कानून के शासन की यह एक अनिवार्य शर्त होती है। खन्ना ने अपना फैसला सुनाने से काफी पहले ही इसे लिख लिया था। उन्हें पता था कि इस फैसले के बाद वे मुख्य न्यायाधीश बनाए जाने के अवसर से हाथ धो बैठेंगे।

खन्ना के फैसले से उन सभी की हिम्मत बढ़ी थी कि जो बड़े-बड़ों को घुटने टेकते देख चुके थे। फैसले के बाद पालखीवाला ने 'न्यूयार्क टाइम्स' में छपे अपने लेख में लिखा था कि देश में जगह-जगह न्यायमूर्ति खन्ना की प्रतिमाएँ स्थापित की जानी चाहिए, क्योंकि उन्होंने हर तरह के खतरों के बीच सच बोलने की हिम्मत दिखाई थी। हमने सरकार की प्रतिक्रिया की परवाह न करते हुए 'इंडियन एक्सप्रेस' में इस लेख का पुनर्प्रकाशन किया था। हैरानी की बात थी कि चीफ सेंसर ने अपना मुँह तक नहीं खोला।

जैसाकि स्वाभाविक था, सरकार ने जस्टिस खन्ना को 'सुपरसीड' करके उनके जूनियर जस्टिस बेग को भारत का मुख्य न्यायाधीश बना दिया। खन्ना ने इस्तीफा देकर सरकार का काम आसान करने की बजाए अपना काम करना जारी रखा, और आपातकाल के अंधकार में आशा की एक किरण बने रहे।

इमरजेंसी हटने के बाद सबसे पहले जस्टिस चंद्रचूड़ ने अपने फैसले पर खेद प्रकट किया। वे यह नहीं समझा पाए कि उन्होंने सरकार का पक्ष क्यों लिया था। उनका यह खेद किस काम का था जब परीक्षा की घड़ी में वे अडिग नहीं रह पाए थे? अब भगवती भी इमरजेंसी की ज्यादतियों की जोर-शोर से आलोचना करने लगे थे, लेकिन अपने फैसले पर वे कुछ

भी कहने से कतराते रहे। उन्होंने श्रमिकों और स्वतंत्रता के पक्ष में कुछ फैसले देकर अपने पापों का प्रायश्चित करने की कोशिश की। लेकिन कोई भी उन्हें क्षमा करने के लिए तैयार नहीं था। ये दोनों जब तक भी अपने ओहदों पर रहे, इमरजेंसी का कलंक झेलते रहे। सुप्रीम कोर्ट बार काउंसिल ने इन दोनों के खिलाफ एक प्रस्ताव पास करके इनके फैसलों की निंदा की।

चीफ जस्टिस रे मूलभूत अधिकारों के स्थगन को सही ठहराने तक ही सीमित नहीं रहे थे। वे संविधान के मूल ढांचे के साथ भी छेड़छाड़ करना चाहते थे। उन्होंने खुद ही एक अहम कदम उठाते हुए संविधान के मूल ढांचे की समीक्षा के लिए ग्यारह न्यायाधीशों की एक पीठ गठित की थी। उस समय मूल ढांचे के बचाव में नानी पालखीवाला की जोरदार वकालत ने ऐसी ऊँचाइयाँ छुईं जो इससे पहले किसी भी भारतीय अदालत में नहीं देखी गई थीं। उन्होंने कहा कि यह संविधान की आत्मा थी, जिसका कोई भी उल्लंघन नहीं कर सकता था। उन्होंने रे से पूछा कि उन्होंने किसके कहने से मूल ढांचे की समीक्षा के लिए पीठ नियुक्त कर दी थी जो पूरी संवैधानिक व्यवस्था का सार-तत्त्व थी। रे ने कहा कि कुछ राज्यों के एटोर्नी जनरलों ने उन्हें ऐसा करने के लिए कहा था। तमिलनाडु के एटोर्नी जनरल ने उनके दावे का खंडन करते हुए कहा कि किसी भी राज्य के एटोर्नी जनरल ने उनसे यह अनुरोध नहीं किया था। इसके बाद इस पीठ को भंग करने के अलावा चीफ जस्टिस के पास कोई दूसरा रास्ता नहीं रहा।

जस्टिस चंद्रचूड़ के मुख्य न्यायाधीश बनने की बारी आई तो जनता सरकार सत्ता में आ चुकी थी, इसलिए उन्हें कुछ मुश्किलों का सामना करना पड़ा। प्रधानमंत्री मोरारजी देसाई उनके बचाव में उतर आए, क्योंकि वे मर्यादाओं के उल्लंघन के पक्ष में नहीं थे। वे जानते थे कि चंद्रचूड़ ने एक गलत फैसला दिया था, पर वे उन्हें 'सुपरसीड' करने के खिलाफ थे। तत्कालीन राष्ट्रपति नीलम संजीव रेड्डी की भी इसमें कुछ भूमिका रही, क्योंकि उन्हें भी लगता था कि परम्पराओं का अनुसरण सजा देने से ज्यादा महत्त्वपूर्ण था। वे इंदिरा गांधी की तरह संविधान की धज्जियाँ उड़ाने का रास्ता नहीं चुनना चाहते थे। इसलिए चंद्रचूड़ को देश का मुख्य न्यायाधीश नियुक्त कर दिया गया।

रिहाई के बाद : कानाफूसियों और चुगलखोरों का दौर

मैं विरोध के उन तिनकों को समेटने की कोशिश करने लगा जो मेरे जेल जाने के कारण बिखर गए थे। लेकिन मैं कुछ भी नहीं कर पा रहा था। पत्रकार खुलेआम कुछ भी कहने से डरते थे, जबकि सम्पादक महा दब्बू, साबित हुए थे। ऐसा लगता था जैसे उन्होंने अपने-आपको नए सिस्टम में ढाल लिया हो।

प्रेस काउंसिल का सदस्य होने के नाते मैं चेयरमैन जस्टिस एन. राजगोपाल अय्यंगर से मिला। वे उच्चतम न्यायालय के एक सेवानिवृत न्यायाधीश थे। मैंने उनसे सेंसरशिप पर चर्चा के लिए काउंसिल की एक मीटिंग रखने के लिए कहा। उन्होंने कहा कि इससे कुछ भी फायदा नहीं होगा, क्योंकि कोई भी अखबार इस खबर को प्रकाशित नहीं करेगा। मैंने कहा कि कभी-न-कभी इमरजेंसी जरूर हटेगी और लोग यह जानना चाहेंगे कि प्रेस काउंसिल

क्या कर रही थी, जो प्रेस की आजादी की रक्षा करनेवाली सबसे महत्त्वपूर्ण संस्था थी। मैंने कहा कि प्रश्न यह नहीं था कि प्रेस में कुछ छपता था या नहीं, बल्कि यह था कि हम कुछ कहते थे या नहीं।

कुछ झिझक के बाद उन्होंने प्रेस काउंसिल के स्थानीय सदस्यों की मीटिंग बुला ली। मैं यह देखकर दंग रह गया कि प्रेस सेंसरशिप की आलोचना करने के बावजूद कोई भी खुलकर कुछ कहने या कोई प्रस्ताव पास करने के लिए तैयार नहीं था। इमरजेंसी हटने के बाद जब सूचना मंत्रालय द्वारा एक श्वेत-पत्र जारी किया गया तो मुझे यह जानकर और भी तकलीफ पहुँची कि जस्टिस अय्यंगर दोहरा खेलते रहे थे। उन्होंने वी.सी. शुक्ला को एक पत्र लिखकर सूचित किया था कि वे सेंसरशिप के खिलाफ कोई प्रस्ताव न पास होने देने में सफल रहे थे। उन्होंने अपनी पीठ थपथपाते हुए लिखा था, "मैं उन्हें (प्रेस काउंसिल के स्थानीय सदस्यों को) यह समझाने में सफल रहा था कि यह (प्रस्ताव) न तो जरूरी था और न ठीक ही था।"

मेरी रिहाई के लगभग दो हफ्ते बाद 'ट्रिब्यून' के सम्पादक प्रेम भाटिया ने कुछ करीबी दोस्तों के लिए एक डिनर पार्टी का आयोजन किया। इस पार्टी में सतीश गुजराल और उनकी पत्नी, मैं और मेरी पत्नी, और रामी छाबड़ा और उनके पति शामिल हुए। यह कुल मिलाकर पुराने 'स्टेट्समैन' का गिरोह था। हमारी बातचीत इमरजेंसी पर ही केंद्रित रही। किसी को नहीं मालूम था कि यह सुरंग कितनी लम्बी थी। लेकिन सभी इस बात से सहमत थे कि प्रशासन संजय गांधी के आदेशों का पालन करनेवाली एक क्रूर मशीन बनकर रह गया था। इंदिरा गांधी स्थितियों को सामान्य करने के किसी भी सुझाव को सुनना तक पसंद नही करती थीं। हर किस ने यह टिप्पणी भी की कि उनके द्वारा ध्वस्त संस्थाओं को दुरस्त करना बहुत मुश्किल काम होगा।

तब किसी ने सोचा तक नहीं था कि इस मीटिंग का एक-एक शब्द मुहम्मद युनुस खान के कानों तक पहुँच जाएगा, जो वंश-राज का बर्बर चेहरा थे। युनुस ने सतीश गुजराल के भाई इंदर कुमार गुजराल को बुलाकर उन्हें इस मीटिंग में हुई बातचीत की जानकारी दी। इंदर गुजराल तब मास्को में भारत के राजदूत थे और उन दिनों दिल्ली आए हुए थे। युनुस ने अपने पठानी अंदाज में हर किसी को 'ठीक करने' की धमकी दी। उन्होंने कहा कि इस डिनर पार्टी में शामिल सभी लोगों के खिलाफ राष्ट्रद्रोह का षड्यंत्र रचने के लिए कड़ी कार्रवाई की जाएगी और उनकी सम्पत्ति जब्त कर ली जाएगी।

हमें जैसे ही पता चला कि हमारी मीटिंग की हर बात इंदिरा गांधी के कानों तक पहुँच चुकी थी, हम एक-दूसरे को शक की नजरों से देखने लगे। आखिर हममें से किसने यह भेद खोला था? कौन गद्दार था? सतीश ने मेरे घर आकर यह जानने की कोशिश की कि कहीं मैंने ही इंदिरा गांधी के साथ अपने सम्बन्ध सुधारने के लिए यह बातचीत उन तक तो नहीं पहुँचा दी थी। मेरी 'ईमानदारी' को लेकर उनका यह शक बहुत ज्यादा चौंकाने वाला था। हम सभी अपने-अपने संदेहों में घिरे हुए थे और 'भेदी' का पता न लगा पा रहे थे। आखिर इमरजेंसी हटने के बाद इंदर मल्होत्रा ने छाबड़ा के सामने खुद ही यह स्वीकार कर लिया कि यह उनका काम था। यह सच था कि वे व्यवस्था के साथ थे, लेकिन मैं आज तक नहीं समझ पाया कि एक निजी बातचीत को युनुस खान तक पहुँचाने की उन्हें क्या जरूरत पड़ गई थी।

'इंडियन एक्सप्रेस' में हम सब बहुत खुश थे कि हमारा सर्क्युलेशन तेजी से बढ़ रहा था। लोग इस अखबार को इमरजेंसी के विद्रोही के रूप में देखने लगे थे। हम जो कुछ भी लिखते थे, उसके ऐसे-ऐसे अर्थ निकाले जाते थे जिनकी हमने कल्पना भी नहीं की होती थी। लेकिन हम इस बात का ध्यान रख रहे थे कि सरकार को हम पर हाथ डालने का अवसर न मिले। हमने मूल्य बढ़ा दिया तो भी प्रसार-संख्या बढ़ती ही रही। हम दिल्ली में प्रतिदिन दो लाख कापियाँ बेच रहे थे। आरएनजी ने कहा कि उनके पास और ज्यादा न्यूजप्रिंट खरीदने के लिए पैसा नहीं था, इसलिए हमें सर्क्युलेशन पर लगाम लगानी पड़ी।

जैसाकि मैंने जेल में अपने साथियों से वायदा किया था, मैं श्रीनगर जाकर शेख अब्दुल्ला से मिला। मैंने उनसे कहा कि उन्हें इमरजेंसी की निंदा करनी चाहिए। उन्होंने कहा कि इंदिरा गांधी बहुत खराब मूड में थीं; वे उन्हें भी पकड़कर जेल में डाल देंगी। एयरपोर्ट पर मेरे एक मित्र सांसद शमीम अहमद शमीम मुझे लिवाने आए थे। उन्होंने कहा कि अगर मैं शेर-ए-कश्मीर को गीदड़ में बदला पाऊँ तो मुझे हैरानी नहीं होनी चाहिए। शेख मेरे होटल में आकर मुझसे मिले और मुझे गले लगाते हुए बोले, "तो तुम भी हाजी बन गए हो!" मैंने उनसे इन्टरव्यू के लिए अनुरोध किया तो उन्होंने कहा कि वे किसी दिन मुझे घर बुलाएँगे। लगभग एक हफ्ते बाद उन्होंने मुझे लंच पर बुलाया। वहाँ उनका परिवार भी मौजूद था। मैंने उन्हें इन्टरव्यू की याद दिलाई तो उन्होंने न तो कोई तारीख तय की और न वक्त।

शमीम मेरी उलझन को भाँप गए। उन्होंने कहा कि शेख ऑन द रिकार्ड इमरजेंसी के खिलाफ कुछ भी नहीं कहेंगे। शमीम का सुझाव था कि हम खुद ही एक इन्टरव्यू लिख लें और इसे शेख साहब के नाम से छाप दें। वे इसका खंडन करने की हिम्मत नहीं करेंगे। यह इन्टरव्यू अखबार की मुख्य सुर्खी के रूप में छपा, जिसमें शेख ने श्रीमती गांधी से इमरजेंसी पर पुनर्विचार करने की अपील की थी क्योंकि यह अपना उद्देश्य पूरा कर चुकी थी। हम दोनों ने 'इमरजेंसी हटाने' जैसे शब्दों का इस्तेमाल न करने का ध्यान रखा था, लेकिन शेख ने कहा था कि "लम्बे समय तक चलने वाले प्रतिबंध अपना प्रभाव खोने लगते हैं।" मुझे पूरा भरोसा था कि शेख इस इन्टरव्यू का खंडन नहीं करेंगे, क्योंकि मैंने उन्हें बता दिया था कि कैदी उनकी मदद की आशा लगाए बैठे थे। शेख ने न सिर्फ इस इन्टरव्यू का खंडन नहीं किया, बल्कि इमरजेंसी हटने के बाद मुझसे यह भी कहा कि वे इससे अच्छा इन्टरव्यू नहीं दे सकते थे।

इमरजेंसी का प्रतिकूल प्रभाव अब हर स्तर पर महसूस किया जाने लगा था। जैसाकि तानाशाह अकसर करते हैं, इंदिरा गांधी या तो लोगों के दिलों में मौत का भय पैदा करतीं या फिर उन्हें 'ब्रेनवॉश' करने की कोशिश करतीं। पहली चीज उनके स्वभाव से मेल नहीं खाती थी और दूसरी के लिए उनके पास धैर्य नहीं था। उन्होंने कुछ संवैधानिक संशोधन करके कानूनों को सख्त बनाने की कोशिश की और लोकसभा का कार्यकाल पाँच वर्ष से बढ़ाकर छह वर्ष कर दिया। इसका विरोध करते हुए मधु लिमये और शरद यादव ने सदन से इस्तीफा दे दिया। ये दोनों समाजवादी विचारधारा की परम्परा का प्रतिनिधित्व करते थे।

अपनी स्वतंत्रता पर और ज्यादा प्रतिबंधों और लोकसभा का कार्यकाल बढ़ाए जाने से लोग और ज्यादा उखड़ गए थे। कांग्रेस ने 27 फरवरी, 1976 को स्वर्ण सिंह की अध्यक्षता

में एक शक्तिशाली समिति गठित की थी। इसकी रिपोर्ट को सरकार ने लगभग ज्यों-का-त्यों स्वीकार कर लिया। यह रिपोर्ट किसी 'पुलिस राज्य' की झलक देती थी। बाद में स्वर्ण सिंह ने मुझे बताया था, "पर अगर मैं न होता तो यह और भी खराब होती। वे (इंदिरा गांधी) राष्ट्रपति प्रणाली चाहती थीं, लेकिन हमने किसी तरह इस विचार को रफा-दफा कर दिया।"

लगभग 300 शिक्षाविदों, कलाकारों और लेखकों ने इंदिरा गांधी को एक हस्ताक्षरित याचिका भेजकर कहा कि "वर्तमान संसद को संविधान में मूलभूत बदलाव करने का न तो राजनीतिक अधिकार है और न नैतिक।" गैर-साम्यवाद विपक्ष और सीपीएम ने संवैधानिक संशोधनों पर कोई भी चर्चा करने से इनकार कर दिया और सम्बन्धित विधेयक को पास करने के लिए बुलाए गए संसद के विशेष सत्र का बहिष्कार कर दिया। सीपीआई तब भी सरकार के साथ खड़ी रही।

इंदिरा-राज का लाभ उठाने वाले सभी लोगों को संशोधनों को सही ठहराने के अभियान में लगा दिया गया। कोई भी समस्या खड़ी होने पर वे यही तरीका अपनाती थीं। भारत के भूतपूर्व मुख्य न्यायाधीश और विधि आयोग के अध्यक्ष पी.बी. गजेंद्रगड़कर ने उनका जमकर बचाव किया। उन्होंने कहा–

> जब भारतीय प्रजातंत्र अपने नागरिकों की वैध और बढ़ती आशाओं और आकांक्षाओं को साकार करने और आर्थिक न्याय और सामाजिक समानता पर आधारित एक नई सामाजिक व्यवस्था की स्थापना के अभियान में जुटा हुआ है, तो इसके लिए समय-समय पर उपयुक्त कानून बनाने की जरूरत पड़ सकती है।

वामपंथी बुद्धिजीवियों ने, जिन्हें इंदिरा गांधी का अधिकारवाद बहुत पसंद आ रहा था, इन्हें 'क्रांतिकारी कदम' ठहराते हुए उनकी जय-जयकार की। मैंने यह भी सुना कि इंदिरा गांधी के 'वामपंथी झुकाव' ने ही दक्षिणपंथी जेपी को आंदोलन छेड़ने पर उतारू किया था। गैर-वामपंथी विपक्ष ने एक संयुक्त वक्तव्य जारी करके कहा कि इन संशोधनों से 'संविधान द्वारा प्रदत्त अंकुशों और संतुलनों की व्यवस्था खत्म हो जाएगी और सरकार को मनमानी करने की छूट मिल जाएगी।'

इंदिरा गांधी ने संसद में विरोधियों पर कड़ा प्रहार करते हुए कहा कि जो लोग 'संविधान को एक सख्त और अपरिवर्तनीय खांचे में जकड़ देना चाहते थे, वे 'नए भारत की भावनाओं से कोसों दूर थे।' 'इमरजेंसी की माँगों पर खरा न उतरने' के नाम पर वे 16 न्यायाधीशों का तबादला कर चुकी थीं।

आचार्य विनोबा भावे के शिविर से जुड़े प्रभाकर शर्मा द्वारा खुद को आग लगाकर आत्मदाह करने की घटना से पूरे देश में सिहरन और शोक की लहर दौड़ गई। सरकार के हाथ-पांव भी फूल गए। 11 अक्तूबर, 1976 को महाराष्ट्र के वर्धा के पास स्थित सुरगांव में इंदिरा गांधी के तानाशाही तौर-तरीकों के विरोध में खुद को आग लगाने से पहले शर्मा ने एक नोट में लिखा था–"सरकार ने पिछले वर्ष ईश्वर और मानवता को भूलते हुए, और अपने-आपको वृहत और बर्बर शक्तियों से लैस करते हुए, अखबारों को अभिव्यक्ति की स्वतंत्रता से वंचित कर दिया और भारतीय जीवन के उन सभी गुणों पर प्रहार करना शुरू कर दिया जिन्हें शालीन, सदाचारपूर्ण और महान कहा जा सकता है। इस वर्ष उसने बड़ी बेशर्मी से देश की आध्यात्मिक और अहिंसक सभ्यता पर भी प्रहार करना शुरू कर दिया।"

विनोबा शर्मा से मिलकर उन्हें समझाने की कोशिश करना चाहते थे, लेकिन ऐसा नहीं हो पाया। शर्मा को लगता था कि विनोबा इंदिरा गांधी के प्रति बहुत ज्यादा उदार थे और इमरजेंसी को 'अनुशासन-पर्व' कहकर उनका बचाव कर रहे थे। निर्मला देशपांडे इंदिरा गांधी और विनोबा भावे के बीच सूत्र की भूमिका निभा रही थीं। वे जेपी को जितना नापसंद करती थीं इंदिरा गांधी की उतनी ही प्रशंसक थीं। कभी विनोबा के बहुत नजदीक रह चुके जेपी अब आश्रम में अपना प्रभाव खो चुके थे।

मैं उन्हीं दिनों विनोबा भावे से भी मिला था। मैं उनका इन्टरव्यू लेने उनके आश्रम में पहुँचा तो उन्होंने जेपी की गिरफ्तारी की आलोचना तो की, लेकिन साथ ही सरकार के सख्त कदमों को भी सही ठहराया, जो जनता में अनुशासन की भावना जगाने के लिए जरूरी थे। तो फिर प्रजातंत्र का क्या होगा? मैंने उनसे पूछा? उन्होंने कहा कि इंदिरा गांधी प्रजातंत्र की रक्षा करने के उद्देश्य से ही अनुशासन की भावना का संचार कर रही थीं।

4 दिसम्बर, 1976 को जेपी की हिरासत हटा दी गई। जेपी चंडीगढ़ में नजरबंद थे और वहाँ के डिप्टी कमिश्नर ने सरकार को लिखा था कि उनकी सेहत गिरती जा रही थी। यह रिपोर्ट घूम-फिरकर बंसीलाल की मेज पर पहुँच गई। उन्होंने इसे देखकर बड़ी लापरवाही से कहा था "ससुरे को मरने दो!" हालाँकि जेपी से सभी प्रतिबंध हटा लिए गए थे, फिर भी उन पर कड़ी नजर रखी जाती रही। सरकारी जासूस उनके पीछे लगे रहे। उनकी गतिविधियों, उनसे मिलने-जुलने वालों और उनके पत्र-व्यवहार की निरन्तर निगरानी की जाती रही।

जेपी ने मुझसे कहा था कि इंदिरा गांधी खुद को हिमालय की चोटी पर महसूस कर रही थीं। यह स्वाभाविक भी था। उन्हें 'दुर्गा' कहा जाता रहा था और अब वे सचमुच ही अपने-आपको 'शक्ति का प्रतीक' समझने लगी थीं।

इन्दिरा गांधी इस बात का पूरा ध्यान रखती थीं कि उन्हें कब क्या पहनना चाहिए। इससे उन्हें अपनी राष्ट्रव्यापी छवि निर्मित करने में मदद मिलती थी। वे गांवों में जाती थीं तो बहुत सादी साड़ी पहनती थीं और अपना सर ढंककर रखती थीं। कश्मीर में वे कश्मीरी और पंजाब में पंजाबी पोशाक पहनती थीं। वे कुरते-सलवार में वहाँ पहुँचती थीं तो यह कहना नहीं भूलती थीं कि उनकी छोटी बहू मेनका पंजाबी थी। इसी तरह, गुजरात में वे अपने-आपको गुजरात की बहू बताती थीं, क्योंकि उनके पति फीरोज गांधी गुजराती थे। वे सोनिया का कोई जिक्र न करने का भी खयाल रखती थीं, ताकि उन्हें सोनिया की विदेशी नागरिकता के साथ जोड़कर न देखा जाए। इन सब बातों का आम लोगों पर बहुत प्रभाव पड़ता था और वे इन्दिरा गांधी को एक आदर्श नेत्री के रूप में देखने लगते थे।

इन्दिरा गांधी ने 'निर्देशित प्रजातंत्र' का जो एक नया ढाँचा विकसित कर दिया था, वह धीरे-धीरे एक स्थायी रूप लेता जा रहा था। देश भर में लोग इस राजनीतिक सच्चाई को स्वीकार करने लगे थे। सम्भ्रान्त वर्ग में कई लोग बड़ी बेशर्मी से कहते थे, ''हमें हमेशा से ही अपने ऊपर हुक्म करनेवालों की जरूरत रही है। पहले मुगल थे, फिर अंग्रेज आए, और अब इन्दिरा गांधी हैं। इसमें बुरा क्या है?''

इस बीच संजय गांधी अपना राजनीतिक प्रभाव बहुत ज्यादा बढ़ा चुके थे। कोई भी

मुख्यमंत्री दिल्ली आता था तो उनसे मिले बिना अपने दौरे को पूरा नहीं समझता था । सब-के-सब उन्हें अपने राज्यों में निमंत्रित करने की होड़ में लगे रहते थे और सरकारी खर्चे पर उनके समर्थन में विशाल रैलियाँ आयोजित करते थे।

संजय राजनीतिक प्रबन्धन की कला खूब जानते थे। 10 दिसम्बर को युवा कांग्रेस में भर्ती होने के बाद उन्होंने इस संस्था को अपने राजनीतिक प्रभाव का माध्यम बनाना शुरू कर दिया। उन्हें कांग्रेस अध्यक्ष बरुआ से भी भरपूर मदद और प्रेरणा मिल रही थी। उद्घाटन समारोह के दिन मैं चंडीगढ़ में मौजूद था। वामपन्थी रुझान वाले 'पेट्रियट' के सम्पादक ईदतता नारायणन मुझसे मिले तो बोले, "क्या यह अन्त की शुरुआत है?" मैंने कोई टिप्पणी नहीं की, क्योंकि वे अपने सम्पादकीयों में इन्दिरा गांधी का समर्थन करते रहे थे।

संजय पश्चिम बंगाल के प्रियरंजन दासमुंशी को युवा कांग्रेस के अध्यक्ष पद से हटाकर उनकी जगह एक भरोसेमंद पंजाबी लड़की अम्बिका सोनी को लाने में सफल रहे। अम्बिका सोनी इन्दिरा गांधी के घर के बाहर एक युवा समाजवादी विजय प्रताप को थप्पड़ मारने के लिए सुर्खियों में रह चुकी थीं।

वी.सी. शुक्ला ने संजय गांधी को रिपोर्ट दी कि लगभग सभी पत्रकार 'सीधे' हो चुके थे। अब उनसे कोई खतरा नहीं था और वे खुद ही सेंसर की भूमिका निभा रहे थे। फिर भी, आजादी से पहले के दिनों के 'आपत्तिजनक सामग्री के प्रकाशन' (रोकथाम) से जुड़े कानून को फिर से जिन्दा करके वैमनस्य फैलाने वाले 'शब्दों, संकेतों या दृश्य प्रस्तुतियों' पर प्रतिबंध लगा दिया गया। आज्ञाकारी सम्पादकों के एक दल ने अखबारों के लिए एक आचार-संहिता भी तैयार कर दी। 3,000 शब्दोंवाली इस संहिता में एक जगह भी प्रेस की आजादी का जिक्र नहीं किया गया था।

सरकार ने लगभग 40 अखबारी संवाददाताओं का मान्यता-पत्र भी रद्द कर दिया। उन्हें अपने अखबारों का प्रतिनिधित्व करते रहने की अनुमति थी, लेकिन उन्हें अहम न्यूज-कॉन्फ्रेंसों और संसदीय क्षेत्रों में प्रवेश के विशेषाधिकार से वंचित कर दिया गया था। (इन वंचित पत्रकारों में मैं खुद भी शामिल था।)

प्रेस की आजादी की रक्षा के लिए गठित और पत्रकारों, सम्पादकों और अखबारों के मालिकों की सबसे महत्त्वपूर्ण और दस वर्ष पुरानी संस्था 'प्रेस काउंसिल ऑफ इंडिया' को भंग कर दिया गया। इसके पीछे 'हिन्दुस्तान टाइम्स' के मालिक कृष्ण कुमार बिड़ला का हाथ था। वे संजय गांधी के बहुत ज्यादा नजदीक थे, क्योंकि संजय की मारुति कार को संकट से उबारने में उनकी सलाह और सहयोग की बहुत ज्यादा भूमिका रही थी।

'हिन्दुस्तान टाइम्स' के सम्पादक बी.जी. वर्गीस को अचानक दरवाजा दिखा दिया गया तो वे अपनी शिकायत लेकर प्रेस काउंसिल के पास पहुँचे थे। यह बात किसी से छिपी नहीं थी कि 'शासक पार्टी के कुछ सदस्यों के इशारे पर' ही वर्गीस के खिलाफ यह कदम उठाया गया था। प्रेस काउंसिल में दर्ज शिकायत में के.के. बिड़ला प्रतिवादी की भूमिका में थे और अखबार का बचाव कर रहे थे।

के.के. बिड़ला ने काउंसिल की चर्चा से यह भाँप लिया था कि फैसला उनके खिलाफ जाने वाला था। यही हुआ भी, हालाँकि इसकी घोषणा नहीं की जा सकी। काउंसिल के सदस्यों के साथ अनौपचारिक चर्चा के आधार पर चेयरमैन ने फैसले का जो ड्राफ्ट तैयार किया था,

उसके अनुसार बिड़ला को दोषी पाया गया था। इस चर्चा से जुड़े सदस्यों में मैं भी शामिल था।

ड्राफ्ट के अनुसार, वर्धीस की सेवाओं को खत्म किया जाना प्रेस की आजादी और सम्पादकीय स्वाधीनता का खुला उल्लंघन था। प्रेस काउंसिल ने के.के. बिड़ला और बर्घीस के बीच हुए पत्र-व्यवहार के प्रकाशन में अड़ंगा लगाने के बिड़ला के प्रयासों की भी निन्दा की। यह फैसला सुनाया नहीं जा सका, क्योंकि इससे पहले ही 31 दिसम्बर, 1975 को प्रेस काउंसिल को भंग कर दिया गया।

पत्रकारों द्वारा संसदीय कार्रवाई की रिपोर्टिंग से जुड़े उनके विशेषाधिकार को (जिसके अन्तर्गत उन्हें कटघरे में नहीं खड़ा किया जा सकता था) भी खत्म कर दिया गया। संजय गांधी को डर था कि संसद में इमरजेंसी के दुरुपयोग और मारुति स्कैंडल के बारे में जो कुछ भी कहा जाएगा, वह बड़ी-बड़ी सुर्खियों में अखबारों में छपना शुरू हो जाएगा। विडम्बना यह थी कि वर्षों पहले उनके पिता फीरोज गांधी ने ही इस अभयदान से जुड़ा विधेयक संसद में पेश किया था, ताकि पत्रकार निर्भीक होकर संसद की कार्रवाई की रिपोर्टिंग कर सकें। इन्दिरा गांधी इस विधेयक से छेड़छाड़ नहीं करना चाहती थीं, लेकिन संजय की जिद के आगे उन्हें झुकना पड़ा। उनका कहना था कि 'प्रशासन में भावुकता के लिए कोई जगह नहीं हो सकती।'

हालाँकि अखबार एक तरह से सरकारी गैजेट बनकर रह गए थे और सरकारी अनुमति के बिना जेपी के 'हेल्थ बुलेटिन' तक नहीं छाप रहे थे, फिर भी इन्दिरा गांधी और उनका बेटा सन्तुष्ट नहीं थे। उनकी नजरों में इंडियन एक्सप्रेस समूह के अखबार अब भी पटरी पर नहीं आए थे।

सरकार ने गोयनका पर जोर डालकर दो वरिष्ठ सम्पादकों, अजित भट्टाचार्जी को और मुझे निकलवाने की कोशिश की। गोयनका ने कहा कि वे वर्किंग जर्नलिस्ट एक्ट के कारण ऐसा नहीं कर सकते थे, जो हम दोनों पर लागू होता था। इसके बाद सरकार ने उन पर यह जोर डाला कि हमारा तबादला सिक्किम या नागालैंड जैसी किसी जगह पर कर दिया जाए। गोयनका ने कहा कि यह एक तरह हमें दंडित करना होगा। उन्होंने मुझे विश्वास में लेते हुए बताया कि उन पर हम दोनों को हटाने का दबाव था, लेकिन वे कतई ऐसा नहीं करेंगे।

इसके बाद गोयनका को अपने प्रकाशन बेचने के लिए कहा गया। गोयनका ने सोचने के लिए कुछ समय माँगा और फिर कहा कि वे ऐसा करने के लिए तैयार थे, बशर्ते कि उन्हें सही दाम मिल जाएँ और वे भी 'वाइट' में। इस सिलसिले में सरकार के साथ उनकी बातचीत चल ही रही थी कि उन्हें दिल का दौरा पड़ गया।

उनके बेटे बी.डी. गोयनका व्यवस्था के साथ रहना चाहते थे। सरकार ने के.के. बिड़ला को 'इंडियन एक्सप्रेस' बोर्ड का चेयरमैन बनाते हुए उसमें ज्यादातर अपने सदस्य भर दिए। बोर्ड का पहला फैसला एडिटर-इन-चीफ एस. मालगांवकर को रिटायर करना था। बिड़ला ने मुझे और भट्टाचार्जी को बुलाकर संजय गांधी के पक्ष में लिखने के लिए कहा। मैंने कहा कि मैं ऐसा जरूर करता बशर्ते कि उन्होंने प्रशंसा करने लायक कुछ किया होता। बिड़ला ने एक झटके से बातचीत खत्म कर दी। मेरा खयाल है कि अपने दो-टूक अन्दाज से वे

मुझे डराने की कोशिश कर रहे थे।

कमलनाथ भी बोर्ड के सदस्यों में शामिल थे। वे बी.डी. गोयनका को जानते थे और मैं उनसे पहले भी मिल चुका था। कमलनाथ ने मुझसे कहा कि अगर मैं उनके पक्ष में लिखने के लिए तैयार हो जाऊँ तो मुझे चीफ एडिटर बनाया जा सकता था। मेरी तरह वे भी पंजाबी थे और एक्सप्रेस बिल्डिंग में कभी-कभार भेंट हो जाने पर हम एक-दो बातें कर लेते थे। बोर्ड की बैठकें इसी बिल्डिंग में हुआ करती थीं।

एस. मालगांवकर के जाने के बाद एडिटर-इन-चीफ के पद के लिए कई नाम सुझाए जाते रहे। हमारे एक सहकर्मी सुमन दुबे को भी यह पद सँभालने के लिए कहा गया था, लेकिन उन्होंने मना कर दिया। आखिर 'टाइम्स ऑफ इंडिया' के फिल्म समीक्षक मुहम्मद शमीम का नाम फाइनल हुआ। हम सब चकरा गए। भला एक फिल्म समीक्षक हमारा चीफ एडिटर कैसे हो सकता था?

बी. डी. गोयनका ने मुझे फोन करके कमलनाथ को यह नियुक्ति करने से रोकने के लिए कहा। मैंने कहा कि उनसे मेरी मामूली जान-पहचान थी। अगली सुबह बोर्ड की मीटिंग थी और उस समय रात के 10.30 बज रहे थे।

फिर भी मैंने कमलनाथ को फोन किया और ओबराय होटल में उनसे मिलने चला गया, जहाँ वे रहा करते थे। मैंने उनसे कहा कि उन्हें किसी वरिष्ठ व्यक्ति को हमारा चीफ एडिटर बनाना चाहिए, और कम-से-कम किसी फिल्म समीक्षक को तो बिलकुल नहीं। उन्होंने मुझे कोई नाम सुझाने के लिए कहा। मैंने कहा कि फिलहाल 'फाइनेंशियल एक्सप्रेस' के सम्पादक वी. नरसिम्हाराव को दोहरी जिम्मेदारी सौंपी जा सकती थी। मुझे इमरजेंसी के बारे में उनके दृढ़ विचारों का पता था। कमलनाथ ने मेरे सुझाव को स्वीकार करते हुए कहा कि "हाँ, फिलहाल यही ठीक रहेगा!" लेकिन बाद में उन्हें अपने फैसले पर पछतावा हुआ होगा, क्योंकि नरसिम्हा हमारी उम्मीदों पर खरे उतरते हुए बड़ी समझदारी से अखबार चलाते रहे। उन्होंने न सिर्फ अखबार की प्रतिष्ठा बचाई, बल्कि हमें भी 'बिटवीन-द-लाइन्स' अपनी बात कहने की छूट दे दी।

मैं जेल से रिहा होने के बाद से प्रेस क्लब में नहीं गया था। एक दिन मैं वहाँ पहुँचा तो मुझे वी.सी. शुक्ला दिखाई दिए। मेरी गिरफ्तारी के बाद यह हमारी पहली मुलाकात थी। उन्होंने खुद ही मेरी गिरफ्तारी की बात छेड़ दी। वे अपनी सफाई देते हुए बोले कि उन्होंने इसे टालने की भरसक कोशिश की थी। मैंने उनके मुँह पर ही कह दिया कि मैं इसे मानने के लिए तैयार नहीं था। हम दोनों कभी काफी नजदीक रह चुके थे, लेकिन मेरी गिरफ्तारी ने हमारे बीच दूरियाँ पैदा कर दी थीं। फिर भी उन्होंने कहा, "कुलदीप, तुम्हें जो पब्लिसिटी मिली है, उसका मौल लाखों में है।"

इसी बीच गृह राज्यमंत्री ओम मेहता से भी मेरी टक्कर हो गई। वे तब गृह मंत्रालय का पूरा काम देख रहे थे, क्योंकि गृहमंत्री ब्रह्मानन्द रेड्डी संजय गांधी की खास मंडली में शामिल नहीं थे। उन्होंने व्यंग्य करते हुए पूछा, "जेल का मजा लिया?" मैंने कहा, "पर आपकी जेलें इतनी गंदी क्यों हैं?" उन्होंने हँसते हुए जवाब दिया, "आपको अशोका होटल में भेजने का हमारा कतई इरादा नहीं था।"

मैं संजय गांधी की एक प्रेस कॉन्फ्रेंस में भी शामिल हुआ, जो बड़ी रूखी-रूखी रही।

इमरजेंसी ने इतना भय पैदा कर दिया था कि प्रेस वाले कुछ भी पूछने से डरते थे। कोई भी कोई टेढ़ा प्रश्न पूछने की हिम्मत नहीं करता था। मैं उनके सामने चुपचाप बैठा उन्हें देखता रहा। उनमें गजब का आत्म-विश्वास झलक रहा था। वे ऐसे व्यक्ति नहीं लगते थे जो अपनी ज्यादतियों को लेकर जरा भी पछतावा महसूस करे।

प्रेस पर लगभग पूरे नियंत्रण के बावजूद वी. सी. शुक्ला 'पूरे अखबार उद्योग की पुनर्सरचना' की बात कर रहे थे, ताकि उसे 'लोगों, समाज और देश के प्रति ज्यादा जवाबदेह' बनाया जा सके। वे कोई ऐसी स्थायी व्यवस्था चाहते थे जिससे इमरजेंसी हटने के बाद भी अखबार सीधी पटरी पर चलते रहें।

इसी उद्देश्य को ध्यान में रखकर अंग्रेजी की दो प्रमुख न्यूज एजेंसियों 'पी.टी.आई.' (प्रेस ट्रस्ट ऑफ इंडिया) और 'यू.एन.आई' (युनाइटिड न्यूज ऑफ इंडिया) और इसी तरह हिन्दी की दो प्रमुख न्यूज एजेंसियों 'हिन्दुस्तान समाचार' और 'समाचार भारती' को एक साथ जोड़ने की जरूरत महसूस की जाने लगी। इससे खबरों का नियंत्रण सिर्फ एक केन्द्र तक सीमित रह जाता, जिसे अपने इशारे पर नचाया जा सकता था। शुक्ला ने जोर-जबर्दस्ती के जाने-पहचाने हथकंडे आजमाते हुए अखबारों और न्यूज एजेंसियों के मालिकों को एक इकलौती न्यूज एजेंसी के लिए राजी कर लिया, जिसे 'समाचार' का नाम दिया गया। इस नई न्यूज एजेंसी ने 1 फरवरी, 1976 को काम शुरू कर दिया। 'हिन्दू' के सम्पादक जी. कस्तूरी को इसका चेयरमैन नियुक्त कर दिया गया।

प्रेस के पुनर्गठन का काम अभी चल ही रहा था कि संजय गांधी ने एक कहीं ज्यादा महत्त्वपूर्ण मसले यानी सरकार के पुनर्गठन पर ध्यान देना शुरू किया। वे अपनी माँ से अकसर कहते थे कि अगर उनका बस चले तो वे 'सरकार का पूरा ढाँचा बदल दें।' वे 54 सदस्यों वाली मंत्री परिषद में कम-से-कम एक चौथाई लोग युवा कांग्रेस से भरना चाहते थे। वे पहले से ही सभी बड़ी नियुक्तियों का काम देख रहे थे। प्रशासनिक अधिकारियों को 1, सफदरगंज रोड में इन्दिरा गांधी के घर पर बुलाया जाता था। संजय और आर.के. धवन राजनीतिज्ञों और अधिकारियों का इन्टरव्यू लेने के बाद या तो उन्हें झंडी दे देते थे या फिर निकाल बाहर करते थे।

लेकिन संजय गांधी के लिए इतना काफी नहीं था। वे केबिनेट और राज्यों में अपने आदमी चाहते थे, ताकि उनके निर्देशों का आँख मूँदकर पालन किया जाए। वे अपने सौ प्रतिशत वफादार और आज्ञाकारी बंसीलाल को केबिनेट में ले आए। न जाने क्यों, बंसीलाल ने रक्षा मंत्रालय माँगा और उन्हें वह दे दिया गया।

लेकिन बंसीलाल हरियाणा से भी दूर होना नहीं चाहते थे। इसलिए मुख्यमंत्री के रूप में उनके उत्तराधिकारी बनारसी दास गुप्ता (जिन्हें उन्होंने खुद ही चुना था) को साफ-साफ बता दिया गया कि 'असली मुख्यमंत्री' बंसीलाल ही रहेंगे और बनारसी दास को 'उनकी बात सुननी होगी।'

इन्दिरा गांधी ने संजय की इच्छाओं का पालन करते हुए 80 वर्षीय उमाशंकर दीक्षित को भी बाहर का रास्ता दिखा दिया। यह उनके लिए एक बड़ा फैसला था, क्योंकि उमाशंकर 1971 से ही पार्टी के कोषाध्यक्ष रहे थे और इन्दिरा गांधी की तरफ से करोड़ों रुपए एकत्रित

और वितरित कर चुके थे। लेकिन पिछले कुछ समय से वे उनकी बहू शीला दीक्षित के कारण उनसे खिंची-खिंची-सी रहने लगी थीं, क्योंकि शीला प्रशासनिक मामलों में बहुत ज्यादा दखल दे रही थीं। इससे पहले वे उमाशंकर के प्रतिभावान आइएएस बेटे का दिल्ली से बाहर तबादला करवा चुकी थीं, ताकि उन्हें उनकी बहू से मुक्ति मिले। लेकिन शीला दीक्षित ने अपने पति के साथ जाने की बजाय अपने ससुर के पास रहकर उनकी मदद करने का फैसला किया था।

इन्दिरा गांधी को बहुओं से निपटने का काफी अनुभव रहा था। इससे पहले वे कमलापति त्रिपाठी की 'बहूजी' के भी पर कतर चुकी थीं, जो त्रिपाठी के केन्द्र सरकार में जाने के बाद अपना प्रभाव दिखाने लगी थीं।

उमाशंकर दीक्षित को केबिनेट से निकाले जाने से हर कोई स्तब्ध रह गया था। (उन्हें जल्दी ही कर्नाटक का राज्यपाल बना दिया।) दूसरे मंत्रियों को लगने लगा कि अगर 'उमाशंकरजी' के साथ ऐसा हो सकता था तो उनके साथ भी हो सकता था। वे संजय गांधी की और ज्यादा चापलूसी करने लगे।

इन्दिरा गांधी के सचिव पी. एन. हक्सर को भी प्रधानमंत्री कार्यालय से हटाकर योजना आयोग का उपाध्यक्ष बना दिया गया। लेकिन वे इसके बाद भी प्रधानमंत्री के साथ पत्र-व्यवहार करते रहे। उन्होंने कनॉट प्लेस में अपने निकट सम्बन्धियों पंडित बन्धुओं पर छापा मारे जाने का विरोध किया। यह छापा संजय गांधी के निर्देश पर ही मारा गया था। वे यह दिखाना चाहते थे कि सरकार कौन चला रहा था। प्रधानमंत्री कार्यालय से हक्सर की विदाई में भी उन्हीं का हाथ रहा था। यशपाल कपूर ने मुझसे सवाल करते हुए कहा था, "हम किसी कम्युनिस्ट को प्रधानमंत्री के दफ्तर में कैसे रख सकते हैं?" संजय हक्सर और धर दोनों से ही चिढ़ते थे, लेकिन इन्दिरा गांधी इनकी सलाह को बहुत महत्त्व देती थीं।

वे थोड़े-से लोग भी जिनका इन्दिरा गांधी सम्मान करती थीं, संजय गांधी और उनकी मंडली के मनमाने तौर-तरीकों के शिकार होने से नहीं बच पाए थे और अपना विरोध प्रकट करने के लिए विवश हो गए थे। पश्चिमी देशों में इन्दिरा गांधी के कुछ मित्र भी उन्हें चुनाव कराने की सलाह दे रहे थे। वे इन मित्रों के साथ-साथ हक्सर और अपने प्रमुख सचिव पी. एन. धर की सलाह को नजरअंदाज नहीं कर पा रही थीं।

इन्दिरा गांधी इस आधिकारिक रिपोर्ट से भी प्रभावित थीं कि उनकी लाकेप्रियता अपने चरम पर थी। इसलिए उन्होंने इमरजेंसी में कुछ ढील देने का फैसला किया। संजय गांधी ने जब उनके इस फैसले के बारे में सुना, और यह भी कि वे चुनाव करवाने की सोच रही थीं, तो वे आग-बबूला हो गए। वे आनेवाले कई वर्षों तक चुनावों के खिलाफ थे। माँ-बेटे में काफी गर्मागर्मी हुई, लेकिन जब संजय ने देखा कि वे अपने फैसले पर अटल थीं तो वे कुछ ढीले पड़ने लगे।

चुनाव करवाने के पीछे इन्दिरा गांधी की कुछ भी बाध्यताएँ रही हों, लेकिन यह इस बात की स्वीकृति थी कि कोई भी व्यवस्था लोगों की सहमति और प्रोत्साहन के बिना नहीं चल सकती। एक तरह से यह इमरजेंसी के दौरान लोगों के धीरज और सहनशीलता का परिणाम था। और सच्चाई यह थी कि आखिर में यही अनपढ़, पिछड़े हुए और गरीब लोग विजयी होनेवाले थे।

मैं बार-बार यही सुनता रहा था कि इन्दिरा गांधी इमरजेंसी में बेचैनी महसूस कर रही थीं। किसी ने यह भी कहा था कि वे एक शेर की सवारी कर रही थीं और उसकी पीठ से उतरना चाहती थीं। इस परेशानी में से निकलने का चुनाव ही एकमात्र रास्ता था।

अखबार का आदमी होने के नाते मुझे यह आभास हो गया था कि चुनाव नजदीक ही थे। लेकिन मैं भरसक कोशिशों के बावजूद इसकी पुष्टि नहीं कर पा रहा था। एक 'त्याज्य' व्यक्ति समझा जाने के कारण कोई भी कांग्रेस नेता या ब्यूरोक्रेट मेरे पास फटकना नहीं चाहता था।

एक दिन पंजाब के एक पुलिस अधिकारी, जो शायद इंटेलीजेंस ब्यूरो में थे, एक दावत में मेरे कान में फुसफुसाए कि चुनाव होनेवाले थे। उन्हें चुनाव होने की स्थिति में विभिन्न राजनीतिक पार्टियों की सम्भावनाएँ आँकने के लिए कहा गया था। यह एक महत्त्वपूर्ण सुराग था, लेकिन मुश्किल यह थी कि इसकी पुष्टि कैसे हो।

'इंडियन एक्सप्रेस' के बोर्ड में होने के कारण कमलनाथ से मेरी अच्छी जान-पहचान हो गई थी। मैं एक दिन सुबह-सुबह उनके घर जा पहुँचा। उनकी पत्नी चाय पी रही थीं। मैंने कमलनाथ के मित्र के रूप में उन्हें अपना परिचय दिया तो उन्होंने कहा कि उन्होंने मेरा नाम सुन रखा था। मुझे चाय पेश करते हुए उन्होंने बताया कि उनके पति सो रहे थे। जल्दी ही कमलनाथ बीच के एक दरवाजे से प्रकट हुए और हमारे साथ बालकनी में आ बैठे। उन्होंने अपने लिए चाय बनाई तो मैंने सीधे-सीधे उनसे पूछ लिया, "संजय गांधी कौन सी कांस्टीच्यूएंसी से खड़े हो रहे हैं?"

वे चौंककर मेरी तरफ देखने लगे, पर उन्होंने प्रश्न को टालने की कोशिश नहीं की। उन्होंने कहा कि यह अभी तय नहीं किया गया था, क्योंकि वे लोग अपने एक सन्देशवाहक की अहमदाबाद से वापसी का इन्तजार कर रहे थे। यह सन्देशवाहक वहाँ जेल में चन्द्रशेखर से मिलने गया था, जो एक क्रान्तिकारी कांग्रेसी थे और इन्दिरा गांधी के कटु आलोचक रह चुके थे। कमलनाथ ने मुझे बताया कि कांग्रेस उन्हें मनाने की कोशिश कर रही थी।

मैंने मन-ही-मन अनुमान लगाया कि इसका मतलब था कि चुनाव अगले कुछ ही हफ्तों में होने जा रहे थे। मैंने जब उनसे पूछा कि चुनावों के कितनी जल्दी होने की सम्भावना थी तो वे उल्टे मुझी से पूछने लगे कि मुझे यह जानकारी कहाँ से मिली थी। इससे खबर की और भी पुष्टि हो गई।

मैं जानता था कि मुझे खबर को छापने लायक जानकारी नहीं मिली थी। फिर भी मैं जोखिम उठाने के लिए तैयार हो गया। मैंने सोचा कि ज्यादा-से-ज्यादा मुझे फिर से गिरफ्तार कर लिया जाएगा, जिसे मैं अब बर्दाश्त कर सकता था। एक बार जेल हो आने के बाद मुझमें ऐसी स्थिति को झेलने का आत्म-विश्वास पैदा हो चुका था।

'इंडियन एक्सप्रेस' के सभी संस्करणों में यह खबर बड़ी-बड़ी सुर्खियों में मोटे टाइप में छपी। आधी रात के कुछ देर बाद आर. एन. गोयनका ने मुझे बम्बई से फोन करके इस खबर के बारे में विस्तार से जानकारी चाही। दिल के दौरे से उबरने के बाद वे स्वास्थ्य लाभ ले रहे थे। उन्होंने कहा, "भगवान करे आपकी बात सही निकले!" मैंने उन्हें भरोसा दिलाया कि चुनाव कुछ ही हफ्ते दूर थे। वे खुशी से झूम उठे क्योंकि उनका और उनके अखबार का भविष्य सरकार के बदलने पर निर्भर करता था।

कुछ ही दिन पहले उन्होंने मुझसे कहा था कि वे अब और नहीं झेल सकते थे। इमरजेंसी के 18 महीनों में वे अपनी सारी पूँजी 'इंडियन एक्सप्रेस' में झोंक चुके थे। उनके आर्थिक स्रोत सूखते जा रहे थे। फिर भी वे चाहते थे कि अखबार चलता रहे, क्योंकि 'इंडियन एक्सप्रेस' ने उन्हें नाम भी दिया था और पैसा भी।

इसी अवसर पर गोयनका ने मुझसे पूछा था कि क्या मैं खुशवंत सिंह को उनसे मिलवा सकता हूँ, जो संजय की पत्नी मेनका गांधी के बहुत नजदीक थे। खुशवंत सिंह लाहौर के लॉ कॉलेज में मुझे कम्पनी लॉ पढ़ा चुके थे, इसलिए मैं हमेशा उन्हें 'प्रोफेसर साहब' कहकर बुलाता था। गांधी परिवार के चाटुकारों में शामिल होने और इमरजेंसी को सही ठहराने के बाद भी मैं उनका सम्मान करता रहा था। मैं उनका ऋणी हूँ, क्योंकि जब मैंने उन्हें बताया था कि मुझे 'इंडियन एक्सप्रेस' छोड़ना पड़ सकता था तो वे बड़ी खुशी से मेरे लेख छापने के लिए तैयार हो गए थे।

गोयनका और खुशवंत सिंह की मीटिंग सफल रही। गोयनका ने उन्हें एडिटर-इन-चीफ के पद का प्रस्ताव दिया। खुशवंत सिंह ने इसे स्वीकार कर लिया तो गोयनका ने मुझसे कहा कि उन्हें (खुशवंत को) पैसों की फिक्र करने की जरूरत नहीं थी। खुशवंत सिंह ने कहा कि वे अपने प्रबन्धकों को नोटिस दे देंगे और लगभग एक पखवाड़े में एक्सप्रेस में अपना पद सँभाल लेंगे। यह खबर जंगल की आग की तरह फैल गई। इन्दर मल्होत्रा ने 'टाइम्स ऑफ इंडिया' से फोन करके इस खबर की सच्चाई के बारे में जानना चाहा। लेकिन आखिर में हुआ यह कि खुशवंत सिंह 'इंडियन एक्सप्रेस' में आए ही नहीं। उन्हें लिखित में कुछ नहीं दिया गया था। चुनावों की खबर सुनते ही गोयनका ने मुझे इस मामले को आगे न बढ़ाने के लिए कहा।

सुबह अभी हुई ही थी कि मुझे सेंसरशिप अधिकारी का फोन आया। उनका नाम हैरी डी'फेना था और वे पीआईबी में मेरे सहकर्मी रह चुके थे। उन्होंने कहा कि उन्हें चुनावों की खबर का खंडन करने के लिए कहा गया था। उन्हें मुझे यह चेतावनी देने के लिए भी कहा गया था कि इस तरह की खबरें मेरी दोबारा गिरफ्तारी का कारण बन सकती थीं।

लेकिन ऐसा कुछ भी नहीं हुआ, क्योंकि मेरे 'स्कूप' के कुछ ही दिनों बाद चुनावों की घोषणा कर दी गई। जनसभाओं और चुनाव-प्रचार के आयोजन के लिए इमरजेंसी में कुछ ढील भी दे दी गई।

13

चुनाव 1977 : 'दूसरी आजादी' से मोह भंग तक

चुनावों की घोषणा होते ही जेपी पटना से भागे-भागे दिल्ली आए। 'इंडियन एक्सप्रेस' के गेस्ट-हाउस में समूह के सभी सम्पादकों के साथ उनकी एक मीटिंग रखी गई। वे चुनावों के बहिष्कार के पक्ष में थे। उनका कहना था कि इमरजेंसी हटाई नहीं गई थी, इसमें सिर्फ ढील दी गई थी, इसलिए निष्पक्ष चुनाव कैसे हो सकते थे?

लेकिन सर्वसम्मति चुनाव लड़ने के पक्ष में थी।

जेपी ने हवा का रुख देखने के लिए दिल्ली के रामलीला मैदान में एक जनसभा का आयोजन किया। इतनी विशाल भीड़ शायद ही पहले कभी इस मैदान में देखी गई थी। न सिर्फ यह लम्बा-चौड़ा मैदान खचाखच भर गया था, बल्कि आसपास की सड़कों पर भी जनता का सैलाब उमड़ आया था।

जनता का यह मूड देखकर जेपी ने हमसे उम्मीदवारों के नाम प्रस्तावित करने का अनुरोध किया। वे चाहते थे कि साफ राजनीति के उद्‌देश्य को ध्यान में रखकर अच्छे और साफ-सुथरे लोग राजनीति में आएँ। पर वे इस पर अमल नहीं करवा पाए।

मेरी अपनी जानकारी के अनुसार उन्होंने सब कुछ एल.के. आडवाणी, चन्द्रशेखर और जगजीवन राम पर छोड़ दिया था, और ये तीनों 'अपने-अपने आदमी' चुनने में लग गए थे। जेपी ने साफ कर दिया था कि वे सिर्फ इस शर्त पर चुनावों में हिस्सा लेंगे कि सभी विपक्षी पार्टियाँ मिल-जुलकर और एक संयुक्त पार्टी बनाकर चुनाव लड़ेंगी। इस नई पार्टी का नाम 'जनता पार्टी' रखा गया। फिर भी उम्मीदवारों के चयन में सावधानी नहीं बरती जा सकी, क्योंकि सभी पुरानी पार्टियाँ अपने-अपने लोगों को आगे बढ़ाने की होड़ में शामिल थीं।

उम्मीदवारों के चयन में राज्यों का दखल बहुत कम था। सिर्फ पंजाब का अकाली दल एक अपवाद था। पार्टी के नेता प्रकाश सिंह बादल दिल्ली में मेरे दफ्तर में मुझसे मिलने आए और मुझे चंडीगढ़ की सीट से लड़ने के लिए कहने लगे। मैंने बिना किसी झिझक के उनके अनुरोध को ठुकरा दिया। मैंने कहा कि कुछ लोग सरकार के बाहर भी रहने चाहिए, ताकि जरूरत पड़ने पर सरकार की आलोचना कर सकें। बादल ने कहा कि मैं यह काम सरकार के अन्दर रहकर भी कर सकता था। मैंने अपनी पत्नी से बात की। उसने कहा कि हमारे दोनों बेटे अभी पढ़ रहे थे, इसलिए उसे मेरी एक्सप्रेस तन्ख्वाह की जरूरत थी। मैंने चुनाव लड़ने में अपनी असमर्थता प्रकट करते हुए बादल के प्रस्ताव को ठुकरा दिया।

लेकिन अब मैं पीछे मुड़कर देखता हूँ तो मुझे लगता है कि मुझे उस समय सचमुच

ही राजनीति में कूद पड़ना चाहिए था। बाद में जनता पार्टी में जिस तरह के झगड़े हुए, उन्हें देखकर मुझे लगता था कि शायद मैं उन्हें सुलझाने में कुछ मदद कर पाता। मेरे साथ जेल में रहे कुछ साथियों ने भी मुझे राजनीति में लाने के लिए पूरा जोर लगाया। जिन दिनों मैं तिहाड़ जेल में अपने ससुर के साथ था तो वे भी मुझसे कहा करते थे कि मुझे एक झोला लटकाकर देशयात्रा पर निकल जाना चाहिए और लोगों को गांधीवादी मूल्यों के प्रति जागरुक करने की कोशिश करनी चाहिए। ''हम दोनों को मिलकर तुम्हारी पत्नी (उनकी बेटी) को मनाना होगा,'' वे मुस्कराते हुए कहते थे। लेकिन मुझे लगता था कि अपने कालम के माध्यम से मैं ज्यादा लोगों तक पहुँच सकता था, ज्यादा लोगों को प्रभावित कर सकता था। मैं गलत साबित हुआ हूँ। संसद का कोई विकल्प नहीं है, असली ताकत वहीं है।

उम्मीदवारों के चयन से मुझे बड़ी निराशा हुई थी। इमरजेंसी के कारण बनी इस पार्टी में ऐसे लोग होने चाहिए थे जो 'परिवर्तन' में सचमुच विश्वास करते हों। 'जनता पार्टी' का चुनाव अभियान शुरू करते हुए जयप्रकाश नारायण ने देश को यही सन्देश दिया था।

ज्यादातर लोगों का खयाल था, और इनमें पत्रकार भी शामिल थे, कि चुनावों में काँटे की टक्कर रहेगी और इन्दिरा गांधी को हल्की बढ़त हासिल होगी। यह कल्पना करना भी मुश्किल था कि नेहरू की बेटी और आजादी के बाद से देश पर लगातार राज करनेवाली कांग्रेस को हार का मुँह देखना पड़ेगा। पश्चिमी देशों में भी यही धारणा थी। हालाँकि कुछ छोटे स्कैंडियाई देश जनता से उलटफेर की उम्मीद कर रहे थे, लेकिन सभी बड़े देश इन्दिरा गांधी के साथ थे। कभी पश्चिमी जर्मनी ने एक जर्मन पत्रकार के निष्कासन के बाद भारत को आर्थिक मदद रोक देने की धमकी दी थी। लेकिन अब वही जर्मनी इन्दिरा गांधी का गुणगान करते हुए उन्हें देश की आदर्श नेता बता रहा था। पश्चिमी देश दबी जुबान में यह तर्क दे रहे थे कि अगर उन्होंने इन्दिरा गांधी का साथ छोड़ दिया तो वे पूरी तरह सोवियत संघ के पाले में चली जाएँगी।

ब्रिटेन के हाई कमिश्नर माइकल वॉकर ने लन्दन को सलाह दी थी कि उसे 'डेमोक्रेसी' का खयाल छोड़कर इन्दिरा गांधी को स्वीकार कर लेना चाहिए। अमरीका के राजदूत विलियम बी सैक्सबी तभी से इन्दिरा गांधी का नाम जप रहे थे जब उन्होंने सैक्सबी की एक निजी डिनर पार्टी का न्यौता स्वीकार कर लिया था। उन्होंने वाशिंग्टन से कहा था कि वे भारत और अराजकता के बीच इकलौती दीवार की तरह खड़ी हुई थीं। इतना ही नहीं, संजय गांधी के साथ उनकी अच्छी दोस्ती हो चुकी थी, जो स्वतंत्र एन्टरप्राइज का खुलकर समर्थन करते थे। अमरीका की एक ऑटोमोबाइल फर्म 'इन्टरनेशनल हार्वेस्टर' के साथ संजय की मारुति कम्पनी का व्यावसायिक समझौता करवाने में भी उनकी महत्त्वपूर्ण भूमिका रही थी।

सभी बड़े देशों में सोवियत संघ एकमात्र ऐसा देश था जो इन्दिरा गांधी की हार की सम्भावनाएँ देख रहा था। मास्को में रूसी अधिकारियों ने भारतीय दूतावास को सचेत करते हुए कहा था कि उन्हें हवा का रुख इन्दिरा गांधी के खिलाफ दिखाई दे रहा था और वे इसे लेकर काफी चिन्तित थे।

ये चुनाव मार्च 1977 में आयोजित हुए। परिणाम न सिर्फ चौंकाने वाले थे, बल्कि ऐतिहासिक भी। पूरे उत्तर भारत में कांग्रेस का पूरी तरह सफाया हो गया। मतदाताओं ने एकमत से

प्रजातंत्र का समर्थन करते हुए इमरजेंसी के 19 महीने के दमनकारी शासन को ठुकरा दिया। उनका विरोध सिर्फ जबरन नसबन्दी के खिलाफ नहीं था, बल्कि उस समूची बर्बर व्यवस्था के खिलाफ था जिसने उनके लिए न्याय पाने का कोई रास्ता नहीं छोड़ा था। पुलिस कोई रिपोर्ट लिखने के लिए तैयार नहीं थी, अखबार कुछ छापने के लिए तैयार नहीं थे, और अदालतें कुछ सुनने के लिए तैयार नहीं थीं। और तो और, पड़ोसी भी डर के मारे उनकी मदद करने के लिए तैयार नहीं थे।

किसी ने भी कांग्रेस की इतनी जबर्दस्त हार की कल्पना नहीं की थी। मानो प्रजातंत्र की एक आँधी उठी थी और अपने शत्रुओं को उड़ा ले गई थी। पिछले चुनावों में प्राप्त 350 सीटों की तुलना में कांग्रेस सिर्फ 153 सीटें जीत सकी, जबकि जनता पार्टी 298 सीटें जीतकर स्पष्ट बहुमत पाने में सफल रही। कांग्रेस को उत्तर प्रदेश की 84, बिहार की 53, पंजाब की 13, हरियाणा की 9 और दिल्ली की 7 सीटों में से एक भी सीट नहीं मिली। उसे मध्यप्रदेश और राजस्थान में सिर्फ एक-एक, पश्चिम बंगाल में तीन, उड़ीसा में चार और असम और गुजरात में दस-दस सीटें मिलीं।

उत्तर भारत में जनता पार्टी की इस प्रचंड लहर के बावजूद दक्षिण भारत का दृश्य बिलकुल अलग रहा। आन्ध्र प्रदेश, कर्नाटक और तमिलनाडु में जनता पार्टी को सिर्फ एक-एक सीट मिली। यह बिलकुल साफ था कि इमरजेंसी-विरोधी लहर विंध्याचल को पार करने में असफल रही थी। वहाँ न तो इतनी ज्यादतियाँ हुई थीं और न यातनाओं की कहानियाँ ही वहाँ तक पहुँच पाई थीं।

प्रजातंत्र और स्वतंत्रता के नाम पर लड़नेवाली जनता पार्टी की अभूतपूर्व विजय भारत और पश्चिमी देशों के बुद्धिजीवियों के लिए घोर आश्चर्य की बात थी। दोनों ही आम जनता से कटे हुए थे। उन्हें यह अहसास नहीं था कि गरीबों को भी आजादी उतनी ही अच्छी लगती है जितनी अमीरों को। भले ही भारत की आम जनता को सिद्धान्तों और विचारधाराओं की गहरी जानकारी न हो, लेकिन लोकतंत्र में उसकी निष्ठा बहुत गहरी है। लोगों को अपने वोट की ताकत का अहसास था और उन्होंने इसका इस्तेमाल इन्दिरा गांधी और उनके दमनकारी शासन को उखाड़ फेंकने के लिए किया। उन्होंने साबित कर दिया कि वे खुद अपने मालिक थे।

मेरा दृढ़ विश्वास है कि इन्दिरा गांधी की हार ने देश और हमारे प्रजातांत्रिक ढाँचे को ध्वस्त होने से बचा लिया। अगर वे सत्ता में लौट आतीं तो उन्हें यकीन हो जाता कि संजय ठीक रास्ते पर चल रहा था। देश की एकता और अखंडता के लिए एक खुला समाज और स्वतंत्र और निष्पक्ष चुनाव प्रणाली अनिवार्य है। पाकिस्तान के अनुभवों से यही साबित होता है।

कांग्रेस नेताओं की क्षमा-याचना से शायद उनके कुछ पाप धुल जाते। लेकिन सरकारी मशीनरी किस मुँह से ऐसा करती? पुलिस सबसे ज्यादा दोषी थी, लेकिन पूरा प्रशासन ही भर्त्सना का पात्र था। क्या किसी ने भी अपने अन्दर झाँकने की कोशिश की? बिलकुल नहीं। परिणाम यह हुआ कि ईमानदार और कर्तव्यनिष्ठ अधिकारियों को सरकार के कोप का निशाना बनते देखकर सब-के-सब हाथ बाँधकर खड़े हो गए और अपने राजनीतिक आकाओं का हुक्म बजाने लगे। युवा अधिकारियों को जल्दी ही समझ में आ गया कि आदेशों का आँख

मूँदकर पालन करके वे आउट-ऑफ टर्न तरक्की पा सकते थे।

पार्टी के लोगों के लिए भी चुनाव परिणाम किसी अचम्भे से कम नहीं थे। चुनावों के कुछ ही दिन बाद मैं लखनऊ की उड़ान पकड़कर इंदिरा गांधी के चुनाव-क्षेत्र राय बरेली का दौरा करने गया। मैं डिप्टी कमिश्नर विनोद मल्होत्रा से मिलना चाहता था, जो वहाँ के चुनाव अधिकारी भी थे। उन्होंने इन्दिरा गांधी की हार की घोषणा करके बड़े साहस का परिचय दिया था और मैं उन्हें बधाई देना चाहता था। उन्हें यह आभास तक नहीं हुआ होगा कि कांग्रेस पूरे उत्तर से उखड़ चुकी थी। वोटों की गिनती के दौरान रेडियो पर कोई घोषणा नहीं की जा रही थी। परिणामों की घोषणा भी शाम को काफी देर से की गई थी।

डिप्टी कमिश्नर का घर उनके दफ्तर के पीछे ही था। एक चपरासी मेरा कार्ड लेकर अन्दर गया तो मल्होत्रा खुद मुझसे मिलने आए और मुझे अपने दफ्तर में ले गए। मेरा सीधा-सा सवाल था—उन्होंने नतीजे की घोषणा करने का फैसला कैसे किया? उन्होंने कहा कि उन्हें पहले राउंड से ही यह आभास हो गया था कि इन्दिरा गांधी हारने जा रही थीं। उनके एजेन्ट एम.एल. फोतेदार ने तीन बार गिनती करवाई थी। ओम मेहता ने दो बार और आर.के. धवन ने तीन बार उन्हें फोन करके नतीजे की घोषणा न करने के लिए कहा था।

मल्होत्रा मुझे अपने घर में ले गए। वहाँ एक चारपाई पर उनकी पत्नी एक छोटे-से बच्चे को गोद में लिए बैठी हुई थी। मल्होत्रा ने कहा कि जब इन्दिरा गांधी की हार की पुष्टि और फिर पुनर्पुष्टि हो गई तो उन्होंने घर आकर अपनी पत्नी की सलाह ली। उन्होंने कहा कि अगर वे नतीजे की घोषणा करेंगे तो उन्हें इंदिरा गांधी के कोप का शिकार होना पड़ सकता था, क्योंकि वे कोई उप-चुनाव जीतकर वापस सत्ता में आ सकती थीं। उनका खयाल था कि उनकी हार एक अपवाद मात्र थी और केन्द्र में कांग्रेस की ही सरकार बनने जा रही थी।

मल्होत्रा की पत्नी ने उनसे कहा, "हम बर्तन माँज लेंगे लेकिन बेईमानी नहीं करेंगे।"

इसके बाद मल्होत्रा को नतीजे की घोषणा करने में कोई परेशानी नहीं हुई।

तीन वर्ष बाद श्रीमती गांधी सत्ता में लौटीं तो मुझे मल्होत्रा को खोजने में काफी परेशानी हुई। मैं जानना चाहता था कि वे ठीक-ठाक तो थे। उन्होंने मुझे बताया कि उनका लखनऊ के बाहर इधर-उधर तबादला किया जाता रहा था और वे तंग आ चुके थे। उन्होंने मुझसे दोबारा सम्पर्क न करने का अनुरोध किया।

इमरजेंसी के बाद मैं 'द जजमेंट' नामक किताब लिख रहा था, जिसमें इमरजेंसी के 19 महीनों का लेखा-जोखा था। एक दिन कमलनाथ मुझसे मिले, जो तब तक एक वरिष्ठ कांग्रेस नेता बन चुके थे। उन्होंने कहा कि मैं संजय गांधी से मिले बिना इमरजेंसी के बारे में कैसे लिख सकता था। मैंने कहा कि मैं खुद भी संजय गांधी का इन्टरव्यू लेने के लिए आतुर था। क्या वे मुझे उनसे मिलवा सकते थे?

कमलनाथ मुझे इन्दिरा गांधी के घर 1, सफदरजंग रोड पर ले गए। कभी खूब हलचलों भरा यह घर अब लगभग वीरान लग रहा था, किसी बड़ी हार के बाद लड़ाई के मैदान की तरह। हर तरफ कागजों के बंडल और फर्नीचर के टुकड़े बिखरे पड़े थे। न तो कोई मिलने-जुलने वाला दिखाई दे रहा था और न इन्दिरा या संजय के दर्शनों को आतुर भीड़ ही। इन्दिरा गांधी अहाते में खड़ी थीं। मुझे देखते ही वे आगे बढ़ीं, लेकिन फिर अपना इरादा बदलकर घर के

अन्दर चली गईं।

संजय एक पेड़ के नीचे खड़े थे। वे अपना जाना-पहचाना सफेद कुर्ता-पाजामा पहने हुए थे। मैं इससे पहले सिर्फ एक प्रेस कॉन्फ्रेंस में उनसे मिला था।

मुझे वहीं छोड़कर कमलनाथ एक तरफ चले गए तो संजय ने बातचीत शुरू करते हुए मुझसे पूछा कि क्या मुझे पता था कि जनता पार्टी के संसदीय दल का नेता कौन होने जा रहा था। मैंने कहा कि मोरारजी देसाई मोर्चा मारते प्रतीत हो रहे थे। संजय ने कहा कि तो फिर सरकार के टिकने की सम्भावना थी, अगर जगजीवन राम प्रधानमंत्री बनते तो कुछ ही महीनों में पूरा का पूरा किला ढह जाता। जगजीवन राम के प्रति उनकी चिढ़ स्वाभाविक थी। वे न सिर्फ एक वरिष्ठ और व्यापक जनाधार वाले दलित नेता थे, बल्कि चुनावों की घोषणा के फौरन बाद पार्टी को छोड़कर उन्होंने कांग्रेस की लुटिया ही डुबो दी थी।

संजय को पता था कि मैं कौन-सी किताब लिख रहा था। उन्होंने मुझे हैरानी में डालते हुए कहा कि मैं इस इन्टरव्यू के बारे में किताब में कुछ न लिखूँ। मैंने उनसे कहा कि मैं उनकी इच्छा का सम्मान करूँगा, लेकिन अगर वे अपना पक्ष जनता के सामने रखना चाहते थे तो इससे अच्छा कोई तरीका नहीं था। वे नहीं माने और मैंने अपने वचन का पालन करते हुए 'द जजमेंट' (1977) में इस इन्टरव्यू के बारे में कुछ भी नहीं लिखा। लेकिन उनके निधन के बाद इस वचन का कोई अर्थ नहीं रह गया है, इसलिए मैं पहली बार इस इन्टरव्यू का सार-संक्षेप प्रस्तुत कर रहा हूँ।

मेरा पहला प्रश्न यह था कि उन्हें इतना भरोसा क्यों था कि उन्हें इमरजेंसी, अधिकारवादी सत्ता और इनसे जुड़ी ज्यादतियों का फल नहीं भुगतना पड़ेगा। उन्होंने कहा कि उन्हें कोई चुनौती दिखाई नहीं दे रही थी। वे 20-25 या इससे भी ज्यादा वर्षों तक इमरजेंसी को जारी रख सकते थे, जब तक कि उन्हें यह भरोसा न हो जाता कि लोगों के सोचने का तरीका बदल गया था।

उन्होंने कहा कि उनकी योजना के अनुसार कभी कोई चुनाव न होते और वे बंसीलाल जैसे क्षेत्रीय सरदारों और आज्ञाकारी प्रशासनिक अधिकारियों की मदद से दिल्ली से ही पूरा देश चलाते रहते। यह एक अलग तरह की सरकार होती और सब कुछ दिल्ली से ही नियंत्रित होता।

मुझे याद आया कि इमरजेंसी के दौरान कमलनाथ ने मुझे एक किताब की पांडुलिपि दी थी, जिसमें इसी तरह के विचारों को व्यक्त करते हुए इस शासन-तंत्र का विस्तार से वर्णन किया गया था।

"तो फिर आपने चुनाव क्यों करवाए?" मैंने संजय गांधी से पूछा।

"मैंने नहीं करवाए," उन्होंने कहा। वे शुरू से ही इसके खिलाफ थे। लेकिन उनकी माँ नहीं मानीं। "आप उन्हीं से पूछिए!" उन्होंने कहा। तभी इन्दिरा गांधी फिर से अहाते में दिखाई दीं। वे सोच रही होंगी कि हमारे बीच जाने क्या बातचीत चल रही थी। लेकिन वे पास आने की बजाय वापस अन्दर चली गईं।

संविधान और मौलिक अधिकारों को देखते हुए इस तरह की व्यवस्था कैसे चल सकती थी? मैंने संजय से पूछा। उन्होंने कहा कि इमरजेंसी हटाई ही न जाती और सभी मौलिक अधिकार स्थगित ही रहते। मैंने उनसे कहा कि चुनावों से पहले मैंने ये अफवाहें भी सुनी

थीं कि वे और उनकी माँ सेना को शासन सौंप देना चाहते थे। उन्होंने कहा कि यह सब झूठ था। शायद वे सच ही कह रहे थे, हालाँकि सेना में कुछ लोगों की बिलकुल अलग राय थी।

एयर मार्शल ओम मेहता ने मुझे बताया था कि सेना के कुछ बड़े अधिकारियों में यह चर्चा जरूर हुई थी कि क्या उन्हें नियंत्रण अपने हाथ में ले लेना चाहिए। "लेकिन यह तय नहीं हो पाया कि कौन आगे आए। और फिर टेक-ओवर के बाद अज्ञात का भय भी उन सबके सामने था। कोई भी प्रजातांत्रिक ढाँचे को हमेशा के लिए तहस-नहस नहीं करना चाहता था।"

उनके पूर्वाधिकारी एयर मार्शल इदरीस लतीफ को थलसेना पर पूरा भरोसा नहीं था, क्योंकि वह कभी भी वायुसेना या नौसेना को अपने विश्वास में नहीं लेती थी। रिटायर होने के बाद उन्होंने तत्कालीन प्रधानमंत्री अटल बिहारी वाजपेयी को लिखा था कि देश को 'एरिया' और 'सब-एरिया' इत्यादि में न बाँटा जाए, जैसाकि सेना की भाषा में कहा जाता था। उन्होंने यह भी लिखा था कि सेना-प्रमुख का पद न बनाया जाए, क्योंकि उसके तानाशाह बन जाने का खतरा था। इदरीस लतीफ ने यही बात मनमोहन सिंह को भी लिखी। दोनों ने ही उनके पत्र का कोई जवाब नहीं दिया।

एक शाम अपने घर पर हुई एक बैठक में इन्दिरा गांधी ने अपने बैग से बंसीलाल का इस्तीफा निकालकर डी.के. बरुआ की बजाय वाई.बी. चव्हाण की तरफ बढ़ा दिया। उन्होंने इस बात पर भी जोर दिया कि पूरी कार्यकारिणी समिति को हार की जिम्मेदारी स्वीकार करनी चाहिए। खुद अपनी जिम्मेदारी स्वीकार करते हुए उन्होंने अपने पत्र में लिखा–

> सरकार का नेतृत्व करनेवाले व्यक्ति के रूप में मैं बिना किसी संकोच के हार की पूरी जिम्मेदारी स्वीकार करती हूँ। मैं बहाने ढूँढ़ना या किसी की आड़ लेना नहीं चाहती। न ही मैं किसी को बचाना चाहती हूँ। मेरी कोई ऐसी मंडली नहीं है जिसे मैं बचाना चाहूँ, न कोई ऐसा गुट है जिसके लिए मुझे लड़ना पड़े। मैंने कभी भी एक ग्रुप लीडर की तरह काम नहीं किया है।

उत्साह और उमंग से भरे जनता पार्टी सांसदों ने राजघाट पर महात्मा गांधी की समाधि के पास ईमानदारी, पारदर्शिता और निष्ठा की सौगन्ध खाई। कुछ पार्टी समर्थकों को भी आमंत्रित किया गया था। मैं इनमें शामिल नहीं था।

इसके बाद प्रधानमंत्री के पद के लिए दौड़ शुरू हुई। ऐसा लगता था कि बहुमत जगजीवनराम के पक्ष में था। पर फैसला जेपी के हाथ में छोड़ दिया गया और उन्होंने मोरारजी देसाई का चुनाव किया। उन्होंने मुझे बताया था कि वे जगजीवनराम का नाम नहीं सुझा सकते थे, क्योंकि वे संसद में इमरजेंसी का प्रस्ताव लाने वालों में शामिल थे। जेपी पार्टी में एकता की उम्मीद कर रहे थे, ताकि सब मिल-जुलकर चुनावों में किए गए वायदों को पूरा कर सकें। "मेरा खयाल था कि क्षेत्रीय पार्टियों को एक झंडे तले लाने का प्रयोग सफल हो सकेगा," उन्होंने बाद में कहा था। लेकिन ऐसा हो नहीं पाया। बड़े नेताओं का अहंकार और महत्त्वाकांक्षाएँ पार्टी को ले डूबे।

मुझे वही पुराने जनसंघियों को महत्त्वपूर्ण पदों पर बैठे देखकर और अपने वही पुराने

पूर्वाग्रह और संकुचित नजरिया अपनाते देखकर बड़ा दुख होता था। मैं आडवाणी से मिलने जाता था तो उनके कमरे में आरएसएस के लोग भरे होते थे। जनसंघ के लिए 'जनता पार्टी' सिर्फ एक माध्यम थी, न कि लक्ष्य। वह अपने ऊपर चिपकी साम्प्रदायिकता की छाप को हल्का करने में सफल रही, हालाँकि वह इससे पूरी तरह पीछा नहीं छुड़ा पाई।

जनता पार्टी के कामकाज का तरीका कांग्रेस से कोई खास अलग नहीं था। संजय गांधी की जगह अब मोरारजी के बेटे कान्तिभाई रौब झाड़ने लगे थे। वे उतने ही निर्मम थे और उनकी निष्ठा भी संदिग्ध थी। मुझे यह सब इतना असहनीय लग रहा था कि मैंने मोरारजी भाई से शिकायत की कि उनका बेटा भारी-भरकम रकमों के सौदे और ठेके पटाने में लगा हुआ था। मैंने कहा कि वे कम-से-कम उसे प्रधानमंत्री निवास से तो बाहर निकाल सकते थे, जिसके कारण उसे यह सब करने का अधिकार मिल रहा था। मोरारजी ने कहा कि उन्होंने एक बार अपनी बेटी को डाँटा था तो उसने आत्महत्या कर ली थी। अब वे अपने बेटे को भी नहीं खोना चाहते थे। मुझे मोरारजी उतने ही आत्म-मुग्ध, अड़ियल और अहंकार भरे लगे थे जितने कि वे अपने गर्दिश के दिनों में थे। उन्हें झुका पाना असम्भव था।

मुझे लगा कि जनता सरकार की बुराइयों के खिलाफ लिखना मेरा कर्तव्य था। जब उसने नौ राज्यों की कांग्रेस सरकारों को बर्खास्त कर दिया तो मैंने लिखा कि संवैधानिक तौर पर यह भले ही ठीक हो, लेकिन नैतिक रूप से गलत था। (बाद में इंदिरा गांधी ने भी यही रास्ता अपनाते हुए 1980 में सत्ता में लौटने के बाद विपक्ष की राज्य सरकारों को बर्खास्त कर दिया)।

मोरारजी ने मुझे फोन करके अपना एतराज जताया और मुझे जेल भेजने की धमकी दी। मैंने कहा कि इन्दिरा गांधी ऐसा करके देख चुकी थीं। वे कुछ ढीले पड़ते हुए बोले कि मुझे सरकार को नुकसान पहुँचाने की कोशिश नहीं करनी चाहिए। मैंने कहा, "मोरारजी भाई' अगर सरकार गिरेगी तो अपनी करतूतों की वजह से, न कि मेरे लेखों की वजह से।"

दूसरी तरफ, इन्दिरा गांधी के समर्थकों में मेरी लोकप्रियता दिनोदिन बढ़ रही थी। एक दिन लोदी गार्डन में सुबह की सैर के दौरान मुझे इन्दिरा गांधी के प्रेस सलाहकार शारदा प्रसाद मिले और बड़े जोश से मुझसे हाथ मिलाते हुए बोले, "आपकी कलम सलामत रहे!"

गर्दिशों में घिरे कमलनाथ भी एक दिन मुझसे मिले और अपनी और संजय गांधी की विदेश यात्रा के लिए मेरी मदद माँगने लगे। संजय का पासपोर्ट जब्त कर लिया गया था। मैंने कहा कि सरकार संजय गांधी को विदेश जाने की अनुमति नहीं देगी। जहाँ तक खुद कमलनाथ का प्रश्न था, तो दिल्ली और बम्बई के एयरपोर्टों को उन्हें यात्रा की अनुमति न देने का निर्देश जारी कर दिया गया होगा। लेकिन वे मद्रास जाकर अपनी किस्मत क्यों नहीं आजमाते? दो वर्ष बाद वे मुझसे मिले तो बोले कि मेरा आइडिया काम कर गया था और वे मद्रास के रास्ते विदेश जाने में सफल रहे थे।

इधर 'इंडियन एक्सप्रेस' के मालिक रामनाथ गोयनका अखबार की रिकार्ड-तोड़ प्रसार-संख्या को किसी भी कीमत पर कायम रखना चाहते थे। मैंने उनसे कहा कि इमरजेंसी के दौरान हमारा अखबार जनता की दमित भावनाओं का प्रतीक बन गया था। लेकिन इमरजेंसी हटने के बाद ये भावनाएँ खुलकर प्रकट होने लगी थीं और उन्हें हमारे अखबार की जरूरत नहीं

रह गई थी। मेरी बात सही साबित हुई। हमारा बढ़ा हुआ सर्क्युलेशन धीरे-धीरे कम होकर अपने पुराने स्तर पर पहुँच गया। गोयनका देश की सभी राजधानियों से 'इंडियन एक्सप्रेस' का संस्करण निकालना चाहते थे। मुझे पंजाब और हरियाणा के संस्करणों के लिए चंडीगढ़ जाना पड़ा। पर मैंने दिल्ली में अपना पद नहीं छोड़ा। मैं तीन दिन चंडीगढ़ में रहता था और चार दिन दिल्ली में।

मैंने बहुत-से पत्रकार रखे। इनमें से दो, शेखर गुप्ता और मधु किश्वर, खूब चमके। शेखर गुप्ता मझे 'गुरु' कहते थे, हालाँकि मेरा पाक्षिक कालम बन्द करने में उन्हें कोई हिचकिचाहट नहीं हुई। तब तक वे 'इंडियन एक्सप्रेस' में पूरी तरह धाक जमा चुके थे। परिस्थितियाँ कुछ ऐसी बनीं कि वे एडिटर-इन-चीफ के पद पर पहुँच गए। वे खूब दौलतमंद भी हो गए और उतने ही अहंकारी भी। जब वे चंडीगढ़ में एक सीधे-सादे व्यक्ति थे तो कितने अच्छे लगते थे।

इन्दिरा गांधी की हार के दो दिन बाद ही गोयनका ने वी.के. नरसिम्हा को हटा दिया तो मुझे बहुत गहरा झटका लगा था। नरसिम्हा को बताए बिना ही प्रिन्टलाइन से उनका नाम हटा दिया गया और उनकी जगह मालगाँवकर का नाम डाल दिया गया। नरसिम्हा ने इसका विरोध करते हुए इस्तीफा दे दिया। पूरे वरिष्ठ सम्पादकीय स्टाफ ने एक याचिका पर हस्ताक्षर करके इस कार्रवाई का विरोध किया। जब मुझे भी इस पर हस्ताक्षर करने के लिए कहा गया तो मैंने कहा कि मैं पहले गोयनका से बात करना चाहूँगा। वे एक्सप्रेस के गेस्ट-हाउस में ठहरे हुए थे। मैंने उनसे पूछा कि क्या नरसिम्हा को हटाए जाने की खबर सही थी। उन्होंने कहा कि वे मालगाँवकर को उनकी जगह वापस देकर उनके साथ हुए अन्याय को दूर करना चाहते थे। लेकिन क्या यह सब इस तरीके से करना जरूरी था? मैंने पूछा। उन्होंने कहा कि वे नरसिम्हा को 'फाइनेंशियल एक्सप्रेस' में उनका पुराना पद सौंप देना चाहते थे।

मैंने उन्हें दफ्तर में हो रहे विरोध के बारे में बताया तो उन्होंने कहा कि उन सबको नहीं भूलना चाहिए कि इमरजेंसी में उन्हें (गोयनका को) क्या-क्या झेलना पड़ा था। मुझे उनके चेहरे पर पश्चाताप के भाव दिखाई दे रहे थे। उन्होंने कहा कि मैं नरसिम्हा के घर जाकर उन्हें मनाकर वापस ले आऊँ। मैं वहाँ पहुँचा तो नरसिम्हा घर के एक कमरे में फर्श पर बैठे अपनी पत्नी के हाथ की बनी कॉफी पी रहे थे। मैंने उन्हें 'फाइनेंशियल एक्सप्रेस' के सम्पादक के रूप में वापस लौट आने के लिए कहा और उन्हें भरोसा दिलाया कि गोयनका को अपने किए का अफसोस था।

नरसिम्हा ने कहा कि उनके वापस लौटने का सवाल ही पैदा नहीं होता था। उन्होंने मुझसे पूछा कि मैं गोयनका को कितने वर्षों से जानता हूँ, और फिर बोले, "कुलदीप, मैं उन्हें तीस बरसों से जानता हूँ। गोयनका नहीं बदले हैं। वे आज भी उतने ही खुदगर्ज हैं।"

नरसिम्हा कितने साहसी और सदाचारी व्यक्ति थे। उनके पास कोई भी नौकरी नहीं थी, पर वे अपने सम्मान के साथ समझौता करने के लिए तैयार नहीं थे। 'डेकन हेराल्ड' परिवार के साथ मेरे अच्छे सम्बन्ध थे। मैंने उन्हें अखबार के एडिटर-इन-चीफ की जगह दिलवा दी।

मैं सप्ताहांत के लिए दिल्ली आया हुआ था कि गोयनका चंडीगढ़ जाकर मुझे बताए बिना ही वहाँ के संस्करण का उद्घाटन कर आए। वे इसी तरह काम करते थे। हर फैसला

अचानक ही कर लेते थे। 'इंडियन एक्सप्रेस' बरसों से जमे 'ट्रिब्यून' को कड़ी टक्कर तो नहीं दे सका, पर उसने उसे हिला जरूर दिया।

एक दिन प्रकाश सिंह बादल, जो तब पंजाब के मुख्यमंत्री थे, मुझसे मिलने मेरे चंडीगढ़ दफ्तर में चले आए। हम एक-दूसरे को कई वर्षों से जानते थे। मुझे लगा कि शायद वे इस तरह अचानक आकर मुझे चौंका देना चाहते थे। मैं चौंका जरूर, लेकिन यह जानने के बाद कि वे मुझे पंजाब का राज्यपाल बनाने का प्रस्ताव लेकर आए थे। मैंने कहा कि मेरे अन्दर इस तरह के पद के लिए जरूरी सूझ-बूझ और चतुरता नहीं थी। लेकिन उन्होंने मेरी आपत्तियों पर ध्यान न देकर यह प्रस्ताव दिल्ली भेज दिया।

मैं गृहमंत्री चरण सिंह से महीने में दो-तीन बार जरूर मिल लेता था। हमेशा की तरह मैं उनसे मिलने गया तो उन्होंने मुझे राज्यपाल बनाए जाने के बादल के प्रस्ताव के बारे में बताया। उन्होंने कहा कि वे एक प्रयोग के रूप में मुझे पंजाब और हरियाणा दोनों का राज्यपाल बनाना चाहेंगे। मैंने कुछ नहीं कहा, क्योंकि मैं जानता था कि मोरारजी देसाई मेरे नाम को नामंजूर कर देंगे। मेरा खयाल ठीक निकला, वे इस बात को नहीं भूले थे कि बरसों पहले उनकी जगह लाल बहादुर शास्त्री को प्रधानमंत्री बनाने में मेरा भी 'हाथ' रहा था। बाद में जब विदेश मंत्री अटल बिहारी वाजपेयी ने मुझे पाकिस्तान में भारत का राजदूत बनाए जाने का प्रस्ताव दिया तो उन्होंने इसे भी ठुकरा दिया।

जनता सरकार के शपथ-ग्रहण समारोह के साथ ही मोरारजी देसाई और चरण सिंह के बीच दरार पैदा होने लगी थी। इसका पार्टी और सरकार दोनों पर ही प्रभाव पड़ा। दोनों इस बात पर भी सहमत नहीं हो पाए कि इमरजेंसी के दौरान ज्यादतियों की जाँच के लिए कोई कमीशन नियुक्त किया जाए या नहीं। मोरारजी देसाई ने फाइल पर लिख दिया था कि देश की जनता ने इन्दिरा गांधी और उनकी पार्टी को हराकर उन्हें पर्याप्त सजा दे दी थी। लेकिन चरण सिंह इससे सन्तुष्ट नहीं थे। बाद में वे अपनी बात मनवाने में सफल रहे, क्योंकि सभी केबिनेट मंत्री न सिर्फ कमीशन नियुक्त करने बल्कि इन्दिरा गांधी पर मुकदमा चलाए जाने की भी माँग करने लगे।

पता चला कि इन्दिरा गांधी ने अपने बेटे की मारुति कार के बारे में एक प्रश्न के उत्तर में झूठ बोला था। लोकसभा ने उनकी गिरफ्तारी के प्रस्ताव को पास कर दिया। सदन भंग हुआ तो मैंने देखा कि कांग्रेस की महिला सांसदों ने इन्दिरा गांधी को अपने घेरे में ले लिया था, ताकि उन्हें गिरफ्तार न किया जा सके। आखिर जब सीबीआई ने उन्हें गिरफ्तार किया तो उन्होंने जमानत लेने से इनकार कर दिया। 3 अक्तूबर, 1977 की सुबह उनके खिलाफ एक एफआईआर दर्ज की गई थी। उसी दिन असाधारण योग्यता और नैतिक साहस वाले एक आईपीएस अधिकारी एन.के. सिंह ने उन्हें एफआईआर की एक प्रति दे दी थी। उन पर अपने सरकारी पद का दुरुपयोग करने और चुनाव प्रचार के लिए जीपों का प्रबन्ध करने का आरोप लगाया गया था।

एन.के. सिंह सुबह 8.00 बजे इन्दिरा गांधी को गिरफ्तार करने के लिए उनके घर पहुँचे तो वरिष्ठ कांग्रेस नेताओं ने काफी हो-हल्ला किया। राजीव और संजय गांधी एक कार में पुलिस के पीछे-पीछे चलते रहे। इन्दिरा गांधी की हिरासत के लिए बड़कल झील के पास

एक जगह चुनी गई थी। झील और फरीदाबाद के बीच का रेलवे फाटक बन्द था। इन्दिरा गांधी कार से नीचे उतर गईं और अपने वकील से सलाह करने की जिद करने लगीं। तब तक वहाँ भारी भीड़ इकट्ठी हो चुकी थी और उनकी रिहाई के समर्थन में नारे लगाने लगी थी। एन.के. सिंह उन्हें पुरानी दिल्ली में दिल्ली पुलिस की 'आफिसर्ज मेस' में ले गए। इन्दिरा गांधी को वह जगह ठीक लगी और उन्होंने रात भर वहीं आराम किया।

अगली सुबह 4 अक्तूबर को उन्हें मजिस्ट्रेट की अदालत में पेश किया गया तो पुलिस के लिए उनके समर्थकों की भीड़ पर काबू पाना मुश्किल हो गया। मजिस्ट्रेट ने उन पर लगे आरोपों के समर्थन में सबूतों की माँग की। उन्हें बताया गया कि पिछले दिन ही उनके खिलाफ एफआईआर दर्ज की गई थी और सबूत अभी इकट्ठे किए जा रहे थे। मजिस्ट्रेट ने वादी पक्ष से पूछा कि तो फिर वे क्या करें। सरकार के पास कोई जवाब नहीं था। इसके बाद मजिस्ट्रेट ने इन्दिरा गांधी को इस आधार पर साफ बरी कर दिया कि उनकी हिरासत के पक्ष में कोई सबूत नहीं दिया गया था। सरकार ने उन्हें दोबारा गिरफ्तार करने की हिम्मत नहीं की। (1980 में इन्दिरा गांधी सत्ता में लौटीं तो उक्त मजिस्ट्रेट को उनकी कर्तव्यनिष्ठता का उचित इनाम दिया गया।)

इस गड़बड़ी के लिए एन.के. सिंह को जिम्मेदार ठहराते हुए उन्हें हटा दिया गया। बाद में जब इन्दिरा गांधी सत्ता में लौटीं तो उन्होंने भी उन्हें दंडित करते हुए छुट्टी पर भेज दिया। लेकिन उनकी मुश्किलें फिर भी खत्म नहीं हुईं। बंसीलाल के पुलिसकर्मियों ने उन पर जानलेवा हमला किया। अगर 'इंडियन एक्सप्रेस' को इसकी खबर न लग जाती तो उन्हें मार ही डाला गया होता। हमने झट से एक रिपोर्टर को एक फोटोग्राफर के साथ गुड़गाँव में उनके घर पर भेज दिया। सीबीआई ने हस्तक्षेप करते हुए हरियाणा सरकार को एन.के. सिंह का अपराध बताने के लिए कहा। उन्हें एक 'आपराधिक मामले' में अदालत में घसीटने की कोशिश की गई तो मजिस्ट्रेट ने निजी मुचलके पर उन्हें रिहा कर दिया। किसी ने भी बंसीलाल की इस हरकत की निन्दा नहीं की। कुछ वर्ष बाद मैं एन.के. सिंह से मिला तो वे बिहार से एक चुनाव लड़ रहे थे। वे जीत नहीं पाए, जैसाकि सच्चे और ईमानदार लोगों के साथ अकसर होता है।

इमरजेंसी के दौरान हुई ज्यादतियों की जाँच के लिए जस्टिस जे.सी. शाह कमीशन नियुक्त किया गया था। इस एक सदस्यीय कमीशन को इन्दिरा गांधी की गिरफ्तारी की कोई खबर नहीं थी। जस्टिस शाह ने जाँच के बीचोबीच इस गिरफ्तारी से नाराज होकर इस्तीफा दे दिया। उन्हें इन्दिरा गांधी के खिलाफ 48,000 शिकायतें मिली थीं। मैं उनकी बम्बई वापसी से पहले उनसे मिलने में सफल हो गया। उन्होंने कहा कि उनसे बात किए बिना इन्दिरा गांधी को कैसे गिरफ्तार कर लिया गया था। उनका मानना था कि इस गिरफ्तारी से इन्दिरा गांधी की खोई हुई प्रतिष्ठा फिर से लौट आई थी। मोरारजी भाई बड़ी मुश्किल से जस्टिस शाह को इस्तीफा वापस लेने के लिए राजी कर पाए।

मैं पीछे मुड़कर देखता हूँ तो मुझे लगता है कि आम जनता ने इन्दिरा गांधी की गिरफ्तारी को सही नहीं माना था। इसके बाद उनके प्रति सहानुभूति की एक लहर उठ खड़ी हुई। वे इस गिरफ्तारी में हुई गड़बड़ियों का पूरा लाभ उठाने में सफल रहीं। सरकार ने आनन-फानन

में और पूरे कागजातों और सबूतों के बिना उन्हें गिरफ्तार करने का बचकाना कदम उठा लिया था। इसके बाद लोग उनके खिलाफ जाँच कमीशन पर भी उँगलियाँ उठाने लगे।

भारत के लोग बड़े अनूठे लोग हैं। जब उन्हें लगता है कि दोषियों को सजा मिल चुकी है तो वे उनकी गलतियों को भुलाकर उन्हें क्षमा कर देते हैं। उनका खयाल था कि उन्होंने इन्दिरा गांधी और उनकी पार्टी को हराकर उन्हें पहले ही सजा दे दी थी। इसलिए जब संसद में उन पर बार-बार हमला किया जाता रहा और उन्हें अदालत में घसीटने की कोशिशें होने लगीं तो आम लोगों को लगा कि जनता सरकार ज्यादती कर रही थी। वे इन्दिरा गांधी के साथ सहानुभूति महसूस करने लगे। कुछ लोग तो इमरजेंसी को भी सही ठहराते हुए कहने लगे कि देश के लिए 'अनुशासन' जरूरी था।

इन परिस्थितियों का लाभ उठाकर इमरजेंसी समर्थकों का गुट दबी जबान में यह प्रचार भी करने लगा था कि प्रजातंत्र भारत की विद्वता के साथ मेल नहीं खाता था। कई लोगों को तो संजय गांधी की वापसी पर भी कोई एतराज नहीं था, जिन्हें कमीशन ने 'किसी के प्रति भी जवाबदेह नहीं' बताया था, या फिर बंसीलाल जिन्हें कमीशन ने 'अथोरिटेरियन चीफ मिनिस्टर' का जीता-जागता उदाहरण बताया था।

इस बीच कमीशन के साथ सहयोग कर रहे अधिकारी भी अपने पाँव पीछे खींचने लगे थे। क्या पता इन्दिरा गांधी कब लौट आएँ? वे कैसे हिम्मत दिखाते जब बड़े-बड़े राजनीतिक नेता ही नित रंग बदल रहे थे?

जनता पार्टी में शुरू में ही जो मतभेद पैदा हो गए थे, उससे आम लोग धीरे-धीरे पार्टी से उखड़ने लगे थे। जब मैंने लोगों के मोहभंग की तरफ मोरारजी देसाई का ध्यान खींचने की कोशिश की तो उन्होंने कहा कि पार्टी में कुछ मुट्ठी भर लोग सारी बुराइयों की जड़ थे, जिन्हें वे जल्दी ही उखाड़ फेंकेंगे। चरण सिंह भी इसी तरह का हठधर्मी नजरिया अपनाए हुए थे।

इन्दिरा गांधी की निर्णायक और ऐतिहासिक हार के बाद लोग ऐसा महसूस कर रहे थे मानो उन्होंने फिर से 'आजादी' पा ली हो। वे जनता पार्टी की जीत को 'दूसरी आजादी' के रूप में देख रहे थे। वे देश का पुनर्निर्माण करने और जेपी के सपनों का 'परिवर्तन' लाने की उम्मीद कर रहे थे। लेकिन, अफसोस, जनता पार्टी के नेता लोगों की उम्मीदों पर खरे नहीं उतर पाए। इनमें से ज्यादातर वही पुराने चेहरे थे, जो अपने कुकर्मों की धब्बेदार परम्परा से पीछा नहीं छुड़ा पा रहे थे। नई बोतलों में पुरानी शराब की तरह। इन्दिरा गांधी की हार से लोगों को एक नई सुबह की, एक नई आशा की किरण दिखाई दी थी। यह इमरजेंसी के दमन और नसबन्दीकरण के अन्धकार से कितनी अलग थी। लेकिन जनता पार्टी ने कुछ ही दिनों में लोगों का दिल तोड़ दिया था, उनके सपनों को चकनाचूर कर दिया था।

मैं पटना जाकर जेपी से मिला। वे भी बहुत निराश दिखाई दे रहे थे। मैंने उन्हें दखल देने के लिए कहा। आखिर लोगों ने उन्हीं के नाम पर वोट दिया था। "मेरी सुनता कौन है!" उन्होंने दुखी स्वर में कहा। मैं हैरान रह गया। मुझे याद आया कि लगभग यही शब्द महात्मा गांधी ने भी इस्तेमाल किए थे, तब जब उनसे पूछे बिना ही नेहरू और पटेल बँटवारे के लिए राजी हो गए थे।

मैंने कहा कि वे लोगों के पास जाकर कम-से-कम इतना तो कहें कि वे 'परिवर्तन' लाने

का अपना वायदा पूरा नहीं कर सकते, क्योंकि सरकार उनकी सलाह या सिद्धान्तों पर ध्यान नहीं दे रही थी। उन्होंने कहा कि अपने गिरते स्वास्थ्य के कारण वे यात्राएँ नहीं कर सकते। वे सच ही कह रहे थे। गुर्दों की खराबी के कारण उन्हें 'डायलिसिस' पर रहना पड़ रहा था।

मैंने दिल्ली लौटकर मोरारजी देसाई को जेपी की व्यथा के बारे में बताया। सरकार का प्रदर्शन सुधारने की बात करने की बजाय उन्होंने खीजकर कहा, "वे अपने-आपको क्या समझते हैं? क्या वे गांधी हैं? मैं तो गांधी से मिलने भी नहीं जाता था।"

मोरारजी की ढिठाई से मुझे कोई हैरानी नहीं हुई। वे अपने अड़ियलपन के लिए मशहूर थे। वे दक्षिणपन्थी थे, जबकि उस वक्त देश को वामपन्थी झुकाववाले किसी नेता की सख्त जरूरत थी। सिर्फ मधु लिमये जैसे सोशलिस्ट ही जेपी की पीड़ा को समझ सकते थे।

अमरीका में इलाज करवाने के बाद जेपी भारत लौटे थे तो जनता सरकार ने उनके प्रति अपना रुख स्पष्ट कर दिया था। उन्हें लानेवाला एयर इंडिया का विमान बम्बई जाने से पहले दिल्ली रुका था। सरकार ने जेपी की स्वदेश वापसी पर उनका अभिवादन करने की जिम्मेदारी सूचना मंत्री पुरुषोत्तम कौशिक पर छोड़कर छुट्टी पा ली थी। जेपी को उम्मीद थी कि कम-से-कम जगजीवन बाबू जरूर आएँगे, क्योंकि दोनों एक ही राज्य के थे। लेकिन जगजीवनराय इस बात पर खफा थे कि पार्टी के बहुसंख्यक सदस्यों का समर्थन उनके साथ होने के बाद भी जेपी ने मोरारजी देसाई को प्रधानमंत्री बना दिया था।

जनता सरकार में गोयनका की बहुत अच्छी पैठ थी, इसलिए उन्होंने कई लोगों के साथ पुराने हिसाब चुकाने शुरू कर दिए थे। इनमें धीरु भाई अम्बानी भी शामिल थे। अरुण शोरी अचानक ही किसी पैराट्रूपर की तरह 'इंडियन एक्सप्रेस' के एक्जीक्यूटिव एडिटर के रूप में अवतरित हो गए। उनके पास अम्बानी के खिलाफ काफी सामग्री थी। वे 'आरएसएस' के दिग्गज नेता नानाजी देशमुख के माध्यम से एक्सप्रेस में आए थे। उन्होंने अपनी 'सामग्री' का इस्तेमाल करते हुए अम्बानी के खिलाफ 'रहस्योद्‌घाटन' करने शुरू कर दिए। एक्सप्रेस का यह अभियान इतना ज्यादा सफल रहा कि अम्बानी की रिलायंस कम्पनी के शेयर औंधे मुँह गिर गए। पर बाद में गोयनका और अम्बानी के सम्बन्ध सुधर गए और दोनों ने ही पुरानी बातों को भुला दिया।

मैं धीरुभाई से पहली बार तब मिला था जब मैं नई दिल्ली के मानसिंह रोड पर स्थित 'ताज' होटल में किसी का इन्तजार कर रहा था। धीरुभाई अचानक मेरे पास आते हुए बोले कि क्या मैं कुलदीप नैयर था। मैंने 'हाँ' कहा तो उन्होंने अपना परिचय देते हुए कहा कि वे धीरुभाई थे। "द धीरुभाई?" मेरे मुँह से निकला और मैं हक्का-बक्का-सा उनकी तरफ देखने लगा। उन्होंने कहा कि वे कॉलेज के दिनों से ही मेरे लेख पढ़ते रहे थे। "और देखिए," मैंने कहा, "आज आप कहाँ हैं और मैं कहाँ!"

अगले दिन उन्होंने मुझे चॉकलेटों का एक डिब्बा भिजवा दिया।

जनता सरकार की महत्त्वपूर्ण उपलब्धियाँ

जनता पार्टी की सरकार ने सबसे पहला काम इन्दिरा गांधी, और खासकर उनके बेटे संजय गांधी, द्वारा की गई ज्यादतियों को खत्म करने और उन संस्थाओं को पुनर्जीवित करने का

किया, जिन्हें इन्दिरा गांधी ने सत्ता के केन्द्रीकरण के मोह में ध्वस्त कर दिया था।

कामकाज की स्थितियों के न्यायपूर्ण और मानवीय होने के नाम पर अनुच्छेद 42 में किए गए सभी संशोधनों को हटा दिया गया। संविधान की उद्देशिका में जोड़े गए 'धर्म-निरपेक्ष' शब्द को ज्यों का त्यों रहने दिया गया। समवर्ती सूची में जोड़ा गया शिक्षा का विषय हमेशा से ही राज्यों का विषय रहा था। जनता सरकार ने इसे भी इसी रूप में रहने दिया, हालाँकि इससे राज्यों के विशिष्ट अधिकार का अतिक्रमण होता था। 35 वर्ष बाद जब केन्द्र सरकार ने 6 से 14 वर्ष की उम्र के बीच के हर बच्चे के लिए शिक्षा के अधिकार को संविधान का अंग बनाया तो कुछ समस्याएँ पैदा हुईं। शिक्षा का अधिकार एक युगान्तरकारी कदम था, लेकिन इसमें कुछ कमियाँ साफ दिखाई दे रही थीं। उदाहरण के लिए समान शिक्षा के अधिकार के बावजूद विशिष्ट वर्गों से जुड़े निजी स्कूल गरीब या छोटी जातियों के बच्चों को अब भी दाखिला नहीं देते थे।

आपातकाल अर्थात् इमरजेंसी की घोषणा को ज्यादा-से-ज्यादा मुश्किल बनाने के लिए जनता सरकार ने संविधान में एक महत्त्वपूर्ण संशोधन कर दिया। इसे 44वें संवैधानिक संशोधन के रूप में जाना जाता है। इसके अनुसार, सशस्त्र विद्रोह को छोड़कर आन्तरिक अशान्ति आपातकाल की घोषणा का आधार नहीं हो सकती थी। आपातकाल की अधिकतम अवधि भी तीन वर्ष निर्धारित कर दी गई, जबकि इससे पहले प्रधानमंत्री और केबिनेट इसे अनिश्चित काल के लिए जारी रख सकते थे।

इन्दिरा गांधी ने संसद का कार्यकाल बढ़ाकर छह वर्ष कर दिया था। जनता पार्टी ने इसे भी फिर से पाँच वर्ष कर दिया।

आपातकाल की घोषणा के साथ यह शर्त भी जोड़ दी गई कि इसे लिखित में राष्ट्रपति के पास भेजना होगा, और इसके लागू होने के एक महीने के भीतर संसद के दोनों सदनों को इसका अनुमोदन करना होगा। जीवन और स्वतंत्रता के अधिकार को ठोस नींव प्रदान करते हुए यह प्रावधान भी रख दिया गया कि जीवन और स्वतंत्रता के मामलों में किसी व्यक्ति के न्यायालय में जाने के अधिकार को स्थगित नहीं किया जा सकता। स्वतंत्रता के अधिकार को और भी मजबूती प्रदान करते हुए यह प्रावधान जोड़ दिया गया कि किसी व्यक्ति को दो महीने से ज्यादा नजरबन्दी में नहीं रखा जा सकता, बशर्ते कि एक सलाहकार मंडल इस निश्चय पर न पहुँच जाए कि इस तरह की नजरबन्दी के लिए पर्याप्त कारण हैं। मीडिया को संसद और विधान सभाओं की कार्रवाई की स्वतंत्र और बिना सेंसरशिप के रिपोर्टिंग करने का अधिकार दे दिया गया।

इन्दिरा गांधी ने पुलिस विभाग की नैतिकता और कर्तव्य-भावना को गहरा धक्का पहुँचाया था और उसका बर्बर इस्तेमाल किया था। उनसे भी ज्यादा उनके चमचों ने पुलिस बल का दुरुपयोग किया था। यह सुनिश्चित करने के लिए कि फिर कोई सरकार अपने विरोधियों का दमन करने के लिए या उन्हें सबक सिखाने के लिए पुलिस बल का दुरुपयोग न कर सके, जनता पार्टी ने एक अति वरिष्ठ और सेवानिवृत्त प्रशासनिक अधिकारी धर्मवीर की अध्यक्षता में 'राष्ट्रीय पुलिस आयोग' का गठन किया। इसका प्रमुख उद्देश्य मनमाने तबादलों पर लगाम लगाना था। भारतीय पुलिस अब भी अंग्रेजों के राज के उन कायदे-कानूनों के अनुसार चल रही थी जो 1888 में बनाए गए थे। आयोग की रिपोर्ट को इन्दिरा गांधी

ने (अपने दूसरे शासन-काल के दौरान) दबाए रखा, जो उनके निधन के बाद ही सामने आ सकी। आयोग ने सिफारिश की थी कि हर राज्य में एक बोर्ड गठित किया जाए, जिसमें गृहमंत्री, पुलिस उपमहानिरीक्षक, विपक्ष का नेता, उच्च न्यायालय का एक न्यायाधीश और तीन गैर-राजनीतिक व्यक्ति शामिल हों। इसका उद्देश्य पुलिस की नियुक्तियों और तबादलों पर नजर रखना था। यह मामला उच्चतम न्यायालय में पहुँचा तो उसने पुलिस सुधारों पर ध्यान देने के लिए एक समिति नियुक्त कर दी। समिति के अध्यक्ष के. टी. थॉमस ने उच्चतम न्यायालय को बताया कि उन्होंने राज्यों के मुख्यमंत्रियों से अलग-अलग बात की थी और वे सब-के-सब बोर्ड की नियुक्ति के खिलाफ थे। उन्होंने कहा, "वे मुझ पर हँसने लगे और बोले कि अगर मैं अपने पुलिस अधिकारी नहीं चुन सकता तो मैंने चुनाव किसलिए जीता है।"

जनता सरकार को व्यवस्था को सिरे से बदलने की कोशिश करनी चाहिए थी, जिसमें नीचे से लेकर ऊपर तक सत्ता के दुरुपयोग और भ्रष्टाचार की गंध आ रही थी। जेपी से गलती यह हुई कि वे केन्द्र और जनता-शासित राज्यों में सही किस्म के मंत्री नहीं चुन पाए। अहम पदों पर बैठे लगभग सभी लोग उसी थैली के चट्टे-बट्टे थे—सत्ता के लोभी और सिद्धान्त विहीन। उनमें आदर्शवाद, दूरदृष्टि या कम-से-कम जेपी के उस वायदे को निभाने की इच्छा की घोर कमी थी जो उन्होंने देश की जनता से किया था। देश के मतदाताओं ने बदलाव लाने के उनके वायदे को सर-आँखों पर लिया था और इस पर आँख मूँदकर मोहर लगा दी थी। लेकिन जेपी ने सब कुछ प्रधानमंत्री पर छोड़ दिया था।

सबसे ज्यादा निराश खुद प्रधानमंत्री मोरारजी देसाई ने ही किया था। वे बहुत हठी और अहंकारी साबित हुए थे। गर्दिश के लम्बे दौर ने उन्हें कड़वाहट और वक्त आने पर उन लोगों से हिसाब चुकाने की भावना से भर दिया था जिन्होंने उनके रास्ते में काँटे बिछाए थे।

जब मैंने जयप्रकाश नारायण का ध्यान इस तरफ दिलाया तो उन्होंने कहा, "मेरे पास कोई विकल्प नहीं था। मैं जगजीवनराम को प्रधानमंत्री नहीं बना सकता था, क्योंकि उन्होंने ही इमरजेंसी का प्रस्ताव पेश किया था। चरण सिंह के लिए पार्टी में पर्याप्त समर्थन नहीं था। इसलिए मोरारजी ही एकमात्र विकल्प थे।"

अगर प्रधानमंत्री के पद के लिए पार्टी में मुकाबला हुआ होता तो जगजीवन राम आसानी से जीत जाते। मैंने एक्सप्रेस बिल्डिंग में गोयनका के पास उनके समर्थकों की सूची देखी थी। जब चुनाव करवाने की बजाय जेपी को संसदीय पार्टी का नेता चुनने का काम सौंप दिया गया तो जगजीवनराम मन मसोसकर रह गए।

केन्द्र में पहली गैर-कांग्रेसी सरकार के आने का जोश कुछ ही दिनों में ठंडा पड़ गया और सब कुछ पुराने ढर्रे पर चलने लगा। एक बार फिर गुप्तचर एजेंसियाँ अपनी जानी-पहचानी गतिविधियों में जुट गईं, सरकार के विरोधियों और आलोचकों पर नजर रखने और उनके खिलाफ सूचनाएँ बटोरने के काम में। वही अनैतिक और गैरकानूनी तरीके अपनाए जाने लगे जो संजय गांधी अपना चुके थे। फर्क सिर्फ इतना था कि इस बार निशाने पर कांग्रेस और उनके समर्थक थे, खासकर राज्यों में। संजय गांधी के हाथों परेशान होनेवाले प्रशासनिक

अधिकारियों का एक नया सेट उभरकर सामने आ गया। सरकार में कुछ थोड़े-से, बहुत गिने-चुने अच्छे और बेदाग लोग भी थे। लेकिन वे पूरी तरह बेअसर थे, क्योंकि राजनीतिक नेतृत्व 'परिवर्तन' की बजाय 'पॉलिटिक्स' में दिलचस्पी ले रहा था।

अगर कोई परिवर्तन दिखाई दे रहा था तो सिर्फ विदेश नीति में। मोरारजी देसाई और विदेश मंत्री अटल बिहारी वाजपेयी इन्दिरा गांधी की नीतियों से अलग हटने लगे थे। पाकिस्तान और चीन दोनों ने ही इन्दिरा गांधी की हार की खुशी मनाई थी, जो उनके खिलाफ कठोर रुख अपनाए रही थीं। 1979 में अटल बिहारी वाजपेयी चीन गए तो 1962 की लड़ाई के बाद से वे चीन का दौरा करनेवाले पहले भारतीय विदेश मंत्री थे। लेकिन उन्हें अपना दौरा बीच में ही छोड़ना पड़ा, क्योंकि चीन ने भारत के मित्र समझे जानेवाले वियतनाम पर हमला कर दिया था। फिर भी, बाजपेयी के इस दौरे का एक सांकेतिक प्रभाव जरूर रहा था।

मोरारजी देसाई ने शेख मुजीबुर्रहमान के वफादार समझे जानेवाले गुरिल्लाओं को मदद देना बन्द कर दिया, जो बांग्लादेश की सैनिक सरकार के खिलाफ अब भी लड़ रहे थे। भारत ने शीत-युद्ध में एक 'सच्ची' गुट-निरपेक्षता हासिल करने की इच्छा जाहिर की, जो लम्बे समय से हमारी राष्ट्रीय नीति रही थी। जिमी कार्टर भारत का आधिकारिक दौरा करनेवाले पहले अमरीकी राष्ट्रपति बने। दोनों देशों ने आपसी व्यापार को बढ़ाने और विज्ञान और प्रौद्योगिकी में परस्पर सहयोग का और विसतार करने की इच्छा प्रकट की। वाजपेयी ने परमाणु निशस्त्रीकरण पर संयुक्त राष्ट्र की कॉन्फ्रेंस में भारत का प्रतिनिधित्व किया और भारत के परमाणु कार्यक्रम का बचाव किया। उन्होंने परमाणु अप्रसार सन्धि पर हस्ताक्षर करने से इनकार कर दिया।

मोरारजी देसाई नैतिक रूप से भारत द्वारा परमाणु अस्त्रों के निर्माण के खिलाफ थे। उन्होंने एक बार कहा भी था, ''हम बम के बिना भी दुश्मन को बाहर खदेड़ सकते हैं।'' उन्होंने आगे कहा था,''अगर चीन हमारी सीमा पर एटम बम फेंकेगा तो वह अपने लिए ही एक न लाँघी जा सकनेवाली दीवार खड़ी कर लेगा।'' प्रधानमंत्री के रूप में अपनी पहली प्रेस कॉन्फ्रेंस में उन्होंने भारत के परमाणु अस्त्रों के कार्यक्रम की उपयोगिता पर सन्देह व्यक्त किया था और देश को 'कुटीर-उद्योग' की तरफ लौटने की सलाह दी थी।

जिमी कार्टर और मोरारजी देसाई ने जनवरी 1978 को 'दिल्ली घोषणा' पर हस्ताक्षर किए। इसमें कहा गया था कि "राष्ट्रों के बीच आर्थिक शक्ति के अन्तर को पाटने की कोशिश की जानी चाहिए और एक ज्यादा न्यायसंगत अन्तर्राष्ट्रीय आर्थिक व्यवस्था की स्थापना होनी चाहिए, तभी हम अन्तर्राष्ट्रीय शान्ति को सुनिश्चित कर सकते हैं।''

मोरारजी ने यह मौखिक वायदा भी किया था कि भारत 'भविष्य में परमाणु विस्फोटों को प्रोत्साहन नहीं देगा', हालाँकि नई दिल्ली ने इस प्रावधान को औपचारिक रूप से स्वीकार नहीं किया था। इसके बदले में जिमी कार्टर भारत को परमाणु ईंधन की एक और किस्त भेजने के लिए राजी हो गए थे, जो काफी समय से बकाया थी। लेकिन उसी वर्ष अमरीकी कांग्रेस ने दखलंदाजी करते हुए परमाणु अप्रसार कानून पास करके इस सप्लाई को रोक दिया।

जनता सरकार को आर्थिक सुधारों के मामले में बहुत कम सफलता मिली। उसने छटी पंचवर्षीय योजना में कृषि उत्पादन और ग्रामीण उद्योगों को प्रोत्साहन देने की कोशिश की। आर्थिक आत्म-निर्भरता और स्वदेशी उद्योगों को बढ़ावा देने के उद्देश्य से सरकार ने अन्तर्राष्ट्रीय

कम्पनियों और भारतीय कम्पनियों के बीच साझेदारी स्थापित करने की कोशिश की। लेकिन यह नीति विवादों में घिर गई और विदेशी निवेश में गिरावट और कोका कोला और आईबीएम जैसी अन्तर्राष्ट्रीय कम्पनियों की भारत से बहुचर्चित विदाई का कारण बनी। हड़ताल और ट्रेन यूनियनों के पुनर्शक्तिकरण से जुड़े नए कानूनों के कारण व्यावसायिक उत्पादन को गिरावट का सामना करना पड़ा।

जनता सरकार ने सम्पत्ति के अधिकार को आधारभूत अधिकारों की सूची से हटा दिया। अब यह सिर्फ एक कानूनी अधिकार रह गया।

नई सरकार ने बड़ौदा विस्फोट मामले से जुड़े 25 आरोपियों के खिलाफ सभी आरोप वापस लेने शुरू कर दिए। इनमें नए उद्योग मंत्री जॉर्ज फर्नांडिस भी शामिल थे। रेलवे मंत्री के रूप में उन्होंने मई 1974 की हड़ताल के बाद निकाले गए कर्मचारियों को फिर से नौकरियाँ दे दीं।

जनता सरकार ने इन्दिरा गांधी की सरकार के सदस्यों, राजनीतिक पार्टियों और पुलिस बलों के खिलाफ भ्रष्टाचार और मानवाधिकारों के उल्लंघन के आरोपों की जाँच के लिए आयोग और ट्रिब्युनल बिठाने शुरू कर दिए। संजय गांधी की सरकारी स्वामित्व वाली कम्पनी 'मारुति उद्योग लिमिटेड' के कामकाज और भूतपूर्व रक्षामंत्री बंसीलाल की गतिविधियों की जाँच के लिए विशेष जाँच समितियाँ गठित कर दी गईं। इन्दिरा गांधी और उनके बेटे संजय दोनों पर ही भ्रष्टाचार के आरोप भी लगाए गए।

आपातकाल से पहले के कानूनी और अन्य अधिकारों को फिर से लागू करने के अलावा जनता पार्टी ने 'परिवर्तन' के नाम पर शायद ही कुछ किया। बल्कि जनता सरकार का कामकाज का तरीका भी कांग्रेस से जरा भी भिन्न नहीं था। बहुत-से मंत्री पुराने खिलाड़ी थे, जो सिर्फ अपना 'लेबल' बदलकर जनता पार्टी के नाम से मंत्री बन गए थे। वे वही पुरानी और तुच्छ महत्त्वाकांक्षाएँ पाले हुए थे और उस स्तर पर उठने के लिए तैयार नहीं थे जिसकी जेपी उनसे उम्मीद कर रहे थे। भारत के लिए आजादी जीतने वाले पुराने महारथियों की तुलना में ये सब कितने छोटे और मामूली थे।

यह सच था कि इन्दिरा गांधी की हार को देश में, खासकर उत्तर भारत में, दूसरी आजादी के रूप में देखा गया था। लेकिन लोगों को यह अहसास नहीं था कि उनकी 'अपेक्षाओं के परिवर्तन' के औजार वही पुराने सत्ता लोलुप राजनीतिज्ञ और वर्तमान दौर की जरूरतों से कटा हुआ वही घिसा-पिटा प्रशासन तंत्र था।

इन्दिरा गांधी को मिल-जुलकर हराने वाले नेताओं को एक-दूसरे की टाँग खींचते देखना बहत निराश करनेवाला दृश्य था। लोगों ने कल्पना भी नहीं की थी कि जिन नेताओं को उन्होंने भारी मतों से जिताया था वे यूँ आपस में ही गुत्थमगुत्था होते रहेंगे। आपसी मतभेदों को दूर करने के लिए बड़े नेताओं की मोरारजी के घर पर कई बैठकें हुईं, लेकिन कोई नतीजा नहीं निकला।

मैंने मोरारजी देसाई और चरण सिंह से मिलकर उनसे मिल-जुलकर काम करने का आग्रह किया। मोरारजी देसाई ने कहा कि वे चरण सिंह को चूरण सिंह बनाने की ठान चुके थे। चरण सिंह का दृष्टिकोण भी इतना ही निराशाजनक था। उन्होंने कहा कि वे सिर्फ 20,000

मतों से जीतनेवाले मोरारजी देसाई को अपना नेता कैसे स्वीकार कर सकते थे, जबकि छोटे-मोटे नेता भी लाखों के अन्तर से जीते थे।

न तो यह आपसी खींचतान रुक रही थी और न सरकार ही सही ढंग से चल पा रही थी। आखिर दुखी होकर मैंने जयप्रकाश नारायण के नाम एक खुला पत्र लिखा। मैंने उन्हें इन्दिरा गांधी के खिलाफ उनके आन्दोलन के लक्ष्यों और मूल्यों की याद दिलाई और इन्हें साकार करने की वर्तमान सरकार की अक्षमता की तरफ उनका ध्यान खींचा। मैंने लिखा था–

> पहली बार दृष्टि एक निश्चत लक्ष्य पर टिकी हुई थी। यह मूल्यों, मूलभूत अधिकारों और सिद्धान्तों की लड़ाई थी। एक ऐसे युग में जिसमें लगाव की जगह विलगाव, लगन की जगह लापरवाही और उदारता की जगह संकुचितता की प्रमुखता है, आपने मानवीयता के आधारभूत पहलुओं को छुआ था। आपने ऊँचे मूल्यों की तरफ ध्यान खींचा था। इसीलिए अब आप जनता नेताओं को जिला स्तर के कामकाज, बल्कि सही शब्दों में कहें तो राजनीति, से ऊपर उठने के लिए कह सकते हैं। आज दिल्ली में जो कुछ हो रहा है वह आपके या देश की जनता के गले नहीं उतर सकता।

सरकार के कामकाज में कोई सुधार दिखाई नहीं दे रहा था। पार्टी अध्यक्ष चन्द्रशेखर के नाम जेपी के पत्र का भी कोई असर नहीं हुआ था। जनता पार्टी के शासन के 15 महीने बाद लिखा गया यह पत्र जयप्रकाश नारायण की पीड़ा और यंत्रणा का प्रतीक था। यह पत्र एक चेतावनी थी कि अगर पार्टी की अंदरूनी कलह जारी रही और 1977 में जनता सरकार के सत्ता में आने के बाद लोगों में जागी उम्मीदें पूरी नहीं हो सकीं तो 'तानाशाही ताकतों और प्रवृत्तियों के फिर से उभरने का खतरा' था।

उखड़ती जनता, डूबती सरकार

मोरारजी देसाई ने मनमानी नीति अपनाते हुए चरण सिंह और उनके 'हनुमान' समझे जानेवाले राजनारायण दोनों को केबिनेट से निकाल दिया। विदेश मंत्री अटल बिहारी वाजपेयी और सूचना मंत्री लालकृष्ण आडवाणी के दबाव के कारण उन्हें चरण सिंह को केबिनेट में वापस लाना पड़ा, लेकिन ये दोनों स्वास्थ्य मंत्री राजनारायण को उनकी जगह वापस नहीं दिलवा सके। यह जनता पार्टी के नेताओं की सबसे बड़ी भूल साबित हुई। राजनारायण के सोशलिस्ट साथी मधु लिमये ने मुझसे कहा था कि अगर उन्हें वापस नहीं लिया गया तो वे सरकार को गिराकर ही दम लेंगे। यही हुआ भी।

राजनारायण ने यह बात किसी से छिपाई नहीं थी कि वे चरण सिंह को प्रधानमंत्री बनाना चाहते थे। उनके दूसरे सोशलिस्ट साथी मोरारजी को हटाने से कतरा रहे थे, क्योंकि उन्हें डर था कि कोई छेड़छाड़ करने से कश्ती डूब सकती थी और इसके साथ-साथ वे सब भी। लेकिन राजनारायण इतने ज्यादा भड़के हुए थे कि उन्होंने संजय गांधी से सम्पर्क स्थापित किया। संजय ने उन्हें गम्भीरता से नहीं लिया। वे इतनी जल्दी अपने पत्ते खोलने के लिए तैयार नहीं थे।

अब सामूहिक रूप से काम करना जनता पार्टी के लिए सिर्फ एक दिखावा रह गया

था। सभी घटक अपने-अपने हिसाब से चल रहे थे। जनसंघ इस मामले में सबसे ज्यादा दोषी थी। सरकार बनने के बाद से ही उसके नेता आरएसएस के अनौपचारिक चाकरों की तरह व्यवहार करते रहे थे। जेपी को यह बहुत ज्यादा अखर रहा था। जनसंघ के नेताओं ने उनसे वायदा किया था कि वे आरएसएस के साथ अपने सम्बन्धों को खत्म कर देंगे। लेकिन उन्होंने ऐसा नहीं किया था। जब मैंने जेपी को जनसंघ के नेताओं को उनका वायदा याद दिलाने के लिए कहा तो उन्होंने जवाब दिया कि वे कोशिश करके देख चुके थे और नाकाम रहे थे। "यह विश्वासघात है," जेपी ने अपना क्षोभ व्यक्त करते हुए कहा था। बाद में यही मुद्दा जनता पार्टी के टूटने का प्रमुख कारण बना।

पार्टी में पुराने कांग्रेसियों और सोशलिस्टों का बहुमत था। उन्होंने एक प्रस्ताव पास करके जनसंघ से आए सदस्यों को आरएसएस के साथ अपने सम्बन्ध खत्म करने के लिए कहा। दिलचस्प तथ्य यह था कि यह प्रस्ताव सिर्फ एक वोट के अन्तर से पास हुआ था और यह वोट कांग्रेस के 'गुप्त मोहरे' दिनेश सिंह का था। जनसंघ दोहरी सदस्यता पर अड़ी रही, जो दूसरे घटक को स्वीकार नहीं था। इसके बाद जनता सरकार के अन्त की शुरुआत हो गई। जनसंघ से आए सदस्य पार्टी छोड़कर चले गए, जिनमें एल. के आडवाणी सबसे प्रमुख थे। उन्होंने एक नई पार्टी 'भारतीय जनता पार्टी' की स्थापना की।

राजनारायण की खुशी का तब कोई ठिकाना नहीं रहा जब संजय गांधी ने खुद पहल करते हुए उनसे हाथ मिलाने की इच्छा जाहिर की। वे जनता सरकार को गिराकर कांग्रेस की मदद से चरण सिंह को प्रधानमंत्री बनाने के लिए राजी हो गए। राजनारायण इस बात को लेकर खार खाए बैठे थे कि उन्हें अपनी एक टिप्पणी के लिए पार्टी अध्यक्ष चन्द्रशेखर से माफी माँगने के लिए कहा गया था। वे पूरी मुस्तैदी से जनता सरकार को गिराने की योजना में जुट गए। कुछ ही दिनों में संसद का सत्र शुरू होने जा रहा था, जो मोरारजी देसाई और चरण सिंह के बीच बढ़ते टकराव को देखते हुए बहुत महत्त्वपूर्ण बन गया था। जनता सरकार की विदाई के पूरे-पूरे आसार दिखाई दे रहे थे।

लेकिन इस विदाई से कुछ पहले, 1979 के वर्ष के आखिरी महीनों में, जनता सरकार ने 'मंडल कमीशन' के नाम से एक नया कमीशन नियुक्त किया। इसका उद्‌देश्य 'पिछड़े वर्गों में सामाजिक या आर्थिक दृष्टि से पिछड़े वर्गों की पहचान करना था।

जनता पार्टी के एक महत्त्वपूर्ण नेता और चरण सिंह के निकट समर्थक देवीलाल ने मुझे फोन करके कहा कि वे मुझे एक 'स्कूप' देना चाहते थे। उन्होंने कहा कि संसद के आनेवाले सत्र में मोरारजी देसाई की सरकार का गिरना तय था। उन्होंने कहा कि हर रोज चार-पाँच सांसद जनता पार्टी की सरकार से इस्तीफा देते रहेंगे, जब तक कि वह अल्पमत में नहीं आ जाती।

मैंने उन पर विश्वास नहीं किया और एक बहुत बड़े स्कूप का अवसर गँवा बैठा।

देवीलाल ने मुझसे कहा था कि चरण सिंह के समर्थक तीन या चार के समूहों में इस्तीफा देना शुरू करेंगे। यही हुआ भी और सरकार की ताकत हर रोज घटने लगी।

कांग्रेस नेता वाई. बी. चव्हाण ने सरकार के खिलाफ अविश्वास प्रस्ताव पेश कर दिया था। मैंने उनसे कहा कि इसकी सफलता के अच्छे आसार थे, लेकिन खुद उनकी क्या राय थी? उन्होंने कहा, "कुलदीप, मारने तो चले थे बिल्ली, लेकिन मर गया शेर।" वे क्या कर

सकते थे? उन्हें अब भी पूरा भरोसा नहीं था कि सरकार सचमुच गिर जाएगी।

जब जॉर्ज फर्नांडिस ने एक दिन मोरारजी सरकार का बचाव किया और दूसरे दिन उस पर जमकर हमला बोल दिया तो मैं समझ गया कि खेल खत्म हो गया था। मुझे उनके लिए अफसोस हो रहा था, क्योंकि पहले एक ट्रेड यूनियन नेता और फिर इमरजेंसी के खिलाफ एक जुझारु सिपाही के रूप में उनकी बड़ी शानदार भूमिका रही थी। लेकिन उनके दूसरे भाषण से मेरा यह शक पक्का हो गया था कि देवीलाल की बात सच साबित होने जा रही थी।

जब जगजीवनराम ने अपने पक्ष में समर्थन जुटाना शुरू किया तो उन्हें आसानी से सदन में बहुमत मिलता दिखाई देने लगा। लेकिन मोरारजी देसाई कुर्सी छोड़ने को तैयार नहीं थे। मैंने उनसे बात की तो उन्होंने कहा कि अगर सदन में उनका बहुमत नहीं था तो वे प्रधानमंत्री का पद छोड़ने के लिए तैयार थे, लेकिन पार्टी के नेता का नहीं। यह चीजों को देखने का बड़ा टेढ़ा तरीका था, लेकिन मोरारजी सीधी और तर्कपूर्ण सोच के लिए जाने भी नहीं जाते थे। अविश्वास प्रस्ताव चरण सिंह के समर्थकों के धक्के से पास हो गया और मोरारजी सरकार ने इस्तीफा दे दिया। तब नीलम संजीव रेड्डी राष्ट्रपति थे। उन पर जगजीवनराम को सरकार बनाने के लिए आमंत्रित करने के लिए काफी दबाव डाला गया, लेकिन वे टस-से-मस नहीं हुए। उनका तर्क था कि जनता पार्टी की सरकार के खिलाफ अविश्वास प्रस्ताव पास हो चुका था, इसलिए अब वे उसी पार्टी के किसी दूसरे नेता को सरकार बनाने के लिए कैसे कह सकते थे।

तकनीकी दृष्टि से वे सही भी थे। लेकिन वे जगजीवनराम जनता सरकार को बचाने में सफल हो सकते थे, क्योंकि चरण सिंह को कांग्रेस के समर्थन का पूरा भरोसा नहीं था।

यही वह समय था जब राष्ट्रपति नीलम संजीव रेड्डी ने नए चुनाव होने तक कुछ महीनों के लिए शेख अब्दुल्ला को कार्यवाहक प्रधानमंत्री बनाने की सम्भावना पर विचार किया। संविधान के अन्तर्गत राष्ट्रपति कार्यवाहक सरकार के नेतृत्व के लिए किसी को भी मनोनीत कर सकता था।

लेकिन शेख अब्दुल्ला ने इस प्रस्ताव को ठुकरा दिया। इसके बाद राष्ट्रपति ने चरण सिंह को आमंत्रित करके सदन में अपना बहुमत साबित करने के लिए कहा। यह एक तरह का एंटीक्लाइमेक्स था, क्योंकि चरण सिंह अपनी घोर विरोधी और इमरजेंसी लगानेवाली इन्दिरा गांधी का समर्थन लेने जा रहे थे। इमरजेंसी के दौरान उन्होंने जेल में मुझसे कहा था कि अगर वे कभी सत्ता में आए तो कांग्रेस के नेताओं को सरेआम कोड़ों से पिटवाना चाहेंगे।

दरअसल चरण सिंह को कांग्रेस का समर्थन जनता पार्टी को तोड़ने और नए चुनाव करवाने की चाल भर थी। इसके पीछे पूरी तरह संजय गांधी का हाथ था। जब इन्दिरा गांधी ने संजय के साथ राजनारायण की मीटिंग और मोरारजी सरकार को गिराने की योजना के बारे में सुना था तो उन्हें अपने कानों पर विश्वास नहीं हुआ था। लेकिन इस योजना से जुड़ी सम्भावनाओं से वे भी बहुत खुश थीं। इमरजेंसी के खिलाफ इतनी बहादुरी से लड़ने वाले और इतने अनुभवी नेता होने के बावजूद राजनारायण संजय गांधी के सामने बच्चे साबित हुए थे और उनकी चाल में आ गए थे। मधु लिमये ने मुझसे कहा था कि अगर

राजनारायण को केबिनेट से न निकाला गया होता तो वे यह सब न करते। हैरानी की बात यह थी कि सोशलिस्ट नेता भी, अपनी वैचारिक प्रतिबद्धता के बावजूद, दूसरों की तरह ही सत्ता के लोभी साबित हुए थे।

चरण सिंह की आशंकाएँ सही साबित हुईं। उन्होंने मुझसे कहा था कि वे संजय के जोर देने के बावजूद इन्दिरा गांधी से मिलने नहीं गए थे। वे मुझे यकीन दिलाना चाहते थे कि उन्होंने 'अपनी इज्जत बचा ली' थी। लोकसभा में अपना बहुमत साबित करने से पहले ही उन्होंने इस्तीफा दे दिया। आखिरी घड़ियों में कुछ लोगों ने 'जनता दल' की सरकार को बचाने की काफी कोशिशें कीं, लेकिन मोरारजी देसाई और जगजीवनराम दोनों में ही चरण सिंह को अपना समर्थन देने से इनकार कर दिया, जिन्हें वे 'गद्दार' के रूप में देख रहे थे। इस तरह, नए चुनावों का रास्ता साफ हो गया। जनता पार्टी की सरकार तीन वर्ष से भी कम समय तक चल पाई थी।

कुछ समय के लिए जनता पार्टी में चरण सिंह को समर्थन देने की बात भी चली थी, जब कांग्रेस ने ऐन वक्त पर उन्हें ठेंगा दिखा दिया था। लेकिन पार्टी के सदस्य उनसे इतने ज्यादा बिदक चुके थे कि यह योजना लागू नहीं की जा सकी। देखा जाए तो जनता सरकार को बचाया जा सकता था और किसी तरह के आपसी समझौते किए जा सकते थे। लेकिन जब राजनीति पर गुस्सा और नासमझी हावी हो तो सही सोच की गुंजाइश ही नहीं रहती।

राष्ट्रपति नीलम संजीव रेड्डी ने एक नई मिसाल कायम करते हुए 28 जुलाई, 1979 को चरण सिंह को कार्यवाहक सरकार का नेता नियुक्त कर दिया।

1980 में हुए चुनावों में इन्दिरा गांधी को स्पष्ट बहुमत प्राप्त हो गया। उन्हें 525 सीटों वाली लोकसभा में 351 सीटें मिलीं, जबकि जनता पार्टी को सिर्फ 32 सीटें मिल पाईं। यह एक करारी हार थी, लेकिन इसमें हैरानी की कोई बात नहीं थी। चुनाव प्रचार के बाद खुद अटल बिहारी वाजपेयी ने मुझसे कहा था कि उन्हें लोगों के चेहरों पर गुस्सा दिखाई दे रहा था और पार्टी की हार निश्चित थी।

इन चुनावों के लिए फिल्मी दुनिया ने भी 'नेशनल पार्टी' के नाम से अपनी एक पार्टी बनाई थी। पार्टी के सदस्यों को सम्बोधित करने के लिए मुझे भी बम्बई आमंत्रित किया गया था। लेकिन जब चुनाव का वक्त आया तो उन्होंने एक भी उम्मीदवार मैदान में नहीं उतारा। इन्दिरा गांधी ने भी इस पार्टी के विज्ञापन देखे थे और वे बार-बार इसके बारे में बड़ी दिलचस्पी से पूछताछ करती रही थीं।

मोहभंग का वह दौर

इन्दिरा सरकार की हार को 'दूसरी आजादी' के रूप में देखा गया था। फिर भी, ऐसा लगता है कि जो लोग केन्द्र और राज्यों में मंत्री बनकर आए थे उनकी न तो जयप्रकाश नारायण द्वारा देश के सामने रखे गए आदर्शों में कोई आस्था थी, और न दबे-कुचले वर्गों के आर्थिक उद्धार के प्रति ही कोई प्रतिबद्धता थी। उनके लिए इन्दिरा गांधी की हार सत्ता पर कब्जा करने का एक अवसर मात्र था। गद्दी मिलते ही वे सैद्धान्तिक राजनीति और साफ-सुथरे सार्वजनिक जीवन की बातें करना भूल गए। उनके अन्दर एक क्रान्ति का नेतृत्व करने का

माद्दा ही नहीं था।

देश भयंकर मोहभंग की स्थिति में था। लोगों ने कल्पना भी नहीं की थी कि सत्ता-परिवर्तन का मतलब सिर्फ स्वामियों का बदल जाना, खाली की गई कुर्सियों पर नए व्यक्तियों का बैठ जाना होगा; और सचमुच के परिवर्तन के नाम पर कुछ भी नहीं होगा—न तो राजनीतिक आचरण में और न नीतियों में। एक बड़ा फर्क सिर्फ यह था कि अब कोई खुफिया आँख उनकी निगरानी नहीं कर रही थी। वे अपनी बात कहने या लिखने के लिए स्वतंत्र थे।

कभी-कभी मुझे लगता था कि काश इमरजेंसी कुछ और वर्षों तक जारी रहती। तो फिर जेलों में बन्द लोगों की प्रतिबद्धता की कड़ी परीक्षा हो जाती और कुछ बेहतर आदर्शों और सूझ-बूझ वाले नेता सामने आते। मोरारजी देसाई, जगजीवन राम और चरण सिंह ढली उम्र के लोग थे। वे गुस्से में जरूर थे, लेकिन उनके पास किसी नई दिशा या विश्व-दृष्टि का अभाव था।

हम नागरिक समाज के कुछ सदस्यों ने—रोमेश थापर, निखिल चक्रवर्ती, मृणाल दत्ता चौधरी, रजनी कोठारी, जॉर्ज वर्गीस, राज कृष्ण और मैंने—साथ बैठकर 'भारत के लिए एक एजेंडा' तैयार करने का फैसला किया। हमारा उद्देश्य हमारे समाज में हो रही घटनाओं का विश्लेषण करना और राष्ट्र के सामने मौजूद प्रश्नों का समाधान खोजना था। हमारे एजेंडे का विश्लेषण था कि भारतीय राजनीति का संकट दरअसल परिवर्तन का संकट था। यह राजनीति के आधार और उसके ढाँचे में बढ़ते अन्तर को प्रतिबिम्बित करता था। पिछले एक दशक से राजनीतिक और आर्थिक प्रक्रियाएँ हाशियों में सिमटे और उपेक्षित सामाजिक वर्गों को सक्रिय राजनीतिक समुदाय के दायरे में ले आई थीं। खासतौर से उत्तर भारत में नई कृषि तकनीकों के कारण मँझले किसान वर्गों ने अपनी आर्थिक स्थिति में काफी सुधार किया था और वे अब परम्परागत रूप से विशिष्ट वर्गों का दबदबा सहने के लिए तैयार नहीं थे। यह प्रक्रिया दक्षिण भारत में पहले ही दिखाई दे चुकी थी।

अवसरों के ढाँचे में धीरे-धीरे हो रहे परिवर्तन के कारण, और साथ ही राजनीतिक पार्टियों द्वारा उनके मॉबिलाइजेशन के प्रयासों के कारण भी, दलित वर्ग अब अपने अधिकारों के प्रति सचेत होने लगे थे। वे अपनी स्थितियों में सुधार की माँग करने लगे थे। इसके अलावा शेष सक्रिय राजनीतिक समुदाय की सामाजिक और राजनीतिक संवेदनाओं में भी भारी परिवर्तन आ चुका था। उद्देश्यपूर्ण और सैद्धान्तिक राजनीति की माँग जोर पकड़ने लगी थी। अपना घर भरने की राजनीति के प्रति जहाँ वितृष्णा की भावना पैदा होने लगी थी, वहीं सार्वजनिक हितों की उपेक्षा के लिए राजनीतिक पार्टियों और नेताओं के प्रति आक्रोश की भावना दिखाई देने लगी थी।

यह एजेंडा तैयार करने के बाद हमने एक बड़ी मीटिंग आयोजित की, ताकि हम देश भर के लगभग 250 बुद्धिजीवियों को अपने साथ जोड़ सकें। लेकिन हमारे द्वारा यह पहल किए जाने तक शायद बहुत देर हो चुकी थी। चुनाव आयोजित हुए और किसी भी पार्टी ने हमारे एजेंडे को अपने घोषणा-पत्र में शामिल नहीं किया। इन्दिरा गांधी ने एजेंडे की एक प्रति जरूर माँगी थी, लेकिन 1980 में सत्ता में लौटने के बाद उनकी नीतियों में हमारे सुझावों की जरा भी झलक दिखाई नहीं दी।

इन्दिरा गांधी ने जनता सरकार के उदाहरण का अनुसरण करते हुए गैस-कांग्रेसी राज्य

सरकारों को बर्खास्त कर दिया। फिर भी, अब इन्दिरा और संजय दोनों ही फूँक-फँककर कदम रख रहे थे। परिवार नियोजन का प्रचार पूरी तरह बन्द कर दिया गया। यह आपातकाल का सबसे बड़ा दुष्परिणाम था। कोई भी सरकार परिवार नियोजन कार्यक्रम को छूना नहीं चाहती थी। एक बार मैंने अपने दोस्त हेमवती नन्दन बहुगुणा, जो तब केन्द्रीय मंत्री थे, से पूछा था कि बढ़ती जनसंख्या पर अंकुश लगाने के लिए कोई कदम क्यों नहीं उठाया जा रहा था। उन्होंने कहा कि कोई भी सरकार इस मुद्दे को हाथ लगाना नहीं चाहेगी, क्योंकि यह इन्दिरा गांधी की हार का सबसे बड़ा कारण था।

वे गलत कह रहे थे। इन्दिरा गांधी की हार का एक प्रमुख कारण परिवार नियोजन नहीं बल्कि जबर्दस्ती नसबन्दी था।

1980 में इन्दिरा गांधी के सत्ता में लौटने के बाद मुझे शायद ही कभी उनसे मिलने का मौका मिला। सिर्फ एक बार किसी फंक्शन में हमने एक-दूसरे से हाथ जोड़कर नमस्ते की थी। इस बार वे संजय के हाथ में कमान देने की बजाय उसे सख्ती से अपने हाथ में थामे रहीं। लेकिन सत्ता में वापसी के कुछ ही समय बाद वे अपने बेटे को खो बैठीं।

मेरे एक गहरे दोस्त राज थापर ने मुझे फोन करके संजय गांधी के विमान के साथ हुई दुर्घटना के बारे में बताया था। संजय एक रोमांच पसन्द पायलट थे। दुर्घटना में संजय के निधन के कुछ ही दिनों बाद मेनका की माँ ने मुझे फोन करके कहा था कि यह दुर्घटना नहीं बल्कि साजिश थी। उन्होंने मुझे इस बात की छानबीन करने के लिए कहा कि संजय के विमान के ऊपर एक दूसरा विमान कैसे उड़ रहा था। मैं यह बात पहली बार सुन रहा था। मैं इसकी पुष्टि नहीं कर पाया कि उनके विमान के ऊपर कोई दूसरा विमान उड़ रहा था या नहीं।

जो बात तथ्यात्मक तौर पर सही थी वह यह थी कि इन्दिरा गांधी ने दुर्घटना-स्थल का फिर से दौरा किया था और 'कोई चीज' ढूँढ़कर अपने पास रख ली थी। वह क्या चीज थी, यह आज तक एक रहस्य बना हुआ है। क्या वह संजय के स्विस खाते का नम्बर था?

मैं मेनका और उनकी माँ से खुशवंत सिंह के घर पर मिल चुका था। खुशवंत सिंह ने खुद मुझे बुलाया था, क्योंकि वे चाहते थे कि मैं मेनका की पत्रिका 'सूर्या' के लिए लिखूँ। इमरजेंसी के दौरान यह पत्रिका खूब चली थी, लेकिन बाद में खत्म हो गई थी।

इंडियन एक्सप्रेस से मेरी विदाई

इन्दिरा गांधी की सत्ता में वापसी 'इंडियन एक्सप्रेस' से मेरी विदाई के रूप में परिणित हुई। उनके प्रधानमंत्री बनने के कुछ ही दिनों बाद गोयनका ने मुझे अपने कमरे में बुलाकर कहा कि वे उनके साथ अपने रिश्ते सुधारना चाहते थे। "आप जानते हैं कि..." उन्होंने अपना वाक्य पूरा करने की जरूरत नहीं समझी। उन्होंने कहा कि वे सम्पादकीय विभाग के ऊँचे पदों में भारी फेरबदल करना चाहते थे। इसके अलावा उन्होंने कुछ भी नहीं कहा। मैं उनका इशारा समझ गया था।

लगभग दो महीने बाद उन्होंने कहा कि तत्कालीन सम्पादक मालगाँवकर अपना पद

छोड़ रहे थे, लेकिन एक सलाहकार के रूप में काम करते रहनेवाले थे। उन्होंने कहा कि निहाल सिंह नए सम्पादक होंगे। वे तब 'स्टेट्समैन' के स्थानीय सम्पादक थे और मेरे अधीन राजनीतिक संवाददाता के रूप में काम कर चुके थे। इसके बाद वे मेरी तरफ मुड़ते हुए बोले कि मेरा क्या इरादा था। मैंने कहा कि मैं अपना इस्तीफा दे दूँगा, क्योंकि वे यही चाहते थे। मुझे दो महीने पहले उनके साथ हुई बातचीत याद थी। उन्होंने मुझे तभी इशारा कर दिया था।

अजीत भट्टाचार्जी भी इमरजेंसी के दौरान सरकार की सूची में शामिल रहे थे। उन्होंने भी अपना इस्तीफा सौंप दिया। अखबार में एक गुपचुप-सी घोषणा छापकर 'हमारी सेवाओं के लिए' हमें धन्यवाद दे दिया गया। यह बड़ी अजीब बात थी कि इमरजेंसी के दौरान हमने साथ मिलकर जो लड़ाई लड़ी थी, वह एक सही विदाई तक के बिना खत्म हो गई थी।

मैंने उनसे कहा कि मैं एक सिंडिकेट सेवा शुरू करके अपने कॉलम को एक सिंडिकेटिड कॉलम में बदलना चाहता था। मैंने उनसे पूछा कि क्या उनका अखबार मेरा कॉलम खरीदना पसन्द करेगा। उन्होंने कहा कि वे सोचकर जवाब देंगे। उनका जवाब कभी नहीं आया।

14

ऑपरेशन ब्लू स्टार

मैं जरनैल सिंह भिंडरांवाले से पहली बार मिला था तो वे एक 'हीरो' और 'विलेन' के खाँचे में पहले से फिट हो चुके थे। वे उतने ही महत्त्वपूर्ण हो चले थे जितने कि अकाली दल के प्रमुख सन्त हरचरण सिंह लोंगोवाल। हालाँकि पंजाबी सूबे की माँग मानी जा चुकी थी–जिसे अनुसार पंजाबीभाषी जिलों को अलग करके एक नए और छोटे पंजाब का रूप दे दिया गया था–फिर भी सिख आमतौर से इस समाधान से खुश नहीं थे। वे एक अलग पहचान चाहते थे, जो इस नए पंजाब राज्य की स्थापना से साकार नहीं हो पाई थी। इसलिए समुदाय इस अलग पहचान की तलाश के रास्ते ढूँढ़ रहा था।

उस समय समुदाय का नेतृत्व दो सन्तों के हाथ में था, जो एक-दूसरे से बिलकुल उलट थे। सन्त भिंडरांवाले अक्खड़ और हिंसक थे तो सन्त लोंगोवाल नरम और शान्त स्वभाव के।

मैं भिंडरांवाले से उनके बेतरतीब-से कमरे में मिला तो मैंने उनसे पूछा कि वे इतने सारे बन्दूक और स्टेनगन-धारियों से क्यों घिरे हुए थे। उन्होंने अपनी देहाती पंजाबी में पलटकर पूछा कि पुलिसवाले क्यों हथियार उठाए घूम रहे थे। मैंने कहा कि वे सरकार के नुमाइंदे थे। उन्होंने तुनककर जवाब दिया, "वे मुझसे टक्कर लेकर तो देखें, उन्हें पता चल जाएगा कि यहाँ किसकी सरकार है!"

यह उनका जाना-पहचाना अन्दाज था। वे खुद को कानून से ऊपर समझते थे–एक ऐसा आदमी जिसे ईश्वर ने एक मिशन के लिए चुना था। वे इतने ताकतवर बनना चाहते थे कि देश की सारी पुलिस और फौज भी उनका कुछ न बिगाड़ सके। यही उनकी त्रासदी थी। मैं भिंडरांवाले के साथ ही था कि वहाँ केन्द्रीय मंत्री स्वर्ण सिंह भी आ पहुँचे। कमरे में एक ही कुर्सी थी जिस पर मैं बैठा हुआ था। इससे पहले कि मैं उन्हें अपनी कुर्सी पेश करते हुए उठ पाता, उन्होंने फर्श पर बैठते हुए कहा कि एक सन्त की उपस्थिति में वे फर्श पर बैठना ही पसन्द करेंगे।

भिंडरांवाले ने लाला जगत नारायण की हत्या की जिम्मेदारी से इनकार किया। वे 'पंजाब केसरी' और 'हिन्द समाचार' के मालिक थे और उन्हें दिन-दहाड़े लुधियाना के पास मौत के घाट उतार दिया गया था। भिंडरांवाले उनकी हत्या पर कोई अफसोस जाहिर करने की बजाय उन पर सिख कौम की बुराई करने का आरोप लगाते रहे। मेरे मित्र और जगत नारायण के पुत्र रोमेश चन्दर को भी भिंडरांवाले के आतंकवादी जत्थों ने मार डाला था। उनकी हत्या

से मुझे बहुत गहरा झटका लगा था। एक दिन पहले ही उन्हें किसी जरूरी काम से जलंधर लौटना पड़ा था और मुझसे विदा लेते समय उन्होंने मेरे साथ एक फिल्म देखने का वायदा किया था।

राजनीतिक क्षितिज पर भिंडरांवाले का उदय 1977 के आसपास हुआ था, जब कांग्रेस की देशव्यापी हार के बाद पंजाब में अकाली दल और जनता पार्टी की मिली-जुली सरकार बनी थी। तब पिछले मुख्यमंत्री जैल सिंह, जो पाँच वर्ष बाद देश के राष्ट्रपति बने, बहुत ज्यादा परेशानी में थे। न सिर्फ उनके हाथ से सत्ता निकल गई थी, बल्कि उनके आचरण की जाँच के लिए नियुक्त गुरदयाल सिंह कमीशन ने उन्हें सत्ता के दुरुपयोग का दोषी पाया था।

यह विचार संजय गांधी का था कि अकाली सरकार को चुनौती देने के लिए 'सन्त' को आगे बढ़ाना चाहिए। उन्हें असवैधानिक तौर-तरीके बड़ी जल्दी सूझते थे। उन्हें और जैल सिंह को याद था कि पंजाब के भूतपूर्व और बहुचर्चित मुख्यमंत्री प्रताप सिंह कैरों ने मास्टर तारा सिंह को टक्कर देने के लिए किस तरह सन्त फतेह सिंह को खड़ा किया था। इस बार भी वे यही तरीका आजमाना चाहते थे।

जैल सिंह और दरबारा सिंह, जो कांग्रेस कार्यकारिणी समिति के सदस्य थे और बाद में मुख्यमंत्री भी बने, ने मिलकर दो सम्मानित व्यक्तियों का चुनाव किया और उन्हें संजय गांधी से मिलवाया।

पहला व्यक्ति संजय को कुछ खास नहीं जँचा, लेकिन भिंडरांवाले के अक्खड़पन और तीखे तेवरों ने उनका मन मोह लिया। उन्हें लगा कि अकाली दल को टक्कर देने के लिए वे बिलकुल सही व्यक्ति थे। संजय के मित्र और सांसद कमलनाथ ने मुझे यह सब बताते हुए कहा था, ''हम कभी-कभी उन्हें पैसे भी देते रहते थे। हमने कल्पना भी नहीं की थी कि वे आतंकवादी की राह पर चल पड़ेंगे।'' उन लोगों ने सोचा भी नहीं था कि अकाली दल को टक्कर देने के चक्कर में वे एक फ्रैंकनस्टाइन का निर्माण कर रहे थे। जैल सिंह ने भिंडरांवाले से सम्पर्क बनाए रखा था, हालाँकि बाद में उन्होंने इन आरोपों का खंडन किया।

भिंडरांवाले को सुर्खियों में आने का पहला अवसर 13 अप्रैल, 1978 को मिला। वह बैसाखी का दिन था और सिखों और निरंकारियों के दो जत्थे आपस में भिड़ गए थे। निरंकारी खुद को 'सिख' मानते हैं, लेकिन सिख समुदाय उन्हें अपने समुदाय का अंग नहीं मानता। निरंकारियों की स्थिति अहमदियों की तरह है, जो खुद को मुसलमान कहते हैं लेकिन दूसरे मुस्लिम समुदाय ऐसा नहीं समझते।

दोनों जत्थों के बीच हुई इस भिड़ंत में 16 सिख मारे गए थे। भिंडरांवाले ने कहा कि पंजाब अकालियों का मुख्यमंत्री होने के बावजूद सिखों की हत्याओं को बर्दाश्त नहीं किया जा सकता। इस हत्याकांड से पूरे देश के सिख भड़के हुए थे। उस दिन मुख्यमंत्री प्रकाश सिंह बादल मुम्बई में थे। वे झट से पंजाब लौटे। उन्होंने कुछ पुलिस अधिकारियों को निलम्बित करने के साथ-साथ निरंकारी प्रमुख गुरबचन सिंह को गिरफ्तार कर लिया। सिखों का गुस्सा फिर भी शान्त नहीं हुआ, बादल द्वारा निरंकारियों के बहिष्कार के आह्वान के बाद भी नहीं।

अकाली इस बात से भी भड़के हुए थे कि घटना के दिन जैल सिंह ने 'दल खालसा' नामक एक नई संस्था की स्थापना को अपना आशीर्वाद दिया था। इसके उद्घाटन समारोह

में 'पन्थ की विशिष्ट और स्वतंत्र पहचान की धारणा को सुरक्षित रखने' का संकल्प लिया गया था। दल का राजनीतिक उद्देश्य 'खालसा के वर्चस्व' को कायम करना था।

संस्था द्वारा पारित प्रस्ताव का एक महत्त्वपूर्ण हिस्सा यह भी था कि "पंजाब और अन्य राज्यों में केन्द्र का दखल रक्षा, विदेशी मामलों, मुद्रा और सामान्य संचार तक सीमित होना चाहिए।" और "पंजाब और अन्य राज्यों को संसद में अपने प्रतिनिधित्व के अनुपात में केन्द्र को वित्तीय योगदान देना चाहिए।" यही प्रस्ताव बाद में आनन्दपुर साहिब प्रस्ताव में बदल गया, जिसे केन्द्र सरकार 'अलगाववादी माँग' के रूप में देखने लगी।

अकाली नेता इस प्रस्ताव को लेकर बचाव की मुद्रा में दिखाई देते थे। मैं जब भी उनसे इसके बारे में बात करता था, वे इस प्रस्ताव के कई प्रारूप होने का हवाला देते थे। एक अकाली नेता ने मुझे बताया था कि प्रस्ताव का ड्राफ्ट प्रशासनिक सेवा से बर्खास्त किए गए एक भूतपूर्व अधिकारी कपूर सिंह ने तैयार किया था। यह ड्राफ्ट अंग्रेजी में था, इसलिए अकाली दल के तत्कालीन अध्यक्ष फतेह सिंह इसे पूरी तरह समझ नहीं पाए थे। कपूर सिंह ने अपने तरीके से उन्हें प्रस्ताव का मसौदा समझाया था, इसलिए फतेह सिंह को नहीं मालूम था कि प्रस्ताव में सचमुच क्या था।

शायद फतेह सिंह को सचमुच ही प्रस्ताव की बारीकियों का इल्म न रहा हो, लेकिन ड्राफ्ट समिति में पंजाब के भूतपूर्व वित्त मंत्री बलवंत सिंह, भूतपूर्व केन्द्रीय मंत्री (कृषि) सुरजीत सिंह बरनाला और शिरोमणि गुरुद्वारा प्रबंधक समिति के अध्यक्ष गुरचरण सिंह तोहड़ा जैसे व्यक्ति भी शामिल थे। वे इस प्रस्ताव को रुकवा सकते थे या इसके मसौदे में फेर-बदल कर सकते थे। पर ऐसा कुछ भी नहीं हुआ। यह कोई हैरानी की बात भी नहीं थी। अकाली दल जब भी सत्ता से बाहर होता था तो हमेशा उग्र तेवर अपनाने की कोशिश करता था। इसलिए यह प्रस्ताव उसकी राजनीति को ही प्रतिबिम्बित करता था।

भिंडरांवाले को ऐसा लगने लगा कि हर सिख नौजवान उनका अनुयायी बन सकता था। अपने भाषणों में वे बीते युग की बात करते हुए सिख राजा-महाराजाओं की याद दिलाते थे और अपना वर्चस्व फिर से कायम करने के लिए सिखों से लड़ने-मरने का आह्वान करते थे। उन्हें लोंगोवाल के शान्तिपूर्ण तौर-तरीके पसन्द नहीं थे।

ऐसा लगने लगा था कि इन्दिरा गांधी और अकाली टकराव की राह पर थे। सिखों में नरमपंथियों की आवाज कमजोर पड़ने लगी थी। जब भिंडरांवाले ने भविष्य के आन्दोलन की रूपरेखा तैयार करने के लिए एक मीटिंग बुलाई तो प्रकाश सिंह बादल, बलवंत सिंह और एस.एस. बरनाला इस मीटिंग में शामिल नहीं हुए। लेकिन चीन और पाकिस्तान की मदद से खालिस्तान की स्थापना की बात करनेवाले सुखजिंदर सिंह, जो पंजाब के शिक्षा मंत्री थे, और गुरचरण सिंह तोहड़ा इस मीटिंग में मौजूद थे। तोहड़ा अपने साथ बसन्त सिंह खालसा को भी लेते गए थे, जिन्होंने लोकसभा चुनाव में हारने के बाद कहा था कि सिखों की अलग मतदाता सूचियाँ होनी चाहिए।

प्रधानमंत्री अकालियों की अलग राजनीतिक पहचान की माँग को स्वीकार नहीं कर सकते थे। लोंगोवाल दुविधा में थे। चरमपंथियों ने सिखों की भावनाओं को भड़काते हुए यह कहना शुरू कर दिया कि केन्द्र सरकार उनकी धार्मिक माँगें स्वीकार करने के लिए भी तैयार नहीं थी।

सिखों के लिए एक अलग राज्य की माँग के समर्थन में एक मोर्चा निकालने का फैसला किया गया तो लोंगोवाल ने नरमपन्थी बादल को अपने साथ रखने के इरादे से उन्हें पहली गिरफ्तारी देने के लिए नामांकित किया। बादल जानते थे कि पहला सत्याग्रही होने का मतलब था पार्टी की नजरों में भी पहले स्थान पर होना।

लेकिन अकालियों को यह भी डर था कि कहीं भिंडरांवाले और उनके अनुयायी स्वर्ण मन्दिर पर कब्जा न कर लें, जिसे उन्होंने अपनी गतिविधियों का केन्द्र बना रखा था। अकाली यह भी जानते थे कि इस तरह के मोर्चे सिखों के लिए प्रतिष्ठा का प्रश्न बन जाते थे और वे गाँवों-कस्बों से लाखों की तादाद में इन मोर्चों में पहुँचने लगते थे। ऐसे अवसरों पर सभी नजरें स्वर्ण मन्दिर पर टिकी होती थीं।

मोर्चे की शुरुआत 4 अगस्त, 1982 को हुई। प्रकाश सिंह बादल पहले सत्याग्रही के रूप में 300 सत्याग्रहियों के जत्थे का नेतृत्व करते हुए स्वर्ण मन्दिर से बाहर आए तो उन सबको गिरफ्तार कर लिया गया, क्योंकि वहाँ धारा 144 लागू थी और पाँच से ज्यादा लोगों के इकट्ठे होने की मनाही थी।

यही दृश्य अगले ढाई महीने तक दोहराया जाता रहा और सब कुछ शान्तिपूर्वक चलता रहा।

सत्याग्रही नारे बुलंद करते हुए और ड्रमों की गूँज के बीच स्वर्ण मंन्दिर से बाहर निकलते थे तो भिंडरांवाले भीतर गुरुनानक निवास में मौजूद होते थे। वे हथियारों से लैस रक्षकों से घिरे रहते थे और सिखों का एक बड़ा हजूम उनके पीछे-पीछे चलता रहता था। लेकिन लोंगोवाल मन्दिर में आते-जाते थे तो लगभग अकेले होते थे और शायद ही किसी का ध्यान उनकी तरफ जाता था।

दोनों सन्त एक ही बिल्डिंग में रहते थे।

एक दिन हरचरण सिंह लोंगोवाल ने मुझे मोर्चा देखने के लिए आमंत्रित किया। मैं सोचने लगा कि अकाली दल का आन्दोलन धार्मिक स्वरूप क्यों ले लेता था। क्या इसलिए कि राजनीति और धर्म एक ही सिक्के के दो पहलू माने जाते थे, पेढ़ी और मेढ़ी, या कि इसलिए कि धार्मिक रंग दिए बिना किसी भी आन्दोलन को ज्यादा देर जारी नहीं रखा जा सकता था?

यूँ नियंत्रण अब भी नरमपंथियों के हाथ में था। लोंगोवाल अकालियों की माँगों के अलावा दूसरी माँगें उठानेवालों पर प्रहार करने से नहीं चूकते थे। एक दिन जब मैं मोर्चे में शामिल था तो खालिस्तान का नारा लगाने वालों पर वे न सिर्फ जमकर बरसे, बल्कि उन्होंने उन्हें 'कांग्रेस के एजेन्ट' तक घोषित कर दिया। उन्होंने कहा कि अकाली खालिस्तान की माँग के सख्त खिलाफ थे। उस समय भिंडरांवाले उनके पास ही बैठे हुए थे। वे एक शब्द तक नहीं बोले।

लोंगोवाल ने सांसद बलवंत सिंह रामोवालिया को मुझे स्टेशन तक छोड़ आने के लिए कहा। वे इस आन्दोलन से बहुत नजदीक से जुड़े हुए थे। उन्होंने लोंगोवाल और भिंडरांवाले के मतभेदों को छिपाने की कोशिश नहीं की। उनका खयाल था कि अपने उग्र तेवरों के कारण भिंडरांवाले दिनोदिन अधिक प्रभावशाली होते जा रहे थे। स्टेशन पर रामोवालिया से विदा लेते हुए मैंने उनसे लोंगोवाल तक यह सन्देश पहुँचाने के लिए कहा कि उनके आन्दोलन

ने इतना विराट रूप ले लिया था कि मुझे डर था कि कहीं वे इस पर अपना नियंत्रण न खो बैठें। ''कहीं भिंडरांवाले इसे अपने हाथ में न ले लें,'' मैंने उन्हें आगाह करते हुए कहा, ''और इस आन्दोलन को अपने चरमपन्थी उद्देश्यों के लिए इस्तेमाल न करें।''

लोंगोवाल के भाषण हमेशा नरम और संयमित होते थे। कभी-कभी वे हिन्दू-सिख एकता की बात भी करते थे। दूसरी तरफ, भिंडरांवाले सिर्फ जहर उगलना जानते थे। वे हमेशा सिखों पर पुलिस की ज्यादतियों और उनके प्रति भेदभाव के उदाहरण देते थे। उनका कहना था कि सिखों को भारत में उनके अधिकार नहीं मिल रहे थे, इसलिए उन्हें मिल-जुलकर इस अन्याय के खिलाफ लड़ना चाहिए। फिर भी, उन्होंने अभी अपने पूरे पत्ते नहीं खोले थे।

दो महीनों के अन्दर लगभग 30,000 सिखों ने गिरफ्तारियाँ दीं। जेलों में जगह कम पड़ गई तो उन्हें शिविरों और घरों में रखा जाने लगा। इस बीच कैदियों से भरी एक बस ट्रेन से टकरा गई, जिसमें 34 लोग मारे गए। मोर्चे ने इतनी लोकप्रियता प्राप्त कर ली थी कि गाँवों-कस्बों से सिख सत्याग्रहियों के जत्थे के जत्थे चले आ रहे थे।

मुझे डर था कि कहीं भिंडरांवाले इस आन्दोलन को कोई गलत मोड़ न दे दें। मैंने सरकार को चेताते हुए लिखा कि ऐसी स्थिति में खालिस्तान की माँग एक बार फिर जोर पकड़ सकती थी। मैं तत्कालीन गृहमंत्री के.सी. पन्त से भी मिला। मैंने उन्हें अकाली नेताओं से बात करने की सलाह दी। उन्होंने एक ऐसी टिप्पणी की जिसकी टीस मुझे बहुत दिनों तक महसूस होती रही। उन्होंने कहा, ''मुझे आपकी देशभक्ति पर कोई सन्देह नहीं है, लेकिन मुझे लगता है कि आप सिखों को बढ़ावा दे रहे हैं।''

इन्दिरा गांधी ने 15 अक्टूबर, 1983 को दीवाली के दिन सभी अकाली सत्याग्रहियों को रिहा कर दिया। इसके कुछ ही दिन बाद स्वर्ण सिंह ने लोंगोवाल से मिलकर अकाली माँगों पर बातचीत की, जिनमें से ज्यादातर में कोई नई बात नहीं थी। स्वर्ण सिंह ने उन्हें इस बात के लिए राजी कर लिया कि एक अलग प्रसारण केन्द्र स्थापित करने की बजाय आकाशवाणी के जलंधर स्टेशन से ही स्वर्ण मन्दिर का शब्द-कीर्तन प्रसारित किया जाए। एक माँग अकालियों ने खुद ही छोड़ दी। यह फलाइंग मेल का नाम बदलकर हरमन्दिर एक्सप्रेस रखने से जुड़ी हुई थी। अकालियों को लगा कि हरमन्दिर साहिब के नाम पर किसी रेलगाड़ी का नाम रखना सम्मानजनक नहीं होगा।

अकाली नेता और इन्दिरा गांधी लगभग हर रोज मिलते रहे। बातचीत के बाद बलवंत सिंह मेरे पास चले आते थे और मुझे बातचीत का सार-संक्षेप बताते थे। एक दिन उन्होंने मुझे यह कहकर चौंका दिया कि अकाली नेता मुझे मध्यस्थ की भूमिका सौंपना चाहते थे।

उस समय चंडीगढ़ कोई खास समस्या नहीं लगती थी। ऐसा माना जाता था कि वह पंजाब में चला जाएगा। जहाँ तक फाजिल्का और अबोहर का प्रश्न था, अकालियों का दावा था कि वहाँ पंजाबीभाषियों की बहुसंख्या थी। स्वर्ण सिंह इन सभी क्षेत्रों पर पंजाब और हरियाणा के दावों का अध्ययन करने के लिए एक कमीशन नियुक्त करने के लिए राजी हो गए।

पानी का बँटवारा एक जटिल प्रश्न था। लेकिन अकाली इस मामले में उच्चतम न्यायालय के किसी न्यायाधीश के फैसले को स्वीकार करने के लिए राजी हो गए। उन्हें कुछ विशेषज्ञों

द्वारा न्यायाधीश की मदद किए जाने पर भी कोई एतराज नहीं था।

आनन्दपुर साहिब प्रस्ताव सबसे बड़ी गुत्थी थी। स्वर्ण सिंह ने अकालियों से कहा कि वे उनके साथ केन्द्र-राज्य सम्बन्धों पर बातचीत के लिए तैयार थे, लेकिन इससे ज्यादा कुछ नहीं। अकाली नेता इस बीच आपस में भी लम्बी बातचीत कर चुके थे और आनन्दपुर साहिब प्रस्ताव की धार को काफी कम कर चुके थे।

अकालियों ने स्वर्ण सिंह से कहा कि आनन्दपुर साहिब प्रस्ताव मुख्य रूप से केन्द्र-राज्य सम्बन्धों से जुड़ा हुआ था और वे सभी राज्यों के लिए सत्ता का विकेन्द्रीकरण चाहते थे। अकाली नेताओं के साथ सरकार की इस बातचीत ने ही केन्द्र-राज्य सम्बन्धों के अध्ययन के लिए एक कमीशन की नियुक्ति (जून 1983) को जन्म दिया। उच्चतम न्यायालय के एक भूतपूर्व न्यायाधीश आर.एस. सरकारिया के नेतृत्व में गठित इस कमीशन को 'सरकारिया कमीशन' के नाम से जाना गया।

कमीशन ने अपनी रिपोर्ट में राज्यपालों के 'पक्षपातपूर्ण' रवैये की आलोचना की, जिसके कारण केन्द्र-राज्य सम्बन्धों पर बुरा असर पड़ रहा था। उन्होंने केन्द्र में इन्दिरा गांधी की सरकार का विशेष रूप से उल्लेख किया, जिनके कार्यकाल में राज्यपालों की मदद से तीन अकाली सरकारों को बर्खास्त किया गया था।

अकालियों ने सभी पार्टियों का एक संसदीय ग्रुप बनाने का प्रस्ताव रखा। विपक्ष पर उनके जोर से इन्दिरा गांधी खुश नहीं थीं। स्वर्ण सिंह ने कहा कि इस संसदीय समिति में विभिन्न राजनीतिक पार्टियों का प्रतिनिधित्व संसद में उनकी सदस्यता के अनुपात में होगा, इसलिए इस समिति में भी कांग्रेस का ही बहुमत होगा तो फिर अकालियों को इन्दिरा गांधी द्वारा नियुक्त समिति पर क्यों एतराज था? यह समिति आनन्दपुर साहिब प्रस्ताव का अध्ययन करके अपना फैसला देगी। अकाली नेताओं को स्वर्ण सिंह की बात जाँच गई और वे इन्दिरा गांधी द्वारा समिति के गठन के लिए राजी हो गए।

स्वर्ण सिंह अकाली नेताओं के साथ अपनी बातचीत की पूरी जानकारी इन्दिरा गांधी तक पहुँचाते रहे। उन्होंने उन्हें आनन्दपुर साहिब प्रस्ताव और जल विभाजन पर हुए समझौते के बारे में बताया तो इन्दिरा गांधी ने उनके अथक प्रयासों की सराहना करते हुए इस समझौते को स्वीकार कर लिया।

लेकिन इन्दिरा गांधी एक पूरे मामले को एक उप-समिति के सामने रखना चाहती थी, जिसे उन्होंने उसी समय झट से नियुक्त कर दिया। इसमें प्रणव मुखर्जी, आर. वेंकटरमन, नरसिम्हाराव और पी.सी. सेठी शामिल थे। स्वर्ण सिंह ने समिति के सामने विस्तार से अपना फार्मूला रखा, जिसे समिति ने स्वीकार कर लिया। स्वर्ण सिंह ने कहा कि अन्तिम सहमति के लिए एक बार प्रधानमंत्री से पूछ लेना भी ठीक होगा। उस-समिति के सदस्यों ने कहा कि उन्हें उनके फार्मूले पर मोहर लगाने का पूरा अधिकार प्राप्त था और उप-समिति के फैसले को ही सरकार का फैसला समझना चाहिए।

परिणामस्वरूप, स्वर्ण सिंह ने अकाली नेताओं से कहा कि सरकार ने फार्मूले को स्वीकार कर लिया था। उन्होंने उन्हें समझौते का ड्राफ्ट भी दिखा दिया। वे इस ड्राफ्ट को अपने साथ अमृतसर ले जाना चाहते थे। लेकिन स्वर्ण सिंह ने उनसे कहा कि इसे अगले दिन संसद में रखा जाना था, इसलिए उन्हें पहले से ही इसकी प्रतिलिपि देना ठीक नहीं था। उन्होंने

उनसे वायदा किया कि संसद में इसे पेश करते ही उन्हें इसकी प्रतिलिपि भिजवा दी जाएगी।

लेकिन संसद में जो प्रस्ताव रखा गया वह अकालियों को दिखाए गए ड्राफ्ट से काफी अलग था। इसमें कुछ ऐसी माँगें भी नहीं थीं जिन्हें स्वर्ण सिंह स्वीकार कर चुके थे। पानी के बँटवारे को लेकर भी इसमें राजस्थान और हरियाणा की सहमति लेने की बात कही गई थी।

अकालियों ने इसे 'विश्वासघात' ठहराते हुए स्वर्ण सिंह से शिकायत की। उनसे कुछ कहते नहीं बन पा रहा था। यह बिलकुल साफ था कि इन्दिरा गांधी ने आखिरी क्षणों में अपना मन बदल लिया था और उप-समिति के सदस्य उनसे यह कहने की हिम्मत नहीं कर पाए थे कि उन्होंने सरकार की तरफ से समझौते को स्वीकार कर लिया था।

जैसाकि स्वर्ण सिंह ने बाद में मुझसे कहा था, इन्दिरा गांधी को शायद यह नहीं मालूम था कि समझौते का ड्राफ्ट अकालियों को दिखाया जा चुका था। इस बात की काफी सम्भावना थी, क्योंकि इन्दिरा गांधी के मंत्री उनसे खुलकर कुछ भी कहने की हिम्मत नहीं कर पाते थे। वे उन्हें यह बताकर 'नाराज' नहीं करना चाहते थे कि वे अपनी तरफ से समझौते पर मोहर लगा चुके थे। अगर इन लोगों ने इन्दिरा गांधी को 'सच्चाई' बताने की हिम्मत की होती तो शायद यह समझौता लागू हो जाता।

कहना मुश्किल है कि किसकी गलती थी। लेकिन ऐसा लगता है कि स्वर्ण सिंह को हरी झंडी देने के बाद इन्दिरा गांधी ने अपना मन बदल लिया था। मेरा अपना खयाल है कि वे लोंगोवाल और भिंडरांवाले को एक ही पलड़े में रखकर देखती थीं। अकालियों को कोई छूट देने का मतलब था उन्हें सिखों का मसीहा घोषित कर देना। तो फिर कांग्रेस पार्टी का क्या होगा? वे इस सच्चाई को नहीं देख पाईं कि अधिकांश सिख अपनी एक अलग पहचान चाहते थे और अकाली दल उनका प्रतिनिधित्व कर रहा था।

बातचीत की विफलता के बाद स्वर्ण सिंह ने कभी भी इस मामले में न पड़ने की प्रतिज्ञा कर ली। वे अकालियों के साथ किसी भी बातचीत से दूर रहने की कोशिश करने लगे। प्रधानमंत्री द्वारा कई बार अनुरोध करने पर भी वे इस पचड़े में नहीं पड़े। इन्दिरा गांधी ने एक ऐसे मामले को यूँ ही लटकता छोड़ दिया जिसे वे उसी समय सुलझा सकती थीं।

अकाली नेताओं को अब भी लगता था कि स्थिति को सँभाला जा सकता था, हालाँकि भिंडरांवाले का प्रभाव दिनोदिन बढ़ रहा था। नरमपन्थी उनके और उनके तौर-तरीकों के खिलाफ थे, लेकिन वे केन्द्र सरकार से भी नाराज थे। वे हमेशा ही कट्टरपन्थियों के आगे हथियार डालते रहे थे और इस बार भी ऐसी ही स्थिति बनती जा रही थी। अकाली नेताओं तक ये खबरें भी पहुँच रही थीं कि गाँवों में बसे सिख पुलिस की ज्यादतियों, गिरफ्तारियों और तलाशियों से तंग आ चुके थे। वे संदिग्ध नौजवानों के परिवारों के साथ किए जा रहे दुर्व्यवहार से भी बहुत ज्यादा भड़के हुए थे। ऐसे हालात में भिंडरांवाले के समर्थकों की संख्या और बढ़ रही थी।

सिख नौजवानों को, जो ज्यादातर गाँवों से आते थे, पढ़ने-लिखने के बाद भी नौकरियाँ नहीं मिल रही थीं। उन्हें झक मारकर गाँवों में लौटना पड़ता था, जहाँ के आर्थिक हालात दिन-पर-दिन बदतर होते जा रहे थे। खेत अब पहले की तरह कमाई के अच्छे जरिए नहीं

रहे थे, क्योंकि जमीन कम थी और हकदार ज्यादा। 'हरित क्रान्ति' का सबसे ज्यादा लाभ उठाने के बावजूद पंजाब अब अपनी नौजवान पीढ़ी की ऊर्जा खपा पाने में असमर्थ था। ऐसे में सरकार के साथ टकराव की भावना को हवा मिलना स्वाभाविक था।

भिंडरांवाले हिन्दू पुलिस पर 'निर्दोष सिखों' की हत्या का आरोप लगा रहे थे। अकाली नेता भी 'ज्यादतियों' की दुहाई देते हुए गाँवों-कस्बों के दौरे करने लगे थे और हत्या और हिंसा में लिप्त संदिग्ध नौजवानों को 'सरोपे' भेंट कर रहे थे। इससे हिन्दू आबादी और भी भयभीत महसूस करने लगी थी। उन्हीं दिनों नागरिक अधिकारों से जुड़ी एक संस्था 'पीयूसीएल' ने सिखों के खिलाफ पुलिस की ज्यादतियों का आकलन करने के लिए एक जाँच टीम भेजी। मैं भी इस टीम में शामिल था और वी.एम. तारकुंडे इसके अध्यक्ष थे। शिक्षाविद् और मेरे अच्छे मित्र अमरीक सिंह भी इस टीम के एक सदस्य के रूप में हमारे साथ पंजाब गए।

हमें अपनी रिपोर्ट में यह कहने में कोई संकोच नहीं हुआ कि पुलिस के व्यवहार में 'बदले की भावना' दिखाई देती थी। उन्होंने कुछ भगोड़ों के घर तक फूँक डाले थे और बर्तन-कपड़ों समेत घर का सारा सामान बर्बाद कर दिया था।

भगोड़ों के सम्बन्धियों को परेशान किया जा रहा था। कुछ को तो हिरासत में भी ले लिया गया था। पुलिस की कार्रवाई के कई दिनों बाद भी लोग डरे और सहमे हुए दिखाई देते थे। गाँववालों ने हमें इन ज्यादतियों से जुड़े पुलिस सब-इन्सपेक्टरों और डिप्टी सुपरिंटेंडेंटों के नाम भी बताए। इनमें से कुछ कानून को अपने हाथ में लेने के लिए बदनाम थे।

लेकिन हमने चरमपंथियों की भी खुलकर भर्त्सना की जो शान्ति को भंग करने और हिंसा को गौरवमंडित करने पर तुले हुए थे। जघन्य अपराधों में लिप्त व्यक्तियों को उनकी अनुपस्थिति में गाँवों में गौरवमंडित किया जा रहा था और उनके सम्बन्धियों को 'सरोपे' भेंट किए जा रहे थे। जलंधर में अपनी यात्रा के अंतिम चरण में हमें हत्या और दंगे के आरोपियों को सम्मानित किए जाने के चित्र देखने को मिले। बड़े दुख की बात थी कि नरमपन्थी सिख नेता भी चरमपंथियों की गैरकानूनी हरकतों की बुराई करने की हिम्मत नहीं जुटा पा रहे थे।

अकालियों की सबसे भारी भूल यह थी कि वे हिन्दुओं को परेशान किए जाने या उनकी हत्याओं के खिलाफ भी आवाज नहीं उठा पाए। ऐसे कई हिन्दू थे जिन्होंने राज्य की समस्याओं के बारे में सिखों से बातचीत करने की कोशिश की थी। जलंधर के एक प्रतिष्ठित सम्पादक वीरेन्द्र ने लोंगोवाल से मिलकर अकाली माँगों का समर्थन किया था। इसी तरह, लाला जगत नारायण के बेटे और 'हिन्द समाचार' के प्रमुख सम्पादक रोमेश चन्दर ने भी लिखा था कि वे इन माँगों की वैधता को स्वीकार करते थे। लेकिन कई दूसरे हिन्दू नेताओं की तरह इन दोनों को भी यही शिकायत थी कि अकाली उनके साथ बातचीत करने के लिए तैयार नहीं थे।

हिन्दू नेता अपनी इन आशंकाओं को नहीं छिपा पा रहे थे कि अकाली नेता एक स्वायत्त सिख राज्य की माँग की तरफ बढ़ रहे थे और उनकी हर गतिविधि इसी उद्देश्य को बढ़ावा देती हुई प्रतीत होती थी। पंजाब के हिन्दू पहले ही अपना सब कुछ पाकिस्तान में छोड़ आने की यातना झेल चुके थे। उन्हें डर था कि स्वायत्त सिख राज्य की स्थापना से कहीं उन्हें दूसरी बार बेघर-बार होकर शरणार्थी बनने का दिन न देखना पड़े।

उन दिनों पंजाब में कानून और व्यवस्था जैसी कोई चीज नहीं रह गई थी। अकाली ही नहीं, बल्कि भाजपा और सीपीएम समेत अन्य विपक्षी पार्टियाँ भी सरकार पर 'दोषियों' के खिलाफ कुछ न करने का आरोप लगा रही थीं। यही वह समय था जब भिंडरांवाले ने लोंगोवाल को सिखों को यह आह्वान देने के लिए कहा था कि वे मोटरसाइकिलें और रिवॉल्वर खरीदकर पंजाब के हिन्दुओं को मारना शुरू कर दें। लोंगोवाल यह सुनकर सन्न रह गए थे। उन्होंने इस सुझाव पर अमल करने की बजाय एक बयान जारी करके लोगों को भिंडरांवाले के इरादों की सूचना दे दी, जो सरकार को चुनौती देने पर तुले हुए थे। लेकिन नरमपंथियों पर तब इतना ज्यादा दबाव था कि तोहड़ा और लोंगोवाल को जल्दी ही इस बयान का खंडन करना पड़ा।

हालाँकि गुरु नानक निवास को स्वर्ण मन्दिर का हिस्सा घोषित किया जा चुका था, फिर भी भिंडरांवाले वहाँ असुरक्षित महसूस करने लगे थे। उन्हें डर था कि अकाली नेता किसी भी दिन पुलिस को गुरु नानक निवास में बुलाकर उन्हें गिरफ्तार करवा सकते थे।

दूसरी तरफ लोंगोवाल को दिनोदिन यह विश्वास होता जा रहा था कि जब तक पंजाब के हिन्दू उनकी माँगों का समर्थन नहीं करेंगे, सरकार उनकी नहीं सुनेगी। दिल्ली में गठित एक 'पंजाब ग्रुप', जिसमें इन्दर कुमार गुजराल, लेफ्टि. जनरल जे.एस. अरोड़ा, एयर मार्शल अर्जन सिंह, जस्टिस राजेंद्र सच्चर और प्राण चोपड़ा के साथ-साथ मैं भी शामिल था, ने लोंगोवाल से मिलकर उन्हें हत्याओं को खिलाफ एक 'हुक्मनामा' जारी करने के लिए कहा। लेकिन अकालियों का तर्क था कि इस तरह के हुक्मनामे का मतलब होगा कि सभी हत्याएँ सिखों द्वारा की जा रही थीं। फिर भी लोंगोवाल को हिन्दुओं में सुरक्षा की भावना जगाने की बात जम रही थी। लेकिन तोहड़ा आड़े आ गए और बात आगे नहीं बढ़ पाई।

सरकार पर कोई कार्रवाई करने का दबाव दिनोदिन बढ़ रहा था। (लोकदल और भाजपा जैसी विपक्षी पार्टियाँ तो सैनिक कार्रवाई की माँग कर रही थीं।) भिंडरांवाले को केन्द्रीय सुरक्षा बलों (सीआरपी) द्वारा अचानक छापे का डर सता रहा था, इसलिए वे अकाल तख्त में पनाह ले लेना चाहते थे। लेकिन मुख्य ग्रन्थी कृपाल सिंह इस पवित्र स्थल पर हथियार ले जाने की इजाजत नहीं दे रहे थे। भिंडरांवाले ने तोहड़ा से बात की तो उन्होंने कृपाल सिंह पर दबाव डालकर उन्हें राजी कर लिया। कृपाल सिंह आखिर कर भी क्या सकते थे, जब उन्हें नियुकत करने वाले तोहड़ा खुद ही उन्हें नियम तोड़ने के लिए कह रहे थे। भिंडरांवाले 15 दिसम्बर, 1983 से अकाल तख्त में ही रहने लगे।

उसी दिन से मन्दिर के अन्दर किलेबन्दी भी शुरू हो गई। केन्द्र सरकार यह सोचकर चिन्तित हो रही थी कि टकराव की सम्भावना दिनोदिन बढ़ती जा रही थी। फिर भी, प्रधानमंत्री और गृहमंत्री ने राष्ट्रपति जैल सिंह को भरोसा दिलाया था कि किसी कार्रवाई के नाम पर ज्यादा-से-ज्यादा पुलिस को मन्दिर में भेजा जाएगा। जैल सिंह ने कोई कठोर कदम उठाए जाने की स्थिति में इस्तीफा देने की धमकी दे दी थी।

लोंगोवाल भिंडरांवाले के अकाल तख्त में चले जाने से खुश नहीं थे। लेकिन वे चुप रहे क्योंकि वे जानते थे कि इसके पीछे तोहड़ा का हाथ था। दूसरी तरफ तोहड़ा लोंगोवाल और भिंडरांवाले दोनों को ही अपनी मुट्ठी में रखना चाहते थे।

19 फरवरी, 1984 को हिन्दीभाषी हरियाणा के पानीपत और जगाधरी जिले में अचानक हिंसा भड़क उठी। नौ सिख मारे गए और तीन गुरुद्वारे तोड़ डाले गए। इन घटनाओं में प्रशासन की मिलीभगत साफ दिखाई दे रही थी।

पंजाब में हिन्दू-सिख सम्बन्ध पहले ही खराब होने लगे थे, अब इनका असर दूसरे राज्यों में भी देखा जाने लगा। केन्द्र सरकार पंजाब में आतंकवादी घटनाओं पर लगाम लगाने में बुरी तरह असफल रही थी और देश भर में बढ़ते जन-आक्रोश से उसकी नींद हराम हो रही थी। आखिर राज्य का प्रशासन सीआरपीएफ और बीएसएफ की मदद से स्थिति पर नियंत्रण पाने की एक सुनियोजित योजना बनाने में जुट गया। इस योजना का एक महत्त्वपूर्ण अंग यह था कि स्वर्ण मन्दिर के आसपास के घरों से 'अवांछनीय तत्त्वों' को हटा दिया जाए। लेकिन केन्द्र सरकार इसकी अनुमति देने के लिए तैयार नहीं थी।

पंजाब सरकार जानती थी कि कोई भी कार्रवाई करते समय यह ध्यान रखना जरूरी था कि यह एक राजनीतिक मसला था और राजनीतिक हल की माँग करता था। राज्यपाल बी. डी. पांडे ने बिलकुल साफ शब्दों में कहा था कि यह एक राजनीतिक मामला था। उनके सलाहकारों ने यह बात इन्दिरा गांधी तक भी पहुँचा दी थी।

लोंगोवाल अब लाचार दिखाई देने लगे थे। उन्हें स्वर्ण मन्दिर के अन्दर किलेबन्दी की जानकारी थी। उनके वफादार साथियों ने उन्हें बताया था कि लंगर के लिए राशन लाने वाले ट्रकों में हथियार लाए जा रहे थे। उन्हें यह भी पता था कि बांग्लादेश युद्ध के हीरो माने जानेवाले मेजर जनरल सहबेग सिंह स्वर्ण मंन्दिर काम्पलेक्स के अन्दर ही आतंकवादियों को ट्रेनिंग दे रहे थे। गोलियों की आवाज खुद उनके कानों तक भी पहुँचती रहती थी। लोंगोवाल सब कुछ जानते हुए भी खामोश रहे। शायद वे कुछ कर पाने की स्थिति में ही नहीं थे। शायद वे सचमुच ही बेबस थे। दूसरे, वे केन्द्र सरकार से भी उखड़े हुए थे, जिसने उनके लिए बचाव का कोई रास्ता नहीं छोड़ा था। तीसरे, उन्हें यह भी भरोसा नहीं था कि भिंडरांवाले के साथ किसी टकराव की स्थिति में कितने लोग उनका साथ देंगे। वे भिंडरांवाले से खुली टक्कर लेने से बचना चाहते थे। फिर भी वे अपना आन्दोलन वापस लेने के लिए तैयार थे, बशर्ते कि केन्द्र सरकार हरियाणा को उतने ही क्षेत्रफल का कोई दूसरा क्षेत्र देकर पंजाब को चंडीगढ़ देने और दूसरी सभी माँगें एक ट्रिब्यूनल को सौंपने के लिए राजी हो जाए। उन्होंने अखबारों को दिए कई साक्षात्कारों में खुलकर यह बात कही।

लोंगोवाल ने अपने खिसकते जन-आधार को मजबूत करने के लिए एक और कदम भी उठाया। भिंडरांवाले बार-बार एक अलग सिख पहचान पर जोर दे रहे थे। लोगोंवाल ने इसको भी एक मुद्‌दा बनाते हुए संविधान की धारा 25(2) में संशोधन की माँग कर डाली, जिसके अनुसार, "हिन्दुओं के सन्दर्भ में सिख, जैन या बौद्ध धर्म के लोगों का भी समावेश माना जाएगा...।" यह माँग अकालियों की माँगों में कभी शामिल नहीं रही थी। लेकिन नरमपंथियों का खयाल था कि इससे उन्हें अपने समर्थकों को अपने साथ रखने में मदद मिलेगी। जैसाकि अकाली नेता ने मुझसे कहा था, "भिंडरांवाले की तरफ खिंच रहे सिखों को वापस लाने के लिए इस तरह का कोई कदम उठाना जरूरी था।"

बादल ने हिन्दुओं की संवेदनशीलता को ध्यान में रखते हुए इस माँग का विरोध किया। बलवंत सिंह खामोश रहे, जबकि बरनाला ने बादल का समर्थन किया। लोंगोवाल ने इन दोनों

को यह समझाकर राजी कर लिया कि तोहड़ा पहले ही इस सम्बन्ध में राजीव गांधी से बात कर चुके थे और वे इस संशोधन के लिए तैयार थे। तब राजीव गांधी कांग्रेस पार्टी के महासचिव थे।

अकालियों ने राज्यसभा चुनावों के बहिष्कार की भी घोषणा कर दी। उन्हें एक सीट मिल सकती थी, जो उनके चुनाव न लड़ने के कारण कांग्रेस को मिल गई। उन्होंने 'आजाद पन्थ सप्ताह' मनाने का भी फैसला किया। अब पन्थ पर बहुत ज्यादा जोर दिया जाने लगा था, ताकि आम सिखों को यह न लगे कि सिर्फ भिंडरांवाले को ही पन्थ की गरिमा और मर्यादा का खयाल था।

अकाली चाहते थे कि या तो सभी धर्मों के लोगों के लिए एक समान नागरिक संहिता हो, या फिर सिखों के लिए अलग नागरिक संहिता (सिविल कोड) हो। लोंगोवाल ने केन्द्र सरकार को एक पत्र लिखकर कहा था कि हिन्दुओं का अपना 'पर्सनल लॉ' था और मुसलमानों का अपना, तो फिर सिखों का अलग 'पर्सनल लॉ' क्यों नहीं था? उनका कहना था कि सिखों को इससे वंचित रखना उनके साथ भेदभाव का उदाहरण था।

केन्द्र सरकार इस उधेड़-बुन में थी कि अकालियों से टक्कर ली जाए या कोई समझौता किया जाए। तत्कालीन गृहमंत्री नरसिम्हा राव ने हम 'पंजाब ग्रुप' के लोगों को बातचीत के लिए बुलाया। वे चाहते थे कि हम अकालियों को चंडीगढ़ के बँटवारे के लिए राजी कर लें, ताकि एक हिस्सा पंजाब को मिल जाए और दूसरा हरियाणा को। हम ऐसा करने में सफल भी हो गए। लेकिन अजीब बात यह हुई कि अकालियों की रजामंदी की जानकारी देने के लिए हम न तो नरसिम्हा राव से मिलने का समय ले पाए और न फोन पर ही उन तक यह सन्देश पहुँचा पाए। यह अविश्वसनीय-सी बात थी, इसलिए हम समझ गए कि दाल में कुछ काला था।

हमारा सन्देह तब और भी पक्का हो गया जब सूचना और प्रसारण मंत्री एच.के.एल. भगत मुझसे मिलने मेरे घर आए। उन्होंने मुझे बताया कि उन्हें इन्दिरा गांधी ने भेजा था। उन्होंने सीधे-सीधे मुझसे पूछा कि क्या सरकार को सेना को स्वर्ण मन्दिर में भेजना चाहिए। मैंने 'न' में जवाब दिया। मैंने कहा कि स्वर्ण मन्दिर सिर्फ एक गुरुद्वारा ही नहीं था, बल्कि सिखों का 'मक्का-मदीना' था, 'वेटिकन सिटी' था। वे इसे पूरी कौम पर हमले की तरह देखेंगे।

इसके बाद भगत की तरफ से मुझे कोई खबर नहीं मिली। लेकिन राष्ट्रपति के प्रेस सचिव त्रिलोचन सिंह ने मुझे बताया कि सेना स्वर्ण मंन्दिर में दाखिल हो गई थी। कुछ दिन पहले जब मैं राष्ट्रपति ज्ञानी जैल सिंह से मिला था तो उन्होंने मुझे बताया था कि इन्दिरा गांधी ने उन्हें भरोसा दिलाया था कि वे किसी भी हालत में सेना को स्वर्ण मन्दिर में नहीं भेजेंगी।

त्रिलोचन सिंह ने ही सबसे पहले ज्ञानी जैल सिंह को बताया था कि सेना स्वर्ण मन्दिर में दाखिल हो गई थी। उन्हें बहुत गहरा झटका लगा था, खासकर यह देखते हुए कि वे भारतीय सशस्त्र सेनाओं के सर्वोच्च कमांडर थे। लेकिन उनसे इस सैनिक कार्रवाई के बारे में पूछा तक नहीं गया था।

स्वर्ण मन्दिर में सेना के प्रवेश से मुझे झटका तो लगा था लेकिन हैरानी नहीं हुई थी। 'पंजाब

ग्रुप' के एक सदस्य के रूप में मुझे निराशा हुई थी, क्योंकि इस कार्रवाई से दस दिन पहले ही गृहमंत्री नरसिम्हा राव ने हमें अकालियों से बातचीत की जिम्मेदारी सौंपी थी।

बाद में मैंने ब्लू स्टार ऑपरेशन की कमान सँभालने वाले ब्रिगेडियर जे.एस. बरार से बात की तो मुझे पता चला कि उन्हें इस कार्रवाई के बारे में एक पखवाड़े पहले ही बता दिया गया था। इसका मतलब था कि नरसिम्हा राव के साथ हमारी बातचीत से पहले ही सरकार स्वर्ण मन्दिर पर चढ़ाई का फैसला कर चुकी थी। तो फिर उन्होंने हमसे यह बात क्यों छिपाई थी?

"कह दो उनसे कि उनके मेहमान आ पहुँचे हैं!" लोंगोवाल ने अपनी कड़वाहट न छिपा पाते हुए भिंडरांवाले पर चोट करते हुए कहा था। आखिर वही हुआ था जिसका डर था। सेना ने स्वर्ण मन्दिर के इर्द-गिर्द मोर्चेबन्दी कर ली थी। पिछले कई दिनों से ऐसी अटकलें थीं कि सेना कभी भी पहुँच सकती थी। फिर भी लोंगोवाल यह उम्मीद करते रहे थे कि शायद ऐसा न हो। अभी पिछली रात ही उन्होंने राष्ट्र के नाम एक प्रसारण में प्रधानमंत्री इन्दिरा गांधी को पंजाब संकट के बारे में यह कहते सुना था—"अगर किसी भी मुद्दे पर अब भी कोई गलतफहमी या सन्देह है तो आइए हम बातचीत की मेज पर उसका हल ढूँढ़ने की कोशिश करें।" तो फिर सैनिक कार्रवाई क्यों? वे सैनिक कार्रवाई का हुक्म दे चुकने के बाद बातचीत का प्रस्ताव कैसे दे रही थीं? लोंगोवाल ने बाद में मुझसे शिकायत करते हुए पूछा था। और फिर अगर अकाली नेता उनसे बातचीत करना चाहते भी तो वे उनसे सम्पर्क कैसे करते? उनकी सभी टेलीफोन लाइनें काट दी गई थीं।

हालाँकि शाम होते ही कर्फ्यू की घोषणा कर दी गई थीं, फिर भी सैकड़ों श्रद्धालु अब भी मन्दिर के अन्दर थे। 3 जून सिखों के पाँचवें गुरु अर्जुन देव का शहीद दिवस होने के कारण भक्तों की भीड़ यूँ भी ज्यादा थी। लोंगोवाल को पूरा यकीन हो चला था कि सेना मन्दिर कॉम्पलेक्स में घुसने से नहीं झिझकेगी, बशर्ते कि भिंडरांवाले आत्म-समर्पण न कर दें।

भिंडरांवाले अकाल तख्त में पूरी तरह अजेय महसूस करते हुए कुछ पत्रकारों से कह रहे थे—"उन्हें अन्दर घुसने तो दो! हम उन्हें ऐसा सबक सिखाएँगे कि हिन्दुस्तान का सिंहासन हिल जाएगा! हम उनके टुकड़े-टुकड़े कर डालेंगे! उन्हें लोहे के चने चबा देंगे! उन्हें आने तो दो!"

उनके पास बिलकुल सही जानकारी पहुँच रही थी, पूरी बारीकियों समेत। उन्हें पता था कि कमांडो कब लुधियाना के पास एयरपोर्ट पर उतरे थे, और कब अमृतसर में दाखिल हुए थे। उन्होंने पत्रकारों से कहा था कि सेना के एक लाख जवान पंजाब में दाखिल हो चुके थे, जो स्वर्ण मन्दिर समेत 35 गुरुद्वारों पर हमला करनेवाले थे। 3 जून को उनके डिप्टी सहबेग सिंह के पास पत्रकारों से बात करने की फुर्सत नहीं थी। उन्होंने सिर्फ इतना कहा, "वे (सैनिक) हर तरफ मौजूद हैं। मुझे बहुत काम करना है।"

जहाँ उग्रवादियों के पास सेना की गतिविधियाँ की हर जानकारी पहुँच रही थी, वहीं सेना का अपना गुप्तचर विभाग पूरी तरह अँधेरे में था। उसे नहीं पता था कि अन्दर कितने चरमपन्थी थे, वे कहाँ-कहाँ तैनात थे, और उनके पास किस तरह के हथियार थे। सरकार का इंटेलीजेंस ब्यूरो मन्दिर के अन्दर मोर्चेबन्दी की कोई जानकारी नहीं दे पाया था। उसने

सिर्फ हथियारों के अन्दर पहुँचने की सूचना दी थी। पंजाब का गुप्तचर विभाग और भी निकम्मा साबित हुआ था। वह स्वर्ण मन्दिर में हथियारों की लगातार सप्लाई की जानकारी तक नहीं दे पाया था।

पंजाब हिंसा के दूसरे चरण में प्रवेश कर चुका था, जो पहले चरण से कहीं ज्यादा खतरनाक थी। पाकिस्तान ने मौका ताड़कर इसमें अपना 'योगदान' देना शुरू कर दिया था। .333 राइफलों की जगह खतरनाक एके-47, राकेट लांचरों, ग्रेनेडों और आधुनिक विस्फोटक पदार्थों ने ले ली थी। सेना की कार्रवाई से पहले इन्दिरा गांधी ने अशान्त क्षेत्र (डिस्टर्ब्ड एरिया) कानून पास करवाने की होशियारी दिखा दी थी।

उस रात सेना और उग्रवादियों के बीच मशीन-गनों से भारी गोलीबारी होती रही। सेना ने 25 कमांडों के एक जत्थे को मन्दिर के अन्दर भी भेजा। उसी रात भिंडरांवाले ने अपने आखिरी इन्टरव्यू में कहा था, "हम आत्म-समर्पण नहीं करेंगे। हम आखिरी दम तक लड़ेंगे। दुनिया की कोई भी ताकत हमें झुका नहीं सकती।"

5 जून की रात की कार्रवाई का नेतृत्व कर रहे एक कमांडर ने बताया था कि भूमिगत सुरंगों में छिपे उग्रवादियों ने किस तरह कमांडों के जत्थे को भून डाला था। सेना के लिए यह इतना बड़ा झटका था कि उसे अपनी कार्रवाई को कुछ समय के लिए स्थगित करना पड़ा था।

6 जून की रात को 9 बजे पूरे शहर की बिजली काट दी गई। सात लाख की आबादी वाला अमृतसर अँधेरे में डूब गया। आधे घंटे बाद शक्तिशाली गोलों, मोर्टार के धमाकों और मशीन-गनों की आवाज से पूरा शहर दहल उठा। आर-पार की लड़ाई शुरू हो चुकी थी। लगभग आधा शहर घरों की छतों पर चढ़कर इस भयंकर दृश्य को अपनी आँखों से देख रहा था। आसमान गोला-बारूद की लपटों और चिंगारियों से लाल हो रहा था। ऊँचे धमाकों की आवाज से मीलों दूर तक घरों के दरवाजे और खिड़कियाँ हिल रहे थे।

एक तरफ यह भयंकर युद्ध जारी था तो दूसरी तरफ ऑल इंडिया रेडियो शहर में शान्ति की घोषणा कर रहा था। रात 10.30 बजे से आधी रात तक शहर की बाहरी सीमाओं से नारों की आवाज सुनाई देती रही। ये नारे उन सिख जत्थों द्वारा लगाए जा रहे थे जो गाँवों-कस्बों से अमृतसर की तरफ बढ़े चले आ रहे थे। वे तीन तरफ से स्वर्ण मन्दिर की तरफ बढ़ने की कोशिश कर रहे थे। 'सिख पन्थ जिन्दाबाद' और 'हमारा नेता भिंडरांवाले' जैसे नारों के बाद मशीन-गनों की फायरिंग और चीख-पुकार की आवाजें सुनाई देती थीं।

उस रात लगभग पूरा शहर जागता रहा। लड़ाई अपने भयंकरतम चरण में प्रवेश कर चुकी थी, जो लगभग 12 घंटे, सुबह 10.00 बजे तक, चलती रही। इसके बाद गोलाबारी का दौर धीरे-धीरे थमने लगा।

तब तक कर्फ्यू अनिश्चित काल के लिए बढ़ाया जा चुका था और सड़कों पर सेना का कड़ा पहरा था। अधिकृत सूत्रों के अनुसार, स्वर्ण मन्दिर में हुई भीषण लड़ाई में भारी मात्रा में जानें गई थीं। शुरुआती आँकड़ों के अनुसार लगभग 800 उग्रवादियों और 200 सैनिकों को अपनी जान गँवानी पड़ी थी। मृतकों में भिंडरांवाले समेत उग्रवादियों का नेतृत्व कर रहे सेना के दो भूतपूर्व जनरल भी शामिल थे।

स्वर्ण मन्दिर पर सेना के कब्जे के बाद भी 8 जून को रुक-रुककर गोलाबारी होती रही।

कुछ उग्रवादी अब भी इधर-उधर छिपे हुए थे। मोटरिं और मशीन-गनों की आवाज पूरे शहर में सुनी जा सकती थीं। स्वर्ण मन्दिर कॉम्पलेक्स के अन्दर और आसपास अब भी कुछ टैंक देखे जा सकते थे। जैसाकि लेफ्टि. जनरल रंजीत सिंह दयाल ने बाद में बताया था, "उग्रवादी इतनी कड़ी टक्कर दे रहे थे कि टैंकों के इस्तेमाल के बिना अकाल तख्त को खाली करवाना सम्भव नहीं था।" पूरे माहौल में शवों की दुर्गंध फैली हुई थी। आसपास के निवासी शिकायत कर रहे थे कि इस दुर्गंध के कारण उनके लिए साँस लेना भी मुश्किल हो रहा था।

ब्रिगेडियर कुलदीप सिंह बरार सुबह 4.10 बजे गुरु रामदास सराय की तरफ से एपीसी टैंकों के साथ अकाल तख्त की तरफ बढ़े थे। लेकिन अकाल तख्त से दागे जा रहे एंटी-टैंक राकेटों ने एक टैंक को तबाह कर दिया। सेना के लिए यह एक बड़ा झटका था। किसी को भी उम्मीद नहीं थी कि उग्रवादियों के पास एंटी-टैंक रॉकेट भी हो सकते थे।

इसके बाद गुरु रामदास सराय की तरफ से सात टैंक भेजे गए। परिक्रमा की तरफ जानेवाली सीढ़ियों को तोड़ना जरूरी था, ताकि टैंक आगे बढ़ सकें। टैंकों का वजन न झेल पाने के कारण इस बीच परिक्रमा का एक हिस्सा भी ध्वस्त हो गया। टैंकों की तैनाती के बाद उग्रवादियों से एक बार फिर आत्म-समर्पण करने की अपील की गई। लगभग 200 उग्रवादियों ने आत्म-समर्पण किया भी, जिनमें हरमन्दिर साहिब में छिपे 22 उग्रवादी भी शामिल थे।

6 जून की दोपहर से टैंकों से गोलाबारी शुरू कर दी गई थी। इस गोलाबारी की आड़ में सेना के कुछ जवानों ने अन्दर घुसकर अकाल तख्त के एक हिस्से पर कब्जा कर लिया। इस दौरान कमरा-दर-कमरा हुई आमने-सामने की लड़ाई में दोनों तरफ से दर्जनों लोग मारे गए।

उसी शाम अकाल तख्त और इसके तहखाने पर हमला शुरू हो गया, जिसे आतंकवादियों ने अपना शस्त्रागार बना रखा था। इसी बीच एक बम लाइब्रेरी में जा गिरा और वहाँ आग लग गई। बाद में शिरोमणी गुरुद्वारा प्रबन्धक कमेटी ने आरोप लगाया था कि सेना ने ही 7 जून की सुबह लाइब्रेरी में आग लगाई थी। लेकिन ऐसा लगताा है कि यह एक दुर्घटना मात्र थी। यह कहना मुश्किल है कि इसमें किसका हाथ था। इस लाइब्रेरी में कई दुर्लभ ग्रन्थ और पांडुलिपियाँ थीं, जिनमें गुरु ग्रन्थ साहिब और हुक्मनामों की हस्तलिखित प्रतियाँ भी शामिल थीं। इन हुक्मनामों पर सिखों के कई गुरुओं के हस्ताक्षर भी थे। यह पूरी की पूरी दुर्लभ धरोहर राख का ढेर बनकर रह गई।

अकाल तख्त से लगातार गोलियों की बौछार हो रही थी। बरार उग्रवादियों की आँखों को चुँधियाने के लिए टैंकों की नियोन-लाइटों का इस्तेमाल करते रहे थे। लेकिन ये लाइटें कुछ ही देर बाद बुझ जाती थीं और उग्रवादी फिर से गोलियाँ बरसाने लगते थे। कुछ देर बाद टैंकों को तोपों का इस्तेमाल करने के लिए कहा गया। टैंकों के कुछ गोले निशाना चूक जाने के कारण हरमन्दिर साहिब की तरफ जानेवाली दर्शिनी डयोढ़ी पर जा लगे और उसका कुछ हिस्सा ध्वस्त हो गया। सेना के टैंक सरोवर के पीछे से अकाल तख्त पर निशाना लगाने की कोशिश कर रहे थे।

रात के लगभग 11 बजे कोई व्यक्ति अकाल तख्त से निकलकर निशान साहिब की तरफ भागा। उसने हवा में एक गोली भी चलाई। कुछ सैनिकों का खयाल था कि यह भिंडरांवाले

की तरफ से आत्म-समर्पण का संकेत हो सकता था। लेकिन वह जो भी रहा हो, उसने सफेद झंडा नहीं लहराया था, इसलिए गोलाबारी जारी रही। उस अकेले आदमी की टाँग में एक गोली लगी। तभी कई उग्रवादी उसकी तरफ लपके और उसे घसीटकर अकाल तख्त में ले गए। इस कोशिश में कुछ उग्रवादी मारे भी गए।

अब अकाल तख्त से बरस रही गोलियों में कुछ ठहराव आने लगा था। हालाँकि निचली मंजिल और तहखाने से उग्रवादियों का सफाया करने में सेना को कुछ घंटे और लगे, लेकिन लड़ाई खत्म होती दिखाई दे रही थी। उन्हें 31 और शव इधर-उधर पड़े दिखाई दिए।

भिंडरांवाले की मौत कैसे हुई थी? मैंने उनका शव मिलने के दो हफ्ते बाद दयाल से सीधे-सीधे पूछा था। उन्होंने कहा था, "यह कहना बहुत मुश्किल है। शायद उन्हें गोली लगी हो या उन पर कोई भारी मलबा गिर पड़ा हो।" क्या यह भी ममुकिन था कि बब्बर खालसा के आदमियों ने ही उन्हें मार डाला हो, जैसाकि गृह सचिव एम.एम. वली का अनुमान था। "यह नहीं हो सकता," उन्होंने कहा, "यह नामुमकिन है, नाकाबिल-ए-यकीन है।"

यह भी बड़ी अजीब बात थी कि जहाँ शहर में चप्पे-चप्पे पर सेना तैनात थीं, वहीं श्मशान घाट खाली पड़ा था। जैसाकि श्मशान घाट के चौकीदार ने मुझसे कहा था, "शायद सेना सोचती है कि यहाँ आनेवालों को डराने के लिए भूत-प्रेत ही काफी हैं।" उसने और शवों को स्वर्ण मन्दिर कॉम्पलेक्स से उठाकर लानेवाले पुलिसकर्मियों ने मुझे बताया था कि 6 जून की सुबह से ही म्युनिसिपलिटी के कूड़ा उठानेवाले ट्रकों में शवों को लाया जाना शुरू हो गया था। "हमें साँस लेने की भी फुर्सत नहीं मिली है," श्मशान घाट के एक अधिकारी ने बताया था। "उस पर मुसीबत यह है कि हमारे पास जलाने के लिए पूरी लकड़ी भी नहीं है। इसलिए हम बीस-बीस लोगों की एक साथ अन्तिम क्रिया कर रहे हैं।"

10 जून को यू.एन.आई. के एक रिपोर्टर को एक खोखे (स्टाल) से एक दुकानदार का शव मिला, जिसने शायद कर्फ्यू के दौरान भूख-प्यास से दम तोड़ दिया था। यह स्टाल स्वर्ण मन्दिर से दो किलोमीटर के दायरे में स्थित था। बाद में, जिलाधिकारी ने दबे शब्दों में यह बात स्वीकार की कि कर्फ्यू की सख्ती के कारण छह व्यक्तियों के साथ-साथ लगभग 1000 भैंसें भी भूख-प्यास से मारी गई थीं। अमृतसर के ग्रीन एवेन्यू क्षेत्र में बच्चों को पिलाने के लिए दूध तक उपलब्ध नहीं था। सब्जियाँ और खाने-पीने की दूसरी चीजें भी नहीं मिल रही थीं। गाँव से दूध ला रहा एक दूधवाला कर्फ्यू के दौरान गोली लगने से मारा भी गया। 4 से 10 जून के बीच स्वर्ण मन्दिर पहुँचने की कोशिश में लगभग 100 सिख आन्दोलनकारी भी मारे गए। ये सब उन सिख जत्थों का हिस्सा थे, जो आसपास के गाँवों-कस्बों से नारे लगाते हुए अमृतसर की तरफ बढ़ रहे थे।

मैं यह जानना चाहता था कि स्वर्ण मन्दिर में टैंकों के इस्तेमाल का आदेश किसने दिया था। ऑपरेशन से जुड़े सैनिक अधिकारियों ने मुझे बताया कि सेना के जवानों के लिए छिपने के लिए कोई जगह न होने के कारण वे अकाल तख्त से बरस रही गोलियों का निशाना बनते जा रहे थे। इसलिए सेना प्रमुख कृष्णा स्वामी सुन्दर जी ने इन्दिरा गांधी को आधी रात को जगाकर उनसे टैंकों के इस्तेमाल की अनुमति ली थी।

मारे गए उग्रवादियों में से कइयों के हाथ उनकी पीठ पीछे बँधे हुए थे। लगभग 400 शवों का निरीक्षण करनेवाली डॉक्टरों की टीम ने स्वीकार किया था कि मृतकों में लगभग

100 महिलाएँ और 15-20 बच्चे भी शामिल थे और कई पुरुषों के हाथ उनकी पगड़ियों से उनकी पीठ के पीछे बँधे हुए थे।

गुरु नानक निवास पर गोलीबारी होते ही अकाल तख्त, लाइब्रेरी और आसपास की इमारतों से गोलियों की बौछार शुरू हो गई थी। सेना ने भी जवाब में गोलियाँ चलाई थीं। शायद तभी हरमन्दिर साहिब को भी नुकसान पहुँचा था। (वहाँ कम-से-कम 300 गोलियों के निशान थे) गुरु ग्रन्थ साहिब की एक प्रति को भी नुकसान पहुँचा। सरकार ने एक ग्रन्थी की मदद से 13 जून को इसे चुपके-से वहाँ से हटाने की कोशिश की।

दयाल ने मुझे बाद में बताया था, "हमने हरमन्दिर साहिब की तरफ गोलियाँ नहीं चलाईं, तब भी नहीं जब उग्रवादी कीर्तन वाली जगह से हम पर गोलियाँ बरसा रहे थे।" लेकिन ऑपरेशन से जुड़े एक अधिकारी ने दबे स्वर में स्वीकार करते हुए कहा कि जवानों ने जवाब में गोलियाँ जरूर चलाई थीं। फिर भी मैं यह पता नहीं लगा पाया कि लाइब्रेरी पर हमले का क्या रहस्य था, क्योंकि सेना के पास बिल्डिंग की हवाई तसवीरें थीं और उसे इसके नक्शे की पूरी जानकारी थी।

रामोवालिया ने मुझे बताया था कि उनकी जान कैसे बची थी। उनसे आगे के छह लोग मार डाले गए थे। जब उनकी बारी आई तो उन्होंने चिल्लाते हुए अपने हाथ ऊपर उठा लिए और अपना एमपी कार्ड लहराया। उन्हें छोड़ दिया गया और उनके पीछे एक दीवार के साथ कतार में खड़े कुछ अन्य लोगों को भी।

ऑपरेशन पूरा हो गया था। एक ऐसी त्रासदी जिसे शायद टाला जा सकता था। शायद समुदाय को यह समझाया जा सकता था कि अगर भिंडरांवाले स्वर्ण मन्दिर को खाली नहीं करेंगे तो सेना अन्दर घुस जाएगी। शायद कुछ सिख नेता और कुछ सेवानिवृत्त सिख कमांडर बीच-बचाव करके स्थिति को सँभाल सकते थे और भिंडरांवाले को स्वर्ण मन्दिर को एक समानान्तर सत्ता-केन्द्र में बदलने से रोक सकते थे।

सिख न सिर्फ आहत महसूस कर रहे थे बल्कि अपमानित भी। स्वर्ण मन्दिर ऑपरेशन के कुछ ही दिन बाद इन्दिरा गांधी के निजी सहायक आर.के. धवन मुझसे मिलने आए थे। इन्दिरा गांधी ने उन्हें यह पता लगाने के लिए भेजा था कि सरकार को अब क्या करना चाहिए। मैं बहुत व्यथित महसूस कर रहा था। मैंने उनसे कहा कि इन्दिरा गांधी ने खालिस्तान की नींव रख दी थी। यह कहना बहुत मुश्किल था कि देश इस संकट से कैसे उबरेगा।

मैंने धवन के माध्यम से इन्दिरा गांधी को यह सलाह दी कि सेना को स्वर्ण मन्दिर से फौरन हटा लेना चाहिए, ताकि लोग वहाँ बेरोकटोक आ-जा सकें। इससे उन्हें अपनी पीड़ा की अभिव्यक्ति और अपनी भावनाओं का गुबार निकालने का अवसर मिलेगा। मैंने यह भी कहा कि सरकार को शिरोमणि गुरुद्वारा प्रबन्धक कमेटी के चुनावों में कोई दखल नहीं देना चाहिए। समुदाय को गुरुद्वारों की देखभाल के लिए अपने प्रतिनिधि खुद चुनने चाहिए।

मैंने धवन को आगाह करते हुए कहा कि सरकार को अकाल तख्त की मरम्मत का काम अपने हाथ में नहीं लेना चाहिए। सिख इसे पसन्द नहीं करेंगे। मैं सिखों को जितना जानता था, उसके आधार पर यह कह सकता था कि वे अकाल तख्त को खुद अपने हाथों से पुनर्निर्मित करना चाहेंगे। सरकार अगर कुछ बनाएगी तो वे इसे गिरा देंगे।

मेरी किसी भी सलाह पर अमल नहीं किया गया। कुछ दिन बाद सेना को स्वर्ण मन्दिर से हटा लिया गया। इससे पहले सेना का नेतृत्व करनेवाले ब्रिगेडियर जे.एस. बरार ने गुरु ग्रन्थ साहिब के आगे माथ टेककर सेना की कार्रवाई के लिए क्षमा-याचना की।

यह पंजाब समस्या का अन्त नहीं था। यह सिर्फ एक शुरुआत थी। अगले दस वर्षों तक पंजाब आतंकवाद की आग में झुलसता रहा। लोग भय और हिंसा के साए में जीते रहे। हजारों को अपनी जान से हाथ धोना पड़ा।

ऑपरेशन ब्लू स्टार के कुछ ही दिन बाद एयर मार्शल अर्जन सिंह, लेफ्टि. जनरल जगजीत सिंह अरोड़ा और मैं 'पंजाब ग्रुप' के सदस्यों के रूप में स्वर्ण मंन्दिर में गए। मैंने दीवारों और गुम्बदों पर गोलियों के निशान देखे।

ब्रिगेडियर बरार ने ऑपरेशन के बारे में मुझसे और इन दोनों से अलग-अलग बात की। शायद एक पत्रकार होने के नाते मुझे वे बातें नहीं बताई जा सकती थीं जो इन दोनों के साथ बाँटी जा सकती थीं। यह बात समझ में आती थी, लेकिन हमारे बीच जलंधर जाते समय बरता गया भेदभाव मेरी समझ से बाहर था। हम तीनों दो अलग-अलग कारों में थे। एक में वे दोनों और दूसरी में मैं। सेना में बहुत ऊँचे ओहदों पर रह चुकने के बावजूद उन दोनों की कार की जाँच की गई, जबकि मुझे क्लीन-शेव देखकर बिना किसी जाँच के जाने दिया गया। मुझे दिल्ली में भी यह भेदभाव देखने को मिला जहाँ सिख पुलिसकर्मियों से उनके हथियार ले लिए गए थे। सच्चाई यह थी कि सिखों को सभी संवेदनशील नियुक्तियों से हटा दिया गया था, खासकर गुप्तचर एजेंसियों से जुड़ी गतिविधियों से।

ऑपरेशन ब्लू स्टार के बाद राष्ट्रपति जैल सिंह का राष्ट्रीय प्रसारण शायद उनके कार्यकाल का सबसे महत्त्वपूर्ण क्षण था। उनका दर्द साफ झलक रहा था, लेकिन परीक्षा की इस घड़ी में वे बड़ी दृढ़ता से सरकार के साथ खड़े रहे। उनके इस्तीफे से राष्ट्र के लिए एक बड़ा संकट पैदा हो जाता। यह सीधे-सीधे सिखों और भारत सरकार के बीच टकराव का संकेत होता। उन्होंने बड़े संयम से समुदाय के दबाव को झेलते हुए अमृतसर जाकर शीश नवाया और क्षमा-याचना की, लेकिन साथ ही वे भारत के राष्ट्रपति के रूप में अपना कर्तव्य भी निभाते रहे।

उन्होंने मुझे बताया था कि उन्होंने इन्दिरा गांधी से अपने गुस्से का इजहार किया था। मैंने उनसे कहा कि यह काफी नहीं था। उन्हें अपनी भावनाओं को लिखकर प्रकट करना चाहिए था। उन्हें मेरी बात जँच गई और उन्होंने प्रधानमंत्री के नाम भेजी अपनी एक टिप्पणी में अपनी आहत भावनाओं को खुलकर अभिव्यक्त किया। जैसाकि उन्होंने मुझे बताया था, वे इस्तीफा देने के दबाव के आगे नहीं झुके थे, क्योंकि उन्हें लगता था कि इससे हिन्दू पूरे सिख समुदाय को सन्देह की दृष्टि से देखने लगेंगे।

कई वर्ष बाद सरकार ने इस अन्याय को दूर करते हुए एक सिख को भारतीय सेना का प्रमुख बनाया। जनरल जे.जे. सिंह सेना-प्रमुख बननेवाले पहले सिख थे। 2004 में कांग्रेस अध्यक्ष सोनिया गांधी ने ऑपरेशन ब्लू स्टार और 1984 के सिख विरोधी दंगों के लिए सिखों से क्षमा-याचना की।

मनमोहन सिंह के प्रधानमंत्री बनने के बाद सिखों का यह भ्रम हमेशा के लिए दूर हो गया कि उन पर भरोसा नहीं किया जाता। 2004 में स्वर्ण मन्दिर में उनकी क्षमा-याचना

के बाद यह अध्याय हमेशा के लिए बन्द हो गया।

यूँ 2001 में मैंने भी राज्यसभा में यह प्रस्ताव रखना चाहा था कि यह सदन ऑपरेशन ब्लू स्टार के लिए पंजाबियों और खासकर सिखों से क्षमा-याचना करता है। तब मनमोहन सिंह विपक्ष के नेता थे। उस समय उन्होंने मेरे प्रस्ताव को ठुकराते हुए कहा था कि ऐसा करने से पुराने जख्म फिर से हरे हो सकते थे। राज्यसभा के अध्यक्ष कृष्णकांत ने भी मुझे यह प्रस्ताव रखने की अनुमति नहीं दी थी।

इन्दिरा गांधी की हत्या

ऑपरेशन ब्लू स्टार का बदला लेते हुए सिख चरमपंथियों ने इन्दिरा गांधी की हत्या कर दी। गुप्तचर विभाग ने उनके सिख सुरक्षाकर्मियों को हटाने का आग्रह किया था। लेकिन इन्दिरा गांधी ने मना करते हुए कहा था कि इससे सिख समुदाय को गलत सन्देश पहुँचेगा।

हत्या से एक दिन पहले ही वे उड़ीसा से लौटी थीं। किसी यात्रा से लौटने के बाद वे अगले दिन जनता दरबार नहीं रखती थीं। लेकिन इस बार उन्होंने इसे रद्द नहीं किया, क्योंकि जाने-माने अभिनेता पीटर उस्तिनोव उन पर एक फिल्म बना रहे थे और उन्हें आम लोगों के बीच देखना चाहते थे। उसी रात इंग्लैंड की राजकुमारी एन के स्वागत में वे एक दावत भी दे रही थीं। उन्होंने मेहमानों की सूची के बारे में धवन को कुछ निर्देश दिए थे।

वह 30 अक्टूबर, 1984 का दिन था। सुबह के लगभग 9 बज रहे थे। वे अपने घर 1, सफदरजंग रोड को जनता दरबार के स्थल 1, अकबर रोड से जोड़नेवाले बांस के गेट से होती हुई आगे बढ़ीं। धवन उनके पीछे-पीछे थे। तभी एक वेटर उधर से गुजरा जो पीटर उस्तिनोव के लिए चाय ले जा रहा था। इन्दिरा गांधी उसकी ट्रे में रखी क्राकरी की जाँच के लिए रुक गईं और उसे वापस जाकर कोई बेहतर टी. पॉट लाने के लिए बोलीं।

तभी उसी बांस के गेट से उनके सुरक्षा गार्ड बेअन्त सिंह ने अपनी पिस्तौल से उन पर निशाना लगाया। वे नीचे गिर पड़ीं तो दूसरे सुरक्षा गार्ड सतवंत सिंह ने अपनी स्टेनगन से उन पर गोलियाँ चलाईं। धवन इतने सन्न रह गए कि कुछ क्षणों के लिए उन्हें अपनी आँखों पर विश्वास नहीं हुआ। तभी बेअन्त सिंह ने पंजाबी में कहा, "हमने जो करना था कर दिया! अब तुम्हें जो करना है करो!" दोनों हमलावरों ने अपने हथियार फेंकते हुए आत्म-समर्पण कर दिया।

धवन ने किसी एम्बुलेंस के लिए इधर-उधर देखा। वहाँ कोई भी नहीं थी। वे घायल इन्दिरा गांधी को एक एम्बेसेडर कार में बिठाकर ऑल इंडिया मेडिकल इंस्टीट्यूट (एम्स) ले गए। वीआईपी विभाग बन्द होने के कारण उन्हें एक व्हील-चेयर पर कैज्युलिटी विभाग में ले जाया गया, जहाँ डॉक्टरों की एक टीम पहले से उनकी प्रतीक्षा कर रही थी। वे इस बीच दम तोड़ चुकी थीं, फिर भी उन्हें ऑपरेशन थिएटर में ले जाकर उनके दिल की धड़कन फिर से चालू करने की कोशिश की गई।

भारत में शाम को 4.00 बजे उनकी मृत्यु की घोषणा की गई। बीबीसी पाँच घंटे पहले ही यह खबर प्रसारित कर चुकी थी।

इन्दिरा गांधी अस्पताल में थीं तो अरुण नेहरू ने चिन्ता व्यक्त करते हुए कहा था कि

देश शान्त नहीं रहेगा और बड़े स्तर पर हिंसा का भड़कना अवश्यंभावी था। बाद में लन्दन में उन्होंने मुझे बताया था कि उनकी 'फूफी' (इन्दिरा गांधी) ऑपरेशन ब्लू स्टार के खिलाफ थीं।

अरुण नेहरू की आशंकाएँ गलत नहीं थीं। राष्ट्रपति जैल सिंह का काफिला एयरपोर्ट से सीधे अस्पताल पहुँचा था (वे विदेश यात्रा से लौट रहे थे) तो उनकी कार पर हुआ पथराव इसी का संकेत था। तब राजीव गांधी कलकत्ता में थे। जैल सिंह ने विमान में ही यह फैसला कर लिया था कि वे फौरन ही राजीव गांधी को प्रधानमंत्री पद की शपथ दिलवा देंगे, और कांग्रेस संसदीय दल द्वारा उन्हें अपना नेता चुने जाने की प्रतीक्षा नहीं करेंगे।

जैल सिंह और राजीव गांधी के दिल्ली पहुँचने से पहले ही कांग्रेस कार्यकारिणी समिति ने जल्दी से एक बैठक करके राजीव के चयन पर अपनी मोहर लगा दी थी। दो सदस्यों की तरफ से थोड़ा विरोध भी देखने को मिला था। प्रणव मुखर्जी चाहते थे कि संसदीय दल द्वारा राजीव गांधी को अपना नेता चुने जाने तक पार्टी के वरिष्ठतम सदस्य को कार्यवाहक प्रधानमंत्री की भूमिका निभानी चाहिए। दूसरी तरफ, अर्जुन सिंह राजीव की बजाय सोनिया गांधी को प्रधानमंत्री बनाना चाहते थे। राजीव गांधी ने अपनी नवगठित सरकार में प्रणव मुखर्जी को शामिल ही नहीं किया। लेकिन उन्होंने खुद भी जल्द ही प्रधानमंत्री के पद से इस्तीफा दे दिया और नए चुनावों के रूप में फैसला जनता के हाथ में छोड़ दिया।

15

राजीव गांधी : युवा नेतृत्व की चुनौतियाँ

राजीव गांधी भारी जनादेश के साथ लोकसभा में लौटे। उन्हें 48 प्रतिशत वोट और 77 प्रतिशत सीटें प्राप्त हुई थीं–545 सदस्यों वाली लोकसभा में 419 सीटें। उनकी युवावस्था और अनुभवहीनता ने उनके प्रति देश भर में सहानुभूति की लहर पैदा कर दी थी। लेकिन राजीव गांधी के दोस्त अरुण सिंह और इन्दिरा गांधी द्वारा अपने मंत्रीमंडल में शामिल किए गए अरुण नेहरू प्रधानमंत्री के निकट सलाहकार बन बैठे और केबिनेट में उठाए जाने से पहले ही महत्त्वपूर्ण मुद्दों पर फैसले लेने लगे। ये दोनों ही ऑपरेशन ब्लू स्टार के प्रमुख सूत्रधार भी थे।

यह तिगड़ी शुरू में काफी अच्छी चली, लेकिन फिर व्यक्तिगत मतभेदों की शिकार हो गई। अरुण नेहरू ने मुझे बताया था कि मीडिया के कारण ही उनके आपसी सम्बन्ध खराब हो गए थे। उनके बीच हल्के-फुल्के मतभेदों को भी राई का पहाड़ बनाकर पेश किया जाने लगा था। सबसे बुरी बात यह थी कि उन दोनों को राजीव गांधी की कीमत पर उछाला जा रहा था। जैसाकि स्वाभाविक था, राजीव के लिए इसे बर्दाश्त करना मुश्किल हो गया। लेकिन यह सिर्फ ऊपरी कहानी थी। मेरा अपना अनुमान यह था कि अरुण सिंह और अरुण नेहरू को सिर्फ राज्यमंत्री होते हुए भी इतना महत्त्व दिया जाना दूसरे मंत्रियों को रास नहीं आ रहा था। केबिनेट के भीतर एक और केबिनेट की मौजूदगी कई वरिष्ठ मंत्रियों के लिए अपमान की बात थी। इसलिए इस तिगड़ी को एक न एक दिन टूटना ही था। यह राजीव गांधी के सत्ता में आने के कुछ ही महीनों के भीतर हो गया।

अपनी माँ की जगह लेना राजीव गांधी के लिए कोई छोटी चुनौती नहीं थी। यह वैसी ही चुनौती थी जैसी इन्दिरा गांधी को अपने समय में झेलनी पड़ी थी। इन्दिरा गांधी को अमरीका के दबाव में रुपए का अवमूल्यन करना पड़ा था। राजीव गांधी को भोपाल गैस कांड के प्रमुख दोषी और यूनियन कार्बाइड कॉर्पोरेशन के चेयरमैन वॉरेन एंडरसन को भारत से सुरक्षित निकल जाने देना पड़ा। भोपाल का यह संयंत्र पुरानी पड़ चुकी पद्धति से चलाया जा रहा था और जहरीली गैस के रिसाव के कारण लगभग 20,000 मौतों का कारण बना था। राजीव गांधी ने अर्जुन सिंह को फोन करके एंडरसन को रिहा करने और उनके दिल्ली पहुँचने की व्यवस्था करने के लिए कहा।

इस पुराने मॉडल के संयंत्र को कनाड़ा में बन्द किए जाने का आदेश दिया जा चुका था।

इसके बाद इसे संजय गांधी के कहने पर इमरजेंसी के दौरान आधिकारिक आपत्तियों के बावजूद भोपाल में स्थापित कर दिया गया था।

मैं तब दिल्ली में लन्दन के 'द टाइम्स' का संवाददता था। मैं इस दुर्घटना की विकरालता का अहसास नहीं कर पाया और इसे सही ढंग से कवर करने में चूक गया। 'द टाइम्स' इतना खीज गया कि उसे अपने पुराने और अनुभवी संवाददाता ट्रेवर फिशलॉक को भोपाल भेजना पड़ा। वे मेरे अच्छे दोस्त थे।

राजीव गांधी, अरुण सिंह और अरुण नेहरू की तिगड़ी के सामने दो बड़े मुद्दे थे, जो देश के लिए चुनौती बने हुए थे। पहला था आतंकवाद की लपटों से घिरा पंजाब और दूसरा था विदेशियों की घुसपैठ के खिलाफ असम में चल रहा उग्र आन्दोलन। ऑपरेशन ब्लू स्टार और फिर 1984 के सिख-विरोधी दंगों ने पंजाब में आतंकवाद को नई हवा दे दी थी। ग्रामीण इलाकों में सिख समुदाय की मदद और शरण मिलने से उग्रवादियों के हौसले बुलन्द हो चले थे। वे अर्द्ध सैनिक बलों और पुलिस से बचने के लिए इस मदद का खुलकर प्रयोग करने लगे थे।

मैंने अरुण सिंह और अपने कुछ दोस्तों को अपने घर पर बुलाया ताकि पंजाब के बारे में सरकार की सोच के बारे में जाना जा सके। अरुण नेहरू ने बड़ी साफगोई से स्वीकार किया कि हालात खराब थे, लेकिन उन्होंने यह भी कहा कि वे नियंत्रण से बाहर नहीं थे। उन्होंने हमें भरोसा दिलाया कि नरमपन्थी सिख नेताओं के साथ जल्दी ही कोई समझौता हो जाएगा।

राजीव गांधी ने उन अकाली नेताओं से बातचीत शुरू की जो भिंडरांवाले की विचारधारा के खिलाफ थे। उनका विश्वास था कि अगर वे उदारवादी सिखों को मनाने में सफल रहते थे तो समुदाय को यह भरोसा हो जाता कि वे ईमानदारी से किसी समझौते पर पहुँचना चाहते थे। परिणामस्वरूप उग्रवादी अलग-थलग पड़ जाते।

के.पी.एस. गिल तब पंजाब के डीजीपी (पुलिस महानिदेशक) थे। उन्होंने मानवाधिकारों के सिद्धान्तों को ताक पर रखते हुए कठोर और आपत्तिजनक तरीके अपनाए। बहुत-से निर्दोष लोग मारे गए और कई लापता हो गए। मुख्यमंत्री बेअन्त सिंह ने उन्हें स्थिति को नियंत्रण में लाने के लिए कुछ भी करने की खुली छूट दे दी थी। मैं उनका कटु आलोचक था। फिर भी उन्होंने मुझे मानवाधिकारों के उल्लंघन पर पुलिसकर्मियों को व्याख्यान देने के लिए चंडीगढ़ आमंत्रित किया। उनमें गजब का साहस था।

पंजाब में उग्रवाद को खत्म करने में पाकिस्तान का भी कुछ हाथ रहा। सैनिक शासन के बाद वहाँ सत्ता में आई नागरिक सरकार ने भारत सरकार को उन उग्रवादियों के नाम सौंप दिए जिन्होंने कभी पाकिस्तान में शरण ली थी। इससे पंजाब से उग्रवाद का सफाया करने में काफी मदद मिली।

आन्दोलन के नेता लोंगोवाल को यह अहसास हो चुका था कि आतंकवादियों के प्रति उनके नरम रुख से उनकी हिम्मत बढ़ गई थी। उन्हें सबसे ज्यादा चिन्ता हिन्दू-सिखों के बीच पैदा हुई दरार को लेकर थीं। उन्होंने मेरे साथ दिल्ली में बहुत-से ऐसे हिन्दू परिवारों से मुलाकात की जो आतंकवादियों के हाथों अपने घर का कोई-न-कोई सदस्य खो चुके

थे। लोंगोवाल ने इन हत्याओं के लिए माफी माँगी और सिख समुदाय को फिर से देश की मुख्यधारा में लाने को जी-जान से जुट गए।

सरकार के साथ बातचीत बड़ी धीमी रफ्तार से आगे बढ़ रही थी। उन्हीं दिनों प्रधानमंत्री ने पंजाब के भविष्य पर बातचीत करने के लिए मुझे नाश्ते पर आमंत्रित किया। मैंने उनसे कहा कि स्वर्ण मन्दिर में ऑपरेशन ब्लू स्टार और फिर दिल्ली में सिखों के बड़े पैमाने पर नरसंहार से सिखों के मानस को बहुत गहरा झटका लगा था। मैंने कहा कि लोंगोवाल की आनन्दपुर साहिब प्रस्ताव की व्याख्या पर मुझे कोई आपत्ति दिखाई नहीं देती थी। राजीव गांधी ने जानना चाहा कि मेरी नजर में अब आगे रास्ता क्या था। मैंने उनसे कहा कि उन्हें लोंगोवाल को मनाने की कोशिश करनी चाहिए, जो मसले को सुलझाने के इच्छुक थे।

सिखों का खालिस्तान आन्दोलन एक अलग देश की स्थापना के लिए सरकार के खिलाफ विद्रोह था। जिन दिनों यह आन्दोलन अपने चरम पर था, मुझे स्वर्ण मन्दिर जाने का अवसर मिला था। वहाँ पाँच सिख नौजवान मुझे घेरकर खालिस्तान की वकालत करने लगे थे। उन्होंने कहा कि वे खालिस्तान की माँग इसलिए कर रहे थे क्योंकि उन्हें अपना एक देश चाहिए था, जहाँ वे 'आजादी के उजाले' का अहसास कर सकें। ये शब्द कभी नेहरू ने इस्तेमाल किए थे, लेकिन किसी दूसरे सन्दर्भ में। उन नौजवानों का कहना था कि वे सिख पहचान को सुरक्षित रखना चाहते थे।

मैंने उनसे कहा कि मैं खालिस्तान की व्यवहार्यता में नहीं जाऊँगा, लेकिन यह जानना चाहूँगा कि वे एक अलग देश की स्थापना कैसे करेंगे। इस तरह की किसी भी कोशिश के खिलाफ देश अपनी पूरी ताकत का इस्तेमाल करेगा। उन्होंने कहा कि पाकिस्तान और चीन ने उन्हें 'आजाद' करवाने के लिए अपनी सेनाएँ भेजने का वायदा किया था। मैंने उनसे साफ-साफ कहा कि मेरे लिए यह कल्पना करना भी मुश्किल था कि चीन और पाकिस्तान पंजाब को 'आजाद' करवाने के लिए भारत पर हमला करेंगे और वहाँ अपनी सेनाएँ भेजेंगे।

उनकी बातचीत और तर्कों से यह अन्दाजा लगाना मुश्किल नहीं था कि वे माओवादी लेखन से अच्छी तरह परिचित थे। बल्कि स्वर्ण मन्दिर में लाल स्याही से लिखे गए कई ऐसे खालिस्तान-समर्थक पोस्टर दिखाई दे रहे थे जो आतंकवादियों के नेताओं के वामपन्थी रुझान की साफ झलक देते थे। उन नौजवानों ने मुझे अपने नाम भी बताने चाहे, लेकिन मैंने इन्हें दर्ज करने से इनकार कर दिया। एक आतंकवादी की औसत जिन्दगी दो बरस होती थी। इसलिए मुझे कोई हैरानी नहीं हुई जब कुछ वर्ष बाद उनमें से एक मुझे दिल्ली में मिला और उसने मुझे बताया कि उसके बाकी चारों साथी मारे जा चुके थे।

आतंकवाद को खत्म करने में कुछ समय लगा। लोंगोवाल की हत्या ने आम सिखों को यह अहसास करवा दिया कि बन्दूक का रास्ता समुदाय को कहीं नहीं ले जाएगा। आतंकवादियों ने सबसे बड़ी गलती यह की कि उन्होंने अपने समर्थन के मुख्य आधार गाँवों की सिख जनता का भरोसा खो दिया।

मुझे याद है कि एक बूढ़ा व्यक्ति पंजाब के एक गाँव से मेरे पास आया था। उसने मुझे बताया था कि उग्रवादियों ने उसे रस्सी से बाँधकर उसकी आँखों के सामने ही उसकी पत्नी और बहू के साथ बलात्कार किया था। इस तरह की बहुत-सी घटनाएँ सुनने में आई थीं। उग्रवादियों के लिए रात को किसी भी गाँव में घुसकर गाँववालों को अपने लिए खाना

बनाने का आदेश देना बड़ी आम बात थी। अगली सुबह पुलिस गाँववालों के पीछे पड़ जाती थी कि उन्होंने उग्रवादियों को शरण क्यों दी। यह सब देखकर गाँववाले तंग आ गए थे।

उग्रवादी मुख्यमंत्री बेअन्त सिंह को मारने में भले ही सफल रहे, लेकिन वे अपने आन्दोलन को नहीं बचा पाए। पुलिस उनके और उनके साथियों के बुरी तरह पीछे पड़ी हुई थी और मौका मिलते ही उन्हें गोलियों से भून रही थी। आज भी लापता लोगों के आँकड़े आधिकारिक आँकड़ों से मेल नहीं खाते।

यह सच था कि आतंकवाद को सफलतापूर्वक कुचल दिया गया था। लेकिन यह आरोप भी उतना ही सच था कि सरकार खुद भी आतंकवादी तरीके अपना रही थी। अगर हम यह मान लें कि सही लक्ष्य तक पहुँचने के लिए गलत रास्ता भी चुना जा सकता है तो फिर राज्य को सिर्फ सन्देह होने पर ही किसी को मारने का अधिकार दिया जा सकता है। लेकिन एक प्रजातांत्रिक समाज में एक विदित हत्यारे को भी अदालत में निष्पक्ष सुनवाई का अधिकार दिया जाता है।

राजीव गांधी और लोंगोवाल के बीच जो समझौता हुआ था, उसके अनुसार चंडीगढ़ पंजाब और हरियाणा की संयुक्त राजधानी और एक केन्द्र शासित प्रदेश के रूप में जारी रहनेवाला था। पंजाब और हरियाणा में नदियों के पानी के बँटवारे के लिए एक समिति नियुक्त कर दी गई थी और आनन्दपुर साहिब प्रस्ताव की भावना को स्वीकार कर लिया गया था। स्वायत्तता और केन्द्र-राज्य सम्बन्धों से जुड़े प्रश्नों के अध्ययन के लिए न्यायमूर्ति आर.एस. सरकारिया के रूप में एक सदस्यीय आयोग नियुक्त कर दिया गया था।

समझौते के बाद राजीव गांधी ने लोंगोवाल से मजाक करते हुए कहा था कि अब उन्हें भी उनकी (राजीव गांधी की) तरह बुलेट-प्रूफ जेकेट की जरूरत पड़ेगी। अगर लोंगोवाल ने इस सलाह पर अमल कर लिया होता तो शायद वे आतंकवादियों की गोलियों से बच जाते, जो इस समझौते को 'विश्वासघात' के रूप में देख रहे थे।

असम आन्दोलन और राजीव

राजीव गांधी को अखिल असम छात्र संघ ('आसू') के आन्दोलन के रूप में एक और कठिन चुनौती से निबटना पड़ा। इस समस्या के पीछे असम में बांग्लादेशियों की निरन्तर घुसपैठ से पैदा होनेवाली परेशानियाँ थीं, जिसने पिछले कुछ वर्षों में काफी विकराल रूप धारण कर लिया था। स्थानीय जनता चाहती थी कि उनके प्रान्त में गैरकानूनी ढंग से उसे इन विदेशियों को बाहर निकाला जाए। 'आसू' जनता की इन्हीं भावनाओं का प्रतिनिधित्व कर रहा था। इस आन्दोलन के नेता प्रफुल्ल कुमार महंत और भृगु फूकन खुद भी छात्र थे। मुझे 'इंडियन एक्सप्रेस' की तरफ से गुवाहाटी जाने का अवसर मिला तो मैं इन दोनों युवा नेताओं की ईमानदारी और समर्पण-भावना से प्रभावित हुए बिना न रह सका। छात्र होने के बावजूद ये दोनों बड़ी सरलता से एक राज्यव्यापी आन्दोलन का नेतृत्व कर रहे थे और असम की जनता पूरे जोर-शोर से उनका समर्थन कर रही थी। वे सरकार द्वारा लगाए जानेवाले कर्फ्युओं को तोड़ने की अपील करते तो हजारों लोग निडर होकर सड़कों पर उतर आते। इसी तरह जब 'जनता के कर्फ्यू' की घोषणा की जाती तो कहीं एक मोमबत्ती तक टिमटिमाती हुई

दिखाई न देती। पूरा आन्दोलन इतना अहिंसक था कि धारा 144 का उल्लंघन करते हुए सैकड़ों लोग डिप्टी कमिश्नर के दफ्तर के सामने जमा हो जाते और जरा भी शोर-शराबा या हंगामा न होता।

सरकार इस बात को समझती थी कि दस्तावेजों के बिना बांग्लादेशियों को सीमा पर करके भारत में आने की अनुमति नहीं होनी चाहिए। लेकिन सीमा-रेखा इतनी ढीली थी कि कई जगहों से इसे आसानी से पार किया जा सकता था। कुछ हद तक सीमा सुरक्षा बल भी सीमा के उल्लंघन के लिए जिम्मेदार था। ऐसा माना जाता था कि इसके कुछ सदस्यों की मुट्ठी गर्म करके आसानी से सीमा को पार किया जा सकता था।

केन्द्र सरकार को पहली बार 1955 में इस घुसपैठ की जानकारी मिली थी। तब मैं गृह मंत्रालय में सूचना अधिकारी था। धीरे-धीरे यह घुसपैठ इतने बड़े पैमाने पर पहुँच गई कि स्थानीय लोग अपनी सुरक्षा और हितों को लेकर चिन्तित होने लगे। 'आसू' ने इन घुसपैठियों को बाहर निकाले जाने की माँग उठाई जबकि कांग्रेस कई वर्षों से चुपके-चुपके इस घुसपैठ को बढ़ावा देती रही थी। एक बार बांग्लादेश में भी मैंने यह प्रश्न उठाया था तो वहाँ के नेताओं ने बड़े दृढ़ शब्दों में इसका खंडन किया था। एक सांसद ने मेरे प्रश्न के उत्तर में कहा था कि भारत को बांग्लादेश को 'कुछ जमीन' दे देनी चाहिए। बाद में ये सांसद बांग्लादेश के प्रधानमंत्री भी बने।

राजीव गांधी ने 'आसू' के साथ एक समझौते पर हस्ताक्षर करके चुनाव सूचियों में संशोधन करके विदेशियों के नाम हटाए जाने की उनकी माँग को स्वीकार कर लिया। इस समझौते में यह भी कहा गया कि 1971 के बाद आकर उसे घुसपैठियों को वापस भेजा जाएगा। लेकिन यह बात कागजों पर ही धरी रह गई, क्योंकि इसे लागू करने के लिए कुछ भी नहीं किया गया।

महंत और भृगु ने 'असम गण परिषद्' (अगप) के नाम से एक नई राजनीतिक पार्टी की स्थापना की जिसे अगले विधानसभा चुनावों में प्रचंड बहुमत मिला। लेकिन सत्ता में आकर भी एजीपी बांग्लादेशियों को असम से बाहर नहीं निकाल पाई, क्योंकि नई दिल्ली के सहयोग के बिना यह संभव नहीं था। धीरे-धीरे प्रफुल्ल और भृगु के बीच दूरियाँ पैदा होने लगीं और पार्टी दो टुकड़ों में बँट गई। इस फूट का लाभ उठाकर कांग्रेस एक बार फिर सत्ता में आ गई।

तब से घुसपैठियों की संख्या में निरन्तर वृद्धि होती रही है। मेरा अपना अनुमान है कि असम में असमी-भाषियों की संख्या सिर्फ 40 प्रतिशत रह गई है। यह अलग बात है कि बांग्लादेशी भी असमी सीखने-बोलने लगे हैं और पूछे जाने पर असमी को ही अपनी मातृभाषा बताते हैं।

राज्यसभा के सदस्य के रूप में अपने कार्यकाल के दौरान मैंने तत्कालीन उप-प्रधानमंत्री लालकृष्ण आडवाणी को यह सुझाव दिया था कि वर्क-परमिटों की व्यवस्था शुरू की जाए और इन्हें बांग्लादेश के ढाका और चिटगाँव क्षेत्रों में उपलब्ध करवाया जाए? एक समय ऐसा लगा भी था कि सरकार वर्क-परमिट की प्रणाली लागू करने जा रही थी। लेकिन प्रशासनिक आधिकारियों और भाजपा के कट्टरपंथियों ने इसे आगे नहीं बढ़ने दिया।

पहले असम में उत्तर-पूर्व के सभी राज्य शामिल थे। मैं असम के विभाजन के लिए

भूतपूर्व मुख्यमंत्री बी.पी. चलीहा को जिम्मेदार मानता हूँ। उन्होंने असमी के साथ-साथ अंग्रेजी को भी असम की अधिकारिक भाषा बताए जाने से इनकार कर दिया था। 'पहाड़ी जिले' कहे जानेवाले उत्तर-पूर्वी राज्यों में ईसाइयों का बहुमत था और उन्होंने यह साफ कर दिया था कि अंग्रेजी को आधिकारिक भाषा के रूप में अपनाए जाने पर ही वे असम में शामिल रहना चाहेंगे।

मुझे याद है कि पहले गोविन्द बल्लभ पंत और फिर लालबहादुर शास्त्री ने मुख्यमंत्री को मनाने के लिए कितना जोर लगाया था। दोनों ही कई दिनों तक गोवाहाटी में पड़ाव डाले रहे थे, लेकिन मुख्यमंत्री नहीं माने थे। केन्द्र ने असम के भीतर ही पहाड़ी राज्यों को स्वायत्त दर्जा देने का प्रस्ताव भी रखा था। लेकिन बात नहीं बनी और आखिरकार असम को पाँच राज्यों में बाँट देना पड़ा—अरुणाचल प्रदेश, मेघालय, त्रिपुरा, मणिपुर और असम।

मिजोरम में भी लालडेंगा के नेतृत्व में स्वायत्तता का संघर्ष शुरू हो गया था। केन्द्र सरकार को भारतीय संघ के भीतर से मिजोरम को एक अलग राज्य का दर्जा देकर इस आन्दोलन को शान्त करना पड़ा।

आज पूरा उत्तर-पूर्व हिंसा, भ्रष्टाचार और जबरन वसूली की चपेट में है। छोटे राज्यों पर किसी को कोई ऐतराज नहीं है, लेकिन वे राजनीतिज्ञों, ठेकेदारों और अधिकारियों की लोभ भावना के शिकार नहीं होने चाहिए। बहुत छोटे राज्यों में अकसर यही होने लगता है। असम के विभाजन का सबसे बड़ा दुष्परिणाम सशस्त्र गिरोहों का उदय है, जो आए दिन लूटपाट, जबरन वसूली और हत्याओं में लिप्त रहते हैं। असम समझौते के बाद ही 'उल्फा' (यूनाइटेड लिब्रेशन फ्रंट ऑफ असम) का भी उदय हुआ। यह अपना संघर्ष जारी रखने में सफल रही है, हालाँकि हाल के वर्षों में यह कुछ कमजोर हुई है।

विभिन्न उग्रवादी संगठन स्वाधीनता की माँग करते रहे हैं। शुरू में उनके पास कुछ आदर्श भी थे, लेकिन हिंसा और पूर्वी पाकिस्तान से हथियारों का जखीरा जुटाते रहने के कारण वे आम जनता का समर्थन खो बैठे। उनकी अलगाववादी माँगें कतई मंजूर नहीं की जाएँगी।

मैं 'उल्फा' के प्रति सहानुभूति भरा नजरिया अपनाए रहा था। मुझे लगता था कि मुझे इसके नेताओं का भरोसा प्राप्त था, इसलिए मैं उनके और सरकार के बीच समझौता करवाने की कोशिशें करता रहा था। गुवाहाटी के अपने एक दौरे के दौरान मैंने जस्टिस कृष्णा अय्यर के साथ मिलकर उल्फा नेताओं से हमारी देखरेख में सरकार के साथ बातचीत शुरू करने की अपील की थी। मुझे पता चला था कि वे इसके लिए राजी भी थे, बशर्ते कि उन्हें सुरक्षित वापस जाने और अपने हथियार अपने पास रखने की अनुमति दी जाए। बहुत वर्ष बाद यही हुआ भी। एक बार नहीं बल्कि कई बार युद्ध विराम भी हुआ। 'उल्फा' इसका लाभ उठाकर अपनी ताकत बढ़ाने में लगी रही। उल्फा नेताओं को भारत में अपनी गतिविधियाँ जारी रखना मुश्किल प्रतीत होने लगा तो वे विदेशों में शरण लेने लगे—कभी म्यांमार, कभी भूटान, तो कभी बांग्लादेश में। नई दिल्ली ने इन तीनों देशों से अपने सम्बन्ध सुधार लिए तो इन नेताओं के लिए और ज्यादा मुश्किलें खड़ी हो गईं। आखिर बांग्लादेश की प्रधानमंत्री शेख हसीना ने उल्फा नेताओं को पकड़कर भारत के हवाले कर दिया और उनका खेल खत्म हो गया।

एक मानवाधिकार कार्यकर्ता के नाते मैंने उच्चतम न्यायालय में यह मामला उठाया कि एक उल्फा समर्थक सम्पादक को अस्पताल में भी हथकड़ियों में जकड़कर रखा जा रहा था। इसके बाद विद्वान न्यायमूर्ति कुलदीप सिंह ने यह आदेश जारी किया कि किसी भी व्यक्ति को हथकड़ी नहीं पहनाई जानी चाहिए। पुलिस के लिए यह आदेश किसी आश्चर्य से कम नहीं था। आज किसी को भी हथकड़ी पहनाना गैरकानूनी है।

राजीव गांधी की नई विदेश नीति की शुरुआत विदेश सम्बन्धी मामलों में इन्दिरा गांधी के सबसे नजदीकी सलाहकार जी. पार्थसारथी की बर्खास्तगी से हुई। ऐसा माना जा रहा था कि वे श्रीलंका के साथ भारत के सम्बन्ध सुधारने में असफल रहे थे। राजीव गांधी उनकी जगह रोनेन सेन को ले आए, जिन्हें वे बहुत नजदीक से जानते थे। एक तरह से यह अपने मनपसन्द लोगों को अपने साथ जोड़ने की कोशिश भी थी, जो सभी प्रधानमंत्री करते हैं।

इन्दिरा गांधी की बाद के वर्षों की नीतियों के उलट राजीव गांधी ऐसा मानते थे कि भारत की आर्थिक और प्रौद्योगिकीय तरक्की के लिए अमरीका के साथ अच्छे सम्बन्ध बहुत जरूरी थे। नवम्बर 1984 में वे अमरीका गए तो उन्होंने 'संवेदनशील वस्तुओं और प्रौद्योगिकियों, पर एक एम.ओ.यू. पर हस्ताक्षर किए।

राजीव गांधी केन्द्र सरकार के कार्यालयों में कम्प्यूटरों की स्थापना के लिए बधाई के पात्र हैं। शुरू में इस योजना का विरोध हुआ था। कुछ लोग इसे पैसे की बर्बादी भी बता रहे थे। लेकिन बाद में सभी लोग इसकी उपयोगिता को देखकर इसकी सराहना करने पर विवश हो गए।

लेकिन राजीव के ये कदम आर्थिक विकास की मंद रफ्तार को तेज करने में असफल रहे, जो मेरे दोस्त राजकृष्ण के अनुसार 'हिन्दू बढ़त दर' के हिसाब से चल रही थी। राजीव आर्थिक-शक्ति की बजाय सैनिक शक्ति बढ़ाने के ज्यादा इच्छुक थे।

जनवरी 1987 में भारत ने पाकिस्तान और चीन से लगी सीमा के पास 'ऑपरेशन ब्रास टैक्स' के नाम से एक भव्य युद्ध अभ्यास का आयोजन किया। इस अभ्यास के दौरान जनरल के. एस. सुन्दर जी करीब-करीब पाकिस्तान और चीन की सीमा में ही जा घुसे थे।

इस्लामाबाद के कुछ वरिष्ठ राजनीतिज्ञों और अधिकारियों को भारत के इरादों को लेकर सन्देह हो रहा था। शायद उन्होंने ही भारत को यह चेतावनी देने का फैसला किया होगा कि पाकिस्तान के पास परमाणु बम था। शायद यह सोचा गया हो कि पाकिस्तान के परमाणु बम के जनक डॉ. अब्दुल कादिर खान के साथ मेरे इन्टरव्यू से यह सन्देश खुद-ब-खुद भारत सरकार तक पहुँच जाएगा। अगर मैंने इस इन्टरव्यू को झट से छपवा दिया होता तो तीन दिन बाद भारत का दौरा कर रहे पाकिस्तान के विदेश सचिव अब्दुल सत्तार की स्थिति बहुत मजबूत हो जाती। वे भारतीय सेनाओं को सीमा से पीछे हटाए जाने के लिए भारत से बातचीत करने आ रहे थे।

लेकिन मैं इस इन्टरव्यू को भारत और विदेशों में एक साथ छपवाना चाहता था। 6 फरवरी, 1987 को अपनी भारत वापसी के बाद मैं इसी प्रयास में जुट गया और 28 फरवरी, 1987 को इसे एक साथ ब्रिटेन, कनाडा, हांगकांग, पाकिस्तान और भारत में छपवाने में सफल

हो गया। तो इस तरह यह विवादास्पद 'बम इन्टरव्यू' दुनिया के सामने आया!

हुआ यूँ था कि इस्लामाबाद से छपनेवाले एक दैनिक अखबार 'मुस्लिम' के सम्पादक मुशाहिद हुसैन ने मुझे अपनी शादी में बुलाया था। वे मेरे अच्छे दोस्त थे और मैं उन्हें उस जमाने से जानता था जब वे लेक्चरार हुआ करते थे। उन्होंने दिल्ली में एक मुलाकात के दौरान मुझसे पूछा था कि उनके लिए पत्रकारिता का पेशा कैसा रहेगा। मुझे उनका लेखन बहुत प्रभावशाली लगा था और मैंने उनसे कहा था कि अगर वे गम्भीरता से पत्रकारिता करें तो एक दिन बहुत अच्छे सम्पादक बनेंगे। मैं इस्लामाबाद गया तो मेरे स्वागत के लिए वे खुद एयरपोर्ट पर मौजूद थे। उन्होंने मुझसे कहा कि अपनी शादी के मौके पर वे मुझे एक तोहफा देना चाहते थे। इसके बाद उन्होंने मेरे कान में फुसफुसाते हुए मुझे बताया कि उन्होंने परमाणु वैज्ञानिक ए.क्यू. खान के साथ मेरा इन्टरव्यू तय कर दिया था। मैं हैरान रह गया। यह सच था कि मैंने उनसे कई बार ए.क्यू. खान से मेरी मुलाकात करवाने के लिए कहा था, लेकिन मैंने कल्पना भी नहीं की थी कि वे सचमुच ऐसा कर डालेंगे।

अगले दिन मेरा लंच फखर जमान और उनकी पत्नी चांदी के साथ था, जो जिया-उल-हक की सरकार में मंत्री थे। बाद में वे अमरीका में पाकिस्तान के राजदूत भी रहे। लंच के दौरान ही मुशाहिद ने मुझे फोन पर सूचित किया कि ए. क्यू. खान से मेरी मुलाकात उसी शाम होने जा रही थी। उन्होंने कहा कि वे मुझे मेरे होटल से अपने साथ लेते जाएँगे। उन्होंने यह बात भी साफ कर दी कि मुझे बातचीत के दौरान नोट्स लिखने या अपने साथ टेप-रिकार्डर ले जाने की अनुमति नहीं थी।

ए.क्यू. खान के साथ इंटरव्यू की शाम

खान इस्लामाबाद के बाहरी इलाके में लुभावनी अर्गला पहाड़ियों पर रहते थे। उनके घर की तरफ जानेवाली सड़क को उनके घर से साफ देखा जा सकता था। अँधेरा हो चला था, इसलिए मुशाहिद ने कार की बत्तियाँ जला दी थीं। मेरा अनुमान था कि गुप्तचर विभग को इस मुलाकात के बारे में मालूम था। एक दिन पहले ही एक फ्रांसीसी पत्रकार और एक फोटोग्राफर अपनी कार में इस सड़क पर कुछ ही गज आगे बढ़े थे कि उन्हें मारपीट कर भगा दिया गया था।

ए.क्यू. खान के घर पहुँचते ही मेरा अनुमान सही साबित हो गया। सुरक्षा अधिकारी ने मेरी तरफ देखा तक नहीं और मुशाहिद से ही बात करता रहा। इसका मतलब था कि सरकार ने इस इन्टरव्यू की स्वीकृति दे दी थी। खान बरामदे में ही हमारी प्रतीक्षा कर रहे थे। हमें ड्राइंग-रूम की तरफ ले जाते हुए उन्होंने कहा कि वे काफी समय से मेरे लेख पढ़ते रहे थे और मेरे जबर्दस्त फैन थे।

"भोपाल में मेरे साथ बहुत बुरा सलूक किया गया था," खान ने पुराने दिनों को याद करते हुए कहा। उन्होंने अपनी स्नातक की डिग्री भोपाल में ही प्राप्त की थी। वे बँटवारे के कुछ साल बाद भारत से अपने पलायन की बात कर रहे थे। मैंने उन्हें बताया कि मैं स्यालकोट से था और मुझे भी करीब-करीब ऐसे ही हालात का सामना करना पड़ा था।

"केक सचमुच बहुत लजीज है," मैंने जलपान के साथ परोसे गए केक की तारीफ करते हुए कहा तो उन्होंने बताया कि वह केक उनकी पत्नी ने 'खासतौर से मेरे लिए' बनाया था।

मैं अब काफी सहज हो चुका था। मैंने उन्हें परमाणु बम के बारे में कुरेदना शुरू किया। "आपका काम सचमुच बहुत मुश्किल है," मैंने कहा। यह सही भी था क्योंकि उन्हें बहुत थोड़े-से साधनों से शुरुआत करनी पड़ी थी। उन्होंने सहमति जताते हुए आत्म-विश्वास और गर्व से सर हिलाया।

खान तभी से परमाणु बम पर काम कर रहे थे जब 1974 में इन्दिरा गांधी के कार्यकाल के दौरान भारत ने परमाणु परीक्षण किया था। उस समय जुल्फिकार अली भुट्टो पाकिस्तान के प्रधानमंत्री थे और उन्होंने कहा था कि चाहे पाकिस्तान को घास भी खानी पड़े लेकिन वह परमाणु बम बनाकर रहेगा। पाकिस्तान में सभी की नजरें ए. क्यू. खान पर टिकी हुई थीं। वही इकलौते शख्स थे जो पाकिस्तान को परमाणु शक्ति के मामले में भारत की बराबरी पर ला सकते थे।

मैंने सुना था कि वे आत्म-मुग्धता से भरपूर व्यक्ति थे और मैं देख रहा था कि मैंने सही सुना था। मैंने बातों-बातों में नीदरलैंड की एक परमाणु लेबोरेटरी से उनके सूचनाएँ 'चुराने' और उन्हें वहाँ की अदालत में घसीटे जाने का जिक्र क्या कर दिया कि वे भड़क उठे। उन्होंने अपनी आवाज ऊँची करते हुए इस आरोप का खंडन किया और कहा कि अदालत ने उन्हें बरी कर दिया था।

लेकिन यह प्रश्न सुनकर वे खुश हो गए कि क्या भारत ने पाकिस्तान के परमाणु कार्यक्रम का भेद जानने की कोशिश की थी। उन्होंने बताया कि भारत ने इस मकसद से अपने कई जासूस भेजे थे, जिनमें सेना का एक मेजर भी शामिल था, लेकिन वे सब-के-सब पकड़ लिए गए।

मेरा पूरा इन्टरव्यू यह जानकारी हासिल करने के इर्द-गिर्द घूम रहा था कि पाकिस्तान एटम बम बना चुका था या नहीं। जब भी मैं सीधे-सीधे कुछ जानने की कोशिश करता तो खान गोलमोल-सा जवाब दे देते या प्रश्न को इधर-उधर घुमा देते। ऐसा लगता था कि उन्हें इन्टरव्यू की अनुमति के साथ-साथ यह निर्देश भी दिया गया था कि उन्हें साफ-साफ कुछ नहीं कहना था। मैं एक असाधारण वैज्ञानिक होने के लिए उनकी तारीफ करने लगा। मैंने कहा कि पूरे उपमहाद्वीप में वे अकेले ऐसे वैज्ञानिक थे जिन्होंने मेटलर्जी (धातु-विज्ञान) और फिजिक्स (भौतिकी) दोनों में पीएचडी की थी। मैंने उनसे पूछा कि क्या कोई विदेशी व्यक्ति भी उनकी मदद कर रहा था। उन्होंने बड़े गर्व से कहा कि उनकी टीम में सिर्फ पाकिस्तानी शामिल थे।

मुझे लगा कि मैं उन्हें भड़का सकता था। अहंवादी होने के कारण वे मेरे जाल में फँस सकते थे। मैंने एक झूठी कहानी गढ़ते हुए उनसे कहा कि पाकिस्तान आने से पहले अचानक ही भारत के परमाणु बम के जनक डॉ. होमी सेठना से मेरी मुलाकात हो गई थी। उन्होंने मुझसे कहा था कि मैं पाकिस्तान जाकर बेकार ही अपना समय बर्बाद कर रहा था, क्योंकि पाकिस्तान के पास न तो ऐसे आदमी थे और न ऐसी सामग्री कि वह परमाणु बम बना सके। यह सुनते ही खान आपे से बाहर हो गए और मेज पर मुक्का मारते हुए बोले, "उनसे कह दो कि हमारे पास है! हाँ, वी हैव इट!"

मुशाहिद सन्न रह गए और अचानक बहुत परेशान दिखाई देने लगे।

मैंने डॉ. खान के इस रहस्योद्‌घाटन से जरा भी प्रभावित न होते हुए आगे कहा कि

इस तरह के दावे करना बहुत आसान होता है, लेकिन उनकी पुष्टि भी जरूरी होती है। पाकिस्तान ने अब तक एक भी परमाणु परीक्षण नहीं किया था, तो फिर इस बात की पुष्टि कैसे हो सकती थी कि पाकिस्तान के पास परमाणु बम था?

खान ने कहा कि वे लोग अपनी लेबोरेटरी में पहले ही बम का परीक्षण कर चुके थे। ''क्या आपने प्रोटोटाइप प्लेन के बारे में नहीं सुना जिसे सिम्युलेटर की मदद से उड़ाया जाता है? हमें बम की ताकत को परखने के लिए धमाका करने की जरूरत नहीं है। लेबोरेटरी में मौजूद आधुनिक और संवेदनशील यंत्रों की मदद से धमाके के पैमाने का अन्दाजा लगाया जा सकता है। हम अपने नतीजों को लेकर पूरी तरह सन्तुष्ट हैं।'' उन्होंने कहा कि वे आइसोटोप सेपरेशन की अमूल्य तकनीक का विकास कर चुके थे। ''हम यूरेनियम का 90 प्रतिशत तक संवर्धन कर चुके हैं, ताकि सही नतीजों पर पहुँचा जा सके।''

मैंने उनसे सीधे-सीधे पूछ लिया, ''तो फिर आपने यह घोषणा क्यों नहीं की है कि आपके पास परमाणु बम है?''

''इसकी क्या जरूरत है?'' खान ने जवाब दिया, ''अमरीका ने सारी मदद बन्द करने की धमकी दे रखी है।'' उन्होंने कहा कि उनका बम उस बम से बड़ा था जिसका परीक्षण हमने 1974 में किया था। ''आपने जमीन पर इसका परीक्षण नहीं किया है,'' उन्होंने मुझे याद दिलाते हुए कहा।

खान ने कहा कि अमरीका और अन्य पश्चिमी देशों ने बम बनाने में काम आनेवाली सभी चीजें बेचनी बन्द कर दी थीं। और तो और, चुम्बक जैसी छोटी-सी चीज पर भी प्रतिबंध लगा दिया गया था। उन्होंने बड़े गर्व से भेद खोलते हुए बताया कि पश्चिमी देशों को कोई भनक लगने से पहले ही वे लोग सभी जरूरी चीजें खरीद चुके थे।

''अमरीका को पता है कि हमारे पास परमाणु बम है,'' खान ने कहा। ''सीआईए बिलकुल सही कहती रही है कि हम परमाणु बम की प्रोसेसिंग कर रहे हैं। विदेशी अखबारों द्वारा लगाई जा रही अटकलें भी बिलकुल सही हैं।''

खान ने यह नहीं बताया कि ठीक-ठीक किस समय पाकिस्तान ने परमाणु बम बना लिया था। उन्होंने यह जरूर कहा कि भारत को बम बनाने में बारह वर्ष लगे थे, जबकि उन्होंने इसे सात वर्ष में ही बना लिया था। उन्होंने बताया कि दिसम्बर 1975 में जब वे होलैंड से पाकिस्तान लौटे थे तो उन्होंने किस तरह काहूटा प्लांट बनवाया था। इसे बनने में तीन वर्ष लगे थे। इसका मतलब यह हुआ कि अगर दिसम्बर 1978 या जनवरी 1979 में इसने काम करना शुरू कर दिया हो तो पाकिस्तान 1985 के आखिर या 1986 के शुरू में बम बनाने में सफल हो गया होगा। (बाद में एक अन्य इन्टरव्यू में खान ने खुलासा किया था कि पाकिस्तान ने 1984 में यह बम बना लिया था।)

खान ने पाकिस्तान के परमाणु कार्यक्रम को शान्तिपूर्ण उद्देश्यों के लिए बतलाने का ढोंग नहीं किया। उनके अनुसार परमाणु कार्यक्रम के साथ 'शान्तिपूर्ण' शब्द जोड़ा जाना कोरी बकवास थी। 'शान्तिपूर्ण बम' नाम की कोई चीज नहीं होती। एक बार आप यह सीख लो कि रिएक्टर कैसे बनाए जाते हैं, प्लूटोनियम कैसे बनाया जाता है, जोकि पाकिस्तान सीख चुका था, ''तो फिर परमाणु बम बनाना बड़ा आसान हो जाता है।''

इसके बाद खान किसी फौजी की तरह बात करने लगे और मुझे चेतावनी देते हुए बोले,

"अगर तुम लोगों ने फिर कभी हमें नीचा दिखाने की कोशिश की, जैसाकि पूर्वी पाकिस्तान में किया था, तो हम इस बम का इस्तेमाल करेंगे।" उनके कहने का मतलब था कि अगर भारत ने परम्परागत युद्ध में पाकिस्तान को हरा दिया तो वह परमाणु अस्त्रों का इस्तेमाल करने से नहीं झिझकेगा। पाँच वर्ष बाद राष्ट्रपति जनरल परवेज मुहम्मद ने भी यही शब्द दोहराए।

कार में बैठने के बाद मुशाहिद के सबसे पहले शब्द थे, "उन्होंने सब कुछ उगल दिया है! अब यह बताओ कि तुम क्या लिखने जा रहे हो।" मुशाहिद का कहना था कि उन्हें पाकिस्तान में ही रहना था, इसलिए इस इन्टरव्यू से उन्हें कोई नुकसान नहीं पहुँचना चाहिए। मैंने कहा कि अगर वे चाहें तो मैं इस इंटरव्यू को भूल जाना पसन्द करूँगा। मुशाहिद ने कोई जवाब नहीं किया और पूरे रास्ते अपनी सोचों में डूबे रहे। उन्होंने मुझे होटल के बाहर उतार दिया। अपने कमरे में पहुँचते ही मैंने कागज-कलम लेकर खान के शब्दों को ज्यों-का-त्यों कागज पर उतार दिया। मेरी स्मृति मेरी अच्छी साथी साबित हुई थी।

उस रात मैंने मुशाहिद के साथ ही खाना खाया। पूरे वक्त वे यही कहते रहे कि मुझे एक जबर्दस्त स्कूप मिल गया था, लेकिन इसकी कीमत उन्हें अदा करनी पड़ेगी। हम इन्टरव्यू के शीर्षक को लेकर मगजपच्ची करते रहे। आखिर आपसी रजामंदी के बाद हमें यह शीर्षक पसन्द आया–"पाकिस्तान हैज द बम (पाकिस्तान के पास परमाणु बम है) : 'इस्लामिक बम' के जनक डॉ. ए. क्यू. खान ने मेरे साथ बातचीत के दौरान यह दावा किया, हालाँकि वे साफ-साफ ऐसा कहने से बचते रहे।"

खान के साथ अपने इन्टरव्यू के अगले दिन ही मैं पाकिस्तान में भारत के हाई कमिश्नर एस.के. सिंह से मिला। मैंने उन्हें इन्टरव्यू के बारे में कुछ भी नहीं बताया, क्योंकि मैं खान द्वारा पाकिस्तान के परमाणु बम के सनसनीखेज खुलासे को एक 'स्कूप' के रूप में दुनिया के सामने लाना चाहता था। मैंने पाकिस्तान के सिर्फ एक अखबार को यह इन्टरव्यू बेचने की पेशकश की–'डॉन' को। 'डॉन' के एक सीनियर प्रभारी हमीद हरुन मेरे दोस्त थे। मैं उनसे कराची में मिला तो मैंने इस इन्टरव्यू का जिक्र किया। "भई, हमें तो बख्श ही दो," उन्होंने हाथ खड़े करते हुए कहा, "यह बड़ा खतरनाक मामला है!"

भारत वापसी से एक दिन पहले मैं लाहौर में था तो मुझे लन्दन के प्रसिद्ध साप्ताहिक 'ऑब्जर्वर' के श्याम भाटिया का फोन आया। वे जानना चाहते थे कि मैं भारत कब लौट रहा था। उन्हें मेरे पाकिस्तानी दौरे की जानकारी थी, लेकिन खान के साथ मेरे इन्टरव्यू की नहीं। मैंने उन्हें इस इन्टरव्यू के बारे में बताया तो पहले तो उन्हें विश्वास नहीं हुआ और फिर वे पूरी बात जानने के लिए मेरे पीछे पड़ गए। मुझे पता था कि मेरा फोन टेप किया जा रहा था। मैंने उनसे पूछा कि क्या उनका साप्ताहिक डॉ. खान का इन्टरव्यू छापना चाहेगा। उन्होंने कहा कि यह इन्टरव्यू पर निर्भर करता था, और लन्दन में पता करके बताने के लिए कहा। मैं दिल्ली लौटा तो उन्होंने मुझे बताया कि 'ऑब्जर्वर' इन्टरव्यू को छापना चाहता था। (अखबार ने इस इन्टरव्यू के लिए मुझे सिर्फ 200 पौंड दिए।)

'ऑब्जर्वर' फूँक-फूँककर कदम रख रहा था। इन्टरव्यू भेजने के बाद मुझे अपने 'नोट्स' भेजने के लिए भी कहा गया। मैं उन्हें पहले ही बता चुका था कि मुझे नोट्स लिखने या

अपने साथ टेप-रिकार्डर ले जाने की अनुमति नहीं दी गई थी। फिर भी मैंने उन्हें वे सभी 'नोट्स' भेज दिए जो मैंने होटल के कमरे में लौटने के बाद अपनी याददाश्त की मदद से झटपट लिख डाले थे। इनमें से कुछ मेरे हाथ से लिखे हुए थे और कुछ टाइप किए हुए थे। इसके बाद भी इन्टरव्यू को लेकर मेरे और 'आब्जर्वर' के बीच कई बार फोन पर बातचीत होती रही।

'आब्जर्वर' द्वारा बरती जा रही यह सावधानी निराधार भी नहीं थी। मुशाहिद हुसैन सरकार के दबाव में बयान दे चुके थे कि कोई इन्टरव्यू हुआ ही नहीं था, और मैं सिर्फ उनकी शादी का कार्ड देने उनके साथ खान के घर पर गया था। इसके अलावा, 'आब्जर्वर' को पता चला था कि एक अमरीकी अखबार को भी इस इटरव्यू की पेशकश की गई थी, लेकिन इन्टरव्यू की सत्यता पर सन्देह होने के कारण उसने इसे लेने से इनकार कर दिया था। मुझे नहीं मालूम था कि उस अखबार को किसने ऐसी पेशकश की थी, क्योंकि यह मेरा काम बिलकुल नहीं था।

मैं इस इन्टरव्यू को विदेशों में इसलिए छपवाने का इच्छुक था क्योंकि हमारी दुनिया में विदेशों में प्रकाशित रहस्योद्घाटनों को ज्यादा प्रामाणिक माना जाता है। 'ऑब्जर्वर' को इस इन्टरव्यू के प्रकाशन के लिए राजी करने में मुझे पूरा एक महीना लग गया। जिस दिन यह इन्टरव्यू छपा, वह हमारे देश में राष्ट्रीय बजट की प्रस्तुति का अगला दिन था—यानी सभी अखबारों के मुखपृष्ठों पर राष्ट्रीय बजट छाया हुआ है। प्रकाशन की 'टाइमिंग सही न होने को लेकर मेरी आशंकाएँ सही साबित हुई थीं। मेरी सेवाएँ खरीदने वाले 70 के लगभग अखबारों ने इन्टरव्यू को सबसे प्रमुख खबर नहीं बनाया। फिर भी, उन सबने इसे छापा और इन्टरव्यू ने सारी दुनिया का ध्यान खींचा।

इन्टरव्यू छपने के बाद इतनी अच्छी टिप्पणियाँ पढ़ने-सुनने को मिलीं कि मैं खुशी से झूम उठा। लेकिन मेरे दिल को सबसे ज्यादा छुआ निखिल चक्रवर्ती के एक व्यक्तिगत पत्र ने, जो 'मेनस्ट्रीम' के सम्पादक थे। उन्होंने लिखा था—

> सिर्फ यह कहना शायद बहुत शाब्दिक लगेगा कि इसने एक पत्रकार के रूप में तुम्हारी प्रतिष्ठा को चार चाँद लगा दिए हैं। मैं इसे सबसे पहले एक व्यक्ति के रूप में तुम्हारी ईमानदारी और फिर एक पत्रकार के रूप में तुम्हारी विलक्षण योग्यता के प्रमाण के रूप में देखता हूँ। तुम्हारा यह 'पीस' पढ़कर मैं यह कहे बगैर नहीं रह पा रहा हूँ कि मुझे तुम पर गर्व है। मैं एक बार फिर तुम्हें अपने दिल की गहराइयों से बधाई देना चाहूँगा।

लन्दन के 'ऑब्जर्वर' में छपने के कारण इन्टरव्यू की प्रामाणिकता सन्देह के घेरे में नहीं रही थी। इस पर जमकर विवाद छिड़ा।

मुशाहिद की प्रतिक्रिया से मुझे कुछ झटका जरूर लगा था, लेकिन मैं पाकिस्तान में उनकी बाध्यताएँ समझ सकता था। सौभाग्यवश, उन्होंने यह इन्टरव्यू अपने अखबार में भी छाप दिया और अखबार के सम्पादकीय में इन्टरव्यू का बचाव करते हुए कहा कि पाकिस्तान को पूरी दुनिया को बता देना चाहिए कि उसके पास परमाणु बम है, ताकि नई दिल्ली की समझ में भी यह बात आ जाए।

पाकिस्तानी भड़क उठे और 'दुश्मन' की मदद करने और एक 'हिन्दू' को बम का राज बताने के लिए उनका सर कलम करने की माँग करने लगे। कइयों ने मुशाहिद पर 'देशद्रोह'

का मुकदमा चलाए जाने की माँग की। मेरी समझ में नहीं आ रहा था कि इन्टरव्यू को लेकर इतना हंगामा क्यों मचाया जा रहा था।

मुझे पूरा यकीन था कि किसी-न-किसी चरण में राष्ट्रपति जनरल जिया-उल-हक की स्वीकृति ले ली गई थी। जैसाकि मुझे बाद में पता चला, उन्होंने इन्टरव्यू को हरी झंडी दे दी थी, लेकिन वे चाहते थे कि खान परमाणु बम बना लेने की बात को साफ-साफ स्वीकार न करें। जिया ने स्थिति को सँभालने के लिए 'टाइम' पत्रिका को एक इन्टरव्यू में बताया कि पाकिस्तान को बम में सिर्फ एक पेंच कसने की जरूरत थी। लेकिन किसी ने भी उनकी बात को गम्भीरता से नहीं लिया, क्योंकि भेद पहले ही खुल चुका था।

पाकिस्तान की दुविधा यह थी कि इस इन्टरव्यू का प्रकाशन उसी हफ्ते हुआ था जब पाकिस्तान के लिए अमरीकी मदद का बिल कांग्रेस में पेश होने जा रहा था। मुझे इसकी कोई जानकारी नहीं थी। यह सिर्फ संयोग मात्र था। इस बीच पृथ्वी की परिक्रमा करनेवाले पहले अमरीकी और तत्कालीन सिनेटर जॉन ग्लेन ने वाशिंग्टन से मुझे फोन करके पूछा कि खान ने क्या कहा था। फिर भी, इन शंकाओं के बीचो बीच, राष्ट्रपति जॉर्ज बुश (सीनियर) ने यह घोषणा करके पाकिस्तान को मदद भेजने का रास्ता साफ कर दिया कि पाकिस्तान के पास परमाणु बम नहीं था। मेरे खयाल से इसके पीछे राजनीति का हाथ था। राष्ट्रपति बुश (सीनियर) ने झूठ बोला था, क्योंकि उनके पास मौजूद गुप्तचर विभाग की रिपोर्ट साफ कह रही थी कि पाकिस्तान परमाणु बम बना चुका था।

इस विवाद के दौरान किसी ने प्रधानमंत्री राजीव गांधी से भी पूछा था कि क्या पाकिस्तान के लिए अमरीकी मदद के बिल को रुकवाने के लिए भारत सरकार और कुलदीप नैयर ने मिलकर कोई साजिश रची थी। राजीव गांधी का जवाब था, "हम किसी के भी साथ साजिश में शामिल हो सकते हैं, एक कुलदीप नैयर को छोड़कर!"

ए.क्यू. खान ने इन्टरव्यू के खिलाफ ब्रिटिश प्रेस काउंसिल में अपील कर दी। उन्होंने दावा किया कि मैंने एक सामाजिक मुलाकात को इन्टरव्यू का रंग देकर उनके मुँह से जाने क्या-क्या निकलवा दिया था। अखबार ने प्रेस काउंसिल में उन्हें जोरदार जवाब दिया, जिसके बाद मुझे और 'ऑब्जर्वर' को निर्दोष घोषित कर दिया गया। काउंसिल ने खान की अपील को खारिज करते हुए अपने फैसले में कहा कि "नैयर की कहानी पर अविश्वास करने का कोई कारण दिखाई नहीं देता था।"

इस्लामाबाद ने फिर भी हार नहीं मानी। उसने एक किताब छपवाकर यह आरोप लगाया कि कुलदीप नैयर ने 'ऑब्जर्वर' में बम-इन्टरव्यू छपवाने के लिए भारतीय मॉडल पामेला बोर्डस का इस्तेमाल किया था, जिसने अखबार के सम्पादक को अपने मोहजाल में फँसाकर इसे छापने के लिए राजी कर लिया था। दो वर्ष बाद पीटीआई ने इस किताब के कुछ अंश जारी किए तो मैंने एजेंसी को अदालत में ले जाने की धमकी दी। पी.टी.आई. के तत्कालीन प्रमुख एम.के. राजदान ने स्टोरी तो वापस ले ली, लेकिन माफी नहीं माँगी। यह एक नए तरीके की पत्रकारिता थी—मानहानि पहुँचाने वाली सामग्री जारी करना और किसी तरह का खेद व्यक्त करने से इनकार करना। फिर भी, क्योंकि उन्होंने स्टोरी वापस ले ली थी, इसलिए मैंने मामले को ज्यादा तूल नहीं दी।

नई दिल्ली स्थित पाकिस्तान का हाई कमीशन मुझे 'दंडित' करते हुए लगभग पाँच वर्षों तक मुझे वीजा देने से इनकार करता रहा।

इस इन्टरव्यू के लगभग दस वर्ष बाद ढाका में एक कॉन्फ्रेंस में मुशाहिद से मेरी मुलाकात हुई। मैंने उनसे पूछा कि क्या इस इन्टरव्यू को जनरल जिया-उल-हक का बरदहस्त प्राप्त था। उन्होंने 'हाँ' में जवाब दिया और कहा कि सब कुछ पहले से ही व्यवस्थित था। गड़बड़ यह हो गई थी कि खान को बम का सिर्फ संकेत देना था, न कि इसे खुलकर स्वीकार कर लेना था। लेकिन खान बहुत ज्यादा बोलते रहे थे और उम्मीद से कहीं ज्यादा उगल बैठे थे।

पत्रकारों को कई बार सरकारों के झगड़े का निशाना बनना पड़ता है।

मैं एक प्रतिष्ठित संस्था 'इंस्टीट्यूट ऑफ फॉरेन अफेयर्स' के निमंत्रण पर चीन गया तो मुझे इसका काफी कड़वा अनुभव हुआ। एक दिन मेरे मेहमानों ने सेना के कुछ रिटायर्ड अफसरों के साथ मेरी भेंटवार्ता निर्धारित कर दी। वे सब सीमा के पास भारत के युद्ध अभ्यास, 'ऑपरेशन ब्रास टैक्स' से बहुत ज्यादा भड़के हुए थे। उनका व्यवहार बहुत खुश्क और शत्रुतापूर्ण था। मैंने दोनों देशों के आपसी तनावों का कोई जिक्र तक नहीं किया था, फिर भी वे जनरल सुन्दरजी की उनके इलाके में घुसपैठ को लेकर मुझ पर बुरी तरह झपट पड़े।

मुझे बोलने का मौका दिए बिना ही वे बिफरते हुए बोले, "क्या तुम लोग 1962 की पिटाई को भूल गए हो? हम फिर आ जाएँगे और एक बार फिर तुम्हारी धुलाई करके वापस आ जाएँगे। लगता है तुम लोगों ने कोई सबक नहीं सीखा है।"

तब भारत के राजदूत बीजिंग में नहीं थे। राष्ट्रीय सुरक्षा सलाहकार शिव शंकर मेनन नम्बर दो के ओहदे पर थे। मैंने उन्हें इन धमकियों और बातचीत के अन्य पहलुओं के बारे में बताया। उन्होंने कहा कि रक्षा मंत्रालय का कोई व्यक्ति नई दिल्ली में मुझसे मिलेगा।

लेकिन सरकार का कोई भी व्यक्ति मुझसे नहीं मिला। उसी तरह जैसे डॉ. ए. क्यू. खान के साथ मेरे इन्टरव्यू के बारे में जानने के लिए भी सरकार का कोई व्यक्ति मुझसे नहीं मिला।

जब जैल सिंह नाराज हो गए

राष्ट्रपति ज्ञानी जैल सिंह के दिल में यह बात चुभ गई थी कि ऑपरेशन ब्लू स्टार से पहले उनकी सलाह नहीं ली गई थी। वे किसी-न-किसी दिन अपनी आहत भावनाओं को प्रकट करने और सरकार को नीचा दिखाने की ठाने बैठे थे।

इसका क्या तरीका था? वे बड़ी दुविधा में थे और मेरे साथ सलाह करने के बाद इस निश्चय पर पहुँचे थे कि वे किसी महत्त्वपूर्ण विधेयक पर अपनी स्वीकृति को रोके रखेंगे। उन्हें ज्यादा इन्तजार भी नहीं करना पड़ा। एक अवसर तब आया जब शाहबानो मामले से जुड़े संवैधानिक संशोधन के लिए राजीव गांधी सरकार ने उनकी स्वीकृति चाही।

शाहबानो नामक एक तलाकशुदा मुस्लिम औरत को उसके पति ने 'मेहर' की मामूली-सी रकम के अलावा और कुछ भी देने से इनकार कर दिया था। उच्चतम न्यायालय ने इस मामले में अपना फैसला सुनाते हुए उसके पति को उसे गुजर-बसर का खर्च देने का आदेश दिया।

मुस्लिम समुदाय को न्यायालय का यह फैसला अपने धार्मिक मामलों में हस्तक्षेप प्रतीत हुआ। उनका कहना था कि वे खुद गुजारे की रकम तय करेंगे और इसका भुगतान किए जाने का भी इन्तजाम करेंगे, लेकिन उन्हें अदालत की 'दखलंदाजी' मंजूर नहीं थी।

फैसले के विरोध में देश-भर के मुसलमान आन्दोलन पर उतर आए तो केन्द्र सरकार ने उन्हें तुष्ट करने और उच्चतम न्यायालय के फैसले को निरस्त करने के लिए संविधान में संशोधन करने का फैसला किया। राजीव गांधी की नजर भले ही चुनावों पर रही हो, लेकिन यह एक घातक फैसला था। बाद में जब उन्हें लगा कि शाहबानो मामले में संविधान में किए गए संशोधन से हिन्दू नाराज हो गए थे तो उन्हें खुश करने के लिए उन्होंने अयोध्या में विवादास्पद बाबरी मसजिद/रामजन्मभूमि मन्दिर का ताला खुलवा दिया। ये दोनों फैसले दोनों धर्मों के कट्टरपंथियों को बढ़ावा देनेवाले फैसले थे, और देश इनके दुष्परिणाम आज तक भुगत रहा है।

जब शाहबानो मामले से जुड़ा संशोधन राष्ट्रपति की स्वीकृति के लिए ज्ञानी जैल सिंह के पास पहुँचा तो उन्हें लगा कि सरकार पर निशाना साधने का यह बहुत बढ़िया मौका था। मैं उन दिनों उनसे अकसर मिलता रहता था, हालाँकि जब वे गृहमंत्री थे तो मुझसे मिलने से बचते रहते थे। उनका कहना था कि "इन्दिरा जी को यह अच्छा नहीं लगता।" अब जब राष्ट्रपति के रूप में संशोधन से जुड़ा विधेयक उनके पास पहुँचा तो उन्होंने सलाह-मशविरे के लिए मुझे बुला भेजा।

हमने विधेयक को स्वीकृति न देने के परिणामों पर गहराई से विचार किया। जल्दी ही उन्हें इस बात का अहसास हो गया कि उनकी तरफ से किसी तरह की नकारात्मक प्रतिक्रिया से मुसलमान नाराज हो सकते थे। वे धार्मिक भावनाओं से जुड़े किसी मामले में अपनी टाँग नहीं अड़ाना चाहते थे। लेकिन वे सरकार को परेशान करने का मौका भी नहीं छोड़ना चाहते थे। वे इस विधेयक को अपनी स्वीकृति देने के लिए राजी तो हो गए, लेकिन राजीव गांधी द्वारा बूटा सिंह को राष्ट्रपति भवन दौड़ाए जाने के बाद। बूटा सिंह ने ज्ञानी जैल सिंह को मनाते हुए उनसे पंजाबी में कहा, "आपका ही पुत्तर है" (राजीव आपके बेटे की तरह है)। बाद में बूटा सिंह ने यह दावा भी किया कि उन्होंने ही जैल सिंह को राजीव गांधी को प्रधानमंत्री के रूप में बर्खास्त किए जाने से रोका था।

मैंने जैल सिंह को सलाह दी कि उन दिनों संसद में विचाराधीन डाक विधेयक उनके लिए एक अच्छा अवसर हो सकता था। कुछ दिन बाद यह विधेयक उनकी स्वीकृति के लिए उनके पास पहुँचा तो वे सरकार को सबक सिखाने के लिए पूरी तरह से तैयार थे। यह विधेयक सरकार को किसी की भी डाक खोलने का अधिकार देता था। गुप्तचर विभाग पहले से ही लुके-छिपे यह सब कर रहे थे, लेकिन सरकार इसे कानूनी रूप देना चाहती थी।

जब जैल सिंह और मैंने इस विषय पर विचार-विमर्श किया तो हमने सोचा कि जैल सिंह के इनकार करने के बाद आम जनता भी विधेयक के विरोध में उठ खड़ी होगी। लोग अपनी निजता की रक्षा करने के लिए राष्ट्रपति के कदम की तारीफ करेंगे। यही हुआ भी और जैल सिंह का इनकार मेरा स्कूप बन गया।

सरकार की प्रतिक्रिया इतनी अभद्र रही कि उसे राष्ट्रपति के पद की गरिमा का भी खयाल नहीं रहा। राष्ट्रपति को केबिनेट के कागजात, विदेशी मिशनों के तार इत्यादि भेजने

बन्द कर दिए गए। यह संविधान के खिलाफ था। जैल सिंह ने इसका विरोध किया। उन्होंने कहा कि सरकारी कागजों की प्रतिलिपियाँ पाना उनका संवैधानिक अधिकार था, उसी तरह जैसे वे किसी भी दस्तावेज को देखने की माँग कर सकते थे। लेकिन सरकार का खयाल था कि राष्ट्रपति को नजरअंदाज करना उसके अधिकार-क्षेत्र के दायरे में था। इसलिए जैल सिंह के खुलेआम विरोध प्रकट करने के बावजूद राजीव गांधी पर कोई असर नहीं हुआ।

फिर भी जैल सिंह ने हिम्मत नहीं हारी। वे सरकार को शर्मिंदा करने के अवसर तलाशते रहे। ऐसी ही एक कोशिश में उन्हें खुद ही भारी शर्मिंदगी का सामना करना पड़ा। 'इंडियन एक्सप्रेस' राजीव गांधी की खुलकर आलोचना करता रहता था। इसलिए राष्ट्रपति ने इसी के मंच से सरकार को निशाना बनाने का फैसला किया। उन्होंने प्रधानमंत्री के नाम एक बहुत तीखा पत्र लिखा। इस पत्र का ड्राफ्ट 'इंडियन एक्सप्रेस' के तत्कालीन सम्पादक एस. मूलगाँवकर और आरएसएस विचारक गुरुमूर्ति द्वारा अखबार के दफ्तर में ही तैयार किया गया था। लेकिन जैल सिंह ने इस ड्राफ्ट में थोड़ा फेर-बदल कर दिया। परिणाम यह हुआ कि जो पत्र अखबार में छपा वह जैल सिंह द्वारा संशोधित पत्र से थोड़ा अलग था। सरकार ने नई दिल्ली के सुन्दर नगर में स्थित 'इंडियन एक्सप्रेस' के गेस्ट हाउस पर छापा मारकर पत्र का मूलगाँवकर द्वारा संशोधित ड्राफ्ट बरामद कर लिया तो जैल सिंह और मूलगाँवकर दोनों पानी-पानी हो गए।

इस पत्र के बाद जैल सिंह बहुत-से लोगों का समर्थन खो बैठे। उन्हें एक ऐसे राष्ट्रपति के रूप में देखा जाने लगा जो राजीव गांधी के साथ अपना जाती हिसाब चुकता करने के लिए सरकार के काम में अडंगे लगा रहा था।

एक समय ऐसा भी था जब राष्ट्रपति मशहूर कार्टूनिस्ट और पत्रकार राजेंद्र पुरी की उस याचिका को अपनी स्वीकृति देने का मन बना चुके थे, जिसके अन्तर्गत वे राजीव गांधी के खिलाफ भ्रष्टाचार का मुकदमा चलाना चाहते थे। लेकिन इस पत्र की पोल खुलने के बाद राष्ट्रपति की स्वीकृति के पीछे बदले की भावना ही दिखाई देती। जैल सिंह ने मुझसे कहा था कि अगर वे सिख न होते तो मुकदमे की अनुमति देने में जरा भी संकोच न करते। उनकी बात में काफी दम था। राष्ट्रपति द्वारा याचिका को स्वीकृति दिए जाने की स्थिति में कांग्रेस में कई लोग राष्ट्रपति के खिलाफ महाभियोग का प्रस्ताव लाने का फैसला कर चुके थे। इन्दिरा गांधी के सिख अंगरक्षकों द्वारा उनकी हत्या के बाद सिख समुदाय को सन्देह की दृष्टि से देखा जाने लगा था। इसलिए जैल सिंह की आशंकाएँ निराधार नहीं थीं।

बोफोर्स तोपों का सौदा

जब 1989 में अगले लोकसभा चुनावों का समय आया तो राजीव गांधी सरकार सुरक्षा सौदों के मामले में भ्रष्टाचार के गम्भीर आरोपों का सामना कर रही थी।

इनमें सबसे घातक बोफोर्स तोपों के लिए 1.3 अरब डॉलर का अनुबंध था। सेना इनकी बजाय दूसरी तोपों के पक्ष में थी। आमतौर से जाँच-परख के दौरान बेहतर पाए जाने के बाद दूसरी कम्पनी की तोपों को ही खरीदा गया होता। लेकिन राजीव गांधी अड़ गए और गुण-दोष की बजाय अन्य हितों को महत्त्व देते हुए उन्होंने बोफोर्स कम्पनी की तोपों को खरीदने का आदेश दिया। बाद में तत्कालीन सेना प्रमुख के. एस. सुन्दरजी ने भी यह बात

स्वीकार की थी कि सेना द्वारा पसन्द की गई फ्रांस की होवित्जर बोफोर्स से बेहतर तोप थी।

लोकसभा चुनावों में 'बोफोर्स' शब्द भ्रष्टाचार का प्रतीक बन गया। इस भ्रष्टाचार का रहस्योद्घाटन नॉर्वे के एक रेडियो चैनल ने किया था। इस चैनल के अनुसार, राजीव गांधी ने सभी नियमों को ताक पर रखते हुए बोफोर्स की होवित्जरों को खरीदने का आदेश दिया था। परिस्थितिजन्य साक्ष्य भी इस सौदे में राजीव के शामिल होने की पुष्टि करते थे। उनके एक घनिष्ठ मित्र (जो उस समय भी सरकार में काफी ऊँचे पद पर थे) ने मुझे बताया था कि राजीव गांधी ने एक नया विदेशी खाता खोला था और उसमें बोफोर्स से प्राप्त रिश्वत का पैसा जमा करवाया था। यह पैसा सोनिया गांधी के इतालवी माता-पिता की मदद के लिए था। इस गुप्त भुगतान में एक दिल्ली स्थित इतालवी बिचौलिए और सोनिया और राजीव गांधी के करीबी ओतावियो कत्रोची का हाथ था।

उन्होंने एक बार मुझे मानहानि के मुकदमे में घसीटने की धमकी दी थी, क्योंकि मैंने अपनी किताब 'द जजमेंट' (1997) में उनकी 'घृणित गतिविधियों' के बारे में लिखा था। वे अपनी इन करतूतों के लिए कोई सजा पाने से बच गए और बाद में भारत से भाग निकलने में सफल हो गए। सीबीआई ने भी इस बात का पूरा ध्यान रखा कि नेहरू खानदान के इतने नजदीकी व्यक्ति पर कोई आँच न आए। मैंने एजेंसी के कुछ वरिष्ठ अधिकारियों से पूछताछ की तो उनका जवाब था कि ऊपर से आदेश थे। कर्नाटक के राज्यपाल एच.आर. भारद्वाज ने बंगलुरु में मुझे बताया था कि नया पद सँभालने से पहले वे 'सब कुछ ठीक-ठाक कर आए थे।'

सीबीआई के भूतपूर्व निदेशक जोगिन्दर सिंह का कहना है कि कत्रोची को पहले से ही पता चल जाता था कि एजेंसी उनके खिलाफ क्या कदम उठाने जा रही थी। उदाहरण के लिए, प्रत्यार्पण प्रक्रिया के लिए जब उन्हें मलेशिया की अदालत में पेश किया गया तो उन्हें सभी आधिकारिक कागजात पहले ही दिखाए जा चुके थे।

नरसिम्हाराव सरकार में विदेशी मंत्री की जिम्मेदारी सँभाल रहे माधवसिंह सोलंकी से मैंने एक बार उन दस्तावेजों के बारे में पूछा था जो उन्होंने रिश्वतों के आदान-प्रदान के मामले में स्वीडिश सरकार को सौंपे थे। नई दिल्ली चाहती थी कि स्वीडिश अधिकारी अपना मुँह न खोलें। सोलंकी ने दस्तावेजों के बारे में तो कुछ नहीं बताया, लेकिन यह जरूर कहा कि बोफोर्स तोप सौदा 'उतना ही उलझा हुआ था जितना कि नर्मदा के पानी को इस्तेमाल न करने का मामला।'

यह एक विचित्र संयोग था कि सीबीआई द्वारा अदालत से मामले को बन्द करने का अनुरोध किए जाने (3 जनवरी, 2011) से एक दिन पहले आयकर अपील ट्रिब्युनल ने अपना फैसला सुनाते हुए कहा कि ओतावियो कत्रोची 41 करोड़ रुपए की रिश्वत प्राप्त करने के दोषी थे और विभाग इस आय पर आयकर पाने का अधिकारी था। कांग्रेस महासचिव दिग्विजय सिंह पार्टी को खतरों से निकालने में माहिर रहे हैं। उन्होंने कहा कि बोफोर्स मामले को और ज्यादा उलझाने के लिए एक सरकारी अधिकारी ने जानबूझकर यह सूचना लीक कर दी थी। सोनिया गांधी के परिवार के प्रति दिग्विजय सिंह की वफादारी समझ में आती थी, लेकिन तथ्यों को तोड़ने-मरोड़ने की उनकी कोशिश अखरने वाली बात थी। अपील अदालत ने अपने फैसले पर 31 दिसम्बर, 2010 को ही हस्ताक्षर कर दिए थे, जबकि प्रेस को इसके बारे में

3 जनवरी, 2011 को पता चला। इसलिए यह सिर्फ एक दिन के फर्क की बात नहीं थी, जैसाकि दिग्विजय सिंह आरोप लगा रहे थे।

अधिकृत प्रवक्ता का कहना था कि यह एक दीवानी मामला था न कि आपराधिक। नाम कुछ भी हो, लेकिन रिश्वत आखिर रिश्वत थी। यह सिर्फ एक कानूनी मामला न होकर नैतिकता का मामला था। मुझे याद है कि महात्मा गांधी ने एक बार बिलकुल यही बात कही थी। कांग्रेस कार्यकारिणी समिति के एक सदस्य ईश्वर सिंह क्वेशवाड़ ने यह कहकर 500 रुपए का भुगतान करने से इनकार कर दिया था कि इसकी समय-सीमा खत्म हो चुकी थी। ऋणदाता ने महात्मा गांधी को एक पत्र लिखकर इसकी शिकायत की तो उन्होंने क्वेशवाड़ से कहा कि यह कानूनी नहीं बल्कि नैतिकता का मामला था।

बोफोर्स कांड के कारण ही वित्त मंत्री विश्वनाथ प्रताप सिंह ने सरकार से इस्तीफा दे दिया। वे गैर-भाजपा विपक्ष के नेता के रूप में उभरे, जो गर्दिश के दौर के बाद अब कांग्रेस का विकल्प प्रस्तुत करने के सपने देख रहा था। वी.पी. सिंह एक नए मंच की तलाश कर रहे समाजवादियों, हरियाणा के मुख्यमंत्री देवीलाल के लोकदल और आन्ध्र प्रदेश के तेलुगुदेशम को अपने 'जन मोर्चा' (भूतपूर्व कांग्रेसियों की नई पार्टी) के साथ जोड़ने में सफल रहे। जल्दी ही 'जनता दल' के रूप में एक नई पार्टी सामने आ गई, जो निचली जातियों और अन्य पिछड़े वर्गों को अपने साथ लेकर चलने और एक नई आर्थिक-सामाजिक व्यवस्था प्रस्तुत करने का दावा कर रही थी।

पिछले लोक सभा चुनाव में 421 सीटें जीतनेवाली कांग्रेस को 1989 में सिर्फ 197 सीटें ही मिल पाईं। इसमें कोई शक नहीं था कि लोगों ने पार्टी को सिरे से ठुकरा दिया था। राजीव ने सही फैसला करते हुए विपक्ष में बैठने का निश्चय किया, हालाँकि कांग्रेस अब भी सदन में सबसे बड़ी पार्टी थी। वे चुनाव परिणामों को अपने और अपनी पार्टी के खिलाफ जनादेश के रूप में देख रहे थे। यह एक ईमानदार और साहसी फैसला था और मेरा खयाल था कि वे एक स्वस्थ परम्परा की नींव रख रहे थे।

कुछ वर्ष बाद, जब राजीव गांधी सत्ता में नहीं थे, 21 मई, 1991 को उनकी हत्या कर दी गई।

वे चेन्नई से लगभग 30 मील दूर श्री पेरुम्बुदूर में एक चुनाव रैली को सम्बोधित करने गए थे।

राजीव गांधी की हत्या के पीछे 'लिबरेशन टाइगर्स ऑफ तमिल ईलम' (लिट्टे) का हाथ था। यह हत्या एक मानव-बम 'धानु' नामक लड़की के माध्यम से करवाई गई थी। यह बिलकुल साफ था कि लिट्टे ने भारतीय शान्ति सेना को श्रीलंका भेजे जाने का बदला लिया था, हालाँकि राजीव गांधी ने सेना को वहाँ भेजने से पहले लिट्टे प्रमुख प्रभाकरण से बात की थी और समझा जाता है कि उनकी सहमति भी ली थी।

मैं राजीव गांधी को बहुत नजदीक से नहीं जानता था। लेकिन मुझे लगता था कि हमने उन्हें एक ऐसे समय में खो दिया था जब वे परिपक्व हो चुके थे, जब उनकी समझ में आ गया था कि प्रधानमंत्री होने का क्या मतलब था। उनका सबसे बड़ा योगदान पंचायतों को

पुनर्जीवित करना था। अपने कार्यकाल के दौरान उन्होंने इनके सशक्तिकरण के लिए कानून बनाने की पहल की थी। समय के साथ उनका यह फैसला बहुत महत्त्वपूर्ण साबित हुआ है, भले ही भ्रष्टाचार और भाई-भतीजावाद ने ग्रास-रुट स्तर पर भी अपनी जड़ें जमा ली हो।

उनके नाना जवाहरलाल नेहरू ने भारत को एक वैज्ञानिक दृष्टिकोण देने का सपना देखा था। राजीव इस सपने को काफी हद तक साकार करने में सफल रहे। अपने तकनीकी रुझान के कारण उन्होंने सरकारी दफ्तरों को कम्प्यूटरीकृत करने पर जोर दिया। इतना ही नहीं, उन्होंने अपने मित्र सैम पैत्रोदा के सहयोग से भारत की सॉफ्टवेयर क्रान्ति की नींव रखी, जिसने देश के आर्थिक विकास में बहुत उल्लेखनीय भूमिका निभाई है।

कुछ समय पहले प्रियंका गांधी का जेल में जाकर अपने पिता की हत्यारिन की सहयोगी से मिलना यह दर्शाता है कि सोनिया गांधी का परिवार बड़े साहस के साथ इस त्रासदी से उबरने की कोशिश कर रहा है। बड़े अफसोस की बात है कि जो प्रक्रिया उसकी रिहाई के साथ पूरी हो जानी चाहिए थी, वह अधर में ही लटककर रह गई। दरअसल कांग्रेस की भी यही त्रासदी है कि कई बार महात्मा गांधी की क्षमादान की सीख का अनुसरण करने के बावजूद वह अन्ततोगत्वा राजनीतिक बाध्यताओं के आगे समर्पण कर देती है।

16

वी.पी. सिंह का दौर और मेरा लन्दन गमन

भारतीय राजनीति ने 1989 में ऐसी करवट ली कि नाटकीय परिवर्तनों का एक नया दौर शुरू हो गया।

लोकसभा चुनावों में कांग्रेस को 1984 के 48 प्रतिशत की तुलना में 40 प्रतिशत से भी कुछ कम वोट प्राप्त हुए। मुसलमानों ने, जो कुल मतदाताओं का लगभग 15 प्रतिशत हैं, कुल मिलाकर कांग्रेस के खिलाफ वोट किया। कांग्रेस को 525 सीटों वाली लोकसभा में सिर्फ 197 सीटें प्राप्त हुईं। फिर भी, वह सदन में अब भी सबसे बड़ी पार्टी थी। लेकिन राजीव गांधी ने विपक्ष में बैठने का फैसला किया क्योंकि वे इन चुनावों को कांग्रेस के खिलाफ जनादेश के रूप में देख रहे थे।

जनता दल के नेता विश्वनाथ प्रताप सिंह भाजपा और वामपन्थी दलों के समर्थन से नई सरकार बनाने में सफल रहे।

लेकिन पार्टी के एक महत्त्वपूर्ण नेता चन्द्रशेखर उनके खिलाफ थे और देवीलाल को प्रधानमंत्री बनाने के पक्ष में थे। ऐसा लग रहा था कि प्रधानमंत्री के पद के इन दोनों दावेदारों के बीच मुकाबले को टाला नहीं जा सकता था।

इसमें कोई शक नहीं था कि जनता दल के सांसदों का बहुमत वी.पी. सिंह के साथ था। उन्होंने बोफोर्स सौदे में हुई गड़बड़ियों को अपना मुख्य चुनावी मुद्दा बनाया था। उन्हीं के कारण 'बोफोर्स' शब्द भ्रष्टाचार का पर्याय बन गया था। लोकसभा चुनावों में जनता दल की विजय एक तरह से उनकी व्यक्तिगत विजय थी। मतदाताओं को अपेक्षा थी कि वही प्रधानमंत्री बनेंगे।

पार्टी का शुभचिंतक होने के नाते मैंने वी.पी. सिंह और देवीलाल के बीच मुकाबले को टालने की जिम्मेदारी ले ली। मैं अरुण नेहरू से मिला, जो वी. पी. सिंह के निकट सहयोगी थे। वे भी सर्वसम्मति के पक्ष में थे, लेकिन वी. पी. सिंह की कीमत पर नहीं।

मैं देवीलाल को अच्छी तरह से जानता था। मैं मुकाबले की सुबह उनसे मिला। वे अपने-आपको लेकर किसी तरह के भ्रम में नहीं थे। उन्होंने कहा कि वी. पी. सिंह बेहतर प्रधानमंत्री साबित होंगे, लेकिन उनकी परेशानी यह थी कि वे चन्द्रशेखर को जुबान दे चुके थे कि वे मुकाबले में जरूर उतरेंगे। मैं जानता था कि वी. पी. सिंह का रास्ता रोकने की मुहिम चन्द्रशेखर ने ही शुरू की थी। खुद देवीलाल उन्हें प्रधानमंत्री के रूप में स्वीकार करने के लिए पूरी तरह से तैयार थे। चन्द्रशेखर उस किस्म के नेता थे जो अपनी बात न मनवा

पाने की स्थिति में या तो पार्टी को तोड़ देते हैं या उसे छोड़ देते हैं। मुझे डर था कि नवगठित जनता दल में फूट कांग्रेस की वापसी का रास्ता खोल देगी। ऐसा लगता था कि राजनीतिज्ञों ने इमरजेंसी और उसके बाद जनता सरकार के पतन से कोई सबक नहीं सीखा था।

देवीलाल ने चन्द्रशेखर को उड़ीसा भवन में बुलाया। वे मुझे भी अपने साथ लेते गए। वहाँ चन्द्रशेखर के अनुरोध पर बीजू पटनायक पहले से ही मौजूद थे। यह बिलकुल साफ था कि अगर वी. पी. सिंह को प्रधानमंत्री के रूप में स्वीकार न किया गया तो पार्टी टूट जाएगी। चन्द्रशेखर ने कहा कि उन्होंने मधु दंडवते को देवीलाल का नाम प्रस्तावित करने के लिए कहा था, जिसका वे अनुमोदन करेंगे। चन्द्रशेखर के कड़े तेवरों को देखकर मैंने देवीलाल से अनुरोध किया कि उन्हें चन्द्रशेखर का फार्मूला स्वीकार कर लेना चाहिए। देवीलाल ने ऐसा ही किया, हालाँकि वे जानना चाहते थे कि मेरे मन में क्या था। मैं सिर्फ मुस्करा दिया।

हम दोनों कार में संसद भवन की तरफ जा रहे थे तो मैंने उन्हें अपना फार्मूला समझाते हुए कहा कि उनका नाम प्रस्तावित और अनुमोदित होने के बाद उन्हें खड़े होकर खुद ही अपना नाम वापस ले लेना चाहिए और वी.पी.सिंह का नाम प्रस्तावित करना चाहिए। देवीलाल ने चौंककर मेरी तरफ देखा और फिर मुस्कराते हुए राजी हो गए।

संसद भवन में पार्टी के सांसद नेता के चुनाव के लिए जमा हो चुके थे। देवीलाल चन्द्रशेखर को धोखे में रखते हुए हिचकिचा रहे थे। मैंने उनकी हिम्मत बँधाते हुए उन्हें महाभारत का एक प्रसंग सुनाया। युधिष्ठिर यह कहने के लिए राजी हो गए थे कि अश्वथामा, जो कि एक हाथी का नाम था, युद्ध में मारा गया था। कौरवों की सेना में इसी नाम का एक योद्धा था, जिसने पांडवों के छक्के छुड़ा दिए थे। युधिष्ठिर ने झूठ नहीं बोला था, लेकिन पांडवों ने उनके कथन को कौरवों में खलबली मचाने और उनका मनोबल तोड़ने के लिए इस्तेमाल किया था। मैंने देवीलाल से कहा कि उनके नाम के प्रस्ताव और अनुमोदन के बाद चन्द्रशेखर को दिया गया उनका वचन पूरा हो जाएगा, भले ही एक मिनट बाद ही वे किसी दूसरे का नाम प्रस्तावित कर दें। देवीलाल को मेरी बात समझ में आ गई। इस 'गुप्त' फार्मूले की जानकारी मेरे और देवीलाल के अलावा सिर्फ 'पंजाब केसरी' के सम्पादक अश्विनी कुमार को थी।

दंडवते ने देवीलाल का नाम प्रस्तावित किया और योजनानुसार चन्द्रशेखर ने इसका अनुमोदन कर दिया। देवीलाल मेरे साथ हुई बातचीत पर कायम रहते हुए अपनी सीट से उठ खड़े हुए। उन्होंने अपना नाम वापस लेकर और वी. पी. सिंह का नाम प्रस्तावित करके हर किसी को चौंका दिया। सब कुछ इतनी तेजी से और इतना अचानक हुआ कि कोई भी वी. पी. सिंह के नाम का अनुमोदन करने के लिए अपनी सीट से खड़ा नहीं हुआ। कुछ क्षणों के असमंजस के बाद जब सदस्यों की समझ में पूरी बात आई तो अजित सिंह ने उठकर वी. पी. सिंह के नाम का अनुमोदन किया।

वी. पी. सिंह सर्वसम्मति से चुन लिए गए।

इस अवसर पर एक दिलचस्प बात यह हुई कि यू.एन.आई. का टिकर देवीलाल को पार्टी का नेता चुने जाने की घोषणा कर रहा था। इसका कारण यह था कि सबसे पहले खबर जारी करने की न्यूज एजेंसियों की होड़ को देखते हुए यू.एन.आई. का रिपोर्टर देवीलाल

का नाम प्रस्तावित और अनुमोदित होते ही टेलीफोन की तरफ दौड़ पड़ा था और परिणामस्वरूप एजेंसी ने यही खबर जारी कर दी थी। देवीलाल ने अपनी सीट से उठने में कुछ समय लगाया तो मेरा दिल धड़कने लगा था। लेकिन फिर वे उठे और उन्होंने घोषणा की कि वे 'ताऊ' ही बने रहना चाहते थे। वी. पी. सिंह ने उन्हें उपप्रधानमंत्री बनाकर उनके बड़प्पन का सम्मान किया।

मैं देवीलाल को बधाई देने उनके घर पहुँचा तो उनके परिवार के लोगों ने उन्हें घेर रखा था और उन्हें प्रधानमंत्री की बजाय उपप्रधानमंत्री का पद स्वीकार करने के लिए कोस रहे थे। देवीलाल उन्हें आश्वस्त करते हुए कह रहे थे कि उनके पद के आगे लगा 'उप' जल्दी ही गायब हो जाएगा। उनके बेटे ओमप्रकाश चौटाला, जो बाद में हरियाणा के मुख्यमंत्री भी बने, मुझे कभी माफ नहीं कर पाए। वे हमेशा यही सोचते रहे कि मैंने वी. पी. सिंह के साथ साजिश रचकर उनके पिता को प्रधानमंत्री बनने से रोक दिया था।

वी. पी. सिंह सरकार के सत्तारूढ़ होते ही गृहमंत्री मुफ्ती मुहम्मद सईद ने मुझे कश्मीर जाकर वहाँ के हालात का जायजा लेने के लिए कहा। मैंने उनसे कहा कि दिल्ली में बैठे-बैठे ही यह समझा जा सकता था कि उग्रवाद के बढ़ते स्तर के कारण राज्य अराजकता के दौर में प्रवेश कर रहा था। फिर भी वे मुझे सरकार की तरफ से वहाँ जाने के लिए कहते रहे।

श्रीनगर पहुँचते ही मैंने अब्दुल गनी लोने को फोन किया। एक प्रमुख कश्मीरी नेता होने के साथ-साथ वे मेरे अच्छे दोस्त भी थे। उन्होंने कहा कि मेरा उनके घर पर आना ठीक नहीं था, क्योंकि उनके इलाके में उग्रवादियों की भरमार थी। ये सब पाकिस्तान से प्रशिक्षण और हथियार प्राप्त करके लौटे थे।

लोने मुझसे मिलने होटल ब्रॉडवे में ही चले आए, जहाँ मैं ठहरा हुआ था। हम लगभग दो घंटों तक कश्मीर पर बातचीत करते रहे। उन्होंने कहा कि ये उग्रवादी 'अच्छे लड़के' थे और कई वर्षों से पाकिस्तान के बहकावे में आने से बचे रहे थे। लेकिन 1988 के चुनावों में धाँधली के बाद वे प्रजातंत्र में अपनी आस्था खो बैठे थे और बन्दूक के रास्ते पर चल पड़े थे। मैंने उनसे कहा कि नेशनल कॉन्फ्रेंस को चुनावों में गड़बड़ी करने की जरूरत नहीं थी, क्योंकि मुख्यमंत्री फारुक अब्दुल्ला वैसे भी जीत जाते, भले ही कम वोटों के अन्तर से। लोने ने कहा कि भले ही यह बात सच हो, लेकिन फारुक ने हार के डर से चुनावों में गडबड़ी कर दी थी, जिसके कारण ये लड़के हिंसा के रास्ते पर चल पड़े थे।

मैंने उनसे कहा कि भारत सरकार 'इन लड़कों' के साथ बातचीत के लिए तैयार हो सकती थी। उन्होंने कहा कि भारत को पहले कश्मीर में अपना राज फिर से स्थापित करने की कोशिश करनी चाहिए, क्योंकि वहाँ अब उसका हुक्म नहीं चलता था। सरकार ऐसा कैसे कर सकती थी? मैंने जानना चाहा। "प्रशासन की सत्ता को फिर से स्थापित करने के लिए आपको कम-से-कम 20,000 लोगों की जान लेनी होगी।"

दिल्ली लौटने के बाद मैंने मुफ्ती मुहम्मद सईद को बताया कि हम वही काट रहे थे जो हमने बोया था। उन्होंने संक्षिप्त-सा जवाब देते हुए कहा कि सरकार ने अतीत में बहुत-सी गलतियाँ की थीं, लेकिन अब वह उन्हें सुधारने की इच्छुक थी। इस बीच सईद अपनी बेटी रुबैय्या को उग्रवादियों के चंगुल से छुड़ा चुके थे, जिसका उन्होंने अपहरण कर लिया था।

इसके लिए विदेश मंत्री इन्दर कुमार गुजराल ने खुद श्रीनगर जाकर उग्रवादियों से बातचीत की थी। इससे पता चलता था कि सरकार की नीति कितनी ढिलमुल थी।

लोने सही साबित हुए थे। लेकिन 20,000 की बजाय इससे दुगने लोगों को अपनी जान गँवानी पड़ी। सुरक्षा बल और उग्रवादी पूरे कश्मीर में एक-दूसरे से भिड़ते रहे और दोनों तरफ से बहुत-सी जानें गईं।

उग्रवादियों को उम्मीद थी कि वे 'कश्मीर को भारत के चंगुल से आजाद करवा लेगें।' इससे पहले अपनी एक कश्मीर यात्रा के दौरान अनंतनाग में मुझसे कुछ लोगों ने कहा था कि अगली बार मुझे बीजा लेकर कश्मीर आना होगा। ''तब अनंतनाग का नाम इस्लामाबाद होगा,'' उन्होंने दावा करते हुए कहा था।

लोने समेत बहुत-से कश्मीरी नेताओं को बिना सुनवाई के हिरासत में रखा जा रहा था। यही वह समय था जब 'पापा वन' और 'पापा टू' के नाम से यातना कक्षों की स्थापना की गई थी। दिखावे के लिए वे पूछताछ के कक्ष मात्र थे, लेकिन वहाँ कैदियों को अवर्णनीय यातनाएँ भोगनी पड़ीं। मुझे श्रीनगर में जगह-जगह सुरक्षा बलों की मोर्चेबन्दी दिखाई दे रही थी, और विद्रोह और विलगाव की भावना से भरा वह जन-आक्रोश भी जो कभी भी ज्वालामुखी की तरह फट सकता था। मुझे नहीं मालूम था कि इस ज्वालामुखी के फटने का क्या परिणाम होगा। लेकिन यह बिलकुल साफ था कि भारत-समर्थक तत्त्वों की मुश्किलें बढ़ती जा रही थीं और उनकी संख्या भी दिनोदिन घटती जा रही थी।

मेरा अपना विश्लेषण यह था कि विधानसभा चुनावों में किसी तरह की धाँधली न होने के सरकारी दावों के बावजूद कश्मीर की नौजवान पीढ़ी को इन चुनावों से बहुत गहरा झटका लगा था और लोकतंत्र में उनकी आस्था पूरी तरह ध्वस्त हो गई थी। निराश युवक बड़ी संख्या में सीमा पार करके पाकिस्तान में प्रशिक्षण और शस्त्र प्राप्त करने लगे थे और उग्रवादियों के रूप में लौटने लगे थे। उन्हें लगता था कि जो बदलाव मतपेटियों से हासिल नहीं हो सकता, उसे सन्दूक से हासिल किया जा सकता है।

उनसे भूल यह हो गई कि वे भारत की ताकत का सही अन्दाजा नहीं लगा पाए। उन्हें नहीं मालूम था कि उनके इरादों को विफल करने के लिए राज्य किस सीमा तक जा सकता था। पाकिस्तान से हथियार और प्रशिक्षण प्राप्त करने के बाद उग्रवादी एक अच्छी-खासी ताकत बन गए थे। घाटी में जगह-जगह उनके और सुरक्षा बलों के बीच खुली झड़पें होती रहती थीं। यह सिलसिला कई वर्षों तक चलता रहा, जिसमें दोनों तरफ से हजारों जानें गईं।

कई बार सुरक्षा बलों के लिए उग्रवादियों और अन्य लोगों में फर्क करना मुश्किल हो जाता था। कुछ लोग उग्रवादी न होकर सिर्फ उनके समर्थक होते थे। लेकिन उग्रवादियों का सफाया करने के चक्कर में गाँव के गाँव सुरक्षा बलों की घेराबन्दी और कठोर और मनमानी तलाशियों के शिकार होते रहे। आमतौर से सुरक्षा बलों का रवैया ऐसा होता था मानो वे किसी दुश्मन के इलाके में दाखिल हो रहे हों। तलाशी या सबूत इकट्ठे करने से ज्यादा जोर गाँव वालों को डराने-धमकाने पर दिया जाता था। इसका परिणाम यह हुआ कि आम लोग सुरक्षा बलों को नापसन्द करने लगे और भारत से और ज्यादा कटते चले गए। अगर कभी सुरक्षा बलों के जुल्म का इतिहास लिखा जाए तो कश्मीर के पूछताछ केन्द्रों का नाम काफी बड़े अक्षरों में लिखा जाएगा।

उग्रवाद जब पूरे जोर पर था तो मुझे कई बार कश्मीर जाने का अवसर मिला। मैंने सुरक्षा बलों की ज्यादतियों के शिकार लोगों के घरों का भी दौरा किया। एक शिकायत जो अकसर सुनने में आती थी, वह यह थी कि जवान लड़कों को पकड़कर ले जाया जाता था। इनमें से कुछ पुलिस स्टेशन में खानापूरी के बाद लौट आते थे, लेकिन बाकी कभी वापस नहीं लौटते थे।

कश्मीर के दौरे के बाद हम जैसे कार्यकर्ता जो रिपोर्टें लिखते थे उन्हें केन्द्र सरकार पसन्द नहीं करती थी। हमें 'उग्रवादियों के क्षमायाचकों' के रूप में देखा जाता था। दूसरी तरफ, पाकिस्तानी सरकार इन रिपोर्टों को संयुक्त राष्ट्र और अन्य अन्तर्राष्ट्रीय मंचों पर खुलकर उद्धरित करती थी। फिर भी, इन दौरों के कारण हमें हुर्रियत नेताओं के साथ व्यक्तिगत सम्बन्ध बनाने का अवसर मिला। इनमें से कुछ अब भी नई दिल्ली में मेरे घर पर आते रहते हैं।

मेरे घर पर ऐसी ही एक डिनर पार्टी के दौरान, जिसमें कुछ हुर्रियत नेता शामिल थे, टेलीविजन पर घोषणा हुई कि भारत ने एक परमाणु अस्त्र का सफल परीक्षण किया था। इस पर हुर्रियत नेता प्रो. अब्दुल गनी ने टिप्पणी करते हुए कहा कि कश्मीर अब भारत और पाकिस्तान के बीच एक पुल की भूमिका निभा सकता था।

प्रो. अब्दुल गनी उस मीटिंग में भी मौजूद थे जिसमें मैंने कठोरपन्थी हुर्रियत नेता सैयद शाह गिलानी से कश्मीरी पंडितों की घर वापसी के बारे में पूछा था। गिलानी ने जवाब दिया था कि इस मसले को कश्मीर मसले का हल होने तक इंतजार करना होगा। मैंने कहा कि यह न्यायपूर्ण नहीं था, क्योंकि उनमें से ज्यादातर को जबर्दस्ती घर छोड़ने के लिए मजबूर किया गया था। बहुत थोड़े से कश्मीरी पंडित ही तत्कालीन राज्यपाल जगमोहन के कहने पर कश्मीर छोड़कर गए थे। गिलानी अपनी बात पर अड़े रहे। कई वर्ष बाद जब हम दोबारा मिले तो उन्होंने कहा कि उनका ऐसा कहना ठीक नहीं था। कश्मीरी पंडितों को अपने घर लौटने का पूरा अधिकार था। लेकिन बहुत थोड़े-से कश्मीरी पंडित ही कश्मीर लौटे। इनमें से भी ज्यादातर वापस चले गए क्योंकि उन्हें वहाँ का माहौल रहने लायक नहीं लगा।

सुरक्षा बलों की ज्यादतियों के शिकार परिवारों के दुख ने मेरे दिल को छू लिया था, उसी तरह जैसे उग्रवादियों के हाथों मरनेवालों के लिए मेरा मन कराह उठता था। इसलिए जब मैं राज्यसभा का सदस्य बना तो मैंने अपनी एक करोड़ रुपए की वार्षिक विकास राशि में से 50 लाख रुपए पीड़ितों के परिवारों की मदद के लिए दे दिए। संसद के सचिवालय ने राज्य की हिंसा के शिकार लोगों की मदद को एक वैध उद्देश्य मानने पर आपत्ति जताई। लेकिन मैंने तर्क दिया कि कोई भी विधवा स्त्री या अनाथ बच्चा मदद के अधिकारी थे, भले ही परिवार का कमानेवाला सदस्य उग्रवादियों के हाथों मारा गया हो या सुरक्षा बलों के हाथों। श्री नगर की एक महिला डिप्टी कमिश्नर ने सहानुभूति का प्रदर्शन करते हुए ऐसे 37 परिवारों की पहचान की जिनके पुनर्वास पर यह धन खर्च किया जा सकता था। अगले वर्ष मैंने इसी तरह असम में हिंसा के शिकार लोगों की मदद की।

शेख अब्दुल्ला की मौत के बाद कश्मीर के साथ मेरा सम्पर्क धीरे-धीरे कम होता चला गया था। मैं फारूक अब्दुल्ला को भी अच्छी तरह से जानता था, लेकिन उनके साथ मैं उतना घुला-मिला हुआ नहीं था जितना कि शेख साहब के साथ। हालाँकि फारूक की 'ताजपोशी'

के समय, यानी जब उन्होंने नेशनल कॉन्फ्रेंस की कमान सँभाली, तो शेख साहब ने मुझे खास तौर से श्रीनगर आमंत्रित किया था। इस अवसर पर इतना लम्बा और शानदार जलूस निकला था कि शेख साहब की पत्नी बेगम साहिबा ने उनकी चुटकी लेते हुए कहा था, "इतना बड़ा जलूस तो तब भी नहीं निकला था जब आप जम्मू और कश्मीर के वजीर-ए-आजम (प्रधानमंत्री) बनाए गए थे!"

कई वर्ष बाद, 2010 के आखिरी दिनों में मुझे दिल्ली में कुछ कश्मीरी नौजवानों के साथ बातचीत का मौका मिला। मैंने देखा कि उनमें से कुछ दो राष्ट्रों के सिद्धान्त को फिर से उभारने की कोशिश कर रहे थे। वे यह नहीं समझ पा रहे थे कि एक धर्म-निरपेक्ष भारत में ऐसे सिद्धान्त के लिए कोई जगह नहीं थी। उनमें से कुछ 'आजादी' न मिलने पर पाकिस्तान में शामिल होने की बात भी कर रहे थे। लेकिन उन दिनों पाकिस्तान खुद संकटों के दौर से गुजर रहा था, इसलिए इस तरह की भावनाओं को सीमा पार से कोई प्रोत्साहन मिलने की उम्मीद नहीं थी।

हाल ही में कश्मीरी राजनीति ने एक नई करवट ली है। आत्म-निर्णय की माँग भले ही कमजोर न पड़ी हो, लेकिन 'आजादी' के समर्थक अब एक नया रास्ता अपनाने की कोशिश कर रहे हैं। पत्थरबाजी के माध्यम से अपने आक्रोश का प्रदर्शन करनेवाली नौजवान पीढ़ी अब शान्तिपूर्ण तरीके आजमा रही है। ऐसा लगता है कि नौजवान कश्मीरियों को धीरे-धीरे अहिंसा की ताकत का अहसास हो रहा है। इस नई सोच की झलक मीडिया-परिचर्चाओं में ही नहीं बल्कि सड़कों पर भी दिखाई देने लगी है।

इस मामले में 2010 का वर्ष एक बड़े परिवर्तन का वर्ष था। कश्मीरी समाज बन्दूक का रास्ता छोड़कर प्रजातांत्रिक समाधान की तरफ चल पड़ा है। इससे नई दिल्ली को भी सोच-विचार करने और कोई नई दिशा तलाशने का समय मिल गया है। सामाजिक कार्यकर्ता इसमें महत्त्वपूर्ण भूमिका निभा सकते हैं। लेकिन नई दिल्ली की समस्या यह है कि वह हुर्रियत और अन्य अलगाववादी ताकतों के साथ कोई सूत्र स्थापित नहीं कर पाई है, जो किसी भी समाधान के लिए इस्लामाबाद को बीच में लाने पर अड़े हुए हैं। केन्द्र सरकार द्वारा नियुक्त मध्यस्थों से कोई खास बात नहीं बनी है, क्योंकि उनकी भूमिका जितनी सीमित थी कश्मीरी समाज की अपेक्षाएँ उतनी ही बड़ी।

कुल मिलाकर यह कहा जा सकता है कि भारतीय समाज कश्मीर को अलग करने पर कभी राजी नहीं हो सकता, भले ही आनेवाले वर्षों में वह कितना ही उदार क्यों न हो जाए। ज्यादा-से-ज्यादा यह उम्मीद की जा सकती है कि भारत संविधान में परिवर्तन करके सचमुच ही एक संघीय व्यवस्था को अपना ले और कश्मीर को एक स्वायत्त राज्य का दर्जा दे दे। कश्मीरियों को यह बात समझ लेनी चाहिए कि संविधान के बाहर तो कश्मीर का समाधान हो सकता है, लेकिन भारत के बाहर नहीं।

लन्दन के हाई कमीशन में मेरी नियुक्ति

वी.पी. सिंह सरकार के कामकाज को मैं बहुत नजदीक से नहीं देख पाया, क्योंकि मैं भारत के हाई कमिश्नर के रूप में लन्दन चला गया।

1990 में नई दिल्ली में इंडिया इंटरनेशनल सेन्टर में आयोजित एक पार्टी में विदेश मंत्री इन्दर कुमार गुजराल मुझे एक तरफ ले जाकर बोले थे कि क्या मैं भारत के राजदूत के रूप में इंग्लैंड जाना पसन्द करूँगा। मैं हैरान रह गया था, क्योंकि मैंने कभी इस तरह की नियुक्ति की कल्पना भी नहीं की थी।

मैंने उनसे पूछा, "इस्लामाबाद क्यों नहीं?" उन्होंने कहा कि अगर मुझे वहाँ भेज दिया गया तो पाकिस्तान की उम्मीदें बहुत ज्यादा बढ़ जाएँगी, जिन्हें मैं पूरा नहीं कर पाऊँगा। उन्होंने कहा कि मैं लन्दन में ज्यादा उपयोगी काम कर पाऊँगा, क्योंकि वह एक महत्त्वपूर्ण मीडिया केन्द्र था।

यह एक मुश्किल फैसला था। एक मानवाधिकार कार्यकर्ता और पत्रकार के लिए व्यवस्था का अंग बनना अजीब-सी बात थी। लेकिन फिर यह सोचकर कि शायद मैं सिख समुदाय को मुख्यधारा में वापस लाने में सफल हो सकूँ, मुझे गुजराल के प्रस्ताव को स्वीकार कर लेना ठीक लगा। लन्दन तब खालिस्तानी गतिविधियों का केन्द्र था। मैंने वहाँ ज्यादा प्रभावशाली साबित होने के लिए केबिनेट स्तर का दर्जा माँगा, जो मुझे मिल गया। इससे मुझे सरकारी बाबुओं से मगजपच्ची करने से मुक्ति मिल गई थी।

इस प्रस्ताव के लन्दन पहुँचने से पहले ही मेरी नियुक्ति की खबर प्रेस को लीक कर दी गई थी। इससे काफी अटपटी-सी स्थिति पैदा हो गई थी और अच्छी-बुरी हर तरह की प्रतिक्रियाएँ व्यक्त की जाने लगी थीं। एक प्रतिक्रिया यह थी कि मुझे इन्दिरा गांधी और उनके बेटे राजीव की लगातार आलोचना करते रहने का ईनाम दिया गया था। कई लोग इसे एक अच्छी खबर के रूप में देख रहे थे तो कुछ का कहना था कि मेरे पर कतर दिए गए थे। लोग इस बात को भूले नहीं थे कि जब जनता सरकार (1977-79) लोगों की अपेक्षाओं पर खरी उतरने में असफल रही थी तो मैंने उसे भी नहीं बख्शा था।

पत्रकार समाज को पूरा भरोसा नहीं था कि कूटनीति के क्षेत्र में मैं कितना खरा उतरूँगा। कुछ प्रतिक्रियाओं में मुझे ईर्ष्या की गन्ध भी महसूस हो रही थी। खुद भारतीय विदेश सेवा (आईएफएस) भी खुश नहीं थी, क्योंकि मैं एक बाहर का व्यक्ति था। यह बात अलग थी कि लन्दन का दूतावास शायद ही कभी किसी कार्यरत आईएफएस अधिकारी के पास रहा था। विदेश मंत्रालय के कुछ रिटायर्ड अधिकारी खुलेआम कह रहे थे कि गुजराल को अपने फैसले पर पछतावा होगा। एक स्वयंसेवक संस्था 'सिटीजन फॉर डेमोक्रेसी' (सीएफडी) के मेरे सहकर्मी भी मुझसे नाराज थे। उन्हें लगता था कि मैं एक मलाईदार 'फॉरेन' नौकरी के लिए उन्हें छोड़कर जा रहा था।

विदेश मंत्रालय की 'ब्रीफिंग' बेहद लापरवाही भरी थी। कोई भी मुझे गम्भीरता से नहीं ले रहा था। क्या यह एक बाहरी आदमी के प्रति पूर्वाग्रह था? या विदेश मंत्रालय का कामकाज हमेशा ऐसे ही लापरवाही भरे अंदाज से चलता था? साउथ ब्लॉक का माहौल पूरी तरह 'दफ्तरी' था। मैं एक कमरे से दूसरे कमरे के चक्कर लगाते हुए सचिव, अतिरिक्त सचिव, उप-सचिव और अन्य निचले अधिकारियों से मिला और वे सब मुझे 'सर' कहकर सम्बोधित करते रहे। इसका कारण मेरा केबिनेट स्तर का दर्जा था। मुझे इसमें उनकी सम्मान भावना की बजाय औपचारिकता मात्र दिखाई देती रही। यह सब तब और भी स्पष्ट हो गया जब उनमें से ज्यादातर मुझे सीधे फोन करने की बजाय अपने स्टेनोग्राफर से फोन मिलाने के लिए कहते

रहे। प्रोटोकोल विभाग की हालत सबसे ज्यादा खराब थी। मुझे एयरपोर्ट पर अपना सामान 'क्लियर' करवाने के लिए भी विदेश सचिव एस.के. सिंह से बात करनी पड़ी।

एस.के. सिंह ने मुझसे कहा था, "जाने से पहले आपके लिए कुछ महत्त्वपूर्ण फाइलों को देखना बहुत जरूरी है।" हम दोनों कई वर्षों से अच्छे दोस्त थे। मैं उनकी जोशीली और आत्मीयता भरी शैली से खूब परिचित था। मैं उनकी जानकारी और सूझबूझ की कद्र करता था। उनके अपने विचार कैसे भी क्यों न हों, वे बड़ी कर्मठता से निर्देशों का पालन करते थे।

लेकिन गुजराल के साथ उनकी पटरी नहीं बैठ रही थी। शायद दोनों के बीच आपसी विश्वास का अभाव था। मुझे उनके सम्बन्धों का तनाव साफ दिखाई दे रहा था। एक मंत्री और उसके सचिव के बीच इस तरह के सम्बन्ध ज्यादा दिन नहीं चल सकते। इसलिए मुझे कोई हैरानी नहीं हुई जब कुछ ही हफ्तों बाद एस.के. सिंह ने इस्तीफा दे दिया और उनकी जगह मुकुन्द दुबे आ गए।

विदेश मंत्रालय ने मुझे कोई भी फाइल नहीं दिखाई। जब मैंने जोर दिया तो मुझसे कहा गया कि सभी दस्तावेजों की प्रतिलिपियाँ लन्दन के हाई कमीशन के अभिलेखागार में मौजूद थीं। यह सच नहीं था, क्योंकि मुझे वहाँ कोई भी काम की फाइल नहीं मिली। मुझे जो कुछ भी दिखाया गया वह घिसी-पिटी और सामान्य सामग्री थी। हो सकता है कि 'महत्त्वपूर्ण फाइलें' जानबूझकर मुझे न दिखाई गई हों। यह भी हो सकता है कि कोई महत्त्वपूर्ण फाइलें हों ही न, जैसाकि डिप्टी हाई कमिश्नर सलमान हैदर ने मुझसे कहा था। सच्चाई जो भी रही हो, लेकिन भारतीय विदेश सेवा के पुराने अनुभवी मणिशंकर अय्यर ने राजीव गांधी से मेरी शिकायत करते हुए कहा था कि मैं फाइलों से 'लम्बे-चौड़े नोट्स' उतारने में जुटा हुआ था।

सरकार चाहती थी कि मैं जल्दी से अपना पद भार सँभाल लूँ, क्योंकि राष्ट्रपति आर. वेंकटरमन अप्रैल 1990 के शुरू में ब्रिटेन जानेवाले थे। मार्च का महीना शुरू हो चुका था, लेकिन मेरी नियुक्त को लेकर लन्दन से अब तक कोई जवाब नहीं आया था। इसका कारण यह बताया जा रहा था कि ब्रिटेन की प्रधानमंत्री मारग्रेट थैचर मेरे लेखनों से खुश नहीं थीं। मैंने उन्हें अधिकारवादी ठहराते हुए लिखा था कि वे अपनी घनिष्ठ मित्र इन्दिरा गांधी की राह पर चल रही थीं। फिर भी, देर से ही सही लेकिन लन्दन से 'हाँ' में जवाब आ गया।

जाने से पहले मैं राष्ट्रपति और उप-राष्ट्रपति से मिलने में सफल रहा। मैंने राजीव गांधी के साथ भी एक घंटा बिताया, जो तब विपक्ष के नेता थे। मुझे यह देखकर हैरानी हुई कि उन्हें विदेशी मामलों की काफी जानकारी थी और वे खुलकर अपने विचार व्यक्त कर रहे थे। मैंने उनसे कहा कि अगर मैं उनसे पहले मिल लिया होता तो और भी अच्छा रहता। उन्होंने भी ऐसी ही भावनाएँ व्यक्त कीं।

लेकिन मैं चाहकर भी प्रधानमंत्री विश्वनाथ प्रताप सिंह से नहीं मिल पाया। मेरे बार-बार अनुरोध करने पर भी उन्होंने कोई जवाब नहीं दिया, विदेश मंत्रालय से मेरी रवानगी की आधिकारिक सूचना के बाद भी नहीं। मैं उनके नाम एक सन्देश छोड़कर लन्दन रवाना हो गया। मैंने उन्हें लिखा था—"मैं एक पत्रकार के रूप में भी आपसे दो बार मिलने की कोशिश कर चुका हूँ। इस बार कारण बहुत महत्त्वपूर्ण था, क्योंकि मैं लन्दन में अपनी नियुक्ति के

बारे में आपसे बात करना चाहता था।'' कुछ समय बाद मुझे उनकी तरफ से खेद का नोट प्राप्त हुआ।

हीथ्रो एयरपोर्ट पर एक ब्रिटिश प्रोटोकोल अधिकारी मेरे स्वागत के लिए मौजूद थे। उनके साथ स्कॉटलैंड यार्ड के एक पुलिस सुपरिंटेंडेंट भी थे। उन्होंने मुझे भारतीय हाई कमिश्नर की सुरक्षा से जुड़े खतरों के प्रति सावधान करते हुए कहा कि मुझे पुलिस की गाड़ी में यात्रा करनी चाहिए। उन्होंने कहा कि पिछले हाई कमिश्नर पी.सी. एलेक्जेंडर भी उसी गाड़ी का इस्तेमाल करते रहे थे।

मेरे इनकार करने पर भी उन्होंने मुझे अकेला नहीं छोड़ा। लन्दन में मेरे पूरे कार्यकाल के दौरान एक ब्रिटिश सुरक्षा अधिकारी मेरे साथ ही चिपका रहा।

महारानी को अपने कागजात पेश करना अपने-आप में एक अच्छी-खासी परेड साबित हुई। यह 'परेड' एक तीन घोड़ोंवाली बग्घी की सवारी के रूप में सम्पन्न हुई। (कॉमनवेल्थ राष्ट्रों के राजदूतों को छोड़कर अन्य सबके लिए सिर्फ दो घोड़ोंवाली गाड़ी का इस्तेमाल किया जाता है।) यह काफी मनोरंजक दृश्य रहा होगा, क्योंकि शाही अस्तबल के घोड़ों के पीछे-पीछे एक प्रोटोकोल अधिकारी पूँछदार कोट पहने और घोड़ों की रफ्तार के साथ ताल मिलाते हुए चले आ रहे थे। केनसिंग्टन गार्डन्स (जिसे 'मिलिनयर्स रो' के नाम से भी जाना जाता है) में स्थित कमिश्नर के निवास-स्थान से लेकर महारानी के महल तक यह लगभग पाँच किलोमीटर लम्बी सवारी थी।

मैंने महारानी को अपने कागजात पेश किए। मैंने उन्हें न जाने कितने चित्रों में देख रखा था। लेकिन वे उन चित्रों से कुछ अलग लग रही थीं। उनका शरीर कुछ भारी और चेहरा कुछ ज्यादा परिपक्व लग रहा था। उनका व्यवहार अनौपचारिक और मित्रतापूर्ण था। मेरी पत्नी भी मेरे साथ थीं। महारानी ने उन्हें अपना शॉल हमेशा अपने साथ रखने की सलाह दी, क्योंकि लन्दन के मौसम का कोई भरोसा नहीं था। यह शाही मुलाकात चाय के दौर के साथ खत्म हुई, जो कुछ ज्यादा ही ऊबाऊ और लम्बा था। वहाँ कोई फोटोग्राफर मौजूद नहीं था, क्योंकि महारानी अपने महल में चित्र खींचने की अनुमति नहीं देतीं।

लन्दन में अपने संक्षिप्त प्रवास के दौरान मैंने देखा कि वहाँ बसे भारतीय अपनी सफलता का प्रदर्शन करते नहीं रिझाते, खासकर अंग्रेजों के सामने। बहुत-से ऐसे भारतीय जो अपने देश से मुट्ठी भर पैसे लेकर चले थे, आज वहाँ लाखों में खेल रहे हैं। कुछ करोड़पति और अरबपति हैं। यह उनकी मेहनत और लगन का प्रतीक है। लेकिन अंग्रेजों के घर में जाकर उन्हीं से आगे निकलने में एक तरह की प्रतिशोध की भावना भी झलकती है, क्योंकि ये अंग्रेज कभी हमारे शासक हुआ करते थे।

कई सफल भारतीय अपने घरों में अंग्रेज ड्राइवर और नौकर-चाकर रखना ही पसन्द करते हैं। मैं उनके घर जाता था तो वे बड़े गर्व के साथ उनका प्रदर्शन करते थे। मेरा सुरक्षा अधिकारी भी मेरे साथ होता था और वहाँ से लौटने के बाद अकसर कहता था, ''कितने रईस हैं ये लोग!''

मैं लन्दन में ही था जब भारत के राष्ट्रपति ने ब्रिटेन का दौरा किया। प्रधानमंत्री मारग्रेट थैचर के साथ उनकी औपचारिक बातचीत 10 डाउनिंग स्ट्रीट के कैबिनेट रूम में हुई। श्रीमती थैचर ने हमें बताया कि जिस मेज पर हम बैठे हुए थे वह वही ऐतिहासिक मेज थी जिस

पर वहाँ पहले भारत को सत्ता का हस्तान्तरण किया गया था। मैं उस सामान्य सी लकड़ी की लम्बी मेज के बारे में सोचता रहा, जो करोड़ों भारतीयों, पाकिस्तानियों और बांग्लादेशियों के भाग्य में आए बदलाव की गवाह थी।

प्रधानमंत्री द्वारा दिए गए लंच में मेहमानों की अच्छी-खासी भीड़ थी। यह आयोजन भी 10 डाउनिंग स्ट्रीट में ही हुआ था। लगभग 200 मेहमानों को एक घंटे के भीतर ही पाँच कोर्स भोजन परोसा गया, जबकि कमरे के आकार को देखते हुए 100 मेहमान भी ज्यादा होते। मेरा खयाल था कि ऐसी स्थिति में बुफे सिस्टम बेहतर रहता। लेकिन ब्रिटिश औपचारिकता में विश्वास करते हैं, इसलिए सभी ने बड़ी-बड़ी मेजों पर बैठकर भोजन किया। किसी राष्ट्र के राष्ट्रपति के सम्मान में आयोजित भोज के लिए अंग्रेज किसी दूसरे तरीके के बारे में सोच भी कैसे सकते थे!

इस अवसर पर मुझे कुछ जाने-पहचाने चेहरे दिखाई दिए। फिल्म निर्माता डेविड लीन व्हील-चेयर पर थे। मुझे वे बड़े आत्मीय व्यक्ति प्रतीत हुए। उनके हाथ मिलाने के अन्दाज में भी गर्मजोशी थी। हालाँकि वे फिल्मों पर बात नहीं करना चाहते थे, फिर भी वे बड़ी शिद्दत से भारत में 'ए पैसेज टू इंडिया' की शूटिंग के दिनों को याद करते रहे। (मेरा अपना खयाल था कि यह 'ए पैसेज टू इंग्लैड' ज्यादा था, क्योंकि इसमें भारत को ब्रिटिश चश्मे से बड़े स्टीरियो टाइप अन्दाज में देखा गया था।) पाँच बार विवाह करने के बाद भी वे प्रसन्नचित्त दिखाई दे रहे थे।

दावत में 'गांधी' फिल्म के निर्देशक रिचर्ड एटनबोरो भी मौजूद थे। वे हमेशा की तरह अपने आप पर बड़े मुग्ध दिखाई दे रहे थे। हम इससे पहले भी दिल्ली में मिल चुके थे, पर उन्हें याद ही नहीं था। ब्रिटेन की बड़ी हस्तियों या यूँ कहें कि आम ब्रिटेनों के साथ यही मुश्किल है। आपको हर बार उन्हें नए सिरे से अपना परिचय देना पड़ता है।

मैं श्रीमती थैचर की बगल में बैठा था। लगभग दो घंटे तक हमारे बीच विभिन्न विषयों पर बातचीत होती रही। वे खुलकर और साफ बात करने में विश्वास रखती थीं। उन्होंने बताया कि कई न्यौतों के बावजूद एक गुरुद्वारे में जाने से इनकार कर दिया था। "इन लोगों ने मिसेज गांधी को मार डाला।" उन्होंने बड़े दुख के साथ कहा, "ये न जाने कैसे लोग होंगे!" उन्होंने पंजाब की हिंसा की तुलना 'आइरिश रिपब्लिकन आर्मी' (आईआरए) के आतंकवाद से की। "ऑफकोर्स, आपके यहाँ यह काफी बड़े पैमाने पर है।" उन्होंने इतना जरूर कहा कि भारत की एकता और अखंडता की कीमत पर कुछ भी नहीं किया जाना चाहिए।

बातचीत के दौरान श्रीमती थैचर काफी भावुक हो गईं और मुझसे अपनी व्यक्तिगत समस्याओं के बारे में बताने लगीं। मैं सिर्फ दो दिन पहले ही उनसे मिला था, फिर भी उन्हें मेरे साथ अपना दुख-दर्द बाँटने में कोई संकोच नहीं था। उन्होंने कहा कि उनके बेटे को अमरीका चले जाना पड़ा था, क्योंकि उस पर अनाप-शनाप आरोप लगाए जा रहे थे। (ये आरोप अपने निजी हितों के लिए अपनी माँ के पद के दुरुपयोग से जुड़े हुए थे।) उन्हें अपने पोते-पोतियों की बहुत याद आती थी। फिर भी, उन्होंने एक आह भरते हुए कहा, राजनीति में रहने के लिए यह कीमत चुकानी जरूरी थी।

मैंने कहा कि राजनीति में मर्यादाशीलता खत्म होती जा रही थी, और जैसा कि भारत

में हम देख रहे थे, राजनीतिज्ञ एक-दूसरे के मर्मस्थल पर वार करने से जरा भी नहीं झिझकते थे। श्रीमती थैचर ने कहा कि ब्रिटेन में और भी बुरा हाल था। वहाँ गिरे हुए आदमी को भी लातें मारी जाती थीं।

वे श्रीमती गांधी के साथ अपने अन्तरंग सम्बन्धों को याद करती रहीं। "हम जब कभी एक दूसरे से सहमत नहीं होते थे तो भी हमारी दोस्ती पर कोई फर्क नहीं पड़ता था," उन्होंने बताया, "हम अकसर फोन पर बातें करते रहते थे। कई बार सिर्फ आपस में बतियाने के लिए।" उन्हें लगता था कि राजीव गांधी बड़े मीठे स्वभाव के थे, लेकिन उन्होंने उनके साथ किसी तरह की अन्तरंगता का जिक्र नहीं किया।

मध्य मार्च में लन्दन का मौसम हैरानी की हद तक सुहाना था। सर्दियों में गिरी बर्फ ने पिघलकर घरों की बाहरी दीवारों को धोकर चमका दिया था। दुकानें खूब सजी हुई थीं और फुटपाथ तरह-तरह के पहनावों वाले लोगों से जगमगा रहे थे। सबसे बड़ी बात थी कि कहीं कोई साइकिल, ताँगा या स्कूटर दिखाई नहीं पड़ रहा था।

मैं पहली बार 1948 में लन्दन गया था। अमरीका से भारत लौटते समय मैं कुछ दिन वहाँ रुका था। तब मैं एक छात्र था और पत्रकारिता में डिग्री प्राप्त करने गया था। मुझे याद है, तब लन्दन की सड़कों पर घूमते हुए मैं कितना रोमांचित महसूस करता था। मैं घंटों यूँ ही निरुद्देश्य-सा घूमते हुए लन्दन के चप्पे-चप्पे पर अंकित भारतीय इतिहास को निहारता रहता था। मुझे स्यालकोट में गुजरे अपने स्कूली दिन भी याद आते थे, जब एक जलूस में शामिल होने पर एक गोरे पुलिसवाले ने मुझे लाठी से पीटा था। और फिर, अगस्त 1942 में जब महात्मा गांधी के 'भारत छोड़ो' के आह्वान पर मैंने अंग्रेजों द्वारा संचालित मरे कॉलेज में हड़ताल करवाई थी और मुझे कई घंटे हवालात में रहना पड़ा था।

लन्दन का इंडिया हाउस एक ऐतिहासिक धरोहर है। सर हर्बर्ट बेकर द्वारा 1920 में डिजाइन की गई यह इमारत अपनी ऊँची छतों और विशाल प्रवेश-द्वार के कारण सहज ही एक अनूठी भव्यता का अहसास करवाती है। इसकी कई दीवारों पर भित्ति चित्रकारी के अद्भुत नमूने दिखाई देते हैं, जिनमें से कुछ भारतीय कला-शैली, खासकर बांग्ला शैली से काफी मिलते-जुलते हैं।

दूसरी मंजिल के रिसेप्शन हॉल में भारत के कई राष्ट्रीय नेताओं के चित्र टँगे हुए हैं। इनमें मौलाना आजाद के चित्र की कमी बहुत ज्यादा अखरती है। मैंने एम.एफ. हुसैन से उनका एक चित्र बनाने का अनुरोध किया था। उन्होंने वायदा तो किया, लेकिन अपने ज्यादा कमाऊ कामों से फुर्सत ही नहीं निकाल पाए।

इंडिया हाउस में मुझे पहला झटका यह देखकर लगा कि भारतीय उच्चायोग का फाटक सिखों के लिए खुला नहीं था। फाटक के झरोखे से सुरक्षाकर्मी बाहर झाँककर देखता था और आगन्तुक के सिख होने की स्थिति में उसे पिछले दरवाजे से आने के लिए कहता था। इस तरह का भेदभाव बहुत अखरने वाली बात थी। मैंने सलमान हैदर से इसका कारण पूछा तो उन्होंने बताया कि पिछले हाई कमिश्नर एलेक्जेंडर का खयाल था कि लन्दन के सिख आतंकवादियों से सहानुभूति रखते थे, इसलिए उन्होने सुरक्षा की दृष्टि से यह व्यवस्था कर रखी थी।

जब इन्दिरा गांधी के सिख अंग-रक्षकों ने उनकी हत्या की थी तो पी. सी. एलेक्जेंडर उनके प्रमुख सचिव थे। लन्दन आने से पहले मैं खासतौर से चेन्नई जाकर उनसे मिला था। उन्होंने उच्चायोग के कामकाज के बारे में मुझे जरूरी जानकारियाँ दी थीं। उन्होंने मेरी प्राथमिकताएँ जाननी चाहीं तो मैंने उन्हें बताया था कि मैं सिख समुदाय और भारत के बीच की दूरियों को कम करना चाहता था। वे यह सुनते ही भड़क उठे थे और मुझे चेतावनी देते हुए बोले थे कि मुझे इन्दिरा गांधी की हत्या करनेवालों से दूर रहना चाहिए। मैंने उन्हें समझाने की कोशिश की कि इस हत्या के लिए कुछ सिख जरूर जिम्मेदार थे, लेकिन पूरा सिख समुदाय नहीं। पर उनके रवैये में कोई फर्क नहीं आया।

जो भी हो, मैंने आदेश दिया कि उच्चायोग का फाटक बिना किसी भेदभाव के सभी के लिए खोला जाना चाहिए। अगले ही दिन मुझे भारत सरकार के सचिवों की एक समिति का तार प्राप्त हुआ। इसमें मुझे चेतावनी दी गई थी कि उच्चायोग के कर्मचारियों की सुरक्षा को खतरे में डालने के लिए मुझे जिम्मेदार माना जाएगा। मैंने गुजराल को फोन करके इस समिति के बारे में जानना चाहा। उन्होंने कहा कि मैं इस मामले में जैसा ठीक समझूँ करूँ।

ऐसा लगता था कि उच्चायोग के कुछ अधिकारी, जिन्हें सलमान का पूरा समर्थन प्राप्त था, मेरे फैसले से खुश नहीं थे। जल्दी ही स्कॉटलैंड यार्ड के एक अधिकारी मुझसे मिलने आए। उन्होंने फाटक खुलवाने का विरोध करते हुए मुझे चेतावनी दी कि उच्चायोग के कर्मचारियों की सुरक्षा के लिए ब्रिटिश सरकार जिम्मेदार नहीं होगी। जब मैंने उनसे कहा कि तो फिर हम भी नई दिल्ली के ब्रिटिश हाई कमीशन से अपनी सुरक्षा हटा लेंगे तो वे कुछ ठंडे पड़ गए।

सिख समुदाय ने फाटक खोले जाने का स्वागत किया। उन्हें भारत की मुख्य धारा में लाने के अपने इरादे को देखते हुए मैंने सिख समुदाय के साथ सूत्र स्थापित करने की योजना पर काम शुरू कर दिया। वे न तो ऑपरेशन ब्लू स्टार को भूल पा रहे थे और न इन्दिरा गांधी की हत्या के बाद हुए सिख नरसंहार को।

शायद मेरा पहला कदम कुछ जल्दबाजी भरा था। मैंने अपनी पत्नी के साथ लन्दन के सबसे बड़े गुरुद्वारे में जाने का फैसला किया। यह गुरुद्वारा साउथहाल में हेवलॉक नामक इलाके में स्थित है। इस इलाके को देखकर किसी को भी अमृतसर, जलंधर या लुधियाना में होने का भ्रम हो सकता है, उसी तरह जैसे बेम्बले में गुजरात की झलक दिखाई देती है।

उन दिनों यह गुरुद्वारा उग्रवादियों के नियंत्रण में था। कुछ सिख नौजवानों को मेरे वहाँ आने की भनक लग गई थी और उन्होंने मेरे खिलाफ प्रदर्शन करने का फैसला कर लिया था।

हम दोनों अभी गुरुद्वारे में घुसे ही थे कि 'हिन्दुस्तानी कुत्तो वापस जाओ' और 'खालिस्तान जिन्दाबाद' के नारे गूँजने लगे। सन्तरी पगड़ीधारी कुछ नौजवान मेरे साथ धक्का-मुककी करने लगे। मैं और मेरी पत्नी फिर भी नहीं घबराए। हमारे साथ चल रहे ब्रिटिश सुरक्षा अधिकारी ने हमें वापस चलने के लिए कहा। लेकिन हम आगे बढ़ते रहे। हमने पवित्र ग्रन्थ 'गुरु ग्रन्थ साहिब' के सामने माथा टेका और फिर वापस लौट पड़े।

रविवार का दिन होने के कारण गुरुद्वारे में लगभग 2000 सिख मौजूद थे। वे सब शान्ति से बैठे हुए थे और इस बात से बेखबर थे कि प्रवेश-द्वार पर क्या हुआ था। हम बाहर निकल

रहे थे तो हमारे साथ फिर धक्का-मुक्की होने लगी। किसी ने मुझे इतने जोर से धक्का दिया कि मैं गिरते-गिरते बचा। सुरक्षा अधिकारी मुझे खींचकर कार की तरफ ले गया और हमारे बैठते ही हमारे सिख ड्राइवर अवतार सिंह ने पूरी रफ्तार से कार दौड़ा दी। मैं अपने जूते भी नहीं ले पाया था, लेकिन मेरी पत्नी इस मामले में भाग्यशाली रही थी। इसके बाद मैं अपनी पत्नी और सलमान हैदर के साथ एक मन्दिर में गया, जहाँ हमें किसी ने नहीं रोका।

मैं एक मस्जिद में भी जाना चाहता था, लेकिन मुझे वहाँ शुक्रवार को जाने की सलाह दी गई। हम उस दिन भी नहीं जा पाए, क्योंकि लन्दन के भारतीय मुसलमानों ने मेरे सम्मान में एक दावत की योजना बनाने के बाद उसे रद्द कर दिया। वे पाकिस्तानी मुसलमानों को नाराज करना नहीं चाहते थे जिनका वहाँ काफी प्रभाव था। भारत के एक भूतपूर्व हाई कमिश्नर अजीम हुसैन लन्दन में ही बसे हुए थे और वे मुझे वहाँ के मुसलमानों के रवैये को लेकर पहले ही आगाह कर चुके थे।

लन्दन में पाकिस्तान के हाई कमिश्नर शहरयार खान वहाँ के मुसलमानों की भावनाओं का बहुत ज्यादा खयाल रखते थे। उनकी पत्नी ने मुझे बताया था कि मुसलमानों को नाराज न करने के डर से वे हिन्दुओं को अपने घर भी नहीं बुलाते थे। लेकिन लाइसेस्टर के मुसलमानों का रवैया बिलकुल अलग था, जिनमें ज्यादातर बोहरा मुस्लिम थे। उन्होंने मुझे एक मसजिद का उद्घाटन करने के लिए आमंत्रित किया, जो एक गैर-मुसलमान के लिए बहुत दुर्लभ सम्मान था।

गुरुद्वारे की घटना से भारत में जन-भावनाएँ भड़क उठी थीं। गुजराल ने मुझे फोन करके सावधान रहने की सलाह दी। लेकिन मेरे साथ हुई धक्का-मुक्की की लन्दन में काफी अच्छी प्रतिक्रिया हुई। अधिकांश सिख मेरे खिलाफ किए गए प्रदर्शन से खुश नहीं थे, क्योंकि वे मुझे अपना 'हमदर्द' मानते थे। मैंने अपने लेखनों में ऑपरेशन ब्लू स्टार और 1984 के सिख-विरोधी दंगों की खुलकर निन्दा की थी। गुरुद्वारे की घटना के कुछ ही दिन बाद सिख समुदाय के कुछ नेता उच्चायोग में मुझसे मिलने आए और उन्होंने लड़कों के व्यवहार के लिए मुझसे माफी माँगी। ऐसा लगता था कि समुदाय इसका प्रायश्चित करना चाहता था, क्योंकि इस घटना के बाद पूरे ब्रिटेन के गुरुद्वारों से निमंत्रणों की झड़ी लग गई।

मुझे सिख कुल मिलाकर नरमपन्थी विचारों वाले लगे। हिन्दुओं के साथ उनके बहुत गहरे सम्बन्ध हैं, खासकर पंजाब के हिन्दुओं के साथ। लेकिन ऑपरेशन ब्लू स्टार ने समुदाय को भारत की मुख्यधारा से अलग कर दिया और उग्रवादियों ने इस स्थिति का भरपूर लाभ उठाया। इसके बाद 1984 के सिख नरसंहार के दोषियों को सजा न मिलने के कारण समुदाय के घाव और गहरे हो गए और उग्रवाद को और हवा मिल गई।

लन्दन पहुँचने के एक पखवाड़े के भीतर ही मैं एक सिख मानवाधिकार ग्रुप की पहल देखकर हैरान रह गया। ग्रुप का एक सदस्य उग्रवादियों से सलाह-मशविरे के बाद मेरे घर पर मुझसे मिलने आया और बातचीत से पंजाब समस्या का समाधान खोजने की पेशकश करने लगा। मैंने उससे कहा कि बातचीत सिर्फ इस शर्त पर हो सकती थी कि समाधान भारतीय संविधान के दायरे के भीतर हो।

दो दिन बाद ही उसने मुझे एक लम्बा पत्र भेजा। इसमें कहा गया था–"आपकी सरकार के हाल के बयानों से यह संकेत मिलता है कि सरकार किसी भी विचारधारा वाली सिख

संस्था से बातचीत को एक गम्भीर और उपयोगी सम्भावना के रूप में देखती है।'' हालाँकि मैंने उससे साफ-साफ कह दिया था कि भारत की अखंडता के साथ कोई समझौता करके बातचीत नहीं हो सकती, फिर भी उसने अपने पत्र में लिखा था कि ''सरकार को बातचीत के प्रति एक खरा दृष्टिकोण अपनाना चाहिए और भारत के राजनीतिक ढाँचे या संविधान में निष्ठा जैसे अडंगे नहीं लगाने चाहिए।''

वह मुझसे मिला तो उसने कहा कि 'भारत के भीतर ही' एक दर्जे के प्रस्ताव को स्वीकार किया जा सकता था, बशर्ते कि सिख पहचान, संस्कृति और परम्पराओं के संरक्षण की गारंटी दी जाए। मैंने उससे कहा कि संसद के दोनों सदन सिख संस्कृति और पहचान को लेकर एक आश्वासन प्रस्ताव पास कर सकते थे। उसने कहा कि उसे नहीं मालूम था कि सिर्फ प्रस्ताव पास कर देना काफी रहेगा। मैंने उससे कहा कि उसे अपनी माँगें साफ-साफ बतानी चाहिए, ताकि मैं उन्हें भारत सरकार तक पहुँचा सकूँ। इसके बाद वह वापस नहीं लौटा। मैंने भी इस पत्र या बातचीत के बारे में नई दिल्ली से कुछ नहीं कहा।

माहौल में एक महत्त्वपूर्ण मोड़ तब आया जब लन्दन में एक विशाल सिख सभा को सम्बोधित करते हुए मैंने कहा कि उन्हें सरकार और देश में फर्क करना चाहिए। मैंने उनसे कहा कि अगर सरकार अपने वायदे पूरे करने में असफल रहती थी, जैसेकि 1984 के नरसंहार को भड़काने वालों को सजा दिलवाना, तो अगले चुनावों में उसे हराया जा सकता था। आखिर इन्दिरा गांधी को भी देश की जनता ने इमरजेंसी के बाद हरा दिया था। लेकिन अगर हम देश को नुकसान पहुँचाते हैं तो वह हिन्दू, मुस्लिमों, सिखों सभी का नुकसान है, क्योंकि देश हम सबका है। सिखों ने भी भारत माँ के लिए वैसी ही कुर्बानियाँ दी हैं जैसी दूसरे लोगों ने।

श्रोताओं की प्रतिक्रिया उम्मीद से कहीं बढ़कर थी। इसके बाद जब ब्रिटेन में रहनेवाले भारतीय मूल के लोगों को सिर्फ पाँच पौंड में पाँच वर्ष के लिए मल्ट्री-एंट्री वीजा जारी करने की योजना शुरू की गई तो सिख समुदाय में खुशी की लहर दौड़ गई। सिखों के जत्थे-के-जत्थे भारत आने लगे और भरपूर खुश होकर वापस लौटने लगे। खालिस्तानियों के लिए यह एक बड़ा झटका था। मुझे लगता था कि अगर 1984 के दंगा-पीड़ितों को जल्दी से इन्साफ मिल जाता तो उग्रवाद के पाँव तभी उखड़ गए होते। विदेश सचिव डगलस हर्ट ने सिखों का दिल जीतने के लिए मुझे बधाई दी। उन्होंने कहा कि वे मेरे पूर्वाधिकारी को यही सलाह देते-देते थक गए थे। मुझे सिखों का शुरुआती रूखापन धीरे-धीरे लुप्त होता महसूस हो रहा था। खुले दरवाजों की नीति अपना असर दिखा रही थी।

मैंने उस 'ब्लैक लिस्ट' में संशोधन करने का भी बीड़ा उठाया जिसमें शामिल लोगों को गृह मंत्रालय की स्वीकृति के बगैर भारत आने का वीजा नहीं दिया जा सकता था। मेरे अनुरोध पर भारत से दो अधिकारी लन्दन आए और उच्चायोग के अधिकारियों के साथ मिलकर उन्होंने लगभग 500 नामोंवाली सूची को सिर्फ 20 नामों तक सीमित कर दिया।

अब उग्रवादी भी यह स्वीकार करने लगे थे कि हिन्दू-सिख एक बार फिर पहले की तरह ही आपस में घुलने-मिलने लगे थे, जबकि 1984 के बाद उनके आपसी सूत्र लगभग टूट-से गए थे।

इसमें कोई शक नहीं था कि माहौल में जबर्दस्त बदलाव आ गया था। इसका एक उदाहरण यह था कि 90 प्रतिशत सिखों वाली एक सभा में मैं आन्ध्र प्रदेश के बाढ़-पीड़ितों के लिए 15,000 डॉलर (लगभग 7 लाख रुपए) इकट्ठे करने में सफल रहा।

मैंने एक और बदलाव लाते हुए उच्चायोग को सिखों के स्थानीय मामलों में दखलंदाजी न करने का निर्देश किया। कुछ सिख नेता गुरुद्वारों को उग्रवादियों के कब्जे से छुड़ाने के लिए जरूरी मुकदमेबाजी के लिए आर्थिक मदद चाहते थे। मैंने इस मामले में दखल देने से इनकार कर दिया और अपने स्टाफ को भी निर्देश दिया कि वे कभी भी इस तरह के मामलों में दखलंदाजी न करें। समुदाय अपने मामले सुलझाने के लिए अपने बल पर भी पुरजोर कोशिशें कर रहा था, और यही होना भी चाहिए था।

सिखों के साथ मेरे बढ़ते सम्पर्क और बार-बार गुरुद्वारों में जाने की खबरों का कांग्रेस संसदों पर अच्छा प्रभाव नहीं पड़ा। ब्रिटेन में पार्टी के समर्थक भी मुझसे खुश नहीं थे। कुछ लोगों ने तो मुझ पर 'खालिस्तानियों को लुभाने' का इल्जाम लगाते हुए एक बयान ही जारी कर दिया। भूतपूर्व विदेश मंत्री नटवर सिंह ने भी एक बयान जारी करके कहा कि मैं इस तरह व्यवहार कर रहा था मानो मुझे व्हाइट हाल की बजाय साउथहाल (जहाँ ज्यादातर सिख रहते हैं) भेजा गया हो। मैं उनकी तरह के व्यक्ति से इसी तरह की टिप्पणी की उम्मीद कर रहा था।

लेकिन गुजराल के फोन ने मुझे विचलित कर दिया। उन्होंने कहा कि संसदीय दायरों में ऐसी हवा फैल रही थी कि मैं खालिस्तानियों के साथ साँठ-गाँठ कर रहा था। उन्हें पता होना चाहिए था कि मैं क्या कर रहा था, क्योंकि हम 'पंजाब ग्रुप' में साथ-साथ रह चुके थे और अकालियों को बातचीत की मेज पर लाने में सफल रहे थे। इसमें कोई शक नहीं था कि उन पर बहुत ज्यादा दबाव था। वे चाहते थे कि मैं एक बयान जारी करके इस तरह की अफवाहों का खंडन करूँ, क्योंकि कुछ कांग्रेस सदस्य इस मामले को एक शॉर्ट-नोटिस प्रश्न के रूप में संसद में उठाना चाहते थे।

मैंने एक खंडन जारी करके कहा कि "खालिस्तान के समर्थकों के साथ तब तक कोई बात नहीं हो सकती जब तक वे अपनी अलगाववादी माँग को छोड़ नहीं देते।" इसके बाद नई दिल्ली में उठा तूफान तो शान्त हो गया, लेकिन सिखों के लिए उच्चायोग का फाटक खोलने और उनके साथ मेरे यूँ धुलने-मिलने से नाराज कुछ अधिकारी मेरे पीछे पड़े रहे।

लन्दन के गुजराती, जो संख्या में पंजाबियों से ज्यादा हैं, काफी अनुशासित लोग हैं। वे ज्यादा अमीर भी हैं और ज्यादा शान्त भी। मैं जब भी उनके किसी फंक्शन में जाता था तो हमेशा महिलाएँ ही भोजन परोसती थीं, जिसे वे सब मिलकर बनाती थीं। इसी तरह के एक फंक्शन में मेरी मुलाकात गुजरात के तत्कालीन मुख्यमंत्री चिमन भाई पटेल से हुई। वे नर्मदा बाँध के निर्माण के लिए लन्दन में बांड बेचने आए थे। गुजरातियों को महात्मा गांधी का नाम अब भी भाव-विभोर कर देता है। मैं उन्हें गांधीजी की उन प्रार्थना सभाओं के बारे में बताता था जिनमें मैं भी शामिल रहा करता था।

लन्दन से मेरी पहली राजनीतिक रिपोर्ट एक उपचुनाव में कंजर्वेटिव पार्टी की हार के बारे में थी। यह उपचुनाव मेरे लन्दन पहुँचने के कुछ ही दिनों बाद मिड स्टेफोर्ड शायर में हुआ था। मुझे लगता था कि यह उपचुनाव हमारे यहाँ के इलाहाबाद उपचुनाव की तरह

था, जिसके बाद वी.पी. सिंह की हवा ने ऐसा जोर पकड़ा था कि 1989 के लोकसभा चुनावों में राजीव गांधी की हार के साथ ही यह सिलसिला खत्म हुआ था।

उप-प्रधानमंत्री जैफरी हो के सम्मान में सुप्रसिद्ध गुजराती सोलिसिटर एस.एच. रूपारेल द्वारा दी गई एक दावत में मैंने यह कहकर सबको चौंका दिया कि मैं अपने कार्यकाल के दौरान कंजर्वेटिव पार्टी के शासन का अन्त होते नहीं देखना चाहूँगा। और जैसा कि बाद में सामने आया, मेरे लन्दन छोड़ने से कुछ ही दिन पहले मारग्रेट थैचर प्रधानमंत्री की गद्दी खो बैठीं।

लेबर पार्टी के एक रेडिकल नेता टॉनी बेन ने मुझे बताया था कि इसके पीछे रंगबदलू कंजर्वेटिवों का हाथ था। मुझे याद आया कि खुद मारग्रेट थैचर ने भी मुझसे कहा था कि "पार्टी के अन्दर हमारे विरोधी ही हमारी पीठ में छुरा घोंप सकते हैं।" देखा जाए तो मारग्रेट थैचर उस समय अपने शिखर पर थीं। ब्रिटेन और अमरीका शान्ति-युद्ध जीत चुके थे और सोवियत संघ टुकड़े-टुकड़े हो चुका था। मैंने श्रीमती थैचर को कम्युनिज्म को हराने के लिए बधाई दी तो उन्होंने कहा, "मिस्टर हाई कमिश्नर, अभी पश्चिम का एक और दुश्मन बाकी है, और वह है इस्लाम।" वाशिंग्टन और लन्दन में इस भावना को देखते हुए उनके द्वारा एक के बाद एक इस्लामी देशों को निशाना बनाया जाना कोई हैरानी की बात नहीं है।

1989 के मध्य में ही कंजर्वेटिव पार्टी ओपीनियन पोलों में पिछड़ने लगी थी। उसकी छवि धूमिल हो चली थी। खुद मारग्रेट थैचर भी लोकप्रियता की दौड़ में पिछड़ने लगी थीं। प्रधानमंत्री बनने के बाद उन्होंने देश को 'कड़क नुस्खा' पिलाने की कोशिश की थी। उन्होंने जरूरी चीजों और सेवाओं में सरकार द्वारा दी जानेवाली छूट में भारी कमी करके और कई सार्वजनिक उपक्रमों का निजीकरण करके ट्रेड यूनियनों की दुश्मनी मोल ले ली थी। यह सच था कि इन कदमों से ब्रिटेन की अर्थव्यवस्था को कई गम्भीर रोगों से मुक्ति मिल गई थी। लेकिन उन्हें इसका मूल्य बढ़ती बेरोजगारी और एक विभाजित राष्ट्र के रूप में चुकाना पड़ा था।

1980 के दशक में ब्रिटेन की अर्थ-व्यवस्था की विकास-दर पूरे यूरोप में सबसे तेज रही थी, सिर्फ एक जर्मनी को छोड़कर। लेकिन अब इस 'जादू' ने काम करना बन्द कर दिया था और मारग्रेट थैचर और उनकी कंजर्वेटिव पार्टी समझ नहीं पा रही थी कि अब क्या करें। उनका खयाल था कि उन्होंने एक 'इंफ्लेशन-फ्री विकास' का फार्मूला ही अपना असर खो बैठा था और ब्रिटेन आर्थिक कठिनाइयों में घिर गया था।

How far I had left Journalism...

मैं पत्रकारिता से कितना दूर निकल आया था, इसका अहसास मुझे तब हुआ जब मैंने इराक द्वारा 'लन्दन ऑब्जर्वर' के संवाददाता फरजाद बजोत को फाँसी दिए जाने की खबर सुनी। मैं एक साथी पत्रकार की हत्या के खिलाफ एक बयान जारी करना चाहता था, जिसे सिर्फ अपने कर्तव्य का पालन करने की सजा दी गई थी। लेकिन सलमान हैदर ने मुझे कोई सार्वजनिक बयान न देने की सलाह दी। वे मेरी भावनाओं को समझते थे, लेकिन उन्होंने कहा कि अब मैं एक पत्रकार नहीं था और मेरी बात का गलत अर्थ लिया जा सकता था। मैं कोई नीतिगत बयान जारी न करके एक पत्रकार की हत्या पर सिर्फ अपना दुख व्यक्त करना चाहता था।

सलमान की सलाह के बाद मैंने गुजराल से भी बात की। उन्होंने मुझे कोई बयान जारी करने से सख्ती से मना किया, क्योंकि भारत इराक को नाराज नहीं कर सकता था। कश्मीर पर ईरान के अड़ियल नजरिए को देखते हुए भारत इराक के साथ अपने सम्बन्ध सुधारने की कोशिश कर रहा था। मैंने अपने लिखे हुए बयान को फाड़कर फेंक दिया। मैं बहुत लाचार महसूस कर रहा था। मैंने इमरजेंसी के दौरान भी इन्दिरा गांधी के गुस्से की परवाह न करते हुए उन्हें प्रेस की आजादी छीनने के लिए एक कड़ा पत्र लिखा था। लेकिन अब एक प्रजातांत्रिक सरकार का हिस्सा होते हुए भी मैं अपनी सच्ची भावनाएँ व्यक्त नहीं कर पा रहा था।

मैंने देखा कि ब्रिटिश सरकार जब भी जम्मू और कश्मीर की बात करती थी तो वह सिर्फ मुस्लिम-बहुल कश्मीर का जिक्र करती थी, न कि हिन्दू-बहुल जम्मू या बौद्ध-बहुल लद्दाख का। ब्रिटिश अखबार भी कश्मीर के भारत में विलय की बजाय संयुक्त राष्ट्र के प्रस्ताव की बात करते थे। वे भारत के प्रति हमेशा आलोचनात्मक रुख अपनाते हुए कश्मीर में अशान्ति के लिए हमें ही दोषी मानते थे। मैंने एक प्रमुख ब्रिटिश दैनिक 'इंडिपेंडेंट' में भारत का दृष्टिकोण स्पष्ट करते हुए लिखा था–

> भारत इस राज्य में सिर्फ जमीन के लिए नहीं लड़ रहा है। वह धर्म-निरपेक्षता के उस सिद्धान्त की रक्षा के लिए लड़ रहा है जो भारतीय प्रजातांत्रिक ढाँचे का आधार है। भारत ने धर्म के आधार पर उपहाद्वीप के बँटवारे को स्वीकार नहीं किया था। न ही वह अब धर्म के आधार पर किसी राज्य के संघ से अलग होने की माँग को स्वीकार कर सकता है।...आपके सम्पादकीय ने असली मुद्दे को बिलकुल नजरअंदाज कर दिया है। धर्म-निरपेक्ष भारत कश्मीर घाटी के पचास लाख मुसलमानों की धार्मिक माँग को किस तरह स्वीकार कर सकता है, यह देखते हुए कि भारत में मुसलमानों की आबादी 11 करोड़ है, जोकि पाकिस्तान की आबादी से भी ज्यादा है? यह कमजोरी की राजनीति नहीं है, बल्कि धर्म-निरपेक्षता के प्रति प्रतिबद्धता की राजनीति है।

ब्रिटिश विदेश विभाग का रवैया कर्नल बलिम्प की तरह ऊँची नाकवाला था। वह भारत को या तो शाबाशी देता था या लताड़ता था, कभी भी सामान्य व्यवहार नहीं करता था।

एक बार गुजराती समुदाय ने अपने मुखिया को विशेष यात्रा सुविधाएँ दिए जाने का अनुरोध किया तो ब्रिटिश विदेश विभाग ने मुझे बहुत जूनियर स्तर के अधिकारियों के साथ माथापच्ची करने के लिए बाध्य किया। वे यह जताना चाहते थे कि एक छोटी-सी माँग मनवाने के लिए भी हाई कमिश्नर को खुद दौड़भाग करनी पड़ेगी।

मुझे सबसे कटु अनुभव तब हुआ जब विदेश सचिव डगलस हर्ड ने मुझे अपने दफ्तर में बुलाकर भारत पर यह आरोप लगाया कि हम इराक को खाद्य सामग्री भेजने के बहाने उसे हथियारों के जहाज भेज रहे थे। मैंने इस आरोप का खंडन करते उन्हें याद दिलाया कि अमरीका और ब्रिटेन पहले ही दो बार हमारे जहाजों की जाँच कर चुके थे और उन्हें कोई हथियार नहीं मिले थे। वे फिर भी नहीं माने और बड़ी रुखाई से बोले कि उन्हें हम पर कड़ी नजर रखनी पड़ेगी। एक मित्र देश के लिए इस तरह की टिप्पणियाँ बहुत आपत्तिजनक थीं।

कई अन्य मामलों में भी मुझे यह अहसास हुआ कि ब्रिटेन जानबूझकर भारत को अपमानित करने की कोशिश करता था।

मुझे अश्वेत आबादी को लेकर उनमें कुछ-कुछ नस्लवाद की भावना भी दिखाई दी। उन्हीं दिनों एक कंजर्वेटिव सांसद ने काफी भड़कीला बयान जारी किया था। उन्होंने कहा था कि ब्रिटेन में रहनेवाले भारतीय और पाकिस्तानी ब्रिटिश नहीं थे, क्योंकि वे इंग्लैंड की क्रिकेट टीम के खिलाफ भारत या पाकिस्तान की टीम की जीत पर खुश होते थे। उच्चायोग के पास भारतीय मूल के लोगों के साथ भेदभाव की बहुत-सी शिकायतें आती रहती थीं। लेकिन भारतीय उच्चायोग इस मामले में कुछ भी नहीं कर सकता था, क्योंकि वे सब ब्रिटिश नागरिक थे और उनकी शिकायतें दूर करना ब्रिटिश सरकार का काम था।

मैं यह स्वीकार करूँगा कि ब्रिटिश विदेश विभाग के साथ मेरा बहुत सीमित सम्पर्क रहता था। उस विभाग से जुड़े ज्यादातर मामले सलमान ही देखते थे। लेकिन एक बार हम दोनों ही विदेश विभाग की एक मीटिंग में गए। इस मीटिंग में हमें बताया गया कि इराक किस तरह अपने सशस्त्रीकरण और बड़े पैमाने पर मानवीय विनाश के हथियार इकट्ठे करने में लगा हुआ था। मैं समझ गया कि ब्रिटेन सद्दाम हुसैन को कटघरे में खड़ा करने की कोशिश कर रहा था।

उन्हीं दिनों गुजराल अमरीका के दौरे पर जाते हुए लन्दन में भी रुके। वे सद्दाम हुसैन से मिल चुके थे और उनका खयाल था कि इराक के पास कोई ऐसा तुरुप का पत्ता था कि पश्चिमी देश उसे आसानी से नहीं हरा पाएँगे। सद्दाम हुसैन ने उनसे कहा था कि सारा झगड़ा तेल को लेकर था और पश्चिमी देश इसे दूसरा रंग देने की कोशिश कर रहे थे। तेल सस्ता था, लेकिन टेक्नोलॉजी महँगी, क्योंकि वह पश्चिम की देन थी।

मैंने कई चोटी के पत्रकारों और विशेषज्ञों को गुजराल से मिलवाने के लिए लंच पर आमंत्रित किया था। गुजराल की बातचीत से इस तरह का प्रभाव पड़ा मानो इराक को जीतना आसान नहीं होगा। यह उन सबके लिए हैरानी की बात थी, क्योंकि उनका खयाल था कि इराक कुछ ही दिनों में घुटने टेक देगा। गुजराल की बातों से विशेषज्ञों को लगा कि सद्दाम हुसैन को भारत का समर्थन प्राप्त था। हमने इस भ्रम को दूर करने की भरसक कोशिश की, लेकिन ब्रिटिश पत्रकार गुजराल से बुरी तरह उखड़ गए थे। मैं इतना बौखला गया कि मैंने उच्चायोग के एयर अताशे विनोद पटनी से पूछा कि क्या सद्दाम हुसैन सचमुच ही इतने ताकतवर थे जितना गुजराल उन्हें बता रहे थे। पटनी ने कहा कि हमले के एक हफ्ते के अन्दर ही सद्दाम हुसैन आत्म-समर्पण कर देंगे। वे भी इस बात से हैरान थे कि विदेशी मंत्री स्थितियों का इतना अलग आकलन कैसे कर सकते थे।

उच्चायुक्त के रूप में अपने कार्यकाल के दौरान मैंने एक और बात भी नोट की थी। उच्चायोग में 'रा' के लोगों की भरमार थी, जो अलग-अलग पदों पर काम कर रहे थे। उनके प्रमुख एक बड़े मीठे स्वभाव वाले कवि केकी ए. दारुवाला थे, जो बाद में 'रा' के अतिरिक्त निदेशक बनाए गए। उन लोगों के तौर-तरीके मेरी समझ से बाहर थे। एक बार मैंने सलमान से पूछा था कि इन लोगों का क्या काम था। उन्होंने गुपचुप-से अंदाज में कहा था, "हम लोगों पर नजर रखना।" मैंने सरकार से इन लोगों की संख्या घटाने का अनुरोध किया तो मुझे बताया गया कि यह एजेंसी सीधे प्रधानमंत्री के नियंत्रण में थी, जो आदमियों को कम करने के पक्ष में नहीं थे।

मुझे 'रा' से सिखों की गतिविधियों के बारे में गोपनीय रिपोर्टें मिलती रहती थीं। ऐसी

दो-तीन रिपोर्ट पढ़ने के बाद मैंने उन्हें देखना बन्द कर दिया, क्योंकि इनमें वही सब होता था जो कुछ दिन पहले मैं पंजाबी अखबारों में पढ़ चुका होता था।

मुझे याद है कि इमरजेंसी हटने के कुछ ही समय बाद राष्ट्रीय स्वयंसेवक संघ की एक शाखा ने मुझे आमंत्रित किया था। मैंने देखा था कि उनके पूरे कार्यक्रम का सार हिन्दुत्व पर आधारित था और इसकी भावना मुस्लिम-विरोधी थी। मैंने अपने भाषण में हमारे राष्ट्रीय आन्दोलन के धर्म-निरपेक्ष और बहुधर्मी स्वरूप पर जोर दिया, जिसे सरसंघ चालकों ने जरा भी पसन्द नहीं किया।

ब्रिटेन में भारत के राजदूत के रूप में मैं धर्म-निरपेक्षता का अर्थ समझाने में काफी हद तक सफल रहा।

गुजराती समुदाय द्वारा आयोजित एक पार्टी में मुझे प्रधानमंत्री मारग्रेट थैचर से मिलने का मौका मिला। मैं जानता था कि वे अभी-अभी मास्को से लौटी थीं, इसलिए मैंने उनसे राष्ट्रपति मिखाइल गोर्बाचोव के साथ उनकी मुलाकात के बारे में जानना चाहा। उन्होंने कहा कि गोर्बाचोव उनसे पूछ रहे थे कि वे सोवियत संघ के दो रिपब्लिकों को अपने हाथ से निकलने से कैसे रोकें। थैचर ने कहा कि उन्होंने गोर्बाचोव को भारत का उदाहरण दिया था, जहाँ अलग-अलग धर्मों, जातियों और भाषाओं के लोग सदियों से साथ-साथ रह रहे थे। इसके बाद मारग्रेट थैचर ने अचानक ही मुझसे पूछा, ''मि. हाई कमिश्नर, आप इसका श्रेय किस चीज को देंगे?''

मैं इस तरह के प्रश्न के लिए बिलकुल भी तैयार नहीं था। कुछ क्षण खामोश रहने के बाद मैंने उनसे कहा कि हम भारतवासी चीजों को पूरी तरह ब्लैक या व्हाइट के रूप में नहीं देखते; बीच में एक मिला-जुला क्षेत्र होता है जिसका हम निरन्तर विस्तार करते रहते हैं। जो चीज हमें एक साथ जोड़े रखती है वह है एक-दूसरे के लिए जगह बनाने और सहिष्णुता की हमारी भावना।

मैं यह सब कह तो गया लेकिन दिल ही दिल में सोचता रहा कि क्या हमें एक साथ जोड़े रखनेवाली भावना और हमारी सहिष्णुता धीरे-धीरे कम नहीं होती जा रही है?

कुछ ही दिन बाद सोवियत दूतावास से एक डेलीगेशन मुझसे मिलने आया, जो दिल्ली जाने का इच्छुक था। वह काफी बड़ा दल था, जो बाद में अनेकधर्मी समाज के भारतीय प्रयोग को नजदीक से देखने के लिए भारत के दौरे पर आया।

कुछ गैर-राजनीतिक मुलाकातें

एक शख्स ऐसे भी थे जिनके साथ मैंने राजनीति को छोड़कर दुनिया के हर विषय पर बात की—अंग्रेजी के जाने-माने लेखक निराद सी. चौधरी। वे नब्बे वर्ष से ऊपर थे और ऑक्सफोर्ड में एक सादे-से घर में रहते थे। चौधरी ब्रिटेन का उसी तरह एक हिस्सा है जैसे राज से जुड़ी यादें। मैं उनसे अपनी मुलाकात को तब तक टालता रहा जब तक कि मुझे बढ़िया शराब के जानकार सलमान की मदद से एक दुर्लभ और 'विंटेज' वाइन की बोतल नहीं मिल गई। मैं ऐसे तोहफे को पाकर उनकी आँखों में उभरनेवाली खुशी की कल्पना करता रहा।

वे धोती-कुरता पहने घर के गेट पर ही मेरा इन्तजार कर रहे थे। (मैं अंग्रेजी परम्परा का ध्यान रखते हुए बिलकुल ठीक वक्त पर पहुँच गया था।)

वे कमीशन के पत्र की भाषा से बहुत ज्यादा नाराज थे। उन्हें नाराज होना भी चाहिए था। हाई कमीशन के एक जूनियर अधिकारी ने उन्हें लिखा था कि वह 'बहुत गौरव महसूस करते हुए' उन्हें सूचित कर रहा था कि 'हाई कमिश्नर कृपा करते हुए' उनसे मिलने के लिए सहमत हो गए थे। जबकि बात बिलकुल उलटी थी। मैं उनसे मिलना चाहता था और उन्होंने मुझसे मिलने के लिए सहमत होकर 'मुझ पर कृपा की थी।'

लेकिन वे पत्र के कागज के घटियापन से और भी ज्यादा नाराज थे। इसमें उस जूनियर अधिकारी का भी दोष नहीं था। हाई कमीशन का बहुत सीमित बजट होने के कारण हमें कामचलाऊ कागज इस्तेमाल करना पड़ता था। मैं अपने लिए खुद अपने पैसे से भारत से लिखने के कागज खरीदकर लाया था।

हमने अभी बातचीत शुरू ही की थी कि उनकी पत्नी भी आ गईं। उनका कहना था कि वे बरसों से 'स्टेट्समैन' में मेरे लेख पढ़ती रही थीं और हमारे साथ ही बैठना चाहती थीं। ऐसा लगता था कि वे इंग्लैंड में उतनी खुश नहीं थीं जितने कि चौधरी।

''आजकल मैं बंगाली में लिख रहा हूँ,'' चौधरी ने बताया। ''मैं जो भी लिखता हूँ पश्चिम बंगाल के लोग खूब रस लेकर पढ़ते हैं।'' चौधरी को आप किसी भी हिसाब से एक विनयशील व्यक्ति नहीं कह सकते, लेकिन इंग्लैंड में उनका काफी मान है। अंग्रेजी भाषा और इतिहास पर उनकी पकड़ अच्छे-अच्छे अंग्रेजों को चित कर देती है। हमारी मुलाकात से कुछ ही दिन पहले उन्होंने लन्दन के एक दैनिक अखबार में छपे अपने पत्र में अंग्रेजों को इस बात के लिए जमकर फटकार लगाई थी कि वे यूरोप की एकता और एकीकरण के दबाव के आगे इतने क्यों झुके जा रहे थे।

उन्होंने बताया कि वे इंग्लैंड में भारत की तरह ही घर जैसा महसूस करते थे। भारतीयों की 'हिपोक्रेसी' से उन्हें अब भी चिढ़ थी, लेकिन उन्हें पहले की तरह गुस्सा नहीं आता था, सिर्फ दुख होता था। वे हँसते हुए बोले कि पता नहीं क्यों भारत को हमेशा अपने खिलाफ कोई-न-कोई साजिश नजर आती रहती थी। वक्त ने चौधरी को काफी नरम बना दिया था। अपनी उम्र के दूसरे बूढ़ों की तरह वे भी अपने पोते-पोतियों की बातें करके खुश होते थे। इस उम्र में भी वे अपनी पत्नी पर बहुत ज्यादा निर्भर थे। वे हर वाक्य के बाद किसी बच्चे की तरह उनकी तरफ देखते थे, मानो उनकी सहमति पाना चाहते हों।

लन्दन में ही अंग्रेजी के एक दूसरे हिन्दुस्तानी लेखक सलमान रुश्दी से भी मेरी मुलाकात हुई। मुझे वे अपनी किताबों से कहीं ज्यादा दिलचस्प लगे। मुझे वे बहुत सहज और स्वाभाविक भी लगे। वे अपनी भावनाओं और विचारों को किसी साँचे में ढालने की कोशिश नहीं करते। उनकी बातचीत उनकी किताबों से ज्यादा दिल को छू लेनेवाली होती है, क्योंकि वे कोई भी बात सिर्फ प्रभाव जमाने के लिए नहीं करते। फिर भी मैं निश्चित तौर पर कुछ नहीं कह सकता, क्योंकि हमने सिर्फ तीन घंटे साथ-साथ गुजारे।

'सैटेनिक वर्सिस' के प्रकाशन के बाद उनके सर पर मँडराते खतरे और छिप-छिपकर जीने ने उन पर निश्चित ही असर डाला था, लेकिन वे अन्दर से टूटे नहीं थे। मैं जब उनसे मिला था तो वे इस्लामी समाज के नरमपंथियों को मनाने की कोशिश कर रहे थे, खासकर

मिस्र के उदारवादी मुसलमानों को।

"मैंने सोचा था कि मैं बम्बई में एक घर खरीद लूँगा और लन्दन की बजाय वहीं ज्यादा रहूँगा," उन्होंने एक आह भरते हुए कहा था। "लेकिन मैं देख रहा हूँ कि भारत पर हिन्दू कट्टरपंथियों का कब्जा होता जा रहा है। अगर भारत ने धर्म-निरपेक्षता को छोड़ दिया तो वह टुकड़े-टुकड़े हो जाएगा।"

उन्होंने इन्दिरा गांधी को धर्म-निरपेक्षता के साथ समझौता करने के लिए दोषी ठहराया, "पीछे मुड़कर देखें तो इन्दिरा गांधी ने ही वोटों के लिए हिन्दू कट्टरपंथियों को सर चढ़ा लिया था।"

मैंने उनसे कहा कि भले ही इस समय हिन्दुओं में धार्मिक उन्माद का दौर दिखाई दे रहा हो, लेकिन यह ज्यादा दिनों तक नहीं चल सकता था। "यह सब सिर्फ चुनावी राजनीति का खेल है," मैंने उन्हें अश्वस्त करते हुए कहा, "चुनाव खत्म होते ही यह धार्मिक उन्माद शान्त पड़ जाएगा।"

लेकिन वे मुझसे सहमत नहीं थे। उन्होंने चिन्ता व्यक्त करते हुए कहा, "हिन्दुस्तानी समाज दिनोदिन ज्यादा असहिष्णु और साम्प्रदायिक होता जा रहा है।"

हम दोनों ही इस बात से सहमत थे कि धार्मिक कट्टरपन्थ प्रजातंत्र के लिए सबसे बड़ा खतरा था। मैंने उन्हें प्रधानमंत्री मारग्रेट थैचर के साथ अपनी बातचीत के बारे में बताया, जिन्होंने कहा था कि "साम्यवाद की पराजय के बाद इस्लामी कट्टरपन्थ दुनिया के लिए सबसे बड़ा खतरा है।"

रुश्दी इस बात पर गर्व महसूस कर रहे थे कि वे कट्टरपन्थी मुस्लिम मान्यताओं पर करारी चोट करने में सफल रहे थे। उन्होंने कहा कि उदारवादी हिन्दुओं को भी उनका अनुसरण करना चाहिए।

रश्दी खुशवंत सिंह के रवैये से भी बहुत ज्यादा खफा थे। उनका कहना था कि खुशवंत सिंह ने पेंग्युइन को 'सेटैनिक वर्सेस' न छापने की सलाह दी थी। बाद में जब मैंने खुशवंत सिंह से इसके बारे में पूछा तो उन्होंने कहा, "प्रकाशन संस्थान का सलाहकार सम्पादक होने के नाते मैंने उन्हें यह सलाह दी थी कि यह किताब मुस्लिम भावनाओं को भड़का सकती है और परेशानियाँ पैदा हो सकती हैं।" उन्होंने कहा कि वे किताब के गुण-दोषों के बारे में न सोचकर सिर्फ इसके धार्मिक पहलुओं की बात कर रहे थे। खुद खुशवंत सिंह को भी इस बात का दुख था कि रश्दी उन्हें गलत समझ रहे थे।

रश्दी कश्मीर के मामले में कोई ढील देने को तैयार नहीं थे। वे चाहते थे कि भारत कश्मीरी मुसलमानों को आत्म-निर्णय का अधिकार दे। जब मैंने उनसे कहा कि कश्मीरी मुसलमानों के भारत से अलग होने की स्थिति में देश के अन्य मुसलमानों के लिए मुश्किलें पैदा हो सकती थीं तो उन्होंने कहा कि भारतीय मुसलमान 'हॉस्टेजिज' नहीं थे। वे देश के वैद्य नागरिक थे और उन्हें अन्य नागरिकों की तरह सभी अधिकार प्राप्त थे। रश्दी का मानना था कि कश्मीरी मुसलमान पाकिस्तान में नहीं मिलना चाहते, वे आजादी चाहते थे।

लन्दन में हाई कमिश्नर के रूप में अपने कार्यकाल के दौरान फारूक अब्दुल्ला से भी मेरी मुलाकात हुई। मैंने उन्हें उनके पूरे परिवार समेत अपने घर पर लंच पर आमंत्रित किया था। मैंने सबके सामने उन्हें सलाह दी कि उन्हें कम-से-कम दस वर्षों तक कश्मीर घाटी में नहीं

लौटना चाहिए, ताकि वहाँ के लोगों को उनके महत्त्व का अहसास हो सके। तब जॉर्ज फर्नांडीस वी.पी. सिंह सरकार के साथ लम्बी बातचीत के बाद उन्हें लगभग सीधे दिल्ली ले गए। वही हुआ जिसका मुझे डर था। फारूक अब्दुल्ला वक्त से पहले ही सक्रिय राजनीति में लौट आए।

उन दिनों मेरा हर्निया का ऑपरेशन हुआ था। मैं अभी स्वास्थ्य लाभ ले रहा था कि भारत के मुख्य न्यायधीश सव्यसाची मुखर्जी अमरीका से लौटते हुए लन्दन में रुके। वह 1990 का वर्ष था।

जस्टिस मुखर्जी अपने एक मित्र के घर में ठहरे थे। लन्दन पहुँचते ही इन्हें दिल की दौरा पड़ा। हाई कमीशन उन्हें रॉयल फ्री अस्पताल में ले गया, जो लन्दन के सबसे बढ़िया अस्पतालों में गिना जाता है। लेकिन जस्टिस मुखर्जी को एक और दौरा पड़ा और उन्होंने उसी अस्पताल में दम तोड़ दिया। हाई कमीशन ने उनके पार्थिव शरीर को दिल्ली पहुँचाने की व्यवस्था करते हुए सलमान हैदर को साथ में भेजा। मेरी पत्नी भी इस लम्बी यात्रा के दौरान मुखर्जी की पत्नी के साथ रहीं और उन्हें ढाँढ़स बँधाती रही।

लेकिन मुखर्जी की मृत्यु को लेकर लोकसभा में मुझ पर जमकर हमला बोल दिया गया। लोकसभा अध्यक्ष रबी रे ने बाद में मुझे बताया कि उन्होंने सपने में भी नहीं सोचा था कि भाजपा सदस्य धुमनलाल लोढ़ा को मुखर्जी के निधन के सन्दर्भ के लिए दी गई अनुमति मुझ पर इतने जोरदार और कड़े प्रहार का रूप ले लेगी। लोढ़ा के बाद चन्द्रशेखर ने मैदान सँभाल लिया, जो हमेशा से मुझे एक 'सोशल क्लाइम्बर' कहते रहे थे, और इसके बाद मानो हर किसी को मुझसे हिसाब चुकाने का अवसर मिल गया।

कांग्रेस के लिए यह एक सुनहरी अवसर था, जो इमर्जेंसी पर मेरे कड़े प्रहारों की शृंखला को अब तक भुला नहीं पाई थी। वसंत साठे, दिनेश सिंह और जाफर शरीफ जैसे सभी नेता इन्दिरा गांधी के निरंकुश शासन के प्रबल समर्थक रहे थे और मुझसे खार खाए बैठे थे।

राजीव गांधी के कार्यकाल के दौरान मेरे द्वारा 'विज विड' ठहराए जानेवाले पी. चिदम्बरम सबसे ज्यादा गुस्साए हुए थे। उच्चतम न्यायालय की बार काउंसिल के अध्यक्ष के.के. वेणुगोपाल ने संस्था द्वारा एक प्रस्ताव पास करवा के जस्टिस मुखर्जी की अस्वस्थता के दौरान उनके इलाज में 'ढील और लापरवाही' बरतने के लिए भारतीय उच्चायोग की कड़ी आलोचना की।

जब अटल बिहारी वाजपेयी लन्दन में मेरे साथ ठहरे हुए थे तो मैंने उनसे पूछा था कि भाजपा की आलोचना इतनी बेदम क्यों रही थी। उन्होंने कहा कि उन्होंने अपनी पार्टी के सदस्यों से कहा था कि कांग्रेस इस मामले में राजनीति कर रही थी, इसलिए उन्हें इससे दूर ही रहना चाहिए।

चन्द्रशेखर को मुझसे क्या शिकायत थी? जैसाकि उन्होंने बाद में अपने कुछ मित्रों को बताया था, मैं दो बार उनके प्रधानमंत्री बनने के रास्ते में आ गया था। पहली बार 1997 में, जब जनता पार्टी की सरकार बनी थी, और दूसरी बार जब उन्होंने जनता पार्टी के कुछ सदस्यों के साथ मिलकर 'जनता दल' नाम की एक नई पार्टी बनाई थी। हालाँकि उनका ऐसा सोचना ठीक ही था, लेकिन वे मेरे प्रभाव को बहुत ज्यादा आँककर देख रहे थे।

वे 1977 में प्रधानमंत्री नहीं बन सकते थे, क्योंकि मोरारजी देसाई और जगजीवन राम जैसे दिग्गज नेता मैदान में थे। तब चन्द्रशेखर दौड़ में थे ही नहीं। यह सच था कि मैं जनता

पार्टी के कई नेताओं को जानता था। खासकर जयप्रकाश नारायण के साथ मेरे बड़े अच्छे सम्बन्ध थे, जिन्होंने प्रधानमंत्री के चुनाव में महत्त्वपूर्ण भूमिका निभाई थी। पर तब चन्द्रशेखर को पार्टी अध्यक्ष बनाना भी आसान नहीं रहा था। 1990 में वे इसलिए प्रधानमंत्री नहीं बन सकते थे क्योंकि तब सिर्फ वी.पी. सिंह और देवीलाल के बीच असली मुकाबला था।

जस्टिस मुखर्जी से जुड़े प्रशासनिक अधिकारी धीरेन्द्र सिंह अपने ऊपर कोई आँच नहीं आने देना चाहते थे। उन्होंने एक सदस्यीय जाँच आयोग को बताया था कि हाई कमीशन ने निजी और आधिकारिक दौर में फर्क करके देखा था। इस तरह के मामले हाई कमीशन के पास नहीं जाते थे। हाई कमीशन ऐसे मामलों में नई दिल्ली के निर्देशों का पालन करता था। उच्चतम न्यायालय का कहना था कि जस्टिस मुखर्जी का मामला एक निजी दौर का मामला था। फिर भी, सच्चाई यह थी कि हाई कमीशन ने निजी और आधिकारिक दौरे में कोई फर्क नहीं किया था। उन्हें और उनकी पत्नी को वे सभी सुविधाएँ दी गई थीं जो किसी आधिकारिक दौरे के दौरान उन्हें उपलब्ध करवाई जातीं।

उन दिनों मैंने अपनी डॉयरी में लिखा था–

> मुझे व्यक्तिगत तौर पर तो ठेस पहुँची ही है जो बहुत ज्यादा गहरी है साथ ही, यह देखकर मुझे और भी तकलीफ होती है कि पार्टी के उद्‌देश्यों के लिए भारतीय राजनीति के साथ कैसा खिलवाड़ किया जा रहा है। ऐसे समय में जब सरकार गिरने की कगार पर हो; अर्थ-व्यवस्था तहस-नहस हो; कश्मीर, पंजाब और अयोध्या जैसे मुद्‌दे देश के सामने हों, एक गैर-मुद्‌दे को लेकर तीन दिनों तक संसद का समय बर्बाद करना समझ से बाहर और अविश्वसनीय है। फिर भी इस प्रकरण से मैंने एक सबक जरूर सीखा है बाहर से ब्यूरोक्रेसी की आलोचना करना बहुत आसान है, लेकिन अन्दर की सच्चाई कुछ और ही हो सकती है।

मैं इस मामले की जाँच करवाना चाहता था। लेकिन तत्कालीन प्रधानमंत्री चन्द्रशेखर कोई खास उत्साहित नहीं थे। यह भी सुनने में आया था कि उन्होंने कहा था, ''उद्‌देश्य पूरा हो चुका है।'' फिर भी, न्यायाधीश चिनप्पा रेड्डी को जाँच का जिम्मा सौंपा गया तो मैं दिल्ली में उनके सामने उपस्थित हुआ। उन्होंने मुझे और उच्चायोग को मुखर्जी को 'अपर्याप्त उपचार सुविधाएँ' उपलब्ध करवाने के आरोप से मुक्त कर दिया। बल्कि न्यायाधीश ने हाई कमीशन की भूमिका की तारीफ की और यह भ्रम भी दूर कर दिया कि रॉयल फ्री अस्पताल कोई दूसरे दर्जे का संस्थान था। उन्होंने इतना जरूर कहा कि डिप्टी हाई कमिश्नर और हाई कमीशन को श्रीमती मुखर्जी को अंग्रेजी में अपनी बात समझा पाने में मदद करनी चाहिए थी, क्योंकि उन्हें अंग्रेजी का बहुत सीमित ज्ञान था।

आखिर में यह मामला उच्चतम न्यायालय में भी पहुँचा, और मुख्य न्यायाधीश जे.एस. वर्मा ने अपना फैसला सुनाते हुए कहा कि कुलदीप नैयर के खिलाफ कोई भी मामला नहीं बनता था।

मंडल आयोग का धमाका

मैं लन्दन में ही था जब प्रधानमंत्री विश्वनाथ प्रताप सिंह ने अन्य पिछड़े वर्गों (ओबीसी)

पर मंडल आयोग की रिपोर्ट की सिफारिशों को लागू करने की घोषणा करके तहलका मचा दिया। वी.पी. सिंह सर्वाधिक विवादास्पद राजनीतिज्ञों में शामिल थे। भारतीय राजनीति पर उनका प्रभाव भले ही समाज को बाँटने वाला रहा हो, लेकिन उनके कार्यकाल के दौरान ही मंडल आयोग की वे सिफारिशें लागू हो सकीं जिन्हें इन्दिरा गांधी ने ताक पर रख दिया था। पहली बार शैक्षणिक और सामाजिक दृष्टि से पिछड़े वर्गों (जिन्हें ओबीसी भी कहा जाता है) को सरकारी नौकरियों और उच्च शिक्षा संस्थानों में आरक्षण मिल सका। लेकिन वी.पी. सिंह को इसका भारी मूल्य चुकाना पड़ा, क्योंकि राजनीति के मंडलीकरण के खतरे से भयभीत उच्च वर्ग और बुद्धिजीवी सड़कों पर उतरकर उनकी नीतियों के खिलाफ उग्र प्रदर्शन में कूद पड़े। उनके आलोचकों का कहना था कि अन्य पिछड़े वर्गों के लिए उनका अचानक प्रेम दरअसल देवीलाल की चुनौती के रूप में उनके नेतृत्व पर मँडराते संकट के बादलों का नतीजा था।

वी. पी. सिंह मंडल रिपोर्ट को लागू करने के अपने संकल्प पर अटल रहे। उन्होंने मुझसे कहा था कि उन्होंने "भले ही अपनी एक टाँग गँवा दी हो, लेकिन गोल करके ही दम लिया था।" इससे अल्पसंख्यकों में, खासकर मुसलमानों में उनकी प्रतिष्ठा आसमान पर पहुँच गई थी।

सच्चाई यह थी कि राजनीतिक बाध्यताओं ने ही वी. पी. सिंह को मंडल आयोग की सिफारिशें लागू करने के लिए विवश किया था। वे और उप-प्रधानमंत्री देवीलाल शुरू से ही टकराव की मुद्रा में रहे थे। देवीलाल महत्त्वपूर्ण नियुक्तियों और अन्य विवेकाधीन शक्तियों के मामले में बराबर की हिस्सेदारी चाहते थे। उन्होंने इंडिया गेट पर एक विशाल रैली का आयोजन करके अपनी शक्ति का प्रदर्शन करने की घोषणा की तो वी. पी. सिंह ने उनकी चुनौती को ध्वस्त करने के लिए मंडल आयोग का पत्ता खेलने का फैसला किया। उन्होंने अन्य पिछड़े वर्गों के लिए आरक्षण की घोषणा कर दी। उच्च वर्गों को इस घोषणा में अपने साथ भेदभाव और अन्याय दिखाई दिया। उनके विरोध प्रदर्शन ने इतना उग्र रूप धारण कर लिया कि कई दिनों तक दिल्ली की सड़कों पर 'मैं ओबीसी नहीं हूँ' का स्टिकर लगाए बिना कार चलाना मुश्किल हो गया।

"I am not an OBC."

लन्दन से मेरी वापसी के बाद कुछ मंडल-विरोधी नौजवान मुझसे मिलने आए। वे चाहते थे कि मैं ओबीसी आरक्षण के खिलाफ उनके आन्दोलन का नेतृत्व करूँ। मैं जानता था कि वी.पी. सिंह विशुद्ध राजनीतिक कारणों से ये सुधार लाने के लिए बाध्य हुए थे। फिर भी मैंने मंडल-विरोधी आन्दोलन में शामिल होने से इनकार कर दिया। मुझे लगता था कि ये सुधार समाज की मन्थन-प्रक्रिया का हिस्सा थे और देश की अन्दरुनी नसों में सदियों से रचे-बसे विष को बाहर निकालने का काम कर सकते थे। इसलिए मैंने न आरक्षण का समर्थन किया और न विरोध।

फिर भी, मुझे यह देखकर बहुत दुख होता है कि इस आन्दोलन की अगुवाई करनेवाले कई ओबीसी नेता आज समुदाय के नाम पर सिर्फ अपनी तोंदें बढ़ाने में लगे हुए हैं। वे उस 'क्रीमीलेयर' या 'मलाई' का हिस्सा है, जिनके बारे में उच्चतम न्यायालय ने कहा है कि उन्हें

आरक्षण का लाभ नहीं मिलना चाहिए। ऐसे नेताओं की हरकतों के कारण ही यह गम्भीर मामला एक 'तमाशे' का रूप ले लेता है।

2011 में देश की जनगणना के दौरान जब जाति का नाम पूछे जाने का प्रश्न उठा तो मेरा सर ही घूम गया। इसके पीछे यह तर्क दिया जा रहा था कि इससे अन्य पिछड़े वर्गों (ओबीसी) में निर्धनों की संख्या का पता चल सकेगा। मेरा खयाल है कि गरीब सिर्फ गरीब होता है, उसकी कोई भी जातियाँ क्यों न हो। हमें जात-पात के कुचक्र से मुक्त होना होगा, तभी हम गांधी, नेहरू और जेपी के सपनों के भारत का निर्माण कर सकते हैं—एक प्रजातांत्रिक, बहुसांस्कृतिक और जातिरहित भारत। ये सभी एक जातिविहीन समाज के लिए संघर्ष करते रहे थे।

वी.पी. सिंह के इस कदम ने जरा उनको पिछड़े वर्गों और सामाजिक न्याय का मसीहा बना दिया था, वहीं उत्तर भारत के उच्चवर्गीय नौजवान 'अपने भविष्य को अन्धकार में डूबते देखकर' छाती पीट-पीटकर रो रहे थे और कुछ तो अपने-आपको आग लगाकर आत्मदाह भी कर रहे थे।

बाद में लिब्राहन आयोग ने अपनी रिपोर्ट में बाबरी मसजिद के विध्वंस की जाँच करते हुए इन घटनाओं का भी उल्लेख किया। बल्कि वी. पी. सिंह ने आयोग को दिए गए अपने बयान में साफ-साफ कहा था कि एल.के. आडवाणी ने मंडल आयोग की रिपोर्ट के जवाब में ही 1990 में रथयात्रा की थी। उनका कहना था कि भाजपा को डर था कि अगर उसने मंडल रिपोर्ट का विरोध न किया तो वह मध्य वर्ग का समर्थन खो बैठेगी। इस तरह, मंडल मुद्दे के दुष्परिणामों को टालने के लिए ही भाजपा ने रामजन्मभूमि और बाबरी मसजिद का 'धार्मिक पत्ता' खेला था।

वी.पी. सिंह में एक अल्पसंख्य सरकार चलाने के गुण नहीं थे, खासकर यह देखते हुए कि उन्हें अपनी पार्टी के भीतर ही चन्द्रशेखर के रूप में कटु आलोचकों का सामना करना पड़ रहा था। मेरे अनुमान के अनुसार, वी. पी.सिंह ने ही लालू प्रसाद यादव को एल.के. आडवाणी के रथ को रोकने और उन्हें गिरफ्तार करने के लिए कहा था। अटल बिहारी वाजपेयी को यह पता चला तो उन्होंने राष्ट्रपति से मिलकर वी. पी. सिंह सरकार से अपना समर्थन वापस ले लिया। वी. पी. सिंह ने त्याग-पत्र नहीं दिया, क्योंकि उन्हें उम्मीद थी कि धर्म-निरपेक्ष ताकतों की रक्षा के लिए कांग्रेस उनकी मदद के लिए आगे आएगी। लेकिन ऐसा नहीं हुआ। परिणामस्वरूप वी. पी. सिंह नवम्बर 1990 में विश्वास-मत हार गए।

अटल बिहारी वाजपेयी ने सरकार से समर्थन वापस लेने का अलग कारण बताते हुए मुझसे कहा था कि अगर वी. पी. सिंह मंडल आयोग की रिपोर्ट को लागू न करते तो भाजपा उनका समर्थन करना जारी रखती। "अगर मंडल न होता तो कमंडल भी न होता," वाजपेयी ने साफ शब्दों में कहा था।

जैसे ही मुझे वी. पी. सिंह सरकार के गिरने का पता चला मैंने हाई कमिश्नर के पद से इस्तीफा दे दिया। यह एक राजनीतिक नियुक्ति थी, और मुझे नियुक्त करनेवाली सरकार के जाने के बाद मेरा इस पद पर बने रहना ठीक नहीं था। बल्कि ऑल इंडिया रेडियो पर वी. पी. सिंह सरकार के गिरने और मेरे इस्तीफे की खबर एक ही समाचार बुलेटिन में

प्रसारित हुई थी।

मेरे प्रस्थान पर ब्रिटेन के 'हाउस ऑफ कॉमंस' ने एक दुर्लभ कदम उठाते हुए मेरी सेवाओं की सराहना करते हुए एक प्रस्ताव पास किया–

> यह सदन भारत के सेवानिवृत्त हो रहे उच्चायुक्त श्री कुलदीप नैयर के योगदान का उल्लेख करना चाहता है, जो भारत और ब्रिटेन के लोगों के बीच अच्छे सम्बन्धों के विकास के लिए काम करते रहे। सदन भारत जाने के इच्छुक लोगों के लिए वीजा फीस कम करने की उनकी पहल के लिए उन्हें बधाई देता है, और ब्रिटेन में रहनेवाले भारतीय मूल के समुदायों के बीच मैत्रीपूर्ण सम्बन्ध स्थापित करने के उनके अथक और उत्साह भरे प्रयासों की प्रशंसा करता है। सदन आशा व्यक्त करता है कि उनके उत्तराधिकारी इन सकारात्मक कदमों को जारी रखेंगे।

ब्रिटिशों और भारतीय समुदाय द्वारा दी गई भावभीनी विदाई ने मुझे अभिभूत कर दिया। वी. पी. सिंह और गुजराल ने भी मुझे बधाई के सन्देश भेजे।

लेकिन राजीव गांधी की टिप्पणी बड़ी विचित्र रही। जब गुजराल ने उन्हें 'हाउस ऑफ कॉमंस' द्वारा पारित प्रस्ताव के बारे में बताया तो उन्होंने कहा, ''कुलदीप ने ब्रितानियों के लिए जरूर कुछ किया होगा!''

''हाँ, हमें इसकी सी.बी.आई. जाँच करवानी चाहिए!'' गुजराल ने चुटकी लेते हुए जवाब दिया।

विश्वनाथ प्रताप सिंह के शासन को भाजपा का साम्प्रदायिक रथ रोकने के लिए याद किया जाएगा। सोमनाथ मन्दिर से अयोध्या की तरफ बढ़नेवाली इस रथयात्रा का नेतृत्व लालकृष्ण आडवाणी कर रहे थे। भाजपा राम मन्दिर के नाम पर एक बहुधर्मी समाज के ध्रुवीकरण पर तुली हुई थी। इस रथयात्रा ने हिन्दुओं और मुसलमानों के बीच सचमुच ही एक गहरी खाई पैदा कर दी।

लेकिन वी.पी. सिंह ने इस रथयात्रा को शुरू में ही रोकने का कोई प्रयास नहीं किया, क्योंकि उनकी सरकार भाजपा की बैसाखियों के सहारे टिकी हुई थी। यह उनकी सबसे बड़ी भूल साबित हुई। उन्हें रथयात्रा के शुरुआत के दिन, 25 सितम्बर, 1990 को ही त्याग-पत्र दे देना चाहिए था। कुछ महीने बाद भाजपा ने अपना समर्थन वापस ले लिया तो उन्हें यही करना भी पड़ा। अगर वे पहले ही इस्तीफा दे देते तो धर्म-निरपेक्ष ताकतें मजबूत हो जातीं। यह बिलकुल साफ था कि इस रथयात्रा से माहौल बिगड़ने और साम्प्रदायिक दंगे भड़कने की आशंका थी। कुछ जगह इस तरह के दंगे भड़के भी, पर वी.पी. सिंह ने तब भी कोई कदम नहीं उठाया और अपनी प्रधानमंत्री की कुर्सी से चिपके रहे।

मैं विध्वंस से सिर्फ एक महीने पहले अयोध्या गया था। मुझे यह देखकर हैरानी हुई थी कि फैजाबाद के लोग बाहरी लोगों को कोई खास मुँह नहीं लगा रहे थे। हिन्दुओं और मुसलमानों में किसी भी तरह का कोई तनाव नहीं था। यह कल्पना करना मुश्किल था कि कुछ हफ्तों बाद ही यह शहर मसजिद का विध्वंस होते देखेगा। मन्दिर की चाबियाँ हमेशा की तरह एक मुसलमान परिवार के संरक्षण में थीं। मुझे पता नहीं चला कि कई पीढ़ियों से यही परम्परा चली आ रही थी।

वी.पी. सिंह इतिहास की धुँध में खो गए। लेकिन उन्होंने निचले वर्गों और किसान

जातियों में ज्यादा बराबरी के सम्बन्ध स्थापित करने का अपना वायदा जरूर निभाया। अपने केबिनेट में भी उन्होंने लगभग आधी सीटें पिछड़े वर्गों के सदस्यों को दी थीं। सरकारी कार्यक्रमों को लागू करने के लिए उन्होंने राष्ट्रीय अनुसूचित जाति और जनजाति आयोग को संवैधानिक शक्तियाँ प्रदान कीं और आयोग की बागडोर पिछड़ी जातियों के ही एक प्रतिष्ठित नेता को सौंपी। उनका सबसे चौंकानेवाला कदम दलितों के महानायक बी.आर. अम्बेडकर को वह प्रतिष्ठित स्थान दिलाना था जिसे वर्षों से नजरअन्दाज किया जाता रहा था। प्रधानमंत्री बनने के कुछ ही दिनों बाद उन्होंने संसद के केन्द्रीय सभागृह में अम्बेडकर का चित्र लगवाया। इतना ही नहीं, उनके जन्मदिन को राष्ट्रीय अवकाश का दिन घोषित कर दिया गया और उन्हें मरणोपरान्त राष्ट्र के सर्वोच्च सम्मान 'भारत-रत्न' से सम्मानित किया गया।

अपनी सरकार गिर जाने के बाद वी.पी. सिंह सक्रिय राजनीति से दूर हो गए और अपने प्रिय शौक चित्रकारी की साधना में जुट गए। लेकिन फिर मलाशय विकार और कैंसर जैसी घातक बीमारियों ने उन्हें अपनी चपेट में ले लिया और वे दिन-ब-दिन मृत्यु की तरफ बढ़ते चले गए।

मुझे इस बात का पछतावा है कि मैं कभी बी.आर. अम्बेडकर का इंटरव्यू नहीं ले सका। मैंने प्रेस गैलरी से उन्हें संसद में बोलते और संविधान पर चर्चा करते सुना था। मैं हर मुद्दे पर उनके धीर-गम्भीर दृष्टिकोण और उनकी गहरी आस्था का प्रशंसक था। व्यक्तिगत तौर पर वे अनुसूचित जातियों और जनजातियों के लिए आरक्षण के खिलाफ थे, लेकिन संविधान सभा में आम धारणा इसके पक्ष में थी। उनका कहना था कि उन्हें अपने समुदाय के लिए आरक्षण की 'बैसाखियाँ' नहीं चाहिए थीं। फिर भी, वे इस शर्त पर इसे दस वर्ष के लिए लागू करने के लिए राजी हो गए कि इसे आगे नहीं बढ़ाया जाएगा।

उस समय उन्होंने कल्पना भी नहीं की थी कि खुद उनके समुदाय के नेता ही इसे आगे बढ़ाने की माँग करते रहेंगे। कांग्रेस को भी इस पर कोई ऐतराज नहीं था, क्योंकि वह दलितों को अपने वोट-बैंक के रूप में देखने लगी थी। 1970 के दशक में पहली बार इस वोट-बैंक को झटका लगना शुरू हुआ और कांग्रेस धीरे-धीरे दलितों का समर्थन खोती चली गई।

इसका श्रेय पंजाब के एक कर्मठ कार्यकर्ता कांशीराम को जाता है, जिन्होंने बहुजन समाज पार्टी (बसपा) की स्थापना की और इसे आगे बढ़ाया। भले ही वे खुद अपनी मेहनत का फल न भोग पाए हों, लेकिन उनकी निकट सहयोगी मायावती दलितों की एक प्रमुख नेता बनने में सफल रहीं। वे तीन बार उत्तर प्रदेश की मुख्यमंत्री भी रहीं। इससे पता चलता है कि कांशीराम दलितों में जागरूकता लाने और उनमें आत्म-सम्मान की भावना जगाने में किस हद तक सफल रहे।

सारा दोष सिर्फ उच्च जातियों का भी नहीं है। वोट की राजनीति ने दलितों को भी प्रभावित किया है। उनके नेता आमतौर से समुदाय की मलाईदार तह से आते हैं और समुदाय की वास्तविक समस्याओं पर ध्यान देने की बजाय अपने निजी हित साधने में जुटे रहते हैं।

बी.आर. अम्बेडकर दलितों के सबसे विलक्षण और प्रतिभावान नेता होने के नाते उनके हितों की रक्षा करने और छुआछूत की धारणा को दूर करने के लिए संविधान में कई प्रावधान शामिल करने में सफल रहे थे। इसके बावजूद छुआछूत की भावना अभी तक दूर नहीं हुई है, क्योंकि यह हिन्दू चेतना में बहुत गहराई तक पैठी हुई है।

मुझे सबसे ज्यादा कोफ्त यह सोचकर होती है कि दलित इतनी सदियों तक दमन और शोषण के शिकार होने के बावजूद हिन्दू समाज का अंग क्यों बने रहे। डॉ. अम्बेडकर ने भी एक बार शेक्सपीयर को उद्धरित करते हुए कहा था, "हो सकता है कि हमारे स्वामी बने रहना आपके हित में हो, लेकिन आपके दास बने रहना हमारे हित में कैसे हो सकता है?" पिछले कई दशकों से कोई भी ऐसा आन्दोलन नहीं हुआ है जो जात-पात की इस धारणा को जड़ से उखाड़ने का संकल्प लेकर चला रहा हो। उदारवादी भी दलितों से उतनी ही दूरी बनाए रखते हैं जितने कि कट्टरपंथी।

यह सच है कि हमने दलितों के विकास को ध्यान में रखकर कुछ कायदे-कानून बना दिए हैं। उन्हें इस तरह की मदद की जरूरत भी है। फिर भी मैं किसी भी तरह के आरक्षण के खिलाफ हूँ जो किसी भी क्षेत्र में अयोग्यता और दूसरे दर्जे के मापदंडों को प्रोत्साहित करता हो। मैं अपने देश को हर मामले में अव्वल देखना चाहता हूँ। हम दूसरे दर्जे को प्रोत्साहन देंगे तो हम खुद ही अपने आपको कमजोर कर बैठेंगे। हमें सकारात्मक कदम उठाने की जरूरत है, जैसा कि अमरीका में अश्वेतों के मामले में किया गया है। आरक्षण लेने के कारण उच्च जातियों के युवकों में कटुता पैदा हो रही है। हम यह कदम आज उठाएँ या पचास वर्ष बाद, लेकिन भारत को आरक्षण की फिर से व्याख्या करनी होगी और सिर्फ आर्थिक दर्जे को ही योग्यता का आधार बनाना होगा।

इंग्लैंड से अपनी वापसी के बाद मैंने अपना सिंडिकेटिड साप्ताहिक कॉलम 'बिटवीन द लाइंस' फिर से शुरू कर दिया। मैंने देखा कि लन्दन में गुजरी एक वर्ष की छोटी-सी अवधि के बीच ही भारतीय पत्रकारिता में भारी बदलाव आ गया था और अखबारों पर सम्पादकों की जगह मालिकों का दबदबा स्थापित हो गया था। उदाहरण के लिए 'आनंद बाजार पत्रिका' पर अवीक सरकार की छाप दिखाई देने लगी थी। उनके पिता अशोक सरकार मेरे प्रिय मित्र थे, इसलिए मैं अवीक को परिवार के एक सदस्य की तरह समझता था। उन्होंने एक बार मुझसे कहा था कि पश्चिम बंगाल में ज्योति बसु के बाद वे सबसे महत्त्वपूर्ण व्यक्ति थे। तब ज्योति बसु जीवित थे। एक अन्य सम्पादक, जो 'इंडियन एक्सप्रेस' के मालिकों में थे, आत्म-मुग्धता के शिकार थे। कभी देश के सबसे व्यवस्था-विरोधी अखबार माने जानेवाले 'इंडियन एक्सप्रेस' में अब उनके व्यक्तिगत विचारों और अन्य हितों की झलक दिखाई देने लगी थी।

इससे काफी पहले 'राजस्थान पत्रिका' ने मेरे कॉलम का प्रकाशन बन्द कर दिया था। इसके मालिक आर.सी. कुलिश मेरे निजी मित्र होने के बावजूद भाजपा की आलोचना को पचा नहीं पाए थे। उन्होंने एक बार मुझसे कहा था, "मैं मुसलमानों के खिलाफ नहीं हूँ। मेरा एक नौकर भी मुसलमान है। लेकिन इन लोगों को ज्यादा सर नहीं चढ़ाना चाहिए।" मैंने सोचा तक नहीं था कि वे मेरा कॉलम ही बन्द करवा देंगे। मैं जयपुर में उनसे मिलने की नाकाम कोशिशें करता रहा। एक बार शहर के दौरे के दौरान मुझे पता चला कि वे सख्त बीमार थे। मैं उनका हाल-चाल पूछने उनके घर गया, लेकिन उन्होंने मुझसे मिलने से ही इनकार कर दिया।

'दैनिक भास्कर' में मैंने अपना कॉलम इसलिए बन्द कर दिया क्योंकि अखबार ने 'पेड न्यूज' पर मेरा लेख छापने से इनकार कर दिया था। मैंने इस लेख में 'पेड न्यूज' के चलन

से हुई मालिकों की तीखी आलोचना की थी। मैंने किसी का नाम नहीं लिया था, फिर भी अखबार ने वह कॉलम छापने से मना कर दिया। मैंने मालिक के नाम एक विरोध-पत्र भी लिखा, पर मुझे कोई जवाब नहीं मिला।

'हिन्दू' के सम्पादक एन. राय के साथ मेरा अनुभव काफी निराशाजनक रहा। मैं उनके अखबार के लिए हफ्ते में दो बार वैचारिक लेख और महीने में एक बार मानवाधिकारों से सम्बन्धित कॉलम लिखा करता था। उन्होंने सिर्फ इसलिए इन्हें बन्द कर दिया क्योंकि मालिनी पार्थसारथी के साथ मेरी मित्रता थी। मालिनी और एन. रवि को सम्पादकीय-नियंत्रण से अलग कर दिया गया था। 'अखबार' एक पब्लिक लिमिटेड कम्पनी है, जिनमें मालिनी पार्थसारथी और एन. रवि अल्पसंख्यक बनकर रह गए थे। रवि बड़े सुशील और नरम स्वभाव के व्यक्ति हैं, जबकि मालिनी एक प्रतिभावान पत्रकार हैं। इन दोनों ने बड़े धीरज और संयम से इस अपमान को झेला। जब अखबार अपने आपको कम्पनियों में बदल लेते हैं तो बहुमत का राज चलने लगता है। परिणामस्वरूप, अखबार किसी भी अन्य कार्पोरेट कम्पनी की तरह विशुद्ध व्यावसायिक संस्थाएँ बनकर रह जाते हैं।

वी. पी. सिंह सरकार के पतन के बाद भी जनता दल एक पार्टी के रूप में मौजूद रहा, हालाँकि इसकी प्रादेशिक ईकाइयाँ अलग-अलग घटकों के नियंत्रण में थीं। चन्द्रशेखर के जीवन की सबसे बड़ी महत्त्वाकांक्षा प्रधानमंत्री बनना थी, इसलिए इस पद के सबसे पहले दावेदार भी वही थे। उन्हें मुलायम सिंह यादव के समर्थन के बिना पार्टी में बहुमत नहीं मिल सकता था, जो कुछ हिचकिचाहट के बाद उनकी मदद के लिए आगे आ गए।

चन्द्रशेखर का समर्थन करने का कारण बताते हुए मुलायम सिंह यादव बचाव की मुद्रा में दिखाई दे रहे थे। उन्होंने फोन ही नहीं उठाया था। लेकिन जब चन्द्रशेखर बार-बार फोन करते रहे तो आखिर उन्होंने फोन उठा लिया। चन्द्रशेखर ने उनसे प्रधानमंत्री बनने में उनकी मदद करने की विनती की और मुलायम सिंह राजी हो गए। "मुझे लगा कि मुझे एक दोस्त की मदद करनी चाहिए, क्योंकि आखिर वे एक सोशलिस्ट थे," मुलायम सिंह ने मुझे बताया था।

राजीव गांधी पहले ही चन्द्रशेखर का बाहर से समर्थन करने का आश्वासन दे चुके थे। चन्द्रशेखर ने गुजराल से भी विदेश मंत्री के रूप में अपने केबिनेट में शामिल होने के लिए कहा, लेकिन उन्होंने मना कर दिया। बाद में यह पद 'इमरजेंसी के गोबेल्स' के रूप में जाने जानेवाले वी. सी. शुक्ला को दे दिया गया। इमरजेंसी के खिलाफ इतने जोश से लड़ने वाले चन्द्रशेखर की छवि के लिए यह बहुत बड़ा झटका था। लेकिन उन्हें इसमें कुछ भी अटपटा नहीं लगा। सत्ता का मोह बड़े-बड़ों की अन्तर्रात्मा को सुला देता है।

कांग्रेसियों और चन्द्रशेखर दोनों का ही मेरे प्रति बहुत कटुतापूर्ण रवैया था। मुझे नहीं मालूम क्यों, लेकिन मुझे चन्द्रशेखर के सम्मान में दी जानेवाली पार्टी में खासतौर से आमंत्रित किया गया और मुझसे कहा गया कि मुझे और राजीव गांधी को एक ही टेबल पर बैठना था। राजीव गांधी के बहुत नजदीक माने जानेवाले सुमन दुबे चाहते थे कि मैं इस पार्टी में जरूर आऊँ। लेकिन मुझे नहीं पता क्यों, राजीव गांधी मुझसे हाथ मिलाने के बाद किसी दूसरी टेबल पर जा बैठे।

चन्द्रशेखर की सरकार सिर्फ 40 दिन चली, लेकिन यह सरकार भारत के इतिहास की सबसे भ्रष्ट सरकार साबित हुई। कभी कांग्रेस के 'युवा तुर्क' माने जानेवाले और फिर जनता पार्टी के अध्यक्ष रह चुके व्यक्ति को यूँ गर्त में धँसते देखना मेरे लिए बड़े दुख की बात थी। राजीव गांधी ने सिर्फ एक अन्तराल को भरने का अपना ध्येय पूरा किया था। कांग्रेस की चुनावी सम्भावनाओं में सुधार का अहसास होते ही उन्होंने अपना समर्थन वापस ले लिया। तर्क यह दिया गया कि सीआईडी के लोग राजीव गांधी की जासूसी कर रहे थे।

17

बाबरी मसजिद विध्वंस

किसी भी पार्टी के सरकार बनाने की स्थिति में न होने के कारण 1991 में नए लोकसभा चुनावों की घोषणा कर दी गई थी। 545 सदस्यों वाले सदन में इस बार कांग्रेस को 232 सीटें मिलीं, पर सहानुभूति की लहर के बावजूद वह बहुमत नहीं जुटा पाई। चुनावों के बीचोबीच 21 मई, 1991 को राजीव गांधी की हत्या कर दी गई। मुख्य चुनाव आयुक्त टी. एन. शेषन ने चुनाव प्रक्रिया को कुछ समय के लिए रोक दिया। इससे कांग्रेस को सहानुभूति की लहर का लाभ मिलने की सम्भावना और भी बढ़ गई। चुनावों के दूसरे चरण में उसे ज्यादा सीटें प्राप्त हुईं। एक तरह से राजीव गांधी की हत्या के कारण ही कांग्रेस सत्ता में लौट सकी।

प्रधानमंत्री नरसिम्हाराव की सरकार को राजनीतिक उथल-पुथल के साथ-साथ आर्थिक संकट का भी सामना करना पड़ा। विदेशी मुद्रा की इतनी कमी थी कि पखवाड़े के हिसाब से पेट्रोलियम उत्पादों का आयात करना पड़ रहा था। चन्द्रशेखर सरकार की फिजूलखर्ची के कारण आर्थिक स्थिति इतनी खराब हो चुकी थी कि राव सरकार को एक ऋण चुकाने के लिए बैंक ऑफ इंग्लैंड को 47 टन सोना भेजना पड़ा था। इसके अलावा उसे अंतर्राष्ट्रीय मुद्रा कोष (आईएमएफ) से 4.1 अरब डॉलर का ऋण भी लेना पड़ा।

राव ने रिजर्व बैंक के भूतपूर्व गवर्नर मनमोहन सिंह को वित्त मंत्री के रूप में अपने केबिनेट में ले लिया, ताकि इस भीषण आर्थिक संकट से निपटा जा सके। मनमोहन सिंह का नाम कॉमरेड हरकिशन सिंह सुरजीत ने सुझाया था। मनमोहन सिंह देश की अर्थव्यवस्था को बड़ी कठिन स्थिति से उबारने और पटरी पर लाने में सफल रहे। उन्होंने बचाव के रास्ते सोचने की बजाय आक्रामक रुख अपनाया। लगभग बीस वर्ष पहले, 24 जुलाई, 1991 को, उन्होंने अपने बजट भाषण की शुरुआत में विक्टर ह्यूगो को उद्धरित करते हुए कहा था—"दुनिया में कोई भी ताकत उस विचार को नहीं रोक सकती जिसका समय आ चुका हो।"

उन्होंने लाइसेंस-कोटा राज खत्म करके कार्पोरेट सेक्टर को खुली छूट दे दी। इसके साथ ही उन्होंने विदेशी निवेशकों के लिए वे सभी दरवाजे खोल दिए जिन पर पिछली सरकारों ने सख्त पहरा बिठा रखा था, ताकि घरेलू उद्यमों पर कोई आँच न आए। निर्यात रियायतें हटा दी गईं, टेक्स-दरें कम कर दी गईं, और सार्वजनिक क्षेत्र के विस्तार की योजनाओं को ठंडे बक्से में डाल दिया गया।

इन सभी कदमों का नतीजा यह हुआ कि विकास दर में अच्छी-खासी बढ़ोत्तरी होने लगी, जो पिछले कई वर्षों से दिखाई नहीं दी थी। प्रधानमंत्री का कहना था कि अब आर्थिक

उदारीकरण कार्यक्रम के समूचे पुनर्मूल्यांकन का समय आ गया था। इसके परिणामों का लाभ जनता तक पहुँचाया जाना जरूरी था। वैश्वीकरण एक अपरिहार्य प्रक्रिया थी।

हम जैसे कुछ वैश्वीकरण-विरोधी तत्त्वों ने आर्थिक सुधारों का विरोध करने के लिए रोमेश चौहान के तत्त्वावधान में एक ग्रुप की स्थापना की। रोमेश चौहान पेय जल की दुनिया में एक जाना-पहचाना नाम थे। हम हर हफ्ते रोमेश चौहान के घर में मिला करते थे, जहाँ उनकी मोहक पत्नी जैनब हमारी खातिरदारी का पूरा ध्यान रखती थीं। बाद में रोमेश चौहान को ऐसा महसूस होने लगा कि वे हमारी बजाय कार्पोरेट सेक्टर के पाले में ज्यादा सुरक्षित थे। हम सब वामपन्थी रुझान के लोग थे और उनके पाला बदलने से सकते में रह गए थे।

नरसिम्हाराव सरकार रिश्वतखोरी और हवाला कांडों में फँसकर अपनी साख खोने लगी थी। अब यह साबित करने के लिए काफी सबूत हैं कि नरसिम्हाराव ने खुद नोटों भरा एक सूटकेस स्वीकार किया था। उनके घर के पूछताछ दफ्तर में आने-जानेवालों के रिकार्डों में फेरबदल करके यह दिखाने की कोशिश की गई कि उन्हें नोटों भरा सूटकेस देने का दावा करनेवाले लाखूभाई पाठक उनसे कभी नहीं मिले और न ही उनके घर आए।

नरसिम्हाराव के प्रधानमंत्री के रूप में कार्यकाल के दौरान मेरा उनके साथ बहुत कम सम्पर्क रहा। फिर भी वे मुझ पर नजर रखे रहे। एक बार मैंने उनसे शिकायत भी की थी कि गुप्तचर विभाग मेरी जासूसी कर रहा था। मैंने उन्हें लिखा था कि एक रात ब्रिटिश काउंसलर के घर पर डिनर से लौटने के बाद दो खाकी वर्दी वाले मेरे घर आए और मुझसे पूछने लगे कि मैं वहाँ क्यों गया था। इसके जवाब में केबिनेट सचिव ने मुझे लिखा कि उन लोगों ने जाँच-पड़ताल के बाद पाया था कि मेरी शिकायत में कोई दम नहीं था।

नरसिम्हाराव जब आन्ध्र प्रदेश के मुख्यमंत्री थे तो मैं उनसे अकसर मिलता रहता था। वे राज्य से केन्द्र में आने का मन बना रहे थे तो मैंने उनसे कहा था कि उन्हें नीलम संजीव रेड्डी के किस्से को याद रखना चाहिए, जिन्हें इन्दिरा गांधी के साथ मुश्किलों के दौर से गुजरना पड़ा था।

राव ने यह ध्यान रखा था कि उनके कार्यकाल के दौरान सोनिया गांधी पार्टी से दूर ही रहें, जिसे एक तरह से वे खुद ही नियंत्रित कर रहे थे। इसमें कोई शक नहीं था कि सोनिया तब चुप बैठी रही थीं। वे किसी ऐसे अवसर की ताक में थीं कि उन्हें बिना माँगे ही पार्टी अध्यक्ष का पद सौंप दिया जाए।

अपने सोशलिस्ट साथियों को निराश करते हुए नरसिम्हाराव आर्थिक सुधारों को तेज रफ्तार देने में जुट गए। ये सुधार राजीव गांधी ने शुरू किए थे, लेकिन काफी छोटे स्तर पर। नरसिम्हाराव पूरी रफ्तार से आगे बढ़ना चाहते थे और वित्त मंत्री मनमोहन सिंह अपने आदर्शवाद से पल्ला झाड़कर पूरी तरह उनके परिणामवाद से जुड़ गए थे।

राव अपने व्यवहार में उतने साफ-सुथरे नहीं थे, और जैसाकि हम देख चुके हैं वे व्यक्तियों और संस्थाओं के व्यावसायिक सौदों को 'आसान' बनाने के लिए पैसा खाने से भी नहीं झिझकते थे। वे अकसर कहते थे कि वे अपनी अन्तर्रात्मा के खिलाफ कुछ भी नहीं करते थे। फिर भी, वे अवसर के अनुसार इससे समझौता करने से पीछे नहीं हटते थे।

राव ने अपनी सरकार बचाने के लिए झारखंड मुक्ति मोर्चा के चार सांसदों को रिश्वत दी। इतना ही नहीं, वे किसी आपराधिक मामले में फँसने वाले पहले भारतीय प्रधानमंत्री

थे। सीबीआई के एक विशेष न्यायाधीश ने 2001 में उन्हें और बूटा सिंह को दोषी ठहराया था, हालाँकि मार्च 2002 में दिल्ली उच्च न्यायालय ने दोनों को ही बरी कर दिया।

अपने कार्यकाल के दौरान राव ने मुझसे कश्मीर के भूतपूर्व उग्रवादी यासिन मलिक का आमरण अनशन तुड़वाने का अनुरोध किया था। इंटेलीजेंस ब्यूरो के अधिकारियों ने मुझे दिल्ली के 'एम्स' अस्पताल में बुलाया था, जहाँ यासिन मलिक भूख हड़ताल पर बैठे हुए थे। उनकी माँग थी कि सरकार एम्नेस्टी इंटरनेशनल को कश्मीर जाकर वहाँ मानवाधिकारों के उल्लंघन की जाँच करने की अनुमति दे। सरकार इस तरह की अनुमति के सख्त खिलाफ थी। यासिन मलिक के साथ वह मेरी पहली मुलाकात थी। उनकी माँ और बहन बिस्तर पर उनके पास बैठी इबादत कर रही थीं और डॉक्टर उनके बचने की उम्मीद छोड़ने लगे थे।

मुझे लगा कि मलिक की माँग जायज थी और इससे पता चलता था कि सरकारी मशीनरी से उनका भरोसा उठ चुका था। मैंने उनसे पूछा कि उन्हें फिरंगियों पर हिन्दुस्तानियों से ज्यादा भरोसा क्यों था। उन्होंने कहा, "आपकी जात में मुझे यकीन नहीं है।" मैंने उन्हें भरोसा दिलाया कि मैं खुद जाँच समिति का नेतृत्व करूँगा और मानवाधिकारों के उल्लंघन की बारीकी से जाँच करूँगा। उन्होंने अपना अनशन तोड़ दिया। इसके बाद मानवाधिकार आन्दोलन के जाने-माने नेता न्यायमूर्ति वी.एन. तारकुंडे के नेतृत्व में एक जाँच समिति ने कश्मीर का दौरा किया और अपनी रिपोर्ट में भारतीय सुरक्षा बलों की ज्यादतियों की कड़ी आलोचना की। इस रिपोर्ट का पाकिस्तान में भी खुलकर प्रचार किया गया।

कुछ वर्ष बाद यासिन मलिक एक बार फिर आमरण जनशन पर बैठ गए। इस बार भी नरसिम्हाराव ही प्रधानमंत्री थे। उन्होंने एक बार फिर मुझसे अनशन तुड़वाने का अनुरोध किया। उन्होंने तत्कालीन गृह राज्य मंत्री राजेश पायलट को मेरी सलाह के अनुसार चलने के लिए कहा। तब कुछ उग्रवादी हजरत बल में जा घुसे थे। सुरक्षा बलों ने पूरे धार्मिक स्थल को अपने घेरे में ले लिया था। कश्मीर के लोग चाहते थे कि उग्रवादियों को सुरक्षित बाहर निकलने की अनुमति दी जाए। यासिन मलिक इसी उद्देश्य से अनशन पर बैठे थे। वे इस बार भी दिल्ली के 'एम्स' में ही थे। मैं सरकार को सुरक्षा बलों को थोड़ा पीछे हटाने के लिए राजी करने में सफल हो गया। समझौते का मसौदा तैयार करने में पूरा दिन गुजर गया। मैं पायलट के घर से 'एम्स' के चक्कर काटता रहा, ताकि सरकार और यासिन मलिक के बीच समझौते के मसौदे को लेकर सहमति बन सके।

इस दौरान मुझे पहली बार ऐसा अनुभव हुआ कि सरकार के दाएँ हाथ को पता नहीं था कि उसका बायाँ हाथ क्या कर रहा था। सरकार की सहमति लेने के बाद मैं 'एम्स' में पहुँचा तो मैंने देखा कि डॉक्टर यासिन मलिक को जबर्दस्ती खिलाने की तैयारी में लगे थे। उनके हाथ बाँध दिए गए थे और एक डॉक्टर जबर्दस्ती उनके गले में एक चम्मच ठूँसने में सफल हो गया था। मैंने डॉक्टरों को समझौते के बारे में बताया। इंटेलीजेंस ब्यूरो के एक अधिकारी ने तथ्यों का पता लगाया और इसके बाद ही यासिन मलिक की मुसीबत खत्म हुई। उग्रवादियों को रात के समय सही-सलामत निकल जाने दिया गया।

इसके बाद यासिन मलिक के साथ मेरी अच्छी दोस्ती हो गई। मैंने उन्हें हथियारों की निरर्थकता के बारे में समझाया, जिससे किसी को भी कश्मीर पर उनका रुख समझ में नहीं

आ सकता था। मेरी बात उनकी समझ में आ गई। उन्होंने न सिर्फ हिंसा का त्याग कर दिया, बल्कि शुद्ध शाकाहारी बन गए। इतना ही नहीं, उन्होंने अपने कमरे की दीवार पर महात्मा गांधी की तसवीर टाँग दी। उन्होंने कश्मीर की 'आजादी' के लिए लड़नेवाले विभिन्न ग्रुपों की संस्था 'हुर्रियत' को भी हिंसा का रास्ता छोड़ने की सलाह दी। अब कश्मीर घाटी में घटनेवाली अधिकांश हिंसक घटनाओं के पीछे हुर्रियत की बजाय सीमा पार के तत्त्वों का हाथ रहता है। राव ने एक बार कहा था कि अगर कश्मीर भारत में ही रहे तो उसके लिए कुछ भी किया जा सकता था। यह एक अच्छा बयान था, लेकिन सरकार ने इस रास्ते पर चलने के लिए कुछ भी नहीं किया। राव सरकार अयोध्या में विवादित ढाँचे के विध्वंस में उलझकर रह गई, जहाँ कभी बाबरी मसजिद हुआ करती थी।

बाबरी मसजिद के विध्वंस के लिए हमेशा राव सरकार को जिम्मेदार ठहराया जाएगा। विचित्र बात यह थी कि उन्हें इसकी सम्भावना की पूरी आशंका थी, लेकिन उन्होंने इसे रोकने के लिए शायद ही कुछ किया। एक बार उन्होंने कुछ वरिष्ठ पत्रकारों को अपने घर बुलाकर उन्हें यह समझाने की कोशिश की थी कि सरकार किसी समझौते पर पहुँचने के लिए कितने प्रयास कर रही थी। मैंने उनसे पूछा कि ये प्रयास अब कहाँ तक पहुँच चुके थे। "कहीं-न-कहीं तक," उन्होंने छोटा-सा जवाब दिया, लेकिन उनके अन्दाज में गम्भीरता की कमी थी।

इसके बाद जल्दी ही मैंने एक तूफान उमड़ते देखा। हजारों कार सेवक अयोध्या पहुँचने लगे, और साथ ही भाजपा और संघ के नेता भी। तब उत्तर प्रदेश में भाजपा की सरकार थी और कल्याण सिंह मुख्यमंत्री थे। उन्होंने जिस तरह के बयान दिए, उनसे लगता था कि मसजिद को बचाने का उनका कोई इरादा नहीं था; हालाँकि उच्चतम न्यायालय ने यथास्थिति को बरकरार रखने के स्पष्ट निर्देश दिए थे और उनकी सरकार ने इसका पालन करने का वचन दिया था।

वर्षों पहले जब गोविंद बल्लभ पन्त उत्तर प्रदेश के मुख्यमंत्री थे तो मैं उनका सूचना अधिकारी था। मुझे बाबरी मसजिद के बारे में उनसे सीधे-सीधे कुछ पूछने का अवसर नहीं मिला था। काश मैंने ऐसा किया होता। अब यह सर्वविदित है कि 23 दिसम्बर, 1949 को मसजिद में मूर्तियाँ रखनेवालों के प्रति उनकी सहानुभूति थी। तब नेहरू ने पन्त को चेतावनी देते हुए कहा था कि, "यूपी का पूरा माहौल साम्प्रदायिक नजरिए से बेहद खराब होता जा रहा है। मुझे यूपी अब एक विदेशी भूमि की तरह प्रतीत होने लगी है। एक ऐसी जगह जो मुझसे कतई मेल नहीं खाती।" नेहरू के स्वर में वेदना की झलक थी, एक ऐसे आदमी की पीड़ा जो घृणारहित यूपी में जनमा और पला-पढ़ा था। उन्होंने कांग्रेस के कुछ ऐसे सदस्यों का हवाला दिया था जो हिन्दू कट्टरपंथियों के साथ थे और मसजिद में मूर्तियों की स्थापना के लिए जिम्मेदार थे।

पन्त ने नेहरू के इस पत्र का कोई जवाब नहीं दिया था, हालाँकि नेहरू ने साफ-साफ कहा था कि वहाँ मन्दिर होने की धारणा का कोई ऐतिहासिक प्रमाण नहीं था। पन्त ने इस सम्बन्ध में सरदार पटेल को जरूर एक पत्र लिखा था। इसमें उन्होंने कहा था कि इस मसजिद का निर्माण मन्दिर को तोड़कर किया गया था और पूरा मामला अदालत में था।

यह बात तब भी सबको पता थी कि एक स्थानीय प्रशासक के.के. नैयर ने 22-23

दिसम्बर, 1949 की रात को वहाँ मूर्तियाँ रखी थीं। आरएसएस के मुख पत्र 'ऑर्गेनाइजर' ने इस सम्बन्ध में लिखा था–"23 दिसम्बर, 1949 की ऐतिहासिक सुबह जन्माष्ठान पर श्री रामचन्द्र और सीता देवी की मूर्तियाँ प्रकट होने का चमत्कार हुआ।" आरएसएस ने नैयर को पुरस्कृत करते हुए उनकी पत्नी शकुन्तला को 1951 में लोकसभा चुनावों का टिकट दिया, जिस पर वे विजयी भी हुईं।

मूर्तियों की स्थापना के बाद एक एफ.आई.आर. दाखिल करके इस कृत्य के लिए दो पुलिसकर्मियों को जिम्मेदार ठहराया गया। हालाँकि इसका कोई नतीजा नहीं निकला, पर इससे पता चलता था कि इस कृत्य के लिए बाहर के कुछ लोग जिम्मेदार थे, कि यह कोई 'चमत्कार' या 'प्रगटीकरण' नहीं था, जैसाकि दावा किया जा रहा था।

हिन्दुओं और मुसलमानों के बीच बढ़ते विवाद को देखते हुए पन्त सरकार को विवादास्पद बाबरी मसजिद–रामजन्मभूमि के दरवाजे पर ताला लगाना पड़ा। मुसलमानों का कहना था कि बाबर के जमाने से ही यह मसजिद मौजूद थी। दूसरी तरफ, हिन्दुओं का मानना था कि यह मसजिद राम के मन्दिर को तोड़कर बनाई गई थी।

यह पूरा विवाद उस समय अपने चरमोत्कर्ष पर पहुँच गया जब 6 दिसम्बर, 1992 को हजारों कार-सेवकों ने भाजपा और संघ के नेताओं द्वारा उकसाए जाने पर मसजिद के ढाँचे को पूरी तरह ध्वस्त कर दिया। यह दिन-दहाड़े धर्म-निरपेक्षता की हत्या करने की तरह था। लेकिन भाजपा के नेता इतने खुश थे कि वे मसजिद के ढह जाने के बाद एक-दूसरे से गले मिल रहे थे। उनका कहना था कि यह सिर्फ एक ढाँचा था। फिर भी, यह ढाँचा भारत की धर्म-निरपेक्षता का, इसकी गंगा-जमुना संस्कृति का प्रतीक था। एक अखबार ने इस घटना का उल्लेख करते हुए बहुत भाव-भीने शब्दों में लिखा था–"महात्मा गांधी को 30 जनवरी, 1948 को गोली लगी थी, लेकिन 6 दिसम्बर, 1992 को उनकी मृत्यु हो गई।"

इस घटना का इतना व्यापक विरोध हुआ कि एल.के. आडवाणी को विध्वंस के कलंक से बचने के लिए अपनी लोकसभा सीट से त्याग-पत्र देना पड़ा। लेकिन यह सिर्फ एक तमाशा साबित हुआ, क्योंकि जल्दी ही उन्होंने अपना त्याग-पत्र वापस ले लिया।

मेरी अपनी सूचना यह है कि इस विध्वंस में नरसिम्हाराव की मिली-भगत थी। कार-सेवक मसजिद गिराने लगे तो वे पाठ-पूजा करने लगे और ढाँचे के पूरे ढह जाने के बाद ही पूजा से उठे। सोशलिस्ट नेता मधु लिमये ने मुझे बताया था कि पूजा के दौरान राव के एक सहयोगी ने उनके कान में फुस-फुसाकर कहा था कि ढाँचा गिराया जा चुका था। इसके बाद जल्दी ही पूजा खत्म हो गई।

मसजिद के विध्वंस के बाद जब देश में दंगे शुरू हो गए तो राव ने कुछ वरिष्ठ पत्रकारों को अपने घर बुलाया। उन्होंने बहुत जोर देकर उन्हें यह समझाने की कोशिश की कि उनकी सरकार ने ढाँचे को बचाने के लिए हर सम्भव प्रयास किया था। लेकिन प्रदेश के मुख्यमंत्री कल्याण सिंह ने उन्हें धोखे में रखा था। मैंने उनसे पूछा कि कल्याण सिंह सरकार की बर्खास्तगी के बाद भी वहाँ रातोरात एक छोटा-सा मन्दिर कैसे खड़ा कर लिया गया था। राव ने कहा कि उन्होंने सेन्ट्रल रिजर्व पुलिस के एक दस्ते को विमान से लखनऊ भेजने की कोशिश की थी, लेकिन खराब मौसम के कारण वे वहाँ नहीं पहुँच पाए थे। उन्होंने अयोध्या में केन्द्रीय सुरक्षा बलों की गैर-कार्रवाई की कोई सफाई नहीं दी, लेकिन मुझे भरोसा दिलाते हुए कहा

कि यह मन्दिर ज्यादा दिनों तक नहीं रहेगा।

विवादित ढाँचे के विध्वंस की जाँच के लिए नियुक्त लिब्रहान कमीशन ने जब नरसिम्हाराव को कटघरे में खड़ा करना चाहा तो वे विध्वंस के लिए किसी तरह की जिम्मेदारी से साफ बच गए।

यह स्वीकार करते हुए कि विवादित ढाँचा एक मसजिद थी, राव ने कहा, "वह भला और क्या हो सकता था? क्या वह कोई रिहायशी घर था? जब उत्तर प्रदेश की सरकार कहती है कि वहाँ 1949 से पहले तक नमाज पढ़ी जाती थी, तारीख कोई भी क्यों न हो, तो वह मसजिद के अलावा और क्या हो सकता है?"

जब उनसे शिलान्यास के बारे में पूछा गया तो उन्होंने कहा, "मुझे व्यक्तिगत तौर पर शिलान्यास की कोई जानकारी नहीं थी, लेकिन मैं कमीशन से बूटा सिंह से पूछताछ करने के लिए कह सकता हूँ, जो तब गृहमंत्री थे और मेरी जनकारी के अनुसार इस मामले के दिन-प्रति-दिन के पहलुओं से जुड़े हुए थे। मेरा खयाल है कि वे इस पर कुछ रोशनी डाल सकेंगे।" (बूटा सिंह ने गृहमंत्री के रूप में अपने कार्यकाल के दौरान मुझसे कहा था कि अगर वे विवादित जगह पर राम मन्दिर नहीं बनवा पाए तो वे सच्चे सिख नहीं हो सकते।) "वीएचपी और धर्म संसद की भूमिका के बारे में आप क्या कहेंगे?" उनसे पूछा गया।

नरसिम्हाराव ने जवाब दिया, "मैं इन्हें संस्थाएँ नहीं मानता।"

लिब्रहान कमीशन ने राव को क्लीन चिट दे दी। लेकिन इस सम्बन्ध में सोनिया गांधी के बेटे राहुल गांधी की एक टिप्पणी काफी महत्त्व रखती है। उन्होंने एक चुनाव-अभियान के दौरान कहा था, "अगर नेहरू-गांधी परिवार का कोई भी सदस्य वहाँ होता तो मसजिद नहीं गिर सकती थी।"

यह मन्दिर अब भी मौजूद है और सरकार के संरक्षण में है। बाद में मुझे यह भी पता चला था कि गृह राज्यमंत्री राजेश पायलट ने नरसिम्हाराव से कहा था कि वे रातोरात यह मन्दिर हटवा सकते थे, लेकिन राव ने इसकी अनुमति नहीं दी थी। मुझे नहीं लगता कि कोई भी केन्द्र सरकार रातोरात खड़े किए गए इस मन्दिर को हटाने की हिम्मत कर सकती है। इससे बहुसंख्यक समुदाय का क्रोध बहुत उग्र रूप ले सकता है, भले ही बाबरी मसजिद का विध्वंस कितना ही घृणित कृत्य क्यों न हो।

राजीव गांधी को भी पूरी तरह निर्दोष नहीं ठहराया जा सकता। यथास्थिति को बरकरार रखने के इलाहाबाद उच्च न्यायालय के निर्देश के बावजूद उन्होंने 10 नवम्बर, 1989 को बाबरी मसजिद के पास शिलान्यास करके अपने चुनाव अभियान की शुरुआत की थी।

आडवाणी की रथ-यात्रा ने संघ परिवार, विश्व हिन्दू परिषद, बजरंग दल और भारतीय जनता पार्टी की साम्प्रदायिक राजनीति को पूरी तरह उजागर कर दिया। यह बिलकुल साफ था कि आडवाणी की नजरें संसदीय चुनावों पर टिकी हुई थीं, जिनमें भाजपा को उत्तर प्रदेश की 57 सीटें प्राप्त हुईं।

लिब्रहान कमीशन ने अपनी रिपोर्ट तैयार करने में भले ही सत्रह वर्ष लगा दिए, लेकिन यह एक खरी और न्यायपूर्ण रिपोर्ट थी। आरएसएस और भाजपा के नेता पूरे देश में घूमकर मन्दिर की ईंटों के लिए चन्दा इकट्ठा करते रहे थे और इस प्रक्रिया में साम्प्रदायिक जहर

फैलाते रहे थे।

लिब्रहान कमीशन ने एल.के. आडवाणी, मुरली मनोहर जोशी और कल्याण सिंह समेत 68 लोगों को विध्वंस के लिए जिम्मेदार ठहराया था। आश्चर्य की बात थी कि इस सूची में अटल बिहारी वाजपेयी का नाम भी शामिल था, जो रामजन्मभूमि अभियान से अपने-आपको दूर रखे रहे थे। (मैं लन्दन में भारत का हाई कमिश्नर था तो वाजपेयी वहाँ आए थे और मेरे साथ ही ठहरे थे।) मैंने उनसे पूछा कि वे दूसरे भाजपा नेताओं की तरह अयोध्या जाने की बजाय वहाँ क्यों चले आए थे। उन्होंने जवाब दिया था, "जो मन्दिर के भक्त हैं वे अयोध्या गए और जो देश के भक्त हैं वे यहाँ आ गए।")

बाबरी मसजिद के विध्वंस से मैं स्तब्ध रह गया था। मैं जानता था कि भाजपा कुछ गड़बड़ करने की कोशिश करेगी, लेकिन मैंने कल्पना भी नहीं की थी कि वह मसजिद को ही गिरा देगी। विध्वंस से दो दिन पहले कुछ गांधीवादियों ने मुझे अयोध्या से फोन करके कहा था कि आरएसएस कार्यकर्ताओं ने उनके साथ मारपीट की थी, क्योंकि वे मसजिद की सुरक्षा के लिए शान्ति यात्रा निकाल रहे थे।

मेरे लिए यह मसजिद एक ढाँचे से कहीं ज्यादा अहमियत रखती थी। यह उस विविध और मिली-जुली संस्कृति की प्रतीक थी जो सदियों से हमारी धरोहर रही है और जिसे हमने बड़ी मेहनत और जतन से सींचा है। मैं उस दिन अयोध्या में नहीं था, लेकिन मैंने पूरी घटना टीवी पर्दे पर देखी। बाद में मैंने एक डॉक्युमेंट्री भी देखी, जिसमें सब कुछ विस्तार से दिखाया गया था।

आरएसएस और इसके परिवार की खुशी कोई हैरानी की बात नहीं थी। लेकिन कुछ छवियाँ—जैसेकि उमा भारती का मुरली मनोहर जोशी के कन्धों पर झूलना बहुत शर्मनाक थीं। मैं कल्याण सिंह की सक्रिय भागेदारी को लेकर पूरी तरह आश्वस्त था। इसलिए मुझे बहुत झटका लगा जब उच्चतम न्यायालय ने अदालत की अवमानना के लिए उन्हें सिर्फ एक दिन की कैद की सजा दी। उन्होंने यथास्थिति बरकरार रखने के अदालत के आदेश का खुला उल्लंघन किया था।

मैं यह भी सोच रहा था कि क्या लन्दन में वाजपेयी द्वारा की गई टिप्पणी का सचमुच कोई मतलब था। जब विध्वंस के अगले दिन मैं उनसे मिला और मैंने उनके सामने भाजपा द्वारा अपनी भूल सुधारे जाने का सुझाव रखा तो मैं उनके मुँह से यह सुनकर हक्का-बक्का रह गया कि "मन्दिर बनने दीजिए।" मेरा यह अनुभव रहा है कि जब भी संघ ने भाजपा पर हावी होने की कोशिश की है तो वाजपेयी पीछे हट गए हैं। इसलिए लिब्रहान की यह टिप्पणी शायद सही ही है कि वाजपेयी एक 'स्यूडो' नरमपन्थी हैं। रिपोर्ट में कहा गया था, "एक प्रजातंत्र में इससे बड़ा विश्वासघात या अपराध नहीं हो सकता। इसलिए यह कमीशन इन स्यूडो नरमपंथियों की निष्क्रियता की भर्त्सना करने में कोई हिचकिचाहट महसूस नहीं करता।"

मैं एक अन्य भाजपा नेता जसवंत सिंह से भी मिला था, जो तब मेरे अच्छे दोस्त थे। मैंने उनसे कहा कि उन्हें पार्टी से इस्तीफा दे देना चाहिए। उन्होंने कहा कि वे पूरी रात सोए नहीं थे और बाबरी मसजिद के विध्वंस से बहुत ज्यादा विचलित थे। "मान लो कि मैं इस्तीफा

दे दूँ, लेकिन मुझे यह बताओ कि इसके बाद मैं किस पार्टी में जाऊँ?" उन्होंने पूछा। मैंने उनसे कहा कि यह उन्हें खुद सोचना था, लेकिन उन्हें ऐसी पार्टी में नहीं रहना चाहिए जिसने भारत की बहुधर्मी संस्कृति पर प्रहार किया था। मैं उनकी भावनाओं को समझ पा रहा था, लेकिन इसके बाद मैंने उनसे दूरी बनानी शुरू कर दी।

मुम्बई में शिवसेना और भाजपा के लोग मसजिद के टूटने का जश्न मनाने के लिए सड़कों पर उतर आए और मुस्लिम-विरोधी नारे लगाने लगे तो शहर में दंगे शुरू हो गए। जैसाकि पिछले दंगों में भी होता रहा था, पुलिस बहुसंख्यक समुदाय का साथ देने लगी। इन दंगों ने नरसिम्हाराव सरकार को हिला दिया और उन्हें स्थिति को सँभालने के लिए रक्षा मंत्री शरद पवार को मुम्बई भेजना पड़ा। लेकिन उन्होंने सेना बुलाने की जरूरत नहीं समझी। जैसाकि 1984 में दिल्ली के दंगों के बाद हुआ था, सेना ने शहर में फ्लैग-मार्च तो किया लेकिन दंगों का उन्माद काफी हद तक थम जाने के बाद।

केन्द्र सरकार ने दिसम्बर 1992–जनवरी 1993 में मुम्बई में हुए दंगों की जाँच करवाने के लिए न्यायमूर्ति बी.एन. श्रीकृष्णा की अध्यक्षता में एक कमीशन नियुक्त किया। इसके बाद 25 मई, 1993 को एक के बाद एक कई बम धमाकों की शृंखला ने पूरे मुम्बई शहर को दहला दिया। मसजिद के विध्वंस और फिर सामप्रदायिक दंगों से मुसलमान इतने ज्यादा भड़के हुए थे कि वे कुछ भी करने पर उतारू थे। श्रीकृष्णा कमीशन के दायरे को बढ़ाकर उसमें इन बम धमाकों को भी शामिल कर लिया गया।

कमीशन का फैसला दो-टूक था। शिवसेना सुप्रीमो बाल ठाकरे, सांसद मधुकर सरपोतदार, और गजानन कीर्तिकर और मिलिंद वैद्य जैसे कई नेताओं को सीधे-सीधे दंगे भड़काने का दोषी ठहराया गया। रिपोर्ट में 'मुस्लिम आक्रामकता' की भी आलोचना की गई। श्रीकृष्णा ने मुम्बई पुलिस के खिलाफ भी कई कटु टिप्पणियाँ कीं।

मैं इस रिपोर्ट से इतना प्रभावित हुआ कि इसके जारी किए जाने के एक हफ्ते बाद ही मैं मुम्बई गया तो मैंने न्यायमूर्ति श्रीकृष्णा को फोन करके उन्हें बधाई दी। मैं उनसे मिलने उनके घर भी गया। मैंने उनसे कहा कि उन्होंने न्याय और निष्पक्षता के सिद्धान्तों को मजबूती प्रदान करने का काम किया था। मैं उनके कमरे में देवी-देवताओं की आदमकद मूर्तियों के साथ-साथ एक कमंडल भी रखा देखकर दंग रह गया। मुझे यूँ आश्चर्यचकित देखकर उन्होंने कहा कि वे बड़े पक्के हिन्दू थे और हर रोज नियम से मन्दिर जाते थे। उनके घर में कोई नौकर भी नहीं था। उनकी पत्नी खुद हमारे लिए कॉफी बनाकर लाईं।

शिवसेना के साथ शरद पवार की नजदीकियों को देखते हुए मुझे बाल ठाकरे के खिलाफ किसी कार्रवाई की उम्मीद नहीं थी। फिर भी मेरा खयाल था कि सरकार पक्षपात करनेवाले पुलिस अधिकारियों के खिलाफ जरूर कोई कदम उठाएगी, जिनकी श्रीकृष्णा रिपोर्ट में खुलकर निन्दा की गई थी। लेकिन कुछ भी नहीं हुआ। यह रिपोर्ट भी दंगों से जुड़ी अन्य रिपोर्टों की तरह एक औपचारिकता ही बनकर रह गई। एक दिन मैंने श्रीकृष्णा से दिल्ली में फोन पर बात की तो उन्होंने कहा कि अगर उन्हें पता होता कि उनकी रिपोर्ट का यह अंजाम होगा तो वे कमीशन की अध्यक्षता कभी स्वीकार न करते। "मैं अपना बहुमूल्य समय कई दूसरे मुकदमों को सुलझाने में लगा सकता था," उन्होंने अपनी पीड़ा व्यक्त करते हुए कहा।

कितना अच्छा होता अगर श्रीकृष्णा रिपोर्ट पर किसी तरह की कार्रवाई के अभाव को

देखते हुए देश भर में हिन्दू-मुस्लिम सम्बन्धों और सुरक्षाबलों की भूमिका की समीक्षा हुई होती और इस विषय पर खुली बहस छिड़ी होती। लेकिन ऐसा कुछ भी नहीं हुआ।

दोनों समुदायों के पूर्वाग्रह किसी-न-किसी रूप में सामने आते रहते हैं। ऐसा लगता है कि बँटवारे ने कुछ सुलझाने की बजाय समस्या को और उलझा दिया है। दो राष्ट्रों के सिद्धान्त ने दोनों समुदायों में समझौते की भावना को कमजोर कर दिया है, जो कई सदियों से साथ-साथ रहने से विकसित हुई थी। गाँवों में अब भी दोनों समुदायों में बहुत कम दूरियाँ हैं और सदियों पुरानी मिली-जुली परम्पराएँ जारी हैं। संघ परिवार की हिन्दू राष्ट्र की अवधारणा के बावजूद कुल मिलाकर पूरा देश बहुधर्मी सामाजिक व्यवस्था में विश्वास रखता है। पिछले कुछ वर्षों से मुस्लिम कट्टर-पन्थ भी सर उठाने लगा है, पर इसके पीछे घरेलू परिस्थितियों की बजाय बाहरी प्रेरणा का ज्यादा हाथ है। हाल के वर्षों में हिन्दू आतंकवाद की कुछ घटनाएँ भी सामने आई हैं। भविष्य की दृष्टि से यह एक अशुभ संकेत है।

गृह मंत्रालय द्वारा किए गए अध्ययनों से पता लगता है कि अधिकांश साम्प्रदायिक दंगों में दोनों समुदायों का लगभग बराबर-बराबर 50-50 प्रतिशत हाथ रहा है। लेकिन इन अध्ययनों से यह भी पता चलता है कि हिन्दओं की तुलना में मुसलमानों को जान-माल का ज्यादा नुकसान उठाना पड़ता है। एक चिन्ताजनक तथ्य यह भी है कि दंगाई दिनोदिन मारपीट की बजाय हत्या करने पर ज्यादा जोर देने लगे हैं।

खुद मैंने भी भारत में हुए दंगों से जुड़ी लगभग 25 जाँच रिपोर्टों का अध्ययन किया है। मैंने पाया है कि अधिकांश दंगों के पीछे वही पुराने कारण—मसजिद के आगे गाना-बजाना, किसी जलूस का रास्ता, या भड़काऊ नारे लगाना इत्यादि—होते हैं। इससे किसी दंगे की सम्भावना को भाँपने या गड़बड़ी फैलानेवाले तत्त्वों पर नजर रखने में गुप्तचर एजेंसियों की विफलता का भी पता चलता है। प्रशासन अगर दंगों से पहले कोई कार्रवाई करता भी है तो सिर्फ दिखावे भर की, जो आमतौर से एकतरफा होती है क्योंकि पुलिस बहुसंख्यक समदाय का साथ देने लगती है।

1970 के दशक में और उसके बाद नियुक्त किए गए जाँच आयोगों की रिपोर्टों में एक साझी बात दिखाई देती है—राष्ट्रीय स्वयंसेवक संघ की मुस्लिम-विरोधी नीतियों ने माहौल को खराब कर दिया है। ऐसे क्षेत्रों में भी जहाँ हिन्दू और मुसलमान सदियों से शान्तिपूर्वक साथ-साथ रहते रहे हैं, आरएसएस वातावरण को दूषित करने में सफल रही है। इसके असंख्य उदाहरण देखे जा सकते हैं।

कांग्रेस एक अलग समस्या से जूझ रही थी, मन्दिर-मसजिद के कारण नहीं बल्कि अपनी घरेलू कलह के कारणों से। सोनिया गांधी नरसिम्हाराव को कभी पसन्द नहीं कर पाई थीं, खासकर यह देखते हुए कि उन्होंने पार्टी और सरकार दोनों की बागडोर अपने हाथ में ले रखी थी। लेकिन वे उनसे टकराव मोल लेना नहीं चाहती थीं, इसलिए पार्टी के मामलों से अपने-आपको दूर रखे हुए थीं। फिर भी, वे कांग्रेस के अंदरुनी झगड़ों और देश में उसके घटते प्रभाव से चिन्तित थीं। केन्द्र और राज्यों के बहुत से नेता उनसे एक-एक करके मिलने लगे थे और पार्टी और सरकार की गिरती साख को देखते हुए उनसे पार्टी का नेतृत्व अपने

हाथ में लेने का आग्रह करने लगे थे। उन्हें लगता था कि वे एकमात्र ऐसी नेता थीं जो पार्टी की सर्वसम्मति का प्रतिनिधित्व करती थीं।

सोनिया गांधी राजनीति से दूर रहना चाहती थीं। उन्होंने कभी अपने पति राजीव गांधी को भी यही सलाह दी थी। फिर भी, उन्हें यह अहसास था कि देश का भविष्य कांग्रेस के भविष्य से जुड़ा हुआ था। उनकी सबसे बड़ी चिन्ता यह थी कि साम्प्रदायिक ताकतें, जिनका प्रतिनिधित्व भारतीय जनता पार्टी के हाथ में था, देश की राजनीति पर हावी होती जा रही थीं। मुझे सिर्फ एक बार उनके साथ बातचीत करने का अवसर मिला था और मुझे लगा था कि वे धर्मनिरपेक्षता के प्रति पूरी तरह समर्पित थीं और बहुधर्मिता को भारतीय समाज का आधार मानती थीं। एक घंटे में से 50 मिनट तक वे इसी बात पर जोर देती रहीं कि साम्प्रदायिकता भारत के प्रजातंत्र और आर्थिक विकास के लिए कितना बड़ा खतरा थी। मैं देख रहा था कि वे अपने-आपको राजनीति में आने के लिए तैयार कर रही थीं। साम्प्रदायिकता से लड़ने का यही एक तरीका था और कांग्रेस पार्टी उनका एकमात्र औजार थी।

पार्टी की अध्यक्ष बनने के लिए उन्हें तत्कालीन अध्यक्ष सीताराम केसरी को कहने भर की जरूरत थी। सीताराम केसरी खुशी-खुशी इस्तीफा दे देते और सोनिया के लिए जगह तैयार कर देते, भले ही नरसिम्हाराव इसके खिलाफ होते। लेकिन केसरी ने मुझे बताया कि वे सार्वजनिक तौर पर अपनी शक्ति के प्रदर्शन के पक्ष में थीं। केसरी द्वारा कांग्रेस नेताओं की एक मीटिंग बुलाए जाने के जवाब में सोनिया गांधी ने भी उसी समय एक समानान्तर मीटिंग रखी। इस मीटिंग में सभी लोग पहुँचे जबकि केसरी की मीटिंग में कोई भी नहीं गया। केसरी ने इस्तीफा दे दिया। कई दशकों तक पार्टी का कोषाध्यक्ष रहने के बावजूद सीताराम केसरी की विदाई बड़ी रूखी और फीकी रही। इसका एक कारण यह भी था कि वे देश के कई बड़े स्कैंडलों और अवाँछनीय तत्त्वों से जुड़े रहे थे। फिर भी मुझे उनका इस तरह अपमानित और उपेक्षित होकर जाना अच्छा नहीं लगा। क्या यह कांग्रेस संस्कृति का प्रतीक बन चुका है? जो भी हो, सोनिया गांधी की अध्यक्षता में पार्टी एक बार फिर मजबूत होने लगी और सफलता की ऊँचाइयों की तरफ बढ़ने लगी।

गुजराल सरकार : एक छोटा-सा सुहाना अन्तराल

अगले यानी 1996 के संसदीय चुनावों में भारतीय जनता पार्टी 161 सीटें लेकर सबसे बड़ी पार्टी के रूप में उभरी। सोनिया गांधी की अध्यक्षता में कांग्रेस 140 सीटें ही जीत सकी, भाजपा से 21 कम।

मैं भाजपा के ये दावे सुनकर हैरान हो रहा था कि वह सदन में अपना बहुमत साबित कर देगी और उसी की सरकार बनेगी। राष्ट्रपति नारायणन ने उसे एक अवसर भी दिया, क्योंकि वह लोकसभा में सबसे बड़ी पार्टी थी। मेरी समझ में नहीं आ रहा था कि कौनसी दूसरी पार्टी भाजपा का समर्थन करेगी और वह कैसे 545 सदस्यों वाले सदन में 277 के जादुई आँकड़े पर पहुँचेगी। तेरहवें दिन, विश्वास-मत प्राप्त करने से पहले ही, प्रधानमंत्री अटल बिहारी वाजपेयी ने कहा कि वे अपनी सरकार का इस्तीफा सौंपने जा रहे थे क्योंकि कोई भी पार्टी उनका समर्थन करने के लिए तैयार नहीं थी। मैंने प्रेस गैलरी से आजादी के

बाद भारतीय जनता पार्टी की पहली सरकार को इस्तीफा देते देखा। यह सिरे से ही एक बेतुकी करतबबाजी थी और इसका मुँह के बल गिरना लाजमी था।

कांग्रेस के सामने जल्दबाजी में गठित की गई 15 पार्टियों की एक अल्पसंख्यक सरकार को अपना समर्थन देने के अलावा और कोई रास्ता नहीं था। युनाइटिड फ्रंट या संयुक्त मोर्चे की इस सरकार का समर्थन करने के पीछे 'साम्प्रदायिक ताकतों को रोकने और धर्मनिरपेक्ष ताकतों को मजबूत करने' की भावना थी। यही कारण था कि पहले देवगौड़ा और फिर इन्दर कुमार गुजराल देश के प्रधानमंत्री बने।

कांग्रेस ने गैर-कांग्रेस और गैर-भाजपा सांसदों द्वारा गठित तीसरे मोर्चे की सरकार का समर्थन करने का फैसला कर लिया तो यह साफ हो गया कि उन्हीं में से कोई प्रधानमंत्री बनेगा। सबसे पहला नाम वी.पी. सिंह का था। लेकिन वे अपने घर से ऐसे गायब हुए कि ढूँढ़े नहीं मिले। इसके बाद सभी नजरें ज्योति बसु पर जा टिकीं। वे पश्चिम बंगाल में वाम मोर्चे की सरकार के मुख्यमंत्री थे। ज्योति बसु प्रधानमंत्री का पद स्वीकार करने के लिए तैयार भी थे, बशर्ते कि उनकी पार्टी सीपीएम का पॉलिट ब्यूरो उन्हें इसकी अनुमति दे दे। लेकिन पॉलिट ब्यूरो ने अनुमति देने से साफ इनकार कर दिया। सीपीएम के जनरल सेक्रेटरी अनिल विश्वास अपनी जिद पर अड़े रहे। उन्होंने मुझे अपनी सफाई देते हुए कहा था कि पॉलिट ब्यूरो केन्द्र में बहुमत हासिल करने के बाद ही अपनी सरकार बनाना चाहता था। मुझे यह उनकी कपोल कल्पना मात्र प्रतीत हुई।

पॉलिट ब्यूरो कट्टरपंथियों के नियंत्रण में था और वे सैद्धान्तिक दृष्टि से सही भी थे। लेकिन वे एक सुनहरी अवसर खो बैठे, जिसे बाद में ज्योति बसु ने 'ऐतिहासिक भूल' बताया था। पॉलिट ब्यूरो के अधिकांश सदस्यों की समस्या यह थी कि वे बाहरी दुनिया से अपना सम्पर्क खो बैठे थे। इसका पता उनके दफ्तर में टँगी तसवीरों से भी चलता था। ये स्टालिन, लेनिन, एंगेल्स और कार्ल मार्क्स की तसवीरें थीं। वे अब भी उसी दुनिया में जी रहे थे जो 1990 में शीत-युद्ध की समाप्ति के बाद ध्वस्त हो चुकी थी। कट्टर पंथियों की समझ में यह बात नहीं आई कि ज्योति बसु के प्रधानमंत्री बनने से पार्टी को कितना बड़ा जनाधार और प्रोत्साहन मिल सकता था। मैं ज्योति बसु को बहुत नजदीक से जानता था, इसलिए मैं यह कह सकता था कि भारत ने एक ऐसे व्यक्ति के हाथ में सत्ता सौंपने का अवसर खो दिया था जो गरीबों का सच्चा हमदर्द था।

ज्योति बसु के इनकार करने पर कर्नाटक के देवगौड़ा का नाम उछला। उनके नाम का प्रस्ताव लालू प्रसाद यादव ने रखा था। शायद कर्नाटक के ही रामकृष्ण हेगड़े के नाम को भी स्वीकृति मिल जाती, लेकिन वे मीटिंग में मौजूद नहीं थे। बाद में उन्होंने मुझे बताया था कि उन्हें जान-बूझकर इस मीटिंग से दूर रखा गया था, क्योंकि उन्हें मीटिंग की जगह के बारे में गलत सूचना दी गई थी।

देवगौड़ा एक प्रधानमंत्री के रूप में किसी त्रासदी से कम नहीं थे। उन्होंने भारत के किसानों के लिए चमत्कार कर दिखाने के दावे किए थे, लेकिन वे संदिग्ध सौदों में फँसकर रह गए। ये सौदे उनके दाहिने हाथ सूचना मंत्री सी.एम. इब्राहिम के माध्यम से किए गए थे।

देवगौड़ा का एकमात्र योगदान मुझे यह याद आता है कि उन्होंने बांग्लादेश की प्रधानमंत्री

शेख हसीना के साथ गंगा के पानी के बँटवारे को लेकर एक समझौते पर हस्ताक्षर किए थे। 'फरक्का बैराज एग्रीमेंट' के नाम से जाने जानेवाले इस समझौते का श्रेय पश्चिम बंगाल के मुख्यमंत्री ज्योति बसु को भी जाता है। वे अपने पिछले रुख से हटकर ज्यादा पानी छोड़ने के लिए राजी हो गए। उनकी तरफ से यह एक बड़ा त्याग था, क्योंकि उन्होंने बड़े जहाजों के लिए कोलकाता बन्दरगाह का रास्ता खोलने के लिए एक दूसरा और ऊँचा हुगली पुल बनवाया था। इतना ही नहीं, हल्दिया बन्दरगाह के लिए भी खतरा पैदा हो सकता था, क्योंकि किसी दिन बड़े टैंकरों के लिए रिफाइनरियों में तेल पहुँचाना मुश्किल हो सकता था।

ज्योति बसु के इस फैसले की बांग्लादेश में खुलकर सराहना हुई थी। लेकिन कई वर्ष बाद पश्चिम बंगाल की मुख्यमंत्री के रूप में ममता बैनर्जी ने बांग्लादेश को ठेंगा दिखाने की कोशिश की। उन्होंने तीस्ता नदी से ज्यादा पानी छोड़ने का वायदा निभाने से इनकार कर दिया। कम्युनिस्टों की कड़ी चेतावनी के बाद ही उन्होंने अपना फैसला बदला। इससे बांग्लादेश में भारत की जो छवि खराब हुई, उसकी जिम्मेदारी से प्रधानमंत्री मनमोहन सिंह को भी मुक्त नहीं किया जा सकता।

कांग्रेस का जल्दी ही देवगौड़ा से 'मोहभंग' हो गया और वह तीसरे मोर्चे पर कोई नया नेता चुनने के लिए जोर डालने लगी। सीपीएम के जनरल सेक्रेटरी हरकिशन सिंह सुरजीत देवगौड़ा के संरक्षक माने जाते थे। उन्होंने उन्हें बचाने की भरसक कोशिश की। कांग्रेस अध्यक्ष सीताराम केसरी खुद भी प्रधानमंत्री के पद की आस लगाए बैठे थे, लेकिन न तो पार्टी में और न तीसरे मोर्चे में उनका कोई समर्थक था। कांग्रेस अब भी अपने बलबूते पर बहुमत जुटाने में असमर्थ थी। फिर भी, वह तीसरे मोर्चे को समर्थन देनेवाली सबसे बड़ी पार्टी थी, इसलिए देवगौड़ा को झुकना पड़ा और इस्तीफा देना पड़ा। सोनिया गांधी का खयाल था कि कांग्रेस को अपनी स्थिति मजबूत करने के लिए कुछ और समय चाहिए था। इसलिए तीसरे मोर्चे में ही दूसरे विकल्पों के बारे में सोचा जाने लगा।

इन्दर कुमार गुजराल और चन्द्रबाबू नायडू के नाम सामने आए। हरकिशन सिंह सुरजीत इन दोनों के ही खिलाफ थे। उन्होंने मुलायम सिंह यादव का नाम सुझाया और ज्योति बसु को भी इस पर मोहर लगाने के लिए राजी कर लिया। ज्योति बसु का समर्थन बहुत मायने रखता था, क्योंकि तीसरे मोर्चे में वामपंथियों की अच्छी-खासी संख्या थी।

हरकिशन सिंह सुरजीत बहुत पुराने जमाने से इन्दर कुमार गुजराल से खार खाए बैठे थे, तब से जब वे दोनों लाहौर में कम्युनिस्ट पार्टी के सदस्य हुआ करते थे। इसलिए इन्दर कुमार गुजराल का प्रधानमंत्री बनना किसी चमत्कार से कम नहीं था।

हुआ यूँ कि जिस दिन तीसरे मोर्चे को अपना नेता चुनना था, उसी दिन हरकिशन सिंह सुरजीत को मास्को जाना पड़ गया। गुजराल मेरे मित्र थे और मैं चाहता था कि वही प्रधानमंत्री बनें। उन्होंने चुनाव के दिन मुझे फोन करके दिल्ली के बांग्ला भवन में ज्योति बसु से मिलने के लिए कहा। ज्योति बसु के साथ सीताराम येचुरी भी बैठे हुए थे। मैंने ज्योति बसु को चेताते हुए कहा कि मुलायम सिंह के व्यवहार को लेकर बहुत-सी बातें सुनने में आती थीं। येचुरी ने मेरी बात का समर्थन किया। ऐसा लगता था कि खुद ज्योति बसु भी शुरू से गुजराल के पक्ष में थे, लेकिन हरकिशन सिंह सुरजीत की राय पर भरोसा करते हुए मुलायम सिंह के लिए राजी हो गए थे। उन्होंने कहा कि गुजराल एक बेहतर प्रधानमंत्री साबित होंगे और

मुलायम सिंह को उप-प्रधानमंत्री बनाया जा सकता था। गुजराल इसके लिए भी तैयार नहीं थे। मेरा खयाल है कि वे चन्द्रबाबू नायडू को उप-प्रधानमंत्री के रूप में स्वीकार कर लेते। लेकिन चन्द्रबाबू नायडू आन्ध्र प्रदेश में अपनी पार्टी को मजबूत करने पर ध्यान देना चाहते थे, क्योंकि एन.टी. रामाराव की पत्नी लक्ष्मी पार्वती ने खुद को अपने पति की उत्तराधिकारी घोषित करके उन्हें खुली चुनौती दे दी थी। गुजराल को फोन पर ही उनके चयन की सूचना दे दी गई। मैं जब तक उनसे मिलने के लिए उनके घर पहुँच पाता, वे ज्योति बसु के साथ एक खास बैठक के लिए रवाना हो चुके थे।

गुजराल सरकार को पड़ोसी देशों के साथ अच्छे सम्बन्ध बनाने की कोशिशों के लिए याद किया जा सकता है। वे इन देशों की संवेदनाओं को समझने और इनके साथ तालमेल बिठाने के लिए अधिक-से-अधिक दूरी तय करने की कोशिश करते थे। अपने हितों को नजरअंदाज करके भी पड़ोसियों को लुभाने की इस नीति को 'गुजराल डॉक्टराइन' के नाम से जाना जाने लगा। इससे पाकिस्तान के साथ हमारे सम्बन्धों में निश्चित ही काफी सुधार आया।

पाकिस्तान के प्रधानमंत्री नवाज शरीफ के साथ एक शिखर वार्ता में गुजराल ने दोनों देशों में फौरन व्यापार शुरू करने पर जोर दिया। साथ ही उन्होंने कश्मीर पर बातचीत के लिए दोनों देशों की एक समिति गठित करने का भी प्रस्ताव रखा। नवाज शरीफ इन दोनों प्रस्तावों से सहमत हो गए। महत्त्वपूर्ण बात यह थी कि व्यापार को 'कश्मीर बातचीत' पर निर्भर नहीं होना चाहिए।

दोनों प्रधानमंत्री दोनों देशों के बीच माल के बदले माल की अदला-बदली की व्यवस्था लागू करने के लिए भी सहमत हो गए, ताकि बकाया भुगतान की समस्या न रहे। लेकिन पाकिस्तान की ब्यूरोक्रेसी की वही पुरानी मानसिकता एक बार फिर रास्ते का रोड़ा बन गई। उनमें से एक ने बैठक के दौरान पूछा, "लेकिन मियाँ साहब, कश्मीर का क्या हुआ?" नवाज शरीफ खामोश रहे और व्यापार की बातचीत करते रहे। लेकिन यह व्यापार कभी भी शुरू नहीं हो पाया। प्रशासनिक अधिकारी की टिप्पणी अपना काम कर गई थी।

गुजराल के साथ कश्मीर को लेकर मेरी अकसर बातचीत होती रहती थी। हम दोनों ही इस बात से सहमत थे कि भारत के भीतर स्वायत्त दर्जा एक रास्ता हो सकता था। उन्होंने प्रधानमंत्री के रूप में अपने श्रीनगर दौरे के दौरान कहा था कि समाधान भारतीय संघ के दायरे में होना चाहिए, लेकिन कोई जरूरी नहीं कि यह भारतीय संविधान के दायरे में भी हो। इस बयान की बड़ी तीखी आलोचना हुई। गुजराल को अपनी बात से पीछे हटना पड़ा और यह कहना पड़ा कि उनका मतलब था कि समाधान संविधान की सीमाओं के भीतर होना चाहिए।

गुजराल के प्रधानमंत्री काल में भी यासिन मलिक को कुछ समय दिल्ली की एक जेल में गुजारना पड़ा। उन्होंने कश्मीर में हो रहे दमन के खिलाफ संसद के बाहर भूख हड़ताल करने की धमकी दी थी। तब सीपीआई के नेता इंद्रजीत गुप्ता गृहमंत्री थे।

मैं यासिन मलिक की रिहाई के सिलसिले में उनसे मिला। वे खुद भी इस हिरासत से खुश नहीं थे। उनके सचिव ने जेल अधिकारियों से फोन पर बात की और यासिन मलिक को रिहा कर दिया गया। तब संसद का सत्र चल रहा था। अगले दिन कुछ सांसदों ने इंद्रजीत

गुप्ता पर प्रहार करते हुए उन पर 'अलगाववादियों के साथ साँठगाँठ' का आरोप लगाया। उन्होंने अपने जवाब में कहा कि वे ऐसे ज्यादा-से-ज्यादा अलगाववादियों से सम्पर्क करके उन्हें मुख्यधारा से लाना चाहेंगे।

गुजराल ने प्रधानमंत्री के रूप में अपने कार्यकाल के दौरान दक्षिण अफ्रीका और मिस्र का दौरा किया। एक पत्रकार के रूप में मैं भी उनके साथ गया। मैं उस देश को देखना चाहता था जहाँ गांधीजी ने अपने सत्याग्रह का पहला प्रयोग किया था, जो वर्ग-संघर्ष का 'एंटीडोट' था और जिसके लिए सत्याग्रही को अपना शुद्धिकरण करना पड़ता था—ताकि वह किसी स्वार्थ-भावना के बिना समाज की सेवा कर सके। मैं उस रेलवे स्टेशन पर भी गया जहाँ उपलब्ध एक पर्चे के माध्यम से बताया जाता था कि गांधीजी को किस तरह प्रथम श्रेणी के डिब्बे से धक्के देकर नीचे उतार दिया गया था, क्योकि वह डिब्बा सिर्फ गोरों के लिए आरक्षित था।

दक्षिण अफ्रीका के विभिन्न हिस्सों में घूमते हुए, खासकर केपटाउन में, मुझे ऐसा लगा कि कुल मिलाकर अश्वेत अब भी हाशिए में सिमटे हुए थे। यह सही था कि नस्लवाद खत्म हो चुका था और सत्ता अश्वेतों के हाथ में सौंपी जा चुकी थी, फिर भी सच्चाई यह थी कि श्वेत और अश्वेत अब भी अपनी-अपनी अलग दुनिया में जी रहे थे। ज्यादातर अश्वेत अब भी गरीबी के बोझ से दबे थे, जबकि श्वेत दौलत में खेल रहे थे। अश्वेत इस बात को लेकर कुंठित थे कि अपने ही देश में उन्हें अपना न्यायपूर्ण हिस्सा नहीं मिल रहा था। श्वेत लम्बी-चौड़ी जमीनों के मलिक थे, आलीशान बंगलों में रह रहे थे और प्रशासन में ऊँचे पदों पर आसीन थे। मैं सोच रहा था कि क्या यह देश एक ऐसे ज्वालामुखी पर बैठा था जो कभी भी फट सकता था। नेल्सन मंडेला की मौजूदगी से लोगों को थोड़ा हौसला मिलता था। लेकिन ऐसा कब तक सम्भव था।

मंडेला से मिलकर मानो मेरा बरसों पुराना सपना पूरा हो गया। नस्लवाद के खात्मे के बाद वे देश के राष्ट्रपति बने थे, लेकिन अब वे इस पद से रिटायर हो चुके थे। मैंने उनसे पूछा कि अश्वेत आखिर कब तक इंतजार करते रहेंगे। उन्होंने कहा कि महात्मा गांधी ने इन लोगों को सिखाया था कि हिंसा या ताकत से कोई भी समस्या हल नहीं होती, सिर्फ उदारता और क्षमा-भावना ही सर्वोपरि मूल्य हैं।

मैंने विषय को बदलते हए उनसे पूछा कि उन्होंने अपनी जिन्दगी के 23 वर्ष जेल में किस तरह गुजारे थे। समुद्र के बीचोबीच बनी इस जेल को मैं केपटाउन से देख चुका था। उन्होंने कहा कि जेल का स्टाफ उनके प्रति बहुत नर्म था और उन्हें और उनके साथियों को हर समय साथ रहने की छूट होती थी। "हम तक हर खबर पहँचती रहती थी," उन्होंने कहा, "हमें पता था कि एक न एक दिन हमें खुद राज करने का अधिकार जरूर मिलेगा।"

मुझे यह जानकर हैरानी हुई कि वे गांधीजी से भी ज्यादा नेहरू के भक्त थे। उन्होंने कहा कि वे नेहरू के रास्ते पर चलकर अपने देश का पुनर्निर्माण करना चाहते थे, और उन्हीं की तरह अपने देश के विकास के लिए अपने भूतपूर्व शासकों का सहयोग लेना चाहते थे। नेहरू ने संसद और न्यायपालिका जैसी संस्थाएँ खड़ी की थीं, जिनके कारण भारत के प्रजातंत्र और धर्मनिरपेक्षता को एक मजबूत आधार मिल गया था। उन्होंने देश में आत्म-विश्वास

और आत्म-निर्भरता का माहौल तैयार किया था और ब्रिटिशों के साथ सामान्य और मित्रतापूर्ण सम्बन्ध विकसित किए थे।

मंडेला के साथ मेरी मुलाकात मेरी जिन्दगी का एक यादगार लम्हा था। बाद में, रात को गुजराल के सम्मान में एक दावत भी हुई, जिसमें मंडेला जमकर झूमे-नाचे और गुजराल को भी अपने साथ नचाए बिना नहीं माने।

स्वदेश लौटते ही गुजराल को एक संवैधानिक संकट का सामना करना पड़ा। सीबीआई डायरेक्टर जोगिंदर सिंह बिहार के मुख्यमंत्री लालू प्रसाद यादव को गिरफ्तार करने पर अड़े हुए थे। डिप्टी कमिश्नर के इनकार के बाद जोगिंदर सिंह सेना की मदद लेने पर तुल गए थे। गुजराल ने लालू प्रसाद यादव को इस्तीफा देने के लिए राजी कर लिया और उनकी पत्नी राबड़ी देवी को रसोई से निकालकर सीधे मुख्यमंत्री के पद पर बिठा दिया।

देश की आर्थिक स्थिति तब बहुत अच्छी नहीं थी। ऐसे में वेतन आयोग की सिफारिशों के अनुसार गुजराल द्वारा सरकारी कर्मचारियों का वेतन बढ़ाना सरकार के लिए एक बड़ा बोझ बन गया। अगर गुजराल ने आयोग की अन्य सिफारिशों पर भी अमल किया होता–जैसेकि प्रशासनिक अधिकारियों की संख्या 30 प्रतिशत कम करना और उनके काम के घंटे बढ़ाना–तो शायद किसी तरह का सन्तुलन बना रहता। लेकिन गुजराल ट्रेड यूनियनों और वामपंथियों के दबाव में थे। इस बढ़ोत्तरी ने केन्द्रीय बजट का सन्तुलन बिगाड़ दिया। यही हाल राज्यों का भी हुआ, जिन्हें केन्द्र की कार्रवाई का अनुसरण करना पड़ा।

दूसरी तरफ, कांग्रेस अध्यक्ष सीताराम केसरी की अपनी महत्त्वाकांक्षाएँ भी जोर मार रही थीं। वे दूसरी गैर-कांग्रेस सरकार का ज्यादा देर टिके रहना बर्दाश्त नहीं कर पा रहे थे। इसलिए नए चुनावों की जमीन तैयार हो गई।

इस बीच गुजराल सरकार ने एक काम यह भी किया कि मुझ नाचीज को राज्यसभा के लिए मनोनीत कर दिया।

18

संसद में मेरा अनुभव

मैंने राज्यसभा में प्रवेश किया तो मेरे मन में मिली-जली भावनाएँ थीं। मैंने सदन को हमेशा सम्मान की दृष्टि से देखा था। मैं भूपेश गुप्ता, हिरेन मुखर्जी और हृदयनाथ कुंजरु जैसे कई समर्पित समाजकर्मियों और उत्कृष्ट वक्ताओं के धाराप्रवाह भाषणों का साक्षी रहा था। मेरे पास न तो ऐसी वाक्-कला थी और न ही इतना ज्ञान। मुझे यह भी डर था कि राजनीतिक पार्टियाँ मेरी उपस्थिति पर किस तरह की प्रतिक्रिया व्यक्त करेंगी, क्योंकि मैं अपने कालमों में उनकी जमकर आलोचना करता रहा था। क्या मैं सदन में होनेवाली कार्रवाइयों और बहस में कोई सार्थक योगदान दे पाऊँगा? यह एक ऐसा प्रश्न था जो मेरे मन को बार-बार कुरेद रहा था।

मैंने अंग्रेजी में ईश्वर के नाम पर शपथ ग्रहण की तो दर्शक-दीर्घा में मेरा पूरा परिवार बैठा हुआ था। मेरी पत्नी भारती तो थी ही, साथ ही मेरी बहन राज, बहनोई राजेंद्र सच्चर, उनकी बेटी मधु, मेरी दोनों बहुएँ यानी दो कविताएँ (उन दोनों का एक ही नाम है), मेरे बेटे सुधीर और राजीव, और मेरे पोते-पोतियाँ मन्दिरा, कार्तिक और कणिका भी मौजूद थे। वे सब मुझे सदन में बैठे देखकर खुशी से फूले नहीं समा रहे थे।

शपथ लेने के बाद मैंने सबसे पहला काम यह किया कि सदन के अध्यक्ष कृष्णकांत को अपनी और अपनी पत्नी की परिसम्पत्तियों का लेखा-जोखा भेज दिया। राज्यसभा के सचिव ने मुझे बताया कि इस तरह की कोई परम्परा नहीं थी और सचिवालय की समझ में नहीं आ रहा था कि इस घोषणा-पत्र का क्या किया जाए। मैंने उनसे कहा कि वे इसे किसी भी फाइल में लगा दें और अगले वर्ष के मेरे घोषणा-पत्र के साथ इसकी तुलना करके देखें।

इसके बाद जब मैंने देखा कि बार-बार के वाक-आउटों और स्थगनों से सदन के काम में रुकावटें आ रही थीं तो मैंने अध्यक्ष को लिखा कि मैं उन दिनों का भत्ता स्वीकार करना नहीं चाहता जब सदन में कोई भी काम न हुआ हो। अध्यक्ष उलझन में पड़ गए और उन्होंने यह मामला कानून मंत्रालय के पास भेज दिया। मुझे यह जानकर खुशी हुई कि कानून मंत्रालय ने मेरा प्रस्ताव स्वीकार कर लिया था। मैं जब तक इस सदन में रहा, मैंने ऐसे दिनों का भत्ता स्वीकार नहीं किया।

मुझे सबसे खुश्क प्रतिक्रिया कांग्रेस सांसदों की तरफ से देखने को मिली। वे सब इमरजेंसी के दौरान इन्दिरा गांधी के राज को लेकर मेरी तीखी आलोचनाओं से खार खाए बैठे थे। और तो और, मुझे काफी नजदीक से जाननेवाले और सदन में विपक्ष के नेता मनमोहन सिंह

भी मुझसे दूरी बनाए रहे, मानो उन्हें मेरे साथ कोई रिश्ता रखने से डर लग रहा हो।

मुझे पत्रकारिता में मेरे योगदान के कारण मनोनीत किया गया था। मेरे साथ छह अन्य लोगों को भी मनोनीत किया गया था। संविधान के अनुसार राष्ट्रपति अपनी तरफ से सदन में 12 ऐसे सदस्यों को मनोनीत कर सकता था जिन्हें साहित्य, विज्ञान, कला या समाज सेवा के क्षेत्र का विशेष ज्ञान या व्यावहारिक अनुभव रहा हो।

भाजपा भी हिन्दुत्व पर मेरे प्रहारों को लेकर मुझसे बिदकी हुई थी। फिर भी, इसके कई सदस्य कांग्रेसियों की तुलना में मुझसे कहीं ज्यादा गर्मजोशी से मिलते थे।

राज्यसभा में मेरे छह वर्ष के कार्यकाल (1997-2003) के दौरान अधिकांश समय राष्ट्रीय प्रजातांत्रिक गठबंधन (एनडीए) की सरकार रही, जिसका नेतृत्व भाजपा के हाथ में था। अटल बिहारी वाजपेयी प्रधानमंत्री थे। उनमें कम-से-कम भद्रता और शिष्टाचार का कोई अभाव नहीं था। हम कभी एक-दूसरे के काफी नजदीक रह चुके थे। मैं और दिवंगत अर्थशास्त्री जे.डी. सेठी उनसे लगभग रोज ही मिला करते थे और शाम की चाय इकट्ठे पीते थे। वाजपेयी जलेबी और कचौरी के बहुत शौकीन थे, और हम दोनों भी। ये दोनों चीजें हम खासतौर से चाँदनी चौक से मँगवाया करते थे।

सदन में मेरा पहला भाषण, जो लगभग 30 मिनट का था, एक धर्मनिरपेक्ष राजनीति अपनाने में राष्ट्र की विफलता से जुड़ा हुआ था। मैं जानना चाहता था कि हमसे कहाँ भूल हो गई, हमारे प्रयास कहाँ लड़खड़ा गए। मैंने किसी खास पार्टी का नाम लिए बगैर अधिकांश दोष साम्प्रदायिक ताकतों पर मढ़ दिया और इस बात पर खेद प्रकट किया कि धर्म-निरपेक्ष ताकतों ने इस बुराई से लड़ने में दृढ़ता और एकता नहीं दिखाई थी। मैंने उन्हें महात्मा गांधी के नेतृत्व में आजादी की लड़ाई की याद दिलाई, जो अपनी अन्तिम साँस तक धर्म-निरपेक्षता का पाठ पढ़ाते रहे थे।

जब मैंने देश के लिए जय प्रकाश नारायण के योगदान की बात शुरू की तो मैंने प्रणव मुखर्जी को सदन से बाहर जाते देखा। वे बहुत ज्यादा औपचारिकता बरतते थे और मेरे पूरे कार्यकाल के दौरान मुझसे खिंचे-खिंचे ही रहे। उस समय भी जब वे गृह मामलों पर संसदीय स्थायी समिति के अध्यक्ष थे और मैं इसका एक सदस्य था, वे शालीनता तो निभाते थे पर खुलते नहीं थे। वे किसी विधेयक पर भाजपा के वरिष्ठ नेता की राय जानने के बाद मुझे अहमियत देते हुए मेरी राय जानने की कोशिश करते थे।

मुझे प्रणव मुखर्जी के उस फोन की सहसा ही याद आ जाती थी जब बरसों पहले मैं 'स्टेट्समैन' का स्थानीय सम्पादक हुआ करता था। उन्होंने मुझे फोन करके अपने घर चाय पर बुलाया था। तब वे किसी भी सरकारी पद पर नहीं थे। हम तीनों ने, उनकी पत्नी समेत, फर्श पर बैठकर चाय पी थी, जो उनकी पत्नी ने खुद बनाई थी। उनके घर में नाममात्र का ही फर्नीचर था। नौकर का तो कोई सवाल ही नहीं था। इससे एक आम बंगाली की सादगी और अभावों भरी जीवन-शैली का पता चलता था, जो अपने प्रदेश को छोड़कर राजधानी में आ बसे थे। उनकी पत्नी एक संघर्षरत नर्तकी थीं और मान्यता की तलाश में थीं। जब प्रणव मुखर्जी ने उनको 'थोड़ी पब्लिसिटी' देने के लिए कहा तो मेरी समझ में आया कि उन्होंने मुझे चाय पर क्यों बुलाया था।

इन्हीं प्रणव मुखर्जी को मैं कुछ वर्ष बाद इमरजेंसी के दौरान भी मिला था। तब उनका

घर धन-ऐश्वर्य से चमचमा रहा था। बैठक एक-से-एक कीमती फर्नीचरों, कालीनों और चाँदी के सामान से सजी हुई थी। वे तब वाणिज्य मंत्री थे और संजय गांधी के दाएँ हाथ माने जाते थे।

मनोनीत सदस्य सदन के बीचोबीच एक साथ एक बेंच पर बैठते थे। मेरे बाईं तरफ प्रतिष्ठित वैज्ञानिक डॉ. राजा रमन्ना और दाईं तरफ जाने-माने फिल्म निर्देशक मृणाल सेन बैठा करते थे। शबाना आजमी एक छोर पर बैठती थीं। चूँकि मृणाल सेन सदन में बहुत कम आते थे, इसलिए ज्यादातर मैं और शबाना साथ-साथ बैठा करते थे। मैं एक अभिनेत्री के रूप में उनका सम्मान करता था। फिर भी, उनका यूँ पास बैठना मेरे लिए एक अलग तरह का मधुर अनुभव होता था। कभी-कभी मेरे मन में आता था कि उनके साथ घुलने-मिलने की कोशिश करूँ। लेकिन उनका गम्भीर रवैया मुझे हतोत्साहित कर देता था। एक बार मैंने उनसे कहा भी था कि मेरी लाख कोशिशों के बावजूद वे मुझे "घास भी नहीं डालतीं।" उन्होंने छोटा-सा जवाब देते हुए कहा था, "ऐसी भी बात नहीं है।"

हम बहुत-से विषयों पर आपस में बात करते रहते थे, आमतौर से देश के विभिन्न हिस्सों में फैली गरीबी के बारे में। वे मुम्बई की झोंपड़-पट्टियों में काम किया करती थीं। बहुत-से मामलों में हमारी सोच काफी मिलती-जुलती थी। हम दोनों ही धर्म-निरपेक्षता और लेफ्ट-ऑफ-द-सेन्टर विचारधारा में विश्वास रखते थे। एक मामले में हमारे बीच बड़ी गहरी रजामंदी थी–कि विवाह एक निश्चित अवधि का अनुबंध होना चाहिए और अवधि पूरी होने के बाद यह अनुबंध खत्म हो जाना चाहिए। वे मुझसे अकसर भाजपा के सदस्य अरुण शोरी के संकुचित और साम्प्रदायिकता में रँगे विचारों का जवाब देने के लिए भी कहती थीं।

रामन्ना ने मुझे बताया था कि वे बगदाद (ईराक) गए थे तो सद्दाम हुसैन ने उन्हें एक ब्लैंक चेक थमाते हुए परमाणु बम बनाने की जानकारी देने का अनुरोध किया था। उनके इनकार करने पर सद्दाम हुसैन हैरान रह गए थे। लेकिन इसके बाद रामन्ना ने दोबारा ईराक जाने की हिम्मत नहीं की, क्योंकि उन्हें सद्दाम हुसैन के गुस्से से डर लगता था। राज्यसभा के सदस्यों के रूप में मिलने से पहले हम दोनों तिरुपति में भी मिल चुके थे, जहाँ अपने-अपने क्षेत्र में योगदान देने के लिए हमें पुरस्कृत किया गया था। तब उन्होंने मुझे विश्वास में लेते हुए बताया था कि भारत और पाकिस्तान दोनों के तहखानों में परमाणु बम थे। मुझे पाकिस्तान के परमाणु बम पर हैरानी हुई थी, क्योंकि उसने बहुत बाद में इस सच्चाई को उजागर किया था।

राज्यसभा में मेरे प्रवेश के कुछ ही दिनों बाद एक सदस्य मुझसे पूछने लगे कि मैं हर सदस्य को स्थानीय क्षेत्र के विकास के लिए मिलनेवाली एक करोड़ रुपए की निधि का क्या करूँगा। मैं सोच में पड़ गया तो वे कहने लगे कि मुझे कुछ करने की जरूरत नहीं थी। वे इस फंड के कागजों पर दस्तखत करने के बदले में मुझे 50 लाख रुपए देने के लिए तैयार थे। मैं हैरान रह गया। मैंने उनसे पूछा कि यह सब कैसे होगा। उन्होंने कहा कि कोई सड़क या पुल बनता दिखाया जाएगा, जो बाद में बारिश में बह जाएगा। लेकिन वास्तव में न तो कोई पुल बनेगा न सड़क और मुझे मेरे हिस्से के 50 लाख रुपए मिल जाएँगे।

मैं सदस्यों के लापरवाही भरे रवैये से हैरान रह जाता था। मुझे बहुत दुख भी होता था।

40-45 वर्ष पहले की तुलना में भाषणों और बहसों का स्तर कितना गिर गया था। ज्यादातर सदस्य अपने बोलने की बारी आते ही दर्शक-दीर्घा की तरफ देखने लगते थे। उन्हें मुद्दों की अहमियत से ज्यादा वाह-वाही लूटने की फिक्र रहती थी। कुछ तो अपने पहले से तैयार भाषण की प्रतियाँ पत्रकारों में भी बाँट देते थे।

मुझे यह देखकर भी दुख होता था कि कई बार बहुत अच्छे भाषणों का भी अखबारों में कोई जिक्र नहीं होता था, या बहुत सतही ढंग से खानापूरी मात्र कर दी जाती थी। एक बार सदन के अध्यक्ष ने मुझसे पूछा कि राज्यसभा की कार्रवाई को मीडिया में छपवाने का क्या तरीका था। मैंने उनसे कहा कि यह काफी कुछ रिपोर्टरों पर था, उस खास दिन अखबार के उस पृष्ठ पर उपलब्ध जगह पर निर्भर करता था।

मैंने उन्हें सुझाव दिया कि संसद की स्थायी समितियों की बैठकों में पत्रकारों को बेरोकटोक आने देना चाहिए। लोकसभा और राज्यसभा दोनों सदनों के अध्यक्षों ने इस सुझाव का विरोध किया। मुझे उनके विरोध का कोई कारण दिखाई नहीं दे रहा था। स्थायी समितियों की कार्रवाइयों को शब्द-दर-शब्द रिकार्ड किया जाता था, जिनमें प्रशासनिक अधिकारियों, विशेषज्ञों और अन्य बाहरी व्यक्तियों की गवाहियाँ भी शामिल रहती थीं, और फिर इन रिकार्डबद्ध कार्रवाइयों को सदन के सामने रखा जाता था। इसलिए इसमें गोपनीयता जैसी कोई बात नहीं थी।

लोकसभा के अध्यक्ष सोमनाथ चटर्जी ने थोड़ा जनसम्पर्क बढ़ाते हुए सम्पादकों और वरिष्ठ पत्रकारों की टोलियों को अपने घर बुलाकर उन्हें संसद की कार्रवाइयों की रिपोर्टिंग करने के लिए कहा। लेकिन इसका कुछ भी नतीजा नहीं निकला। किसी सांसद के सोच-विचार भरे भाषण की तुलना में सदन के शोर-शराबे और हंगामे को अब भी कहीं मोटी सुर्खियाँ मिलती रहीं।

लोकसभा अध्यक्ष के रूप में अपने कार्यकाल के दौरान सोमनाथ चटर्जी ने एक उल्लेखनीय पहल की। उन्होंने बुद्धिजीवियों, कानूनविदों और अन्य क्षेत्रों के विद्वान व्यक्तियों को तीन गोलमेज कॉन्फ्रेंसों में आमंत्रित करके राष्ट्र की प्रमुख समस्याओं पर उनके विचार जानने की कोशिश की। बड़े अफसोस की बात है कि राष्ट्र की समस्याओं का अध्ययन करने के उनके इस गम्भीर प्रयास की लोगों को जानकारी तक नहीं हुई। ऐसी ही एक कॉन्फ्रेंस में मैं भी शामिल हुआ था, जिसमें देश की मौजूदा स्थितियों में सुधार को लेकर गम्भीर चिन्तन-मनन हुआ था। अपने सम्बोधन में मैंने इस बात पर जोर दिया था कि राजनीति में नैतिकता के अभाव ने देश में जिन्दगी के अन्य सभी पहलुओं को किस तरह प्रभावित किया था।

सोमनाथ चटर्जी से मेरी अच्छी दोस्ती हो गई थी। उन्होंने मेरे सामने अपना दिल खोलते हुए मुझे बताया था कि सीपीएम से निष्कासित किए जाने के बाद उन्हें कितना दुख हुआ था। उनका यह दोष बताया गया था कि अमरीका के साथ परमाणु सन्धि पर बहस के दौरान उन्होंने सदन की अध्यक्षता की थी। उनकी समझ में नहीं आ रहा था कि इतने महत्त्वपूर्ण फैसले पर वे अपना कर्तव्य निभाने से कैसे बच सकते थे। राष्ट्र के लिए यह अत्यन्त महत्त्वपूर्ण प्रश्न था और सदन दो भागों में बँटा हुआ था। उन पर सदन की मर्यादा को बरकरार रखने की जिम्मेदारी थी। विधेयक पर किसी फैसले के बाद ही वे पार्टी के आदेश का पालन कर

सकते थे और अपना इस्तीफा सौंप सकते थे। मेरा खयाल है कि उनके निष्कासन के पीछे प्रकाश करात के कठोर रवैये का हाथ था। इससे पार्टी को ही ज्यादा नुकसान हुआ, जिसने सोमनाथ चटर्जी जैसे ईमानदार और जनता से जुड़े नेता को खो दिया।

शहीद भगत सिंह की जिन्दगी और मुकदमे से जुड़ी मेरी किताब 'विदाउट फीयर' के लोकार्पण के अवसर पर मैंने सोमनाथ चटर्जी को मुख्य वक्ता के रूप में आमंत्रित किया। उन्होंने बड़े जोरदार शब्दों में किताब की तारीफ करते हुए कहा कि यह किताब एक ऐसे व्यक्ति ने लिखी है जो स्वतंत्रता आन्दोलन और उसके बाद स्वतंत्र भारत के उतार-चढ़ावों से बहुत नजदीक से जुड़ा रहा है। ''कई मायनों में, श्री नैयर खुद भी इस आन्दोलन का हिस्सा रहे हैं और हमारे राष्ट्र निर्माताओं द्वारा स्थापित मूल्यों के अनुसार जीते रहे हैं।''

गृह मामलों पर संसद की स्थायी समिति ने सूचना के अधिकार सम्बन्धी विधेयक पर विचार-विमर्श शुरू किया तो मैं भी इसका एक सदस्य था। हमने बड़ी बारीकी से इसका अध्ययन किया। मैं सूचना के अधिकार के आन्दोलन से जुड़ी अरुणा राय के निरन्तर सम्पर्क में रहा और विभिन्न प्रावधानों पर उनका मत जानने की कोशिश करता रहा। समिति की सभी बैठकों में मैंने उनके नजरिए की जमकर वकालत की।

अरुणा के बहुत-से सुझावों को बिल में शामिल कर लिया गया। कभी-कभी मैं समिति की बैठक के दौरान ही मोबाइल फोन पर अरुणा से सलाह-मशविरा कर लेता था। बिल में उनकी सभी अपेक्षाएँ पूरी नहीं हो पाईं। फिर भी उनकी सलाह थी कि जो कुछ भी मिल रहा था, हमें उसे स्वीकार कर लेना चाहिए। कम-से-कम नागरिकों के सूचना के अधिकार को लेकर कोई तो कानून होगा।

मेरे कुछ सुझाव स्वीकार कर लिए गए तो मैंने और जोर देना ठीक नहीं समझा। लेकिन मैं सरकार में पारदर्शिता लानेवाले इस कानून के क्रान्तिकारी प्रभाव को कम करने की नीयत को नहीं भाँप पाया था। मैं जानता था कि विधेयक में कुछ कमियाँ थीं, लेकिन मैंने यह नहीं सोचा था कि इन कमियों का लाभ उठाकर हर मामले में 'सार्वजनिक हित' में न होने का बहाना बनाकर सूचना के अधिकार की अवहेलना की जाने लगेगी।

कुछ वर्ष पहले अरुणा राय ने मुझे राजस्थान में भीलवाड़ा में आमंत्रित किया था, जहाँ उनके साथ कुछ गाँववाले सूचना के अधिकार के लिए धरने पर बैठे हुए थे। उनके साथ एकजुटता दिखाने के लिए मैं भी कड़ी धूप में धरने पर बैठा रहा था।

इसके बाद इसी उद्देश्य के लिए मैंने बहुत-से आन्दोलनों में भाग लिया। दो-तीन बार मैं प्रतिनिधिमंडलों का नेतृत्व करते हुए मुख्यमंत्री भैरोसिंह शेखावत से भी मिला। हम ग्रामीण क्षेत्रों से जुड़ी परियोजनाओं पर हुए खर्चे का हिसाब जानना चाहते थे। मैंने उन्हें बताया कि उनके इन्जीनियर किस तरह गाँवों में खुलेआम यह स्वीकार कर रहे थे कि इसी तरह की एक परियोजना में फंडों की कितनी-लूटपाट हुई थी। भैरों सिंह ने इसके बाद भी कुछ नहीं किया।

कई महीने बाद शेखावत दिल्ली में मेरे घर आए। उन्होंने कहा कि हम जो माँग कर रहे थे वह सरकार पहले ही अपने राजपत्र में पूरी कर चुकी थी। वे इससे जुड़ा सूचना-पत्र अपने साथ लेकर आए थे। मेरी समझ में नहीं आ रहा था कि यह सूचना-पत्र उन्होंने हमें

पहले ही क्यों नहीं दिखा दिया था। आखिर इसके पीछे क्या रहस्य था?

मैंने सूचना के अधिकार को पहली बार 2008 में प्रयोग किया। मैं 1962 में चीन के हाथों भारत की हार को लेकर 'हेंडरसन ब्रूक्स जाँच रिपोर्ट' देखना चाहता था। यह रिपोर्ट सेना के दो उच्च अधिकारियों लेफ्टि. जनरल हेंडरसन ब्रूक्स और लेफ्टि. जनरल प्रेम भगत ने तैयार की थी। यह रिपोर्ट लगभग 50 वर्ष पुरानी है, लेकिन सरकार अब भी इसे उजागर करने को तैयार नहीं है।

सरकार ने 'सार्वजनिक हित' में न होने का कारण बताते हुए इस रिपोर्ट को दिखाने से इनकार कर दिया। दुनिया में कहीं भी सेना इतने लम्बे समय तक जनता से सच्चाई छिपाने में सफल नहीं हो पाई है। बड़े अफसोस की बात है कि केन्द्रीय सूचना आयोग की भूमिका निभानेवाले दो सेवनिवृत्त प्रशासनिक अधिकारी वजाहत हबीबुल्ला और एम.एल. शर्मा व्यवस्था के प्रति अपनी निष्ठा से ऊपर नहीं उठ पाए हैं। उन्होंने इस रिपोर्ट को सार्वजनिक किए जाने की मेरी माँग को ठुकरा दिया। फिर भी, मैं इतना जरूर कहूँगा कि वजाहत ने सूचना अधिकार के कानून को अधिक प्रभावशाली बनाने की कोशिश जरूर की। मैं कभी-कभी उनसे असहमति व्यक्त करता रहा हूँ, लेकिन पारदर्शिता के प्रति उनकी प्रतिबद्धता से इनकार नहीं किया जा सकता।

रिपोर्ट को सार्वजनिक न किए जाने से मेरा यह विश्वास और दृढ़ हो गया है कि भारत में सेना के खिलाफ कुछ नहीं कहा जा सकता। लोग, खासकर मीडिया से जुड़े लोग, सेना की जरा-सी भी आलोचना करने से डरते हैं, कि कहीं सेना के 'मनोबल' पर बुरा असर न पड़े। यही कारण है कि सेना के बड़े-से-बड़े अपराध पर भी पर्दा पड़ा रहता है।

आयोग का फैसला इतना बेतुका था कि यह किसी भी समझदार व्यक्ति के गले नहीं उतर सकता था। आयोग का मानना था कि भारत-चीन सीमा का मुद्दा अब भी 'जीवित' था, क्योंकि दोनों देशों में इस सम्बन्ध में बातचीत जारी थी। वह एक ऐसे स्कैंडल से पर्दा नहीं उठाना चाहता था, जिसमें से कायरता और अकड़ की गंध आती थी। आयोग को यह बात पता होनी चाहिए थी कि यह बातचीत 1962 की लड़ाई से पहले से जारी थी, 1957 से जब मैं गृहमंत्री गोविंद बल्लभ पन्त का सूचना अधिकारी हुआ करता था।

भूतपूर्व सेना प्रमुख जनरल वी. पी. मलिक ने रिपोर्ट जारी न किए जाने पर बिलकुल सही प्रतिक्रिया व्यक्त की। उन्होंने खुलेआम इस फैसले की आलोचना करते हुए कहा कि इस रिपोर्ट को 'सार्वजनिक न करना' सार्वजनिक हित में नहीं था। उन्होंने कहा कि उस समय से लेकर आज तक अस्त्रों और रणनीतियों में इतना भारी बदलाव आ चुका था कि राष्ट्रीय हित में गोपनीयता बरतने जैसी कोई बात ही नहीं रही थी।

मेरा अपना खयाल यह है कि चूँकि भारत-चीन युद्ध की जिम्मेदारी नेहरू पर डाली जाने लगी थी, इसलिए सरकार इस रिपोर्ट को सार्वजनिक करने से कतरा रही थी। यह भी बड़ी दिलचस्प बात है कि जस्टिस इमूदुर रहमान ने बांग्लादेश में पाकिस्तान की हार के लिए सेना को जिम्मेदार ठहराया था, न कि राजनीतिज्ञों को; जबकि एक भूतपूर्व सेना अधिकारी की अध्यक्षता में काम कर रहे हेंडरसन ब्रूक्स कमीशन ने सेना को दोषमुक्त करते हुए राजनीतिज्ञों को जिम्मेदार ठहराया था। सेना और तत्कालीन नेताओं की अकुशलता के कारण हारी गई लड़ाई बाहरी या आन्तरिक सुरक्षा के लिए खतरा नहीं बन सकती।

जब सी.बी.आई. के नियंत्रण से जुड़ा बिल संसदीय समिति के सामने आया तो मैं तब भी इसका सदस्य था। एक हवाला मामले में देश के मुख्य न्यायाधीश जे.एस. वर्मा ने सी.बी. आई. के नियंत्रण के लिए एक स्वतंत्र अभियोजन निदेशालय (डायरेक्टोरेट ऑफ प्रॉजीक्यूशन) की स्थापना का प्रस्ताव रखा था। लेकिन कोई भी राजनीतिक पार्टी—समिति में उन सभी का प्रतिनिधित्व था—सी.बी.आई. को स्वायत्तता देने की इच्छुक नहीं थी। मुझे न्यायमूर्ति वर्मा के प्रस्ताव को यूँ सिरे से नकारे जाते देखकर घोर निराशा हुई। इसकी बजाय सरकार के प्रशासनिक नियंत्रण का समर्थन किया गया। इतना ही नहीं, समिति ने उच्चतम न्यायालय द्वारा खारिज किए गए एकल निर्देश (सिंगल डायरेक्टिव) को भी फिर से लागू कर दिया। इसका मतलब था कि संयुक्त सचिव और उससे ऊपर के ओहदों के अधिकारियों के खिलाफ जाँच के लिए सरकार की अनुमति अनिवार्य थी। शायद ही कोई ऐसा मंत्री हो जो अपने और अपनी पार्टी के हितों के लिए उनका प्रयोग न करता हो। सी.बी.आई. द्वारा 2 जी स्पेक्ट्रम घोटाले की जाँच से यह बात खुलकर सामने आ गई है कि निजी कम्पनियों को लाइसेंस देने के मामले में मंत्रियों की किस हद तक मिलीभगत थी।

गृह मंत्रालय से जुड़ी स्थायी समिति में हमने कश्मीर पर भी बातचीत की थी और राज्य का एक दौरा भी किया था। तब प्रणव मुखर्जी ही समिति के अध्यक्ष थे। हमें यह देखकर बड़ी निराशा हुई कि हुर्रियत, बार या छात्रों में से कोई भी हमसे नहीं मिला। फिर भी, हमने राज्य के 'भारत में स्थायी विलय' को रेखांकित करते हुए एक लम्बी रिपोर्ट लिखी। समिति जाने-पहचाने ढर्रे से जरा भी इधर-उधर खिसकने के लिए तैयार नहीं थी।

तब फारुक अब्दुल्ला राज्य के मुख्यमंत्री थे। उन्होंने विधान सभा में यह प्रस्ताव पास करवा लिया कि कश्मीर को वही दर्जा प्रदान किया जाए तो भारत के साथ उसके विलय के समय उसे दिया गया था। प्रस्ताव में कहा गया कि केन्द्र सरकार का नियंत्रण सिर्फ तीन विषयों—विदेशी मामले, रक्षा और संचार—तक सीमित रहना चाहिए, जैसाकि विलय के कागजातों पर हस्ताक्षर के समय रियासत के महाराजा के साथ तय हुआ था।

स्थायी समिति इस प्रस्ताव से खुश नहीं थी। वह घाटी में बढ़ती हिंसा से भी चिन्तित थी। अलगाव की भावना जोर पकड़ रही थी और मैं इसे बड़ी गहराई से महसूस कर रहा था।

मैं श्रीनगर में ही था कि प्रधानमंत्री अटल बिहारी वाजपेयी ने दिल्ली से मुझे फोन करके कहा कि मैं फारुक अब्दुल्ला को प्रस्ताव पर जोर न देने के लिए कहूँ। मैं उनसे नाश्ते पर मिला और मैंने वाजपेयी का अनुरोध उन तक पहुँचा दिया। उन्होंने इसे स्वीकार कर लिया। फिर भी, मेरी समझ में नहीं आता था कि विलय की शर्तों का मान करने में क्या परेशानी थी! तो फिर 'आजादी' चाहनेवाली हुर्रियत से क्या बात होगी?

जो भी हो, वाजपेयी ने कश्मीर के मामले में मेरी कभी सलाह नहीं ली। बल्कि सदन में एक दिन आम बजट पर बहस के दौरान उन्होंने मुझे पाकिस्तान से जोड़ते हुए एक टिप्पणी की। मैं एक जरूरी फोन करने के लिए राज्यसभा के नोटिस-रूम में गया हुआ था। उन्होंने मेरी खाली सीट की तरफ इशारा करते हुए कहा, "कहाँ चले गए? पाकिस्तान?" कुछ वामपन्थी सदस्यों ने इस टिप्पणी पर एतराज जताया और मेरे लौटने पर मुझे इसकी जानकारी दी। वाजपेयी ने कहा कि उन्होंने सिर्फ मजाक में ऐसा कहा था। फिर भी, भाजपा में बहुत गहरी पाकिस्तान-विरोधी भावना थी। वाजपेयी एक अपवाद थे, क्योंकि वे जानते थे कि इस्लामाबाद

से बात किए बिना उनकी अन्तर्राष्ट्रीय छवि नहीं बन सकती।

उप-प्रधानमंत्री लालकृष्ण आडवाणी के एक भाषण के दौरान भाजपा ने मेरी एक टिप्पणी पर हंगामा खड़ा कर दिया। वे भारत के किसी भी हिस्से की छोटी-से-छोटी समस्या के लिए भी पाकिस्तान की आईएसआई को जिम्मेदार ठहरा रहे थे। मैंने कहा कि पाकिस्तान में भी यही बात कही जाती थी। वहाँ अगर सड़क पर कोई टायर फट जाता था तो झट से भारत की 'रॉ' को जिम्मेदार ठहरा दिया जाता था। इस पर भाजपा के सदस्य इतना ज्यादा और इतनी देर तक शोर मचाते रहे कि मेरी समझ में नहीं आ रहा था कि यह सब क्या था। उन्होंने मेरी टिप्पणी को सदन की कार्रवाई से हटाए जाने की माँग की और सदन के अध्यक्ष को इसे स्वीकार करना पड़ा।

अगले दिन भाजपा के अनधिकृत मुखपत्र 'पायोनीयर' ने मेरी सदस्यता रद्द किए जाने की माँग की तो मैं दंग रह गया। मैं जानता था कि अखबार पार्टी का हुक्म बजा रहा था, क्योंकि इसके सम्पादक को भाजपा द्वारा ही राज्यसभा में मनोनीत किया गया था। फिर भी, मैंने अपना विरोध जताते हुए अखबार को एक पत्र लिखा। अखबार ने मेरे पत्र के साथ-साथ दो अन्य पत्र भी छापे, एक मेरे पक्ष में और एक विरोध में।

मैंने सदन की विशेषाधिकार समिति में भी अपनी शिकायत दर्ज की। मेरा तर्क यह था कि अखबार ने मेरे 'इम्पीचमेंट' की माँग करके एक संसद सदस्य के विशेषाधिकारों का उल्लंघन किया था, क्योंकि मुझे सदन के भीतर अपने विचार व्यक्त करने का पूरा अधिकार था। राज्यसभा की उपाध्यक्ष नजमा हेपतुल्ला इस समिति की प्रमुख थीं। मुझे महीनों तक अपनी शिकायत के बारे में कुछ भी सुनने को नहीं मिला। एक दिन मैंने उनसे इसके बारे में पूछा तो उन्होंने लापरवाही भरे अंदाज में कहा कि सम्पादक ने माफी माँग ली थी, इसलिए इस शिकायत का कोई मतलब नहीं रह गया था। मैंने कहा कि यह बड़ी हैरानी की बात थी कि समिति ने मुझे बुलाकर कुछ पूछा तक नहीं था, और न ही मुझे अपने फैसले की कोई जानकारी दी थी, जैसाकि आमतौर पर होता था। मुझे पहली बार ऐसा लगा कि विशेषाधिकार समिति भी सत्तारुढ़ पार्टी की खुशी का ध्यान रखते हुए फैसले ले रही थी। इसलिए मुझे कोई हैरानी नहीं हुई जब कुछ समय बाद भाजपा ने नजमा हेपतुल्ला को राज्यसभा का टिकट थमा दिया।

मुझे हिन्दू कट्टरपंथियों की तरफ से धमकियों भरे फोन और पत्र आते रहते थे। ऐसे ही एक पत्र में किसी ने लिखा था कि हिन्दुत्व का विरोध करना मेरी जिन्दगी का एकमात्र मकसद प्रतीत होता था, जो मेरे स्तर के पत्रकार को शोभा नहीं देता था।

लगभग एक दशक बाद मुझे वाशिंग्टन में गुलाम नबी फई के सेमिनार में भाग लेने के लिए इन कट्टरपंथियों के कड़े हमले का सामना करना पड़ा। उसे 'आईएसआई' के कश्मीर एजेंडे से जुड़े पाकिस्तानी जासूस के रूप में गिरफ्तार किया गया था। ये वे दिन थे जब वाशिंग्टन और इस्लामाबाद के बीच दूरियाँ बढ़ रही थीं और दोनों ही अपने-अपने गुप्तचरों को एक-दूसरे के देश से वापस बुलाने लगे थे। ये दूरियाँ ऐबटाबाद में ओसामा बिन लादेन के गुप्त ठकाने का पता लगा पाने में पाकिस्तान गुप्तचर विभाग की विफलता और फिर एक रात अमरीकी कमांडों द्वारा इस ठिकाने पर अचानक हवाई हमले और ओसामा बिन लादेन की हत्या के कारण पैदा हुई थीं।

मुझे पहले भी पाकिस्तान समर्थक कहकर बदनाम किया जाता रहा था, लेकिन इस बार दोनों देशों के बीच 'अमन' की दुहाई देते रहनेवाले एक टीवी चैनल ने मुझे सीधे-सीधे 'राष्ट्र-विरोधी बुद्धिजीवी' ठहरा दिया। मुझे इसके पीछे 'पूर्वाग्रहों' के अलावा और कुछ दिखाई नहीं देता था। मैंने वाशिंग्टन में कैपिटल हिल में आयोजित एक दिन की इस कॉन्फ्रेंस में भाग लिया तो मुझे पता नहीं था कि फई को कौन फाइनेंस कर रहा था। मिडल ईस्ट में बसे कुछ गर्म खून के कश्मीरी इस कॉन्फ्रेंस में कश्मीर की 'आजादी' के समर्थन में एक प्रस्ताव ले आए। मैंने इसका कड़ा विरोध किया, और कॉन्फ्रेंस में मौजूद तीन अन्य भारतीयों ने भी। आखिर में सिर्फ इतना हुआ कि एक बयान जारी करके भारत और पाकिस्तान को बातचीत के जरिए कश्मीर का शान्तिपूर्ण और दोस्ताना हल ढूँढ़ने के लिए कहा गया। फिर भी, मुझे लगता है कि वाशिंग्टन के 'इंडियन मिशन' को मुझे इस सेमिनार के खिलाफ सतर्क कर देना चाहिए था। उन्हें इसकी जानकारी थी और मैंने सेमिनार में जाने से पहले मिशन से सम्पर्क भी स्थापित किया था।

मुझे यह देखकर बड़ी हैरानी होती है कि हमारे पत्रकार अमरीका, ब्रिटेन, जर्मनी और दूसरे देशों द्वारा दी गई शानदार दावतें उड़ाने में सबसे आगे रहते हैं। उन्हें किसी तरह का संकोच नहीं होता। लेकिन पाकिस्तान का नाम लेते ही वे मुँह बिचकाने लगते हैं। यह दोहरा मापदंड क्यों? अगर संहिता या मर्यादा का प्रश्न है तो यह सब दावतों पर लागू होना चाहिए, हमारी अपनी सरकार द्वारा दी गई दावतों पर भी, सिर्फ पाकिस्तान के मामले में ही हमें नखरे क्यों सूझने चाहिए?

मैंने राज्यसभा में देखा कि भारतीय जनता पार्टी देश के ध्रुवीकरण पर तुली हुई थी, और इसे एक धर्म-निरपेक्ष देश से 'हिन्दू राष्ट्र' बनाने पर भी। भाजपा हमेशा ऐसे मुद्दों की ताक में रहती है जिनसे साम्प्रदायिक माहौल बनाया जा सके, क्योंकि यही उसका आधारभूत एजेंडा है। उसकी नजरों में पाकिस्तान एक दुश्मन देश है। मैं इस तरह की विचारधारा से सहमत नहीं हूँ। यह सच है कि पाकिस्तान लड़ाकू रवैया अपनाए रहा है, लेकिन वह हमारा पड़ोसी है जिसके साथ हमें शान्तिपूर्वक रहने की कोशिश करनी है। हमें उसकी सार्वभौमिकता और उसकी स्वाधीनता का मान करना होगा। दोनों देश पहले ही तीन लड़ाइयाँ लड़ चुके हैं, लेकिन पूरी जीत किसी की भी नहीं हुई। अब दोनों के पास परमाणु अस्त्र हैं, इसलिए किसी आर-पार की लड़ाई की कल्पना भी नहीं की जा सकती। फिर भी, कुछ धर्मोन्मादी और हिन्दू कट्टरपन्थी लड़ाई की बात करते रहते हैं। एक-न-एक दिन इन सभी को स्वीकार करना होगा कि दोनों देशों के लिए शान्ति के अलावा और कोई विकल्प नहीं है।

सूचना मंत्रालय की समिति के सामने एक प्रस्ताव यह भी था कि क्या मीडिया को विदेशी निवेश उपलब्ध होना चाहिए। यह प्रश्न सिर्फ अखबारों तक सीमित था, क्योंकि टी. वी. चैनल पहले ही विदेशी नेटवर्कों के साथ अनुबंध कर चुके थे। मेरा कहना था कि भारत को विदेशी इक्विटी का कोई लाभ नहीं हो सकता था क्योंकि हमारी प्रेस पहले ही किसी से पीछे नहीं थी। विदेशी पत्रकार हमारे पत्रकारों से बेहतर नहीं थे। उस समय मेरी बात सभी की समझ में आ गई। लगभग सभी सदस्य, खासकर समिति के अध्यक्ष सोमनाथ चटर्जी, मुझसे सहमत थे।

विरोध में सिर्फ मेरे दिवंगत मित्र और 'जागरण' के सम्पादक नरेन्द्र मोहन थे। लेकिन आखिर में उन्हीं की जीत हुई, क्योंकि कई वर्ष बाद वैश्वीकरण की हवा को देखते हुए कांग्रेस सरकार 26 प्रतिशत विदेशी हिस्सेदारी (इक्विटी) के लिए राज़ी हो गई।

दरअसल यह सब तब शुरू हुआ था जब मनमोहन सिंह नरसिम्हाराव सरकार में वित्त मंत्री थे और एन.के.पी. साल्वे सूचना और प्रसारण मंत्री थे। मैंने साल्वे को इस प्रस्ताव को चुनावों तक स्थगित करने के लिए राजी कर लिया था, जो जल्दी ही होनेवाले थे। प्रेस को थोड़ी राहत मिल गई, क्योंकि अगले चुनावों में कांग्रेस हार गई। लेकिन कुछ वर्ष बाद कांग्रेस सत्ता में लौटी तो एक बार फिर समीकरण बदल गए। कांग्रेस विदेशी इक्विटी से जुड़े अपने फैसले को एक महत्त्वपूर्ण आर्थिक सुधार के रूप में देखती है।

स्थायी समिति के दौरों में सबसे ज्यादा खलनेवाली बात यह होती थी कि सदस्यों के रहने-खाने पर बढ़-चढ़कर खर्च किया जाता था। उन्हें फाइव स्टार होटलों में ठहराया जाता था, निजी कारें दी जाती थीं, तोहफे पेश किए जाते थे। यह सब किसी सार्वजनिक क्षेत्र की संस्था की तरफ से होता था। मैंने अध्यक्ष सोमनाथ चटर्जी से कहा कि इतनी फिजूलखर्ची अच्छी नहीं थी और सदस्यों को विभिन्न राज्यों के एमएलए होस्टलों में ठहराया जा सकता था। वे खुद भी इस स्थिति से खुश नहीं थे, लेकिन उन्होंने कहा कि अगर समिति के सदस्य कभी-कभार थोड़ा ऐशो-आराम कर लेते थे तो हमें एतराज नहीं करना चाहिए। लेकिन कई वर्ष बाद उन्होंने खुद ही स्थायी समितियों की इस फिजूलखर्ची के बारे में लिखकर इसकी आलोचना की।

आतंकवादियों ने संसद भवन पर हमला किया तो मैं राज्यसभा में अपने कार्यकाल की लगभग दो-तिहाई अवधि पूरी कर चुका था। वह 13 दिसम्बर, 2001 का दिन था। उस दिन भी राज्यसभा में कोई काम नहीं हुआ था, और जैसाकि पिछले दिन हुआ था, अध्यक्ष ने सदन को शुक्रवार सुबह तक के लिए स्थगित कर दिया था।

मैं राज्यसभा के निकास-द्वार की तरफ बढ़ रहा था कि मुझे याद आया कि मैं शॉर्ट-नोटिस प्रश्न के लिए फार्म लेना भूल गया था। नोटिस ऑफिस राज्यसभा के प्रवेश द्वार से कुछ ही कदम दूर है।

शुरू में गोलियों की आवाज पर मैंने ध्यान नहीं दिया। लेकिन जब लगातार गोलियाँ चलती रहीं और कई तरफ से आती हुई प्रतीत हुईं तो मैं डरने की बजाय चौकन्ना हो गया। मैं दफ्तरों और संसद भवन की बाहरी दीवार के बीच के बरामदे की तरफ भागा। मुझे सुरक्षाकर्मी ऊपर-नीचे दौड़ते दिखाई दिए। उनमें से एक ने अपनी खीज प्रकट करते हुए कहा, "हम हथियार माँगते रहे हैं, लेकिन गृह मंत्रालय सुनने को तैयार नहीं है।"

अब गोलियों की आवाज ज्यादा ऊँची हो चली थी। ऐसा लगता था कि हमलावरों ने अपनी जगह बदल ली थी और इधर-उधर फैल गए थे। मैं धीरे-धीरे चलता हुआ संसद के मुख्य गेट की तरफ पहुँचा, वह बन्द था। कुछ ही क्षणों बाद एक तेज धमाका हुआ और फिर एक और।

मुझे कभी यह खयाल नहीं आया था कि संसद भवन के लकड़ी के फाटक को तोड़कर हमलावर आसानी से अन्दर आ सकते थे। संसद भवन की मोटी दीवारें मुझे सुरक्षा का अहसास

कराती रही थीं। 10-15 मिनटों की गोलीबारी के बाद मुझे एक घंटी की आवाज सुनाई देने लगी। तभी सायरन भी गूँजने लगे। शायद किसी को सुरक्षा नियमों का खयाल आ गया था, भले ही काफी देर से।

संसद सदस्यों में यह अफवाह फैली हुई थी कि एक हमलावर बचकर निकल गया था और संसद भवन में ही कहीं छिपा हुआ था। सुरक्षाकर्मी इधर-उधर दौड़ रहे थे। मुझे अन्य लोगों के साथ एक लॉबी में बन्द कर दिया। लगभग 45 मिनट बाद मुझे वहाँ से निकाला गया तो मैं संसद भवन के अहाते में चला गया, जहाँ जवाहरलाल नेहरू और अबुल कमाल आजाद की आदमकद मूर्तियाँ स्थित हैं। मैं सोचने लगा कि क्या इन लोगों ने कभी कल्पना भी की होगी कि जिस प्रजातांत्रिक संस्था को वे इतनी मेहनत से सींच रहे थे, वहाँ कभी हिंसा और आतंक का खूनी खेल खेला जाएगा। आतंकवादियों ने गेट पर ही एक सुरक्षाकर्मी को गोलियों से भून दिया था। पुलिस की जवाबी कार्रवाई के बाद चार आतंकवादी मारे गए। पाँच पुलिसकर्मियों और सुरक्षा गार्डों को भी अपनी जानें गँवानी पड़ीं।

संसद के सेंट्रल हॉल में सकते और बौखलाहट का माहौल था। पहली गोली चलने के लगभग दो घंटे बाद संसदीय मामलों के मंत्री प्रमोद महाजन ने एक मेज पर खड़े होकर घोषणा की कि सदस्य अब बाहर जा सकते थे। उन्होंने पहले महिलाओं को जाने के लिए कहा। गोलियों की आवाज के बीच भी सांसदों में कोई खास घबराहट दिखाई नहीं दी थी। फिर भी, वे यह जानकर राहत की साँस ले रहे थे कि मुसीबत की घड़ी टल गई थी। सूचना और प्रसारण मंत्री सुषमा स्वराज ने महिलाओं के जत्थे के साथ जाने से इनकार कर दिया। उन्होंने शायद इस तरह की बात कही कि "मैं पता लगाना चाहती हूँ कि क्या हुआ था!" तब तक सेना भी पहुँच चुकी थी। रक्षा मंत्री ने खुद फोन करके सेना को बुलाया था। मैंने कुछ सदस्यों को उन्हें धन्यवाद देते देखा। इनमें वे लोग भी शामिल थे जो उनके त्याग-पत्र की बात कर रहे थे। सदस्यों में एक अनूठी एकता दिखाई दे रही थी। कोई बाहरी खतरा होने पर देश में यह भावना हमेशा झलकने लगती है।

क्या यह एक युद्ध-कृत्य था, एक 'एक्ट ऑफ वॉर' था? भारत की सार्वभौमिकता पर हमला? या यह भारत के प्रजातंत्र को समझ न पाने वाले कुछ सिर फिरे उग्रवादियों की हरकत मात्र थी? मैंने एक आतंकवादी का शव संसद भवन के मुख्य गेट के बाहर पड़ा देखा। उसके आसपास कुछ सामान भी बिखरा पड़ा था। प्रजातंत्र एक ऐसा विचार, एक ऐसा संकल्प है जो उग्रवादियों की समझ से परे है। इससे यह विश्वास और भी दृढ़ हो जाता है कि स्वतंत्रता और प्रजातंत्र की रक्षा के लिए कोई भी मूल्य बहुत बड़ा नहीं है। मैं अगले दिन फिर संसद में गया, और दूसरे सभी सांसद भी। यह इस संस्था में हमारी अटूट निष्ठा का प्रतीक था। यह आतंकवादियों और उनके संरक्षकों के लिए एक चुनौती भी थी–कि वे हमारे प्रजातंत्र का बाल भी बाँका नहीं कर सकते।

•

भाजपा सरकार में संसदीय मामलों के मंत्री प्रमोद महाजन सदन की किसी भी समिति में मुझे लिए जाने के सख्त खिलाफ थे। हम सभी मनोनीत और स्वतंत्र सदस्यों ने एक ग्रुप बना लिया था और हमें सदन की हर समिति में एक सीट पाने का अधिकार था। वे कहा करते थे कि वे कुलदीप नैयर को छोड़कर किसी को भी लेने के लिए तैयार थे। मैंने वाजपेयी

को एक पत्र लिखकर उनका ध्यान महाजन की इस टिप्पणी की तरफ दिलाया था। लेकिन उन्होंने पत्र की पावती की सूचना तक भी नहीं दी। महाजन मेरे कालमों में अपनी आलोचना से उखड़े हुए थे। उन्होंने जब पहली बार मेरा कालम पढ़ा था तो फोन करके मुझसे पूछा था कि अपनी छवि सुधारने के लिए उन्हें क्या करना चाहिए। मैंने उनसे कहा था कि उन्हें 'कम बोलना' चाहिए।

इससे पहले कि महाजन का हुक्म चल पाता, मुझे केन्द्रीय अन्वेषण आयोग विधेयक, 1999 पर गठित संयुक्त समिति में लिया जा चुका था। उच्चतम न्यायालय ने अपने फैसले में 'सिंगल डायरेक्टिव' के प्रावधान को खत्म कर दिया था। इस प्रावधान का मतलब था कि सीबीआई सरकार की पूर्व अनुमति के बिना उच्चस्तरीय प्रशासनिक अधिकारियों (संयुक्त सचिवों और उनसे ऊपर के पदाधिकारियों) के खिलाफ जाँच नहीं कर सकती।

समिति की पहली बैठक के बाद मैंने समिति के अध्यक्ष शरद पवार को एक पत्र लिखा। मैंने उनसे कहा कि समिति के हर सदस्य को अपनी परिसम्पत्तियों की घोषणा कर देनी चाहिए। मुझे कोई जवाब नहीं मिला। जब मैंने यही बात समिति की एक बैठक के दौरान उठाई तो इसे हँसी में उड़ा दिया गया और दूसरे विषयों पर बहस शुरू कर दी गई।

संयुक्त समिति ने उच्चतम न्यायालय के फैसले को अस्वीकृत करके यथास्थिति को फिर से लागू कर दिया। सरकार को एक बार फिर अपने निष्ठावान और 'आज्ञाकारी' प्रशासनिक अधिकारियों को जाँच से बचाने की शक्ति मिल गई।

मेरे विरोधात्मक स्वर को छोड़कर यह एक सर्वसम्मत रिपोर्ट थी। मेरा कहना था कि इससे एक गलत परम्परा पर मोहर लगाई जा रही थी। प्रशासनिक अधिकारी नेताओं के लिए अपनी 'सेवाओं' के बदले में कितनी ही काली कमाई कर सकते थे और नेता इससे आँखें मूँदे रखते थे। यही कारण था कि भ्रष्ट अधिकारी सत्ता पर हावी होते जा रहे थे। प्रशासनिक अधिकारियों में न सिर्फ सही और गलत में फर्क करने की भावना कमजोर पड़ती जा रही थी, बल्कि सही रास्ते पर चलने की उनकी इच्छा ही खत्म होती जा रही थी।

मैंने अपनी टिप्पणी में एन.एन. वोहरा समिति की रिपोर्ट का हवाला दिया था। इस रिपोर्ट में राजनीतिज्ञों, सरकारी अधिकारियों और अपराधी तत्त्वों के बीच मौजूद साँठ-गाँठ को रेखांकित किया गया था, जो एक समानान्तर माफिया की तरह काम करता था। रिपोर्ट में कहा गया था कि "अगर किसी के भी खिलाफ कोई प्राइमा फेसी मामला हो तो सीबीआई को सीधे-सीधे उसके खिलाफ जाँच शुरू कर देनी चाहिए, उसका ओहदा संयुक्त सचिव का हो या इससे ऊपर।"

वाम दलों के सांसद भी समिति की बैठकों में सरकार का पक्ष लेते रहे। मैंने उनकी आलोचना की तो उन्होंने वायदा किया कि सदन में इस कानून पर बहस के दौरान वे मेरा साथ देंगे। लेकिन वे वहाँ भी सरकार के साथ चले गए। मेरी समझ में आ गया कि पश्चिम बंगाल, केरल और त्रिपुरा में कम्युनिस्ट सरकारें थीं और केन्द्र सरकार की तरह उनके सामने भी 'वही बाध्यताएँ' थी। जब भी व्यक्तिगत हितों की बात होती है तो व्यवस्था और विरोध पक्ष एक साथ खड़ा दिखाई देता है। कितनी अजीब बात है!

राज्यसभा में सबसे खराब काम सदन के लिए चुनाव-प्रक्रिया में संशोधन को लेकर हुआ। इसके एक अनुच्छेद में 'राज्य' शब्द हटाकर 'भारत' कर दिया गया। इस संशोधन के कारण

किसी सदस्य का सम्बन्धित राज्य का निवासी होना जरूरी नहीं रह गया। संसदीय नियमों और संविधान की भावना के अनुसार राज्यसभा के प्रत्याशी को 'सामान्य तौर पर उस राज्य का निवासी होना चाहिए।' यह संशोधन एक तरह से संविधान निर्माताओं का मजाक उड़ाने की तरह था, जिन्होंने संसद के दो सदनों की व्यवस्था की थी–एक लोगों का सदन (लोकसभा) और एक राज्यों का (राज्यसभा)।

विधेयक में गुप्त मतदान की व्यवस्था को भी खत्म कर दिया गया, जो एक प्रजातंत्रिक शासन-प्रणाली का आधार है। विधायिका कोई नीलामी घर नहीं है कि हाथ उठाकर यह तय कर लिया जाए कि किस उममीदवार को कितने वोट मिले हैं। अब पैसा एक निर्णायक भूमिका अदा करने लगा, क्योंकि खरीददार देख सकता था कि कितने लोग उसका समर्थन कर रहे थे। पहले पार्टी के सदस्य पार्टी के निर्देशन के खिलाफ भी जा सकते थे, लेकिन अब उनके लिए अपना मत-पत्र पार्टी को दिखाना जरूरी हो गया, जिसका उल्लंघन करने पर उनकी सदस्यता रद्द हो सकती थी। यह भी एक दिलचस्प तथ्य है कि राज्यों के उच्च सदनों के नियमों में कोई बदलाव नहीं किया गया। सिर्फ राज्यसभा के लिए ही ये बदलाव किए गए।

मेरे इकलौते विरोध के बावजूद यह बिल पास कर दिया गया तो मैंने अपने एक लेख में लिखा कि किस तरह राज्यसभा का स्वरूप बदल गया था। यह लेख पढ़ने के बाद भूतपूर्व राष्ट्रपति आर. वेंकटरमन, जो संविधान सभा के सदस्य रह चुके थे, ने मुझे लिखा कि इस संशोधन से राज्यसभा का उद्‌देश्य ही नष्ट हो जाएगा। संविधान के अनुसार राज्यसभा का उद्‌देश्य राज्यों का प्रतिनिधित्व करना था। उन्होंने इस मामले में तत्कालीन कानून मंत्री बी. आर. अम्बेडकर के साथ अपनी बातचीत का भी हवाला दिया, जिन्होंने संविधान सभा में यह विधेयक पेश किया था। अम्बेडकर ने यह ध्यान रखा था कि एक सदन लोगों और दूसरा राज्यों का प्रतिनिधित्व करे।

वेंकटरमन के पत्र और 'इंडियन एक्सप्रेस' में छपे अपने लेख के आधार पर मैंने भारत के तत्कालीन मुख्य न्यायाधीश वी. एन. खेर को लिखा कि राज्यसभा के लिए निर्धारित नई चुनाव प्रक्रिया संविधान के निर्देश और भावना के खिलाफ थी। मेरे पत्र को एक सार्वजनिक हित की याचिका (पीआईएल) मानते हुए मुख्य न्यायाधीश ने फौरन इस पर सुनवाई की व्यवस्था कर दी। मुझे एक रात पहले ही रजिस्ट्रार से इसकी जानकारी मिली।

मैं उच्चतम न्यायालय में गया तो मेरे साथ मेरे बहनोई और भूतपूर्व मुख्य न्यायाधीश राजेंद्र सच्चर भी थे। मैं खंडपीठ के सामने उपस्थित हुआ तो इसके प्रमुख, जो खुद मुख्य न्यायाधीश थे, ने खुद मुझे ही अपनी पैरवी करने के लिए कहा। ''हम आपको पढ़ चुके हैं और अब हम आपको सुनना चाहते हैं,'' उन्होंने कहा। मैं थोड़ी घबराहट महसूस कर रहा था, फिर भी मैंने पीठ के सामने खड़े होकर कहा कि जब मैं लाहौर में कानून की पढ़ाई कर रहा था तो मेरी सबसे बड़ी महत्त्वाकांक्षा किसी दिन देश के सर्वोच्च न्यायालय में पैरवी करने की थी। लेकिन बँटवारे के कारण मैं कानूनी पेशा नहीं अपना पाया था और पत्रकार बन गया था। ''लेकिन आज मेरा सपना पूरा हो गया है,'' मैंने अपनी खुशी जाहिर करते हुए कहा।

मेरी दलील थी कि संशोधन ने राज्यों के प्रतिनिधित्व के मूल उद्‌देश्य को ही खत्म कर दिया था। अब देश के किसी भी हिस्से से कोई भी व्यक्ति राज्यसभा में किसी भी राज्य

का प्रतिनिधित्व कर सकता था, भले ही वह उस राज्य का निवासी हो या न हो और उसे वहाँ की भाषा और संस्कृति की कुछ भी जानकारी न हो।

खंडपीठ ने मेरी याचिका स्वीकार कर ली और राज्यसभा के चुनाव-नियमों में किए गए संशोधन पर रोक लगाते हुए इसकी वैधता का फैसला संविधान पीठ पर छोड़ दिया। उसी शाम एक दावत में खंडपीठ के एक न्यायाधीश से मेरी मुलाकात हो गई। मैंने उनसे पूछा कि खंडपीठ ने मेरी याचिका पर इतनी जल्दी फैसला कैसे ले लिया था। उन्होंने कहा कि मेरी दलील बिलकुल सटीक और मुद्दे पर केन्द्रित थी। मैं सोचने लगा कि क्या मैं अपने असली पेशे—वकालत—को छोड़ने की भूल कर बैठा था!

सुनवाई के दौरान चुनाव आयोग के एक वकील भी मौजूद थे। मैं आयोग को मुख्य न्यायाधीश के नाम अपने पत्र की प्रतिलिपि भेज चुका था। फिर भी, आयोग ने राज्यसभा के चुनावों के लिए सूचना-पत्र जारी कर दिया था। मैंने एक बार फिर उच्चम न्यायालय का दरवाजा खटखटाया। अवकाश-काल न्यायाधीश जस्टिस रुमा पाल ने मेरी याचिका स्वीकार करते हुए मामले की सुनवाई होने तक राज्यसभा के चुनावों पर रोक लगा दी।

जैसाकि स्वाभाविक था, इसके बाद काफी हंगामा हुआ। सरकार की नींद टूटी और उसने न्यायमूर्ति रुमा पाल के आदेश के खिलाफ खंडपीठ में याचिका दायर कर दी। खंडपीठ ने न्यायमूर्ति के.जी. बालकृष्णन की अध्यक्षता में इस रोक को हटा लिया और संविधान पीठ से मेरे मामले की जल्दी सुनवाई करने के लिए कहा। राज्यसभा के चुनाव हुए। कांग्रेस और भाजपा दोनों ही खुश थीं कि मुझ नाचीज द्वारा खड़ी की गई 'मुसीबत' कुछ समय के लिए टल गई थी।

उस समय न्यायमूर्ति सन्तोष हेगड़े संविधान पीठ के प्रमुख थे। वे सुनवाई शुरू करने के लिए तैयार थे, लेकिन विरोधी पक्ष के वकीलों का कहना था कि उन्हें अपना केस तैयार करने के लिए कुछ समय चाहिए था। सच्चाई यह थी कि वे हेगड़े जैसे सख्त जज का सामना करने के लिए तैयार नहीं थे, जो अपनी ईमानदारी और स्वतंत्रता के लिए जाने जाते थे। सब जानते थे कि वे जल्दी ही रिटायर होनेवाले थे।

कई महीनों तक मामले की सुनवाई नहीं हो पाई। मुख्य न्यायाधीश वाई.के. सबरवाल ने पदभार सँभालने के बाद मामले की सुनवाई के लिए पाँच न्यायाधीशों की एक पीठ गठित की। इसके बाद दो हफ्तों तक प्रतिदिन सुनवाई चलती रही। मेरी तरफ से जस्टिस सच्चर और फली नरिमान पैरवी कर रहे थे, जबकि सोलिसिटर जनरल गुलाम वहानवटी (अब एटोर्नी जनरल) विरोधी पक्ष का प्रतिनिधित्व कर रहे थे। कभी-कभी अरुण जेटली भी विरोधी पक्ष की तरफ से पैरवी करते रहते थे। फैसले को कुछ दिनों के लिए सुरक्षित रखा गया। लेकिन जब इसे सुनाया गया तो यह 5-0 से एक सर्वसम्मत फैसला था और सरकार के पक्ष में था। यह एक विकृत फैसला था और मीडिया में एक इन्टरव्यू के दौरान मैंने यह बात कही भी।

न्यायालय ने इस संशोधन पर अपनी मोहर लगा दी कि राज्यसभा के सदस्य के लिए सम्बन्धित राज्य का निवासी होना जरूरी नहीं था, और न ही इस चुनाव के लिए गुप्त मतदान की जरूरत थी। न्यायालय राज्यसभा की भूमिका के साथ न्याय नहीं कर पाया था, जो अब राज्यों की बजाय फ्री-लांसरों की सभा बनकर रह गई थी।

उच्चतम न्यायालय को किसी राज्य से चुने गए सदस्यों का उस राज्य का निवासी होना

महत्त्वपूर्ण नहीं लगा, क्योंकि यह शर्त 'उन्हें चुनने वालों' पर लागू होती थी। बाहरी व्यक्तियों के चुनाव को सही ठहराने के लिए यह एक विचित्र तर्क था। प्रश्न यह नहीं था कि किसे चुना जा सकता था, बल्कि यह था कि कौन राज्य का प्रतिनिधित्व कर सकता था। आमतौर से उसी व्यक्ति को प्राथमिकता दी जानी चाहिए जो राज्य में रहता रहा हो और वहाँ की संस्कृति, समस्याओं और जन-आकांक्षाओं से परिचित हो।

मेरा खयाल है कि न्यायाधीशों पर राजनीतिक बाध्यताओं का दबाव था। वे जानते थे कि डॉ. मनमोहन सिंह असम राज्य से राज्यसभा के सदस्य थे, लेकिन वहाँ के निवासी नहीं थे। निवासीय योग्यता उनके लिए नैतिक समस्या खड़ी कर सकती थी, हालाँकि उच्चतम न्यायालय उनकी सदस्यता को पहले ही सही ठहरा चुका था।

उच्चतम न्यायालय ने राज्यसभा को मात्र पुनर्निरीक्षक की भूमिका तक सीमित कर दिया। यह एक स्वाधीन सदन था, जिसके अपने खुद के कर्तव्य और दायित्व थे, और जो किसी भी मामले में लोकसभा से दोयम नहीं था। वित्तीय मामलों को छोड़कर अन्य सभी विधेयक राज्यसभा में पेश किए जा सकते थे। राज्यों से जुड़े मामलों में राज्यसभा की सर्वोपरि भूमिका होती थी। केन्द्रीय सेवाओं से जुड़े सभी मामले भी राज्यसभा में उठाए जाते थे। अगर उच्चतम न्यायालय के तर्क को स्वीकार कर लिया जाए तो राज्यसभा उन सभी मामलों के लिए 'रिवाइजिंग' सदन मात्र बनकर रह जाएगी जो लोकसभा में उठाए जा चुके हैं। सम्भवतः पीठिका का ध्यान इस तरफ नहीं गया।

बड़े दुख की बात है कि उच्चतम न्यायालय के इस फैसले ने धन-कुबेरों, माफिया और अन्य अवाँछनीय तत्त्वों के लिए राज्यसभा के द्वार खोल दिए हैं। सदन लम्बी पहुँच या भारी जेबों वालों के खेल का मैदान बनता जा रहा है। अब राजनीतिक हस्तियाँ अपने चहेते लोगों को देश के किसी भी हिस्से से राज्यसभा में दाखिल करवा सकती हैं। संविधान ने सिर्फ 12 सदस्यों को मनोनीत किए जाने का प्रावधान रखा था। अब एक तरह से सभी सदस्य राजनीतिक महारथियों द्वारा मनोनीत किए जाएँगे।

राज्यसभा में मेरे कार्यकाल के दौरान लोकसभा के तीन चुनाव हुए—1996, 1998 और 1999 में। 1998 में अटल बिहारी वाजपेयी सिर्फ एक वोट से मात खा गए। फिर भी उनके 13 महीने के इस कार्यकाल को भारत के परमाणु विस्फोट के लिए याद किया जाएगा। वाजपेयी जब 1996 में 13 दिनों के लिए सत्ता में आए थे, तब भी उन्होंने वैज्ञानिकों से यह परीक्षण करने के लिए कहा था। लेकिन उन्हें इसे कार्यान्वित करने के लिए समय ही नहीं मिल पाया था।

भारत ने मई 1998 में पोखरण में पाँच परमाणु विस्फोट किए—तीन 11 मई को और दो इसके दो दिन बाद 13 मई 1998 को। अमरीकी गुप्तचर संस्थाओं को इसकी भनक नहीं मिल पाई। कुछ वर्ष पहले कांग्रेस प्रधानमंत्री नरसिम्हाराव ने भी परमाणु विस्फोट को हरी झंडी दे दी थी। लेकिन अमरीकी एजेंसियों को इसकी खबर लग गई और इसे रद्द करना पड़ा। भाजपा सरकार ने इस बात का ध्यान रखा कि हवाई वाहनों की आवाजाही पर किसी की नजर न पड़े। इसलिए सब कुछ चुपके-चुपके और रात के अँधेरे में किया गया।

अमरीका के राष्ट्रपति बिल क्लिंटन विस्फोटों का पता चलते ही भड़क उठे। उन्होंने

भारत के खिलाफ सभी तरह के प्रतिबन्धों की घोषणा कर दी। इनमें अमरीका से बहुत हल्के स्तर की टेक्नोलॉजी का आयात भी शामिल था। लेकिन परमाणु विस्फोट की खबर सुनते ही भारतीयों में उत्साह और गर्व की लहर दौड़ गई थी। इसलिए किसी को भी इन प्रतिबन्धों की चिन्ता नहीं थी।

लेकिन वाजपेयी को यह भी पता था कि अमरीका के गुस्से को शान्त करने के लिए उन्हें पाकिस्तान के साथ सम्बन्ध सुधारने होंगे। उन्होंने श्रीनगर में घोषणा की कि वे अमृतसर से लाहौर तक बस-यात्रा करेंगे और प्रधानमंत्री नवाज शरीफ से मिलेंगे। इस घोषणा से न सिर्फ कश्मीर के दोनों हिस्सों बल्कि भारत और पाकिस्तान के माहौल में भी काफी बदलाव आ गया। वाजपेयी के शब्दों ने दोनों तरफ उम्मीदें जगा दी थीं।

बस-यात्रा से दो दिन पहले पाकिस्तान के हाई कमिश्नर एक दावत में मुझसे मिले। उन्होंने शिकायत की कि बस-यात्रियों की सूची में सिर्फ भारत सरकार के सचिवों और कुछ अन्य उच्च अधिकारियों के नाम शामिल थे। उन्होंने कहा कि विभिन्न राजनीतिक दलों के नेताओं के लिए पाकिस्तान के नेताओं से मिलने का यह एक अच्छा अवसर हो सकता था। मैंने उनसे कहा कि बस में सिर्फ राजनीतिज्ञों और सचिवों को ले जाने से कुछ हासिल नहीं हो सकता था। लेखकों और कलाकारों को भी इसमें शामिल करना जरूरी था। उन्होंने कोई प्रतिक्रिया व्यक्त नहीं की। उसी दावत में मैंने यह बात प्रधानमंत्री के मुख्य सचिव ब्रजेश मिश्रा के साथ भी उठाई। (उनके पिता डी. पी. मिश्रा मेरे मित्र रह चुके थे।) उन्हें मेरा सुझाव अच्छा लगा और उन्होंने इसे प्रधानमंत्री के सामने रखने का वायदा किया। वाजपेयी को भी यह बात जँच गई।

प्रधानमंत्री के प्रेस सचिव अशोक टंडन ने मुझे सूचित किया कि मुझे भी बस-यात्रियों में शामिल किया जा रहा था। मैं भाजपा का आलोचक रहा था, लेकिन इससे मेरे चयन पर कोई फर्क नहीं पड़ा। हम विमान से अमृतसर पहुँचे, जहाँ से पंजाब के मुख्यमंत्री प्रकाश सिंह बादल बस में हमारे साथ जानेवाले थे।

ढोल-बाजे और एक भंगड़ा टोली के साथ बस धीरे-धीरे सरहद की तरफ बढ़ने लगी। यह धूमधाम भरा सफर कुछ दूरी तक इसी तरह चलता रहा। बस में फिल्म, कला, साहित्य और पत्रकारिता जगत की जानी-मानी हस्तियाँ सवार थीं। मुझे याद है कि हमारे साथ देव आनन्द, जावेद अख्तर और मल्लिका साराभाई भी थे। दर्जनों पत्रकार और फोटोग्राफर हमसे पहले ही सरहद के उस पार पहुँच चुके थे, ताकि भारत के प्रधानमंत्री और अन्य जानी-मानी हस्तियों से भरी बस के पाकिस्तान में प्रवेश की रिपोर्टिंग कर सकें।

अमृतसर से भारत-पाक सीमा तक की यह लगभग 25 कि.मी. लम्बी यात्रा थी। यात्रा के दौरान वाजपेयी ने मुझे जम्मू से आया एक सन्देश दिखाया, जहाँ 12 हिन्दुओं की हत्या कर दी गई थी। "मुझे क्या करना चाहिए?" उन्होंने पूछा। उन्हें देशवासियों की भावनाओं की चिन्ता थी। मैंने उनसे कहा कि आतंकवादी भारत-पाक बातचीत में हमेशा रुकावटें डालते रहे थे। ये हत्याएँ भी इसी का एक उदाहरण थीं।

इसके बाद मैं अपनी सीट पर लौट आया। मुझे पाकिस्तान की सरहद से ढोल-नगाड़ों की आवाज सुनाई देने लगी। जल्दी ही हम पाकिस्तान की जमीन पर पहुँच गए। एक छोटा-सा जश्न हुआ। प्रधानमंत्री नवाज शरीफ ने वाजपेयी को गले लगाते हुए 'खुशामदीद' कहा।

पाकिस्तान की तीनों सेनाओं के प्रमुखों ने अपनी उपस्थिति तो दर्ज की, लेकिन भारतीय प्रधानमंत्री को 'सेल्यूट' नहीं किया। यह एक तरह की धृष्टता थी, और शायद अपराध-बोध की अभिव्यक्ति भी, क्योंकि वे पहले ही कारगिल युद्ध की योजना बना चुके थे।

वाजपेयी की लाहौर यात्रा के दौरान कश्मीर समेत भारत और पाकिस्तान के सभी आपसी मसले सुलझाने के लिए एक 'रोड-मैप' बनाया गया। मुशाहिद हुसैन के अनुसार, जो भारतीय काफिले की खातिरदारी का जिम्मा सँभाले हुए थे, दोनों देश एक निर्धारित अवधि के भीतर अपने सभी विवाद सुलझाने के लिए एक 'बैक चैनल' की स्थापना के लिए राजी हो गए थे।

1998 के आखिरी महीने में जयललिता की 'एआईएडीएमके' ने वाजपेयी सरकार से अपना समर्थन वापस ले लिया तो वह लोकसभा में अपना बहुमत खो बैठी। नए चुनावों के अलावा कोई दूसरा रास्ता दिखाई नहीं दे रहा था। फिर भी, बार-बार के चुनावों का भारी-भरकम खर्च टालने के उद्देश्य से राष्ट्रपति के. आर. नारायणन ने दूसरी सबसे बड़ी पार्टी कांग्रेस को सरकार बनाने के लिए आमंत्रित किया।

सोनिया गांधी प्रधानमंत्री बनने के लिए उत्सुक दिखाई दे रही थीं। वे मुलायम सिंह यादव के 13 वोटों के साथ-साथ पर्याप्त बहुमत जुटाने में भी सफल हो गईं। मुलायम सिंह को राजी करने के लिए उन्होंने सीपीएम की मदद ली थी।

लेकिन मुलायम सिंह अपनी पार्टी को केबिनेट में शामिल किए जाने पर अड़े हुए थे, जबकि सोनिया गांधी ने खुलेआम कहा था कि उनकी सरकार विशुद्ध कांग्रेस सरकार होगी। मुलायम नहीं माने तो सोनिया गांधी को राष्ट्रपति से मिलकर सरकार बनाने में अपनी असमर्थता जाहिर करनी पड़ी। इससे उनकी छवि को झटका तो लगा, लेकिन उन्होंने इसे हँसते-हँसते झेलने की कोशिश की। वाजपेयी अन्तरिम सरकार के कार्यवाहक प्रधानमंत्री बने रहे, जैसीकि प्रथा पड़ चुकी थी, और नए चुनावों की प्रतीक्षा की जाने लगी।

19

भाजपा सरकार : कारगिल युद्ध और गुजरात के दंगे

सन् 1999 के लोकसभा चुनावों में किसी भी पार्टी को पूर्ण बहुमत नहीं मिल पाया। भारतीय जनता पार्टी एक बार फिर सबसे बड़ी पार्टी के रूप में उभरी। लेकिन इस बार उसे पहले से कहीं ज्यादा यह अहसास था कि वह सिर्फ अपने बलबूते पर सरकार नहीं बना सकती। उसने आरएसएस को इस बात के लिए राजी कर लिया कि पार्टी अपने दो सबसे अहम मुद्दों राम मन्दिर के निर्माण और जम्मू और कश्मीर को विशेष राज्य का दर्जा देनेवाली धारा 370 को भंग करने की माँग से दूर रहेगी। इसके बिना दूसरी पार्टियों को अपने साथ लेना सम्भव नहीं था। इन दो मुद्दों को छोड़ने की शर्त के आधार पर ही भाजपा को कई क्षेत्रीय पार्टियों का समर्थन मिल पाया और वह राष्ट्रीय प्रजातांत्रिक गठबन्धन यानी 'एनडीए' की सरकार बनाने में सफल रही। इस गठबंधन का सबसे आश्चर्यजनक हिस्सा रामविलास पासवान थे, जो भाजपा की साम्प्रदायिकता की दुहाई देते नहीं थकते थे।

मुझे कोई हैरानी नहीं हुई जब भाजपा के नेतृत्व वाली गठबन्धन सरकार में उनका मंत्री बनना कई भाजपा नेताओं के भी गले नहीं उतरा। सदन में मेरी बगल में बैठी एक भाजपा सांसद उनकी खुलकर बुराई करती रही थीं। उनका कहना था कि उनकी पार्टी की हर समय आलोचना करते रहने वाला व्यक्ति भला किस मुँह से उन्हीं की सरकार में मंत्री का पद स्वीकार कर रहा था।

नवाज शरीफ के साथ लाहौर समझौते के बाद अटल बिहारी वाजपेयी की जो साख बनी थी, वह 31 दिसम्बर, 1999 को उनकी सरकार द्वारा आतंकवादियों की रिहाई से मिट्टी में मिल गई। लगभग एक हफ्ते पहले पाकिस्तान के हरकत-उल-मुजाहिदिन नामक आतंकवादी गुट ने इंडियन एयरलाइंस के एक विमान का अपहरण कर लिया था। विमान में लगभग 170 यात्री सवार थे। जब विमान के पायलट अनिल शर्मा ने आतंकवादियों को बताया कि विमान में तालिबान-शासित कन्धार (अफगानिस्तान) तक जाने के लिए पर्याप्त ईंधन नहीं था तो आतंकवादियों ने ईंधन भरवाने के लिए विमान को अमृतसर हवाई अड्डे पर उतरवा लिया। लेकिन दिल्ली और अमृतसर में मौजूद भारतीय अधिकारी इस अवसर का लाभ नहीं उठा पाए और उन्होंने अपहृत विमान को भारत की जमीन से वापस उड़ जाने दिया। हवाई अड्डे पर विमान के आगे कोई बाधा खड़ी करके उसे वापस उड़ान भरने से रोका जा सकता था। लेकिन अधिकारियों को डर था कि अपहरणकर्ता गोलीबारी शुरू कर देंगे या विमान को यात्रियों सहित बम से उड़ा देंगे। आतंकवादी बिना ईंधन भरवाए ही विमान को अमृतसर

से निकाल ले जाने में सफल हो गए। इसके बाद विमान को पाकिस्तान के लाहौर हवाई अड्डे पर उतरवाकर उसमें ईंधन भरवाया गया, जहाँ से वह कन्धार पहुँचा। भारत सरकार पाकिस्तानी सरकार से विमान को रोके रखने का अनुरोध करती रही, लेकिन भला पाकिस्तानी अधिकारी ऐसा क्यों करते? जब विमान को अमृतसर में नहीं रोका जा सका तो लाहौर में कैसे रोका जा सकता था?

अपहरणकर्ताओं ने शुरू में भारतीय जेलों में बन्द 35 इस्लामी आतंकवादियों की रिहाई के साथ 20 करोड़ अमरीकी डॉलरों की माँग की थी। लेकिन लम्बी बातचीत के बाद वे सिर्फ तीन अहम आतंकवादियों की रिहाई के लिए राजी हो गए। ये तीन आतंकवादी थे—मौलाना मसूद अजहर (जिसने 2000 में जैश-ए-मुहम्मद की स्थापना की और 2001 में भारतीय संसद पर हमले की योजना रची), अहमद उमर सईद शेख (जिसे 2002 में पत्रकार डेनियल पर्ल के अपहरण और हत्या के आरोप में पाकिस्तान में गिरफ्तार किया गया), और मुश्ताक अहमद जरगर (जो रिहाई के बाद पाकिस्तान-शासित कश्मीर में इस्लामी उग्रवादियों के प्रशिक्षण शिविर चलाने लगा)। ये तीनों आतंकवादी जम्मू की जेल में बन्द थे और भारत सरकार विमान यात्रियों के बदले में इन तीनों की रिहाई के लिए तैयार हो गई थी। किसी भी नियम-कायदे की परवाह किए बिना इन तीनों को जेल से निकालकर नई दिल्ली से कन्धार जाने वाले विमान में बिठा दिया गया।

वाजपेयी सरकार के लिए यह एक कड़ा फैसला था, क्योंकि वह पहले किसी भी कीमत पर आतंकवादियों को न छोड़ने की घोषणा कर चुकी थी। विमान यात्रियों के सम्बन्धी प्रधानमंत्री के घर के बाहर धरने पर बैठ गए तो सरकार को झुकना पड़ा। विदेश मंत्री जसवंत सिंह तीनों आतंकवादियों को खुद कन्धार छोड़ने गए। यह उनका व्यक्तिगत फैसला था। जिस दिन जसवंत सिंह आतंकवादियों के साथ विमान में सवार होकर कन्धार गए थे, उसी दिन हैदराबाद हाउस में एक इफ्तार पार्टी में वाजपेयी ने मुझसे कहा था, "हमसे तो किसी ने पूछा नहीं।" शायद भाजपा सरकार के पास कोई चारा भी नहीं था। अपहरणकर्ता सभी विमान यात्रियों को मौत के घाट उतारने की धमकी दे चुके थे और एक विद्रोही यात्री की छुरा भोंककर हत्या भी कर चुके थे। फिर भी, जसवंत सिंह का आतंकवादियों के साथ कन्धार जाना जरूरत से ज्यादा झुकने वाली बात थी।

जनरल परवेज मुशर्रफ ने कारगिल में पाकिस्तानी कब्जे की गुपचुप योजना के बारे में पाकिस्तान सरकार को पूरी तरह धोखे में रखे रहे थे। बाद में उन्होंने मुझसे कहा था कि प्रधानमंत्री नवाज शरीफ को सब कुछ मालूम था। लेकिन जब पाकिस्तान से निष्कासित किए जाने के बाद नवाज शरीफ से जेद्दा में मेरी मुलाकात हुई तो उन्होंने इस बात से इनकार किया। उन्होंने कहा कि मुशर्रफ ने उनसे सिर्फ यह कहा था कि कश्मीर मसले पर भारत पर दबाव बनाने के लिए उन्होंने कुछ पाकिस्तानी सैनिकों को कारगिल में तैनात कर दिया था। यह वैसी ही शिकायत थी जैसी 1964 में कश्मीर में पाकिस्तानी घुसपैठ के बारे में राष्ट्रपति अयूब ने भुट्टो के बारे में की थी, कि उन्होंने उन्हें कुछ भी नहीं बताया था।

भारत में कारगिल को लेकर बहुत ज्यादा जन-आक्रोश था। लोगों को इस बात पर गुस्सा आ रहा था कि सरकार सीमा पर अपनी महत्त्वपूर्ण चौकियों की रक्षा करने में असफल रही

थी। ऐसा लगता है कि वाजपेयी के लाहौर दौरे के फौरन बाद ही जनरल परवेज मुशर्रफ ने कारगिल पर कब्जे की तैयारियाँ शुरू कर दी थीं, प्रधानमंत्री नवाज शरीफ को विश्वास में लिए बिना ही।

वरिष्ठ अधिकारियों का खयाल था कि भारत को पाकिस्तान और 'आजाद' कश्मीर में आतंकवादी शिविरों को नष्ट करने के लिए एक 'सर्जिकल' हवाई हमला करना चाहिए। इस प्रस्तावित कार्रवाई का नेतृत्व विनोद पटनी के हाथ में था। मैं उनसे मिला तो मैंने इस ऑपरेशन की स्थिति के बारे में जानना चाहा, क्योंकि ऐसी अफवाहें थीं कि पाकिस्तान ने हमारी कश्मीरी सप्लाई लाइन को काट दिया था। उन्होंने इसका खंडन किया, लेकिन साथ ही अफसोस जताते हुए कहा कि सर्जिकल हमले के प्रस्ताव को रद्द कर दिया गया था। प्रधानमंत्री वाजपेयी ने खुद ही इसे रद्द कर दिया था, क्योंकि उन्हें डर था कि यह हमला दोनों देशों के बीच एक पूर्ण युद्ध का रूप ले सकता था। भारतीय वायुसेना ने कारगिल में पाकिस्तानी चौकियों पर बमबारी तो की, लेकिन वह इससे आगे नहीं बढ़ी। (कारगिल युद्ध खत्म होने के बाद वायुसेना प्रमुख ने शिकायत की थी कि लड़ाई छिड़ने के बाद ही थल सेना ने उसे इसकी जानकारी दी थी। यह कोई नई शिकायत नहीं थी, क्योंकि इससे पहले भी थलसेना कोई कार्रवाई करने से पहले वायुसेना और नौसेना प्रमुखों को सूचित नहीं किया करती थी।)

कारगिल को लेकर संसद में भी काफी हंगामा हुआ और पाकिस्तान पर हमले की माँग उठी। वाजपेयी ने इस माँग को ठुकराते हुए सदन को आश्वासन दिया कि जल्दी ही बहुत कड़ी कार्रवाई की जाएगी। शुरू में कुछ झटकों के बाद भारतीय सेना कारगिल पर फिर से कब्जा करने में सफल हो गई। कई पाकिस्तानी सैनिक अलग-थलग पड़ गए और कारगिल के पहाड़ों में घिर गए।

नवाज शरीफ ने मुझे बताया था कि मुशर्रफ बार-बार उनके पास दौड़े आ रहे थे और पाकिस्तानी सेना की शान्तिपूर्ण वापसी के लिए अमरीका से बीच-बचाव करवाने के लिए कह रहे थे। नवाज शरीफ ने कहा कि हालाँकि 4 जुलाई अमरीका का स्वाधीनता दिवस था, फिर भी उन्होंने राष्ट्रपति बिल क्लिंटन से उसी दिन मुलाकात करने का आग्रह किया। क्लिंटन ने झट से वाजपेयी से सम्पर्क स्थापित किया और उन्हें पाकिस्तानी सेना को पीछे हटने देने के लिए राजी कर लिया।

पाकिस्तान को मुँह की खानी पड़ी थी। लेकिन यह पाकिस्तान से ज्यादा जनरल परवेज मुशर्रफ की हार थी, जो बड़े तीसमार खाँ बनने चले थे। उनका खुद का कहना था कि उनकी रणनीति में कोई कमी नहीं थी, लेकिन वे भारतीय प्रक्रिया का सही अनुमान नहीं लगा पाए थे। पाकिस्तान की जनता के लिए सेना की वापसी एक बड़ा झटका थी, क्योंकि वह यह भ्रम पाले बैठी थी कि कारगिल पर कब्जे से कश्मीर की आजादी का प्रवेश-द्वार खुल गया था।

जनरल परवेज मुशर्रफ श्रीलंका के दौर पर गए तो नवाज शरीफ ने अवसर का लाभ उठाते हुए उन्हें सेना प्रमुख के पद से बर्खास्त कर दिया। लेकिन प्रधानमंत्री का यह दाँव उल्टा पड़ गया। मुशर्रफ के वफादार कमांडरों ने सरकार का तख्ता पलट दिया। नवाज शरीफ और उनके भाई को गिरफ्तार कर लिया गया और पाकिस्तान में एक बार फिर सैनिक शासन

लागू हो गया। नवाज शरीफ ने इसके बाद जेल में बिताए छह महीनों को क्रूरतम यातना के दिन बताया है। ''वह जेल किसी काल-कोठरी से कम नहीं थी,'' उन्होंने उन दिनों को याद करते हुए मुझसे कहा था।

नवाज शरीफ को जेल में ठूँस दिए जाने से, और इससे भी ज्यादा पाकिस्तान में सैनिक शासन लागू हो जाने से भारत को बड़ी निराशा हुई थी। वाजपेयी राज्यसभा में अपनी सीट पर बैठे दिखाई दिए तो मैंने उनके पास जाकर पूछा कि यह क्या हो गया। उन्होंने कहा, ''नवाज शरीफ को हमारे साथ दोस्ती करने की कीमत चुकानी पड़ी है।'' वे नवाज शरीफ की सलामती को लेकर काफी चिन्तित थे। उन्होंने मुझे बताया कि पर्दे के पीछे कश्मीर मसले पर लगातार बातचीत चल रही थी। ''कुलदीप, हमने इसे करीब-करीब सुलझा लिया था। यूँ समझो कि करीब 80 प्रतिशत मामला सुलझ चुका था,'' उन्होंने गहरी हताशा के साथ कहा। जब मैंने इस '80 प्रतिशत' के बारे में विस्तार से जानना चाहा तो वाजपेयी ने कुछ भी बताने की बजाय खामोश रहना पसन्द किया।

कारगिल में पाकिस्तान की हरकत से नाराज भारत ने सीमाओं पर अपनी सेनाएँ तैनात कर दीं। दोनों देशों की सेनाएँ लगभग एक वर्ष तक आमने-सामने खड़ी रहीं। इसके बाद भारत ने यथास्थिति को फिर से स्थापित करते हुए सेनाओं को वापस बुला लिया।

भारत और पाकिस्तान के बीच पर्दे के पीछे बातचीत जारी थी। इसका नेतृत्व भारत की तरफ से आर.के. मिश्रा और पाकिस्तान की तरफ से नियाज नेक कर रहे थे। नियाज ने मुझे बताया था कि वे लोग चिनाव लाइन पर बातचीत कर रहे थे। इसका मतलब था पूरी घाटी में भारत और पाकिस्तान का साझा प्रशासन। मैंने उनसे कुछ और जानकारी चाही। उन्होंने अगली मुलाकात में इस सम्बन्ध में विस्तार से बताने का वायदा किया। लेकिन ऐसा नहीं हो पाया, क्योंकि उनकी मृत्यु हो गई। आर.के. मिश्रा कुछ भी कहने से बचते रहे और इस रहस्य को अपने सीने में दबाए ही चल बसे।

कई वर्ष बाद दोनों देशों के बीच बैक-चैनल बातचीत फिर से शुरू की गई। इस बीच कांग्रेस के नेतृत्व वाली गठबन्धन सरकार सत्ता में आ चुकी थी। पर्दे के पीछे की बातचीत का नेतृत्व अब सतीश लाम्बा कर रहे थे, जो पाकिस्तान में भारत के हाई कमिश्नर रह चुके थे। उन्होंने भी मुझसे यही कहा कि बातचीत काफी आगे बढ़ चुकी थी। उन्होंने मुझे भरोसा दिलाया कि न तो धर्म के आधार पर कश्मीर का बँटवारा होगा और न वर्तमान सीमाओं में ही कोई बदलाव होगा। लेकिन ये सीमाएँ 'महत्त्वहीन' जरूर हो सकती थीं

पाकिस्तान के विदेश मंत्री खुर्शीद कसूरी ने भी किसी तरह के समझौते पर पहुँचने की पुष्टि करते हुए कहा कि कश्मीर मसला हल हो गया था और जल्दी ही प्रधानमंत्री मनमोहन सिंह इस्लामाबाद जाकर इस समझौते पर हस्ताक्षर करेंगे। कसूरी नई दिल्ली में पाकिस्तान के हाई कमिश्नर के घर में आयोजित एक दावत में आए हुए थे। बाद में जब लाहौर में कसूरी से मेरी मुलाकात हुई तो वे सत्ता में नहीं थे। उन्होंने मुझे बताया कि पाकिस्तान में वकीलों के आन्दोलन के कारण समझौते पर हस्ताक्षर नहीं हो पाए थे। यह आन्दोलन खत्म होते-होते पाकिस्तान के राजनीतिक परिदृश्य में काफी परिवर्तन आ चुका था। जनरल परवेज मुशर्रफ मंच से ओझल हो चुके थे और पाकिस्तान पीपल्स पार्टी के नेतृत्व में एक प्रजातांत्रिक

सरकार सत्ता में आ चुकी थी।

2010 में पाकिस्तान के विदेश सचिव सलमान बशीर नई दिल्ली आए और भारत की विदेश सचिव निरुपमा राव से उनकी बातचीत हुई। मैंने उनसे पूछा कि क्या इस बातचीत में कश्मीर का मसला भी शामिल था। उन्होंने 'हाँ' में जवाब दिया और कहा कि पर्दे के पीछे की बातचीत के सिरों को फिर से पकड़ना होगा। "हम जितना रास्ता तय कर चुके थे, उसे बेकार नहीं जाने देंगे और उससे आगे बढ़ने की कोशिश करेंगे," उन्होंने मुझसे कहा था।

कश्मीर के समाधान को लेकर मेरा अपना फार्मूला यह है कि भारत और पाकिस्तान दोनों को अपने-अपने कब्जे वाले क्षेत्रों को मिला देना चाहिए और दोनों हिस्सों के बीच की सरहदों को ढीला कर देना चाहिए। नई दिल्ली को रक्षा और विदेशी मामलों को छोड़कर अन्य सभी शक्तियाँ राज्य को सौंप देनी चाहिए और पाकिस्तान को भी ऐसा ही करना चाहिए। जम्मू और कश्मीर के चुने हुए सांसदों को पाकिस्तान की नेशनल असेम्बली में बैठना चाहिए, जबकि 'आजाद' कश्मीर के सांसदों को भारत की लोकसभा में। यह एक पूरा और अन्तिम समाधान होगा, और संयुक्त राष्ट्र में दर्ज सभी शिकायतें वापस ले ली जाएँगी।

भारतीय जनता पार्टी के नेतृत्व वाली वाजपेयी सरकार को सत्ता में आए चार वर्ष हो चुके थे कि गुजरात में (28 फरवरी, 2002) साम्प्रदायिक दंगों का ज्वालामुखी फूट पड़ा। भूतपूर्व केबिनेट सचिव जफर सैफुल्ला ने मुझे फोन करके कहा कि हम लोगों को फौरन बड़ौदा और अहमदाबाद जाना चाहिए, जहाँ सैकड़ों मुसलमानों को मौत के घाट उतारा जा रहा था। भूतपूर्व केन्द्रीय मंत्री मुहम्मद आरिफ खान भी हमारे साथ चल पड़े। हम विमान पकड़कर सीधे बड़ौदा पहुँचे, जहाँ गुजरात के विभिन्न हिस्सों में अचानक ही भड़क उठे दंगों पर विचार-विमर्श के लिए कुछ एनजीओ, मानवाधिकार कार्यकर्ता और गांधीवादी इकट्ठे हो चुके थे। उन्होंने हमें आगाह करते हुए कहा कि पुलिस किसी भी समय हमें पकड़कर जेल में ठूँस सकती थी। वे सब बहुत भयभीत दिखाई दे रहे थे।

अहमदाबाद से आए एक एनजीओ ने मुझे बताया कि गोधरा की घटना के फौरन बाद पूरे शहर का बस्ती-दर-बस्ती नक्शा तैयार कर लिया गया था और मुस्लिम बस्तियों, घरों, दुकानों, फैक्टरियों इत्यादि को चुन-चुनकर निशाना बनाया जा रहा था। दंगाइयों के विभिन्न समूह जगह-जगह हत्याओं, लूटपाट और आगजनी में लिप्त थे और मोबाइल फोनों पर अपने 'बॉसों' से निरन्तर सम्पर्क बनाए हुए थे। साथ ही एक पर्चा बाँटकर हिन्दुओं से मुसलमानों का बहिष्कार करने, उनकी दुकानों से कुछ न खरीदने और उनके साथ कोई सम्पर्क न रखने के लिए कहा जा रहा था।

हिंसा का यह तांडव गोधरा रेलवे स्टेशन के पास हुई उस घटना की प्रतिक्रिया थी जिसमें कुछ हिन्दू कारसेवकों को अहमदाबाद जा रही एक ट्रेन में जिन्दा जला दिया गया था।

पुलिस इस तरह व्यवहार कर रही थी मानो उसे 'दखल न देने' के निर्देश दिए गए हों। बाद में, एक पुलिस अधिकारी ने अपने शपथ-पत्र में कहा था कि वह उस मीटिंग में मौजूद था जिसमें मुख्यमंत्री नरेन्द्र मोदी ने हिन्दुओं को जिन्दा जलानेवाले मुसलमानों को सबक सिखाने के लिए कहा था। दंगों के दौरान 'न्यूयार्क टाइम्स' ने पुलिस कन्ट्रोल रूम और ड्यूटी पर

तैनात पुलिस अधिकारियों के बीच बातचीत की 'ट्रांस्क्रिप्ट' प्रकाशित की थी। इससे पता चलता था कि उन्हें मुस्लिम घरों को जलने देने और उन्हें किसी तरह की मदद न पहुँचने देने के लिए कहा गया था। बल्कि गुजरात में इससे भी बुरा हाल था। पुलिसवाले खुद दंगाइयों को भड़का रहे थे और उनकी रक्षा कर रहे थे।

मेरी आँखों के सामने बँटवारे के दिनों के दृश्य घूम गए। उस समय भी पुलिस दंगाइयों और हत्यारों का बढ़-चढ़कर साथ दे रही थी। धर्म के नाम पर दिए गए आह्वान ने हजारों आम लोगों को ऐसे जघन्य अपराधियों और हत्यारों में बदल दिया था कि बड़े-बड़े अपराधी भी शरमा जाएँ।

हैरानी की बात यह थी कि गुजराती समाज में शायद ही कोई पश्चाताप के चिन्ह दिखाई दे रहे थे। लेकिन मेरा दिल हमेशा की तरह शरणार्थियों के साथ था। वे भी उसी तरह अपने बसे-बसाए घरों से, अपने दोस्तों और सपनों से बिछुड़ गए थे जैसे मैं स्यालकोट से बिछुड़ गया था। लेकिन उनका दर्द शायद मुझसे भी ज्यादा भयानक था। वे अपने ही देश में शरणार्थी हो गए थे, कश्मीर के पंडितों की तरह। मुझे 1984 के सिख-विरोधी दंगे भी याद आ गए, जब राजधानी दिल्ली में लगभग 3,000 सिखों को दिन-दहाड़े मौत के घाट उतार दिया गया था।

हम सब उस जगह भी गए जहाँ गोधरा का रेलवे-कांड हुआ था। पूछताछ के दौरान हमें पता चला कि ट्रेन 27 फरवरी को सुबह 7.50 पर गोधरा स्टेशन से रवाना हुई थी। कुछ कार-सेवक अभी प्लेटफार्म पर ही थे। कुछ हाथ-मुँह धो रहे थे और कुछ चाय-नाश्ता बेचने वाले लड़कों के साथ छेड़छाड़ कर रहे थे। एक कार-सेवक ने जंजीर खींचकर ट्रेन रुकवा दी, जो पाँच मिनट बाद दोबारा चली। 7.58 बजे फिर से जंजीर खींची गई, इस बार तीन डिब्बों से। अधिकारी तब तक यह पता नहीं लगा पाए थे कि यह किसका काम था। स्टेशन से लगभग 800 मीटर दूर ट्रेन दोबारा रुकी तो बाहर से पत्थरों की बौछार शुरू हो गई और बोगी संख्या एस-6 को आग लगा दी गई।

न्यायमूर्ति यू.सी. बैनर्जी की अध्यक्षता में गठित रेलवे की जाँच समिति ने कार-सेवकों को दोषी ठहराया था। लेकिन न्यायमूर्ति नानावती ने अपनी रिपोर्ट में कहा कि यह स्थानीय मुसलमानों का पूर्व नियोजित षड्यंत्र था, जिसमें पाकिस्तान की आईएसआई का भी हाथ था। रिपोर्ट के अनुसार यह षड्यंत्र स्थानीय मौलवी हाजी उमरजी की अध्यक्षता में आयोजित एक मीटिंग में रचा गया था। षड्यंत्र को कार्यान्वित करने के लिए 140 लीटर पेट्रोल लाया गया था, बोगी एस-6 और एस-7 के बीच का सम्पर्क काट दिया गया था और फिर पेट्रोल छिड़ककर एस-6 बोगी को आग लगा दी गई थी।

हैरानी की बात यह थी कि नानावती एक भी चश्मदीद गवाह के बिना ही इस निष्कर्ष पर पहुँच गए थे। खुद मुझे भी जरा भी सन्देह नहीं है कि यह एक पूर्वनियोजित योजना थी। अन्यथा काँटेदार झाड़ियों भरे उस इलाके में सिर्फ तीन मिनट के अन्दर 500 लोगों की भीड़ का पेट्रोल और घासलेट समेत इकटठे होना सम्भव नहीं था। मैं खुद रेलवे पटरियों के साथ चलकर उस इलाके को देख चुका हूँ।

लेकिन अहमदाबाद, बड़ौदा और कुछ दूसरे शहरों और गाँवों में जिस तरह इस घटना

का 'बदला' लिया गया, उसके आगे गोधरा कांड बहुत छोटा पड़ जाता है। गुजरात के कुल 23 जिलों में से 10 जिले साम्प्रदायिक हिंसा की लपटों में घिर गए। आधिकारिक आँकड़ों के अनुसार इन दंगों में 800 लोग मारे गए। लगभग एक लाख पुरुष, स्त्रियाँ और बच्चे तथाकथित शरणार्थी शिविरों में घोर अमानवीय स्थितियों में रहने के लिए विवश हो गए। इन शिविरों का प्रबन्ध भले ही गैर-सरकारी संस्थाओं (एनजीओ) के हाथ में था, लेकिन सरकार द्वारा दिया जाने वाला गेहूँ और आटा बहुत घटिया किस्म का था।

केन्द्र सरकार ने हाय-तौबा करने के अलावा और कुछ भी नहीं किया। इस निष्क्रियता के लिए पार्टी का अंदरुनी टकराव जिम्मेदार था। यह कट्टरपंथियों और नर्मपंथियों का टकराव था। यही कारण था कि प्रधानमंत्री अटल बिहारी वाजपेयी ने फौरन गुजरात का दौरा नहीं किया।

पार्टी में बहुत-से लोगों का मानना था कि गुजरात जैसी घटनाएँ पार्टी के हिन्दू वोट बैंक को और मजबूत करेंगी। प्रधानमंत्री वाजपेयी और विदेश मंत्री जसवंत सिंह ऐसा नहीं सोचते थे, लेकिन वे भी चुप्पी साधे रहे। वे आरएसएस कट्टरपंथियों को नाराज करना नहीं चाहते थे, जो संघ के प्रचारक रह चुके नरेन्द्र मोदी की खुलेआम पीठ ठोंक रहे थे।

मैंने उन्हीं दिनों प्रधानमंत्री के नाम एक पत्र लिखा था, जिसमें मैंने कहा था–

> मैं जानता हूँ कि आप नरेन्द्र मोदी से कितने नाखुश हैं। लेकिन, अगर मैं ऐसा कह सकूँ तो, आपको इससे आगे जाकर उन्हें इस्तीफा देने के लिए कहना चाहिए। उनकी हिस्सेदारी में कोई सन्देह नहीं है। मैं आपको इतने बरसों से जानता हूँ और कल्पना कर सकता हूँ कि आप कैसा महसूस कर रहे होंगे। गोधरा में जो कुछ हुआ वह बहुत बुरा था, लेकिन मुख्यमंत्री के निर्देश पर कार-सेवकों के शवों की परेड करना और लोगों को बदले के लिए भड़काना और भी बुरा था। अगर मुख्यमंत्री नरेन्द्र मोदी को बर्खास्त न करके इस्तीफा देने के लिए भी कह दिया जाता है तो देश की नजरों में आपका और आपकी पार्टी का मान बहुत बढ़ जाएगा।

मुझे इस पत्र का जवाब तो क्या प्राप्ति-सूचना तक नहीं मिली। इसी तरह, राष्ट्रपति नारायणन ने भी प्रधानमंत्री और नरेंद्र मोदी को पत्र लिखकर गुजरात को सेना के हवाले करने और 'शूट एट साइट' का आदेश देने के लिए कहा था। लेकिन पत्रों की भी प्राप्ति-सूचना तक नहीं भेजी गई। मेरा खयाल है कि मोदी के प्रबल समर्थक समझे जानेवाले एल.के. आडवाणी ने वाजपेयी को कोई कार्रवाई करने या फौरन गुजरात का दौरा करने से भी रोक दिया होगा। मुझे लगा कि वाजपेयी की छवि कुछ भी हो, लेकिन आखिरकार वे संघ के आदमी थे और शाखा में नेकर पहने दिखाई देते थे। गुजरात में हुए दंगे हिन्दू-मुस्लिम दंगे नहीं थे, क्योंकि इनमें दो समुदाय आपस में नहीं लड़ रहे थे। यह एक जन-आहूति थी, एक सोची-समझी और सुनियोजित योजना थी जिसे उतने ही सुनियोजित ढंग से कार्यान्वित किया गया।...मैंने देखा कि ब्यूरोक्रेसी और पुलिस का सम्प्रदायीकरण हो चुका था। ऐसे कई उदाहरण हैं जिनसे सरकारी मशीनरी के पक्षपातपूर्ण रवैये का पता चला है, मानो दंगाइयों के खिलाफ कोई कार्रवाई न करने के अलिखित निर्देश दिए गए हों। मुख्यमंत्री नरेन्द्र मोदी को बहुत पहले ही इस्तीफा देने के लिए कह दिया जाना चाहिए था।

मैंने यह सलाह भी दी कि एक व्यक्ति वाले कमीशन को तीन-सदस्यीय बना दिया जाना

चाहिए, जिसकी अध्यक्षता उच्चतम न्यायालय के न्यायाधीश कर रहे हों; और जाँच-पड़ताल का काम राज्य की पुलिस की बजाय सीबीआई के हाथ में हो। अफसोस की बात है कि मुझे इस पत्र का कोई जवाब नहीं मिला।

लेकिन अपने गुजरात दौरे से पहले वाजपेयी ने मुझे फोन करने की सौजन्यता जरूर दिखाई। उन्होंने मुझसे पूछा कि दौरे में हुई देर को देखते हुए उन्हें अब क्या करना चाहिए। मैंने उनसे कहा कि उन्हें सरेआम मोदी को फटकार लगानी चाहिए और अपने गुस्से का खुलकर इजहार करना चाहिए। मैंने उनसे यह भी कहा कि मैं उनकी दुविधा को समझ सकता था। वे न तो मोदी को हटा सकते थे और न उनके कृत्यों का समर्थन कर सकते थे।

वाजपेयी ने लगभग ऐसा ही किया। शरणार्थी शिविरों के दौरे के दौरान उन्होंने अपने गुस्से का खुलकर प्रदर्शन किया और मुख्यमंत्री नरेन्द्र मोदी को सबके सामने फटकार लगाई। उनके इस दौरे का अच्छा प्रभाव पड़ा। लेकिन बाद में जब वे गोवा गए तो उनके अगल-बगल बैठे अरुण शोरी और अरुण जेटली ने उनके कान भर दिए। गोवा में अपने भाषण में उन्होंने दंगों का कम और इस्लाम का ज्यादा जिक्र किया। उन्होंने कहा कि हिन्दू सब जगह शान्तिपूर्वक रह रहे थे, लेकिन जहाँ भी मुसलमान थे, वे शान्ति से रहना नहीं चाहते थे।

गुजरात के दंगों को एक और दंगा कहकर नजरअन्दाज कर दिया गया होता, अगर अंग्रेजी अखबारों और टीवी के समाचार चैनलों ने इन्हें 'नरसंहार' के रूप में चित्रित न किया होता। वे यह दिखाने में सफल रहे कि ये हत्याएँ और लूटपाट पूर्व-नियोजित थीं और इनमें नरेन्द्र मोदी और उनके मंत्रियों का हाथ था।

बड़े दुख की बात है कि गुजरात के दंगे उस समय हुए जब मुसलमान देश की मुख्यधारा से जुड़ने लगे थे। देश के संविधान में निहित समानता और धर्म-निरपेक्षता की धारणा में उनकी आस्था निरन्तर दृढ़ हो रही थी।

बँटवारे से उन्हें निराशा तो हुई थी, लेकिन पाकिस्तान के प्रति उनका मोह कम नहीं हुआ था। बांग्लादेश की स्थापना ने इस मोह को भंग करने का काम किया, जब एक मुस्लिम समुदाय दूसरे मुस्लिम समुदाय से सिर्फ भाषा के नाम पर अलग हो गया। इसके बाद भारतीय मुसलमानों ने अपनी पहचान को धार्मिक कट्टरपन्थ या इस्लामी देशों की बजाय भारतीय जमीन के साथ जोड़ना शुरू कर दिया।

यही कारण था कि वे मुस्लिम विश्व के अहम मुद्दों से अपने-आपको अलग करते चले गए। इंडोनेशिया के बाद भारत में मुसलमानों की सबसे बड़ी आबादी है, लेकिन भारतीय मुसलमानों ने देश के बाहर के जेहादों में कभी भाग नहीं लिया। अफगानिस्तान का उदाहरण हमारे सामने है। पाकिस्तान के मुसलमान तालिबान का साथ देते पाए गए। लेकिन कोई भी भारतीय मुसलमान तालिबान की तरफ से नहीं लड़ा।

नजदीक का उदाहरण देखना हो तो कश्मीर को ले लीजिए। वहाँ कई वर्षों से जारी हिंसक गतिविधियों में कई देशों के मुसलमान शामिल रहे हैं, लेकिन कश्मीर को छोड़कर भारत के किसी दूसरे हिस्से के मुसलमान नहीं। इन मुद्दों पर भारतीय मुसलमानों की खामोशी को अकसर गलत समझा जाता है, फिर भी उन्होंने शायद ही कभी ऐसा कुछ कहा या किया है जिसमें भारत की भावनाएँ न झलकती हों।

गुजरात में जो कुछ हुआ, उससे समुदाय को बहुत गहरा झटका लगा है। एक तरफ तो वे उस भीड़ के पागलपन को नहीं समझ पाए जो न जाने किस बात पर भड़ककर साबरमती एक्सप्रेस को आग लगाने पर उतारू हो गई, दूसरी तरफ इसके 'बदले' में भड़के हिंसा के भयानक तांडव ने समुदाय को बुरी तरह झकझोर कर रख दिया।

यह सच है कि तीन-चार शहरों में इक्का-दुक्का घटनाओं को छोड़कर गुजरात की साम्प्रदायिक आग देश के दूसरे हिस्सों में नहीं फैली। लेकिन समय-समय पर छोटे-बड़े दंगों का शिकार होनेवाले समुदाय के लिए यह कोई बहुत ज्यादा सन्तोष की बात नहीं थी। अधिकारियों की निष्क्रियता, पुलिस के पक्षपात और अपराधियों को सजा देने की बजाय अपनी गलतियाँ छिपाने की सरकारी कोशिशों ने समुदाय को और ज्यादा भयभीत कर दिया था। लगभग 41 वर्ष पहले 1969 में अहमदाबाद में बड़े पैमाने पर हुए दंगों के दौरान भी समुदाय को ऐसे ही कटु अनुभव हुए थे। समुदाय का यह विश्वास निरन्तर और ज्यादा गहरा होता गया था कि हिन्दू-मुस्लिम दंगे हमेशा मुस्लिम-पुलिस टकराव का रूप ले लेते थे। मिले-जुले पुलिस बल के प्रस्ताव हमेशा कागजों पर ही धरे रह जाते थे।

समुदाय और देश के सामने सबसे बड़ी चुनौती यह है कि पुलिस की पक्षपातपूर्ण मानसिकता को कैसे बदला जाए। इतनी ही बड़ी एक दूसरी चुनौती यह है कि भाजपा-शासित और अन्य राज्यों में संघ परिवार को साम्प्रदायिक जहर फैलाने से कैसे रोका जाए।

गुजरात के दंगे भारतीय जनता पार्टी के गले की सलीब साबित हुए। 'इंडिया शाइनिंग' के चमचमाते नारे के बावजूद उसे अगले चुनावों में मुँह की खानी पड़ी, क्योंकि सभी धर्म-निरपेक्ष शक्तियाँ उसके खिलाफ उठ खड़ी हुईं। 2004 के चुनावों में लोकसभा में पार्टी की सीटें 200 से घटकर सिर्फ 138 रह गईं, जबकि उसे इनमें बढ़ोत्तरी की उम्मीद थी। भाजपा ने अपनी हार के लिए भले ही जरूरत से ज्यादा आत्मविश्वास को जिम्मेदार ठहरा दिया हो, लेकिन इसका असली कारण गुजरात के दंगे और मुसलमानों के नरसंहार में नरेन्द्र मोदी की भूमिका ही थी।

20

मनमोहन सिंह सरकार

सन् 2004 के लोकसभा चुनावों के परिणाम किसी आश्चर्य से कम नहीं थे, खासकर जरूरत से ज्यादा आत्म-विश्वास से भरी भारतीय जनता पार्टी के लिए। उसे उम्मीद थी कि 'उज्जवल भारत' का उसका नारा उसे एक बार फिर सत्ता में ले आएगा। लेकिन ऐसा नहीं हो सका, और वह सिर्फ 138 सीटें जीतकर मुँह के बल गिर पड़ी। उसकी साथी पार्टियों का भी बुरा हाल रहा।

मुझे भाजपा सरकार से कुछ भी मोह नहीं था। मैं उसके साम्प्रदायिक रुझान को लेकर हमेशा चिन्तित रहा था और जानता था कि पार्टी राष्ट्रीय स्वयंसेवक संघ (आरएसएस) का राजनीतिक चेहरा मात्र थी। हालाँकि अधिकांश लोगों को भाजपा के सत्ता में लौटने की उम्मीद थी, लेकिन मुझे इसमें सन्देह था। मेरा मानना था कि अधिकांश हिन्दू बहुधर्मी समाज में विश्वास रखते थे। अगर ऐसा न होता तो लगभग 80 प्रतिशत हिन्दू भारत को एक हिन्दू राष्ट्र बना चुके होते। मुझे कांग्रेस की सरकार ज्यादा रास आती थी, क्योंकि मुझे उसमें कम बुराई दिखाई देती थी।

हालाँकि 145 सीटें जीतनेवाली कांग्रेस के पास भाजपा से सिर्फ 7 सीटें ज्यादा थीं, लेकिन सैद्धान्तिक रूप से समान विचारधारा रखनेवाली पार्टियों ने काफी अच्छा प्रदर्शन किया था। वाम दलों ने कुल मिलाकर 60 सीटें जीती थीं। भ्रष्ट लालू के राष्ट्रीय जनता दल (आरजेडी) को 24 और जातिवादी मुलायम की समाजवादी पार्टी को 36 सीटें प्राप्त हुई थीं। कांग्रेस ने संयुक्त प्रगतिशील गठबन्धन (यूपीए) के नाम से एक संयुक्त मोर्चे का गठन करके सोनिया गांधी को इसकी अध्यक्ष नियुक्त कर दिया।

कांग्रेस के भीतर यह माँग जोर पकड़ रही थी कि नई सरकार की बागडोर सोनिया गांधी के हाथ में ही होनी चाहिए। मुझे यह देखकर आश्चर्य हुआ कि इससे पहले सिर्फ 13 सीटों के लिए सोनिया गांधी से पीठ फेरनेवाले मुलायम सिंह अब बड़ी खुशी से यूपीए में शामिल होने के लिए तैयार हो गए थे। चुनावों से पहले मेरे मन में यह इच्छा थी कि कांग्रेस की जीत हो, और मनमोहन सिंह प्रधानमंत्री और सोनिया गांधी पार्टी अध्यक्ष का पद सँभालें। चुनावों के बाद सचमुच ऐसा ही हुआ। लेकिन मैंने यह कल्पना भी नहीं की थी कि मनमोहन सिंह सोनिया गांधी के हाथ की कठपुतली बनकर रह जाएँगे और उनकी सहमति के बिना कोई मामूली-सी नियुक्ति भी नहीं कर पाएँगे, कि वे हर फैसले के लिए उनका मुँह ताकते रहेंगे।

मनमोहन सिंह को प्रधानमंत्री चुने जाने से पहले पार्टी में अच्छा-खासा तमाशा देखने को मिला। पार्टी के सांसद दिन भर सोनिया गांधी को पार्टी का नेता चुने जाने की माँग करते रहे, वह भी संसद के केन्द्रीय सभागृह में और सरकारी दूरदर्शन के कैमरों के सामने। कुछ खुलेआम विलाप कर रहे थे तो कुछ यह धमकी दे रहे थे कि जब तक सोनिया गांधी प्रधानमंत्री बनने के लिए राजी नहीं होंगी, वे संसद के हाल से बाहर नहीं निकलेंगे। खुद राहुल गांधी भी सांसदों की माँग का समर्थन करते हुए कह रहे थे कि यह चुनाव सोनिया जी ने जीता था, इसलिए प्रधानमंत्री भी उन्हीं को बनना चाहिए। मैं कुछ दूर से यह तमाशा देखता रहा, जब तक कि यह एक उबाऊ नाटक में नहीं बदल गया।

सोनिया गांधी पूरे देश को दिखा देना चाहती थीं कि पार्टी पूरी तरह उनके साथ थी और उन्हें प्रधानमंत्री के रूप में देखना चाहती थी। मैं उनकी मंशा को समझ पा रहा था, लेकिन साथ ही मनमोहन सिंह के प्रति सहानुभूति भी महसूस कर रहा था। मैं यह सोचकर खुशी भी महसूस कर रहा था कि देश को एक ही घराने के राज से थोड़ी राहत मिलेगी।

मैं नहीं चाहता था कि सोनिया गांधी देश की प्रधानमंत्री बनें। पर सच था कि धर्म-निरपेक्षता में उनकी बहुत गहरी निष्ठा थी, लेकिन उनमें कुछ कमियाँ भी थीं। उनकी सबसे बड़ी कमजोरी यह थी कि उनके रवैये में अधिकारवाद की झलक थी, जो उन्हें अपनी सास इन्दिरा गांधी से प्राप्त हुई थी। जब कांग्रेस की सरकार बनने की प्रबल सम्भावना दिखाई देने लगी तो 'ईनाडु' के सम्पादक और मेरे बरसों पुराने मित्र रामोजी राव ने मुझे फोन करके कहा कि एक इतालवी को सत्ता की बागडोर सौंपना देश के लिए बड़ी शर्मनाक बात होगी, जिसे हर हालत में टाला जाना चाहिए। देश में ज्यादातर लोगों का यही मानना था। मैंने उनसे कहा कि मेरा अपना अनुमान था कि वे प्रधानमंत्री नहीं बनेंगी।

मेरा खयाल था कि वे सही वक्त पर अपने बेटे राहुल गांधी को सत्ता की बागडोर सँभालना पसन्द करेंगी। अगर वे खुद प्रधानमंत्री बन जातीं तो राहुल का रास्ता हमेशा के लिए बन्द हो सकता था, क्योंकि पार्टी और देश वंशराज के खिलाफ विद्रोह कर सकते थे। राहुल गांधी कुछ वर्ष पार्टी का काम सँभालने के बाद आसानी से मनमोहन सिंह की जगह ले सकते थे। और यही हुआ भी। सोनिया गांधी ने अन्य बहुत-सी माओं की तरह अपनी बेटी प्रियंका गांधी को नजरअन्दाज करते हुए राहुल गांधी को आगे बढ़ाने का फैसला किया, हालाँकि प्रियंका चुनाव अभियानों में अद्भुत नेतृत्व-शक्ति का प्रदर्शन कर चुकी थीं। अरुण नेहरू ने भी यह बात स्वीकार की थी कि प्रियंका के जबर्दस्त प्रचार अभियान के कारण ही वे चुनाव हार गए थे।

मनमोहन सिंह राज्यसभा में विपक्ष के नेता के रूप में सोनिया गांधी के अधीन काम कर चुके थे और अपनी अद्भुत निष्ठा-भावना से उनका मन जीत चुके थे। जब मैंने सदन में 1984 के सिख नरसंहार के खिलाफ एक और कमीशन नियुक्त किए जाने की माँग की थी तो तत्कालीन गृहमंत्री आडवाणी ने मेरे सुझाव को स्वीकार करते मुझे विपक्ष के नेता की भी सहमति ले लेने के लिए कहा था। मैंने मनमोहन सिंह की सीट के पास जाकर उनकी सहमति चाही तो वे खामोश बैठे रहे। लेकिन अगले ही दिन उन्होंने अपनी पार्टी की स्वीकृति की घोषणा कर दी, क्योंकि इस बीच वे सोनिया गांधी की अनुमति ले चुके थे। वे स्वभाव से एक नौकरशाह की तरह थे और उन पर सोनिया के आदेशों का आँख मूँदकर पालन करने

का भरोसा किया जा सकता था। यही कारण था कि उनके केबिनेट मंत्रियों की सूची खुद सोनिया गांधी ने बनाई थी। मनमोहन सिंह ने इसे बाद में देखा था।

हर कोई जानता था कि सभी महत्त्वपूर्ण फाइलें सोनिया गांधी के निवास 10, जनपथ पर जाती थीं और उनकी सहमति के बाद ही कोई फैसला लिया जाता था। विदेशों में भारतीय राजदूतों को भी वही चुनती और नियुक्त करती थीं। सरकार चलाने की इस दोहरी व्यवस्था की सफलता का श्रेय मनमोहन सिंह को जाता है, न कि सोनिया गांधी को। मुझे नहीं लगता कि कोई दूसरा कांग्रेसी नेता इतनी भक्ति-भावना से और इतनी खुशी-खुशी यह मुश्किल भूमिका निभा पाता। दिखावे के लिए सोनिया उन्हें हमेशा प्रधानमंत्री कहकर सम्बोधित करती थीं और पार्टी की मीटिंगों में उनके पद की मर्यादा का पूरा ध्यान रखती थीं। फिर भी हर किसी को मालूम था कि असली 'बॉस' कौन था।

कुछ वर्ष बाद मनमोहन सिंह को भी यह बात चुभने लगी थी कि हर कोई हर मामले में 10, जनपथ का दरवाजा खटखटाता था। उन्हें यह बहुत ज्यादा खटकता था। लेकिन वे अपमान का घूँट पीकर रह जाते थे। वे जानते थे कि प्रधानमंत्री बने रहने के लिए उन्हें यह कीमत चुकानी ही पड़ेगी। अपने कुछ नजदीकी दोस्तों के सामने वे स्वीकार करते थे कि वे इस दोहरी व्यवस्था से तंग आ चुके थे। लेकिन क्या वे सचमुच तंग आ चुके थे? बहुत कम लोग पद और प्रतिष्ठा का त्याग करके गुमनामी के अँधेरों का सामना करने की हिम्मत कर पाते हैं। मनमोहन सिंह ऐसे व्यक्तियों में से नहीं हैं। फिर भी सम्मान के साथ पद त्यागने के लिए वह सचमुच अच्छा समय था। बाद में उनकी प्रतिष्ठा बहुत ज्यादा गिरती चली गई।

सोनिया गांधी इतनी शक्तिशाली महसूस करने लगी थीं कि उन्होंने एक अभूतपूर्व कदम उठाते हुए हुए सरकार के फैसलों में सामाजिक कार्यकर्ताओं और बुद्धिजीवियों का सक्रिय सहयोग लेने का फैसला किया। उन्होंने एक 'राष्ट्रीय सलाहकार समिति' (एनएसी) का गठन किया, जिसमें गैर-सरकारी संस्थाओं के सदस्यों के साथ-साथ कुछ भूतपूर्व नौकरशाह भी शामिल थे। इस समिति का उद्‌देश्य सरकारी प्रस्तावों की समीक्षा करना और जन-आकांक्षाओं के पैमाने पर उनका मूल्यांकन करना था। समिति के सदस्य अपने निष्कलंक चरित्र और अपने-अपने क्षेत्रों में प्रतिष्ठा और ख्याति अर्जित करने के लिए जाने जाते थे। फिर भी, यह बात भी सच थी कि वे जनता के चुने हुए प्रतिनिधि नहीं थे, लेकिन इसके बावजूद वे बहुत महत्त्वपूर्ण फैसले ले रहे थे। कई बार तो ऐसे महत्त्वपूर्ण दस्तावेज भी उनके हाथों से गुजर जाते थे जो मंत्री या वरिष्ठ अधिकारी गोपनीयता की शपथ लेने के बाद भी नहीं देख पाते।

इस व्यवस्था के पीछे शायद प्लेटो की पुस्तक 'द रिपब्लिक' में निहित यह सुझाव था कि किसी बुद्धिजीवी को शासन के लिए मनोनीत किया जाना चाहिए, ताकि वह जनसमूह के दबाव के बिना शासन कर सके।

यह 'राष्ट्रीय सलाहकार समिति' एक तरह से भारत-चीन युद्ध के दौरान नेहरू द्वारा गठित 'केन्द्रीय नागरिक समिति' की तरह थी, जिसकी बागडोर इन्दिरा गांधी के हाथ में थी। तब इन्दिरा गांधी की अपनी कोई हैसियत नहीं थी। इस समिति ने उन्हें एक आधिकारिक दर्जा और साधन प्रदान कर दिए थे। उनकी तुलना में सोनिया गांधी बहुत ज्यादा शक्तिशाली थीं, फिर भी उन्हें एक समानान्तर सरकार चलाने की जरूरत महसूस हो रही थी। एक ऐसी सरकार जो असरदार भी हो और किसी के प्रति जवाबदेह भी नहीं।

मनमोहन सिंह की सबसे बड़ी उपलब्धि आर्थिक सुधार थे, जो 1991 में ही शुरू हो गए थे। (वे नरसिम्हाराव की सरकार में वित्त मंत्री थे, 1991-1996)। उन्हें लाइसेंस-राज खत्म करके भारतीय अर्थव्यवस्था को विश्व अर्थव्यवस्था के साथ जोड़ने का श्रेय दिया जा सकता है। लेकिन यह पूरी तरह से एक सार्थक सुधार साबित नहीं हो सका, क्योंकि पूँजी कुछ ही हाथों में सिमटकर रह गई और निर्णय-प्रक्रिया पर निजी क्षेत्र और विदेशी निवेशकों का दबदबा दिनोदिन बढ़ता चला गया। ऐसा लगता था मानो वैश्वीकरण और स्वतंत्र मार्केट की होड़ में कई दूसरे पहलुओं को अनदेखा किया जा रहा हो।

कांग्रेस ने खुद ही उस ढाँचे को ध्वस्त कर दिया जो नेहरू ने बड़ी मेहनत से खड़ा किया था। वे सार्वजनिक क्षेत्र को अर्थव्यवस्था के शिखर पर देखना चाहते थे। वे रूस, अमरीका और अन्य देशों की अर्थव्यवस्थाओं के सर्वोत्तम पहलुओं को अपनाकर एक तीसरा रास्ता तैयार करना चाहते थे। एक ऐसा रास्ता जो भारत के इतिहास और दर्शन से मेल खाता हो।

गांधीवादी इस आर्थिक उलट-फेर से सबसे ज्यादा विचलित थे। उन्होंने मनमोहन सिंह सरकार की आर्थिक नीतियों की समीक्षा करने के लिए कई बैठकें कीं। इनमें से कुछ बैठकों में मैं भी शामिल था। उन्होंने सत्याग्रह करके कुटीर-उद्योगों को फिर से जीवित करने और ग्रामीण अर्थव्यवस्था को स्वावलम्बी बनाने पर जोर दिया, जो सरकार के आर्थिक सुधारों की आँधी में मटियामेट होते जा रहे थे।

पहली पंचवर्षीय योजना के बाद नेहरू को यह अहसास को गया था कि उद्योगीकरण का फायदा उम्मीद के मुताबिक आम जनता तक नहीं पहुँच रहा था। परिणामस्वरूप उन्होंने एक समिति का गठन किया था। मनमोहन सिंह ने ऐसी किसी समिति का गठन नहीं किया, हालाँकि वार्षिक विकास दर 8 से 9 प्रतिशत के आसपास थी। फिर भी, अर्जुन सेनगुप्ता की अध्यक्षता में एक सरकारी समिति इस निष्कर्ष पर पहुँची कि देश की 70 प्रतिशत आबादी की आय प्रतिदिन 2 डालर से भी कम थी, और 41 प्रतिशत आबादी तो एक डालर से भी कम पर गुजारा कर रही थी। सेनगुप्ता एक जाने-माने अर्थशास्त्री थे और कभी इन्दिरा गांधी की टीम में रह चुके थे।

इस समिति की रिपोर्ट के बाद मनमोहन सिंह सरकार ने ग्रामीण भारत के लिए महात्मा गांधी राष्ट्रीय ग्रामीण रोजगार गारंटी कानून पास किया। उनकी सरकार का सबसे खराब कदम था विशिष्ट आर्थिक जोनों की स्थापना, जिसका गैर-सरकारी संस्थाओं ने कड़ा विरोध किया। इन विशिष्ट जोनों का मतलब था कि सरकार सार्वजनिक हित' में बड़े पैमाने पर भूमि का अधिग्रहण कर सकती थी, और इसे बाजार भाव से कम में भारतीय या विदेशी उद्योगपतियों को सौंप सकती थी। इस तरह सरकार ने जमींदारी व्यवस्था को फिर से जीवित कर दिया और उपजाऊ जमीनों पर औद्योगिक ईकाइयों, होटलों और मनोरंजन केन्द्रों का निर्माण होने लगा। गैर-सरकारी संस्थाओं के कड़े विरोध के बाद—जिनके कुछ धरनों में मैं भी शामिल था—सरकार ने इस स्कीम को रद्द कर दिया। लेकिन इसके बाद भी 'सार्वजनिक हित' में भूमि का अधिग्रहण किया जाता रहा और उसे उद्योगपतियों या व्यावसायियों को सौंपा जाता रहा।

पश्चिम बंगाल में सीपीएम सरकार भी टाटा कम्पनी को सिंगूर में जमीन देकर अपने

आँचल पर दाग लगा बैठी। इसका बड़े पैमाने पर विरोध हुआ। सबसे उग्र विरोध नन्दीग्राम में देखने को मिला, जहाँ किसानों ने अपनी जमीनें देने से इनकार कर दिया और गाँवों की मोर्चेबन्दी करके सरकार और सीपीएम केडरों को वहाँ घुसने से रोक दिया।

यह सीपीएम और किसानों के बीच पहला टकराव था। यह भी पहली बार हुआ था कि एक व्यापक जन आधार वाली पार्टी धनवान पूँजीपतियों को खुश करने के लिए गरीब किसानों के खिलाफ ताकत का इस्तेमाल करने पर उतर आई थी। इस टकराव में बहुत-से किसानों को अपनी जान गँवानी पड़ी। लेकिन इससे भी बुरी बात यह हुई कि कड़े आत्म-अनुशासन के लिए जाने जानेवाले पार्टी केडर आम गुंडों की तरह बलात्कार, लूटपाट और हत्याओं में लिप्त देखे गए।

मैं सीपीएम के महासचिव प्रकाश करात से दिल्ली के उनके दफ्तर में मिला तो उन्होंने स्वीकार किया कि प्रदेश सरकार ने स्थिति से निपटने में सूझबूझ से काम नहीं लिया था। उन्हें इस बात का अफसोस था कि पार्टी का समर्थन करनेवाले बुद्धिजीवी अब उनके खिलाफ हो गए थे और उन्हें 'फासिस्ट' तक ठहरा रहे थे। वे मेधा पाटकर की तरफ इशारा कर रहे थे, जो खुलकर पार्टी के खिलाफ बोल रही थीं। पश्चिम बंगाल की सरकार न सिर्फ टाटा की छोटी कार की परियोजना से हाथ धो बैठी, बल्कि अपनी प्रतिष्ठा और अपना जन आधार भी गँवा बैठी। 2011 में हुए विधान सभा चुनावों में ममता बैनर्जी की तृणमूल कांग्रेस ने सीपीएम को करारी मात देते हुए प्रदेश से वामपन्थ का 35 साल पुराना राज उखाड़ फेंका। 294 सदस्यों वाले सदन में टीएमसी और उसके सहयोगियों को 226 सीटें प्राप्त हुईं।

फिर भी, पिछली लोकसभा में लगभग 60 सीटों के कारण वामपन्थ मनमोहन सिंह सरकार के साथ बड़ी मजबूती से खड़ा रहा था। लेकिन भारत-अमरीका परमाणु सन्धि के कारण स्थिति में अचानक बदलाव आ गया। इस सन्धि का खुद अमरीका में भी एक प्रभावशाली वर्ग द्वारा कड़ा विरोध किया जा रहा था और इसे मनमोहन सिंह और अमरीका के राष्ट्रपति जॉर्ज डब्ल्यू बुश जूनियर के बीच व्यक्तिगत सम्बन्धों के परिणाम के रूप में देखा जा रहा था। इस सन्धि के पुष्टिकरण में पूरे तीन वर्ष लग गए, क्योंकि भारत को अन्तर्राष्ट्रीय परमाणु ऊर्जा संस्था (आईएईए) और अमरीकी कांग्रेस द्वारा खड़ी की गई कई बाधाओं को पार करना पड़ा। इस सन्धि ने भारत के नागरिक और सैन्य परमाणु संयंत्रों को अलग-अलग कर दिया और सभी 35 गैर-सैनिक परमाणु संयंत्रों को अन्तर्राष्ट्रीय जाँच के लिए खोल दिया।

राजनीकि दृष्टि से यह सन्धि कांग्रेस और मनमोहन सिंह दोनों के लिए काफी घातक साबित हुई। इसे अमरीकी दबाव और प्रभाव के आगे भारत के आत्म-समर्पण के रूप में देखा जा रहा था। कांग्रेस वामपन्थ का समर्थन खो बैठी, जिसके कारण सरकार को एक उदारवादी छवि निर्मित करने में मदद मिली थी। यह सच है कि बहुत कोशिशों के बाद भी सरकार गिरी नहीं, लेकिन इसकी चूलें हिल चुकी थीं और मनमोहन सिंह सरकार एक कमजोर सरकार बनकर रह गई थी।

यह बात किसी से छिपी नहीं है कि मनमोहन सिंह सरकार ने कुछ छोटी पार्टियों और स्वतंत्र सदस्यों का समर्थन बटोरने के लिए उनके साथ 'कोई सौदेबाजी' की थी। सरकार 19 मतों से विश्वास प्रस्ताव जीत गई थी। कुछ सदस्यों ने अपनी पार्टी की 'विप' के खिलाफ

मतदान करके या अनुपस्थित रहकर सरकार की मदद की। भाजपा ने सदन में नोटों की गाड़ियों का प्रदर्शन करके और सरकार पर 'कैश फॉर वोट' का आरोप लगाकर हंगामा खड़ा कर दिया। लेकिन यह कार्रवाई सिर्फ एक तमाशा बनकर रह गई, क्योंकि सदन के अध्यक्ष सोमनाथ चटर्जी ने इस तरीके से असहमति जताते हुए पूरे मामले की छानबीन का जिम्मा दिल्ली पुलिस को सौंप दिया। दिल्ली पुलिस तीन वर्ष तक हाथ पर हाथ धरे बैठी रही, जब तक कि उच्चतम न्यायालय ने उसे जाँच में तेजी लाने और सख्त कार्रवाई का आदेश नहीं दे दिया। इसके बाद दिल्ली पुलिस ने कुछ सांसदों के खिलाफ चार्जशीट दाखिल की और समाजवादी पार्टी के भूतपूर्व सचिव अमर सिंह समेत कुछ लोगों को हिरासत में ले लिया गया। हैरानी की बात यह थी कि कांग्रेस पार्टी के किसी भी व्यक्ति को–जिसे 'कैश फार वोट' का लाभ पहुँचा था और वह अपनी सरकार बचाने में सफल रही थी–इस कांड के लिए जिम्मेदार नहीं माना गया। यह बिलकुल साफ था कि दिल्ली पुलिस किसके इशारे पर खामोश बैठी रही थी, क्योंकि वह सीधे गृह मंत्रालय के अधीन थी।

मनमोहन सिंह सरकार की सबसे सकारात्मक उपलब्धि सूचना के अधिकार का कानून पास करना थी।

मुम्बई पर आतंकी हमला

मनमोहन सिंह की सरकार के कार्यकाल के दौरान ही 26 नवम्बर, 2008 को मुम्बई पर आतंकी हमला हुआ। पाकिस्तान सरकार को पहले से इसकी जानकारी थी। इस हमले की योजना लश्कर-ए-तोयबा के हफीज सईद और पाकिस्तान की आईएसआई ने मिलकर बनाई थी। योजना के अनुसार लगभग 10 पाकिस्तानी आतंकवादियों को समुद्र के रास्ते कराची से मुम्बई भेजा गया। उनका उद्देश्य विदेशी मेहमानों के लिए मशहूर ताजमहल और मेरेडियन होटलों समेत यहूदियों के एक प्रमुख भवन और शहर के सबसे व्यस्त रेलवे टर्मिनल पर हमला करना था। यह सुनियोजित हमला बड़े भयानक पैमाने पर लगभग तीन दिनों तक जारी रहा और इसमें कई विदेशियों समेत लगभग 175 लोग मारे गए। जीवित पकड़े गए एकमात्र आतंकवादी अजमल कसाव ने स्वीकार किया कि वह पाकिस्तानी था और इस हमले की साजिश में पाकिस्तान की मिलीभगत थी।

इस भयंकर हमले ने पूरे देश को दहलाकर रख दिया, जिसे तीन दिनों तक टीवी स्क्रीनों पर लगातार दिखाया जाता रहा था। इसके बाद पाकिस्तान के खिलाफ जन-भावनाओं का भड़कना स्वाभाविक था। लोग खुलेआम पाकिस्तान को सबक सिखाने की बात करने लगे। दोनों देशों के सम्बन्धों में सुधार के लिए चल रही बातचीत एक बार फिर खटाई में पड़ गई।

इस कटु और तनावपूर्ण माहौल में थोड़ा बदलाव तब आया जब लगभग आठ महीने बाद 16 जुलाई, 2009 को प्रधानमंत्री मनमोहन सिंह और पाकिस्तान के प्रधानमंत्री युसुफ रजा गिलानी शर्म-ए-शेख (मिस्र) में मिले। गिलानी ने यह स्वीकार किया कि उनकी सरकार का पाकिस्तानी सेना पर कुछ भी नियंत्रण नहीं था, जिसने आईएसआई के साथ मिलकर इस हमले की साजिश रची थी।

यह बातचीत गुपचुप माहौल में हुई थी। नई दिल्ली में पाकिस्तान के हाई कमिश्नर रियाज खोखर मुझसे साफ-साफ कह चुके थे कि अगर इस हमले में सचमुच ही पाकिस्तान का हाथ था, जैसाकि नई दिल्ली को सन्देह था, तो यह 'एक्ट ऑफ वॉर' से कम न था। पाकिस्तान के भूतपूर्व प्रधानमंत्री नवाज शरीफ भी खुलेआम कह चुके थे कि आतंकवादियों ने इस हमले की योजना रचने के लिए पाकिस्तान की जमीन का इस्तेमाल किया था।

मनमोहन सिंह और गिलानी ने एक बार फिर मिल-जुलकर आतंकवाद का मुकाबला करने और एक-दूसरे के साथ सहयोग करने की बात कही। भारत के किसी प्रधानमंत्री ने पहली बार ऐसा वक्तव्य दिया था कि पाकिस्तान के साथ शान्ति-वार्ता बिना किसी रुकावट के जारी रहेगी और इसे पाकिस्तानी जमीन से होनेवाली आतंकवादी गतिविधियों से अलग रखा जाएगा। इसी तरह, किसी भारतीय प्रधानमंत्री ने यह बात भी पहली बार स्वीकार की थी कि उन्हें ब्लूचिस्तान में अशान्तिपूर्ण स्थिति की कुछ जानकारी थी। पाकिस्तान ने उनकी इस 'स्वीकृति' को भुनाते हुए ब्लूचिस्तान के स्वतंत्रता सेनानियों को और भी जोर-शोर से भारतीय एजेन्ट ठहराना शुरू कर दिया।

भारत में मनमोहन सिंह के इन वक्तव्यों की कड़ी आलोचना हुई। माहौल इतना ज्यादा गर्म था कि शर्म-ए-शेख से हुई बातचीत का सिरा जरा भी आगे नहीं बढ़ पाया। नई दिल्ली को सबसे ज्यादा यह बात खटक रही थी कि मुम्बई पर आतंकी हमले की साजिश रचनेवाला हफीज सईद पाकिस्तान में खुलेआम घूम रहा था और भारत के खिलाफ जहर उगल रहा था। उसके खिलाफ कोई सख्त कार्रवाई करके ही पाकिस्तान अपनी ईमानदारी का परिचय दे सकता था।

आखिर कई महीने बाद भारत सरकार ने पाकिस्तान के विदेश सचिव को बातचीत के लिए आमंत्रित किया। विदेश सचिवों के स्तर पर हुई यह बातचीत पूरी तरह विफल हो गई। पाकिस्तान हाउस में एक दावत के दौरान मैंने पाकिस्तान के विदेश सचिव सलमान बशीर से पूछा कि यह बातचीत क्यों विफल हो गई थी। "हम लोग अपने अतीत से पीछा नहीं छुड़ा पा रहे हैं," उनका जवाब था। मेरे खयाल से भारत और पाकिस्तान के बीच सामान्य सम्बन्ध स्थापित करने से जुड़ी मुश्किलों को इन्हीं शब्दों में परिभाषित किया जा सकता है। बाद में, दोनों देशों ने आर्थिक हितों को देखते हुए आपसी कटुता को कम करने का फैसला किया। पाकिस्तान ने भारत को 'एमएफएन' (मोस्ट फेवर्ड नेशन) का दर्जा प्रदान कर दिया, जो भारत पाकिस्तान को लगभग एक दशक पहले ही प्रदान कर चुका था। फिर भी, दोनों देशों के बीच व्यापार कोई खास रफ्तार नहीं पकड़ पाया। दोनों देश अब भी दूर के पड़ोसी बने रहे।

डॉ. मनमोहन सिंह या उनकी सरकार के काम का मूल्यांकन करने के लिए हम कोई तयशुदा फार्मूला नहीं अपना सकते। अच्छी या बुरी सरकारों के उदाहरण जरूर हमारे सामने हैं। फिर भी, भारत के दो संस्थापक नेताओं राष्ट्रपिता गांधी और चाचा नेहरू ने किसी भी सरकार की सफलता को आँकने के दो अलग-अलग मापदंड हमारे सामने रखे थे। महात्मा गांधी की कसौटी यह थी कि देश के सबसे गरीब आदमी की हालत में कितना सुधार हुआ है। दूसरी तरफ जवाहरलाल नेहरू की कसौटी यह थी कि सरकार नागरिकों को अपने तुच्छ स्वार्थों

से ऊपर उठकर सबकी भलाई के नजरिए से सोचने के लिए प्रेरित करने में कितनी सफल रही है।

इन दोनों ही कसौटियों पर मनमोहन सिंह और उनकी सरकार खरे नहीं उतरे हैं। यह सच है कि आर्थिक विकास हुआ है, लेकिन यह ज्यादातर गगनचुम्बी इमारतों, चमक-दमक भरे टीवी नेटवर्कों, भव्य प्लाजाओं, विशाल बाँधों और बड़ी-बड़ी औद्योगिक एस्टेटों के रूप में ही दिखाई देता है। आम आदमी की हालत में कोई खास सुधार दिखाई नहीं देता। नेहरू ने एक बार कहा था कि हमें उस तरह का विकास नहीं चाहिए जिसका मूल्य हमें अपनी आध्यात्मिक धरोहर को खोकर चुकाना पड़े।

आर्थिक असमानताओं और असमताओं में अन्धाधुन्ध बढ़ोत्तरी हुई है। गरीबों के जीवन स्तर में कोई सुधार होने की बजाय उनके लिए दो जून रोटी जुटाना और भी मुश्किल होता जा रहा है। भविष्य में किसी तरह के सुधार की सम्भावनाएँ भी दिखाई नहीं दे रहीं। आधिकारिक आँकड़ों के अनुसार गरीबी रेखा से नीचे की आबादी का प्रतिशत भले ही कम होकर 40 प्रतिशत रह गया हो, लेकिन गरीबी कम होती दिखाई नहीं देती। मध्यवर्ग भी मँहगाई की मार से परेशान दिखाई देता रहा है।

मनमोहन सिंह का केबिनेट एक सुगठित यूनिट नहीं है। 2011 में कई मंत्रियों के आपसी मतभेद खुलकर सामने आए, खासकर प्रणव मुखर्जी और पी. चिदम्बरम के बीच के मतभेद। दोनों ही प्रधानमंत्री के रूप में मनमोहन सिंह के चुनाव को कभी भी दिल से स्वीकार नहीं कर पाए थे। उन्हें लगता था कि वे मात्र एक निष्ठावान ब्यूरोक्रेट थे, जिन्हें जबर्दस्ती और उनकी योग्यता से कहीं बढ़कर राजनीतिक मंच के केन्द्र में बिठा दिया गया था। प्रणव जानते थे कि सोनिया गांधी उन पर उतना भरोसा नहीं करतीं, क्योंकि खुद राजीव गांधी भी उन्हें सन्देह की दृष्टि से देखते रहे थे।

चिदम्बरम का मानना था कि वे मनमोहन सिंह से कहीं ज्यादा योग्य और सक्षम थे। हालत यह थी कि बहुत बार सोनिया गांधी को खुद आगे आकर केबिनेट मंत्रियों को पटरी पर लाना पड़ता था, ताकि वे प्रधानमंत्री के साथ सहयोग करते रहें। मेरी अपनी जानकारी के अनुसार मनमोहन सिंह ने भी ऐसे साथियों को मजा चखाने का कोई अवसर नहीं चूका। 2 जी स्पेक्ट्रम को लेकर वित्त मंत्रालय की एक टिप्पणी के सार्वजनिक होने के पीछे यही कारण दिखाई देता है। इस टिप्पणी में कहा गया था कि अगर चिदम्बरम नीलामी पर अड़े रहते तो लाइसेंसों को जारी होने से रोका जा सकता था। चिदम्बरम को सन्देह था कि इस टिप्पणी के लीक होने के पीछे प्रणव मुखर्जी का हाथ था। दूसरी तरफ, प्रणव मुखर्जी ने एक प्राइवेट एजेंसी से अपने दफ्तर की जाँच करवाने का फैसला किया, क्योंकि उन्हें सन्देह था कि गृह मंत्रालय खुफिया तौर पर उनकी बातचीत सुन रहा था। प्राइवेट एजेंसी सचमुच ही वह जगह ढूँढ़ने में सफल रही जहाँ गुप्त टांसमीटर को फिट किया गया था, हालाँकि इसे अब हटाया जा चुका था।

2 जी स्पेक्ट्रम से सम्बन्धित 'नोट' प्रधानमंत्री के दफ्तर ने जारी किया था, न कि वित्त मंत्रालय ने। यह एक भाजपा कार्यकर्ता द्वारा पूछताछ के जवाब में सूचना के अधिकार के अन्तर्गत जारी किया गया था। मैंने पता लगाने की कोशिश की कि क्या सोनिया गांधी इसमें मनमोहन सिंह का हाथ देख रही थीं, यह बिलकुल साफ था कि वे एक-दूसरे को नुकसान

पहुँचाने के लिए मुखर्जी या चिदम्बरम को जिम्मेदार नहीं मान रही थीं। वे इन दोनों को साथ रखना चाहती थीं, इसलिए उन्होंने दोनों को ही समझाया कि वे बेकार ही राई का पहाड़ बना रहे थे।

मनमोहन सिंह अब भी प्रधानमंत्री के पद पर हैं, इसलिए मैं उनके कार्यकाल की समीक्षा करना नहीं चाहता। लेकिन मैं इतना जरूर कह सकता हूँ कि वे मेरी उम्मीदों पर खरे नहीं उतरे हैं। उनकी सरकार एक बेहतर लोकपाल ला सकती थी, लेकिन ऐसा लगता है कि वे बेबस थे। जो भी हो, कांग्रेस ने इस बात का पूरा ध्यान रखा कि राज्यसभा को अपने विचार व्यक्त करने का अवसर न मिल सके। अपनी ही टीम के खिलाफ प्रधानमंत्री की बेबसी पर तरस आता है। वे चाहते तो त्याग-पत्र दे सकते थे और अपनी रही-सही साख बचा सकते थे।

मैं स्वीकार करता हूँ कि पिछले एक दशक की घटनाओं को मैंने सरसरी तौर पर ही बयान किया है। मेरे पास अखबारों में छपी खबरों के अलावा और कोई जानकारी नहीं है। मेरे दो मित्रों कैलाश प्रकाश और कृष्णा—जो भारत सरकार के सचिवों के पद पर रह चुके हैं—का कहना है कि पाठक मुझसे मार्गदर्शन की उम्मीद करते हैं। मैं इस भूमिका के लिए बिलकुल अयोग्य हूँ, क्योंकि मैं खुद भी अपने देश के उद्धार लिए किसी 'अवतार' की कामना करता रहा हूँ।

फिर भी मुझे ऐसा लगता है कि अगर भारत की अवधारणा को कोई सार्थकता प्रदान करनी है तो हमें राजनीति में नैतिकता लाने की पुरजोर कोशिश करनी होगी। भारत अपने मूल्यों के लिए जाना जाता रहा है, न कि अपने ऐश्वर्य के लिए। हमें नैतिक और अनैतिक के बीच एक स्पष्ट लक्ष्मण-रेखा खींचनी होगी जो पिछले कई वर्षों से धुँधली पड़ चुकी है।

भारत की कहानी हमेशा से ही परछाइयों और उजालों की कहानी रही है। इन दोनों में से किस समय किसका वर्चस्व है, इसी पर देश की अच्छी-बुरी छवि निर्भर करती रही है। पिछला एक दशक कोई खास अलग नहीं रहा है, सिवा इसके कि परछाइयाँ कुछ और लम्बी हो गई हैं। भ्रष्टाचार ने माहौल को और मटियाला कर दिया है और यह साफ हो गया है कि पूरी व्यवस्था रिश्वतखोरी में डूबी हुई है। नॉन-गवर्नेंस या अशासन ने स्थिति को और खराब कर दिया है।

अगले कुछ वर्ष चुनौती भरे साबित हो सकते हैं। जैसाकि जवाहरलाल नेहरू ने कहा था, आनेवाली पीढ़ियों को और ज्यादा परिश्रम करना पड़ेगा। इस बीच, भारतीयों का अपने-आपको और अपने देश को लेकर आत्म-विश्वास जरूर बढ़ा है, इसलिए उम्मीद की एक किरण दिखाई देती है। एक ऐसी किरण जो इन लम्बी परछाइयों को मिटाकर देश को नए उजालों की तरफ ले जाएगी। जैसाकि मैं शुरू में कह चुका हूँ, आशावाद हर भारतीय का नैतिक कर्तव्य है।

उपसंहार

अन्याय मुझे आज भी उसी तरह कचोटता है जैसे 60 वर्ष पहले। मेरे बहुत थोड़े-से दोस्तों में ऐसे लोग हैं जो मूलभूत मूल्यों के उल्लंघन की इसी तरह परवाह करते हैं। बहुत छोटी उम्र से ही मेरे अन्तर बोध ऐसे पुरुषों और स्त्रियों को पहचानते रहे हैं जो उत्पीड़न और उपेक्षा के शिकार रहे हों। मैं उनके साथ कश्मीर में काम कर चुका हूँ, जहाँ वे अपनी पहचान की तलाश कर रहे थे; मैं उनके साथ बिहार में काम कर चुका हूँ, जहाँ जमीन हड़पने वालों ने धोखे से उनकी जमीनों पर कब्जा कर लिया था; और मैं उनके साथ ऐसी कई जगहों पर काम कर चुका हूँ, जहाँ बाँधों के निर्माण ने हजारों किसानों और मछुयारों को बेघरबार कर दिया था।

जहाँ भी मुझे इनसानी जुड़ाव का कोई महीन-सा सूत्र दिखाई देता है, मैं सहज ही उस तरफ खिंचता चला जाता हूँ, धार्मिक या राजनीतिक सरहदों की परवाह किए बिना। एक तरह से यही मेरे जीने का मार्गदर्शक सिद्धान्त रहा है। बँटवारे के दिनों में जिस मुस्लिम नौजवान ने मेरे डॉक्टर पिता को स्यालकोट रेलवे स्टेशन पर बचाया था, वह पहले एक इनसान था, बाद में एक पाकिस्तानी। उसने हमेशा के लिए मेरी कृतज्ञता और निष्ठा अर्जित कर ली। इसी तरह, अपनी जान खतरे में डालकर 1947 में मुसलमानों और 1984 में सिखों को बचानेवाले हिन्दू भी मेरी नजर में सच्चे 'हीरो' हैं।

हो सकता है कि गुजरे जमाने को याद करते हुए मैंने हिन्दुओं और मुसलमानों के अनुभवों को कुछ-कुछ रोमानियत का रंग दे दिया हो, लेकिन मैंने भारत, पाकिस्तान और बांग्लादेश तीनों देशों द्वारा झेले गए भयानक और दिल दहला देनेवाले दिनों को ही चित्रित करने की कोशिश की है। ये तीनों देश खून से पैदा हुए और अपने कुनबे से बिछड़कर अपनी एक अलग संस्कृति और पहचान की तलाश में जुट गए। मुझे नहीं पता कि क्या हम सभी अपने साथी मनुष्यों के प्रति संवेदनाओं और भावनाओं के साथ जन्म लेते हैं। मैं सिर्फ इतना जानता हूँ कि मेरे अपने मामले में दूसरों के दुखों ने मुझे कई बार इतनी गहराई से छुआ है कि मैं उनके दुख को अपना दुख मान बैठा हूँ।

13 सितम्बर, 1947 को सरहद पार करते हुए मैंने धर्म और मजहब के नाम पर इतना खून-खराबा, इतनी तबाही देखी थी कि मैंने अपने मन में संकल्प किया था कि हम जो नया भारत बनाएँगे, उसमें धर्म या जाति के नाम पर कभी कोई हत्या नहीं होगी। इसलिए जब 2002 में मैंने गुजरात में कुछ छोटे स्तर पर इन्हीं दृश्यों का दोहराव होते देखा तो मेरा दिल रो उठा। वही शरणार्थी शिविर। मुसलमान परिवारों के अपने घरों से उजड़ने और बलात्कार और हत्याओं की वही दर्दनाक कहानियाँ। गुजरात की घटनाओं ने मुझे यह सोचने पर मजबूर

कर दिया कि 50 वर्ष बाद भी हम एक नए भारत के निर्माण के संकल्प से कितनी दूर थे।

मैं ऐसा नहीं कहता कि 1947 में और उसके बाद ऐसे भयानक दिन देखने वाला मैं अकेला पत्रकार या लेखक था। शायद दूसरों ने इनके बारे में कहीं ज्यादा मर्मस्पर्शी शब्दों में लिखा है। मैं सिर्फ इतना जानता हूँ कि इन भयानक दिनों में मानवता की नींवों को उखड़ते देखकर एक व्यक्तिगत असमर्थता की भावना ने मुझे रुला-रुला दिया है और मैं रात-रात भर जागता रहा हूँ।

मुझे याद है जब मैंने अपनी पहली तनख्वाह अपनी माँ के हाथ में रखी थी, जो उन दिनों के हिसाब से भी बड़ी मामूली रकम थी, तो माँ ने कहा था कि उसने सपना देखा था कि एक दिन मैं पैसों में खेलूँगा। और फिर उसने बड़े अर्थपूर्ण ढंग से कहा था, "एक दिन तुम बहुत बड़े आदमी बनोगे। लेकिन मैं वह दिन देखने के लिए जिन्दा नहीं रहूँगी।"

मेरी माँ ने मेरी आँखों के सामने ही अपनी आखिरी साँसें ली थीं। मैंने ऐसी ही बेबसी तब भी महसूस की थी जब कुछ महीने पहले मेरी बहन राज भी चल बसी। वह मेरी सबसे गहरी दोस्त थी। मुझे याद है जब इमरजेंसी के दौरान पुलिस ने मेरे दरवाजे पर दस्तक दी थी तो मैंने एक बार अपनी बहन से मिलने की इच्छा व्यक्त की थी। राज ने राखी के साथ भेजे अपने आखिरी सन्देश में लिखा था–"मेरे सबसे प्यारे भाई के लिए, जो जिन्दगी में मेरे लिए सब कुछ रहा है, मेरा पथ-प्रदर्शक, मेरा मित्र, मेरा रक्षक। अगर दुनिया के सभी भाई तुम्हारे जैसे हों तो यह दुनिया कितनी खूबसूरत हो जाएगी! कितना गर्व है मुझे तुम पर!"

शायद मेरी माँ और पिता ने ही मेरे अन्दर यह बात कूट-कूटकर भर दी थी कि अगर दूसरों से इज्जत चाहिए तो पहले उनकी इज्जत करना सीखो। और शायद मेरे अध्यापकों और दोस्तों ने ही मुझे यह सिखाया था कि अपने पड़ोसियों और दूसरों की परवाह कैसे की जाती है। तब शायद मुझे इसका इतना अहसास न रहा हो, लेकिन अच्छी पत्रकारिता अन्याय को उजागर करने और छिपे हुए नायकों को दुनिया के सामने लाने से ही जुड़ी हुई है, इसके कुछ भी नतीजे क्यों न हों। इसलिए, मेरे किशोर उम्र के दिमाग ने भले ही मुझे वकालत की तरफ धकेल दिया हो, लेकिन मेरे मानवीय अन्तरबोध, मेरे इंस्टिंक्ट मुझे एक दूसरी ही राह पर ले गए। अब पीछे मुड़कर देखने पर ऐसा लगता है कि पत्रकारिता को अपने कर्मक्षेत्र के रूप में अपनाना मेरी नियति थी। सिर्फ कब और कैसे का प्रश्न था। यह एक लम्बी पारी थी, इस अहसास के बावजूद कि शायद मैं किसी दूसरे क्षेत्र में ज्यादा सफल रहता।

भारत एक विकट दौर से गुजर रहा है। हम एक के बाद एक संकटों की शृंखला से घिरे रहे हैं। एक संकट खत्म नहीं होता कि दूसरा सामने आ जाता है। मैं इसका दोष राजनीतिक पार्टियों को देता हूँ, जो देश-हित से जुड़े मूलभूत मुद्दों पर आपसी सहमति पर पहुँचने में असफल रही हैं। यही कारण है कि आज भारत कम और तरह-तरह की क्षेत्रीय, धार्मिक और जातीय पहचानें ज्यादा दिखाई दे रही हैं। मुझे हमारी युवा पीढ़ी निराशा और मोहभंग की शिकार प्रतीत होती है। इसीलिए वह देश में धर्म-निरपेक्षता और प्रजातांत्रिक समाजवाद की नींव को मजबूत करने की बजाय कैरियरवाद और उपभोक्ता संस्कृति की तरफ खिंच रही है। यह सच है कि हाल की युवा पीढ़ी हमारी व्यवस्था में मौजूद भ्रष्टाचार के कैंसर को मिटाने में दिलचस्पी ले रही है, फिर भी उसमें किसी तरह के आदर्शों के प्रति निष्ठा का अभाव दिखाई देता है। सैद्धान्तिक प्रतिबद्धता के बिना कोई भी संघर्ष बिन तेल के दीयों

की तरह है।

मुझे डर है कि किसी दिन वे कोई चरम कदम न उठा लें। क्या वे सफल हो पाएँगे? मैं नहीं जानता, पर मैं इतना जरूर जानता हूँ कि अगर साधन पवित्र नहीं हैं तो लक्ष्य को भी अपवित्र होने में देर नहीं लगती। महात्मा गांधी ने हमें यही सिखाया है। काश हमारा देश उनके रास्ते पर चलने की ज्यादा कोशिश करे, बजाय उन आर्थिक और सामाजिक विद्वानों की बातों में आने के जिनके पास बहुत बड़ी-बड़ी और भव्य योजनाएँ हैं, भले ही वे भारत की प्रकृति और संस्कृति से मेल न खाती हों।

यह एक स्वस्थ लक्षण है कि मेरी पीढ़ी लुप्त हो रही है। जैसाकि रोम्या रोलां ने अपनी किताब 'ज्यां क्रिस्टोफर' में कहा है—मुनष्य को मरना है ताकि नया बच्चा जन्म ले सके, उसी तरह जैसे दिन को रात के अन्धकार में खो जाना है ताकि एक नई भोर फूट सके। मनुष्य को बार-बार जन्म लेना है। उसकी आत्मा या उसके 'स्व' को भी। यह निष्कृष्टता से उत्कृष्टता की यात्रा है। इससे खोज खत्म नहीं हो जाती।

परिशिष्ट-1

भारतीय मीडिया

मैं आज पत्रकारिता को एक पेशे के रूप में देखता हूँ तो मुझे यह अपने जमाने से बिलकुल अलग दिखाई देती है। मुझे बड़ी गहरी निराशा होती है, सिर्फ इसलिए नहीं कि इसका स्तर बहुत गिर गया है, बल्कि इसलिए भी कि पत्रकार पुराने मूल्यों को फिर से स्थापित करने की कोशिश करते भी नहीं दिख रहे। यह बात समझ में आती है कि अखबारों और टी.वी. चैनलों की बाढ़ आ जाने से स्तरीयता पर असर पड़ना स्वाभाविक है, खासकर रिपोर्टिंग के मामले में। हर कोई अपनी जगह बनाने की अन्धी दौड़ में शामिल है। पर व्यावसायीकरण और निहित स्वार्थों की तुष्टि के लिए जिस तरह सम्पादकीय वर्चस्व की बलि चढ़ाई जा रही है, उससे बहुत ज्यादा वितृष्णा पैदा होती है। यह सही है कि पत्रकारों पर बहुत ज्यादा दबाव है, पर इसका यह मतलब नहीं है कि वे रीढ़हीन हो जाएँ। यह देखकर बड़ा दुख होता है कि आज ज्यादातर पत्रकार मालिकों और व्यवस्था के हुक्म के गुलाम बनकर रह गए हैं। हमारे जमाने में कितना अलग दृश्य था।

हमारे मालिक हमारे काम में दखल नहीं देते थे। हमें क्या रिपोर्टिंग करनी है, किस तरह की राजनीतिक टिप्पणियाँ करनी हैं, सब कुछ हम पर निर्भर करता था। मैं मानता हूँ कि हमारे सामने एक 'लक्ष्मण-रेखा' होती थी जो हमारी अभिव्यक्ति की स्वतंत्रता की सीमाएँ तय करती थी। सभी को पत्रकारिता की इस मर्यादा का अहसास था कि खबरों को तोड़-मरोड़कर या पक्षपातपूर्ण तरीके से पेश नहीं किया जाएगा, और न ही सरकार या किसी राजनीतिक पार्टी के नेता पर व्यक्तिगत प्रहार किया जाएगा। तब 'पेड न्यूज' जैसी किसी चीज की भी कल्पना तक नहीं की जा सकती थी।

आज हमारे ज्यादातर अखबारों और टीवी चैनलों पर एक ही परिवार का नियंत्रण है। 'सम्पादक' नामक जीव की उपस्थिति के बावजूद 'असली' सम्पादन मालिक के हाथ में ही रहता है। कुछ अखबारों के मालिक अपने परिवार के किसी सदस्य को ही पत्रकारिता का प्रशिक्षण दिलाकर सम्पादक नियुक्त कर देते हैं। 'हिन्दू' को अपनी इस पारिवारिक परम्परा पर गर्व महसूस होता रहा है, हालाँकि एन. राम ने अब 140 वर्ष पुरानी इस परम्परा को खत्म कर दिया है। उन्होंने एक बाहरी व्यक्ति को 'सम्पादक' नियुक्त कर दिया है, भले ही असली नियंत्रण अब भी उनके अपने हाथ में है।

एक जमाने में शामलाल 'टाइम्स ऑफ इंडिया' के सम्पादक हुआ करते थे। वे मुझे बताया करते थे कि अखबार के मालिक शान्ति प्रसाद जैन अखबार की नीति में बिलकुल

भी दखल नहीं देते थे। उनके लम्बे कार्यकाल के दौरान शान्ति प्रसाद ने एक बार भी किसी सम्पादकीय टिप्पणी पर अपनी नाराजगी व्यक्त नहीं की थी। उनके बाद जब उनके सुपुत्र अशोक जैन बेनेट कोलमैन एंड कम्पनी के मालिक बने, जो 'टाइम्स ऑफ इंडिया' का प्रकाशन करती है, तो गिरीलाल जैन अखबार के सम्पादक थे। अशोक जैन का व्यावसायिक नजरिया था और वे चाहते थे कि अखबार और उनके व्यावसायिक हितों के बीच कोई टकराव न हो। एक दिन गिरी लाल जैन ने मुझे फोन किया और कहा कि क्या मैं अशोक जैन से बात करके उन्हें यह समझाने की कोशिश कर सकता था कि उनका बेटा समीर जैन गिरीलाल जैन को परेशान न करे। मैं अशोक जैन को अच्छी तरह जानता था। गिरीलाल जैन का कहना था कि खुद अशोक जैन उनके साथ हमेशा शालीनता से पेश आते थे, लेकिन समीर जैन का रवैया बहुत ज्यादा अपमानजनक था। एक बार इन्दर मल्होत्रा ने भी मुझे बताया था कि समीर जैन ने किस तरह कुछ वरिष्ठ पत्रकारों को अपने कमरे में फर्श पर बैठाकर उनसे निमंत्रण पत्रों पर नाम लिखवाने का काम करवाया था।

मैं बम्बई जाकर अशोक जैन से मिला। उन्होंने मुझसे साफ-साफ कहा कि वे बिना किसी झिझक के अपने बेटे का ही साथ देंगे, क्योंकि समीर ने 8 लाख की कमाई को दस गुना बढ़ाकर 80 लाख पर पहुँचा दिया था। "मैं और ज्यादा तनख्वाह देकर दस गिरीलाल जैनों को नौकरी पर रख सकता हूँ, लेकिन मुझे दूसरा समीर नहीं मिल सकता," उन्होंने कहा।

मैंने यह बात गिरीलाल जैन तक पहुँचा दी, जो इसके बाद ज्यादा दिन उस अखबार में नहीं रहे।

स्वतंत्र पार्टी से जुड़े सी.आर. ईरानी के मैनेजिंग डायरेक्टर बनने के बाद भी अगर 'स्टेट्समैन' एक स्वाधीन नीति अपनाए रहा था तो सिर्फ जे.आर.डी. टाटा के प्रभाव के कारण। यह अलग बात है कि पश्चिम बंगाल में सीपीएम के शासन की शुरुआत के बाद उन्होंने हाथ खड़े कर दिए। अखबार के सम्पादक एन.जे. नानपोरिया मुझे बताया करते थे कि ईरानी उन्हें कुछ भी कहने से डरते थे, क्योंकि उन्हें पता था कि नानपोरिया के जे.आर.डी. से सीधे सम्बन्ध थे। 'इमरजेंसी' के दौरान ईरानी अखबार के अधिकांश शेयर बहुत सस्ते में खरीदने में सफल रहे थे, क्योंकि इसके मालिक बहुत ज्यादा घबराए हुए थे और 'स्टेट्समैन' या किसी दूसरे अखबार से कोई सम्बन्ध नहीं रखना चाहते थे।

'इंडियन एक्सप्रेस' के मालिक रामनाथ गोयनका 1980 में इन्दिरा गांधी की सत्ता में वापसी से पहले तक अखबार में कोई दखल नहीं देते थे। उन दिनों सुबह का संस्करण आधी रात को ही छप जाता था। वे अखबार को एक नजर देखते थे और अगर उन्हें कोई खबर गलत भी लगती थी तो भी वे इसका प्रकाशन रोकने के लिए नहीं कहते थे। अपने व्यापक सम्पर्कों और राजनीतिक दायरों में अपनी गहरी पहुँच के कारण उन्हें बहुत-सी चीजों की अंदरूनी जानकारी रहती थी। एक्सप्रेस न्यूज सर्विस का सम्पादक होने के नाते वे मुझे बताते रहते थे कि किस संवाददाता से क्या चूक हो गई थी। इससे ज्यादा वे कभी कुछ नहीं कहते थे।

मालिकों के मनमाने रवैये का एक और उदाहरण विनोद मेहता की बर्खास्तगी से जुड़ा हुआ था। वे मेरे घनिष्ठ मित्र थे। मैंने संविधान भवन में एक मीटिंग का आयोजन किया और उन्हें मुम्बई से आमंत्रित करके इसे सम्बोधित करने के लिए कहा। हाल खचाखच भरा

हुआ था और सब लोग उनके मुँह से उनकी बर्खास्तगी की सच्चाई जानने के लिए आतुर थे। लेकिन विनोद मेहता ने अपने मालिकों के खिलाफ एक शब्द तक नहीं कहा। मेरे चेहरे पर हैरानी के भाव देखकर उन्होंने कहा, "यह तुम्हारी गलतफहमी थी कि मैं मालिकों के खिलाफ कुछ कहूँगा! आखिर मुझे दूसरी नौकरी ढूँढ़नी है!"

अखबारों या टीवी चैनलों के मालिकों और पत्रकारों के बीच एक आदर्श व्यवस्था की स्थापना करना बड़ा मुश्किल काम है। मेरा अपना सुझाव यह है कि बड़ी कम्पनियों में एक ओमबड्समैन (लोकपाल या लोकायुक्त की तरह) की नियुक्ति होनी चाहिए, जो निर्धारित नीतियों के अनुसरण का ध्यान रखे। उसे यह भी ध्यान रखना चाहिए कि मालिक मनमाने तरीके से कर्मचारियों को न निकालें, जैसाकि 'हिन्दू' में रवि और मालिनी के मामलों में देखने को मिला।

एक दूसरा सुझाव यह हो सकता है कि आर्थिक पक्ष को सम्पादकीय पक्ष से अलग रखा जाए। मेरा मतलब है कि सम्पादक के लिए एक वार्षिक बजट निर्धारित कर दिया जाना चाहिए, और अगर वह इसके भीतर रहता है तो उसके काम में हस्तक्षेप न किया जाए। कोई अतिरिक्त आर्थिक माँग पैदा होने पर सम्पादक और मालिक आपस में बात करके इसे सुलझा सकते हैं।

हमारे जमाने में व्यावसायिक और विज्ञापन विभाग सम्पादकीय विभाग से दूर ही रहते थे। उन्हें पता था कि हम उन्हें कोई 'भाव' नहीं देते थे, उनके मैनेजरों को भी नहीं। जब भी हमारे पास कोई प्रेस-नोट या दूसरी सामग्री आती थी तो हम उसे कचरे की पेटी के हवाले कर देते थे। हम इन पर अंकित 'बी.एम.' (बिजनेस मस्ट) टिप्पणियों की भी परवाह नहीं करते थे। आजकल अखबारों में 'सीईओ' का पद गढ़ लिया गया है, मानो वे कोई उद्योग या बिजनेस-हाउस हों। सीईओ को सम्पादक से कहीं ज्यादा महत्त्व दिया जाता है। 'टाइम्स ऑफ इंडिया' जैसे कुछ अखबारों में आजकल कोई सम्पादक ही नहीं होता। वे बड़े गर्व से कहते हैं कि मार्केट सम्पादकीय सामग्री से कहीं ज्यादा महत्त्वपूर्ण है और न्यूज कालमों की बिक्री पर गर्व महसूस करते हैं। इसीलिए 'पेड न्यूज' जैसे शब्द चलन में आ गए हैं, हालाँकि कुछ क्षेत्रीय अखबार इसका खुलकर दुरुपयोग कर रहे हैं।

मेरा खयाल है कि इमरजेंसी (1975-1977) के दौरान और उसके बाद अखबारों की दुनिया में बड़ी तेजी से बदलाव आया। पत्रकारों ने इतनी आसानी से व्यवस्था के सामने घुटने टेक दिए थे, उससे अखबारों के मालिक सोच में पड़ गए कि क्या ये पत्रकार सचमुच उतने ताकतवर थे जितना कि दिखावा करते थे? क्या इनके बगैर सचमुच काम नहीं चल सकता था? अगर वे व्यवस्था के इशारों पर नाचने के लिए तैयार हो सकते थे तो तनख्वाह देनेवाले मालिकों के इशारों पर क्यों नहीं? यही कारण है कि आज अधिकांश अखबारों को अपने सम्पादकीयों और लेखों के लिए मालिकों की स्वीकृति लेनी पड़ती है। लगभग सभी मालिक अपने-अपने राजनीतिक और अन्य पूर्वाग्रहों के शिकार हैं।

इमरजेंसी के बाद ही 'कान्ट्रेक्ट सिस्टम' का चलन शुरू हुआ, जिसके अन्तर्गत किसी पत्रकार को एक निर्धारित अवधि के लिए ही नियुक्त किया जाता है। यह 'वर्किंग जर्नलिस्ट्स एक्ट' की भावना के खिलाफ है, जिसे जवाहरलाल नेहरू ने संसद में इस उद्देश्य से पास करवाया था कि पत्रकार निर्भीक होकर अपने कर्तव्य का पालन कर सकें। वे पत्रकारों को

मालिकों और व्यवस्था दोनों के दबाव से मुक्त रखना चाहते थे। उनका मानना था कि स्वाधीन और निष्पक्ष पत्रकारिता के लिए यह जरूरी था कि पत्रकारों को अपने मालिकों द्वारा निकाले जाने या व्यवस्था द्वारा उनकी नियुक्तियों को प्रभावित किए जाने का डर न रहे। कुछ कानून विशेषज्ञों ने भी मुझे यही बताया है कि यह अनुबन्ध प्रणाली कानून के खिलाफ है। फिर भी, अधिकांश पत्रकार यूनियनें इसके खिलाफ अदालत में नहीं गई हैं।

नेहरू को लगता था कि कांग्रेस का विरोध करने के लिए देश में एक मजबूत विपक्ष का अभाव था। इसलिए वे पत्रकारों की नौकरियों को सुनिश्चित करके उन्हें एक निर्भीक समालोचक की भूमिका सौंपना चाहते थे, ताकि सरकार को पता चलता रहे कि वह कहाँ गलतियाँ कर रही थी। उन्होंने इस बात का भी ध्यान रखा कि ब्रिटिशों द्वारा चलाए जा रहे अखबारों का स्वामित्व भारतीयों के हाथ में आ जाए। इसीलिए कलकत्ता में 'स्टेट्समैन', बम्बई में 'टाइम्स ऑफ इंडिया', मद्रास में 'मेल' और लखनऊ में 'पायोनियर' का स्वामित्व भारतीयों के हाथ में आ सका।

मैंने पत्रकारों को बेहतर सम्भावनाओं के लिए तो अखबार छोड़ते देखा है, पर अपने सिद्धान्तों के लिए नौकरी को लात मारनेवाले पत्रकार उँगलियों पर गिने जा सकते हैं। पर एक वक्त ऐसा भी था जब पत्रकार हुक्म बजाने की बजाय इस्तीफा दे देना पसन्द करते थे। इसीलिए कई ईमानदार पत्रकारों को समय-समय पर बेरोजगार रहना पड़ा।

मुझे पत्रकारिता की विडम्बना से जुड़ा एक किस्सा याद आ रहा है।

कभी फैंक्र मोरेस 'इंडियन एक्सप्रेस' के सम्पादक हुआ करते थे और उसमें एक साप्ताहिक कालम 'मिथ एंड रियल्टी' लिखा करते थे। एक बार उन्होंने पत्रकारिता की दुनिया की जानी-मानी हस्ती चेलापति राव से पूछा कि वे अखबार के सम्पादक और मालिक के रिश्तों को किस तरह परिभाषित करेंगे। राव ने जवाब दिया कि फ्रेंक मोरेस (सम्पादक) एक 'मिथ' थे, जबकि रामनाथ गोयनका (मालिक) 'रियल्टी' थे।

पत्रकारों ने मालिकों के रहमोकरम पर जीने से समझौता कर लिया है। इन्हीं पत्रकारों ने कभी प्रधानमंत्री राजीव गांधी के खिलाफ एक बड़ी लड़ाई जीती थी। राजीव गांधी मानहानि-विरोधी विधेयक लाना चाहते थे, जिससे प्रेस की स्वतंत्रता पर अंकुश लग सकता था। तब दिल्ली में इंडिया गेट पर एक विशाल विरोध-प्रदर्शन हुआ था। इसमें रामनाथ गोयनका भी शामिल हुए थे–'मैं मानहानि-विरोधी विधेयक का विरोध करता हूँ' की तख्ती लहराते हुए। उस समय सरकार के खिलाफ पत्रकारों और मालिकों में एक अनूठी एकता दिखाई दी थी। मैंने पत्रकारों की तरफ से प्रतिज्ञा करते हुए लिखा था–"प्रेस की आजादी को कोई खतरा हुआ तो हम चुप नहीं रह सकते, न रहेंगे।"

इसी आन्दोलन के दौरान अमिताभ बच्चन मुझसे मिलने मेरे घर आए। वे तब लोकसभा के सदस्य थे और हाल ही में मेरे पड़ोस में वसन्त विहार में शिफ्ट हुए थे। मैंने उनसे कहा कि राजीव गांधी, जो तब उनके बड़े पक्के दोस्त थे, एंटी-डिफेमेशन बिल के कारण प्रेस को अपना दुश्मन बना बैठे थे। ऐसा लगता है कि उन्होंने इस सम्बन्ध में राजीव गांधी से जरूर बात की होगी, क्योंकि चौबीस घंटे के भीतर ही यह विधेयक वापस ले लिया गया।

सरकार ने अपना सबक सीख लिया है और मुझे नहीं लगता कि वह फिर से प्रेस की आजादी पर अंकुश लगाने की कोशिश करेगी, भले ही उसने प्रेस पर 'नजर रखने' के उपाय

सोचने के लिए मंत्रियों के एक ग्रुप की स्थापना कर दी हो। अब इलेक्ट्रॉनिक मीडिया जरूर इसी तरह की चुनौती का सामना कर रहा है, पर मुझे नहीं लगता कि कोई बिल्ली के गले में घंटी बाँधने की हिम्मत करेगा। असली खतरा कार्पोरेट जगत की तरफ से है, जो यह तय करने की कोशिश कर रहा है कि कौन कालम लिखेगा और क्या लिखेगा। जैसाकि किसी दिलजले ने एक बार चुटकी लेते हुए कहा था, खबरें विज्ञापनों की पीठ पर लिखी जाती हैं। यह सच्चाई नीरा राडिया कांड से भी सामने आ चुकी है, जिसमें कुछ पत्रकार मंत्रियों और उच्च अधिकारियों के साथ रतन टाटा और मुकेश अम्बानी जैसे बड़े उद्योगपतियों के लिए 'लॉबिंग' करते पाए गए हैं।

कार्पोरेट सेक्टर छोटे अखबारों पर ही नहीं बल्कि बड़े और प्रतिष्ठित अखबारों पर भी यह हुक्म चला रहा है कि उन्हें महत्त्वपूर्ण आर्थिक मामलों में क्या नीति अपनानी चाहिए। इतना ही नहीं, कार्पोरेट सेक्टर की आपसी प्रतिस्पर्द्धा भी अखबारों को प्रभावित करने लगी है, क्योंकि ताकतवर उद्योगपति अखबारों के मालिकों पर दबाव डालकर अपने प्रतिस्पर्धियों के विज्ञापन तक नहीं छपने दे रहे। ब्रिटेन के एक दिग्गज अखबारबाज लॉर्ड नार्थक्लिफ ने एक बार कहा था, "खबर उसे कहते हैं जिसे कहीं-न-कहीं, कोई-न-कोई दबाने की कोशिश कर रहा हो। बाकी सब विज्ञापन हैं।"

कार्पोरेट सेक्टर और शेयर मार्किट में कई विदेशी खिलाड़ी होने के कारण अब उसकी बात को भी वजन दिया जाने लगा है। सरकार ने मीडिया में 26 प्रतिशत विदेशी हिस्सेदारी की अनुमति देकर भविष्य की दृष्टि से एक बड़ा खतरा मोल ले लिया है। वे लोग हमारी परम्पराओं और सांस्कृतिक मूल्यों को नहीं समझ सकते; न ही वे इनके प्रति हमारी तरह संवेदनशील हो सकते हैं। जैसाकि मैं पहले भी कह चुका हूँ, मैं विदेशी इक्विटी के सख्त खिलाफ हूँ।

प्रेस की स्वतंत्रता उतनी ही नैतिक धारणा है जितनी कि अभिव्यक्ति की स्वतंत्रता। खबरों और लेखों को लेकर अखबारों का ढिलमुल, लापरवाही भरा और विचारहीन रवैया इस नैतिक धारणा को मुँह चिढ़ाता हुआ प्रतीत होता है। रिपोर्टर अकसर दूसरे पक्ष से मिले बिना ही या सूचनाओं की पुष्टि किए गिना ही एकतरफा खबरें लिख देते हैं, या महत्त्वहीन लोगों को बहुत ज्यादा महत्त्व दे देते हैं। कई बार महत्त्वपूर्ण खबरों का कोई फॉलो-अप ही नहीं किया जाता या 'प्लांटिड' खबरें मुख्य पृष्ठों पर बड़ी-बड़ी सुर्खियों में छप जाती हैं। और तो और, कई बार तथ्यात्मक सूचनाएँ भी गलत होती हैं और अकसर पैसा लेकर छापी गई होती हैं।

'पेड न्यूज' शब्द काफी समय से प्रचलन में है। इसकी अधिकृत शुरुआत 2008 में लोकसभा चुनावों के दौरान हुई थी, जब उम्मीदवारों को पूरा 'पैकेज' खरीदने के लिए कहा जाने लगा था—तरफदारी करनेवाली खबरें, तसवीरें और पुरानी जानकारियाँ। मैंने चुनाव आयोग में यह मुद्दा उठाया था और आरोपों की जाँच के लिए एक समिति नियुक्त करने का अनुरोध किया था। कुछ पार्टी नेताओं ने भी मुझे भरोसा दिलाया था कि वे इस समिति को बताएँगे कि उन्होंने किस अखबार और पत्रकार को कितने पैसे दिए थे। चुनाव आयोग ने एक मामला हाथ में लिया भी प्रेस काउंसिल ने मामले की जाँच के लिए एक समिति नियुक्त की। पहले तो इस समिति की रिपोर्ट को दबाने की कोशिश की गई, और फिर अखबारों के मालिकों

के दबाव के कारण काउंसिल के सदस्यों में सर्वसम्मति नहीं बन पाई और रिपोर्ट बदल दी गई।

इस रिपोर्ट की कुछ पंक्तियाँ थीं–

> हाल के वर्षों में भारतीय मीडिया में भ्रष्टाचार व्यक्तिगत तौर पर कुछ पत्रकारों और कुछ खास मीडिया संस्थाओं के स्तर से बहुत आगे बढ़ गया है अब नकद रकम या किसी दूसरे उपकार के बदले में सूचनाओं और विचारों की 'प्लांटिंग' की जगह संस्थागत और सुनियोजित भ्रष्टाचार ने ले ली है, जिसके अन्तर्गत अखबारों और टीवी चैनलों को कुछ खास व्यक्तियों, कार्पोरेट ईकाइयों, राजनीतिक पार्टियों के प्रतिनिधियों और चुनावों में खड़े होनेवाले उम्मीदवारों को फायदा पहुँचानेवाली सूचनाओं के प्रकाशन और प्रसारण के लिए पैसा मिलता है। इन सूचनाओं को 'खबरों' के भेष में पेश किया जाता है।

खबरों को तथ्यपरक, निष्पक्ष और तटस्थ होना चाहिए। सूचनाओं और विचारों और कार्पोरेट ईकाइयों, सरकारी संस्थाओं और व्यक्तियों द्वारा छपवाए गए विज्ञापनों में यही फर्क होता है। लेकिन जब खबरों और विज्ञापनों की विभाजन रेखा धुँधली पड़ने लगती है, जब विज्ञापन 'खबरों' की शक्ल और खबरें कुछ खास लोगों द्वारा 'खरीदे गए सम्पादकीय स्तम्भों' की शक्ल लेने लगती हैं, तो पाठक समझ नहीं पाता कि खबर क्या है और विज्ञापन क्या।

भ्रष्टाचार सिर्फ राजनीतिज्ञों, प्रशासनिक अधिकारियों और कॉर्पोरेट जगत तक सीमित नहीं रहा है। इसने पत्रकारिता को भी अपनी जकड़ में ले लिया है। रिपोर्टर और संवाददाता मुट्ठी गर्म होने पर न सिर्फ अपनी रिपोर्ट बदल देते हैं या उसमें से महत्त्वपूर्ण हिस्से हटा देते हैं, बल्कि कई आर्थिक घपलों में भी लिप्त पाए जाने लगे हैं। इन कारनामों के किस्से अकसर कानाफूसियों तक ही सीमित रहते हैं, क्योंकि न तो अखबार और न टीवी चैनल ही इन्हें उद्घाटित करते हैं।

मेरा मानना है कि सम्पादकों पर भी पारदर्शिता का नियम लागू होना चाहिए। मैंने एडिटर्स गिल्ड ऑफ इंडिया को यह सलाह भी दी थी कि सभी सम्पादक प्रेस काउंसिल में हर वर्ष अपनी और अपने पति/पत्नी की परिसम्पत्तियों की जानकारी दाखिल करें। अगर वे प्रेस काउंसिल को बीच में नहीं लाना चाहते तो वे यह काम इन्टरनेट पर भी कर सकते हैं। जैसाकि सीजर की पत्नी के मामले में कहा जाता है, सम्पादकों को न सिर्फ ईमानदार होना चाहिए बल्कि ईमानदारी का प्रदर्शन भी करना चाहिए। लेकिन मेरा सुझाव बहुत से सम्पादकों को रास नहीं आया।

सम्पादकों के लिए ईमानदार होना बहुत महत्त्वपूर्ण है, लेकिन अखबारों के मामले में यह और भी ज्यादा महत्त्वपूर्ण है। छपे हुए शब्दों को आज भी धर्म-वाक्यों के रूप में देखा जाता है। मैंने ऐसे सम्पादक भी देखे हैं जो हमेशा शासकों को प्रसन्न करने की धुन में रहते हैं और सत्ता परिवर्तन के साथ ही झट से अपना सुर बदल लेते हैं। राजनीतिक पार्टियाँ भी अपनी तरफ से अखबारों को प्रभावित करती हैं और सत्ता में आने के बाद सरकारी विज्ञापनों को प्रलोभन की तरह इस्तेमाल करती हैं। भारत में पचानवे प्रतिशत अखबार आज भी इस प्रलोभन से बच नहीं पाते, क्योंकि सरकारी विज्ञापन अखबारों की आय का महत्त्वपूर्ण हिस्सा होते हैं। टीवी चैनलों का भी यही हाल है।

इस बुराई को दूर करने के लिए केन्द्र और राज्य सरकारों को भूतपूर्व न्यायाधीशों या

अन्य प्रतिष्ठित व्यक्तियों की अध्यक्षता में स्वायत्त बोर्डों की स्थापना करनी चाहिए, जो ईमानदारी से सरकारी विज्ञापनों के वितरण से जुड़े फैसले कर सकें। आखिर यह जनता का पैसा है और किसी को भी इसके दुरुपयोग की अनुमति नहीं होनी चाहिए।

सच्चाई का सम्बन्ध आपकी मूल प्रकृति से होता है और लोगों के प्रति आपके रवैये पर निर्भर करता है। अगर आपको लोग अच्छे लगते हैं, उनके साथ घुलना-मिलना अच्छा लगता है, उनकी बात सुनना अच्छा लगता है, तो वे जरूर आपको अपने मन की बात बताएँगे। जैसाकि अमरीका के जाने-माने लोक-दार्शनिक विल रोजर्स ने एक बार कहा था, ''कोई भी अजनबी नहीं होता, सिर्फ ऐसे दोस्त हैं जिनसे आप अभी तक मिले नहीं होते।'' एक अच्छे रिपोर्टर को इसी नजर से दुनिया को देखना चाहिए।

'सिनिसिज्म' (अनिष्ठावाद) या 'पेसिमिज्म' (निराशावाद) एक अच्छा नजरिया नहीं है। सूचना के अधिकार के रूप में आशा की एक किरण दिखाई देने लगी है। अब इसके उजाले के दायरे को बढ़ाने की जरूरत है।

मुझे सबसे ज्यादा दुख यह देखकर होता है कि कैरियर में आगे बढ़ने के लिए आज पत्रकार किस हद तक समझौते कर रहे हैं। आज चुप्पी साधे रहना सफलता का मूल मंत्र बन गया है। अगर आपको चुप रहने की, किसी को नाराज न करने की कला आती है तो आप बड़ी तेजी से तरक्की कर सकते हैं। आज प्रतिभा की नहीं, लकीर का फकीर बनने की जरूरत है।

अगर हम सफल पुरुषों और स्त्रियों की जिन्दगी में झाँककर देखें तो हमें ज्यादातर ऐसे लोग मिलेंगे जिन्हें दूसरों के साथ तालमेल बिठाने की, दूसरों को खुश रखने की कला आती थी। वे कभी किसी का रास्ता नहीं काटते थे, कभी लकीर से इधर-उधर नहीं भटकते थे, कभी किसी बात को मुद्दा नहीं बनाते थे। वे चुप रहना पसन्द करते थे, और अगर कुछ बोलते भी थे तो दूसरों के सुर में सुर मिलाकर। वे शायद ही कभी बेसुरे होते थे। कुछ लोग उनके चुप रहने, दूसरों की 'हाँ' में हाँ मिलाने की निन्दा भी करते थे, फिर भी वे दूसरों को पीछे छोड़कर बड़ी तेजी से आगे बढ़ते और सफलता की सीढ़ियाँ फलाँदते चले जाते थे।

बुद्धिजीवियों के साथ भी यही स्थिति रही है। यथास्थिति की स्वीकृति सफलता का मूलमंत्र रहा है। 'कन्फर्मिज्म' ही सब कुछ है। वे स्वाधीन सोच और विद्रोही तेवरों का दिखावा जरूर करते हैं, लेकिन सुरक्षा और सम्पन्नता का सुख छोड़े बगैर। उनके दर्शन को इन शब्दों में परिभाषित किया जा सकता है–'जिसका खाता हूँ, उसी के गुण गाता हूँ।' वे अपनी सुख-सुविधाएँ बचाए रखने के लिए कुछ भी करने के लिए तैयार रहते हैं। ऐसा नहीं कि उन्हें 'त्याग' और 'समर्पण' जैसे मूल्यों का पता न हो, पर उन्हें लगता है कि ये मूल्य सिर्फ दूसरों को कसौटी पर कसने के लिए बने हैं, न कि खुद उनके लिए।

यह कहना बहुत मुश्किल है कि क्या पत्रकारों की ऊँचे मूल्यों में सचमुच कोई निष्ठा है। लेकिन मुझे आमतौर पर ऐसा लगता है कि उनकी दिलचस्पी सिर्फ अपने-आप तक सीमित है। वे मूल्यों की बात जरूर करते हैं, सिद्धान्तों का राग भी अलापते रहते हैं, लेकिन कुल मिलाकर वे भौतिक सुख-सविधाओं से ऊपर नहीं उठ पाते। मैं जानता हूँ कि परिवर्तन जीवन का नियम है और परिवर्तन के बिना कोई भी विकास सम्भव नहीं है। लेकिन क्या यह 'परिवर्तन' हम पत्रकार लोग ला रहे हैं? एक दार्शनिक के शब्दों में कहा जाए तो, ''बेशक, जब विनयशीलता

को एक सद्गुण के रूप में देखा जाने लगता है तो मूर्खों के लिए यह बड़ी रोमांचकारी चीज बन जाती है, क्योंकि हर कोई अपने-आपको ऐसा ही समझकर व्यवहार करने लगता है।''

जिम्मेदारी से बचने का बड़ा आसान तरीका है कि सब कुछ 'विश्वसनीय सूत्रों' या 'सरकारी सूत्रों' के मत्थे मढ़ दिया जाए। सिर्फ सुनी-सुनाई बातों, अफवाहों या मात्र अनुमानों को भी अकसर इसी तरह के शब्द जोड़कर 'खबरों' के रूप में परोस दिया जाता है। उल्लेखित और कुछ अन्य विशिष्ट परिस्थितियों को छोड़कर सूचनाओं के स्रोतों की पहचान पत्रकारिता के क्षेत्र में एक स्वीकृत परम्परा रही है। लेकिन 'माना जाता है', 'समझा जाता है', 'सूत्रों के अनुसार' जैसे शब्दों का बेधड़क प्रयोग और स्रोतों के उल्लेख का सर्वथा अभाव अनुमानों, अतिरेकों और 'प्लांटिड' या गढ़ी हुई सामग्री को भी प्रामाणिक खबरों के रूप में पेश करने का रास्ता खोल देता है।

विश्वसनीयता बनाए रखने के लिए जरूरी है कि स्रोत के नाम, पद या कम-से-कम रिपोर्टर के साथ उसके सम्पर्कों का कुछ उल्लेख जरूर किया जाए। अगर स्रोत की गोपनीयता बनाए रखना जरूरी हो तो यह जिम्मेदारी खुद रिपोर्टर को उठानी चाहिए कि उसकी जानकारी सही है, और अखबार के कॉपी-एडिटर को उसके इस दावे की जाँच करनी चाहिए। ये नियम सम्पादकीय विभाग को भी पता होने चाहिए और पाठकों को भी। इनका उल्लंघन होने पर दोषी को दंडित किया जाना चाहिए। साथ ही ऐसे मामलों का खुलकर प्रचार भी किया जाना चाहिए ताकि मीडिया की विश्वसनीयता बनी रहे।

हालाँकि मैं इस बात से सहमत हूँ कि सेल्फ-रेग्युलेशन कोई रेग्युलेशन नहीं होता, फिर भी भारतीय प्रेस कुल मिलाकर मर्यादाओं का पालन करने की कसौटी पर खरी उतरी है। पत्रकारों को खुद ही एक आचार-संहिता बनाकर कड़ाई से उसका पालन करना चाहिए। किसी भी तरह का नियंत्रण वह छोटा हो या बड़ा, अन्ततः 'सेंसरशिप' का रूप ले लेगा। जवाहरलाल नेहरू ने 'अखिल भारतीय सम्पादक सम्मेलन' के दौरान जो कुछ कहा था, उसका महत्त्व आज भी कम नहीं हुआ है। उन्होंने कहा था–''अंकुश लगाकर आप कुछ बदल नहीं सकते। आप सिर्फ कुछ चीजों को सामने आने से रोक देते हैं, जिससे उनसे जुड़ी भावनाएँ और विचार अन्दर-ही-अन्दर और ज्यादा फैलते चले जाते हैं। इसलिए मैं दबी हुई या नियामकों में बँधी प्रेस की बजाय एक पूरी तरह से स्वतंत्र प्रेस पसन्द करूँगा, भले ही इस स्वतंत्रता के दुरुपयोग से जुड़े खतरे कितने ही ज्यादा क्यों न हो।''

परिशिष्ट-2

मानवाधिकार और पर्यावरण

मानव अधिकारों के क्षेत्र से मेरे जुड़ाव का श्रेय वी. एम. तारकुंडे को जाता है। वे एक सीधे-सादे और शालीन व्यक्ति हैं। शासन के अत्याचारों के खिलाफ आम नागरिकों के अधिकारों की रक्षा के लिए उन्होंने ही देश में इस आन्दोलन की शुरुआत की। वे महाराष्ट्र के उच्च न्यायालय में न्यायाधीश के पद से इस्तीफा देकर दिल्ली में उच्चतम न्यायालय में पैरवी करने लगे थे और सामाजिक उद्देश्यों में लगे लोगों के लिए बिना फीस लिए लड़ा करते थे।

इमरजेंसी के दौरान मुझे जेल जाना पड़ा तो मानवीय यातनाओं को लेकर मेरी संवेदनशीलता और भी प्रखर हो गई। वहाँ कई कमउम्र लड़कों को बरसों से जेल में एड़ियाँ रगड़ते देखकर मैं सिहर उठा। उनकी व्यथा-कथा ने जेल के बाहर के मेरे सुविधासम्पन्न जीवन को झकझोरकर रख दिया। रिहाई के बाद भी उनके चेहरे मेरी आँखों के आगे घूमते रहते थे। एक पत्रकार के रूप में मैंने उत्तर प्रदेश, बिहार और उड़ीसा का दौरा किया था और घोर गरीबी देखी थी। लेकिन मानवाधिकारों का हनन उससे भी बुरा था और मुझे रह-रहकर कचोटता था। आतंकवादियों या पुलिस की बर्बरता की कहानियाँ सुनकर मैं थरथरा जाता था।

जयप्रकाश नारायण ने 'पीपल्ज यूनियन ऑफ सिविल लिबर्टीज' (पीयूसीएल) और 'सिटिजेंस फॉर डेमोक्रेसी' (सीएफडी) के नाम से दो महत्त्वपूर्ण संस्थाओं की स्थापना की थी। पहली संस्था मानवाधिकारों से जुड़ी हुई थी और दूसरी भारतीय प्रजातांत्रिक व्यवस्था से सम्बन्धित थी, जिसके अन्तर्गत धर्मनिरपेक्षता, कश्मीर की स्वायत्तता और नागालैंड समेत उत्तर-पूर्वी राज्यों के अधिकार इत्यादि आते थे।

तारकुंडे चाहते थे कि मैं सीएफडी के लिए काम करूँ। मैंने उनकी इच्छा का पालन किया और समय के साथ इस संस्था का प्रमुख बन गया। लेकिन कई वर्ष बाद कुछ अवाँछनीय तत्त्व इस संस्था पर कब्जा करने में सफल हो गए। परिणामस्वरूप इस संस्था ने जल्दी ही दम तोड़ दिया। सबसे शर्मनाक बात यह थी कि इन लोगों ने संस्था के नाम बैंक में जमा एक लाख रुपए तक नहीं छोड़े। मैं कई वर्ष बाद, 2011 के मध्य में, इस संस्था को पुनर्जीवित करने में सफल रहा।

तारकुंडे एक रेडिकल मानवतावादी थे। लेकिन जेपी के साथ उनके जुड़ाव ने उन्हें जेपी के 'परिवर्तन' के आदर्श को आगे ले जाने के लिए प्रेरित किया। दोनों का मानना था कि भारत को एक 'सम्पूर्ण क्रान्ति' की जरूरत थी।

तारकुंडे ने और मैंने देखा कि जेपी से जुड़ी युवा पीढ़ी, खासकर 'संघर्ष वाहिनी' से जुड़े

नौजवान एक मूल्य-आधारित व्यवस्था के प्रति समर्पित थे, लेकिन उन्हें कोई नेतृत्व नहीं मिल पा रहा था। हमने संघर्ष वाहिनी और कुछ अन्य संस्थाओं की एक सभा बुलाकर यह प्रयास किया कि जेपी के अधूरे एजेंडे को आगे बढ़ाने के लिए सब लोग एक मंच से काम करें।

यह मीटिंग बिहार के बोधगया में तीन दिनों तक जारी रही। पर अफसोस, बार-बार 'प्वाइंट्स ऑफ ऑर्डर' उठाकर मीटिंग में व्यवधान डालने की कोशिशें होती रहीं। माहौल इतना खराब था कि हमारी सारी मेहतनत पर पानी फिर गया। हमें पता चला कि मीटिंग में शामिल ज्यादातर गैर-सरकारी संस्थाओं (एनजीओ) को विदेशों से पैसा मिल रहा था। पैसा पानेवाली और न पानेवाली संस्थाओं के बीच बहुत बड़ी खाई थी।

हमारी कोशिशों का कुछ भी नतीजा नहीं निकला, हालाँकि हमने सम्पूर्ण क्रान्ति के लिए जन-समर्थन जुटाने के लिए पाँच जोन बनाकर पाँच वैतनिक कार्यकर्ताओं को भी नियुक्त किया। हमारा खयाल था कि वे लोगों को सम्पूर्ण क्रान्ति के प्रति जागरूक करने का काम करेंगे। लेकिन साल भर के भीतर ही हमने पाया कि वे कोई दूसरा काम-धन्धा करने लगे थे।

मुझे मीटिंग के दौरान ही यह अहसास हो गया था कि जेपी आन्दोलन से जुड़े आदर्शवादी नौजवान अब सिर्फ अपने 'त्याग' को भुनाने के इच्छुक थे। उनके अन्दर जल रही क्रान्ति की मशाल बहुत पहले ही बुझ चुकी थी और वे अब दूसरे लोगों की तरह ही स्वार्थ-सिद्धि की होड़ में शामिल थे।

मैं वर्षों पहले भी इसी तरह का दृश्य देख चुका था। आजादी दिलाते ही कांग्रेस के नेता ऊँचे पदों और सुविधासम्पन्न जीन की होड़ में शामिल हो गए थे। पहले महात्मा गांधी ने और फिर जयप्रकाश नारायण ने देशभक्ति, समर्पण और आत्म-त्याग का जो वातावरण तैयार किया था, वह कुछ ही वर्षों में हवा के झोंके की तरह लुप्त हो गया था। शायद सभी बड़े जन-आन्दोलन अपने समय और स्थितियों की उपज होते हैं। गांधी और जेपी भी कुछ विशिष्ट ऐतिहासिक परिस्थितियों की उपज थे और देश में जागृति औरक्रान्ति की लहर पैदा करने में सफल रहे थे। परिस्थितियाँ बदलते ही यह लहर भी थम गई थी।

कई वर्ष बाद मैंने एक और गांधीवादी अन्ना हजारे को भी विद्रोह की ऐसी ही लहर पैदा करते देखा। उनका आन्दोलन भ्रष्टाचार के खिलाफ था, जिसने पूरी व्यवस्था को अपनी चपेट में ले लिया था। यह अन्ना के सादे जीवन और उच्च विचारों की ही विजय थी कि जेपी आन्दोलन के बाद पहली बार देश का मध्य वर्ग और सिविल समाज सड़कों पर उतर आया। यह आन्दोलन भी 'परिवर्तन' का प्रतीक था। अन्ना हजारे भ्रष्टाचार से लड़ने के लिए एक मजबूत और शक्तिशाली 'लोकपाल' की स्थापना करना चाहते थे। कॉमनवेल्थ खेलों और टू जी स्पेक्ट्रम के रूप में दो बड़े और भयंकर घोटालों ने देशवासियों को झकझोरकर रख दिया था और वे अन्ना के समर्थन में खुलकर सामने आ गए थे। सिर्फ इन दो घोटालों से ही देश को 30,00,000 करोड़ रुपयों का नुकसान हुआ था।

इस आन्दोलन की कमजोरी यह थी कि इसके साथ आम आदमी की रोटी, कपड़ा और मकान की मूलभूत जरूरतें जुड़ी हुई नहीं थीं। मानवाधिकारों के उल्लंघन को भी आन्दोलन के दायरे से बाहर रखा गया था। सरकार ने अन्ना आन्दोलन के जवाब में सदन में इतने

कमजोर लोकपाल का विधेयक पेश किया कि भ्रष्टाचार पर सख्ती से काबू न पाने की उसकी नीयत खुलकर सामने आ गई। अन्ना हजारे को केन्द्रीय जाँच ब्यूरो (सीबीआइ) पर सरकार का प्रशासनिक नियंत्रण भी मंजूर नहीं था, क्योंकि सत्ताधारी पार्टियाँ कोई जाँच शुरू करने या न करने के लिए इस संस्था को एक राजनीतिक दबाव के रूप में इस्तेमाल करने लगी थीं। सीबीआइ के कई सेवानिवृत्त निदेशक अपनी किताबों में लिख चुके हैं कि किस तरह किसी मामले में सरकार के निर्देश पर उनके हाथ बँध जाते थे।

मैंने प्रधानमंत्री मनमोहन सिंह और अन्ना हजारे के बीच एक सूत्र की भूमिका निभाते हुए जन लोकपाल विधेयक पर दोनों की सहमति बनाने की कोशिश की। जल्दी ही मैंने प्रधानमंत्री को टीवी पर यह कहते सुना कि वे संसद में प्रस्तुत लोकपाल विधेयक पर 'चर्चा या संवाद' के लिए तैयार थे। मुझे लगा कि इस अवसर को हाथ से नहीं जाने देना चाहिए। मैं उसी दोपहर अन्ना हजारे से मिला, हालाँकि मैं उन्हें अच्छी तरह से नहीं जानता था। मैंने पाया कि वे तीन मूल मुद्दों को स्वीकार कर लिए जाने की स्थिति में समझौते के लिए तैयार थे।

पहली शर्त न्यायपालिका की स्वाधीनता से जुड़ी हुई थी। मैंने सुझाव दिया कि न्यायपालिका के लिए एक अलग लोकपाल की स्थापना ठीक रहेगी। अन्ना हजारे इससे सहमत हो गए। दूसरी शर्त प्रधानमंत्री को लोकपाल के दायरे में लाने से जुड़ी हुई थी। अन्ना इस पद को दो हिस्सों में बाँटने के लिए तैयार थे, पहला शासन- सम्बन्धी और दूसरा भ्रष्ट कृत्यों सम्बन्धी। वे चाहते थे कि कोई प्राइमाफेसी मामला बनने पर ही प्रधानमंत्री के खिलाफ भ्रष्टाचार के आरोपों की जाँच होनी चाहिए। तीसरी शर्त सीबीआइ की स्वाधीनता से जुड़ी हुई थी। हजारे चाहते थे कि लोकसभा में लोकपाल विधेयक पास होने तक यह संस्था उच्चतम न्यायालय के तत्त्वावधान में काम करे।

मैंने प्रधानमंत्री से सीधे बात नहीं की। लेकिन उनके एक करीबी ने अन्ना का पक्ष उन तक पहुँचा दिया। प्रधानमंत्री का जवाब हमारी उम्मीदों के अनुरूप नहीं था। उन्होंने कहा कि अन्ना हजारे को अपने विचार संसदीय स्थायी समिति के सामने रखने चाहिए, जो इस मामले पर विचार-विमर्श कर रही थी। हमने उनसे कहा कि सभी राजनीतिक दलों की एक मीटिंग बुलाकर अन्ना हजारे के साथ इस विषय पर चर्चा की जाए। लेकिन उन्होंने इससे भी इनकार कर दिया। हमारी सभी कोशिशों का कुछ भी नतीजा नहीं निकला।

मानवाधिकारों के क्षेत्र में मैंने देखा कि राष्ट्रीय मानवाधिकार आयोग में कई कमियाँ थीं। जम्मू और कश्मीर के साथ-साथ सशस्त्र सेनाओं का भी इसके दायरे से बाहर होना मेरे खयाल से सही नहीं था। इसकी सबसे बड़ी कमजोरी यह थी कि इसके पास आरोपों की खुद जाँच करने के साधन नहीं थे। मुझे खुद भी इस मामले में कुछ खट्टे अनुभव हुए।

दिल्ली के 'अंसल प्लाजा' नामक पॉश शॉपिंग-सेन्टर में एक झूठा एनकाउन्टर हुआ था, जिसमें कार-पार्किंग के लिए बने तहखाने में दो कश्मीरी मारे गए थे। इस घटना के चश्मदीद गवाह एक डॉक्टर ने अखबारों में एक बयान जारी करके इस एनकाउन्टर को चुनौती दी। सरकार ने इस पर कुछ भी ध्यान नहीं दिया तो मैंने मानवाधिकार आयोग में एक याचिका दायर कर दी। तब भूतपूर्व मुख्य न्यायाधीश जे.एस. वर्मा इसके चेयरमैन थे। उन्होंने झट

से जाँच के आदेश जारी कर दिए। लेकिन यह जाँच उसी पुलिस बल द्वारा की गई जिस पर दोनों कश्मीरियों को झूठे एनकाउन्टर में भून डालने का आरोप था। यह जाँच का दिखावा मात्र था, जिसके बाद आयोग ने अपने हाथ झाड़ लिए। पुलिस ने अपने पुराने बयान की पुष्टि करते हुए कहा था कि कोई झूठा एनकाउन्टर नहीं हुआ था।

आयोग के नाम मेरी दूसरी शिकायत खालिद मसूद का शव पाकिस्तान को लौटाए जाने को लेकर थी। उसकी मृत्यु की अलग-अलग वजहें बताई जा रही थीं। एक वजह यह बताई गई थी कि गुड़गाँव की जेल में पुलिस हिरासत के दौरान उसे इतनी यातनाएँ दी गई थीं कि उसकी मौत हो गई थी। आयोग ने बिना किसी जाँच के इस याचिका को खारिज कर दिया।

मेरी एक और शिकायत सीबीआई के एक भूतपूर्व निदेशक की मानवाधिकार आयोग में नियुक्ति को लेकर थी। उन्होंने तत्कालीन गृहमंत्री लाल कृष्ण आडवाणी के प्रति नर्मी दिखाते हुए बाबरी मसजिद के विध्वंस से जुड़े मुकदमे से उनका नाम हटा दिया था। उच्चतम न्यायालय ने मेरी याचिका को यह कहकर रद्द कर दिया कि किसी पुलिसकर्मी को मानवाधिकार आयोग का सदस्य बनने का पूरा अधिकार था। उच्चतम न्यायालय ने या तो केन्द्रीय बिन्दु पर ध्यान नहीं दिया, या ऐसा करने की जरूरत नहीं समझी।

नर्मदा बाँध के आन्दोलन का नेतृत्व कर रहीं मेधा पाटकर के सम्पर्क में मैं उस समय आया जब मैं उनके निमंत्रण पर आन्दोलन स्थल पर गया। मैंने वहाँ एक ऊँचे बुर्ज वाला मन्दिर देखा जो तब तक पानी में नहीं डूबा था। मैं सैद्धान्तिक तौर पर मेधा की इस धारणा से सहमत था कि छोटे बाँध बनाए जाने चाहिए, ताकि आबादी का बड़े पैमाने पर विस्थापन न करना पड़े। बहुत सारे छोटे-छोटे बाँध भी सिंचाई के उद्देश्य को पूरा कर सकते थे और किसी प्राकृतिक आपदा की स्थिति में उनसे खतरा भी कम था।

गुजराती इस आन्दोलन के उद्देश्य को नहीं समझ पा रहे थे। उन्होंने मुझसे कहा कि यह 'उनका कश्मीर' था और अगर बाँध नहीं बना तो वे बन्दूक उठाने पर मजबूर हो जाएँगे। उन्हें इस बात की चिन्ता नहीं थी कि विस्थापित लोगों का क्या होगा, जिनके घर इस बाँध के कारण जलमग्न होते जा रहे थे।

नर्मदा के मामले में अदालत ने यह फैसला दिया था कि बाँध के कारण विस्थापित होनेवाले लोगों को जमीन के साथ-साथ पुनर्वास अनुदान भी दिया जाए, लेकिन गुजरात, मध्य प्रदेश या महाराष्ट्र में इस फैसले को सही ढंग से लागू नहीं किया गया। मेधा पाटकर बाँध को एक खास ऊँचाई तक बनाए जाने के लिए सहमत हो गई थीं, बशर्ते कि विस्थापितों का सही तरीके से पुनर्वास किया जाए और उन्हें हर्जाना दिया जाए। लेकिन समय बीतने के साथ हमने देखा कि तीनों राज्य, और खास मध्य प्रदेश, विस्थापितों के पुनर्वास के मामले में घोर लापरवाही बरत रहे थे।

गांधीवादियों ने बाँध पर चर्चा करने के लिए न सिर्फ मुझे और तारकुंडे को अहमदाबाद बुलाया, बल्कि हमारा खर्च भी उठाया। वे सब बाँध की अधिकतम ऊँचाई के पक्ष में थे। उन्होंने हमें भरोसा दिलाया कि विस्थापितों का पुनर्वास उनकी पहली प्राथमिकता होगी। एक गांधीवादी ने तो यहाँ तक कहा कि अगर बाँध नहीं बना तो वे हिंसा पर उतर आएँगे। मैंने और तारकुंडे ने एक वक्तव्य जारी करके इस बात पर जोर दिया कि विस्थापितों का पुनर्वास

बाँध निर्माण का एक अभिन्न अंग था। हमने मेधा पाटकर और अन्य लोगों से भी यह अपील की कि वे बाँध की बजाय विस्थापितों के पुनर्वास पर ध्यान दें। उन्होंने यह कहकर हमें चौंका दिया कि वे खुद भी इसी मुददे पर ज्यादा ध्यान दे रही थीं।

वितरण के लिए जमीन कम पड़ रही थी। मध्य प्रदेश ने तो पुनर्वास को लेकर एक मनघड़ंत रपट ही तैयार कर ली। मेधा को इससे इतनी पीड़ा पहुँची कि वे आमरण अनशन पर बैठ गईं। नई दिल्ली में जंतर-मंतर पर उनके साथ धरने पर बैठने वालों में मैं और राजेंद्र सच्चर भी शामिल थे। 'हाइड पार्क प्रधानमंत्री' मनमोहन सिंह ने अपने मोबाइल पर राजेंद्र को फोन किया। हम दोनों बातचीत के लिए उनके घर गए, जहाँ जल संसाधन मंत्री सैफुद्दीन अहमद सोज और सोनिया गांधी के सलाहकार अहमद पटेल प्रधानमंत्री के साथ विचार-विमर्श में व्यस्त थे। अहमद पटेल गुजरात से होने के कारण राज्य सरकार के रुख का समर्थन कर रहे थे। उनका कहना था कि पुनर्वास में कमियों का यह मतलब नहीं था कि बाँध का निर्माण रोक दिया जाए।

हमने प्रधानमंत्री से अनुरोध किया कि खुद सोज के नेतृत्व में एक टीम को मध्य प्रदेश भेजकर पता लगाया जाए कि वहाँ पुनर्वास की क्या स्थिति थी। प्रधानमंत्री न सिर्फ ऐसा करने के लिए राजी हो गए, बल्कि उन्होंने यह वायदा भी किया कि अगर पुनर्वास कार्य सन्तोषजनक नहीं पाया गया तो बाँध का निर्माण-कार्य रोक दिया जाएगा। मेधा ने अनशन खत्म करने की बजाय रिपोर्ट का इन्तजार करने का फैसला किया। सैफुद्दीन सोज और मीरा कुमार (जो बाद में लोकसभा की अध्यक्ष बनीं) मध्य प्रदेश गए और उन्होंने वहाँ जारी पुनर्वास कार्य को 'स्वाँग मात्र ठहराया। प्रधानमंत्री ने अपने वायदे से मुकरते हुए बाँध का काम नहीं रोका तो उच्चतम न्यायालय ने हस्तक्षेप करते हुए पुनर्वास की शर्तें पूरी किए जाने तक बाँध के निर्माण पर रोक लगा दी। इस कानूनी रस्साकशी के बावजूद गुजरात सरकार बाँध को इच्छित ऊँचाई तक पहुँचाने में सफल रही।

एक रात जब मैं और राजेंद्र धरने पर बैठने के बाद घर लौट चुके थे तो पुलिस ने मेधा पाटकर को गिरफ्तार करके जबर्दस्ती 'एम्स' अस्पताल में भर्ती करवा दिया। हम बड़ी मुश्किल से मेधा को अपना अनशन खत्म करने के लिए राजी कर सके। हमें विस्थापितों के चेहरों पर झलकता दर्द भी रह-रहकर कचोट रहा था, जिनमें से कुछ इस धरने में मौजूद थे। उनमें से एक ने बड़े दुखी मन से मुझसे कहा था, ''बाबूजी, हमने कभी नहीं देखा कि गरीब किसान को जमीन के बदले जमीन मिल गई हो।''

कुछ समय पहले, 2010 में, मुझे अहमदाबाद में आयोजित एक सेमिनार में भाग लेने का अवसर मिला। इस सेमिनार में बताया गया कि नर्मदा बाँध न्यूनतम अपेक्षाओं पर खरा उतरने में भी सफल नहीं रहा था। इस सेमिनार में सनद मेहता और माधवराव सोलंकी भी मौजूद थे, जो कभी बाँध के प्रबल समर्थक रह चुके थे।

मैं मानवाधिकारों की लड़ाई के साथ गहराई से जुड़ता चला गया था। फिर भी, मैं इस बात को भुला नहीं पाता था कि विएना में मानवाधिकारों और पर्यावरण पर आयोजित कॉन्फ्रेंस के दौरान मैंने डॉ. मनमोहन सिंह और भारतीय शिष्ट मंडल के खिलाफ एक प्रदर्शन में हिस्सा लिया था तो उन्हें देखते ही एक पेड़ के पीछे छिप गया था। शायद यह मेरा 'क्लास इंस्टिंक्ट' था। मैं इस घटना को याद करके बरसों शर्मिंदगी महसूस करता रहा था। मुझे अपने-आपको

बदलने में कई वर्ष लग गए। इसके बाद मैं किसानों और गरीबों द्वारा जंतर-मंतर पर आयोजित लगभग हर धरने में बढ़-चढ़कर हिस्सा लेने लगा।

माओवादी मानवाधिकारों का कितना सम्मान या उल्लंघन करते हैं, यह बहस का विषय हो सकता है। लेकिन मेरा अपना खयाल है कि उनके तौर-तरीके उनके उद्देश्य के साथ मेल नहीं खाते। उनकी हिंसा जिस तरह की प्रतिक्रिया को जन्म देती है, उससे भारत की प्रजातांत्रिक व्यवस्था कमजोर होती है। सरकार को कठोर-से-कठोर कानून बनाने और प्रजातंत्र का दायरा घटाने का बहाना मिल जाता है। इस तरह के बर्बर कदम भारत में इमरजेंसी, अमरीका में मैकार्थी युग, दक्षिण अफ्रीका और जर्मनी में नस्लवाद के युग, और हंगरी में सोवियत दमन के युग की याद दिलाते हैं। भारत सरकार का दिनोदिन बढ़ता अधिकारवादी रवैया एक ऐसे माहौल को जनम दे रहा है जिसमें चर्चा, बहस और विरोध के विधिवत और अहिंसक तौर-तरीकों पर भी प्रश्न-चिन्ह लगाया जाने लगा है।

6 मई, 2010 को गृह मंत्रालय ने एक ऐसा सर्क्युलर जारी किया जो अभिव्यक्ति का स्वतंत्रता का खुला उल्लंघन करता था। इस सर्क्युलर में धारा 39 (गैरसरकारी कार्रवाइयों की रोकथाम सम्बन्धी कानून) का हवाला देते हुए कहा गया कि माओवादियों या उनकी विचारधारा का समर्थन करनेवालों (मतलब गैर-सरकारी संस्थाओं और बुद्धिजीवियों इत्यादि) को आतंकवाद विरोधी कानून के तहत सजा दी जा सकती थी। मैं माओवादियों की विचारधारा से सहमत नहीं हूँ, लेकिन एक प्रजातांत्रिक सरकार उनके समर्थकों के खिलाफ कोई कार्रवाई कैसे कर सकती है?

यह तथ्य कि यह सर्क्युलर दो प्रतिष्ठित लेखकों और सामाजिक कार्यकर्ताओं अरुंधति राय और गौतम नौलखा ('इकोनॉमिक एंड पॉलिटिक्स वीकली' के दिल्ली संस्करण के सम्पादक) की माओवादियों पर रिपोर्टों के प्रकाशन के बाद जारी किया गया था, यह दर्शाता है कि इसमें सीधे-सीधे इन दोनों और माओवादी हिंसा का समीक्षात्मक आकलन करनेवालों को निशाना बनाया गया था।

इसी तरह मैं सार्वजनिक सुरक्षा कानून की भी आलोचना करता रहा हूँ।

गृहमंत्री पी. चिदम्बरम ने मुझे एक पत्र लिखकर पूछा कि मैं किस आधार पर प्रजातांत्रिक दायरे के सिकुड़ने की बात कर रहा था। "यह याद रखना चाहिए," उन्होंने लिखा, "कि असली शक्ति न्यायपालिका के पास है, न कि कार्यपालिका के पास। अदालतें ही जमानत की अर्जी पर सुनवाई के बाद यह तय करती हैं कि जमानत दी जानी चाहिए या नहीं, और हिरासत कितने दिन की होनी चाहिए।"

मैंने इस पत्र के जवाब में लिखा, "यह कानून इतना ड्रेकोनियन और एंटी-डेमोक्रेटिक है कि वैयक्तिक और मानवीय अधिकारों के प्रति समर्पित कोई भी व्यक्ति मानवाधिकारों के प्रति भारत के रुख को लेकर शर्मिंदगी महसूस करेगा। मैंने अपने लेख में इसी व्यक्तिगत पीड़ा को अभिव्यक्त किया था और मैं उम्मीद करता हूँ कि देश के गृहमंत्री के रूप में आप इसे इसी नजर से देखेंगे। गैरकानूनी गतिविधि (रोकथाम) कानून के तहत विनायक सेन की गिरफ्तारी इस कानून के मनमाने और पक्षपातपूर्ण इस्तेमाल का उदाहरण है।"

डॉ. विनायक सेन हिरासत में थे तो मैं रायपुर भी गया था। मेरा खयाल था कि उनके

खिलाफ हिंसा का आरोप सार्वजनिक सुरक्षा कानून के तहत उनकी गिरफ्तारी का बहाना भर था। मैंने छत्तीसगढ़ के मुख्यमंत्री रमण सिंह को एक पत्र लिखकर विनायक को बेहतर इलाज के लिए वेल्लोर के अस्पताल में स्थानान्तरित किए जाने का अनुरोध किया। मैं जानता था कि मुख्यमंत्री को 'सलवा जुडुम' से बहुत लगाव था। यह नक्सली 'हिंसा' के खिलाफ अपनी 'रक्षा' के लिए गठित लोगों की सेना का नाम था। उच्चतम न्यायालय ने इस सुरक्षा बल को अवैध घोषित कर दिया है। अपने-आपको कानून से ऊपर माननेवाली 'सलवा जुडुम' नक्सलवादियों या सरकार द्वारा नक्सलवादी समझे जानेवालों के खिलाफ हर तरह की गैर-कानूनी हरकतों और हिंसक कार्रवाइयों में लिप्त रही है। दरअसल मुख्यमंत्री ने आदिवासियों को दो गुटों में बाँटकर उन्हें एक-दूसरे के खिलाफ खड़ा कर दिया है और क्षेत्र के शान्त माहौल को हिंसा और हत्या के माहौल में बदल दिया है। नक्सलवादियों और गैर-नक्सलवादियों के इस टकराव में प्रशासन की भूमिका जितनी संदिग्ध है, उतनी ही नकारात्मक भी।

हम वर्षों से शान्त और नीरव पड़े जंगलों में एक तरह की युद्ध की स्थिति बनते देख रहे हैं। टकराव के क्षेत्रों का दायरा दिनोदिन और बड़ा होता जा रहा है। यह कोई छिपी हुई बात नहीं है कि सरकार ने अर्द्धसैनिक बलों को नक्सलवादियों के खिलाफ आरपार की लड़ाई में झोंक दिया है, जिन्हें भारत की सुरक्षा के लिए सबसे बड़े खतरे के रूप में देखा जा रहा है। सबसे बुरा हाल दंडकारण्य क्षेत्र का है, जिसके लिए पचास वर्षों से भी अधिक पहले, 1958 में, तत्कालीन प्रधानमंत्री जवाहरलाल नेहरू ने एक विशेष विकास योजना लागू करने का वायदा किया था। उन्होंने 'दंडकारण्य विकास प्राधिकरण' का उद्‌घाटन करते हुए कहा था कि इस विकास योजना की शुरुआत पूर्वी पाकिस्तान (अब बांग्लादेश) से विस्थापित लोगों के पुनर्वास से की जाएगी। लेकिन यह पूरी योजना कागजों पर ही धरी रह गई।

मैं नक्सलवादियों या माओवादियों के हिंसक तौर-तरीकों का बिलकुल भी समर्थन नहीं करता। हत्या सिर्फ हत्या होती है, इसे आप कुछ भी नाम क्यों न दे दें। महात्मा गांधी ने कहा था कि अगर आपके साधन पवित्र नहीं हैं तो आपके लक्ष्य भी पवित्र नहीं रह पाएँगे। खून बहाकर पाया गया कोई भी निमित्त पाने योग्य नहीं रह जाता। साधनों की परवाह न करना तानाशाही का प्रतीक है। जन भावनाएँ प्रजातांत्रिक माध्यमों से ही अभिव्यक्त की जा सकती हैं, न कि गोली-बन्दूक के माध्यम से। माओवादी हिंसा को किसी भी दृष्टि से सही नहीं ठहराया जा सकता। उलटे इससे उनका आर्थिक दर्शन अपना प्रभाव खोने लगता है–'क्षमता के अनुसार योगदान और जरूरत के अनुसार वेतन।'

कुछ समय पहले सीपीआई (माओवादी) के प्रवक्ता आजाद (चेरुकरी राजकुमार) के मारे जाने से भी सरकार के अधिकारवादी रुझान का पता चलता है। इस तथाकथित 'मुठभेड़' में आजाद के साथ-साथ हेमचन्द्र पांडे नामक एक पत्रकार भी मारे गए थे। ऐसा समझा जाता है कि आजाद एक मध्यस्थ, स्वामी अग्निवेश, के माध्यम से गृहमंत्री के सम्पर्क में थे, ताकि युद्ध-विराम की घोषणा करके सरकार और माओवादियों को बातचीत की मेज पर लाया जा सके। उन्होंने मुझे बताया था कि उन्हें बहुत कटु अनुभव हुआ था और सरकार 'अपनी कोशिशों को लेकर ईमानदार नहीं थी।' आजाद की 'हत्या' से सरकार के इरादों पर प्रश्न-चिन्ह लग गया हैं। उन्होंने माओवादियों की विचारधारा, इरादों और रणनीतियों को उजागर करने का काम किया था। वे माओवादियों को अपने भरोसे में लेकर उन्हें सरकार

के साथ बातचीत की मेज पर लाने का प्रयास कर रहे थे।

माओवादी हिंसा सिर्फ कानून और व्यवस्था का प्रश्न नहीं है और सामाजिक और आर्थिक विषमताओं को लेकर समाधानों की माँग करती है। लेकिन सरकार सिर्फ ताकत के इस्तेमाल से इस समस्या को हल कर लेना चाहती है और दमनकारी हथकंडे अपना रही है। इससे यह समस्या और ज्यादा उलझती जा रही है, क्योंकि सरकार इससे जुड़े निहित स्वार्थों पर हाथ डालने के लिए तैयार नहीं है। सरकार को एक तर्कसंगत रणनीति अपनाते हुए सभी मुददों पर खुलकर और गहराई से चर्चा करवानी चाहिए, और इस बात का ध्यान रखना चाहिए कि विपक्ष के कारण आदिवासी क्षेत्रों का सामाजिक और सांस्कृतिक जीवन प्रभावित न हो। सबसे महत्त्वपूर्ण बात यह है कि इन क्षेत्रों में अन्धाधुन्ध औद्योगिक संयंत्रों की स्थापना पर रोक लगनी चाहिए। आदिवासियों को इस बात का पूरा अधिकार है कि उन्हें अपने सरोकारों, हितों, शिकायतों, समस्याओं और सम्भावित समाधानों से जुड़ी गतिविधियों की पूरी जानकारी मिलती रहें। उन्हें उन कानूनों और नीतियों के बारे में जानने का भी अधिकार है जो उनके और राष्ट्रीय हितों को ध्यान में रखकर बनाए गए हैं। इन लक्ष्यों को खुलकर प्रचारित न करने से प्रजातंत्र के आदर्शों को ठेस पहुँचती है।

पर्यावरण पर मैंने बहुत कुछ लिखा है और बहुत-से सेमिनारों पर इस विषय पर लम्बे भाषण भी दिए हैं। लेकिन इससे जुड़े खतरे की सच्चाई मुझे तब समझ में आई जब एक सुबह मैंने पर्यावरण की बर्बादी की एक छोटी-सी झलक देखी। मैं वसन्त विहार में रहता हूँ। यह घर मैंने तब बनवाया था जब 1960 के दशक में मैं गृह मंत्रालय में सूचना अधिकारी था। मैंने सरकारी कर्मचारियों की एक सोसायटी से जमीन लेकर इस घर का निर्माण करवाया था।

एक सड़क को एयरपोर्ट से जोड़ने का प्रस्ताव था। समस्या यह थी कि इस सड़क पर कुछ स्कूल स्थित थे और प्रस्ताव पर अमल करने से पहले प्रशासन ने स्कूल छात्रों के लिए पैदा होनेवाली समस्याओं के बारे में सोचा तक नहीं था। मैंने पुलिस से शिकायत की, लेकिन उन्होंने कोई ध्यान नहीं दिया। उल्टे वे प्रस्ताव के पक्ष में बोलते रहे। मुझे यह जानकर और भी झटका लगा कि यह सड़क नजदीक के वन क्षेत्र में सात फाइव स्टार होटल बनाने की योजना का हिस्सा थी, जो बाद में वसन्त कुंज के नाम से जाना जाने लगा। मैंने भारत के मुख्य न्यायाधीश के नाम एक जनहित याचिका दायर करके शिकायत की कि इस योजना से इस क्षेत्र का सदियों पुराना वन-क्षेत्र बर्बाद हो जाएगा और पर्यावरण पर बहुत बुरा असर पड़ेगा। मैंने इस बात पर भी जोर दिया कि इस क्षेत्र में होटलों के लिए पानी उपलब्ध नहीं था।

मेरी इस शिकायत पर कार्यवाहक मुख्य न्यायाधीश कुलदीप सिंह ने 'स्टे ऑर्डर' जारी कर दिया। पर्यावरण के संरक्षण से जुड़े लोगों के लिए वे किसी देवता से कम नहीं रहे हैं। उन्होंने यह आदेश भी दिया कि प्रशासन यह लिखित आश्वासन दे कि वह कभी भी प्रस्तावित सड़क का निर्माण नहीं करेगा। सरकारी वकील इतने उखड़ गए कि एक ने तो 'एशिया के सबसे बड़े स्लम' की भविष्यवाणी करते हुए मुझे इसके लिए जिम्मेदार भी ठहरा दिया। लेकिन सच्चाई यह है कि आज, लगभग बीस वर्ष बाद, यह वन-क्षेत्र कंकरीट के जंगल में एक नन्हे

द्वीप की तरह है।

बिल्डर माफिया अपनी करतूतों से बाज आने वाला नहीं था। वह उच्चतम न्यायालय से उस वनभूमि का एक हिस्सा छुड़ाने में सफल हो गया जिस पर मैंने स्टे ऑर्डर ले लिया था। मैं आज भी समझ नहीं पाता हूँ कि न्यायमूर्ति बी.एन. कृपाल और न्यायमूर्ति जे. सी. वर्मा ने वनक्षेत्र के विनाश की अनुमति क्यों दे दी। फिर भी, हम क्षेत्र में ऊँची इमारतों के निर्माण के खिलाफ विरोध प्रदर्शनों और धरनों का आयोजन किया। सरकार ने एक समिति की स्थापना की, जिसने इस क्षेत्र में पानी न होने की हमारी दलील की पुष्टि की।

पर 'स्टे ऑर्डर' और उच्चतम न्यायालय में मुकदमे के बावजूद शॉपिंग मॉलों और दूसरी बिल्डिंगों के निर्माण का सिलसिला नहीं थमा। न्यायमूर्ति अजित पसायत पहले तो मुकदमे का फैसला होने तक निर्माण कार्य पर रोक लगाने के लिए राजी नहीं हुए, फिर दो-तिहाई निर्माण हो जाने के बाद यह कहने लगे कि अब बहुत देर हो चुकी थी। फिर भी, पर्यावरण नियमों के उल्लंघन के लिए उन्होंने बिल्डरों पर भारी जुर्माना लगाए जाने की बात कही।

सूचना के अधिकार के माध्यम से मुझे पता चला कि यह 'भारी जुर्माना' सिर्फ एक लाख रुपए था। बिल्डर माफिया जीत गया था। मैं यह देखकर दंग रह गया था कि पैसे की ताकत से कितनी आसानी से हर बाधा पार की जा सकती थी, वह कानूनी हो या न्यायायिक। उस समय पर्यावरण मंत्रालय जयराम नरेश के पास नहीं था। यह कहना बहुत मुश्किल है कि वे क्या कर पाते। लेकिन जिस तरह उन्होंने मुम्बई में पर्यावरण नियमों का उल्लंघन करनेवाली कुछ बिल्डिंगों को गिराने का आदेश दिया है, उससे हरे-भरे क्षेत्रों के महत्त्व को लेकर देश में बढ़ती जागरुकता का पता चलता है।

पर लगता है रक्षा मंत्रालय को इससे कोई फर्क नहीं पड़ता। कम-से-कम मेरा सीमित अनुभव तो यही कहता है। उसने किसी तरह की अनुमति लिए बिना ही वन-क्षेत्र में अधिकारियों के लिए फ्लैट निर्मित कर दिए। मैंने दो-दो रक्षा मंत्रियों को पत्र लिखकर इसका विरोध भी किया, पहले जॉर्ज फर्नांडीस को और फिर ए.के. एंटोनी को। लेकिन दोनों ने ही मेरी इस दलील को कोई महत्त्व नहीं दिया कि इस थोड़े-से वन-क्षेत्र में कोई निर्माण न किया जाए, ताकि दिल्ली के बचे-खुचे फेफड़े सुरक्षित रह सकें। सरकार के आदेश पर हुई एक सार्वजनिक सुनवाई के दौरान रक्षा मंत्रालय ने बड़ा बचकाना जवाब दिया था। उसका कहना था कि देश पर कोई बाहरी हमला होने की स्थिति में सेना अधिकारियों का झट-से एयरपोर्ट पर पहुँचना जरूरी था, जो इस वन क्षेत्र से नजदीक पड़ता था। इस दलील को स्वीकार भी कर लिया गया और वन-क्षेत्र में गैर-कानूनी फ्लैटों का निर्माण जारी रहा।

पर्यावरण संरक्षण से जुड़े हमारे ग्रुप के प्रमुख विक्रम सोनी नामक एक वैज्ञानिक हैं और स्वच्छ पर्यावरण के प्रति पूरी तरह समर्पित हैं। हमारे ग्रुप ने कॉमनवेल्थ खेलों की जगह बदलवाने का भी प्रयास किया था, क्योंकि एथलीटों के लिए यमुना के किनारे गाँव बनाने का प्रस्ताव था। इससे पहले, वाजपेयी सरकार के कार्यकाल में, यमुना के मुहाने पर अक्षरधाम मन्दिर का निर्माण कर दिया गया था। मैंने उस समय भी (निर्माण से पहले) प्रधानमंत्री के नाम एक पत्र लिखकर इस प्रस्ताव का विरोध किया था। तब वाजपेयी ने अपने जवाब में कहा था कि ऐसा कोई प्रस्ताव नहीं था। इसके बावजूद, भाजपा सरकार ने पर्यावरण सम्बन्धी सभी नियमों का खुला उल्लंघन करते हुए इस निर्माण को हरी झंडी दे दी थी।

जब कॉमनवेल्थ खेलों के लिए फ्लैट बनाए जानेवाले थे, तब भी मैं केन्द्रीय मंत्री स्वर्गीय अर्जुन सिंह से मिला था। उन्होंने मंत्रियों के एक ग्रुप को हमारे साथ बातचीत के लिए बुलाया था। हमने उनकी आँखों के सामने एक प्रयोग करके यह दिखाया था कि रेत में पानी को अपने अन्दर सोखने का गुण होता है, किसी स्पंज की तरह, और यमुना के आस-पास की रेत से यह पानी निकालकर पूरी दिल्ली की प्यास बुझाई जा सकती थी। लेकिन यमुना तट पर कंक्रीट के फैलाव के कारण रेत का यह स्वाभाविक गुण लुप्त हो सकता था। हमने उन्हें गीली रेत से एक गिलास पानी निकालकर दिखाया। लगभग आधा गिलास बिलकुल साफ पानी से भरा हुआ दिखाई दे रहा था, क्योंकि अशुद्धताएँ नीचे बैठ गई थीं।

लेकिन सरकार खेलों की जगह बदलने के लिए तैयार नहीं थी। उसकी दलील थी कि प्रस्तावित गाँव का निर्माण काफी आगे बढ़ चुका था। फिर भी, शहरी विकास मंत्री जयपाल रेड्डी ने मुझसे जानना चाहा कि क्या कोई दूसरा विकल्प था। मैंने उन्हें सुझाव दिया कि हम ऐसे अस्थायी ढाँचे निर्मित कर सकते थे जिन्हें खेलों के आयोजन के बाद तोड़ा जा सके।

परिशिष्ट-3

भारत-पाक सम्बन्ध

भारत का बँटवारा मेरे लिए एक अकादमिक विषय नहीं है, जिसका भाव-शून्य या निर्लिप्त होकर विश्लेषण या समीक्षात्मक आकलन किया जा सके। यह मेरी समृतियों में बहुत गहराई से खुदा हुआ है, घटनाओं की एक ऐसी श्रृंखला के रूप में जो आज भी मुझे झकझोरती रहती हैं।

बँटवारे से जुड़ी कुछ छवियाँ इस प्रकार हैं–

पाकिस्तान में स्यालकोट का हमारा वह घर जहाँ मेरा जन्म हुआ था, और वह शहर जहाँ मेरे पिता एक जाने-माने और जनता के चहेते डॉक्टर थे...मेरे पिता के बहुत-से मुस्लिम दोस्त जिन्हें हम 'चचा' कहकर बुलाते थे...वे दुकानें जहाँ से हम चाकलेट, टोफियाँ और च्यूइंगम वगैरह खरीदते थे...वह स्कूल जहाँ मैं पढ़ता था, मेरे अध्यापक और करीबी दोस्त, जिनमें से बहुत से मुसलमान थे...हमारे मुसलमान पड़ोसी जिनके साथ हम बड़े प्यार-मुहब्बत से रहते थे...वह लजीज खाना जो हम खाते थे। फिर बँटवारे के धधकते दिन...वहशियाना दंगे-फसाद, आगजनी, लूटपाट और हत्याएँ...जब इनसान दरिंदा बन गया था। स्यालकोट के अपने उस घर को छोड़कर हमारा जाना, जहाँ कभी वापस न लौट पाने का हमें खयाल तक नहीं था...और एक पुरानी जीप में थोड़ी-सी जगह बनाकर मेरा भारत पहुँचना। स्यालकोट से 30 मील दूर, वजीराबाद के पास, शरणार्थियों के अंतहीन काफिले का वह दर्दनाक दृश्य... वह लम्बी सफेद दाढ़ी वाला बूढ़ा सिख और उसका इकलौता जीवित बचा नन्हा पोता...उसका रह-रहकर मुझसे विनती करना, "बस यही है मेरी इकलौती पूँजी! हमारे घर का इकलौता चिराग! इसे अपने साथ हिन्दुस्तान ले जाओ! कम-से-कम यह तो बच जाए!"...और वह जवान औरत, जो अपनी गोद के बच्चे को मेरे हवाले कर देना चाहती थी, "इसे ले जाओ! मैं हिन्दुस्तान पहुँचूँगी तो इसे वापस ले लूँगी! मैं तुम्हें ढूँढ़ लूँगी!"

मुझे कलेजे पर पत्थर रखकर उन दोनों की पुकार को अनसुना करना पड़ा था, क्योंकि जीप में सचमुच जरा-सी भी जगह नहीं थी। शरणार्थियों के वे खौफजदा चेहरे...थके-हारे, भूखे-प्यासे लोगों का वह अन्तहीन सिलसिला आज भी मेरी रूह को कँपा-कँपा जाता है।

मेरी ये भावनाएँ सिर्फ बँटवारे के दिनों की त्रासदी तक सीमित नहीं हैं। जब भी भारत-पाक रिश्तों की बात होती है, मेरा दिल भर आता है और मेरे खयालों में न जाने कितनी छवियाँ उभरने लगती हैं–

मेरी जिन्दगी कोई आसान सीढ़ी नहीं थी,

इसमें टूटे हुए पायदान थे,
उखड़े हुए कील-कब्जे थे,
हिलते हुए बाँस-डंडे थे
और नीचे फर्श पर कालीन भी नहीं बिछा था।

अमरीकी कवि लैंग्सटन हजेस की यह कविता ('मदर टू सन') भारत-पाक सम्बन्धों की मुश्किलों को बखूबी बयान कर देती है।

भारत-पाक सम्बन्धों की धारा शेक्सपीयर के 'सच्चे प्रेम' की तरह कभी भी निर्बाध नहीं बही। पाकिस्तान का संविधान बनने के दिन से ही दोनों देशों के बीच समस्याएँ पैदा होनी शुरू हो गईं–दस्तावेजों की अदला-बदली, हर्जाने की रकम, जूनागढ़, कश्मीर में घुसपैठ, 1965 की लड़ाई, बांग्लादेश की मुक्ति, कारगिल युद्ध और न जाने क्या-क्या। ताशकन्द और शिमला में हुए समझौते और फिर लाहौर बस-यात्रा भी दोनों देशों के सम्बन्धों की कड़वाहट को कम नहीं कर सकी। आज भी दोनों देशों के बीच अविश्वास और सन्देह का माहौल है। लड़ाई भले ही न हो रही हो, लेकिन दोस्ती भी नहीं है। झगड़ा नहीं है, पर समाधान भी नहीं है। दोनों देश बरसों से दूर के पड़ोसी बने हुए हैं।

पाकिस्तान का संविधान बनने के बाद मुहम्मद अली जिन्ना ने नागरिकों को भरोसा दिलाते हुए कहा था, "आप किसी भी धर्म, जाति या पन्थ से ताल्लुक रखते हो, इसका इस आधारभूत सिद्धान्त से कोई सम्बन्ध नहीं है कि हम सब एक राज्य के बराबर के नागरिक हैं।"

लेकिन यह सिर्फ एक खोखला भरोसा साबित हुआ, जिसे कभी भी हकीकत में नहीं बदला जा सका। शायद इसलिए भी कि जिन्ना की जल्दी ही मौत हो गई। भारत एक धर्म-निरपेक्ष राज्य जरूर बना, पर यहाँ भी मुसलमानों और अन्य अल्पसंख्यकों को भेदभाव का शिकार होना पड़ा।

कुछ वर्ष पहले मैं रफाकत अली और उनकी प्रोफेसर पत्नी मौसमा से मिला तो उनकी पत्नी का पहला वाक्य था, "अगर कभी हिन्दुओं ने हमें अपने घर से निकाल दिया तो हम आपके घर में पनाह ले सकते हैं।" मुझे उनका यह वाक्य बार-बार याद आता रहा। आजादी के 60 वर्ष बाद भी मुसलमान कितने असुरक्षित महसूस कर रहे थे। उन्हें आज भी वही डर सता रहे थे।

भारत-पाक सम्बन्धों में सबसे बड़ा काँटा कश्मीर है। वे इस सुहाने पहाड़ी प्रदेश को खोने की बौखलाहट से उबर नहीं पाए हैं। कश्मीरी कहते हैं कि उनका प्रान्त धरती का 'स्वर्ग' है, लेकिन इस स्वर्ग ने भारत-पाक सम्बन्धों को नरक की आग में झोंक दिया है। इस विवाद के लिए कश्मीर के महाराजा हरि सिंह सबसे ज्यादा जिम्मेदार थे। अगर वे 15 अगस्त, 1947 से पहले ही कश्मीर के विलय का फैसला कर लेते, जब सब कुछ ब्रिटिश तख्त के प्रतिनिधि लार्ड माउंटबेटन के हाथ में था, तो कोई भी समस्या पैदा न होती और कश्मीर कोई मुद्दा ही न बनता। लेकिन आजादी के बाद भारत और पाकिस्तान दोनों ही इस पर अपना दावा ठोकने लगे।

दोनों तरफ के राजनीतिज्ञों और अधिकारियों ने आग में घी डालने का काम किया है। उन्हें लगता है कि कश्मीर के मामले में कड़े तेवर अपनाकर वे अपने-अपने देश में लोकप्रियता

बटोर सकते हैं।

विदेशी ताकतों ने भी दोनों देशों में दूरियाँ पैदा करने में कोई कसर नहीं छोड़ी है। हथियारों और आर्थिक मदद का प्रलोभन देकर वे दुश्मनी की चिंगारियों को हवा देते रहे हैं। वे क्षेत्र में 'शक्ति-सन्तुलन' के नाम पर और अपने 'प्रभाव' का दायरा बढ़ाने या अपने 'हित' साधने के लिए–'बाँटो और राज करो' की नीति अपनाए रहे हैं।

दोनों देशों के खराब सम्बन्धों का एक कारण ऊँचे कद के नेताओं का अभाव भी है। जिन्ना पाकिस्तान का संविधान बनने के कुछ ही समय बाद चल बसे, जबकि आजादी के कुछ ही महीने बाद महात्मा गांधी की हत्या कर दी गई। जिन्ना के बाद पाकिस्तान को लियाकत अली खान, अयूब खान, यहिया खान, जिया-उल-हक और जुल्फीकार अली भुट्टो जैसे नेता मिले, जिनके पास जिन्ना जैसी ऊँचाई नहीं थी। जवाहरलाल नेहरू के बाद भारत को भी कोई महान नेता नहीं मिल सका। अगर गांधीजी जीवित रहते–उन्होंने आजादी के बाद कराची में रहने की घोषणा की थीं–और अगर पाकिस्तान के पास जिन्ना जैसा कोई और नेता होता, तो शायद भारत-पाक सम्बन्धों की तसवीर कुछ और ही होती।

मैंने 'शायद' शब्द का इस्तेमाल किया है, क्योंकि मुझे पूरा भरोसा नहीं है कि सचमुच ऐसा ही होता। कभी-कभी मुझे लगता है कि शायद नेहरू के ये शब्द ठीक ही थे–"अगर हम कश्मीर को एक थाली में सजाकर पाकिस्तान को सौंप भी दें तो भी वह भारत के साथ झगड़े का कोई और बहाना सोच लेगा। कश्मीर कोई रोग न होकर रोग का एक लक्षण मात्र है; असली रोग भारत के प्रति (पाकिस्तान की) नफरत है।"

मुझे खुद भी ऐसा ही लगता है कि पाकिस्तान इस घृणा को जिन्दा रखना चाहता है, क्योंकि यह घृणा ही उसके अस्तित्व को एक आधार और औचित्य प्रदान करती है। पाकिस्तान के स्कूलों में पढ़ाई जानेवाली किताबों में भी यही बात झलकती है।

बांग्लादेश के नेता शेख मुजीबुर्रहमान ने एक बार एक इन्टरव्यू के दौरान मुझसे कहा था–"पाकिस्तान में हमेशा से चार बातें सिखाई जाती रही हैं–इस्लाम खतरे में है, हिन्दू काफिर हैं, भारत हमारा दुश्मन है, और कश्मीर को हासिल करना है।" पाकिस्तानी वर्षों से यही सीखते आ रहे हैं। यह घृणा-प्रचार खुद इस्लाम के सिद्धान्तों के भी खिलाफ है। जब तक पाकिस्तानियों की मानसिकता में बदलाव नहीं आता, वे अपनी ही बनाई इस नकली दुनिया से बाहर नहीं निकल सकते।

भारत में साम्प्रदायिक नजरिए वाली कुछ राजनीतिक पार्टियाँ हालात को और बिगाड़ती रही हैं। कुछ हिन्दू तालिबान भी उभर आए हैं, मानो निर्दोष मुसलमानों की हत्या करके वे कुछ हासिल कर लेंगे। बहुत कम ऐसे लोग हैं जो पाकिस्तान की परेशानियों को समझने की क्षमता रखते हैं। सरकार में भी पाकिस्तान की परेशानियों को समझने की क्षमता रखते हैं। सरकार में भी पाकिस्तान के प्रति उदारवादी नजरिया रखनेवालों को उँगलियों पर गिना जा सकता है। इस बहस का कोई फायदा नहीं कि हालात के लिए कौन जिम्मेदार है। अहम सवाल यह है कि हालात को बदला कैसे जाए।

अगर आजादी के कुछ ही वर्ष बाद पाकिस्तान में फौजी शासनों का सिलसिला न शुरू हो जाता तो शायद दोनों देशों के सम्बन्ध इतने खराब न होते। पाकिस्तान में तीन बार लोकतांत्रिक

सरकार का तख्ता पलटा जा चुका है। बैरकों में वापस जाने के बाद भी सेना का हुक्म किसी-न-किसी रूप में जारी रहता है। भारत ने पाकिस्तान की जनता की मुश्किलों को समझने की कोशिश नहीं की है, जो एक तरफ फौज और दूसरी तरफ कट्टर पंथियों का दबाव झेलने के लिए विवश रही है। थोड़े उदारवादी नजरिए से शायद कोई रास्ता निकल आता। भारत और पाकिस्तान दोनों को यह बात समझनी होगी कि शान्ति का कोई विकल्प नहीं है।

हालात में बदलाव कैसे आएगा और कौन लाएगा? बहुत-सी ऐसी चीजें हैं जो इस बदलाव का माहौल तैयार कर सकती हैं। अगर विदेशी ताकतें उपमहाद्वीप से दूर रहें और दोनों देशों को अपने-अपने अन्दर झाँकने का अवसर दें तो यह उपमहाद्वीप अपनी खुद की प्रतिभा के बल पर अपने भाग्य का निर्माण करने की क्षमता रखता है। समय के साथ शत्रुता और परस्पर सन्देह की भावना भी लुप्त हो सकती है। जैसाकि जिन्ना ने एक बार कहा भी था–''कुछ देश एक-दूसरे के लाखों लोगों की हत्या कर चुके हैं, फिर भी कल के दुश्मन आज के दोस्तों के रूप में दिखाई देते हैं। इतिहास यही कहता है।''

भारत-पाक सम्बन्धों के एक नए युग के सूत्रपात के लिए सम्बन्धों को सामान्य बनाना पहली शर्त है। इससे आर्थिक और सांस्कृतिक सम्बन्ध विकसित होंगे। इसका मतलब है कि दोनों देशों के बीच नरम सरहदें होनी चाहिए, ताकि दोनों तरफ के लोग आपस में घुलमिल सकें। लगातार मिलने-जुलने से आपसी शंकाएँ दूर होंगी और वे भय मिटेंगे जिन्होंने वर्षों से दोनों राष्ट्रों को अपनी जकड़ में ले रखा है। इससे न सिर्फ आपसी तनाव दूर होगा, बल्कि पाकिस्तान में लोकतंत्र की जड़ें भी मजबूत होंगी।

इससे भारत में भी साम्प्रदायिक नजरिए पर अंकुश लगाने में मदद मिलेगी, क्योंकि बँटवारे से जुड़ी पाक-विरोधी भावनाएँ अकसर मुस्लिम-विरोधी भानवाओं का रूप ले लेती हैं। बेनजीर भुटटो की हत्या से कुछ ही दिन पहले मैंने लन्दन में उनसे कहा था कि भारत पाकिस्तान को प्रजातंत्र सिखा सकता है और बदले में उसकी तरह दृढ़-संकल्प होकर चुनौतियों से लड़ना सीख सकता है। बेनजीर ने जवाब में कहा था, ''मैं पूरे उपमहाद्वीप को सरहदों से मुक्त कर देना चाहती हूँ।'' वे बार-बार यही बात दोहराती रही थीं। उन्होंने मुझे 'चार्टर फॉर डेमोक्रेसी' की एक कापी भी दिखाई थी, जिस पर उन्होंने और नवाज शरीफ दोनों ने ही दस्तखत किए थे।

इस चार्टर की शुरुआत इन शब्दों से होती थी–''हम, पाकिस्तान के चुने हुए नेताओं ने हमारे प्यारे मुल्क पर छाए राजनीतिक संकट के बारे में गहराई से सोच-विचार किया है–इसमें हमारे अस्तित्व से जुड़े खतरे, संघीय एकता के कमजोर पड़ने, सभी सरकारी संस्थाओं पर सेना के दबदबे, सिविल समाज को हाशिए में धकेल दिए जाने, संविधान और प्रतनिधि संस्थाओं का मखौल उड़ाए जाने, दिनोदिन बढ़ती गरीबी, बेरोजगारी और गैर-बराबरी, समाज के बर्बरीकरण, कानून व्यवस्था को ध्वस्त होने, और सैनिक शासन के अधीन लोगों की बढ़ती मुश्किलें इत्यादि शामिल हैं, जिन्होंने हमारे प्यारे मुल्क को बर्बादी के कगार पर ला पहुँचाया है।''

जहाँ तक कश्मीर की बात है, यह कोई कभी न सुलझने वाला मुद्दा नहीं है। आपसी सहयोग और समझ से इसे भी सुलझाया जा सकता है। दोनों तरफ की सरकारें सीमाओं

में बदलाव की बात न करनेवाले प्रस्तावों के पक्ष में दिखाई देती हैं। पाकिस्तान को यह बात याद रखनी चाहिए कि भारत कभी भी धर्म के नाम पर कश्मीर के बँटवारे के लिए तैयार नहीं होगा। मेरा खयाल है कि जम्मू और कश्मीर को अधिकतम स्वायत्तता की जा सकती है, संविधान के दायरे से बाहर भी, लेकिन भारतीय संघ के बाहर कतई नहीं।

दोनों देशों में व्यापार और वाणिज्य को बढ़ाया जाना चाहिए। संचार और आवागमन की सुविधाएँ भी फिर से चालू की जानी चाहिए और लोगों के बीच आपसी सम्पर्क को प्रोत्साहन दिया जाना चाहिए। इन कदमों से एक अच्छा माहौल तैयार होगा और कश्मीर की पेचीदा गुत्थी को सुलझाने में मदद मिलेगी।

भारत, पाकिस्तान और बांग्लादेश की एक साझी मंडी के विकास से भी आपसी तनावों को सुलझाने में मदद मिल सकती है। पर यह कोई आसान काम नहीं है और इसमें काफी समय लग सकता है, क्योंकि अन्य दोनों देशों की तुलना में भारत एक विकसित देश बन चुका है। बहुत पहले, 1972 में ही जुल्फीकार अली भुट्टो ने मुझसे कहा था कि यूरोपीय मॉडेल की तरह एक आर्थिक संघ की कल्पना करना दूर की कोड़ी थी, और पाकिस्तान के आर्थिक विकास के बाद ही इस बारे में सोचा जा सकता था।

मुझे लगता है कि लन्दन में बेनजीर भुट्टो और नवाज शरीफ द्वारा तैयार 'चार्टर फॉर डेमोक्रसी' को पूरे उपमहाद्वीप पर लागू किया जा सकता है। इसमें तानाशाहों या सेना की दखलंदाजी के बिना लोकतंत्र की सुरक्षा की बात की गई है, और साथ ही एक कल्याणकारी राज्य की स्थापना पर भी जोर दिया गया है।

मुझे पूरा भरोसा है कि एक-न-एक दिन दोनों राष्ट्रों के बीच खड़ी अविश्वास और भय की दीवारें ढह जाएँगी, और अपनी-अपनी पहचान को गँवाए बिना दोनों मिल-जुलकर साझे हितों के लिए काम करेंगे। साठ वर्ष पहले स्यालकोट का अपना घर छोड़ने के बाद से मेरे दिल में हमेशा यही विश्वास रहा है। विश्वास की इसी लौ के सहारे मैं नफरत की उन आँधियों और हिंसा के उन तूफानों का सामना करता रहा हूँ जो उपमहाद्वीप को बरसों से अपनी चपेट में लिए रहे हैं।

जब मैं सरहद पार करके भारत पहुँचा था तो मेरे दिल में यह खयाल बिलकुल भी नहीं था कि मैं एक दुश्मन देश से सही-सलामत निकल आया हूँ। मुझे सिर्फ एक ऐसा देश याद था जहाँ मेरे बहुत-से दोस्त थे और जिनसे दोबारा मिलने की मुझे पूरी-पूरी उम्मीद थी। इसके बाद मैं कई बार पाकिस्तान गया और मैंने वहाँ के कई बड़े नेताओं के इन्टरव्यू लिए। मैं अब भी हर वर्ष 14-15 अगस्त की रात को पंजाब में बाघा बोर्डर पर जाता हूँ, और दो नए स्वतंत्र राष्ट्रों के जन्म की उस रात को याद करता हूँ। वहाँ कई दूसरे भारतीय और पाकिस्तानी भी आते हैं और मोमबत्तियाँ जलाकर आपस में शान्ति और दोस्ती की कामना करते हैं। मैंने 1992 में सिर्फ 10-12 लोगों के साथ इस परम्परा की शुरुआत की थी। पिछले वर्ष (2011) वहाँ लगभग एक लाख लोगों की भीड़ देखकर मैं खुशी से झूम उठा। दोनों तरफ के लोग आपसी दोस्ती के लिए तड़प रहे हैं और इस भावना ने एक तरह के आन्दोलन का रूप ले लिया है।

मैंने देखा है कि दोस्ती के हर पैगाम का सरहद पार से झट से जवाब मिलता है। एक बार मैं एक संसदीय शिष्टमंडल का नेतृत्व करते हुए कराची गया था। जब मैंने कहा कि

हमारे अन्दर एक ही खून दौड़ रहा है तो मैंने बहुत-से लोगों को रोते देखा। यह अलग बात है कि सरकारी नजरिया इन भावनाओं से बिलकुल अलग है।

1993 में मैं पाकिस्तान के एक दौरे के दौरान लाहौर में था। बेनजीर भुट्टो को मेरे आने का पता चला तो उन्होंने खुर्शीद कसूरी को भेजकर मुझे बुला भेजा। वे बाद में पाकिस्तान के विदेश मंत्री भी बने। बेनजीर मुझे अपने पास बिठाकर बोली कि मैं भारत और पाकिस्तान में दोस्ती की कोशिशें जारी रखूँ। उन्होंने कहा, ''हो सकता है किसी दिन आप लोग कामयाब हो जाएँ! यह हमारे यानी सरकार के बस की बात नहीं है।''

उसी दोपहर तत्कालीन प्रधानमंत्री नवाज शरीफ से भी मेरी मुलाकात हुई। उन्होंने भी इस विचार का समर्थन किया और अपनी तरफ से पूरा सहयोग देने का वायदा किया। इसी बातचीत के दौरान उन्होंने वह बहुचर्चित वाक्य भी कहा, ''न तो हम लड़कर आपसे कश्मीर ले सकते हैं और न आप शान्ति से ही इसे हमें दे सकते हैं।''

पाकिस्तान की तरफ से पूरा सहयोग नहीं मिल पाया है। वहाँ सेना और धार्मिक संस्थाएँ भारत के साथ दोस्ती में रोड़े अटकाती रही हैं। पिछले दो वर्षों में 'पाकिस्तान पीपल्ज पार्टी' (पीपीपी) ने सीमा पर कुछ प्रतिनिधि भेजे हैं। 2009 में पहली बार हमारी तरफ से लोहे के फाटक खोल दिए गए, हालाँकि पाकिस्तान के फाटक बन्द ही रहे।

पाकिस्तान के आम लोग हमारी तरह ही दोस्ती के इच्छुक हैं। ऐसे बहुत-से किस्से सुनने में आते हैं जब पाकिस्तानी दुकानदारों ने भारतीय पर्यटकों से किसी सामान या खाने-पीने के दाम लेने से इनकार कर दिया हो। मुझे खुद भी फैजलाबाद (लायलपुर) में ऐसा ही अनुभव हुआ था, हालाँकि इस तरह की भावनाएँ बहुत आगे तक नहीं जा पातीं।

पाकिस्तान की तरफ से जन-सम्पर्क बढ़ाने में डॉ. मुबशीर हुसैन ने पहल की थी। असमा जहाँगीर, जुगनू मोशिन, और आई.ए. रहमान ने भी उनका साथ दिया था। बाद में ऐतजाज हुसैन, उनकी पत्नी बुशरा, इकबाल हैदर और चौधरी मंजूर भी इस आन्दोलन से जुड़ गए। हमारी तरफ से मानक, रोमेश, गोगी, राजेंद्र सच्चर और महेश भट्ट जैसे लोग दोस्ती के कारवाँ को आगे ले जाने की कोशिश करते रहे हैं। दोनों तरफ की कुछ छात्राएँ भी इस अभियान में शामिल हैं। नंदिता दास दोनों मुल्कों के बच्चों के बीच क्रिकेट मैचों का भी आयोजन करवाती ही हैं। इस सबसे माहौल में कुछ फर्क जरूर आया है, पर सरकारें, खासकर पाकिस्तान की सरकार लोगों के स्तर पर सम्पर्क बढ़ाने के लिए कोई खास उत्साहित नहीं दिखती, हालाँकि वह इस तरह की पहल का राग जरूर अलापती रहती है।

कुछ मामलों में नई दिल्ली की तुलना में इस्लामाबाद का रवैया ज्यादा सकारात्मक लगता है। 2010 में, हमने सजाएँ पूरी हो जाने के बाद भी पाकिस्तानी जेलों में बन्द भारतीय मछुआरों का मुद्दा उठाया तो पाकिस्तान ने लगभग सभी को रिहा कर दिया। भारत में हम सोनिया गांधी पर जोर डालने के बाद ही कुछ पाकिस्तानी मछुआरों को रिहा करवा सके। 2005 में राज्यसभा में मेरा कार्यकाल पूरा हो जाने के बाद सोनिया गांधी के साथ यह मेरी पहली मुलाकात थी।

लेकिन यह हमेशा की समस्या है। दोनों देश भूले-भटके अपनी जल-सीमा में घुस आनेवाले गरीब मछुआरों पर अपना गुस्सा उतारने से बाज नहीं आते, क्योंकि जल-सीमा को लेकर दोनों देशों के बीच कोई समझौता नहीं हो सका है। सबसे ज्यादा दुर्दशा दोनों देशों

की जेलों में बन्द एक-दूसरे के कैदियों की होती है, जिन्हें इस दुश्मनी का बदला चुकाना पड़ता है।

कुछ दिन पहले मुझे एक किताब में महान सूफी कवि उमर ख़्याम की एक रुबाई पढ़ने को मिली। मैं इसमें व्यक्त भावनाओं को इनसानियत के सबसे ऊँचे आदर्शों के रूप में देखता हूँ। मैं चाहूँगा कि न सिर्फ मेरे दिल में बल्कि सभी भारतीयों और पाकिस्तानियों के दिलों में हमेशा यही जज्बा रहे :

So it be written in the Book of Love,
I do not care about that Book above;
Erase my name or write it as you will,
So I be written in the Book of love.

●●●